Bender/Sparwasser/Engel · Umweltrecht

Umweltrecht

Grundzüge des öffentlichen Umweltschutzrechts

Von

Dr. Bernd Bender

Honorarprofessor an der Albert-Ludwigs-Universität Freiburg i.Br.

Dr. Reinhard Sparwasser

Rechtsanwalt, Fachanwalt für Verwaltungsrecht in Freiburg i.Br.
Lehrbeauftragter an der Albert-Ludwigs-Universität, Freiburg i.Br.

Dr. Rüdiger Engel

Stadtrechtsdirektor in Freiburg i.Br.

4., völlig neubearbeitete Auflage

CFM

C.F. Müller Verlag
Heidelberg

Bernd Bender, geb. 6.4.1919, Studium der Rechtswissenschaft und der Wirtschaftswissenschaft an der Albert-Ludwigs-Universität Freiburg i.Br.; Juristische Staatsexamina 1949 und 1952; Dr. jur. 1953 (Freiburg); seit 1952 Rechtsanwalt in Freiburg; seit 1957 Lehrbeauftragter an der Universität Freiburg; seit 1970 Honorarprofessor ebenda; von 1957 bis 1988 Mitglied des Verwaltungsrechtsausschusses des Deutschen Anwaltvereins; von 1970 bis 1973 Vizepräsident der Deutsch-Britischen Juristenvereinigung e.V.; von 1970 bis 1973 Mitglied der Staatshaftungsrechtskommission; von 1974 bis 1986 Mitglied der Ständigen Deputation des Deutschen Juristentags; von 1981 bis 1986 Vorsitzender des Beirats der Deutschen Anwaltsakademie; Mitherausgeber bzw. ständiger Mitarbeiter mehrerer Fachzeitschriften. Veröffentlichungen auf verschiedenen Gebieten des öffentlichen Rechts in Gestalt mehrerer Bücher und Monographien; zahlreiche sonstige Publikationen (Beiträge in Fachzeitschriften, Abhandlungen in Festschriften, Urteilsanmerkungen usw.).

Reinhard Sparwasser, geb. 16.12.1955, Studium der Rechtswissenschaft an der Universität Augsburg; Juristische Staatsexamina 1979 und 1981; Dr. jur. 1986 (Bayreuth); 1981 bis 1982 Wiss. Assistent am Institut für Rechtsvergleichung (IDC) der Universität II von Paris; 1982 bis 1984 Assistent am Rechts- und Wirtschaftswissenschaftlichen Fachbereich der Universität Bayreuth; von 1981 bis 1985 freier Mitarbeiter am Institut für Verwaltungsstudien (CERSA) in Paris; seit 1985 Rechtsanwalt in Freiburg, Fachanwalt für Verwaltungsrecht; seit 1994 Mitglied des Verwaltungsrechtsausschusses des Deutschen Anwaltsvereins; seit 1994 Mitglied des Prüfungsausschusses „Fachanwalt für Verwaltungsrecht" für BW; seit 1995 Lehrbeauftragter an der Albert-Ludwigs-Universität Freiburg. Zahlreiche Vorträge, Seminare und Veröffentlichungen (neben Deutschland auch in Frankreich und Tunesien) zu verschiedenen, neben rechtsvergleichenden vor allem umweltrechtlichen Themen.

Rüdiger Engel, geb. 30.3.1958, Studium der Rechtswissenschaft an den Universitäten München, Regensburg und Freiburg i.Br.; Juristische Staatsexamina 1985 und 1988; Dr. jur. 1992 (Freiburg); von 1989 bis 1991 Rechtsanwalt in Freiburg; seit 1991 in der Verwaltung tätig, seit 1992 stellvertretender Amtsleiter des Rechtsamts der Stadt Freiburg i.Br., Referendarausbildung sowie Veröffentlichungen zu verschiedenen bauplanungs-, europa- und umweltrechtlichen Themen.

CIP-Titelaufnahme der Deutschen Bibliothek

Bender, Bernd:
Umweltrecht : Grundzüge des öffentlichen Umweltschutzrechts /
von Reinhard Sparwasser und Rüdiger Engel.
– 4., völlig neubearb. Aufl. – Heidelberg: Müller, 2000
(Jurathek : Praxis)
ISBN 3-8114-9299-3
NE: Sparwasser, Reinhard / Engel, Rüdiger

Gedruckt auf säurefreiem, alterungsbeständigem Papier aus 100% chlorfrei gebleichtem Zellstoff (DIN-ISO 9706).

Satz: Textservice Zink, Schwarzach
Druck und Bindung: Druckerei Röck, Weinsberg
ISBN 3-8114-9299-3

Vorwort

Seit dem Erscheinen der seit längerem vergriffenen 3. Auflage sind nahezu fünf Jahre vergangen. Das Umweltrecht ist nach einer rasanten Entwicklung bis Anfang der 90er Jahre etwas aus dem Zentrum der rechtspolitischen und rechtswissenschaftlichen Diskussion gerückt und hat dort den Problemen der Informationsgesellschaft Platz gemacht. Dennoch bleibt das Umweltrecht von entscheidender Bedeutung und muß es auch bleiben, wenn die wesentlichen Überlebensfragen der Menschheit zufriedenstellend gelöst werden sollen. Es ist nicht nur der wesentliche Regelungsrahmen für fast alle Teile unserer Wirtschaft, sei es für die Energiewirtschaft, Chemische Industrie, Medizin- und Gentechnik, aber auch das nicht produzierende Gewerbe und den Personenverkehr. Die Verflechtung beider Bereiche zeigt sich in der boomenden Branche der Abfallwirtschaft. Darüber hinaus ist das Umweltrecht nach wie vor eines der wesentlichen Referenzgebiete des modernen Verwaltungsrechts, in dem alte dogmatische Strukturen überprüft und durch neue ersetzt werden. Auch hier zieht sich der Staat vermehrt aus der direkten Einflußnahme zurück und verlagert Teile der Verantwortung auf andere gesellschaftliche Bereiche, was sich erst noch zu bewähren hat.

Eine in den letzten Jahren immer deutlicher gewordene Entwicklung ist die fortschreitende Durchdringung des nationalen Rechts durch europäisches und internationales Recht. So kann etwa heute ein Bebauungsplan nicht mehr ohne Kenntnisse des Europarechts fehlerfrei aufgestellt werden, weil die FFH- und UVP-Richtlinien unmittelbare Wirkung entfalten. Die Schutznormtheorie und § 42 Abs. 2 VwGO geraten auf den Prüfstand der zunehmenden Europäisierung des Rechts. Wir haben versucht, die vielfältigen Impulse sowohl in einem allgemeinen Teil als auch integrativ im jeweiligen Sachgebiet einzuarbeiten.

Die ausdifferenzierten, aber auch teilweise unübersichtlichen Regelungen des heutigen Umweltrechts zeigen, daß die Verabschiedung eines an den Kriterien der Zukunftsfähigkeit ausgerichteten Umweltgesetzbuches (UGB) dringend nötig ist. Mit der neuen Gliederung des Werkes greifen wir Überlegungen der Entwürfe zu einem UGB auf und wollen die hervorragenden Grundlagenarbeiten für eine solche Kodifikation zumindest optisch unterstützen. Das Umweltrecht hat heute nicht nur die erforderliche Kodifikationsreife, eine fortschrittliche Gesamtkodifikation ist überfällig und sollte am Anfang dieses Jahrhunderts stehen, um den nationalen Beitrag zu den gewiß nicht allein in Deutschland lösbaren Umweltproblemen zu liefern. Wir halten es trotz der Schwächen der seinerzeitigen Gesetzentwürfe für bedauerlich, daß die Bundesregierung im September 1999 den Ansatz, die überfällige Umsetzung wichtiger Europarechtsnormen (UVP-II- und IVU-Richtlinie) zum Einstieg in eine Umweltgesetzbuch-Gesetzgebung zu wählen, aufgrund vermeintlicher und für uns nicht nachvollziehbarer Bedenken hinsichtlich der Gesetzgebungskompetenz aufgegeben hat.

Eine Gesamtdarstellung des öffentlichen Umweltschutzrechts wird in Anbetracht der Fülle des vorliegenden Materials kaum fehlerfrei sein. Wir tragen die gemeinsame Verantwortung für alle Mängel und bitten um hilfreiche Hinweise an folgende Adressen:

Reinhard Sparwasser, c/o Caemmerer Bender Lenz, Weiherhofstraße 2, 79104 Freiburg, email: rs@cbfr.com;
Rüdiger Engel, c/o Stadt Freiburg i.Br. – Rechtsamt –, Rathausplatz 2-4, 79098 Freiburg, email: engelru@stadt.freiburg.de.

Schriftum, Rechtsprechung und Rechtssetzung sind bis April 2000 soweit wie möglich verarbeitet. Für den Studiengebrauch raten wir an, gleichzeitig einen einschlägigen Gesetzestext zur Hand zu nehmen und die besprochenen Bestimmungen auch tatsächlich nachzulesen.

Unser abschließender Dank gilt all jenen, die uns in den letzten Monaten unterstützt haben, allen voran unseren Ehefrauen Vanessa Gèczy-Sparwasser und Irmtraud Kaufmann. Besonderer Dank gebührt daneben Frau Ltd. Stadtrechtsdirektorin Bärbel Schäfer, den Herren Ass. Alexis v. Komorowski und Ralf Ullrich für Anregungen und Vorarbeiten sowie schließlich Frau Silvia Herbstritt, die mit Ausdauer, Geduld und Findigkeit das Manuskript betreut und alle Tücken der EDV gemeistert hat.

Freiburg i.Br., im Mai 2000

Reinhard Sparwasser
Rüdiger Engel

Inhaltsübersicht

Inhaltsverzeichnis

Abkürzungsverzeichnis

a.A.	anderer Ansicht
a.E.	am Ende
a.F.	alte Fassung
aaO	am angegebenen Ort
AbfBefV	Abfallbeförderungsverordnung
AbfBestV	Abfallbestimmungsverordnung
AbfEinfV	Abfalleinfuhrverordnung
AbfG	Abfallgesetz
AbfKlärV	Abfallklärschlammverordnung
AbfNachwV	Abfallnachweisverordnung
ABl.	Amtsblatt
Abs.	Absatz
Abschn.	Abschnitt
abw.	abweichend
AbwAG	Abwasserabgabengesetz
AbwHerkV	Abwasserherkunftsverordnung
AEG	Allgemeines Eisenbahngesetz
AL	Alte Länder
Alt.	Alternative
Anh.	Anhang
Anm.	Anmerkung
Art.	Artikel
AtG	Atomgesetz
AtVfV	Atomrechtliche Verfahrensverordnung
atw	Atomwirtschaft-Atomtechnik (Zeitschrift)
Aufl.	Auflage
BAB	Bundesautobahn
BAnz.	Bundesanzeiger
BArtSchVO	Bundesartenschutzverordnung
BauGB	Baugesetzbuch
BauNVO	Baunutzungsverordnung
Bay.	Bayerisch
BayObLG	Bayerisches Oberstes Landesgericht
BayVBl.	Bayerische Verwaltungsblätter (Zeitschrift)
BB	Betriebs-Berater (Zeitschrift)
BBauG	Bundesbaugesetz
BBergG	Bundesberggesetz
BbG	Bundesbahngesetz
Bbg.	Brandenburg, brandenburgisch
Bd.	Band
Bek.	Bekanntmachung

BestbüAbfV	Bestimmungsverordnung besonders überwachungsbedürftige Abfälle
BestüVAbfV	Bestimmungsverordnung überwachungsbedürftige Abfälle zur Verwertung
BfN	Bundesamt für Naturschutz
BGB	Bürgerliches Gesetzbuch
BGBl. I	Bundesgesetzblatt, Teil 1
BGBl. II	Bundesgesetzblatt, Teil 2
BGH	Bundesgerichtshof
BGHZ	Entscheidungen des BGH in Zivilsachen (Amtl. Sammlung)
BImSchG	Bundes-Immissionsschutzgesetz
BImSchV	Verordnung zur Durchführung des BImSchG
BJagdG	Bundesjagdgesetz
Bln.	Berlin, Berliner
BMA	biologisch-mechanische Abfallabhandlunganlage
BMA	Bundesminister für Arbeit und Sozialordnung
BME	Bundesminister für Ernährung, Landwirtschaft und Forsten
BMFT	Bundesminister für Forschung und Technologie
BMI	Bundesminister des Innern
BMJ	Bundesminister für Justiz
BMR	Bundesminister für Raumordnung, Bauwesen und Städtebau
BMU	Bundesminister für Umwelt, Naturschutz und Reaktorsicherheit
BMV	Bundesminister für Verkehr
BNatSchG	Bundesnaturschutzgesetz
BodSchG	Bodenschutzgesetz
Bq	Bequerel (radiologische Maßcinheit)
BR	Bundesrat
BR-Drs.	Bundesratsdrucksache
BReg.	Bundesregierung
Brem.	Bremen, Bremisch
BSB_5	biochemischer Sauerstoffbedarf in fünf Tagen
BSeuchG	Bundesseuchengesetz
BSS	Bundesamt für Strahlenschutz
BT	Besonderer Teil
BT	Bundestag
BT-Drs.	Bundestagsdrucksache
BVerfG	Bundesverfassungsgericht
BVerfGE	Entscheidungen des BVerfG (Amtl. Sammlung)
BVerwG	Bundesverwaltungsgericht
BVerwGE	Entscheidungen des BVerwG (Amtl. Sammlung)
BW	Baden-Württemberg, Baden-Württembergisch
BWaldG	Bundeswaldgesetz
BWGZ	Die Gemeinde (Zeitschrift)
BWVP	Baden-Württembergische Verwaltungspraxis (Zeitschrift)
ChemG	Chemikaliengesetz
CKW	Chlorierte Kohlenwasserstoffe
d.h.	das heißt
DB	Deutsche Bundesbahn
dB(A)	Dezibel (A-bewertet)
ders.	derselbe

dies.	dieselbe
diff.	differenzierend
DIN	Deutsches Institut für Normung
Diss.	Dissertation
DJT	Deutscher Juristentag
DMG	Düngemittelgesetz
DÖV	Die Öffentliche Verwaltung (Zeitschrift)
dt.	deutsch
DV	Die Verwaltung (Zeitschrift)
DVBl.	Deutsches Verwaltungsblatt (Zeitschrift)
DVO	Durchführungsverordnung
DVP	Deutsche Verwaltungspraxis (Zeitschrift)
DWR	Druckwasserreaktor
E	Entscheidungssammlung, Entwurf
EAGV	Vertrag zur Gründung der Europäischen Atomgemeinschaft
EAK	Europäischer Abfallartenkatalog
EEA	Einheitliche Europäische Akte
EG	Europäische Gemeinschaften
EG	Vertrag zur Gründung der Europäischen Gemeinschaft (neue Fassung)
EGV	Vertrag zur Gründung der Europäischen Gemeinschaft (alte Fassung)
EINECS	European Inventory of Existing Chemical Substances
EnergG	Energiewirtschaftsgesetz
EnteignG	Enteignungsgesetz
EschG	Embryonenschutzgesetz
EStG	Einkommensteuergesetz
et	Energiewirtschaftliche Tagesfragen (Zeitschrift)
EU	Europäische Union
EU	Vertrag über die Europäische Union (neue Fassung)
EuGH	Gerichtshof der Europäischen Gemeinschaft
EuGRZ	Europäische Grundrechte-Zeitschrift
EURATOM	Europäische Atomgemeinschaft
EurUm	Europäische Umwelt (Zeitschrift)
EUV	Vertrag über die Europäische Union (alte Fassung)
EuZW	Europäische Zeitschrift für Wirtschaftsrecht
EVU	Energieversorgungsunternehmen
EWC	European Waste Cataloge
EWG	Europäische Wirtschaftsgemeinschaft
EWGV	Vertrag zur Gründung der EWG
F.	Fassung
f.	und folgende Seite
FCKW	Fluorchlorkohlenwasserstoffe
ff.	und folgende Seiten
FFH-RL	Fauna-Flora-Habitat-Richtlinie
FluglärmG	Fluglärmgesetz
FlurbG	Flurbereinigungsgesetz
Fn.	Fußnote
FS	Festschrift
FStrG	Bundesfernstraßengesetz

G	Gesetz
GBl.	Gesetzblatt
GefStoffV	Gefahrstoffverordnung
Ges.	Gesetz
GewArch.	Gewerbearchiv
GewO	Gewerbeordnung für das Deutsche Reich
GG	Grundgesetz für die Bundesrepublik Deutschland
ggf.	gegebenenfalls
GLP	Gute Laborpraxis
GMBl.	Gemeinsames Ministerialblatt
GS	Gesetzessammlung
GS	Gedächtnisschrift
GVBl.	Gesetz- und Verordnungsblatt
Gy	Gray (radiologische Maßeinheit)
H	Heft
h.L.	herrschende Lehre
h.M.	herrschende Meinung
ha	Hektar
Hbg.	Hamburg, Hamburgisch
Hdb.	Handbuch
HdUR	Handwörterbuch des Umweltrechts
Hess.	Hessen, Hessisch
HPflG	Haftpflichtgesetz
Hrsg.	Herausgeber
Hs.	Halbsatz
HTR	Hochtemperaturreaktor
Hz	Hertz (Zahl der Schwingungen je Sekunde)
i.d.F.	in der Fassung
i.e.S.	im engeren Sinn
i.S.	im Sinne
i.V.m.	in Verbindung mit
i.w.S.	im weiteren Sinn
IVU-Richtlinie	EG-Richtlinie über die integrierte Vermeidung und Verminderung der Umweltverschmutzung
JA	juristische Arbeitsblätter
Jh.	Jahrhundert
JÖR	Jahrbuch des öffentlichen Rechts
JuS	Juristische Schulung (Zeitschrift)
JZ	Juristenzeitung (Zeitschrift)
Kfz	Kraftfahrzeug
KKW	Kernkraftwerk
KOM	Dokument der Kommission der Europäischen Gemeinschaften
KraftStG	Kraftfahrzeugsteuergesetz
KTA	Kerntechnischer Ausschuß
Ktr.	Kommentar
KW	Kraftwerk
KWU	Kraftwerk Union

LAI	Länderausschuß für Immissionsschutz
LANA	Länderarbeitsgemeinschaft für Naturschutz, Landschaftspflege und Artenschutz
Lbg.	Lüneburg, Lüneburgisch
LfU	Landesamt für Umweltschutz
Lit.	Literatur
lit.	littera (Buchstabe)
LM	Lindenmaier-Möhring, Nachschlagewerk des BGH
LS	Leitsatz
LuftVG	Luftverkehrsgesetz
LuftVZO	Luftverkehrszulassungsordnung
LVwVfG	Verwaltungsverfahrensgesetz eines Landes
LWG	Landeswassergesetz, Landeswassergesetze
LWR	Leichtwasserreaktor
M.	Meinung
m.w.N.	mit weiteren Nachweisen
MDR	Monatsschrift für Deutsches Recht (Zeitschrift)
ME	Musterentwurf
MEPolG	Musterentwurf für ein Polizeigesetz
Mstr.	Münster
MV	Mecklenburg-Vorpommern
MVA	Müllverbrennungsanlage
Mwe	Megawatt (elektrisch) = 1 Mio. Watt elektrischer Leistung
n.F.	neue Fassung
Nachw.	Nachweise
NachwV	Nachweisverordnung
NatSchG	Naturschutzgesetz (Land)
NJW	Neue Juristische Wochenschrift (Zeitschrift)
NL	Neue Länder
NordÖR	Zeitschrift für das öffentliche Recht in Norddeutschland
Ns.	Niedersachsen, Niedersächsisch
NuL	Natur und Landschaft
NuR	Natur und Recht (Zeitschrift)
NVwZ	Neue Zeitschrift für Verwaltungsrecht
NVwZ-RR	NVwZ-Rechtsprechungs-Report
NW	Nordrhein-Westfalen, Nordrhein-Westfälisch
NWVBl.	Nordrhein-Westfälische Verwaltungsblätter (Zeitschrift)
OECD	Organization for Economic Cooperation and Developement
OVG	Oberverwaltungsgericht
PBefG	Personenbeförderungsgesetz
PCB	Polychlorierte Biphenyle
PCT	Polychlorierte Terphenyle
PE	Polyethylen
PET	Polyethylenterephthalat
PFB	Planfeststellungsbeschluß
PflSchG	Pflanzenschutzgesetz
Preuß.	Preußen, Preußisch

PS	Polystyrol
PTB	Physikalisch-Technische Bundesanstalt
PU	Plutonium
PVC	Polyvinylchlorid
Rad, rad	radiation absorbed dose (radiologische Maßeinheit)
RdE	Recht der Energiewirtschaft (Zeitschrift)
RegE	Regierungsentwurf
Rem, rem	radiation equivalent man (radiologische Maßeinheit)
RG	Reichsgericht
Rh.-Pf.	Rheinland-Pfalz, Rheinland-Pfälzisch
RKI	Robert-Koch-Institut
RL	Richtlinie
Rn.	Randnummer
Rn.	Randnummern
ROG	Raumordnungsgesetz des Bundes
Rs.	Rechtssache
Rspr.	Rechtsprechung
S.	Seite, Satz
s.	siehe
s.o.	siehe oben
s.u.	siehe unten
Saarl.	Saarland, Saarländisch
Sächs.	Sächsisch
Schl.-Holst.	Schleswig-Holstein, Schleswig-Holsteinisch
Slg.	Sammlung
SNR	Schneller Brüter
SO_2	Schwefeldioxid
sog.	sogenannte (r)
Sp.	Spalte
SRU	Rat von Sachverständigen für Umweltfragen
st.	ständig(e)
Stat.BA	Statistisches Bundesamt
Stat.Jb.	Statistisches Jahrbuch
StGB	Strafgesetzbuch
str.	streitig
StrlSchV	Strahlenschutzverordnung
StrVG	Strahlenschutzvorsorgegesetz
StVG	Straßenverkehrsgesetz
StVO	Straßenverkehrsordnung
Sv	Sievert (radiologische Maßeinheit)
SWR	Siedewasserreaktor
TA Abfall	Technische Anleitung Abfall
TA Lärm	Technische Anleitung zum Schutz gegen Lärm
TA Luft	Technische Anleitung zur Reinhaltung der Luft
TA Siedlungsabfall	Technische Anleitung zur Verwertung, Behandlung und sonstigen Entsorgung von Siedlungsabfällen
Thür.	Thüringen, thüringisch
Tz.	Textziffer

u.ä.	und ähnliche(s)
u.a.m.	und anderes mehr
u.E.	unseres Erachtens
UA	Urteilsabdruck
UAG	Umweltauditgesetz
UBA	Umweltbundesamt
UGB	Umweltgesetzbuch
UGB-KomE	Entwurf der unabhängigen Sachverständigenkommission zum Umweltgesetzbuch
UHG	Umwelthaftungsgesetz
UIG	Umweltinformationsgesetz
UIR	Umweltinformationsrichtlinie
Umwelt	Informationen des BMI bzw. (seit H 4/5, 1986) des BMU
UN	Vereinte Nationen
UPR	Umwelt- und Planungsrecht (Zeitschrift)
UVP	Umweltverträglichkeitsprüfung
UVPG	Gesetz über die Umweltverträglichkeitsprüfung
UVP-II-RL	Richtlinie 97/11/EG zu Änderung der UVP-Richtlinie
UVP-RL	Richtlinie über die Umweltverträglichkeitsprüfung bei bestimmten öffentlichen und privaten Projekten
V	Verordnung
VBlBW	Verwaltungsblätter für Baden-Württemberg (Zeitschrift)
VC	Vinylchlorid
VdI	Verein deutscher Ingenieure
Verh.	Verhandlungen
VersR	Versicherungsrecht (Zeitschrift)
VerwArch.	Verwaltungsarchiv
VerwRspr.	Verwaltungsrechtsprechung in Deutschland (Entscheidungssammlung)
VG	Verwaltungsgericht
VGH	Verwaltungsgerichtshof
VkBl.	Verkehrsblatt
VO	Verordnung
VRL	Vogelschutz-Richtlinie, Richtlinie 79/409/56 über die Erhaltung wildlebender Vogelarten
VVDStRL	Veröffentlichungen der Vereinigung der Deutschen Staatrechtslehrer
VwGO	Verwaltungsgerichtsordnung
VwVfG	Verwaltungsverfahrensgesetz des Bundes
WA	Washingtoner Artenschutzübereinkommen
WaStrG	Wasserstraßengesetz
WHG	Wasserhaushaltsgesetz
WiVerw.	Wirtschaft und Verwaltung (Vierteljahresbeilage GewArch. u. UPR)
WRMG	Wasch- und Reinigungsmittelgesetz
ZAU	Zeitschrift für angewandte Umweltforschung
ZfW	Zeitschrift für Wasserrecht
ZPO	Zivilprozeßordnung
ZUR	Zeitschrift für Umweltrecht

Allgemeiner Teil

Kapitel 1

Allgemeine Lehren

I. Funktion des Umweltrechts

1. Funktion und Begriff des Umweltrechts

1 Die Menschen laufen heute mehr denn je Gefahr, ihre natürlichen Lebensgrundlagen nachhaltig zu verändern, möglicherweise gar zu zerstören. Atemluft, Böden, Trinkwasser und Nahrungsmittel sind zunehmend schadstoffbelastet, Wälder „sterben", die Wüstenzonen weiten sich aus, der Treibhauseffekt und der Abbau der Ozonschicht beeinflussen das Weltklima. Viele Tier- und Pflanzenarten sind bereits ausgestorben oder vom Aussterben bedroht[1]. Die Liste ließe sich beliebig verlängern. Die Zukunft des Menschen ist aber ungewiß, wenn er die Umwelt, in der, von der und mit der er lebt, weiterhin in einem Maße ausbeutet wie bisher. Vor dem Hintergrund dieser „neuen" Bedrohungssituation für die bedeutendsten Individualgüter Leben, Freiheit und Eigentum[2] erscheint der Umweltschutz als ein *fundamentaler Staatszweck*[3], vergleichbar der Friedens- und Freiheitsfunktion, die zum staatlichen Gewaltmonopol führte, oder dem Rechtsstaats- und dem Sozialstaatsprinzip, die im vergangenen Jahrhundert Grundrechte sichern und die soziale Frage lösen halfen.

2 Ohne Umweltnutzung und damit auch ohne Umweltbelastung können die Menschen nicht existieren. Die Gesellschaft kann nicht naturreine Flüsse und Seen, saubere Luft, unberührte Natur und eine schöne Landschaft zugleich mit einem hohen materiellen Wohlstandsniveau aufgrund einer hierfür ausreichenden Rohstoffgewinnung, Nahrungs-, Energie-, Dienstleistungs- und Güterproduktion haben. Vielmehr ist es notwendig, nach einem die konfligierenden ökonomischen, sozialen und ökologischen Bedürfnisse optimal berücksichtigenden Gleichgewicht zu streben. Ein solches Gleichgewicht ist aber weltweit nicht in Sicht, wenn man das Massenelend der exponentiell wachsenden Zahl von Menschen in vielen Entwicklungsländern und den Reichtum der Industrieländer, die laufende Vernichtung großer Teile der für das Klima so bedeutsamen tropischen Regenwälder, den sonstigen Ressourcenraubbau,

---

1 Die weltweite Zerstörungsbilanz eines einzigen Tages beläuft sich auf 55 000 ha Tropenwald (etwa die Fläche des Bodensees), 20 000 ha Ackerland, 100-200 Arten und den Ausstoß von 60 Mio. t CO_2 in die Atmosphäre. Seit 1900 ist die mittlere Lufttemperatur um 0,3-0,6°C angestiegen. S. hierzu UBA, Nachhaltiges Deutschland, 1997; Enquête-Kommission „Schutz des Menschen und der Umwelt", BT-Drs. 13/11200, S. 47 ff.; Wuppertal-Institut, Zukunftsfähiges Deutschland, 1995.

2 So der Gedanke unveräußerlicher Menschenrechte seit *John Locke*, Two Treatises of Government, 1690, Vol. II, § 87.

3 *Murswiek*, Umweltschutz als Staatszweck: Die ökologischen Legitimitätsgrundlagen des Staates, 1995; *ders.*, in: *Kloepfer* (Hrsg.), Umweltstaat als Zukunft, 1994, S. 172 ff.

die Bedrohung der lebenserhaltenden stratosphärischen Ozonschicht durch FCKW, den Treibhauseffekt und die Verschmutzung der Naturgüter (Boden, Luft und Wasser) nicht nur in den Industriestaaten bedenkt[4]. Das „ökologische Schuldenkonto" hat – unübersehbar – inzwischen beängstigende Ausmaße angenommen. Der Umstand, daß die „Natur zurückschlägt", wo ihre Rahmenbedingungen mißachtet werden, verdeutlicht, daß heute **als Fortschritt nur noch bezeichnet werden kann, was von den Bedingungen der Natur mitgetragen wird** („Retenität" oder „*sustainable development*")[5]. Das Konzept des *Sustainable Development* versucht ökonomische, ökologische und soziale Ziele in Einklang zu bringen und ist ein Leitgedanke der UN-Konferenz für Umwelt und Entwicklung in Rio de Janeiro 1992 gewesen, der in die dort verabschiedete „Rio-Deklaration" und die „Agenda 21" Eingang gefunden hat (Rn. 1/37).

Durch die nachhaltige Übernutzung der Umwelt werden unverzichtbare Lebensgrundlagen der Menschen kontinuierlich oder gar in dramatischen „Phasensprüngen"[6] vernichtet. Daher *bedarf die Umweltnutzungsfreiheit* des einen *der normativen Beschränkung*, um dieselbe Freiheit des anderen nicht nur formal, sondern auch substantiell zu erhalten bzw. zu gewährleisten[7]. Diese normativen Beschränkungen bilden in ihrer Gesamtheit den Kernbereich des dem Schutz der Umwelt dienenden **Umweltrechts**. Dieses umfaßt Regelungen, die sich auf den Schutz, die Pflege und die Entwicklung der „Umwelt" oder einzelner ihrer Teile (also etwa auf Naturhaushalt, Boden, Wasser oder Luft) bzw. auf die Inanspruchnahme der Umwelt durch den Menschen beziehen. Letztlich soll mit diesen Regelungen unser aller Verhalten so gesteuert werden, daß die Grenzen der ökologischen Belastbarkeit sowohl des Menschen und der übrigen Lebewesen als auch ihrer Umwelt nicht überschritten werden[8]. 3

2. Schutzrichtungen und Ziele des Umweltrechts

Die Bedeutung des Umweltrechts für die Erhaltung und Pflege unserer Lebensgrundlagen liegt auf der Hand. Es geht vor allem um *zwei Fragestellungen: Wer oder was soll geschützt werden (Schutzobjekt) und wovor (Art der Gefährdung)?* Eine erste, pauschale Antwort wird meistens schon in den Bezeichnungen der jeweiligen Gesetze und Verordnungen gegeben, die einerseits schutzgutbezogene Bezeichnungen (Naturschutzgesetz, Artenschutzverordnung, Waldgesetz, Wasserhaushaltsgesetz, Bodenschutzgesetz usw.) und andererseits gefährdungsbezogene Bezeichnungen (Bundesimmissionsschutzgesetz, Fluglärmgesetz, Verkehrslärmschutzverordnung, Chemikaliengesetz, Gentechnikgesetz usw.) enthalten. Dem *Schutz* dienen allge- 4

4 S. hierzu *Nisbet*, Globale Umweltveränderungen, 1994.

5 Ausführlich hierzu aus umweltethischer Sicht: *SRU*, Umweltgutachten 1994, S. 45 ff. Zu einzelnen Handlungsstrategien s. UBA, Nachhaltiges Deutschland, 1997 (auch aus rechtlicher Sicht); Enquête-Kommission „Schutz des Menschen und der Umwelt", BT-Drs. 13/11200, S. 47 ff.; Wuppertal-Institut, Zukunftsfähiges Deutschland, 1995. Aus rechtlicher Sicht ferner *Streinz*, DV 1998, 449 ff. Der Begriff „Retenität" geht zurück auf lat. „reta", das Netz.

6 Dazu *Manfred Eigen*, Perspektiven der Wissenschaft, 2. Aufl. 1989, S. 105 ff.

7 Dazu *Murswiek*, JZ 1988, 985 ff.; DVBl. 1994, 77 ff., der die Belastung öffentlicher Umweltgüter wie Luft, Wasser (und z.T. des Bodens) als *Teilhabe* i.S.d. Grundrechtstheorie auffaßt.

meine oder spezielle Zielbestimmungen, die auf den angestrebten *Umweltzustand* bezogen sind (Umweltqualitätsziele). Gegen die *Gefährdung* richten sich hingegen alle Zielbestimmungen, die verschiedene Faktoren der *Umweltbeeinträchtigung* betreffen und die Regelung z.B. von vorsorgenden Emissionsgrenzwerten, Beschaffenheitsanforderungen an potentiell gefährliche Stoffe oder Vorschriften über den Umgang mit solchen Stoffen. Viele Instrumente dienen sowohl dem einen als auch dem anderen Ziel (z.B. Immissionsgrenzwerte).

5 Der Begriff **Umwelt** wird in zahlreichen Bedeutungen gebraucht[9]. Im Sinne einer Gesamtdarstellung des Umweltrechts ist der Begriff Umwelt weit zu verstehen und umfaßt Mitmenschen, Tiere, Pflanzen, Boden, Wasser, Luft, Klima, Landschaft, Kultur- und Sachgüter sowie das dazwischen bestehende Wirkungsgefüge[10], d.h. er ist letztlich mit der Biosphäre als Gesamtsystem der Ökosysteme (Rn. 5/4) gleichbedeutend. Beim *Umweltschutz* handelt es sich vornehmlich darum, die Umwelt vor nachteiligen Wirkungen menschlicher Eingriffe zu *bewahren*, eingetretene ökologische Schäden zu *beseitigen* und mit alledem dem Menschen eine lebenswerte Umwelt zu *erhalten*. Erst das **Umweltrecht** vermag der Umweltpolitik diese „Zieltrias" verbindlich vorzugeben. Die **Umweltpolitik** umfaßt nicht nur die unmittelbar und ausschließlich dem Umweltschutz zugewendete Politik, sondern auch die auf einen „integrierten Umweltschutz" gerichteten Teilgehalte zahlreicher Einzelpolitiken (etwa Rechts-, Wirtschafts-, Finanz-, Bevölkerungs-, Raumordnungs-, Forschungspolitik usw.). Sie dient[11]

- dem Schutz des Menschen, seiner Gesundheit und seines Wohlbefindens,
- dem Schutz der Naturgüter oder Umweltmedien (Boden, Luft und Wasser), der Landschaft und des Klimas sowie der vorsorgenden Bewirtschaftung natürlicher Ressourcen,
- der Sicherung der Funktions- und Leistungsfähigkeit des Naturhaushalts einschließlich der biologischen Vielfalt (Erhaltung wildlebender Tier- und Pflanzenarten und Schutz ihrer Lebensräume) u.a.m.

6 Sie bezieht sich auf umweltfeindliche anthropogene Einwirkungen im Zusammenhang mit modernen Infrastrukturvorhaben (Verkehrswegebau, Ver- und Entsorgung), mit der Erzeugung, der Verwandlung und dem Einsatz von Energie sowie mit chemischen, vor allem chlorchemischen Prozessen in der Produktion, aber auch mit dem alltäglichen Verhalten jedes einzelnen, beispielsweise vor dem Einkaufsregal. Dabei ist auch eine international abgestimmte Umweltpolitik erforderlich.

---

8 So etwa die Formulierung im *SRU*-Umweltgutachten 1987, Tz. 10. S.a. die Vorschläge der Enquête-Kommission „Schutz des Menschen und der Umwelt", BT-Drs. 13/11200, S. 25 ff., 223 f.

9 *Kloepfer*, Umweltrecht, § 1 Rn. 14 ff. Der Begriff Umwelt weist in älteren Normen, die ihn verwenden, unterschiedliche Inhalte auf (vgl. *Dempfle-Müggenborg*, NuR 1987, 301 ff.); in modernen Gesetzen wird zumeist die Begrifflichkeit des § 2 I UVPG zugrundegelegt.

10 Vgl. § 2 I UVPG, Art. 3 UVP-II-RL; *Kloepfer/Rehbinder/Schmidt-Aßmann/Kunig*, UGB – Allgemeiner Teil, 1990, S. 116 f.; UGB-KomE, S. 438.

11 S. dazu Leitlinien Umweltvorsorge der BReg., BT-Drs. 10/6028, S. 6. Vgl. ferner *Vahrenholt*, in: HdUR, Bd. II, Art. „Umweltpolitik", Sp. 2237 ff. sowie *Hartkopf/Bohne*, Umweltpolitik, Bd. I, 1983.

Ein effektiver Umweltschutz durch Vollzug des Umweltrechts und durch Umweltpolitik setzt eine laufende und hinreichende *Information* aller verantwortlichen Organe, aber auch der Bevölkerung über den jeweiligen faktischen Zustand der Umwelt (Umweltqualität) sowie über Umweltbeeinträchtigungen und ihre Ursachen (Umweltstreß) voraus. Ministerien, Ämter und Dienststellen des Bundes und der Länder berichten regelmäßig zur Situation der Umwelt. Wichtige Informationsquellen sind die Jahrbücher der Statistischen Ämter, die vom Umweltbundesamt (www.umweltbundesamt.de) herausgegebenen Daten zur Umwelt, die vom Bundesamt für Naturschutz (www.bfn.de) herausgegebenen Daten zur Natur und die Roten Listen der gefährdeten Tiere und Pflanzen sowie die Gutachten des Rats von Sachverständigen für Umweltfragen (www.umweltrat.de/gut). Eine Datenerhebung kann aufgrund des *Umweltstatistikgesetzes* vom 21.9.1994 bei den Unternehmen erfolgen. **7**

Es ist notwendig, die bestehenden Systeme der Umweltbeobachtung, die meist ausschließlich sektoral orientiert sind, zu einem integrierten System einer allgemeinen ökologischen Umweltbeobachtung fortzuentwickeln. Wissenschaftlichen Ansprüchen genügende Prognosen zur künftigen Umweltentwicklung sind nur auf der Grundlage verläßlicher Informationen über den gegenwärtigen Umweltzustand und unter Berücksichtigung der zu erwartenden Umweltnutzungen und Umweltschutzmaßnahmen möglich; eine breitere Entscheidungsbasis eröffnen dabei alternative Szenarien[12]. Inzwischen wird auch versucht, die Größenordnung der gesamtwirtschaftlichen Umweltschäden zu erfassen, eine gesamtdeutsche Abschätzung für das Jahr 1992 beziffert die jährlichen *Umweltschäden auf rund 200 Mrd. DM*[13]. **8**

Ebenso dient es mittelbar dem Umweltschutz, wenn den Bürgern freier Zugang zu den bei Behörden vorhandenen Umweltinformationen gewährt wird. Diesen Gedanken greifen die Richtlinie 90/313/EWG des Rates vom 7.6.1990 und das hierauf ergangene *Umweltinformationsgesetz* vom 19.5.1994 (Rn. 3/22 ff.) auf. **9**

Schützen bedeutet allerdings mehr als bloße – aus dem Polizei- und Ordnungsrecht überkommene – *Gefahrenabwehr* und *Störungsbeseitigung*, d.h. Schutz vor aktueller Umweltgefährdung und Beseitigung eingetretener Umweltschäden (Rn. 1/79 f.). Umweltschutz bedeutet heute nämlich zugleich *vorsorgendes*, d.h. präventiv planendes, gestaltendes, pflegendes, entwickelndes oder sonst förderndes Handeln (Rn. 1/81 ff.). Außerdem dürfen sektorale Schutzmaßnahmen (z.B. Gewässerreinhaltung, Abfallentsorgung) nicht zu unvertretbaren anderweitigen Umweltbelastungen (z.B. durch schadstoffhaltigen Klärschlamm, durch dioxinhaltige Emissionen aus Müllverbrennungsanlagen) führen (Rn. 11/11 ff.; 12/32, 39). Es ist m.a.W. ein *integrierter Umweltschutz* geboten. **10**

Oberstes Ziel der Umweltpolitik ist es, die natürlichen Lebensgrundlagen und damit Leben und Gesundheit der Menschen jetzt und in Zukunft („Nachweltschutz“) zu bewahren (vgl. Art. 20a GG). Somit sind der Schutz und die Pflege der Umwelt(-güter) zunächst *anthropozentrisch* orientiert[14]. Sie erweisen sich nämlich gerade *um der Menschen willen* – und zwar um der heutigen Menschen und der künftigen Genera- **11**

---

12 Vor allem im Sinne eines Appells sind die Versuche globaler Prognosen zu werten. Allgemein bekannt geworden sind der 1972 erschienene Bericht des „Club of Rome“ mit dem Titel „Die Grenzen des Wachstums“ und der Bericht der US-Regierung aus dem Jahr 1982 mit dem Titel „Global 2000“. Aus neuerer Zeit stammen die Untersuchungen der Enquête-Kommission „Schutz des Menschen und der Umwelt“, BT-Drs. 13/11200, des UBA, Nachhaltiges Deutschland, 1997, und des Wuppertal-Instituts, Zukunftsfähiges Deutschland, 1995.

13 *Wicke*, Umweltökonomie, 4. Aufl. 1993, S. 60 ff., 112 ff. m.w.N.

14 Vgl. *Kloepfer*, DVBl. 1996, 77 ff.

tionen willen – als notwendig zur Sicherung ihrer natürlichen Lebensgrundlagen (§ 1 I BNatSchG, § 1 I ROG) bzw. zur Wahrung des Wohls der Allgemeinheit (§ 1a I WHG, §§ 10 I KrW-/AbfG u.a.m.). Dabei geht es insbesondere um die grundrechtlich geschützten Individualgüter nach Art. 2 I GG (allgemeine Handlungsfreiheit), Art. 2 II GG (Leben und körperliche Unversehrtheit) und Art. 14 I 1 GG (Eigentum) sowie um die Verwirklichung der staatlichen Verantwortung für die natürlichen Lebensgrundlagen (Art. 20a GG). Letztlich ist somit auch der Umweltschutz aus dieser Sicht Schutz des Menschen vor dem (die Umwelt übermäßig in Anspruch nehmenden) Menschen. Darüber hinaus kann der Umweltschutz aber auch den Schutz von Ökosystemen, einzelnen wildlebenden Tier- und Pflanzenarten usw. *um ihrer selbst willen* im Auge haben, ist also unter diesem Gesichtspunkt auch Selbstzweck (vgl. z.B. §§ 17 I Nr. 2, 20e BNatSchG i.V.m. der BArtSchV). Diese beiden Ansätze, nämlich der *anthropozentrische* Ansatz einerseits und der *ökozentrische* Ansatz[15] andererseits schließen sich gegenseitig nicht aus; sie bestehen vielmehr nebeneinander; bei manchen Umweltschutznormen überlagern sie sich.

12 Der Umweltschutz kann *sektoral* ansetzen (z.B. BImSchG, AtG, GenTG, WHG, KrW-/AbfG) oder sektorenübergreifend *integral* (z.B. ROG, BauGB, UVPG). Er kann auch – und dies ist ein anderes Einteilungsprinzip – *medial* ansetzen (z.B. BNatSchG, WHG, BBodSchG) bzw. sonst umweltgutbezogen (z.B. ArtSchV) oder aber medienübergreifend *kausal* (z.B. KrW-/AbfG, AtG, BImSchG, ChemG, GenTG). Manche Umweltgesetze beziehen sich im Sinne eines „medialen Umweltschutzes" nicht nur, aber vor allem *auf einzelne Umweltmedien* – z.B. das BImSchG (mehrmedial), das WHG (einmedial), das BNatSchG (mehrmedial) oder das BBodSchG (einmedial) –, andere sind im Sinne eines kausalen, produktorientierten Umweltschutzes *stoffbezogen* und daher *ohne speziellen Medienbezug* (z.B. das ChemG, das WRMG, das PflSchG). Kennzeichnend für neuere Umweltgesetze ist, daß sie im Sinne eines weiten Umweltbegriffs versuchen, eine *übergreifende (integrierte) Betrachtungsweise* sicherzustellen.

13 In zeitlicher Hinsicht ist zu unterscheiden zwischen *vorbeugendem* Schutz, insbesondere durch Verbote bzw. Gebote (präventive Gefahrenabwehr, Vorsorge), und *nachsorgendem* Schutz durch Beseitigung bereits eingetretener Störungen oder Nachteile, z.B. Beseitigung einer Ölverschmutzung des Bodens, Sanierung einer Altlast. Ganz allgemein ist das Bestreben festzustellen, den Umweltschutz möglichst früh wirksam werden zu lassen, was z.B. Verbot (Vorbeugen, Prävention) statt Beseitigung (Heilung, Restitution) bedeuten kann oder auch Zulassungsvorbehalt statt nachträgliche Untersagung, Vermeidung statt Entsorgung.

II. Einteilung und Rechtsquellen des Umweltrechts

14 Der Komplexität des Umweltrechts als Querschnittsrecht entspricht die Vielfalt der Einteilungsmöglichkeiten.

15 Z.B. *Bosselmann*, Im Namen der Natur, 1992. Zurecht krit. hierzu *Lübbe/Lübbe*, ZUR 1993, 90 ff.

1. Möglichkeiten der Einteilung desUmweltrechts

a) Materielles und formelles Umweltrecht

Das **materielle Umweltrecht** läßt sich in allgemeines und besonderes Umweltrecht einteilen. Zum „*allgemeinen Umweltrecht*" kann man alle diejenigen Normen zählen, die für den gesamten Umweltschutz von Bedeutung sind (wie Umweltverfassungsrecht, allgemeine Umweltrechtsprinzipien, allgemeine Instrumente des Umweltrechts – z.B. Zulassungsformen, Überwachungsmaßnahmen, Planung und ökonomische Instrumente –, Informationsanspruch usw.). Das „*besondere Umweltrecht*" läßt sich in umweltmedienbezogene Rechtsgebiete (Naturschutz, Gewässerschutz, Bodenschutz) und kausal-medienübergreifende, an potentielle Belastungsfaktoren (z.B. Abfallrecht, Gentechnikrecht, Gefahrstoffrecht) anknüpfende Rechtsgebiete unterteilen. Diese Einteilung wird auch für den Erlaß eines Umweltgesetzbuchs diskutiert (Rn. 1/23 f.). **15**

Schließlich lassen sich zum **formellen Umweltrecht** zählen: Umweltorganisationsrecht (Behördenstruktur- und Zuständigkeitsfragen), Umweltverfahrensrecht (z.B. Vorschriften über Anhörungsverfahren, Umweltinformationsgesetz) und Umweltprozeßrecht (z.B. Zulassung der naturschutzrechtlichen Verbandsklage in verschiedenen Bundesländern; vgl. Rn. 4/17 ff.). **16**

b) Privates und öffentliches Umweltrecht, Umweltstrafrecht

Das **private Umweltrecht** ist insbesondere in den §§ 906 ff., 1004 BGB sowie in den Landesnachbarrechtsgesetzen geregelt; von Bedeutung sind daneben noch das private Deliktsrecht der §§ 823 ff. BGB, die wasserrechtliche Gefährdungshaftung des § 22 WHG und das Umwelthaftungsgesetz (Rn. 3/46 ff.). Dieses private Umweltrecht dient dem bürgerlichrechtlichen Individualschutz gegenüber Umweltbelastungen durch Immissionen[16], aber auch als Mittel zur Selbstregulierung, soweit keine direkte staatliche Einwirkung erfolgt. Das Umweltprivatrecht tritt infolge der *privatrechtsgestaltenden* Eröffnungskontrollen mit Präklusionswirkung z.B. im Immissionsschutzrecht (§ 14 BImSchG), im Wasserrecht (§ 11 WHG), im Atomrecht (§ 7 VI AtG), im Gentechnikrecht (§ 23 GenTG) oder im Fachplanungsrecht (§ 75 II 1 VwVfG) hinter das öffentliche Umweltrecht zurück. Die Zivilgerichte sind nach der Rechtsprechung – anders als bei Amtshaftungsansprüchen[17] – auch an die Auflagen eines Genehmigungsbescheides gebunden[18]. Wichtig bleibt das Umweltprivatrecht im grenzüberschreitenden Umweltschutz, da nationalen Hoheitsakten grenzüber- **17**

16 Vgl. statt vieler die Ausführungen und Nachweise bei *Kloepfer*, Umweltrecht, § 6 Rn. 1 ff.; *Marburger*, Gutachten zum 56. DJT, 1986, S. 101 ff.; *Wagner*, NuR 1992, 201 ff. sowie *Abraham*, Schutz vor industriellen Immissionen durch das Bürgerliche Gesetzbuch, 1997; *Gerlach*, Privatrecht und Umweltschutz im System des Umweltrechts, 1989; *Hohloch*, in: HdUR, Bd. II, Art. „Umweltprivatrecht", Sp. 2270 ff. m.w.N.

17 BGHZ 113, 17 (18).

18 BGHZ 122, 1 (5 f.), s. aber BGHZ 111, 63 ff.

schreitende (z.B. privatrechtsgestaltende) Wirkung prinzipiell nicht zukommt[19], und bei der Durchsetzung von aufgrund nachbarschützender Normen erlassenen öffentlichrechtlichen Auflagen, die vom Genehmigungsinhaber nicht erfüllt werden, über einen quasi-negatorischen Anspruch[20].

18 Die weitaus größte Bedeutung ist dem **öffentlichen Umweltrecht** zuzumessen, das neben völkerrechtlichen, europarechtlichen und verfassungsrechtlichen Normen (zu dieser Einteilung Rn. 1/29 ff.) insbesondere solche des Umweltverwaltungsrechts umfaßt. Die meisten seiner Normen dienen *nur dem Allgemeinwohl*, nicht aber Individualbelangen, viele sind aber sogen. Schutznormen und bieten einen im Verwaltungsrechtsweg geltend zu machenden *Individualschutz* gegen Umweltbelastungen, indem gegen die öffentliche Hand gerichtete Abwehr-, Schutz- und/oder Entschädigungsansprüche (vgl. Rn. 4/1 ff.) eingeräumt werden. Seine wichtigsten Regelungsbereiche werden hier im folgenden behandelt.

19 Schließlich gibt es auch das **Umweltstrafrecht**, das mit dem 18. Strafrechtsänderungsgesetz von 1980 im 28. Abschn. des StGB unter dem Titel „Straftaten gegen die Umwelt" (§§ 324-330d) kodifiziert[21] und mit Wirkung vom 1.11.1994 novelliert wurde[22], sowie das **Umwelt-Ordnungswidrigkeitenrecht**, dessen in umweltrechtlichen Einzelgesetzen geregelte Tatbestände keinen kriminellen Gehalt aufweisen[23].

2. Umweltrecht als Querschnittsrecht und als selbständiges Rechtsgebiet

20 Die Normen des Umweltrechts[24] finden sich zum Teil in Gesetzen, die primär auf den Umweltschutz bezogen sind, etwa im Bereich des öffentlichen Immissions-, des Strahlenschutz- oder Naturschutzrechts, des Gentechnikrechts, des Abfallentsorgungsrechts, des Bodenschutz- oder des Wasserrechts. Zum Teil finden sich aber die

19 S. hierzu *Engel*, VBlBW 1990, 81 (86 f.); *Lummert*, in: *Bothe/Prieur/Ress*, Rechtsfragen grenzüberschreitender Umweltbelastungen, 1984, S. 187 ff.; *Roßbach*, NJW 1988, 590 ff.; UBA (Hrsg.), Umweltschutz durch internationales Haftungsrecht, 1999; *Wandt*, VersR 1998, 529 ff.; BVerfGE 72, 66; BVerwGE 75, 284.

20 BGHZ 111, 63 ff.; *Fritzsche*, NJW 1995, 1121 ff.

21 Dazu *Helgerth/Volz*, Hdb. Umweltstrafrecht, 1997; *Kloepfer/Vierhaus*, Umweltstrafrecht, 1995; *Meinberg/Möhrenschlager/Link* (Hrsg.), Umweltstrafrecht, 1989; *Heine*, NJW 1990, 2430 ff.; *Schall*, NStZ 1997, 420 ff., 462 ff., 577 ff.; *Sack*, Umweltstrafrecht, Loseblatt-Ktr.; *Steindorf*, Umweltstrafrecht, 2. Aufl. 1997; *Tiedemann*, in: HdUR, Bd. II, Art. „Umweltstrafrecht", Sp. 2440 ff.; ferner *Frisch*, Verwaltungsakzessorietät und Tatbestandsverständnis im Umweltstrafrecht, 1993; *Gürbüz*, Zur Strafbarkeit von Amtsträgern im Umweltstrafrecht, 1997; *Heine*, Die strafrechtliche Verantwortlichkeit von Unternehmen, 1995; *Hoch*, Die Rechtswirklichkeit des Umweltstrafrechts aus der Sicht von Umweltverwaltung und Strafverfolgung, 1994; *Nappert*, Die strafrechtliche Haftung von Bürgermeistern und Gemeinderäten im Umweltstrafrecht, 1997.

22 Zur Umweltstrafrechts-Novelle s. *Breuer*, JZ 1994, 1077 ff.; *Möhrenschlager*, NStZ 1994, 513 ff., 566 ff.; *Otto*, Jura 1995, 134 ff.; *Schmidt/Schöne*, NJW 1994, 2514 ff.; vgl. ferner die Verhandlungen der strafr. Abt. des 57. DJT 1988 mit dem Gutachten von *Heine/Meinberg*. Zu Vollzugsproblemen *Heine*, ZUR 1995, 63 ff.

23 Dazu *Meinberg*, NJW 1990, 1273 ff.

24 Zur Umweltrechtsgeschichte s. *Kloepfer*, Zur Geschichte des deutschen Umweltrechts, 1994; Umweltrecht, § 2 Rn. 1 ff.

Umweltrechtsnormen in Gesetzen, die neben sonstigen Zielsetzungen mit dieser oder jener Norm auch auf Umweltbelange Bedacht nehmen, wie etwa im Bereich des Raumordnungsrechts (vgl. z.B. § 1 II 2 Nr. 2, § 2 II Nrn. 1 u. 8 ROG), des Baurechts (z.B. § 1 V 1 u. 2 Nr. 7, § 1a, § 5 II Nrn. 6 u. 10, § 9 I Nrn. 20 u. 23-25, §§ 5 IIa, 9 Ia BauGB), des Atomrechts (z.B. § 1 Nr. 2, § 7 II Nrn. 3 u. 6 AtG), des Bergrechts (z.B. § 1 Nr. 3 BBergG), des Flurbereinigungsrechts (z.B. § 37 II FlurbG), des Waldrechts (z.B. § 1 Nr. 1 BWaldG) oder des Straßen- und Straßenverkehrsrechts (z.B. § 3 I 2 HS 2, § 17 I 2 u. IV FStrG, § 6 I Nrn. 3d u. 5a StVG).

Zum Umweltrecht gehören materiell- und verfahrensrechtliche Vorschriften, zivil-, **21** straf-, verwaltungs- und natürlich auch verfassungsrechtliche Normen. Hinzu kommen das Umweltvölkerrecht und das – immer wichtigere – Umwelteuroparecht. Umweltrecht findet sich auf allen Ebenen der Normenhierarchie angesiedelt. Die Fülle der Regelungen zeigt ein Charakteristikum, aber auch eine Schwierigkeit des Umweltrechts, nämlich die „*Verstreutheit*" seiner Normen über ganz verschiedene Regelungsbereiche[25].

Nach allem erweist sich das Umweltrecht ähnlich wie das Wirtschaftsrecht als ein **22** „**Querschnittsrecht**". Dieses Querschnittsrecht ist harmonisierungsbedürftig, da seine (häufig ergänzten und novellierten) Normen nicht ausreichend aufeinander abgestimmt sind, so daß es zur Verwendung unterschiedlicher Begriffe für identische Begriffsinhalte, zu Überschneidungen oder Mehrfachregelungen und zu sonstigen Unstimmigkeiten gekommen ist. Novellierungen gehen daneben auch häufig von unterschiedlichen, ja sogar gegenläufigen systematischen Ansätzen aus (UVPG und ROG einerseits, VerkehrswegeplanungsbeschleunigungsG und PlanungsvereinfachungsG andererseits). Im übrigen sind insbesondere die lediglich umweltrelevanten Regelungen eng mit Rechtsgebieten verzahnt, die nicht lediglich als Umweltrecht qualifiziert werden können, wie z.B. das Planfeststellungsrecht für Verkehrswege. Jedoch bildet das Umweltrecht im Sinne der Gesamtheit der umweltspezifischen, aber auch der nur umweltrelevanten Regelungen eine besondere, von anderen Rechtsgebieten abgrenzbare Rechtsmaterie. Die Zusammenfassung verschiedener Regelungsbereiche bzw. -sektoren unter einem umweltbezogenen und ganzheitlichen Aspekt ist – wie auch die planvolle Umweltschutzgesetzgebung[26] – zwar noch relativ jung, dennoch ist auf der Grundlage umweltrechtsspezifischer – sektoral differierender – Zwecksetzungen, Wertungen und Rechtsprinzipien von der Rechtswissenschaft im Rahmen einer integrativen Sichtweise durch systembildende rechtsdogmatische Aufarbeitung ein *eigenständiges Umweltrecht* sichtbar gemacht worden[27]. Diese Wertungen, Prinzipien und zweckrationalen Grundentscheidungen bilden die Basis und eine wichtige innere Rechtfertigung des besonderen Rechtsgebiets „Umweltrecht".

Der 59. DJT 1992 befaßte sich mit der Frage „Empfiehlt es sich, ein **Umweltgesetzbuch** zu **23** schaffen, gegebenenfalls mit welchen Regelungsbereichen?" und befürwortete grundsätzlich

25 Zum Problem s. *Erbguth*, Grundfragen; *Kloepfer*, Systematisierung des Umweltrechts, 1978.

26 In dieser Hinsicht hatte das Umweltprogramm der BReg. von 1971, BT-Drs. 6/2710 die Funktion einer Initialzündung.

27 *Erbguth*, Grundfragen, S. 48 ff.; *Kloepfer*, Umweltrecht, § 1 Rn. 40 ff.

eine umfassende Umweltrechtskodifikation. Zuvor war im Jahre 1990 vom BMU der von einer Professorengruppe erarbeitete „wissenschaftliche" Entwurf eines 169 Paragraphen umfassenden Allgemeinen Teils eines Umweltgesetzbuchs (E-UGB-AT) vorgestellt worden[28]. Er hat insbesondere Ziele, Prinzipien und Instrumente des Umweltschutzes, Umweltrechte und Umweltpflichten, ein Modell der Umweltleitplanung[29], Umweltfolgenprüfung und Umwelthaftung sowie die Verbandsbeteiligung, die Öffentlichkeit von Verfahren sowie Recht- bzw. Regelsetzung zum Inhalt. Hierauf aufbauend wurde Ende 1993 die Arbeit einer weiteren Professorengruppe für den Entwurf eines Besonderen Teils präsentiert, der die Sachgebiete Naturschutz und Landschaftspflege, Gewässerschutz und Wasserwirtschaft, Bodenschutz, Immissionsschutz, Kernenergie und Strahlenschutz, Gefährliche Stoffe sowie Abfallwirtschaft und Abfallentsorgung, nicht aber das bedeutsame Gentechnikrecht, ein übergreifendes Stoffrecht oder ein einheitliches Recht für alle Verkehrsanlagen (mit einer sogen. verkehrswegübergreifenden Verkehrsfolgenprüfung) umfaßt[30].

24 Anschließend hat eine vom BMU im Juli 1992 berufene, unabhängige Sachverständigenkommission – unter Vorsitz des früheren Präsidenten des BVerwG *Sendler* – nach mehrjähriger Arbeit einen u.E. gelungenen Entwurf für ein einheitliches Umweltgesetzbuch (UGB-KomE) vorgelegt[31]. In Erweiterung der Professorenentwürfe wurden auch umfassende Neuregelungen im Rechtsschutz (individualschützende Vorsorge und Verbandsklage) vorgeschlagen und Gentechnik, Forstwirtschaft, Energierecht, Verkehrswegeplanungsrecht sowie Teilbereiche des Landwirtschaftsrechts und Bergrechts einbezogen. Verzichtet wurde auf Entschädigungsregelungen für Waldschäden, ein Kapitel zum Klimaschutz sowie die Einbeziehung des Baurechts und des Steuerrechts. Der Entwurf umfaßt 17 Kapitel mit 775 Paragraphen, die einschließlich ihrer Begründung mehr als 1600 Seiten füllen.

25 Das BMU hatte daraufhin die anstehende Umsetzung der UVP-II- und der IVU-RL zum Anlaß genommen, einen Teilbereich allgemeiner Normen und des Zulassungsrechts für ein UGB I aufzuarbeiten, der auf vielerlei Kritik[32] gestoßen ist und schließlich im Herbst 1999 an – nach ganz h.M. unzutreffenden[33] – Einwänden des BMI und BMJ im Hinblick auf die Gesetzgebungskompetenz des Bundes scheiterte.

26 Im Gegensatz hierzu war die Entwicklung des Umweltrechts seit dem Beitritt der ehemaligen DDR im Jahre 1990 durch eine *Verkürzung der Beteiligungsrechte und Rechtsschutzmöglichkeiten* der Bürger, eine *Aufweichung der formellen und materiellen Genehmigungsvoraussetzungen in einer Vielzahl von Sonderregelungen* geprägt, die – entsprechend immer wiederholten Forderungen der Wirtschaftsverbände – den „Aufschwung Ost" und den „Industriestandort Deutschland" sichern sollen, und zwar durch punktuelle Gesetzesänderungen mit dem Ziel,

---

28 *Kloepfer/Rehbinder/Schmidt-Aßmann/Kunig*, Umweltgesetzbuch – Allgemeiner Teil, 1990; s. hierzu auch die Verhandlungen des 59. DJT 1992 mit Gutachten von *Breuer* sowie Referaten von *Hansmann* und *Dolde*.

29 S. *Erbguth*, DVBl. 1992, 122 ff.; *Hoppe*, NJW 1992, 1993 ff.

30 *Jarass/Kloepfer/Kunig/Papier/Peine/Rehbinder/Salzwedel/Schmidt-Aßmann*, Umweltgesetzbuch – Besonderer Teil, 1994; *Kloepfer*, DVBl. 1994, 305 ff.; DÖV 1995, 745 ff. Hierzu z.B. Tagungbericht der Ev. Akademie Bad Boll v. 26.-28.1.1996, Protokolldienst 18/96; Tagung der Hochschule Speyer v. 22.-24.10.1997 in ZAU, Heft 1/98.

31 BMU (Hrsg.), Umweltgesetzbuch (UGB-KomE), 1998. Mitglieder der Kommission waren *Sendler, Kloepfer, Bulling, Gaentzsch, Johann, Schweikl, Sellner* und *Winter*. S.a. *Schink*, DÖV 1999, 1 ff.; *Sendler*, NVwZ 1996, 1145 ff.; NVwZ 1999, 132 ff.

32 *Rengeling (Hrsg.)*, Auf dem Weg zum Umweltgesetzbuch I, 1999; *Engel*, ZUR 1999, 131 ff.; *Schmidt*, ZUR 1998, 277 ff.; *Schmidt-Preuß*, DVBl. 1998, 857 ff.; *Schrader*, NuR 1998, 285 ff.; *Steinberg*, ZUR 1999, 126 ff. Zusammenfassend zum Sachstand *Wasielewski*, NVwZ 2000, 15 ff.

33 Hierzu nur *Rengeling*, DVBl. 1998, 997 ff.

Zulassungsverfahren zu beschleunigen[34]. Beispielhaft können die überhastete Verabschiedung des Planungsvereinfachungsgesetzes sowie des Investitionserleichterungs- und Wohnbaulandgesetzes im Jahre 1993 oder des Genehmigungsverfahrensbeschleunigungsgesetzes (1996) genannt werden. Mit erstaunlichem Tempo arbeitete der Gesetzgeber in der 12. und 13. Legislaturperiode – trotz global zunehmender Umweltprobleme – am Abbau umweltrechtlicher Vorschriften, ohne zuvor eine Schwachstellenanalyse betrieben zu haben[35].

Unabhängig davon dürfte es bereits in Anbetracht der dynamischen Entwicklung des **27** nationalen und europäischen Umweltrechts schwerfallen, in absehbarer Zukunft eine umfassende Gesamtkodifikation in Gestalt eines – wünschenswerten – UGB zu schaffen[36]. Gerade im Hinblick auf die fortlaufenden Novellierungen der einzelnen Fachgesetze, die häufig aus unterschiedlichen systematischen und politischen Ansätzen erfolgen, besteht u.E. sowohl ein *Harmonisierungs-* als auch ein *Fortentwicklungsbedarf* im Umweltschutzrecht[37]. Daher ist es zumindest erforderlich, nach dem Vorbild des UVPG oder des UIG einzelne, in vielen Umweltrechtssektoren wiederkehrende Regelungsgegenstände vorab einheitlich und sektorenübergreifend zu normieren. Neben den Regelungen zur Umsetzung der UVP- und IVU-Richtlinie, die ein einheitliches förmliches Genehmigungsverfahren schaffen können, besteht vor allem Anlaß zur Neuregelung der organisatorischen und verfahrensrechtlichen Vorgaben für den Erlaß von Umweltstandards sowie zu einer europarechtskonformen Neuregelung des Rechtsschutzes. Der UGB-KomE unterbreitet diesbezüglich sachdienliche und ausgewogene Vorschläge.

Der vielfach attestierte Reformbedarf des Umweltrechts wird darüberhinaus auch als **28** ein Indikator für mögliche *Änderungen des allgemeinen Verwaltungsverfahrens-*

---

34 S. BT-Drs. 13/10145 – Umsetzungsbericht der BReg zum „schlanken Staat"; BMWi (Hrsg.), Investitionsförderung durch flexible Genehmigungsverfahren. Bericht der Unabhängigen Expertenkommission zur Vereinfachung und Beschleunigung von Planungs- und Genehmigungsverfahren, November 1994; *Bullinger*, JZ 1994, 1129 ff.; *Schlichter*, DVBl. 1995, 173 ff.; zutr. kritisch *Bonk*, NVwZ 1997, 320 ff.; *Erbguth*, JZ 1994, 477 ff.; *Lübbe-Wolff*, ZUR 1995, 57 ff.; *Koch*, NVwZ 1996, 215 ff.; *Stüer*, DVBl. 1997, 326 ff. Nach neueren Untersuchungen spielt die Dauer von Genehmigungsverfahren allerdings bei Investitionsentscheidungen nur eine untergeordnete Rolle, vgl. *Steinberg*, NVwZ 1995, 109.

35 Auf der Jahrespressekonferenz des BVerwG am 14.2.1995 übte auch der Präsident des Gerichts, *Everhard Franßen*, zutreffende Kritik an dieser Haltung des Gesetzgebers: „Die Beschleunigung der Genehmigungsverfahren ist heute ein höchst aktuelles Thema. Beschleunigt hat sich freilich bislang die Rotation der Gesetzgebungsmaschine, und zwar in einer Weise, die nach meinem Eindruck sowohl Verwaltung als auch Verwaltungsgerichte zunehmend zu überfordern beginnt. Es ist in manchen Bereichen des Umweltrechts fast schon eine besondere Leistung, sich den Überblick über das aktuell geltende Recht zu erhalten – oder besser – wieder zu verschaffen. Es mag mit unserem föderalistischen System zusammenhängen, daß auf gesamtstaatlicher Ebene die Entdeckung politischen Handlungsbedarfs immer mit der Entdeckung vermeintlicher Regelungsdefizite einhergeht, denn der Bund hat nun einmal im Vollzugsbereich nur sehr geringe Kompetenzen, und wenn er handeln will, muß er als Gesetzgeber handeln. Aber wir haben heute keine Regelungsdefizite, sondern Vollzugsprobleme, die durch das ständige Drehen an der Regulierungsschraube nicht behoben, sondern nur vermehrt werden ..." (DVBl. 1995, 339).

36 Zu Kodifikationen im europäischen Ausland s. UGB-KomE, S. 77 ff.

37 S. Diskussion der Abteilung Umweltrecht beim 59. DJT nebst Beschlüssen, in: Verhandlungen des 59. DJT, 1992, Band II, N, S. 56 ff., 202 ff.; ferner *Kloepfer* (Hrsg.), Umweltstaat als Zukunft, 1994; zuvor bereits *Kloepfer/Meßerschmidt*, Innere Harmonisierung des Umweltrechts, 1986.

rechts angesehen[38], womit dem Umweltrecht eine Schlüsselrolle in der Diskussion um die Reform des Allgemeinen Verwaltungsrechts zukommt.

3. Rechtsquellen

a) Umweltvölkerrecht

29 Das **Umweltvölkerrecht**[39] (internationales Umweltrecht) kann als solches nur Völkerrechtssubjekte, d.h. souveräne Staaten oder ausnahmsweise auch internationale Organisationen berechtigen und verpflichten, nicht aber Einzelmenschen oder Personenvereinigungen.

30 Soweit es sich bei den Völkerrechtsnormen um **allgemeine Regeln des Völkerrechts** handelt, sind sie nach *Art. 25 S. 1 GG* Bestandteil des Bundesrechts. Sie gehen nach *Art. 25 S. 2 GG* den Gesetzen vor und erzeugen Rechte und Pflichten unmittelbar für die Bewohner des Bundesgebietes. Daraus folgt u.a., daß die Behörden und Gerichte der Bundesrepublik Deutschland grundsätzlich daran gehindert sind, innerstaatliches Recht – also auch innerstaatliches Umweltrecht – in einer Weise auszulegen und anzuwenden, welche die allgemeinen Regeln des Völkerrechts verletzt[40]. Die „allgemeinen Regeln des Völkerrechts" i.S. des Art. 25 GG werden durch Normen gebildet, die von der überwiegenden Mehrheit der Völkerrechtssubjekte – nicht notwendigerweise auch von der Bundesrepublik Deutschland – als verbindlich anerkannt werden und nicht lediglich regional bedeutsam sind. Dazu gehören nach der Auffassung des Bundesverfassungsgerichts[41] die Normen des Völkergewohnheitsrechts und anerkannte allgemeine Rechtsgrundsätze, nicht aber besondere völkervertragliche Vereinbarungen.

31 **Rechtsquellen des Umweltvölkerrechts** sind das Völkergewohnheitsrecht, die „von den Kulturvölkern anerkannten allgemeinen Rechtsgrundsätze" (Art. 38 I lit. b des Statuts des Internationalen Gerichtshofs in Den Haag) sowie vor allem das Völkervertragsrecht, d.h. die multi- oder bilateralen völkerrechtlichen Verträge.

32 Für das Recht des internationalen Umweltschutzes sind zunächst gewisse **völkergewohnheitsrechtliche Grundsätze** von Bedeutung, z.B. der *Grundsatz der guten Nachbarschaft* (Art. 74 UN-Charta)[42] oder der **Grundsatz der beschränkten territorialen Souveränität und Integrität**[43]. Aus diesen beiden Grundsätzen folgt für

---

38 S. *Hoffmann-Riem*, DVBl. 1994, 1381 ff.; DÖV 1997, 433 ff.; u. in: *ders./Schmidt-Aßmann/Schuppert* (Hrsg.), Reform des Allgemeinen Verwaltungsrechts, 1993, 115 ff. Zum Umweltrecht als Referenzgebiet vgl. auch *Schmidt-Aßmann*, Das allgemeine Verwaltungsrecht als Ordnungsidee, 1998, Kap. 1 Rn. 12 ff.; *Voßkuhle*, Das Kompensationsprinzip, 1999, S. 11 ff.

39 Dazu *Kimminich*, in: HdUR, Bd. II, Art. „Umweltvölkerrecht", Sp. 2510 ff.; *Kloepfer*, Umweltrecht, § 9 Rn. 61 ff. Aus politikwissenschaftlicher Sicht *Strübel*, Internationale Umweltpolitik, 1992.

40 BVerfGE 75, 1 (18 f.).

41 BVerfGE 6, 309 (363); 31, 145 (178); 41, 88 (20 f.).

42 Dazu z.B. *Thalmann*, Grundprinzipien des modernen zwischenstaatlichen Nachbarrechts, 1951; *Klein*, Umweltschutz im völkerrechtlichen Nachbarrecht, 1976, S. 115 ff.; *Kloepfer/Kohler*, Kernkraftwerk und Staatsgrenze, 1981, S. 28 m. Fn. 35.

43 S. dazu *Fröhler/Zehetner*, Rechtsschutzprobleme bei grenzüberschreitenden Umweltbeeinträchtigungen, Bd. I, 1979, S. 69 ff.; *Kloepfer/Kohler*, Kernkraftwerk und Staatsgrenze, 1981, S. 36 ff.

den grenzüberschreitenden Umweltschutz, d.h. für das *internationale Nachbarrecht* die bedeutsame Grundregel, nach der kein Staat auf seinem Territorium ohne besonderen völkerrechtlichen Rechtfertigungsgrund Tätigkeiten dulden, vornehmen, fördern oder gar förmlich zulassen darf, die sich auf dem Territorium eines anderen Staates in erheblicher, am Erfolgsort im „Wirkungsstaat" ortsunüblicher Weise auf Rechte und Rechtsgüter schädigend auswirken oder auswirken können[44].

Wegweisend war der berühmte, im *Trail-Smelter-Fall* 1938/41 ergangene Schiedsspruch zu den völkerrechtlichen Implikationen grenzüberschreitender Luftverschmutzung. Eine in Trail auf kanadischem Gebiet gelegene Zink- und Bleischmelze hatte durch Luftverunreinigungen über Jahre hinweg der amerikanischen Land- und Forstwirtschaft jenseits der Grenze im US-Bundesstaat Washington schweren Schaden zugefügt. Das Schiedsgericht leitete aus der völkergewohnheitsrechtlichen Pflicht zu gutnachbarlichem Verhalten die Verpflichtung Kanadas ab, das Einwirken derartig schädlicher Abgasemissionen auf fremdes Staatsgebiet zu verhindern. Außerdem wurde Kanada verurteilt, für den entstandenen und noch entstehenden Schaden Ersatz zu leisten, und zwar ohne Rücksicht auf etwaiges Verschulden[45]. 33

Die häufig grenzüberschreitende Wirkung von Umweltbeeinträchtigungen führt dazu, daß in umweltrelevanten Verwaltungsverfahren die Behörde Belange ausländischer Nachbarn zu berücksichtigen hat, wenn das Regelungsprogramm des bundesdeutschen Gesetzes einen solchen grenzüberschreitenden Nachbarschutz nicht ausschließt[46]. Die Genehmigung selbst wirkt aber nur innerhalb des genehmigenden Staates. 34

Auch **internationale Organisationen** (z.B. UNO, UNEP, OECD usw.) leisten mit ihren „rules", „guidelines", „principles", „standards" (= „soft-law") einen Beitrag zur Bildung von Völkergewohnheitsrecht. Die 1. UN-Umweltkonferenz fand 1972 in Stockholm statt. Sie führte zur Gründung des Umweltprogramms der Vereinten Nationen (UNEP), einer Unterorganisation der UNO. 35

Das **Völkervertragsrecht** ist von – u.U. globaler – Bedeutung bei Konventionen (multilateralen Verträgen), etwa zum Schutz einzelner Umweltmedien[47] (z.B. des Luftraums, der Meere oder grenzüberschreitender Gewässer), bestimmter Umweltgüter (z.B. wildlebender Tier- und Pflanzenarten) oder – medienunabhängig – des Menschen vor bestimmten Gefahren, etwa vor den Gefahren der Kernenergienut- 36

44 Vgl. *Klein*, Umweltschutz im völkerrechtlichen Nachbarrecht, 1976, S. 197; *Fröhler/Zehetner*, ebda., S. 52, 74 ff.; *Engel*, VBlBW 1990, 81 ff.; *Kloepfer/Kohler*, ebda., S. 20 f.; *Rest*, Österr. Zeitschr. f. öffentl. Recht u. Völkerrecht, Bd. 32 (1981), S. 59 (61); BGHZ 87, 321 (328 f.), jeweils m.w.N.

45 Dazu *Klein*, ebda., S. 107 f., 225 ff.; *Rest*, Internationaler Umweltschutz und Haftung, 1978, S. 28 f.; *Fröhler/Zehetner*, ebda., S. 87; weitere Nachw. bei *Bothe*, UPR 1983, 5. – Allerdings fehlt es bisher noch an einem völkergewohnheitsrechtlichen Prinzip der Staatenhaftung für Umweltschäden; völkervertragsrechtlich ist eine solche Staatenhaftung nur in einigen Verträgen zum Weltraumrecht verankert, dazu *Rest*, NJW 1989, 2153 ff. m.w.N.

46 BVerwGE 75, 284 ff.; OVG Saarlouis, ZUR 1994, 258; zu den verwaltungsverfahrensrechtlichen Fragen im Anschluß an diese „völkerrechtsfreundliche Auslegung" einfachgesetzlicher Normen s. *Engel*, VBlBW 1990, 81 (83 ff.). Eine privatrechtsgestaltende Wirkung von Genehmigungen gegenüber ausländischen Nachbarn bejaht *Nassr-Esfahani*, Grenzüberschreitender Bestandsschutz für unanfechtbar genehmigte Anlagen, 1991, S. 146 ff.

47 S. *Kimminich*, in: HdUR, Bd. II, Art. „Umweltvölkerrecht", Sp. 2510 (2521 ff.).

zung. Manche Umweltprobleme können in der Tat nur durch weltweit abgestimmte strategische Konzepte gemeistert werden.

37 Auf der 2. globalen **UN-Umweltkonferenz**, die **in Rio de Janeiro** vom 3. bis 13.6.1992 unter Beteiligung von über 170 Staaten stattfand, kam es zwar zur Unterzeichnung einer *Rahmenkonvention zum Klimaschutz* mit dem Ziel einer weltweiten Reduzierung insbesondere des CO_2-Ausstoßes, wegen des Widerstands der USA bei der Vorbereitung der Konferenz aber nicht zu verbindlichen Zeit- und Mengenvorgaben. Immerhin normiert deren Art. 2 den bedeutsamen Grundsatz einer Stabilisierung des Treibhaus-Spurengasgehalts der Atmosphäre auf dem Niveau von 1990. Außerdem kam es auf dieser Konferenz, die vor allem bei den Entwicklungsländern ein neues Umweltbewußtsein gezeigt hat, zur Unterzeichnung einer *Konvention zum Schutz der Artenvielfalt* (ohne die USA), mit der das Ziel verfolgt wird, die Vielfalt der Tier- und Pflanzenarten und ihre Lebensräume weltweit zu erhalten; geregelt wird insbesondere die faire Teilung der Erträge, die aus der Verwendung genetischer Ressourcen erwachsen. Die Konventionen, die nach ihrer Ratifizierung durch eine bestimmte Zahl von Staaten in Kraft treten, können auf Nachfolgekonferenzen weiter konkretisiert werden. Ferner wurden auf der Konferenz Erklärungen abgegeben, und zwar in Gestalt einer *„Deklaration von Rio"*, die Grundsätze für die Entwicklung und den Umweltschutz sowie für die internationale Kooperation auf diesen Gebieten formuliert, ferner der umfassenden, in das nächste Jahrhundert weisenden *„Agenda 21"*, in deren 40 Kapiteln ein umfassendes Programm für die umweltgerechte Entwicklung auch in der Dritten Welt und für die nachhaltige Nutzung aller natürlichen Ressourcen sowie eine künftige Steigerung der Hilfe der Industriestaaten zugunsten der Entwicklungsländer auf rd. 0,7% ihres Sozialproduktes niedergelegt sind, sowie einer *„Walddeklaration"* (anstelle einer von den Entwicklungsländern nicht akzeptierten Waldschutz-Konvention), mit welcher der Schutz, die Erhaltung und die ökologische Bewirtschaftung aller Arten von Wäldern postuliert wird[48].

38 Nicht alle Ziele der Rio-Konferenz sind erreicht worden[49]. So ist bspw. der Anteil der Entwicklungshilfe seitens der Industriestaaten weiter gesunken und liegt jetzt unter 0,3%. Beachtung fanden das folgende Übereinkommen zur Bekämpfung der Wüstenbildung vom 17.6.1994 sowie die Ende 1997 auf der 3. Vertragsstaatenkonferenz in Kioto[50] vereinbarten Grundsätze über die *Reduzierung von Treibhausemissionen* (Rn. 8/24), die einerseits verbindliche Ziele vorgeben, sich aber auch auf einen – umstrittenen – Emissionshandel erstrecken, mit dem die Ziele erreicht werden sollen.

b) Umwelteuroparecht

39 Das europäische Umweltrecht[51] gewinnt in den letzten Jahren so sehr an Bedeutung, daß man von einer „Europäisierung" der nationalen Rechtsordnung sprechen kann. Seit 1973 stellt die EG-Kommission in etwa fünfjährigem Turnus *EG-Umweltschutz-*

48 Zur Konferenz von Rio s. BT-Drs. 12/3380 v. 30.9.1992; *Ruffert*, ZUR 1993, 208 ff.; *v. Websky*, in: HdUR, Bd. II, Art. „Rio-Konferenz", Sp. 1731 ff. Einige Konventionen sind dokumentiert in BMU (Hrsg.), Dokumentation über die Konferenz der Vereinten Nationen für Umwelt und Entwicklung, 1993.

49 S. *Beyerlin/Ehrmann*, UPR 1997, 356 ff. Zu Impulsen der Konferenz von Rio *Steiger*, NuR 1995, 437 ff.

50 S. hierzu *Koch/Verheyen*, NuR 1999, 1 ff.

51 S. *Epiney*, Umweltrecht in der Europäischen Union, 1997; *Fischer*, JuS 1999, 320 ff.; *Frenz*, Europäisches Umweltrecht, 1997; *Jans*, European Environmental Law, 1997; *Krämer*, ZUR 1998, 70 ff.; *Rengeling (Hrsg.)*, Handbuch zum europäischen und deutschen Umweltrecht, 2 Bde., 1998; *Ress*, in: HdUR, Bd. I, Art. „Europäische Gemeinschaften", Sp. 548 ff.; ferner: *Breuer u.a.* (Hrsg.), Umwelt-

programme auf, die Grundlage für Rechtsetzungsinitiativen sind[52]. Im Jahre 1990 wurde als zentrale europäische Einrichtung die *Europäische Umweltagentur* geschaffen, die ihren Sitz in Kopenhagen hat. Sie hat die Aufgabe, gestützt auf vorhandene Meßstellen in den Mitgliedstaaten Daten über den Zustand der Umwelt zu sammeln, aufzubereiten und zu analysieren und so ein europaweites Umweltinformationssystem aufzubauen. Daneben sind ihr auch Aufgaben im Bereich der Überwachung, Beratung und Umweltberichterstattung übertragen[53].

Die **Europäische Union** (EU) als „Dachverband" der Europäischen Gemeinschaften (EWG, EGKS, Euratom) ist eine internationale Organisation[54], die hoheitliche Gewalt über die Europäischen Gemeinschaften in allen klassischen Formen – Rechtsetzung, Verwaltung und Rechtsprechung[55] – ausüben kann. Die Befugnis hierzu wurde ihr in den Gründungsverträgen nebst nachfolgenden Änderungen, dem sogenannten **Primärrecht**, übertragen. Mit diesen Verträgen wurde eine eigene Rechtsordnung geschaffen[56]. **40**

Mit den Änderungen durch die **Einheitliche Europäische Akte (EEA)** vom 28.2.1986[57] sind für die Normsetzung der EG auf dem Gebiet des Umweltrechts – für die Kernenergie gilt al- **41**

---

und Technikrecht in den Europäischen Gemeinschaften – Antrieb oder Hemmnis?, UTR Bd. 7, 1989; *Frenz/Unnerstall*, Nachhaltige Entwicklung im Europarecht, 1999; *Jarass/Neumann*, Umweltschutz und Europäische Gemeinschaften, 1992; *Kloepfer*, Umweltrecht, § 9 Rn. 7 ff.; *Middeke*, Nationaler Umweltschutz im Binnenmarkt, 1993; *Schmitz*, Die EU als Umweltunion, 1996; *Schwarze*, Europäisches Verwaltungsrecht, 2 Bde. 1988. Umweltrechtliche Vorschriften der EG finden sich in der Loseblatt-Sammlung von *Storm/Lohse*, EG-Umweltrecht und bei *Krämer*, Umweltrecht der EG, 3. Aufl. 1998; die EG veröffentlicht neue Rechtsvorschriften auf ihrer Homepage (www.europa.eu.int); dort findet sich auch eine nach Sachgebieten gegliederte Auflistung aller erlassenen Rechtsvorschriften mit Fundstelle.

52 Zu deren beschränkter rechtlicher Bindungswirkung für andere Gemeinschaftsorgane *Epiney*, Umweltrecht in der Europäischen Union, 1997, S. 23 ff.; *Streinz*, Europarecht, Rn. 940.

53 VO 1210/90/EWG v. 7.5.1990, ABl. Nr. L 120/1 v. 11.5.1990; zuletzt geändert durch EG-VO Nr. 933/1999 v. 29.4.1999, ABl. Nr. L 117/1 vom 5.5.1999; hierzu *Epiney*, Umweltrecht in der Europäischen Union, S. 44 ff.; *Ladeur*, NuR 1997, 8 ff. Homepage der Europäischen Umweltagentur: www.eea.dk.

54 Überwiegend wird die EU als nicht rechsfähiger Verband der drei Gemeinschaften mit besonderen Formen der intergouvernementalen Zusammenarbeit angesehen, vgl. *Dörr*, NJW 1995, 3162 ff.; *Streinz*, Europarecht, Rn. 107 ff. Die Europ. Gemeinschaften können zwar hoheitliche Gewalt ausüben, haben aber keine einem Staat eigene „Kompetenz-Kompetenz", wie aus Art. 5 EG und Art. 5 EU hervorgeht. Allerdings wird der Subsidiaritätsgrundsatz des Art. 5 EG durch Art. 308 durchbrochen.

55 Zur Rolle des Umweltschutzes in der Rechtsprechung des EuGH s. *Everling*, NVwZ 1993, 209 ff.; *Krämer*, EuGRZ 1995, 45 ff.; *Zuleeg*, NJW 1993, 31 ff.; krit. *Schoch*, JZ 1995, 109 ff. Zum Einfluß des Europarechts (auch der EMRK) *Schwarze*, NVwZ 2000, 241 ff.; zur Rechtsfortbildung durch den EuGH *Everling*, JZ 2000, 217 ff.

56 EuGH Slg. 1964, 1251 (1269 ff.); zu den Grenzen nach dem Vertrag von Maastricht BVerfGE 89, 155 ff.; *Götz*, JZ 1993, 1081 ff.; *Lenz*, NJW 1993, 3038 f.; *Meessen*, NJW 1994, 549 ff. Zum Primärrecht gehören neben den EG-Vertragsnormen auch die sog. allgemeinen Rechtsgrundsätze des Gemeinschaftsrechts, s. hierzu *Bleckmann*, DÖV 1993, 837 ff.; *Gornig/Trüe*, JZ 2000, 395 ff.; *Grabitz*, NJW 1989, 1776 ff.; *Schmidt-Aßmann*, DVBl. 1993, 924 ff.; *Schwarze*, Europäisches Verwaltungsrecht, 1988.

57 Gesetz zur Einheitlichen Europäischen Akte vom 28.2.1986 (EEAG) v. 19.12.1986, BGBl. II 1102. Der Bund konnte gem. Art. 24 I GG z.B. die Regelungsmaterie „Umweltschutz" auf die EG auch insoweit übertragen, als sie nach der Kompetenzverteilung des GG in die ausschließlichen Gesetzgebungskompetenzen der Länder fällt. Gem. den materiell- und verfahrensrechtlichen Bestimmungen

lerdings der EURATOM-Vertrag[58] – verschiedene Rechtsgrundlagen Bestandteil des EWG-Vertrags geworden, die durch den **Vertrag von Maastricht** vom 7.2.1992 über die Europäische Union[59] verfeinert wurden. Durch die mit der EEA[60] und dem Vertrag von Maastricht geschaffenen neuen Bestimmungen des in EGV umbenannten EWGV wurden tragfähige Ermächtigungen für spezifisch umweltpolitische Aktivitäten der Gemeinschaft bereitgestellt. Die Kompetenz war für die Vergangenheit zweifelhaft, weil für eine Rechtsetzung im Umweltbereich nur die Art. 100 EGV (Rechtsangleichung, jetzt Art. 94 EG) und 235 EGV (Auffangzuständigkeit, jetzt Art. 308 EG) zur Verfügung standen. Integrationspolitisch legitimiert waren nämlich die produktgebundenen umweltrechtlichen Regelungen nur durch die Erfordernisse der Wettbewerbsfreiheit und die anlagen- bzw. standortgebundenen Regelungen nur durch die Erfordernisse der Wettbewerbsgleichheit[61]. Durch den Vertrag von Maastricht ist der Umweltschutz insbesondere in den *Katalog der Gemeinschaftspolitiken* aufgenommen worden (Art. 2 EGV: umweltverträgliches Wachstum; Art. 3 lit. k EGV: gemeinschaftliche Umweltpolitik)[62]. Mit dem **Vertrag von Amsterdam** vom 2.10.1997[63], der am 1.5.1999 in Kraft getreten ist, wurden die außenpolitischen Kompetenzen der EU erweitert, die Beteiligung des Europäischen Parlamentes gestärkt und die sogen. Dritte Säule des EU-Vertrages (Justiz, Innenpolitik und Schengen-Abkommen) sowie das Abkommen zur Sozialpolitik (das Großbritannien in Maastricht nicht unterzeichnet hatte), in den EG-Besitzstand überführt. Im Bereich des Umweltrechts ist die durchgehende Verankerung der *Förderung einer nachhaltigen Entwicklung*[64] (7. Erwägungsgrund, neue Art. 2 und 6 EG[65]) hervorzuheben. In diesem Jahr soll eine in **Nizza** tagende Regierungsvertreterkonferenz die Grundlagen für eine umfassende Novelle der Verträge erarbeiten, mit der die anstehende Osterweiterung der EU vorbereitet werden soll. Neben der Aufnahme eines „geschriebenen" Grundrechtekataloges steht auch die Neuordnung der Abstimmungsverhältnisse auf der Agenda.

42 Unter **sekundärem Gemeinschaftsrecht** versteht man das von den Organen der Europäischen Union nach Maßgabe der Gründungs- und Folgeverträge erlassene Recht. Dabei gilt das **Prinzip der begrenzten Ermächtigung**[66]: nach dem Subsidiaritäts-

des Art. 2 EEAG werden bei den Verhandlungen in den EG-Gremien die berechtigten Interessen der Länder von der BReg. berücksichtigt; dazu *Haas*, DÖV 1988, 613 ff. Zur Stellung der Bundesländer in der EG s. *Hailbronner*, JZ 1990, 149 ff.; *Pernice*, DVBl. 1993, 909 ff.

58 Vgl. zu den EG-rechtlichen Rahmenbedingungen einer Reform *Pernice*, EuZW 1993, 497 ff.; *Schroeder*, DVBl. 1995, 322 ff.

59 S. Ges. v. 28.12.1992 (BGBl. II 1251) sowie Ges. zur Änderung des Grundgesetzes vom 21.12.1992 (BGBl. I 2086).

60 Dazu z.B. *Kromarek*, EurUm 1987, 11 ff.; *Zuleeg*, NVwZ 1987, 280 ff.; *Meier*, NJW 1987, 537 ff.; *Krämer*, EuGRZ 1988, 285 (288 ff.); *Glaesner*, NuR 1988, 166 (168 ff.); *Pernice*, DV 1989, 1 ff.; NVwZ 1990, 201 ff.; *Grabitz-Zacker*, NVwZ 1989, 303 ff.; *Scheuing*, EuR 1989, 152 ff.; *Seidel*, DVBl. 1989, 441 ff.; *Wicke/Huckestein*, ZAU 1989, 119 ff.

61 EuGH Slg. 1985, 531 (549) – Altöl; NVwZ 1989, 849 (Dän. Pfandflaschenurteil); *Kloepfer*, UPR 1986, 321 ff.

62 S. *Breier*, NuR 1993, 457 (460 ff.); *Wiegand*, DVBl. 1993, 533 (535 f.).

63 BGBl. 1999 II 296; vgl. *Hilf/Pache*, NJW 1998, 705 ff; *Lecheler*, JuS 1998, 392 ff.; *Schröder*, NuR 1998, 1 ff.; *Streinz*, EuZW 1998, 137 ff. und *Calliess/Ruffert* (Hrsg.), Kommentar des Vertrages über die EU und des Vertrages zur Gründung der Europäischen Gemeinschaft, 1999.

64 S. *Schrader*, UPR 1999, 201 ff.

65 Der Amsterdamer Vertrag brachte auch eine neue Numerierung der Verträge. Die Zitierweise folgt derjenigen des EuGH (s. NVwZ 2000, 55): Die Neufassungen werden als EU, EG, KS, EA bezeichnet, die früheren Fassungen als EUV, EGV usw.

66 BVerfGE 89, 155 (191 ff.); *Hitzler*, NVwZ 1992, 720 ff.; vgl. auch *Jarass*, EuGRZ 1994, 209 ff.; *Kahl*, AöR 118 (1993), 414 ff.; *Pieper*, DVBl. 1993, 705 ff.; *Schmidhuber*, DVBl. 1993, 417 ff.; *Streinz*, Europarecht, Rn. 436 ff.

prinzip der Art. 5 EG u. EU dürfen die EU und ihre Organe nur die ihnen speziell durch die Verträge übertragenen Befugnisse ausüben.

Allgemeine Rechtsakte der EU sind Verordnungen und Richtlinien. Kennzeichnend für die **Verordnung** ist deren *unmittelbare Geltung* in den Mitgliedstaaten (Art. 249 II EG), ohne daß es eines innerstaatlichen Transformationsaktes bedürfte. **Richtlinien** sind hingegen staatsgerichtet und *bedürfen zunächst der innerstaatlichen Umsetzung*. Sie sind in erster Linie Mittel zur Rechtsangleichung und die aufgrund des europarechtlichen Subsidiaritätsprinzips (Art. 5 EG) gebräuchlichste Handlungsform. Richtlinien sind, anders als Verordnungen, nur hinsichtlich des zu erreichenden Zieles verbindlich und überlassen den innerstaatlichen Stellen die Wahl der Form und Mittel hierfür (Art. 249 III EG). Das *Wie* der Umsetzung der Ziele in die nationalen Rechtsordnungen bleibt damit den Mitgliedsstaaten überlassen, nicht aber das *Ob*. Unter den möglichen Formen und Mitteln sind diejenigen zu ergreifen, die sich am besten dafür eignen, die praktische Wirksamkeit der Richtlinie zu gewährleisten. Nach bundesdeutscher Terminologie erfordert das regelmäßig eine Umsetzung durch Gesetz oder aufgrund eines Gesetzes[67]. Wo dem Bund nur eine Rahmengesetzgebungskompetenz zusteht (Wasserhaushaltsrecht, Naturschutzrecht), sind die Länder unter dem Gesichtspunkt der Bundestreue und der Beachtung des neugefaßten Art. 23 GG zur Mitwirkung bei der Umsetzung von Richtlinien gehalten[68]. Die Umsetzungsregelungen sind im Licht der EG-Regelungen *richtlinienkonform auszulegen*[69]. **43**

Richtlinien haben Ähnlichkeit mit der bundesdeutschen Rahmengesetzgebung und schaffen zunächst kein unmittelbar geltendes Recht mit Wirkung für den einzelnen. Jedoch haben Richtlinien, die **inhaltlich unbedingt und hinreichend genau** sind, folgende **unmittelbaren Wirkungen**: **44**

- Eine Richtlinie zwingt die Mitgliedstaaten bereits *vor Ablauf* der Umsetzungsfrist zu *vertragskonformem Verhalten*. Sie dürfen keine Maßnahmen ergreifen, die eine Umsetzung der Richtlinie vereiteln würden (venire contra factum proprium). Diese Pflicht erstreckt sich nicht nur auf die Gesetzgebung, sondern auch auf den *Verwaltungsvollzug*[70].

---

67 Zu den Kriterien der Umsetzung von Umweltrichtlinien *Pernice*, EuR 1994, 325 (328 ff.). Vgl. ferner EuGH, DVBl. 1991, 869 ff.; NVwZ 1993, 257; *Fischer*, JuS 1999, 320 (326 f.); *Gellermann/Sczcekalla*, NuR 1993, 54 (56 ff.); *Streinz*, Europarecht, Rn. 391; *Weber*, UPR 1992, 5 ff.; *Zuleeg*, VVDStRL 53 (1993), 1 ff.

68 BVerfG, NVwZ 1996, 1093 ff. zu Beteiligungsrechten der Länder und dem Verhalten des Bundes bei der Rechtsetzung. S.a. *König*, DVBl. 1997, 581 ff. zum Verwaltungsvollzug und *Scheuing*, NVwZ 1999, 475 (479 ff.) zu Umsetzungsverpflichtungen.

69 Vgl. BVerwGE 102, 282; EuGH Slg. 1984, 1891 u. 1921; *Jarass*, DVBl. 1995, 954 (957 ff.); *Pernice*, in: *Grabitz/Hilf* (Hrsg.), Kommentar zur Europäischen Union, 1995, Art. 164 Rn. 32; *Nettesheim*, AöR 119 (1994), 261 (267); *Ress*, DÖV 1994, 489 ff.; *Salzwedel*, UPR 1989, 41 ff.; *Di Fabio*, NJW 1990, 947 ff. Für eine mögliche Kollision sekundären Gemeinschaftsrechts mit deutschem Bundesstaatsrecht wird vom BVerfG eine Entscheidungskompetenz und -befugnis in Anspruch genommen. Allerdings wird das sekundäre Gemeinschaftsrecht nicht mehr am Maßstab der Grundrechte des GG überprüft, „solange“ ein wirksamer Grundrechtsschutz auf Gemeinschaftsebene generell gewährleistet ist; BVerfGE 89, 155 (174). Wenn keine europarechtskonforme Auslegung möglich ist, muß der Rechtsstreit ggf. dem EuGH nach Art. 234 EG vorgelegt werden.

70 EuGH, Slg. 1997, 7411 = EuZW 1998, 167 ff. m. Anm. *Weiß*, DVBl. 1998, 568 ff.; EuGH, NJW 1999, 2355 (für Verwaltungsakte); BVerwGE 107, 1 (22). Deshalb ist z.B. europarechtswidrig, wenn auf die Durchführung einer UVP verzichtet wird, nur weil ein Verfahren vor Ablauf der Umsetzungsfrist eingeleitet wurde.

- Spätestens mit Ablauf der Umsetzungsfrist sind die Mitgliedstaaten verpflichtet, geltendes Recht im Lichte des Wortlauts und des Zweckes der Richtlinie auszulegen („effet-utile-Prinzip“) und *objektivrechtliche Bestimmungen* der Richtlinie (von Amts wegen) anzuwenden[71].
- Die Richtlinie *bindet alle Träger öffentlicher Gewalt* in den Mitgliedstaaten, also neben den Rechtsetzungsorganen auch Gerichte[72], Behörden[73] und private Gesellschaften in öffentlicher Hand[74]; der Mitgliedstaat kann sich damit nicht durch Untätigkeit einer Wirkung der Richtlinie entziehen.
- Schließlich begründen Richtlinien, die nicht fristgerecht umgesetzt sind, *inhaltlich unbedingt* (ausreichend ist z.B. ein Regel-Ausnahme-Verhältnis) *und hinreichend genau* (es genügt hierbei, daß ein Begriff auslegungsfähig ist und mehr als einen vagen Programmsatz darstellt) sind, *sowie jemanden* zumindest als Rechtsreflex *begünstigen, subjektive Rechte*, die nicht erst auf Rüge des einzelnen, sondern von Amts wegen zu berücksichtigen sind[75].

45 Abgelehnt wird lediglich eine sog. *„horizontale“ unmittelbare Wirkung* im Zivilrecht zwischen verschiedenen Privatrechtssubjekten[76]. Manche Richtlinienbestimmungen sind – gerade im Umweltrecht – zwangsläufig von begünstigender Wirkung für einen Bürger und belastend für den Vorhabenträger (*„belastende Drittwirkung“*). In diesem Fall sind die Richtlinienbestimmungen anwendbar[77]. Es gilt nicht der Grundsatz, daß sich der Staat nicht zulasten eines Bürgers auf Verpflichtungen aus einer noch nicht umgesetzten Richtlinie berufen darf[78]. Ein anderer Bürger kann nämlich vom Staat verlangen, daß die ihn begünstigende Richtlinie angewendet wird. Die hiermit notwendigerweise verbundene Belastung eines Dritten ist hinzunehmen[79].

46 Die Umsetzung von EG-Normen findet sehr zögerlich statt. Die Kommission hat darauf hingewiesen, daß im Jahre 1995 noch 20 bis 22 Umweltrichtlinien nicht umgesetzt waren. 85 Fälle der Vertragsverletzung waren beim EuGH anhängig[80].

---

71 EuGH Slg. 1995, 2189 = NVwZ 1996, 369 ff. – Großkrotzenburg.

72 EuGH Slg. 1984, 1891 (1908); 1988, 4635 (4662); 1991, 3757 – Verholen; *Dreher*, EuZW 1997, 522 ff.; *Götz*, NJW 1992, 1849 (1853 f.).

73 EuGH Slg. 1995, 2189 = NVwZ 1996, 369 ff. – Großkrotzenburg; zuvor EuGH, Slg. 1989, 1839 – Costanzo; NJW 1992, 165. Kritisch zur Durchdringung des deutschen Verwaltungsrechts durch Auswirkungen der „europarechtsfreundlichen“ Rechtsprechung des EuGH *Schoch*, JZ 1995, 109 ff.

74 EuGH, DVBl. 2000, 214 (Flugplatz Bozen); Urt. v. 9.9.1999, Rs. C-108/98 – Gemeinde Ischia; v. 18.11.1999, Rs. C-107/98 – Teckal; *Jarass*, DVBl. 1995, 954 (957).

75 EuGH Slg. 1979, 1629 (1642) – Ratti; 1988, 4635 (4662); 1995, 2189 = NVwZ 1996, 369 ff. – Großkrotzenburg; ZUR 1994, 195 f. m. Anm. *Wegener*. Obwohl der EuGH sehr vielen Richtlinien unmittelbare Wirkung bescheinigt hat, scheut sich die bundesdeutsche Rspr. bislang, hieraus Konsequenzen für § 42 II VwGO zu ziehen, s. *Frenz*, DVBl. 1995, 408 (411 ff.); *Ruffert*, DVBl. 1998, 69 ff.

76 EuGH, Slg. 1986, 732 (749) – Marshall; 1990, 4135 (4158) – Marleasing; 1994, 3325 (3355) – Faccini Dori. Nach EuGH, NJW 1996, 1401 (1402) kommt allerdings ein Staatshaftungsanspruch in Betracht.

77 *Albin*, NuR 1997, 29 (32); *Epiney*, DVBl. 1996, 409 (413); *Fischer*, JuS 1999, 320 (329); *Jarass*, DVBl. 1995, 954 (957); a.A. *Gallas*, in: *Landmann/Rohmer*, Umweltrecht, vor UVPG, Rn. 89; *Schmidt-Preuß*, NVwZ 2000, 252 (253).

78 EuGH, Slg. 1986, 3970 – Kolpinghuis; 1986, 732 (749) – Marshall; 1994, 3325 – Faccini Dori. Hier lag jeweils ein „zweipoliges“ Verhältnis zugrunde.

79 So bereits EuGH, Slg. 1989, 1839 – Costanzo; im Ergebnis auch EuGH, Slg. 1995, 2189 = NVwZ 1996, 369 ff. – Großkrotzenburg; Urt. v. 18.11.1999, Rs. C-107/98 – Teckal. S.a. *Heim*, Die unmittelbare Wirkung von EG-Richtlinien, 1999.

80 Dokument KOM 1996 (500) v. 22.10.1995. Die Kommission hat bei der verspäteten Umsetzung der FFH-Richtlinie angedroht, Gelder aus dem Strukturfonds der EG zurückzuhalten. Die Zusammenhänge zwischen Umsetzungsdefizit und Durchsetzungsstrategien sind von *Epiney*, ZUR 1996, 229 ff. dargestellt. S. ferner *Engelsberger*, Der Vollzug europarechtlicher Vorschriften auf dem Gebiet des Umweltschutzes, 1998.

Eine Richtlinie „bricht“ entgegenstehendes nationales Recht nicht, sondern wird in einem solchen Kollisionsfall nur **vorrangig angewendet**[81]. So müssen die Wirksamkeit einer Richtlinie vereitelnde Verfahrensbestimmungen[82] (z.B. §§ 45, 46 VwVfG) oder Präklusionsregeln (§ 73 IV 3 VwVfG) europarechtskonform ausgelegt werden und ggf. unangewendet bleiben[83]. **47**

Schließlich hat der EuGH einen verschuldensunabhängigen **gemeinschaftsrechtlichen Entschädigungsanspruch** gegen einen Mitgliedstaat, der eine Richtlinie nicht oder nicht rechtzeitig umgesetzt hat, rechtsschöpfend hergeleitet[84], der auch im Falle einer abgelehnten „horizontalen Drittwirkung“ greift[85]. Dieser geht über die Rechtsprechung des BGH zur Staatshaftung bei sog. legislativen Unrecht[86] weit hinaus. **48**

Die Organe der EU können darüberhinaus nach Art. 249 IV EG **Entscheidungen** erlassen, die in allen ihren Teilen für die dort bezeichneten Adressaten verbindlich werden[87] und die im Umweltrecht bislang nur bei der Vergabe von Umweltzeichen für umweltfreundliche Produkte (stilisierte Blume) nach der VO Nr. 880/92 eine Rolle spielen. **49**

Umweltschutz ist seit 1986 ein eigenständiger Bereich der Gemeinschaftspolitik. Nach dem *Amsterdamer Vertrag* ist Aufgabe der Gemeinschaft (Art. 2 EG), eine nachhaltige Entwicklung des Wirtschaftslebens[88] sowie ein hohes Maß an Umweltschutz und Verbesserung der Umweltqualität zu fördern. Nach der **Querschnittsklausel des Art. 6 EG** *müssen* die Erfordernisse des Umweltschutzes bei der Festlegung und Durchführung aller Politiken und Maßnahmen der Gemeinschaft (also gerade auch bei nicht spezifisch umweltpolitischen Maßnahmen) insbesondere zur *Förderung einer nachhaltigen Entwicklung* einbezogen werden[89]. Der EG-Vertrag **50**

---

81 BVerfGE 75, 223 (244); *Streinz*, Europarecht, Rn. 200 ff. Nach EuGH, DVBl. 2000, 336 – Tanja Kreil, kann auch ein Vorrang einer Richtlinie gegenüber deutschem Verfassungsrecht (Art. 12a GG) eintreten. S.a. *Zuleeg*, VVDStRL 53 (1994), 154 (159 ff.) zu Unterschieden zwischen Anwendungs- und Geltungsvorrang.

82 Vgl. EuGH, Slg. 1983, 911 (929); 1986, 2263 (2289); 1990, 307 (359).

83 EuGH, NVwZ 1999, 169 u. 633 (Zulässigkeit einer 3-jährigen Ausschlußfrist); DVBl. 1996, 249; EuZW 1996, 636; *v. Danwitz*, UPR 1996, 323 ff.

84 EuGH, Slg. 1991, 5357 = NJW 1992, 165 – Francovich; 1994, 3325 = NJW 1994, 2473 – Faccini Dori; 1996, 1029 – Reinheitsgebot für Bier; 1996, 1631 – Brit. Telecom; 1996, 4848 – MP Travel Line; *Ehlers*, JZ 1996, 776 ff.; *Furrer/Epiney*, JZ 1995, 1025 ff.; *Hailbronner*, JZ 1992, 284 ff.; *Ossenbühl*, DVBl. 1992, 993 ff.; *Streinz*, EuZW 1996, 201 ff.; *Albers*, Die Haftung der Bundesrepublik Deutschland für die Nichtumsetzung von EG-Richtlinien, 1994; *Geiger*, Der gemeinschaftsrechtliche Grundsatz der Staatshaftung, 1997; *Hidien*, Die gemeinschaftsrechtliche Staatshaftung der EU-Mitgliedstaaten, 1999. – Zur Rechtsfortbildung *Everling*, JZ 2000, 217 ff.

85 EuGH, NJW 1996, 1401 (1402)

86 BGHZ 102, 350 (Waldschäden); BGH, DVBl. 1993, 718. Ob es sich um legislatives Unrecht in diesem Sinne handelt, bezweifelt *Pernice*, GS Grabitz, 1995, S. 523 (549). Der BGH hat im Rechtsstreit um das Reinheitsgebot für Bier einen gemeinschaftsrechtlichen Staatshaftungsanspruch i.E. abgelehnt. U.E. wird in vielen Fällen bereits ein Amtshaftungsanspruch nach Art. 34 GG, § 839 BGB in Betracht kommen, weil das EG-Recht drittschützende Normen enthalten kann.

87 EuGH, NJW 1993, 315 ff.

88 Hiermit ist eine wirtschaftliche Entwicklung im Sinne eines „sustainable development“ (Rn. 1/2) gemeint, s. *Calliess*, DVBl. 1998, 559 (562).

89 Hierzu *Calliess*, DVBl. 1998, 559 ff.; *Schrader*, UPR 1999, 201 ff.; *Schröder*, NuR 1998, 1 ff. Zum Charakter der Vorschrift als Vorrangklausel: *Calliess*, in: *Calliess/Ruffert* (Hrsg.), EUV/EGV-Ktr., 1999, Art. 6 Rn. 19 ff., Art. 174 Rn. 17 m.w.N.

beinhaltet zweierlei **Rechtsgrundlagen** für ein Tätigwerden der Gemeinschaftsorgane:

51 1. Nach **Art. 95 I EG** kann der Rat zur **Angleichung von Rechtsvorschriften zur Verwirklichung des Binnenmarktes** auch auf dem Gebiet des Umweltschutzes im *Verfahren der Mitentscheidung* zwischen Rat und Europäischem Parlament (Art. 251 EG) tätig werden. Für Ratsbeschlüsse ist eine qualifizierte Mehrheit nötig. Dabei ist nach Art. 95 III EGV in dem Bereich Umweltschutz bei Harmonisierungsvorschlägen der Kommission von einem „**hohen Schutzniveau**" auszugehen[90].

52 Die Möglichkeit, durch Mehrheitsbeschluß des Rats zu entscheiden, wirkt der Tendenz entgegen, das Tempo des umweltpolitischen Fortschritts in der Gemeinschaft durch den Langsamsten bestimmen zu lassen. Nach Neufassung des Art. 95 EG können Mitgliedstaaten nicht nur bestehende höherrangige Regelungen beibehalten (Abs. 4), sondern auch nachträglich höherrangige Regelungen beschließen (Abs. 5)[91]. Die Anwendung einer abweichenden Regelung steht aber unter dem Vorbehalt der Billigung durch die Kommission[92], deren Zustimmung nach Ablauf von sechs Monaten fingiert wird. Nach Art. 95 VII EG muß die Kommission bei einer Genehmigung des nationalen Alleingangs prüfen, ob das Gemeinschaftsrecht der einzelstaatlichen Sonderregelung anzupassen ist, was insbesondere in Betracht kommt, wenn der Alleingang auf einem inzwischen gestiegenen Stand von Wissenschaft und Technik beruht.

53 2. Die Rechtsgrundlage europäischer **Umweltpolitik** bilden die **Art. 174 ff. EG**. Nach dem Amsterdamer Vertrag beschließt nunmehr der Rat auch auf dem Gebiet der Umweltpolitik im *Verfahren der Mitentscheidung* (nicht mehr in bloßer Zusammenarbeit) von Rat und Europäischem Parlament (Art. 251 EG). Für Ratsbeschlüsse ist eine qualifizierte Mehrheit nötig. Nur noch in einzelnen Fällen, die in Art. 175 II EG abschließend aufgezählt werden, ist ein einstimmiger Beschluß (mit Anhörung des Europäischen Parlaments und des Wirtschafts- und Sozialausschusses) erforderlich[93]. Somit kann die Gemeinschaft mit primär ökologischer Zielsetzung initiativ werden. Die *Umweltpolitik der Gemeinschaft* trägt nach der Zielnorm des Art. 174 I EG zur Verfolgung nachstehender **Ziele** bei:

- Erhaltung und Schutz der Umwelt sowie Verbesserung ihrer Qualität,
- Schutz der menschlichen Gesundheit,
- umsichtige und rationelle Verwendung der natürlichen Ressourcen sowie

---

90 Hierzu *Krämer*, ZUR 1997, 303 ff. Ein „hohes" Schutzniveau ist nicht gleichbedeutend mit dem „höchsten" Schutzniveau, s. EuGH, Slg. 1998, 4301 u. 4335, aber jedenfalls mehr als der „kleinste gemeinsame Nenner", weil es an den aktuellen Stand der Wissenschaft gekoppelt ist. Damit entspricht es u.E. dem deutschen Begriff des Standes von Wissenschaft und Technik (Rn. 1/66 ff.), so auch *Kahl*, in: *Calliess/Ruffert* (Hrsg.), EUV/EGV-Ktr., 1999, Art. 95 Rn. 16.

91 *Albin/Bär*, NuR 1999, 185 (187 ff.); *Kahl*, in: *Calliess/Ruffert* (Hrsg.), EUV/EGV-Ktr., 1999, Art. 95 Rn. 36.

92 EuGH, Slg. 1994, 1829 (Rz. 30) – PCP-Verbot (Rn. 11/54); *Albin/Bär*, NuR 1999, 185 (190); anders für die Beibehaltung von höherrangigen Regelungen *Kahl*, in: *Calliess/Ruffert* (Hrsg.), EUV/EGV-Ktr., 1999, Art. 95 Rn. 37 f.

93 Hierzu zählen Vorschriften überwiegend steuerlicher Art, Maßnahmen im Bereich der Raumordnung, Bodennutzung (mit Ausnahme der Abfallbewirtschaftung und allgemeiner Maßnahmen) sowie der Bewirtschaftung der Wasserressourcen und Maßnahmen, welche die Wahl eines Mitgliedstaates zwischen verschiedenen Energiequellen und die allgemeine Struktur seiner Energieversorgung erheblich berühren. In diesen Fällen kann sich weiterhin die Frage nach der zutreffenden Rechtsgrundlage (Art. 95 oder Art. 175) stellen, vgl. EuGH, EuZW 1991, 473 f.

- Förderung von Maßnahmen auf internationaler Ebene zur Bewältigung regionaler und globaler Umweltprobleme[94].

Auch nach Art. 174 II UAbs. 1 EG zielt die EU unter Berücksichtigung der unterschiedlichen regionalen Gegebenheiten jetzt – wie in Art. 95 III – auf ein **hohes Schutzniveau** ab, das die Gemeinschaft nunmehr also bei allen Rechtsakten zugrundezulegen hat. Dabei wird von den Grundsätzen der *Vorsorge*[96] und *Vorbeugung*, der *Bekämpfung von Umweltbeeinträchtigungen an ihrer Quelle*[96] sowie dem *Verursacherprinzip*[97] (als Kostenverteilungsgrundsatz) ausgegangen (Rn. 1/89). Der EuGH sieht die Zielvorgaben des Art. 174 II EG als zwingendes Recht an, räumt aber dem Gesetzgeber einen relativ weiten Konkretisierungsspielraum ein[98]. **54**

Auch bei originären Maßnahmen der Umweltpolitik ermöglicht Art. 176 EG einem einzelnen Staat, verstärkte Schutzmaßnahmen beizubehalten oder zu ergreifen (sog. *opting up*). Die nach Art. 175 EG beschlossenen Regeln konstituieren auch hier nur Mindeststandards. Voraussetzung für die schärferen nationalen Normen ist lediglich ihre Vertragskonformität und eine deklaratorische Anzeige an die Kommission. Prüfmaßstab ist auch hier letztlich eine Güter- und Interessensabwägung[99] unter den konfligierenden Zielen des Binnenmarktes (Art. 14 EG) bzw. freien Warenverkehrs (Art. 23, 28 EG) einerseits und des Umweltschutzes andererseits. Hierbei ist allerdings zu berücksichtigen, daß auch die Marktfreiheiten entsprechend der Querschnittsklausel umweltverträglich auszuüben sind. Im Zweifelsfall dürfte dies zu einem Beurteilungsspielraum des Mitgliedstaates führen[100]. Offen ist, ob unter dem Regime des Art. 176 EG strengere nationale Produktnormen, die sich nicht lediglich auf *inländische* Produkte beziehen, zulässig sind[101]. **55**

Eine Richtlinie ist auf diejenige Rechtsgrundlage zu stützen, in der ihr **Regelungsschwerpunkt** liegt[102]. Der EuGH hat im Urteil zur Titandioxid-Richtlinie entschieden, daß die Wahl der Rechtsgrundlage eines Rechtsaktes nicht allein davon abhängen dürfe, welches nach Überzeugung eines Organs der EG das angestrebte Ziel des Rechtsaktes sei, sondern vielmehr objektive, gerichtlich nachprüfbare Umstände herangezogen werden müßten, wozu Ziel und Inhalt einer Maßnahme zählen. Wenn eine Richtlinie gleichermaßen dem Umweltschutz und der Beseitigung von Wettbewerbsverzerrungen dient, könne nur Art. 100a EGV (= Art. 95 EG) als **56**

---

94 Dieses durch den Maastrichter Vertrag neu eingefügte „Globalitätsprinzip" war bereits Bestandteil des 4. Aktionsprogramms von 1987 und kann nach dem 5. Aktionsprogramm von 1993 insbesondere auf die Klimaveränderung, den Abbau der Ozonschicht, die Verringerung der biologischen Artenvielfalt und das Waldsterben angewendet werden.

95 Vgl. *Rengeling*, Umweltvorsorge und ihre Grenzen im EWG-Recht, 1989; *Burgi*, NuR 1995, 11 ff.

96 Dies entspricht dem Vorsorge- und Minimierungsgrundatz des deutschen Rechts (Rn. 1/84), so zutr. *Calliess*, in: *Calliess/Ruffert* (Hrsg.), EUV/EGV-Ktr., 1999, Art. 174 Rn. 31 ff.; a.A. *Burgi*, NuR 1995, 11 (12).

97 S. EuGH, ZUR 1999, 319 (321); *Burgi*, NuR 1995, 11; *Krämer*, EuGRZ 1989, 353 ff.; *Calliess*, in: *Calliess/Ruffert* (Hrsg.), EUV/EGV-Ktr., 1999, Art. 174 Rn. 34 ff.; *Wasmeier*, Umweltabgaben und Europarecht, 1995.

98 EuGH, Slg. 1998, 4301 u. 4335 – Safety HiTech, m. Anm. *Epiney*, NuR 1999, 181 ff.

99 S. hierzu *Pechstein*, Jura 1996, 176 ff.

100 *Calliess*, in: *Calliess/Ruffert* (Hrsg.), EUV/EGV-Ktr., 1999, Art. 176 Rn. 13.

101 Die deutsche BReg hatte sich in der Frage um das Reinheitsgebot für Bier (EuGH, Slg. 1996, 1029) nicht auf Umwelt- oder Verbraucherschutzbelange berufen, so daß diese Frage vom EuGH nicht geprüft wurde. In seinem Urteil zum bundesdeutschen PCP-Verbot (Rn. 11/54) hat der EuGH dies nicht ausgeschlossen, EuGH, ZUR 1994, 247 m. Anm. *Breier*; krit. *Reich*, NJW 1994, 3334 (3335).

102 Zum Streitstand ausführlich *Kahl*, in: *Calliess/Ruffert* (Hrsg.), EUV/EGV-Ktr., 1999, Art. 95 Rn. 46 ff.

Rechtsgrundlage herangezogen werden, weil im dortigen Verfahren das Europäische Parlament stärker zu beteiligen sei[103]; dies gilt heute nur noch in den Sonderfällen des Art. 175 II EG. Eine Richtlinie, die nur *nebenbei* eine Harmonisierung der Wettbewerbs- und Handelsbedingungen hervorruft und deren Hauptzweck im Bereich des Umweltschutzes liegt, kann auf Art. 175 EG gestützt werden[104].

57 Richtlinien der EU auf dem Gebiet des Umweltrechts haben zunehmend auch allgemeinen Charakter und vermitteln Impulse für das allgemeine deutsche Umweltrecht, wie die Richtlinie über die Umweltverträglichkeitsprüfung[105], die zum UVPG (Rn. 3/2 ff.) oder die Richtlinie über den freien Zugang zu Informationen über die Umwelt[106], die zum UIG führte (Rn. 3/22 ff.), oder zuletzt die noch umzusetzende IVU-Richtlinie (Rn. 8/42).

c) Nationales Umweltrecht

58 Nach Inkraftteten des neuen **Art. 20a GG** zum 15.11.1994 sind die natürlichen Lebensgrundlagen ausdrücklich unter **verfassungsrechtlichen Schutz** gestellt[107]. Hiernach schützt der Staat auch in Verantwortung für die künftigen Generationen die natürlichen Lebensgrundlagen im Rahmen der verfassungsmäßigen Ordnung durch die Gesetzgebung und nach Maßgabe von Gesetz und Recht durch die vollziehende Gewalt und die Rechtsprechung.

59 Durch diese Verfassungsänderung wurden mehr als zehnjährige Bemühungen des Parlaments abgeschlossen, dem gestiegenen Stellenwert des Umweltschutzes durch Aufnahme in die Verfassung Rechnung zu tragen. Spezifisches **Umweltverfassungsrecht** war zuvor – abgesehen von Kompetenznormen (z.B. Art. 74 Nr. 24, 75 Nrn. 3 u. 4 GG) und von Art. 89 III GG – im Grundgesetz nicht enthalten. Es gab und gibt jedoch umweltrelevantes materielles Verfassungsrecht. Dazu gehören im Grundgesetz insbesondere die Sozialstaatsklausel (Art. 20 I, 28 I 1 GG), der Schutz der Menschenwürde (Art. 1 I GG) sowie manche Grundrechtsnormen (vor allem Art. 2 II 1 mit seiner Garantie eines „ökologischen Existenzminimums“, Art. 12 I 2, 14 I u. II, 19 II GG) nebst den ihnen entsprechenden staatlichen Schutzpflichten[108]. Dane-

---

103 EuGH, EuZW 1991, 473 f.; *Zuleeg*, NJW 1993, 31, 32 f.

104 EuGH, DVBl. 1993, 777 f. (Abfallrahmenrichtlinie 91/156/EWG); DVBl. 1994, 997 ff. (Abfallverbringungs-VO); krit. *Kahl,* ThürVBl. 1994, 225 (228 ff.); ferner *Klein/Haratsch*, DÖV 1994, 133 (135); *Middeke*, DVBl. 1993, 769 ff.; *Ruffert*, Jura 1994, 635 ff.

105 ABl. Nr. L 175 v. 5.7.1985, 40; s. hierzu *Cupei*, Umweltverträglichkeitsprüfung, 1986; *Coenen/Jörissen*, Umweltverträglichkeitsprüfung in der EG, 1989; *Erbguth/Schink*, UVPG, 1992, Einl.

106 ABl. Nr. L 158 v. 23.6.1990, 56; s. hierzu *Engel*, Akteneinsicht, S. 178 ff.; *Erichsen/Scherzberg*, Zugang zu Informationen, 1992; *Blumenberg*, NuR 1992, 8 ff.; *Engel*, NVwZ 1992, 111 ff.; *Erichsen*, NVwZ 1992, 409 ff.; *Scherzberg*, UPR 1993, 48 ff.; *v. Schwanenflügel*, DÖV 1993, 95 ff.

107 Hierzu *Brönnecke*, Umweltverfassungsrecht, 1999; *Söhnlein*, Landnutzung im Umweltstaat des Grundgesetzes, 1999; *Bernsdorff*, NuR 1997, 328 ff.; *Henneke*, NuR 1995, 325 ff.; *Kloepfer*, DVBl. 1996, 73 ff.; Umweltrecht, § 3 Rn. 20 ff.; *Murswiek*, NVwZ 1996, 222 ff.; *Peters*, NVwZ 1995, 555 ff.; *Schink*, DÖV 1997, 221 ff.; *Steinberg*, NJW 1996, 1985 ff.; *Waechter*, NuR 1996, 321 ff.

108 Dazu insbes. *Hoppe/Beckmann*, Umweltrecht, 1989, S. 47 ff.; *Isensee*, HStR V, § 111 Rn. 86 ff.; *E. Klein*, NJW 1989, 1633 ff.; *Lorenz*, HStR VI, § 128 Rn. 43 ff.; *Böhm*, Der Normmensch, 1996, S. 100 ff.; *Lübbe-Wolff*, Grundrechte als Eingriffsabwehrrechte, 1988; *Hermes*, Das Grundrecht auf Schutz von Leben und Gesundheit, 1987; *Murswiek*, Die staatliche Verantwortung für die Risiken der Technik, 1985; *Murswiek*, DVBl. 1994, 77 ff.; *Steinberg*, NJW 1996, 1985 (1986 ff.); *Wahl/Masing*, JZ 1990, 553 ff. Aus der Rspr. zur staatlichen Schutzpflicht s. BVerfGE 39, 1 (42); 46, 160 (164); 49, 80 (142); 53, 30 (57); 56, 54 (73); 77, 170 (214); 79, 174 (201); 88, 203 (254).

ben hat der Umweltschutz auch förmlich in die meisten *Landesverfassungen* Eingang gefunden (vgl. Art. 3 II, 131 II u. 141 BayVerf., Art. 26a Hess. Verf., Art. 73a RPf. Verf., Art. 59a Saarl. Verf. und die Verfassungen der neuen Bundesländer, insbesondere Brandenburgs: Art. 2, 28, 39)[109]. Daneben enthalten die Verfassungen Brandenburgs (Art. 39 VII 2), Sachsens (Art. 34) und Sachsen-Anhalts (Art. 6 II) auch ein verfassungskräftiges Recht auf Zugang zu Informationen über die Umwelt.

Umweltschutz ist damit ein **objektivrechtliches Staatsziel** (wie Art. 20 I, 23 I, 24 II, 109 II GG), das zugunsten des Bürgers keine unmittelbaren Rechtswirkungen zeigt[110], sondern nur über die jeweiligen gesetzlichen Konkretisierungen dieses Verfassungsauftrages durch die drei Staatsgewalten. In erster Linie richtet sich der Verfassungsauftrag natürlich an den Gesetzgeber, ist also ein *Handlungs- und Gestaltungsauftrag* (mit einem damit verbundenen Gestaltungs*spielraum*). 60

Der **Gesetzgeber** muß versuchen, das Staatsziel „langfristiger Schutz der natürlichen Lebensgrundlagen“ mit anderen Verfassungsrechtsgütern (z.B. Art. 2 I, 12 I, 14 I GG) in einen angemessenen Ausgleich zu bringen. Dies beinhaltet einen Auftrag nicht nur zur *Schadensverhütung*, sondern auch zu einer *vorsorgeangemessenen Ausgestaltung des einfachen Rechts*. Dieses muß auf *Ressourcenschonung* ausgerichtet sein[111] und wegen der Langzeitwirkungen sowie der z.T. mangelhaften Informationslage die Möglichkeit der Nachbesserung und ggf. auch der Umkehrbarkeit von Entscheidungsprozessen beinhalten[112]. Der Gesetzgeber darf den *ökologischen Gesamtzustand nicht verschlechtern* [113]. Vor dem Hintergrund des Art. 20a GG sind ein Zurückweichen auf das Gemeinlastprinzip zulasten des Verursacherprinzips[114] ebenso fragwürdig wie eine gebundene Entscheidung im Anlagenzulassungsrecht (§ 6 BImSchG, § 16 GenTG, vgl. auch Rn. 9/106). Bei unzureichenden und mangelhaften Regelungen löst die Staatszielbestimmung das richterliche Prüfrecht und die Vorlagepflicht zum BVerfG aus (Art. 100 I GG). Wie beim Sozialstaatsprinzip oder den aus den Grundrechten abgeleiteten objektiven staatlichen Schutzpflichten ist die verfassungsgerichtliche Kontrolle aber auf evidente Verstöße beschränkt[115]. 61

Die Prägekraft auf **Verwaltung und Rechtsprechung** ist den gesetzgeberischen Entscheidungen nachgeordnet („nach Maßgabe von Gesetz und Recht“[116]). Für die Administrative bedeutet dies nach dem Grundsatz der Gesetzmäßigkeit der Verwaltung, daß aus Art. 20a GG keine 62

109 Umfassend hierzu *Brönnecke*, Umweltverfassungsrecht, 1999. In Art. 39 II der Verf. Brandenburgs ist sogar ein begrenztes *Grundrecht* auf Umweltschutz enthalten. – Zu ökologischen Grundpflichten in den Landesverfassungen *Führ*, NuR 1998, 6 ff.

110 BT-Drs. 13/6000, S. 67; *Steinberg*, NJW 1996, 1985 (1992); *Waechter*, NuR 1996, 321.

111 *Murswiek*, NVwZ 1996, 222 (225); UGB-KomE, S. 82 f.

112 *Bernsdorff*, NuR 1997, 328 (333); s.a. *Grimm*, Die Zukunft der Verfassung, 1991, S. 181 f., 415 ff.; *Steinberg*, Der ökologische Verfassungsstaat, 1998, S. 132 ff., 170 ff.

113 *Kloepfer*, Umweltrecht, § 3 Rn. 38; *Murswiek*, NVwZ 1996, 222 (226 f.); differenzierend *Voßkuhle*, Das Kompensationsprinzip, 1999, S. 366 f.

114 *Murswiek*, NVwZ 1996, 222 (225 f.); *Steinberg*, Der ökologische Verfassungsstaat, 1998, S. 131 f.; a.A. *Kloepfer*, DVBl. 1996, 73 (77).

115 *Bernsdorff*, NuR 1997, 328 (330). Vgl. die Kammerbeschlüsse BVerfG, NJW 1996, 651 (OzonG); 1997, 2509 (Elektrosmog); 1998, 3264 (Waldschäden). Das OzonG aber wird von VGH Kassel, ZUR 1998, 251 (253 f.) u. *Steinberg*, NJW 1996, 1985 (1989) zutr. als solch evidenter Fall angesehen.

116 „Gesetz und Recht“ hat einen mit Art. 20 III GG identischen Begriffsinhalt, s. *Henneke*, NuR 1995, 325 (330); *Vogel*, DVBl. 1994, 497 (499). *Murswiek*, NVwZ 1996, 222, bezeichnet dies griffig als „Angstklausel“ des Verfassungsgesetzgebers, denn nach BVerfGE 3, 225 (233) ist im Staat des GG ein Konflikt zwischen den überpositiven Normen einer Rechtsidee und dem positiven Recht normalerweise nicht denkbar.

eigenständige Rechtsgrundlage für belastende Verwaltungsakte abgeleitet werden kann. Die Staatszielbestimmung kann jedoch bei der Interpretation unbestimmter Rechtsbegriffe („Wohl der Allgemeinheit", „öffentliche Interessen" usw.), der Ausfüllung von Gestaltungsspielräumen, Planungs- und Ermessensentscheidungen eine Auslegungsdirektive bieten[117]. Die Gerichte haben Gesetze auf ihre Übereinstimmung mit Art. 20a GG zu überprüfen (s.o.) und ggf. verfassungskonform auszulegen[118]. Im Falle von gesetzlichen Regelungslücken kommt Art. 20a GG als Richtschnur richterlicher Rechtsfortbildung in Betracht.

63 Auch nach Aufnahme des Staatszieles Umweltschutz in das Grundgesetz fehlt es an einer umfassenden **Bundeskompetenz für das Sachgebiet Umweltschutz**[119]. Schwierigkeiten bereitet, daß mit der Verfassungsnovelle 1994 die Voraussetzungen für eine Inanspruchnahme der Rahmengesetzgebungskompetenz nach Art. 75 II GG (für die wichtigen Bereiche des Naturschutzes und Wasserhaushaltsrechts) dahingehend verschärft wurden, daß nur in Ausnahmefällen in Einzelheiten gehende oder unmittelbar geltende Regelungen getroffen werden dürfen. Der Bund hat ausschließliche Gesetzgebungskompetenzen nach Art. 73 Nrn. 5, 6 und 11 GG und die konkurrierende Gesetzgebungszuständigkeit nach Art. 74 I Nr. 11a (Atomenergie), Nr. 18 (Bodenrecht) und insbes. Nr. 24 (Abfallbeseitigung, Luftreinhaltung und Lärmbekämpfung). Er kann *Annexregelungen* in Sachbereichen der konkurrierenden Gesetzgebungskompetenz nach Art. 74 Nrn. 1, 11, 12, 13, 17 sowie 19-23 GG treffen; im Einzelfall kann auch eine ungeschriebene Gesetzgebungskompetenz kraft Sachzusammenhangs begründet werden. Medienübergreifende Regelungen wie das UVPG oder das UIG sind in der Vergangenheit auf eine „*Mosaikkompetenz*" der berührten Sachbereiche gestützt worden. Nach zutreffender Auffassung gilt dies auch nach Änderung des Art. 75 II GG. Der Begriff „Ausnahmefälle" war vom Verfassungsgeber nicht dahingehend verstanden worden, daß die bisherige großzügige Gesetzgebungspraxis in ihr Gegenteil verkehrt werden sollte[120]. Eine punktuelle Vollregelung bleibt zulässig, wenn sie für einen Teil der Gesamtregelung, die sich auf konkurrierende Gesetzgebungszuständigkeiten stützt, erforderlich ist; dem Gesetzgeber steht insoweit ein *Einschätzungsspielraum* zu[121].

d) Umweltstandards im untergesetzlichen Regelwerk

64 Nicht nur Ge- und Verbote, sondern auch viele umweltrelevante Grundentscheidungen wie die Zulässigkeit der Atomenergienutzung stehen nach der „Wesentlichkeitstheorie" des Bundesverfassungsgerichts[122] unter dem **Vorbehalt des Gesetzes**. Der Gesetzgeber bedient sich nicht selten gesetzestechnisch des Hilfsmittels der *General-*

117 *Bernsdorff*, NuR 1997, 328 (334); *Henneke*, NuR 1995, 325 (332 ff.); *Kloepfer*, DVBl. 1996, 73 (75 f.).; *Murswiek*, NVwZ 1996, 222 (229); *Waechter*, NuR 1996, 321 (323).

118 *Bernsdorff*, NuR 1997, 328 (334); *Henneke*, NuR 1995, 325 (334); *Kloepfer*, DVBl. 1996, 73 (76); *Murswiek*, NVwZ 1996, 222 ff.; *Peters*, NVwZ 1995, 555 ff.; *Steinberg*, NJW 1996, 1985 ff.; *Waechter*, NuR 1996, 321 ff.

119 Hierzu *Rengeling*, Gesetzgebungskompetenzen für den integrierten Umweltschutz, 1999.

120 *Degenhart*, in: *Sachs* (Hrsg.), Grundgesetz-Kommentar, 1996, Art. 75 Rn. 11 ff.; *Pieroth*, in: *Jarass/Pieroth*, GG-Kommentar, Art. 75 Rn. 1; UGB-KomE, S. 85.

121 Rengeling, DVBl. 1998, 997 ff.; UGB-KomE, S. 86.

122 BVerfGE 49, 89 (126); 61, 260 (275); 83, 130 (142); 84, 212 (226).

klausel mit weit gefaßten *unbestimmten Gesetzesbegriffen* oder der *Verordnungsermächtigung*. Im ersten Fall wird die Entscheidung dem Gesetzesanwender (also den Verwaltungsbediensteten und den Richtern), im zweiten Fall dem Verordnungsgeber überlassen. Das mag unter dem Aspekt eines „dynamischen Grundrechtsschutzes" wünschenswert sein, ist aber unter demokratischen und rechtsstaatlichen Gesichtspunkten bedenklich, wenn diese Entscheidungen vom Gesetzgeber nicht mehr hinreichend vorbestimmt sind[123]. Im Umweltrecht sind viele technische Details oder sich wandelnde Rahmenbedingungen in untergesetzlichen Vorschriften geregelt. Hierfür kommen neben **Rechtsverordnungen** auch **Satzungen** von Organen der Selbstverwaltung (insbesondere Gemeinden) und schließlich **Verwaltungsvorschriften** in Betracht.

aa) Das Umweltrecht enthält **Verordnungsermächtigungen**, mit denen wesentliche Regelungen der exekutivischen Regelsetzung überlassen werden. Diese betreffen 65

- die Festsetzung von Immissions- und Emissionsgrenzwerten sowie Anforderungen an Anlagen und Betriebsweisen (§ 19d WHG, § 8 BBodSchG, §§ 7, 23, 32, 33, 38 BImSchG, § 12 AtG, § 30 GenTG, § 19 ChemG),
- die Herstellung, das Inverkehrbringen und die Verwendung von Stoffen, Zubereitungen und Produkten (§§ 34, 35 BImSchG, § 11 AtG, §§ 14, 17, 18 ChemG, §§ 23, 24 KrW-/AbfG),
- die Gestaltung eines Genehmigungs- oder Zulassungsverfahrens (§ 10 X BImSchG, § 7 IV AtG, §§ 34, 49 III KrW-/AbfG) und
- die Umsetzung von europarechtlichen Anforderungen (§ 26a BNatSchG, § 6a WHG, § 22 BBodSchG, §§ 37, 39, 48a BImSchG, § 25 ChemG, § 57 KrW-/AbfG).

Nach Art. 80 I GG sind **Inhalt, Zweck und Ausmaß** der erteilten Verordnungsermächtigung gesetzlich zu regeln. Dies erfolgt in den Umweltgesetzen durch Bezugnahme auf die zweckbestimmenden Eingangsvorschriften eines Gesetzes (§ 12 AtG, § 30 GenTG) oder durch Vorgaben in der Ermächtigungsnorm selbst (§ 19 ChemG, § 23 BImSchG). Teilweise ist im Verordnungsverfahren eine Anhörung „beteiligter Kreise" (§§ 48, 51 BImSchG, § 17 ChemG, § 60 KrW-/AbfG), einer Sachverständigenkommission (§ 30 GenTG) oder des Bundestages (§ 59 KrW-/AbfG) vorgesehen, grundsätzlich ist die demokratische Partizipation aber zu schwach ausgeprägt.

bb) In umweltrechtlichen Gesetzen wird üblicherweise nur ein technischer Standard festgelegt, welcher der untergesetzlichen Konkretisierung durch **Umweltstandards**[124] bedarf. Hierbei sind drei *Stufen steigenden Anforderungsniveaus* zu unterscheiden: 66

---

123 Dazu z.B. *Grimm*, NJW 1989, 1305 (1309); *Wahl*, NVwZ 1991, 409 ff.; insoweit sind verfassungsrechtlich neben Art. 80 I 2 GG der Gesetzesvorbehalt, der Parlamentsvorbehalt und der Bestimmtheitsgrundsatz angesprochen.

124 Zu den Typen der Umweltstandards und zum Regelsetzungsverfahren s. *Streffer* (Hrsg.), Umweltstandards, 1999; *SRU*, Umweltgutachten 1996, S. 254 ff.; *Bönker*, Umweltstandards in Verwaltungsvorschriften, 1992; *Furrer/Bölscher*, ZUR 1998, 3 ff. (Europäische Techniknormen); *Hüttermann*, Funktionen der Grenzwerte im Umweltrecht, 1993; *Hendler*, DÖV 1998, 481 ff.; *Jarass*, in: HdUR, Bd. II, Art. „Umweltstandards", Sp. 2413 ff.; *Kloepfer/Rehbinder/Schmidt-Aßmann/Kunig*, UGB-AT, 1990, S. 125 ff., 460 ff.; *Lamb*, Kooperative Gesetzeskonkretisierung, 1995, S. 29 ff.;

67 **Allgemein anerkannte Regeln der Technik** (vgl. z.B. § 19g III WHG, § 3 III 1 LBO BW) sind nach vorwiegend vertretener Auffassung jene Regeln, die nach Meinung der überwiegenden Mehrheit der Fachleute insbesondere aufgrund der praktischen Bewährung als richtig anerkannt werden. Diese – vor Gericht beweisbare – „herrschende Auffassung unter den technischen Praktikern" bleibt hinter dem Stand der Technik zurück.

68 Der – höhere – **Stand der Technik** (§ 7a V WHG, § 3 VI BImSchG, § 12 III KrW-/AbfG) ist regelmäßig legaldefiniert, wobei die Begriffsbestimmungen trotz der abweichenden Formulierung in § 7a V WHG einheitlich ausgelegt werden können. Hiernach ist Stand der Technik der Entwicklungsstand fortschrittlicher Verfahren, Einrichtungen oder Betriebsweisen, der die praktische Eignung einer Maßnahme zur Begrenzung von Emissionen gesichert erscheinen läßt. Bei der Bestimmung des Standes der Technik sind insbesondere vergleichbare Verfahren, Einrichtungen oder Betriebsweisen heranzuziehen, die mit Erfolg im Betrieb erprobt worden sind.

69 Die Verfahren und Einrichtungen müssen sich nicht notwendigerweise bereits allgemein im Betrieb bewährt haben. Vorausgesetzt wird ein Entwicklungsstand, der (z.B. aufgrund der Erprobung in Versuchs- oder Pilotanlagen) die praktische Eignung im technischen bzw. großtechnischen Maßstab gesichert erscheinen läßt[125]. Nach Art. 9 IV der IVU-Richtlinie der EG (Rn. 8/42) ist der „Einsatz der **besten verfügbaren Technologie**" gefordert, soweit die Durchführung der Maßnahme keine unverhältnismäßig hohen Kosten verursacht. Nach dem Grundsatz der richtlinienkonformen Auslegung der nationalen Rechtsnormen (Rn. 1/43) ist § 3 VI BImSchG für die von der Richtlinie erfaßten Anlagen so auszulegen.

70 Der – strengste – Begriff des **Standes von Wissenschaft und Technik** findet sich im Atom- und im Gentechnikrecht (vgl. z.B. §§ 6 I Nr. 2, 7 II Nr. 3, 9 II Nr. 3 AtG; vgl. aber auch §§ 6 II, 7 II, 13 I Nr. 4, 16 I Nr. 2 GenTG). Er wird überwiegend[126] als Entwicklungsstand der fortschrittlichen Verfahren, Einrichtungen und Betriebsweisen angesehen, die nach anerkannten Ergebnissen der wissenschaftlichen Forschung (d.h. der jeweiligen h.M.) zum Schutze von Gefahren und zur Vorsorge gegen Risiken für die Umwelt und den Menschen erforderlich sind.

71 cc) Zahlreiche Umweltnormen enthalten ferner Ermächtigungen zum Erlaß von **Verwaltungsvorschriften**, die gesetzliche Anforderungen an Anlagen und ihren Betrieb sowie andere umwelterhebliche Handlungen weiter ausgestalten sollen. Die bekanntesten Umweltstandards sind die nach § 48 BImSchG erlassenen TA Luft (Rn. 6/68 ff.) und TA Lärm (Rn. 6/83 ff.) sowie die auf § 4 V AbfG a.F (§ 12 II KrW-/AbfG) beruhenden TA Abfall und TA Siedlungsabfall (Rn. 12/72 f.). Ermächtigungsgrundlagen finden sich ferner in § 26b BNatSchG, § 36b VII WHG und § 30 V GenTG. Solche Verwaltungsvorschriften binden zwar die Verwaltung (in der Ermessensaus-

---

Roßnagel, UPR 1986, 46 ff.; DVBl. 1996, 1181 ff. (europäische Techniknormen); *Paetow,* NuR 1999, 199 ff.; *Spannowsky*, NVwZ 1995, 845 ff.; *Steinberg*, DVBl. 1990, 1369 ff.; UBA (Hrsg.), Umweltqualitätsziele für die ökologische Planung, 1992.

125 Vgl. BVerwG, B. v. 4.8.1992, 4 B 150.92, Buchholz 406.25, § 3 Nr. 9; s.a. VGH BW, ZfW 1993, 159 für § 7a WHG. Ausf. zum Stand der Technik *Koch*, in: GK-BImSchG, § 3 Rn. 342 ff.; *Breuer*, in: HdUR, Bd. II, Art. „Stand der Technik", Sp. 1869 ff.; *R. Wolf*, Stand der Technik, 1986.

126 *Kloepfer/Rehbinder/Schmidt-Aßmann/Kunig*, UGB – Allgemeiner Teil, 1990, S. 128; UGB-KomE, S. 445; s.a. BVerfGE 49, 89 (136) – Kalkar.

übung oder der Normauslegung), haben aber nach der klassischen Rechtsquellenlehre keine Außenwirkung. Ihre Anwendung durch die Verwaltung unterliegt uneingeschränkt der gerichtlichen Kontrolle[127]. Außenverbindlichkeit zugunsten Dritter kann nur eine auf solchen Vorschriften beruhende rechtmäßige allgemeine Verwaltungsübung über Art. 3 GG vermitteln[128].

Die als Verwaltungsvorschriften aufgrund entsprechender gesetzlicher Ermächtigung erlassenen Technischen Anleitungen sind auf einen *gleichmäßigen und damit berechenbaren Gesetzesvollzug* ausgerichtet, weshalb ihren sorgfältig vorbereiteten sachlichen Aussagen ein hohes Maß an Beachtlichkeit zukommt. Behörden und Gerichte wenden solche Verwaltungsvorschriften heute faktisch wie Rechtsnormen an, soweit nicht die Atypizität des Einzelfalls oder gesicherte neue wissenschaftliche Erkenntnisse[129] eine Abweichung erfordern. Bestimmte sogen. *normkonkretisierende Verwaltungsvorschriften*[130] sollen dabei Bindungswirkung auch für die Gerichte haben. Der dogmatische Hintergrund ist aber nach wie vor ungesichert (s. Rn. 4/33 ff.). Auch hier zeigt sich jedoch der wachsende Einfluß des Europarechts: Der EuGH hat die Umsetzung von EG-Richtlinien durch Verwaltungsvorschriften (TA Luft) als nicht ausreichend bestimmt angesehen[131], so daß aus europarechtlicher Sicht zumindest die Umsetzung von EG-Richtlinien in nationales Recht in Form der *Rechtsverordnung* (Rn. 1/43) erfolgen muß. 72

Im Verwaltungsverfahren ist die Behörde verpflichtet, den Sachverhalt von Amts wegen zu ermitteln (§ 24 VwVfG), wobei es zunächst ihrem Verfahrensermessen (§ 26 VwVfG) obliegt, welcher Mittel sie sich dabei bedient. Wann aber z.B. ein bestimmter Schadstoff zu Gesundheitsschäden führen kann oder der Stand der (Wissenschaft und) Technik eingehalten ist, läßt sich nur unter Heranziehung (naturwissenschaftlicher) Sachverständiger beurteilen. Ein solches Verfahren wäre zeitaufwendig und wenig vollzugstauglich. Deshalb werden mit in Rechtsverordnungen (z.B. 13., 16.-18., 22., 23., 26., 27. BImSchV), Verwaltungsvorschriften (z.B. TA Lärm, TA Luft, TA Abfall, TASi) oder in privaten Regelwerken enthaltenen Umweltstandards (z.B. Grenz- oder Richtwerte für Emissionen oder Immissionen) die auf den Schutz der Umwelt bezogenen offenen Gesetzestatbestände mit ihren unbestimmten Rechtsbegriffen in konkrete, meßbar definierte und vollzugsfähige Anforderungen i.S. des Schutzprinzips (1/79) oder des Vorsorgeprinzips (Rn. 1/81) umgesetzt. Die *Schutz- oder Vorsorgestandards* dienen damit der Vollzugserleichterung und der Rechtsanwendungsgleichheit. 73

Allerdings sind Umweltstandards mit ihren *verbindlichen Grenzwerten* verfassungsrechtlich (auch hinsichtlich Art. 20a GG) keineswegs unproblematisch[132], weil sie 74

127 BVerfGE 78, 214 (227).

128 BVerwGE 34, 278 (280); 58, 45 (49); BVerwG, NJW 1988, 2907; OVG Münster, NVwZ 1991, 1200; Hess. VGH, NVwZ 1991, 88 (90); UPR 1992, 319; ablehnend EuGH Slg. 1991, 2567 u. 2607.

129 Vgl. z.B. BVerwG, DVBl. 1988, 539 f.; OVG Koblenz, NVwZ 1991, 86 f.; NVwZ 1988, 176 ff. (Schießlärm u. TA Lärm).

130 *Gusy*, NVwZ 1995, 105 ff.; *Lübbe-Wolff*, in: HdUR, Bd. II, Art. „Technische Anleitung – Allgemeines“, Sp. 2019 ff.; *Hill*, NVwZ 1989, 401 ff.; *Sendler*, UPR 1993, 321 ff.; *Wahl*, NVwZ 1991, 409 ff.; BVerwGE 72, 300 (316); zuletzt BVerwG, NVwZ 2000, 440 ff.

131 EuGH, DVBl. 1991, 869 ff.; ferner EuGH, EuZW 1991, 761 ff.; s.a. *Weber*, UPR 1992, 5 ff.

132 Vgl. *Streffer* (Hrsg.), Umweltstandards, 1999, S. 410 ff.; *Böhm*, Der Normmensch. Materielle und prozedurale Aspekte des Schutzes der menschlichen Gesundheit vor Umweltschadstoffen, 1996, S. 100 ff.; *Bönker*, Umweltstandards in Verwaltungsvorschriften, 1992, S. 72 ff.; *Gusy*, NVwZ 1995, 105 ff.

- nicht nur (sachverständige) naturwissenschaftliche Erkenntnisse widerspiegeln, sondern auch (politische) Wertungen über das Schutz- und Vorsorgeniveau (Art. 2 Abs. 2 GG) enthalten, die grundsätzlich einer demokratischen Legitimation bedürfen,
- mit der Standardisierung unbestimmter Rechtsbegriffe eine Auswahl der durch einen Rechtsbegriff angesprochenen Aspekte vornehmen, also notwendig verkürzen und typisieren,
- als generalisierte Bewertungsmaßstäbe in atypischen Einzelfällen, z.B. bei besonderen Risikogruppen oder sensiblen Biotopen, zu Fehlsteuerungen führen,
- Aspekte, die nicht quantifizierbar oder meßbar sind, zumeist nicht erfassen,
- Synergieeffekte oft nicht zureichend berücksichtigen,
- dazu reizen, den von ihnen eingeräumten Spielraum auf Kosten des Minimierungsprinzips (Rn. 1/84) voll zu nutzen,
- chronische Beeinträchtigungen häufig nicht verhindern.

75 dd) Privatrechtliche Normenverbände[133] bemühen sich auch um die Erarbeitung von Umweltstandards, die z.T. eine große Bedeutung gewonnen haben (auf nationaler Ebene z.B. DIN-„Normen", VDI-Richtlinien, Arbeitsblätter der ATV, oder auf internationaler Ebene die sogen. ISO-Standards, d.h. die Standards der Internationalen Organisation für Standardisierung). Die privaten Regelwerke sind z.T. durch Übernahme in Rechts- oder Verwaltungsvorschriften, aber auch durch gesetzlichen Verweis auf den „Stand der Technik" o.ä. (Rn. 1/67 ff.) von Bedeutung. In beiden Fällen übernimmt der Staat die inhaltliche Verantwortung für den rezipierten Umweltstandard, obwohl er diesen kaum je auf seine inhaltliche Richtigkeit überprüfen kann. Hierdurch entsteht ein demokratisches Legitimationsdefizit. Im übrigen ist eine Verweisung unbedenklich, wenn – etwa i.S. der Ermächtigung des § 7 V BImSchG oder der §§ 7 III KrW-/AbfG – auf ein zeitlich fixiertes Regelwerk unter Angabe der Fundstelle verwiesen wird (sogen. „statische Verweisung" im Gegensatz zu einer grundsätzlich verfassungswidrigen „dynamischen Verweisung"[134], die ein Regelwerk in seiner *jeweiligen* Fassung in die Norm einbezieht, was nur bei einer Verweisung auf höherrangiges Recht zulässig ist).

76 ee) Schließlich sind noch die auf der untersten Ebene der Hierarchie der Umweltrechtsnormen angesiedelten **autonomen Satzungen** juristischer Personen des öffentlichen Rechts, insbesondere kommunale Satzungen mit umweltrechtlichem Inhalt zu erwähnen (z.B. Bebauungspläne, Baumschutzsatzungen, Abwassersatzungen usw.)[135]. Die Vorschrift des Art. 80 I GG gilt für Satzungen weder unmittelbar noch entsprechend. Eingriffe in Grundrechte (z.B. das Recht, ein Grundstück zur Kontrolle von Bestimmungen zu betreten) bedürfen nach der Wesentlichkeitslehre einer gesetzlichen Grundlage und dürfen nicht auf Satzungen beruhen, die nach einer Generalklausel erlassen worden sind.

77 ff) Insgesamt erweist sich der Bereich der untergesetzlichen Umweltstandardsetzung als dringend novellierungsbedürftig. Es bestehen verfassungsrechtliche Defizite, die durch einheitliche Rechtsgrundlagen und ein Verfahren mit Öffentlichkeitsbeteiligung behoben werden soll-

133 Zum folgenden *Führ*, ZUR 1993, 99 ff.; *Voßkuhle*, in: *Schuppert* (Hrsg.), Jenseits von Privatisierung und schlankem Staat, 1999, S. 47 (69 ff.).

134 BVerfGE 47, 285 (311); *Sachs*, NJW 1981, 1651.

135 S. *Lübbe-Wolff* (Hrsg.), Umweltschutz durch kommunales Satzungsrecht, 2. Aufl. 1997.

ten. Die Entwürfe des Umweltgesetzbuches sehen hierfür entsprechende Regelungen vor (§§ 145 ff., 155 ff. ProfE, §§ 11 ff. UGB-KomE)[136].

III. Hauptprinzipien des Umweltrechts

Neben den Zielen, die von der Umweltpolitik verfolgt, die aber erst von umweltrechtlichen Normen verbindlich vorgeschrieben werden, sind für die Umweltpolitik eine Reihe von Prinzipien entwickelt worden, die sich wechselseitig ergänzen, aber auch gegenseitig ausschließen können. Allerdings haben auch diese Prinzipien, solange sie nicht gesetzlich verankert und so zu unmittelbar verbindlichen und anwendbaren Rechtsprinzipien erstarkt sind, nur den Charakter von umwelt- und rechtspolitischen Handlungsmaximen. Europarechtlich ist in Art. 6 EG der **Grundsatz einer umweltverträglichen nachhaltigen Entwicklung**, in Art. 174 II EG der Grundsatz, Umweltbeeinträchtigungen vorzubeugen und sie nach Möglichkeit an ihrem Ursprung zu bekämpfen, sowie das Verursacherprinzip primärrechtlich verankert[137]. Im Zuge der deutschen Einigung hat sich der Gesetzgeber in Art. 16 I 2 StaatsV, Art. 34 I EinigungsV auf das **Vorsorge-, Verursacher- und Kooperationsprinzip** im Umweltrecht festgelegt[138]. Eine Beschreibung ihres Inhalts ist aber nicht erfolgt. Ein Vorschlag zur allgemeinen Normierung einzelner Prinzipien findet sich in den Entwürfen eines Umweltgesetzbuches[139]. **78**

1. Gefahrenabwehrprinzip

Das **Gefahrenabwehrprinzip** oder Schutzprinzip zielt zunächst auf die Abwehr von polizeirechtlichen Gefahren im engeren Sinne (Rn. 8/98). Nach dem klassischen Gefahrenbegriff ist Gefahr eine Sachlage, die bei ungehindertem Geschehensablauf zu einem Schaden für Rechtsgüter, also Leib, Gesundheit, Leben und Umwelt, führen würde. Dabei muß der Eintritt des Schadens nur wahrscheinlich sein. Je höher die Bedeutung des betroffenen Schutzgutes, desto geringer braucht die Wahrscheinlichkeit zu sein. Das Gefahrenabwehr- oder Schutzprinzip überschneidet sich aufgrund dieses flexiblen Wahrscheinlichkeitsmaßstabes mit anderen Umweltprinzipien, wenn ein sehr hoher Schaden droht. **79**

Beispiele: Abwehr drohender Explosionen, Brände, Überschwemmungen, aber auch schwerwiegender Beeinträchtigungen von Menschen, Tieren oder Pflanzen durch boden-, luft- oder gewässerverunreinigende Schadstoffe, Freisetzen von genetisch veränderten Organismen.

---

136 *Kloepfer/Rehbinder/Schmidt-Aßmann/Kunig*, UGB-AT, 1990, S. 460 ff.; UGB-KomE, S. 463 ff.; *Sendler*, UPR 1993, 321 (327 f.). Sinnvoll wäre es, eine Höchstgrenze für die Geltungsdauer von derartigen technischen Regelwerken einzuführen (vgl. z.B. § 159 ProfE). Es ist nicht erkennbar, daß mit einer Verwaltungsvorschrift, die nach Zustimmung des Bundesrates verabschiedet wird, flexibler auf den Erkenntnisfortschritt reagiert werden kann als mit einer Rechtsverordnung.

137 Vgl. *Calliess*, in: *Calliess/Ruffert* (Hrsg.), EUV/EGV-Ktr., 1999, Art. 174 Rn. 25 ff.; *Kahl*, Umweltprinzip und Gemeinschaftsrecht, S. 21 ff.

138 S. *Kloepfer*, DVBl. 1991, 1 ff.; *Rehbinder*, FS Sendler, S. 269 ff.

139 §§ 4 ff. ProfE; *Kloepfer/Rehbinder/Schmidt-Aßmann/Kunig*, UGB-AT, 1990, S. 138 ff.; krit. hierzu *Breuer*, Gutachten B für den 59. DJT 1992, S. 92 ff. – §§ 4 ff. UGB-KomE, ebda. S. 447 ff.

80 Das Schutzprinzip erfaßt auch – z.T. abweichend vom rein polizeirechtlichen Gefahrenabwehrprinzip – die Abwehr von bloß erheblichen Nachteilen und Belästigungen (Rn. 8/101 f.). Dem Gefahrenabwehr- bzw. Schutzprinzip entsprechende Normen finden sich etwa im Immissionsschutzrecht (z.B. § 5 I Nr. 1 i.V.m. § 3 I BImSchG), im Atomrecht (§ 7 II Nrn. 3 und 5 AtG oder §§ 10, 12 AtG i.V.m. der StrSchV) oder im Chemikalienrecht (§§ 17 ff. ChemG). Solche Normen sind, soweit sie sich unmittelbar als Verhaltens- oder Ermächtigungsnormen auf Verwaltungsakte beziehen, regelmäßig „drittschützend" i.S.d. § 42 II VwGO, weil sie neben der Allgemeinheit auch den potentiell betroffenen Einzelnen in diesem oder jenem Individualinteresse gegen diese oder jene Gefahr oder Beeinträchtigung schützen sollen (Rn. 4/5).

2. Vorsorgeprinzip

81 Das in Art. 174 II EG und Art 34 I EinigungsV verankerte **Vorsorgeprinzip**[140] beinhaltet vor allem den nicht lediglich reaktiven, sondern vorausschauenden und vorbeugenden[141], also „vorsorglichen" Schutz des Menschen vor Umweltgefahren und Umweltqualitätsverlusten, desgleichen aber auch den entsprechenden Schutz der Umweltgüter vor dem Menschen. Es verlangt die möglichst schonende Inanspruchnahme der Naturgüter und Lebensräume durch den Menschen[142]. All dies ist Zukunftsvorsorge jenseits des Bereichs der Gefahrenabwehr. Vorsorge verlangt daher auch ein *Offenhalten von Optionen*[143]. Nach § 5 III UGB-KomE soll das Vorsorgeprinzip de lege ferenda ein Verbot der Verschlechterung der Umweltsituation wenig belasteter Gebiete und ein Gebot zur Verbesserung der Umweltsituation in belasteten Gebieten enthalten.

82 Das Vorsorgeprinzip umfaßt – und insoweit besteht noch eine Affinität zum Gefahrenabwehrprinzip – die Gefahrenvermeidung, die im deutschen Recht als *„Risikovorsorge"* bezeichnet wird (Rn. 6/137, Rn. 7/134 ff.). Der Begriff des **Risikos** umfaßt nach herkömmlicher Auffassung die Eintrittshäufigkeit sowie den potentiellen Schadensumfang[144] und ist demzufolge vom Aufbau her identisch mit dem Gefahrenbegriff. Die Bewertung der Frage, ob eine Gefahr für ein gesetzlich geschütztes Rechtsgut besteht, setzt bei der Anwendung der klassischen po-

140 Dazu *Di Fabio*, FS Ritter, 1997, S. 807 ff.; *Erbguth*, Grundfragen, S. 92 ff.; *Fleury*, Das Vorsorgeprinzip im Umweltrecht, 1995; *Germann*, Das Vorsorgeprinzip als vorverlagerte Gefahrenabwehr, Diss. Wien 1993; *Kloepfer*, Umweltrecht, § 4 Rn. 5 f.; *Kloepfer/Rehbinder/Schmidt-Aßmann/Kunig*, UGB-AT, S. 138 ff.; *Köck*, AöR 121 (1996), 1 ff.; *v. Lersner*, in: HdUR, Bd. II, Art. „Vorsorgeprinzip", Sp. 2703 ff. m.w.N.; *Rehbinder*, Das Vorsorgeprinzip im internationalen Vergleich, 1991; *ders.*, in: AKUR, Grundzüge des Umweltrechts, Kap. 04, Rn. 27 ff.; *Schmidt*, DÖV 1994, 749 (752 ff.); *Wahl* (Hrsg.), Prävention und Vorsorge, 1995.

141 Dies wird beispielsweise in Art. 174 II EG ausdrücklich getrennt.

142 UBA, Nachhaltiges Deutschland, 1996, S. 264, sieht deshalb nachhaltiges Wirtschaften als Ergebnis optimaler Vorsorge. So auch *Kloepfer*, Umweltrecht, § 4 Rn. 6, 24.

143 BVerwGE 69, 37 (43); i.E. auch *Scherzberg*, VerwArch 84 (1993), 484 (497 ff.); aus verfassungstheoretischer Sicht s. *Grimm*, Die Zukunft der Verfassung, 1991, S. 184 f., 415 ff. Aus europarechtlicher Sicht *Epiney*, Umweltrecht in der Europäischen Union, 1997, S. 100 f.

144 Vgl. z.B. *Reich*, Gefahr – Risiko – Restrisiko: Das Vorsorgeprinzip am Beispiel des Immissionsschutzrechts, 1989; S. 171; *Bender*, in: *Hartwig* (Hrsg.), Große technische Gefahrenpotentiale (Risikoanalysen und Sicherheitsfragen), 1983, S. 217 ff.; ferner *Breuer*, NVwZ 1990, 211 (213); *Ipsen*, VVDStRL 48 (1990), S. 177 (186); *Ladeur*, UPR 1993, 121 ff.; *Rehbinder*, in: AKUR, Grundzüge des Umweltrechts, Kap. 04, Rn. 30 ff.

lizeirechtlichen „Je-desto-Formel" durchschnittliche Erfahrungen voraus, die über einen gewissen Zeitraum hinweg in Wissenschaft und Technik, Verwaltung und Wirtschaft gesammelt wurden. Ist ein Sachverhalt (nach der *Je-desto-Formel*) als **Gefahr** zu beurteilen, so gilt das Gefahrenabwehrprinzip (vgl. § 3 I Störfall-VO, Rn. 6/154). Bei vielen modernen technischen Entwicklungen (z.B. in der Atomtechnik oder der Gentechnik) kann aber auf solche durchschnittlichen Erfahrungen nicht zurückgegriffen werden. Im Gegensatz zum Gefahrenbegriff fehlt es dem klassischen Risikobegriff an einem eingrenzenden Maßstab. Deshalb wird das Risiko zunehmend als „aliud" zur Gefahr verstanden, das sich vor allem durch die völlige Ungewißheit des Schadenseintritts auszeichne[145]. Risiko ist die Gefahr der *Fehleinschätzung* eines nicht hinreichend geklärten oder klärbaren Sachverhalts und erfaßt den Bereich unterhalb der Gefahrenschwelle. Risikovorsorge dient dazu, einen zureichenden Sicherheitsabstand zur Gefahrenschwelle zu gewährleisten (Sicherheitsreserve). Die Abgrenzung zwischen Vorsorgeprinzip und Gefahrenabwehrprinzip ist in diesen Grenzbereichen unscharf (vgl. z.B. Rn. 8/141, 11/56 ff.).

Die Grenzziehung zwischen Gefahr und Vorsorge ist je nach Schutzbereich unterschiedlich: **83**
Gegenüber einem Risiko, das die Gefahrenschwelle nicht überschreitet, ist im z.B. BImSchG – abweichend vom Atomrecht – nur eine Pflicht zur Risikovorsorge enthalten, soweit sich das (Schadens-)Risiko auf etwaige schädliche Umwelteinwirkungen i.S. des § 3 I BImSchG bezieht. Sonstige Schäden (z.B. Explosionsschäden) sind vom Vorsorgeprinzip nicht umfaßt. Jedoch liegt in § 7 I Nr. 1 BImSchG (Rn. 8/158) eine Ermächtigung zu einer einschlägigen Regelung durch Rechts-VO (vgl. § 3 III Störfall-VO, Rn. 8/162 ff.).

Von besonderer Bedeutung für den Schutz vor Umweltbelastungen ist die vorsorgliche *Mini-* **84**
mierung potentiell umweltschädlicher Stoffeinträge (z.B. in erster Linie durch Schadstoffvermeidung oder hilfsweise durch Schadstoffverminderung im Wege der Abgas- und Abwasserreinigung oder Abfallbehandlung) Insoweit überschneidet sich das deutsche Vorsorgeprinzip mit dem europäischen *Ursprungsprinzip* des Art. 174 II EG.

Das Vorsorgeprinzip zielt aber über die Risikovorsorge hinaus als *Ressourcenvorsorge* auch **85**
noch auf andere Bereiche der Zukunftsvorsorge, nämlich auf die Ressourcen- und Freiraumerhaltung im Interesse einer materiellen Sicherung der menschlichen Handlungsfreiheit oder gar der menschlichen Existenz. So sind erneuerbare Ressourcen nachhaltig zu bewirtschaften, und mit endlichen Rohstoffen ist sparsam umzugehen.

Das Vorsorgeprinzip beinhaltet also sowohl die Minimierung der noch nicht „Gefah- **86**
renqualität" erreichenden Risiken als auch die Offenhaltung von Belastungsreserven (vgl. z.B. § 1 UVPG, ferner §§ 1, 5 I Nr. 2 BImSchG, §§ 1a I, 7a WHG, § 7 II Nr. 3 AtG, §§ 1, 4 I, 6 I 2, 19, 22, 24, 37, 38, KrW-/AbfG, §§ 2 I Nrn. 3-8, 8 II BNatSchG; im Planungsrecht z.B. § 2 I Nr. 8, §§ 1 V, 1a BauGB, §§ 49, 50 BImSchG, §§ 13-16 BNatSchG). Im Unterschied zu den Normen, die das Gefahrenabwehrprinzip positivieren, sind die Vorsorgenormen in aller Regel nicht drittschützend, soweit die Ebene der Gefahren- und Schadensabwehr nach dem „Je-Desto-Maßstab" verlassen ist[146].

145 S. *Scherzberg*, VerwArch 1993, 484 (498); *Voßkuhle*, Das Kompensationsprinzip, 1999, S. 383. Nach *Kloepfer*, in: *Gethmann/Kloepfer*, Handeln unter Risiko im Umweltstaat, 1993, S. 73, umfaßt das Vorsorgeprinzip in diesem Zusammenhang insbesondere (1) zeitlich entfernte Gefahren, deren späterer Eintritt nicht mit hinreichender Wahrscheinlichkeit ausgeschlossen werden kann, (2) Fälle geringer Eintrittswahrscheinlichkeit vom Gefahrenverdacht bis zur Risikovorsorge und (3) Umweltbelastungen im Rahmen von möglichen Synergieeffekten (str.).

146 Vgl. *Kloepfer/Rehbinder/Schmidt-Aßmann/Kunig*, UGB-AT, 1990, S. 140 ff. Zu § 5 I Nr. 2 BImSchG s. Rn. 8/138 ff. Anders z.T. das Europarecht, s. Rn. 1/43 f.

3. Bestandsschutz- und Nachhaltigkeitsprinzip

87 Ein Nebenprinzip des Vorsorgeprinzips ist das in Ansätzen positivierte **Bestandsschutz- und Nachhaltigkeitsprinzip**, das auf den Schutz des vorgefundenen qualitativen Umweltbestandes abzielt (vgl. z.B. §§ 1 I, 8, 20c BNatSchG, § 1 Nr. 1 BWaldG, §§ 1a I, 26 II, 34 WHG). Insofern kann auch von einem Verbot der wesentlichen Verschlechterung der Umweltqualität gesprochen werden (s. Rn. 5/106 ff., Rn. 6/160 ff.)[147]. Nachhaltigkeit ist das Ergebnis guter Vorsorgepolitik, eine rechtlich eigenständige Bedeutung kommt dem Nachhaltigkeitsgrundsatz nur europarechtlich zu, da er in Art. 2 und 6 EG verankert ist und sich damit vom (europarechtlichen) Vorsorgegrundsatz des Art. 174 II EG abgrenzt.

4. Kompensationsprinzip

88 Das sogenannte **Kompensationsprinzip** versucht, den Schutz der Umwelt mit den Nutzungs- und Gestaltungsinteressen der Bürger in Einklang zu bringen[148]. Ausgangspunkt ist die Überlegung, daß von einem gesetzlichen Verbot bestimmter individueller Freiheitsbetätigung abgesehen werden darf, wenn dadurch verursachte Beeinträchtigungen anderweitig ausgeglichen werden[149]. Das Kompensationsprinzip läßt sich auf folgende drei Grundsätze zurückführen[150]:

- unvermeidbare erhebliche Beeinträchtigungen der Umwelt sind vom Verursacher (Rn. 1/84) zu kompensieren;
- soweit eine Kompensation von Umweltbeeinträchtigungen möglich *und* sachgerecht ist, sind Kompensationsregelungen als *milderes Mittel* einem strikten Verbot der beeinträchtigenden Handlung vorzuziehen;
- Art und Ausmaß der gebotenen Kompensation bestimmen sich grundsätzlich nach dem Äquivalenzprinzip im Sinne eines *vollständigen Schadensausgleichs*. Abweichungen sind besonders begründungsbedürftig.

Beispiele: Umweltgüter dürfen über das an sich zulässige Maß hinaus in Anspruch genommen werden, wenn die damit verbundenen Beeinträchtigungen durch überobligatorische technisch-reale Kompensationsmaßnahmen neutralisiert werden (*Neutralisationsmodell*, vgl. Rn. 3/123 ff.; 5/124 ff., 220 f.). Mehrere Beeinträchtigungsquellen können mit über- oder unterobligatorischen Umweltschutzbemühungen verrechnet werden (*Saldierungsmodell*, vgl. Rn. 5/167; 8/161, 228)[151]. Anstelle eines konkreten Ausgleichs der durch einen Dispens verursachten Beeinträchtigungen kann auch eine gesetzliche Alternativpflicht vorgesehen sein (*Konzeptwechselmodell*, s. Rn. 5/133; 8/145 f.; 12/16 ff., 169 ff.)[152]. Neben der Naturalkom-

---

147 Zur Nachhaltigkeitspolitik s. BT-Drs. 13/11200, Bericht der Enquete-Kommission „Schutz des Menschen und der Umwelt".

148 Grundlegend nunmehr *Voßkuhle*, Das Kompensationsprinzip, 1999.

149 *Voßkuhle*, ebda., S. 9. Alle Kompensationsformen bedürfen einer Erfolgskontrolle, weil erfahrungsgemäß der Anreiz, Kompensationsleistungen zu erbringen, fehlt, sobald vom Verbot befreit wurde. In Betracht kommen z.B. die Befreiung unter aufschiebender Bedingung, Berichtspflichten oder Sicherheitsleistungen, s.a. *Voßkuhle*, ebda., S. 411 ff

150 *Voßkuhle*, ebda., S. 391.

151 *Voßkuhle*, ebda., S. 171 ff.

152 *Voßkuhle*, ebda., S. 206 ff.

pensation tritt schließlich – u.E. allenfalls subsidiär – die monetäre Kompensation durch *Abgaben* (Rn. 2/50)[153].

5. Verursacherprinzip

Nach dem aus dem Polizeirecht bekannten **Verursacherprinzip** hat der Verursacher **89**
in erster Linie einer von seinem Verhalten ausgehenden Umweltbeeinträchtigung vorzubeugen, zumindest aber ihre Folgen zu beseitigen. Demzufolge beschränkt sich das Verursacherprinzip nicht auf die Frage der Zurechnung der Kosten für die Vermeidung, Beseitigung und den Ausgleich von Umweltbeeinträchtigungen, sondern umfaßt darüberhinaus auch die Mittel direkter Verhaltenslenkung (z.B. Gebote, Verbote, Auflagen), anreizausübende Abgaben sowie zivilrechtliche Unterlassungs- und Haftungsansprüche[154].

Das Verursacherprinzip ist ein materielles Zurechnungsprinzip für die Ermittlung der Verant- **90**
wortlichkeit für Umweltbeeinträchtigungen, Umweltgefahren und Umweltrisiken[155]. Seine Bedeutung liegt darin, daß der Verursacher vorrangiger Adressat umweltschützender und umweltlenkender Tätigkeit des Staates ist. Die Hauptrolle spielt das Verursacherprinzip dabei als Regelungsmodell für die Kostenbelastung, d.h. als Kostenzurechnungsprinzip[156]. Wenn die volkswirtschaftlichen Kosten der ökologischen Schäden nicht vom Verursacher getragen werden, führen diese sogenannten „externen Effekte" zu einer suboptimalen Allokation der volkswirtschaftlichen Ressourcen. Eine optimale Allokation der Güter und Produktionsfaktoren setzt umweltpolitisch voraus, daß jeder die Kosten trägt, die er durch Inanspruchnahme der Umwelt als Ressourcenreservoir oder als Entsorgungsmedium verursacht (Internalisierung der externen Sozialkosten, Rn. 2/44).

Im geltenden Recht entsprechen dem bspw. die Ausgleichs- und Kompensationspflicht nach **91**
§ 8 BNatSchG (Rn. 5/120), die Pflichten des Abfallerzeugers im neuen KrW-/AbfG, die Gebührenpflichten im Abfall- und Abwasserrecht (Rn. 12/220) oder die im Umwelthaftungsgesetz (Rn. 3/46) vorgenommenen Beweiserleichterungen[157]. De lege ferenda wird die Einführung einer allgemeinen Gefährdungshaftung des Verursachers von Umweltschäden nach dem Vorbild des § 22 WHG diskutiert[158].

153 *Voßkuhle*, ebda., S. 217 ff.

154 *Frenz*, Das Verursacherprinzip im Öffentlichen Recht, 1997, S. 43 ff.; *Kloepfer/Rehbinder/Schmidt-Aßmann/Kunig*, UGB-AT, 1990, S. 145 ff.; UGB-KomE, S. 456; *Rehbinder*, in: AKUR, Grundzüge des Umweltrechts, 2. Aufl. 1997, Kap. 04 Rn. 92 f.; *Steinberg*, Der ökologische Verfassungsstaat, 1998, S. 125 ff. Demgegenüber wird das *europarechtliche* Verursacherprinzip des Art. 174 II EG als Kostenzurechnungsgrundsatz angesehen, die weitergehende Verantwortlichkeit des Verursachers aber aus dem Vorbeuge- und Ursprungsprinzip abgeleitet, vgl. *Epiney*, Umweltrecht in der Europäischen Union, 1997, S. 103 f.; *Kahl*, Umweltprinzip und Gemeinschaftsrecht, 1993, S. 23 ff.

155 Da eine ökologische Störung in der Regel das Ergebnis des Zusammenwirkens mehrerer Faktoren, d.h. aber auch mehrerer Personen ist, kann „der" verantwortlich zu machende Verursacher nur im Wege einer wertenden Entscheidung bestimmt werden. Es geht aber zu weit, das Verursacherprinzip deshalb als bloße Leerformel zu qualifizieren (so aber *Adams*, JZ 1989, 787 ff.).

156 S. *Erbguth*, Grundfragen, S. 94 ff.; *Ewringmann*, in: HdUR, Bd. II, Art. „Verursacherprinzip", Sp. 2678 ff.; *Kloepfer*, Umweltrecht, § 4 Rn. 28 ff.

157 Vgl. *Hager*, NJW 1991, 134 ff.; *Kreuzer*, JA 1991, 209 ff.; *Schmidt*, DÖV 1991, 878 ff.; *Tampitz*, Jura 1991, 113 ff.

158 Vgl. z.B. *Ganten/Lemke*, UPR 1989, 1 ff.; *Geisendörfer*, VersR 1988, 421 ff.; *Hübner*, NJW 1988, 441 ff.; *Kloepfer/Rehbinder/Schmidt-Aßmann/Kunig*, UGB-AT, 1990, S. 412 ff.; *Meßerschmidt*, UPR 1988, 47 ff. (Tagungsbericht); *Rehbinder*, NuR 1989, 149 ff.; *Salje*, ZRP 1988, 153 ff. Nach

6. Gemeinlastprinzip

92 Praktisch das Gegenstück zum Verursacherprinzip ist das **Gemeinlastprinzip**[159], das im Gefahrenbereich nur ausnahmsweise, und zwar nur dann eingreifen soll, wenn eine Umweltgefahr oder ein Umweltschaden nicht einem bestimmten Verursacher zugerechnet werden oder wenn von der Behörde die Beseitigung der Störung (oder die Finanzierung der Störungsbeseitigung) durch den Störer nicht durchgesetzt werden kann (s. § 6 III UGB-KomE). Die Kostenfolgen hat dann die Allgemeinheit zu tragen. Hinzu kommen mannigfaltige Aufwendungen für die Umweltvorsorge der öffentlichen Hand (staatliche Eigenvornahme, Finanzhilfen, Darlehen, Bürgschaften, Steuerbegünstigungen usw.), die aus den jeweiligen Haushalten finanziert werden; insofern hat das Gemeinlastprinzip nicht lediglich lückenfüllenden Charakter im Verhältnis zum Verursacherprinzip. Im Hinblick auf den stufenweisen Vorrang des Verursacher- und des kollektiven Verursacherprinzips darf auf das Gemeinlastprinzip als Kostentragungsgrundsatz erst als „ultima ratio" zurückgegriffen werden[160].

7. Kollektives Verursacherprinzip

93 Zwischen den beiden letztgenannten Prinzipien, wenn auch näher beim Verursacher- als beim Gemeinlastprinzip angesiedelt, ist das rechts- und umweltpolitische **„kollektive Verursacherprinzip"**, wonach Folgekosten einer Gruppe von Rechtssubjekten aufzuerlegen sind (*„Gruppenlastprinzip"*), die typischerweise die Umweltgefahr oder den Umweltschaden verursacht hat. Zu denken ist etwa an die Finanzierung sogen. „Altlasten" (z.B. sanierungsbedürftiger ehemaliger Müllkippen) durch „die" Chemieindustrie, ferner an den rechtspolitisch geforderten Ausgleich für Schäden des Waldsterbens (Rn. 8/16) durch Industrie, Energiewirtschaft und Kraftfahrzeugbenutzer. Praktisch umgesetzt wird das kollektive Verursacherprinzip z.B. durch die Bildung von und die Erhebung von Sonderabgaben (Rn. 2/57).

8. Kooperationsprinzip

94 Nach dem **Kooperationsprinzip**[161] arbeitet der Staat auf dem Gebiet des Umweltschutzes mit allen betroffenen und interessierten gesellschaftlichen Kräften (Unter-

---

einer EG-Richtlinie ist das Produkthaftungsgesetz v. 15.12.1989 (BGBl. I 2198) erlassen worden, durch das eine verschuldensunabhängige Haftung des Herstellers oder Importeurs für Produktfehler begründet wird.

159 Dazu *Ewringmann*, in: HdUR, Bd. I, Art. „Gemeinlastprinzip", Sp. 844 ff.; *Kloepfer/Rehbinder/Schmidt-Aßmann/Kunig*, UGB-AT, 1990, S. 147 f.; *Kloepfer*, Umweltrecht, § 4 Rn. 40 ff. m.w.N.; *Rehbinder*, in: AKUR, Grundzüge des Umweltrechts, Kap. 04, Rn. 107 ff.

160 Noch enger *Murswiek*, NVwZ 1996, 222 (226); *Steinberg*, Der ökologische Verfassungsstaat, 1998, S. 131 f.

161 *Kloepfer/Rehbinder/Schmidt-Aßmann/Kunig*, UGB-AT, 1990, S. 155 ff.; *Kloepfer*, Umweltrecht, § 4 Rn. 45 ff.; *Lübbe-Wolff*, NuR 1989, 295 ff.; *Müggenborg*, NVwZ 1990, 909 ff.; *Rehbinder*, in: AKUR, Grundzüge des Umweltrechts, Kap. 04, Rn. 115 ff.; *Rengeling*, in: HdUR, Bd. I, Art. „Kooperationsprinzip", Sp. 1284 ff.; *Schröder*, NVwZ 1998, 1011 ff.; *Schulze-Fielitz*, DVBl. 1994, 657 ff.; *Dose*, Die verhandelnde Verwaltung, 1997; *Grüter*, Umweltrecht und Kooperations-

nehmen, Industrie- und Umweltschutzverbände usw.) zusammen. Das Kooperationsprinzip ist ein *politisches Verfahrensprinzip*[162], das auf eine innerhalb der vom Grundgesetz – insbesondere dem Rechtsstaatsprinzip und der staatlichen Schutzpflicht nach Art. 2 II GG – gezogenen Grenzen möglichst einvernehmliche Verwirklichung umweltpolitischer Ziele gerichtet ist.

Normativ geregelte Erscheinungsformen des Kooperationsprinzips sind der Einsatz von Beliehenen zur staatsentlastenden Wahrnehmung öffentlicher Aufgaben, von Ausschüssen mit der Aufgabe technischer Regelfindung, die organisierte Anhörung der beteiligten Kreise (z.B. §§ 7, 48, 51 BImSchG), der Einsatz von Umweltschutzbeauftragten zur innerbetrieblichen Eigenüberwachung (z.B. §§ 53 ff. BImSchG, 21a WHG), ferner die Öffentlichkeitsbeteiligung in bestimmten Planungs- und Genehmigungsverfahren (Rn. 3/15, 87 ff., 8/190)[163], die Verbandsmitwirkung im Naturschutzrecht (Rn. 5/232) oder das staatliche Angebot eines Umwelt-Audit-Verfahrens (Rn. 3/35). Daneben sind insbesondere öffentlich-rechtliche Verträge (Rn. 2/34), „Branchenabsprachen" oder „Branchenzusagen" im Bereich von Industrie und Handel zu nennen[164]. Diese haben meist die Minderung bestehender Umweltbelastungen (z.B. Produktionseinschränkung für FCKW-haltige Spraydosen) bzw. die Vornahme bestimmter umweltschonender Maßnahmen (z.B. Reduzierung von Verpackungsmaterialien) zum Inhalt, sind aber nicht rechtsverbindlich[165] und werden daher nicht immer eingehalten. **95**

Kooperation soll in der Praxis häufig einseitig von Seiten der Unternehmen zur Verhinderung des Vollzuges gebraucht werden[166]. Wenngleich Umweltschutz zutreffend als eine Aufgabe des Staates *und* seiner Bürger angesehen wird, darf die Kooperation im Bereich des Umweltschutzes nicht den Vorrang des Vollzuges ersetzen[167]. Im Umweltschutzrecht muß der Schwerpunkt staatlichen Handelns gerade wegen des verbreiteten Fehlens eines gerichtlich durchsetzbaren Individualinteresses im ordnungsrechtlichen Vollzug gesetzlicher Regelungen liegen[168]. Verfassungsrechtliche Grenze kooperativen Handelns ist die staatliche Schutzpflicht nach Art. 2 II GG: soweit sie berührt ist, muß der Staat Leben und Gesundheit seiner Bürger (auch präventiv) schützen und diesen Schutz auch durchsetzen[169]. **96**

---

prinzip, 1989; *Kippes*, Bargaining, informales Verwaltungshandeln und Kooperation zwischen Unternehmen, Bürgern und Verwaltungen, 1995; *Spannowsky*, Grenzen des Verwaltungshandelns durch Verträge und Absprachen, 1994.

162 Zu weitgehend BVerfGE 98, 83 ff. u. 106 ff. zu landesrechtlichen Sonderabfallabgaben und kommunalen Verpackungssteuern, wo dem BImSchG und dem KrW-/AbfG – ohne nähere Auseinandersetzung in der Sache und gegen die ganz h.M. – ein bundesrechtliches Kooperationskonzept entnommen wird, das eine landesrechtliche Abgabenerhebung sperre (Rn. 2/51, 12/89). Wie hier *Bothe*, NJW 1998, 2333 ff.; *Schrader*, ZUR 1999, 152 ff.; *Sendler*, NJW 1998, 2875 ff.; *Weidemann*, DVBl. 1999, 73 (75).

163 Zur Konfliktmittlung in Großverfahren s. *Hill*, DÖV 1994, 279 ff.; *Würtenberger*, NJW 1991, 257 ff.

164 S. *Scherer*, DÖV 1991, 1 ff.; ferner: *Kloepfer*, JZ 1991, 737 (739 ff.); *Müggenborg*, NVwZ 1990, 909 (914 ff.); *Murswiek*, JZ 1988, 985 (988).

165 So auch *Kloepfer*, ZAU 1996, 56 (60); *Schröder*, NVwZ 1998, 1011 (1012).

166 *Lübbe-Wolff*, NuR 1989, 295 ff.; i.E. auch BVerwG, NuR 1998, 37 (38).

167 So aber *Kloepfer/Rehbinder/Schmidt-Aßmann/Kunig*, UGB-AT, 1990, S. 157; hiergegen zurecht *Hansmann*, Referat 59. DJT 1992, S. N 23; s.a. *Murswiek*, JZ 1988, 985 (987).

168 Ähnlich *Lübbe-Wolff*, NuR 1989, 295 (301); *Müggenborg*, NVwZ 1990, 909 (917).

169 So auch *Murswiek*, JZ 1988, 985 (987).

97 Eine besondere Art der Kooperation findet nicht selten in der informellen Vorphase der Erteilung einer Industriegenehmigung oder des Erlasses einer behördlichen Anordnung statt, und zwar zwischen der Behörde und dem Betreiber einer geplanten oder bereits bestehenden umweltrelevanten Anlage. Hier kommt es zuweilen über gegenseitige Informationserteilung hinaus zu umweltschutzdienlichen, gelegentlich aber auch zu mehr oder weniger dubiosen Arrangements, Duldungen[170] o.ä. zulasten der Drittbetroffenen und/oder der Umwelt[171]. Grundsätzlich nichts einzuwenden ist gegen eine frühzeitige informelle Kooperation zwischen der zuständigen Genehmigungsbehörde und dem Antragsteller, um auf diese Weise zu gewährleisten, daß der Untersuchungsrahmen abgesteckt und die Erhebung aller entscheidungsrelevanten Informationen vorbereitet wird. Eine solche Kooperation darf aber weder die Rechte Dritter verkürzen noch die Durchsetzung öffentlicher Interessen in Frage stellen. Deshalb kann diese Kooperation unter Beteiligung der betroffenen Bürger oder anerkannter Umweltschutzverbände erfolgen (vgl. § 2 II 9. BImSchV, § 5 UVPG), wodurch allerdings die Ebene informellen Handelns verlassen wird.

170 *Hermes/Wieland*, Die staatliche Duldung rechtswidrigen Verhaltens, 1988; *Voßkuhle*, DV 1996, 511 ff.; *Fluck*, NuR 1990, 197 ff.

171 *Bohne*, Der informale Rechtsstaat, 1981; *ders.*, VerwArch 75 (1984), 343 ff.; *Bauer*, VerwArch 78 (1987), 241 ff.; *Becker*, DÖV 1985, 1003 ff.; *Breuer*, in: *Hoffmann-Riem* (Hrsg.), Konfliktlösung durch Verhandlungen, 1990, S. 230 ff.; *Bulling*, DÖV 1989, 277 ff.; *Erbguth*, Grundfragen, S. 81 ff.; *Lübbe-Wolff*, NuR 1989, 295 ff.; *Murswiek*, JZ 1988, 985 (988).

Kapitel 2

Vollzug und Instrumente des Umweltrechts

I. Gesetzesvollzug und Verwaltungsorganisation im Bereich des Umweltrechts

1. Gesetzesvollzug

1 Anders als bei den Gesetzgebungskompetenzen liegt der Schwerpunkt der Verwaltung auch im Umweltrecht nach Art. 30 GG i.V.m. Art. 83 ff. GG bei den Ländern und ihren Gliederungen (bis zu den Gemeinden). Die Dominanz der Länder im Bereich des Gesetzesvollzugs beruht auf Art. 83 und 84 Abs. 1 GG, wonach auch die Ausführung der Bundesgesetze grundsätzlich Sache der Länder als eigene Angelegenheit ist und diese dementsprechend auch über die Organisation („Errichtung von Behörden") sowie das Verwaltungsverfahren bestimmen können[1]. Der Bund hat nur wenige *bundeseigene Durchführungszuständigkeiten* i.S. der Art. 86 ff. GG. Ausnahmen sind z.B: Eisenbahnrechtliche Fachplanungen gem. § 18 AEG (Art. 87 I 1 GG), bundeswasserstraßenrechtliche Fachplanungen gem. § 14 WaStrG (Art. 89 II GG), atomrechtliche Genehmigungen gem. §§ 22, 23 AtG (Art. 87c GG) oder §§ 2, 9 StrVG, § 60 BImSchG, § 58 KrW-/AbfG, § 24 ChemG.

2 Die wichtigsten Materien des Umweltrechts sind in *Bundesgesetzen* geregelt. Sie werden von den *Ländern* entweder (ausnahmsweise) i.S. des Art. 85 GG *im Auftrag des Bundes* (so gem. Art. 87c GG z.B. § 24 AtG oder § 10 StrVG) oder (in der Regel) i.S. der Art. 83 f. GG als *eigene Angelegenheit* (z.B. viele Normen des BImSchG) ausgeführt. Die Länder unterstehen im ersten Fall der auf die Gesetzmäßigkeit und Zweckmäßigkeit der Gesetzesausführung gerichteten Fachaufsicht (Art. 85 IV GG), im zweiten Fall nur der Rechtsaufsicht (Art. 84 III GG) des Bundes.

3 Bei der Bundesauftragsverwaltung bleibt die sogen. Wahrnehmungskompetenz unentziehbar beim Land, während die sogen. Sachkompetenz (d.h. die Kompetenz zur Sachbeurteilung und Sachentscheidung) vom Bund im Wege der Weisung (Art. 85 III GG) in Anspruch genommen werden kann (Rn. 9/257 ff.)[2].

---

1 Hierzu allgemein *Wahl*, Verwaltungsorganisation, in: *Maurer/Hendler* (Hrsg.), Baden-Württembergisches Staats- und Verwaltungsrecht, 1990, S. 92 ff.; *König/Siedentopf* (Hrsg.), Öffentliche Verwaltung in Deutschland, 2. Aufl. 1997. Zur Umweltverwaltung in den neuen Bundesländern vgl. *Eisen*, DÖV 1993, 677 ff. S.a. BVerfGE 88, 203 (332).

2 BVerfGE 81, 310 (331 ff.). Hiernach hat das Land keinen Anspruch darauf, daß der Bund die Weisungsbefugnis inhaltlich rechtmäßig und ohne Verstoß gegen Grundrechte Dritter ausübt; die Rechtmäßigkeit der Weisung kann daher nur über die Anfechtung des Vollzugsaktes incidenter überprüft werden.

4 *Landesgesetze* werden von den Länder bundesaufsichtsfrei in *Eigenverwaltung* ausgeführt. Das gilt auch für Landesgesetze, soweit sie entweder den bundesgesetzlich normierten Rahmen ausfüllen (z.B. im Naturschutz- und Wasserrecht gem. Art. 75 I Nrn. 3 u. 4 GG) oder soweit sie aufgrund bundesgesetzlicher Zuweisungen über das Bundesumweltrecht hinaus weitere ergänzende Regelungen vorsehen (z.B. auf dem Gebiet der Abfallentsorgung gem. §§ 8 III, 13 IV, 29 VIII u.a. KrW-/AbfG).

2. Verwaltungsorganisation auf Bundesebene

5 Der Bund verfügt nur über wenige speziell mit dem Umweltschutz befaßte Behörden bzw. bundesunmittelbare Körperschaften oder Anstalten i.S. des Art. 87 III GG. Sie haben zumeist keine Vollzugsaufgaben zu erfüllen, sondern Aufgaben auf dem Gebiet der Forschung, Information oder Beratung. Bundeseigene Verwaltungszuständigkeiten finden sich aber im Bereich des Atom- und Strahlenschutzrechts[3].

6 Seit 1986 besteht als oberste Bundesbehörde das **Bundesministerium für Umwelt, Naturschutz und Reaktorsicherheit** (BMU)[4]. Es ist zuständig für den Bereich des Atom-, Boden- und Altlasten-, Immissionsschutz-, Wasserhaushalts-, Abfallwirtschafts-, Chemikalien- und Naturschutzrechts. Bestimmte Bereiche des Umweltrechts ressortieren bei anderen Bundesministerien, z.B. die Energiepolitik beim BMWi, das Pflanzenschutzmittel- oder Düngemittelrecht beim BML, Teile des Gefahrstoffrechts beim BMA, das Bundesverkehrswege- oder Luftverkehrsrecht beim BMVk. Außer dem „Umweltbundesamt", dem „Bundesamt für Strahlenschutz" und dem „Bundesamt für Naturschutz" hat das BMU keinen weiteren „Unterbau".

7 Seit 1989 gibt es ein **Bundesamt für Strahlenschutz** (BfS) mit Sitz in Salzgitter (Rn. 9/253), dem durch § 23 I AtG und § 11 VI StrVG Aufgaben übertragen worden sind. Das *Bundesausfuhramt* ist zuständig für die Überwachung und Genehmigungen der Ein- und Ausfuhr von Kernbrennstoffen (§§ 3, 22 AtG).

8 Das **Umweltbundesamt**, eine seit 1974 bestehende selbständige Bundesoberbehörde (Art. 87 III 1 GG) mit Sitz in Dessau, ist in eigener Zuständigkeit insbesondere mit der wissenschaftlichen Unterstützung des zuständigen Bundesministers bei der Erarbeitung von Rechts- und Verwaltungsvorschriften sowie mit dem Aufbau und der Führung eines Informationssystems zur Umweltplanung (UMPLIS) nebst einer zentralen Umweltdokumentation und der Aufklärung der Öffentlichkeit in Umweltfragen betraut[5]. Durch spezielle gesetzliche Vorschriften sind dem Umweltbundesamt weitere Aufgaben übertragen worden (vgl. z.B. § 13 AbfVerbrV, § 9 IV WMG).

---

3 Vgl. *Bothe*, Verwaltungsorganisation im Umweltschutz, 1986.

4 Bekanntm. des Organisationserlasses des Bundeskanzlers v. 5.6.1986, BGBl. I 864. Zum Ressort des BMU gehören die Wasser- u. Abfallwirtschaft, der Immissionsschutz, der Schutz vor Gefahrstoffen i.e.S., der Natur- u. Bodenschutz sowie die Sicherheit kerntechnischer Anlagen u. der Strahlenschutz. Dazu *Mertes/Müller*, VerwArch 78 (1987), 459 ff.; vgl. auch *Pehle*, VerwArch 79 (1988), 184 ff. Internetadresse: www.bmu.de mit links zu den unterstellten Bundesämtern.

5 Gesetz über die Errichtung eines Umweltbundesamtes v. 22.7.1974, BGBl. I 1505. Durch das Ges. v. 2.5.1996, BGBl. I 660, wurde sein Sitz von Berlin nach Dessau verlegt; die Entscheidung über den Zeitpunkt trifft der BMU. Vgl. *Storm*, in: HdUR, Bd. II, Art. „Umweltbundesamt", Sp. 2126 ff. Internetadresse: www.umweltbundesamt.de.

Das im Jahre 1993 errichtete **Bundesamt für Naturschutz**[6] nimmt Vollzugsaufgaben im Bereich des Artenschutzes wahr und betreibt wissenschaftliche Forschung im Bereich Naturschutz und Landschaftspflege. **9**

Noch weitere Bundesbehörden bzw. Bundesanstalten sind partiell durch diese oder jene gesetzliche Regelung zur Wahrnehmung spezieller Umweltschutzaufgaben berufen. Das gilt z.B. für den *Deutschen Wetterdienst,* die *Bundesanstalt für Gewässerkunde*, die *Biologische Bundesanstalt für Land- und Forstwirtschaft* oder das *Deutsche Hydrographische Institut,* das *Robert-Koch-Institut* (Rn. 10/143) oder die *Bundesforschungsanstalten* (für Gewässerkunde, Ernährung, Milch, Fischerei usw.). **10**

Schließlich gibt es schon seit 1971 einen im Erlaßwege konstituierten **Rat von Sachverständigen für Umweltfragen**, der inzwischen aus sieben vom BMU berufenen Mitgliedern besteht und alle zwei Jahre in Gutachten die jeweilige Situation der Umwelt und deren Entwicklungstendenzen darzustellen und Fehlentwicklungen und Möglichkeiten zu ihrer Vermeidung oder zu ihrer Beseitigung aufzuzeigen hat[7]. Aus der Arbeit dieses Sachverständigenrats sind eine ganze Reihe sehr wichtiger Gutachten (allgemeine Umweltgutachten[8] und Sondergutachten zu speziellen Fragen[9]) hervorgegangen, und zwar meist mit – nicht selten auch umgesetzten – bedeutsamen rechtspolitischen Empfehlungen. **11**

3. Verwaltungsorganisation auf Landesebene

Die Zuständigkeit der mit der Wahrnehmung von Umweltaufgaben betrauten **Landesbehörden** ergibt sich aus den jeweiligen Organisations- bzw. Landesverwaltungsgesetzen oder aus besonderen, punktuellen Aufgabenzuweisungen in einzelnen Fachgesetzen[10]. Die Landesbehörden unterstehen den Weisungen des BMU nur im Rahmen der Bundesauftragsverwaltung unter den Voraussetzungen des Art. 85 III GG; vgl. z.B. § 24 AtG, § 10 StrVG. Neben den **allgemeinen Verwaltungsbehörden**[11] – bei Dreistufigkeit in den großen Flächenländern: Untere Verwaltungsbehörde, Regierungspräsidium (bzw. Bezirksregierung, Regierungspräsident, Regierung) als mittlere Landesbehörde, Ministerium als Oberste Landesbehörde – stehen die **besonderen Verwaltungsbehörden** (Untere Sonderbehörde, mittlere/höhere Sonderbehörde und Landesoberbehörde). **12**

6 Gesetz über die Errichtung eines Bundesamtes für Naturschutz und zur Änderung von Vorschriften auf dem Gebiet des Artenschutzes v. 6.8.1993, BGBl. I 1458. Es veröffentlicht alle 2 Jahre einen Bericht „Daten zur Natur". Internetadresse: www.bfn.de.

7 Erlaß über die Einrichtung eines Rates von Sachverständigen für Umweltfragen bei dem Bundesminister des Innern v. 28.12.1971, GMBl. 1972, 27, geändert durch Erlaß des BMU v. 10.8.1990, GMBl. 1990, 831. Nähere Informationen und eine Kurzfassung der seit 1994 veröffentlichten Gutachten im Internet: www.umweltrat.de.

8 Umweltgutachten 1974, BT-Drs. 7/2802; Umweltgutachten 1978, BT-Drs. 8/1938; Umweltgutachten 1987, BT-Drs. 11/1568; seit 1994 unter www.umweltat.de/gut.

9 Insbesondere: Energie und Umwelt, 1981, BT-Drs. 9/872; Waldschäden und Luftverunreinigungen, 1983, BT-Drs. 10/113; Umweltprobleme der Landwirtschaft, 1985, BT-Drs. 10/3613; Altlasten, 1989, BT-Drs. 11/6181; Abfallwirtschaft, 1990, BT-Drs. 11/8493; Allgemeine ökologische Umweltbeobachtung, 1990, BT-Drs. 11/8123; Flächendeckender wirksamer Grundwasserschutz (1997), Umwelt und Gesundheit (1999).

10 Vgl. *Dittmann*, in: HdUR, Bd. II, Art. „Organisation der Umweltverwaltung", Sp. 1549 ff.

11 Zur Terminologie *Wahl*, in: *Jeserich/Pohl/v.Unruh* (Hrsg.), Deutsche Verwaltungsgeschichte, Bd. V, 1986, S. 215 f.

13 Die **Umweltschutzverwaltung** ist weitgehend in die *allgemeine* Verwaltung integriert. Die Bezeichnung der Behörde folgt regelmäßig der jeweils zu erfüllenden Aufgabe. So nennt sich z.B. in mehreren Ländern die Untere Verwaltungsbehörde (Landratsamt, Landrat, Oberkreisdirektor) insoweit, als sie wasserrechtliche oder naturschutzrechtliche Entscheidungen zu treffen hat, „Untere Wasserbehörde" oder „Untere Naturschutzbehörde". Entsprechendes gilt für die anderen Verwaltungsorganisationsebenen. Oberste Umweltschutzbehörde ist inzwischen in allen Ländern ein Umweltministerium; gelegentlich auch mit anderen Ressorts wie Verkehr, Landwirtschaft oder Wirtschaft. Zu den *besonderen* Verwaltungsbehörden gehören z.B. die staatlichen Forstämter, aber auch die Gewerbeaufsichtsämter, deren Bezirk u.U. das Gebiet mehrerer Landkreise umfaßt[12].

14 Schließlich besitzen auch die **Gemeinden oder Gemeindeverbände** bedeutsame Verwaltungskompetenzen im Bereich des Umweltrechts, z.B. auf den Gebieten der Bauleitplanung, der öffentlichen Wasserversorgung (Rn. 6/6 ff.), der öffentlichen Abwasserbeseitigung (Rn. 6/14 ff.) und Abfallentsorgung (Rn. 12/1 ff.). Den kreisfreien Städten sind überdies in der Regel auch die Aufgaben der Unteren Verwaltungsbehörde übertragen.

15 Die meisten Aufgaben im Umweltrecht werden durch die Unteren Verwaltungsbehörden wahrgenommen; bei technischen oder naturwissenschaftlichen Fragestellungen werden sie durch technische, nicht mit eigenen Vollzugsaufgaben betraute *Fachbehörden* (z.B. zentrale Landesämter für Umweltschutz, Geologische Landesämter, Wasserwirtschaftsämter) unterstützt.

4. Vollzugsdefizit

16 Nach Bekanntwerden einer Umweltzerstörung größeren Ausmaßes oder Beschwerden über die Dauer von Genehmigungsverfahren ertönt der Ruf nach dem Gesetzgeber, obwohl die vollständige „Implementation", d.h. die lückenlose Einhaltung bzw. Durchsetzung der schon bestehenden einschlägigen Umweltschutznormen den Schaden bereits verhindert hätte. Die Vorstellung eines lückenlosen Vollzugs ist indes wirklichkeitsfremd. Vollzugsfeindlich wirken die auf vielen Gebieten überquellende Normenflut, verbunden mit einer ständig zunehmenden Regelungsdichte des Umweltrechts, die Unübersichtlichkeit und Vielschichtigkeit mancher Regelungsbereiche, das Fehlen der erstrebten inneren Harmonisierung des Umweltrechts sowie zahlreiche Auslegungsschwierigkeiten. Abgesehen von dieser vollzugsunfreundlichen Ausgestaltung des Umweltrechts scheitert ein umfassender Normenvollzug im Umweltrecht an der oft unzulänglichen Ausstattung der zuständigen Behörden mit qualifiziertem Personal und modernerer Technik. Dann und wann ist auch das Fehlen eines Vollzugswillens zu konstatieren, so daß gegen einen als solchen bekannten „Umweltsünder" (z.B. einen übermäßig emittierenden Produktionsbetrieb mit großer Belegschaft) nicht, zu spät oder nur zaghaft vorgegangen wird. So ist im Bereich des

12 Zu Vorteilen und Problemen der Sonderbehörden vgl. *Wahl*, in: *Jeserich/Pohl/v. Unruh* (Hrsg.), Deutsche Verwaltungsgeschichte, Bd. V, 1986, S. 215 f.

Umweltrechts ein erhebliches „Vollzugsdefizit" festzustellen[13]. Durch die Bestrebungen des Gesetzgebers, umweltrelevante Verfahren möglichst beschleunigt durchzuführen und in weitem Umfang von der präventiven Genehmigungspflicht von Vorhaben abzusehen, wird das Vollzugsdefizit noch weiter verstärkt[14]. Andererseits sind die deutlichen Vollzugserfolge im Immissionsschutz- oder im Wasserrecht nicht gering zu schätzen. Dem Abbau des Vollzugsdefizits dient die Richtlinie über den freien Zugang zu Informationen über die Umwelt (Rn. 3/22 ff.), weil hierdurch Mißstände im Bereich des Vollzugs aufgedeckt und in der Folge verringert werden können.

II. Instrumente des Umweltschutzes im Überblick

17 Zur Durchsetzung umweltpolitischer Forderungen und zur Umsetzung der erwähnten Ziele und Grundsätze des Umweltrechts steht dem Staat ein reichhaltiges Instrumentarium zur Verfügung. Im Bereich *formalen staatlichen Handelns* werden zur Erreichung bestimmter Umweltqualitätsziele zunächst die unmittelbar verhaltenslenkenden klassischen *„ordnungsrechtlichen"* Instrumente des Verwaltungshandelns eingesetzt (Rn. 2/19 ff.). Hinzu kommen umweltrelevante und umweltspezifische Pläne und Planfeststellungen (Rn. 2/39, 3/51 ff.). Darüber hinaus kommen auch *„marktwirtschaftliche"* Instrumente indirekter Verhaltenssteuerung zum Einsatz (Rn. 2/41 ff.) und Maßnahmen *staatlicher Eigenvornahme* (Rn. 2/69). Zuweilen werden verhaltensbeeinflussende staatliche oder kommunale Maßnahmen *informalen Verwaltungshandelns* getroffen (z.B. die Veranlassung freiwilliger Produktions- oder Emissionsbeschränkungen auf seiten der Industrie, gezielte Beeinflussung der öffentlichen Meinung durch Umweltaufklärung, Rn. 2/65) oder umweltbedeutsame Projekte – auch durch Stiftungen – finanziell gefördert.

18 Die Frage, welche der verschiedenen umweltverwaltungs- oder umwelthaftungsrechtlichen Instrumente jeweils – je für sich oder kumulativ – eingesetzt werden sollen, ist eine umweltschutzstrategische Frage[15]. Der Gesetzgeber hat jedoch bei der Wahl der Instrumente zu berücksichtigen, daß ein Zielkonflikt zwischen den Betreiberinteressen, den Schutzinteressen der Nachbarschaft und den Belangen der Allgemeinheit hinsichtlich Sicherheit und ausreichendem Schutz der Umwelt besteht, und muß unter diesen – gegensätzlichen – Belangen einen verhältnismäßigen Ausgleich vornehmen. Die von ihm geschaffenen verfahrens- und materiellrechtlichen Strukturen müssen also dem jeweiligen Gefahren- und Risikopotential angemessen sein[16].

---

13 Dazu z.B. *Mayntz* (Hrsg.), Vollzugsprobleme der Umweltpolitik, 1978; *Jarass*, DVBl. 1985, 193 ff.; *Hill/Weber*, Vollzugserfahrungen mit umweltrechtlichen Zulassungsverfahren in den neuen Ländern, 1996, S. 21 ff.; *Hucke/Wollmann*, in: HdUR, Bd. II, Art. „Vollzug des Umweltrechts", Sp. 2694 ff.; *Lübbe-Wolff*, NuR 1993, 217 ff.; *Koch* (Hrsg.), Anlagenüberwachung im Umweltrecht, 1999; *Rehbinder*, Das Vollzugsdefizit im Umweltrecht und das Umwelthaftungsrecht, 1996; *Winter*, Das Vollzugsdefizit im Wasserrecht, 1975.

14 Dazu *Erbguth*, ZAU 1993, 549 ff.; *ders.*, JZ 1994, 477 ff.

15 Vgl. zum Ganzen z.B. *von Lersner*, Verwaltungsrechtliche Instrumente des Umweltschutzes, 1983; *Hoffmann-Riem*, Verwaltungsrechtsreform – Ansätze am Beispiel des Umweltschutzes, in: *ders./Schmidt-Aßmann/Schuppert* (Hrsg.), Reform des Allgemeinen Verwaltungsrechts, 1993, S. 115 (135 ff.); *Kloepfer*, JZ 1991, 737 ff.; *Wahl*, in: HdUR, Bd. I, Art. „Erlaubnis", Sp. 528 (537 ff.).

16 *Wahl/Hermes/Sach*, in: *Wahl* (Hrsg.), Prävention und Vorsorge, 1995, S. 231 f.

1. Direkte Verhaltenssteuerung

19 Die auf den Einzelfall bezogene, dem Umweltschutz dienende direkte („dirigistische“, „nichtfiskalische“) Verhaltenssteuerung natürlicher und juristischer Personen bedient sich des traditionellen „ordnungsrechtlichen“ Instrumentariums der Eingriffs- oder Lenkungsverwaltung[17]. Häufig sind zum Schutz der Umwelt vor beeinträchtigenden Maßnahmen oder Tätigkeiten gesetzliche Anzeige-, Anmelde-, Genehmigungs-, Erlaubnis-, Bewilligungs- oder sonstige Gestattungsverfahren vorgesehen (sogen. „Eröffnungskontrollen“)[18]. Das Handlungsinstrumentarium reicht von der Untersagungsermächtigung für den Einzelfall über den Anzeigenvorbehalt zum Anmeldungsvorbehalt und zu den wichtigsten Genehmigungsformen, nämlich dem präventiven Verbot mit Erlaubnisvorbehalt (genauer: Kontrollerlaubnis) und dem grundsätzlichen oder repressiven Verbot mit Befreiungsvorbehalt (Ausnahmebewilligung). Hinzu kommt die Umweltverträglichkeitsprüfung (Rn. 3/2 ff.), die allerdings nur einen verfahrensrechtlichen Zwischenschritt auf dem Wege zu einer behördlichen Entscheidung darstellt.

a) Eröffnungskontrollen

20 aa) Unter den normativen Vorgaben, die einem umweltbelastenden Verhalten (z.B. einer Überschreitung gewisser Emissionsgrenzwerte) vorbeugen sollen, nimmt das **präventive normative Verbot mit Erlaubnisvorbehalt** (genauer: die Kontrollerlaubnis) eine zentrale Stellung ein. Es dient der behördlichen Vorausprüfung einer umweltrelevanten Verhaltensweise, etwa des Betriebs einer in die Umweltmedien emittierenden Anlage, der sonstigen Nutzung eines Umweltmediums oder bestimmter Umweltgüter, des Inverkehrbringens bestimmter Produkte. Zu nennen sind etwa die §§ 4, 6 BImSchG i.V.m. der 4. BImSchV (Industrieanlagen), § 31 I KrW-/AbfG i.V.m. §§ 4, 6 BImSchG (z.B. Müllverbrennungs- und Wertstoffsortieranlagen), § 8 GenTG (gentechnische Anlage) oder § 49 I KrW-/AbfG (abfallrechtliche Transportgenehmigung). Das generelle gesetzliche Verbot ist hier nur formeller Natur; im Genehmigungsverfahren ist zu prüfen, ob das geplante Vorhaben mit den materiellrechtlich einschlägigen Rechtsvorschriften übereinstimmt oder nicht. Dem Antragsteller ist durch das Antragsverfahren aber die *Darlegungs- und Beweislast*[19] für das Vorliegen der Genehmigungsvoraussetzungen auferlegt. Die Behörde überprüft zunächst die vorgelegten Antragsunterlagen („nachkontrollierende Untersuchung“), fordert den Antragsteller ggf. zur Vervollständigung auf und stellt nur ergänzend (im Rah-

---

17 Dazu im einzelnen *Becker*, VerwArch 1996, 581 ff.; *Kloepfer*, Umweltrecht, § 5 Rn. 34 ff.; *Wahl*, in: HdUR, Bd. I, Art. „Erlaubnis“, Sp. 528 ff.

18 Teilweise werden andere Begriffe als Genehmigung (so z.B. § 4 BImSchG, §§ 7, 9 AtG, §§ 8, 14 GenTG, §§ 9, 10 BWaldG, §§ 31, 49 KrW-/AbfG, § 18 PflSchG) verwendet: Erlaubnis (§ 7 WHG), Bewilligung (§ 8 WHG), Befreiung (§ 31 BNatSchG, § 31 BauGB), Zulassung (§ 54 BBergG, § 8a BImSchG, § 33 KrW-/AbfG, § 9a WHG). Sachlich bestehen hinsichtlich der Tatbestandsvoraussetzungen jeweils Unterschiede. An Entscheidungformen können weiter Vollgenehmigung, Teilgenehmigung, Vorbescheid und die Zulassung des vorzeitigen Baubeginns oder Betriebes einer Anlage unterschieden werden.

19 Vgl. hierzu umfassend *Berg*, Beweismaß und Beweislast im öffentlichen Umweltschutzrecht, 1995, S. 101 ff.

men der Untersuchungsmaxime) eigene Ermittlungen an bzw. bringt das auf Behördenseite vorhandene Wissen ins Verfahren ein[20]. Bei Vorliegen der gesetzlichen Voraussetzungen besteht grundsätzlich ein *Rechtsanspruch* auf Erteilung der Kontrollerlaubnis, wenn hinter dieser ein verfassungsrechtlicher Anspruch des Antragstellers steht[21]. Die behördlichen Gestattungen können unter bestimmten Voraussetzungen mit Auflagen oder sonstigen Nebenbestimmungen versehen werden (z.B. nach § 36 VwVfG, § 12 BImSchG, § 17 I 2 AtG).

bb) Bei einem **repressiven normativen Verbot mit oder ohne Befreiungsvorbehalt** (Ausnahmebewilligung) werden umweltrelevante, als potentiell umweltschädlich oder jedenfalls als im Grunde unerwünscht qualifizierte Verhaltensweisen gesetzlich verboten, wobei aber u.U. eine in das *Ermessen* der zuständigen Behörde gestellte, die Rechtssphäre des Antragstellers erweiternde Erlaubnis- (bzw. Befreiungs-) Erteilung (oder Ausnahmebewilligung) vorgesehen ist (vgl. etwa §§ 2, 6 WHG, § 31 III KrW-/AbfG, § 31 BNatSchG, § 9 BWaldG). Im Gegensatz zur Kontrollerlaubnis besteht kein grundrechtlicher Anspruch auf Erlaubniserteilung, sondern nur auf fehlerfreie Ausübung eines etwaigen Befreiungsermessens. Der Gesetzgeber ist nämlich grundsätzlich befugt, das Eigentumsrecht nach Art. 14 I 2 GG (und den Regelungsvorbehalt des Art. 12 I GG) so auszugestalten, daß bestimmte Verhaltensweisen nicht zum notwendigen Eigentumsinhalt (oder zur Ausübung der Berufsfreiheit) zählen. Die Ausnahmebewilligung kann damit insbesondere der vorsorgenden Bewirtschaftung des Schutzguts (Umweltmedium, Ressource) dienen. 21

cc) Anlagenbezogene Genehmigungen sind regelmäßig als **Realkonzession** ausgestaltet[22], so daß ein Wechsel des Anlagenbetreibers ihre Wirksamkeit nicht berührt. Dies gilt z.B. noch für §§ 4, 6 BImSchG und §§ 7, 8 WHG. Reine Formen der **personengebundenen Erlaubnis** gibt es dort, wo es auf die individuellen Fähigkeiten zur Vornahme bestimmter Handlungen ankommt, wie z.B. bei Abfalltransporten (§§ 49, 50 KrW-/AbfG). Jedoch werden auch für Anlagengenehmigungen vermehrt **Mischformen** verwendet, so in § 7 AtG, § 13 GenTG und Art. 5 IVU-RL. Dies hat dann zur Folge, daß der Wechsel des Betreibers genehmigungspflichtig ist, was die Frage nach dem Umfang des Erfordernisses der Neu-/Änderungsgenehmigung – vor allem im Hinblick auf dabei bestehenden Bestandsschutz – aufwirft. 22

dd) Das präventive Verbot mit Erlaubnisvorbehalt und das repressive Verbot mit Befreiungsvorbehalt sind die systematisch bedeutendsten Formen der **Eröffnungskon-** 23

20 So überzeugend *Wahl*, in: *Blümel/Pitschas* (Hrsg.), Reform des Verwaltungsverfahrensrechts, 1994, S. 83 (94 f.).

21 Die allgemeine Handlungsfreiheit nach Art. 2 I GG genügt dem nicht bereits; vielmehr sind Ansprüche aus Art. 12 I GG oder Art. 14 I GG erforderlich. Zu beachten ist, daß die Kontrollerlaubnis im Bereich der Gefahrenabwehr und Risikovorsorge der grundrechtlichen Schutzpflicht des Staates aus Art. 2 II GG dient, weshalb ihre Ersetzung durch eine Genehmigungsfiktion oder eine *Freistellung von der Genehmigungspflicht* nur in engen Grenzen möglich ist, s. *Bullinger*, Beschleunigte Genehmigungsverfahren für eilbedürftige Anlagen, 1991, S. 68 ff.; *Schmidt-Preuß*, VVDStRL 56 (1997), S. 160 (194 ff.); *Steinberg/Allert/Grams/Scharioth*, Zur Beschleunigung des Genehmigungsverfahrens für Industrieanlagen, 1991, S. 123 ff.; *Wahl/Masing*, JZ 1990, 553 (560); s. aber auch *Bohne*, DVBl. 1994, 195 ff.

22 *Kloepfer*, Umweltrecht, § 5 Rn. 42.

trolle. Die Gegenüberstellung dieser zwei Formen stößt vor allem insofern auf Kritik, als es als willkürlich bezeichnet wird, zwischen sozial erwünschtem Verhalten (Folge: Erlaubnisanspruch, z.B. Luftverschmutzung) und sozial unerwünschtem Verhalten (Folge: Befreiungsermessen, z.B. Wasserverschmutzung) zu unterscheiden[23]. In ihren gesetzlichen Ausprägungen unterscheiden sich die verschiedenen Erlaubnisverfahren aber sowohl aus historischen Gründen (Entwicklung aus dem Gewerberecht einerseits und dem Polizeirecht andererseits) als auch in ihrer Tatbestandsstruktur. Allerdings bleibt oft unklar, ob eine Entscheidung eine gebundene oder eine Ermessensentscheidung ist, daneben läßt die Verwendung weit gefaßter, unbestimmter Rechtsbegriffe, die interpretationsbedürftig sind, die Grenzen zwischen den einzelnen Erlaubnisformen verschwimmen, insbesondere wenn und soweit der Verwaltung die Befugnis zugebilligt wird, aufgrund einer „Letztentscheidungskompetenz" einzelne Tatbestandsmerkmale normkonkretisierend auszufüllen[24].

24 Rechtspolitisch wünschenswert erscheint es, für das Umweltschutzrecht ein einheitliches Verfahrensrecht zu entwickeln, welches die Vielzahl unterschiedlicher Verfahrensformen und -regeln in einem systematisierenden Ansatz zusammenfaßt und den Tendenzen nach bereichsspezifischen Sonderregeln – wie die §§ 72 ff. VwVfG für das Planfeststellungsverfahren – die *prägende Kraft eines Modellverfahrens* entgegensetzt. Ein solches Verfahrensrecht „komplexer" Genehmigungsverfahren sollte möglichst in das VwVfG integriert werden (z.B. anstelle der dysfunktionalen §§ 63 ff. VwVfG) und müßte Regelungen über die einzelnen Verfahrensschritte (UVP, Untersuchungsrahmen, Vorlagepflichten für Antragsunterlagen, Behörden- und Öffentlichkeitsbeteiligung, Erörterungstermin, Verfahrensfristen usw.), die Rechtswirkungen der Entscheidung (z.B. Konzentrationswirkung oder Verzahnung mit parallelen Verfahren) sowie die materiellrechtlichen Voraussetzungen zur Unterscheidung zwischen Normalverfahren, vereinfachten Verfahren (mit weniger weitgehenden Rechtswirkungen) und – bei Bagatellfällen – Freistellung von der Genehmigungspflicht bei gleichzeitiger Kenntnisgabe des Vorhabens an die Aufsichtsbehörde (welche es dieser ermöglicht, Überwachungsmaßnahmen einzuleiten) enthalten. Denkbar wäre es, den Zulassungstatbestand als dritte dogmatische Kategorie zwischen Kontrollerlaubnis und Ausnahmebewilligung anzusiedeln: als **Teilhabebewilligung**, deren Erteilung einerseits unter dem Vorbehalt des Versagungsermessens der Behörde steht, ohne andererseits die Nutzung der jeweiligen Umweltmedien als sozial unerwünscht einzustufen[25]. Bereichsspezifische Sonderregeln können daneben die Genehmigungsvoraussetzungen (Kontrollerlaubnis oder Ausnahmebewilligung), den Anwendungsbereich des Genehmigungsvorbehalts (Normalverfahren, vereinfachtes Verfahren, Freistellung), den Umfang der Antragsunterlagen und die Verzahnung mit fach- und raumplanerischen Entscheidungen umschreiben[26].

25 ee) Das mildeste Mittel einer Eröffnungskontrolle sind bloße **Anzeigepflichten**, die vom Gesetzgeber dort eingesetzt werden, wo umweltrelevante Tätigkeiten als nicht

---

23 *Kloepfer*, § 5 Rn. 51; *Sach*, Genehmigung, S. 40 ff.

24 S. *Kloepfer/Rehbinder/Schmidt-Aßmann/Kunig*, UGB-AT, 1990, S. 254 ff.; *Wahl*, NVwZ 1991, 409 ff. Grundlegend zur Unterscheidung zwischen Genehmigung und Planungsentscheidung *Wahl*, DVBl. 1982, 51 ff.

25 Vgl. *Appel*, DVBl. 1995, 399 (407); *Wahl*, in: HdUR, Bd. I, Art. „Erlaubnis", Sp. 528 (529). Ähnlich bereits aus verfassungsrechtlicher Sicht *Murswiek*, DVBl. 1994, 77 (81 f.). §§ 83 ff. UGB-KomE halten demgegenüber an der Struktur einer gebundenen Erlaubnis fest, krit. *Engel*, ZUR 1999, 131 ff.

26 S. *Kloepfer/Rehbinder/Schmidt-Aßmann/Kunig*, UGB-AT, 1990, S. 259 ff., 270 ff.; *Wahl*, Neues Verfahrensrecht für Planfeststellung und Anlagengenehmigung, in: *Blümel/Pitschas* (Hrsg.), Reform des Verwaltungsverfahrensrechts, 1994, S. 83 (109 ff.).

so gefährdend eingestuft werden, daß sie einer präventiven Kontrollerlaubnis bedürften. Die Behörde soll jedoch auf Beginn oder Änderung der Tätigkeit (z.B. § 15 BImSchG, § 7 der 12. BImSchV, § 17 I Nr. 2a ChemG, § 76 AMG, § 9 PflSchG, § 51 I KrW-/AbfG) aufmerksam gemacht werden, damit diese überwacht werden kann.

ff) Wie bei der Anzeigepflicht ist die Aufnahme einer umweltrelevanten Tätigkeit nicht an eine präventive Kontrollerlaubnis gekoppelt, wenn ein **Anmeldungsvorbehalt** besteht (z.B. §§ 4 ff. ChemG, § 12 GenTG). Dieser ist jedoch dadurch charakterisiert, daß mit der Anmeldung Unterlagen über die umweltrelevante Tätigkeit vorgelegt werden müssen, die der Behörde eine Prüfung der umweltrelevanten Auswirkungen ermöglichen. Die Tätigkeit darf erst nach Ablauf einer bestimmten Frist (innerhalb der die Unterlagen geprüft werden können) begonnen werden. **26**

gg) Exkurs: Eine in der behördlichen Praxis häufig auftretende Verhaltensweise stellt die **Duldung** formal oder materiell rechtswidrigen umweltrelevanten Verhaltens dar[27]. Die Gründe für ein solches Verhalten sind vielschichtig und reichen von politischer Motivation („vorauseilender Gehorsam") über Resignation bis zur Arbeitsüberlastung (mangelnde Personalausstattung der Vollzugsbehörden) und zu einem falsch verstandenen (eine Ermessensentscheidung eröffnenden) Verhältnismäßigkeitsgrundsatz (Beispiel: Abwägung zwischen Erhalt von Arbeitsplätzen und Dulden der Umweltbelastung). Eine Duldung kann in allen bekannten Formen behördlichen Verhaltens liegen, also in einem Realakt, VA, öffentlich-rechtlichen Vertrag oder dem Unterlassen von Vollzugs- und Vollstreckungsmaßnahmen. Kennzeichnend ist aber jeweils, daß die zuständige Behörde trotz Kenntnis eines Sachverhaltes, der einen Verstoß gegen Vorschriften des Umweltrechts beinhaltet, von gesetzlich möglichen Maßnahmen der Amtsermittlung oder des Einschreitens absieht. Die größte „Verbreitung" dürfte die Duldung im Abwasserrecht besitzen, wo die Einleitung von Abwässern teilweise nicht untersagt wird und lediglich Nachbesserungsmaßnahmen verfügt werden, weil eine andauernde Wohnnutzung besteht. Unabhängig von der möglichen strafrechtlichen Relevanz behördlichen Unterlassens kommt einer behördlichen Duldung aber weder Legalisierungswirkung zu noch kann sich bei späterem Einschreiten der Adressat auf Vertrauensschutz berufen[28]. **27**

b) Planfeststellungen

Ein für Zwecke des Umweltschutzes oft genutztes Instrument ist die **Planfeststellung**. Ihre Aufgabe ist es, im Einzelfall alle mit dem – regelmäßig umweltbeanspruchenden oder umweltbeeinflussenden – Vorhaben (Straßen, Bahnlinien, Flughäfen usw.) zusammenhängenden Auswirkungen und betroffenen Belange abwägend in eine gestattende und gestaltende Planentscheidung mit dem Ziel einzubeziehen, einen angemessenen *Interessenausgleich* herbeizuführen (Rn. 3/52). Im Atom- und **28**

---

27 S. hierzu *Hermes/Wieland*, Die staatliche Duldung rechtswidrigen Verhaltens. Dogmatische Folgen behördlicher Untätigkeit im Umwelt- und Steuerrecht, 1988; *Wüterich*, UPR 1988, 248 ff.; zu weitgehend jedoch *Fluck*, NuR 1990, 197 ff. Vgl. aus Sicht der Rechtsaufsichtsbehörde *Voßkuhle*, DV 1996, 511 ff.

28 *Kloepfer*, Umweltrecht, § 7 Rn. 13; BVerwG, DVBl. 1986, 687 f.; OVG Münster, UPR 1992, 280.

Abfallrecht bezieht sich die Planfeststellung auf Vorhaben, die unmittelbar dem Umweltschutz dienen (z.B. Sonderabfalldeponie, atomare Endlagerstätte). Der am Ende des Verfahrens stehende Planfeststellungsbeschluß entscheidet endgültig über die Zulässigkeit des geplanten Vorhabens, seine räumliche Lage und Gestalt.

29 Wie bei den komplexen Genehmigungsverfahren, die als Kontrollerlaubnis oder Ausnahmebewilligung ausgestaltet sind, liegt der Planfeststellung ein mehrpoliges Interessenverhältnis zugrunde. Im Unterschied zu den Genehmigungsverfahren handelt es sich nicht um die Verwirklichung möglicherweise grundrechtlich geschützter Freiheiten, sondern grundsätzlich um die *Verwirklichung öffentlicher Vorhaben durch einen Träger der öffentlichen Verwaltung* (zuweilen auch durch einen privaten Träger, der öffentliche Aufgaben wahrnimmt und häufig nur „formal" privatisiert ist wie die Deutsche Bahn, kommunale Verkehrsbetriebe oder Abfallentsorger in der Rechtsform einer Aktiengesellschaft oder GmbH). Die Planung dieses Vorhabenträgers, der grundsätzlich keinen Anspruch auf Erlaß des Planfeststellungsbeschlusses besitzt, wird im Planfeststellungsverfahren durch eine andere Stelle der öffentlichen Verwaltung – die Planfeststellungsbehörde – „nachvollziehend" überprüft. Durch die in den einschlägigen Fachgesetzen enthaltene Ermächtigung zur Planfeststellung ist der Behörde ein **Planungsermessen** (planerische Gestaltungsfreiheit) eingeräumt (hierzu im einzelnen Rn. 3/51 ff.).

c) Umweltpflichten

30 Im Umweltrecht nehmen sogen. Umweltpflichten einen breiten Raum ein. Von besonderer Bedeutung sind **materielle Umweltpflichten** (**Grundpflichten**)[29], die ein umweltschonendes Verhalten auferlegen. Sie können entweder als *Jedermann-Pflicht* ausgestaltet sein (§ 1a II WHG, § 4 I BBodSchG, §§ 3a VII, 14 I BW WG, § 3 NatSchG BW, § 37 I 4 WaldG BW, Verhaltensgebote in Schutzgebietsverordnungen) oder sich an einen *bestimmten Personenkreis* richten, der sich durch besondere Sachnähe auszeichnet (§§ 9, 11 BWaldG, §§ 28 ff. WHG, §§ 4, 7 BBodSchG knüpfen an die Eigentümer- oder Besitzerstellung an, §§ 5, 22 BImSchG u. § 6 GenTG an die des Betreibers, der regelmäßig auch Besitzer ist). Die Grundpflichten erstrecken sich auf eine **dynamisch** ausgestaltete *Gefahrenabwehr* und *Vorsorge*, insbesondere *Ressourcenvorsorge* (z.B. § 1a II 2 WHG, § 5 I Nrn. 2-4 BImSchG, § 11 BWaldG). Das erforderliche Maß der Vorsorge paßt sich den wandelnden Gegebenheiten an und ist nicht starr an eine Genehmigung geknüpft. Grundpflichten begründen eine über die Polizeipflicht hinausgehende Verantwortlichkeit, die u.U. erst die nachträgliche Inanspruchnahme bei Störungen ermöglicht (vgl. Rn. 7/103 ff.).

31 Bei der **Überwachung** bestehen einerseits ständige Melde- und Anzeigepflichten (§ 16 ChemG, § 6 III, 7 der 12. BImSchV) sowie Pflichten zur Eigenüberwachung (§ 27 BImSchG oder durch sogen. Umweltbeauftragte, vgl. Rn. 6/195, 8/280, 12/328), andererseits **Duldungspflichten**, denen entsprechende Überwachungsbefugnisse der Behörden korrespondieren, z.B. Grundstücksbetretungsrechte, Auskunftsansprüche, das Recht, Proben zu nehmen oder die Vorlage von Unterlagen zu verlangen u.a.m. (vgl. etwa §§ 26 ff., 52 BImSchG, § 25 GenTG, § 21 WHG, §§ 35, 40 KrW-/AbfG).

29 Grundlegend nunmehr *Pietrzak*, Umweltrechtliche Grundpflichten – Möglichkeiten und Grenzen, 1999; s.a. *Kloepfer*, Umweltrecht, § 5 Rn. 133 ff.

d) Behördliche Anordnungen

Ermächtigungen zu Einzeleingriffen aufgrund umweltrechtlicher Gesetze (vgl. z.B. §§ 9, 10 BBodSchG, §§ 17, 24 BImSchG, § 23 ChemG, §§ 19 S. 3, 26 GenTG), umweltrelevanter Gesetze (z.B. Landesbauordnungen) oder des subsidiär anzuwendenden allgemeinen Polizei- bzw. Ordnungsrechts (so z.B. bei der Sanierung von „Altlasten“ oder sogen. „Uraltlasten“; vgl. Rn. 7/74, 91) ermöglichen der jeweils zuständigen Behörde, repressiv gegen umweltbeeinträchtigende Vorhaben, Zustände oder Verhaltensweisen einzuschreiten bzw. nicht befolgte gesetzliche Verbote oder Gebote durchzusetzen. Dies geschieht durch den Erlaß von Einzelfallanordnungen, für die entweder das Legalitätsprinzip (Muß- oder Soll-Erlaß) oder aber das Opportunitätsprinzip (Kann-Erlaß) gilt. Im Verkehrswegerecht fehlt eine solche Möglichkeit, hier ist der betroffene Dritte auf die Durchsetzung seiner Ansprüche nach § 75 II 2 VwVfG beschränkt. **32**

Zu unterscheiden sind hier zunächst das *Einschreiten gegen erlaubnisfreie Tätigkeiten*, wobei in Ermangelung spezialgesetzlicher Regelungen (z.B. § 24 BImSchG) auf die polizeirechtlichen Generalklauseln zurückzugreifen ist. Der Verstoß gegen Gebote und Verbote des Umweltrechts stellt einen Verstoß gegen die öffentliche Sicherheit im polizeirechtlichen Sinn dar. Teilweise wird das behördliche Ermessen eingeschränkt (z.B. § 25 II BImSchG). Anders als etwa im Baurecht kann im Bereich des Umweltrechts eine Untersagungs- oder Beseitigungsverfügung bei *genehmigungspflichtigen Vorhaben* bereits ergehen, wenn (nur) die *formelle Illegalität* gegeben ist, da hiermit typischerweise verbundene Schädigungen und Belastungen der Umwelt zumeist irreversibel sind[30]. Spezialgesetzlich geregelt sind die Voraussetzungen behördlichen *Einschreitens bei erteilter Erlaubnis*; es besteht z.B. die Möglichkeit nachträglicher Anordnungen (§ 17 I 1 BImSchG, § 26 I 1 GenTG) sowie von Rücknahme (§ 17 II AtG) und Widerruf (§ 21 I BImSchG, §§ 7 I, 12 WHG). Umstritten ist, ob und inwieweit neben diesen spezialgesetzlichen Einschreitensmöglichkeiten ein Rückgriff auf die polizeirechtliche(n) Generalklausel(n) möglich ist; des weiteren, ob eine erteilte Erlaubnis Legalisierungswirkung entfaltet, die einer Inanspruchnahme des Sanierungspflichtigen entgegensteht (Rn. 7/196 ff., 8/234). **33**

e) Öffentlich-rechtliche Verträge

Öffentlich-rechtliche Verträge sind besonders dann, wenn sie unter behördlichem Druck zustandekommen, in der Regel ebenfalls Instrumente direkter Verhaltenssteuerung[31]. Sie sind unter den allgemeinen Voraussetzungen der **§§ 54 ff. VwVfG** auch auf dem Gebiet des Umweltrechtsvollzugs zulässig. Ihr Einsatz – z.B. auf den Gebieten der Luft- oder Gewässerreinhaltung, vor allem aber der Altlastensanierung **34**

30 BVerwGE 84, 220 (233); VGH BW, VBlBW 1992, 214 ff.; DÖV 1977, 332; zuletzt B. v. 8.10.1998, 11 B 42.98; B. v. 29.12.1998, 11 B 56.98; s.a. *Kloepfer*, Umweltrecht, § 5 Rn. 124; *Kischel*, DVBl. 1996, 185 ff.

31 Vgl. BVerwG, NVwZ 1996, 171 ff.; *Kloepfer*, Umweltrecht, § 5 Rn. 191 ff. erörtert den öffentlich-rechtlichen Vertrag unter der Rubrik „Instrumente indirekter Verhaltenssteuerung“.

(Rn. 7/173f.) – insbesondere zwischen Genehmigungsbehörden und einzelnen Unternehmen entspricht dem Kooperationsprinzip (Rn. 1/94).

35 Öffentlich-rechtliche Verträge dieser Art können innerhalb bestimmter rechtlicher Grenzen nicht nur die einseitige behördliche Konkretisierung von Umweltschutzpflichten der Unternehmen mittels Verwaltungsakts überflüssig machen, sondern auch dem Erreichen solcher ökologischer Ziele dienstbar gemacht werden, die sonst nur mit größerem Aufwand oder erst zu einem späteren Zeitpunkt oder auch gar nicht erreichbar wären[32]. Allerdings werden solche Verträge nur dann zustande kommen, wenn ihr Abschluß auch dem Unternehmer unter diesem oder jenem Aspekt ökonomisch vorteilhaft erscheint (z.B. wegen erschwerter Vollstreckungsmöglichkeit, wenn keine Unterwerfungsklausel nach § 61 VwVfG vereinbart wird). Die sogen. Branchenabsprachen sind keine öffentlich-rechtlichen Verträge in dem erörterten Sinne, weil sie auf beiden Seiten eines rechtsgeschäftlichen Bindungswillens entbehren (Rn. 1/95).

36 Eine Aufgabe zukünftigen Verwaltungsrechts wird es auch sein, ein Recht für komplexe Vertragsgestaltungen zu entwickeln, da sich die Dogmatik bisher mehr mit den Voraussetzungen der Zulässigkeit als mit dem möglichen Inhalt von öffentlich-rechtlichen Verträgen befaßt. Insbesondere Fragen des Drittschutzes sind dabei zu lösen.

2. Planung

a) Gesamtplanung und Fachplanung

37 Umweltschutz ist eine wichtige Planungsaufgabe des Staates, der deshalb auch mit verschiedenen Planungsinstrumentarien versucht, räumliche Probleme vorsorgend zu bewältigen[33]. Soweit *alle* in einem Raum auftretenden Probleme gelöst werden sollen, wird dabei von **Gesamtplanung** gesprochen; sie findet auf allen Ebenen der Gebietskörperschaften statt; zu ihr zählen neben der Bauleitplanung die Regionalplanung und die Landesplanung. Umweltschutz ist hier nur eines von mehreren Zielen der Planung. Dem steht die **Fachplanung** für spezifische Bereiche auf allen Ebenen gegenüber. Sie umfaßt *Fachpläne* (z.B. Abfallentsorgungspläne nach § 29 KrW-/AbfG auf Landesebene und Abfallentsorgungskonzepte nach § 3 I LAbfG BW auf Kreisebene), die des weiteren Vollzuges bedürfen, ein Vorhaben direkt zulassende *Planfeststellungen* (Rn. 3/51 ff.) sowie Handlungsgebote und -verbote enthaltende *Schutzgebietsausweisungen* (Rn. 5/176 ff., 6/156 ff.).

38 Planung dient der Erfassung komplexer Zusammenhänge (Ist-Zustand) und der Koordination sowie dem Ausgleich von Umweltbelangen mit anderen kollidierenden Zielen und Belangen entsprechend einem in der Planung entwickelten Konzept (Soll-Zustand). Charakteristisch ist ihre schwache gesetzliche Determinierung. Planung ist

32 Beispiele öffentlich-rechtlicher Verträge auf dem Gebiet des Umweltschutzes analysiert *Arnold*, VerwArch 80 (1989), 125 ff.; s.a. *Bulling*, DÖV 1989, 277 ff.; *Burmeister* u. *Krebs*, VVDStRL 52 (1993), S. 190 ff., 248 ff.; BVerwGE 84, 236 ff. Allgemein zu den Problemen und Möglichkeiten verwaltungsrechtlicher Verträge *Maurer*, DVBl. 1989, 798 ff.; *Stelkens/Bonk/Sachs*, VwVfG, 5. Aufl. 1998, § 54 Rn. 1 ff., 78 f.; *Bartscher*, Der Verwaltungsvertrag in der Behördenpraxis, 1997; *Schlette*, Die Verwaltung als Vertragspartner, 2000.

33 *Hoppe*, VVDStRL 38 (1980), S. 211 (228 ff.). Zu Unterschieden zwischen Gesamtplanung u. Fachplanung: *Sendler*, FS Schlichter, S. 55, 72 ff.

mit einer Gestaltungsfreiheit des Planungsträgers, dem *Planungsermessen* verbunden (Rn. 3/160 ff.), das den verfassungsrechtlichen Anforderungen an das Abwägungsgebot genügen muß.

b) Formen der Umweltplanung

Wie andere Planungsbereiche auch (z.B. Energie, Verkehr, Wirtschaft) weist der Planungsbereich Umwelt eine verwirrende Vielfalt von Plänen und Programmen auf[34], wobei auch Umweltqualitätsziele Gegenstand der Umweltschutzplanung sind. Es gibt (in ganz verschiedenen Rechtsformen) Grundsatz-, Rahmen- und Detailpläne, Bundes-, Landes-, Regional- und Kommunalpläne, kurz-, mittel- und langfristige Pläne, unverbindliche, innenverbindliche (d.h. für Behörden verbindliche) oder außenverbindliche (d.h. behörden- *und* bürgerverbindliche) Pläne. Mit manchen Plänen werden (z.B. § 29 KrW-/AbfG) überhaupt nur Umweltschutzziele verfolgt (*umweltspezifische Fachpläne* oder Umweltplanung i.e.S.), mit manchen vorrangig andere Ziele, z.B. Nahverkehrs-, Raumordnungs- oder Bauleitpläne (*umweltrelevante Pläne*). Zu den **umweltspezifischen und raumbezogenen Fachplänen** gehören: 39

- Luftreinhaltepläne nach § 47 BImSchG (Rn. 8/326 ff.),
- Lärmminderungspläne nach § 47a BImSchG (Rn. 8/329 ff.),
- wasserwirtschaftliche Rahmenpläne nach § 36 WHG (Rn. 6/169),
- Gewässerbewirtschaftungspläne nach § 36b WHG (Rn. 6/169),
- Abwasserbeseitigungspläne nach § 18a III WHG (Rn. 6/143),
- Abfallwirtschaftspläne nach § 29 KrW-/AbfG (Rn. 12/234 ff.),
- Instrumente der Landschaftsplanung nach §§ 5 ff. BNatSchG (Rn. 5/96 ff.) und die
- Forstliche Rahmenplanung nach §§ 6, 7 BWaldG.

c) Exkurs: Raumordnungsverfahren

Ein ursprünglich zur Planungssicherung entwickeltes und heute für die Prüfung von Standort- und Trassenalternativen (vgl. § 15 I 4 ROG; s.a. Rn. 12/244) eingesetztes Instrument stellt das **Raumordnungsverfahren** dar, in dem – vor Einleitung des Planfeststellungs- oder Genehmigungsverfahrens – die raumrelevanten Gesichtspunkte (z.B. einer Abfalldeponie, einer Sondermüllverbrennungsanlage, der Trassierung einer Eisenbahnneubaustrecke) geklärt, mit anderen raumbedeutsamen Planungen abgestimmt und für das weitere Verfahren vorgegeben werden[35]. Das Raumordnungsverfahren ist darauf ausgerichtet, die unterschiedlichen Anforderungen aus 40

---

34 Dazu *Erbguth*, Grundfragen, S. 103 ff., 146 ff; *ders.*, in: HdUR, Bd. II, Art. „Umweltplanung", Sp. 2221 ff.; *Hoppe*, NJW 1992, 1993 ff.; *Kloepfer/Rehbinder/Schmidt-Aßmann/Kunig*, UGB-AT, 1990, S. 185 ff.; *Kloepfer*, Umweltrecht, § 5 Rn. 10 ff. m.w.N.; *Peters*, DÖV 1988, 56 ff.; *Schmidt-Aßmann*, DÖV 1990, 169 ff.

35 S. hierzu *Erbguth*, in: HdUR, Bd. II, Art. „Raumordnungsverfahren", Sp. 1683 ff.; *Wagner*, DVBl. 1991, 1230 ff.; 1993, 583 ff.; *Wahl*, FS Sendler, 1991, S. 199 ff. – Zum Streitstand hinsichtl. der von der h.M. abgelehnten Außenwirkung der landesplanerischen Beurteilung *Salis*, Gestufte Verwaltungsverfahren im Umweltrecht, 1991, S. 67 ff. – Zum Einsatz des ROV als Standortsuchverfahren *Bender/Pfaff*, DVBl. 1992, 181 (184 ff.); krit. *Erbguth*, NVwZ 1992, 209 (218).

fachbezogenen Planungen und insbes. landesplanerischen Gesamtplanungen im Raum des geplanten Standorts untereinander abzustimmen. Die Planungspraxis schätzt es als frühzeitig wirksam werdendes, aber gleichzeitig flexibles Instrument der *Koordination öffentlicher Belange*. Seine konkrete Ausgestaltung ist in den verschiedenen Landesplanungsgesetzen geregelt, z.B. § 13 LPlG BW. In der *landesplanerischen Beurteilung*, die das Raumordnungsverfahren abschließt, wird zumeist eine von mehreren Alternativen (ggf. unter bestimmten Maßgaben) als die raumordnerisch verträglichste Lösung vorgeschlagen. Ihre Wirkungen sind auf die beteiligten Träger öffentlicher Belange beschränkt. Nach § 15 VII ROG ist das Raumordnungsverfahren innerhalb einer Frist von sechs Monaten abzuschließen.

3. Indirekte Verhaltenssteuerung

41 Im rechtlichen Instrumentarium des Umweltschutzes dominieren ordnungsrechtliche Instrumente, weil seine Anfänge im Bereich der Gewerbeaufsicht und der Gefahrenabwehr liegen. Daneben kann der moderne Staat den Bürger aber auch mit vielen Mitteln indirekter Verhaltenssteuerung zu „umweltgerechtem" Verhalten anleiten. Hierzu zählen neben ökonomischen Instrumenten (Abgaben, Steuervergünstigungen, Subventionen u.a.)[36] auch Haftungsregelungen[37], Informationen über die Umwelt sowie die Umweltberatung.

42 Die direkte (ordnungsrechtliche) Verhaltenssteuerung ist nicht schon als solche mit einer Marktwirtschaft unvereinbar. Marktwirtschaft und Umweltschutz sind keine Gegensätze. Das zeigt schon die desolate Umweltsituation in Teilen Osteuropas mit ihrer früheren Planwirtschaft im Vergleich zur Umweltsituation in Westeuropa. Allerdings beachtet der Markt weder Langzeitfolgen, noch das Wohl künftiger Generationen oder den Erhalt natürlicher Ressourcen, die Gemeingut sind. Auch unter diesem Gesichtspunkt bedarf eine Wettbewerbswirtschaft mit ihren auf Gewinnmaximierung bedachten Teilnehmern geeigneter gesetzlicher Rahmenbedingungen. Diese können systemkonform so ausgestaltet werden, daß sich Produktion, Verteilung und Verbrauch nicht notwendig im Widerspruch zu den ökologischen Erfordernissen vollziehen. Mit dem ordnungspolitischen Sinn einer Wettbewerbswirtschaft unvereinbar sind allerdings solche punktuell wirkenden Hoheitsakte der Exekutive, die – im Widerspruch zum Grundsatz einheitlichen Gesetzesvollzugs – die rechtliche Chancengleichheit der Unternehmen im Wettbewerb verfälschen. Dies geschieht, wenn aus einer Gruppe von in gleicher Weise umweltbeeinträchtigenden und in gleichem Ausmaß pflichtigen Unternehmen nur ein Teil interventionistisch belastet oder begünstigt wird, belastet z.B. zugunsten der Umwelt durch strenge und kostenintensive emissionsmindernde Auflagen, begünstigt z.B. zu Lasten der Umwelt durch die Mineralölsteuerbefreiung des Luftverkehrs. Hingegen ist es durchaus mit einer Wettbewerbswirtschaft vereinbar, wenn in ihre rechtlichen Rahmenbedingungen die

---

36 Vgl. zum folgenden insbes. *Hansmeyer/Schneider*, Umweltpolitik. Ihre Fortentwicklung unter marktsteuernden Aspekten, 1990; *Rehbinder*, in: *Kloepfer* (Hrsg.), Umweltstaat als Zukunft, 1994, S. 70 ff.; BMU, Umweltorientierte Reform des Steuersystems, 1994; SRU, Umweltgutachten 1994, S. 149 ff.; UBA, Nachhaltiges Deutschland, 1997, S. 288 ff.

37 S. *Endres/Rehbinder/Schwarze*, Haftung und Versicherung für Umweltschäden aus ökonomischer und juristischer Sicht, 1992; *Herbst*, Risikoregulierung durch Umwelthaftung und Versicherung, 1996; *Rehbinder*, Das Vollzugsdefizit im Umweltrecht und das Umwelthaftungsrecht, 1996; ferner de lege ferenda *Bohne*, DVBl. 1994, 195 ff.

aus ökologischen Gründen notwendigen Verhaltens- und Bestimmungsnormen (z.B. gemäß dem Verursacherprinzip, Rn. 1/89) eingehen („*ökologische Marktwirtschaft*"). Für den Ökonomen ist aber die Effizienz von Preissignalen in der Regel verläßlicher als Gesetzestreue oder Umweltbewußtsein.

Zunehmend wird daher angestrebt, ein umweltgerechtes Verhalten der Unternehmen nicht lediglich unmittelbar durch „ordnungsrechtliche" Verhaltensnormen oder deren Vollzug zu steuern (Rn. 2/19 ff.), weil hiermit nur zulässige und unzulässige Umweltnutzungen getrennt werden können, was „End-of-the-pipe"-Technologien fördert und eine „überobligatorische" Normerfüllung nicht anreizt. Deshalb soll *zusätzlich*[38] auch mittelbar der vom Eigeninteresse der Wirtschaftssubjekte in Gang gehaltene Steuerungsmechanismus einer Wettbewerbswirtschaft, nämlich der durch Angebot und Nachfrage gebildete **Marktpreis**[39] (insbesondere in seiner Funktion als Kostenfaktor) für umweltpolitische Ziele genutzt werden. Reine Luft und reines Wasser, die früher als „freie wirtschaftliche Güter" charakterisiert werden konnten, sind heutzutage zwar faktisch knapp; nicht „aufbereitete" Wasser- oder Luftmengen haben indessen als Teile der entsprechenden Umweltmedien keinen Marktpreis. Die unmittelbare Nutzung dieser ursprünglichen natürlichen Güter als Produktionsressourcen oder Entsorgungsmedien ist – abgesehen von den der Nutzung vorgeschalteten, rechtlich gebotenen Gefahrenabwehr- und Vorsorgeaufwendungen – praktisch umsonst. Durch diese Nutzung, z.B. durch Emissionen in Luft oder Wasser, werden aber Sozialkosten verursacht, etwa höhere Trinkwasseraufbereitungskosten wegen Minderung der Gewässergüte, Kosten für die Behandlung luftschadstoffbedingter Krankheiten, Folgekosten neuartiger Waldschäden und Gebäudeschäden durch SO_2, Verkehrsbeschränkungen bei Smog usw.[40] Hier zahlen immer „die anderen". Die Preise sagen insoweit nur die halbe ökonomische und gar nicht die „ökologische Wahrheit". 43

Daher wird gefordert, daß diese – oft nicht exakt quantifizierbaren – Sozialkosten in geeigneter Weise erfaßt, pauschaliert und den Verursachern entsprechend der Intensität ihres Verursachungsbeitrags anteilig angelastet und damit „internalisiert" werden[41]. Es kommt also darauf an, die knappen Umweltgüter mit einem Preis zu versehen und dadurch vor einer umweltschädlichen Übernutzung zu bewahren. Die Verursacher sollen mit dem von ihnen zu entrichtenden „Umweltnutzungspreis" veranlaßt werden, umweltfreundliche Vermeidungsstrategien zu entwickeln. Allerdings wäre der von den Verursachern im Rahmen des sogen. *Lenkungsabgabenmodells* 44

38 *Hansmeyer/Schneider*, Umweltpolitik, 1990, S. 45 ff.; *Wilhelm*, Ökosteuern, 1990, S. 21. Marktwirtschaftliche Instrumente versagen hingegen, wenn Entscheidungsprozesse bereits abgeschlossen sind, Umweltschäden eingetreten sind (z.B. bei der Altlastensanierung) oder wenn absolute Schutzziele (z.B. Gefahrenabwehr, Stoffverbote, Technologieverbote) erreicht werden sollen.

39 Der Marktpreis setzt sich in der Regel zusammen aus den *Produktionskosten eines Produkts* (für Rohstoffe, Energie, Kapitaleinsatz, Lohnkosten) und dem am Markt aufgrund der Nachfrage im Wettbewerb erzielbaren *Gewinn*.

40 In die Berechnung des Bruttosozialprodukts gehen die ökologischen Schäden ebensowenig ein wie die positiven Wohlfahrtswirkungen der natürlichen Umweltgüter. Das Statistische Bundesamt versucht daher, eine umfassende, eigenständige umweltökonomische Gesamtrechnung zu entwickeln, vgl. *Klaus*, ZAU 1994, 197 ff.; *Rademacher/Stahmer*, ZAU 1994, 531 ff., 1995, 99 ff.

41 *Hansmeyer/Schneider*, Umweltpolitik, 1990, S. 14 ff.; *Wegehenkel*, Marktsystem und exklusive Verfügungsrechte an Umwelt, in: *ders.*, Marktwirtschaft und Umwelt, 1981, S. 1 ff.

(Rn. 2/58) für die Inanspruchnahme der Güter Luft und Wasser geforderte, hoheitlich festgesetzte „Preis" kein durch Angebot und Nachfrage erzeugter Marktpreis, sondern ein politisch gebildeter Preis. Er wäre aber eine Alternative zu einem echten Knappheitspreis, und zwar eine solche Alternative, die im Rahmen einer systemkonformen marktwirtschaftlichen Steuerung von vielen Ökonomen als durchaus geeignet bewertet wird, zu ökologischen Entlastungen wirksam beizutragen. Demgegenüber käme es zur Bildung von Marktpreisen im Rahmen des sogen. *Zertifikatsmodells*[42], in dem vom Parlament oder von der Regierung regionale Emissionskontingente festgelegt und in dieser Höhe Emissionsrechte in Umlauf gebracht werden. Es erscheint aus der Sicht des Ökonomen deshalb besonders geeignet, das angestrebte Ziel einer nicht nur sozialen, sondern auch umweltverträglichen und in diesem Sinne ökologischen Marktwirtschaft zu erreichen, kann aber auf lokale Sondersituationen nur begrenzt Rücksicht nehmen.

45 Das herkömmliche (ordnungsrechtliche) Instrumentarium des Verwaltungsrechts ist im Umweltrecht an Wirksamkeitsgrenzen gestoßen, wo es darum geht, die Umweltgüter vor qualitätsmindernden Einflüssen rechtzeitig und nachhaltig zu schützen, und zwar bereits vor Überschreiten der Schädlichkeitsschwelle (also im Vorsorgebereich). Das gilt trotz einzelner, dem Vorsorgeprinzip entsprechender ordnungsrechtlicher Regelungen gerade für den Anreiz zum schonenden Ge- und Verbrauch bisher unentgeltlich in Anspruch genommener Umweltgüter. Vom Ordnungsrecht gehen keine Impulse aus, normative Gebote überzuerfüllen. Herkömmliche informale Methoden indirekter Verhaltenssteuerung (z.B. öffentliche Appelle oder Warnungen) erweisen sich hier ebenfalls als ineffizient. Nach Möglichkeit sollen daher wirtschaftliche Anreize oder umgekehrt Kostennachteile die Verursacher zu umweltfreundlichem Verhalten veranlassen. Hierfür kommen verschiedene flexible Instrumente ökonomischer Steuerung durch **marktwirtschaftliche Methoden**[43], die das ordnungsrechtliche Instrumentarium ergänzen, in Betracht (sogen. Instrumentenverbund).

46 Einige werden schon angewendet, angefangen beim Einwegkunststoffflaschen-Pfand über die höhere Besteuerung verbleiten Benzins, höhere Start- und Landegebühren für laute Flugzeuge bis zu – letztlich aber i.S. des Gemeinlastprinzips vom Steuerzahler zu tragenden – direkten oder indirekten Subventionen bei Umweltschutzinvestitionen[44]. In der Diskussion sind auch

---

42 *Cansier*, in: HdUR, Bd. II, Art. „Umweltzertifikat", Sp. 2541 ff.; *Endres/Rehbinder/Schwarze*, Umweltzertifikate und Kompensationslösungen aus juristischer Sicht, 1993; *Hansmeyer/Schneider*, Umweltpolitik, 1990, S. 57 f.; *Kloepfer*, JZ 1991, 737 (742 f.); *Maier-Rigaud*, Umweltpolitik mit Mengen und Märkten, 1994. In den USA wurde durch den Clean Air Act v. 1991 die Voraussetzungen für ein SO_2-bezogenes Umweltzertifikatsystem (8,9 Mio. t Gesamtemisson pro Jahr) geschaffen, s. *Hildebrand*, et 1991, 650 ff.; *Hansjürgens/Fromm*, ZfU 1994, 473 ff.

43 *Kloepfer*, Umweltrecht, § 5 Rn. 227 ff. – Aus nationalökonomischer Sicht *Bonus*, Marktwirtschaftliche Konzepte im Umweltrecht, 2. Aufl. 1985; *Cansier*, NVwZ 1994, 642 ff.; *ders.*, Umweltökonomie, 2. Aufl., 1996; *Faber/Manstetten*, ZAU 1990, 361 ff.; *Gawel*, Umweltallokation durch Ordnungsrecht, 1994; *Hansmeyer/Schneider*, Umweltpolitik, 1990; *Kemper*, Das Umweltproblem in der Marktwirtschaft, 1989; *Meuser*, Umweltschutz und Unternehmensführung, 1993; *Wegehenkel* (Hrsg.), Marktwirtschaft und Umwelt, 1981; *ders.* (Hrsg.), Umweltprobleme als Herausforderung der Marktwirtschaft, 1983; *Wicke*, Umweltökonomie, 4. Aufl. 1993. – Kritisch zu den nationalökonomischen Konzepten aus juristischer Sicht z.B. *Feldhaus*, DVBl. 1984, 552 ff.; *Kloepfer*, ZAU 1990, 355 ff.

eine Verpackungssteuer, CO_2-Abgabe, SO_2-Abgabe, Grundwasserabgabe, Stickstoffabgabe, Chemikalienabgabe oder Chlorsteuer sowie Straßenbenutzungsgebühren[45]. Vorgeschlagen wird beispielsweise ein *dreistufiges Abgabentarifsystem*, das wie folgt aufgebaut ist: Bei Einhalten der ordnungsrechtlichen Grenzwerte wird die verbleibende „Restverschmutzung" mit dem normalen Abgabensatz veranlagt (1), wenn die Grenzwerte nicht eingehalten werden, wird – neben ordnungsrechtlichen Maßnahmen (z.B. nachträglichen Auflagen) – die Gesamtbelastung einem erhöhten Abgabensatz unterworfen (2) und soweit über die Einhaltung der Grenzwerte hinaus Umweltbelastungen vermieden werden, könnte während der Planungs- und Investitionsphase bereits von der Abgabepflicht (ggf. teilweise) befreit (3) und könnten die Investitionen ggf. auch staatlich gefördert werden[46].

Für die Zukunft gilt es, ein ökologisch konzipiertes, d.h. an der Vermeidung von Umweltbela- **47**
stungen orientiertes umfassendes Steuer- und Lenkungsabgabensystem zu entwickeln, wobei die Zunahme der (Öko-)Abgabenlast in etwa eine entsprechende *Minderung* der auf den Faktoren Arbeit und Kapital ruhenden Steuerlast gegenüberzustellen ist. Ab Mitte der 90er Jahre wuchs die Erkenntnis, daß durch eine breitere und stärkere Besteuerung ökologisch relevanter Tatbestände bei gleichzeitiger Abschaffung bzw. Absenkung bestehender Abgaben eine Verbesserung des deutschen Steuer- und Abgabensystems erreicht werden könne[47]. Kritisch angemerkt wird häufig, daß „Ökosteuern" nicht gleichzeitig die Aufgabe vorsorgepolitischer Lenkung und die Aufgabe finanzpolitischer Mittelbeschaffung optimal erfüllen können, weil es der Logik dieser ausschließlich ökologisch motivierten Steuern entspreche, ihr Aufkommen zu minimieren. Der Steuerstaat müsse aber die Erhaltung seiner Steuerquellen erstreben. Ein Öko-Steuersystem würde aus diesem Grund einen Fremdkörper in der Finanzverfassungsordnung des Grundgesetzes bilden. Dem ist entgegenzuhalten, daß bei Öko-Steuern auf umweltbelastende Produkte trotz Preisänderungen weiterhin eine – wenn auch geminderte – Nachfrage besteht (z.B. nach Energie), der Steuerertrag also nicht in Frage gestellt ist. Eine vollständige Vermeidung umweltschädlicher Produktion kann durch Steuern ohnehin nicht erreicht werden, weil sonst wohl eine unzulässige „Erdrosselungssteuer" vorläge. Da in der „Konsumgesellschaft" Produkte vom Konsumenten weiterhin nachgefragt werden bzw. die Abgaben vom Produzenten auf den Konsumenten überwälzt werden, ist der Erhalt der Steuereinnahmen letztlich wohl gesichert.

Zum 1.4.1999 ist die erste Stufe der sog. **ökologischen Steuerreform** in Kraft getreten. Hier- **48**
bei sind die Steuersätze für Kraftstoffe um 6 Pfg./l, für Erdgas um 0,32 Pfg./kWh und für Heizöl um 4 Pfg./l erhöht worden. Daneben wurde eine Stromsteuer von 2 Pfg./kWh eingeführt und der Beitragssatz für die Rentenversicherung um 0,8 Prozentpunkte gesenkt. Ab 1.1.2000 werden für Strom und Kraftstoffe die Steuersätze jährlich erhöht. Obwohl dies ein Signal in die richtige Richtung ist, bleibt der Lenkungseffekt gerade im Kraftstoffbereich zu gering. Die Stromsteuer hat geringere Lenkungseffekte als eine emissionsorientierte Primärenergiesteuer. Der Umweltrat empfiehlt deshalb eine Nachbesserung der ökologischen Steuerreform, um die Klimaschutzziele bis 2005 zu erreichen[48].

---

44 S. *Reidenbach*, Öffentliche Umweltschutzausgaben als Teil der Maßnahmen im Umweltschutz, 1994.

45 S. *Kloepfer/Rehbinder/Schmidt-Aßmann/Kunig*, UGB-AT, 1990, S. 340 f.; *Cansier*, BB 1998, 77 (CO_2-Steuer).

46 *Hansmeyer/Schneider*, Umweltpolitik, 1990, S. 66 f.

47 *Bizer*, NuR 1995, 385 ff.; *Ewringmann* (Hrsg.), Ökologische Steuerreform, 1995; *Bach/Kohlhaas*, Wirtschaftliche Auswirkungen einer ökologischen Steuereform, 1994. Zum ökologischen Umbau des Steuersystems s.a. die Beiträge von *Hoffmann, Kohlhaas, Klemmer* u. *E. v. Weizsäcker*, in: ZAU 1994, S. 297 ff. sowie *Schlegelmilch/Görres*, ZAU 1996, 121 ff.

48 SRU, Umweltgutachten 2000, Tz. 27 ff.

a) Umweltabgaben

49 Umweltabgaben sind das einzige umweltpolitische Instrument, das zugleich zu öffentlichen Einnahmen führt. Es lassen sich verschiedene Rechtsformen bzw. Arten gesetzlich vorzusehender öffentlich-rechtlicher **Umweltabgaben**, d.h. Abgaben als unmittelbar oder mittelbar dem Umweltschutz dienender Instrumente unterscheiden[49]. Umweltabgaben können grundsätzlich in jeder herkömmlichen Abgabenart, d.h. als Steuern, Vorzugslasten (Gebühren, Beiträge) und Sonderabgaben erhoben werden[50]. Europarechtlich dürfen sie keine unzulässigen Beihilfen i.S.d Art. 87 EG darstellen[51].

50 Derzeit gibt es neben den Bausteinen der ökologischen Steuerreform (Rn. 2/48) folgende Umweltabgaben:

- Abwasserabgaben aufgrund des Abwasserabgabengesetzes[52],
- Naturschutzausgleichsabgaben[53] und Waldabgaben in verschiedenen Bundesländern,
- Wasserentnahmeentgelt in verschiedenen Bundesländern[54],
- Abfallverbringungsabgabe[55].

51 Die Sonderabfallabgaben[56] in Baden-Württemberg, Hessen, Niedersachsen und Schleswig-Holstein sind vom BVerfG als bundesrechtswidrig eingestuft worden (s.a. Rn. 12/89), wobei die Begründung nicht zu überzeugen vermag. Das BVerfG hat dem BImSchG und dem KrW-/AbfG nämlich ein „zielgebundenes Konzept der Kooperation" zwischen Anlagenbetreiber und Staat bei der Konkretisierung der abfallrechtlichen Pflichten zur Vermeidung und Verwertung entnommen, das den Landesgesetzgeber hindere, Regelungen zu treffen, die dieser Zielsetzung zuwiderliefen. Dies ist schon im Ansatzpunkt falsch: Sowohl im BImSchG als auch im Krw-/AbfG sind zwar einzelne normative Elemente einer Kooperation enthalten, die Konkretisierung der Abfallvermeidungs- und Abfallverwertungspflicht erfolgt jedoch durch ein Instrumentenmix aus Genehmigungspflicht und dynamischer Betreiberpflicht, das polizeirechtliche Verantwortlichkeiten beim Verstoß nach sich zieht und daneben auch haftungs- und

---

49 *P. Kirchhof*, in: HdUR, Bd. I, Art. „Abgabe", Sp. 21 ff.; *Kloepfer*, Umweltrecht, 1989, § 5 Rn. 250 ff.; *Köck*, Die Sonderabgabe als Instrument des Umweltschutzes, 1991; *Meßerschmitt*, Umweltabgaben als Rechtsproblem, 1986; *Murswiek/Wilms*, Die Entlastung der Städte vom Individualverkehr durch Abgaben und andere Geldleistungen, 2 Bde., 1993; *F. Kirchhof*, DÖV 1992, 233 ff.; *Köck*, JZ 1993, 59 ff.; DVBl. 1994, 27 ff.; *Weyreuther*, UPR 1988, 161 ff. m.w.N. – Aus volkswirtschaftlicher Sicht: *Mackscheidt/Ewringmann/Gawel* (Hrsg.), Umweltpolitik durch hoheitliche Zwangsabgaben?, 1994. – Zu den allgemeinen rechtlichen Abgabenkategorien (Steuern, Beiträge, Gebühren und Sonderabgaben), vgl. z.B. *Tipke-Kruse*, Abgabenordnung, Finanzgerichtsordnung, § 3 AO, Rn. 6 ff.; *Klein/Orlopp*, Abgabenordnung, § 3 Anm. 5 ff., jeweils m.w.N.

50 *Kloepfer/Rehbinder/Schmidt-Aßmann/Kunig*, UGB-AT, 1990, S. 341 f. m.w.N.; *Meßerschmidt*, UTR 3, 1987, S. 83 ff.

51 Vgl. *Wasmeier*, Umweltabgaben und Europarecht, 1995.

52 *Böhm*, Die Wirksamkeit von Umweltlenkungsabgaben am Beispiel des AbwAG, 1990; OVG Münster, DVBl. 1984, 348 ff.; *Schröder*, DÖV 1983, 667 ff. Zum 4. Gesetz zur Änderung des AbwAbgG v. 5.7.1994 (BGBl. I 1453) s. *Gawel*, ZUR 1993, 159 ff.

53 BVerwGE 74, 308 ff.; 81, 220 (225); vgl. *Voßkuhle*, Das Kompensationsprinzip, 1999, S. 242 ff.

54 BVerfGE 93, 319 ff. m. zust. Anm. *Murswiek*, NVwZ 1996, 417 ff.

55 *Koch/Reese*, DVBl. 1997, 85 ff.; *Kloepfer*, UPR 1997, 81 ff.

56 BVerfGE 98, 83 ff. = NJW 1998, 2346 ff. m. abl. Anm. *Bothe*, NJW 1998, 2333 ff.; *Schrader*, ZUR 1999, 152 ff.; *Sendler*, NJW 1998, 2875 ff.; im Ergebnis, aber nicht in der Begründung zustimmend *Weidemann*, DVBl. 1999, 73 (75).

versicherungsrechtliche Folgen zeitigt. Das präventive Verbot mit Erlaubnisvorbehalt ist ebensowenig Teil des Kooperationsprinzips (Rn. 1/94) wie die immissionsschutzrechtlichen Grundpflichten (Rn. 8/127 ff.).

Grundlegend ist zunächst die Unterscheidung zwischen Steuern und sonstigen öffentlichen Abgaben, da in Art. 105-108 GG detaillierte Regelungen zur Gesetzgebungs-, Verwaltungs- und Ertragszuständigkeit bei Steuern getroffen sind. Für andere Abgaben folgt die Gesetzgebungskompetenz den allgemeinen Sachzuständigkeiten nach Art. 73 ff. GG[57]. Die Unterscheidung zwischen Steuern und Abgaben hat aber noch einen weiteren – im Zuge der Krise öffentlicher Haushalte politisch in Vergessenheit geratenen – Grund: Die Finanzverfassung des Grundgesetzes hat zur Voraussetzung, daß die zur Wahrnehmung öffentlicher Aufgaben benötigten Finanzmittel vornehmlich aus Steuern aufgebracht werden (*Prinzip des Steuerstaates*). Eine Abgabe muß sich – neben den allgemeinen verfassungsrechtlichen Zulässigkeitsvoraussetzungen – also gegenüber dem verfassungsrechtlichen Vorrang der Steuer rechtfertigen lassen[58]. **52**

Umweltabgaben können zunächst einmal als **Umweltsteuern** erhoben werden. Nach dem auch für den X. Abschnitt des Grundgesetzes maßgeblichen abgabenrechtlichen Steuerbegriff[59] (§ 3 I AO) sind Steuern (einmalige oder laufende) Geldleistungen, die *keine Gegenleistung für eine besondere öffentliche Leistung* darstellen und von einem öffentlich-rechtlichen Gemeinwesen allen auferlegt werden, bei denen der Steuertatbestand zutrifft. Steuern dienen insbesondere der Deckung des allgemeinen Finanzbedarfs einer Gebietskörperschaft. Zweck der Steuer muß daher zumindest auch die Erzielung von Einnahmen sein; *daneben* können noch andere Zwecke (z.B. Lenkungszwecke) verfolgt werden (Zwecksteuern)[60]. Selbst die Zweckbindung des Aufkommens (Ausgabenbindung) widerspricht dem verfassungsrechtlichen Steuerbegriff nicht. Als Beispiel einer Umweltsteuer wäre eine künftige, nach den fahrzeugmodelltypischen Schadstoffemissionen bemessene Kfz-Steuer oder – wesentlich wirksamer – eine CO_2- oder Energiesteuer anzuführen[61]. Die Möglichkeiten der Besteuerung von Schadstoffemissionen oder der Nutzung von Umweltressourcen werden aber dadurch beschränkt, daß nach h.M. das *Steuererfindungsrecht* des Gesetzgebers auf die Einführung solcher Steuern beschränkt ist, welche bereits in der Finanzverfassung des GG genannt und hierin verteilt worden sind[62]. Damit wird sich in vielen Fällen eine Überschneidung zu vorhandenen Steuerarten ergeben. **53**

57 Vgl. BVerfGE 8, 274 (317); 78, 249 (266 ff.); 81, 156 (184 ff.); 82, 159 (182).

58 *K. Vogel*, Grundzüge des Finanzrechts der BRD, HStR IV, 1990, § 87 Rn. 45; BVerfGE 78, 249 (267).

59 BVerfGE 3, 407 (435); 7, 244 (251); 55, 274 (299) u. st. Rspr.

60 BVerfGE 38, 61 (80); BVerwG, NVwZ 1995, 59 (60 f.) – st. Rspr. Die neuere Rspr. des BVerfG hat die frühere (z.B. E 3, 407 [436]) Unterscheidung zwischen Haupt- und Nebenzweck einer Steuer fallengelassen. Maßgeblich ist danach für eine Steuer, daß ihr Aufkommen endgültig einem öffentlich-rechtlichen Gemeinwesen zufließt und von diesem – zumindest in den Grenzen einer Zwecksteuer – frei verwendet werden kann, s. BVerfGE 55, 274 (305).

61 Neuere Untersuchungen zur Wirksamkeit einer schadstoffbezogenen Kfz-Steuer haben deren geringe ökologische Wirksamkeit gegenüber einer Erhöhung der Mineralölsteuer im Sinne einer CO_2- oder Energiesteuer ergeben, vgl. *SRU*, Umweltgutachten 1994, Tz. 793 ff. S.a. *Breuer*, DVBl. 1992, 485 (490); *Köck*, JZ 1991, 692 (697); *Kloepfer/Thull*, DVBl. 1992, 195 (202 f.).

62 *Birk*, AK-GG, Art. 106 Rn. 6; *Vogel/Walter*, Bonner Kommentar zum GG, Art. 105 Rn. 66, Art. 106 Rn. 213; *Maunz/Dürig/Herzog/Scholz*, GG, Art. 105 Rn. 46; *Stern*, Staatsrecht, Band 2, 1980, S. 1119, 1159; a.A. *Osterloh*, NVwZ 1991, 823 ff.; *Wendt*, HStR IV, 1990, § 104 Rn. 29.

54 Gebühren und Beiträge (als zweite große Abgabengruppe) werden allgemein als **Vorzugslasten**[63] bezeichnet, weil sie regelmäßig die Gegenleistung für eine staatliche Leistung darstellen. Im Unterschied zu Steuern, die voraussetzungslos erhoben werden, bleibt das staatliche Vermögen bei der Erhebung von Gebühren und Beiträgen unverändert, was gleichzeitig die Vorzugslasten gegenüber dem verfassungsrechtlichen Vorrang der Steuer (Prinzip des Steuerstaates) rechtfertigt, sofern sie mit einem *individuellen* Vorteil für den Abgabepflichtigen verbunden sind. Anders als bei Steuern scheidet eine Gebührenstaffelung nach Einkommenshöhe der Abgabenpflichtigen bei Vorzugslasten grundsätzlich aus. Differenzierungen sind nur unter Wahrung des Gleichheitssatzes (Art. 3 GG) möglich[64].

55 Eine Umweltabgabe kann damit eine **Umweltgebühr** sein. Gebühren sind öffentlichrechtliche Geldleistungen, die als *Entgelt für eine besondere öffentliche Leistung* der Verwaltung von denjenigen erhoben werden, in deren individuellem Interesse oder auf deren Veranlassung hin die Inanspruchnahme dieser mit einem besonderen Aufwand verbundenen konkreten öffentlichen Leistung tatsächlich erfolgt (Prinzip der speziellen Entgeltlichkeit)[65]. Gebühren sind grundsätzlich dazu bestimmt, die Kosten einer öffentlichen Leistung ganz oder teilweise abzudecken. Dieser Grundsatz gilt uneingeschränkt für die klassischen Gebühren, die *Verwaltungs- und Benutzungsgebühren*. Umstritten ist, ob als weiterer Gebührentypus abweichend hiervon die sogen. *Verleihungsgebühr* für die Verschaffung eines subjektiven öffentlichen Rechts erhoben werden darf[66]. Überwiegend wird dies zurecht als zulässig angesehen, weil der gebührenrechtliche Kostendeckungsgrundsatz, wonach das Gebührenaufkommen die Kosten der öffentlichen Hand für die Erbringung der Leistung nur decken, sie aber nicht übersteigen darf, keinen verfassungsrechtlichen Charakter besitzt[67]. Somit sind nicht nur (lenkende) Umweltgebühren für die Entnahme von Abwasserproben (Verwaltungsgebühren), Abfall- oder Abwassergebühren (Benutzungsgebühren), sondern auch Umweltgebühren zur Nutzung von Boden, Luft[68] und (Grund-)Wasser[69] (sog. *Ressourcennutzungsgebühren*)[70] oder von öffentlichen Sachen wie Straßen[71] grund-

63 Vgl. zum folgenden ausführlich: *Murswiek*, Innenstadtzufahrtsabgabe, S. 17 ff. Ferner *SRU*, Umweltgutachten 1994, BT-Drs. 12/6995, Tz. 806 ff.

64 *K. Vogel*, Grundzüge des Finanzrechts der BRD, HStR IV, 1990, § 87 Rn. 100.

65 BVerfGE 50, 257 (269); *Hendler*, NuR 1989, 22 ff.

66 *Hendler*, NuR 1989, 22 ff.; *F. Kirchhof*, DVBl. 1987, 554 ff.; *Köck*, JZ 1993, 59 (63 ff.); *Murswiek*, Innenstadtzufahrtsabgabe, S. 23 f., 60 ff.; *Pietzcker*, DVBl. 1987, 774 ff.; *Wieland*, WUR 1991, 128 (133 f.); ablehnend z.B. *P. Kirchhof*, HStR IV, 1990, § 88 Rn. 187; *ders.*, Verfassungsrechtliche Beurteilung der Abwasserabgabe des Bundes, 1983, 30 ff.

67 BVerfGE 50, 217, 226 f.; *P. Kirchhof*, HStR IV, 1990, § 88 Rn. 189, 198, 207; *Meßerschmidt*, Umweltabgaben als Rechtsproblem, 1986, S. 115 ff.; *Sendler*, DÖV 1974, 217 (224); a.A. *Leisner*, GS Hans Peters, 1967, 730 ff.

68 Dies würde nach hier vertretener Auffassung eine Ergänzung des immissionsschutzrechtlichen Zulassungsanspruchs um ein Versagungsermessen bzw. eine § 1a WHG entspr. Regelung voraussetzen, da heute noch ein – allerdings stark eingeschränkter – Anspruch auf Emissionen besteht. Zur verfassungsrechtlichen Dimension vgl. *Murswiek*, DVBl. 1994, 77 (81 f.).

69 BVerfGE 93, 319 ff.

70 Zur Rechtfertigung solcher Gebühren s. *Meyer*, Gebühren für die Nutzung von Umweltressourcen, 1995; *Murswiek*, NuR 1994, 170 ff.; JZ 1988, 985 (991 ff.). Das BVerfG ist in seiner Entscheidung zum Wasserpfennig (BVerfGE 93, 319 ff.) dieser Konzeption gefolgt, zust. *Kluth*, NuR 1997, 105 ff.;

sätzlich denkbar. Voraussetzung ist jedoch, daß *kein Rechtsanspruch* auf kostenlose Nutzung besteht, weil sonst keine staatliche Leistung der Gebührenerhebung gegenübersteht. Nach dem (verfassungsrechtlichen) Äquivalenzprinzip muß zwischen der Höhe der Gebühr und dem Wert der öffentlichen Leistung für den Gebührenschuldner ein angemessenes Verhältnis bestehen[72].

Weiterhin kann eine Umweltabgabe den Charakter eines **Umweltbeitrags** haben[73]. **56**
Nach der üblichen abgabenrechtlichen Begriffsbestimmung sind Beiträge solche Vorzugslasten, die zur vollen oder teilweisen Deckung des Aufwands insbesondere für die Bereitstellung einer öffentlichen Einrichtung von denjenigen erhoben werden, denen die Veranstaltung des Hoheitsträgers *besondere Vorteile* gewährt. Unerheblich ist, ob der Beitragspflichtige diese Vorteile auch tatsächlich wahrnimmt. Die Höhe des Beitrags ist nach den gewährten Vorteilen zu bemessen; die Summe der Beiträge darf den Aufwand nicht überschreiten. Beispiele für einen Umweltbeitrag sind die aufgrund kommunaler Satzung von allen Eigentümern bebauter oder unbebauter Grundstücke erhobenen Klärbeiträge für die Errichtung einer Kläranlage sowie die Kostenerstattungen für im Bebauungsplan festgesetzte naturschutzrechtliche Ausgleichs- und Ersatzmaßnahmen nach § 135a-c BauGB.

Die gesetzlich nicht geregelten **Sonderabgaben** stellen einen Auffangtatbestand für **57**
solche Abgaben dar, die nicht unter die Begriffe Steuer, Beitrag oder Gebühr fallen[74]. Da das Aufkommen von Sonderabgaben nicht in den allgemeinen Staatshaushalt fließt und der Grundsatz der steuerlichen Lastengleichheit durchbrochen wird, sind nach der Rechtsprechung des BVerfG Sonderabgaben nur unter folgenden strengen Voraussetzungen zulässig[75]:

- Belastung einer homogenen gesellschaftlichen Gruppe (mit gemeinsamer Interessenlage),
- Sachnähe der Abgabenpflichtigen zum Abgabenzweck (im Vergleich zu anderen Gruppen oder der Gesamtheit der Steuerzahler),
- hieraus resultierende besondere Gruppenverantwortung,
- gruppennützige Verwendung des Abgabeaufkommens und
- periodische Legitimation der Abgabenerhebung.

Die Gesetzgebungskompetenz zur Einführung einer nichtsteuerlichen Sonderabgabe **58**
sowie zur Regelung ihrer Verwendung ergibt sich (als Annex) aus der allgemeinen

---

Murswiek, NVwZ 1996, 417 ff.; krit. *Sanden*, UPR 1996, 181 ff.; *v. Mutius/Lünenbürger*, DVBl. 1995, 1205 (1209).

71 *SRU*, Umweltgutachten 1994, BT-Drs. 12/1995, Tz. 806 ff. Zur Innenstadtzufahrtsabgabe s. *Murswiek*, Innenstadtzufahrtsabgabe, 1993; *Jachmann*, NVwZ 1992, 932 ff.

72 BVerwG, NVwZ 1987, 503. Die Angemessenheit wird auch durch den Lenkungszweck der Gebühr mitbestimmt (str.).

73 S. hierzu *Meßerschmidt*, Umweltabgaben als Rechtsproblem, 1986, S. 35 ff. Das UBA, Nachhaltiges Deutschland, 1997, S. 298, schlägt eine Erweiterung des Erschließungsbeitrags nach § 127 II BauGB auf eine ÖPNV-Anbindung vor, um die bestehende Benachteiligung des öffentlichen Personennahverkehrs abzumildern. Eine solcher Beitrag wurde z.B. in Los Angeles erhoben.

74 *Henseler*, Begriffsmerkmale und Legitimation von Sonderabgaben, 1984, S. 22.

75 BVerfGE 55, 274; 57, 139; 67, 256; DVBl. 1995, 613; s. *Jarass*, DÖV 1989, 1013 ff; *Heun*, DVBl. 1990, 666 ff. Krit. hinsichtlich der Kompensationsabgabe *Voßkuhle*, Das Kompensationsprinzip, 1999, S. 230 ff.

Sachzuständigkeit nach Art. 73 ff. GG[76]. Die Rechtsprechung des Bundesverfassungsgerichts unterschied zunächst zwischen Sonderabgaben mit *Finanzierungsfunktion* und Sonderabgaben mit *Lenkungsfunktion* (z.B. naturschutzrechtliche Ausgleichsabgabe, Abwasserabgabe). Der 2. Senat stellte dabei Sonderabgaben mit *ausschließlicher Lenkungsfunktion* teilweise von der gruppennützigen Verwendung der Abgabe frei[77], Sonderabgaben mit Finanzierungsfunktion nur in eng begrenzten Ausnahmefällen, nämlich wenn „die Natur der Sache eine finanzielle Inanspruchnahme der Abgabepflichtigen zugunsten fremder Begünstigter aus triftigen Gründen eindeutig rechtfertigt"[78]. Die gruppennützige Verwendung einer Sonderabgabe ist hierdurch modifiziert, nicht aber aufgegeben worden. Wesentliches Merkmal einer Sonderabgabe scheint in der Rechtsprechung des BVerfG das Fehlen einer Gegenleistung der öffentlichen Hand (als Abgrenzung zu den Vorzugslasten) zu sein[79].

59 **Kommunen** dürfen Umweltabgaben erheben, wenn ihnen – durch die Kommunalabgabengesetze der Länder – die Befugnis hierzu eingeräumt wurde. Streitig ist – wie im allgemeinen Verwaltungsrecht[80] – ob die kommunale Selbstverwaltungsgarantie des Art. 28 II GG die Kommunen ermächtigt (ggf. auch ohne besondere gesetzliche Ermächtigung), in den durch die Verfassung, insbesondere Art. 105 und 106 GG, gezogenen Grenzen rechtsetzend tätig zu werden und aufgrund eines *Steuererfindungsrechts* auch Abgabensatzungen zu erlassen[81]. Verschiedene Gemeinden (u.a. Detmold, Kassel) haben dabei insbesondere versucht, kommunale Verpackungssteuern einzuführen, deren rechtliche Einordnung als Sonderabgabe oder Steuer streitig war. Nachdem das BVerwG die kommunalen Verpackungssteuersatzungen als rechtmäßig erachtet hatte[82], hielt sie das BVerfG[83] in ihrer konkreten Ausformung als Lenkungssteuer für bundesrechtswidrig (s. Rn. 2/51).

60 Umweltabgaben können eine sinnvolle Ergänzung des ordnungsrechtlichen Instrumentariums darstellen und marktwirtschaftliche Anreize zur Verringerung der Umweltbelastungen bieten, indem sie entsprechend dem Verursacherprinzip die sozialen Folgekosten umweltschädigenden Verhaltens dem Verursacher auferlegen. Anderer-

---

76 BVerfGE 57, 139 (166).

77 BVerfGE 67, 256 (277); 82, 159 (180).

78 BVerfGE 55, 274 (307); 82, 159 (180); BVerfG, NJW 1995, 381 ff. (Kohlepfennig) m. zust. Anm. *Wilms*, NVwZ 1995, 550 f.

79 *Murswiek*, Innenstadtzufahrtsabgabe, S. 27 f.; teilweise a.A. *Schmidt*, NVwZ 1991, 36 (37).

80 Vgl. *Maurer*, DÖV 1993, 184 (188 ff.); problematisch ist dies insbesondere im Hinblick auf die Rechtsprechung des BVerfG zum Gesetzesvorbehalt bei Grundrechtseingriffen (Wesentlichkeitstheorie). Da eine diesbezügliche gesetzliche Ermächtigung in den Kommunalabgabengesetzen der Länder vorhanden ist, spielt diese Frage – im Gegensatz zum allgemeinen Satzungsrecht – in der Praxis keine Rolle, so daß im vorliegenden Zusammenhang allein die Abgrenzung zu Art. 105 f. GG entscheidend ist.

81 So insbes. *Mohl*, Die Einführung und Erhebung neuer Steuern aufgrund des kommunalen Steuererfindungsrechts, 1992; zurecht abl. BVerwG, NVwZ 1995, 59 (61).

82 BVerwGE 96, 272; dazu *Böhm*, in: *Lübbe-Wolff* (Hrsg.), Umweltschutz durch kommunales Satzungsrecht, 1993, S. 255 ff.; *Dahmen*, KStZ 1992, 1 ff., 26 ff.; *Eckert*, DÖV 1990, 1006 ff.; *Köck/v.Schwanenflügel*, Abfallvermeidung durch kommunale Verpackungsabgaben, 1990; *Tiedemann*, DÖV 1990, 1 ff.

83 Dazu BVerfGE 98, 106 ff. Zulässig wäre nur eine Verpackungssteuer zur allgemeinen Finanzierung ohne Lenkungsfunktion.

seits dürfen sie vom Staat in Anbetracht seiner knappen Kassen nicht als „Ersatzkasse“ mißbraucht werden. Dies spricht dafür, nicht über Sonderabgaben, sondern vor allem über Verleihungsgebühren zu versuchen, lenkend auf den Markt im Sinne eines vorsorgenden Umweltschutzes einzuwirken.

b) Umwelthaftung

Die zivilrechtliche Umwelthaftung ist derzeit „dreispurig“. Zunächst besteht die *Unrechts-(Verschuldens-)Haftung* nach § 823 BGB. Neben der Deliktshaftung gibt es eine *verschuldensunabhängige Umwelthaftung im Nachbarverhältnis* durch § 906 II 2 BGB und § 14 S. 2 BImSchG. Darüber hinaus finden sich *Gefährdungshaftungstatbestände*[84], die entweder (so gem. § 22 WHG, §§ 32 ff. GenTG, §§ 25 ff. AtG u. das nur für bestimmte Anlagen geltende UmweltHG) umweltspezifisch oder jedenfalls (wie etwa §§ 1 f. HpflG, § 7 StVG, § 33 LuftVG, § 1 ProdHaftG oder auch § 833 S. 1 BGB) umweltrelevant sind. Das Umwelthaftungsgesetz ist unter Rn. 3/46 ff. dargestellt. **61**

c) Subventionen

Subventionen sind geldwerte Leistungen, die ein Träger öffentlicher Verwaltung an Private ohne marktmäßige Gegenleistung zur Erreichung eines bestimmten, im öffentlichen Interesse liegenden Zweckes gewährt[85]. Bislang werden hierbei Umweltbelange nur wenig berücksichtigt[86], häufig führen die jeweiligen Fördervorschriften sogar dazu, daß Umweltbelange behindert werden (z.B. der öffentliche Personennahverkehr durch die Kilometerpauschale des § 9 I 3 Nr. 4 EStG). Dies steht in krassem Gegensatz zur Staatszielbestimmung des Art. 20a GG. Die Gewährung von Subventionen bedarf einer haushaltsrechtlichen Grundlage[87], wobei das Prinzip der Haushaltsklarheit und der Haushaltswahrheit zu beachten ist (insbesondere dürfen keine versteckten Subventionen durch Preisnachlässe gewährt werden). Europarechtlich ist das Beihilfeverbot des Art. 87 EG zu beachten[88]. **62**

Spezielle Förderprogramme bestehen z.B. mit dem europäischen Förderprogramm LIFE, durch die Bundesstiftung Umwelt, das ERP-Umweltschutzprogramm, für energiesparende Maßnahmen, für Solarenergie, Windkraft und Schallschutzmaßnahmen. **63**

d) Umweltschutz und Information der Öffentlichkeit

Eine effektive Umweltschutzpolitik setzt nicht nur eine laufende und hinreichende Information aller verantwortlichen Organe mit zuverlässigen und aktuellen Daten über den Zustand der Umwelt und die Ursachen der Umweltbeeinträchtigungen **64**

84 S. *Deutsch*, NJW 1992, 73 ff.
85 S. hierzu *Kloepfer*, Umweltrecht, § 5 Rn. 232 ff.; *Magiera*, Hdb. EUDUR, Bd. I, S. 1192 ff.
86 S. UBA, Nachhaltiges Deutschland, 1997, S. 291 ff.
87 *Dickersbach*, NVwZ 1993, 846 ff.; *Stober*, BB 1996, 1845 ff.
88 *Wieberneit*, Europarechtlicher Ordnungsrahmen für Umweltsubventionen, 1997.

voraus[89]. Auch die in der Umwelt lebenden Menschen, die nicht selten zu den Umweltbeeinträchtigungen beitragen, müssen hierüber informiert sein, damit sie die Möglichkeit besitzen, sich umweltbewußt zu verhalten.

65 Eine Befugnis zur Information und *Öffentlichkeitsarbeit* wird dabei überwiegend aus der verfassungsrechtlichen und gesetzlichen Aufgabenverteilung abgeleitet[90]. Eine Mitteilung über die Aufgabenerfüllung und aus der Aufgabenerfüllung kann die jeweils zuständige Behörde geben. Eine Grenze bilden dabei die Grundrechte anderer, wenn die Information oder Öffentlichkeitsarbeit so konkret wird, daß sie in den Schutzbereich eines Grundrechts eingreift[91] – etwa durch Warnung vor den Gesundheitsgefahren eines bestimmten Produkts oder in bestimmten Werbekampagnen für verpackungsarmes Verbraucherverhalten. In diesem Fall ist eine gesetzliche Grundlage für die Öffentlichkeitsarbeit erforderlich, welche subsidiär auch in der polizeirechtlichen Generalklausel liegen kann[92]. Eine gesetzliche Regelung erscheint aber insbesondere im Bereich der Umweltvorsorge wünschenswert[93]. Die vom BVerwG entschiedenen Fälle staatlicher Warnungen zu Diethylenglykol im Wein (BVerwGE 87, 37) und i.S. Jugendsekten (BVerwGE 90, 112) sind noch beim BVerfG anhängig. Vermehrt gibt es auch Aufklärungs- und Beratungspflichten, die auf freiwillige Befolgung setzen, vgl. § 17 BBodSchG, § 18 I KrW-/AbfG[94].

66 In einem demokratischen Staatswesen ist eine objektive, umfassende – staatlich nicht beeinflußte – Information darüberhinaus eine unverzichtbare Voraussetzung für einen funktionsfähigen demokratischen Willensbildungsprozeß. Die Bürgerinnen und Bürger müssen aber nicht nur informiert werden, sondern darüberhinaus die Möglichkeit besitzen, sich die Informationsquellen selbst zugänglich zu machen[95]. Erst dann können die demokratischen und rechtsstaatlichen Partizipationsmöglichkeiten innerhalb und außerhalb von Verwaltungsverfahren sachgerecht wahrgenommen werden.

67 Das bundesdeutsche Recht kannte lange keinen allgemeinen Anspruch des einzelnen auf Information, insbesondere auf Einsicht in behördliche Akten[96]. Informationsrechte bestanden in

---

89 *SRU*, Umweltgutachten 1987, S. 71 f., 91 f.; BT-Drs. 6/3826, S. 64 ff.; ferner *Gusy*, NJW 2000, 977 (978); *Schröder*, NVwZ 1990, 905 ff.

90 Zu den Strukturen und rechtlichen Bindungen staatlichen Informationshandelns vgl. *Philipp*, Staatliche Verbraucherinformationen im Umwelt- und Gesundheitsrecht, 1989; *Böhm*, JA 1997, 794 ff.; *Gusy*, NJW 2000, 977 ff.; *Lege*, DVBl. 1999, 569 ff.; *Lübbe-Wolff*, NJW 1987, 2705 ff.; *Pinger*, JuS 1988, 53 ff.

91 *Di Fabio*, JuS 1997, 1 ff.; *Erichsen/Scherzberg*, Zugang zu Informationen, S. 122 ff.; *Gröschner*, WuR 1991, 71 ff.; *Heintzen*, VerwArch 1990, 532 (549 ff.); *Leidinger*, DÖV 1993, 925 (930); *Papier*, VerwArch 1993, 417 ff. (aus Sicht der Industrie); *Schoch*, DVBl. 1991, 667 ff.; a.A. BVerwGE 87, 37 ff. (Warnung vor diethylenglykolhaltigen Weinen), das aus der Aufgabenkompetenz bereits die Befugnis zu grundrechtsrelevantem Handeln ableitet (hiervon aber nunmehr in DVBl. 1996, 807 [808] abrückt).

92 Vgl. VGH BW, NVwZ 1989, 279; *Böhm*, JA 1997, 794 (706); *Gusy*, JZ 1989, 1003. Fraglich ist, ob z.B. § 2 II AbfG BW die Gebietskörperschaften zu Informationen über die Möglichkeiten der Abfallvermeidung ermächtigt, so VG Freiburg, B. v. 3.9.1993, 4 K 1417/93; s.a. Hess VGH, NVwZ 1995, 611 f.; OVG Münster, NVwZ 1999, 912; BayVfGH, NVwZ 1998, 391.

93 In diesem Sinn auch *Brohm*, DVBl. 1994, 133 (136); *Leidinger*, DÖV 1993, 925 (935).

94 Beckmann/Kersting, NuR 1997, 223 ff.

95 Behördenakten zählen nach Auffassung des BVerfG „schon ihrer Natur nach grundsätzlich nicht" zu den allgemein zugänglichen Informationsquellen nach Art. 5 I GG, s. BVerfG, NJW 1986, 1243.

96 Eine Ausnahme bildete die Verordnung über Umweltdaten v. 13.11.1989, GBl. DDR I, S. 241; s.a. *Burmeister/Winter*, in: *Winter* (Hrsg.), Öffentlichkeit von Umweltinformationen, 1990, S. 87 ff.; *Engel*, Akteneinsicht, S. 11 ff.; *Gurlit*, Die Verwaltungsöffentlichkeit im Umweltrecht, 1989, S. 131 ff.

erster Linie im Rahmen von Verwaltungsverfahren, nämlich das Akteneinsichtsrecht der Beteiligten nach § 29 VwVfG oder spezialgesetzlich nach den Ermessensregelungen der § 72 I VwVfG, § 10 IV 9.BImSchV, § 6 III AtVfV, § 18 III 2 GenTG (**Grundsatz der beschränkten Aktenöffentlichkeit**). Außerhalb des Verwaltungsverfahrens steht die Gewährung von Akteneinsicht im Ermessen der Behörde, die die schutzwürdigen Interessen des Antragstellers, der Allgemeinheit und Drittbetroffener zu berücksichtigen hat.

Mit der **Richtlinie über den freien Zugang zu Informationen über die Umwelt** **68**
(Rn. 3/22) wird in der EG jeder Person ein subjektives Recht auf freien Zugang zu Informationen vermittelt (Art. 1, 3 I), die Behörden oder von diesen beauftragte Dritte (Art. 6) haben. Die Staaten sind verpflichtet, eine aktive Informationspolitik zu betreiben (Art. 7). Auf dieser Grundlage wurde am 19.5.1994 das **Umweltinformationsgesetz** verabschiedet. Noch weitergehend hat nunmehr das Land Schleswig-Holstein ein allgemeines Gesetz über die Freiheit des Zugangs zu bei den Behörden vorhandenen Informationen (Informationsfreiheitsgesetz v. 9.2.2000, GVOBl. S. 166) verabschiedet.

e) Wirtschaftliches Handeln der öffentlichen Hand

Die öffentliche Hand muß nicht nur die geltenden materiellrechtlichen Umweltnor- **69**
men beachten, sie wird darüberhinaus auch gegenüber Privaten verstärkt in die Pflicht genommen. So bestehen bundes- und landesabfallrechtliche Pflichten zur Abfallvermeidung (z.B. § 37 KrW-/AbfG). Des weiteren können bei der Vergabe öffentlicher Aufträge oder dem Verkauf von Grundstücken ökologische Belange bevorzugt berücksichtigt werden, wenn dies in der Ausschreibung zum Ausdruck gekommen ist und ein sachliches Ziel damit verfolgt wird.

Kapitel 3

Allgemeine Umweltgesetze und Planfeststellung

1 Obwohl es in Deutschland noch kein Umweltgesetzbuch gibt, sind – vor allem durch das Europarecht angestoßen – mehrere Umweltgesetze verabschiedet worden, die einen allgemeinen Normenbestand verkörpern, der ohne weiteres in den Allgemeinen Teil eines UGB einfließen kann. Diese allgemeinen Normen betreffen neben dem Umwelthaftungsrecht (Rn. 3/46 ff.) die Durchführung einer Umweltverträglichkeitsprüfung bei umweltbelastenden Projekten (Rn. 3/2 ff.), ein damit zu verzahnendes Industrieanlagenzulassungsrecht (Rn. 3/3, 8/42), den allgemeinen Anspruch auf Zugang zu Umweltinformationen (Rn. 3/22 ff.) sowie die Durchführung freiwilliger Umweltbetriebsprüfungen (Rn. 3/35 ff.).

Zum allgemeinen Bestand des Umweltrechts können darüberhinaus auch Planfeststellungsverfahren (Rn. 3/51 ff.) als Sonderform behördlicher Zulassungsverfahren gezählt werden. Das Planfeststellungsverfahren ist de lege ferenda ein geeignetes Modell für die Vereinheitlichung der Zulassung komplexer, insbesondere umweltbelastender Vorhaben.

I. Allgemeine Umweltgesetze

1. Umweltverträglichkeitsprüfung (UVP-Richtlinien und UVPG)

a) UVP-Richtlinien und verwandte europarechtliche Instrumente

2 Ein dem Vorsorge- und Minimierungsprinzip entsprechendes Instrument ist die in der EG-Richtlinie vom 27.6.1985 (85/337/EWG)[1] für bestimmte, potentiell umweltbelastende öffentliche und private Projekte (z.B. Fernstraßen, größere Flugplätze, Abfallbeseitigungsanlagen, Raffinerien, Wärmekraftwerke ab 300 MW Wärmeleistung usw.) vorgesehene **Umweltverträglichkeitsprüfung** (UVP)[2].

3 Durch die Umweltverträglichkeitsprüfung sollen alle unmittelbaren und mittelbaren *Umweltauswirkungen* eines geplanten Vorhabens einschließlich der ökologischen Wechselwirkungen frühzeitig (*vorsorgend*) medien- und fachgebietsübergreifend

1 ABl. Nr. L 175/40; abgedr. z.B. in DVBl. 1987, 829 ff.

2 Vgl. dazu z.B. *Cupei*, Umweltverträglichkeitsprüfung (UVP), 1986; *Bunge*, Die Umweltverträglichkeitsprüfung im Verwaltungsverfahren, 1987; *Coenen/Jörissen*, UVP in der Europäischen Gemeinschaft, 1989; *Meyerholt*, UVP und nationales Zulassungsrecht, 1999; *Schoeneberg*, Umweltverträglichkeitsprüfung, 1993, S. 12 ff.; *SRU*, DVBl. 1988, 21 ff.; *Wahl*, DVBl. 1988, 86 ff. Entsprechende Regelungen gab es schon vorher in den USA und der Schweiz.

(**integrativer Ansatz**) unter Einbeziehung der Öffentlichkeit[3] *ermittelt, beschrieben und bewertet* werden. Die Ergebnisse sind von der für die Zulassung des Vorhabens zuständigen Behörde (nur) zu *berücksichtigen*, dienen ihr somit als Entscheidungshilfe. Die Richtlinie war bis zum 2.7.1988 in nationales Recht umzusetzen[4].

Hierauf aufbauend ist schrittweise ein europäisches Schutz- und Vorsorgekonzept entstanden, das in erster Linie verfahrensrechtliche Anforderungen umfaßt: **4**

- Die **UVP-II-Richtlinie** 97/11/EG vom 3.3.1997 zielt auf eine Vereinheitlichung der UVP in den Mitgliedstaaten und eine Verbesserung des Vollzuges ab[5]. Wenn ein Vorhaben UVP-pflichtig ist, darf es in den Mitgliedstaaten nur nach vorheriger Durchführung eines *Genehmigungsverfahrens*, das eine UVP einschließt, durchgeführt werden. Nach Ablauf ihrer Umsetzungsfrist ist die UVP-II-RL seit 14.3.1999 teilweise geltendes Recht.
- Die **IVU-Richtlinie** 96/61/EG vom 24.9.1996 beinhaltet Anforderungen an die integrierte Vermeidung und Verminderung der Umweltverschmutzung (Rn. 8/42), an das *Zulassungsverfahren, die Genehmigungsvoraussetzung und kontinuierliche Überwachung* (teils mit der UVP-RL identischer, teils anderer) umweltbelastender Anlagen und gilt in einzelnen Bestimmungen seit dem 31.10.1999 unmittelbar[6].
- Die **Fauna-Flora-Habitat-Richtlinie** 92/43/EG vom 21.5.1992 zur Erhaltung der natürlichen Lebensräume sowie der wildlebenden Tiere und Pflanzen verlangt für Projekte, die europäische Schutzgebiete tangieren können, eine *spezielle Verträglichkeitsprüfung* (§ 19c BNatSchG, Rn. 5/205 ff.).
- Vor der Verabschiedung steht eine **Richtlinie über die Prüfung der Umweltauswirkungen von Plänen und Programmen**, für die am 13.12.1999 ein gemeinsamer Standpunkt der Mitgliedstaaten nach Art. 251 EG verabschiedet wurde[7].

b) Das Gesetz über die Umweltverträglichkeitsprüfung und die Änderungen durch die UVP-II-Richtlinie

aa) Das *UVP-Umsetzungsgesetz* (UVP-UG) vom 12.2.1990 (BGBl. I 205)[8] ist ein Artikelgesetz und im wesentlichen zum 1.8.1990 in Kraft getreten[9]. Es enthält in **5**

3 Zum Rechtsschutz Drittbetroffener s. *Beckmann*, DVBl. 1991, 358 ff.

4 Da die UVP-Richtlinie hinreichend genaue Bestimmungen enthält, war sie im wesentlichen unmittelbar wirksam, EuGH, Slg. 1995, 2189 = NVwZ 1996, 369 ff.; EuGH, Slg. 1996, 5403 (Rz. 47), BVerwG, UPR 1996, 228 ff.

5 ABl. EG Nr. L 73/5 vom 14.3.1997, abgedruckt (ohne Anhänge) in NVwZ 1997, 1200 ff. Hierzu: *Bekker*, NVwZ 1997, 1167 ff.; *Schink*, NVwZ 1999, 11 ff.

6 Zum Stand der Umsetzung: *Wasielewski*, NVwZ 2000, 15 ff.; *Staupe*, NVwZ 2000, 508 ff.

7 Dokument Nr. 14128/99 ENV 450 CODEC 805. Die Kommission hatte weitergehende Regelungen vorgeschlagen und lehnt den gemeinsamen Standpunkt deshalb ab. Insbesondere will sie den EU-Strukturfonds mit einbeziehen. Stellungnahme des BRats: BR-Drs. 277/97. Krit. *Schink*, NVwZ 1999, 11 (16); *Ziekow*, UPR 1999, 287 ff.

8 Hierzu *Peters*, Die UVP-Richtlinie der EG und ihre Umsetzung in das deutsche Recht, 1994. Die Amtliche Begründung findet sich in BT-Drs. 11/3919.

9 Die Anforderungen für nach BImSchG genehmigungsbedürftige Anlagen sind erst mit Anpassung der 9. BImSchV vom 20.3.1992 (BGBl. I 1001) und für kerntechnische Anlagen durch die Neufassung der AtVfV v. 3.2.1995 (BGBl. I 180) erfüllt worden.

Art. 1 das sogen. „Stammgesetz", nämlich das **Gesetz über die Umweltverträglichkeitsprüfung** (UVPG) mit Anlage zu § 3 UVPG und Anhang zu dieser Anlage. Die Art. 2-14 des UVP-UG enthalten Änderungen der hauptsächlich von der UVP betroffenen (Fach-)Gesetze des Bundes sowie Schlußvorschriften. Das UVPG soll nur insoweit angewendet werden, als nicht bereits – wie z.B. im BImSchG i.V.m. der 9. BImSchV – in bundes- oder landesrechtlichen Vorschriften die Prüfung der Umweltverträglichkeit in einer den Anforderungen des UVPG genügenden Weise näher bestimmt wird. Solche näheren Bestimmungen werden durch die Art. 2 ff. des UVP-UG in die wichtigsten Umweltgesetze des Bundes (KrW-/AbfG, AtG, BImSchG, WHG, BNatSchG) sowie in die Verkehrsplanungsgesetze des Bundes (FStrG, WaStrG, BbG – jetzt AEG, PBefG, VersuchsanlagenG, LuftVG) eingefügt.

6 Den *Ländern* verbleibt die Möglichkeit, eine UVP für solche Vorhaben einzuführen, die im Anhang II der EG-Richtlinie aufgelistet, vom UVPG aber nicht erfaßt sind, z.B. Planfeststellung von Landesstraßen, Vorhaben des Torfabbaus, Seilbahnen und andere Bergbahnen, Waldrodungen usw. Die nach § 20 UVPG erlassenen allgemeinen Verwaltungsvorschriften haben in der Praxis aufgrund ihrer Kompliziertheit nicht die erhoffte Bedeutung erlangt[10].

7 Da die UVP-II-RL noch nicht in deutsches Recht umgesetzt ist, nach Rechtsprechung des EuGH jedoch seit 14.3.1999 geltendes Recht enthält[11], müssen die Vorschriften des UVPG sowie der Fachgesetze z.T. europarechtskonform ausgelegt werden oder es muß – weitergehend – unmittelbar auf die UVP-II-RL zurückgegriffen werden, was die Rechtsanwendung erheblich erschwert. Unmittelbare Wirkung haben neben Behördenpflichten insbesondere Bestimmungen über die UVP-Pflicht einzelner Projekte[12], aber auch alle Vorschriften, die einen öffentlichen Vorhabenträger betreffen[13], sowie u.E. auch „doppelwirkende Richtlinienbestimmungen", die den Bürger begünstigen und notwendigerweise als Reflex gleichzeitig den privaten Vorhabenträger belasten[14]. Bund und Länder haben in Verwaltungsvorschriften entsprechende Vollzugshinweise gegeben.

8 Nach dem UVPG wird die UVP nicht von einer besonderen UVP-Behörde in einem selbständigen Verfahren vorgenommen, sondern in die schon bisher vorgesehenen (bzw. nach der UVP-II-RL zu schaffenden) Zulassungsverfahren integriert (wobei allerdings die §§ 5, 8, 11 und 12 UVPG neue Verfahrensstationen einführen). Sie ist damit ein unselbständiger Teil dieser Verfahren. Die UVP umfaßt die **Ermittlung, Beschreibung und Bewertung der Auswirkungen eines Vorhabens**[15] **auf Menschen, Tiere und Pflanzen, Boden, Wasser, Luft, Klima und Landschaft** sowie auf Kul-

10 UVP-VwV vom 18.9.1995, GMBl. S. 671 ff.; hierzu *Mayen*, NVwZ 1996, 319 ff.

11 Vgl. EuGH, Slg. 1995, 2189 = NVwZ 1996, 369 ff. – Großkrotzenburg. Hierzu *Calliess*, NVwZ 1996, 339 ff.; *Epiney*, DVBl. 1996, 409 ff.; *Ruffert*, ZUR 1996, 235 ff.; *Steinberg*, DÖV 1996, 241 ff.

12 EuGH, Slg. 1995, 2189 = NVwZ 1996, 369 ff. – Großkrotzenburg.

13 EuGH, DVBl. 2000, 214 (Flugplatz Bozen); und st. Rspr. zur Vergabe von öffentlichen Aufträgen durch private Gesellschaften in öffentlicher Hand, EuGH, Urt. v. 9.9.1999, Rs. C-108/98 – Gemeinde Ischia; v. 18.11.1999, Rs. C-107/98 – Teckal.

14 So auch *Albin*, NuR 1997, 29 (32); *Calliess*, NVwZ 1996, 339 (341); *Epiney*, DVBl. 1996, 409 (413) im Anschluß an die Großkrotzenburg-Entscheidung des EuGH.

15 Der Vorhabenbegriff des § 2 II Nr. 4 UVPG wird durch Anh. II Nr. 13 der UVP-II-RL modifiziert und umfaßt daher jede umwelterhebliche Änderung oder Erweiterung eines Vorhabens i.S.d. § 2 II Nrn. 1-3 UVPG.

tur- und sonstige Sachgüter, **einschließlich der jeweiligen Wechselwirkungen**[16] (§ 2 I UVPG i.V.m. Art. 3 UVP-II-RL).

Nach Art. 2 I und dem 5. Erwägungsgrund der UVP-II-RL müssen Projekte, bei denen u.a. aufgrund ihrer Art, Größe oder Standortes mit erheblichen Umweltauswirkungen zu rechnen ist, einer Genehmigungspflicht unterworfen und einer Prüfung ihrer Umweltauswirkungen unterzogen werden. – Hierbei können die Mitgliedstaaten ein einheitliches Verfahren, das sich auf Vorhaben nach der IVU-RL (Rn. 8/42) erstreckt, vorsehen (Art. 2 IIa). – Dies verpflichtet u.a. zur Schaffung eines Genehmigungsverfahrens für Hochspannungsfreileitungen (Anh. I Nr. 20), Wasserfernleitungen (Anh. II Nr. 10j) oder Skipisten (Anh. II Nr. 12a)[17]. **9**

Hierfür ist zunächst eine *Bestandsaufnahme* des gegenwärtigen Zustands der Umwelt im Einwirkungsbereich des geplanten Projekts vorzunehmen, dann sind die Umweltauswirkungen des Projekts (einschließlich etwaiger Wechselwirkungen und „Gegenmaßnahmen“) zu *prognostizieren* und anschließend eine Bewertung anhand ökologischer Maßstäbe vorzunehmen. Der **UVP-Pflicht** unterliegen Projekte, die im erheblich erweiterten Anhang I der UVP-II-RL aufgelistet sind[18]. **10**

Beispiele: Erdölraffinierien und -lagerstätten ab 200 000 t, Wärmekraftwerke ab 300 MW, Wiederaufbereitungsanlagen für Kernbrennstoffe, integrierte chemische Anlagen, Eisenbahn-Fernverkehrsstrecken, Flugplätze mit Landebahnen einer Länge von mehr als 2100 m, Autobahnen und Schnellstraßen, sonstige vierspurige Straßen ab 10 km Länge, Hochspannungsfreileitungen ab 15 km Länge, Öl-, Gas- und Chemikalienpipelines ab 10 km Länge und 0,8 m Durchmesser, Steinbrüche.

Die UVP-II-RL enthält einen noch weitergehenden Anhang II, für dessen Projekte anhand einer Einzelfalluntersuchung oder gesetzlich festgelegter Schwellenwerte, die den Auswahlkriterien nach Anhang III entsprechen müssen, zu entscheiden ist, ob eine UVP durchgeführt wird (Art. 4 II f.)[19].

Fraglich ist, welcher Zeitpunkt für die Pflicht zur Durchführung einer UVP maßgeblich ist[20]. Der EuGH hat ausdrücklich entschieden, daß zumindest alle Projekte, die nach Ablauf der jeweiligen Umsetzungsfrist *förmlich* beantragt wurden, den Bestimmungen der RL unterliegen, und hierbei die Ansicht der alten BReg, die UVP-RL gelte nicht für Vorhaben, für die vor Einleitung des förmlichen immissionsschutz- **11**

16 Dieser naturwissenschaftlich zutreffende Ansatz kann jedoch aufgrund vorhandener Wissensdefizite (vgl. *Engelhardt*, ZAU 1992, 166 [168]) nur begrenzt erfüllt werden, vgl. *Erbguth/Schink*, UVPG, § 2 Rn. 28 ff.; *Schoeneberg*, UVP, Rn. 91 ff.; *Wahl*, DVBl. 1988, 86 (88).

17 Das BMU bereitet eine Änderung des UVPG vor, das für solche Verfahren z.T. eine Planfeststellungspflicht vorsieht (Entwurf Stand 31.1.2000).

18 Da der Anhang der UVP-I-RL nicht ordnungsgemäß umgesetzt ist (vgl. EuGH, NVwZ 1998, 1281 ff.), unterliegen alle dort aufgeführten Projekte, die nach dem 2.7.1988 anhängig wurden, unstreitig einer UVP (s. aber auch Rn. 3/11). Dies betrifft z.B. Auto- und Flugzeugwerke, Städtebauprojekte, Gaspipelines, Tierkörperbeseitigungsanstalten usw.

19 Solange die UVP-II-RL noch nicht in deutsches Recht umgesetzt ist, muß in jedem Fall eine Einzelprüfung vorgenommen werden. Nach EuGH, Slg. 1996, 5403 (Rz. 47), sind die Bestimmungen des Anh. II hinreichend genau und unbedingt, um unmittelbare Wirkung entfalten zu können.

20 Nach § 22 I 1 UVPG ist für bereits begonnene Verfahren nur dann eine UVP durchzuführen, wenn das Vorhaben bei Inkrafttreten des Gesetzes (1.8.1990) noch nicht öffentlich bekanntgemacht worden ist. Bei Planfeststellungsverfahren findet eine UVP daher nicht statt, wenn die Auslegung nach § 73 III VwVfG bereits erfolgt ist. Dies ist mit der UVP-Richtlinie nicht vereinbar, EuGH, NVwZ 1998, 1281 ff. (Rz. 25 ff.)

rechtlichen Verfahrens Beratungsgespräche nach § 2 II der 9. BImSchV geführt wurden, zurückgewiesen[21]. Obwohl der EuGH angedeutet hatte, daß eine unmittelbare Geltung auch in Betracht komme, wenn der Zulassungsantrag vor Ablauf der Umsetzungsfrist gestellt, die Zulassungsentscheidung aber danach zu fällen sei, hat das BVerwG das Großkrotzenburg-Urteil schlicht uminterpretiert, um einer Vorlage nach Art. 234 EG (Art. 177 EGV, Rn. 4/81) zu entgehen[22], was in der Literatur zurecht kritisiert worden ist[23].

bb) Die UVP gliedert sich in folgende **Verfahrensschritte**:

12 (1) Die UVP beginnt mit der *Unterrichtung* der Behörde über ein geplantes Vorhaben durch den Vorhabenträger[24]. Die zuständige Behörde muß anschließend bei Vorhaben des Anhang II entscheiden, ob eine UVP durchzuführen ist („screening", Art. 4 II und III UVP-II-RL). Dies kann über eine Einzelfallentscheidung, aber auch anhand normativ festgelegter Schwellenwerte („ab einer Größe von …") erfolgen.

Hierbei sind die in Anhang III genannten Auswahlkriterien zu berücksichtigen, nämlich
- Merkmale wie z.B. Größe des Vorhabens, Zusammentreffen mit anderen Projekten, Nutzung der natürlichen Ressourcen, Umweltverschmutzung, Belästigungen, Unfallrisiko;
- der Standort, also die ökologische Empfindlichkeit des durch das Vorhaben möglicherweise beeinträchtigten Gebietes, darunter die Frage, ob europäische Schutzgebiete (Rn. 5/196 ff.) tangiert werden;
- mögliche Auswirkungen (Ausmaß, grenzüberschreitender Charakter, Wahrscheinlichkeit, Dauer, Häufigkeit, Reversibilität).

Art. 4 IV verpflichtet, die Entscheidung über die Durchführung einer UVP für Anhang-II-Vorhaben der Öffentlichkeit zugänglich zu machen; diesbezügliche Ansprüche vermittelt auch Art. 3 UIR (§ 4 I UIG, Rn. 3/26 f.).

13 (2) Anschließend stimmt die Behörde mit dem Vorhabenträger den **voraussichtlichen Untersuchungsrahmen** (d.h. Gegenstand, Umfang und Methode der UVP) vor Eintritt in das förmliche Verwaltungsverfahren ab (§ 5 UVPG i.V.m. Art. 5 II, 6 I UVP-II-RL – sog. **scoping-Verfahren**), wobei andere Behörden und betroffene Gemeinden nach Art. 5 II, 6 I UVP-II-RL zu beteiligen sind, jedoch auch Sachverständige (Gutachter) und Dritte (Bürgerinitiativen, Umweltverbände) hinzugezogen werden können. Diese Abstimmung des Untersuchungsrahmens besitzt eine nicht zu unterschätzende Bedeutung für die Akzeptanz der UVP und damit auch des Verfahrensergebnisses bei den Verfahrensbeteiligten.

14 (3) Mit Einreichen des Zulassungsantrages (Genehmigung, Planfeststellung) legt der Vorhabenträger dann regelmäßig die für die Durchführung der UVP erforderlichen **Unterlagen** vor (§ 6 I UVPG). Der Mindestinhalt dieser Unterlagen ergibt sich aus dem neuen Art. 5 III UVP-II-RL, der nicht mehr (wie § 6 III und IV UVPG) zwischen zwingend und fakultativ vorzulegenden Unterlagen unterscheidet. Vorzulegen sind eine Beschreibung des Vorhabens und seines Standortes sowie der geplanten

21 EuGH, NVwZ 1996, 369 ff. – Großkrotzenburg. S. oben Fn. 3/10.
22 BVerwGE 100, 370; BVerwG, NVwZ 1997, 992 f.
23 *Erbguth*, NuR 1997, 261 ff.; *Wegener*, ZUR 1996, 324 f.
24 Zum Rechtsschutz des Vorhabenträgers bei der UVP *Beckmann*, NVwZ 1991, 427 ff.

Maßnahmen, um negative Auswirkungen auf die Umwelt zu vermeiden, zu vermindern oder auszugleichen, und schließlich eine Beschreibung der zu erwartenden – verbleibenden – Hauptauswirkungen auf die Umwelt. Ferner sind eine Übersicht der vom Vorhabenträger geprüften Alternativen und eine nichttechnische, allgemeinverständliche Zusammenfassung all dessen vorzulegen.

Die UVP-II-RL ermöglicht es, von dem Vorhabenträger **Alternativen** prüfen zu lassen (so Erwägungsgrund Nr. 11), sie beinhaltet aber keine Pflicht des Vorhabenträgers, solche Alternativen auch zu prüfen[25]. Im Regelfall wird jedoch die Genehmigungsbehörde in europarechtsfreundlicher Ausübung ihres Verfahrensermessens eine Alternativenuntersuchung verlangen; im Rahmen des Art. 6 IV FFH-RL (Rn. 5/210) ist sie hierzu verpflichtet. Daneben wird dem Vorhabenträger regelmäßig die Begutachtung der umweltrelevanten Auswirkungen durch einen sachverständigen Dritten auferlegt, was die Amtsermittlungspflicht nach § 24 VwVfG dahingehend beschränkt, daß die vorgelegten Unterlagen unter Berücksichtigung der eingegangenen Stellungnahmen und eigener behördlicher Fachkenntnisse *nachvollziehend* auf ihre Vollständigkeit und fachliche Richtigkeit zu untersuchen sind[26]. Das UVPG bürdet dem Projektträger damit (abweichend von § 24 VwVfG) eine weitreichende Mitwirkungslast im Verfahren auf, mit der die Gefahr der Einflußnahme auf das Verfahrensergebnis verbunden ist[27]. **15**

(4) Das UVP-Verfahren beinhaltet sodann eine **Beteiligung der** in ihrem Aufgabenbereich berührten – nationalen – **Behörden** (§ 7 UVPG, Art. 6 I UVP-II-RL), der Behörden von Mitgliedstaaten der EG bei grenzüberschreitenden Umweltbeeinträchtigungen (§ 8 UVPG[28]) **und der Öffentlichkeit** auf der Grundlage der Vorschriften über das Planfeststellungsverfahren (§ 9 I 2 UVPG i.V.m. § 73 III – VII VwVfG). Die Anhörung bezweckt nicht nur eine Verbesserung der Informationsbasis der entscheidenden Behörde (Rechtsstaatsprinzip), sondern auch eine größere Transparenz des Entscheidungsverfahrens und eine höhere Akzeptanz der Entscheidung selbst[29]. Die Einsichtnahme in die ausgelegten Unterlagen ist – anders als bei § 73 III VwVfG – nach Art. 6 II der UVP-II-RL jedermann möglich (s.a. § 4 UIG, Rn. 3/26 f.). **16**

25 *Schink*, NVwZ 1999, 11 (18); aus der restriktiven Rechtsprechung BVerwGE 101, 166 und Rn. 3/172.

26 Vgl. *Beckmann*, in: *Hoppe*, UVPG, § 11 Rn. 7; *Schneider*, Nachvollziehende Amtsermittlung bei der UVP, S. 131 m.w.N; *Wahl*, in: *Kroeschell* (Hrsg.), Recht und Verfahren, 1993, S. 155 (174 f.).

27 Vgl. *Schneider*, ebda., S. 88 ff. – Die (teilweise fehlende) Neutralität der vom Antragsteller vorgelegten Gutachten stellt eines der wesentlichen Probleme nicht nur des UVP-Verfahrens, sondern aller umweltrechtlichen Verwaltungsverfahren dar. Im Gegensatz zum Verwaltungsverfahren und zum gerichtlichen Verfahren, in denen die Entscheidungsträger zu einem neutralen Ausgleich zwischen den Interessen des Antragstellers, der Nachbarn und der Allgemeinheit Neutralität verpflichtet sind, ist die Entscheidungsvorbereitung in technisch-naturwissenschaftlicher Hinsicht durch Gutachter nicht gleichermaßen unabhängig abgesichert. Gutachten sind im wesentlichen Auftragsarbeit, was zu einer bedenklichen Nähe zwischen Auftraggeber (Antragsteller) und Auftragnehmer (Gutachter/Sachverständiger) führen kann, insbesondere wenn und soweit in Einzelfällen die berufliche Existenz allein auf solcher privatwirtschaftlicher Auftragstätigkeit beruht. Abhilfe kann z.B. die einvernehmliche Benennung des Gutachters und der Aufgabenstellung im Scoping-Verfahren oder die Vergabe von Parallel-Gutachten schaffen.

28 In Art. 7 UVP-II-RL durch ein Verfahren der grenzüberschreitenden Öffentlichkeitsbeteiligung erweitert.

29 S. *Erbguth/Schink*, UVPG, § 9 Rn. 10; *Cupei*, UVP, S. 163; ähnlich *Jarass*, NuR 1991, 201 (205). Die UVP beinhaltet nicht nur ein rechtsstaatliches, sondern auch ein demokratisches Element. Zur akzeptanzfördernden Wirkung der Öffentlichkeitsbeteiligung s. *Würtenberger*, Die Akzeptanz von Verwaltungsentscheidungen, 1991.

17 (5) Kernstück der UVP ist die sich anschließende *Entscheidungsphase*, die mit der Erarbeitung der **zusammenfassenden Darstellung** der Auswirkungen des Projekts auf die Umweltgüter einschließlich der Wechselwirkungen (§ 11 UVPG) beginnt, und zwar auf der Grundlage der Unterlagen des Projektträgers, der behördlichen Stellungnahmen, der Äußerungen der Öffentlichkeit und eigener Ermittlungen der Behörde. Bedauerlicherweise muß diese zusammenfassende Darstellung nicht in einem eigenen UVP-Dokument enthalten sein, sondern kann in die Begründung der Zulassungsentscheidung einfließen, was die Transparenz der UVP in ihrer entscheidenden Phase deutlich schmälert[30]. In bergrechtlichen Planfeststellungsverfahren (§ 18 S. 2 UVPG) muß keine zusammenfassende Darstellung erarbeitet werden.

18 (6) Auf der Grundlage der zusammenfassenden Darstellung der Umweltauswirkungen sind diese anschließend zu **bewerten** (§ 12 UVPG). *Fraglich* ist dabei insbesondere, nach welchen Maßstäben die Bewertung zu erfolgen hat[31]. Der – unklare – Wortlaut des § 12 UVPG nimmt auf die „Maßgaben der geltenden Gesetze" im Hinblick auf eine „wirksame Umweltvorsorge i.S.d. §§ 1, 2 I 2 und 4 UVPG" Bezug. Eine Abwägung ökologischer Belange mit anderen Belangen hat auf dieser Stufe noch nicht zu erfolgen[32]. Hierbei setzen vorhandene Umweltrechtsnormen den Rahmen für die Bewertung, die umweltbezogen und vorsorgeorientiert im Hinblick auf die einzelnen Schutzgüter sowie medienübergreifend unter Berücksichtigung der jeweiligen Wechselwirkungen (Gesamtbewertung) zu erfolgen hat[33]. Dies bedeutet, daß Rechtsnormen sowie untergesetzliche Umweltstandards (z.B. TA Luft, TA Lärm, TA Abfall, DIN- oder VDI-Vorschriften) daraufhin überprüft werden müssen, ob ihre Bewertungsmaßstäbe unter Einbeziehung *umweltexterner* Kriterien getroffen wurden, was § 12 UVPG widerspricht, so daß darüberhinaus eine eigenständige Bewertung erforderlich bleibt (str.)[34].

19 (7) Die UVP wird abgeschlossen, indem die Bewertung der Umweltauswirkungen bei der Zulassungsentscheidung für das Vorhaben **berücksichtigt** wird (§ 12 UVPG, Art. 8 UVP-II-RL). Soweit in parallelen Verfahren mehrere Zulassungen zu erteilen sind, muß jede Behörde gesondert entscheiden, welche Folgerungen aus der Gesamt-

---

30 Krit. auch *Jarass*, NuR 1991, 201 (205); *Kloepfer*, Umweltrecht, § 5 Rn. 100; *Weber*, Umweltverträglichkeitsrichtlinie, 1989, S. 363. Ein Planfeststellungsbeschluß ist bei fehlender zusammenfassender Darstellung nur abwägungsfehlerhaft, wenn er in rechtserheblicher Weise davon beeinflußt sein kann: BVerwGE 104, 123; 104, 236; BVerwG, NVwZ 1993, 565 ff.; a.A. zurecht in der Vorinstanz BayVGH, DVBl. 1994, 1198 ff.

31 S. hierzu: *Beckmann*, in: *Hoppe*, UVPG, § 12 Rn. 20 ff.; *Beckmann*, DVBl. 1993, 1335 ff.; *Erbguth/Schink*, UVPG, § 12 Rn. 6 ff.; *Hoppe/Appold*, DVBl. 1991, 1221 ff.; *Jarass*, NuR 1991, 201 (206); *Paßlick*, in: *Hoppe*, UVPG, § 17 Rn. 103 ff.; *Peters*, Umweltverwaltungsrecht, Rn. I/48 ff.; *Steinberg*, DVBl. 1990, 1369 ff.; *Vorwerk*, DV 1996, 241 ff.

32 Amtl. Begründung BT-Drs. 11/3919, S. 27; *Beckmann*, in: *Hoppe*, UVPG, § 12 Rn. 41; *Erbguth/Schink*, UVPG, § 12 Rn. 7; *Hoppe/Appold*, DVBl. 1991, 1221 (1223). Nichtumweltbezogene Anforderungen wie Verkehrssicherheit oder Arbeitsplatzbeschaffung sind daher erst auf der nächsten Stufe – Berücksichtigung der UVP-Ergebnisse – einzubeziehen.

33 Zutreffend differenzierend zwischen rechtlichen Kriterien, Gesamtbewertung und Verbot der Anwendung umweltexterner Maßstäbe *Beckmann*, in: *Hoppe*, UVPG, § 12 Rn. 20 ff., 35 ff., 41.

34 I.E. ähnlich *Erbguth/Schink*, UVPG, § 12 Rn. 9; *Hoppe/Appold*, DVBl, 1991, 1221 (1225); *Peters*, Umweltverwaltungsrecht, Rn. I/50.

bewertung zu ziehen sind. Das Berücksichtigungsgebot hat entgegen der Auffassung des BVerwG nicht nur verfahrensrechtlichen, sondern materiellrechtlichen Charakter[35]. Während das Planfeststellungsverfahren – wie alle anderen Planungsverfahren – aufgrund des mit der Entscheidung verbundenen planerischen Ermessens bei der Abwägung (Rn. 3/160 ff.) hierfür in besonderer Weise geeignet ist[36], bereiten gebundene Kontrollerlaubnisse (präventives Verbot mit Erlaubnisvorbehalt) – anders als Ausnahmebewilligungen – wegen ihrer Entscheidungsstruktur (Genehmigungsanspruch) deutlich Schwierigkeiten. Wenn eine Kontrollerlaubnis an unbestimmte Rechtsbegriffe anknüpft, die Spielräume zur Berücksichtigung der Gesamtbewertung eröffnen (z.B. Entgegenstehen öffentlicher Belange, Wohl der Allgemeinheit), kann aufgrund der UVP die Zulassung des Vorhabens versagt oder mit Auflagen versehen werden[37]. Es bestehen Bedenken, ob die immissionsschutzrechtliche Genehmigung den Anforderungen der UVP – wie sie durch die UVP-Richtlinie vorgegeben sind – genügt[38].

cc) Außerdem enthält das UVPG *Sondervorschriften* z.B. für **20**

- Teilentscheidungen (Vorbescheide und Teilzulassungen), also für vertikal gestufte Verfahren (§ 13),
- Aufgaben einer koordinierenden, von den Ländern zu bestimmenden sogen. federführenden Behörde, falls mehrere behördliche Zulassungen parallel einzuholen sind (§ 14),
- vorgelagerte Verfahren, nämlich (§ 15) Linienbestimmungsverfahren nach § 16 FStrG und § 13 I WaStrG sowie für Verfahren der luftrechtlichen Genehmigung nach § 6 LuftVG und schließlich (§ 16) Raumordnungsverfahren[39],
- bestimmte projektbezogene Bauleitplanverfahren (§§ 2 III Nrn. 3 u. 4, 17)[40].

35 Ganz h.M. in der Lit., s. *Beckmann*, in: *Hoppe*, UVPG, § 12 Rn. 2; *Erbguth/Schink*, UVPG, § 12 Rn. 19; *Lange*, DÖV 1992, 780 (781); a.A. *Schmidt-Preuß*, DVBl. 1995, 485 (489); BVerwG, NVwZ-RR 1999, 429 ff.

36 Allgemeine Auffassung, s. *Beckmann*, in: *Hoppe*, UVPG, § 12 Rn. 81; *Erbguth/Schink*, UVPG, § 12 Rn. 33; *Lange*, DÖV 1992, 780 (782 f.); *Wahl*, DVBl. 1988, 86 (89). Dennoch soll nach BVerwGE 100, 238 u. 370 ein PFB abwägungsfehlerfrei ergehen können, wenn eine förmliche UVP nicht durchgeführt wurde; anders zurecht BayVGH, DVBl. 1994, 1198 (1200); OVG Koblenz, ZUR 1995, 146 ff.

37 *Kloepfer*, Umweltrecht, § 5 Rn. 101.

38 *Erbguth/Schink*, UVPG, § 12 Rn. 95 (100 ff.); *Kloepfer/Rehbinder/Schmidt-Aßmann/Kunig*, UGB-AT, 1990, S. 235; a.A. *Beckmann*, in: *Hoppe*, UVPG, § 12 Rn. 119 ff.; *Gallas*, in *Landmann/Rohmer*, Umweltrecht, Bd. III, Vorbem. UVPG, Rn. 53; *Lange*, DÖV 1992, 780 (784). Während *Heitsch*, NuR 1996, 453 (457 f.) mit beachtlichen Argumenten darlegt, daß § 12 UVPG mit seiner vorsorgeorientierten Bewertung die Funktion habe, die Auslegung fachgesetzlicher Zulassungsvoraussetzungen durch einen medienübergreifenden Prüfungsansatz anzureichern, wird dies von *Schmidt-Preuß*, DVBl. 1995, 485 (493) als Verfechter eines verfahrensorientierten Ansatzes der UVP bereits im Ansatz bestritten. De lege ferenda kann man dieses Defizit durch eine – verfassungsrechtlich zulässige (s. *Murswiek*, DVBl. 1994, 77 [81 f.]; *Wahl*, DVBl. 1988, 86 [89]) – Ergänzung der immissionsschutzrechtlichen Genehmigung mit einem Versagungsermessen oder die Einführung eines Planfeststellungsverfahren korrigieren.

39 Eine UVP ist im Raumordnungsverfahren nach § 15 ROG bundesrahmenrechtlich nicht mehr vorgeschrieben. S.a. *Erbguth/Schink*, UVPG, § 16 Rn. 5 ff.

40 S. *Battis*, NuR 1995, 448 ff.; *Erbguth*, NVwZ 1993, 956 ff.; *Wagner*, DVBl. 1993, 583 (584 ff.). Nach Anhang II Nr. 10b der UVP-II-RL sind Städtebauprojekte, insbesondere Einkaufszentren und Park-

21 Das UVPG ist novellierungsbedürftig. Die Übergangsbestimmung des § 22 UVPG ist ebenso vom EuGH beanstandet worden wie die unzureichende Umsetzung der Anhänge der UVP-I-RL[41]. Die UVP-II-RL bringt weiteren oben dargestellten Novellierungsbedarf, der zu einer Harmonisierung mit den Anforderungen der IVU-RL zu nutzen ist.

2. Zugang zu Umweltinformationen (Unmweltinformations-Richtlinie und UIG)

22 Nach Art. 255 EG haben Unionsbürger sowie natürliche und juristische Personen mit Wohnsitz in der EU das Recht auf Zugang zu Dokumenten des Europäischen Parlaments, des Rates und der Kommission nach Maßgabe von Grundsätzen, die der Rat festlegt. Neben diesem Informationszugang auf primärrechtlicher Ebene gilt die am 7.6.1990 beschlossene **Richtlinie über den freien Zugang zu Informationen über die Umwelt**[42]. Sie vermittelt in der gesamten EU jeder Person ein subjektives Recht auf freien Zugang zu Informationen (Art. 1, 3 I), die im Besitz von Behörden oder von diesen beauftragter Dritter (Art. 6) sind und verpflichtet die Staaten darüberhinaus, eine aktive Informationspolitik zu betreiben (Art. 7).

23 Nach den Erwägungsgründen der Richtlinie soll ein solcher freier Zugang den Umweltschutz verbessern. Die Richtlinie war – was nicht fristgerecht geschehen ist – bis 31.12.1992 in deutsches Recht umzusetzen[43]. Gegenstand des Zugangsrechts sind Informationen über den Zustand der Umwelt, über Tätigkeiten oder Maßnahmen, die diesen Zustand beeinträchtigen können sowie über Tätigkeiten und Maßnahmen zum Schutz der Umwelt einschließlich verwaltungstechnischer Maßnahmen und Programme zum Umweltschutz. Die Richtlinie enthält eine Reihe von – abschließend aufgezählten – verfahrensrechtlichen (Art. 3 III) und materiellrechtlichen (Art. 3 II) Ausschlußgründen, bei deren Vorliegen der Zugang zu Informationen (durch Auskunft oder Akteneinsicht)[44] abgelehnt werden kann und die insbesondere den Geheimnisschutz (personenbezogene Daten, Betriebs- und Geschäftsgeheimnis, geistiges Eigentum) betreffen.

---

plätze, daneben auch Industriegebiete (Nr. 10a), Feriendörfer (Nr. 12c), Campingplätze (Nr. 12d) grundsätzlich UVP-pflichtig. Dies ist nach § 216 BauGB bei der Genehmigung eines Bebauungsplans von Amts wegen zu überprüfen.

41 EuGH, NVwZ 1998, 1281 ff. Anhängig ist ein Vertragsverletzungsverfahren hinsichtlich der Herausnahme von Verkehrsprojekten aus der UVP-Pflicht über das Institut der Plangenehmigung (Rs. C-24/99), was nach allgem. Meinung einen klaren Verstoß gegen die UVP-RL darstellt. – Aus rechtsethischer Sicht s.a. Hager, JZ 1998, 223 (227 ff.).

42 ABl. Nr. L 158/56. S. hierzu *Blumenberg*, NuR 1992, 8 ff.; *Engel*, NVwZ 1992, 111 ff.; *Erichsen*, NVwZ 1992, 409 ff.; *Scherzberg*, UPR 1992, 48 ff.; *v. Schwanenflügel*, DVBl. 1991, 93 ff., DÖV 1993, 95 ff.; *Wegener*, InfUR 1992, 211 ff., ZUR 1993, 17 ff.; *Engel*, Akteneinsicht und Recht auf Information über umweltbezogene Daten, 1993, S. 178 ff.; *Erichsen/Scherzberg*, Zur Umsetzung der Richtlinie des Rates über den freien Zugang zu Informationen über die Umwelt, 1992.

43 Zur Direktwirkung der Richtlinie *Engel*, Akteneinsicht, S. 276 ff.; *Erichsen/Scherzberg*, Zugang zu Informationen, S. 131 ff.; *Haller*, UPR 1994, 88 ff.; *v. Schwanenflügel*, DÖV 1993, 95 (102); *Wegener*, ZUR 1993, 17 ff.; VG Minden, ZUR 1993, 284 ff. m. Anm. *Hegele*.

44 Die Einführung eines Akteneinsichtsrechts befürworten *Erichsen*, NVwZ 1992, 409 (412); *Scherzberg*, UPR 1992, 48 (51) sowie §§ 134 ff. UGB-E.

Das am 19.5.1994 verabschiedete **Umweltinformationsgesetz** (BGBl. I 1490)[45] übernimmt teilweise wörtlich Bestimmungen der Umwelt-Informationsrichtlinie, z.B. hinsichtlich des Gesetzeszwecks in § 1 oder des Begriffs Informationen über den Zustand der Umwelt in § 3 II), widerspricht ihr aber in mehreren Punkten, was zur wiederholten Verurteilung Deutschlands durch den EuGH geführt hat[46]. Das UIG ist deshalb dringend novellierungsbedürftig. **24**

Gegenstand des Zugangsrechts sind nach § 3 UIG Informationen über den Zustand der Umwelt (z.B. Immissionswerte, Altlasten-, Emissionskataster, Biotopkartierungen usw.), über Tätigkeiten oder Maßnahmen, die diesen Zustand beeinträchtigen können (z.B. Emissionen, Lagerung oder Produktion gefährlicher Stoffe sowie diesbezügliche Planungen), sowie über Tätigkeiten und Maßnahmen zum Schutz der Umwelt einschließlich verwaltungstechnischer Maßnahmen und Programme zum Umweltschutz (z.B. Stellungnahme einer Behörde im Planfeststellungsverfahren[47], Umwelt-Förderprogramme[48], Vorschlagliste für europäische Schutzgebiete[49], Luftreinhalte- und Lärmminderungspläne). **25**

Nach § 4 UIG besteht (ohne Nachweis eines Interesses) ein **Anspruch auf freien Zugang zu Informationen über die Umwelt**, die bei einer Behörde[50] oder privaten Dritten, die unter staatlicher Aufsicht Aufgaben des Umweltschutzes wahrnehmen, vorhanden sind. Auch politische Parteien haben den Informationsanspruch[51]. Über den Wortlaut des § 4 UIG hinaus ist öffentlich-rechtlichen Rechtsträgern (z.B. Gemeinden, Rundfunkanstalten usw.) ein entsprechender Informationszugang zu gewähren, was sich aus dem weiter gefaßten Art. 3 I UIR ergibt[52]. Das UIG hat – bewußt – kein Einsichtsrecht in Umweltakten eingeführt. Die Behörde kann vielmehr die Art der Informationsübermittlung nach Ermessensgesichtspunkten selbst bestimmen, also z.B. schriftliche Auskunft erteilen, Akteneinsicht gewähren oder EDV-Datenträger zur Verfügung stellen. Das BVerwG vertritt jedoch zurecht die Auffassung, daß das Auswahlermessen der Behörde durch den Zweck der UIR eingegrenzt sei **26**

---

45 Hierzu insbes. *Scherzberg*, DVBl. 1994, 733 ff.; *Fluck/Theuer*, UIG, Loseblatt-Kommentar, Stand 1999; *Röger*, UIG, Kommentar, 1995; *Schomerus/Schrader/Wegener*, UIG, 1995; *Turiaux*, NJW 1994, 2319 ff. Zum Gesetzentwurf vgl. BT-Drs. 12/7138 und *Erbguth/Stollmann*, UPR 1994, 81 ff.

46 EuGH, DVBl. 1998, 1176 ff. m. Anm. *Pitschas/Lessner*, DVBl. 1999, 226 ff.; *Schrader*, NVwZ 1999, 40 ff.; *Vahldieck*, ZUR 1998, 200 ff.; EuGH, DVBl. 1999, 1494 ff. m. Anm. *Pitschas/Lessner*, DVBl. 2000, 332 ff. S. aber auch das InformationsfreiheitsG SH v. 9.2.2000, GOVBl. S. 166.

47 S.a. VG Mainz, NuR 1996, 266.

48 BVerwG, DVBl. 1999, 1134 ff.

49 OVG Schleswig, Urt. v. 15.9.1998, 4 L 139/98.

50 Zu den Behörden gehören nicht nur die klassischen Umweltschutzbehörden, weil die UIR von einem funktionalen Behördenbegriff ausgeht. Es ist ausreichend, wenn die Behörde Umweltbelange (quasi als Nebenaufgabe) zu beachten hat, BVerwG, NVwZ 1999, 1120 (1121); *Erbguth/Stollmann*, UPR 1994, 81 (83); *Erichsen*, NVwZ 1992, 409 (411); *Fluck/Theuer*, UIG, § 3 Rn. 84; *Röger*, UIG, § 3 Rn. 5; *Scherzberg*, DVBl. 1994, 733 (735); *Schomerus/Schrader/Wegener*, UIG, § 3 Rn. 29 ff. Der EuGH hat in DVBl. 1999, 1494 (Rn. 24) die diesbezügliche Klage der Kommission (hinsichtlich der durch § 3 I Nr. 3 UIG ausgeschlossenen Gerichte) nur abgewiesen, weil diese ihrer Substantiierungspflicht (vgl. auch EuGH, Urt. v. 21.9.1999, Rs. 392/96, Tz. 51) nicht nachgekommen war.

51 BVerwG, NVwZ 1999, 1134 ff.

52 So auch *Röger*, UIG, § 4 Rn. 7 f.; *Schomerus/Schrader/Wegener*, UIG, § 4 Rn. 5; a.A. BVerwG, NVwZ 1996, 400 f.; *Fluck/Theuer*, UIG, § 4 Rn. 21; *Scherzberg*, DVBl. 1994, 733 (736).

und deshalb grundsätzlich dem vom Bürger gewünschten Informationszugang stattgegeben werden müsse[53]. In der Regel ist also auf entsprechenden Antrag hin – innerhalb von 2 Monaten – Akteneinsicht zu gewähren; Ansprüche auf Informationsbeschaffung oder gegenüber privaten Unternehmen werden nicht begründet[54].

27 In § 7 wird der Anspruch auf freien Zugang zugunsten öffentlicher Belange beschränkt, wodurch u.a. bei Vorhaben der Landesverteidigung, vertraulichen Beratungen von Behörden[55] und Gefahren für die öffentliche Sicherheit kein Anspruch besteht. Der Informationsanspruch ist nach *§ 7 Abs. 1 Nr. 2 UIG ausgeschlossen während* der Dauer eines *Gerichtsverfahrens*, eines strafrechtlichen *Ermittlungsverfahrens*[56] und während der Dauer eines *verwaltungsbehördlichen Verfahrens* hinsichtlich derjenigen Daten, die der Behörde aufgrund des Verfahrens zugehen.

28 Dies bedeutet, daß nach Ansicht des Bundesgesetzgebers im Zuge umweltrechtlicher Genehmigungsverfahren für diejenigen Daten, die der Behörde aufgrund des Verfahrens zugehen (z.B. Daten in den Genehmigungs- oder Planungsunterlagen, Ergebnisse neuer behördlich angeordneter Emissions- oder Immissionsmessungen, neue Gutachten im Zuge von Planungs- oder Genehmigungsverfahren), die spezialgesetzlichen Regelungen über Akteneinsicht und die öffentliche Auslegung von Unterlagen (Rn. 3/113 ff., 8/190 ff.) gelten sollen und der allgemeine Informationsanspruch nach § 4 UIG nur für bereits bei Einleitung des jeweiligen Verfahrens vorhandene Informationen besteht[57]. Der EuGH hat demgegenüber entschieden, daß der Ausschlußgrund der UIR („Sachen, die Gegenstand von Vorverfahren sind") ein Verwaltungsverfahren i.S.d. § 7 I Nr. 2 UIG nur dann erfaßt, wenn es einem gerichtlichen oder quasigerichtlichen Verfahren unmittelbar vorausgeht und durchgeführt wird, um Beweise zu erheben oder ein Ermittlungsverfahren durchzuführen, bevor das eigentliche Verfahren eröffnet wird[58]. Damit ist weder ein Verwaltungsverfahren, noch ein Widerspruchs- oder ein Planfeststellungsverfahren[59] vom Informationszugang ausgeschlossen. Lediglich beamtenrechtliche Disziplinarverfahren, Bußgeldverfahren (einschließlich der jeweiligen Sachverhaltsermittlungen) oder verwaltungsbehördliche Beweissicherungsverfahren sind ausgenommen[60].

29 § 8 beschränkt daneben den Informationszugang, wenn personenbezogene Daten offenbart und dadurch schutzwürdige Interessen der Betroffenen beeinträchtigt würden, Urheberrechte entgegenstehen oder das Betriebs- und Geschäftsgeheimnis unbefugt zugänglich gemacht würde, und sichert damit die materiell betroffenen Grundrechte Privater, die im übrigen vor Bekanntgabe dieser Informationen anzuhören sind[61].

---

53 BVerwGE 102, 282 ff.; OVG Lüneburg, UPR 1998, 155 f.

54 S. aber Art. 3 h Umwelt-Audit-VO.

55 OVG Schleswig, NVwZ 1999, 670 ff.: Hierzu gehören die Beratungs- und Abwägungsvorgänge, nicht aber die dem zugrundeliegenden Sachinformationen.

56 Zum Anspruch eines Zeitungsverlages auf Einsichtnahme in Akten eines Ordnungswidrigkeitenverfahrens: BVerwG, UPR 2000, 118 ff.; VGH BW, ZUR 1999, 113 = NVwZ 1998, 987.

57 *Erichsen/Scherzberg*, Zugang zu Informationen, S. 65 f.; *Fluck/Theuer*, UIG, § 7 Rn. 104; *Theuer*, NVwZ 1996, 326 (330); VG Gelsenkirchen, NuR 1995, 158 m. abl. Anm. *Stollmann*.

58 EuGH, DVBl. 1999, 1494 f. m. Anm. *Schomerus*, ZUR 2000, 19 ff. So bereits zuvor *Schomerus/Schrader/Wegener*, UIG, § 7 Rn. 15; *Winter*, NuR 1997, 335 ff.

59 Vgl. unsere Vorauflage, Rn. 1/172 m.w.N.

60 *Schrader*, NVwZ 1998, 40 (41); *Vahldieck*, ZUR 1998, 200 (202).

61 Vgl. *Engel*, NVwZ 1992, 111 ff.

§ 8 I 1 Nr. 1 UIG konkretisiert das **Recht auf informationelle Selbstbestimmung**[62]. Ein Informationsanspruch ist ausgeschlossen, soweit – kumulativ – personenbezogene Daten offenbart und dadurch schutzwürdige Interessen der Betroffenen beeinträchtigt würden. Personenbezogene Daten sind nur solche natürlicher Personen[63], beispielsweise Name und Anschrift des Eigentümers eines Altlastengrundstücks (Rn. 7/135), eines Anzeigeerstatters, des Anlagenbetreibers usw. Wenn die Daten bereits bekannt oder offenkundig sind (aus Zeitungsmeldungen, der Veröffentlichung einer Genehmigung o.ä.), greift die Ausschlußklausel nicht. Die Vorschrift erfordert eine Abwägung zwischen freiem Informationszugang und Datenschutz, in die vor allem der soziale Bezug der gewünschten Information einzustellen ist; die Entscheidung ist gerichtlich voll überprüfbar. 30

Das **Betriebs- und Geschäftsgeheimnis** (§ 8 I 2 UIG) umfaßt entsprechend § 17 UWG Tatsachen, die im Zusammenhang mit einem wirtschaftlichen Geschäftsbetrieb stehen, nur einem begrenzten Personenkreis bekannt sind und nach dem Willen des Geschäftsinhabers geheimgehalten werden sollen, wenn zugleich objektiv an der Geheimhaltung ein berechtigtes wirtschaftliches Interesse besteht[64]. Vom Betriebs- und Geschäftsgeheimnis ausgenommen sind daher offenkundige Tatsachen (z.B. Immissionsdaten von Messungen außerhalb des Betriebsgrundstückes, bereits veröffentlichte oder in einem früheren Verfahren öffentlich ausgelegte Informationen) und Emissionsdaten von Messungen an der Schadstoffquelle, aus denen kein Rückschluß auf geheime Rezepturen oder Produktionsverfahren des Betriebs möglich ist oder an deren Geheimhaltung kein berechtigtes Interesse besteht (z.B. bei Überschreiten der zulässigen Grenzwerte)[65]. 31

Der EuGH hat zutreffend entschieden, daß bei Vorliegen von Ausschluß- oder Beschränkungsgründen nach §§ 7, 8 UIG die hiervon nicht betroffenen Informationen **auszugsweise übermittelt** werden müssen[66]; § 4 I UIG wird insofern zu ergänzen sein. 32

Das UIG enthält daneben noch verfahrensrechtliche Vorschriften über Massenanträge und einen **Gebührentatbestand**, der durch die Umweltinformationsgebührenverordnung vom 7.12.1994 (BGBl. I 3732) ausgefüllt wird[67]. 33

---

62 BVerfGE 65, 1 ff.

63 *Fluck/Theuer*, UIG, § 8 Rn. 73; *Schomerus/Schrader/Wegener*, UIG, § 8 Rn. 6. Juristische Personen sind ggf. über den Schutz geistigen Eigentums oder das Betriebs- und Geschäftsgeheimnis geschützt.

64 BT-Drs. 12/7138, S. 14; vgl. ferner VG München, GewArch 1996, 173; *Berg*, GewArch 1996, 177 (181 f.); *Schomerus/Schrader/Wegener*, UIG, § 8 Rn. 19 ff.; ferner *Breuer*, NVwZ 1986, 171 (172); *Gurlit*, Die Verwaltungsöffentlichkeit im Umweltrecht, 1989, S. 166 ff.; *Taeger*, Die Offenbarung von Betriebs- und Geschäftsgeheimnissen, 1988.

65 S. *Fluck*, NVwZ 1994, 1048 ff.; *Röger*, UIG, § 8 Rn. 36 f.; *Schomerus/Schrader/Wegener*, UIG, § 8 Rn. 24 ff. § 8 I 2 UIG weicht bedauerlicherweise vom anwendungsorientierten Modell eines *Negativkataloges* ab, der enumerativ Informationen umschreibt, die *nicht* zum Kreis der Betriebs- und Geschäftsgeheimnisse gehören, und damit der Behörde die – riskante und zeitaufwendige – Einzelfallprüfung erspart. Eine solche verfassungsrechtlich zulässige (*Erichsen/Scherzberg*, Zugang zu Informationen, S. 81; *Kloepfer/Rehbinder/Schmidt-Aßmann/Kunig*, UGB-AT, 1990, S. 455) Regelung sehen z.B. § 22 III ChemG, § 17a II GenTG oder § 139 UGB-E und § 4 II des österreich. UIG vor.

66 EuGH, DVBl. 1999, 1494 f.

67 Hierzu *Schrader*, ZUR 1994, 221 ff.; EuGH, DVBl. 1999, 1494 m. Anm. Schomerus, ZUR 2000, 19 (20 f.). Der EuGH hat die Klage wegen der Angemessenheit der deutschen Gebühren aber nur abge-

34 Das UIG schöpft die Möglichkeiten, welche die Umwelt-Informationsrichtlinie zu einer effektiven Kontrolle von Emittenten durch die Öffentlichkeit bot, nur unvollständig aus und bleibt weit hinter vergleichbaren Regelungen anderer europäischer Staaten (Niederlande, Österreich, Schweden) bzw. der USA, Kanadas oder Australiens zurück[68]. Der mit der Umweltinformationsrichtlinie verfolgte Ansatz, mit einer demokratischen Kontrolle der Verwaltung durch die Öffentlichkeit den Vollzug des Umweltschutzes zu verbessern, wird nicht konsequent aufgegriffen. Der Bürger wird nicht als Partner der Verwaltung im gemeinsamen Bemühen um eine Verbesserung des Umweltschutzes gesehen, sondern als potentiell lästiger Antragsteller, gegenüber dem die Verwaltung weiterhin der traditionellen Geheimhaltung verhaftet bleibt. Kritisch zu sehen sind insbesondere der nicht richtliniengerechte Ausschluß des Informationsrechts während laufender Verwaltungsverfahren sowie die praktisch nur schwer handhabbaren Geheimnisschutzregelungen. Die fällige UIG-Novelle sollte schließlich auch die völkerrechtlich verbindliche Aarhus-Konvention über den Informationszugang und den Zugang zu Gerichten vom 25.6.1998[69] berücksichtigen.

3. Umweltbetriebsprüfung oder Umweltaudit (Umweltaudit-VO und UAG)

35 Umweltschutz kann auch durch freiwillige Kooperation von Unternehmen betrieben werden, die durch ihre Produktion auf vielfältige Art und Weise die Umwelt belasten. Dieser Ansatz, der auf der Eigenverantwortlichkeit von Unternehmen in der freien Marktwirtschaft basiert, setzt aber Anreize voraus, gesamthaftes, längerfristig umweltverantwortliches Handeln in die vornehmlich betriebswirtschaftlich orientierte Unternehmenspolitk einzubringen. Sofern dies gelingt, können die Umweltbelastungen unmittelbar an der Quelle bekämpft werden, z.B. durch umweltfreundlichere Produktionskreisläufe.

36 Vor diesem Hintergrund hat der Umweltministerrat der EG am 29.6.1993 eine **Verordnung über die freiwillige Beteiligung gewerblicher Unternehmen an einem Gemeinschaftssystem für das Umweltmanagement und die Umweltbetriebsprüfung**[70] auf der Grundlage des Art. 130s EGV verabschiedet[71]. Nach Art. 249 II EG gilt die Verordnung unmittelbar in allen Mitgliedstaaten, ist also geltendes Recht, das allerdings nationale Ausführungsvorschriften nicht ausschließt[72]. Die Verordnung verbindet betriebswirtschaftliche Instrumente des Umweltmanagements und Um-

wiesen, weil die Kommission dies nicht substantiiert vorgetragen hatte und damit präkludiert war. Gebühren dürfen nach Art. 5 UIR nur für die Übermittlung von Informationen, nicht für die Ablehnung eines Antrags erhoben werden.

68 Vgl. *Bidner*, UPR 1994, 408 ff.; *Engel*, Akteneinsicht, S. 146 ff.; *Winter* (Hrsg.), Öffentlichkeit von Umweltinformationen, 1990.

69 www.unece.org/env/europe/ppconven.htm; abgedruckt in *Fluck/Theuer*, UIG, F II.

70 VO (EWG) Nr. 1836/93, ABlEG Nr. L 168, 1 v. 10.7.1993. Dazu *Führ*, NVwZ 1993, 858 ff.; *Lübbe-Wolff*, DVBl. 1994, 361 ff.; *Rehbinder/Heuvels*, DVBl. 1998, 1245 ff.; *Schnutenhaus*, ZUR 1995, 9 ff.; *Schottelius*, BB 1995, 1549 ff.; *Sellner/Schnutenhaus*, NVwZ 1993, 928 ff.; *Wiebe*, NJW 1994, 289 ff. und ausführlich *Peter/Both/Gebers*, Ökoaudit, 1996; *Ludewig/Nigemeier/Wruk/Zeschmann*, Praxishdb. Umweltmanagement-System, 1996; *Rhein*, Das Gemeinschaftssystem für das Umweltmanagement und die Umweltbetriebsprüfung, 1996; *Waskow*, Betriebliches Umweltmanagement, 2. Aufl. 1996.

71 S. *Scherer*, NVwZ 1993, 11 (14 f.). Die VO gilt seit 11.5.1995.

72 Hierzu *Sellner/Schnutenhaus*, NVwZ 1993, 928 (932 ff.).

weltcontrolling mit nicht-ordnungsrechtlichen Kontroll- und Überwachungsverfahren (durch staatlich zugelassene Umweltgutachter und mit anschließender Eintragung in einem öffentlichen Register)[73]. Sie stellt damit eine Ausprägung des Kooperationsprinzips und ein Instrument des Vorsorgeprinzips dar (Rn. 1/81).

Ziel ist es, das Umweltverhalten von Unternehmen zu verbessern durch 37

- Festlegung und Umsetzung *standortbezogener* Umweltpolitiken, Umweltprogramme und Umweltmanagementsysteme der Unternehmen,
- systematische, objektive und regelmäßige Bewertung der Leistungsfähigkeit dieser Instrumente und
- Bereitstellung von Informationen über den betrieblichen Umweltschutz für die Öffentlichkeit.

Die Unternehmen können sich *freiwillig* für einen bestimmten Standort an diesem System beteiligen und sind nach ihrer Registrierung befugt, eine *Teilnahmeerklärung* in der Öffentlichkeit zu führen (Imagewerbung), ohne aber damit *produktbezogen* zu werben. Die hierbei anzuwendenden **Managementinstrumente** umfassen eine Definition der *Umweltpolitik* des Unternehmens (einschließlich einer Selbstverpflichtung zur Einhaltung der einschlägigen Umweltvorschriften[74] und zur *angemessenen* kontinuierlichen Verbesserung des betrieblichen Umweltschutzes), eine Aufstellung der *Umweltziele* für den betrieblichen Umweltschutz sowie eines *Umweltprogrammes* für den jeweiligen Standort (mit Zielvorgaben und Umsetzungsfristen). Durch ein *Umweltmanagementsystem*, welches eine interne Umweltbetriebsprüfung einschließt, soll die Einhaltung dieser Anforderungen sichergestellt werden. All diese Elemente sind Inhalt einer bestätigenden Erklärung – *Validierung – durch staatlich zugelassene, unabhängige und unternehmensexterne Umweltgutachter.* 38

Unter folgenden – insbesondere in Art. 3 aufgeführten – Voraussetzungen kann sich ein Unternehmen am **Umwelt-Audit-System** beteiligen: 39

- Festlegung auf eine Umweltpolitik;
- Ermittlung der Umweltwirkungen (z.B. Energieverbrauch, Rohstoffeinsatz, Abfall, Lärm und sonstiger Emissionen), die sich aus den Aktivitäten des Unternehmens ergeben (einschließlich der Wirkungen von Produkten und deren Transport unter Berücksichtigung von Auftragnehmern und Zulieferern);
- Erstellen des Umweltprogramms auf dieser Datengrundlage;
- Einrichtung des Umweltmanagementsystems im Unternehmen (z.B. Organisationsstruktur, Handlungsanweisungen, Handbücher usw.);

---

73 Die VO greift damit – wie viele umweltrechtliche Normen der EU – auf angelsächsische Erfahrungen zurück, welche die Zielerreichung den Unternehmen überläßt und zugleich eine öffentliche Kontrolle über jedermann einsehbare Register (s. hierzu: *Blechschmidt*, UPR 1988, 128 ff.; *Burmeister*, in: *Winter* (Hrsg.), Öffentlichkeit von Umweltinformationen, 1990, S. 123 ff.) ermöglicht, s. *Scherer*, NVwZ 1993, 11 f.

74 Dies sollte an sich eine Selbstverständlichkeit sein, beinhaltet aber eine Selbstverpflichtung des Unternehmens, geltendes Recht auch konkret einzuhalten, also vorhandene Vollzugsdefizite tatsächlich abzubauen. Damit verbunden ist aber eine Vielzahl von Folgeproblemen, wenn z.B. ausländische Unternehmen (Dienstleistungsfreiheit) die Umweltbetriebsprüfung durchführen und deutsche Rechtsvorschriften in diesem Zusammenhang auszulegen sind. S.a. *Lübbe-Wolff*, DVBl. 1994, 361 (363 ff.).

- Regelmäßige *interne Umweltbetriebsprüfung*, ob der betriebliche Umweltschutz am Standort greift oder verbessert werden muß (Art. 4 i.V.m. Anh. II). Es ist systematisch und objektiv zu bewerten und zu dokumentieren, ob die gesetzlichen und selbst gesetzten Umweltziele erreicht, das Umweltprogramm erfüllt ist sowie das Managementsystem sich bewährt. Der Umwelt-Audit-Bericht des Betriebsprüfers soll dabei auch Korrekturmaßnahmen aufzeigen und anregen, über die das Unternehmen entscheiden muß;
- Abgabe einer *Umwelterklärung* in knapper und verständlicher Form *für die Öffentlichkeit*, die u.a. die Tätigkeit des Unternehmens beschreibt, die damit zusammenhängenden Umweltfragen bewertet, Umweltpolitik, Umweltprogramm und -managementsystem darstellt und eine Zusammenfassung der Zahlenangaben über Schadstoffemissionen, Abfallaufkommen, Rohstoff-, Energie- und Wasserverbrauch sowie andere umweltrelevante Daten „soweit angemessen" enthält[75];
- Überprüfung der Umwelterklärung durch einen staatlich zugelassenen[76], unabhängigen Umweltgutachter, der vom Unternehmen ausgewählt und beauftragt wird und zur Geheimhaltung verpflichtet ist. Der Umweltgutachter kann in seinem Bericht an die Unternehmensleitung die Umwelterklärung ohne weiteres für gültig erklären oder Änderungen verlangen.

40 Unternehmen müssen die für gültig erklärten Umwelterklärungen gebührenpflichtig in ein *Register* eintragen lassen, wobei glaubhaft zu machen ist, daß die Voraussetzungen der Verordnung eingehalten sind. Die Register sind zum Jahresende der Kommission zu übermitteln und werden von ihr im Amtsblatt der EG *veröffentlicht* (Art. 9, s.a. §§ 32 ff. UAG).

41 Die Verordnung ist als freiwilliges Instrumentarium betrieblichen Umweltschutzes zu begrüßen – auch wenn sie einen Ansatz verfolgt, der dem deutschen Umweltrecht bislang weitgehend fremd war[77] – weil sie insbesondere die Möglichkeit eröffnet, auf die Produktion der beteiligten Unternehmen einzuwirken, also *an der Quelle* der Umweltbelastungen ansetzt[78]. Ihre praktische Wirksamkeit wird allerdings erheblich davon abhängen, wie viele Unternehmen sich bereit erklären werden, am Umwelt-Audit-System teilzunehmen[79]. Bis 31.5.1999 waren zwar in Deutschland 1785 Standorte registriert[80]. Das EG-Umweltauditsystem konkurriert aber mit der weniger anspruchsvollen privaten Regelung ISO 14001 (DIN 1996-0710)[81], die in anderen europäischen Ländern häufiger als die Umweltaudit-VO angewendet wird. Eine

75 Die Richtigkeit der Umwelterklärung ist vom – externen – unabhängigen Gutachter zu bestätigen. Die Bürger haben nach Art. 3h der Umweltaudit-VO einen unmittelbaren Auskunftsanspruch gegenüber dem Unternehmen.

76 Die Zulassung steht unter dem Gesetzesvorbehalt des Art. 12 I GG, weil sie die Berufsausübung regelt, vgl. BVerfGE 86, 28 (37 f.); zulässig ist eine von § 28 UAG vorgesehene Beleihung, *Sellner/Schnutenhaus*, NVwZ 1993, 928 (932).

77 Anknüpfungspunkte im deutschen Umweltrecht bieten verschiedene Aufzeichnungs- und Eigenüberwachungspflichten (z.B. Emissionserklärungsverordnung) sowie Regelungen über die Betriebsorganisation (z.B. §§ 53 ff. BImSchG); s. *Scherer*, NVwZ 1993, 11 (15 f.).

78 Im Gegensatz zu reaktiven ordnungsrechtlichen Instrumenten, die emissionsbegrenzend (end-of-the-pipe) wirken.

79 Zu den Vorteilen für die teilnehmenden Unternehmen *Sellner/Schnutenhaus*, NVwZ 1993, 928 (934). Bemängelt wird z.B., daß Betriebssparten, die bereits gegenüber anderen Branchen ein sehr hohes Umweltschutzniveau erreicht haben, nur sehr kostenaufwendig an dem Umwelt-Audit-Verfahren teilnehmen können.

80 ABl. EG Nr. C273/1 v. 25.9.1999. In anderen EU-Staaten ist die Teilnahme deutlich geringer: Belgien 9, Dänemark 108, Finnland 27, Frankreich 32, Griechenland 1, Großbritannien 71, Irland 6, Italien 18, Luxemburg 1, Niederlande 22, Österreich 185; Portugal 0, Spanien 37, Schweden 146.

81 Hierzu *Feldhaus*, UPR 1998, 41 ff.; *Schottelius*, NVwZ 1998, 805 ff.

Auswertung der vom Bundesland Hessen geförderten Projekte hat dem Umweltaudit eine sehr positive Wirkung bescheinigt[82]. So wurde Beanstandungen der Umweltgutachter unverzüglich abgeholfen, wobei die Umweltgutachter sich meist nicht nur auf die vorgelegten Daten verließen, sondern selbst Stichprobenprüfungen durchführten. Insgesamt bestätigt die Studie spürbare Verbesserungen im Umweltmanagement der beteiligten Standorte.

Das **Umweltauditgesetz** (UAG) vom 7.12.1995 (BGBl. I 1591) ergänzt als nationale Regelung die EG-Umweltaudit-VO. Es enthält Regelungen über **42**

- die Zulassung von Umweltgutachtern und Umweltgutachterorganisationen (§§ 4 ff.),
- die Aufsicht über die Umweltgutachter (§§ 15 ff.),
- die Aufgaben und Befugnisse des pluralistisch zusammengesetzten Umweltgutachterausschusses (§§ 21 ff.),
- die Beleihung einer oder mehrerer Zulassungsstellen (§ 28 f.),
- die Registrierung geprüfter Standorte (§§ 32 ff.).

Durch nach § 3 UAG erlassene UAG-Erweiterungs-VO v. 3.2.1998 (BGBl. I 338) ist der Geltungsbereich des UAG auf Dienstleistungen ausgeweitet worden, z.B. auf Energie- und Wasserversorger, Verkehrsbetriebe, öffentliche Verwaltungen, Krankenhäuser, Sportanlagen, Wäschereien. **43**

Als Zulassungsstelle ist nach § 28 UAG die Deutsche Akkreditierungs- und Zulassungsgesellschaft für Umweltgutachter (DAU) beliehen worden; die Zulassung wird nach § 9 I UAG für Einzelpersonen oder Gutachterorganisationen erteilt, wenn der Antragsteller die gesetzlichen Voraussetzungen an die Zuverlässigkeit, Unabhängigkeit und Fachkunde (§§ 5-7 UAG) erfüllt, und zwar anhand von Richtlinien (Verwaltungsvorschriften), die durch den Umweltgutachterausschuß (§ 21) erarbeitet werden[83]. **44**

Für die betriebliche Praxis entscheidend ist die Frage, welche Vollzugserleichterungen für einen registrierten Standort gelten. Soweit ein Umweltgutachter eigenständige Prüfungen (über Stichproben) der vorgelegten Unterlagen vornimmt und damit seine Prüfungen *funktionell gleichwertig*[84] gegenüber der staatlichen Überwachungstätigkeit sind, ist durch Verwaltungsvorschrift[85] den Vollzugsbehörden vorgeschrieben, daß bestimmte gesetzliche Berichtspflichten (z.B. §§ 27, 52a, 54 II, 55 I BImSchG) durch die Übermittlung von Unterlagen aus der Umsetzung der Öko-Audit-Überprüfung als erfüllt gelten; des weiteren ist z.B. grundsätzlich von Anordnungen nach §§ 26, 28 BImSchG (Rn. 8/278) abzusehen. **45**

---

82 *Rehbinder/Heuvels*, DVBl. 1998, 1245 (1252 ff.).

83 S. *Ewer*, NVwZ 1995, 457 (458 f.); *Lütkes*, NVwZ 1996, 230 (234).

84 *Böhm-Amtmann*, ZUR 1997, 178 (181); *Feldhaus*, UPR 1998, 341 (342); *Rehbinder/Heuvels*, DVBl. 1998, 1245 (1248). S.a. *Köck*, VerwArch 87 (1996), 644 (680); *Lübbe-Wolff*, ZUR 1997, 173 (178); *Schneider*, Öko-Audit und Deregulierung im Immissionsschutzrecht, 1999.

85 Für BW die VwV v. 21.12.1998, GABl. 1999, S. 203 ff.

4. Umwelthaftungsgesetz

46 Die ab 1.1.1991 durch das Gesetz über die Umwelthaftung (UmweltHG) vorgesehene **allgemeine Umweltgefährdungshaftung**[86] ist ein marktorientiertes umweltpolitisches Instrument, weil der drohende, kostenverursachende Schadensausgleich Präventivmaßnahmen der Inhaber umweltbelastender Betriebe auslösen kann. Nach § 1 UmweltHG ist der Inhaber einer im Anhang des UmweltHG aufgeführten Anlage verpflichtet, dem Geschädigten den Schaden zu ersetzen, der an Leben, Körper, Gesundheit oder Sache durch eine von seiner Anlage ausgehende Umwelteinwirkung entsteht. Durch eine Ergänzung des § 251 II BGB in § 16 UmweltHG wurde sichergestellt, daß bei ökologischen Schäden die Naturalrestitution i.S. des § 249 S. 1 BGB auch tatsächlich erfolgt. Die Haftung wird verschärft durch die gesetzlich vorgesehenen Beweiserleichterungen und Auskunftsansprüche, die dem Geschädigten die Durchsetzung seiner Ansprüche erleichtern sollen. Im übrigen sind Haftungshöchstgrenzen (160 Mio DM) vorgesehen. Das UmweltHG tritt neben das bisherige Recht, wie sein § 18 I ausdrücklich klarstellt.

47 *Haftungsbegründend* sind die von einer Anlage über die Medien Luft, Wasser oder Boden ausgehenden Umwelteinwirkungen (Legaldefinition in § 3 I UmweltHG), durch die eine Rechtsgutsverletzung verursacht wird; **haftungsausfüllend** ist der dadurch bewirkte materielle Schaden. Es muß dabei ein Zurechnungszusammenhang zwischen Schaden und Umweltgefährdung bestehen[87]. Nicht erfaßt wird z.B., wenn jemand in einen Schadstoffbehälter fällt oder in die Mechanik einer Anlage gerät. Eingeführt wird eine reine – verschuldensunabhängige – Verursacherhaftung des Inhabers einer umweltgefährlichen Anlage. Der Kreis der abschließend erfaßten Anlagen (Anhang 1 des Gesetzes) ist an der 4. BImSchV orientiert.

48 § 5 UmweltHG enthält eine Haftungsbeschränkung bei Sachschäden, und zwar für Bagatellschäden und Schäden, die durch ortsübliche Immissionen hervorgerufen sind (hiermit wird der Maßstab des § 906 II 2 BGB sowie des § 14 S. 2 BImSchG übernommen). Bei höherer Gewalt entfällt die Haftung (§ 4 UmweltHG).

49 Die *Gefährdungshaftung* erstreckt sich nicht nur auf Störfallschäden, sondern – das war der Hauptkritikpunkt z.B. von seiten der Industrie – auch auf Schäden aus dem rechtmäßigen *Normalbetrieb* sowie auf das Entwicklungsrisiko, soweit es sich nicht um Bagatellschäden (vgl. § 5) handelt. Zur Erleichterung der Beweisführung durch den Geschädigten wird dann, wenn der Anlagenbetrieb nach den gesamten Umständen, d.h. nach den Gegebenheiten des Einzelfalls geeignet war, den Schaden zu verursachen, der *Kausalzusammenhang* zwischen Betrieb und Rechtsverletzungsfolge (widerlegbar) *vermutet* (§ 6 I UmweltHG). Dies gilt aber dann nicht, wenn der Betreiber (z.B. aufgrund fortlaufender Registrierung der Betriebsbedingungen) nach-

86 S. *Hager*, NJW 1991, 134 ff.; *Salje/Peter*, Umwelthaftungsgesetz, Kommentar, 1993; *Schmidt*, DÖV 1991, 878 ff.; *Schmidt-Salzer*, Kommentar zum Umwelthaftungsgesetz, 1992; *ders.*, VersR 1991, 9 ff.; *Wagner*, NuR 1992, 201 (204 ff.); OLG Köln, UPR 1993, 103.

87 Ein Verursachungsbeitrag des Anlageninhabers ist dabei ausreichend. Die Haftung besteht in vollem Umfang, auch wenn der Schaden erst im Zusammenwirken mit der allgemeinen Luftschadstoffbelastung entstehen kann, a.A. OLG Düsseldorf, JZ 1999, 684 f. m. abl. Anm. *Salje*, S. 685 ff.

weist, daß die den Normalbetrieb kennzeichnenden hoheitlichen Vorgaben eingehalten worden sind[88]. Hingegen verbleibt es bei der gesetzlichen Vermutung, wenn der Betrieb *bestimmungswidrig* durchgeführt wurde oder als es zu *Störfällen* gekommen ist. Weiterhin werden dem Geschädigten nach dem Rechtsgedanken des § 809 BGB bestimmte Auskunftsansprüche gegen Betriebsinhaber und Behörden eingeräumt[89]. Im Falle eines Mitverschuldens des Geschädigten gilt § 254 BGB. Für Anlagen mit hohem Gefährdungspotential (vgl. Anhang 2 des UmweltHG; dieser entspricht in etwa dem Anhang I der 12. BImSchV) ist eine Haftpflichtversicherung bzw. eine gleichwertige Deckungsvorsorge obligatorisch.

Obwohl mit dem Umwelthaftungsgesetz ein wichtiger Schritt zur „marktkonformen" Verhaltenssteuerung verwirklicht wurde, erscheint das Umwelthaftungsrecht weiterhin in mehrerlei Hinsicht verbesserungsbedürftig: Einerseits sollte die Beschränkung des Kreises der haftpflichtigen Personen und des Haftungsumfangs beseitigt werden. Die bislang nur listenmäßig dem UmweltHG unterfallenden Anlagen sollten durch eine Anlagengeneralklausel ergänzt werden; im Stoffrecht sollte das Inverkehrbringen umweltgefährdender Produkte einer § 22 WHG entsprechenden Gefährdungshaftung unterworfen werden. Wünschenswert wäre auch die Einbeziehung von Umweltschäden der Allgemeinheit in den Haftungsumfang, wodurch z.B. Kosten der Wiederherstellung beeinträchtigter Naturgüter dem Verursacher auferlegt werden könnten[90]. 50

Für die Fälle, in denen es zu erheblichen *Distanz- und Summationsschäden* kommt (z.B. in Gestalt neuartiger Waldschäden oder Gebäudeschäden), in denen somit die Verursacher trotz Beweiserleichterungen nicht individualisierbar sind, bedarf die zivilrechtliche individuelle Gefährdungshaftung des UmweltHG dringend einer eigenständigen und ergänzenden kollektivrechtlichen, d.h. öffentlich-rechtlichen Regelung, etwa im Sinne einer Fondslösung (Rn. 8/16) oder einer unmittelbaren staatlichen Billigkeitshaftung[91].

II. Planfeststellungsrecht

1. Einleitung

a) Planfeststellung als Sonderform der Fachplanung

Mit **Planung** erfüllt die Verwaltung einen **Gestaltungsauftrag des Gesetzgebers**, der die zukunftsgerichtete und vorsorgende Bewältigung bestimmter komplexer Probleme zum Inhalt hat. Meist ist eine Vielzahl privater und öffentlicher Belange zu berücksichtigen und untereinander sowie mit anderen – auch kollidierenden – Zielen abzuwägen und zwischen mehreren Alternativen zu entscheiden. Der gesetzgeberische Gestaltungsauftrag ist **mit einer schwachen gesetzlichen Determinierung** 51

88 Zu den insoweit strengen Anforderungen an den Nachweis BGH, NJW 1997, 2748 ff. m. Anm. *Petersen*, NJW 1998, 2099 f.; *Hager*, JZ 1998, 361 f.

89 *Haller*, Materielle Auskunftsansprüche im Umwelthaftungsrecht, 1996.

90 So z.B. *SRU*, Umweltgutachten 1994, Tz. 568; Umweltgutachten 1996, Kap. 2.2.1.3.

91 *v. Hippel*, NJW 1998, 3254 f.; *Wagner*, NuR 1992, 201 (208 ff.); *Salje/Peter*, UHG, Kommentar, 1993, Einl. Rn. 18 ff. – Zum US-amerikanischen Superfund s. *Bachmann/Claus/Weingrau*, ZAU 1990, 182 ff.

(Zweck-Mittel-Schema) verbunden, die aus rechtsstaatlicher Sicht zu hinterfragen und nur hinzunehmen ist, weil eine Gestaltung der vielfältigen und sich oft erst im Verfahren in allen Auswirkungen abzeichnenden Ursachen- und Problemzusammenhänge mit einer konditionalen Programmierung (Wenn-Dann-Schema) nicht zu bewältigen ist[92].

52 **Planung als Arbeitsweise**, die vorausschauend und zwischen verschiedenen gegenläufigen Interessen einen Ausgleich sucht, setzt nicht nur eine **Analyse des vorhandenen Zustands** (Ist-Zustand) und eine **Erarbeitung von Planungszielen** (Soll-Zustand) voraus, sondern auch die **Zielfindung** in einem iterativen Prozess, der in einem Hin und Her zwischen möglichem Ziel und vorhandener Problemkonstellation die jeweils optimale Lösung zu erreichen sucht. Planung **ist untrennbar mit einem Gestaltungsermessen der Verwaltung, dem Planungsermessen, verbunden**, wobei das BVerwG Anforderungen an die Einhaltung zwingender Rechtsnormen und eine sachgerechte Abwägung (Rn. 3/152 ff.) herausgearbeitetet hat[93]. Der bei der Planung vorzunehmende Interessenausgleich[94] zwischen öffentlichen und privaten Belangen hat einen hohen Gemeinwohlbezug und ist daher originär hoheitliche Tätigkeit, die einer „Privatisierung“ nicht zugänglich ist. Das Abwägen als Vorgang wie auch die Abgewogenheit des Ergebnisses sind die wesentlichen hoheitlichen Elemente der Planung: Hier wird ein Ausgleich der betroffenen öffentlichen Belange nach einem öffentlichen Konzept vorgenommen und gleichzeitig durch die Abwägung zwischen privaten und öffentlichen Interessen der Konflikt zwischen Staat und Bürger gelöst[95].

53 Nachstehend wird das Planfeststellungsrecht als in der Praxis wichtigster Teil der raumbedeutsamen **umweltbezogenen Planung** erörtert. Soweit Planung alle in einem Raum auftretenden Probleme lösen soll, spricht man von **Gesamtplanung**; hierzu zählen neben der Bauleitplanung die Regionalplanung und die Landesplanung. Umweltschutz ist nur eines von mehreren Zielen der Gesamtplanung, für die charakteristisch ist, daß sie noch der weiteren Konkretisierung und des weiteren Vollzuges bedarf. Als **Fachplanung** wird demgegenüber die „sektorale Planung“ bezeichnet, die auch auf allen staatlichen Ebenen durchgeführt wird. Sie umfaßt

- **Fachpläne** (z.B. Abfallwirtschaftspläne nach § 29 KrW-/AbfG auf Landesebene und Abfallentsorgungskonzepte nach § 3 I LAbfG BW auf Kreisebene, Rn. 12/234) als „echte“ Planung mit weitreichender Planungsfreiheit, die des weiteren Vollzuges bedürfen;
- raumbedeutsame, ein konkretes Vorhaben zulassende **Planfeststellungen** sowie

92 S. *Brohm*, FS Blümel, 1999, S. 79 (81); *Kügel*, Planfeststellungsbeschluß, S. 120 ff.; *Schmidt-Aßmann*, FS Schlichter, 1995, S. 3 (12). Strukturell muß diese schwache parlamentarisch-gesetzliche Determinierung durch die Ausgestaltung des Verfahrens aufgefangen werden.

93 BVerwGE 34, 301; 45, 309; *Berkemann*, FS Schlichter, 1995, S. 27 ff.; *Sendler*, FS Schlichter, S. 55 ff.

94 Zur Ausgleichsfunktion der Planfeststellung: BVerwGE 60, 297 (307); 74, 124 (133); *Erbguth*, DVBl. 1992, 398 (399 ff.); *Kühling*, Fachplanungsrecht, Rn. 20 f., 23; *Wahl*, NVwZ 1990, 426 (427).

95 *Wahl*, DVBl. 1993, 517 (521).

– Handlungsgebote und -verbote enthaltende **Schutzgebietsausweisungen** (Rn. 5/ 176 ff., 6/156 ff., 7/238)[96].

Die verschiedenen Fachplanungsformen verdeutlichen bei allen vorhandenen Gemeinsamkeiten aber auch, daß es strukturelle Unterschiede zu beachten gilt: Eine umfassende – nur durch rechtliche und politische Rahmenbedingungen gesteuerte – Planungsfreiheit besteht nur im Bereich der Gesamtplanung und der echten Fachplanung. Die Planfeststellung unterscheidet sich hiervon: Sie ist antragsgebunden, d.h. die Planfeststellungsbehörde kann die Planung in der Regel nicht selbst veranlassen, sondern die vorgelegte Planung nur nachvollziehen[97] und in der Abwägungsentscheidung – auf der letzten Stufe des Entscheidungsprozesses – durch Schutzanordnungen modifizieren[98]. **54**

b) Planfeststellung und Vorhabengenehmigung

Die Planfeststellung ist in mancher Hinsicht der Vorhabengenehmigung (Rn. 2/20) **55**
vergleichbar[99]. Obwohl es sich bei der Planfeststellung um eine Ermessensentscheidung und bei der Vorhabengenehmigung der §§ 4, 6 BImSchG um eine gebundene Entscheidung handelt, weisen diese beiden Zulassungstypen Gemeinsamkeiten auf: Beide beanspruchen in hohem Maße Flächen und rufen ein Planungsbedürfnis hervor, das sich bei der Vorhabengenehmigung in § 50 BImSchG widerspiegelt. Im Entscheidungsprogramm sind unbestimmte Rechtsbegriffe enthalten, die der weiteren Konkretisierung bedürfen. Das Vorsorgegebot des § 5 I Nr. 2 BImSchG kann z.B. durch planerische Elemente konkretisiert werden (Rn. 8/139)[100].

Die Planfeststellung besitzt gegenüber der kommunalen Bauleitplanung nach § 38 **56**
BauGB Vorrang und kann eine entgegenstehende Bauleitplanung auch überwinden; Gleiches gilt im Verhältnis zu Privaten für nachteilige Wirkungen auf deren Rechte, die durch Entschädigung ausgeglichen werden können (§ 74 II 3 VwVfG).

Umstritten war, ob der „privatnützigen" Planfeststellung eine eigenständige Bedeutung zu- **57**
kommt[101]. Privatnützige Planfeststellungen sind im Zuge der Organisationsprivatisierung in der öffentlichen Verwaltung heute nicht mehr nur auf das Wasserrecht (Naßauskiesung, Rn. 6/ 187) beschränkt, sondern auch im Eisenbahnrecht, Luftverkehrsrecht, Personenbeförderungsrecht und Abfallrecht, landesrechtlich z.B. für Bergbahnen und Skilifte, bekannt. Ob diese Planfeststellungen einen öffentlichen, gemeinnützigen Zweck verwirklichen, ergibt sich aus den jeweiligen Fachgesetzen. Als struktureller Unterschied ist nur festzustellen, daß privatnützige Vorhaben nicht in die Rechtssphäre Dritter eingreifen dürfen, da die sachliche Legitima-

96 Bei Schutzgebietsausweisungen ist umstritten, ob sie Planungsinstrumente darstellen, weil die Frage der Schutzwürdigkeit einer Fläche eine Rechtsfrage ist und lediglich die Frage, welche Gebietsgröße unter Schutz zu stellen ist, planerischen Charakter hat; dazu BVerwG, NVwZ 1997, 887 ff.; 1988, 1020 ff.; *Kühling*, Fachplanungsrecht, Rn. 8.

97 BVerwGE 72, 365 (367); *Hoppe/Just*, DVBl. 1997, 789 ff.

98 BVerwGE 87, 332 (342).

99 *Jarass*, DVBl. 1998, 1202 ff.

100 Vgl. *Wahl/Appel*, in: *Wahl*, Prävention und Vorsorge, 1995, S. 169 ff.

101 *Kühling*, FS Sendler, 1991, S. 391 (393 ff); *Hartung*, Die privatnützige Planfeststellung, 1996; *Hösch*, ZfW 1997, 79 ff.; *Weidemann*, DVBl. 1990, 592 ff.

tion zur Überwindung privater Belange fehlt, also insbesondere eine Enteignung oder Entschädigungsausgleichsbestimmungen nicht in Frage kommen. Als weitere Besonderheit – wie beim Vorhaben- und Erschließungsplan nach § 12 BauGB – kann der Anspruch des privaten Vorhabenträgers auf fehlerfreie Ausübung des Planungsermessens angesehen werden[102]. Abgesehen davon kommt der privatnützigen Planfeststellung keine eigenständige Bedeutung zu, so daß sie als Vorhabenkategorie eher Verwirrung stiftet als der Systematisierung dient[103].

c) Planfeststellung und Bauleitplanung

58 Planung findet auf allen Ebenen der Verwaltungsorganisation statt: Die Gesamtplanung führt in immer feiner werdenden Stufen vom Landesentwicklungsplan über Regionalplan und Flächennutzungsplan bis zum Bebauungsplan, in der Fachplanung bspw. vom Bundesverkehrswegeplan zum Generalverkehrsplan des Landes und über das Raumordnungsverfahren zur konkreten Planfeststellung. Für Straßen und Straßenbahnen kann die Planfeststellung durch entsprechende Festsetzungen in Bebauungsplänen ersetzt werden; die Gemeinde kann hier wählen, ob sie einen Antrag auf Planfeststellung stellt oder einen Bebauungsplan aufstellt. Die Rechtmäßigkeit der Planung ist dabei an den Vorschriften des gewählten Verfahrens zu messen[104].

59 Bebauungsplan und Planfeststellung sind hier auswechselbar, was nicht weiter verwundert, wenn man sich in Erinnerung ruft, daß die Bebauungsplanung im süddeutschen Raum aus der Ortsstraßenplanfeststellung, die durch Polizeiverordnungen mit Planungscharakter (wie heute noch die Schutzgebietsverordnungen!) ergänzt wurden, entstanden ist. Auch das BVerwG hat viele Rechtsgedanken zunächst für die Bauleitplanung entwickelt und dann mit der gebotenen Vorsicht auf die Planfeststellung übertragen[105].

60 *Träger der Planungshoheit* ist in der Gesamtplanung die jeweilige Gebietskörperschaft, die den Plan durch ihr demokratisch legitimiertes Verwaltungsorgan (Gemeinderat, Kreistag, Verbandsversammlung) beschließt. Es besteht damit Identität zwischen den Planern und den Planverantwortlichen. Die Planungshoheit ist in ihrem Kern durch Art. 28 II GG verfassungsrechtlich geschützt. Demgegenüber ist in der vollzugsorientierten Planung grundsätzlich die Verwaltung nach entsprechender parlamentarisch-gesetzlicher Ermächtigung befugt, Pläne zu erlassen, die von einem Dritten, dem Vorhabenträger umgesetzt werden sollen.

61 Der Bundesgesetzgeber hat bislang von einer grundsätzlichen Klärung des Verhältnisses zwischen Fachplanung und Gesamtplanung abgesehen und nur in Einzelbereichen eine Regelung getroffen (z.B. §§ 4, 7, 38 BauGB, § 13 III WaStrG). In der Rechtsprechung des Bundesverwaltungsgerichts ist geklärt, daß die kommunale Planungshoheit keinen absoluten Vorrang besitzt[106]. Art. 28 II GG steht unter dem Vorbehalt gesetzlicher Regelungen, zu denen bspw. das Fachplanungsrecht, aber auch

---

102 BVerwG, NVwZ 1995, 598 ff.

103 Ebenso *Kühling*, FS Sendler, 1991, S. 391 ff.; *Paetow*, ebda. S. 425 (433); *Voßkuhle*, Das Kompensationsprinzip, 1999, S. 111 ff.; demgegenüber halten *Wahl/Dreier*, NVwZ 1999, 606 (610) dennoch an der eigenständigen Bezeichnung fest.

104 BVerwGE 94, 100 (108).

105 S.a. *Sendler*, FS Schlichter, 1995, S. 55 (72 ff.); *Stüer*, FS Blümel, 1999, S. 565 ff.

106 BVerwG, B. v. 12.2.1988, 4 NB 4.88, Buchholz 310 § 47 VwGO Nr. 22.

das Umweltrecht zählen[107]. Die Garantie der kommunalen Selbstverwaltung in Art. 28 II GG enthält einen Schutz der Gemeinde vor einer Aushöhlung ihrer Planungshoheit, der dazu führt, daß die Planungsinteressen der Gemeinde im Fachplanungsverfahren sowohl durch eine Pflicht zur Anhörung (zumeist im Rahmen der Anhörung der Träger öffentlicher Belange) verfahrensrechtlich als auch durch Berücksichtigung ihrer vorgetragenen Belange materiell-rechtlich gesichert sind[108].

Ein sachgerechtes Zusammenwirken von kommunaler Bauleitplanung und Fachpla- **62**
nung setzt nach der Rechtsprechung in aller Regel voraus, daß interessenübergreifende Planungen in dem Gebiet der Gemeinde zu einem verbindlichen Abschluß gelangen, der für den anderen Planungsträger **klare Verhältnisse** schafft[109]. Dieser Rechtsgedanke kommt z.B. in den §§ 4 und 7 BauGB zum Ausdruck, wonach die Gemeinde davon ausgehen darf, daß ihre Bauleitplanung nach Ablauf bestimmter Äußerungsfristen den Planungen anderer öffentlicher Planungsträger nicht im Wege steht. Umgekehrt sollen gemäß § 9 VI BauGB verbindliche Festsetzungen anderer Planungsträger in den Bebauungsplan nachrichtlich übernommen werden. Hinzuweisen ist ferner auf die §§ 37, 38 BauGB: Soweit die Gemeinden danach den Vorrang von baulichen Maßnahmen besonderer öffentlicher Zweckbestimmung (z.B. auch der Landesverteidigung) und näher bezeichneter Fachplanungen als eine Beschränkung ihrer Planungshoheit hinnehmen müssen, können sie ihre gesetzlichen Planungsaufgaben in dem umliegenden örtlichen Bereich nur dann ordnungsgemäß erfüllen, wenn ihnen gegenüber geklärt ist, inwieweit ein Vorhaben genehmigt (bzw. planfestgestellt) wird oder nicht[110]. Mit Neufassung des § 38 BauGB durch das BauROG 1998 wird der **Vorrang der Planfeststellung** auf sämtliche Planfeststellungsverfahren und Verfahren mit den Rechtswirkungen einer Planfeststellung (Plangenehmigungsverfahren) ausgedehnt, wenn es sich um Vorhaben **mit überörtlicher Bedeutung**[111] handelt. Für nur örtlich bedeutsame Vorhaben verbleibt es bei der Erforderlichkeit des Einvernehmens der Gemeinde nach § 36 BauGB und der strengen Bindung an die §§ 30-35 BauGB[112]. Die in § 38 BauGB nunmehr aufgenommene Pflicht zur materiellen Berücksichtigung der städtebaulichen Belange und der Beteiligung der Gemeinde greift verfassungsrechtliche Bedenken auf[113], die gegen die bisherige Fassung des § 38 BauGB erhoben worden waren[114].

---

107 Zur Fragestellung s. *Birk*, NVwZ 1989, 905 ff.; *Durr*, UPR 1993, 165 ff.; *Erbguth*, NVwZ 1995, 243 ff.; *Gaentzsch*, WiVerw 1985, 235, 239 ff.; *Koch*, FS Schlichter, 1995, S. 461 ff.; *Paetow*, UPR 1990, 321 ff. Zur Einschränkung der kommunalen Planungshoheit durch die Raumplanung nach § 1 IV BauGB: BVerfGE 76, 207; BVerwGE 90, 329; *Halama*, FS Schlichter, 1995, 201 ff. Zu Bahnbrachen *v. Heyl/Steinfort*, DVBl. 1999, 1311 ff.

108 Zusammenfassend *Engel*, UPR 1993, 209 ff.

109 Ausführlich hierzu *Kraft*, BauR 1999, 829 ff. S.a. BVerwGE 81, 95 (108); 81, 111 (118); BVerwG, Urt. v. 22. Juni 1979 – BVerwG 4 C 40.75 – Buchholz 442.40 § 6 LuftVG Nr. 11.

110 BVerwGE 81, 111 (118).

111 Eine überörtliche Bedeutung liegt vor, wenn das konkret planfestzustellende Vorhaben Auswirkungen auf mehrere Gemeinden hat, *Schlichter/Stich*, Berliner Schwerpunkte-Ktr. zum BauGB, 1998, § 38 Rn. 7; BayVGH, BayVBl 1999, 147, zum erforderlichen Einvernehmen nach § 36 BauGB, bei Planfeststellungen ohne überörtliche Bedeutung.

112 VGH München, BayVBl. 1999, 147.

113 OVG Koblenz, NVwZ 1995, 290; *Engel*, UPR 1993, 209 ff.; *Hoffmann-Hoeppel*, BauR 1995, 479 ff.; *Weidemann*, DVBl. 1994, 263 (267 ff.).

63 Zusammenfassend ist danach von folgendem Verhältnis zwischen Planfeststellung und Vorhabengenehmigung auszugehen[115]:

- Planfeststellungs- und Plangenehmigungsverfahren von überörtlicher Bedeutung haben Vorrang vor der Bauleitplanung und unterliegen hinsichtlich der Genehmigungsfähigkeit nicht der Bindung an die bauplanungsrechtlichen Bestimmungen der §§ 30-37 BauGB. Eine Gemeinde kann ein planfestgestelltes Vorhaben nur überplanen, soweit die Festsetzungen des Bebauungsplans den Regelungen des Planfeststellungsbeschlusses nicht widersprechen oder die Planfeststellungsbehörde den Planfeststellungsbeschluß aufgehoben oder die Fläche förmlich entwidmet hat, womit erst die Gemeinde wieder ihre umfassende Planungshoheit zurückerhält[116].
- Im Planfeststellungs- oder Plangenehmigungsverfahren ist die Gemeinde zu beteiligen, im Bauleitplanverfahren der Fachplanungsträger nach § 4 BauGB.
- Im Planfeststellungs- oder Plangenehmigungsbeschluß sind die städtebaulichen Belange in der Abwägung angemessen zu berücksichtigen[117].
- Der Flächennutzungsplan der Gemeinde bindet die Fachplanungsträger nach § 7 BauGB, soweit diese dessen Darstellungen nicht widersprochen haben; bei geänderter Sachlage ist dies auch nachträglich möglich[118]. Damit besteht eine weitgehende Bindung des Fachplanungsträgers gegenüber bestehenden Bauleitplänen. Grundsätzlich muß die spätere Planung auf die bereits vorhandene Planung Rücksicht nehmen[119]. Noch ungeklärt ist, ob ein PFB – nach Widerspruch gegen den Flächennutzungsplan gem. § 7 BauGB – auch gegen den Willen der Gemeinde erlassen werden kann, also auch einen Bebauungsplan als Rechtsnorm außer Kraft setzen kann[120].
- Die Gemeinde hat ein subjektiv-öffentliches Recht auf Berücksichtigung ihrer städtebaulichen Belange in der Planfeststellung, das in der Abwägung grundsätzlich überwunden werden kann, wobei eine abwägungsfehlerfreie Zurückstellung der städtebaulichen Interessen aber von deren konkretem Gewicht abhängt[121].

64 Wenn die Gemeinde Vorhabenträger eines Planfeststellungsverfahrens bspw. für eine Straßenbahntrasse ist und von ihrem Verfahrenswahlrecht dergestalt Gebrauch macht, daß sie die Planfeststellung eines Streckenabschnittes (verbunden mit der Umgestaltung des Straßenraumes als Folgemaßnahme) beantragt, kann sich die Planfeststellungsbehörde nicht über die

114 *Kraft*, BauR 1999, 829 (836); *Hölscher*, NVwZ 1998, 1134 (1137), weist darauf hin, daß sich die Gesetzesbegründung fälschlicherweise auf die Schlichter-Kommission beruft, deren Vorschläge gerade nicht umgesetzt wurden.

115 BVerwGE 70, 242 (243 f.); 81, 111 (115 f.); *Engel*, UPR 1993, 209 ff.; *Erbguth*, NVwZ 1989, 608 ff.; *Kraft*, BauR 1999, 829 ff.; *Paetow*, UPR 1990, 321 ff.

116 Zur Möglichkeit, im Straßen- und Straßenbahnrecht eigenständig durch Bebauungsplan zu planen s. Rn. 3/90 sowie *v. Heyl/Steinfort*, DVBl. 1999, 1311 (1316); *Menke*, NVwZ 1999, 950 ff.

117 VGH BW, Urt. v. 3.7.1998, 5 S 1/98 = UPR 1999, 80.

118 VGH BW, NVwZ-RR 1998, 99 f.; VBlBW 1995, 483; OVG Münster, BauR 2000, 62 (64 ff.).

119 BVerwGE 100, 388.

120 So wohl *Paetow*, UPR 1990, 321 ff.; *Kühling*, Fachplanungsrecht, Rn. 103; *Hoppe/Grotefels*, Öffentliches Baurecht, 1995, § 8 Rn. 112; BVerwGE 97, 143; a.A. *Dürr*, Planfeststellung, S. 1072; *Erbguth*, NVwZ 1989, 608 (609) unter zutr. Hinweis auf die erforderliche Rechtssicherheit. Andernfalls müßte man von einer Funktionslosigkeit des Bebauungsplans ausgehen.

121 So zutr. VGH BW, Urt. v. 3.7.1998, 5 S 1/98 = UPR 1999, 80.

Rahmenvorgaben des Planfeststellungsantrages hinwegsetzen, denn die Gemeinde könnte auch in eigener Zuständigkeit einen Bebauungsplan aufstellen. Nur wenn der „Plan" im Abwägungsergebnis rechtsfehlerhaft wäre, kann die Planfeststellungsbehörde von ihm abweichen und ergänzende Schutzanordnungen verhängen. Grundsätzlich ist sie aber verpflichtet, die städtebaulichen Belange der Gemeinde so weit wie möglich zu berücksichtigen (**Grundsatz der bestmöglichen Berücksichtigung**).

d) Planfeststellungsrecht im Umweltrecht und Konsolidierung durch die Rechtsprechung des Bundesverwaltungsgerichts

Eine Darstellung des Fachplanungsrechts im Umweltrecht ist schon aufgrund der **65**
Umweltrelevanz der planfeststellungsbedürftigen Vorhaben sinnvoll, daneben sind einige planfeststellungsbedürftige Vorhaben unmittelbar auf die Verwirklichung von Umweltschutzforderungen gerichtet („umweltspezifische" Planfeststellungen; s. Rn. 3/67). Die materielle Ermächtigung zur Planung in Form der Planfeststellung ist in umweltspezifischen oder wenigstens umweltrelevanten Gesetzen vorgesehen (s. z.B. § 29 II KrW-/AbfG, § 9b AtG, § 31 WHG). Von der Planfeststellungsbehörde ist den Erfordernissen des Umweltschutzes u.a. im Rahmen der Abwägung (Rn. 3/160 ff.) Rechnung zu tragen.

Das Planfeststellungsrecht hat in den 90er Jahren erhebliche Veränderungen erfahren. **66**
Mit der deutschen Einigung wurde es zum Spielfeld der „Standort Deutschland"- und Verfahrensbeschleunigungsdiskussion. Eine Vielzahl von Gesetzesänderungen[122] brachten verfahrensrechtliche und materiellrechtliche Änderungen am jahrzehntelang gewachsenen Grundgerüst des Planfeststellungsrechts, und es ist der – aus anderen Gründen abzulehnenden – erstinstanzlichen Zuständigkeit des BVerwG für die Verkehrswegeplanfeststellung in den neuen Bundesländern zu verdanken, daß die vielfach mit heißer Nadel gestrickten Vorschriften jetzt meist eine verläßliche Kontur gewonnen haben. Zudem ist mit der Einbindung der verfahrensrechtlichen Neuregelungen in das VwVfG durch das Genehmigungsverfahrensbeschleunigungsgesetz (1996) die Chance verbunden, wieder ein einheitliches Planfeststellungsverfahrensrecht zu erhalten[123]. Da aber auch im Rahmen der UGB-Novelle das Planfeststellungsrecht erfaßt sein soll[124] und Europarecht immer mehr Einfluß gewinnt[125], ist kein Ende der gesetzlichen Neuregelungswellen in Sicht. Zu begrüßen ist aber, daß die

122 3. RechtsbereinigungsG v. 26.6.1990, BGBl. I 1121; VerkehrswegeplanungsbeschleunigungsG v. 16.12.1991, BGBl. I 2174; PlanungsvereinfachungsG v. 17.12.1993, BGBl. I 2123; GenehmigungsverfahrensbeschleunigungsG v. 12.9.1996, BGBl. I 1354; daneben aber auch das Investitionserleichterungs- und WohnbaulandG v. 22.4.1993, BGBl. I 466; das Bau- und RaumordnungsG 1998 v. 18.8.1997, BGBl. I 2081 zum Verhältnis zwischen Fachplanung und Bauleitplanung sowie das 6. VwGO-ÄnderungsG v. 1.11.1996, BGBl. I 1626. Siehe z.B. *Steinberg*, NuR 1996, 6 ff.; *Stelkens/Bonk/Sachs*, VwVfG, § 72 Rn. 13 ff.; *Wahl/Dreier*, NVwZ 1999, 606 ff.

123 Die fachgesetzlichen Sonderregelungen des Planungsvereinfachungsgesetzes sind nicht aufgegeben worden, so daß zumindest für den Bereich der Verkehrswegeplanung die verfahrensrechtlichen Vorschriften der Fachgesetze weiter bestehen bleiben.

124 Hierzu *Engel*, ZUR 1999, 131 ff.; *Michler*, DVBl. 1999, 816 ff.; *Spoerr*, DVBl. 1999, 1463 ff.

125 *Wahl*, FS Blümel, 1999, S. 617 ff.; zu transeuropäischen Verkehrsnetzen *Jürgensen*, UPR 1998, 12 ff.

Planungspraxis von den in der Literatur heftig kritisierten[126] Maßnahmegesetzen (Legalplanung) Abstand genommen hat, obwohl das BVerfG diese für verfassungskonform erklärt hat[127].

2. Planfeststellungsbedürftige Vorhaben

a) Bundesrechtliche Planfeststellungserfordernisse

67 Bundesrechtlich stehen die folgenden Vorhaben unter einem *Planungsvorbehalt*[128]:

68 • **Bundesfernstraßenrechtliche Planfeststellung** (§ 17 FStrG) für Bau oder Änderung einer Bundesfernstraße (BAB, Bundesstraße)[129]. Die Planfeststellung kann durch entsprechende Festsetzungen in Bebauungsplänen (§ 9 I Nr. 11 BauGB) ersetzt werden (§ 17 III 1 FStrG)[130]. Die meisten verwaltungsgerichtlichen Entscheidungen betreffen Straßenplanungen.

69 • **Eisenbahnrechtliche Planfeststellung** (§§ 18 ff. AEG) für Bau oder Änderung einer Betriebsanlage der Eisenbahn[131]. Sie ergeht in bundeseigener Verwaltung (Art. 87 I GG, § 3 II 1 Nr. 1 Gesetz über die Eisenbahnverkehrsverwaltung) durch das Eisenbahn-Bundesamt (EBA)[132].

70 Der Begriff der *Bahnanlage*[133] wurde vom Verordnungsgeber zunächst in § 4 Abs. 1 der Eisenbahn-Bau- und Betriebsordnung in der Fassung der Dritten Verordnung zur Änderung der Eisenbahn-Bau- und Betriebsordnung vom 8. Mai 1991 (BGBl I S. 1098) – EBO – definiert und ist durch Art. 6 I des EisenbahnneuordnungsG vom 27. Dezember 1993 vom Gesetzgeber nicht geändert worden. Er ist daher für die Interpretation des Betriebsanlagenbegriffs auch in § 18 AEG maßgebend. Nach § 4 I EBO sind Bahnanlagen alle

126 Siehe unsere Vorauflage Rn. 2/33 ff.; *Blümel*, DVBl. 1997, 205 ff.

127 BVerfGE 95, 1 ff. – Südumfahrung Stendal.

128 Übersicht über die Besonderheiten der im folgenden angeführten Fachplanungen bei *Steinberg*, Fachplanung, § 1 Rn. 29 ff.; *Stüer*, Hdb. Bau- und FachplanungsR, 2. Aufl. 1998, Rn. 1402 ff. Vgl. auch *Wahl/Dreier*, NVwZ 1999, 606 ff. Die Sonderregelung für Planfeststellungen von Eisenbahnkreuzungen in § 9 EKrG sind durch das PlanungsvereinfachungsG aufgehoben worden.

129 Dazu *Dürr*, Planfeststellung, S. 984 ff.; *Ronellenfitsch*, in: *Marschall/Schroeter/Kastner*, BFStrG, 5. Aufl. 1998, S. 525 ff. Für die Planfeststellung von Bundesstraßen hat das BMVk Richtlinien erlassen (VkBl. 1999, 511 ff.). S.a. die Hinweise zur Berücksichtigung des Naturschutzes und der Landeschaftspflege beim Bundesfernstraßenbau (HNL-S 99), VkBl. 1999, 237 ff.

130 Hierzu *Dürr*, Planfeststellung, S. 1191 ff.; *Ronellenfitsch*, DVBl. 1998, 653 ff.

131 S. hierzu BVerwGE 81, 111 ff.; BVerwG, UPR 1998, 356 ff.; *Steenhoff*, DVBl. 1986, 1236 ff.; *Heinze*, Eisenbahn-Planfeststellung, 1997.

132 Zur Aufsicht über die DB-AG durch das EBA s. BVerwG, NVwZ 1995, 379 (380).

133 BVerwGE 102, 269; *Bender*, VerwArch 1992, 576 ff. Bahnanlagen sind z.B. Schienenwege, Bahnsteige, Bahnhofshalle, Werkstätten, Bahnreisezentrum, P+R-Platz (VGH BW, NVwZ 1990, 585), **nicht** aber ein bloßes Dienstleistungszentrum, Fachmärkte, Spielhallen (OVG Münster, NVwZ 1989, 576; OVG Koblenz, GewArch 1991, 108), Boutiquen, Schrottplatz mit Bahnanschluß (OVG Münster, BauR 1999, 383). Zu dem in der Praxis lange umstrittenen Verhältnis zwischen Kompetenzen des EBA u. der DB AG einerseits sowie unteren Baurechtsbehörden und Kommunen andererseits bei der Überplanung von Bahnbrachen oder der Zulassung bahnfremder Nutzungen auf Bahngrundstücken s. *Brohm*, FS Blümel, 1999, S. 79 ff.; *Gruber*, BauR 2000, 499 ff.; *v. Heyl/Steinfort*, DVBl. 1999, 1311 ff.; *Kraft*, BauR 1999, 829 (836 ff.); *Ronellenfitsch*, VerwArch 1999, 466 ff., 581 ff.

Grundstücke, Bauwerke und sonstigen Einrichtungen einer Eisenbahn, die unter Berücksichtigung der örtlichen Verhältnisse zur Abwicklung oder Sicherung des Reise- oder Güterverkehrs auf der Schiene erforderlich sind. Dazu gehören auch Nebenbetriebseinrichtungen sowie sonstige Anlagen einer Eisenbahn, die das Be- und Entladen sowie den Zugang und Abgang ermöglichen oder fördern. Gemeinsames Kriterium für die (objektive) Zugehörigkeit zur Bahnanlage ist damit unter Berücksichtigung der örtlichen Verhältnisse die sog. Eisenbahnbetriebsbezogenheit, d.h. die Verkehrsfunktion und der räumliche Zusammenhang mit dem Eisenbahnbetrieb[134].

Wird eine länger nicht betriebene Bahnstrecke wiederhergerichtet und der Betrieb wieder aufgenommen, ist das Vorhaben nur planfeststellungspflichtig, wenn die alte Bahnstrecke entweder förmlich entwidmet wurde oder durch Streckenstillegung funktionslos (Rn. 3/150) geworden ist[135]. **71**

- **Bau und Änderung von Magnetschwebebahnen** nach dem Magnetschwebebahnplanungs G v. 23.11.1994 (BGBl. I 3486) i.V.m. dem Allgemeinen MagnetschwebebahnG v. 19.7.1996 (BGBl. I 1019) für den Betrieb dieser Bahnen und dem MagnetschwebebahnbedarfsG vom gleichen Tag für die Transrapid-Strecke Hamburg-Berlin[136]. **72**
- **Luftverkehrsrechtliche Planfeststellung** (§ 8 LuftVG) für Anlage oder Änderung eines Flughafens oder eines Landeplatzes mit (i.S.d. § 17 LuftVG) beschränktem Bauschutzbereich (s. aber § 8 V 3 LuftVG für Konversionsflächen). Sie ergeht in Bundesauftragsverwaltung (Art. 87d II GG; § 31 II Nr. 4 LuftVG entspr.[137]). Daneben bedarf es einer Unternehmergenehmigung (§ 6 LuftVG), die aber nicht mehr Voraussetzung der Planfeststellung ist[138]. **73**
- **Personenbeförderungsrechtliche Planfeststellung** (§ 28 PBefG) für Bau oder Änderung einer Straßenbahn i.S. des PBefG (gem. § 4 PBefG), somit auch einer U-Bahn. Auch hier bedarf es daneben einer Unternehmergenehmigung (§§ 9 I Nr. 1, 28 IV PBefG)[139]. Wiederum kann die Planfeststellung durch entsprechende **74**

134 BVerwGE 102, 269.

135 BVerwGE 99, 160; BVerwG, NuR 1996, 515 ff.; s.a. BVerwGE 107, 350; BVerwG, NVwZ 1999, 539.

136 *Erbguth*, NVwZ 1997, 116 ff.; *Ramsauer*, ZAU 1997, 16 ff. Der gesetzlich festgestellte Bedarf für die Transrapid-Strecke Hamburg-Berlin ist nach Rückzug der DB-AG aus dem Projekt praktisch nicht mehr vorhanden.

137 BVerwGE 58, 344 (347) u. st. Rspr. Vgl. im übrigen zur luftverkehrsrechtlichen Planfeststellung z.B. BVerwGE 56, 110 (Flughafen Frankfurt), BVerwGE 69, 256; 75, 214 (jeweils Flughafen München II); BVerwGE 85, 251. S. ferner *Hofmann/Grabherr*, LuftVG-Ktr., *Giemulla/Schmid*, LuftVG-Ktr.; *Ronellenfitsch*, DVBl. 1984, 505 ff.; *Steinberg/Bidinger*, UPR 1993, 281 ff.; *Steiner*, FS Blümel, 1999, S. 549 ff. sowie *Bidinger*, Planung und Nutzung von Verkehrsflughäfen, 1996.

138 Die luftverkehrsrechtliche Genehmigung hat planerischen Einschlag und unterfällt § 7 BauGB, vgl. BVerwG, NVwZ-RR 1998, 490 ff.; VGH BW, NVwZ-RR 1998, 219, 221; s. ferner BVerwG, DVBl. 1998, 1184 ff.; NVwZ-RR 1998, 489 f.

139 OVG Münster, UPR 1998, 196 f.: Die (Vorhaben-)Genehmigung für den Bau und die Linienführung einer Straßenbahn gemäß § 9 I Nr. 1 PBefG ist Rechtmäßigkeitsvoraussetzung für die Planfeststellung und muß vor oder gleichzeitig mit ihr erteilt werden. – Für die Straßenbahnplanung durch Bebauungsplan kann dies nicht entspr. gelten, da diese das Vorhaben lediglich vorbereitet. Wird keine ergänzende Planfeststellung nach § 28 III PBefG beantragt, so ist bis zur Entscheidung der technischen Aufsichtsbehörde nach § 60 III BOStrab die personenbeförderungsrechtliche Genehmigung einzuholen.

Festsetzungen in einem Bebauungsplan (§ 9 I BauGB) ersetzt werden (§ 28 III PBefG)[140].

75 • **Bundeswasserstraßenrechtliche Planfeststellung** (§ 14 WaStrG) für Ausbau oder Neubau einer Bundeswasserstraße[141], z.B. Bau der Main-Donau-Wasserstraße, Bau einer Oberrhein-Staustufe. Sie ergeht in bundeseigener Verwaltung (Art. 89 II 1 GG, § 45 I WaStrG).

76 • **Wasserrechtliche** (wasserwirtschaftliche) **Planfeststellung** (Rahmenvorschrift des § 31 WHG i.V.m. den einschlägigen Vorschriften des Landeswasserrechts; dazu auch Rn. 6/181 ff.) für den Ausbau, d.h. für die auf Dauer angelegte Herstellung, für die Beseitigung oder die wesentliche Umgestaltung eines Gewässers oder seiner Ufer, darüber hinaus auch für Deich- und Dammbauten, die den Hochwasserabfluß beeinflussen (z.B. die Polder am Oberrhein)[142].

77 • **Atomrechtliche Planfeststellung** (§ 9b AtG; dazu auch Rn. 9/98, 227) für Errichtung und Betrieb einer Anlage des Bundes zur Sicherstellung und zur Endlagerung radioaktiver Abfälle (z.B. Endlager Gorleben) sowie die wesentliche Änderung einer solchen Anlage und ihres Betriebs[143].

78 • **Abfallrechtliche Planfeststellung** (§ 29 II KrW-/AbfG; dazu auch Rn. 12/253 ff.) für Errichtung und Betrieb einer Abfalldeponie sowie für die wesentliche Änderung einer solchen Anlage und ihres Betriebs[144].

Die Planfeststellung von Abfallentsorgungsanlagen stellte bis zur Änderung durch das Investitionserleichterungs- und Wohnbaulandgesetz einen zweiten Schwerpunkt des Fachplanungsrechts dar.

79 • **Flurbereinigungsrechtliche Planfeststellung** (§ 41 FlurbG) für gemeinschaftliche und öffentliche Anlagen im Flurbereinigungsgebiet (also insbesondere für das neue Wege- und Gewässernetz) nebst den dazu gehörenden landschaftspflegerischen Maßnahmen. Zur Umsetzung eines Fachplanungsvorhabens kann nach § 87 FlurbG eine Unternehmensflurbereinigung angeordnet werden, um den Landverlust auf mehrere Schultern zu verteilen[145].

80 • **Bergrechtliche Planfeststellung** (§ 52 IIa BBergG) für die Aufstellung eines Rahmenbetriebsplans i.S. des § 52 II Nr. 1 BBergG, wenn ein betriebsplanpflich-

---

140 BVerwG, B. v. 18.11.1998, 11 VR 10.98; VGH BW, Urt. v. 3.7.1998, 5 S 1/98; B. v. 7.5.1998, 5 S 1060/98; *Pechan*, Die Planfeststellung im Personenbeförderungsrecht, 1994; *Fromm*, DVBl. 1986, 121 (125); *Kühling*, Fachplanungsrecht, Rn. 140.

141 Näheres *Friesecke*, BundeswasserstraßenG, 4. Aufl. 1999; *Steinberg*, Fachplanung, § 1 Rn. 55 ff.; s.a. *Schulze*, NVwZ 1999, 1289 ff. Nicht planfeststellungspflichtig sind Unterhaltungsarbeiten nach § 8 WaStrG, OVG Lüneburg, NVwZ 1992, 903 f.

142 Vgl. im einzelnen *Steinberg*, Fachplanung, § 1 Rn. 63 ff.; *Czychowski*, WHG, § 31 Rn. 1 ff.; *Sieder/Zeitler/Dahme*, WHG, § 31 Rn. 1 ff.

143 Näheres bei *Steinberg*, Fachplanung, § 1 Rn. 69 ff. Nach BVerwGE 85, 54 bedarf die *untertägige Erkundung* eines Standortes (hier: Gorleben) auf seine Eignung neben der bergrechtlichen Betriebsplanzulassung nicht der atomrechtlichen Planfeststellung.

144 S.a. *Paetow*, FS Sendler, 1991, S. 425 ff.; *Steinberg*, Fachplanung, § 1 Rn. 47; *Kunig/Paetow/Versteyl*, Krw-/AbfG, § 31 Rn. 1 ff. Zur grundsätzlichen Abgrenzung von Planfeststellung und vorhabenbezogener Genehmigung am Beispiel von Abfallentsorgungsanlagen *Burgi*, JZ 1994, 654 ff.

145 *Aust*, in: *Kodal/Krämer*, Straßenrecht, 6. Aufl. 1999, S. 1251 ff.; BVerwG, DVBl. 1988, 534; VGH BW, NVwZ-RR 1990, 66.

tiges Vorhaben aufgrund einer gem. § 57c BBergG erlassenen RechtsVO einer UVP bedarf[146].

Für Energieversorgungsleitungen[147] fehlt bisher ein allgemeines Fachplanungsgesetz. Hochspannungsfreileitungen, Rohrleitungsanlagen für wassergefährdende Stoffe sowie künstliche Wasserspeicher (ab 5 Mio. m^3 Volumen) sind nach der **UVP-Änderungs-RL** (Rn. 3/4) einer Umweltverträglichkeitsprüfung zu unterziehen. Möglicherweise werden diese Anlagen durch Änderung des UVPG einem Planfeststellungsvorbehalt unterstellt. Falls sich hier Enteignungen (z.B. Zwangsbelastungen) als erforderlich erweisen (vgl. § 11 EnergG), kommt es nach manchen Landesenteignungs-gesetzen zu „enteignungsrechtlichen Planfeststellungsverfahren" (etwa nach §§ 24 ff. BW EnteignG)[148]. **81**

Für die Planfeststellung von Verkehrswegen hat das Planungsvereinfachungsgesetz verfahrensrechtliche und materiellrechtliche Sonderregelungen getroffen. Die eisenbahn- und wasserstraßenrechtlichen Planfeststellungen werden von Bundesbehörden vorgenommen, alle übrigen von Landesbehörden (Art. 83 GG). **82**

b) Landesrechtliche Planfeststellungserfordernisse

Landesrechtlich ist, bei unterschiedlichen Regelungen im einzelnen, noch für weitere Vorhaben ein Planungfeststellungsvorbehalt vorgesehen, so z.B. für die Herstellung oder wesentliche Änderung von Landesstraßen, von öffentlichen Abwasserbeseitigungsanlagen, von Bergbahnen und von Eisenbahnstrecken, wenn diese nicht von der Deutschen Bahn AG betrieben werden. **83**

c) Plangenehmigung und Absehen vom förmlichen Planungsverfahren

Anstelle eines Planfeststellungsverfahrens kann ein **Plangenehmigungsverfahren**[149] mit *Rechtswirkung* (d.h. Konzentrationswirkung und – str. – Präklusionswirkung[150]) *der Planfeststellung* nach § 74 VI VwVfG durchgeführt werden, wenn **84**

– Rechte anderer nicht beeinträchtigt werden[151] oder die Drittbetroffenen sich mit der Inanspruchnahme ihres Eigentums einverstanden erklären bzw. auf ihre priva-

146 S. *Gaentzsch*, FS Sendler, 1991, S. 403 ff.; *Niermann*, Betriebsplan und Planfeststellung im Bergrecht, 1992.

147 *Hermes*, Staatliche Infrastrukturverantwortung, 1998.

148 *Stuchlik*, UPR 1998, 1 ff.

149 *Ringel*, Die Plangenehmigung im Fachplanungsrecht, 1996; *Jarass*, DVBl. 1997, 795 ff.; *Timmermans*, VBlBW 1998, 285 ff.; BVerwGE 98, 100 ff.

150 Zurecht abl. *Jarass*, DVBl. 1997, 795 (797); *Czajka*, in: Feldhaus, BImSchG, § 41 Rn. 86. Nach VGH BW, B. v. 7.5.1998, 5 S 1060/98 ist bei Beeinträchtigung von Rechten Dritter ein PFV durchzuführen, eine Präklusion kann also faktisch nur im Planfeststellungsverfahren stattfinden.

151 Auch eine flächenmäßig nur geringe Inanspruchnahme fremden Grundeigentums schließt die Durchführung eines Plangenehmigungsverfahrens aus, weil das Eigentumsrecht *vollständig* (d.h. nicht unwesentlich) entzogen werden kann, a.A. VGH BW, Urt. v. 15.7.1994, 8 S 1196/94 für § 37 II BW StrG. Im Hinblick auf eine Mehrbelastung durch Verkehrslärm ist auf den Einzelfall abzustellen; einen Anhaltspunkt bietet die Wahrnehmungsschwelle von 2-3 dB (A) Pegeländerung. S.a. VGH BW, B. v. 7.5.1998, 5 S 1060/97: keine unwesentliche Beeinträchtigung bei planbedingter Verkehrslärmerhöhung um bis zu 6 dB(A) auf bis zu 74 dB(A) tagsüber.

ten Rechte verzichten; nach § 17 Ia FStrG und § 28 Ia PBefG ist eine Plangenehmigung auch möglich, wenn Rechte anderer nicht wesentlich[152] beeinträchtigt werden;
- mit den Trägern öffentlicher Belange (d.h. den sachlich von der Planung berührten Behörden, Kommunen und sonstigen juristischen Personen des öffentlichen Rechts) das *Benehmen* [153] hergestellt wurde.

85 In der Plangenehmigung – einem VA – sind, wie bei jeder Planung, die betroffenen Interessen abzuwägen[154]. Der Unterschied zur Planfeststellung besteht darin, daß das Plangenehmigungsverfahren ohne Öffentlichkeitsbeteiligung, Umweltverträglichkeitsprüfung und Verbandsbeteiligung nach § 29 BNatSchG[155] durchgeführt wird.

86 Ein Plangenehmigungsverfahren kann insbesondere durchgeführt werden, wenn der Projektträger bereits Eigentümer der Flächen ist, die in Anspruch genommen werden sollen, was in der Praxis oft zu einem frühzeitigen Grunderwerb führt. Unter dem Gesichtspunkt der gebotenen Alternativenabwägung ist dies bedenklich und kann in Einzelfällen dem verwaltungswissenschaftlichen Grundsatz widersprechen, daß komplexe Sachverhalte auch komplexer Verfahren mit komplexem Sachverhaltsaufklärungsmechanismus bedürfen. In diesen Fällen sollte vom Verfahrensermessen, ein Plangenehmigungsverfahren durchzuführen, kein Gebrauch gemacht werden.

87 Der EuGH hat mehrfach festgestellt, daß die mit der gesetzlichen Zulassung des Plangenehmigungsverfahrens verbundene generelle Herausnahme von Projekten nach Anhang II der UVP-Richtlinie europarechtswidrig ist[156]. Zulässig sind nur Einzelfall-Entscheidungen oder die Koppelung der Plangenehmigung an fehlende Umweltbeeinträchtigungen wie in § 31 III KrW-/AbfG, § 31 III WHG. Deshalb ist bis zu einer Änderung des UVPG das Verfahrensermessen der Planfeststellungsbehörde europarechtskonform so auszuüben, daß ein Plangenehmigungsverfahren nur durchgeführt wird, wenn keine erheblichen nachteiligen Auswirkungen auf ein Schutzgut des § 2 I UVPG (Art. 3 UVP-II-RL) zu erwarten sind[157].

88 Die Möglichkeit, ein Plangenehmigungsverfahren durchzuführen, war seit jeher in einigen Fachplanungsgesetzen (z.B. § 41 IV 1 FlurbG, § 31 I 3 WHG, § 7 II AbfG a.F.) für weniger bedeutsame Infrastrukturvorhaben enthalten. Hauptanwendungsfall waren Änderungen oder Erweiterungen von unwesentlicher Bedeutung, die keine Rechtsbeeinträchtigungen Dritter[158] bzw. keine erheblichen Auswirkungen auf die Umwelt (vgl. § 7 II AbfG a.F.) befürchten lie-

152 §§ 19 II FStrG, 22 II AEG (sowie § 30 PBefG) sehen auch eine enteignungsrechtliche Vorwirkung (Rn. 3/148) der Plangenehmigung vor; krit. *Timmermans*, VBlBW 1998, 285 (289); *Wahl/Dreier*, NVwZ 1999, 606 (609).

153 Die Herstellung des Benehmens mit einer anderen Behörde bedeutet, daß diese im Verfahren anzuhören ist und – soweit sie einen anderen Standpunkt zum Vorhaben vertritt – die gegenläufigen Standpunkte wie im Abwägungsvorgang einander mit dem Ziel der weitestgehenden Übereinstimmung anzunähern sind, der Standpunkt der anderen Behörde für die zuständige Behörde – anders als beim Einvernehmen – jedoch keine Bindungswirkung hat.

154 BVerwGE 98, 100 (103); BVerwG, Urt. v. 16.12.1998, 11 A 14.98. Eine Beeinträchtigung von Rechten Dritter muß aber ausgeschlossen sein, BVerwGE 102, 74.

155 BVerwGE 104, 367; 98, 100; VGH Kassel, ZUR 1999, 118; OVG Magdeburg, NuR 1995, 476; krit. *Kröger/Schulz*, NuR 1995, 72 (76). Zur Klagebefugnis eines Verbandes gegen die Plangenehmigung abl. BVerwG, NVwZ-RR 1999, 556 f.

156 EuGH, Slg. 1988, 6135 ff. = NVwZ 1998, 1281; 1997, 473; Slg. 1996, 2323. Zuletzt EuGH, Urt. v. 21.9.1999, Rs. C-392/96 (Kommission./.Irland); DVBl. 2000, 214.

157 So auch *Schink*, NuR 1998, 173 (178).

158 BVerwGE 77, 134 (136 ff.) – verfassungskonforme Auslegung.

ßen. Der „alten" Plangenehmigung fehlte die für die Planfeststellung typische Konzentrationswirkung. Durch das **PlanungsvereinfachungsG**[159] und schließlich allgemein durch das **GenehmigungsverfahrensbeschleunigungsG**[160] wurde abweichend hiervon zunächst für die Planung von Verkehrswegen, dann allgemein die Möglichkeit geschaffen, anstelle eines Planfeststellungsverfahrens ein förmliches Plangenehmigungsverfahren – unter Beteiligung der Betroffenen sowie der Träger öffentlicher Belange – durchzuführen. Der Gesetzesänderung liegt der im Kern zutreffende Gedanke zugrunde, daß nur bei komplexen Sachverhalten die verfahrensbezogenen Sicherungen des Planfeststellungsverfahrens für ein sachgerechtes Abwägungsergebnis erforderlich sind. Verwaltungsverfahren sind effizient durchzuführen und einfache Problemlagen – so es sie gibt – in einfachen Verfahren, komplexe Problemlagen aber in komplexen Verfahren – wie dem Planfeststellungsverfahren – zu lösen. Gerade das Planfeststellungsverfahren gewährleistet mit seinem Verfahrensmodell der Öffentlichkeitsbeteiligung die Einbindung aller von der Planung berührten Interessen und damit nicht nur den rechtsstaatlich erforderlichen Schutz bereits im Verwaltungsverfahren, sondern fördert auch die Akzeptanz des Verfahrensergebnisses und damit die Durchsetzung der mit der Planung verfolgten Sachziele.

Eine vollständige Deregulierung, d.h. ein **Verzicht auf ein Verwaltungsverfahren**, **89**
welches mit einer Planfeststellung oder -genehmigung abschließt, sieht § 74 VII VwVfG für *Änderungen und Erweiterungen von unwesentlicher Bedeutung* vor[161]. Die nach außen verlautbarte Entscheidung ist ein Verwaltungsakt, mit dem nicht nur über die verfahrensrechtliche Freistellung, sondern auch über die Zulässigkeit des Vorhabens entschieden wird, so daß eine Bindung an das Abwägungsgebot bestehen bleibt[162]. Dem Verzicht fehlt die Konzentrationswirkung der Planfeststellung und Plangenehmigung, weshalb andere fachgesetzlich erforderliche Genehmigungen gesondert einzuholen sind. Ein Fall von unwesentlicher Bedeutung liegt nach dem Gesetzeswortlaut vor, wenn u.a. „Rechte anderer nicht beeinflußt werden", was bei der auch nur geringfügigen Inanspruchnahme von fremdem Eigentum aber der Fall ist.

d) Ersetzen der Planfeststellung durch Bebauungsplan

Die straßenrechtliche und die personenbeförderungsrechtliche Planfeststellung kann **90**
durch einen Bebauungsplan ersetzt werden (§ 17 III FStrG und landesstraßenrechtliche Bestimmungen, § 28 III PBefG). Diese Möglichkeit erfaßt Planungen im innerörtlichen Bereich, bei denen neben der Straße oder der Straßenbahn auch die Nutzung der angrenzenden Grundstücke geregelt werden soll[163]. Die Gemeinde hat ein Aus-

159 Ges. zur Vereinfachung der Planungsverfahren für Verkehrswege v. 17.12.1993, BGBl. I 2123; vgl. hierzu BR-Drs. 598/93; *Ronellenfitsch*, DVBl. 1994, 441 ff.; *Steinberg/Berg*, NJW 1994, 488 ff.; *Steiner*, NVwZ 1994, 313 ff.

160 Ges. zur Beschleunigung von Genehmigungsverfahren v. 12.9.1996, BGBl. I 1354; hierzu *Schenke*, NJW 1997, 81 ff.

161 BayVGH, UPR 1999, 280; *Timmermans*, Verzicht auf Planfeststellung und Plangenehmigung, 1997; zur entspr. Vorschrift im VPlBG: *Klinski/Gaßner*, NVwZ 1992, 235 (236 f.). Von diesen Fällen sind Planänderungen im Planfeststellungsverfahren (s. etwa § 73 VIII VwVfG sowie *Kuschnerus*, DVBl. 1990, 235 ff.) sowie Planänderungen nach Feststellung des Plans, aber vor Fertigstellung des Vorhabens (s. etwa § 76 VwVfG; *Henke*, UPR 1999, 51 ff.) zu unterscheiden.

162 *Timmermans*, VBlBW 1998, 285 (290); a.A. *Jarass*, DVBl. 1997, 795 (796); *Wahl/Dreier*, NVwZ 1999, 606 (608).

163 OVG Münster, NVwZ-RR 1997, 686.

wahlrecht, ob für das Vorhaben ein Planfeststellungs- oder Bebauungsplanverfahren durchgeführt wird[164]. Dies verdeutlicht die Verwandtschaft von Bauleitplanung und Planfeststellung, wobei aber folgende Besonderheiten der Bauleitplanung zu beachten sind: Dem Bebauungsplan fehlt die dem PFB eigene – formelle – Konzentrationswirkung (§ 75 I VwVfG)[165], es können nur Regelungen nach § 9 I und Ia BauGB getroffen werden[166], also keine Entschädigungsregelungen für passiven Lärmschutz oder ein Absehen hiervon im Falle des § 74 II 3 VwVfG (Rn. 3/140)[167]. Eine Präklusion verspäteter Einwendungen erfolgt nicht, der Bebauungsplan hat keine enteignungsrechtliche Vorwirkung (Rn. 3/149)[168]. Soweit für einzelne Bauwerke eine fachgesetzliche Genehmigung erforderlich ist, muß ein ergänzendes Planfeststellungsverfahren durchgeführt werden; desgleichen bei einer erforderlich werdenden Abweichung vom Bebauungsplan. Der Bebauungsplan hat Rechtswirkung bis zu seiner Aufhebung, es sei denn, er wird ausnahmsweise funktionslos[169]. Der Bebauungsplan kann als Rechtsnorm nicht bestandskräftig werden und unterliegt dauerhaft gerichtlicher Kontrolle, die nur durch §§ 214 ff. BauGB eingeschränkt ist. An die städtebauliche Erforderlichkeit i.S.d. § 1 III BauGB werden nur geringe Anforderungen gestellt, lediglich einem planerischen Mißgriff oder einer Vorratsplanung fehlt die städtebauliche Erforderlichkeit[170].

91 Fraglich ist das Vorgehen, wenn durch einen Straßenausbau oder Straßenbahnneubau eine bereits planfestgestellte Straße in Anspruch genommen werden soll. Das BVerwG ist der Auffassung, daß privilegierte Fachplanungen nach § 38 BauGB inhaltlich abweichende Festsetzungen in nachfolgenden Plänen ausschließen[171]. Das Aufeinandertreffen zweier Rechtsformen – Satzung und Verwaltungsakt – wird dadurch gelöst, daß der „ältere" PFB eine Bauleitplanung „sperrt", solange er nicht durch „actus contrarius" aufgehoben oder funktionslos (Rn. 3/150) geworden ist. Hierfür fehlt der Gemeinde regelmäßig die Zuständigkeit, weil Planfeststellungsbehörde die staatliche Mittelinstanz (Regierungspräsidium, Bezirksregierung usw.) ist. Eine solche Formenstrenge ist im Sinne der Rechtssicherheit wünschenswert[172], jedoch nicht zwingend geboten, wenn man den vom 4. Senat des BVerwG entwickelten Gedanken, daß das öffentliche Sachenrecht einen hoheitlichen Akt erfordere, in dem die Übertragung der Sachherrschaft auf einen anderen Planungsträger öffentlich zum Ausdruck komme, auf das Straßenrecht überträgt. Es kann dann – wie bei der Wald-

164 BVerwGE 94, 100 (107 f.). Zu Fehlerfolgen: BVerwG, NVwZ 1999, 989 f.

165 BVerwG, NVwZ 1993, 572; *Kühling*, Fachplanungsrecht, 1988, S. 146; *Steinberg*, Fachplanung, § 3 Rn. 144 ff.; *Wahl*, NVwZ 1990, 426, 430. VGH BW, Urt. v. 29.7.1999, 5 S 1603/97: Bebauungsplan ersetzt nicht eine naturschutzrechtliche Befreiung.

166 BVerwGE 92, 56.

167 BVerwGE 80, 184 (187); BVerwG, UPR 1999, 268 (271); *Kraft*, DVBl. 1998, 1048, 1057 f.

168 BVerfG, NVwZ 1999, 979; BVerwG, NVwZ 1998, 845 f.

169 BVerwG, NVwZ-RR 1998, 711 f.

170 BVerwG, BauR 1993, 585 (587); UPR 1999, 352 f.; VGH BW, VBlBW 1999, 343 (344). In der Rechtsprechung wurde aber ein Zeitraum von 10 Jahren bis zur Finanzierbarkeit als noch vertretbar angesehen: VGH BW, Urt. v. 22.4.1998, 3 S 2241/97.

171 BVerwG, NVwZ 1998, 290 ff. Hiergegen im Hinblick auf die Ersetzungsbefugnis des § 17 III FStrG zutreffend *v. Heyl/Steinfort*, DVBl. 1999, 1311 (1316).

172 *Dürr*, Planfeststellung, S. 1071 ff.

umwandlungserklärung nach § 10 II LWaldG BW und der Biotopschutz-Ausnahme entspr. § 20c BNatSchG – eine dem Satzungsbeschluß vorausgehende[173] Entscheidung der Planfeststellungsbehörde nach § 17 II Nr. 2 FStrG eingeholt und die noch erforderliche Publizitätswirkung[174] durch gleichzeitige Bekanntmachung mit dem Bebauungsplan hergestellt werden. Die Umwidmung der öffentlichen Straßenfläche kann von der Gemeinde für den Bereich der Ortsdurchfahrten, um die es hier geht, aber auch in eigener Kompetenz – nach Anhörung der Fachplanungsbehörde und der Straßenbauverwaltung – verfügt werden, wenn die jeweiligen straßenrechtlichen Vorschriften (z.B. §§ 5, 6 LStrG BW) hierzu ermächtigen. Der Satzungsbeschluß des Gemeinderates kann bei dieser Vorgehensweise zusammen mit dem Umwidmungsbeschluß hinsichtlich der in Anspruch genommenen Straßenfläche gefaßt und (im Hinblick auf die erforderliche Publizität) veröffentlicht werden.

Offen ist, auf welcher Rechtsgrundlage innerörtliche und außerörtliche Straßen ge- **92**
baut werden können, wenn keine landesrechtliche Planfeststellungspflicht besteht, wie z.T. bei Kreisstraßen, Gemeindestraßen und sonstigen Straßen. Regelmäßig ist der Bau aufgrund eines Bebauungsplans zulässig; dies sagt jedoch nichts darüber aus, ob dieser zwingend erforderlich ist. Das BVerwG fordert für den Fall der Beeinträchtigung von Rechten Dritter (etwa durch unzumutbare Lärmbelastungen usw.) einen Bebauungsplan, da andernfalls ein öffentlich-rechtlicher Unterlassungsanspruch (Rn. 4/73) hinsichtlich der für den Nachbarn belastenden Straßennutzung besteht[175]. Darüber hinaus ist aber ein förmliches Verfahren nur insoweit erforderlich, als fachgesetzlich Genehmigungsvorbehalte bestehen (z.B. Wasserrecht, Naturschutzrecht; von der Baugenehmigungspflicht sind Straßen regelmäßig ausgenommen, was allerdings nicht von der Einhaltung der §§ 34, 35 BauGB oder naturschutzrechtlicher Bestimmungen – z.B. §§ 10, 11, 24a NatSchG BW entbindet)[176].

3. Planfeststellungsverfahren

Für das – bei großtechnischen Projekten oft viele Jahre dauernde[177] – Planfeststel- **93**
lungsverfahren sind die §§ 72 ff. VwVfG bzw. die entsprechenden Vorschriften der

173 VGH BW, NVwZ 1995, 1225 ff. (Waldumwandlungserklärung); VGH BW, VBlBW 1998, 64 ff. (Biotopschutz).

174 S. den Hinweis auf § 2 V und VI FStrG in BVerwGE 81, 111 ff. und *v. Heyl/Steinfort*, DVBl. 1999, 1311 (1314); *Menke*, NVwZ 1999, 950 ff. Das OVG Münster, BauR 1999, 365, läßt in einem Sonderfall die Bekanntgabe der Entwidmung an die Gemeinde ausreichen.

175 BVerwGE 94, 100 ff.; BVerwG, NVwZ-RR 1999, 556 f.

176 So z.B. auch VG Meiningen, B. v. 12.10.1998, 2 E 968/98. Außerhalb der geschlossenen Ortslage kann ein Straßenbau ohne Bebauungsplan an § 35 III BauGB scheitern: Eine Privilegierung des Straßenbaus nach § 35 I BauGB scheidet aus, weil die dort erwähnten baulichen Anlagen bereits voll erschlossen sein müssen. Verfahrensrechtlich böte sich für die Ermittlung entsprechender Konfliktlagen und als Konfliktlösungsmodell ein Planungsvorbehalt an. Ein Planfeststellungsverfahren ist aber *nur* in den bundes- oder landesrechtlich aufgeführten Fällen vorgeschrieben.

177 Der Gesetzgeber hat hierauf seit 1991 insbesondere für den Verkehrswegebau durch eine Vielzahl von Gesetzesänderungen (Rn. 3/66) reagiert, ohne daß dem gesetzgeberischen Handeln erkennbar eine Schwachstellenanalyse zugrundelag, vgl. z.B. *Steinberg*, NuR 1996, 6 ff.; *Blümel* (Hrsg.), Verkehrswegeplanung in Deutschland, 1992; UGB-KomE, S. 602 ff.

LVwVfG maßgeblich, soweit nicht das jeweils einschlägige Fachplanungsgesetz abweichende Bestimmungen vorsieht[178]. Das Planfeststellungsverfahren wird von der landes- oder bundesrechtlich bestimmten Anhörungsbehörde durchgeführt. Mit der Auslegung der Planunterlagen ist die betroffene Gemeinde beauftragt. Der sogen. Planfeststellungsbehörde ist die Sachentscheidung – der Planfeststellungsbeschluß – vorbehalten. Das Verfahren entwickelt sich in folgenden Stufen[179]:

a) Antrag

94 In Vorbereitung der Planfeststellung hat der Vorhabenträger zunächst den „Plan" mit den dazugehörigen Planunterlagen auszuarbeiten. Welche Anforderungen an seinen Inhalt gestellt werden, ergibt sich aus dem Katalog der Entscheidungen, die im Planfeststellungsbeschluß getroffen werden müssen (Rn. 3/119), den damit verbundenen Rechtswirkungen für die Beteiligten und den Bindungen der planerischen Gestaltungsfreiheit. Diese Anforderungen sind hoch, und es liegt im Interesse des Vorhabenträgers, ihnen gewissenhaft nachzukommen, um Verzögerungen zu vermeiden.

95 Die wesentlichen Verzögerungen im Planungsverfahren treten vor Antragstellung auf, denn viele Pläne werden unvollständig eingereicht und müssen zeitraubend nachgebessert werden. Dem kann mit der Durchführung eines **Scoping-Verfahrens** nach § 5 UVPG (Rn. 3/13) vorgebeugt werden. In der Phase der Erarbeitung des Plans mit dem Ziel seiner Planfeststellungsfähigkeit besteht enger Kontakt zwischen Planfeststellungsbehörde und Vorhabenträger. Das Gebot *fairer Verfahrensführung* verlangt aber, daß die Planfeststellungsbehörde vor Antragstellung keine Weichenstellung zulasten Dritter vornimmt, sonst kann das Planfeststellungsverfahren auch seine rechtsstaatliche und demokratisch-partizipatorische Funktion nicht mehr erfüllen.

96 Das Verfahren beginnt formell damit, daß der Vorhabenträger den Antrag zur Durchführung des Planfeststellungsverfahrens für das planfeststellungsbedürftige Objekt bei der Anhörungsbehörde einreicht (§ 73 I VwVfG). Das Planfeststellungsverfahren ist antragsgebunden, die Planfeststellungsbehörde hat nur einen begrenzten Spielraum, vom Antrag abzuweichen, indem sie Schutzauflagen zugunsten Dritter hinzufügt (Rn. 3/122 ff.)[180]. Der Antrag kann noch während des Verfahrens geändert werden, wenn dabei keine notwendigen Verfahrensschritte „verloren" gehen.

97 Dem Antrag ist der „Plan" beizufügen; die dazugehörigen Planunterlagen umfassen z.B. bei Straßen (vgl. Nr. 12 Planfeststellungsrichtlinien): den Erläuterungsbericht des Antragstellers mit einer Darstellung der Auswirkungen des Vorhabens auf die Umwelt und einer allgemeinverständlichen Kurzfassung des Planfeststellungsantrags, Bauwerksverzeichnis, Ausbauquerschnitt, Lage-, Höhen-, Leitungsplan, Grunderwerbsverzeichnis, im Hinblick auf die enteignende Vorwirkung einen parzellenscharfen Grunderwerbsplan, Unterlagen zur Regelung wasserwirtschaftlicher und

---

178 BVerwG, NVwZ 1996, 267 (268). Insbes. bestehen bundesrechtliche Regeln im PlanungsvereinfachungsG für Verkehrswege.

179 Im einzelnen hierzu die Planfeststellungsrichtlinien des BMVk (VkBl. 1999, 511); *Dürr*, Planfeststellung, S. 1120 ff.; *Steinberg*, Fachplanung, § 3 Rn. 12 ff.

180 Vgl. *Hoppe/Just*, DVBl. 1997, 789; *Jarass*, DVBl. 1997, 795, 800 (zur Antragsänderung und § 73 VIII VwVfG); BVerwGE 87, 332 (342 f.).

lärmtechnischer Sachverhalte, den landschaftspflegerischen Begleitplan mit Vermeidungs-, Minimierungs-, Ausgleichs- und Ersatzmaßnahmen u.a.m. Da Planfeststellungen regelmäßig UVP-pflichtig sind, müssen die Antragsunterlagen den nach § 6 UVPG vorgeschriebenen Mindestinhalt umfassen, darunter eine Darstellung der untersuchten Alternativen. Insbesondere eine Verkehrswegeplanung kann dabei auch in *Abschnitten* erfolgen, die sachgerecht gebildet werden müssen (s. Rn. 3/173). Sind die Antragsunterlagen nicht vollständig, muß die Anhörungsbehörde ihn der Planfeststellungsbehörde zur Ablehnung des Antrags vorlegen (§ 73 IX VwVfG)[181]. Mit der Antragstellung und der Vorlage des Plans wird das sog. „Anhörungsverfahren", nämlich die Behördenanhörung und die (mehrstufige) Öffentlichkeitsbeteiligung, eingeleitet.

b) Behördenanhörung

Die Anhörungsbehörde fordert innerhalb eines Monats nach Eingang der vollständigen Planunterlagen die Stellungnahmen aller Fachbehörden ein, deren Aufgabenbereich durch das Vorhaben berührt wird (z.B. § 73 II VwVfG), und setzt eine Frist von bis zu drei Monaten hierfür. Dies ist schon deshalb notwendig, weil der Planfeststellungsbeschluß Konzentrationswirkung (Rn. 3/143) entfaltet. **98**

Eine Übersendung der vollständigen Planunterlagen ist nicht erforderlich, jedoch verfahrensbeschleunigend: Die beteiligte Behörde kann ergänzende Unterlagen verlangen und Akteneinsicht nehmen[182]. Die Stellungnahme ist nach § 73 II VwVfG innerhalb der gesetzten Frist abzugeben, verspätete Stellungnahmen können aber im Erörterungstermin ohne weiteres besprochen werden und sind zu berücksichtigen, wenn sie abwägungsrelevant sind. Nach § 29 II BNatSchG anerkannte Naturschutzverbände sind wie Behörden gesondert anzuhören und bei sich ändernder Sachlage neu zu beteiligen[183]. **99**

c) Auslegung des Antrags und öffentliche Bekanntmachung

Die Gemeinden, in denen sich das Vorhaben voraussichtlich auswirkt, haben innerhalb von drei Wochen nach Zugang den Plan zur Ermöglichung einer Öffentlichkeitsbeteiligung[184] gem. § 73 III 1 VwVfG für die Dauer eines Monats zu jedermanns Einsicht auszulegen (nach § 9b V Nr. 1 AtG i.V.m. § 6 I AtVfV zwei Monate). Die **100**

---

181 Zum Aufeinandertreffen mehrerer planfeststellungsbedürftiger Vorhaben und zu Folgemaßnahmen (Bau einer Eisenbahn erfordert Verlegung einer Straße) s. Rn. 3/145.

182 BVerwGE 105, 348 ff.

183 BVerwGE 102, 358 (362); *Steinberg*, Fachplanung, § 3 Rn. 57; *Jarass*, NuR 1997, 328.

184 Dazu *Laubinger*, in: HdUR, Bd. II, Art. „Öffentlichkeitsbeteiligung", Sp. 1493 ff.; *Wahl*, NVwZ 1990, 426 (433). BVerwG, DVBl. 1995, 1012: Es müssen nicht alle Unterlagen, die zur umfassenden Beurteilung der Rechtmäßigkeit der Planung erforderlich sind, ausgelegt werden, sondern nur solche, die aus Sicht der potentiell Betroffenen erforderlich sind, um den Betroffenen das Interesse, Einwendungen zu erheben, bewußt zu machen. Ob nach Abschluß des Erörterungsverfahrens eingegangene Gutachten dazugehören, beurteilt sich nach den Gegebenheiten des Einzelfalls (s.a. VGH BW, Urt. v. 22.4.1995, 5 S 2448/94). – U.E. gebietet bereits der Zweck des Anhörungsverfahrens, den entscheidungserheblichen Sachverhalt möglichst umfassend aufzuklären, die Auslegung

Planauslegung hat dabei in einer Weise zu erfolgen, die geeignet ist, dem interessierten Bürger und den interessierten Gemeinden ihr Interesse an Information und Beteiligung durch Anregung und Bedenken bewußt zu machen und dadurch eine auf das geplante Vorhaben bezogene Öffentlichkeit herzustellen[185].

101 Die Auslegung ist ortsüblich öffentlich bekanntzumachen. Die Bekanntmachung muß dabei eine **Anstoßfunktion**[186] erfüllen, d.h. aus ihr müssen Betroffene schließen können, daß das Vorhaben sie möglicherweise beeinträchtigt. Auf die Einwendungsbefugnis (Rn. 3/105) und die Einwendungsfrist ist in der öffentlichen Bekanntmachung ausdrücklich hinzuweisen (vgl. etwa § 73 V VwVfG).

102 Der Anspruch der Vorhabenbetroffenen auf Information beschränkt sich nach Ansicht des BVerwG auf den für die Genehmigungsentscheidungsentscheidung erheblichen Sachverhalt, dessen Kenntnis zur Prüfung der Frage erforderlich ist, ob und inwieweit ihre rechtlich geschützten Belange durch das Vorhaben nachteilig betroffen werden, und umfaßt nur diejenigen Informationen, die sie brauchen, um sich auf das beabsichtigte Vorhaben einzustellen oder sich gegen die beantragte Planfeststellung auszusprechen[187].

d) Einwendungen

103 Bis einschließlich zwei Wochen nach Ende der einmonatigen Auslegungsfrist (§ 73 IV 1 VwVfG) können Einwendungen gegen das Vorhaben bei der Gemeinde oder der Anhörungsbehörde erhoben werden. Eine Sonderregelung enthält nur noch § 7 AtVfV, wonach Einwendungen während der allerdings zweimonatigen Auslegungsfrist erhoben werden müssen. Einwendungen sind sachliches Gegenvorbringen zur Wahrung der eigenen Rechte oder Belange. Dies bedarf eines Mindestmaßes an inhaltlicher Substantiierung, aus der eine Berührung der eigenen Sphäre des Einwenders zumindest möglich erscheint. In groben Zügen muß erkennbar sein, daß und in welcher Hinsicht aus Sicht des Einwenders Bedenken gegen die Planung bestehen und inwieweit er in seiner Rechtssphäre beeinträchtigt ist. Eine nähere Begründung ist aber regelmäßig nicht erforderlich[188].

104 Eine Verlängerung der gesetzlichen Einwendungsfrist ist nicht möglich. Ein Einwendungsausschluß tritt auch ein, wenn der Betroffene ohne Verschulden gehindert war, die Einwendungsfrist einzuhalten, und er nicht innerhalb von zwei Wochen nach Wegfall des Hindernisses die versäumten Einwendungen nachholt[189].

---

von Fachgutachten und Stellungnahmen der Fachbehörden; i.ü. besteht auch im laufenden Verfahren ein Informationsanspruch nach § 4 UIG (EuGH, NVwZ 1998, 945 m. Anm. *Schrader*, NVwZ 1999, 40 ff.)

185 BVerwGE 75, 214 (223); BVerwG, DVBl. 1995, 1012.

186 BVerwGE 104, 337 (340); NVwZ 2000, 68 (69).

187 BVerwG, NVwZ-RR 1998, 22 f. Dies würdigt die demokratisch-partizipatorische Funktion der Öffentlichkeitsbeteiligung u.E. nicht zureichend.

188 BVerwGE 98, 126 (129), 104, 337 (343); BVerwG, NVwZ 1997, 171; DVBl. 1997, 51; 1996, 684. Allein der Hinweis auf Stellungnahmen in früheren Verfahren oder in einem früheren Planungsstadium macht diese noch nicht zum Inhalt einer Einwendung, BVerwG, NVwZ-RR 1998, 290 (291).

189 Nach § 32 VwVfG ist ggf. Wiedereinsetzung in den vorigen Stand zu gewähren, wenn ein Betroffener auf die Fristverlängerung vertraut hat, BVerwG, UPR 1999, 66 f. S.a. BVerwGE 104, 337 (343); NVwZ 1997, 391; *Brandt*, NVwZ 1997, 233 ff.

In der Regel kann nur der, dessen Belange durch das Vorhaben berührt werden, Einwendungen erheben (§ 73 IV VwVfG: **Interessentenbeteiligung**). Nach § 9b V Nr. 1 AtG (i.V.m. § 7 I 1 AtVfV) ist aber im atomrechtlichen Planfeststellungsverfahren (wie auch nach § 10 IV Nr. 2 BImSchG im immissionsschutzrechtlichen Genehmigungsverfahren) „jedermann" zur Erhebung von Einwendungen befugt (Jedermann- oder **Popularbeteiligung**). **105**

Die Vorschriften über die Öffentlichkeitsbeteiligung haben zugunsten Dritter, die durch die Planfeststellung in einer materiellrechtlich geschützten Rechtsposition (z.B. Gesundheit, Eigentum) verletzt sein können, drittschützende Funktion[190]. Zu beachten sind aber die §§ 45, 46 VwVfG[191], wonach sich eine Verfahrensrüge des Dritten, auch wenn sich der Verfahrensverstoß ihm – und nicht anderen – gegenüber ereignet hat, u.U. als nutzlos erweisen kann. **106**

Nach Ablauf der Einwendungsfrist, die nach § 31 VwVfG i.V.m. §§ 187 II, 188 II BGB zu berechnen ist, sind alle Einwendungen ausgeschlossen, die nicht auf besonderen privatrechtlichen Titeln (z.B. Verträgen, Dienstbarkeiten) beruhen. Dabei handelt es sich nicht nur um eine sog. **formelle Präklusion**, die bedeutet, daß verspätete Einwendungen (lediglich) im Erörterungstermin nicht erörtert werden müssen, sondern auch um eine **materielle Präklusion** (s. auch Rn. 8/192). Sie beinhaltet, daß verspätete Einwendungen im Planfeststellungsbeschluß nicht berücksichtigt werden müssen und auch eine spätere verwaltungsgerichtliche Klage nicht mehr auf Umstände gestützt werden kann, die bereits im Wege der Einwendung hätten geltend gemacht werden können. **107**

Im Bestreben des Gesetzgebers, komplexe Genehmigungsverfahren zu beschleunigen und die Entscheidung gegenüber Rechtsmitteln Dritter beständig zu machen, wurde die materielle Präklusion von Einwendungen Privater durch das „3. Rechtsbereinigungsgesetz" und das Planungsvereinfachungsgesetz in viele Fachplanungsgesetze eingeführt (z.B. § 20 II AEG, § 9b IV Nr. 1 AtG i.V.m. § 7 I 2 AtVfV, § 17 IV FStrG, § 17 Nr. 5 WaStrG, § 10 IV LuftVG, § 29 IV PBefG, § 41 II i.V.m. § 59 II 1 FlurbG). Dies beruht auf dem Gedanken, daß dem Inhaber eines subjektiven Rechts eine Mitwirkungslast im Verfahren obliegt, die dazu führt, daß er sein subjektives Recht verwirkt, wenn er seine Beteiligungsmöglichkeit (schuldhaft) nicht wahrnimmt. Eine solche materielle Präklusion ist nicht verfassungswidrig[192] und schließt auch **108**

190 BVerfGE 53, 30 (62 ff.) – Mülheim-Kärlich; BVerwGE 74, 109 (112); 75, 214 (226); UPR 1989, 24 f. Abw. zuvor BVerwGE 41, 58 (63 ff.); 62, 243 (246) – wasserrechtliches PFV; DÖV 1982, 639 (641) – straßenrechtliches PFV.

191 Nach st. Rspr. des BVerwG kommt eine Aufhebung des PFB nur in Betracht, wenn sich die Nichtbeachtung einer Verfahrensvorschrift auf die dahinterstehende grundrechtlich geschützte Rechtsposition des Klägers ausgewirkt haben könnte, was der Fall ist, wenn die *konkrete Möglichkeit* besteht, daß die angegriffene Entscheidung ohne den Verfahrensmangel anders ausgefallen wäre (BVerwGE 75, 214 [228]; BVerwG, NVwZ 1993, 572 [575]; NVwZ 1998, 294 [295]). Zurecht kritisch hierzu *Grimm*, NVwZ 1985, 865 (871); *Schoch*, DV 1992, 21 (48 f.). Europarechtliche Bedenken bei *v. Danwitz*, UPR 1996, 325 ff.

192 Vgl. BVerfGE 61, 82 u. schon BVerwGE 9, 9 zur GewO. – Grenzen der materiellen Präklusion ergeben sich aus dem Gebot der Gewährleistung effektiven Rechtsschutzes auch im Verwaltungsverfahren; deshalb muß der Betroffene insbes. Kenntnis über den Verfahrensgegenstand (z.B. Vollständigkeit der Unterlagen, Möglichkeit der Akteneinsicht, keine nachträglichen Änderungen usw.) und die Möglichkeit besitzen, Einwendungen zu erheben. Kein Einwendungsausschluß daher bei fehlerhafter öffentlicher Bekanntmachung (BVerwG, NVwZ 2000, 68, 69) oder für nachträglich einge-

verspätet von einer Gemeinde geltend gemachte Einwendungen aus, soweit diese nicht in deren Eigenschaft als Trägerin öffentlicher Belange (z.B. untere Verwaltungsbehörde) vorgebracht werden, und zwar auch in Fällen, in denen die Gemeinde selbst Anhörungsbehörde ist[193].

e) Erörterungstermin

109 Die rechtzeitig erhobenen und hinreichend substantiierten Einwendungen hat die Anhörungsbehörde in einem besonderen Termin mit den Einwendern, dem Antragsteller und den sonstigen von der Planung Betroffenen[194] zu erörtern, soweit dies für die Prüfung der Planfeststellungsvoraussetzungen von Bedeutung sein kann. Der Erörterungstermin darf erst dann stattfinden, wenn eine hinreichend problembezogene Erörterung zu erwarten ist[195]. In dem Erörterungstermin, einer Sonderform der mündlichen Verhandlung, erreicht das Anhörungsverfahren seinen Höhepunkt. Die Einzelheiten sind in § 73 VI VwVfG geregelt. Ganz allgemein gilt der **Grundsatz der fairen und sachbezogenen Erörterung**[196]. Der Erörterungstermin soll nach § 73 VI 7 VwVfG innerhalb von drei Monaten nach Ablauf der Einwendungsfrist abgeschlossen werden.

110 Der (nicht öffentliche) Erörterungstermin dient insbesondere

- der Information der Einwender,
- der Sachaufklärung der Behörde darüber, ob die Planfeststellungsvoraussetzungen vorliegen,
- der vorverlagerten Rechtsschutzgewährung für solche Einwender, die in ihren Rechten betroffen sein können[197] und
- wenn möglich auch der größeren Akzeptanz der Planung durch umfassende und objektive Erörterung der Sachprobleme mit den Einwendern.

111 § 73 VI VwVfG vermittelt den anzuhörenden Betroffenen einen Anspruch auf die Möglichkeit einer „substantiellen Einflußnahme". Hierzu kann auch gehören, bereits vorliegende Gutachten im Erörterungstermin zu behandeln oder einen derartigen Termin erst nach Einholung von Gutachten durchzuführen[198].

---

reichte Antragsunterlagen (BayVGH, NVwZ 1989, 483). – Allgemein zu den Präklusionsregelungen im Umweltrecht *Röhl/Ladenburger*, Die materielle Präklusion im raumbezogenen Verwaltungsrecht, 1997; *Solveen*, Die materielle Präklusion im Fachplanungsrecht, 1998; *Brandt*, NVwZ 1997, 233 ff.; zum Verhältnis von Präklusion und Enteignung *Solveen*, DVBl. 1997, 803 ff.

193 BVerwG, UPR 1997, 471: Die Gemeinde muß den rechtzeitigen Eingang ihrer Stellungnahme nachweisen. S.a. BVerwG, UPR 1996, 226 f.

194 BVerwG, DÖV 1998, 341 ff.; OVG Lüneburg, Urt. v. 24.6.1998, 7 K 6776/96. Der Erörterungstermin ist also grundsätzlich nur „beteiligtenöffentlich", d.h. die Öffentlichkeit kann vom Verhandlungsleiter nur zugelassen werden, wenn keiner der anwesenden Beteiligten Einwendungen gegen die Öffentlichkeit der Veranstaltung erhebt, s. *Stelkens/Bonk/Sachs*, VwVfG, § 68 Rn. 11.

195 BVerwGE 75, 214 (226) – Flugh. München II = DVBl. 1987, 573 (576).

196 BVerwG, DVBl. 1987, 573 (578); in BVerwGE 75, 214 nicht abgedr.

197 Vgl. BVerfGE 53, 30 – Mülheim-Kärlich; BayVGH, NVwZ-RR 1997, 609 (610). Zu den damit verbundenen Rechtsfragen s. *Erbguth*, Grundfragen, S. 242 ff.

198 So BVerwGE 75, 214 (226).

Die Berücksichtigung von Einwendungen oder **neue Erkenntnisse** können dazu führen, daß der Plan während des Anhörungsverfahrens vom Vorhabenträger geändert wird. Wenn es sich dabei um tiefgreifende Änderungen handelt, die einen erheblich weiteren Kreis öffentlicher und privater Belange berühren (Trassenänderung, weitere Fahrspur usw.), und die Art und Umfang der Betroffenheit von Beteiligten in einem grundlegend anderen Licht erscheinen lassen, ist ein vollständig neues Anhörungsverfahren erforderlich (vgl. im übrigen § 73 VIII VwVfG)[199]. Handelt es sich nur um geringfügige Änderungen, die entweder nur öffentliche oder wenige überschaubare private Belange erstmalig oder stärker als bisher betreffen, so genügt es, die hierüber angefertigten Änderungspläne mit den beteiligten Behörden und den von den Änderungen betroffenen Privatpersonen zu erörtern[200]. **112**

Im Erörterungstermin vom Vorhabenträger erteilte *Zusagen* werden erst mit Übernahme in den Planfeststellungsbeschluß wirksam. **113**

f) Erlaß des Planfeststellungsbeschlusses

Nach Abschluß des Anhörungsverfahrens hat die Anhörungsbehörde nach § 73 IX VwVfG möglichst innerhalb eines Monats eine schriftliche Stellungnahme zum Ergebnis der Anhörung abzugeben und diese der Planfeststellungsbehörde mit den Planunterlagen, den schriftlichen Stellungnahmen der Behörden und den nicht erledigten Einwendungen vorzulegen. Diese zusammenfassende Stellungnahme beinhaltet **114**

- die Äußerungen der Behörden,
- die Einwendungen und Anregungen, über deren Erledigung unter dem Vorbehalt der Entscheidung der Planfeststellungsbehörde eine Einigung mit dem Vorhabenträger erzielt worden ist,
- die aufrechterhaltenen Einwendungen und Anregungen mit einem Entscheidungsvorschlag,
- die eigene Äußerung, soweit die Anhörungsbehörde Trägerin eigener Belange ist,
- die Anordnungen, welche die Anhörungsbehörde im Interesse des Gemeinwohls oder zur Abwehr von Gefahren, erheblichen Nachteilen oder Belästigungen für erforderlich hält,

199 S.a. *Jarass*, DVBl. 1997, 795 (800) zur Antragsänderung und § 73 VIII VwVfG. Aus der Rspr: BVerwGE 102, 331 ff. = DVBl. 1997, 708: Werden erst nach Abschluß des Anhörungsverfahrens neue Planungsalternativen bekannt, so ist ein weiteres Anhörungsverfahren nur dann geboten, wenn diese geeignet sind, den Umfang und die Art der Betroffenheit von Beteiligten in von dem Vorhaben berührten Belangen und die Möglichkeit der Abhilfe in einem grundlegend anderen Licht erscheinen zu lassen. – BVerwG, NuR 1998, 138 f.: Einen Anspruch auf rechtliches Gehör kennt das Planfeststellungsverfahren nicht. Daher gibt das Ergebnis behördlicher Ermittlungen im Anschluß an das Anhörungsverfahren nur dann Anlass zur erneuten Auslegung, wenn die Planfeststellungsbehörde erkennen muß, daß ohne Offenlegung der Ermittlungsergebnisse Betroffenheiten nicht oder nicht vollständig gemacht werden können. – BayVGH, NVwZ-RR 1997, 609 (610): Soweit fachliche Beurteilungen und Schlußfolgerungen von Trägern öffentl. Belange oder Gutachtern die Anhörungsbehörde überraschen, ist ein neues Anhörungsverfahren erforderlich.

200 BVerwGE 29, 282.

- eine zusammenfassende Darstellung nach § 11 UVPG über die Auswirkungen des Vorhabens auf Menschen, Tiere, Pflanzen, Boden, Wasser, Luft, Klima, Landschaft, Kultur- und sonstige Sachgüter einschließlich ihrer Wechselwirkungen[201],
- Zusagen oder Vereinbarungen, die unter dem Vorbehalt der Zustimmung bzw. Entscheidung der zuständigen Stellen im Rahmen des Erörterungstermins gestellt worden sind.

115 Das damit eingeleitete Beschlußverfahren endet, falls der Antrag Erfolg hat, mit dem Erlaß des Planfeststellungsbeschlusses, mit welchem die Planfeststellungsbehörde durch Verwaltungsakt den vom Antragsteller vorgelegten Plan (Rn. 3/94) feststellt und über die noch strittigen Einwendungen sowie über ggf. notwendige Schutzauflagen entscheidet. Hinsichtlich der Schutzauflagen steht der Planfeststellungsbehörde ein eigener planerischer Gestaltungsspielraum zu[202]. Ist der zur Feststellung vorgelegte Plan inhaltlich mit den rechtlichen Anforderungen an eine rechtmäßige Fachplanung nicht vereinbar (Rn. 3/152 ff.), so muß, sofern vom Antragsteller keine Planänderung vorgenommen wird und/oder durch Nebenbestimmungen keine zureichende Abhilfe möglich ist, der Erlaß des beantragten Planfeststellungsbeschlusses abgelehnt werden[203]. Im übrigen ist der Planfeststellungsbehörde bei der Entscheidung über das „Ob" der Planfeststellung ein *Ermessen* eingeräumt.

116 Im Planfeststellungsbeschluß entscheidet die Planfeststellungsbehörde über alle entscheidungserheblichen Fragen, auch über die Einwendungen, über die bei der Erörterung keine Einigung erzielt worden ist. Die Betroffenen können ggf. verwaltungsgerichtlichen Rechtsschutz in Anspruch nehmen (Rn. 4/39 ff.). Soweit eine *abschließende Entscheidung* über einzelne Fragen – die das Planungskonzept unberührt lassen – noch nicht möglich ist, ist diese im Planfeststellungsbeschluß *vorzubehalten* (§ 74 III HS 1 VwVfG)[204].

117 Der PFB ist dem Vorhabenträger, den der Behörde bekannten Betroffenen und den Einwendern, über deren Sache entschieden wurde, zuzustellen. Daneben ist der PFB mit Plänen und Rechtsmittelbelehrung in den Belegenheitsgemeinden zwei Wochen lang zur Einsicht auszulegen, was ortsüblich bekanntzumachen ist. Mit Ende der Auslegungsfrist gilt (= Fiktion) der PFB den übrigen – der Behörde nicht bekannten – Betroffenen als zugestellt, worauf in der Bekanntmachung hinzuweisen ist (§ 74 IV VwVfG). Wenn mehr als 50 Zustellungen vorzunehmen wären, können diese durch öffentliche Bekanntmachung ersetzt werden.

---

201 Nach BVerwGE 98, 339 (364); 104, 236 (242) ist den rechtlichen Anforderungen des § 11 UVPG genügt, wenn sich der PFB selbst mit den Umweltauswirkungen auseinandersetzt. Dem liegt die – u.E. unzutreffende – Reduzierung der UVP als ein verfahrensrechtlicher Annex ohne materiellrechtliche Bedeutung zugrunde.

202 BVerwGE 87, 332 (342 f.).

203 Zur str. Frage, ob der Ablehnung des PFB die Einleitung des förmlichen Verfahrens vorausgehen muß, vgl. OVG Koblenz, NuR 1991, 189.

204 Vgl. auch § 18a III FStrG a.F. und BVerwGE 61, 307 (311); BVerwG, NVwZ-RR 1995, 332 f. Zur Grenze für Vorbehalte hinsichtlich der Umweltverträglichkeit zutr. Bay VGH, DVBl. 1994, 1198 ff. (anders BVerwGE 100, 370 ff.); OVG Lüneburg, DVBl. 1994, 770 (772); VGH BW, VBlBW 1995, 275 ff.

4. Der Planfeststellungsbeschluß

a) Inhalt des Planfeststellungsbeschlusses

Wenn der vom Vorhabenträger erarbeitete Plan (Rn. 3/94) den rechtlichen Anforderungen entspricht und nach gebotener Abwägung (Rn. 3/160 ff.) die Billigung der Planfeststellungsbehörde findet, so stellt diese den Plan durch Beschluß fest. Der – schriftlich zu erlassende und zu begründende[205] – Planfeststellungsbeschluß (PFB) kann mit Nebenbestimmungen (Rn. 3/122 ff.), insbesondere mit Auflagen – z.B. hinsichtlich des Schutzes von Drittbetroffenen – versehen werden. Das durch den PFB zugelassene Vorhaben muß eindeutig bestimmbar sein; die potentiell Betroffenen sollen aus ihm die möglichen Auswirkungen des Planvollzugs erkennen können. **118**

So erstreckt sich z.B. die Planfeststellung einer neu zu bauenden Bundesfernstraße in der Regel auf **119**
- die Straßenbestandteile (§ 1 IV Nr. 1 FStrG: Straßenkörper, insbes. Unterbau und Decke der Straße, Rand-, Trenn-, Mittel- oder Standstreifen usw., Brücken, Tunnel, Dämme, Böschungen, Stützmauern, Durchlässe, Entwässerungsanlagen, Lärmschutzwälle u.a.m.),
- das Höhenniveau (ebenerdige Straßenführung, Führung auf Dämmen oder in Einschnitten),
- das Zubehör (§ 1 IV Nr. 3 FStrG: z.B. Verkehrsanlagen, Bepflanzung),
- die Nebenanlagen (§ 1 IV Nr. 4 FStrG: z.B. Straßenmeistereien),
- die Flächen, die vorübergehend für die Bauzeit in Anspruch genommen werden müssen (z.B. Baustraßen, Lagerflächen usw.)[206],
- die Folgemaßnahmen (z.B. Verlegung von Wegen und Gewässern, Über- oder Unterführung von Wegen usw.).

Im verfügenden Teil des Planfeststellungsbeschlusses werden diejenigen Teile des Plans zum Bestandteil des PFB erklärt, die unverändert übernommen werden (Rn. 3/94)[207]. Der PFB enthält ferner diejenigen **Schutzanordnungen**, die zum Wohl der Allgemeinheit oder zur Vermeidung nachteiliger Wirkungen auf Rechte anderer erforderlich sind (§ 74 IV 2 VwVfG, Rn. 3/122 ff.). Hierdurch ist es möglich, dem Vorhabenträger Betriebszeiten oder andere lärmbegrenzende Verhaltensmaßnahmen aufzuerlegen (Kapazitätsbegrenzungen wie die maximale Zahl von Starts und Landungen auf Flugplätzen, Geschwindigkeitsbegrenzungen für Schienenverkehr, Anzahl der Personen- oder Güterzüge auf einer bestimmten Strecke, Anlieferungszeiten auf einer Abfalldeponie). Der PFB für Straßen kann einen Beschilderungsplan enthalten, **120**

---

205 Vgl. *Schwab*, Die Begründungspflicht nach § 39 VwVfG, 1991, S. 77 ff. Die Begründung muß zwar die zentralen, die Abwägung tragenden Erkenntnisse und Ziele offenlegen (BVerwG, DVBl. 1971, 795; BVerwGE 45, 309 [330]); sie braucht aber nicht so umfassend zu sein, daß sich aus ihr allein erschöpfend alle für die Entscheidung maßgebenden Einzelheiten ergeben müßten (BVerwG, DVBl. 1980, 999). Einem Begründungsmangel kommt indizielle Bedeutung für das Vorhandensein eines materiellen Fehlers des PFB zu (BVerwG, B. v. 28.12.1988, 4 B 227.88, Buchholz 407.4 § 17 Nr. 80). Trotz eines Begründungsmangels kann der PFB allerdings rechtmäßig sein, was das OVG im gerichtlichen Verfahren prüfen und aufklären muß, wobei die Planfeststellungsbehörde die Darlegungs- und Beweislast hat (BVerwG aaO und NVwZ 1993, 572 ff.). Eine Nachbesserung der Begründung ist im Rahmen der § 45 I Nr. 2, II VwVfG, § 114 VwGO auch noch im gerichtlichen Verfahren möglich.

206 OVG Bremen, VkBl. 1972, 704.

207 Hierzu *Roßnagel*, UPR 1995, 121 ff.

in dem auch Nutzungsbeschränkungen (z.B Nachtfahrverbot für LkW) oder Geschwindigkeitsbeschränkungen enthalten sein können[208]. Schließlich kann der PFB Kontrollmechanismen zur Einhaltung von Auflagen beinhalten, bspw. Kontrollmessungen hinsichtlich der Schadstoffbelastung an einer Tunnelmündung oder der konkreten Lärmbelastung nach Bau einer Lärmschutzanlage.

121 Nach der Rechtsprechung des BVerwG dürfen Planfeststellungsbeschlüsse grundsätzlich auch noch *nachträglich* während des gerichtlichen Verfahrens *geändert* werden, um Rechtsmängel zu beseitigen[209]. Dies gilt auch für den Fall, daß nur die Begründung des Planfeststellungsbeschlusses geändert wird[210].

b) Nebenbestimmungen (Schutzanordnungen) im Planfeststellungsbeschluß

122 Für Nebenbestimmungen im PFB (Befristungen, Bedingungen, Auflagen) gilt zunächst, soweit keine vorrangigen Sondervorschriften bestehen (vgl. z.B. § 32 II, IV KrW-/AbfG), § 36 VwVfG.

123 Nach der *drittschützenden* Vorschrift des § 74 II 2 VwVfG sind dem Träger des Vorhabens im Planfeststellungsbeschluß Vorkehrungen (z.B. die Festlegung von Betriebszeiten, andere betriebsregelnde Maßnahmen) oder die Errichtung und die Unterhaltung von Anlagen (z.B. Stützmauern, Lärmschutzwälle, Weidezäune, Ersatzzufahrten, Anlage und Pflege von Ersatzbiotopen usw.) aufzuerlegen, die „zum Wohl der Allgemeinheit oder zur Vermeidung nachteiliger Wirkungen auf Rechte anderer erforderlich" sind[211]. Der Wortlaut anderer spezialgesetzlicher Normen ist nicht einheitlich (vgl. § 9 II LuftVG, § 31 II WHG, § 32 II, IV KrW-/AbfG, § 19 WaStrG, §§ 41 ff. BImSchG), ohne daß hieraus ein Unterschied des jeweils gewollten Schutzumfangs folgt. Bei dem Gebot zur Anordnung von **Schutzanordnungen** handelt es sich um eine Schranke der planerischen Gestaltungsfreiheit (Rn. 3/159)[212]. Mit dem Schutzgebot werden der Planung äußerste Grenzen gesetzt, die nur ausnahmsweise bei gleichzeitiger Zahlung einer Entschädigung (Rn. 3/140) überwunden werden können, etwa weil die Realisierung einer Schutzmaßnahme untunlich oder mit dem Vorhaben unvereinbar ist (§ 74 II 3 VwVfG)[213].

---

208 *Dürr*, Planfeststelung, S. 1094; *Voßkuhle*, Das Kompensationsprinzip, 1999, S. 125; a.A. *Michler*, VBlBW 1998, 201 (209); *Steenhoff*, DVBl. 1996, 1236 (1241). Zu Betriebsregelungen bei der Planfeststellung von Flugplätzen s. BVerwGE 75, 214 (243); 87, 332 (347); BVerwG, DVBl. 1999, 854 (855); *Bidinger*, Planung und Nutzung von Verkehrsflughäfen, 1996; *Blümel*, VerwArch 1992, 146 (157 f.).

209 BVerwG, DVBl. 1992, 310 = NVwZ 1992, 789; DVBl. 1996, 677 = NuR 1996, 466.

210 BVerwG, B. v. 28.7.1993 – 7 B 49.93 –, Buchholz 316 § 76 VwVfG Nr. 8, S. 8.

211 Die Begriffe „Vorkehrungen" und „Anlagen" sind nach BVerwGE 69, 256 (277) weit auszulegen; sie „erfassen das gesamte Spektrum der in Betracht kommenden sachdienlichen Maßnahmen". S.a. *Sieg*, Die Schutzauflage im Fachplanungsrecht, 1994 u. *Voßkuhle*, Das Kompensationsprinzip, 1999, S. 124 ff.

212 BVerwGE 59, 253 (260); 79, 254 (262). §§ 41, 42 BImSchG sind vorrangige Sonderregelungen, die allerdings Regelungslücken aufweisen, die durch § 74 II 2 VwVfG zu schließen sind, BVerwGE 97, 367 (370); BVerwG, NVwZ-RR 1997, 336. Gleiches gilt für die sonstigen Spezialvorschriften, vgl. *Voßkuhle*, Das Kompensationsprinzip, 1999, S. 108.

213 BVerwG, NVwZ 1997, 917 f.

Für Schutzanordnungen als Bestandteil des PFB gelten gegenüber dem herkömmlichen Recht Besonderheiten des Rechtsschutzes (Rn. 4/39 ff.)[214]. Zu beachten ist, daß § 74 II 2 VwVfG im Plangenehmigungsverfahren nicht zur Anwendung kommt, weil dort die Beeinträchtigung von Rechten Dritter ausgeschlossen sein muß[215]. Soweit sich nach Unanfechtbarkeit des PFB nicht vorhersehbare, erhebliche Beeinträchtigungen herausstellen (atypische Folgen), wird ein Schutzanspruch des Betroffenen durch § 75 II 2 VwVfG ausgelöst[216].

Die **Schwelle**, ab der Schutzvorkehrungen nach §§ 74 II, 75 II VwVfG anzuordnen sind, ist danach zu bestimmen, ab wann dem Betroffenen nachteilige Einwirkungen des Planvorhabens auf seine rechtlich geschützten Interessen „billigerweise" nicht mehr zugemutet werden können (*Erheblichkeitsschwelle oder Schwelle der fachplanungsrechtlichen Unzumutbarkeit*, Rn. 3/132)[217]. Das Maß des für den Betroffenen am Immissionsort jeweils (noch) Zumutbaren bestimmt sich – was vor allem für Verkehrs- oder Baulärmimmissionen[218] und für Geruchsimmissionen Bedeutung hat – insbesondere nach der Schutzwürdigkeit und Schutzbedürftigkeit der Umgebung, also *nach dem Gebietscharakter*, wie er faktisch bzw. nach einem Bebauungsplan besteht, also *i.S. der §§ 2 ff. BauNVO*[219]. **124**

Die Zumutbarkeitsschwelle ist aus der *rechtlich zulässigen* Grundstücksnutzung zu bestimmen; eine rechtswidrige, wenn auch bestandskräftige Baugenehmigung für ein Wohngebäude vermag keine eigentumsrechtlich geschützte Anspruchsposition zu vermitteln[220]. **125**

Im Geltungsbereichs der **Verkehrslärmschutzverordnung** (16. BImSchV, vgl. Rn. 8/301 ff.) konkretisieren die dort angegebenen *Grenzwerte* für die jeweiligen Baugebiete die Zumutbarkeitsschwelle, wobei Lärmvorbelastungen durch den Verordnungsgeber bereits berücksichtigt wurden[221]. In der Gesamtabwägung ist die Vor- **126**

---

214 Die Schutzauflage ist nicht selbständig anfechtbar, s. *Wahl/Dreier*, NVwZ 1999, 606 (619) mit ausführlichen Nachweisen Fn. 230.

215 BVerwGE 102, 74.

216 BVerwG, NVwZ 1996, 1125 (1127); VGH München, UPR 1999, 276 hält ein Vorverfahren für erforderlich.

217 Vgl. etwa BVerwGE 57, 297 (304); 58, 154 (161); 59, 253 (261); 71, 150 (155); 87, 332 (361). Die Grenze der Anordnung von Schutzauflagen liegt darin, daß die *planerische Grundkonzeption*, die sich im Antrag widerspiegelt, nicht verlassen werden darf, es sei denn, der Vorhabenträger stimmt dem zu und ändert – konkludent – seinen Antrag, s. *Bender*, DVBl. 1984, 301 (311); *Steinberg*, Fachplanung, § 5 Rn. 64; *Voßkuhle*, Das Kompensationsprinzip, 1999, S. 132.

218 Zu Baulärmimmissionen (U-Bahnbau) s. BVerwG, NVwZ 1988, 534, OVG Berlin, NVwZ 1996, 926 ff.

219 Seit BVerwGE 51, 15 (28 ff.) st. Rspr. (z.B. BVerwGE 94, 151; 101, 364); dazu *Kühling*, Fachplanungsrecht, Rn. 267 ff. – Zum Schutz des „*Außenwohnbereichs*", d.h. des „Wohnumfelds" s. BVerwGE 51, 15 (33); BVerwG, UPR 1989, 110; 1994, 69; BGHZ 122, 76 (85). Schutzziel für ein allgemeines Wohngebiet in der Nachbarschaft ist für die Nacht die Möglichkeit des störungsfreien Schlafens, auch bei (gelegentlich) geöffnetem Fenster, s. BVerwGE 87, 332 (373); 101, 73 (86). – Die Schutzwürdigkeit eines immissionsbetroffenen Grundstücks ist nicht schon wegen seiner *Außenbereichslage* prinzipiell gemindert (so aber noch BGHZ 97, 114 [122]); sie wird vielmehr durch die jeweiligen Umstände der konkreten Situation bestimmt (BVerwGE 87, 332 [385 f.]; 88, 210; BGHZ 122, 76).

220 BGH, NVwZ 1992, 404 f.

221 *Alexander*, NVwZ 1991, 318 (320); *Dürr*, UPR 1992, 241 (246 f.); *Schulze-Fielitz*, UPR 1994, 1 (3). Im Rahmen der Abwägung sind Vorbelastungen bei der unwesentlichen Änderung von Verkehrswegen, die nicht in den Geltungsbereich der 16. BImSchV fallen, mitzuberücksichtigen und in die Abwägung einzubeziehen, BVerwG, DVBl. 1999, 861 (862). Nach BayVGH, Urt. v. 21.2.1995, 20 A

belastung aber ggf. gesondert zu berücksichtigen, insbesondere darf die Gesamtbelastung zu keiner Gesundheitsgefährdung führen[222].

127 Außerhalb des Geltungsbereichs der 16. BImSchV haben **Lärmvorbelastungen** unterhalb der sog. verfassungsrechtlichen (enteignungsrechtlichen) Zumutbarkeitsschwelle (Rn. 3/136) schutzmindernde Bedeutung[223]. Dies gilt für

- faktische Vorbelastungen des betroffenen Gebiets mit (im wesentlichen gleichartigen) Immissionen[224] und
- plangegebene Vorbelastungen, sofern aufgrund einer bereits hinreichend konkretisierten und verfestigten Planung (z.B. einer Fachplanung) künftig mit einer höheren Belastung des Gebiets zu rechnen ist.

128 Die plangegebene Vorbelastung kann nicht nur von Fremdplanungen, sondern gerade auch von dem planfeststellungsbedürftigen Vorhaben ausgehen. Dem hat die Rechtsprechung aber Grenzen gezogen[225]: Die noch nicht abgeschlossene Planung muß bereits so weit *verfestigt* sein, daß die betroffenen Grundeigentümer mit ihrer Verwirklichung und den daraus folgenden Belastungen rechnen können. Das ist im allgemeinen im Zeitpunkt der Auslegung der Pläne (§ 73 III 1 VwVfG) der Fall. Allerdings sind die absehbaren Folgen einer so verfestigten Planung von den Betroffenen nur insoweit hinzunehmen, als sie ihnen im Zeitpunkt der Verfestigung zuzumuten waren. Trifft die Fachplanung im Zeitpunkt ihrer Verfestigung auf eine bebauungsrechtlich bereits (insbesondere durch einen qualifizierten Bebauungsplan) verfestigte Situation, so treten die mit einer plangegebenen Vorbelastung verbundenen schutzmindernden Wirkungen gegenüber künftigem Verkehrslärm nicht ein[226]. Im übrigen kann die plangegebene Vorbelastung lediglich die die Zumutbarkeitsschwelle bestimmenden Faktoren (z.B. Gebietscharakter) fixieren. Schließlich kann eine plangegebene Vorbelastung die Ansprüche der Betroffenen auf Anordnung der notwendigen Maßnahmen aktiven Lärmschutzes nicht mindern[227].

129 Die (tatsächliche und plangegebene) Vorbelastung haftet dem Grundstück kraft seiner *Situationsgebundenheit* an und muß vom jeweiligen Eigentümer – unabhängig vom Zeitpunkt des Grunderwerbs und von seiner Kenntnis der Vorbelastung – hingenommen werden[228].

---

93. 40080 ist in lärmvorbelasteten Gebieten ein Abweichen vom Vorrang des aktiven Lärmschutzes erleichtert.

222 BVerwGE 101, 1; BVerwG, NVwZ-RR 1999, 556 f. (Lärmbelastung unter der Zumutbarkeitsschwelle ist abwägungsrelevant).

223 Insbes. bei Fluglärm, s. hierzu *Czybulka,* UPR 1999, 126 ff.; *Wysk*, Zeitschrift für Luft- und Raumfahrtrecht 1998, 25 ff.; 285 ff.; 456 ff. und unsere Vorauflage, Rn. 2/92 ff.; BVerwG, DVBl. 1999, 854 ff.; B. v. 29.12.1998, 11 B 21.98; VGH BW, VBlBW 1999, 384 ff.

224 Vgl. BVerwGE 51, 15 (32 ff.); 59, 252 (263); zuletzt BVerwG, NVwZ 2000, 68 (69).

225 Dazu *Kühling*, Fachplanungsrecht, Rn. 272-274 und BVerwG, NVwZ-RR 1998, 290 (292).

226 BVerwGE 71, 150 (157 ff.); 87, 332 (365).

227 BVerwGE 77, 285 (294 f.).

228 BVerwGE 71, 150 (156); BGH, UPR 1988, 142 (144).

c) Entschädigungsansprüche

aa) Allgemeines

Nach § 74 II 3 VwVfG kann eine an sich gebotene Schutzvorkehrung unterbleiben, wenn sie untunlich oder mit dem Vorhaben unvereinbar ist und im PFB eine angemessene **Entschädigung** festgesetzt wird. Die Planfeststellungsbehörde hat die Entschädigungspflicht des Vorhabenträgers im PFB zumindest „dem Grunde nach" unter Angabe der für die Höhe der Entschädigung relevanten Faktoren festzustellen[229]. Diese Regelung stellt eine Besonderheit des Planfeststellungsrechts dar, bei sonstigen Eröffnungskontrollen (Genehmigungen) besteht eine solche Möglichkeit nicht. Der Entschädigungsanspruch ist ein Surrogat für nicht realisierbare, weil untunliche oder mit dem Vorhaben unvereinbare technisch-reale Schutzmaßnahmen, und ist damit „ultima ratio" für den Fall, daß sonst ein Vorhaben mangels realisierbarer Schutzanordnungen scheitern müßte. Greift § 74 II 2 VwVfG, der den Anspruch auf Schutzvorkehrungen regelt, tatbestandlich nicht ein, ist auch für die Anwendung von § 74 II 3 VwVfG kein Raum[230]. 130

Hinsichtlich der Rechtsnatur von Entschädigungsansprüchen und des einzuschlagenden Rechtswegs kristallisiert sich eine Annäherung traditionell unterschiedlicher Standpunkte in der Rechtsprechung des BGH und des BVerwG heraus. 131

(1) Wenn die Verkehrslärmimmissionen unterhalb der „verfassungsrechtlichen Zumutbarkeitsschwelle", aber über der mit der immissionsschutzrechtlichen Zumutbarkeitsschwelle identischen **fachplanungsrechtlichen Zumutbarkeitsschwelle** liegen, besteht der gesetzlich gem. § 74 II 3 VwVfG (bzw. § 42 BImSchG, § 9 II FluglärmG) vorgesehene Entschädigungsanspruch[231]. Für diesen Fall haben diese gesetzlichen Entschädigungsvorschriften den Charakter einer zur Wahrung des Verhältnismäßigkeitsgebots ausgleichspflichtigen Inhaltsbestimmung des Eigentums (Art. 14 I 2 GG)[232]. Der Entschädigungsanspruch ist im Verwaltungsrechtsweg geltend zu machen, soweit nicht wegen des Streits über die Höhe der Entschädigung fachgesetzlich (z.B. §§ 19a, 17 I FStrG i.V.m. § 74 II 3 VwVfG) der Zivilrechtsweg nach § 40 I 1 VwGO eröffnet ist. 132

Einigkeit besteht zwischen BGH und BVerwG darüber, daß die in § 74 II 3 VwVfG (§ 42 BImSchG) festgeschriebene *fachplanungsrechtliche* Zumutbarkeitsschwelle (die durch *die Grenzwerte der 16. BImSchV* konkretisiert wird)[233] niedriger ist als die 133

---

229 Vgl. etwa BVerwGE 61, 295 (306); 71, 166 (174); BVerwG, UPR 1989, 110. Zur Entschädigung immaterieller Rechtsgüter s. *Voßkuhle*, Das Kompensationsprinzip, 1999, S. 281 f.

230 BVerwG, NVwZ 1997, 917 ff.

231 S. auch BVerwGE 87, 332 (376 ff. – Fluglärm).

232 So ausdrücklich BVerwGE 87, 332 (380); NVwZ-RR 1991, 129; BGH, UPR 1999, 142. Zusammenfassend BVerfG, NJW 1999, 2877 (2879); *Voßkuhle*, Das Kompensationsprinzip, 1999, S. 275 ff.

233 BGHZ 122, 76 (81); *Alexander*, NVwZ 1991, 318 (320); *Jarass*, BImSchG, § 42 Rn. 17; *Schulze-Fielitz*, UPR 1994, 1; a.A. *Dürr*, UPR 1992, 241 (247); *Hansmann*, in: *Landmann/Rohmer*, Umweltrecht, Bd. III, § 43 BImSchG, Rn. 12, 15. Diese Grundsätze werden von OLG Braunschweig, NVwZ 1997, 415, entsprechend angewendet, wenn eine Straße nach Inkrafttreten der §§ 41, 42 BImSchG und vor Inkrafttreten der 16. BImSchV gebaut oder geändert wurde. Zu EG-Luftreinhalterichtlinien (Rn. 8/42) s. BayVGH, BayVBl. 1994, 347 f.

verfassungsrechtliche Zumutbarkeitsschwelle[234]. Der BGH stellt bei der Ermittlung der verfassungsrechtlichen Zumutbarkeitsschwelle in erster Linie auf die Höhe des Lärmmittelungspegels ab, daneben aber auch auf die Art des Lärms (z.B. Schallspitzen), den Gebietscharakter (wobei der Außenbereich grundsätzlich mehr an Lärmbelastung hinzunehmen hat als der Innenbereich) und die Lärmvorbelastung. Die Zumutbarkeitsschwelle für Wohnnutzungen liegt bei einem Mittelungspegel von 70-75 dB(A) tagsüber und 60-65 dB(A) nachts[235].

134 **Beispiel:** In einem allgemeinen Wohngebiet beträgt die Verkehrslärmbelastung durch eine geplante Umgehungsstraße 65 dB (A) tagsüber und 55 dB (A) nachts. Die fachplanungsrechtliche Zumutbarkeitsschwelle ist überschritten, da nach § 2 I der Verkehrslärmschutz-VO die Beurteilungspegel in einem allgemeinen Wohngebiet 59 dB(A) tagsüber und 49 dB(A) nachts nicht überschreiten dürfen. Die verfassungsrechtliche Zumutbarkeitsschwelle, die bei 70 dB(A) tagsüber und 60 dB(A) nachts liegt, ist nicht erreicht. Die Planfeststellungsbehörde muß durch aktive (Lärmschutzwand, Ampelschaltung, Geschwindigkeitsbeschränkung usw.) oder passive (Lärmschutzfenster, Dämmung der Außenwände usw.) Schallschutzmaßnahmen sicherstellen, daß die Immissionsgrenzwerte nicht überschritten werden; wenn dies nicht möglich ist, besteht wegen des Überschreitens der fachplanungsrechtlichen Zumutbarkeitsschwelle der Entschädigungsanspruch nach § 74 II 3 VwVfG.

135 Die Planfeststellungsbehörde hat die Entschädigungspflicht des Vorhabenträgers im PFB zumindest „dem Grunde nach" unter Angabe der für die Höhe der Entschädigung relevanten Faktoren festzustellen. Wird im PFB ein Entschädigungsanspruch (ausdrücklich oder stillschweigend) verneint, so ist dieser mit Eintritt der Bestandskraft des PFB wegen der Gestaltungswirkung des PFB (Rn. 3/146) auch bei Überschreiten der verfassungsrechtlichen Zumutbarkeitsschwelle abgelehnt[236]. Der Betroffene ist daher bei rechtswidriger Aberkennung des Anspruchs gehalten, die notwendige Ergänzung des PFB (Zubilligung des Anspruchs zumindest dem Grunde nach) zunächst im Verwaltungsrechtsweg über eine Verpflichtungsklage zu erstreiten[237].

136 (2) Bei Verkehrslärmimmissionen auf oder oberhalb der sog. „**verfassungsrechtlichen (enteignungsrechtlichen) Zumutbarkeitsschwelle**" bestand nach Auffassung des BGH ein *konkurrierender* Entschädigungsanspruch aus enteignendem Eingriff, der als *Aufopferungsanspruch* im Zivilrechtsweg geltend zu machen ist (§ 40 II 1 VwGO). Der BGH scheint sich neuerdings jedoch der Auffassung des BVerwG zum Vorrang gesetzlicher Entschädigungsansprüche (wie § 74 II 3 VwVfG) anzuschließen, so daß ein *Anspruch wegen enteignendem Eingriff* nur noch für *Altfälle,* in denen die Straße nicht aufgrund eines PFB errichtet wurde und die von der gesetzlichen Entschädigungsregelung nicht erfaßt werden, verbleibt[238].

234 BGHZ 122, 76 (79); BVerwGE 87, 332 (389).

235 BGHZ 122, 76 (81) m.w.N.; 129, 124 ff.; BGH, UPR 1999, 142 (144).

236 BVerwGE 77, 295 (297); BGH, UPR 1999, 142 (144).

237 BVerwGE 77, 295 (297); vgl. auch BGHZ 95, 28 (35). Unterläßt es der Betroffene, eine Verpflichtungsklage auf Ergänzung des PFB zu erheben, so billigt ihm auch der BGH keinen Entschädigungsanspruch mehr zu, vgl. BGH, NVwZ 1989, 285 ff.

238 Vgl. BGH, UPR 1999, 142 (144); anders zuvor etwa BGHZ 97, 114 (118); 122, 76 (77); erstmals offengelassen in BGHZ 132, 63.

(3) Gegenüber Verkehrsbetrieben in privater Rechtsform (kommunale Verkehrsbetriebe, DB AG) beruht der Entschädigungsanspruch auf §§ 1004, 906 BGB bei entsprechenden inhaltlichen Maßstäben[239]. **137**

bb) Nachträgliche Entschädigung

Nach **§ 75 II 2 VwVfG** kann bei objektiv[240] nicht voraussehbaren Wirkungen (d.h. atypischen Folgen) des planfestgestellten Vorhabens auf das Recht eines anderen, die erst nach Unanfechtbarkeit des Planes auftreten, der Betroffene geeignete Vorkehrungen oder die Errichtung und Unterhaltung von Anlagen verlangen, welche die nachteiligen Wirkungen ausschließen (etwa wenn sich die methodisch einwandfrei erstellte Verkehrsprognose durch ein tatsächlich höheres Verkehrsaufkommen als fehlerhaft erwiesen hat). Diese Vorkehrungen sind dem Träger des Vorhabens nach § 75 II 3 VwVfG durch Beschluß der Planfeststellungsbehörde aufzuerlegen (etwa im Wege einer nachträglichen Ergänzung des PFB). Sind solche Vorkehrungen und Anlagen untunlich oder mit dem Vorhaben unvereinbar, so richtet sich der Anspruch des Betroffenen gem. § 75 II 4 VwVfG wieder auf eine insgesamt angemessene Entschädigung in Geld. **138**

cc) Abgrenzung zwischen Aufwendungsersatz- und Entschädigungsanspruch

Die Begriffe „Vorkehrungen“ und „Anlagen“ i.S. des § 74 II 2 oder des § 75 II 2 VwVfG (LVwVfG) umfassen Maßnahmen des passiven Schallschutzes (z.B. Dämmung von Außenwänden, Rolladenkästen, Schallschutzfenster, motorgetriebene Entlüfter usw.). Der Anspruch auf passiven Lärmschutz ist im PFB dem Grunde nach festzulegen. Der Betroffene[241] kann aber (nach Abschluß einer entprechenden Vereinbarung, s. Anlage 2 der VLärmSchR 97) die Schallschutzeinrichtungen selbst installieren bzw. installieren lassen und hat dann einen gegen den Vorhabenträger gerichteten Anspruch, der mit dem BVerwG[242] als **Aufwendungsersatzanspruch** zu qualifizieren ist. Über die Höhe der Entschädigung wird ggf. in einem gesonderten Verfahren entschieden (§ 42 III BImSchG). Hierbei handelt es sich *nicht* um einen Anwendungsfall der Entschädigungsregelungen des § 74 II 3 oder des § 75 II 4 VwVfG, weil diese die Untunlichkeit oder die mangelnde Vereinbarkeit aktiver oder passiver Schallschutzmaßnahmen mit dem Vorhaben voraussetzen. **139**

Eine **Entschädigung für einen Minderwert des Grundstücks** kommt nach **§ 74 II 3 VwVfG** in Betracht, sobald und soweit Schutzeinrichtungen keine wirksame Abhilfe versprechen (z.B. weil Schallschutzfenster nicht mehr geöffnet werden können) oder unverhältnismäßige Aufwendungen erfordern, also für die Fälle der verbleibenden Beeinträchtigung oberhalb der „fachplanerischen“ Zumutbarkeitsgrenze. In die- **140**

239 *Michler*, VBlBW 1998, 201 ff.

240 BVerwGE 80, 7 (14); BVerwG, NVwZ 1998, 846; anders – subjektiver Maßstab – BGHZ 92, 114 (129); *Dürr*, UPR 1993, 161 (170).

241 Erstattungsberechtigt ist der Eigentümer oder Erbbauberechtigte, BVerwG, DVBl. 1996, 921.

242 BVerwG, NVwZ 1989, 255 (256); NVwZ-RR 1991, 129 (134). S. die 24. BImSchV – Verkehrswege-SchallschutzmaßnahmenVO – v. 4.2.1997, BGBl. I 172, und Nr. 13 der VLärmSchR 97 (VkBl. 1997, 434).

sen Fällen kann der betroffene Grundeigentümer, dem die weitere Nutzung seines Grundstücks insgesamt nicht mehr zuzumuten ist, auf der Grundlage des § 74 II 3 VwVfG (oder vergleichbarer Vorschriften) sogar einen Übernahmeanspruch hinsichtlich des betroffenen Grundstücks geltend machen, über den ggf. auf Antrag im PFB abschließend zu entscheiden ist[243].

d) Rechtswirkungen des Planfeststellungsbeschlusses

aa) Allgemeine Rechtswirkungen

141 Der PFB entfaltet nach § 75 VwVfG eine Reihe weitreichender **Wirkungen**, nämlich

- Genehmigungswirkung,
- Konzentrationswirkung,
- Gestaltungswirkung,
- Duldungs- bzw. Ausschlußwirkung und
- Enteignungsvorwirkung.

142 Aufgrund seiner **Genehmigungswirkung** wird durch den PFB die Zulässigkeit des Vorhabens einschließlich der notwendigen Folgemaßnahmen an anderen Anlagen im Hinblick auf alle von ihm berührten öffentlichen Belange festgestellt (§ 75 I 1 HS 1 VwVfG).

143 Die **Konzentrationswirkung** bedeutet, daß neben der Planfeststellung andere behördliche Entscheidungen, insbesondere öffentlich-rechtliche Genehmigungen, Verleihungen, Erlaubnisse, Bewilligungen, Zustimmungen und Planfeststellungen nicht erforderlich sind (vgl. § 75 I 1 HS 2 VwVfG)[244]. Diese Konzentrationswirkung beinhaltet:

- eine *Entscheidungskonzentration*, wonach behördliche Gestattungen neben der Planfeststellung nicht erforderlich sind und daher auch keines gesonderten Verfahrens bedürfen, soweit nicht gesetzlich anderes bestimmt ist (z.B. in § 9 I 3 LuftVG, wonach die Entscheidungskonzentration nicht die baurechtliche Genehmigung umfaßt; vgl. auch § 9b IV Nr. 3 AtG),
- eine *Zuständigkeits- und Verfahrenskonzentration* bei der Planfeststellungsbehörde, was bedeutet, daß nur ein Verfahren stattfindet, das sich auch hinsichtlich der ersetzten behördlichen Entscheidungen mangels abweichender gesetzlicher Regelung nach dem einschlägigen Fachplanungsgesetz bzw. subsidiär nach den §§ 72 ff. VwVfG richtet.

144 Umstritten war, ob das Konzentrationsprinzip die Planfeststellungsbehörde von der Einhaltung solcher zwingender Vorschriften entbindet, die nach den einschlägigen Fachgesetzen (z.B. des Baurechts) diejenigen Behörden zu beachten hätten, deren Entscheidungen durch den PFB ersetzt bzw. überflüssig werden. Für Verfahrensvor-

---

243 BVerwGE 75, 214 (259); 87, 332 (383, 388).

244 Die Länder können, soweit Planfeststellungen aufgrund Landesrechts durchgeführt werden, nach § 100 Nr. 2 VwVfG bestimmen, daß die Konzentrationswirkung auch die nach Bundesrecht notwendigen behördlichen Entscheidungen umfaßt.

schriften ist diese Frage nach der etwaigen Freistellung der Planfeststellungsbehörde von fachgesetzlichen Normen grundsätzlich zu bejahen[245]. Für das materielle Recht wird die Frage ganz überwiegend verneint[246]. Das BVerwG lehnt inzwischen jegliche „materielle Konzentration“ der Planfeststellung ab, womit die Planfeststellungsbehörde an alle Rechtsvorschriften, die außerhalb des jeweiligen Fachplanungsgesetzes bestehen und einen materiellen Gehalt haben, gebunden bleibt; diese Normen sind nicht lediglich Abwägungsmaterial. Soweit materiellrechtliche Vorschriften die Möglichkeit einer Ausnahme, Befreiung oder Abweichung eröffnen, kann die Planfeststellungsbehörde aufgrund der mit der formellen Konzentrationswirkung verbundenen Zuständigkeit im Rahmen der Ausnahmetatbestände eine entsprechende Entscheidung treffen (Rn. 3/169)[247]. Das rechtsstaatliche Bestimmtheitsgebot erfordert dann allerdings, daß im Entscheidungstenor hierüber befunden wird (str.)[248]. Eine Überwindung der entgegenstehenden Bauleitplanung ermöglicht § 38 BauGB (Rn. 3/62).

Die **Zuständigkeit** der Planfeststellungsbehörde erstreckt sich auch auf etwaige **planfeststellungsbedürftige Folgemaßnahmen** des Vorhabens. Das sind z.B. die durch den Neubau einer Eisenbahnstrecke bedingten Verlegungen von Straßen und Gewässern oder die Ablagerung des beim Straßenbau anfallenden Materialaushubes[249]. Eine Folgemaßnahme liegt nur dann vor, wenn diese durch die Planung *eines* Vorhabenträgers veranlaßt ist und die planungsrechtlich erheblichen Belange der Folgemaßnahme durch Verfahrensbeteiligung (des Baulastträgers der Folgemaßnahme und anderer Träger öffentlicher Belange sowie möglicher Betroffener) und Berücksichtigung im Rahmen der Abwägung angemessen erfaßt werden können[250]. Planen dagegen *mehrere* Vorhabenträger gleichzeitig planfeststellungsbedürftige Baumaßnahmen – etwa bei der zeitgleichen Planung von Straßen- und Schienenwegen –, liegen selbständige Vorhaben vor, die zu einer **Konzentration der Zuständigkeit bei einer Planfeststellungsbehörde nach § 78 VwVfG** führen, wenn diese Vorhaben nur einer einheitlichen Zulassungsentscheidung unterworfen werden können. Letzteres ist der Fall, wenn jeder der Vorhabenträger zur sachgerechten Verwirklichung seines Planungskonzepts darauf angewiesen ist, daß über die Zulassung der 145

245 BVerwGE 82, 22: Der Konzentrationsgrundsatz erfaßt auch die fachgesetzlich vorgeschriebene Mitwirkung einer anderen Behörde (Einvernehmen oder Zustimmung), soweit nicht eine abweichende Regelung (z.B. § 14 III WHG, s. hierzu auch *Schulze*, NVwZ 1999, 1289 [1291]) getroffen ist und das verfassungsrechtliche Verbot der Mischverwaltung nicht entgegensteht; anders noch BVerwGE 27, 253 (256). Abl. z.B. *Jarass*, Konkurrenz, Konzentration und Bindungswirkung von Genehmigungen, 1984, S. 57.

246 „Theorie der formellen Konzentration“, zu den verschiedenen Auffassungen *Wahl*, NVwZ 1990, 426 (430).

247 Vgl. BVerwG, NVwZ 1993, 572 ff. und B. v. 23.3.1992, 4 B 218.91, Buchholz 316 § 75 VwVfG Nr. 6; zuvor bereits BVerwGE 70, 242 (244); 71, 163 (164); 85, 348 (352). In diesem Sinn auch *Gaentzsch*, NJW 1986, 2787 (2789); *Kühling*, Fachplanungsrecht, Rn. 336 ff.; *Laubinger*, VerwArch 77 (1986), 77 ff.; *Steinberg*, Fachplanung, § 3 Rn. 144 ff.; § 4 Rn. 9 ff.; *Wahl*, NVwZ 1990, 426 (430). Differenzierend *Ronellenfitsch*, VerwArch 80 (1989), 92 (94 ff.).

248 A.A. das BVerwG in st. Rspr. seit B. v. 23.3.1992, 4 B 218.9, Buchholz 316 § 75 VwVfG Nr. 6, s. BVerwG, NVwZ-RR 1998, 292 ff.; UPR 1998, 382 ff.

249 VGH BW, VBlBW 1995, 275.

250 BVerwG, NVwZ 1996, 1103; BVerwG, B. v. 24.3.1999, 11 B 38.98.

zusammentreffenden Vorhaben nur in einem Verfahren entschieden wird. Dies betrifft nicht nur Fälle sich kreuzender Trassen, sondern auch die Bündelung verschiedener Verkehrswege. Die Notwendigkeit einer „einheitlichen Entscheidung" besteht dagegen nicht, wenn planerisch erhebliche Belange des einen Verfahrens im anderen durch Verfahrensbeteiligung und durch Berücksichtigung – etwa im Rahmen planerischer Abwägung – angemessen erfaßt werden. Ein nur materielles Interesse an der planerischen Koordination verschiedener Belange rechtfertigt für sich nicht, die gesetzliche Verfahrenszuständigkeit zu ändern[251].

146 Aufgrund seiner **Gestaltungswirkung** werden durch den PFB alle öffentlich-rechtlichen Beziehungen zwischen dem Träger des Vorhabens und den durch den Plan Betroffenen *rechtsgestaltend* geregelt (vgl. § 75 I 2 VwVfG). Wird z.B. dem Vorhabenträger durch den PFB zugunsten der Nachbarn die Errichtung eines Lärmschutzwalls auferlegt, so erwerben diese einen hierauf gerichteten öffentlich-rechtlichen Anspruch gegen den Vorhabenträger.

147 Die **Duldungs- bzw. Ausschlußwirkung** bedeutet, daß nach Unanfechtbarbarkeit des PFB privat- oder öffentlich-rechtliche Ansprüche auf Unterlassung des Vorhabens, auf Beseitigung oder Änderung der Anlagen oder auf Unterlassung ihrer Benutzung ausgeschlossen sind (vgl. etwa § 75 II 1 VwVfG, § 21 WaStrG, §§ 9 III, 11 LuftVG)[252]. Von dieser (somit auch privatrechtsgestaltenden) Ausschlußwirkung werden jedenfalls gesetzliche privatrechtliche Unterlassungs-, Änderungs- oder Beseitigungsansprüche nach den §§ 823, 861 f., 906 f. u. 1004 BGB betroffen; umstritten ist dies für Ansprüche aufgrund „besonderer privatrechtlicher Titel" (z.B. Dienstbarkeiten)[253]. Hier hat die *Plangenehmigung* keine Ausschlußwirkung, weil sie nicht in Rechte anderer eingreifen kann.

148 Schließlich hat der PFB **Enteignungsvorwirkung**: Soweit von der Verwirklichung des Vorhabens fremde Rechte über die Duldungs- bzw. Ausschlußwirkung hinaus betroffen sind, muß ggf. aufgrund der Festsetzungen des PFB zur Ausführung des Vorhabens eine Enteignung (Vollenteignung, Belastung mit einem Sachenrecht, Änderung des Inhalts einer Dienstbarkeit) nach den einschlägigen (landesrechtlichen) Enteignungsgesetzen durchgeführt werden (vgl. z.B. § 19 FStrG, § 28 LuftVG n.F.). Dies betrifft Grundstücke, die nach dem PFB auf Dauer oder vorübergehend ganz oder teilweise in Anspruch zu nehmen sind, insbesondere auch für die notwendigen Folgemaßnahmen sowie die naturschutzrechtlichen Ausgleichs- und Ersatzmaßnahmen[254].

---

251 BVerwGE 101, 73 – Tiergartentunnel Berlin; *Blümel*, NVwZ 1995, 873 ff.

252 Hierzu *Michler*, FS Blümel, 1999, S. 357 ff. § 11 LuftVG bezieht sich nur auf den Ausschluß privatrechtlicher Abwehransprüche. Abgemildert wird die Ausschlußwirkung des PFB durch Schutzauflagen nach § 75 II 2 VwVfG.

253 Bejahend *Kopp*, VwVfG, § 75 Rn. 3 m.w.N.; OVG Lüneburg, NVwZ-RR 1997, 90; verneinend *Michler*, FS Blümel, 1999, S. 357 (376). Für einen Ausschluß spricht, daß bes. privatrechtliche Titel in § 21 WaStrG und § 11 LuftVG ausdrücklich von der Duldungswirkung ausgenommen werden.

254 VGH BW, VBlBW 1995, 275; Urt. v. 23.1.1998, 8 S 1892/97 zu Folgemaßnahmen; BVerwG, UPR 1997, 36; 1995, 308; DVBl. 1996, 676; a.A. *de Witt/Burmeister*, NVwZ 1994, 38 ff., hiergegen wiederum zutreffend *Braun*, NVwZ 1994, 1187 ff. Die Enteignungsvorwirkung ist von Entschädigungsleistungen nach § 74 II 3 VwVfG (= Art. 14 I 2 GG) zu unterscheiden, BGHZ 132, 63 (67).

Für das Enteignungsverfahren steht aufgrund des PFB nach den fachplanungsrechtlichen Vorschriften (z.B. § 19 I u. II FStrG, § 44 I 1 u. 2 WaStrG) die Zulässigkeit der konkreten, objektbezogenen Enteignung „dem Grunde nach" fest (anders nur in § 9b AtomG und §§ 52 IIa, 57a, b BBergG). Wegen dieser *rechtsmindernden enteignungsrechtlichen Vorwirkung* ist der PFB an Art. 14 III GG zu messen[255]. Die Vorschriften des Planfeststellungsrechts und die nach diesen Vorschriften anzuwendenden Normen des einschlägigen Enteignungsgesetzes bilden zusammen die Ermächtigung zum Zugriff auf das Recht (insbesondere auf das Grundeigentum) des Betroffenen[256]. Da die Zulässigkeit der Enteignung vom PFB dem Grunde nach festgestellt wird, hat das Enteignungsverfahren gegenüber der Planfeststellung nur geringe eigenständige Bedeutung. Ob im konkreten Fall tatsächlich enteignet werden kann, hängt nur noch davon ab, ob auch im übrigen die Zulässigkeitsvoraussetzungen für eine Enteignung des konkret betroffenen Enteignungsobjekts nach dem einschlägigen Enteignungsgesetz vollständig erfüllt sind (etwa unter dem Aspekt der enteignungsrechtlichen Erforderlichkeit, z.B. Eintragung einer Dienstbarkeit statt Vollenteignung[257]). Bei privatnützigen Planfeststellungen kommt eine Enteignungsvorwirkung nur unter engen Voraussetzungen in Betracht (Rn. 3/157). § 19 II FStrG, § 22 II AEG und § 30 PBefG erstrecken die enteignungsrechtliche Vorwirkung auch auf die Plangenehmigung[258]. **149**

bb) Geltungsdauer und Funktionslosigkeit des Planfeststellungsbeschlusses

Der Vorhabenträger hat Auflagen im Planfeststellungsbeschluß hinsichtlich des Baus von Folgeeinrichtungen (Unterführungen, Wegeverbindungen), der Unterhaltung von landschaftspflegerischen Ersatzmaßnahmen oder Schutzauflagen **zu erfüllen. Die Rechtswirkungen eines PFB bleiben über den Bau hinaus bestehen, soweit sie auf Dauer angelegt sind**, nur die Zulassungs – und Genehmigungswirkung wird „verbraucht" (bleibt aber als Rechtsgrund bestehen). Ansonsten enden die Rechtswirkungen eines PFB mit seiner Rücknahme oder dem Widerruf (§§ 48, 49 VwVfG), seiner Aufhebung wegen Aufgabe des Vorhabens überhaupt (§ 77 VwVfG)[259] sowie mit seiner Aufhebung durch das Gericht. Ein festgestellter Plan tritt auch dann außer Kraft, wenn mit seiner **Ausführung** nicht innerhalb von fünf Jahren nach Unanfechtbarkeit **begonnen** worden ist (§ 75 IV VwVfG, § 17 VII FStrG)[259a]. Eine bestehende Fachplanung wird nur dann **funktionslos** und damit rechtlich obsolet, wenn in der tatsächlichen Entwicklung ein Zustand eingetreten ist, der es auf unabsehbare Zeit ausschließt, das mit der Planung verfolgte Ziel zu verwirklichen[260]. In **150**

255 Vgl. auch BVerfG, DVBl. 1987, 895; BVerwGE 85, 44 (50 f.); 72, 282 (283), NVwZ 1993, 477 f. m.w.N. Vgl. zu alledem z.B. *Bauer*, NVwZ 1993, 441 ff.; *de Witt*, NVwZ 1995, 31 ff. und im übrigen zur enteignungsrechtlichen Vorwirkung auch BVerfGE 74, 264 (Boxberg).

256 BVerfGE 45, 297 (320); 56, 249 (264 f.); 85, 44 (50 f.).

257 BVerwG, UPR 1997, 36.

258 Krit. hierzu *Timmermans*, VBlBW 1998, 285 (289); *Wahl/Dreier*, NVwZ 1999, 606 (609).

259 Kein Anspruch auf Aufhebung des PFB durch einen nur mittelbar betroffenen Grundstückseigentümer, VGH BW, Urt. v. 1.10.1998, 5 S 1358/97 – B 35 Bruchsal Nord.

259a Ein Beginn der Ausführung liegt nur dann vor, wenn Bauaufträge erteilt bzw. mit konkreten, substantiellen Baumaßnahmen begonnen wird. Bloße verwaltungsinterne Vorbereitungen oder symbolische Spatenstiche genügen nicht, s. *Dürr*, Planfeststellung, S. 1157 f. m.w.N. Ebensowenig genügt z.B. eine untergeordnete Vorbereitungsmaßnahme (z.B. Erdaushub, Ablagerung), wenn keine substantiellen Bauarbeiten folgen.

260 BVerwGE 99, 166 (169); 108, 71 (74); UPR 1996, 443; 1999, 152 (zur Besonderheit der Entwidmung nach öff. Sachenrecht); NVwZ-RR 1997, 513; 1999, 720; NVwZ 1999, 539. Die Rspr. stellt durchgehend sehr strenge Anforderungen an das Vorliegen der Funktionslosigkeit, im Zweifel besteht der PFB fort.

diesem Zusammenhang kommt es nicht darauf an, ob jemand auf die Funktionslosigkeit vertraut hat, sondern ob der Annahme der Funktionslosigkeit nicht Gesichtspunkte des Vertrauensschutzes entgegenstehen[261]. Allein die Änderung oder Aufgabe der planerischen Absicht begründet keine Funktionslosigkeit, jedoch kann die Planung funktionslos werden, wenn z.B. bestehende Schienen abgebaut werden oder das betreffende Gebiet nachträglich unter Naturschutz gestellt wird.

cc) Änderungen des planfestgestellten Vorhabens

151 Der Vorhabenträger ist zur Ausführung des Plans aber nicht verpflichtet. Das Vorhaben kann aufgegeben oder in geänderter Form zur Ausführung vorgesehen werden, für die es dann einer erneuten Planfeststellung bedarf (§ 76 VwVfG). Wenn der Vorhabenträger allerdings das planfestgestellte Vorhaben zu bauen beginnt, ist er verpflichtet, den festgestellten Plan insgesamt zu erfüllen und darf nur unter den Voraussetzungen des § 76 II VwVfG hiervon abweichen. Soll der festgestellte Plan noch vor Fertigstellung des Vorhabens geändert werden, so bedürfen die vorzunehmenden Planänderungen nur dann keines neuen Planfeststellungsverfahrens, wenn diese **Änderungen von unwesentlicher Bedeutung** sind, wenn insbesondere die Belange anderer von der Änderung nicht berührt werden oder wenn die Betroffenen der Änderung zugestimmt haben (§ 76 II VwVfG)[262]. Sonst kann der PFB seine Ausgleichsfunktion (Rn. 3/53) nicht erfüllen. Belange anderer sind berührt, soweit die entsprechende Maßnahme abwägungserheblich war, wie z.B. die Wiederherstellung einer Wegeverbindung oder das Anlegen einer Unterführung, deren Fehlen im Anhörungsverfahren eingewendet und deren Bau anschließend zugesagt (Rn. 3/113) wurde[263].

5. Rechtliche Schranken der planerischen Gestaltungsfreiheit

152 Eine Planung ist ihrem Wesen nach nicht konditional im Sinne des „Wenn-Dann-Schemas", sondern nur final im Sinne des „Zweck-Mittel-Schemas" programmierbar. Sie ist nicht bloßer Gesetzesvollzug, sondern innerhalb des rechtlichen Planungsspielraums eine schöpferische Entscheidung, die den gesetzlichen Zielvorgaben sachgerecht Rechnung tragen muß. Dabei berührt und gestaltet sie in der Regel zahlreiche verschiedene und verschiedenartige Individual- und Allgemeinbelange, d.h. ein umfassendes, komplexes Interessengefüge. Die von der Planung insgesamt betroffenen Interessen sind z.T. gegenläufig, zum Teil gleichgerichtet und meist vielfältig wechselbezüglich miteinander verschränkt. Eine sinnvolle, gestaltende Problembewältigung ist hier nur möglich, wenn der Planungsbehörde ein Gestaltungsermessen (eine sog. „planerische Gestaltungsfreiheit") zusteht, dessen Rechtsgrund in der materiellen fachgesetzlichen Ermächtigung der Planfeststellungsbehörde zur Planung (z.B. § 17 FStrG, § 28 PBefG) gesehen wird. Die planerische Gestaltungsfrei-

261 BVerwG, NVwZ-RR 1999, 720 (721).

262 VGH BW, Urt. 7.12.1995, 5 S 152/95: Eine Planänderung ist jedenfalls dann nicht von unwesentlicher Bedeutung i.S.d. § 76 II, III VwVfG, wenn sie zu einer Verlagerung wesentlicher Teile des planfestgestellten Vorhabens an einen anderen Standort führt.

263 S.a. *Dürr*, Planfeststellung, S. 1019 f.

heit ist aber in folgenden rechtlichen Rahmen eingebunden. Bei vorhabenbezogenen Fachplanungen wird die erste Schranke durch den vom Vorhabenträger vorgelegten oder im Planfeststellungsverfahren abgeänderten Plan (Rn. 3/94) gezogen. Die Planfeststellungsbehörde ist zu einer verbindlichen Alternativplanung (Rn. 3/172) nicht befugt, sondern auf ein „abwägendes Nachvollziehen" der vorgelegten Planung und den Erlaß ergänzender Schutzauflagen beschränkt. In der Rechtsprechung sind – hierauf aufbauend – vier Stufen zur Überprüfung der Rechtmäßigkeit eines PFB entwickelt worden, von denen die ersten beiden – Planrechtfertigung (Rn. 3/154) und Bindung an vorgelagerte Entscheidungen (Rn. 3/153) – in der Entwicklung der vergangenen Jahre so viel an Bedeutung eingebüßt haben, daß auf sie verzichtet werden könnte. Der Schwerpunkt der Rechtmäßigkeitsprüfung liegt darin, ob zwingende Rechtsvorschriften einschlägiger Fachgesetze des Bau-, Wege-, Wasser-, Naturschutzrechts usw. (Rn. 3/158 f.) und die im Rechtsstaatsprinzip[264] verwurzelten Anforderungen des Abwägungsgebots (3/160 ff.) eingehalten sind.

a) Vorbereitende Planungsentscheidung

Planung erfolgt meist in mehreren, immer konkreter werdenden Schritten. Bei einigen Fachplanungen besteht eine behördeninterne Bindung der Planfeststellungsbehörde an die **vorbereitende Planungsentscheidung** einer anderen Behörde[265]. Dies gilt z.B. für die Vorausgenehmigung des Bundesministers für Verkehr bei planfeststellungsbedürftigen Vorhaben, die die Planung und Linienführung einer neuen Bundesfernstraße (Linienbestimmung nach § 16 I FStrG) oder einer neuen Bundeswasserstraße (§ 13 I WaStrG) betrifft. Für Eisenbahnneubaustrecken wird in der Regel ein Raumordnungsverfahren durchgeführt. Das BVerwG sieht aber weder in der Linienbestimmung noch im Raumordnungsverfahren eine förmliche Rechtmäßigkeitsvorausetzung der Planfeststellung[266]: Der PFB hat aus sich selbst heraus den rechtlichen Anforderungen zu genügen, d.h. die Planfeststellungsbehörde muß selbst die Linienführung überprüfen und im PFB eigenständig – nicht nur unter Hinweis auf das bedarfsregelnde Gesetz oder vorangegangene Entscheidungen – begründen. Etwaige im PFV nicht behebbare Mängel des Linienbestimmungsverfahrens schlagen sonst wegen der Einheitlichkeit des Abwägungsvorgangs auf den PFB durch[267]. Der Prüfungsschritt ist damit jeglichen eigenständigen Inhaltes entleert und entbehrlich. **153**

b) Planrechtfertigung

Nach herkömmlicher Auffassung findet eine hoheitliche Planung ihre Rechtfertigung nicht schon in sich selbst und bedarf wegen ihrer eigentumsverteilenden Wirkung (vgl. Rn. 3/148), aber auch wegen der Möglichkeit der Beeinträchtigung öffentlicher Belange einer besonderen, der fachplanerischen Zielsetzung entsprechenden Plan- **154**

264 BVerwGE 61, 295 (301).
265 Vgl. BVerwG, NVwZ 1998, 508 ff.; *Roeser*, FS Schlichter, 1995, S. 479 (483 ff.); *Wahl/Dreier*, NVwZ 1999, 606 (614 f.).
266 BVerwG, NVwZ 1997, 391 f.
267 BVerwG, NVwZ 1998, 508 (512).

rechtfertigung (fachplanungsrechtliche bzw. planrechtfertigende Erforderlichkeit), die auch vor Art. 14 III GG standhält[268].

155 Eine Planrechtfertigung liegt vor, wenn für das Vorhaben ein konkretes Bedürfnis besteht und es den Zielen des jeweiligen Fachplanungsgesetzes entspricht. Es muß aber nicht unausweichlich erforderlich, sondern nur „**vernünftigerweise geboten**" sein[269]. Das Erfordernis der Planrechtfertigung schränkt den planerischen Gestaltungsspielraum also praktisch kaum ein. Die mit dem Vorhaben verbundenen Ziele müssen lediglich generell geeignet sein, entgegenstehende Rechtspositionen zu überwinden; dies darf nicht generell ausgeschlossen sein. Die Frage der Dimensionierung eines Vorhabens wird ebenso wie eine Abschnittsbildung[270], Planungsalternativen und eine enteignungsrechtliche Vorwirkung erst im Rahmen der Abwägung überprüft. Es geht der Rechtsprechung also nur noch um eine erste Plausibilitätskontrolle[271]. Deshalb sind auch an der eigenständigen Funktion des zweiten Kontrollschrittes Planrechtfertigung berechtigte Zweifel geäußert worden[272].

156 Nachdem der Gesetzgeber die wichtigsten Fälle der Verkehrswegebedarfsplanung an sich gezogen hat[273], ist für die dort enthaltenen Trassen die Bedarfsfrage mit bindender Wirkung für die Verwaltungsgerichte konkretisiert[274]. Nur wenn deutliche Zweifel bestehen, daß mit Aufnahme des Vorhabens in den Bedarfsplan die Grenzen gesetzgeberischen Ermessens überschritten sind, weil offenkundig kein verkehrlicher Bedarf vorhanden ist, der die Annahmen des Gesetzgebers rechtfertigen kann, müssen die Verwaltungsgerichte dem nachgehen und ggf. die Frage der Verfassungsmäßigkeit der Aufnahme in den Bedarfsplan dem BVerfG zur Entscheidung vorlegen[275].

157 Die Bedeutung der Planrechtfertigung als Voraussetzung für die Inanspruchnahme von Eigentum ist Hintergrund der lange vom BVerwG vorgenommenen Unterscheidung zwischen „privatnützigen" und „gemeinnützigen Planfeststellungen". Während die „gemeinnützige Planfeststellung" auch zur Rechtfertigung von Eingriffen in Rechte Dritter dienen konnte, war das bei der „privatnützigen Planfeststellung" (z.B. bei der wasserrechtlichen Planfeststellung nach § 31 WHG zur Herstellung eines Baggersees durch Naßauskiesung oder zur Herstellung eines

268 BVerwGE 98, 339 (345); 102, 331 (342 f.); BVerwG, Urt. v. 27.11.1996, 11 A 91.95, Buchholz 316 § 78 VwVfG Nr. 8. S.a. BVerwG, NVwZ 2000, 555 ff.

269 BVerwGE 84, 123 (130), 100, 370 (380); BVerwG, NVwZ-RR 1998, 284 (286); VGH BW, Urt. v. 3.7.1998, 5 S 1/98: bei einer Straßenbahn ist die Zielkonformität nach § 8 III PBefG etwa aus dem kommunalen Generalverkehrsplan mit einer Förderung des ÖPNV zu begründen; objektiv erforderlich (vernünftigerweise geboten) ist eine konkrete Planung dann wegen der mit dem Streckenausbau verbundenen Erhöhung der Attraktivität des Schienennetzes für die jeweils erschlossenen Gebiete. Grenze ist nach dieser Rechtsprechung ein „planerischer Mißgriff".

270 Eine Rechtfertigung der Abschnittsbildung muß nur noch für Straßen, nicht aber für Eisenbahnen vorgenommen werden (BVerwG, NVwZ 1996, 896 [897]; 1997, 391 [392]) und ist auch dort in Einzelfällen entbehrlich, s. BVerwG, UPR 1997, 329 (331) für ein Lücke von immerhin 700m Länge.

271 *Wahl*, NVwZ 1990, 426 (434); dem folgend BVerwG, B. v. 21.2.1997, 4 B 169.96.

272 *Jarass*, DVBl. 1998, 1202 (1205); *Paetow*, FS Sendler, 1991, S. 425 (430); *Wahl/Dreier*, NVwZ 1999, 606 (613).

273 Bundesfernstraßen- und Bundesschienenwege-AusbauG v. 15.11.1993, BGBl. I 1874, 1878, MagnetschwebebahnbedarfsG v. 19.7.1996, BGBl. I 1018.

274 BVerwGE 98, 339 (345 ff.); 107, 1 (9); BVerwG, UPR 1998, 25; 1996, 337; 1995, 391.

275 BVerwG, NVwZ-RR 1997, 210; NuR 1998, 305, 309; BVerfG, NVwZ 1998, 1060; *Jarass*, DVBl. 1998, 1202 (1204).

Fischteichs[276]) nicht der Fall. Die Gemein- oder Privatnützigkeit einer Planfeststellung hängt nicht von der Qualifizierung der Rechtsnatur des Antragstellers (privat- oder öffentlich-rechtlich) oder davon ab, ob sein planfeststellungsbedürftiges Vorhaben auf Gewinnerzielung gerichtet ist oder nicht, sondern ausschließlich davon, ob mit diesem Vorhaben *unmittelbar* zum Wohl der Allgemeinheit öffentliche Aufgaben wahrgenommen werden oder nicht[277]. Inzwischen ist das BVerwG – zunächst für die abfallrechtliche Planfeststellung[278] – von der Unterscheidung zwischen privatnützigen und gemeinnützigen Planfeststellungen abgerückt und sieht als Rechtmäßigkeitsvoraussetzungen einer Planfeststellung zugunsten eines privaten Trägers (im Abfallrecht, Wasserrecht oder Bergrecht) die Einhaltung zwingender Rechtsvorschriften sowie die Abwägung aller von der Planung berührten öffentlichen und privaten Belange gegeneinander und untereinander an (Rn. 6/186)[279]. Nachdem das BVerfG[280] unter bestimmten Voraussetzungen eine Enteignung zugunsten eines privatrechtlich organisierten Unternehmens auch dann für möglich hält, wenn sich der Nutzen für das Allgemeinwohl nur als mittelbare Folge der Unternehmertätigkeit darstellt, erweist sich die Trennung zwischen Gemein- und Privatnützigkeit als unergiebig und sollte aufgegeben werden (Rn. 3/57).

c) Zwingende Rechtsvorschriften des materiellen Rechts

Eine in ihrer Bedeutung erst in jüngerer Zeit herausgearbeitete Rechtsmäßigkeitsvoraussetzung der Planfeststellung liegt in der Einhaltung zwingender Rechtsvorschriften[281]. Das BVerwG hatte einige Zeit mißverständlich von **Planungsleitsätzen** gesprochen[282], was nicht nur wegen der Unvereinbarkeit mit der früheren Rechtsprechung zu „internen und externen Planungsleitsätzen“[283] terminologische Verwirrung stiftete. Der unbefangene Betrachter versteht unter einem Planungsleitsatz eher erkenntnisleitende Vorgaben, wie sie bspw. in § 1 V BauGB enthalten sind, wo exemplarisch besondere Planungsbelange aufzählt werden, die aber nicht der Abwägung vorrangige Rechtssätze darstellen. So ist es zu begrüßen, daß neuerdings weitgehend einheitlich von zwingenden materiellrechtlichen Rechtssätzen oder strikten Rechtsnormen gesprochen wird[284]. 158

Zu den **zwingend einzuhaltenden Rechtsnormen** gehören insbesondere die Ausprägungen der polizeirechtlichen Gefahrenschwelle wie §§ 41, 42 BImSchG[285], § 22 159

276 BVerwGE 55, 220 (226 f.); BVerwG, DVBl. 1990, 1170.

277 BVerwGE 85, 44; *Sellmann*, DVBl. 1987, 223 ff. m.w.Nachw.

278 BVerwGE 85, 44 (46 ff.) gegen BayVGH, DÖV 1989, 401.

279 BVerwGE 85, 44 (46); 85, 155 (156); wie hier auch *Kühling*, FS Sendler, 1991, S. 391 ff.

280 BVerfGE 56, 266 (287 ff.); 66, 248 (257 f.); 74, 274 (Boxberg-Urteil).

281 BVerwGE 100, 370 (380); BVerwG, NVwZ-RR 1998, 284 (287); NVwZ 1993, 565.

282 BVerwGE 71, 166 (168); 72, 282 (283).

283 Hiernach waren die zwingenden Ziele der jeweiligen Fachplanung – insbesondere des Straßenrechts – als „interne Planungsleitsätze“ zu beachten (z.B. § 1 III 1 FStrG, wonach Bundesautobahnen keine höhengleichen Kreuzungen haben dürfen). Demgegenüber wurde im Immissionsschutz ein externer, durch die Abwägung überwindbarer Planungsleitsatz gesehen. Diese Unterscheidung wurde ebenso wie die Überwindbarkeit strikter immissionsschutzrechtlicher Normen inzwischen aufgegeben.

284 BVerwG, NVwZ-RR 1998, 292 (295); NVwZ 1996, 1011 (1014); S.a. *Dreier*, Die normative Steuerung der planerischen Abwägung, 1995, S. 110 ff.; *Jarass*, DVBl. 1998, 1202 (1205 f.); *Wahl/Dreier*, NVwZ 1999, 606 (615 f.)

285 BVerwGE 108, 248 (256 ff.); BVerwG, UPR 2000, 71 f.; DVBl. 1995, 1010 (1011) – 4. Senat; VGH BW, VBlBW 1996, 423; OVG Lüneburg, UPR 1992, 192 (193); a.A. BVerwGE 104, 123 ff.

BImSchG, § 5 I Nr. 1 BImSchG, § 2 der 16. BImSchV[286], § 5 der 17. BImSchV, § 74 II 2 VwVfG, § 32 I KrW-/AbfG sowie naturschutzrechtlich geprägte Erhaltungs- und Ausgleichsgebote (§ 8 II BNatSchG, § 31 V WHG). Zu unterscheiden hiervon sind bloße **Optimierungsgebote** (z.B. § 8 III BNatSchG, § 50 BImSchG), d.h. gesetzgeberische Zielvorgaben, denen zwar im Rahmen der Abwägung eine besondere, aber eben keine absolute Bedeutung zukommt[287], und „sekundäres" materielles Recht, das selbst die Möglichkeit einer Ausnahme, Befreiung oder ähnlichen Abweichung eröffnet (Rn. 3/169).

d) Abwägungsgebot

aa) Abwägungsfehlerlehre

160 Nach den im wesentlichen gleichlautenden Vorschriften der Fachplanungsgesetze sind im Planfeststellungsverfahren die vom Vorhaben berührten öffentlichen und privaten Belange einschließlich der Umweltverträglichkeit im Rahmen der Abwägung zu berücksichtigen (vgl. § 17 I 2 FStrG, § 28 I 2 PBefG, § 18 I 2 AEG, § 14 I 2 WaStrG, § 9 I 2 LuftVG usw.). Die damit verbundene planerische Bewältigung der durch das konkrete Vorhaben aufgeworfenen Probleme (planerische Konfliktbewältigung) schließt neben einer vollständigen Sachverhalts- und Problemermittlung (der sogen. abwägungserheblichen Belange) eine Gewichtung der unterschiedlichen Interessen- und Problemlagen ebenso wie die Bevorzugung oder Zurückstellung einzelner Belange ein. Für die zu treffenden Entscheidungen steht dem Vorhabenträger – im Rahmen der zwingenden rechtlichen Vorgaben und des Abwägungsgebotes – ein Entscheidungsspielraum (**Planungsermessen**) zur Verfügung. Hierbei ist zu beachten: Anders als bei der Bauleitplanung, wo die Gemeinde plant *und* den Bebauungsplan erläßt (also eine Identität von Planer und Träger der Planungshoheit besteht), ist es nicht Aufgabe der Planfeststellungsbehörde, selbst zu planen. Die Planfeststellungsbehörde überprüft die vom Vorhabenträger erstellte und ihr vorgelegte Planung auf ihre Rechtmäßigkeit. Dabei hat sie aber als Träger der Planungshoheit alle von der Planung berührten Belange eigenverantwortlich **„nachvollziehend" abzuwägen**[288] und kann einem sonst nicht feststellungsfähigen Plan dadurch zur Feststellung verhelfen, daß noch nicht vorgesehene, nach dem Abwägungsgebot aber notwendige Schutzmaßnahmen im PFB angeordnet oder notwendige Folgemaßnahmen festgesetzt werden.

– 11. Senat, der aber neuerdings in NVwZ 1999, 725 (727) offenläßt, ob er an seiner Rechtsauffassung festhält. S. ferner *Jarass*, UPR 1998, 415 (419 f.); *Michler*, VBlBW 1998, 201 ff.; *Rieger*, VBlBW 1998, 41 ff.; *Uechtritz*, DVBl. 1999, 198 (201 ff.).

286 BVerwG, NVwZ-RR 1999, 556 f.: Lärmeinwirkungen unterhalb der Erheblichkeitsschwelle sind im Rahmen der Abwägung Rechnung zu tragen.

287 *Dreier*, Die normative Steuerung der planerischen Abwägung, 1995; *Hoppe*, DVBl. 1992, 853 ff.; *Wahl*, NVwZ 1990, 426 (437 f.); *Würtenberger*, VVDStRL 58 (1999), S. 139 (145 ff.).

288 BVerwGE 72, 365 (367).

Eine Rechtskontrolle des planerischen Gestaltungsspielraums findet nur im Rahmen der vom BVerwG entwickelten **Abwägungsfehlerlehre** statt[289]. Eine rechtmäßige Abwägung setzt danach voraus, daß **161**

1. eine (sachgerechte) Abwägung überhaupt stattfindet (sonst: **Abwägungsausfall**) und in diesem Zusammenhang die nach Lage der Dinge zu berücksichtigenden öffentlichen und privaten Belange ermittelt und in die Abwägung eingestellt werden (sonst: **Abwägungsdefizit**)[290],
2. die Bedeutung der betroffenen öffentlichen und privaten Belange nicht verkannt wird, diese Belange also entsprechend ihrer „objektiven Gewichtigkeit" bewertet werden (sonst: **Abwägungsfehlgewichtung**) und
3. der Ausgleich zwischen den berührten öffentlichen und privaten Belangen im konkreten Fall in einer Weise vorgenommen wird, die zur objektiven Gewichtigkeit der Belange nicht außer Verhältnis steht (sonst: **Abwägungsdisproportionalität**).

Innerhalb des so gezogenen Rahmens wird das Abwägungsgebot nicht verletzt, wenn sich die Planfeststellungsbehörde in der Kollision zwischen verschiedenen Belangen für die Bevorzugung des einen und damit notwendigerweise für die Zurückstellung eines anderen entscheidet. Diese Anforderungen beziehen sich mit Ausnahme des Abwägungsausfalls (der nur den Vorgang der Abwägung betrifft) auf den **Abwägungsvorgang** und das **Abwägungsergebnis**[291]. Dabei sind **Mängel bei der Abwägung der von dem Vorhaben berührten öffentlichen und privaten Belange nur erheblich, wenn sie offensichtlich und auf das Abwägungsergebnis von Einfluß**[292] gewesen sind (§ 75 Ia VwVfG und gleichlautende fachplanungsrechtliche Vorschriften wie § 17 VIc FStrG, § 29 VIII PBefG, § 20 VII AEG, § 19 IV WaStrG usw.). In zeitlicher Hinsicht kommt es für die Fehlerfreiheit der Abwägung auf die Sach- und Rechtslage im Zeitpunkt der Planfeststellungsentscheidung an. Für diesen Zeitpunkt festzustellende Abwägungsfehler (insbesondere beim Abwägungsvorgang) können nachträglich nur bei Teilbarkeit des PFB in einem ergänzenden Verfahren oder bei Begründungsmängeln durch Nachschieben entsprechender Erwägungen im gerichtlichen Verfahren geheilt werden[293]. Daneben ist ein Gericht gehalten, im verwaltungsgerichtlichen Verfahren aufzuklären, ob ein von der Planfeststellungsbe- **162**

289 BVerwGE 34, 301 (304 ff.); 45, 309 (314 ff.); 56, 110 (122 ff.). Kritisch z.B. *Berkemann*, FS Schlichter 1995, S. 27 (48 ff.).

290 Plastisch *Sendler*, UPR 1995, 41: **Abwägungsausfall**, wenn man sozusagen ins Blaue plant, sich vom Zufall bestimmen, von willkürlichen Überlegungen leiten oder durch eigensüchtige Rat- oder Geldgeber beeinflussen oder gar korrumpieren läßt, oder der Filz dem Plan gleichsam aus allen Knopflöchern herausguckt. **Abwägungsdefizit**, wenn man einstellungswürdige Belange bewußt nicht in die Abwägungsrechnung einbezieht; Fahrlässigkeit genügt hierbei in Gestalt von schlichtem Übersehen oder ungenügender Aufklärung der in Betracht kommenden und einzustellenden Belange, also Saumseligkeit oder Unaufmerksamkeit bei der Zusammenstellung des Abwägungsmaterials.

291 BVerwGE 34, 301 (304 ff.); 45, 309 (314 ff.); 56, 110 (122 ff.); a.A. *Erbguth*, DVBl. 1986, 1230 ff.; nach ihm bezieht sich nur die Verfehlung eines ordnungsgemäßen Interessenausgleichs auf das Abwägungsergebnis, alles andere ausschließlich auf den Abwägungsvorgang.

292 BVerwGE 75, 214 (239, 251); BVerwG, NVwZ 1993, 572 (575).

293 *Storost*, NVwZ 1998, 797 (802 ff.); *Henke*, UPR 1999, 51 ff.; BVerwG, DVBl. 1996, 677; 1992, 310.

hörde angenommener und gewürdigter abwägungserheblicher Umstand in Wahrheit gegeben ist oder nicht. Unzulässig sind aber gerichtliche Ergänzungen der planerischen Erwägungen oder des Abwägungsmaterials. Das Gericht hat zu prüfen, ob die Planung (auch hinsichtlich des Abwägungsvorgangs) rechtsfehlerfrei ist, nicht aber hat es die für die Rechtsfehlerfreiheit erforderlichen Erwägungen nachzuschieben[294], also etwa ein bestehendes Abwägungsdefizit „nachzubessern". Insoweit ist Planungskontrolle nicht Begründbarkeits-, sondern Begründungskontrolle.

bb) Zusammenstellung des Abwägungsmaterials

163 Schwerpunkt der gerichtlichen Kontrolle der Abwägung ist die Frage, ob alle im konkreten Fall abwägungserheblichen Fakten und Umstände, insbesondere also alle durch die Planung berührten schutzwürdigen Belange, ermittelt worden sind. Diese Zusammenstellung des sog. **Abwägungsmaterials** steht nicht im Ermessen der Planfeststellungsbehörde; vielmehr handelt es sich insoweit nach der Rechtsprechung um Rechtsanwendung, d.h. um eine gerichtlich überprüfbare Tat- und Rechtsfrage[295]. Nachdem in die Abwägung an Belangen einzustellen ist, was „nach Lage der Dinge in sie eingestellt werden muß", lassen sich keine schematischen Regeln darüber aufstellen, wie weit die Pflicht der Planfeststellungsbehörde geht, im Planungsverfahren abwägungserhebliche Fakten und Umstände zu ermitteln. Dies ist jeweils von der im Einzelfall vorliegenden Problemkonstellation abhängig.

164 Die Ermittlungen sind in einem Umfang durchzuführen, der eine sachgerechte Planungsentscheidung ermöglicht[296]; allerdings muß die Behörde nur solche Umstände aufklären und abwägend berücksichtigen, die entscheidungserheblich sein können, sie braucht also Interessen, die **objektiv geringwertig** oder nicht hinreichend schutzwürdig sind, nicht umfassend zu ermitteln[297]. Im Grundsatz lassen sich die Ermittlungspflichten wie folgt beschreiben: Es muß um so sorgfältiger ermittelt werden, je detaillierter und substantiierter die Belange im Anhörungsverfahren geltend gemacht worden sind, je wichtiger der zu beurteilende Belang in tatsächlicher und rechtlicher Hinsicht ist und je größer die potentielle Beeinträchtigung des Belangs sein kann[298]. In die Abwägung sind nicht nur die bekannten – von Trägern öffentlicher Belange oder Privaten vorgetragenen –, sondern auch die erkennbaren Belange einzustellen. Die Ermittlungsdichte bei der Frage der „Erkennbarkeit" steht in Bezug zu dem Gewicht der betroffenen Belange: Das Prüfprogramm in der Planfeststellung muß sich nämlich stets auf diejenigen Belange beziehen, die gesetzlich erwähnt oder mit besonderem Gewicht versehen sind. Der Gesetzgeber will in diesen Fällen den Vorhabenträger und die Planfeststellungsbehörde gewissermaßen warnend darauf hinwei-

294 BVerwGE 107, 1 (10); 104, 123 (140); BVerwG, NVwZ 1993, 572 ff.
295 Dazu z.B. BVerwG, B. v. 9.3.1993, 4 B 190.92, Buchholz 316 § 74 VwVfG Nr. 23.
296 BVerwG, NVwZ-RR 1997, 607; *Just*, Ermittlung und Einstellung von Belangen in die planerische Abwägung, 1996.
297 BVerwGE 59, 87 (102). Zur fehlenden Schutzwürdigkeit von Belangen s. BVerwG, NJW 1994, 1233; weitere Nachweise aus der Rspr. bei *Wahl/Dreier*, NVwZ 1999, 606 (616).
298 BVerwG, DVBl. 1989, 1105; BVerwGE 59, 87 (103).

sen, diese Belange ausreichend zu ermitteln und in die Abwägung einzustellen[299]. Als Faustformel kann davon ausgegangen werden, daß alle abwägungserheblichen Belange so umfassend ermittelt werden müssen, daß eine tragfähige **Prognose** hinsichtlich der Auswirkungen des Plans und eine darauf beruhende Gewichtung der Belange im Rahmen des PFB möglich ist.

Prognosen sind auf der Grundlage fachwissenschaftlicher Maßstäbe methodisch einwandfrei und fachgerecht zu erstellen[300]. Es spielt für die Beurteilung der Rechtmäßigkeit des PFB im Prinzip keine Rolle, ob die ihm zugrunde gelegte Prognose durch die spätere Entwicklung falsifiziert wird. Vielmehr kommt es allein darauf an, ob die Prognose mit den seinerzeit zur Verfügung stehenden Erkenntnismitteln unter Beachtung aller für sie erheblichen Umstände sachgerecht gestellt worden ist. Es reicht also aus, wenn die Prognose in einer der jeweiligen Materie angemessenen, methodisch einwandfreien Weise erarbeitet und begründet worden ist. Erst wenn infolge unvorhersehbarer Ereignisse die tatsächliche Entwicklung von einer zutreffend aufgestellten Prognose in extremer Weise abweicht, stellt sich die Frage, ob der PFB dadurch funktionslos und deshalb rechtswidrig geworden ist[301] (s. auch Rn. 3/138). **165**

Umfang der anzustellenden Ermittlungen und die Abwägungserheblichkeit von Belangen bedingen sich damit gegenseitig. Eine fehlerhafte Sachaufklärung kann im gerichtlichen Verfahren nicht nachgeholt werden[302]. **166**

cc) Gewichtung der abwägungserheblichen Belange

Das Abwägungsgebot ist verletzt, wenn die Belange zwar ordnungsgemäß eingestellt sind, die Bedeutung der betroffenen öffentlichen oder privaten Belange aber verkannt worden ist. Da das Gewicht eines Belangs sich erst aus der konkreten Situation ergibt, kommt der Planfeststellungsbehörde für seine Bewertung ein planerischer Gestaltungsspielraum zu. Die planerische Gestaltungsfreiheit wird dabei durch verschiedene Grundsätze und normative Gewichtungsvorgaben beeinflußt[303]. **167**

Je dringender ein Bedarf für ein Vorhaben ist, desto höher ist sein Gewicht in der Abwägung; je seltener eine Vogelart ist, weil sie bspw. auf der „Roten Liste" (Rn. 5/34) steht, desto höher ist das öffentliche Interesse an ihrer Erhaltung; je näher das Vorhaben an die geschlossene Ortslage rückt, desto bedeutsamer werden städtebauliche Belange. Neben dieser sich aus der konkreten faktischen Situation ergebenden Gewichtung hat der Gesetzgeber die Bedeutung einzelner Belange in verschiedenen Vorschriften hervorgehoben: Nach § 29 I 2 LuftVG ist auf die Nachtruhe der Bevöl- **168**

---

299 *Wahl/Dreier*, NVwZ 1999, 606 (616); *Dreier*, Abwägung, 1995, S. 185 ff. Zur Zulässigkeit einer **Als-Wahr-Unterstellung** vgl. z.B. BVerwGE 61, 295 (304 f.); BVerwG, NVwZ-RR 1991, 129 (137); *Kühling*, Fachplanung, Rn. 194 ff.

300 BVerwG, NVwZ-RR 1991, 129 (131); 1991, 601 (609). Zu Lärmprognosen: *Dürr*, VBlBW 1993, 361 (364). Zu Schadstoffprognosen: BVerwG, UPR 1999, 271; VGH BW, Urt. v. 6.2.1998, 3 S 731/97.

301 BVerwGE 56, 110 (122); 72, 282 (286); 75, 114 (234).

302 BVerwG, NVwZ-RR 1995, 122.

303 *Dreier*, Abwägung, S. 76 ff.; *Wahl/Dreier*, NVwZ 1999, 606 (617).

kerung in besonderem Maß Rücksicht zu nehmen[304]. Nach § 50 BImSchG sollen schädliche Umwelteinwirkungen und Auswirkungen von Störfällen auf bewohnte Gebiete so weit wie möglich vermieden werden.

169 Solche Vorschriften werden heute regelmäßig als **Optimierungsgebote** bezeichnet, worunter also Normen zu verstehen sind, die den darin genannten Belangen ein höheres Gewicht verleihen. Im Wege der Auslegung ist dabei auch abzugrenzen, ob die gesetzliche Anforderung an das Planungsvorhaben zwingend (Rn. 3/158) ist oder ob der Belang im Rahmen der Abwägung „soweit wie möglich" oder „besonders zu berücksichtigen" ist[305]. Eine vergleichbare Wirkung kommt **Ausnahme- und Befreiungsvorschriften in wasser- oder naturschutzrechtlichen Schutzverordnungen** zu, weil deren Schutzzweck nicht verkürzt werden darf, was bei der Entscheidung über die Ausnahme und Befreiung zu berücksichtigen ist[306]: So muß bei entgegenstehendem Schutzzweck die Schutzverordnung vor Erlaß des PFB aufgehoben werden.

170 Entsprechendes gilt für den gesetzlichen Biotopschutz nach § 20c BNatSchG ausfüllenden landesrechtlichen Vorschriften, die Bewertung von Umweltauswirkungen nach § 12 UVPG und die Abwägung zwischen einem Planungsvorhaben und damit verbundenen unvermeidlichen Eingriffen in den Naturhaushalt gemäß § 8 III BNatSchG[307]. Nicht übersehen werden darf allerdings, daß in der Praxis kaum Fälle auftauchen, in denen das Abwägungsgebot verletzt wurde, weil das Gewicht eines gesetzlich besonders hervorgehobenen Belangs falsch eingestuft worden ist. Die Wirkung der gesetzlichen Vorgaben liegt vor allem darin, daß die Planfeststellungsbehörde auf bestimmte Belange eindrücklich hingewiesen wird, sie also ggf. von Amts wegen sorgfältig ermitteln muß und nur mit entsprechender Begründung zurückstellen darf. Das BVerwG zögert deshalb zurecht, den Begriff „Optimierungsgebot" zu verwenden[308].

171 Im Kern des Abwägungsvorganges steht der von der Planfeststellungsbehörde vorzunehmende **Ausgleich** unter den von der Planung berührten öffentlichen und privaten Belangen. Er muß so vorgenommen werden, daß er zur objektiven Gewichtigkeit einzelner Belange nicht außer Verhältnis steht. Der Grundsatz der Verhältnismäßigkeit ist also zu beachten. Bemerkenswert und bezeichnend ist, daß Inhalt, Bedeutung und Grenzen des Abwägungsgebots also nicht positiv umschrieben werden, sondern seine Konturen gleichsam von der Negation her erhält, also von seinen möglichen Verletzungen und von dem, was nicht verletzt werden darf, damit dem Abwägungsgebot Rechnung getragen ist[309].

304 BVerwG, NVwZ 1998, 850 (851).

305 *Jarass*, DVBl. 1998, 1202 (1206). Umstritten innerhalb des BVerwG ist z.B. die Bedeutung des § 41 I BImSchG: der 4. Senat sieht einen zwingenden Rechtssatz, BVerwG, UPR 1999, 268 (269), der 11. Senat einen Planungsspielraum (BVerwGE 104, 123), s. Fn. 3/285.

306 *Jarass*, DVBl. 1998, 1202 (1206); *Wahl/Dreier*, NVwZ 1999, 606 (617); a.A. wohl BVerwG, NVwZ 1993, 572 ff.

307 BVerwGE 104, 144 (148) lehnt zwar – entgegen BVerwGE 85, 348 – einen irgendwie gearteten Gewichtungsvorrang von Natuschutzbelangen ab, führt jedoch weiter aus, daß das Interesse an Schonung von Natur und Umwelt nur zurückgestellt werden dürfe, wenn entsprechend gewichtige Gründe dies rechtfertigten.

308 BVerwGE 104, 68 ff.; der Begriff wird zuletzt nur noch im B. v. 14.10.1996, 4 A 35.96, Buchholz 407.4 § 17 FStrG Nr 123, unter Bezugnahme auf die älteren Entscheidungen BVerwGE 71, 163 (165); 85, 348 (362) verwendet.

309 *Sendler*, UPR 1995, 41.

dd) Konfliktbewältigung, Abschnittsbildung und Alternativenauswahl

Das Prüfen und Ausscheiden von Alternativen und Varianten ist ein wichtiger Teil der Planungsentscheidung und gerichtlich nur beschränkt überprüfbar, weil es sich im Kern um eine politische Entscheidung handelt[310]. Ein Abwägungsfehler liegt vor, wenn die Planfeststellungsbehörde sich aufdrängende oder sich nach Lage der Dinge anbietende **Planungsalternativen** (Planungsvarianten) übersieht oder nicht ausreichend in die Abwägung einbezieht[311]. Bei der Sachverhaltsermittlung ist ein gestuftes Vorgehen im Sinne einer ersten Vorprüfung zulässig, mit der Planungsvarianten ausgeschieden werden, die „nach Lage der Dinge" sich als wenig realistisch erweisen werden („Trichtermodell")[312]. Das jeweilige Abwägungsmaterial muß in diesem Stadium der Planung „eben nur so genau und vollständig sein, daß es jene vorauswählende Entscheidung zuläßt. Insoweit ist die Ermittlung des Sachverhalts und der berührten öffentlichen und privaten Belange relativ zur jeweiligen Problemstellung"[313]. Danach verbleibende planerische Alternativen müssen mit der ihnen objektiv zukommenden Bedeutung in die vergleichende Prüfung der von den möglichen Alternativen jeweils berührten öffentlichen und privaten Belange Eingang finden. Eine bei der Grobauswahl ausgeschiedene Variante kann im späteren Planungsverlauf wieder an Bedeutung gewinnen[314], und auch die sogen. Null-Variante muß in die Prüfung einbezogen werden[315]. Die Prüfpflicht wird dadurch begrenzt, daß nur diejenigen Varianten untersucht werden müssen, die der jeweiligen (bspw. verkehrlichen oder abfallwirtschaftlichen) Zielsetzung gerecht werden[316]. **172**

Im Gegensatz zu „punktförmigen" Objekten (z.B. Flughäfen, Abfalldeponien) wird bei „linienförmigen" Vorhaben (etwa bei Straßen, Bahnlinien, Kanälen) die Planfeststellung aus planungstechnischen Gründen und zur Wahrung der Übersichtlichkeit häufig **abschnittsweise** vorgenommen[317]. Dies setzt grundsätzlich voraus, daß jedem Abschnitt eine eigenständige Verkehrsbedeutung zukommt, weil sonst die Gefahr ei- **173**

---

310 Ausführlich BVerwGE 107, 1 (10 ff.); BVerwG, NVwZ 1996, 1011.

311 BVerwGE 69, 256 (273) – Flugh. München I; 75, 214 (237, 239) – Flugh. München II; 101, 166 ff. (Abfallentsorgungsplanung – keine eigenständige Pflicht zur Alternativenprüfung nach dem UVPG); 104, 144 (A94); BVerwG, NVwZ-RR 1998, 483. Eine Zurückweisung sich anbietender oder aufdrängender Planungsalternativen ist abwägend darzulegen (BVerwGE 71, 166 [172]). Insoweit besteht auch eine (formelle) Pflicht zur Begründung (BVerwG, NVwZ-RR 1989, 528 f.). Aus der Rspr. noch BVerwG, NVwZ 1996, 396: Parallelführung von Trassen drängt sich zur Minimierung des Landschaftsverbrauchs auf; NVwZ 1994, 1000: Ausbau anstatt Neubau ist nicht abwägungsfehlerhaft; VGH BW, VBlBW 1996, 468: Es ist zulässig, einer Gemeinde städtebauliche Entwicklungsmöglichkeiten offen zu halten. Zur Alternativenprüfung näher *Forschbach*, Die Pflicht zur Standort-Alternativenprüfung in der Planfeststellung und in vorgelagerten Verfahren, 1998; *Beckmann*, DVBl. 1994, 236 ff.; *Schink*, DVBl. 1994, 245 ff.; *Steinberg*, Fachplanung, § 4 Rn. 101 ff.

312 BVerwGE 100, 238 (249 f.); BVerwG, NVwZ-RR 1998, 297: Ein Abwägungsfehler liegt nur dann vor, wenn die verworfene Variante sich als vorzugswürdig aufdrängen mußte.

313 BVerwG, NVwZ 1993, 572 (574).

314 BVerwG, NVwZ-RR 1998, 292.

315 BVerwG, NVwZ 1998, 508.

316 BVerwGE 107, 1 (13 f.).

317 Dazu z.B. BVerwGE 57, 297 (302); 62, 342 (353 f.); 107, 1 (10 ff.); BVerwG, NVwZ 1994, 370 ff.; NVwZ 1993, 572 ff.; UPR 1993, 65; OVG Lüneburg, DVBl. 1994, 770 ff. Zu einer Ausnahme s. BVerwG, NVwZ 1997, 914.

nes Planungstorsos entsteht[318]. Wie bei gestuften Genehmigungen des Atom- oder Immissionsschutzrechts (Rn. 8/211 ff.) muß bei der abschnittsweisen Planung ein „vorläufiges positives Gesamturteil" hinsichtlich der Realisierungsmöglichkeit der Gesamtstrecke getroffen werden[319]. Die Teilplanung darf sich nicht soweit verselbständigen, daß Probleme, die durch die Gesamtplanung ausgelöst werden, unbewältigt bleiben. Wenn sich bei der Abschnittsbildung sog. **Zwangspunkte** ergeben, ist Rechtsschutz gegenüber dem vorherigen Teilabschnitt auch für den gegeben, der erst später durch einen Folgeabschnitt betroffen wird[320].

174 Nach dem **Gebot der Konfliktbewältigung** muß der PFB die Konflikte, die er aufwirft, auch lösen und dabei realisierbare Vorgaben für die Plandurchführung machen[321]. Eine „planerische Zurückhaltung" ist nur dann möglich, wenn in einem nachfolgenden Verfahren der Konflikt auch sachgerecht bewältigt werden kann[322]. Demzufolge können Teile einer einheitlichen Planungsentscheidung nach § 73 III VwVfG nur dann einer **nachträglichen Entscheidung vorbehalten** werden, wenn es sich um Einzelfragen handelt, die aus sachlichen Gründen noch nicht abschließend entschieden werden können und eine Lösung des offengehaltenen Problems nicht durch bereits getroffene Festlegungen fraglich werden kann. Die vorbehaltene Konfliktlage muß zumindest in ihren Umrissen im Voraus bekannt sein[323].

e) Rechtsfolgen fehlerhafter Planung

175 Nicht jeder Verfahrensfehler oder Abwägungsmangel führt dazu, daß der PFB fehlerhaft ist. Durch Rspr. des BVerwG und gesetzgeberische Maßnahmen ist die gerichtliche Überprüfung von Planungsentscheidungen bis an die Grenze des verfassungsrechtlich vor dem Hintergrund des Art. 19 IV GG Möglichen eingeschränkt worden. Zugunsten eines Planungsbetroffenen wirken Fehler bei der Bekanntmachung und Auslegung des Plans im Anhörungsverfahren nach § 73 VwVfG, indem eine Präklusion von Einwendungen (Rn. 3/107) dann nicht eintritt. Solche und andere Verfahrensfehler können unter Wiederholung früherer Verfahrensabschnitte nach § 45 I Nr. 3, II VwVfG noch bis zum Abschluß des verwaltungsgerichtlichen Verfahrens

---

318 Dies gilt nicht für die eisenbahnrechtliche Planfeststellung, BVerwG, DVBl. 1996, 676 f.; NVwZ 1997, 391 (392).

319 BVerwG, NVwZ 1998, 508 (510) – Vilstalspange.

320 BVerwG, NVwZ 1998, 1178 f. für ein Brückenbauwerk und einen Autobahnanschluß; BVerwG, NVwZ 1997, 493 f.; NVwZ 1999, 528 (529 f.). Zur Verkehrsverdrängung s. Rn. 8/307.

321 BVerwG, NVwZ-RR 1995, 130; NVwZ 1996, 381 (385); 396 (399); NVwZ-RR 1998, 292 (296)

322 BVerwG, NVwZ-RR 1998, 292 (296) für das nachfolgende Flurbereinigungsverfahren. Bei der planerischen Abwägung können die künftigen Ergebnisse einer *Unternehmensflurbereinigung* nach § 87 FlurbG antizipierend berücksichtigt werden, wenn sie bereits mit hoher Wahrscheinlichkeit zu erwarten sind; s. ferner BVerwG, DVBl. 1988, 534; VGH BW, NVwZ-RR 1990, 66.

323 BVerwGE 104, 123 (138). Möglich ist es hiernach bspw. beim Bau eines Straßentunnels vorbehaltlich entsprechender Schadstoffmessungen vorzusehen, nachträglich Lüftungsbauwerke zu errichten, VGH BW, NVwZ-RR 1996, 559 (565); s. ferner BVerwG, NVwZ-RR 1998, 292 (296), NVwZ 1997, 908.

geheilt werden[324]. Voraussetzung einer nachträglichen Fehlerheilung ist – im Hinblick auf die mögliche Grundrechtsrelevanz (Art. 2 II, 14 I GG) von Verfahrensvorschriften[325] – daß der Betroffene nachträglich so gestellt wird, wie er bei korrektem Verfahrensablauf stehen würde. Die bspw. unterbliebene Beteiligung ist also nicht nur nachzuholen, sondern Einwendungen eines Betroffenen sind sachlich unvoreingenommen und ergebnisoffen zu würdigen. Wenn die Nachholung der unterbliebenen Verfahrensschritte erst im verwaltungsgerichtlichen Verfahren erfolgt, besteht freilich die Gefahr, daß die Planfeststellungsbehörde bestrebt ist, ihre einmal getroffene Entscheidung auch gegen bessere Erkenntnisse zu verteidigen[326]. Der Behörde obliegt deshalb die *Beweislast*, daß sie bei der Nachholung unterbliebener Verfahrensschritte unvoreingenommen entschieden hat.

Nach Ansicht des BVerwG gewähren verfahrensrechtliche Vorschriften über die Beteiligung Dritter am Planfeststellungsverfahren Drittschutz nicht um der Beteiligung selbst willen, sondern nur hinsichtlich einer *bestmöglichen Verwirklichung* der dem Beteiligungsrecht zugrundeliegenden *materiellrechtlichen Rechtspositionen*[327]. Deshalb müsse zumindest die **konkrete Möglichkeit** bestehen, daß ohne den Verfahrensfehler die Entscheidung anders ausgefallen wäre[328]. Dies ist der Fall, wenn sich aufgrund erkennbarer oder naheliegender Umstände die Möglichkeit abzeichnet, daß durch den Verfahrensfehler die behördliche Abwägung der widerstreitenden öffentlichen und privaten Belange zum Nachteil solcher Positionen des Klägers in Richtung auf eine bestimmte Entscheidung beeinflußt worden ist. **176**

Ist z.B. ein abfallrechtlicher PFB ohne neues, mit Öffentlichkeitsbeteiligung verbundenes Planfeststellungsverfahren geändert worden, obwohl die Voraussetzungen des § 76 II VwVfG nicht vorlagen, so kann ein Dritter, der durch das Vorhaben zwar in seinen Belangen berührt, nicht aber in einer materiellen Rechtsposition betroffen ist, den verfahrensrechtswidrigen PFB nicht schon aus diesem Grunde mit Erfolg anfechten[329]. Damit wird die „Grundrechtsrelevanz" der Öffentlichkeitsbeteiligung erheblich relativiert. Soweit europarechtliche Richtlinien Verfahrensrechte zubilligen, widerspricht diese Einschränkung der Rspr. des EuGH[330]. **177**

In verschiedenen Fachplanungsgesetzen (§ 20 VII 2 AEG, § 17 VIc 2 FStrG, § 19 IV 2 WaStrG, § 10 VIII 2 LuftVG, § 29 VIII 2 PBefG) hat der Gesetzgeber darüberhinaus noch bestimmt, daß eine Verletzung von Verfahrens- und Formvorschriften nur dann zur Aufhebung des PFB führt, wenn sie nicht durch **Planergänzung oder durch ein ergänzendes Verfahren** behoben werden kann[331]. In einem solchen Fall **178**

324 BVerwGE 75, 214 (227); 98, 126 (129). Dies gilt bspw. für eine Verletzung der Vorschriften über Bekanntmachung, Auslegung und Erörterung sowie fehlende Antragstellung, Verletzung der formellen Begründungspflicht oder fehlende Mitwirkung einer Behörde (z.B. fehlendes gemeindliches Einvernehmen nach §§ 36, 38 BauGB bei nur örtlich wirkender Planung).

325 BVerwGE 74, 109 (112); 75, 214 (226); *Wahl*, NVwZ 1990, 426 (431).

326 *Hufen*, Fehler im Verwaltungsverfahren, 3. Aufl. 1998, Rn. 598; *Storost*, NVwZ 1998, 797 (799).

327 BVerwGE 62, 243 (246); 64, 325 (332); 67, 74 (77); 75, 214 (228); 100, 370 (372); 102, 358 (366); BVerwG, NVwZ-RR 1999, 556 f., 725 (726); NVwZ 1999, 67; 1998, 284 (285); 1993, 572 (575).

328 BVerwGE 100, 238 (252), BVerwG, NVwZ 1996, 1011.

329 S. BVerwG, NVwZ-RR 1999, 556 f.

330 EuGHE 1996, 4615 Rn. 16 ff.; s.a. *v. Danwitz*, UPR 1996, 323 (325); *Schoch*, in: *Schmidt-Aßmann/Hoffmann-Riem* (Hrsg.), Strukturen des europäischen Verwaltungsrechts, 1999, S. 279 (297).

331 Hierzu *Henke*, UPR 1999, 51 ff.; BVerwGE 100, 370 (372); 102, 358 (366); BverwG, UPR 1999, 152.

spricht das Gericht nur die Rechtswidrigkeit und Nichtvollziehbarkeit des PFB (oder der Plangenehmigung) aus. Die Behörde kann dann entscheiden, ob sie von den Heilungsmöglichkeiten Gebrauch macht, von der Planung Abstand nimmt oder ein neues Verfahren einleitet[332]. Diese Regelung ist in § 75 Ia 2 VwVfG nicht übernommen worden, da sie neben §§ 45 II, 46 VwVfG für verzichtbar gehalten wurde[333].

179 Das PlanungsvereinfachungsG hat für **Planfeststellungen von Verkehrswegen** – wie in § 214 III BauGB – angeordnet, daß Mängel bei der Abwägung der von einem Vorhaben berührten öffentlichen und privaten Belange nur dann erheblich sind, wenn sie offensichtlich und auf das Abwägungsergebnis von Einfluß[334] gewesen sind (§ 17 VIc FStrG, § 19 IV WaStrG, § 10 VIII LuftVG, § 29 VIII PersBefG sowie § 75 Ia 1 VwVfG). Das BVerwG verlangt eine verfassungskonforme Auslegung des § 214 III BauGB im Hinblick auf das dem Abwägungsgebot zugrundeliegende Rechtsstaatsprinzip und den nach Art. 19 IV GG erforderlichen effektiven Rechtsschutz von Grundrechten[335]. Offenkundig sind daher nicht nur alle sofort erkennbaren Abwägungsmängel, sondern alle Mängel, die sich (insbesondere anhand der Aktenlage) nachweisen lassen wie z.B. das Fehlen einer UVP. Den Vorschriften des PlanungsvereinfachungsG ist diese verfassungskonforme Auslegung zugrundezulegen, da ein bewußtes Abrücken des Gesetzgebers von der Rechtsprechung nicht unterstellt werden kann.

180 Schließlich ist durch § 114 S. 2 VwGO die Möglichkeit eröffnet worden, die **Ermessenserwägungen** eines Verwaltungsakts im verwaltungsgerichtlichen Verfahren zu ergänzen, um insoweit bestehenden materiellrechtlichen Mängeln abzuhelfen. Die Planfeststellungsbehörde kann also ein ursprüngliches Abwägungsdefizit, das nicht die Planung als Ganzes in Frage stellt, dadurch beheben, daß sie ergänzende Ermessenserwägungen während des Prozesses nachholt, ihre Entscheidung anhand dieser Erwägungen überprüft und das Ergebnis dieser Erwägungen schriftsätzlich verbindlich zum Ausdruck bringt[336].

---

332 BVerwGE 102, 74 (76).

333 Vgl. BT-Drs. 13/3995, S. 10.

334 Dies entspricht der (umstr.) Rspr. des BVerwG – s. BVerwGE 100, 370 (379); BVerwG, NVwZ 1997, 994; 1996, 68; 1996, 1011 –, die in § 46 VwVfG einen dem Planfeststellungsrecht zugrundeliegenden allgemeinen Rechtsgedanken sieht und vor diesem Hintergrund die *konkrete* Möglichkeit einer anderweitigen Entscheidung als Voraussetzung der Aufhebung eines PFB fordert, s. *Storost*, NVwZ 1998, 797, 800 ff.; a.A. z.B. *Grimm*, NVwZ 1985, 865 (871); *Hufen*, Fehler im Verwaltungsverfahren, 3. Aufl. 1998, Rn. 626 ff.; *Kügel*, Planfeststellungsbeschluß, S. 228 ff.; *Repkewitz*, VerwArch 1997, 137 (160); *Schoch*, Die Verwaltung 1992, 21 (48 f.); *Steinberg*, Fachplanung, § 3 Rn. 146 ff.

335 BVerwGE 64, 33.

336 Vgl. BVerwGE 102, 358 (361); *Storost*, NVwZ 1998, 797 (804).

Kapitel 4

Rechtsschutz im Umweltrecht

So wie es die meisten der vorstehend abgehandelten „Umweltrechtsprinzipien" (Rn. 1/78 ff.) und das Planfeststellungsrecht (Rn. 3/51 ff.) nicht nur im Umweltrecht gibt, ist auch Rechtsschutz keine Besonderheit des Umweltrechts – wenn die Dauer von Verfahren und der Umfang wenigstens einzelner Entscheidungen[1] auch den Schluß auf eine besonders innige Verbindung von Umweltrecht und Rechtsschutz nahelegen[2]. Tatsächlich war das Umweltrecht für die Entwicklung des Rechtsschutzes wohl ähnlich bedeutend wie für das allgemeine Verwaltungsrecht. Und nicht zufällig haben die Bestrebungen um die Beschleunigung und Straffung gerichtlicher Verfahren, die zuletzt in die 6.VwGO-Novelle[3] gemündet sind, im Umweltrecht ihren Ausgang genommen; zu erinnern ist an den Wegfall einer Tatsacheninstanz in umweltrechtlichen Großverfahren[4], an die erstinstanzliche Zuständigkeit des BVerwG[5] und an den Wegfall des Suspensiveffekts bei Widerspruch und Anfechtungsklage eines Dritten[6]. 1

Weniger aus diesem systematischen und historischen Interesse, sondern vor allem, weil viele materiellrechtliche Fragen sich dem Studenten, dem rechtsschutzsuchenden Bürger und der durchsetzungswilligen Behörde nun einmal in prozessualem Zusammenhang stellen, lohnt hier ein Überblick über die wichtigsten Rechtsschutzfragen, die im Umweltrecht begegnen[7]. Dabei wurde hier nur vor die Klammer gezogen, was nicht besser und verständlicher im jeweiligen materiellrechtlichen Zusammenhang darzustellen ist; kleinere Überschneidungen werden in Kauf genommen. 2

I. Klage- und Antragsbefugnis

1. Drittklage/Nachbarklage

Gerade das öffentliche Umweltrecht mit seinem nicht nur anthropozentrischen Ansatz und seinem Nachhaltigkeitsanspruch in der Zeitebene leidet in seiner Durchset- 3

1 Bekannt geworden ist das Urteil des VGH BW zum KKW Wyhl mit 548 Seiten (nur Leitsatz in VBlBW 1982, 400).

2 *Kloepfer*, Umweltrecht, 2. Aufl. 1998, § 8 Rn. 1 ff.

3 Vom 1.11.1996, BGBl. I 1626.

4 Seit dem Änderungsgesetz vom 4.7.1985, BGBl. I 1274, zum Entlastungsgesetz vom 31.3.1978, BGBl. I 446.

5 Verkehrswegeplanungsbeschleunigungsgesetz vom 16.12.1991, BGBl. I 2174.

6 Durch das Gesetz zur Beschränkung von Rechtsmitteln in der Verwaltungsgerichtsbarkeit vom 22.4.1993, BGBl. I 466.

zung oft an den fehlenden Rechtsschutzmöglichkeiten „der Natur“ und „künftiger Generationen“ – auch hier haben die viel beklagten Vollzugsdefizite (Rn. 2/16) ihren Ursprung. Umgekehrt versucht natürlich der Inhaber einer Genehmigung, sein Vorhaben ohne lange verwaltungsgerichtliche Auseinandersetzung zu vollenden, bevor die eingesetzte Technik wieder veraltet ist. Dementsprechend umkämpft ist die gerichtliche Zugangsschranke der **Klage- und Antragsbefugnis**.

4 Allgemeine Zulässigkeitsvoraussetzung einer Anfechtungs- oder Verpflichtungsklage ist im bundesdeutschen Recht die Möglichkeit der Verletzung subjektiver Rechte des Klägers (§ 42 II VwGO)[8]. Als solche „drittschützenden“ Normen kommen neben verfassungsrechtlichen Positionen wie den Grundrechten aus Art. 2 I und Art. 12 I GG und dem Eigentumsgrundrecht nach Art. 14 I GG auch dessen einfachrechtliche Ausprägungen in Frage, auf die sich ein betroffener *Grundeigentümer*, ein zur Nutzung des Grundstücks *dinglich Berechtigter* (Nießbraucher, Erbbauberechtigter)[9] sowie nach neuerer Rechtsprechung auch ein am Grundstück nur *obligatorisch Berechtigter* berufen kann[10]. Ebenso wie deutsche **drittschützende Normen**[11] können auch begünstigende *europarechtliche* Normen individualschützend wirken, z.B. die unmittelbar drittwirkenden Verordnungen, und insoweit, als sie außenverbindlich werden, auch *Richtlinien* (Rn. 1/43 ff.)[12].

5 Dabei stellt sich immer wieder die Frage, ob die in Rede stehende Rechtsnorm auch Individualschutz vermittelt (*Schutznormlehre*)[13]. Zahlreiche Vorschriften des Umweltrechts besitzen solchen individualschützenden Charakter, der nach den allgemeinen Grundsätzen festgestellt werden kann: Ein einklagbares subjektives öffentliches Recht des einzelnen besteht dann, wenn die fragliche Norm eine Rechtspflicht der Verwaltung begründet, die – zumindest auch – dem Schutz der Interessen des Betroffenen dienen soll[14].

Beispiele: Im Immissionsschutzrecht § 5 I Nr. 1 BImSchG (Rn. 8/131 ff.), § 24 i.V.m. § 22 BImSchG (Rn. 8/266 ff.), § 3 I der 12. BImSchV (Rn. 8/162); im Atomrecht § 7 II Nrn. 3 u. 5 AtG (Rn. 9/105, 151), § 46 I Nr. 2 StrSchV (Rn. 9/235), im Gentechnikrecht § 13 I Nr. 3 i.V.m. § 6 II GenTG (Rn. 10/121), im Abfallrecht § 32 I Nr. 3 KrW-/AbfG (Rn. 12/255).

6 Beispielhaft verlief die Entwicklung im Wasserrecht: Lange wurde kaum einer Norm drittschützende Wirkung zuerkannt und konnten sich Abwehransprüche allenfalls

7 Eingehend auch *Kloepfer*, Umweltrecht, § 8 Rn. 1 ff.

8 *Wahl*, in: *Schoch/Schmidt-Aßmann/Pietzner*, VwGO, Kommentar, Loseblatt, § 42 II Rn. 42 ff.

9 BVerwG, NVwZ 1993, 477.

10 BVerwGE 105, 178 unter Aufgabe von BVerwG, DVBl. 1996, 270.

11 Zum Abwägungsgebot als Schutznorm s. BVerwGE 107, 215 für § 1 VI BauGB; zuvor bereits BVerwGE 48, 56; BVerwG, DVBl. 1996, 925; NVwZ 1997, 994 für fachplanungsrechtliche Abwägungsvorschriften; abl. *Gaentzsch*, FS Schlichter, 1995, S. 517 (523 ff.).

12 *v. Danwitz*, DÖV 1996, 481 ff.; s.a. *Schoch*, NVwZ 1999, 457 ff.; *Winter*, NVwZ 1999, 467 ff.; *Masing*, Die Mobilisierung des Bürgers für die Durchsetzung des Rechts, 1997; *Ruffert*, DVBl. 1998, 69 ff.; ders., Subjektive Rechte im Umweltrecht der Europäischen Gemeinschaften, 1996; *Wegener*, Rechte des Einzelnen, 1998.

13 Allg. vgl. *Schmitt Glaeser/Horn*, Verwaltungsprozeßrecht, 15. Aufl. 2000, Rn. 158 ff. m.w.N.; s.a. *Maurer*, Allgemeines Verwaltungsrecht, 12. Aufl. 1999, § 8 Rn. 1 ff.; bes. zum Umweltrecht *Hoppe/Beckmann*, Umweltrecht, 1. Aufl. 1989, § 13 Rn. 100 ff.

14 *Maurer*, Allgemeines Verwaltungsrecht, § 8 Rn. 8.

unter Rückgriff auf Grundrechte, insbesondere auf Art. 14 GG, ergeben. Dabei galten aber hohe Anforderungen an eine Beeinträchtigung, um einen Abwehranspruch auszulösen. Erst wenn durch die Ausnutzung einer wasserrechtlichen Gestattung eine *vorgegebene wasserwirtschaftliche Situation nachhaltig verändert und der Nachbar dadurch schwer und unerträglich getroffen wird*[15], konnte dieser Nachbar grundrechtsgestützt mit Aussicht auf Erfolg eigene Rechte geltend machen und mit Aussicht auf Zulässigkeit seiner Klage diese erheben. Das BVerwG hat aber – der Entwicklung im Baurecht vergleichbar – aus verschiedenenen Normen des Wasserrechts ein *Rücksichtnahmegebot* abgeleitet, das im Falle eines *qualifizierten* und *individualisierten* Betroffenseins eines Dritten durch eine wasserrechtliche Gestattung jeglicher Art Drittschutz vermitteln soll[16]. Normative Grundlage dieses Rücksichtnahmegebots sind insbesondere die §§ 1a I, 4 I 2, 18 WHG (vgl. Rn. 6/118 f.).

Dagegen begründen *Verfahrensvorschriften* für sich noch kein selbständig durchsetz- 7
bares subjektives öffentliches Recht. Vielmehr besteht hier die Möglichkeit einer Rechtsverletzung nur bei gleichzeitiger materieller Rechtsbeeinträchtigung[17]. Anderes gilt nur, wenn der Gesetzgeber selbst Verfahrensteilhaberechte unabhängig von einer materiell-rechtlichen Betroffenheit geschaffen hat wie bei dem Beteiligungsrecht der Naturschutzverbände nach § 29 I BNatSchG[18] (dazu Rn. 5/268).

Ein subjektiv-öffentliches Recht auf fehlerfreie *Ermessensausübung* besteht nur insoweit, als 8
die betreffende Norm eine Schutznorm ist, die zumindest auch dem Interesse des Klägers zu dienen bestimmt ist. Dagegen gibt es keinen allgemeinen Aspruch des Bürgers auf fehlerfreie Ermessensausübung[19].

Demgegenüber lehnt die Rechtsprechung den drittschützenden Charakter von **Vor-** 9
sorgenormen (z.B. § 5 I Nr. 2 BImSchG, Rn. 5/144) grundsätzlich ab[20]. Die fortschreitende *europäische Integration* wird freilich den Begriff des subjektiven öffentlichen Rechts im Sinne des deutschen Verwaltungsrechts durch das Gemeinschaftsrecht *relativieren*. So gelten bspw. in Frankreich[21] wesentlich geringere Zulassungsvoraussetzungen. Dies kann gerade im Umweltrecht mit seinen zahlreichen europarechtlichen Determinanten nicht ohne Folgen bleiben[22]. Klagebefugnis und Initiativberechtigung des einzelnen für Klagen vor dem EuGH sind weiter angelegt als im deutschen Recht (dazu Rn. 1/43 ff., 4/4, 81 f.)[23].

---

15 BVerwGE 36, 248; 41, 58.
16 BVerwGE 78, 40.
17 BVerfG 53, 30 (65 f.); 61, 236 (275); 75, 285 (291 f.); BVerwG, NJW 1992, 256 f.; DVBl. 1993, 1149 f. m.w.N.
18 In der Rechtsprechung sind daneben noch das Beteiligungsrecht einer Gemeinde im Verfahren nach § 6 I LuftVG (BVerwG, UPR 1989, 24; BVerwGE 56, 110, 137) sowie die enteignungsrechtlichen Verfahrensvorschriften als absolute Verfahrensrechte angesehen worden.
19 BVerwGE 39, 235 ff. (237); *Schmitt Glaeser/Horn*, Verwaltungsprozeßrecht, Rn. 159.
20 Vgl. BVerwGE 61, 256 (267); 65, 313 (320); s.a. *Wahl/Schütz*, in: *Schoch/Schmidt-Aßmann/Pietzner*, VwGO, § 42 II Rn. 151 m.w.N.; *König*, Drittschutz, 1993, S. 84 ff.
21 Die verwaltungsgerichtliche Kontrolle dient primär der Durchsetzung des objektiven Rechts und nur sekundär dem individuellen Rechtsschutz, dazu *Schmidt-Aßmann*, DVBl. 1993, 934 ff.; *Woehrling*, NVwZ 1999, 502 ff. Ein rechtsvergleichender Überblick findet sich bei *Wahl*, in: *Schoch/Schmidt-Aßmann/Pietzner*, VwGO, Vor § 42 II Rn. 17 ff.
22 *Kokott*, Die Verwaltung 1998, 335 (351 ff.).
23 *Schmitt Glaeser/Horn*, Verwaltungsprozeßrecht, Rn. 171.

10 Der EuGH gibt dem einzelnen eine Initiativberechtigung, sich auf die unmittelbare Wirkung einer nicht ordnungsgemäß umgesetzten Richtlinie zu berufen, und anerkennt darüberhinaus, daß Richtlinien durch einen außenverbindlichen Rechtssatz umgesetzt werden müssen, wenn sie Ansprüche des einzelnen begründen sollen (Rn. 1/43 ff.). Eine unmittelbare Wirkung kommt schon unter weit weniger strengen Anforderungen in Betracht, als im deutschen Recht an die Anerkennung einer Schutznorm gestellt werden, es genügt ein unmittelbares Interesse des einzelnen[24]. Da deutsche Rechtsvorschriften europarechtskonform auszulegen sind, um den „effet utile" einer Richtlinie zur Geltung zu bringen, stellt sich die Frage, ob jede unmittelbar geltende Richtlinie auch als „drittschützend" i.S.d. § 42 II VwGO anzusehen ist. Der EuGH hat diese Frage noch nicht entschieden, sondern im Großkrotzenburg-Urteil die Verwaltung als verpflichtet angesehen, eine Richtlinie von Amts wegen umzusetzen[25]. Dies bedeutet aber im Ergebnis nicht anderes, als daß ein Bürger die Einhaltung der Richtlinie verlangen kann, soweit nach ihrem Inhalt der Schutz individueller Rechte bezweckt ist. Insoweit muß auch das deutsche Verwaltungsprozeßrecht – über die Verpflichtung der Verwaltung zur Einhaltung von Rechtssätzen nach Art. 20 III GG hinaus – dem einzelnen die Möglichkeit geben, gerichtlichen Rechtsschutz zu erlangen. Rechtsschutz darf von einem deutschen Verwaltungsgericht nicht nach § 42 II VwGO verweigert werden, wenn er vor dem EuGH erstritten werden könnte. Hier bietet sich eine erweiternde Auslegung des § 42 II VwGO an, indem Richtlinien als „anderweitige gesetzliche Vorschriften" i.S.d. § 42 II VwGO anzusehen sind[26].

11 Eine Grundannahme für die Entscheidung über den Drittschutzcharakter bestand in der Unterscheidung zwischen Drittschutz vermittelnder *Gefahrenabwehr* und nicht drittschützender *Vorsorge*. In diesem Sinne sollen Drittschutz vermitteln die Genehmigungsvoraussetzungen des § 6 BImSchG und der Schutzgrundsatz des § 5 I Nr. 1 BImSchG, nicht aber der Vorsorgegrundsatz des § 5 I Nr. 2 BImSchG. Drittschützend seien danach auch die §§ 22 I Nr. 1 und 2, 24 und 25 II BImSchG, diese aber nur im Sinne eines Anspruchs auf fehlerfreie Ermessensausübung. Entsprechendes gilt für die Grenzwerte in Rechtsverordnungen (bspw. Störfallverordnung, Rn. 8/162 ff., Großfeuerungsanlagenverordnung, Rn. 8/172) und Verwaltungsvorschriften (bspw. TA Luft – Rn. 8/69 – TA Lärm – Rn. 8/82 –, TA Abfall – Rn. 12/72), die diese Grundsätze konkretisieren. Dies ist nicht unzweifelhaft. So reichen die Emissionsgrenzwerte der Großfeuerungsanlagenverordnung zur Verhinderung und Verminderung der Waldschäden wohl nicht aus, was sie zumindest in die Nähe der drittschutzvermittelnden Gefahrenabwehr, nämlich zugunsten der geschädigten Waldbesitzer, rückt[27].

12 Dementsprechend mißt § 44 UGB-KomE Rechtsverordnungen und Verwaltungsvorschriften dann drittschützenden Charakter bei, wenn sie Grenzwerte zur Vorsorge gegen Risiken festlegen (ebso. §§ 320 III, 380 III 5 UGB-ProfE).

13 Im Atom- und Strahlenschutzrecht wird ebenso zwischen besonderem *Individualrisiko* und – Drittschutz nicht vermittelndem – allgemeinem *Bevölkerungsrisiko* unterschieden (Rn. 9/

24 *Masing*, Die Mobilisierung des Bürgers für die Durchsetzung des Rechts, 1997, S. 50 ff.; *Ruffert*, Subjektive Rechte im Umweltrecht der EG, 1996, S. 220 ff.

25 EuGH, Slg. 1995, 2189; Slg. 1996, 5403.

26 *Ehlers*, Die Europäisierung des Verwaltungsprozeßrechts, 1999, S. 63 ff.; *Wahl*, in: *Schoch/Schmidt-Aßmann/Pietzner*, VwGO, Kommentar, Loseblatt, § 42 II Rn. 128; *Ruffert*, DVBl. 1998, 69 (74); *Schoch*, NVwZ 1999, 457 (464 ff.).

27 Dazu *Breuer*, DVBl. 1986, 849 (855); BayVGH, BayVBl. 1989, 530 (532 ff.).

235)[28]. Drittschützend soll dazu auch allein die Genehmigungsvoraussetzung des § 7 II Nr. 3 AtG und dies auch nur insoweit sein, als es um Gefahrenabwehr, nicht auch um Risikovorsorge geht[29], sowie Nr. 5[30]. Drittschützend sind ferner die auf das Individualrisiko bezogenen Dosisgrenzwerte nach § 45 und § 28 III StrlSchV, nicht aber das Strahlenminimierungsgebot nach § 28 I Nr. 2 und § 46 I Nr. 2 StrlSchV (Rn. 9/235).

2. Besonderheiten des Rechtsschutzes der Gemeinden

a) Eigentum

Eine Gemeinde kann als **Eigentümerin** von Grundstücken in der Umgebung eines **14** Vorhabens (insbesondere als Betroffene einer Planfeststellung) ebenso wie ein privater Eigentümer nach den allgemeinen Grundsätzen Schutz vor nachteiligen Auswirkungen dieses Vorhabens verlangen, ohne daß es darauf ankommt, ob das betreffende Grundstück einen speziellen Bezug zur Erfüllung gemeindlicher Aufgaben besitzt[31]. Anders als einem privaten Grundstückseigentümer kommt der Gemeinde dabei aber nicht der Schutz des Art. 14 I GG zugute, der einem Privaten eine umfassende gerichtliche Kontrolle des PFB garantiert, weil die Gemeinde nicht **Grundrechtsträgerin** ist[32]. Verstöße gegen Vorschriften, die nicht auch dem Schutz gemeindlicher Interessen zu dienen bestimmt sind, kann die Gemeinde daher nicht mit Erfolg abwehren[33].

b) Planungshoheit

Zuweilen kommt ein Abwehranspruch einer Gemeinde unter dem Gesichtspunkt ei- **15** ner Verletzung ihrer durch Art. 28 II GG geschützten **Planungshoheit**[34] in Betracht. Die abstrakte Möglichkeit einer Beeinträchtigung der Planungshoheit genügt aber nicht; vielmehr ist erforderlich, soweit nicht wesentliche Teile des Gemeindegebiets von einem großräumigen Vorhaben erfaßt und dadurch praktisch unbeplanbar werden[35], daß die Fachplanung zumindest Teile des Gemeindegebietes nachhaltig betrifft und die Entwicklung der Gemeinde hierdurch beeinflußt wird, oder daß eine hinreichend konkretisierte Planung durch ein planfeststellungsbedürftiges Vorhaben

28 BVerwGE 61, 256 (264 ff.) – Stade; 72, 300 (319) – Wyhl; dazu *Heitsch*, Die Genehmigung kerntechnischer Anlagen nach deutschem und US-amerikanischen Recht, 1993, S. 37 ff., 82 ff.; *Wahl/Schütz*, in: *Schoch/Schmidt-Aßmann/Pietzner*, VwGO, § 42 II Rn. 151 m.w.N.

29 VGH BW, VBlBW 1989, 453 (455).

30 BVerwG DÖV 1982, 820 (821).

31 VGH BW, VBlBW 2000, 27 ff.; BVerwGE 90, 96 (101); 97, 143 (151). Zum gerichtlichen Rechtsschutz einer Gemeinde gegen einen PFB ferner *Stühler*, JuS 1999, 234 ff.; *Steinberg*, Fachplanung, § 7 Rn. 71 ff.; *Kühling*, Fachplanungsrecht, Rn. 458 ff., jeweils m.w.N.

32 BVerfGE 61, 82 – Sasbach.

33 BVerwGE 100, 388; BVerwG, NVwZ-RR 1999, 554 ff.

34 BVerwGE, UPR 1992, 447 (449); i.E. auch BVerfGE 76, 107 (118).

35 BVerwGE 74, 124 (132); 90, 96 (100); BVerwG, NVwZ-RR 1997, 339; VGH BW, VBlBW 2000, 27 ff. – Flugplatz Lahr.

beeinträchtigt ist[36]. Liegen diese Voraussetzungen vor, kann die Gemeinde aber eine Planüberprüfung erreichen, die in etwa so umfassend ist wie im Falle des Eigentumsentzuges nach Art. 14 III GG (Rn. 4/46 ff.), weil die verfassungsrechtlich geschützte Gesamtplanungsbefugnis der Gemeinde sich in der Regel auch auf alle abwägungsrelevanten Belange erstreckt[37].

c) Kommunalrechtliche Verbandsklage

16 Gemeinden können nicht Rechte ihrer Einwohner (z.B. Recht auf Sicherung der Gesundheit) quasi als Treuhänder im Wege einer „kommunalrechtlichen Verbandsklage" geltend machen. Das gehört nicht zu ihren Selbstverwaltungsaufgaben[38]. Die Einwohner können nur selbst Rechtsschutz in Anspruch nehmen. Soweit jedoch Gemeinden – das gilt auch für andere öffentlich-rechtliche Rechtsträger – bestimmte Allgemeinwohlbelange im eigenen Wirkungskreis wahrnehmen, können sie in Erfüllung dieser Selbstverwaltungsaufgabe (z.B. Trinkwasserversorgung, Abwasserbeseitigung)[39] Ansprüche auf Erlaß von Auflagen zum Wohle der Allgemeinheit gem. § 74 II 2 VwVfG (oder vergleichbarer Vorschriften) als Planergänzungsansprüche geltend machen[40]. So können Gemeinden, die durch einen PFB in ihrer Planungshoheit betroffen sind, bei unzureichenden Schutzeinrichtungen gegen Betriebslärm der planfestgestellten Anlage u.U. sogar solche Planergänzungsansprüche geltend machen, die auf Maßnahmen zum Schutz fremder, in der Nachbarschaft der Anlage auf Gemeindegebiet gelegener Wohngrundstücke gerichtet sind[41].

3. „Rechtsschutz" von Verbänden – Verbandsklage im Umweltrecht

17 „Soweit *gesetzlich* nichts anderes bestimmt ist", setzt die Klagebefugnis nach § 42 II VwGO voraus, daß der Kläger die Verletzung *eigener* Rechte geltend machen kann; *gesetzliche* Prozeßstandschaft ist daher möglich, nur *gewillkürte* dagegen ausgeschlossen. Das Erfordernis der Verletzung *eigener* Rechte ruft im Umweltrecht besondere Probleme hervor, da die Umweltrechtsgüter in vielen Fällen keinem konkreten Rechtsträger zugeordnet werden können. Für Naturschutzverbände stellt sich daher immer wieder die Frage, ob sie zum einen eigene Beteiligungsrechte, zum ande-

36 BVerwGE 31, 263; 51, 6 (14); 56, 110 (135); 69, 256 (261 f.); 74, 124 (132); 90, 96 (100); BVerwG, UPR 1997, 470 (B-Plan-Entwurf ausreichend); NVwZ 1998, 112; NVwZ 1994, 371 (konkrete Darlegung des Planinhaltes und der durch die Fachplanung aufgeworfenen Konflikte erforderlich).

37 *Kühling*, Fachplanungsrecht, Rn. 467; *Wahl*, NVwZ 1990, 923 (927); *Engel*, UPR 1993, 209 (211); Hess. VGH, NVwZ 1989, 484 (486); offengelassen bei BVerwG, NVwZ-RR 1998, 289; in BVerwGE 100, 388 nicht entschieden.

38 VGH BW, DVBl. 1977, 345; 1976, 538; OVG Koblenz, UPR 1986, 396; BayVGH, DVBl. 1979, 673; DÖV 1986, 208; BVerwG, BayVBl. 1981, 185; a.A. *Pfaff*, VerwArch. 70 (1979), S. 1 ff.

39 Vgl. z.B. BVerwG, Urt. v. 27.3.1992, 7 C 18.91, Buchholz 451.22 Nr. 48; BayVGH, BayVBl. 1988, 147; HessVGH, NVwZ 1994, 1126 (1127); 1987, 987; OVG Weimar, NVwZ-RR 1997, 558, für Beeinträchtigungen gemeindeeigener Einrichtungen wie z.B. Brunnen, Freischwimmbäder u.a.

40 BVerwGE 41, 178 (188); 51, 6 (14); 52, 226 (233 f.); 87, 332 (391).

41 So in bezug auf § 17 VI 2 FStrG a.F. BVerwGE 80, 7 (Fortführung von BVerwGE 51, 6). Entsprechendes muß dann auch in bezug auf § 74 II 2 VwVfG gelten.

ren materielle Rechte anderer oder gar nur „der Natur“ in deren oder in eigenem Namen geltend machen können[42].

Dabei ist zu unterscheiden[43] zwischen der **18**

- sog. *egoistischen Verbandsklage*, bei der ein Verband die normativ geschützten Individualinteressen seiner Mitglieder im eigenen Namen geltend macht; sie ist im Verwaltungsprozeß nur zulässig, soweit eine *gesetzliche* Grundlage besteht; und der
- sog. *altruistischen Verbandsklage,* die landesrechtlich von den meisten Bundesländern auf der Grundlage des § 42 II VwGO eingeführt wurde.

Die Verbandsklage ist in vielen europäischen Ländern in unterschiedlicher Ausgestaltung zugelassen[44]. Die **naturschutzrechtliche Verbandsklage** ist noch nicht im Bundesrecht verankert; sie soll aber in die Novellierung des BNatSchG einbezogen werden. Sie wird auch in § 217 Prof-E und – weitergehend – in § 45 UGB-KomE vorgeschlagen[45]. **19**

Zwölf Bundesländer (Berlin, Brandenburg, Bremen, Hamburg, Hessen, Niedersachsen, Rheinland-Pfalz, Saarland, Sachsen, Sachsen-Anhalt, Schleswig-Holstein und Thüringen) haben durch Aufnahme entsprechender Regelungen in ihre Landesnaturschutzgesetze die Verbandsklage zugunsten anerkannter Verbände zugelassen[46]. Dies gilt aber grundsätzlich nur – noch weniger weitgehend in Hamburg – für den in § 29 I 1 Nrn. 3 u. 4 BNatSchG normierten Bereich der Verbandsmitwirkung (Rn. 5/260) und nur mit der Befugnis, einen Verstoß gegen spezifisches Naturschutzrecht zu rügen. In den neuen Bundesländern wird teilweise die Klagebefugnis gegen Planfeststellungen auf Schutzgebiete beschränkt[47]. Die umfassendste Regelung besteht in Niedersachsen, wo neben den in § 29 I Nrn. 3 und 4 BNatSchG genannten Fällen **20**

42 Im Sinne einer Bestandsaufnahme *Balleis*, Mitwirkungs- und Klagerechte anerkannter Naturschutzverbände, 1996; *Hoppe/Beckmann*, Umweltrecht, § 13 Rn. 43 ff.; *Schmidt*, Einführung in das Umweltrecht, 5. Aufl. 1999, § 6 Rn. 54 ff. – Skeptisch dagegen („Wahrnehmung öffentlicher Belange hat Sache des Staates zu bleiben“) *Schmitt Glaeser/Horn*, Verwaltungsprozeßrecht, Rn. 170 m.w.N.

43 Zur Unterscheidung *Balleis*, Mitwirkungs- und Klagerechte anerkannter Naturschutzverbände, 1996, S. 55 f.; allg. *Bizer/Ormond/Riedel*, Die Verbandsklage im Naturschutzrecht, 1990.

44 Dazu *Winkelmann*, ZUR 1994, 12 ff., *ders.*, Untersuchungen zur Verbandsklage im internationalen Vergleich, UBA-Forschungsbericht 90 104/36.

45 Art. 9 II der von Deutschland und der EG unterzeichneten Aarhaus-Konvention (Übereinkommen über den Zugang zu Informationen, die Öffentlichkeitsbeteiligung und den Zugang zu Gerichten in Umweltangelegenheiten) vom 25.3.1998 enthält die Verpflichtung, Bürgern und Verbänden den Zugang zu den Gerichten in Umweltangelegenheiten zu erleichtern. Neben der Geltendmachung subjektiver Rechte soll es möglich sein, im Umweltbereich bereits unter Berufung auf „ausreichende Interessen“ den Rechtsweg zu beschreiten. Nicht-Regierungsorganisationen des Umweltschutzes gelten als Träger ausreichender Interessen und sollen auf jeden Fall Rechtsverletzungen umweltschutzbezogener Normen gerichtlich angreifen können.

46 Dazu ausführlich *Wolf*, ZUR 1994, 1, 5 ff.; *Rehbinder*, in: HdUR, Bd. II, Art. „Verbandsklage“, Sp. 2559 (2565). Auch in NRW ist die Einführung der Verbandsklage inzwischen beschlossen.

47 Eine derartige Beschränkung ist auch dann nicht zu beanstanden, wenn – wie in Sachsen – die Landesverfassung den anerkannten Naturschutzverbänden eine Klagebefugnis in Umweltbelangen unter dem Vorbehalt der näheren Bestimmung durch Gesetz zubilligt, so BVerwG, Urt. v. 5.10.1993, 4 A 9.93, Buchholz 406.401, § 29 BNatSchG Nr. 3.

auch Plangenehmigungen für Bundesverkehrswege (außer bei bundeseigener Verwaltung, Rn. 5/253 ff.), abfallrechtliche Plangenehmigungen im Außenbereich, wasserrechtliche Plangenehmigungen und Bewilligungen, waldrechtliche Genehmigungen ab 3 ha Fläche sowie Großbauvorhaben im Außenbereich der Verbandsklage zugänglich sind.

21 In allen Fällen ist grundsätzlich Voraussetzung der Klagebefugnis, daß der Verband durch die Verletzung naturschutzrechtlicher Vorschriften in seinen *satzungsmäßigen Aufgaben* berührt wird und er von seinem *Mitwirkungsrecht* (Rn. 5/260) im vorausgegangenen Verfahren *Gebrauch* gemacht hat. *Klagegrund* ist die Verletzung der Vorschriften des Naturschutzrechtes durch die angefochtene behördliche Maßnahme oder durch die gerügte Unterlassung.

22 Die Verbandsklagebefugnis besteht nicht gegenüber Maßnahmen, die von *Bundesbehörden* aufgrund bundesrechtlicher Vorschriften getroffen werden; hier verbleibt es bei dem bloßen Verfahrensmitwirkungsrecht des Verbandes[48]. Ist nach Landesrecht die Klage eines anerkannten Naturschutzverbandes auf das Vorbringen begrenzt, daß der angegriffene Planfeststellungsbeschluß den Vorschriften des Bundesnaturschutzgesetzes, des Landesnaturschutzgesetzes oder anderen Rechtsvorschriften widerspricht, die auch den Belangen des Naturschutzes zu dienen bestimmt sind, dann hat diese Begrenzung zur Folge, daß Fragen des Verkehrsbedarfs, der Kostenberechnung, der Lärmauswirkungen und andere Fragen nicht-naturschutzrechtlicher Art grundsätzlich unberücksichtigt bleiben müssen (z.B. § 51c I SH NatSchG)[49].

23 Dagegen ist es kein Problem der Zulässigkeit der altruistischen Verbandsklage, die Verletzung *gesetzlich eingeräumter Mitwirkungsbefugnisse* von anerkannten Umweltverbänden, z.B. Äußerungs- und Einsichtsrechte für anerkannte Naturschutzverbände bei Planfeststellungsverfahren, die mit Eingriffen in Natur und Landschaft verbunden sind (§ 29 II 2 Nr. 4 BNatSchG), geltend zu machen (*Partizipationserzwingungsklage*). Da hier den Verbänden subjektiv-öffentliche Mitwirkungsrechte und damit eigene Rechte eingeräumt werden, können sie deren Verletzung ohne weiteres vor dem Verwaltungsgericht geltend machen (Rn. 5/268)[50].

Beispiel[51]: Die Stadt F beantragt bei dem zuständigen Landratsamt B die Genehmigung für die Erweiterung und Sicherung ihres Yachthafens. Das Landratsamt erläßt einen Planfeststellungsbeschluß, ohne vorher dem anerkannten Naturschutzverband N Gelegenheit zur Äußerung sowie zur Einsicht in die einschlägigen Gutachten zu gewähren. N erhebt Klage vor dem Verwaltungsgericht S mit dem Antrag, den Planfeststellungsbeschluß aufzuheben. Mit Erfolg? – Die Klage des N vor dem Verwaltungsgericht wird Erfolg haben, insbesondere scheitert ihre Zulässigkeit nicht an der fehlenden Klagebefugnis des anerkannten Naturschutzverbandes N. Gemäß § 29 I 1 Nr. 4 BNatSchG ist einem rechtsfähigen Verein bei Planfeststellungsverfahren über Vorhaben, die mit Eingriffen in Natur und Landschaft im Sinne des § 8 BNatSchG verbunden sind, Gelegenheit zur Äußerung sowie zur Einsicht in die einschlägigen Sachverstän-

48 BVerwGE 92, 263 ff.; BVerwG, NVwZ-RR 1997, 606 f.

49 BVerwGE 107, 1.

50 BVerwGE 81, 95 (106); 87, 62 ff.; s.a. *Balleis*, Mitwirkungs- und Klagerechte anerkannter Naturschutzverbände, 1996, S. 179 ff.; *Schmitt Glaeser/Horn*, Verwaltungsprozeßrecht, Rn. 170.

51 Nach BVerwGE 87, 62.

digengutachten zu geben, soweit der Verein gemäß § 29 II BNatSchG anerkannt ist und durch das Vorhaben in seinem satzungsmäßigen Aufgabenbereich berührt wird. Diese Vorschrift begründet nicht nur eine objektive Pflicht der zuständigen Behörde, sondern ein *eigenes* Mitwirkungsrecht des Naturschutzverbandes.

4. Rechtsschutz gegen Normen

Seit der Neufassung des § 47 II 1 VwGO (durch die 6. Novelle von 1996) ist antragsbefugt für eine Normenkontrollklage nur noch, wer geltend machen kann, durch die angegriffene Rechtsvorschrift in eigenen Rechten verletzt zu sein oder in absehbarer Zeit verletzt zu werden; damit sollten eine Parallelführung zu § 42 II VwGO erreicht[52], der Streit um die Auslegung des Nachteilsbegriffs in § 47 II 1 VwGO a.F. obsolet und die Antragsbefugnis erheblich eingeschränkt werden[53]. 24

Beispiel[54]: Der Grundstückseigentümer E wendet sich mit einem Normenkontrollantrag gegen die Änderung einer Landschaftsschutzgebietsverordnung, die das an sein Grundstück grenzende Schutzgebiet verkleinert. Auf dem ehemaligen Schutzgebietsgelände soll in einem künftigen Bebauungsplan ein Golfplatz ausgewiesen werden. E macht geltend, daß seine Eigentümerinteressen durch den Golfplatz beeinträchtigt würden, da dieser Sportlärm und Hektik hervorrufe. Diese Interessen hätten in die Abwägung des Verordnungsgebers eingestellt werden müssen. Die Antragsgegenerin trägt demgegenüber vor, daß E allenfalls durch die nachfolgende Ausweisung des Geländes als Golfplatz im Bebauungsplan einen Nachteil erleide, nicht aber bereits durch die Entlassung des Gebiets aus der Unterschutzstellung, zumal das Grundstück des E sowohl außerhalb der alten als auch der neuen Grenze des Landschaftsschutzgebietes liege. Ist der Antrag des E zulässig? – Der Antrag war nach § 47 II 1 VwGO a.F. zulässig, da ein Nachteil im Sinne der Vorschrift auch dann vorliege, wenn „durch die zur Prüfung gestellte Rechtsvorschrift der bestehende Landschaftsschutz für ein dem Grundstück des Antragstellers benachbartes Gebiet zu dem Zweck aufgehoben wird, dort – und hier übrigens außerdem auch auf einem an das Grundstück des Antragstellers unmittelbar angrenzendes Gelände – eine bestimmte bisher nicht zulässige Nutzung durch Bebauungsplan zu ermöglichen". Nach der Neufassung des § 47 II 1 VwGO wäre hier die Antragsbefugnis ggf. zu verneinen, weil der Ast. sich zwar auf die Verkennung abwägungserheblicher eigener Belange berufen kann, solche aber nur bestehen, wenn das Grundstück im Schutzgebiet liegt oder sein Wert durch die Aufhebung beeinflußt werden kann.

Zunächst heftig umstritten war die Frage, ob das Abwägungsgebot des § 1 VI BauGB wie im Planfeststellungsrecht drittschützende Wirkung hat und demzufolge auch den Trägern privater Belange und Interessen ein subjektives Recht auf eine gerechte Abwägung vermittelt[55]. Nach der neuesten Rechtsprechung des BVerwG[56] ist die Antragsbefugnis nach § 47 II 1 VwGO n.F. nicht erst dann gegeben, wenn bei der Abwägung möglicherweise subjektiv-öffentliche Rechte verletzt worden sind, sondern 25

52 Vgl. die amtliche Begründung des Regierungsentwurfs der Bundesregierung, BT-Drucks. 13/3993, zu Nr. 2, S. 10.

53 Aus neuerer Zeit BVerwG, ZfBR 1997, 314; s.a. OVG Münster, 6.11.1997, 11a D 14/95.NE.

54 Nach BVerwG, ZfBR 1988, 192; s.a. VGH BW, Urt. v. 24.6.1999, 5 S 2967/97.

55 *Schmitt Glaeser/Horn*, Verwaltungsprozeßrecht, Rn. 426 m.w.N.; abl. *Gaentzsch*, FS Schlichter, S. 517 (535).

56 BVerwGE 107, 215 ff., dazu die Anmerkungen von *Schmidt-Preuß*, DVBl. 1999, 103 ff., sowie *Schütz*, NVwZ 1999, 929 ff. S.a. Fn. 4/11 zum fachplanungsrechtl. Abwägungsgebot.

es reicht aus, wenn der Antragsteller geltend machen kann, seine auch unterhalb der Rechtsschwelle liegenden Belange seien in der **Abwägung** nicht oder nicht fehlerfrei berücksichtigt worden. Entsprechendes wird für umweltrechtliche Normenkontrollen zu gelten haben.

26 Neben natürlichen und juristischen Personen können Behörden einen Normenkontrollantrag stellen, wenn sie mit der Ausführung der angegriffenen Norm befaßt sind[57].

II. Gerichtliche Kontrolldichte

27 Die Rechtsweggarantie des Art. 19 IV 1 GG gewährleistet eine umfassende Nachprüfung des Verwaltungshandelns in rechtlicher und in tatsächlicher Hinsicht. Gerade im Umweltrecht treten aber Schwierigkeiten bei der Kontrolle *technischer Standards* und *naturwissenschaftlicher Feststellungen* auf. Soll hier das Gericht der sachnäheren Verwaltung den Vortritt lassen oder eigene Wertungen an deren Stelle setzen? Nachdem die verwaltungsgerichtliche Rechtsprechung zunächst verschiedene Fallgruppen von Beurteilungsermächtigungen entwickelt hatte[58], hat das BVerfG in seiner neueren Rechtsprechung die Anforderungen an die verwaltungsgerichtliche **Kontrolldichte** hinsichtlich des Vorliegens von Beurteilungsermächtigungen und hinsichtlich der Maßstäbe bei der Entscheidung unter Rückgriff auf ihre grundrechtliche Relevanz verschärft[59].

1. Beurteilungsspielraum bei planerisch-prognostischer Verwaltungstätigkeit

28 Der Behörde einen Beurteilungsspielraum bei der Ausfüllung *unbestimmter* Rechtsbegriffe zuzugestehen kann vor dem Hintergrund des Art. 19 IV 1 GG ggf. in Verbindung mit den jeweils betroffenen Grundrechten nur in eng begrenzten Ausnahmefällen in Betracht kommen. Bei Entscheidungen der Verwaltung mit *wertend-prognostischem Einschlag* gebietet der grundsätzliche planerische Spielraum der Behörde ebenso wie die überlegene Sachkunde der Verwaltung, die Entscheidung in solchen Fällen nur auf ihre Rechtmäßigkeit zu überprüfen, nicht aber die Einschätzung der Behörde durch eine gerichtliche Bewertung des Sachverhaltes zu ersetzen[60], wenn die Gesetzeskonkretisierung in einem ordnungsgemäßen Verfahren zustandegekommen ist.

29 Speziell im Bereich des Planungsermessens hat das BVerwG seine bekannte Abwägungsfehlerlehre entwickelt, nach der die Planungsentscheidung nur auf bestimmte Abwägungsfehler hin überprüft wird (dazu oben Rn. 3/160 ff.).

---

57 *Schmitt Glaeser/Horn*, Verwaltungsprozeßrecht, Rn. 427 f.

58 So im Prüfungsrecht, bei beamtenrechtlichen Beurteilungen, Entscheidungen weisungsfreier oder pluralistisch besetzter Gremien, Prognose-, Risiko- und politischen Einschätzungen; dazu *Schmidt-Aßmann*, in: *Maunz/Dürig*, GG, Kommentar, Art. 19 IV, Rn. 191 ff.; *Maurer*, Allgemeines Verwaltungsrecht, § 7 Rn. 27 ff.; *Eyermann/Rennert*, VwGO, 10. Aufl. 1998, § 114 Rn. 51 ff.

59 Dazu *Schulze-Fielitz*, JZ 1993, 772 ff.; *Schmidt-Aßmann/Groß*, NVwZ 1993, 617 ff.; *Sieckmann*, DVBl. 1997, 101 ff.

60 BVerwG, DVBl. 1986, 190; Beispiele bei *Eyermann/Rennert*, VwGO, § 114 Rn. 62 ff.

2. Bindung der Gerichte durch „normkonkretisierende Verwaltungsvorschriften"

Im Umweltrecht sind auf der Grundlage gesetzlicher Ermächtigungen, z.B. in § 48 BImSchG Umweltstandards (Rn. 1/71 ff.) zur Ausfüllung unbestimmter Gesetzesbegriffe in Verwaltungsvorschriften niedergelegt, vgl. die Technischen Anleitungen der TA Luft (Rn. 8/69 ff.), TA Lärm (Rn. 8/83 ff.), TA Abfall (Rn. 12/72), TA Siedlungsabfall (Rn. 12/73). Als Verwaltungsvorschriften richten sie sich grundsätzlich nur an die Verwaltung selbst. Ob und inwieweit auch die Gerichte an umweltrechtliche Verwaltungsvorschriften gebunden sind, ist umstritten. **30**

Die als Verwaltungsvorschrift nach entsprechender gesetzlicher Ermächtigung erlassenen Technischen Anleitungen sind auf einen gleichmäßigen und damit berechenbaren Gesetzesvollzug ausgerichtet, weshalb ihren sorgfältig vorbereiteten sachlichen Aussagen ein hohes Maß an Beachtlichkeit zukommt. Das BVerwG hatte zunächst eine Bindungswirkung der TA Luft (Rn. 8/69 ff.) als **„antizipiertes Sachverständigengutachten"** begründet[61]. Darunter sind nichtförmliche Beweismittel zu verstehen, die im Sinne eines qualifizierten Erfahrungssatzes dafür sprechen, daß die festgelegten Grenzwerte den vom Gesetzgeber normierten technischen Standard zutreffend konkretisieren. Das Gericht konnte sich durch einen förmlichen Sachverständigenbeweis hierüber hinwegsetzen. In die Verwaltungsvorschriften gehen aber auch politisch-wertende Beurteilungen ein, weshalb sie nicht als „antizipiertes Sachverständigengutachten" qualifiziert werden können[62]. **31**

Behörden und Gerichte wenden solche Verwaltungsvorschriften heute faktisch wie Rechtsnormen an, soweit nicht die *Atypizität des Einzelfalls* oder gesicherte *neue wissenschaftliche Erkenntnisse*[63] eine Abweichung erfordern. Der dogmatische Hintergrund ist aber nach wie vor ungesichert. **32**

Das BVerwG hat dann in einer viel erörterten Entscheidung solchen Verwaltungsvorschriften zunächst für den Bereich des Atomrechts **normkonkretisierende Funktion** eingeräumt und sie deshalb als für die Verwaltungsgerichte innerhalb der von der Norm gesetzten Grenzen („*normative Ermächtigungslehre*"[64]) als verbindlich angesehen. Eine funktionsgerechte Abgrenzung exekutivischer und gerichtlicher Kompetenzen erfordere die Anerkennung eines eigenständigen administrativen Konkretisierungsspielraums[65]. **33**

---

61 BVerwGE 55, 250 (256).

62 Zutr. *Sendler*, UPR 1993, 321 (323).

63 Vgl. z.B. BVerwG, DVBl. 1988, 539 f.; OVG Koblenz, NVwZ 1991, 86 f.; NVwZ 1988, 176 ff. (Schießlärm u. TA Lärm).

64 *Lübbe-Wolff*, in: HdUR, Bd. II, Art. „Technische Anleitung – Allgemeines", Sp. 2019 (2022); *Maunz/Dürig/Herzog/Schmidt-Aßmann*, GG, Ktr. 7. Aufl. 1996, Art. 19 IV Rn. 185 f. Deutlich zurückhaltend gegenüber der durch das BVerwG zurückgenommenen gerichtlichen Kontrolldichte ist das BVerfG gewesen; s. BVerfGE 75, 275; 88, 40; BVerfG, NJW 1993, 917 u. *Sendler*, DVBl. 1994, 1089 ff.

65 BVerwGE 72, 300 (320); 78, 177 (180); 80, 207 (217); 81, 185 (190); zur TA Luft BVerwGE 55, 250 (255).

34 Die Ausweitung dieser – wegen des Gewaltenteilungsprinzips und ihrer Grundrechtsrelevanz verfassungsrechtlich problematischen – Auffassung auf andere Rechtsbereiche wurde anschließend in der Literatur vermehrt gefordert[66]. Bemerkenswerterweise ist das BVerfG auffällig zurückhaltend gegenüber der durch das BVerwG zurückgenommenen gerichtlichen Kontrolldichte gewesen[67]. Auch das BVerwG hat in der Folgezeit gezögert, seine Rechtsprechung aus dem Atomrecht auf andere Rechtsgebiete zu übertragen. Erst spät hat es die TA Luft als „normkonkretisierendes Regelwerk" bezeichnet, dabei aber nicht mehr auf die Rechtsverbindlichkeit, sondern nur auf die (eingeschränkte) gerichtliche Überprüfung der zugrundeliegenden Verwaltungsentscheidung abgestellt[68].

35 Eine Reduzierung der gerichtlichen Kontrolldichte kann nur in Frage kommen, wenn mehrere *Voraussetzungen* erfüllt sind[69]:

(1) die Konkretisierung von Umweltstandards durch Verwaltungsvorschriften muß *gesetzlich angeordnet* sein, weil nur so solche Vorschriften im Außenverhältnis hinreichend demokratisch legitimiert sind („normative Ermächtigung");
(2) die Verwaltung selbst muß in *eigener Verantwortung* die sachverständigen Aussagen kompetenter Experten bestätigen oder ggf. modifizieren;
(3) die Umweltstandards müssen *willkürfrei* ermittelt werden, von *hinreichend konservativen Annahmen* ausgehen und dabei alle wissenschaftlich und technisch vertretbaren Erkenntnisse (nicht nur die herrschende Meinung der Techniker) berücksichtigen;
(4) ihr Inhalt darf weder veraltet, widerlegt noch wissenschaftlich erschüttert sein;
(5) zu fordern ist schließlich auch eine *verfahrensrechtliche Richtigkeitsgewähr* (etwa aufgrund einer vorausgegangenen pluralistischen Anhörung beteiligter Kreise).

36 Die Annahme einer gesetzlichen „Konkretisierungs- oder Standardisierungsermächtigung"[70] vermag für sich allein die Hürde des Art. 80 GG und des Gesetzesvorbehalts nicht zu nehmen; sie erklärt nicht, woraus sich verfassungsrechtlich die Befugnis des Gesetzgebers ergibt, zum Erlaß einer außenwirksamen Verwaltungsvorschrift (an Stelle einer RechtsVO) zu ermächtigen. Das BVerfG hat allein für das Atomrecht in der Sasbach-Entscheidung mit dem Blick auf § 7 II AtG betont, die Genehmigungsbehörden hätten *„im Rahmen normativer Vorgaben und*

---

66 Dazu z.B. *Sellner*, Immissionsschutzrecht, Rn. 48, 329; *Breuer*, NVwZ 1988, 104 (112 f.); *Erbguth*, DVBl. 1989, 473 ff.; *Hill*, NVwZ 1989, 401 ff.; *Jarass*, NJW 1987, 1225 ff. Zurückhaltender *Ladeur*, UPR 1987, 253 ff.; *Wahl*, NVwZ 1991, 409 ff.; *Wolf*, DÖV 1992, 849 ff.; jeweils m.w.N.

67 S. BVerfGE 75, 275; 78, 214 (227); 80, 257 (265); 88, 40; BVerfG, NJW 1993, 917; *Hendler*, DÖV 1998, 481 (489); *Sendler*, DVBl. 1994, 1089 ff.

68 BVerwG, NVwZ 2000, 440; 1995, 994; NVwZ-RR 1996, 498 (499); zögernd auch VGH BW, NVwZ-RR 1989, 621. Nach BVerwG, DVBl. 1989, 94 (95) u. BVerfGE 78, 214 (227) handelt es sich bei der Bindungswirkung der atomrechtlichen Genehmigung an Verwaltungsvorschriften um einen „Sonderfall". Im Gentechnikrecht haben das OVG Hamburg, ZUR 1995, 93 (94) u. das OVG Berlin, ZUR 1994, 206 (mit unzutr. Ableitung S. 208 aus dem Verfahrensrecht) einen Beurteilungsspielraum hinsichtl. der nach Stand von Wissenschaft u. Technik erforderl. Risikovorsorge angenommen. Darüber hinaus hat lediglich der VGH BW, VBlBW 1990, 56 (61) das Flugsicherheitskonzept bei einer Flughafenplanung keiner gerichtlichen Kontrolle unterzogen, was von BVerwG, NVwZ-RR 1991, 129 ff. im Ergebnis nicht beanstandet wurde. – Abl. zur Geruchs-Immissions-Richtlinie OVG Bautzen, B. v. 15.7.1998, 1 S 257/98.

69 Zusammenfassend *Wahl*, NVwZ 1991, 409 (412). Ferner *Gusy*, in: *Koch/Lechelt* (Hrsg.), 20 Jahre BImSchG, 1994, S. 185 (208 ff.). Die genannten Voraussetzungen dürften z.B. bei der TA Lärm, der TA Luft, der TA Abfall und der TA Sonderabfall weitgehend erfüllt sein.

70 *Jarass*, NJW 1987, 1225 (1227); ebenso („Beurteilungsermächtigung") *Papier*, FS R. Lukes, 1989, S. 159 ff.

willkürfreier Ermittlungen auch Bewertungen, z.B. am Maßstab des Standes von Wissenschaft und Technik, der Erforderlichkeit der Vorsorge gegen Schäden oder des Schutzes gegen Störmaßnahmen oder sonstige Einwirkungen zu treffen". Die Gerichte hätten solche „*Feststellungen und Bewertungen nur auf ihre Rechtmäßigkeit hin zu überprüfen, nicht aber ihre eigenen Bewertungen an deren Stelle zu setzen*"[71]. Aus dieser recht inhaltsarmen Formel ist eine Einschätzungs- (Beurteilungs-) und Bewertungsprärogative der Verwaltung gefolgert worden. Eine solche exekutive Prärogative wäre beim hoheitlichen Einzelakt unter die bekannte dogmatische Kategorie des „Beurteilungsspielraums" einzuordnen. Dieser ließe sich auch im Bereich der Umweltstandardisierung rechtfertigen, etwa mit einem Informationsvorsprung der Exekutive vor den übrigen Gewalten, hingegen nicht mit Flexibilität hinsichtlich des ständigen Fortschritts in Wissenschaft und Technik, wenn man sieht, wie lange die Novellierung der TA Lärm (Rn. 8/83 ff.) benötigte, ohne daß diese danach dem aktuellen Stand der Technik entspräche[71a], und auch die TA Luft in weiten Bereichen als veraltet gilt. Im Rahmen einer solchen Einschätzungs- und Bewertungsprärogative könnten dann die normkonkretisierenden Verwaltungsvorschriften als „verbindliche Teilvorwegnahme" der dem Bürger gegenüber zu treffenden Einzelentscheidungen gedeutet werden[72]. Dabei würde die Verbindlichkeit dieses Gesetzesvollzugs durch Verwaltungsvorschrift im Gegensatz zur Rechtsverordnung unter dem Vorbehalt der Atypizität des Einzelfalls oder der Falsifikation zugrundegelegter wissenschaftlicher Erkenntnisse stehen.

§ 43 UGB-KomE sieht vor, daß bei der Anwendung der umweltrechtlichen Vorschriften behördliche Prognosen und Bewertungen, die technischen oder naturwissenschaftlichen Sachverstand voraussetzen, nur darauf zu überprüfen sind, ob **37**

1. das für die Prognose und Bewertung vorgeschriebene Verfahren eingehalten worden und
2. die behördliche Prognose oder Bewertung nachvollziehbar ist, insbesondere ob die Sachverhaltsermittlung und -feststellung zutreffend und vollständig ist, ob die einschlägigen technischen und wissenschaftlichen Erkenntnisse in Betracht gezogen worden sind und die Bewertungsmaßstäbe der Sache angemessen sind.

III. Rechtsschutz bei umweltrechtlichen Einzelentscheidungen

Die planerische Entscheidung in Form eines Verwaltungsaktes oder eines Rechtssatzes beurteilt sich nach den bekannten materiellen Kriterien, nämlich ob ein Einzelfall geregelt (dann Verwaltungsakt) oder eine abstrakt-generelle Regelung getroffen wird (dann Rechtssatz). **38**

1. Rechtsschutz Dritter gegenüber Planfeststellungsbeschlüssen

Beim Rechtsschutz Dritter gegenüber Planfeststellungsbeschlüssen (Rn. 3/118 ff.)[73] geht es vor allem um die Durchsetzung öffentlich-rechtlicher Abwehr-, Schutz- und **39**

71 BVerfG 61, 82 (114 f.); dazu BVerwGE 72, 300 (316); 78, 177 (180); BVerwG, NVwZ 1989, 864 (865 f.).

71a *Sparwasser/v. Komorowski*, VBlBW 9/2000.

72 *Hill*, NVwZ 1989, 401 (406).

73 Dazu *Hoppe/Schlarmann*, Rechtsschutz; *Steinberg*, Fachplanung, § 7; *ders.*, FS Schlichter, 1995, S. 539 ff.; *Storost*, NVwZ 1998, 797 ff.; *Wahl*, NVwZ 1990, 923 ff. Zur Klagebefugnis der Länder

Entschädigungsansprüche. Ein Teil der hier auftretenden Fragen, insbesondere zu den Entschädigungsansprüchen, wurde oben im Zusammenhang mit dem Planfeststellungsrecht abgehandelt (Rn. 3/122 ff., 130 ff.).

a) Rechtsschutzformen

40 Der PFB kann als Verwaltungsakt mit der **Anfechtungsklage** (Ziel: Aufhebung des PFB insgesamt oder in Teilen) oder der **Verpflichtungsklage** (Ziel: Ergänzung des PFB um Schutzauflagen und sonstige Nebenbestimmungen wie Entschädigungsregelungen) angegriffen werden[74]. Ein Vorverfahren ist in der Regel nicht vorgesehen und damit auch nicht zulässig (vgl. z.B. § 74 I 2 i.V.m. § 70 VwVfG). Eine erfolgreiche Klage (zur Klagebefugnis s.o. Rn. 4/3 ff., von Gemeinden Rn. 4/14 ff.) setzt nach § 113 I 1 VwGO weiter voraus, daß der PFB rechtswidrig ist und Dritte hierdurch in ihren Rechten verletzt werden. Solange nicht nach § 80 II Nr. 3 oder 4 VwGO die sofortige Vollziehung des PFB angeordnet worden ist, hat die Anfechtungsklage aufschiebende Wirkung (§ 80 I VwGO), so daß mit dem Vollzug des PFB noch nicht begonnen werden darf. Wird eine öffentliche Straße ohne erforderliches Planfeststellungs- oder -genehmigungsverfahren gebaut, kann sich ein Betroffener hiergegen mit einer **Unterlassungsklage** zur Wehr setzen (Rn. 8/73)[75] und nach § 123 VwGO die Baueinstellung verlangen.

41 Nach § 48 I VwGO entscheidet über Anfechtungs- und Verpflichtungsklagen gegen Planfeststellungsbeschlüsse (Rn. 3/67 ff., 118 ff.) in zahlreichen Fällen das Oberverwaltungsgericht (der Verwaltungsgerichtshof) im ersten Rechtszug. Das gilt z.B. unter den im Gesetz näher genannten Gesichtspunkten und Einschränkungen für atomrechtliche, abfallentsorgungsrechtliche, eisenbahnrechtliche, luftverkehrsrechtliche und personenbeförderungsrechtliche Planfeststellungsbeschlüsse oder für solche, die den Bau oder die Änderung von Bundesfernstraßen oder den Bau neuer, dem allgemeinen Verkehr dienender Binnenwasserstraßen betreffen. In der Rechtsprechung ist die erstinstanzliche Zuständigkeit über den Wortlaut des § 48 I VwGO hinaus nicht nur auf Planfeststellungsverfahren, sondern auch auf Plangenehmigungsverfahren (Rn. 3/84 ff.) erstreckt worden[76]. Das Bundesverwaltungsgericht ist erstinstanzlich nach § 5 I des VerkehrswegeplanungsbeschleunigungsG für Rechtsstreitigkeiten zu Verkehrsprojekten, die vor dem 31.12.2004 beantragt wurden, in den östlichen Bundesländern und angebundenen westlichen Bundesländern zuständig, die in der FernverkehrswegebestimmungsVO aufgezählt sind[77].

---

bei der Anfechtung bundesbehördlicher Planfeststellungen wegen ihrer Befugnisse auf dem Gebiet des Naturschutzrechts s. BVerwG, NVwZ 1990, 561 ff.; DVBl. 1993, 886 ff.; *Laubinger*, VerwArch. 85 (1994), 291 ff. Zu Besonderheiten des Rechtsschutzes der Naturschutzverbände s. BVerwGE 87, 62 (69); 102, 358 (365), BVerwG, NVwZ 1998, 395. und Rn. 3/251.

74 BVerwGE 56, 110 (132 f.); BVerwG, DVBl. 1985, 896 (898).

75 BVerwG, NVwZ-RR 1999, 556 f.

76 VGH BW, NVwZ 1997, 594.

77 Verfassungsrechtliche Bedenken gegen die Verlängerung äußert *Paetow*, ZUR 1996, 57 (59) mit dem Hinweis darauf, daß Vorhaben, die bis zum 31.12.1995 nicht beantragt worden seien, wohl nicht so eilbedürftig sind, daß die Verlängerung der Geltungsdauer des Gesetzes vor Art. 99 GG gerechtfertigt sei. Die Zuständigkeit des BVerwG erstreckt sich auch auf die Trassenführung in den alten Bundesländern bis zur Verknüpfung mit einem bestehenden Fernverkehrsweg, BVerwG, NuR 1998, 221; NVwZ 1996, 393 f.; NVwZ-RR 1995, 631 ff.; zum Gesetzgebungsverfahren bzgl. des zweiten Geset-

Das **Planungsvereinfachungsgesetz für Verkehrswege** hat für Eisenbahnen (§ 20 IV AEG) und Fernstraßen (§ 17 VIa 1 FStrG), für die gesetzlich ein vordringlicher Bedarf festgestellt wurde, sowie für Straßenbahnen (§ 29 VI 2 PBefG) und Flugplätze mit Bauschutzbereich (§ 10 VI 1 LuftVG) die aufschiebende Wirkung einer Klage gegen den PFB entfallen lassen, so daß regelmäßig neben der Anfechtungsklage ein Antrag auf einstweiligen Rechtsschutz nach § 80 V VwGO zu stellen ist[78]. In der Verfahrenspraxis ist damit der *einstweilige Rechtsschutz* von entscheidender Bedeutung geworden; viele Hauptsacheverfahren werden nach beendetem einstweiligem Rechtsschutzverfahren und dann begonnener Baumaßnahme nicht mehr weitergeführt. Dies hat nicht nur zur Folge, daß das als summarisches Prüfungsverfahren konzipierte einstweilige Rechtsschutzverfahren aufgebläht wird, um den nach Art. 19 IV GG notwendigen effektiven Rechtsschutz zu vermitteln, sondern auch, daß in vielen Fällen eine einheitliche Rechtsprechung durch das BVerwG nicht mehr gewährleistet ist, weil die Entscheidung des Oberverwaltungsgerichts unanfechtbar (bis zur Hauptsacheentscheidung) ist (§ 152 VwGO). Eine weitere Einschränkung gegenüber dem allgemeinen verwaltungsgerichtlichen Verfahren besteht darin, daß in diesen Fällen und soweit die sofortige Vollziehung des PFB oder der Plangenehmigung besonders angeordnet wurde, der Antrag nach § 80 V VwGO innerhalb eines Monats gestellt werden muß. **42**

Einstweiliger Rechtsschutz hat nur Erfolgsaussichten, wenn in der Hauptsache eine *Anfechtungsklage* erhoben wird. Soweit sich der geltend gemachte Anspruch auf die Ergänzung des PFB durch weitere Schutzauflagen bezieht, besteht grds. kein Rechtsschutzbedürfnis für einen Antrag nach § 123 VwGO, weil Schutzauflagen auch noch in einem ergänzenden Verfahren angeordnet und später realisiert werden können und das Eilverfahren die Hauptsache vorwegnähme[79]. Dies hat zur Folge, daß der PFB vollziehbar ist, soweit kein enteignend Betroffener klagt. **43**

Daneben hat der Kläger innerhalb einer *Frist von sechs Wochen* die zur Begründung seiner Klage dienenden Tatsachen und Beweismittel anzugeben, andernfalls kann das Oberverwaltungsgericht diese – wie nach § 296 ZPO – präkludieren (§ 87b VwGO, § 128a VwGO)[80]. Dies beschränkt die Rechtsschutzmöglichkeiten Privater über Gebühr, da es sich hier um Entscheidungen mit fachtechnischem Bezug handelt, die der Kläger in den seltensten Fällen selbst sachverständig bewerten kann. An die Substantiierung der Klage dürfen daher keine hohen Anforderungen gestellt werden; die **44**

---

zes zur Anderung des Verkehrswegeplanungsbeschleunigungsgesetzes vom 22.12.1999, BGBl. I 2659, vgl. www.business-report.de/BGB/ugbl1f/b199059f.pdf.

78 Die Anordnung der aufschiebenden Wirkung einer Anfechtungsklage kommt auch dann in Betracht, wenn die summarische Prüfung der Erfolgsaussichten der Klage zu dem Ergebnis führt, daß sie wohl nur zur Feststellung der Rechtswidrigkeit und Außervollzugsetzung des PFB zum Zwecke der Durchführung eines ergänzenden Verfahrens führt, so BVerwG, NVwZ 1998, 1070 f.; VGH BW, B. v. 7.5.1998, 5 S 1060/98.

79 BVerwG, UPR 1999, 235. Darüber hinaus trägt der Kläger in diesen Fällen ein Schadensersatzrisiko nach § 167 VwGO i.V.m. § 945 ZPO.

80 Der Kläger muß dabei die ihn beschwerenden Tatsachen so konkret angeben, daß der Lebenssachverhalt, aus dem er seinen mit der Klage verfolgten Anspruch ableitet, unverwechselbar feststeht (BVerwG, NVwZ 1994, 371 [372]). Gegenstand der Klagebegründung können wegen des Einwendungsausschlusses im Planfeststellungsverfahren grundsätzlich nur dort fristgerecht erhobene Einwendungen sein (BVerwG, NVwZ 1993, 266). § 87b III VwGO verlangt jedoch eine Prognose, ob die Zulassung verspäteten Vorbringens die Erledigung des Rechtsstreits verzögern würde, vgl. BGHZ 86, 31 (34 ff.); BGH, JZ 1981, 351 f.

Ausführungen werden in der Regel unter dem Vorbehalt sachverständiger Beratung und Begutachtung stehen.

45 Die Wahl der richtigen Klageart hängt davon ab, auf welche Rechtspositionen sich der Kläger berufen kann, was in der Folge dargestellt wird. Bei der Wahl der richtigen Klageart kann der Kläger seinem etwa unzureichenden Informationsstand prozessual dadurch Rechnung tragen, daß er seinem Hauptantrag (z.B. Anfechtungsantrag) einen Hilfsantrag (z.B. Verpflichtungsantrag) anhängt.

b) Abwehransprüche und Anfechtungsklage

46 Art. 14 GG schützt das Grundeigentum unverbrüchlich vor einem enteignenden Eigentumsentzug, der nicht zum Wohle der Allgemeinheit erforderlich oder nicht gesetzmäßig ist (Art. 14 III GG). Muß daher ein Grundstück beim Vollzug des PFB ganz oder teilweise, auf Dauer oder vorübergehend in Anspruch genommen werden, so wird der betroffene Grundeigentümer wegen der enteignungsrechtlichen Vorwirkung des PFB (Rn. 3/148) dann in seinem nach Art. 14 I GG verfassungsrechtlich geschützten Grundeigentum verletzt, wenn der PFB (z.B. wegen eines Verstoßes gegen zwingendes Recht oder das Abwägungsgebot) rechtswidrig ist. Deshalb kann der so unmittelbar betroffene Eigentümer eine Verletzung des Abwägungsgebots in jeder Hinsicht, d.h. auch mit der Begründung rügen, öffentliche Belange (z.B. der Schutz des Naturhaushalts oder der Landschaft) seien fehlerhaft abgewogen worden[81].

47 Formellrechtliche und materiellrechtliche Planungsfehler können unter verschiedenen Gesichtspunkten unbeachtlich sein. Zunächst können **Verfahrensfehler** unter Wiederholung früherer Verfahrensabschnitte nach § 45 II VwVfG bis zum Abschluß eines verwaltungsgerichtlichen Verfahrens geheilt werden[82]. Dies gilt bspw. für eine Verletzung der Vorschriften über Bekanntmachung, Auslegung und Erörterung sowie fehlende Antragstellung, Verletzung der formellen Begründungspflicht oder fehlende Mitwirkung einer Behörde (z.B. fehlendes gemeindliches Einvernehmen nach §§ 36, 38 BauGB bei nur örtlich wirkender Planung).

48 Ein PFB kann auch wegen der Verletzung **drittschützender Verfahrensvorschriften** angefochten werden, die dem Schutz der Grundrechte der Verfahrensbeteiligten dienen[83]. Nach Auffassung des BVerwG kommt eine Aufhebung des PFB allerdings nur in Betracht, wenn sich die Nichtbeachtung einer Verfahrensvorschrift auf die dahinterstehende grundrechtlich geschützte Rechtsposition des Klägers ausgewirkt haben könnte, was der Fall ist, wenn die konkrete Möglichkeit besteht, daß die angegriffene Entscheidung ohne den Verfahrensmangel anders ausgefallen wäre[84]. Ist z.B. ein

81 BVerwGE 67, 74 (76) – B 16; 72, 15 (110 f.) – Main-Donau-Kanal; 74, 109 (110 f.); BVerwG, NVwZ 1999, 528 (529) – Vogelschutz-RL; 1998, 508 (509); NVwZ-RR 1998, 297; *Gaentzsch*, FS Schlichter, 1995, S. 517 (534 ff.).

82 BVerwGE 75, 214 (227); 98, 126 (129).

83 *Wahl*, NVwZ 1990, 426 (431 f.).

84 BVerwGE 75, 214 (228); 100, 370 (372); 102, 358 (366); BVerwG, NVwZ-RR 1999, 556 f., 725 (726); NVwZ 1999, 67; 1998, 284 (285); 1993, 572 (575): Verfahrensvorschriften gewähren Dritt-

abfallrechtlicher PFB ohne neues, mit Öffentlichkeitsbeteiligung verbundenes Planfeststellungsverfahren geändert worden, obwohl die Voraussetzungen des § 76 II VwVfG nicht vorlagen, so kann ein Dritter, der durch das Vorhaben zwar in seinen Belangen berührt, nicht aber in einer materiellen Rechtsposition betroffen ist, den verfahrensrechtswidrigen PFB nicht schon aus diesem Grunde mit Erfolg anfechten[85]. Damit wird die „Grundrechtsrelevanz" der Öffentlichkeitsbeteiligung erheblich relativiert. Soweit europarechtliche Richtlinien Verfahrensrechte zubilligen, widerspricht diese Einschränkung der Rspr. des EuGH[86]. Überhaupt besteht nach der Rspr. des BVerwG kein Anspruch eines Dritten auf Einleitung und Durchführung eines rechtlich gebotenen Planfeststellungsverfahrens. Wenn ein Verfahrensfehler in einem ergänzenden Verfahren behoben werden kann, so hat das Gericht statt der Kassation nur die Rechtswidrigkeit und Nichtvollziehbarkeit des PFB auszusprechen[87].

Bei **materiellen Planungsfehlern** ist die gerichtliche Kontrolle durch § 75 Ia 1 VwVfG eingeschränkt, wonach Mängel in der Abwägung nur erheblich sind, wenn sie offensichtlich und auf das Abwägungsergebnis von Einfluß gewesen sind (Rn. 3/ 179). Diese aus dem Bauplanungsrecht bekannte und verfassungskonform eng auszulegende Vorschrift greift die in der Literatur umstrittene Rechtsprechung des BVerwG auf, wonach ein PFB immer nur dann aufzuheben ist, wenn die konkrete Möglichkeit besteht, daß ohne den Fehler die Planung anders ausgefallen wäre. Darf ein PFB nach fachplanungsrechtlichen Sondervorschriften (z.B. § 17 VIc 2 FStrG) nicht aufgehoben werden, weil erhebliche Mängel der Abwägung durch ein ergänzendes Verfahren behoben werden können, so hat das Gericht statt der beantragten Aufhebung die Rechtswidrigkeit des angefochtenen PFB und dessen Nichtvollziehbarkeit festzustellen[88]. **49**

Soweit hingegen der Grundeigentümer nur *mittelbar* z.B. durch nicht mehr im Wege geeigneter Schutzvorkehrungen reduzierbare, mit dem Betrieb der Anlage verbundene Immissionen betroffen wird, können Abwehransprüche auf eine Verletzung des Abwägungsgebots nur insoweit gestützt werden, als der Eigentümer geltend machen kann, daß gerade seine *eigenen Belange* fehlerhaft mit entgegenstehenden Belangen abgewogen worden sind[89]. Ein mittelbar in seinem Grundeigentum betroffener Kläger könnte also eine fehlerhafte Abwägung fremder (privater oder öffentlicher) Belange nie mit Erfolg rügen. Dies ist zumindest für den Fall einer Überschreitung der verfassungsrechtlichen (enteignungsrechtlichen) Zumutbarkeitsschwelle (Rn. 3/136) **50**

schutz nicht um der Beteiligung selbst willen, sondern nur im Hinblick auf die bestmögliche Verwirklichung der dem Verfahrensrecht zugrundeliegenden materiellen Rechtsposition.

85 S. BVerwG, NVwZ-RR 1999, 556 f.; VGH BW, NVwZ 1986, 663; vgl. aber auch BVerwG, UPR 1989, 24 sowie BVerwGE 56, 110 (137) zur Rechtsstellung der Gemeinden im Verfahren nach § 6 I LuftVG u. BVerwGE 87, 62 zur Beteiligung der Naturschutzverbände.

86 EuGH, Slg. 1996, 4615 Rn. 16 ff.; s.a. *v. Danwitz*, UPR 1996, 323 (325); *Schoch*, in: *Schmidt-Aßmann/Hoffmann-Riem*, Strukturen des europäischen Verwaltungsrechts, 1999, S. 279 (297).

87 BVerwGE 100, 370 (372); 102, 358 (366); BVerwG, UPR 1999, 152.

88 BVerwGE 100, 370 (372); 102, 74 (76); 102, 358 (366); VGH BW, Urt. v. 8.9.1999, 10 S 1406/98. Kritisch *Kopp/Schenke*, VwGO, 11. Aufl. 1998, § 113 Rn. 108.

89 BVerwGE 48, 56 (69); 56, 110 (133); 62, 342 (348). Zutr. Kritik bei *Kühling*, Fachplanungsrecht, Rn. 441 ff.; *Steinberg*, FS Schlichter, S. 599 (605 ff.).

unstimmig. Es ist kein Grund erkennbar, weshalb ein Eigentümer, dessen Eigentumsinhalt nach Art. 14 I GG durch den PFB umgestaltet wird, indem ihm z.B. neben aktiven, aber nicht ausreichenden Schutzmaßnahmen auf seinem Grundstück auch noch ein Geldausgleich nach § 74 II 3 VwVfG gewährt werden muß, anders zu behandeln ist als ein enteignend in Anspruch genommener Grundstückseigentümer, der z.B. eine Dienstbarkeit für einen Leitungsmasten nach Art. 14 III GG hinzunehmen hat. Des weiteren verkennt die Verkürzung der Klagebefugnis auf eigene Rechtspositionen, daß Abwägung nicht in einer zweipoligen Beziehung stattfindet, sondern ein vielschichtiges und vielpoliges Geflecht öffentlicher und privater Interessen und Rechte darstellt, das ohne weiteres nicht trennbar ist. Eine Verletzung von öffentlichen Belangen kann daher nicht nur der enteignend betroffene Grundstückseigentümer geltend machen, sondern darüber hinaus auch derjenige, dem ein Geldausgleich nach § 74 II 3 VwVfG zuzubilligen ist, sowie jede Person, zu deren Lasten die verfassungsrechtliche Zumutbarkeitsschwelle nach Art. 14 I GG oder Art. 2 II GG überschritten ist[90].

c) Schutzansprüche und Verpflichtungsklage

51 Soweit eine Verletzung des Abwägungsgebotes durch die unterlassene Anordnung von Schutzauflagen i.S.d. § 72 II 2 VwVfG gerügt wird, ist ein entsprechender Anspruch auf Ergänzung des PFB durch Verpflichtungsklage zu verfolgen[91], solange die planerische Gesamtkonzeption dadurch nicht in Schieflage gerät oder in dem Interessengeflecht der Abwägung durch die nachträgliche Änderung Rechte anderer nachteilig betroffen werden, m.a.W. die Ausgewogenheit der Gesamtplanung oder eines abtrennbaren Planungsteils überhaupt in Frage gestellt wird. Entsprechendes gilt, wenn drittschützende Vorschriften des „zwingenden Rechts" (Rn. 3/158) verletzt sind und dem durch Planergänzung abgeholfen werden kann.

52 Die Zumutbarkeitsgrenze, nach der zu entscheiden ist, ob Vorkehrungen und Anlagen zur Vermeidung von Nachteilen für Rechte anderer erforderlich sind (§ 74 II 2 VwVfG), wird inzwischen im öffentlichen und privaten Immissionsschutzrecht sowie von BVerwG und BGH einheitlich beurteilt. Das Tatbestandsmerkmal „erheblich" in §§ 3 I, 5 I Nr. 1, 22 I, 41 I BImSchG stellt ebenso wie das Tatbestandsmerkmal „wesentlich" in § 906 BGB die Zumutbarkeitsgrenze nach § 74 II 2 (und auch nach § 75 II 2) VwVfG dar[92].

---

90 Im Ergebnis ähnlich OVG Bremen, NVwZ-RR 1993, 468 (470); *Engelhardt*, DWW 1994, 297 (300); *Steinberg*, ebda., S. 610 ff.

91 BVerwGE 56, 110 (133); 71, 150 (160); 91, 17 (19); 104, 123 (129); 106, 241; *Hildebrandt*, Der Planergänzungsanspruch, 1999; *Sieg*, Die Schutzauflage im Fachplanungsrecht, 1994.

92 BVerwGE 84, 32; 79, 254 (258); BVerwG, NVwZ 1998, 513 (517); BGHZ 111, 63 (65); 122, 76 (78).

2. Präklusion

Die verfahrensrechtliche Position des Drittbetroffenen kann sich durch die im Umweltrecht häufig vorgesehene *materielle Präklusion* des Vorbringens erheblich verschlechtern. Im Gegensatz zur formellen Präklusion, die von Verfahrenspositionen ausschließt, führt die materielle Präklusion zu einem Einwendungsausschluß auch im *Verwaltungsprozeß*, wenn Einwendungen nicht rechtzeitig vorgetragen worden sind[93]. Ausgenommen sind allein Einwendungen, die auf besonderen Titeln beruhen. Gesetzlich geregelt ist die materielle Präklusion insbesondere in § 10 III 2 BImSchG, § 8 WHG i.V.m. § 108 II WG BW aber auch in § 73 IV 3 VwVfG (s. Rn. 3/108). Grundlage ist der Rechtsgedanke der *Verwirkung* subjektiver Rechte, die zugleich die Grenzen der materiellen Präklusion mitbestimmt. Da bei der Verwirkung von Rechten ein Rechtsverlust nur bei treuwidrigem Verhalten in Frage kommt, kann der Kläger dort nicht mit seinen Einwendungen ausgeschlossen werden, wo es ihm schon nicht *möglich* war, sie innerhalb der gesetzlichen Frist vorzubringen. Dies ist z.B. dann der Fall, wenn die Einwendung oder die Betroffeneneigenschaft erst nach Fristablauf entstanden sind oder die erteilte Genehmigung nicht mit der erörterten Rechtslage übereinstimmt. Ist der Fristablauf unverschuldet, hat der Betroffene die Möglichkeit der Wiedereinsetzung in den vorigen Stand[94]. 53

Beispiel: Der Abwasserzweckverband in H beantragt am 05.03.1991 die erforderliche wasserrechtliche Gestattung für den Ausbau der Kläranlage. Der Antrag wird in H und in A ortsüblich bekanntgemacht, wobei jeweils auf die Auslegungsfristen hingewiesen wird. Am 15.10.1991 sendet das Landratsamt die Planunterlagen an den Kläger Z mit einer Frist zur Stellungnahme bis zum 31.10.1991. Am 06.11.1991 teilt die Geschäftsführerin des Klägers dem Landratsamt telefonisch mit, eine Stellungnahme werde noch erfolgen; es stehe noch nicht fest, ob Einwendungen erhoben würden. Bei dieser Gelegenheit wird der Kläger zu der Erörterungsverhandlung am 11.11.1991 eingeladen. Er nimmt daran jedoch nicht teil. Mit Schreiben vom 22.11.1991 legt er Einspruch gegen die geplante Erweiterung der Kläranlage ein mit der Begründung, mangels Sandfiltration sei das Abwasser noch zu stark verunreinigt. Diese Einwendung ist auch schon von der Gemeinde A fristgerecht vorgetragen worden. Das Regierungspräsidium weist die Einwendung des Z als verspätet zurück. Hat eine Klage des Z gegen den Planfeststellungsbeschluß Aussicht auf Erfolg? – Die Klage des Z ist unbegründet, da er mit seinen Einwendungen gemäß § 108 I WG BW i.V.m. § 73 IV 3 BWVwVfG ausgeschlossen ist. Der Plan ist gemäß § 108 I WG BW i.V.m. § 73 III BWVwVfG ausgelegt und diese Auslegung ist ortsüblich bekanntgemacht worden. Dem Kläger, obwohl ortsansässiger Betroffener, sind darüberhinaus noch die Unterlagen mit einer Frist zur Stellungnahme zugesandt worden. Da der Kläger seine Einwendungen nicht innerhalb der gesetzten Frist und auch nicht bis zum Zeitpunkt des Erörterungstermins erhoben hat, kann er sie auch nicht mehr im Klageweg geltend machen. Der Einwendungsaussschluß besitzt auch für das gerichtliche Verfahren materiellrechtlichen Charakter. Der Kläger kann sich auch nicht darauf berufen, daß die Gemeinde A die gleiche Einwendung rechtzeitig erhoben hat, da die materielle Präklusion *individuell gegenüber dem einzelnen Einwendenden* wirkt.

93 *Röhl/Ladenburger*, Die materielle Präklusion im raumbezogenen Verwaltungsrecht, 1997; *Solveen*, Die materielle Präklusion im Fachplanungsrecht, 1999. – Die Präklusionswirkung steht nicht zur Disposition der Anhörungsbehörde: Sie kann nicht auf die Verfristung mit der Folge verzichten, daß die Einwendungen klagefähig werden (BVerwG, NuR 1996, 88).

94 BVerwG, UPR 1999, 66 f.

3. Verwaltungsgerichtlicher Kontrollumfang bei der Konkurrenz paralleler Gestattungsverfahren

54 Der Umfang verwaltungsgerichtlicher Kontrolle ist immer dann problematisch, wenn für ein Vorhaben **verschiedene Fachrechte** einschlägig sind[95]. In diesem Fall muß die Reichweite der Prüfungskompetenz der Behörde, gegenüber der Rechtsschutz begehrt wird, bestimmt werden. Schwierigkeiten bereitet dies, wenn das Gesetz die Erteilung der Genehmigung nicht nur vom Vorliegen fachspezifischer Anforderungen, sondern zusätzlich von der Übereinstimmung mit sonstigen öffentlich-rechtlichen Vorschriften abhängig macht[96], weil dann auch Normen eine Rolle spielen, die fachübergreifend Geltung beanspruchen[97].

55 In einem ersten Schritt ist hier zunächst der Anwendungsbereich des einschlägigen Gesetzes zu bestimmen. Wenn – wie bei § 1 LBO BW – beispielsweise die LBO auf Verkehrsanlagen oder der Bergaufsicht unterstehende Anlagen keine Anwendung findet, darf die Baurechtsbehörde hierüber nicht entscheiden.

56 In verschiedenen landesrechtlichen Bestimmungen ist darüber hinaus eine Zuständigkeitsverlagerung (z.B. von der Naturschutz- oder Wasserbehörde auf die Baurechtsbehörde, § 12 I NatSchG BW, § 98 II WG BW a.F.) enthalten. Eine Zuständigkeitskonzentration findet sich darüber hinaus in § 13 BImSchG und § 22 GenTG. Auch in diesen Fällen bestehen keine besonderen Rechtsschutzprobleme.

57 Fehlen aber solche gesetzlichen Konkurrenzentscheidungen, so divergiert die Rechtsprechung in den verschiedenen Bundesländern. Teilweise geht sie für das Baugenehmigungsverfahren von der „**Schlußpunkttheorie**“ aus[98], die besagt, daß die Baugenehmigung die Übereinstimmung mit allen öffentlich-rechtlichen Vorschriften bestätigt und daher idealiter erst erteilt wird, wenn andere etwa erforderliche Genehmigungsverfahren abgeschlossen sind. Dem stehen aber die in den neuen LBO enthaltenen Genehmigungsfristen bereits entgegen. Deshalb ist fallweise zu ermitteln, ob die Prüfung einer anderen Fachnorm erforderlich ist, um die Entscheidung für den konkreten Fall zu treffen. Im Baurecht bedeutet dies, daß bei einer Außenbereichsbaugenehmigung alle umweltrechtlichen Fragen über § 35 III BauGB zu prüfen sind; nach § 34 BauGB ist im Rahmen der ordnungsgemäßen Erschließung die Abwasserbeseitigung zu prüfen und im Rahmen des Rücksichtnahmegebotes sind z.B. Lärmschutzfragen nach § 22 BImSchG zu klären.

58 Eine besondere Situation besteht, wenn eine **ordnungsrechtliche Verfügung** ergehen soll. Hier ist die Untere Verwaltungsbehörde (Landratsamt, Landkreis usw.) häufig funktional für mehrere Fachgebiete zuständig, fungiert also als Untere Baurechts-

95 Zum folgenden *Becker*, VerwArch. 87 (1996), 581 (608 ff.); *Vondung*, VBlBW 1998, 411 ff., jeweils m.w.N. S.a. *Lämmle*, Konkurrenz paralleler Genehmigungen, 1991; *Schmidt-Preuß*, DVBl. 1991, 229 ff.

96 S. z.B § 6 WHG, § 6 Nr. 2 BImSchG und insbesondere die landesrechtlichen Bestimmungen über eine Baugenehmigung, z.B. § 58 I LBO BW.

97 Vgl. § 8 BNatSchG, § 50 BImSchG.

98 So z.B. BVerwG, NJW 1997, 1085 für das hessische Landesrecht; anders z.B. der BayVGH und der VGH BW.

behörde, Untere Abfallbehörde, Untere Naturschutzbehörde, Untere Immissionsschutzbehörde usw. Dies hat im Außenverhältnis zur Folge, daß bei gebundenen Verwaltungsakten es nur auf deren materielle Rechtmäßigkeit ankommt, weil das Landratsamt ohne weiteres abfallrechtlich tätig werden kann, auch wenn der falsche Organwalter (ein Bediensteter der Baurechtsbehörde, gestützt auf bauordnungsrechtliche Vorschriften) die Verfügung erläßt. Bei Ermessensvorschriften muß ggf. auf die Heilungsmöglichkeiten im Widerspruchs- oder gerichtlichen Verfahren zurückgegriffen werden (§ 45 VwVfG, § 114 S. 2 VwGO).

In den meist gegebenen Überschneidungsbereichen ist nach dem Schwerpunkt der zu treffenden Entscheidung zu unterscheiden. So sind etwa Lärmfragen nach §§ 22, 24 BImSchG ebenso relevant wie nach §§ 48 I, 58 I LBO BW oder nach § 4 I Nr. 3 GastG. Die Baurechtsbehörde darf sich hier weder aus der immissionsschutzrechtlichen noch aus der gaststättenrechtlichen Prüfung heraushalten, sondern hat das Vorliegen anlagebezogener Störungen mitzuentscheiden. Die baurechtliche Entscheidung kann – soweit diese Fragen mit geprüft sind – in Bestandskraft erwachsen und bindet insoweit auch andere Behörden in ihrer Beurteilung (wobei diese ggf. bei anderer Beurteilung auf §§ 48, 49 VwVfG zurückgreifen können). 59

Beschränkt man also die Behörde in diesen Fällen im Genehmigungsverfahren auf die Überprüfung bestimmter (Fach-)Normen, so muß dies auch Auswirkungen auf die gerichtliche Kontrolle der behördlichen Entscheidung haben: Es können nur solche Einwendungen gegen die Genehmigung vorgebracht und vom Gericht behandelt werden, die sich innerhalb der behördlichen Prüfungskompetenz befinden. Läßt man demgegenüber eine fachübergreifende Prüfungskompetenz zu, so erstreckt sich auch der Umfang der *gerichtlichen* Überprüfung auf *alle* öffentlich-rechtlichen Vorschriften. Daher besteht eine direkte Korrelation zwischen behördlicher Kompetenz und gerichtlichem Prüfungsumfang. Für den Drittbetroffenen ist eine übergreifende Prüfungskompetenz günstiger, da er in *einem* Verfahren *alle* Einwendungen gegen die Genehmigung vorbringen kann. Ob der Behörde eine umfassende oder eine beschränkte Prüfungskompetenz eingeräumt ist, kann nur anhand der konkreten Rechtsnorm durch Auslegung festgestellt werden[99]. 60

IV. Rechtsschutz gegen untergesetzliche Normen des Umweltrechts

1. Verwaltungsgerichtliche Normenkontrolle gemäß § 47 II 1 VwGO

Die verwaltungsgerichtliche Überprüfung erstreckt sich bei Zulässigkeit des Normenkontrollantrags auf die Übereinstimmung der Norm mit höherrangigen Rechtsvorschriften, sie ist also anders als bei der Anfechtungsklage nicht auf drittschützende Normen beschränkt. Allerdings geht das OVG oder der VGH grundsätzlich nicht ungefragt auf Fehlersuche, sondern beschränkt sich auf die Überprüfung der 61

99 S. z.B. BVerwG, DVBl. 1986, 1272; BauR 1996, 227 (anders noch NVwZ-RR 1995, 66); VGH BW, Urt. v. 10.9.1998, 3 S 2449/96.

vorgetragenen Rechtsfragen sowie offenkundiger Mängel. Eine Entscheidung ohne mündliche Verhandlung im Beschlußverfahren nach § 47 V 1 VwGO muß sich vor Art. 6 EMRK rechtfertigen lassen[100].

62 Die verwaltungsgerichtliche Normenkontrolle richtet sich gegen die abstrakt-generelle Regelung, so daß Vollzugsakte nicht abgewartet zu werden brauchen. Die Nichtigerklärung der Rechtsnorm durch das OVG wirkt *erga omnes* und nicht nur zugunsten des Antragstellers. Eine solche Normenkontrolle gemäß § 47 II 1 VwGO ist statthaft gegen Bebauungspläne (§ 47 II 1 Nr. 1 VwGO) und gegenüber anderen im Range unter dem Landesgesetz stehende Rechtsvorschriften, soweit das Landesrecht dies bestimmt (§ 47 II 1 Nr. 2 VwGO, in Baden-Württemberg: § 4 AGVwGO.) Was unter die *anderen im Range unter dem Landesgesetz stehenden Rechtsvorschriften* fällt, ist nicht zweifelsfrei; unbestritten erfaßt werden Rechtsverordnungen, wie z.B. naturschutz- oder wasserrechtliche Schutzverordnungen, Satzungen, Anstaltsordnungen und rechtsetzende Vereinbarungen.

63 Schwierigkeiten bereitet die Behandlung von umweltrechtlichen **Plänen**. Sie sind der Normenkontrolle jedenfalls insoweit unterworfen, als sie *Rechtsnormqualität* aufweisen. Sofern sich diese nicht schon unmittelbar *aus dem Gesetz* ergibt (z.B. aus § 10 BauGB), ist die Rechtsnormqualität *durch Auslegung* zu ermitteln. Werden die Pläne durch eine *Rechtsverordnung* für verbindlich erklärt oder in eine *Satzung* aufgenommen, teilen sie ohne weiteres deren Rechtsnatur und können mit der Normenkontrolle angegriffen werden. Ist die Rechtsnatur des Planes gesetzlich nicht festgelegt, wie z.B. bei **Landschaftsprogrammen** und **Landschaftsrahmenplänen** im Naturschutzrecht, ist zweifelhaft, ob eine Normenkontrolle statthaft ist. Eine verbreitete Ansicht verneint dies[101], während die Rechtsprechung solchen Plänen, soweit sie abstrakt-generelle Regelungen enthielten, Normcharakter zuerkannt und damit eine Normenkontrolle gegen diese Regelungen für zulässig erklärt hat[102].

64 Nach wohl noch h.M. hängt daher der Rechtsschutz gegen **Abfallwirtschaftspläne** von ihrer Verbindlicherklärung ab[103]. Soweit die Verbindlicherklärung durch Rechtsverordnung erfolgt, wird auch der Abfallentsorgungsplan in den Willen des Verordnunggebers aufgenommen und seine Festlegungen erhalten die Rechtsqualität einer Rechtsverordnung[104], die mit der Normenkontrolle nach § 47 VwGO angegriffen werden kann[105]. Bei Plänen in Form der Verwaltungsvorschrift ist hingegen fraglich, ob sie wegen ihrer Steuerungswirkung nicht ebenfalls der Normenkontrolle unter-

100 BVerwG, NVwZ 1999, 763 ff.; VBLBW 2000, 189 ff.

101 *Redeker/v. Oertzen*, VwGO, § 47 Rn. 17a; *Kopp/Schenke*, VwGO, 11. Aufl. 1998 § 47 Rn. 19; a.A.: *Schmidt*, Umweltrecht, § 6 Rn. 10.

102 Ablehnend zu einem Raumordnungsprogramm BVerwG Buchholz 406.11 § 1 BauGB Nr 77; für einzelne Ziele der Raumordnung und Landesplanung VGH München, BayVBl. 1982, 726.

103 Nachw. bei *Kunig/Paetow/Versteyl*, KrW-/AbfG, § 29 Rn. 89.

104 BVerwGE 81, 128 (131).

105 Instruktiv zu den Besonderheiten eines Abfallentsorgungsplans und zu den Voraussetzungen eines Normenkontrollantrags nach § 47 VwGO BVerwG, DVBl. 1991, 399; NVwZ 1989, 458; s.a. BVerwGE 81, 128 ff. und E 81, 139 ff. mit Anm. *Weidemann*, NVwZ 1989, 1033 ff.; ferner *Steinberg*, Fachplanung, S. 408 ff. m.w.N.

worfen sein müssen[106]. Antragsbefugt sind dann Gemeinden, die in ihrer Planungshoheit betroffen sind, z.B. weil eigene Planungen durch die Abfallwirtschaftsplanung vereitelt werden, sowie die Entsorgungspflichtigen, denen vorgeschrieben wird, sich bestimmter Anlagen zu bedienen, nicht aber der Betreiber einer Anlage, dessen wirtschaftliche Interessen durch die Festlegung eines weiteren Standorts betroffen sind[107]. Soweit Abfallentsorgungspläne keiner Normenkontrolle unterliegen, kommt eine Inzidentkontrolle in Betracht[108].

Soweit normkonkretisierenden Verwaltungsvorschriften (wie der TA Luft oder der TA Lärm) eine Bindungswirkung gegenüber Gerichten und Dritten zugebilligt wird[108a], wäre es konsequent, sie nach § 47 I VwGO der Normenkontrolle zu unterwerfen[108b]. **64a**

2. Normergänzungsklage (Normerlaßklage)

Läßt sich die Rechtswidrigkeit einer Norm durch Normergänzung beheben, wurde anfänglich das Normenkontrollverfahren auch für die Normergänzung herangezogen[109]. Dagegen soll jetzt nach dem BVerwG die *Feststellungsklage* die statthafte Klageart für eine Normergänzung sein[110]. Diese sei der – grundsätzlich ebenfalls zu erwägenden – allgemeinen Leistungsklage vorzuziehen, da sie den judikativen Eingriff in die Gestaltungsfreiheit des Normgebers möglichst gering halte[111]. Die Feststellungsklage ist begründet, wenn das Unterlassen des Normgebers gegen höherrangiges Recht verstößt[112]. **65**

V. Rechtsschutz gegen Immissionen

1. Immissionen genehmigungsbedürftiger Anlagen

a) Genehmigte Anlage

Ist eine Anlage gemäß § 4 BImSchG genehmigt, kann ein Nachbar Rechtsschutz gegen die anlagenbezogenen Immissionen über die Anfechtung der Genehmigung er- **66**

106 Dazu die Nachw. bei *Kunig/Paetow/Versteyl*, KrW-/AbfG, § 29 Rn. 89.

107 *Steinberg*, Fachplanung, S. 410 m.w.N.; s.a. BVerwGE 81, 139 (145 f.); *Kunig/Paetow/Versteyl*, KrW-/AbfG, § 29 Rn. 90 m.w.N.

108 *Kunig/Paetow/Versteyl*, KrW-/AbfG, § 29 Rn. 92 m.w.N.

108a *Kutscheidt*, in: *Landmann/Rohmer*, BImSchG, § 3 Rn. 191; *Jarass*, BImSchG, § 48 Rn. 18.

108b *Sparwasser/v. Komorowski*, VBlBW 9/2000; ähnlich BVerwGE 94, 335 (336) – Sozialhilfe-Richtlinien; 100, 262 (269) – Mietspiegel; a.A. *Eyermann/J. Schmidt*, VwGO, § 47 Rn. 31; *Gerhardt*, in: *Schoch/Schmidt-Aßmann/Pietzner*, VwGO, § 47 Rn. 26.

109 VGH BW, DVBl. 1979, 916; BayVGH, NVwZ 1985, 502.

110 BVerwG, NVwZ 1990, 162; OVG Münster, RdL 1997, 167 f.; offengelassen von Hess VGH, GewArch. 1998, 34 ff.; dazu *Schmitt Glaeser/Horn*, Verwaltungsprozeßrecht, Rn. 332.

111 BVerwGE 80, 355; abl. *Hartmann*, DÖV 1991, 61 (62).

112 S.a. *Pietzner/Ronellenfitsch*, Das Assessorexamen im öffentlichen Recht, 10. Aufl. 2000, § 12 Rn. 11; *Schenke*, VerwArch. 82 (1991), 307 ff.; *Reidt*, DVBl. 2000, 602 (604 ff).

langen. Die erteilte Genehmigung räumt dem Betreiber der Anlage ein subjektives öffentliches Recht ein, die Anlage im Rahmen der Genehmigung zu errichten und zu betreiben. Ein von den Immissionen einer genehmigten Anlage Betroffener hat deshalb die Möglichkeit, die Genehmigung selbst anzufechten. Ist diese unanfechtbar geworden, genießt die Anlage Bestandsschutz, der allerdings wegen der dynamischen Betreiberpflichten des § 5 BImSchG nur eingeschränkte Wirkung hat.

67 Hat sich die zugrundeliegende Sach- oder Rechtslage geändert, kann der Nachbar unter Umständen im Wege der Verpflichtungsklage eine nachträgliche Anordnung nach § 17 BImSchG erwirken, die den Anlagenbetreiber verpflichtet, die schädlichen Umwelteinwirkungen zu vermindern.

b) Nicht genehmigte Anlage

68 Rechtsschutz gegen die Errichtung oder den Betrieb einer nicht genehmigten, aber genehmigungsbedürftigen Anlage besteht durch Verpflichtungsklage auf Stillegung oder Beseitigung gemäß § 20 II BImSchG; allein die formelle Illegalität der Anlage reicht für diese Maßnahmen aus, und § 20 II BImSchG hat drittschützenden Charakter (s.a. Rn. 8/237). Entsprechendes kann gelten, wenn eine wesentliche Änderung der Anlage ohne Genehmigung vorgenommen wird.

2. Immissionen nicht genehmigungsbedürftiger Anlagen

69 Handelt es sich um nicht genehmigungsbedürftige Anlagen, so kann der Drittbetroffene z.T. unmittelbar auf dem Zivilrechtsweg auch gegen den Emittenten vorgehen, ohne daß dieser ihm eine Bestandsschutz vermittelnde Genehmigung entgegengehalten kann, die erst beseitigt werden müßte. Für den Rechtsschutz muß hier danach unterschieden werden, ob es sich um einen privaten oder hoheitlichen Emittenten handelt. Immissionen sind immer dann einem hoheitlichen Emittenten zuzuordnen, wenn sie im unmittelbaren Zusammenhang mit der ihm zugewiesenen hoheitlichen Aufgabenerfüllung stehen.

a) Privater Emittent

70 Die Betreiberpflichten nach § 22 I Nrn. 1 u. 2 BImSchG sind nach überwiegender Auffassung drittschützend[113]. Demzufolge können Nachbarn grundsätzlich verlangen, daß die zuständige Behörde Verstöße hiergegen durch eine Anordnung nach § 24 BImSchG unterbindet. Da der Erlaß einer solchen Anordnung Ermessensfrage ist, kann die Behörde den Antrag ermessensfehlerfrei ablehnen, wenn es z.B. dem

113 *Jarass*, BImSchG, § 22 Rn. 53; *Koch*, in: GK-BImSchG, § 22 Rn. 193; OVG Hamburg, NVwZ 1990, 379; OVG Münster, NVwZ 1991, 900 f. S.a. *Dolderer*, DVBl. 1998, 19 ff.

114 *Schulze-Fielitz*, Immissionsschutzrecht, Rn. 181; OVG Lüneburg, DVBl. 1976, 719 f.; BVerwGE 98, 235 (248): Das Ermessen wird desto mehr eingeschränkt, je mehr die den Nachbarn treffenden Immissionen sich der Grenze der Unverträglichkeit nähern. Nach der VwV-BImSchG BW v. 21.2.1995, GABl. 234 (253), soll z.B. nicht auf den Zivilrechtsweg verwiesen werden, wenn

Nachbarn zuzumuten ist, den Zivilrechtsweg zu beschreiten[114]. Anderes gilt, wenn die Tatbestandsvoraussetzungen des § 25 II BImSchG vorliegen. Die zuständige Behörde kann im Rahmen ihres durch § 25 II BImSchG eingeschränkten Ermessens nur von einer Untersagungsverfügung absehen, wenn der (atypische) Einzelfall Besonderheiten aufweist, die ein Abweichen vom Regelfall nahelegen. Der baurechtliche Bestandsschutz steht einer Anordnung nach §§ 24, 25 II BImSchG aber grundsätzlich nicht entgegen[115]. Soweit die Behörde einem entsprechenden Antrag des Nachbarn nicht nachkommt, muß er seinen Anspruch nach Durchführung des Widerspruchsverfahrens (§§ 68 ff. VwGO) mit einer *Verpflichtungsklage* geltend machen, die er mit einem Hilfsantrag auf ermessensfehlerfreie Bescheidung seines Antrags verbinden wird[116].

---

die Beschwerde berechtigt erscheint und darüber hinaus der Sachverhalt oder die Abhilfemaßnahmen schwer zu beurteilen sind oder sich ungleiche Partner gegenüberstehen.

115 BVerwGE 91, 92 (100), BVerwG, NVwZ 1989, 257; UPR 1988, 345; OVG Berlin, UPR 1993, 30 f.; OVG Lüneburg, NVwZ-RR 1994, 555; *Jarass*, BImSchG, § 24 Rn. 15; *Hansmann*, in: *Landmann/Rohmer*, BImSchG, § 24 Rn. 27. Zu einem Ausnahmefall VG Berlin, UPR 1983, 240.

116 BVerwG, B. v. 28.8.1997, 7 B 214.97: Kommen verschiedene Maßnahmen zur Beseitigung der Störung in Betracht, so kann der Gestörte nur verlangen, daß Belästigungen oberhalb der Zumutbarkeitsschwelle unterbleiben.

117 BGH, NJW 1993, 1656 ff. unter Hinweis auf die vom BVerwG entwickelte Rspr. zum bauplanungsrechtl. Rücksichtnahmegebot. Zum Verhältnis des öffentlichen zum privaten Nachbarschutz s. ferner *Vieweg/Röthel*, DVBl. 1996, 1171 ff.

118 BGHZ 103, 30 (34); BGH, NJW 1993, 1580 (1581).

119 BGHZ 122, 1; BGH NJW 1995, 132; zust. *Fritzsche*, NJW 1995, 1121 (1123 f.); *Schmidt*, JuS 1993, 773 ff. S.a. OLG Frankfurt, Urt. v. 13.4.1994, 17 U 47/90; OLG Celle, Urt. v. 18.7.1994, 4 U 251/91.

120 Nach BVerwG, NVwZ 1996, 1001.

71 Unmittelbar gegen einen privaten Emittenten kann der Nachbar auch zivilrechtlich z.B. nach §§ 1004, 906 BGB eine Unterlassungsklage erheben, wenn es sich nicht um eine genehmigungsbedürftige Anlage handelt, für die § 14 BImSchG (Rn. 8/207 f.) privatrechtliche Abwehransprüche ausschließt, und soweit die Immissionen im „nachbarlichen Gemeinschaftsverhältnis" als „rücksichtslos" (d.h. baugebietsunverträglich) einzustufen sind[117]. Ein quasi-negatorischer Anspruch aus § 823 II BGB auf Unterlassung eines weiteren Gesetzesverstoßes und auf Beseitigung der Folgen dieses Verstoßes besteht nach Auffassung des BGH, wenn ein drittschützendes öffentlich-rechtliches Schutzgesetz verletzt ist. Schutznorm ist dabei nicht der Verwaltungsakt (z.B. die Lärmschutzauflage in der Baugenehmigung oder nach § 24 BImSchG), sondern die jeweils zugrundeliegende Rechtsnorm. Soweit der Verwaltungsakt aber in Bestandskraft erwachsen ist, bindet diese – anders als etwa im Amtshaftungsprozeß – auch die Zivilgerichte[118]. Indem der Nachbar damit die Möglichkeit hat, behördliche Immissionsschutzauflagen unmittelbar gegen den Anlagenbetreiber im Wege der Unterlassungsklage durchzusetzen, erfährt der zivilrechtliche Nachbarschutz eine deutliche Aufwertung[119].

b) Hoheitlicher Emittent

72 **Beispiel**[120]: E ist Eigentümer eines mit einem Wohnhaus bebauten Grundstücks in einem reinen Wohngebiet. In unmittelbarer Nachbarschaft errichtet die Gemeinde G einen sog. Wertstoffhof mit sechs Sammelcontainern für Glas, Papier, Kartonagen und Metall. Der Wertstoffhof ist mit einem Palisadenzaun umgeben und liegt in 15 m Entfernung vom Wohnhaus des E. E fühlt sich von dem Lärm, der durch das Hineinwerfen der Flaschen in die Glascontainer und die wöchentliche Leerung der Sammelcontainer verursacht wird, gestört und klagt vor dem Verwaltungsgericht auf Beseitigung des Wertstoffhofs. Mit Erfolg?

73 Die Eingriffsnormen der §§ 24, 25 II BImSchG greifen nicht gegen hoheitliche Immissionen[121]. Der Nachbar kann jedoch im Wege der *Leistungsklage* einen **öffentlich-rechtlichen Immissionsabwehranspruch** geltend machen, damit erhebliche und unzumutbare Beeinträchtigungen in Zukunft unterbleiben. Gegenüber bereits

121 BVerwGE 79, 254 (257); 94, 100; Hess. VGH, NVwZ 1997, 304 ff.; s.a. *Laubinger*, VerwArch. 80 (1989), 261 (265).

122 Vgl. z.B. BVerwGE 79, 254 (257); 94, 100. Ausführlich *Engler*, Der öffentlich-rechtliche Immissionsabwehranspruch, 1995, S. 22 ff., 185 ff. m.w.N.; ferner *Laubinger*, VerwArch. 80 (1989), 261 ff.; *Schoch*, VerwArch. 79 (1988), 1 ff. Der Abwehranspruch kann sich nach Ansicht der Rspr. bei Untunlichkeit der geforderten Unterlassung (Unvereinbarkeit mit der öffentlichen Einrichtung, Unverhältnismäßigkeit des erforderlichen Aufwands usw.) in einen auf angemessenen Geldausgleich gerichteten Anspruch umwandeln (Rechtsanalogie zu § 74 II 3 VwVfG, § 41 BImSchG; s.a. § 906 II 2 BGB); vgl. BVerwGE 79, 254 (262); 81, 197 (200); 88, 143; BayVGH, NVwZ-RR 1992, 233 ff.; NJW 1990, 2485 f.; offengelassen in BVerwGE 94, 100 (114 ff.); a.A. *Engler*, ebda., S. 195 ff., 217 ff., die aber über den Gesichtspunkt der unzulässigen Rechtsausübung in best. Fällen zum Ausschluß des Anspruchs kommt.

123 Vgl. BVerwGE 81, 197 (200); 88, 210.

124 BVerwGE 79, 254 (262 f.).

125 Zutr. *Koch/Maaß*, NuR 2000, 69 (76).

126 *Ehlers*, Die Europäisierung des Verwaltungsprozeßrechts, 1999; *Epiney*, Umweltrecht in der Europäischen Union, 1997, S. 40 f. m.w.N. in Fn. 169: s.a. die Übersicht bei *Versteyl* (Hrsg.), Umwelt-

eingetretenen Schäden kann der *Folgenbeseitigungsanspruch* greifen. Die Rechtsgrundlage und die Abgrenzung dieser Ansprüche untereinander ist vom BVerwG offengelassen worden; nach zutr. Auffassung sind sie aus der Abwehrfunktion der Grundrechte (hier: Art. 2 II 1, 14 I GG) abzuleiten[122]. Der Maßstab für das dem Nachbarn gegenüber einzuhaltende Schutzniveau wird durch § 22 I Nrn. 1 u. 2 BImSchG einerseits und durch die bauplanungsrechtlich vorgefundene Situation andererseits näher bestimmt (Rn. 3/124 ff.), insbes. wenn normative Regelungen wie die Sportanlagenlärmschutz-VO (Rn. 6/265 ff.) oder die Verkehrslärmschutz-VO (Rn. 6/301) diese bewertend berücksichtigen[123].

Das BVerwG hat darüber hinaus im Feueralarmsirenen-Fall[124] für die nicht mögliche Reduzierung des Schallpegels der Feuersirene in analoger Anwendung des § 906 II BGB einen Entschädigungsanspruch zugebilligt. Die hierfür erforderliche gesetzliche Lücke im BImSchG dürfte jedoch nicht vorliegen, weil das BImSchG für andere Fälle (z.B. in § 42 BImSchG) Entschädigungsansprüche kennt. Deshalb liegt u.E. in diesen Fällen ein Anspruch aus enteignendem Eingriff (Nebenfolge rechtmäßigen Handelns) vor[125]. **74**

VI. Besonderheiten des europarechtlichen Rechtsschutzes

Der EuGH hat seit 1990 weit über 100 Urteile zum Umweltschutzrecht der Gemeinschaft gefällt[126] und damit auch die Entwicklung des Umweltrechts in Deutschland immer wieder entscheidend beeinflußt[127]. Allein dies rechtfertigt schon, den Besonderheiten des europarechtlichen Rechtsschutzes[128] hier eine eigene Betrachtung zu widmen. **75**

---

recht der europäischen Union, Band I Vorschriftensammlung (2 Teilbände); *Lenz,* in: *Versteyl* (Hrsg.), Umweltrecht der europäischen Union, Band II Entscheidungssammlung, Loseblatt, Die Bedeutung der Rechtsprechung des EuGH fur den Umweltschutz; *Zuleeg*, NJW 1993, 31 ff.; *Scheuing,* NVwZ 1999, 475 ff.; *Krämer*, EuGRZ 1995, 45; siehe auch *Kunig/Paetow/Versteyl*, KrW-/AbfG, Rn. 117 ff. m.w.N.

127 *Wahl*, FS Blümel, 1999, S. 617 ff.; allgemein zum Einfluß des Umwelteuroparechts auf das nationale Recht *Frenz*, Europäisches Umweltrecht, 1997, § 6 Rn. 193 ff.

128 Näher die anschauliche Darstellung bei *Streinz*, Europarecht, 1999, Rn. 503 ff.

129 *Streinz*, Europarecht, Rn. 506 f.; *Scheuing*, NVwZ 1999, 475 (476 ff.); die Aufforderung gewährt rechtliches Gehör und hat nach der Rspr. des EuGH eine Präklusionswirkung, weil die Kommission im weiteren Verfahren ihre Klage nicht auf andere Sach- oder Rechtsgründe stützen kann, s. EuGH, Urt. v. 21.9.1999, Rs. C-392/96, Rz. 51. 1994 wurden den Mitgliedsstaaten im Bereich Umweltschutz 42 Aufforderungsschreiben (29 gegen Deutschland) und 46 Stellungnahmen zugestellt und 3 Klagen eingereicht, 12. Jahresbericht der Kommission an das EP, ABl. 1995, C 254, 1 (43 f.).

130 Näher *Streinz*, Europarecht, Rn. 295, 297.

131 Zur Wirksamkeit dieses neuen Mittels *Streinz*, Europarecht, Rn. 510.

132 *Streinz*, Europarecht, Rn. 526 ff.

133 Näher *Streinz*, Europarecht, Rn. 512 ff.

1. Aufsichts- oder Vertragsverletzungsverfahren, Art. 226 EG (169 EGV)

76 Im **Aufsichts- oder Vertragsverletzungsverfahren** nach Art. 226 EG (169 EGV) kann die Kommission gegen einen Mitgliedsstaat Klage erheben mit dem Antrag festzustellen, das Mitglied habe gemeinschaftsrechtliche Verpflichtungen nicht erfüllt. Mit dem sog. *Fristsetzungsschreiben* fordert die Kommission den Mitgliedsstaat zur **Stellungnahme** zu den Vorwürfen, erforderlichenfalls dann in der sog. *begründeten Stellungnahme* dazu auf, die erforderlichen **Maßnahmen zu ergreifen**[129]; fruchtet dies nicht, kann sie beim EuGH **Klage erheben**. Ebenso kann nach Art. 227 EG (170 EGV) auch ein Mitgliedsstaat gegen einen anderen Klage erheben[130]. Schließlich kann die Kommission nach durch den EuGH festgestellter und fortdauernder Vertragsverletzung dem säumigen Mitgliedsstaat ein **Straf- oder Zwangsgeld** androhen und in einem ähnlichen Verfahren den EuGH erneut anrufen mit dem Antrag, dieses Straf- oder Zwangsgeld auch zu verhängen, Art. 228 EG (171 EGV)[131].

2. Nichtigkeitsklage, Art. 230 f. EG (173 f. EGV)

77 Mit der **Nichtigkeitsklage** nach Art. 226 EG (169 EGV) können – unter differenzierten Rechtsschutzbedürfnisvoraussetzungen[132] – sowohl die Mitgliedsstaaten als auch die Gemeinschaftsorgane[133], nur am Rande auch Individuen, die Nichtigkeit eines gemeinschaftlichen Rechtsaktes geltend machen. Dabei spielt besonders das Europäische Parlament eine zunehmend wichtige Rolle, vgl. Art. 230 III EG (173 III EGV). Prüfungsmaßstab ist die Vereinbarkeit des Handelns der Gemeinschaftsorgane mit den vertraglichen Vorgaben, z.B. mit den umweltpolitischen Handlungsprinzipien oder mit den Kompetenzgrundlagen[134].

78 Von der bundesdeutschen *Klagebefugnis* (Rn. 4/4) unterscheidet sich die europarechtliche *Initiativberechtigung*, die der einzelne bei Klagen vor dem EuGH darlegen muß. Dabei können nicht nur Entscheidungen angefochten werden, die gegen den Anfechtenden ergangen sind, sondern auch Verordnungen oder an eine andere Person gerichtete Entscheidungen, wenn sie nur den Anfechtenden *unmittelbar und individuell betreffen*, Art. 230 IV EG (173 IV EGV). Das Anfechtungsverfahren ist hier dem französischen Recht nachgebildet. Die Nichtigkeitsklage setzt demnach keine Rechtsbeeinträchtigung voraus, sondern es genügt, wenn die Norm des Gemeinschaftsrechts den Schutz des Individuums bewirkt und dieses danach ein schutzwürdiges Interesse geltend machen kann (*Interessentenklage*)[135].

134 Einzelheiten bei *Streinz*, Europarecht, Rn. 521 ff.

135 *Rengeling/Middeke/Gellermann*, Rechtsschutz in der europäischen Union, 1994, Rn. 159; *Classen*, NJW 1995, 2459 ff.; die Rspr. des EuGH ist im Umweltrecht sehr zurückhaltend; vgl. GA *Cosmas*, EuGH, Slg. 1998, 1651 (1698, Fn. 127); EuGH, Slg. 1996, 3727.

136 Näher *Streinz*, Europarecht, Rn. 539 ff.

137 *Streinz*, Europarecht, Rn. 551 ff.

138 Dazu allgemein *Brechmann*, Die richtlinienkonforme Auslegung, 1994; siehe auch *Lübbe-Wolff*, (Hrsg.), Vollzug des europäischen Umweltrechts, 1996 – Modernisierung des Umweltordnungsrechts, 1996.

139 Dazu *Epiney*, Umweltrecht in der Europäischen Union, 1997, S. 139 f. m.w.N.; *Streinz*, Europarecht, Rn. 394 ff. m.w.N.; *Cornils* Der gemeinschaftsrechtliche Staatshaftungsanspruch, 1995; *Zeuner*, Die Haftung der EG-Mitgliedstaaten für die Anwendung europarechtswidriger Normen, 1995.

3. Untätigkeitsklage, Art. 232 EG (175 EGV)

Mit der **Untätigkeitsklage** nach Art. 232 EG (175 EGV) können sowohl die Mitgliedsstaaten als auch die Gemeinschaftsorgane[136], auch hier nur am Rande auch Individuen, gegen ein verantwortliches Gemeinschaftsorgan, z.B. Rat, Kommission oder Parlament, geltend machen, diese kämen einer sich aus dem Vertrag ergebenden Rechtspflicht zum Handeln nicht nach. **79**

4. Amtshaftungsklage, Art. 235 i.V.m. 288 II EG (178 i.V.m. 215 II EGV)

Nach Art. 235 i.V.m. 288 II EG (178 i.V.m. 215 II EGV) können alle Rechtssubjekte, die durch ein Gemeinschaftsorgan oder einen Bediensteten der Gemeinschaft einen Schaden erlitten haben, gegen die Gemeinschaft, die für das Organhandeln haftet, **Schadensersatz** geltend machen[137] (Rn. 1/48). **80**

5. Vorlageverfahren, Art. 234 EG (177 EGV)

Zwar haben die mitgliedsstaatlichen Gerichte Europarecht von sich aus zu beachten und ihm damit zur Geltung zu verhelfen[138]. Dies gilt auch bei noch umsetzungsbedürftigen Richtlinien, die unter bestimmten Voraussetzungen unmittelbare Wirkung (Rn. 1/44 f.) erlangen[139]. Bei Mißachtung gemeinschaftsrechtlicher Pflichten durch einen Mitgliedsstaat kann dieser einem einzelnen Bürger gegenüber sogar zu Schadesersatz verpflichtet sein (Rn. 1/48)[140]. Wenn sich aber den nationalen Gerichten Fragen der **Auslegung von Gemeinschaftsrecht** stellen[141], sind sie nach Art. 234 EG (177 EGV) zur Wahrung einer gemeinschaftsweit einheitlichen Anwendung und Auslegung von Gemeinschaftsrecht zur **Vorlage an den EuGH berechtigt** (Abs. 2), vor letztinstanzlichen Entscheidungen[142] sogar **verpflichtet** (Abs. 3)[143]. Sanktioniert ist die unterlassene Vorlage durch ein **Vertragsverletzungsverfahren** gegen den jeweiligen Mitgliedsstaat[144]. So wirkt die Rechtsverfolgung einzelner Bürger vor natio- **81**

---

140 *Epiney*, Umweltrecht in der Europäischen Union, 1997, S. 141 f. m.w.N.; *Streinz*, Europarecht, Rn. 374a ff., 410 ff. m.w.N.

141 Zur „Acte-clair"-Theorie des franz. Conseil d'Etat und des deutschen BFG *Streinz*, Europarecht, Rn. 564.

142 Die auch durch ein AG ergehen kann, vgl. § 511a ZPO (Nichtereichen der Berufungssumme) – „konkrete Betrachtungsweise", dazu *Streinz*, Europarecht, 1999, Rn. 562.

143 Näher *Streinz*, Europarecht, Rn. 575 ff. m.w.N. – Wie man dem auszuweichen versucht, zeigt das BVerwG oben Fn. 3/21; zur Kritik 3/22.

144 *Streinz*, Europarecht, Rn. 579 f.

145 NVwZ 1993, 281.

146 NVwZ 1994, 1093.

147 Zum Ganzen *Versteyl*, in: *Kunig/Paetow/Versteyl*, KrW-/AbfG, Einleitung Rn. 36. – S.a. den Vorlagebeschluß des BVerwG, NVwZ 1999, 1228 ff., zu § 4 I der Sonderabfallverordnung BW.

148 Dazu *Streinz*, Europarecht, Rn. 569 ff.

149 EuGH, Slg. 1990, 2879 – Factortame.

nalen Gerichten zugleich geltungs- und wirkungsverstärkend für das europäische Umweltrecht insgesamt.

82 So beanstandete der EuGH auf Vorlagebeschluß des BayVGH vom 5.11.1992[145] mit Urteil vom 9.8.1994[146] die Übergangsvorschrift des § 22 I UVPG, wonach für abfallrechtliche Planfeststellungsanträge, die bis zum 1.8.1990 noch nicht öffentlich bekannt gemacht worden waren, eine UVP nicht durchzuführen war, als mit Art. 12 I der UVP-RL 85/337/EWG nicht vereinbar. In der Folge mußte für die am 9.8.1994 noch nicht bestands- bzw. rechtskräftig abgeschlossenen abfallrechtlichen Planfeststellungs- oder Genehmigungsverfahren, die UVP-pflichtig sind, nachträglich eine UVP durchgeführt werden[147].

6. Inzidentrüge, Art. 241 EG (184 EGV)

83 Nur am Rande sei noch auf die **Inzidentrüge** nach Art. 241 EG (184 EGV) hingewiesen, mit der innerhalb eines beim EuGH bereits anhängigen Verfahrens die Rechtswidrigkeit einer Verordnung geltend gemacht werden kann[148].

7. Vorläufiger Rechtsschutz

84 Die Gewährung vorläufigen Rechtsschutzes ist in **Art. 242, 243 EG** verankert. Besonderheiten im Bereich des Umweltrechts sind hierbei nicht zu erkennen, weil die Anforderungen des EuGH – die bis zur Pflicht eines Mitgliedstaates, das Institut des vorläufigen Rechtsschutzes in das nationale Prozeßrecht neu einzuführen, reichten[149] – über §§ 80 V, 80a VwGO sowie § 123 VwGO umsetzbar sind[150]. Die Aussetzung der Vollziehung oder der Erlaß einer einstweiligen Anordnung setzen neben *erheblichen Zweifeln* an der Handlung eines Gemeinschaftsorgans die *Dringlichkeit* – d.h. die Abwendung eines schweren, nicht wiedergutzumachenden Schadens – sowie eine angemessene *Berücksichtigung der Gemeinschaftsinteressen* voraus, wobei den Handlungen des Gemeinschaftsorgans nicht vorschnell jede praktische Wirksamkeit genommen werden darf.

---

150 Hierzu *Jannasch*, NVwZ 1999, 495 ff.; EuGH, Slg. 1990, 2879 – Tafelwein; 1991, 415 – Süderdithmarschen; 1995, 3761 – Atlanta; 1996, 6065 – T. Port; zuletzt Urt. v. 8.2.2000, RS. C-17/98 – Emesa Sugar.

Besonderer Teil

Kapitel 5

Naturschutzrecht

I. Fakten und Probleme

1. Natur, Naturbedrohung und Naturschutz

a) Natur und Landschaft

1 aa) Der (weite) Naturbegriff[1] des Naturschutzrechts ist auf die Biosphäre (den belebten Raum) bezogen. Die Natur umfaßt mit ihren Stoffen, Kräften, Verflechtungen, Veränderungen und Gesetzlichkeiten einerseits die Lebensgrundlagen aller lebendigen Geschöpfe unserer Erde, also die „freie" oder „wilde" Natur, den sogen. Kulturraum (z.B. land- oder forstwirtschaftlich genutzte Flächen) sowie die besiedelten Bereiche, und andererseits die wildlebenden Tiere und Pflanzen. Die naturwissenschaftliche Forschung der vergangenen fünfzig Jahre hat dabei immer deutlicher gezeigt, daß die Natur ein großes zusammenhängendes und vielfach verflochtenes System darstellt, dessen Bestandteile durch vielfältige Wechselwirkungen miteinander verbunden sind. Zu diesem System gehören neben den Lebewesen auch die nichtlebenden Naturbestandteile und -ressourcen.

2 Erscheinungsformen der Natur sind insbesondere die Umweltmedien, der Naturhaushalt, die Naturgüter und die Landschaft.

3 bb) Die **Umweltmedien sind Boden, Luft und Wasser**. Ihre Bedeutung für Mensch, Fauna und Flora ist offensichtlich und in Kap. 6, 7 und 8 dargestellt.

4 cc) Organismen gleicher Art innerhalb eines Raumes bilden **Populationen** (§ 20a I Nr. 4 BNatSchG). Kombinationen verschiedenartiger Organismen (aus den drei Gruppen Pflanzen, Tiere und Destruenten, d.h. Pilze und Bakterien) treten als Lebensgemeinschaften (**Biozönosen**) in mehr oder weniger scharf abgrenzbaren – durch Bodenbeschaffenheit, Bodenwasser, Gewässer, Mikroklima usw. geprägten – Lebensräumen (**Biotopen**) unterschiedlicher Größe in Erscheinung, z.B. in Waldstücken, Hoch- und Niedermooren, Bachauen, Auwäldern, Obst-, Streu- oder Salzwiesen, Feldgehölzen, Hecken, Flüssen, Teichen, Dünen, Wattflächen usw. Die komplexen (energetischen, stofflichen und informatorischen) Wechselbeziehungen, die einerseits zwischen den Organismen untereinander und andererseits zwischen ihren Lebensgemeinschaften und ihren Lebensräumen (einschließlich der anorganischen Umwelt) bestehen, bilden die sogen. **Ökosysteme**[2].

1 Zu den verschiedenen Begriffsinhalten von „Natur" vgl. *v. Lersner*, NuR 1999, 61 ff.; SRU, Umweltgutachten 1987, Tz. 338 ff. sowie *Hager*, JZ 1998, 223 ff.

2 Hierzu *Niederstadt*, Ökosystemschutz durch Regelungen des öffentlichen Umweltrechts, 1998.

Dabei sind Organismen, die im Vergleich zum Gesamtsystem quantitativ kaum ins Gewicht fallen, oft von existentieller Bedeutung für die Erhaltung des Ökosystems (z.B. gewisse Insekten für den tropischen Regenwald, bei dem der Großteil der Bäume nicht windblütig, sondern auf eine Bestäubung durch diese Insekten, z.B. Schmetterlinge, angewiesen ist). Kleine Ursachen haben hier große Wirkungen[3]. Die je eigene Funktionsweise der Ökosysteme ist Gegenstand der ökologischen Forschung[4]. 5

Ein Ökosystem stellt die kleinste, räumlich mehr oder weniger scharf abgegrenzte funktionelle Grundeinheit des **Naturhaushalts**[5] (s. insbes. §§ 1 I Nr. 1, 2 I Nr. 1, 8 I BNatSchG) dar. Mehrere Ökosysteme bilden Ökosystem-Komplexe, die sich ihrerseits durch gemeinsame Entstehung o.ä. auszeichnen. *Biome* sind Lebensräume (geographische Räume) einer einheitlichen Landschaft, sie umfassen stets mehrere Ökosystem-Komplexe. Der Naturhaushalt umfaßt das gesamte vernetzte und dynamische Beziehungs- und Wirkungsgefüge aller natürlichen (belebten und unbelebten) Komponenten der Ökosysteme in der Litho-, Hydro- und Atmosphäre, global gesehen somit die gesamte Biosphäre. Die natürlichen oder die vom Menschen kaum beeinflußten naturnahen, durch Artenvielfalt gekennzeichneten Ökosysteme sind selbstregelungsfähig und tendieren, falls sie nicht (durch unnatürliche Eingriffe, Stoffeinträge usw.) gestört werden, dazu, einen Zustand des Gleichgewichts zu bilden, sich temporär zu stabilisieren und auf diese Weise leistungs- und funktionsfähig zu bleiben. Bei den vom Menschen beeinflußten „Nutz-Ökosystemen" (Agrar- und Forstökosystemen) tritt an die Stelle der Selbstregelung die Außensteuerung. 6

dd) Die **Naturgüter** (§§ 1 I Nr. 2, 2 I Nrn. 3-10 BNatSchG) sind der Boden, die Luft und das Wasser sowie das pflanzliche und tierische Leben. Im dicht besiedelten Europa findet oft eine Übernutzung der Naturgüter statt, die z.T. mit schwerwiegenden und nachhaltigen negativen ökologischen Konsequenzen verbunden ist. 7

ee) Die **Landschaft**[6] (§§ 5 ff., 8 ff. u. 12 ff. BNatSchG) – ein Ökosystemkomplex – ist ein individuell geprägter, abgrenzbarer Teilraum der Erdoberfläche. Es gibt zahlreiche Landschaftstypen (z.B. Fluß- und Seemarschen, Auen-, Altmoränen-, Moor-, Löß-, Wald-, Gebirgslandschaften usw.). Bodenrelief, Bodenarten, Bodennutzung, Gewässer, Klima, Vegetation und Tierwelt stellen die Hauptmerkmale dar, die die Vielfalt (Gliederung) und Eigenart einer Landschaft (z.B. im Hinblick auf Flora, Topographie oder Lokalklima), ihre ästhetischen Reize oder Defizite und mit alledem zugleich ihren Erholungswert bestimmen. Der weit überwiegende Teil des Bundesgebiets ist infolge der Einflüsse menschlicher Tätigkeiten im Laufe von vielen Jahrhunderten aus einer Naturlandschaft zu einer *Kulturlandschaft* geworden. 8

3 Beispiele bei *Remmert*, Naturschutz, 1988, S. 57 ff., 63.

4 Vgl. *Bick*, Ökologie, 3. Aufl. 1998; *Finke*, Landschaftsökologie, 3. Aufl. 1996; *Remmert*, Ökologie, 5. Aufl. 1992. Einführend z.B. *Heinrich/Heigt*, dtv-Atlas zur Ökologie, 1990.

5 Dazu *Olschowy*, in: HdUR, Bd. II, Art. „Naturhaushalt", Sp. 1439 ff. Eine Legaldefinition des Begriffs „Naturhaushalt" für den Bereich des PflSchG enthält § 2 Nr. 6 PflSchG. Danach ist unter dem Begriff zu verstehen: „Naturhaushalt: seine Bestandteile Boden, Wasser, Luft, Tier- und Pflanzenarten sowie das Wirkungsgefüge zwischen ihnen."

6 *Fischer-Hüftle*, NuL 1997, 239 ff. zum Landschaftsbegriff aus juristischer Sicht.

b) Bedrohung von Natur und Landschaft

9 In Europa konkurrieren Wohnbesiedelung, Industrie, Rohstoffförderung, Verkehr, Land- und Forstwirtschaft, Tourismus und Sport[7] um Landflächen und Gewässer. So werden in der modernen Industriegesellschaft vor allem durch menschliches Verhalten Natur und Landschaft – unmittelbar oder mittelbar – bedroht, weshalb der Zustand der Natur kritisch ist. Die Diskrepanz zwischen Naturschutzzielen und den tatsächlichen Verhältnissen ist evident. Die Nebenwirkungen der industriellen Nutzungen drohen gegenüber den erstrebten positiven Effekten zu überwiegen.

10 **Anthropogene Einwirkungen** auf Natur und Landschaft sind etwa

- die *Verschmutzung der Umweltmedien* (Luft, Wasser und Böden) einschließlich dadurch bedingter Klimaveränderungen,
- die *Zerschneidung der Landschaft* durch Verkehrswege (Straßen, Bahnlinien, Kanäle, aber auch einfache Land- und Forstwirtschaftswege),
- die *Bodenversiegelung* durch Wohn- und Industriebauten oder durch Verkehrswegebau („Landverbrauch“),
- die *Veränderung der Landschaft* durch Abgrabungen (z.B. Trockenauskiesung, Braunkohleförderung im Tagbau), Aufschüttungen (z.B. Müll-, Kies- oder Kohlehalden) oder sonstige bauliche, industrielle, land- oder forstwirtschaftliche Bodennutzungen,
- die *Entwässerung* von Feuchtgebieten u.a.m.

11 Solche anhaltenden Einwirkungen führen nicht nur zur Verunstaltung des Landschaftsbildes, sondern auch zur Denaturierung von Naturgütern, zur Zerstörung von Biotopen und damit zur Vernichtung ganzer Ökosysteme, die den Schwund des Artenreichtums in Flora und Fauna zur Folge haben. Damit werden sowohl die Lebensgrundlagen des Menschen als auch die der Tiere und Pflanzen beeinträchtigt und in wachsendem Ausmaß bedroht.

12 So kam der Sachverständigenrat für Umweltfragen (Rn. 2/11) in seinem Gutachten 1994 zum Ergebnis, daß das „ökologische Schuldenkonto“ inzwischen geradezu beängstigende Ausmaße angenommen habe. Die Tatsache, daß die Natur „zurückschlage“, wo ihre Gesetzmäßigkeiten mißachtet, ihre Ökosysteme zerstört und ihre Ressourcen geplündert würden, zeige, daß sich auf die Dauer kein Fortschritt auszahle, der gegen die grundlegenden Bedingungen der Natur verlaufe. Als Fortschritt könne deshalb heute nur noch bezeichnet werden, was von den Bedingungen der Natur mitgetragen werde[8]. In der Folge hat der Sachverständigenrat Empfehlungen zu einem auf dauerhaft-umweltgerechte Landnutzung ausgerichteten Instumentenmix mit langfristiger Honorierung ökologischer Leistungen in Land- und Forstwirtschaft über eine Neuordnung des Finanzausgleichs und Empfehlungen zum Aufbau eines Biotopverbundsystems sowie zur umweltgerechten Forstwirtschaft ausgearbeitet[9].

---

7 *Winkelmann/Wilken*, Sportaktivitäten in Natur und Landschaft – Rechtliche Grundlagen für Konfliktlösungen, UBA-Texte 3/98; SRU, Umweltgutachten 1998, Kurzfassung, Tz. 120 ff.

8 SRU, Umweltgutachten 1994, Tz. 20 f. und passim; ferner *Finke*, Landschaftsökologie, 2. Aufl. 1994, S. 182 ff.

9 SRU, Konzepte einer dauerhaft-umweltgerechten Nutzung ländlicher Räume, Sondergutachten 1996, S. 16 ff., 88 ff.; Umweltgutachten 2000, Kurzfassung, Tz. 60 ff., 204 ff.

Als Teil des Umweltrechts soll gerade das Naturschutzrecht einen Beitrag dazu leisten, dieser Entwicklung entgegenzusteuern. Diese Erwartung kann sich aber nur dann erfüllen, wenn die vom Naturschutzrecht errichteten Schranken menschlicher Handlungsfreiheit eingehalten und die Vorsorgemöglichkeiten genutzt werden. **13**

c) Naturschutz und Landschaftspflege

aa) Unter **Naturschutz und Landschaftspflege** versteht man die Gesamtheit der Maßnahmen zur Erhaltung, Pflege und Entwicklung **14**

- von Pflanzen und Tieren wildlebender Arten, ihrer Lebensgemeinschaften und natürlichen Lebensgrundlagen,
- der Vielfalt, Eigenart und Schönheit von Landschaften und Landschaftsteilen im Hinblick auf ihre natürlichen Bedingungen sowie
- der Leistungsfähigkeit des Naturhaushalts.

Die *Erhaltung* und Bewahrung des in Natur und Landschaft vorhandenen schützenswerten Bestandes erfordert die Abwehr von aktuellen und die Vorsorge gegen potentielle Beeinträchtigungen sowie die Beseitigung der Störungsfolgen (Bestandsschutz-, Kompensationsprinzip, Rn. 1/87 f.). Demgegenüber hat die *Pflege* des qualitativen Bestandes vorsorgenden Charakter und trägt zur Verhinderung einer Denaturierung bei. Schließlich zielt die *Entwicklung* von Natur und Landschaft auf Gestaltung und Veränderung der in den Entwicklungsbereichen jeweils angelegten oder erstrebten besonderen Qualitäten. **15**

bb) Der Naturschutz (z.B. Arten- und Gebietsschutz) und die Landschaftspflege (z.B. Landschaftgestaltung) standen ursprünglich nebeneinander. Heute sind *Naturschutz und Landschaftspflege* (Rn. 5/14) ein zusammengehöriges Begriffspaar, womit es auf eine Differenzierung im einzelnen nicht mehr ankommt. Sie zielen insbesondere auf einen zureichenden Gebiets- und Artenschutz sowie auf einen umfassenden Schutz des „Naturhaushalts" (Rn. 5/6) als Gesamtheit der jeweils räumlich faßbaren und ein ganzheitliches Wirkungsgefüge darstellenden Ökosysteme (Rn. 5/4). Das Naturschutzrecht soll es ermöglichen, daß diese Ziele erreicht werden. **16**

Ziel des Naturschutzrechts (vgl. § 1 BNatSchG) ist die Erhaltung oder Pflege und Entwicklung von Landschaften bzw. Landschaftsteilen, von wildlebenden Tier- und Pflanzenarten und ihren Lebensstätten, von bedeutsamen Einzelgebilden der Natur usw. **Instrumente** hierfür sind hoheitliche Planungen, normative, flächenbezogene oder auch allgemeine Verbote mit oder ohne Erlaubnisvorbehalt, normative Verhaltensgebote und konkrete Vollzugsakte. Soweit die belebte und unbelebte Natur um des Menschen willen geschützt wird, sollen für ihn die Fülle der Naturgüter, die Schönheit und Unversehrtheit noch einigermaßen intakter Landschaften und mit alledem auch die Vielfalt der Erholungsräume gesichert werden. Wesentliche Bereiche des Naturschutzes und der Landschaftspflege sind dabei der **allgemeine Gebietsschutz**, d.h. der Schutz vor unvertretbaren Eingriffen in Natur und Landschaft i.S. der §§ 8 ff. BNatSchG (Rn. 5/114 ff.), ferner der **besondere Gebietsschutz** durch die Ausweisung von Schutzgebieten i.S. der §§ 12 ff. BNatSchG (Rn. 5/176 ff.), die eu- **17**

ropaweite Biotopvernetzung (§ 19a ff. BNatSchG, Rn. 5/196 ff.) und schließlich der **Artenschutz** i.S. der §§ 20 ff. BNatSchG (Rn. 5/224 ff.).

2. Landschaftszerstörung und Abhilfemaßnahmen

18 Die gesamte Erdoberfläche ist Lebensraum von Arten und der durch die Nutzung gebildeten, mitbeeinflußten oder mitgestalteten Ökosysteme. Eine ökologische Entwertung der unbebauten Flächen findet durch Bodenverschmutzung infolge Schadstoffeintrags, sonstige nachteilige Veränderungen der Bodeneigenschaften (etwa durch Erosion, Bodenverdichtung, Bodenversiegelung usw.) und vor allem durch die fortschreitende Landschaftszerstörung statt.

a) Ursachen der Landschaftszerstörung

19 Eine Ursache der Landschaftszerstörung ist das sogen. *Ausräumen der Landschaft für die Landbewirtschaftung* (Rn. 5/84) einschließlich des mit der Land- und Forstwirtschaft verbundenen *Wegebaus.* Auch durch den *obertägigen Abbau von Bodenschätzen* werden Landschaftsdeformationen bewirkt (z.B. durch Braunkohlenabbau, Trockenauskiesung usw.). Die Hauptursache der Landschaftszerstörung ist aber der sogen. **Landverbrauch**. Derzeit werden jährlich mehr als 500 km^2 (das entspricht der Fläche des Bodensees) Boden durch verschiedenste Baumaßnahmen versiegelt[10] (und die Bodenfunktionen damit endgültig zerstört). Landverbrauch ist nicht nur mit der Bebauung zusammenhängender Flächen verbunden, sondern auch mit der Zerschneidung der Landschaft durch Verkehrswege. Hiervon sind nicht nur die freien, bisher noch nicht oder wenig besiedelten Landschaftsteile betroffen, sondern auch großflächige Wälder, die neben ihrer Nutz- und Erholungsfunktion wichtige Schutzfunktionen (für Boden, Wasser, Klima usw.) erfüllen. Unzerschnittene verkehrsarme Räume bieten ihren Tieren und Pflanzen bessere Lebensbedingungen bzw. Überlebenschancen und den Menschen bessere Erholungsbedingungen.

20 Als unzerschnittener verkehrsarmer Raum wird üblicherweise eine Fläche von mindestens 100 km^2 bezeichnet, die nicht von Autobahnen, Hauptverkehrsstraßen und Eisenbahnstrecken durchquert wird. Der Bestand an solchen unzerschnittenen verkehrsarmen Räumen ging in der Bundesrepublik Deutschland in der Zeit von 1977 bis Ende 1987 von 349 auf 296 zurück[11]. Sie machten im alten Bundesgebiet 1987 nur noch 18,5% der Fläche aus.

21 Die für den Naturhaushalt relevante direkte Flächeninanspruchnahme umfaßt nicht nur die in der amtlichen Verkehrsstatistik zugrundegelegte Fahrbahnfläche (4-spurige Bundesautobahn: 2,67 ha/km), sondern auch dazugehörige Dämme, Einschnitte, Hanganschnitte, Brücken, Tunnel usw., wodurch für eine 4- bis 5-spurige Bundesautobahn ein naturzerstörender Flächenbedarf von 4,55 bis 5,90 ha/km im Flachland und 6 bis 10,4 ha/km im Mittelgebirge entsteht[12]. Die Gesamtlänge des Straßennetzes stieg von 363 300 km (1956) über 465 880 km (1976) bis Ende 1996 auf 624 260 km, davon die überörtlichen Straßen von 130 300 km auf

10 BfN, Daten zur Natur, www.bfn.de/infos/landschaft/gefahr.htm.

11 UBA, Daten zur Umwelt 1988/89, S. 156.

12 SRU, Umweltgutachten 1994, Tz. 710.

228 860 km[13]. Gleichzeitig wurde das Netzangebot des öffentlichen Personenverkehrs auf Schiene und Straße reduziert. Dem Abbau von Nebenstrecken durch die Deutsche Bahn vor allem in dünn besiedelten Gebieten stehen die Neubaustrecken Stuttgart-Mannheim, Hannover-Würzburg und nach Berlin gegenüber. Für den Luftverkehr sind der Flughafen München II (Neuanlage im Erdinger Moos), der Flughafen Frankfurt sowie der Flughafen Stuttgart (Verschiebung und Verlängerung der Start- und Landebahn aus Funktionalitäts- und Luftsicherheitsgründen) stark flächenverbrauchend neu- bzw. ausgebaut worden; derzeit sind große Erweiterungen in Frankfurt und Berlin geplant.

b) Abhilfemaßnahmen

aa) Von herausragender Bedeutung sind der Schutz und die Pflege von Landschafts- 22
teilen durch den **besonderen Gebiets- oder Flächenschutz** i.S. der §§ 12 ff. BNatSchG (Rn. 5/173 ff.). Dieser wurde in der Bundesrepublik Deutschland in den beiden letzten Jahrzehnten deutlich intensiviert[14], was aber nur ein erster Schritt hin zu einer großräumigen Biotopvernetzung (Rn. 5/41) sein kann. Große Chancen hierfür boten sich im ehemaligen Grenzgebiet BRD/DDR, wo der „Todesstreifen“ jahrzehntelang nahezu ungenutzt war und ein Rückzugsgebiet vieler gefährdeter Arten wurde. Dort wurden etwa 250 Naturschutzgebiete neu ausgewiesen[15].

Mit Flächenschutz allein ist die wichtigste Ursache der Landschaftszerstörung, der 23
kontinuierliche Flächenverbrauch, nicht in den Griff zu bekommen. Hier soll die **naturschutzrechtliche Eingriffsregelung** nach § 8 BNatSchG ansetzen, die ein naturräumliches *Verschlechterungsverbot* zum Inhalt hat (Rn. 5/124 ff.). Ein Grundproblem der Landschaftszerstörung ist, daß der Bundesgesetzgeber durch stufenweises *Aufweichen des Planmäßigkeitsgrundsatzes* im bauplanungsrechtlichen Innen- und vor allem im Außenbereich (Einführung neuer Genehmigungstatbestände, z.B. § 34 III BauGB 1986, § 35 IV BauGB) die anhaltende Naturzerstörung begünstigt hat. Dringend erforderlich wäre ein Zurückführen des § 35 BauGB auf den ihm ursprünglich zugedachten Sinn, nämlich ein grundsätzliches Bauverbot (das ja auch ein Versiegelungsverbot wäre!) im Außenbereich.

bb) Die Gesamtfläche der in der Bundesrepublik vorhandenen **Naturschutzgebiete** 24
i.S. des § 13 BNatSchG (Rn. 5/180) hat seit 1965 stark zugenommen. Im Jahre 1978 gab es im alten Bundesgebiet 1262, im Jahre 1989 über 2600 Naturschutzgebiete (1,3% der Gesamtfläche). Im Gebiet der ehemaligen DDR bedeckten 1990 825 Naturschutzgebiete 0,98% der Landesfläche. Die Gesamtfläche der inzwischen 5968 Naturschutzgebiete belief sich zum 31.12.1996 schließlich auf ca. 805 000 ha (2,3% der Gesamtfläche). Ihre Größe variiert von unter 1 ha bis zu 10 000 ha. Zwei Drittel der Naturschutzgebiete haben eine Fläche in der Größenordnung von 20-50 ha, nur etwa 11% haben eine ökologisch sinnvolle Größe von mehr als 200 ha. Jedes zweite

13 Angabe des BfN, www.bfn.de/infos/landschaft/gefahr.htm.

14 Die folgenden Angaben sind den vom UBA redigierten „Umweltdaten Deutschland 1998“ (www.umweltbundesamt.de/udd/nal) und den vom BfN veröffentlichten Daten zur Natur (www.bfn.de/daten/natur_d.htm) entnommen.

15 S. *Weber*, in: Inst. f. Umweltgeschichte und Regionalentwicklung (Hrsg.), Naturschutz in den neuen Bundesländern, 1998, S. 659 ff.

der Naturschutzgebiete wird durch Freizeitaktivitäten[16] (vor allem Wasser- und Wintersport, Jagd und Fischerei) mehr oder weniger schutzzweckwidrig genutzt. Eine Vernetzung der kleinen Naturschutzgebiete fehlt. Im übrigen werden Naturschutzgebiete zuweilen nicht dort ausgewiesen, wo dies am dringlichsten wäre, sondern wo der Widerstand der Betroffenen am geringsten ist.

25 In *Baden-Württemberg* gibt es (Stand: 31.12.1996) 884 (1976: 230) Naturschutzgebiete mit 67 942 ha (rd. 1,9% der Landesfläche). 237 Naturschutzgebiete waren (am 31.1.1998) im Bereich des Regierungspräsidiums Freiburg mit einer Fläche von 26 000 ha (3% der Fläche) ausgewiesen[17].

26 cc) **Nationalparke** i.S. des § 14 BNatSchG sind nach einer 1969 von der 1. Weltkonferenz für Nationalparke in Neu Delhi gefaßten Resolution ausgedehnte Naturschutzgebiete, die von wirtschaftlichen Nutzungen freigehalten werden und so groß sind, daß in ihnen die ökologischen Prozesse in natürlicher Weise ablaufen können, ohne daß besondere Pflegemaßnahmen notwendig sind. Inzwischen sind 13 Nationalparke mit einer Fläche von ca. 745 000 ha unter Schutz gestellt, davon große Teile des Wattenmeeres, zuletzt 1997 der Nationalpark Hainich in Thüringen[18].

27 Die *zwei bayerischen* Nationalparke sind der älteste deutsche Nationalpark (seit 1970) „Bayerischer Wald" mit rd. 24 250 ha und (seit 1978) der Nationalpark „Alpenpark Berchtesgaden" mit rd. 21 000 ha. Diese Nationalparke sind für einen bestimmten Ökosystemtyp repräsentativ; sie sind daher (auch zur Sicherung der Kontinuität der ökologischen Forschung) in die Liste der UNESCO-Biosphärenreservate aufgenommen worden. Zu nennen sind weiterhin *drei norddeutsche* Nationalparke „Wattenmeer". Sie umfassen von der dänischen Grenze bis zur Ems – mit Ausnahme einiger Halligen und der schleswig-holsteinischen Inseln – eine Fläche von rd. 536 500 ha, davon rd. 285 000 ha in Schleswig-Holstein, rd. 11 700 ha in Hamburg und rd. 240 000 ha in Niedersachsen.

28 Wenn es auch sinnvoll ist, die Salzwiesen und das Watt entlang der Nordseeküste (von Esbjerg/Dänemark bis Helder/Niederlande) besonders zu schützen – diese Ökosysteme gibt es nur noch an einem kleinen Teil der Ostseeküste und in geringem Ausmaß in den USA –, so kann bei den norddeutschen Wattenmeer-Nationalparken wegen ihrer intensiven Nutzung durch Fremdenverkehr, Wassersport, Fischerei, Wattenjagd, Schafhaltung, Erdöl- und Erdgasförderungsindustrie usw. von naturbelassenen Regionen ernstlich nicht die Rede sein. Hinzu kommt die Bedrohung der Nordsee durch direkte oder indirekte Einleitung von Schwermetallen, HCHs, PCBs und Nährstoffen, ein Umstand, der 1988 aufgrund des „Robbensterbens" und der „Algenpest" ins allgemeine Bewußtsein trat. In einer wegen ihrer Begründung umstrittenen Entscheidung hat z.B. das OVG Lüneburg die Unterschutzstellung des Nationalparks Elbtalaue für nichtig erklärt[19].

16 Vgl. *Beyer*, Landschaftsveränderungen durch Freizeit- und Erholungsnutzung: Das Beispiel Wasserkuppe (Rhön), 1994; *Winkelmann/Wieken*, Sportaktivitäten in Natur und Landschaft – Rechtliche Grundlagen für Konfliktlösungen, UBA-Texte 3/98.

17 RP Freiburg, Die Naturschutzgebiete im Regierungsbezirk Freiburg, 1998.

18 Übersicht in www.europarc-deutschland.de.

19 OVG Lüneburg, ZUR 1999, 156 = NuR 1999, 470 m. abl. Anm. *Fuchs*, NuR 1999, 446 ff.

Die Regierung der *ehemaligen DDR* hat durch Verordnungen vom 12.9.1990 mit Wirkung vom 1.10.1990, also kurz vor dem Beitritt der DDR zur BRD, noch *fünf Landschaften zu Nationalparken* erklärt (Rn. 5/181), nämlich Jasmund (auf Rügen) mit rd. 3030 ha, Müritz (Mecklenburgische Seenplatte) mit rd. 30 800 ha, die Vorpommersche Boddenlandschaft mit rd. 80 500 ha, den Hochharz mit rd. 5900 ha (der auf niedersächsischer Seite um weitere 15 800 ha erweitert wurde) und die Sächsische Schweiz mit rd. 9300 ha. Aufgrund eines Beschlusses des deutsch-polnischen Umweltrates vom 11.12.1992 wurde ein grenzübergreifender „Internationalpark" Unteres Odertal mit einer Kernfläche von ca. 40 000 ha (davon 10 500 ha deutscher Nationalpark) und einer Schutzgebietsfläche (einschließlich Landschaftsschutz) von 117 274 ha geschaffen[20]. **29**

dd) Schließlich waren schon 1987 in der Bundesrepublik Deutschland 5841 **Landschaftsschutzgebiete** i.S. des § 15 BNatSchG (Rn. 5/183) ausgewiesen. Sie überlagern sich häufig mit Naturparken. 1996 bedeckten die über 6200 Landschaftsschutzgebiete 24% des Bundesgebiets. In *Baden-Württemberg* nahmen am 31.12.1996 bereits 1484 Landschaftsschutzgebiete rd. 733 000 ha und damit rd. 20% der Landesfläche ein. **30**

ee) Im Jahre 1978 gab es in den alten Bundesländern 57, im Jahre 1989 schon 64 großräumige **Naturparke** i.S. des § 16 BNatSchG (Rn. 5/184), deren Flächen, die zwischen 38 km² (Harburger Berge/Hamburg) und 2908 km² (Altmühltal/Bayern) variieren, zu rd. 60% unter Landschaftsschutz gestellt sind. Diese Naturparke umfaßten rd. 22% der Fläche des alten Bundesgebiets. In der ehemaligen DDR wurden durch Verordnungen vom 12.9.1990 noch unmittelbar vor dem Beitritt 3 Landschaften zu Naturparken erklärt. Ende des Jahres 1996 war eine Fläche von 5,9 Mio. ha als Naturpark festgesetzt. Naturparke dienen allerdings als solche nicht dem Naturschutz i.e.S., sondern der Erholung des Menschen (insbesondere also auch dem Fremdenverkehr). **31**

ff) Seit 1976 können im Rahmen eines UNESCO-Programms Natur- und wertvolle Kulturlandschaften als **Biosphärenreservate** anerkannt werden. Dies sind großflächige, repräsentative Ausschnitte von Natur- und Kulturlandschaften. Sie gliedern sich in eine Kernzone, eine Pflegezone und eine Entwicklungszone, in denen auch nachhaltige, ökologische und sozio-ökonomische Landnutzungskonzepte erprobt werden sollen (vgl. § 14a BNatSchG). Derzeit sind auf dem Festland 15 Flächen einer Größe von insges. 1 050 000 ha angemeldet, darunter 374 400 ha der Flußlandschaft Elbe. **32**

gg) Schließlich sind insgesamt 647 **Naturwaldreservate** (Bannwälder, Wald-Totalreservate), die der ungestörten biologischen Entwicklung überlassen werden, bei der jede forstliche und direkte Beeinträchtigung unterbleibt, mit einer Fläche von 20 400 ha ausgewiesen. **33**

20 Hierzu *Vössing*, Der Internationalpark Unteres Odertal, 1998.

3. Artenschwund und Abhilfemaßnahmen

a) Grad der Bedrohung

34 Der Artenschutz begann, als in unserem Land bekannte Arten wildlebender Pflanzen und Tiere mehr und mehr verschwanden, z.B. Edelweiß, Trollblume, Schwertlilie, weißer und schwarzer Storch, Stein- und Seeadler, Kranich u.a.m. Heute ist nahezu jede zweite oder dritte Tier- oder Pflanzenart bedroht. Die Gefährdung der wildlebenden Tier- und Pflanzenarten in ihrer biologischen Vielfalt besteht weltweit. Eine **Bestandsaufnahme** zum Grad der Seltenheit und der Bedrohung **gefährdeter Tier- und Pflanzenarten** bilden die verschiedenen vom Bundesamt für Naturschutz herausgegebenen „*Roten Listen*". Sie geben über die Zahl der in bestimmten Gebieten vorkommenden Arten und den Grad ihrer Gefährdung (5 Stufen) Auskunft.

35 So waren z.B. 1998 von den in den alten Bundesländern bekannten Wirbeltierarten nur knapp über die Hälfte nicht bestandsgefährdet. Insbesondere sind nach dem Ergebnis genauer Ermittlungen oder realistischer Schätzungen 41 von 100 Säugetierarten aktuell gefährdet und 10 in letzter Zeit ausgestorben. Von den 3000 einheimischen Farn- und Blütenpflanzen waren 1996 bereits 27% aktuell und 3% potentiell gefährdet[21]. Von 256 einheimischen Brutvogelarten sind 45% als gefährdet oder verschollen ausgewiesen. Die Artensterberate hat im 20. Jahrhundert kontinuierlich zugenommen. Knapp die Hälfte aller Tierarten und etwa ein Drittel aller Pflanzenarten gelten derzeit als gefährdet. Der ökologische Stellenwert vieler dieser Arten kann oft noch gar nicht beurteilt werden. Mit dem Artenschwund ist zugleich ein Verlust an genetischem Material, d.h. an Rohstoff für die Evolution verbunden.

b) Gefährdungsursachen

36 aa) Durch *menschliche Aktivitäten*, insbesondere durch Entwässerung, Urbarmachung, Überbauung, „Ausräumung" und Versiegelung der Landschaft werden mit der unmittelbaren *Zerstörung ihrer Lebensräume* ganze Tier- und Pflanzenarten in einem Ausmaß vernichtet, das die naturbedingten Vernichtungsraten um ein Vielfaches übersteigt. Die Ausbreitung von Wohn-, Industrie- und Verkehrsflächen sowie die zunehmende Freizeitnutzung der Natur (mit dem damit einhergehenden Vordringen des Menschen in bislang noch vorhandene Rückzugsgebiete bedrohter Arten) vernichtet zunehmend die natürlichen Standorte[22]. Hinzu kommt die mittelbare Beeinträchtigung der Lebensräume durch Immissionen. Als Hauptverursacher für den dramatischen Artenschwund sind – in der Reihenfolge ihrer Schädlichkeit aufgeführt – folgende „Landnutzer" anzusehen: Landwirtschaft, Forstwirtschaft, Tourismus und Sport, Rohstoffgewinnung, städtebauliche und industrielle Nutzung.

---

21 Die folgenden Angaben stammen aus den Internet-Seiten des BfN (www.bfn.de/daten/r_liste.htm) und des UBA (www.umweltbundesamt.de/udd/nal/nal1.htm).

22 Dazu Näheres bei *Finke*, Landschaftsökologie, 2. Aufl. 1994, S. 180 ff.; *Jedicke*, Biotopverbund, 2. Aufl. 1994, S. 15 ff.; *Kaule*, Arten- und Biotopenschutz, 2. Aufl. 1991, S. 14 ff. Jährlich werden in Deutschland mehr als 500 km^2 Boden neu versiegelt.

Die Gefährdung der heimischen Tier- und Pflanzenarten beruht nahezu ausschließlich auf der Zerstörung ihrer Lebensräume und nur zum kleinsten Teil auf gezielten menschlichen Eingriffen in ihren Bestand (z.B. Töten von Tieren, Ausreißen von Pflanzen). Allerdings werden insbesondere exotische Arten durch Vermarktung bedroht, und zwar trotz des Washingtoner Artenschutzübereinkommens (Rn. 5/59) und der europarechtlichen ArtenschutzVO (Rn. 5/46). **37**

bb) Wichtigste Gefährdungsursachen sind somit *Eingriffe in die natürlichen Standorte*. Schädlich ist auch die Beseitigung von Ökotonen, d.h. von Übergangsflächen zwischen zwei Lebensräumen. Die flächen- und bearbeitungsintensive Ausbreitung der Landwirtschaft drängt natürliche Standorte wie Trockenmauern, Böschungen, Teiche, Wald- und Wegränder, unproduktive Restflächen oder sonst ökonomisch uninteressantes, ökologisch aber oft wertvolles Land immer mehr zurück. Das Anlegen von Wirtschaftswegen zerschneidet zusätzlich vorhandene Lebensräume. Dazu kommen solche Eingriffe in den Naturhaushalt, durch die wertvolle Feucht- und Naßbiotope (Moore, Sümpfe, Gewässer, Naßwälder) beseitigt werden. Das BfN erarbeitete 1994 erstmals eine *Rote Liste gefährdeter Biotoptypen*, in der für ganz Deutschland und acht naturräumliche Großeinheiten der Gefährdungszustand beurteilt wurde. Über zwei Drittel der erfaßten Biotoptypen sind danach gefährdet oder von vollständiger Zerstörung bedroht. **38**

c) Abhilfemaßnahmen

Vorschriften des internationalen und des nationalen **Artenschutzes** (§§ 20 ff. BNatSchG) verbieten z.B. eine *Beeinträchtigung wildlebender Tiere und Pflanzen* (vor allem aus dem Bereich der „besonders geschützten" Tier- und Pflanzenarten) oder *untersagen* Aktivitäten, die geeignet sind, die Beeinträchtigung oder Ausrottung geschützter Arten zu provozieren (wie z.B. der Handel mit Pelzen seltener Tiere, vgl. Rn. 5/224 ff.). Andere naturschutzrechtliche Vorschriften sind nicht primär auf den Artenschutz bezogen, sondern kommen ihm nur mittelbar zugute, z.B. die *Ausweisung von Schutzgebieten* (Rn. 5/179 ff.). Die bisher getroffenen Artenschutzmaßnahmen haben sich als nicht ausreichend erwiesen, einen breitgefächerten wirksamen Artenschutz zu gewährleisten. Das liegt auch daran, daß die Größe der Schutzgebiete zu gering ist, um bedrohten Arten die zum Überleben erforderliche Mindestfläche zu sichern[23], aber auch an einem bedauerlichen Vollzugsdefizit (Rn. 2/16)[24], z.B. an dem Versagen der Landschaftsplanung (Rn. 5/103). **39**

Biotopschutz (Rn. 5/173 ff.) hat die Erhaltung, Renaturierung und Anlage biologisch-ökologisch wertvoller Lebensräume für ganze Lebensgemeinschaften zum Ziel. Tier- und Pflanzenarten können nämlich nicht wirksam geschützt werden, wenn der ihnen gemäße Lebensraum schwindet oder gar überhaupt nicht mehr zur Verfügung steht. Soll z.B. der Weißstorch effektiv geschützt werden, so sind dazu als Lebensraum neben dem Nistraum ausgedehnte Naßwiesen mit Fröschen und Kleinfi- **40**

23 *Kaule/Henle*, Arten- und Biotopschutzforschung für Deutschland, 1991, S. 16 f.; *Kaule*, Arten- und Biotopschutz, 2. Aufl. 1991, S. 369 ff.; *Jedicke*, Biotopverbund, 2. Aufl. 1994, S. 181 ff.

24 Dazu auch SRU, Umweltgutachten 1987, BT-Drs. 11/1568, S. 146 ff.; *Lübbe-Wolff*, NuR 1993, 217 ff.

schen, aber auch mit Insekten (z.B. Libellen) und mit einer charakteristischen Pflanzenwelt erforderlich.

41 Der Artenrückgang wird maßgeblich durch eine „Verinselung" der noch vorhandenen artgerechten Lebensräume hervorgerufen. Die moderne, industrielle Agrar- und Forstwirtschaft reduziert Tier- und Pflanzenarten auf mehr oder weniger kleine, voneinander isolierte Restflächen. Soweit diese nicht ausreichend groß sind, stirbt die Population dort aus. Ein wirksamer Arten- und Biotopschutz muß daher einerseits auf *ausreichend großen geschützten Gebieten* aufbauen, diese aber auch *mosaikartig miteinander verflechten* durch kleinflächige, lineare Landschaftsstrukturen (**Biotopverbund**)[25], um für wandernde Tierarten oder für den Austausch genetischen Materials geschützte Verbindungszonen zu schaffen, etwa in Gestalt von langen Hecken, Baumgruppen und Wiesenwegen, aber auch von Randstreifen an Gewässern und Äkkern, die möglichst von Dünge- und Pflanzenbehandlungsmitteln freizuhalten sind. Ein wirksames Biotopverbundsystem setzt sich aus den folgenden Bausteinen zusammen:

- einem System großflächiger Lebensräume, die noch von Artenvielfalt und naturbetonten Biotopen geprägt sind, als Grundbausteine (nicht unter 100 ha Größe), die unter Naturschutz stehen oder gestellt werden;
- einem Netz von „Trittsteinbiotopen" von geringerer Größe zwischen den Schutzgebieten als Ausgangspunkte und Zwischenstationen für einen Individuenaustausch zwischen den großen Schutzgebieten;
- Korridoren als Wanderwege zwischen den großflächigen Schutzgebieten und den kleinflächigen Trittsteinen, möglichst an bevorzugten Wanderwegen der Arten;
- Nutzungsextensivierung von Land- und Forstwirtschaft sowie Lenkung der Freizeitnutzung.

42 Ein solches Verbundkonzept kann auf den seit 1973 in den Bundesländern erarbeiteten *Biotopkartierungen*[26] aufbauen. Wichtig erscheint, vorhandene Biotopstrukturen gleicher und ähnlicher Art miteinander zu verbinden und dabei auch Wanderungshindernisse abzubauen bzw. in ihren Auswirkungen zu minimieren. Notwendig erscheint aber insbesondere eine klare *gesetzliche Vorgabe über den Anteil an Fläche, der dem Naturschutz vorzubehalten ist* und in dem ein solches großflächiges Biotopverbundsystem entwickelt werden kann (sowie ein verstärkter Schutz des bauplanungsrechtlichen Außenbereichs vor weiterer Bebauung und Erschließung)[27]. Soweit diese Flächen sich bereits in einem natürlichen oder naturnahen Zustand befinden,

25 Hierzu ausführlich: *Jedicke*, Biotopverbund, 2. Aufl. 1994; ferner *Finke*, Landschaftsökologie, 2. Aufl. 1994, S. 194 ff.; *Kaule*, Arten- und Biotopschutz, S. 373 ff.; SRU, Umweltgutachten 1987, Tz. 492 ff.

26 Aus der Rspr. OVG Münster, NuR 1997, 614; VG München, NuR 1997, 304.

27 So übereinstimmend § 173 UGB-ProfE; SRU, Umweltgutachten 2000, Tz. 64; LANA, – Lübecker Grundsätze des Naturschutzes v. 6.12.1991 (jeweils mindestens 10% der Landesfläche) und Pressemitteilung des BMU vom 21.10.1999. Aus Sicht der Ökologieforschung erscheinen *10% als absolute Vorrangfläche* für den Arten- und Biotopschutz – mit einem Schutzstatus entsprechend Naturschutzgebieten – *und weitere 10% als relative Vorrangfläche* für Vernetzungsmaßnahmen und innerstädtische Ausgleichsflächen ausreichend, aber auch erforderlich (vgl. *Jedicke*, Biotopverbund, 2. Aufl. 1994, S. 109 ff. m.w.N.).

wäre dieser aufrechtzuerhalten, müßten diese Vorrangflächen für Naturschutz extensiv genutzt, gepflegt oder der Sukzession überlassen werden. Hierbei wären auch eine Verringerung der stofflichen Belastungen auf den Flächen und eine naturschonendere Ausnutzung sicherzustellen.

Dem Artenschutz können außer dem naturschutzrechtlichen Artenschutz in gewisser Weise auch der *Tierschutz* sowie manche Vorschriften des *Jagd- und Fischereirechts* dienen. Manchmal ist auch das Gegenteil der Fall (etwa bei einer „Faunenverfälschung" durch das Aussetzen von Jungfischen aus besonders nutzbaren, nicht einheimischen Fischarten, etwa der Regenbogenforelle statt der Bachforelle). Allerdings unterliegen nur wenige der nach § 2 I BJagdG jagdbaren Tiere dem naturschutzrechtlichen Artenschutz (Rn. 5/224 ff.)[28]. 43

II. Einführung in das Naturschutzrecht

1. Zur historischen Entwicklung

Wohl die erste bedeutende rechtliche Naturschutzmaßnahme auf deutschem Boden war die 1836 erfolgte Unterschutzstellung des Drachenfelsgebiets im Siebengebirge durch eine preuß. Verordnung. 1906 wurden in Preußen eine staatliche Stelle für Naturdenkmalpflege und in Bayern der Landesausschuß für Naturpflege geschaffen. Im Jahre 1921 entstand der Naturschutzpark Lüneburger Heide. 44

Nach dem ersten Weltkrieg wurden während der Weimarer Republik – vgl. auch Art. 150 I WRV – in allen Ländern (außer Thüringen) Natur- oder Heimatschutzgesetze verabschiedet, jedoch fand eine systematische Naturschutzarbeit erst aufgrund des in der NS-Zeit verabschiedeten *Reichsnaturschutzgesetzes* (RNatSchG) vom 26.6.1935 (RGBl. I 821) statt. Dieses Gesetz verfolgte mit seinen Fang- und Pflückverboten und den Ermächtigungen zu Schutzgebietsausweisungen im wesentlichen eine konservativ-bewahrende Tendenz. Nach dem Inkrafttreten des Grundgesetzes wurde das RNatschG, da es nur *als Landesrecht* fortgalt, von den Landesgesetzgebern abgeändert, ergänzt oder ersetzt. In der ehemaligen DDR ist das RNatSchG 1954 durch ein DDR-NatSchG ersetzt worden; dieses Gesetz wurde dann 1970 durch das Landeskulturgesetz der DDR nebst der 1. DVO (NatSchVO) abgelöst. In der Bundesrepublik wurde erst am 10.11.1976 das **Bundesnaturschutzgesetz** (BNatSchG) als Rahmengesetz verabschiedet; es erweiterte den ursprünglich hauptsächlich bewahrenden Naturschutz auf die Pflege und Entwicklung der Landschaft. 45

2. Rechtsquellen

a) Europarecht

Auf EG-Ebene gibt es verschiedene unmittelbar geltende **Ratsverordnungen**, etwa die EG-VO 348/81 zur Untersagung der kommerziellen Einfuhr gewisser Walerzeug- 46

28 Zum Grenzbereich von Tierschutz-, Naturschutz-, Jagd- und Fischereirecht s. *Lorz*, NuR 1985, 259 ff.

nisse in die Gemeinschaft, vor allem aber die **EG-Artenschutz-VO** 338/97 [29], die der Umsetzung des Washingtoner Artenschutzübereinkommens (Rn. 5/59) dient. Den Schutz von Lebensräumen seltener Arten bezweckt die **Richtlinie** 79/409/EWG über die Erhaltung wildlebender Vogelarten (sogen. **Vogelschutzrichtlinie**)[30]; darüber hinaus soll die Entwicklung eines zusammenhängenden europaweiten Netzes von Schutzgebieten (Natura 2000) mit der Richtlinie zur Erhaltung der natürlichen Lebensräume sowie der wildlebenden Tiere und wildwachsenden Pflanzen (sogen. **Flora-Fauna-Habitat-Richtlinie**, kurz: FFH-RL) vorangetrieben werden[31].

47 Im Geltungsbereich der Vogelschutzrichtlinie sind die Mitgliedstaaten nicht berechtigt, wirtschaftliche Gesichtspunkte bei der Auswahl und Abgrenzung eines besonderen Schutzgebietes nach Art. 4 VRL als Allgemeinwohlbelange, die Vorrang vor den Zielen der VRL beanspruchen können, zu berücksichtigen[32]. Die FFH-RL sieht eine der UVP vergleichbare Verträglichkeitsprüfung für Pläne und Projekte vor, die ein besonderes Schutzgebiet, das aufgrund verschiedener, in den Anhängen der RL genannten Kriterien auszuweisen ist, zumindest mittelbar beeinträchtigen können. Deutschland hat die FFH-RL bislang nicht ausreichend umgesetzt, insbesondere sind noch nicht ausreichend Schutzgebiete der Kommission gemeldet worden[33].

b) Bundesrecht

48 aa) Die wichtigste Rechtsquelle auf Bundesebene ist das **Gesetz über Naturschutz und Landschaftspflege** (Bundesnaturschutzgesetz – BNatSchG) vom 20.12.1976 (BGBl. I 3574), das 1986[34] und 1998[35] novelliert wurde und nunmehr in der Fassung der Bekanntmachung vom 21.9.1998 (BGBl. I 2994) gilt. Ziel dieser Novellen waren die Verbesserung und Vereinheitlichung des Artenschutzes, die Umsetzung interna-

29 VO des Rates vom 9.12.1996, ABl. EG 1997 Nr. L 61/1; hierzu *Epiney*, Umweltrecht in der EU, 1997, S. 262 ff. Texte der EG-Richtlinien u. EG-VO sind z.B. abgedr. in: *Storm/Lohse* (Hrsg.), EG-Umweltrecht, Loseblattsammlung.

30 Richtlinie des Rates 79/409/EWG vom 2.4.1979, ABl. Nr. L 103/1, zuletzt geändert durch RL 97/49/EG v. 29.7.1997, ABl. EG Nr. L 223/9. Hierzu *Epiney*, Umweltrecht in der EU, 1997, S. 265 ff.; *Jarass*, NuR 1999, 481 ff.

31 Richtlinie 92/43/EWG des Rates vom 21.5.1992, ABl. Nr. L 206/7, zuletzt geändert durch RL 97/62/EG v. 27.10.1997, ABl. Nr. L 305/42. Hierzu *Freytag/Iven*, NuR 1995, 109 ff.; *Ssymank*, NuL 1994, 395 ff.; *Epiney*, UPR 1997, 303 ff.; *B. Erbguth*, DVBl. 1999, 588 ff.; *Erbguth/Stollmann*, DVBl. 1997, 453 ff.; *Fisahn/Cremer*, NuR 1997, 268 f.; *Gellermann*, Natura 2000, 1998; *Iven*, NuR 1996, 373 ff.; *Freiburg*, Die Erhaltung der biologischen Vielfalt in Deutschland auf der Basis europarechtlicher Vorgaben, 1998; *Rödiger-Vorwerk*, Die FFH-Richtlinie und ihre Umsetzung in nationales Recht, 1998.

32 St. Rspr. des EuGH, Slg. 1987, 3514; 1991, 883; 1996, 3805; 1998, 3031.

33 EuGH, ZUR 1998, 159. Die EU-Kommission hat eine Auszahlungssperre für Fördermittel aus dem Strukturfonds der EU (30 Mrd. Euro für den Zeitraum 2000-2005) angekündigt.

34 Dazu *Apfelbacher*, NuR 1987, 241 ff.; *Schmidt*, NVwZ 1987, 1037 ff.

35 Die lange geplante, immer wieder geänderte Novelle des BNatSchG wurde zwar vom BTag im April 1997 verabschiedet, aber vom BRat Ende Juni 1997 abgelehnt. Die BReg spaltete dann das Gesetz in einen zustimmungsbedürftigen und nicht zustimmungsbedürftigen Teil auf, das 2. Gesetz zur Änderung des BNatSchG v. 30.4.1998, BGBl. I 823, und das 3. Gesetz zur Änderung des BNatSchG v. 26.8.1998, BGBl. I 2481 (hierzu krit. *Louis*, NuR 1998, 526 ff.), dessen Schicksal aufgrund des kurze Zeit später erfolgten Regierungswechsels fraglich ist. Die BReg will im Laufe des Jahres 2000 einen neuen Gesetzentwurf vorlegen und in der 14. Legislaturperiode verabschieden.

tionaler Artenschutzregelungen, der EG-Vogelschutzrichtlinie und der FFH-Richtlinie sowie die Modifizierung des Land- und Forstwirtschaftsprivilegs im Naturschutzrecht.

Der Bund hat (nur) die Rahmenkompetenz für den Bereich Naturschutz und Landschaftspflege (Art. 75 Nr. 3 GG a.F. = Art. 75 I 1 Nr. 3 GG n.F.). Das *Bundesnaturschutzgesetz* schöpft die Rahmenkompetenz des Art. 75 Nr. 3 GG a.F. nicht überall voll aus. Die Rahmenregelung umfaßt einerseits an den Landesgesetzgeber gerichtete *Rahmenrichtlinien* (§ 4 S. 1 BNatSchG), die nach § 4 S. 2 BNatSchG innerhalb von zwei Jahren nach Inkrafttreten des BNatSchG (in den neuen Bundesländern innerhalb von zwei Jahren ab 1.7.1990) in Landesrecht *umzusetzen* waren, und andererseits *unmittelbar* für jedermann *geltende* Normen (§ 4 S. 3 BNatSchG)[36]. Neben der *Pflicht*, die Rahmenbestimmungen des BNatSchG in Landesrecht umzusetzen bzw. bestehende Landesvorschriften anzupassen (§ 4 S. 2 BNatSchG), haben die Länder das Recht, *ausfüllende*, u.U. auch weiterreichende Regelungen zu treffen (vgl. z.B. §§ 8 IX, 10 II, 11 II BNatSchG), die mit den Rahmenvorschriften und den unmittelbar geltenden Normen des BNatSchG vereinbar sind (Art. 31 GG). In § 4 S. 3 BNatSchG sind die unmittelbar geltenden „bürgeradressierten" Normen des BNatSchG abschließend aufgeführt. **49**

Nach den geänderten Bestimmungen des Art. 75 I 1 Nr. 3 GG kommt dem Bundesgesetzgeber für den Regelfall nur noch die Befugnis zu, Rahmenvorschriften für den Landesgesetzgeber zu erlassen. In Einzelheiten gehende und unmittelbar geltende Regelungen sind nur noch in Ausnahmefällen möglich und bedürfen nach Art. 75 II GG einer besonderen Rechtfertigung (z.B. als untrennbare Annexregelung im UGB), wobei dem Gesetzgeber eine Einschätzungsprärogative zugebilligt wird[37]. Punktuelle Vollregelungen sind damit nicht ausgeschlossen[38]; die Länder sind nach Art. 75 III GG zur fristgemäßen Umsetzung des Rahmenrechts verpflichtet. **50**

Die Ergebnisse des BNatSchG-Vollzugs waren bisher z.T. unbefriedigend[39]. Deshalb stand seit 1987 eine (Gesamt-) Novellierung auf dem Programm der Bundesregierung, die es aber nicht schaffte, mehr als eine verspätete und mangelhafte Umsetzung der FFH-Richtlinie sowie eine – rechtspolitisch stark umstrittene – Neuordnung des Pflichten- und Entschädigungskataloges für Land- und Forstwirtschaft vorzulegen. Die Novelle des Naturschutzrechts ist neben der – inzwischen bereits aufgegebenen – Einführung eines UGB im Regierungsprogramm für die 14. Legislaturperiode enthalten[40]. Dabei sollen ein großflächiges Biotopverbundsystem auf etwa 10% der Landesfläche, eine verpflichtende Landschaftsplanung und eine Verbandsklage für anerkannte Naturschutzverbände in das BNatSchG aufgenommen werden[41]. Inwie- **51**

36 Die 2. Novelle enthält vor allem bundesunmittelbar geltende Vorschriften. Soweit sie durch die Länder auszufüllen sind, gelten sie bis 8.5.2003 solange unmittelbar, bis landesrechtliche Vorschriften erlassen sind (§ 39 I BNatSchG) und die FFH-RL nicht entgegensteht. Die 3. Novelle ist bis 29.8.2001 in Landesrecht umzusetzen.

37 *Freytag/Iven*, NuR 1997, 121 (122 ff.).

38 UGB-KomE, S. 85 f. m.w.N.

39 Dazu zusammenfassend UGB-KomE, S. 863 f.; *Schmidt-Aßmann*, in: *Jarass u.a.*, UGB-BT, S. 354 ff. Zu den verschiedenen Novellierungsbemühungen Vorauflage Rn. 3/44 f.

40 Koalitionsvereinbarung von SPD und BÜNDNIS 90/DIE GRÜNEN, ZRP 1998, 485 ff.

41 Pressemitteilung des BMU vom 21.10.1999 (www.bmu.de/presse/bmu/pm222.htm).

weit dies in Anbetracht der Rahmengesetzgebungskompetenz und der Mehrheitsverhältnisse im Bundesrat gelingen wird, ist offen.

52 Im wissenschaftlichen *Entwurf des Besonderen Teils eines Umweltgesetzbuches* ist zukunftsweisend vorgeschlagen, das BNatSchG durch *mindestens 10% Vorrangfläche zur Schaffung eines Biotopverbundsystems*, Streichung der Landwirtschaftsklausel und Aufnahme der Erholungsfunktion der Landschaft, durch die Fortentwicklung der Landschaftsplanung zu einer Umweltleitplanung, die Präzisierung der naturschutzrechtlichen Eingriffsregelung und des besonderen Biotopschutzes sowie die Einführung einer Verbandsklage fortzuentwickeln. Der *UGB-KomE* geht nicht so weit, verabschiedet sich entsprechend Art. 20a GG aber von einer rein anthropozentrischen Sichtweise des Naturschutzes und strukturiert die Abwägungsklausel neu. Auch Vorgaben für den Flächenschutz sind darin enthalten.

53 Aufgrund zahlreicher Ermächtigungen insbesondere im V. Abschnitt des BNatSchG erging die neue Verordnung zum Schutz wildlebender Tier- und Pflanzenarten (**Bundesartenschutzverordnung** – BArtSchV) vom 14.10.1999 (BGBl. I 1955).

54 bb) An bundesgesetzlichen, im weiteren Sinne dem Naturschutzrecht zuzurechnenden **Sonderregelungen** sind neben dem BNatSchG (vgl. § 20 II) zu nennen

- das *Bundeswaldgesetz* vom 2.5.1975 (BGBl. I 1037), zuletzt geändert durch Ges. vom 26.8.1998 (BGBl. I 2521), das rahmenrechtliche Vorschriften über die forstliche Rahmenplanung, die Rodungsgenehmigung, Walderhaltung und Waldbewirtschaftung sowie Normen über forstwirtschaftliche Zusammenschlüsse und die Förderung der Forstwirtschaft enthält,
- das *Bundesjagdgesetz* vom 29.11.1952 i.d.F. der Bek. vom 29.9.1976 (BGBl. I 2849), zuletzt geändert durch Ges.vom 26.1.1998 (BGBl. I164), das insbesondere Vorschriften über das Jagdrecht und die Jagdbezirke, über die Beteiligung Dritter an der Ausübung des Jagdrechts, über den Jagdschein, über Jagdbeschränkungen sowie über Wild- und Jagdschaden umfaßt,
- das *Tierschutzgesetz* vom 17.2.1993 (BGBl. I 254), i.d.F. der Bek. vom 25.5.1998 (BGBl. I 1105), das Tiere als Mitgeschöpfe des Menschen dessen besonderer Verantwortung unterstellt und damit vom anthropozentrischen Ansatz abweicht. Dementsprechend hält das BGB (§ 90a) Tiere nicht mehr für Sachen, wenngleich grundsätzlich die Regelungen für Sachen entsprechend anwendbar sind,
- das *Pflanzenschutzgesetz* vom 15.9.1986 (BGBl. I 1505), i.d.F. der Bek. vom 14.5.1998 (BGBl. I 971), u.a. mit Normen zum Schutz der Kulturpflanzen und Pflanzenerzeugnisse vor Schadorganismen sowie mit Normen zur Beschränkung der Anwendung von Pflanzenschutzmitteln,
- VO über die Grundsätze der guten fachliche Praxis beim Düngen v. 26.1.1996, BGBl. I 118, zuletzt geändert durch VO vom 16.7.1997 (BGBl. I 1835),
- Regelungen des *Baugesetzbuchs* (insbes. § 1a BauGB) zu Belangen des Naturschutzes und der Landschaftspflege, insbesondere zur Behandlung der FFH-Richtlinie und der Eingriffsregelung in der Bauleitplanung, worin ein Schwerpunkt der BauGB-Novelle 1998 gelegen hat.

55 cc) Nach Abschluß des Staatsvertrages wurde in der ehemaligen DDR das DDR-Umweltrahmengesetz (DDR-URG) vom 29.6.1990 (DDR-GBl. 649) erlassen. Art. 6 des DDR-URG regelte die Materie „Naturschutz und Landschaftspflege". Mit dieser Vorschrift – i.V.m. Anlage 1 aaO – wurden das BNatSchG, die BArtSchV und die EG-Verordnungen Nrn. 3626/82 und

3418/83 (Rn. 5/46) ab 1.7.1990 in Kraft gesetzt (ohne § 38 BNatSchG). Gem. Art. 8 EVertr wurde mit dem Wirksamwerden des Beitritts der ehemaligen DDR zur BRD (3.10.1990) grundsätzlich das gesamte Bundesrecht – also auch das Naturschutzrecht – im **Beitrittsgebiet** in Kraft gesetzt, zugleich sind gem. Art. 10 Einigungsvertrag auch alle EG-rechtlichen Bestimmungen – sog. *acquis communautaire* – anzuwenden.

c) Landesrecht

aa) Auf Landesebene bestehen **Landesnaturschutzgesetze** und darauf beruhende Rechtsverordnungen. Die Schwerpunkte eigenständiger landesrechtlicher Regelungen liegen in Bestimmungen über konkrete Nutzungskollissionen (z.B. allgemeines Betretensrecht), dem Biotop- und Flächenschutz, Entschädigungs- und Ausgleichsregelungen, weiteren Formen der Beteiligung im Naturschutz (z.B. Naturschutzbeiräte, ehrenamtlicher Naturschutzdienst), Zulassung der Verbandsklage sowie Fördermaßnahmen. **56**

Das Naturschutzgesetz für *Baden-Württemberg* ist bereits am 21.10.1975 (GBl. 654), also über 1 Jahr vor dem BNatSchG erlassen und seither an die bundesrechtlichen Bestimmungen nicht eigentlich angepaßt worden. Es gilt in der Fassung der Bekanntmachung vom 29.3.1995 (GBl. 385). Auch andere Länder hatten bereits vor Erlaß des BNatSchG eigene LNatSchG erlassen (Bayern, Nordrhein-Westfalen, Rheinland-Pfalz, Schleswig-Holstein); sie haben allerdings (z.T. erst spät) aus dem BNatSchG gesetzgeberische Konsequenzen gezogen. Ein modernes Landesnaturschutzgesetz haben z.B. Brandenburg und Schleswig-Holstein verabschiedet. **57**

bb) Altes DDR-Naturschutzrecht, das nach der Kompetenzordnung des GG Landesrecht ist, galt gem. Art. 9 I 1 Einigungsvertrag in den neuen Bundesländern bis zum Erlaß entsprechender neuer landesrechtlicher Regelungen fort, sofern dieses alte Recht dem EG- und Bundesrecht nicht widerspricht. Dieser „Konformitätsvorbehalt" erforderte jeweils eine u.U. schwierige Prüfung. Auch die nicht gem. § 4 S. 3 BNatSchG als Bundesrecht unmittelbar anzuwendenden Vorschriften des BNatSchG galten in den neuen Bundesländern bis zum Erlaß der Landesnaturschutzgesetze jeweils als Landesrecht fort. **58**

d) Zwischenstaatliche Abkommen

Auf dem Gebiet des Naturschutzes sind eine Reihe von bedeutsamen internationalen Übereinkommen abgeschlossen worden. Hinzuweisen ist insbesondere auf folgende Konventionen: **59**

- Übereinkommen vom 3.3.1973 über den internationalen Handel mit gefährdeten Arten freilebender Tiere und Pflanzen („**Washingtoner Artenschutzübereinkommen**" – WA, engl. Abk. CITES). Das 1975 völkerrechtlich in Kraft getretene Übereinkommen will diesen internationalen Handel als eine der Hauptursachen für die Gefährdung bestimmter Tier- und Pflanzenarten einschränken. Es wurde von der Bundesrepublik als erstem EG-Staat durch Zustimmungsgesetz vom 22.5.1975 (BGBl. II 773) ratifiziert. Die EG hat das WA europaweit durch die Novelle der Artenschutz-VO 1997 (Rn. 5/46) in Kraft gesetzt. Die nach dem WA geschützten Tiere und Pflanzen sind entsprechend ihrer Schutzbedürftigkeit in 3 Anhängen aufgeführt, und zwar die vom Aussterben bedrohten Arten (z.B. alle Meeresschildkröten) in Anhang I, die gefährdeten, aber noch eine kontrollierte, geord- **60** nete wirtschaftliche Nutzung zulassenden Arten (z.B. der Graupapageien, der Kolibris) in Anhang II und die von einem Vertragsstaat für sein Gebiet für gefährdet erklärten Arten (z.B. das Flußpferd oder das Stachelschwein in Ghana) in Anhang III. Die in Anhang I aufgeführten Arten unterliegen einem Handelsverbot für kommerzielle Zwecke, während die Arten der übrigen Anhänge unter bestimmten Voraussetzungen handelbar sind. Auf den WA-Folgekonferenzen, die etwa alle zwei Jahre stattfinden, sind durch Resolution jeweils Änderungen bzw. Ergänzungen der Anhänge des WA (ohne förmliche Textänderung) beschlossen worden.

61 • Übereinkommen vom 23.6.1979 zur Erhaltung der wandernden wildlebenden Tierarten („**Bonner Konvention**"); vgl. das Zustimmungsgesetz vom 29.6.1984 (BGBl. II 569). Dem 1983 völkerrechtlich verbindlich gewordenen Abkommen (2 Anhänge) ist auch die EG beigetreten. Das Übereinkommen schafft eine umfassende Regelung zur Erhaltung, Hege und Nutzung grundsätzlich aller wandernden Arten. Die 2. Folgekonferenz hat im Sept. 1991 stattgefunden (Änderung des Anhangs II).

62 • Übereinkommen vom 19.9.1979 über die Erhaltung der europäischen wildlebenden Pflanzen und Tiere und ihrer natürlichen Lebensräume („**Berner Konvention**"); vgl. das Zustimmungsgesetz vom 17.7.1984 (BGBl. II 618). Das Übereinkommen (4 Anhänge), dem die EG beigetreten ist, soll insbesondere die zwischenstaatliche Zusammenarbeit zum Schutz der wildlebenden Fauna und Flora fördern. Es verbietet z.B. auch bestimmte Methoden des Tötens und Fangens von Vögeln.

63 • Abkommen über Feuchtgebiete, insbesondere als Lebensraum für Watt- und Wasservögel von internationaler Bedeutung vom 2.2.1971 („**Ramsar-Konvention**"); vgl. die Bek. vom 16.7.1976 (BGBl. II 1265). Diese in Ramsar/Iran unterzeichnete, für die Bundesrepublik Deutschland am 25.6.1976 in Kraft getretene Konvention will erreichen, daß möglichst viele Staaten ökologisch wichtige *Feuchtgebiete* von internationaler Bedeutung unter besonderen Schutz stellen, weil Feuchtgebiete zu den am stärksten gefährdeten Teilen der Natur gehören.

64 • **Konvention** von Rio de Janeiro **zum Schutz der Artenvielfalt** vom 13.6.1992; das Übereinkommen wurde von mehr als 170 Staaten und der EG ratifiziert und ist im Dezember 1993 in Kraft getreten. Der Schutz der Arten soll vorrangig in ihren natürlichen Lebensräumen erfolgen[42]. Entwicklungsländer werden dabei durch verstärkte Zusammenarbeit, Technologietransfer und finanzielle Hilfen unterstützt.

3. Überblick über das Bundesnaturschutzgesetz

65 Das BNatSchG ist in neun Abschnitte gegliedert.

Der *erste* Abschnitt (§§ 1-4) enthält allgemeine, unmittelbar geltende Vorschriften über die **Ziele** und die **Grundsätze** des Naturschutzes und über die Aufgaben der zu-

42 S. BMU, Bericht nach dem Übereinkommen über die biologische Vielfalt, März 1998.

ständigen Behörden sowie Rahmenregelungen über vertragliche Vereinbarungen als Ersatz normativer Regelungen und über den Ausgleich von Nutzungsbeschränkungen in der Land- und Forstwirtschaft. § 4 enthält Umsetzungs- und Anpassungsvorgaben für die Landesgesetzgebung und zählt die unmittelbar geltenden Vorschriften abschießend auf.

Der *zweite* Abschnitt (§§ 5-7) befaßt sich mit der grundsätzlich dreistufigen „**Landschaftsplanung**", nämlich mit den landesweiten Landschaftsprogrammen, den regionalen Landschaftsrahmenplänen und den Landschaftsplänen auf der kommunalen Stufe; unmittelbar gilt hier nur die Regelung des § 7 über das Zusammenwirken der Länder bei der Planung. **66**

Der *dritte* Abschnitt (§§ 8-11) hat allgemeine **Schutz-, Pflege- und Entwicklungsmaßnahmen** zum Gegenstand; er enthält vor allem die wichtige, allerdings nur als Rahmenvorschrift ergangene Regelung der Eingriffe in Natur und Landschaft (§ 8). Unmittelbar gelten die Verfahrensregelung des § 9 sowie § 8a zum Verhältnis zwischen naturschutzrechtlicher Eingriffsregelung und Baurecht. **67**

Im *vierten* Abschnitt (§§ 12-19f) finden sich Vorschriften über den Schutz, die Pflege und die Entwicklung bestimmter **Teile von Natur und Landschaft**. Hier werden Rahmenanleitungen für die Festsetzung von Naturschutzgebieten, Nationalparken, Landschaftsschutzgebieten, Naturparken oder Naturdenkmälern (bzw. geschützten Landschaftsbestandteilen) gegeben und – z.T. unmittelbar geltend – der Aufbau des europäischen Biotopverbundnetzes Natura 2000 geregelt. **68**

Der *fünfte* Abschnitt (§§ 20-26c) enthält Artenschutznormen, d.h. Normen zum **Schutz und zur Pflege wildlebender Tier- und Pflanzenarten** nebst Verordnungsermächtigungen sowohl für den Bundesminister für Umwelt, Naturschutz und Reaktorsicherheit als auch für die nach Landesrecht zuständigen Behörden. Nicht nur die Ermächtigungs- und Zuständigkeitsnormen sowie die Legaldefinitionen gelten unmittelbar, sondern auch viele materiellrechtliche Normen (vor allem Verbotsvorschriften für „besonders geschützte Tier- und Pflanzenarten"). **69**

Der knappe *sechste* Abschnitt (§§ 27 f.), der nur wenige (Rahmen-)Vorschriften enthält, ist auf die Erholung in Natur und Landschaft bezogen. **70**

Der insgesamt unmittelbar geltende *siebte* Abschnitt (§§ 29-31) regelt die Mitwirkung von Verbänden, aber auch Ordnungswidrigkeiten und die Voraussetzungen von Befreiungen. **71**

Im ebenfalls unmittelbar geltenden *achten* Abschnitt (§§ 32-37) sind die vom BNatSchG vorgenommenen Änderungen von Bundesgesetzen aufgeführt. **72**

Schließlich sind im unmittelbar geltenden *neunten* Abschnitt (§§ 38-40) die Übergangs- und Schlußbestimmungen enthalten. **73**

III. Ziele und Grundsätze des Naturschutzes und der Landschaftspflege

74 Im BNatSchG werden mit den §§ 1 und 2 die Ziele und Grundsätze des Naturschutzes und der Landschaftspflege den folgenden Vorschriften als nach § 4 S. 3 BNatSchG unmittelbar geltende Auslegungsmaßstäbe vorangestellt, die den behördlichen Gesetzesvollzug steuern. Die Vorschriften greifen allerdings insofern zu kurz, als weder die grenzüberschreitende Dimension des Naturschutzes noch Jedermann-Verhaltenspflichten enthalten sind. Als Rahmenregelungen hat die 3. Novelle 1998 Bestimmungen über den Vertragsnaturschutz (§ 3a) und die Entschädigung von Land- und Forstwirtschaft bei Nutzungsbeschränkungen (§ 3b) eingeführt.

1. Ziele (§ 1 BNatSchG)

75 **Nach der Zielbestimmung** des § 1 I BNatSchG sind Natur und Landschaft im besiedelten und unbesiedelten Bereich so zu schützen, zu pflegen und zu entwickeln, daß

1. die Leistungsfähigkeit (besser: Funktionsfähigkeit) des Naturhaushalts (Rn. 5/6),
2. die Nutzungsfähigkeit (besser: Regenerations- und nachhaltige Nutzungsfähigkeit) der Naturgüter (Rn. 5/7),
3. die Pflanzen- und Tierwelt und
4. die Vielfalt, Eigenart und Schönheit von Natur und Landschaft

als „Lebensgrundlagen des Menschen" und „Voraussetzung für seine Erholung in Natur und Landschaft" *nachhaltig gesichert* sind; hierin äußert sich die nutzungsbezogene *anthropozentrische Motivation* des Gesetzgebers. Die Schutzbedürftigkeit und Schutzwürdigkeit von Natur und Landschaft *um ihrer selbst willen* müßte aber wegen der Staatszielbestimmung des Art. 20a GG gleichrangig zum Ausdruck kommen; insoweit ist § 1 I BNatSchG *verfassungsrechtlich defizitär*[43].

76 Gegenwärtig klingt ein solcher *ökozentrische Ansatz* bei zwei Fallgruppen an, nämlich bei

1. bestimmten Gebieten bzw. Gebietsteilen oder bei Einzelschöpfungen der Natur, die u.a. wegen ihrer Seltenheit oder besonderen Eigenart unter Schutz gestellt worden sind bzw. gestellt werden können (§§ 13 I Nr. 3, 17 I 1 Nr. 2 BNatSchG), sowie
2. bestimmten Arten wildlebender Tiere und Pflanzen, die ohne Rücksicht auf eine erkennbare Nützlichkeit für den Menschen allein wegen ihrer Bestandsgefährdung besonders geschützt sind (§ 20a I Nrn. 6-8, § 20c, § 20 f BNatSchG).

77 Die unmittelbar geltende **Ziel- und Aufgabennorm** des § 1 I BNatSchG regelt

- das **Ziel** der vom Gesetz geforderten Bemühungen (nachhaltige Sicherung der „Lebensgrundlagen des Menschen" und der Möglichkeit seiner „Erholung in Natur und Landschaft"),
- den **Gegenstand** der vom Gesetz geforderten Bemühungen (Natur und Landschaft im besiedelten und unbesiedelten Bereich in bzw. mit ihren in Nrn. 1-4 genannten Manifestationen bzw. Eigenschaften) und

---

43 *v. Lersner*, NuR 1999, 61 (62).

- die **Art** der vom Gesetz geforderten Bemühungen (Schutz, Pflege, Entwicklung; künftig möglicherweise auch noch: Wiederherstellung im Bedarfsfall).

Da die Ziele im Einzelfall konfligieren können (z.B. Erholungsvorsorge und Artenschutz), fordert das naturschutzrechtliche **Abwägungsgebot** des § 1 II BNatSchG, die sich aus § 1 I ergebenden Anforderungen sowohl untereinander (z.B. Biotopschutz gegen Erholung) als auch gegen die sonstigen Anforderungen der Allgemeinheit an Natur und Landschaft (z.B. Naturschutz gegen Straßen- oder Wohnungsbau, Land- oder Forstwirtschaft, Energieerzeugung, Abfallwirtschaft, Freizeitbetätigung usw.) abzuwägen. Dem Abwägungsgebot unterfallen über den Gesetzeswortlaut hinaus auch betroffene private Belange[44]. Bei der Abwägung der miteinander kollidierenden Interessen haben die Belange des Naturschutzes und der Landschaftspflege – die sogen. „aufgabeninternen Belange" – *keinen Vorrang* vor „aufgabenexternen Belangen", d.h. vor fachgesetzlichen Anforderungen an Natur und Landschaft. Die Abwägungsklausel wirkt sehr relativierend, auch wenn §§ 1 I und 2 I BNatSchG in der Rechtsprechung früher der Rang eines „Optimierungsgebotes" zuerkannt worden ist[45].

Die Abwägung von Rechtsgütern und Interessen im Falle des Konflikts ist keine Frage der Zielsetzung, sondern der optimalen Zielverwirklichung. Die Abwägungsklausel ist daher im Rahmen des § 1 BNatSchG, einer Zielnorm, systematisch fehl am Platz. – Schließlich wird eine Abwägungsgeneralklausel von manchen für unnötig erachtet, weil die Abwägung bereits verfassungsrechtlich gefordert sei. – Für spezielle Interessenkonflikte bedarf es ohnehin einer Abwägungsregelung i.S. einer Vorrangregelung (vgl. § 8 III BNatSchG). In diesem Sinne wäre es wünschenswert, im Gesetz möglichst klar zum Ausdruck zu bringen, wie sich die naturschutzrechtlichen Anforderungen zueinander verhalten und auf welche Weise und mit welchem Gewicht sie in andere fachgesetzliche Verfahren und Beurteilungen eingehen sollen. **78**

2. Grundsätze (§ 2 BNatSchG)

§ 2 I BNatSchG[46] enthält den Auftrag an die *Vollzugsbehörden*, die in § 1 I genannten Ziele des Naturschutzes und der Landschaftspflege nach Maßgabe eines Kataloges von Grundsätzen (Nrn. 1-13), soweit es im Einzelfall erforderlich, möglich und unter Abwägung gem. § 1 II BNatSchG angemessen ist (d.h. also dem Verhältnismäßigkeitsgrundsatz entspricht), zu verwirklichen. Die Grundsätze der **Nrn. 1-10** des § 2 I BNatSchG beziehen sich auf den *Naturhaushalt* (Rn. 5/6) und auf einzelne *Naturgüter* (Rn. 5/7), z.B. auf Boden, Bodenschätze, Gewässer, Luft, Klima, wildlebende **79**

44 Vgl. etwa BGHZ 77, 351 (357); Hess. VGH, NuR 1996, 621; VGH BW, NuR 1984, 149; *de Witt/Dreier*, Naturschutz, Rn. 91; *Schmidt-Aßmann*, NuR 1979, 1; a.A. *Gassner*, BNatSchG, § 1 Rn. 87.

45 Neuerdings lehnt das BVerwG jeden irgendwie gearteten Gewichtungsvorrang ab, läßt aber das auf die Schonung von Natur und Landschaft gerichtete Allgemeininteresse nur unter der Voraussetzung zurücktreten, daß entsprechend gewichtige Gründe dies rechtfertigen, BVerwGE 104, 144 (a.A. z.B. BVerwGE 71, 163 [165]). Krit. SRU, Umweltgutachten 1987, BT-Drs. 11/1568, S. 126 f.; UGB-KomE, S. 869; forensisch unzutreffend *Axer*, DVBl. 1999, 1533 (1543), der in der Rechtsprechung einen Vorrang des Umweltschutzes gegenüber Eigentümerbelangen ausmachen will.

46 Vgl. hierzu *de Witt/Dreier*, Naturschutz, Rn. 70 ff.; *Schmidt-Aßmann*, NuR 1979, 1 ff.; *Gassner*, BNatSchG, § 2 Rn. 24 ff.

Tiere und Pflanzen usw. Die **Nrn. 11-12** heben die *Erholungsfunktion der Landschaft* (Rn. 5/8) hervor, während die **Nr. 13** an die *historischen Kulturlandschaften und Landschaftsteile* anknüpft.

80 Diese Grundsätze beinhalten eine erste nicht abschließende *Konkretisierung* der Ziele des § 1 BNatSchG. Die Bezugnahme auf das Abwägungsgebot des § 1 II BNatSchG bedeutet, daß die Ziele des § 1 I BNatSchG Maßstab für die Abwägung der Grundsätze des § 2 BNatSchG sind (ähnlich §§ 1, 2 III ROG n.F.). § 2 BNatSchG ist aber insoweit unvollständig, als die hier aufgeführten Grundsätze zusammenhanglos nebeneinanderstehen und er die Lösung der untereinander auftretenden Zielkonflikte (z.B. zwischen Erhalt von Biotopen und der Erholungsfunktion der Landschaft) der Abwägungsklausel des § 1 II BNatSchG überläßt, was in der naturschutzrechtlichen Praxis zu einer entscheidenden Schwächung des Naturhaushaltes gegenüber Nutzungsansprüchen führt.

81 Die Grundsätzeregelung des § 2 BNatSchG ist durch zahlreiche ausfüllungsbedürftige Begriffe gekennzeichnet. Sie steuert die *Ermessensausübung* und beinhaltet eine *Interpretationsrichtlinie*, und zwar nicht nur für die Regelungen des BNatSchG, sondern auch für *Planungsnormen* in anderen Gesetzen, die ausdrücklich auf die Belange oder Erfordernisse des Naturschutzes und der Landschaftspflege Bezug nehmen (z.B. § 2 I Nr. 8 ROG; § 1 V 2 Nr. 7 BauGB; § 32 I Nr. 1a i.V.m. § 10 IV 2 Nr. 5 KrW-/AbfG; § 6 II 1 LuftVG; § 37 II FlurbG usw.)[47].

82 Landesrechtlich ist der Zielekatalog z.B. hinsichtlich landschaftsgerechter Führung von Verkehrswegen und Versorgungsleitungen (§ 2 Nr. 15 BW NatSchG, § 1 I Nr. 15 Hess. NatSchG, § 2 Nr. 14 Nds. NatschG) und des Biotopschutzes erweitert worden.

3. Stellung der Land- und Forstwirtschaft im Naturschutzrecht

a) Besondere Bedeutung der Land- und Forstwirtschaft (§ 2 III BNatSchG)

83 Das Verhältnis zwischen Land- und Forstwirtschaft einerseits und Naturschutz andererseits steht seit langem im Zentrum der Reformdiskussion des BNatSchG, die auch mit der 3. Novelle nicht beendet sein wird, weil auch die neuen Bestimmungen in die mögliche Gesamt-Novellierung einbezogen werden sollen. Durch das 3. Gesetz zur Änderung des BNatSchG vom 26.8.1998 (BGBl. I 2481) wurde zwar das stark umstrittene Agrarprivileg des § 1 III BNatSchG, wonach die ordnungsgemäße Land- und Forstwirtschaft in der Regel den Zielen des BNatSchG dient[48], aufgehoben[49]. Dies anerkennt zumindest, daß mit der Land- und Forstwirtschaft ambivalente Wirkungen auf Natur und Landschaft verbunden sind.

47 Das BVerwG räumte deshalb in der Planung den Zielen und Grundsätzen des Naturschutzrechts nach §§ 1, 2 BNatSchG den Rang eines Optimierungsgebotes (Rn. 5/169) ein, BVerwGE 71, 163 (165); anders jetzt BVerwGE 104, 144; *de Witt/Dreier*, Naturschutz, Rn. 70.

48 Hierzu unsere Vorauflage, Rn. 3/79 ff.

49 Zum 3. ÄnderungsG s. *Louis*, NuR 1998, 526 ff.; *Müller-Terpitz*, NVwZ 1999, 26 ff.; *König*, NVwZ 1999, 382 ff.

Die **Umweltproblematik** der aufgrund des EG-Landwirtschaftsrechts große Überschußmengen produzierenden **Landwirtschaft**[50] zeigt sich beispielhaft in folgendem: **84**

- Die (durch Technisierung, betriebswirtschaftliche Rationalisierung, Spezialisierung und Chemisierung der Landwirtschaft ermöglichte) *intensive* ertragssteigernde *Bodennutzung* trägt erheblich zu einem Rückgang der Artenvielfalt wildwachsender Pflanzen und wildlebender Tiere, zur Bodenerosion sowie zur Beeinträchtigung des Bilds und des Erholungswerts der Landschaft bei.
- Das *„Ausräumen" der Landschaft*, insbesondere die großflächige Beseitigung von Feldgehölzen (Streuobstbäumen, Sträuchern, Hecken u.ä.)[51], von Wällen oder Tümpeln usw. zu dem Zweck, auf der so entstandenen „Kultursteppe" einen rationellen Einsatz von Landmaschinen zu ermöglichen, sowie der Umbruch von Grünland und die Trockenlegung von Feuchtgebieten, um landwirtschaftlich nutzbare Böden zu gewinnen, führen zur *Vernichtung von Biotopen* sowie zu ökologischen Mangelgebieten und damit ebenfalls zu einem Rückgang der Artenvielfalt.
- *Übermäßige* oder fehlerhafte *Anwendung von Düngemitteln* kann ökologisch unvertretbare Gewässerbelastungen mit Phosphat oder Nitrat (Rn. 6/23 f.) bewirken.
- *Übermäßige* oder fehlerhafte *Anwendung von Pflanzenbehandlungsmitteln* kann die Bodenfruchtbarkeit beeinträchtigen, die Artenvielfalt mindern und zu schädlicher Gewässerbelastung führen (Rn. 6/43).
- Industrieähnlich betriebene, nur an betriebswirtschaftlichen Kriterien orientierte flächenunabhängige *Massen- und Intensivtierhaltung* ist mit dem Tierschutzgedanken schwer vereinbar und unter Umweltschutzaspekten bedenklich, weil sie – abgesehen von Geruchs- und Lärmemissionen – Belastungen des Bodens und der Gewässer zur Folge haben kann (z.B. wegen des hohen Gülleaufkommens bei der Kälber- oder Schweinemast).

Die 3. Novelle hat zwar das Agrarprivileg des § 1 III BNatSchG gestrichen, jedoch ist nach dem neu in die Grundsatzbestimmungen eingefügten § 2 III BNatSchG bei Maßnahmen des Naturschutzes und der Landschaftspflege die **besondere Bedeutung** der Land-, Forst- und Fischereiwirtschaft für die Erhaltung der Kultur- und Erholungslandschaft **zu berücksichtigen**. Damit wird der Grundsätzekatalog des § 2 I **85**

---

50 Der Rat von Sachverständigen für Umweltfragen hat sich mehrfach mit der Umweltproblematik der Landwirtschaft befaßt und konkrete Lösungsvorschläge unterbreitet: „Umweltprobleme der Landwirtschaft", BT-Drs. 10/3613; Kapitel „Umwelt und Landwirtschaft – Elemente und Chancen einer dauerhaft-umweltgerechten Landbewirtschaftung" im Umweltgutachten 1994, BT-Drs. 12/6995, Tz. 887 ff.; Konzepte einer dauerhaft umweltgerechten Nutzung ländlicher Räume, Sondergutachten 1996, S. 16 ff., 88 ff. S. ferner *Schink*, UPR 1999, 9 ff.

51 S. BVerwG, UPR 1992, 309 (Beseitigung von Hecken als Eingriff i.S.d. § 10 LNatSchG Saar). *Kaule*, Arten- und Biotopschutz, 2. Aufl. 1991, S. 139 ff. und *Remmert*, Naturschutz, 1988, S. 144 ff. weisen auf die ökologische Wertigkeit großer alter Hecken hin. Sie werden entfernt, weil sie dem Boden Wasser entnehmen, Schatten auf den Acker werfen oder die maschinelle Landbearbeitung behindern. Aber: Hecken bieten auf engem Raum eine größtmögliche Vielfalt an Kleinstandorten für Tiere. Dies gilt sowohl für das Klima (sonniger Südrand, waldartiges Innenklima, feuchter Nordrand), als auch für das Strukturangebot, das von Bäumen über Sträucher zu Stauden, Gräsern und Steinhaufenstrukturen reicht. Alte Hecken beherbergen eine Fülle von zunehmend in den Roten Listen angeführten Tierarten, die in der offenen Landschaft nicht leben können und unter denen sich auch solche befinden, die dem Landwirt nützen, etwa Blütenbestäuber, die z.B. die Erträge bei Raps erhöhen, und Spinnen, die die Massenvermehrung von Schadinsekten verhindern. Die Existenz solcher Hecken mindert daher die Notwendigkeit des Einsatzes von Pestiziden. Ihre Wurzeln nehmen Schwermetalle auf, ferner Nährstoffe, die bei Überdüngung ins Grundwasser gelangen würden. Außerdem erschweren Hekken die Erosion von Ackerflächen.

um einen „internen" Belang erweitert, der in der Abwägung nach § 1 II BNatSchG zusammen mit den Zielen und Grundsätzen der §§ 1 I, 2 I BNatSchG zu berücksichtigen ist, und zwar nicht vorrangig, sondern entsprechend der konkreten Bedeutung für den eingeschränkten Zweck der Erhaltung der Kultur- und Erholungslandschaft[52]. Darüber hinausgehende landwirtschaftliche Interessen sind im Rahmen des § 1 II BNatSchG als „sonstige" Anforderungen der Allgemeinheit bzw. als private Belange zu berücksichtigen.

86 Dies bedeutet, daß nunmehr in jedem Einzelfall zu prüfen ist, ob etwa bei der Ausweisung eines Schutzgebietes (Rn. 5/176) damit verbundene Nutzungsbeschränkungen im Hinblick auf den Schutzzweck des Gebietes zu rechtfertigen sind (für Landschaftsschutzgebiete gilt darüberhinaus § 15 II BNatSchG). In der jeweiligen Entscheidung muß aufgrund ausreichender Sachverhaltsermittlung, die stets (Rn. 3/170) auch die Bedeutung der Land-, Forst- und Fischereiwirtschaft für die Erhaltung der Kultur- und Erholungslandschaft umfassen muß, dargelegt werden, weshalb Nutzungsbeschränkungen gelten sollen oder nicht. Eine fehlerhafte Sachverhaltsermittlung macht die Entscheidung fehlerhaft, es gelten die Rechtsfolgenregelungen der §§ 45, 46 VwVfG bzw. die für Abwägungsfehler (Rn. 3/160 ff.).

b) Ausgleich von Nutzungsbeschränkungen (§ 3b BNatSchG)

87 Nach der Rahmenbestimmung[53] des neuen § 3b I 1 BNatSchG *ist* für wirtschaftliche Nachteile einer ausgeübten land-, forst- und fischereiwirtschaftlichen Bodennutzung, die durch *standortbedingte Anforderungen*, die *über* die Anforderungen *der guten fachlichen Praxis* (die sich aus § 17 II BBodSchG, § 11 BWaldG und Fachgesetzen wie §§ 2a, 6 PflSchG oder § 1a DMG ergibt) hinausgehen, ein angemessener *Ausgleich nach Maßgabe des Landesrechts* zu gewähren. Die **Entschädigungregelung** greift für Anforderungen aufgrund von nach §§ 12-19b BNatSchG erlassenen Rechtsvorschriften (Flächenschutz, Rn. 5/179 ff., 202 ff.) sowie für Einzelanordnungen zur Verwirklichung des § 1 BNatSchG, also alle „rein" naturschutzrechtlichen Maßnahmen. § 3b I 1 Nr. 2 erfaßt nicht Verwaltungakte, die noch auf weitere Rechtsgrundlagen, z.B. bodenschutzrechtliche oder wasserrechtliche Bestimmungen gestützt sind; hier fehlt es am erforderlichen Kausalzusammenhang zwischen (ausschließlicher) Zielverwirklichung i.S.d. § 1 I BNatSchG und möglichen Nachteilen der Anordnung.

88 Der nach Landesrecht bis 26.8.2001 zu schaffende *Rechtsanspruch* geht über bestehende landesrechtliche Regelungen (§ 71 IV Bbg., § 48 Bln., § 43 SA, § 52 Nds., § 38 VI Sächs., § 51 Thür. NatSchG), die Entschädigung nur nach Ermessen gewähren, hinaus. Verfassungsrechtlich ist eine Entschädigungsregelung nicht zwingend

52 § 2 III BNatSchG stellt daher ebensowenig ein Optimierungsgebot dar wie § 1 II oder § 2 I BNatSchG, vgl. *de Witt/Dreier*, Naturschutz, Rn. 99.

53 Fraglich ist, inwieweit eine solche bundeseinheitliche Regelung nach Art. 75 II GG erforderlich ist; hierzu *König*, NVwZ 1999, 382 (383); *Louis*, NuR 1998, 526 ff. Zum Thema s.a. *König*, Landwirtschaftliche Bodennutzung zwischen Eigentumsgarantie und Umweltschutz, 1999. Der Umweltrat plädiert für eine Abschaffung der Vorschrift, s. SRU, Umweltgutachten 2000, Tz. 73.

geboten, da Nutzungsbeschränkungen regelmäßig die Sozialbindung des Eigentums konkretisieren und als zulässige *Inhalts- und Schrankenbestimmungen i.S.d. Art. 14 I GG* anzusehen sind, soweit sie sich nicht im Einzelfall als unverhältnismäßig erweisen[54]. Die Gewährung des mit § 3b BNatSchG verbundenen Härteausgleiches an die Land- und Forstwirtschaft ist als – verfassungsrechtlich zulässiger – *Verstoß gegen das Verursacherprinzip* (Rn. 1/89) anzusehen. Die damit verbundene Subventionierung der Landwirtschaft stellt allerdings eine europarechtlich grundsätzlich *unzulässige Beihilfe nach Art. 92 EG* dar, die erst nach Genehmigung der Kommission umgesetzt werden darf[55]. Dem Landesgesetzgeber verbleibt die Festsetzung der Höhe des „angemessenen" Ausgleichs; ein vollständiger Ausgleich der wirtschaftlichen Nachteile ist weder verfassungsrechtlich noch vom Wortlaut des § 3b I BNatSchG gefordert.

Der Bewirtschaftungsmaßstab einer *guten fachlichen Praxis* verweist auf fachgesetzliche Bestimmungen (§ 17 II BBodSchG, §§ 2a, 6 PflSchG, § 1a DMG, §§ 2 ff. DüngeVO), die z.T. durch Verwaltungsvorschriften zu präzisieren sind. Pflanzenschutzmittel dürfen nur soweit verwendet werden, als der Schutz des Grundwassers berücksichtigt wird (§ 2a I 2 PflSchG), d.h. das Grundwasser auch mittelfristig nicht belastet wird (vgl. § 6 I 1 PflSchG). Zur guten fachlichen Praxis bei der Anwendung von Düngemitteln gehört, daß die Düngung nach Art, Menge und Zeit auf den Bedarf der Pflanzen und des Bodens ausgerichtet wird (§ 1a II 1 DMG). Die weitestgehenden Regelungen enthält § 17 II BBodSchG (Rn. 7/120). Wenngleich über diese Vorschriften nicht jede Landnutzung als der guten fachlichen Praxis entsprechend angesehen werden kann, so ist doch aufgrund der Ankoppelung an ein eher agrar- oder forstwissenschaftliches Verständnis zu erwarten, daß diese Maßstäbe zu keiner Trendwende bei der Boden- und Grundwasserqualität führen werden. **89**

Der Entschädigungsanspruch ist subsidiär gegenüber anderweitigen Ausgleichsansprüchen (§ 3b I 2 BNatSchG). Für Streitigkeiten über eine Entschädigung ist der ordentliche Rechtsweg eröffnet (§ 3b IV BNatSchG). **90**

c) Besondere Privilegierungsklauseln

aa) Die Landwirtschaftsklausel der naturschutzrechtlichen Eingriffsregelung (§ 8 VII BNatSchG) ist gleichfalls umgestellt worden: Die land-, forst- und fischereiwirtschaftliche Bodennutzung ist nicht als Eingriff anzusehen, soweit dabei die Ziele und Grundsätze des Naturschutzes und der Landschaftspflege berücksichtigt werden. **91**

Beispiele: Die land-, forst- und fischereiwirtschaftliche Bodennutzung erstreckt sich nicht auf eine bauliche Bodennutzung[56] oder die Vorbereitung einer privilegierten Nutzung (z.B. Beseitigung von Hecken, Umbruch von Grünland in Ackerland[57] usw.). Der Wechsel von der landwirtschaftlichen zur forstwirtschaftlichen Nutzung einer Fläche dürfte nach wie vor nicht nach § 8 VII BNatSchG privilegiert sein[58], ebensowenig der Wechsel von der landwirtschaft- **92**

54 BVerfG, NJW 1999, 2877 ff.; NJW 1998, 367 ff.; BGHZ 123, 242 (244); BVerwGE 84, 361; 94, 1 (4).

55 *König*, NVwZ 1999, 382 (384).

56 BVerwG, NuR 1985, 275.

57 *Stollmann*, NuR 1994, 73 ff.; Hess. VGH, NuR 1997, 607; 1993, 147; NuR 1992, 86; BayObLG, NuR 1997, 416.

58 BVerwGE 67, 93. In verschiedenen Bundesländern unterliegt die Aufforstung einer Genehmigungspflicht, z.B. § 25 Landwirtschafts- und KulturG BW.

lichen zur fischereiwirtschaftlichen Nutzung (z.B. durch Anlegung eines Fischteichs)[59], wie überhaupt jeder Eingriff, der eine unter das Privileg fallende Nutzung erst ermöglichen soll[60].

93 Daneben besteht eine – widerlegliche – Regelvermutung, daß die guter fachlicher Praxis des Rechts der Land- und Forstwirtschaft sowie der Binnenfischerei und § 17 II BBodSchG (Rn. 7/120) entsprechende Bodennutzung den Zielen und Grundsätzen des Naturschutzes und der Landschaftspflege nicht widerspricht. Keinen Eingriff stellt die Wiederaufnahme einer landwirtschaftlichen Nutzung dar, die aufgrund vertraglicher Vereinbarungen eingeschränkt oder unterbrochen worden war.

94 bb) § 20 f III BNatSchG wurde demgegenüber nicht geändert. Auch in Anbetracht der Bußgeldvorschriften des § 30 BNatSchG wird man die Vorschrift einschränkend dahingehend auslegen müssen, daß als „ordnungsgemäße" landwirtschaftliche Bodennutzung nur noch eine der guten fachlichen Praxis entsprechende anzusehen ist.

4. Vertragsnaturschutz – § 3a BNatSchG

95 Nach der Rahmenbestimmung des § 3a BNatSchG soll bei Maßnahmen zur Durchführung der i.R.d. BNatSchG erlassenen Rechtsvorschriften geprüft werden, ob der Zweck auch durch vertragliche Regelungen erreicht werden kann. Das ist Ausdruck des *Kooperationsprinzips* (Rn. 1/94) und stellt verfahrensrechtliche, nicht aber materiellrechtliche Anforderungen an das Verwaltungshandeln[61]. Ein irgendwie gearteter Vorrang oder Gleichrang des Vertragsnaturschutzes besteht aufgrund der Erfahrungen mit diesem Instrumentarium nicht[62]. Die Behörde muß aber vor Erlaß eines VA oder einer VO prüfen, ob nicht vertragliche Maßnahmen möglich sind, die das gleiche Ziel ähnlich schnell erreichen und auch im Vollzug gleich geeignet sind (z.B. aufgrund einer Vollstreckungsklausel nach § 61 VwVfG).

IV. Landschaftsplanung

1. Ziele und Instrumente der Landschaftsplanung

96 Die Einführung der **Landschaftsplanung** auf Landes-, Regional- und Kommunalebene ist eine der wesentlichen Neuerungen des BNatSchG gewesen. Nach den bundesrechtlichen Rahmenregelungen der §§ 5 und 6 BNatSchG soll die prinzipiell dreistufige[63] Landschaftsplanung (Landschaftsprogramm, Landschaftsrahmenplan

59 BVerwG, RdL 1986, 148.

60 *Emig*, NuR 1988, 178 (181); *Fischer-Hüftle*, BayVBl 1987, 614 (616); *Stollmann*, NuR 1994, 73 (74). S.a. Hess. VGH, NuR 1994, 89: die Rodung eines Streuobstbestandes zur besseren landwirtschaftlichen Ausnutzung ist nicht von § 8 VII BNatSchG gedeckt.

61 Vgl. dazu mit Beispielen *Fritz*, UPR 1997, 439 ff.

62 Vgl. auch *de Witt/Dreier*, Naturschutz, Rn. 282, 297.

63 Eine Übersicht der Gesetzeslage in den Bundesländern ist in der Beilage zu Heft 4/1993 der Zeitschrift Natur und Landschaft abgedruckt, s. ferner *de Witt/Dreier*, Naturschutz, Rn. 10 ff.; *Gassner*, Recht der Landschaft, 1995, S. 111 ff.; *Mitschang*, UPR 1994, 366 ff.; *Stich*, WiVerw 1992, 145 ff. In den Stadtstaaten könnte die Landschaftsplanung einstufig sein (§ 5 III BNatSchG); jedoch sehen die

und Landschaftsplan) die *Erfordernisse und Maßnahmen zur Verwirklichung der Ziele des Naturschutzes und der Landschaftspflege* (einschließlich des Artenschutzes) planerisch festlegen und darstellen[64]. Die zuständigen Planungsbehörden, das Planungsverfahren und die Verbindlichkeit der Pläne selbst (insbesondere für die Bauleitplanung) werden von den Ländern geregelt (§ 6 IV 1 u. 2 BNatSchG).

Jede sozus. perfekte Landschaftsplanung soll flächendeckend sein und in entsprechenden Verfahrensschritten eine **vierfache Aufgabe** erfüllen. Für den Planungsraum sind **97**

(1) Natur und Landschaft sowie die Nutzungen in ihrem Ist-Zustand deskriptiv-analytisch zu erfassen und darzustellen (*Zustandsbeschreibung* oder **Bestandsanalyse**),
(2) die Ziele (und Grundsätze) des Naturschutzes und der Landschaftspflege *qualitativ* und möglichst auch *quantitativ* zu konkretisieren (**Zielkonkretisierung**),
(3) der Ist-Zustand nach Maßgabe dieser Ziele, also im Hinblick auf den angestrebten Zustand prognostisch zu bewerten (**Zustandsbewertung**) und
(4) die Erfordernisse und Maßnahmen zur Zielverwirklichung (insbesondere die gebotenen Schutz-, Pflege- und Entwicklungsmaßnahmen) zu entwickeln (**Anforderungs- und Maßnahmenkatalog**).

Diese vierfache Aufgabe ist in der Rahmenregelung des BNatSchG bisher noch nicht in der beschriebenen Breite vorgegeben. Eine Regelung des Mindestinhalts der Pläne sieht das Bundesrahmenrecht bisher nur für Landschaftspläne vor (§ 6 II BNatschG). **98**

Da die (von Zeit zu Zeit fortschreibungsbedürftige) Landschaftsplanung (§§ 5-7 BNatSchG) zwar möglichst flächendeckend erfolgen soll, dabei aber nur die ökologischen bzw. landschaftspflegerischen Aspekte im Auge hat, ist sie als solche lediglich eine zwar gesamträumlich angelegte, hinsichtlich der in ihr ausgewiesenen Raumnutzungsansprüche aber nur sektoral orientierte **Fachplanung** (Raum- und Maßnahmenplanung). Sie ist also keine fachübergreifend koordinierende und integrierende räumliche Gesamtplanung, obwohl das Abwägungsgebot der §§ 1 II, 2 I BNatSchG mit dem Gebot der Einbeziehung auch naturschutzfremder Anforderungen an Natur und Landschaft in die Abwägung auch hier gilt. **99**

Gleichwohl ist die Landschaftsplanung auch **querschnittsbezogene Planung**[65], und zwar insofern, als sie **100**

LNatSchG von Bremen, Berlin und Hamburg wie auch die LNatSchG anderer Länder ein Zweistufenmodell vor.

64 Dazu *SRU*, Umweltgutachten 1987, BT-Drs. 11/1568, S. 131 ff.; *Hahn*, Das Recht der Landschaftsplanung, 1991; *Kiemstedt*, Landschaftplanung, 1993; *Schütze*, Aufgabe und rechtliche Stellung der Landschaftsplanung im räumlichen Planungssystem, 1994; *Stich*, in: HdUR, Bd. I, Art. „Landschaftsplanung", Sp. 1328 ff.; ferner *Erbguth*, UPR 1987, 409 ff.; *Hofherr*, UPR 1987, 88 ff.; *Löhr*, NVwZ 1987, 361 ff.; *Pielow*, NuR 1986, 60 ff.; *Pfeifer/Wagner*, DVBl. 1989, 789 ff. (auch de lege ferenda); *Ramsauer*, NuR 1993, 108 ff.

65 Zur Fortentwicklung der Landschaftsplanung zu einer Umweltleitplanung s. *Kloepfer/Rehbinder/Schmidt-Aßmann/Kunig*, UGB-AT, S. 185 ff.; *Breuer*, Gutachten B zum 59. DJT, S. 98 ff.; *Dolde*, Referat zur umweltrechtlichen Abteilung des 59. DJT, S. N 44 ff.; *Erbguth*, DVBl. 1992, 1122 ff.; *Hoppe*, NJW 1992, 1993 ff. Anders das Modell der Umweltgrundlagenplanung in §§ 65 ff. UGB-KomE.

- den notwendigen ökologischen Beitrag zu sonstigen öffentlichen Planungen und Maßnahmen erbringen soll, wobei die Beteiligung der Landschaftsplanungsbehörden (§ 6 IV BNatSchG) an sonstigen öffentlichen Planungen durch § 3 II 2 BNatSchG gewährleistet wird (*Beitrag zu anderen Fachplanungen*),
- nach Maßgabe der einschlägigen Vorschriften der Länder in die Programme und Pläne der Landesplanung bzw. der Bauleitplanung aufgenommen werden soll bzw. kann, also einen *Beitrag zur räumlichen Gesamtplanung* liefert (Soll-Integration nach § 5 II BNatSchG, Kann-Integration nach § 6 IV 3 BNatSchG).

101 Zwar kann die Landschaftsplanung als solche, da sie nur den Zielen des Naturschutzes und der Landschaftspflege zu dienen hat, nicht naturschutzübergreifend abwägen. Soweit aber landschaftsplanerisch ermittelte Erfordernisse und Maßnahmen entweder von Anfang an (*Primärintegration*) oder nachträglich (*Sekundärintegration*) in die Programme und Pläne der Landesplanung bzw. – für die örtliche Ebene – in die Bauleitplanung einbezogen werden, gelten dort die *alle* Raumnutzungsansprüche umfassenden Abwägungsgebote des § 2 III ROG bzw. des § 1 VI BauGB.

102 Auf allen Planungsstufen sind bei der Aufstellung der Pläne die *Ziele der Raumordnung und Landesplanung* zu beachten (§§ 5 I, 6 III 1 BNatSchG); bei der Aufstellung der Landschaftsprogramme und Landschaftsrahmenpläne gilt dies auch für die *Grundsätze der Raumordnung und Landesplanung*[66]. Im Verhältnis zwischen benachbarten Bundesländern gilt nach § 7 BNatSchG in bezug auf die Aufstellung der Programme und Pläne ein Rücksichtnahme- und **Kooperationsgebot**.

103 Trotz des Normierungsaufwandes im BNatSchG und in den – in dieser Hinsicht sehr unterschiedlichen – LNatSchG entspricht die bisherige Effizienz der Landschaftsplanung bei weitem nicht den Erwartungen, was u.a. auf den fehlenden politischen Umsetzungswillen, insbesondere in den Gemeinden, die auf der untersten Ebene der Landschaftsplanung zugleich Träger der Bauleitplaung als raumbezogener Gesamtplanung sind, zurückgeführt wird. In der Praxis begründen ferner das Verhältnis zu anderen Planungen und lange Bearbeitungszeiten aufgrund der fehlenden Datengrundlage sowie eine (vom Gesetz nicht gewollte) Konzentration auf den Biotop- und Artenschutz, die zur Vernachlässigung der programmatischen Aufgaben in den Bereichen Boden, Gewässer, Luft und Klima führen, die bisherige Durchsetzungsschwäche der Landschaftsplanung.

104 Wünschenswert wäre es nach wie vor, im Rahmen der Novellierung des BNatSchG das Gewicht der Landschaftsplanung – auch im Verhältnis zu anderen Planungen – zu erhöhen. Insbesondere sollten dabei die raumbedeutsamen überörtlichen Erfordernisse und Maßnahmen des Naturschutzes und der Landschaftspflege nach Maßgabe des Landesrechts unter Abwägung mit den anderen raumbedeutsamen Planungen und Maßnahmen in die raumordnerischen Programme und Pläne (bzw. Teilprogramme und Teilpläne) i.S. der §§ 7 ff. ROG auf Landes- und Regionalebene übernommen werden. Dann wären die Landschaftspläne von anderen Behörden nach § 4 V ROG zu beachten.

---

66 Systematisch unklar ist allerdings die Regelung über die Integration der Landschaftsplanung in die Landesplanung und Raumordnung, welche in § 5 II BNatSchG getroffen wurde, s. *Ramsauer*, NuR 1993, 108 (109). Zum Verhältnis zwischen überörtlicher Landschaftsplanung und Landesplanung *Erbguth*, UPR 1983, 137 ff.

2. Landschaftsprogramm

Die *Landschaftsprogramme*, die jeweils für den gesamten *Bereich eines Bundeslandes* aufgestellt werden, stellen die *überörtlichen* Erfordernisse und Maßnahmen zur Verwirklichung der Ziele des Naturschutzes und der Landschaftspflege einschließlich des Artenschutzes dar (§ 5 I 1. Altern. BNatSchG). In manchen Ländern (z.B. in Nordrhein-Westfalen) wird auf diese erste Stufe einer eigenständigen Landschaftsplanung verzichtet, weil den landesweiten Belangen von Naturschutz und Landschaftspflege bereits durch die Landesplanung Rechnung getragen wird. **105**

3. Landschaftsrahmenplan

Durch *Landschaftsrahmenpläne* werden die *überörtlichen* Erfordernisse und Maßnahmen des Naturschutzes und der Landschaftspflege *für Teile eines Bundeslandes* dargestellt; insbesondere werden die Ziele des Landschaftsprogramms konkretisiert (§ 5 I 2. Alt. BNatSchG)[67]. Diese Pläne weisen im Rahmen der Zustandsbeschreibung bereits im einzelnen landschaftsökologische Fakten (z.B. regional bedeutsame Biotope) aus. Ferner legen sie im Rahmen der Zielkonkretisierung bzw. des Anforderungs- und Maßnahmenkatalogs aus fachlicher Sicht die Erfordernisse und Maßnahmen des Naturschutzes und der Landschaftspflege dar (z.B. die Entwicklung eines konkreten Biotopverbundsystems), und zwar ohne Rücksicht auf etwa konkurrierende Raumnutzungsansprüche. Solche konkurrierenden Ansprüche müssen allerdings dann berücksichtigt werden, wenn Landschaftsrahmenpläne inhaltlich in die raumordnerischen Regionalpläne integriert werden. **106**

4. Landschaftsplan

Im Bedarfsfall erarbeiten die Planungsträger für die **örtliche** (kommunale) **Ebene** in **Landschaftsplänen** die Erfordernisse und Maßnahmen zur Verwirklichung der Ziele des Naturschutzes und der Landschaftspflege, und zwar durch Text, Karte und zusätzliche Begründung (§ 6 I BNatSchG)[68]. Dabei sind, soweit erforderlich, eine Zustandsbeschreibung, eine Zustandsbewertung anhand der Ziele des § 1 I BNatSchG und ein Maßnahmenkatalog darzustellen (§ 6 II BNatSchG: Mindestinhalt), wobei die Ziele der Raumordnung und Landesplanung zu beachten sind (§ 6 III 1 BNatSchG). Auf die Verwertbarkeit eines Landschaftsplans für die *Bauleitplanung* ist Rücksicht zu nehmen (§ 6 III 2 BNatSchG)[69]. **107**

67 Dazu *de Witt/Dreier*, Naturschutz, Rn. 145 ff.; *Erbguth*, ebda. Nur soweit die Landschaftsrahmenpläne voll in die Raumordnungsplanung (Regionalplanung) integriert sind, besteht die Beachtenspflicht anderer Behörden i.S. des § 4 V ROG sowie die Anpassungspflicht für die gemeindliche Bauleitplanung gem. § 1 IV BauGB.

68 Bis Anfang 1989 waren in den alten Bundesländern lediglich 1.775 Landschaftspläne erlassen worden, weitere 579 waren in Bearbeitung; vgl. *UBA*, Daten zur Umwelt 1990/91, S. 122.

69 Zur Bedeutung der Landschaftsplanung für die Bauleitplanung vgl. *Baumeister*, Die Integration der örtlichen Landschaftsplanung in die Bauleitplanung, 1992; *Hofherr*, UPR, 1987, 88 ff.; *Mitschang*, UPR 1994, 366 (373); *Stich*, UPR 1989, 166 (167); *Gaentzsch*, NuR 1990, 1 (5).

108 Die zuständigen Planungsbehörden, das Planungsverfahren und die Verbindlichkeit der Pläne (insbesondere für die Bauleitplanung) sind von den Ländern zu regeln (§ 6 IV 1 u. 2 BNatSchG), die auch bestimmen können, daß Darstellungen des Landschaftsplans als Darstellungen in die Flächennutzungspläne oder als Festsetzungen in die Bebauungspläne aufgenommen werden (§ 6 IV 3 BNatSchG). Wenn *Stadtstaaten* (Berlin, Bremen und Hamburg) Landschaftspläne aufstellen, so ersetzen diese Landschaftsprogramme und Landschaftsrahmenpläne (§ 5 III BNatSchG).

109 In den Bundesländern finden sich alle denkbaren Variationen von der praktisch fehlenden Verbindlichkeit (Niedersachsen) über die Herstellung der Verbindlichkeit mittels der Bauleitplanung (in den meisten Flächenstaaten) bis zur Rechtsnormqualität. Im wesentlichen lassen sich **drei Formen** unterscheiden:

- Landschaftspläne werden (in Bayern, Rheinland-Pfalz[70]) im Rahmen der Bauleitplanung aufgestellt (*Primärintegration oder integrierte Landschaftsplanung*);
- Landschaftspläne werden (in Baden-Württemberg, Brandenburg, Hessen, Saarland, Sachsen, Sachsen-Anhalt, Schleswig-Holstein, Thüringen) gesondert aufgestellt und erlangen ihre Verbindlichkeit durch Übernahme in die Bauleitplanung (*Sekundärintegration oder mitlaufende Landschaftsplanung*);
- Landschaftspläne haben (in Berlin, Bremen, Hamburg, Nordrhein-Westfalen) eine eigene Außenverbindlichkeit (*parallel laufende oder vorlaufende Landschaftsplanung*).

110 Nach dem BauGB ist aber aufgrund des Fehlens der rechtlichen Möglichkeit, gewisse Inhaltselemente eines Landschaftsplans (z.B. Aussagen zum Artenschutz) auch bauplanerisch darzustellen bzw. festzusetzen, nur eine (flächenhafte) Teilintegration möglich, und zwar zunächst in den Flächennutzungsplan (§ 5 II Nr. 10 BauGB) und danach in rechtsverbindliche Bebauungspläne (insbes. § 9 I Nrn. 15, 16, 18 lit. b, 20, 25 BauGB)[71]. Negativ für die Durchsetzungsfähigkeit der Landschaftsplanung im Verhältnis zur Bauleitplanung macht sich auch das Fehlen klarer materieller Planungsleitlinien und Gewichtungsklauseln bemerkbar (ein Querverweis zum BNatSchG ist im BauGB z.B. nicht enthalten), woran etwa auch das aus der Landschaftsplanung entwickelte Modell einer Umweltleitplanung im wissenschaftlichen Entwurf eines UGB ansetzt. Ziel einer umweltorientierten Planung auf Gemeindeebene sollte es in Zukunft – insbesondere nach der Neuordnung des Verhältnisses zwischen naturschutzrechtlicher Eingriffsregelung und Bauleitplanung in § 1a BauGB (Rn. 5/160 ff.) – sein, Vorgaben der Landschaftspläne in die Bauleitpläne oder in sonstige raumbedeutsame, Dritten gegenüber verbindliche Pläne zu übernehmen; hierbei sind die Erfordernisse und Maßnahmen auf der Ebene der Bebauungspläne als „**Grünordnungspläne**" darzustellen.

---

70 Das Fehlen eines landespflegerischen Planungsbeitrags nach § 17 LPflG führt nach Auffassung des OVG Koblenz, UPR 1994, 234, zur Nichtigkeit des Bebauungsplans, weil nach rheinland-pfälzischem Recht eine Landschaftsplanung ohne Bauleitplanung und umgekehrt eine Bauleitplanung ohne Landschaftsplanung grundsätzlich nicht möglich erscheint; i.E. ähnlich VG Gießen, NuR 1992, 95 (anders aber der Hess. VGH, NVwZ-RR 1992, 230).

71 Festsetzungen in Bauleitplänen können im Fall der Sekundärintegration nur nach Maßgabe der §§ 5, 9 BauGB getroffen werden, BVerwGE 92, 56; *Gaentzsch*, Berliner Ktr. zum BauGB, 1995, § 9 Rn. 67. § 6 IV 3 BNatSchG begründet keine eigenständige Festsetzungsmöglichkeit, s.a. *Ramsauer*, NuR 1993, 108 (117); diff. *de Witt/Dreier*, Naturschutz, Rn. 680.

V. Allgemeiner Gebietsschutz: Eingriffe in Natur und Landschaft

Im III. Abschnitt des BNatSchG („allgemeine Schutz-, Pflege- und Entwicklungsmaßnahmen") ist mit der mehrstufig strukturierten Eingriffsregelung des § 8 BNatSchG[72] eine der wichtigsten Bestimmungen des gesamten Naturschutzrechts enthalten, die in die kommunale Bauleitplanung durch § 1a BauGB i.V.m. § 8a BNatSchG hinüberwirkt. **111**

Die auf dem Verursacherprinzip (Rn. 1/89) beruhenden Regelungen zum Schutz vor natur- und landschaftsschädigenden Eingriffen haben die *Erhaltung des status quo in der Natur* zum Ziel (*Bestandsschutzprinzip*, Rn. 1/87). Die **naturschutzrechtliche Eingriffsregelung** des § 8 BNatSchG ist eine *Rahmenvorschrift* für die Landesgesetzgebung, die die bundesrechtlichen Vorgaben durch weitergehende, rahmenkonforme Vorschriften ergänzen kann. Rechte und Pflichten des Bürgers entstehen zwar nur kraft des zu ihrer Umsetzung und Ausfüllung ergangenen Landesrechts; die *Legaldefinition* des „Eingriffs in Natur und Landschaft" in § 8 I BNatSchG (Rn. 5/114) hat allerdings als grundlegende Begriffsbestimmung abschließenden Charakter[73]. Im übrigen ist die *Rechtsfolgenregelung* in § 8 II u. III BNatSchG (Rn. 5/125 ff.) als Mindestregelung so detailliert, daß den Ländern nur noch ein relativ enger, in § 8 VIII u. IX BNatSchG umschriebener Ergänzungsspielraum verbleibt. Dort eröffnet § 8 VIII BNatSchG zur Erleichterung des Gesetzesvollzugs die Möglichkeit, (im Einzelfall widerlegliche) Vermutungen zu normieren (Rn. 5/138). **112**

Die Eingriffsregelung hat, obwohl sie in den vergangenen 10 Jahren in Verwaltungs- und Gerichtspraxis zunehmend an Bedeutung gewonnen hat, die in sie gesetzten Erwartungen nicht erfüllen können, weil mit der Privilegierung von Land- und Forstwirtschaft (§ 8 VII BNatSchG) große Umweltnutzer freigestellt werden und in verdichteten Räumen erhebliche Spannungen wegen der Knappheit des verfügbaren Raumes auftreten: hier läßt sich der bloße Binnenbedarf an Wohnraum aufgrund des demographischen Wandels (Alterspyramide) nur sehr schwer befriedigen und geht zwangsläufig mit Naturverbrauch einher[74]. Dem Unbehagen kommunaler Entscheidungsträger hat die BauROG-Novelle 1998 nicht abhelfen können. Eine Erfolgskontrolle hinsichtlich der Durchführung von Kompensationsmaßnahmen fehlt fast vollständig[75]. Andererseits wird kritisch eingewandt, das naturschutzrechtliche Kompensationsinstrumentarium sei spätestens nach Einführung der §§ 8a ff. BNatSchG kaum mehr justiziabel und zu einer Geheimwissenschaft eingeweihter Kreise geworden[76]. Aus Naturschutzsicht wird in vielen Fällen die Erhaltung eines status quo nicht ausreichen, um gravierende ökologische Schäden zu verhindern, weil die Natur bereits zu stark vorgeschädigt ist, um z.B. ein weiteres Aussterben von Arten in einem Gebiet zu verhindern. Das Naturschutzrecht sollte **113**

---

72 Vgl. *Heinke*, Eingriff, Vermeidung, Ausgleich und Untersagung. Zur Auslegung der wesentlichen Begriffe des § 8 BNatSchG, 1997; *Bunzel*, UPR 1991, 297 ff.; *Dürr*, NVwZ 1992, 833 ff.; *Gaentzsch*, NuR 1986, 89 ff.; *Kuchler*, NuR 1991, 465; *Paetow*, NuR 1986, 144 ff. (zur gerichtlichen Überprüfung der Vorhabenzulassung); *Schink*, DVBl. 1992, 1390 ff.; *Schmidt-Aßmann*, in: HdUR, Bd. I, Art. „Eingriff in Natur und Landschaft", Sp. 451 ff.; *Voßkuhle*, Das Kompensationsprinzip, 1999, S. 135 ff.

73 BVerwGE 85, 348 (357); VGH BW, NVwZ 1992, 992 (999).

74 *Bunzel*, NuR 1997, 583 (591).

75 SRU, Sondergutachten 1996, Tz. 147 ff.; *Wolf*, ZUR 1998, 183 (185); *Peters/Ranneberg*, Umweltwirksamkeit von Ausgleichs- und Ersatzmaßnahmen nach § 8 BNatSchG, 1993. Zu Möglichkeiten, die Kompensation abzusichern, *Voßkuhle*, Das Kompensationsprinzip, 1999, S. 415 ff.

76 *Berkemann*, NuR 1993, 97 (98); *Steinfort*, VerwArch 1995, 107 (109).

daher auch rechtliche Instrumentarien bereithalten, um – beispielsweise auf der Grundlage entsprechender Landschaftsplanung – den status quo ante herbeiführen zu können.

1. Definition des Eingriffs in Natur und Landschaft

114 **Eingriffe in Natur und Landschaft** im Sinne der naturschutzrechtlichen Eingriffsregelung sind nicht alle vom Menschen bewirkten negativen Veränderungen von Natur und Landschaft, sondern nach der **bundesrechtlichen Legaldefinition** des § 8 I BNatSchG nur Vorhaben, die geeignet sind, durch *Veränderungen der Bodengestalt* oder der *Bodennutzung* die *Leistungsfähigkeit des Naturhaushalts* (Rn. 5/6) oder das *Landschaftsbild erheblich oder nachhaltig*[77] *zu beeinträchtigen*[78].

115 Ausreichend ist eine gewisse Wahrscheinlichkeit der Beeinträchtigung. Diese ist *erheblich*, wenn sie ohne weiteres feststellbar ist, es sich also nicht lediglich um unwesentliche Wirkungen des Eingriffs handelt; sie ist *nachhaltig*, wenn sie andauernde oder nicht nur vorübergehende Wirkungen auslöst. Die Leistungsfähigkeit (d.h. Funktionsfähigkeit) des Naturhaushalts (oder von Teilen des Naturhaushalts) wird nicht beeinträchtigt, wenn eine Prognose erkennen läßt, daß mit dem Eingriff keine Störung verbunden ist bzw. daß eine Störung (z.B. der Biozönose) binnen angemessener Frist von selbst wieder ausgeglichen wird. Ob ein Eingriff das Landschaftsbild beeinträchtigt, ist aus der Sicht eines für die Schönheiten der natürlich gewachsenen Landschaft aufgeschlossenen Durchschnittsbetrachters zu beurteilen.

116 **Beispiele**[79]**: Änderungen der Bodengestalt** i.S. des § 8 I BNatSchG sind etwa größere Bauvorhaben (besonders im Außenbereich), z.B. die Errichtung eines Gebäudes, eines Tiergeheges, eines Weges, einer Straße, einer Bahnlinie, einer Hochspannungsleitung, eines Kanals, eines Flugplatzes oder einer Mülldeponie; die wesentliche Umgestaltung eines Gewässers; der Bau einer Telegraphen- oder Hochspannungsleitung; nicht unerhebliche Abgrabungen (etwa Anlegen eines Entwässerungsgrabens, Trockenauskiesung, Abbau von Braunkohle im Tagbau) oder Aufschüttungen (etwa Kies- oder Kohlehalden) usw. **Änderungen der Bodennutzung** sind etwa die Überführung von Brachland oder Feuchtgebieten in eine landwirtschaftliche Nutzung, die Beseitigung einer Streuobstwiese, die Umwandlung von Wald, die Aufforstung von Dünen, die Entwässerung von Mooren oder Feuchtgebieten, u.U. die Beseitigung von Sekundär-Biotopen usw.

117 Das **Landesrecht** kann – das ist fast durchweg geschehen – **Negativ- oder Positivkataloge** aufstellen[80], wonach entweder Veränderungen der Gestalt oder der Nutzung von Grundflächen, die im Regelfall nicht zu einer erheblichen Beeinträchtigung von

---

77 OVG Münster, Urt. v. 30.6.1999, 7 aD 144/97: Bei dem Merkmal „erheblich" im Sinne der naturschutzrechtlichen Eingriffsregelung (§ 8 BNatSchG) geht es um die – objektive – Gewichtigkeit der Beeinträchtigungen und bei dem Merkmal „nachhaltig" um deren zeitliche Komponente im Sinne von „dauerhaft".

78 Für Änderungen der Bodennutzung mit erheblichen Folgelasten des Naturhaushalts genügt zur Erfüllung des Eingriffstatbestandes nicht, daß die Beeinträchtigung mit Immissionen verbunden ist, die erst vom *Betrieb* einer Anlage (z.B. einer MVA) verursacht werden; insoweit sind nur die Fachgesetze (z.B. BImSchG, WHG) einschlägig, s. OVG Schleswig, NuR 1999, 533 (534); *Bickel*, DÖV 1989, 937 ff.; a.A. *Gassner*, BNatSchG, § 8 Rn. 7 f.

79 S. hierzu die Beispiele aus der Rechtsprechung von *Gassner*, BNatSchG, § 8 Rn. 3 ff.; *Schmidt*, NVwZ 1999, 363 (365).

80 Übersicht bei *Kiemstedt/Ott/Mönnecke*, Methodik der Eingriffsregelung, Band II, 1996, S. 23 ff. Bedenklich weit der vom OVG Hamburg, NuR 1997, 453 (457) dem Landesgesetzgeber eingeräumte Spielraum.

Natur und Landschaft führen, nicht als Eingriffe anzusehen sind (§ 8 VIII 1 BNatSchG) oder – nach dem BVerwG im Einzelfall widerlegliche – Eingriffsvermutungen für bestimmte, regelmäßig dem bundesrechtlichen Eingriffsbegriff unterfallende Veränderungen normiert sind (§ 8 VIII 2 BNatSchG).

Nach § 10 BW NatSchG ist als Eingriff (nur) ein „Vorhaben im Außenbereich" mit der Eignung zu erheblicher Beeinträchtigung des Naturhaushalts oder Landschaftsbilds anzusehen[81]. Aufforstungen und Waldrodungen unterliegen den speziellen Vorschriften nach § 25 Landwirtschafts- und LandeskulturG bzw. § 9 BW WaldG. Die Regelung der Art. 6 f. BayNatSchG entspricht im wesentlichen dem Bundesrecht ebenso wie die einschlägigen Regelungen aller übrigen Länder. Nach Art. 6 III BayNatSchG gelten allerdings für Vorhaben, die den Naturgenuß erheblich oder nachhaltig beeinträchtigen oder den Zugang zur freien Natur ausschließen bzw. erheblich oder nachhaltig beeinträchtigen, die Regelungen für Eingriffe entsprechend. Hervorzuheben ist etwa noch § 5 HessNatSchG, nach dem Bodengestalt- oder Bodennutzungsänderungen mit Eignung zur erheblichen und nachhaltigen Beeinträchtigung des Erholungswerts oder des örtlichen Klimas einen Eingriff darstellen. **118**

Im **Forstrecht** bestehen entsprechende Regelungen durch landesrechtliche Vorschriften über die Waldumwandlung, die § 9 BWaldG ausfüllen. Die förmliche Entscheidung über die Waldumwandlung ist hierbei als repressives Verbot mit Befreiungsvorbehalt strukturiert, wobei eine Abwägung zwischen dem öffentlichen Interesse an der Walderhaltung und dem privaten Umwandlungsinteresse vorzunehmen ist[82]. Die Umwandlungsgenehmigung kann erteilt werden, wenn die Nachteile durch Kompensationsmaßnahmen (Waldaufforstung, Umnutzung von Monokulturen in naturnahen Mischwald usw.) oder – nachrangig – Zahlung einer Walderhaltungsabgabe aufgefangen werden kann. Die Vorschriften sind leges speciales zum Naturschutzrecht, das nur insoweit anwendbar bleibt, als Gesichtspunkte des Flächen- oder Artenschutzes berührt sind[83]. **119**

Die im Sinne des BNatSchG ordnungsgemäße land-, forst- und fischereiwirtschaftliche Bodennutzung ist – rechtspolitisch umstritten – *nicht* als Eingriff in Natur und Landschaft anzusehen (§ 8 VII BNatSchG), soweit dabei die Ziele und Grundsätze des Naturschutzes und der Landschaftspflege berücksichtigt werden. Die 3. Novelle hat dabei eine widerlegliche Regelvermutung geschaffen, daß eine den Vorschriften des landwirtschaftlichen und forstlichen Fachrechts sowie § 17 II BBodSchG (Rn. 7/120) entsprechende „gute fachliche Praxis" diesen Zielen entspricht[84]. Keinen Eingriff stellt ferner die Wiederaufnahme einer land- oder forstwirtschaftlichen Nutzung dar, die aufgrund vertraglicher Regelungen (s. § 3b) zeitweilig eingeschränkt oder unterbrochen war (§ 8 VII 3 BNatSchG), wodurch Anreize für den Vertragsnaturschutz gegeben werden sollen[85]. **120**

81 VGH BW, VBlBW 1991, 19 ff. gegen die von *Kuchler*, Naturschutzrechtliche Eingriffsregelung und Bauplanungsrecht, 1989, S. 145 ff. und DVBl. 1989, 973 ff., überzeugend dargestellte Auffassung, daß diese Beschränkung gegen § 8 BNatSchG verstößt und daher nach Art. 31 GG nichtig ist (so auch *Peters*, Umweltverwaltungsrecht, Rn. VII/66; *de Witt/Dreier*, Naturschutz, Rn. 535). Das BVerwG vertritt die Auffassung, daß der Landesgesetzgeber den Eingriffstatbestand nicht begrenzen darf; s. BVerwGE 85, 348 (357).

82 *Schmidt-Aßmann*, NuR 1986, 98 (100); VGH BW, NVwZ 1995, 1225 ff.; a.A. *Klose/Orf*, BW WaldG, § 9 Rn. 162; *Büllesbach*, NVwZ 1991, 22 (25). Allgemein zur kompensatorischen Schutzanordnung im Forstrecht *Voßkuhle*, Das Kompensationsprinzip, 1999, S. 161 ff.

83 VG Dresden, LKV 1998, 416.

84 *Müller-Terpitz*, NVwZ 1999, 29 (30 f.).

85 S.a. das Ges. zur Gleichstellung stillgelegter und landwirtschaftlich genutzter Flächen vom 10.7.1995, BGBl. I 910.

121 Eine landwirtschaftliche Bodennutzung ist nach landesrechtlichen Bestimmungen z.B. ordnungsgemäß, wenn

- im Rahmen des wissenschaftlich-technischen Fortschritts und der gesetzlichen Bestimmungen die Bodenfruchtbarkeit nachhaltig gesichert und die Erzeugung hochwertiger Nahrungsmittel gewährleistet ist (Art. 6 II 2 BayNatSchG)[86];
- sie mit geeigneten Wirtschaftsweisen (die auf einen geschlossenen schadstoffarmen Stoffkreislauf und ausgeglichenen Wasserhaushalt abzielen, der die Bodenfunktionen sichert und die Grundwasserzonen von Schadstoffbelastungen freihält) den Boden pflegt, Erosion und Humusabbau weitgehend vermeidet, zur Regeneration beiträgt, Gewässer nicht durch Schadstoffeintrag und Bewirtschaftung der Uferzonen gefährdet sowie wildlebenden Tieren und Pflanzen einen ausreichenden Lebensraum erhält (§ 11 II BbgNatSchG).

2. Schutz vor natur- oder landschaftsschädigenden Eingriffen

a) Bundesrechtliche Rahmenregelung

122 Die **Rechtsfolgenregelung** des § 8 II u. III BNatSchG ist als **naturschutzrechtliche Ermächtigung zur Vornahme belastender Anordnungen konzipiert**, *nicht* aber – wie etwa bei §§ 11 I, III, 13 I BWNatSchG, § 14 V BlnNatSchG oder bei § 13 I BbgNatSchG – als unmittelbares *repressives Verbot* des Eingriffs in Natur und Landschaft *mit Befreiungsvorbehalt.*

123 Um Bagatellvorgänge auszuscheiden, gelten die Bestimmungen der Rechtsfolgenregelung nur für Eingriffe, die nach *anderen Rechtsvorschriften* einer behördlichen Gestattung (Bewilligung, Erlaubnis, Genehmigung, Planfeststellung usw.) bedürfen, einer Behörde anzuzeigen sind oder von einer Behörde durchgeführt werden (§ 8 II 2 u. VI BNatSchG, sogen. „**Huckepackverfahren**")[87]. Die zuständigen Behörden (§ 8 II 3 BNatSchG) haben – etwa durch selbständige *Anordnungen* oder *Nebenbestimmungen* einer Baugenehmigung oder eines Planfeststellungsbeschlusses – die in § 8 II u. III BNatSchG vorgesehenen Entscheidungen (z.B. Eingriffsuntersagung, Anordnung von Ausgleichs- oder Ersatzmaßnahmen) im Benehmen mit den für Naturschutz und Landschaftspflege zuständigen Behörden zu treffen (§ 8 V BNatSchG). Insoweit wird das jeweils für das Eingriffsvorhaben geltende materielle Recht modifiziert. Die Rechtsfolgenregelung ist wie folgt **gestuft**:

124 Vermeidbare Beeinträchtigungen sind zu unterlassen (1. Stufe). Unvermeidbare Beeinträchtigungen sind auszugleichen (2. Stufe). Sind unvermeidbare Beeinträchtigungen nicht ausgleichbar, so ist der Eingriff zu untersagen, wenn sich die Belange des Naturschutzes und der Landschaftspflege bei der Abwägung aller Anforderungen an Natur und Landschaft als vorrangig erweisen (3. Stufe) oder hilfsweise durch Ersatzmaßnahmen zu kompensieren (4. Stufe). Die ersten beiden Stufen schützen das Integritätsinteresse, das in den folgenden Stufen dem Kompensationsinteresse weicht[88]:

86 S. aber auch VG Regensburg, NuR 1996, 428 f.

87 Damit entfällt bundesrechtlich die Anwendung der Eingriffsregelung für verfahrensfreie – nicht anzeigebedürftige – Bauvorhaben vorbehaltlich strengeren Landesrechts.

88 So zutr. *Wolf*, ZUR 1998, 183 (184).

(1) **Vermeidbare Beeinträchtigungen** von Natur und Landschaft **sind** nach § 8 II 1 BNatSchG **zu unterlassen**. Nach der neueren Rechtsprechung des BVerwG soll das Vermeidungsgebot auch in der Planfeststellung nicht der planerischen Abwägung unterliegen, sondern *striktes Recht* im Sinne eines Planungsleitsatzes sein (Rn. 3/158)[89]. Der Begriff der Vermeidbarkeit ist in Bezug auf die konkrete Ausführung eines Vorhabens, also in erster Linie objektbezogen zu verstehen. Es ist zu fragen, ob das von einem Fachgesetz gebilligte Vorhaben *an der vorgesehenen Stelle* ohne einen Eingriff in Natur und Landschaft bzw. mit weniger schweren Beeinträchtigungen verwirklicht werden kann (z.B. Verzicht auf eine Einzäunung, Verlegung unterirdischer Kabel statt Freileitungen, Ausführung der Bauarbeiten außerhalb von Brut- oder Wanderungszeiten gefährdeter Arten usw.). Auswirkungen auf den Naturhaushalt sind *so gering wie möglich* zu halten[90], was auch die Suche nach schonenderen Alternativen am Ort des Eingriffs einschließt, jedoch zu keiner umfassenden Alternativenprüfung zwingt[91]. Es ist jeweils anhand strenger Maßstäbe zu prüfen, ob diejenigen Belange, für die freies Gelände des Naturhaushaltes in Anspruch genommen werden soll, ausreichend dargelegt und gewichtig sind[92]. Im Hinblick auf die Ausgestaltung der Rechtspflicht, den geplanten Eingriff so geringfügig wie möglich zu gestalten, ist in § 8 I BNatSchG – entgegen der mißverständlichen Aussage des BVerwG – nicht ein strikter Planungsleitsatz, sondern die *Verknüpfung einer Rechtspflicht mit einem Optimierungsgebot* zu sehen[93]. **125**

(2) In diesem Sinne „unvermeidliche" Naturbeeinträchtigungen sind nach § 8 II 1 BNatSchG **auszugleichen**. Der Begriff des Ausgleichs ist in § 8 II 4 BNatSchG bundesrahmenrechtlich vorgegeben. Ein Eingriff ist ausgeglichen, wenn nach seiner Beendigung in dem betroffenen Landschaftsraum ein Zustand geschaffen ist, der in gleicher Art, mit gleichen Funktionen und ohne Preisgabe wesentlicher Faktoren des optischen Beziehungsgefüges den vor dem Eingriff vorhandenen Zustand in weitestgehender Annäherung fortführt. Ein solcher Ausgleich muß nicht notwendig genau an der Stelle des Eingriffs, wohl aber unter Wahrung des funktionellen Zusammenhangs zwischen Eingriff und Ausgleich erfolgen (Rn. 5/133)[94]. **126**

Ziel des Ausgleichsgebotes ist also eine weitestgehende Kompensation der Eingriffsfolgen[95] durch gleichartige[96] Ausgleichsmaßnahmen, die – soweit der Ausgleich am Ort des Eingriffs nicht oder nur unter unverhältnismäßigem Aufwand möglich ist **127**

---

89 BVerwGE 100, 370 (381); BVerwG, UPR 1997, 329 ff.; NVwZ 1993, 565 ff.; zust. *Berkemann,* NuR 1993, 97 (100); *Schink*, DVBl. 1992, 1390 ff.; diff. *Dreier*, Abwägung, S. 303 ff.

90 Sogen. technisch-fachliche Optimierungspflicht, s. *Kuchler*, NuR 1991, 465 (466); *Schink*, DVBl. 1992, 1390 (1397).

91 *Ecker/Engel/Schäfer*, VBlBW 1994, 217 (218); *Schink*, DVBl. 1992, 1390 (1397). Nach BVerwGE 104, 144 ff.; BVerwG, NuR 1998, 138 ist die Alternativenprüfung bereits im fachplanungsrechtichen Abwägungsgebot enthalten.

92 BVerwGE 75, 214 (257); *Schink*, DVBl. 1992, 1390 (1398); *Ecker/Engel/Schäfer*, VBlBW 1994, 217 (218).

93 *Dreier*, Abwägung, S. 303; so auch noch BVerwG, NVwZ 1991, 69.

94 BVerwGE 85, 348 (361).

95 *Berkemann*, NuR 1993, 97 (102 f.), und *Schink*, DVBl. 1992, 1390 (1398) weisen u.E. zutr. darauf hin, daß dies nicht mit Naturalrestitution verwechselt werden darf, weil die ursprüngliche naturräum-

– auch im gleichen Landschaftraum und im Zusammenhang mit dem Eingriff durchgeführt werden kann (z.B. Verlegung eines Feuchtbiotops). Das naturschutzrechtliche Gebot, mögliche Ausgleichsmaßnahmen zu schaffen, ist *striktes Recht und unterliegt nicht der planerischen Abwägung*[97].

128 (3) Sind die mit einem Eingriff verbundenen **Beeinträchtigungen** von Natur und Landschaft **nicht zu vermeiden** und obendrein im erforderlichen Maße **nicht auszugleichen**, so hat die nach § 8 II 3 BNatSchG zuständige Behörde den Eingriff gem. § 8 III BNatSchG zu **untersagen**, wenn die Belange des Naturschutzes und der Landschaftspflege bei der **Abwägung** aller Anforderungen an Natur und Landschaft im Range vorgehen (anders einige Landesnaturschutzgesetze, nach denen ein Eingriff *zugelassen werden kann*, wenn überwiegende andere Belange der *Allgemeinheit* ihn erfordern, z.B. § 11 III 1 BWNatSchG, § 14 V 2 BlnNatSchG, § 6 I 1 HessNatSchG). Da diese Abwägung nicht lediglich „nachvollziehend" ist, unterliegt sie nur hinsichtlich der bekannten Abwägungsfehler (Rn. 3/160 ff.) der gerichtlichen Kontrolle[98]. Umstritten ist, ob die „Abwägung aller Anforderungen an Natur und Landschaft" nur öffentliche Belange im Sinne des Naturschutzrechts oder auch private Belange, insbesondere Eigentümerinteressen erfaßt[99].

129 Der Wortlaut der Vorschrift läßt beide Deutungsmöglichkeiten zu. Für eine Einbeziehung allein öffentlicher Belange spricht, daß sich die Abwägungsklausel an den Zielen und Grundsätzen des Naturschutzes nach §§ 1, 2 BNatSchG orientiert und im Gegensatz zu dem in § 1 VI BauGB normierten Abwägungsgebot private Belange unerwähnt läßt. Auch die Entstehungsgeschichte der Vorschrift (nach Auffassung der BReg soll § 8 III BNatSchG inhaltlich dem Vorschlag des BRats entsprechen, wonach ein Eingriff zugelassen werden könne, wenn *überwiegende* andere Belange der *Allgemeinheit* den Eingriff erfordern), kann hierfür herangezogen werden[100].

130 Die Rechtsfolgenregelung des § 8 III BNatSchG geht jedoch von der Zulässigkeit eines Eingriffs in Natur und Landschaft trotz unvermeidbarer, nicht vollständig ausgleichbarer Beeinträchtigungen des Naturhaushaltes aus und gibt den zuständigen Behörden lediglich eine Rechtsgrundlage für die Untersagung des Eingriffs an die Hand, soweit im Rahmen der Abwä-

---

liche Funktion durch den Eingriff endgültig zerstört wird und nur ein künstlicher Ausgleich geschaffen wird, der oft erst nach Jahrzehnten zu wirken beginnt.

96 OVG Berlin, NVwZ 1983, 416 (417); *Berkemann*, NuR 1993, 97 (102); *Kuchler*, NuR 1991, 465 (469); *Schink*, DVBl. 1992, 1390 (1398); a.A. *Breuer*, NuR 1980, 94.

97 BVerwG, NVwZ 1993, 565 (569), unter Aufgabe der noch in BVerwG, NVwZ 1991, 69 vertretenen Auffassung. Das Ausgleichsgebot wird aber auch vom tatsächlich Möglichen und dem Verhältnismäßigkeitsgrundsatz begrenzt. Die Einhaltung strikten Rechts (Rn. 3/158) unterliegt voller gerichtlicher Kontrolle, wenngleich die bestehende Methodik noch unzureichend ist, vgl. BVerwG, NuR 1998, 138 f. Eine planerische Gestaltungsfreiheit besteht, wenn mehrere Ausgleichsmaßnahmen möglich sind, vgl. *de Witt/Dreier*, Naturschutz, Rn. 550.

98 BVerwGE 85, 348 (362); VGH BW, NuR 1997, 356 (358); BayVGH, NuR 1996, 203 (204); a.A. *Halama*, NuR 1998, 633 (636); *Kuschnerus*, NVwZ 1996, 235 (240).

99 Für eine Beschränkung auf öffentliche Belange: BayVGH, UPR 1992, 29 ff.; *Czybulka*, VBlBW 1991, 95; *Paetow*, NuR 1986, 144 (147); a.A. OVG Hamburg, NVwZ-RR 1993, 9; OVG Münster, NVwZ 1995, 308 (309); *Dürr*, BauR 1994, 460 (463); *Kolodziejcok/Recken*, BNatSchG, § 8 Rn. 22; *Kuchler*, NuR 1991, 465 (470); *Schink*, DVBl. 1992, 1390 (1400); *Voßkuhle*, Das Kompensationsprinzip, 1999, S. 143.

100 S. BT-Drs. 7/3879, S. 35.

gung Naturschutzbelange als vorrangig bewertet werden[101]. Mit dieser gesetzlichen Grundentscheidung des § 8 III BNatSchG wäre es nur schwer vereinbar, wenn private Interessen in der Abwägung unberücksichtigt blieben und deshalb ein vorwiegend privatnütziger Eingriff (z.B. Bau eines Wohnhauses oder einer Scheune im Außenbereich, Anlage eines Fischteiches, Kiesabbau usw.) grundsätzlich untersagt werden müßte. Daher ist § 8 III BNatSchG als „echte" Abwägungsklausel anzusehen, bei der entsprechend dem rechtsstaatlichen Abwägungsgebot eine umfassende Würdigung aller Belange, nicht nur öffentlicher Interessen vorzunehmen ist[102]. Hierbei ist allerdings keine planerische Entscheidung i.e.S. zu treffen, sondern es sind eingriffsbezogen die Beeinträchtigungen des Naturhaushaltes mit den Eingriffsinteressen zu vergleichen und zu bewerten. In echten Planungsentscheidungen stellt § 8 III BNatSchG, da sich die Naturschutzbelange in dieser Abwägung durchsetzen, wenn sie gewichtiger sind als die Eingriffsinteressen, und der Eingriff dann auch zwingend zu untersagen ist, ein **Optimierungsgebot** dar[103].

Die Möglichkeit, Ersatzmaßnahmen anzuordnen oder Ausgleichsabgaben zu erheben, hat im Rahmen der Abwägung keine Rolle zu spielen, weil zunächst über den Vorrang des Eingriffs und danach über die Kompensation verbleibender naturschutzrechtlicher Defizite zu entscheiden ist; andernfalls würde der bundesrahmenrechtlich vorgegebene Vorrang von Ausgleichsmaßnahmen umgangen[104]. **131**

Es ist nicht zu übersehen, daß die in § 8 III BNatSchG normierte Vorrangregelung umweltpolitisch bedenklich ist und zulasten des Naturschutzes wirtschaftliche Interessen und Verkehrswegebau begünstigt. Im Zuge der Novellierung des BNatSchG sollte daher in Anlehnung an verschiedene LNatSchGe ein repressives Verbot mit Befreiungsvorbehalt eingeführt werden, wonach ein unvermeidbarer Eingriff nur dann zulässig ist, wenn überwiegende Allgemeininteressen ihn erfordern und eine vollständige Kompensation der Eingriffsfolgen (durch Ausgleichs- oder Ersatzmaßnahmen) möglich ist. **132**

(4) Da ein vollständiger Ausgleich der naturräumlichen Beeinträchtigungen an Ort und Stelle häufig nicht zu verwirklichen sein wird, weil dort die Natur endgültig vernichtet wird, können – nachrangig gegenüber dem in § 8 III BNatSchG enthaltenen Optimierungsgebot – nach § 8 IX BNatSchG i.V.m. den Ländergesetzen (z.B. § 11 III 4, IV Nr. 2 BWNatSchG) an anderer Stelle auch **ausgleichende Ersatzmaßnahmen** durchgeführt werden, um die Eingriffsfolgen zu kompensieren[105]. Es sind **133**

---

101 Bei – in der Praxis wohl seltener – *Gleichrangigkeit* des konkreten Eingriffsinteresses mit entgegenstehendem Erhaltungsinteresse ist der Eingriff damit zulässig, wenn nicht – wie in verschiedenen Landesnaturschutzgesetzen – der Eingriff nur zugelassen werden kann, soweit *überwiegende Allgemeininteressen* für ihn sprechen.

102 I.E. auch BVerwG, NVwZ 1991, 362 u. 364 (Zulässigkeit einer privatnützigen Planfeststellung für einen Fischteich).

103 Offen ist, inwieweit in einer fachplanerischen Entscheidung, die dem allgemeinen Abwägungsgebot unterliegt (Rn. 3/160 ff.), § 8 III BNatSchG eine eigenständige Abwägung erfordert (so zutr. BVerwGE 85, 348 [362]; *Voßkuhle*, Das Kompensationsprinzip, 1999, S. 146) oder ob diese in der fachplanungsrechtlichen Abwägung aufgeht (VGH BW, Urt. v. 9.2.1995, 5 S 1648/94, S. 49; *Ramsauer*, NuR 1997, 419 [424]; *Wolf*, ZUR 1998, 185 [187]), und damit bestimmte Abwägungsfehler unbeachtlich sind.

104 *Berkemann*, NuR 1993, 97 (104 f.); *Schink*, DVBl. 1992, 1390 (1400); *Gassner*, BNatSchG, § 8 Rn. 47; *Voßkuhle*, Kompensationsprinzip, 1999, S. 143; a.A. *Kuschnerus*, DVBl. 1986, 75 (79) und de lege lata § 6b IV 2 Hess NatSchG.

105 Es ist str., ob diese landesrechtlich geschaffene Möglichkeit bereits in die Abwägung nach § 8 III BNatSchG einzubeziehen ist. Befürwortend *Ronellenfitsch*, NuR 1986, 284 (288); zurecht ablehnend jedoch *Berkemann*, NuR 1993, 97 (105) u. *Schink*, DVBl. 1992, 1390 (1400), weil sich die Frage nach Ersatzmaßnahmen erst dann stellt, wenn die Abwägung zugunsten des Vorhabens aus-

dabei Flächen ökologisch so aufzuwerten, daß sie neben ihrer bisherigen Funktion auch eine ausreichende Ersatzfunktion für die durch den Eingriff vernichtete oder beeinträchtigte Fläche bieten. Eine solche Ersatzmaßnahme kann in der Nähe der Fläche durchgeführt werden, auf der der Eingriff stattfinden soll, aber auch durchaus räumlich getrennt davon[106]. Die *Abgrenzung zwischen Ausgleichs- und Ersatzmaßnahme ist fließend* und vor allem hinsichtlich Art und Ort der Kompensation unterschiedlich: Ein Ausgleich ist nur durch gleichartige Kompensation (Trockenmagerrasen durch Trockenmagerrasen) zu erzielen, während die Ersatzmaßnahme auch eine andere gleichwertige Kompensation sein kann (Streuobstwiese durch naturnahen Mischwald). Die Ausgleichsmaßnahme muß in naturräumlicher Beziehung zum Eingriff stehen, während die Ersatzmaßnahme auch in einem anderen Natur- und Landschaftsraum durchgeführt werden kann.

134 Grund und Boden, dessen ökologischer Wert ebenso hoch wie oder gar höher zu veranschlagen ist als derjenige, der zur Verwirklichung eines raumbedeutsamen Vorhabens in Anspruch genommen wird, ist aus dem Kreis der für die Durchführung von Kompensationsmaßnahmen potentiell geeigneten Flächen von vornherein auszusondern. Für Ausgleichs- oder Ersatzmaßnahmen kommen nur solche Flächen in Betracht, die aufwertungsbedürftig und -fähig sind. Diese Voraussetzung erfüllen sie, wenn sie in einen Zustand versetzt werden können, der sich im Vergleich mit dem früheren als ökologisch höherwertig einstufen läßt[107]. Problematisch ist, daß viele Ökosysteme Jahrzehnte oder Jahrhunderte benötigen, um den Zustand zu erreichen, der bestand, bevor der Eingriff durchgeführt wurde. Dies ist bei der Bewertung des Kompensationsbedarfs entsprechend zu berücksichtigen.

135 Die Landesnaturschutzgesetze sehen darüberhinaus regelmäßig die Zulässigkeit eines bestimmten Vorhabens nach Zahlung einer *Ausgleichsabgabe* für die Fälle vor, in denen der damit verbundene Eingriff weder ausgeglichen noch durch Ersatzmaßnahmen kompensiert werden kann (Rn. 5/140).

136 cc) Handelt es sich bei dem Eingriff in Natur und Landschaft um ein Vorhaben, das nach § 3 UVPG einer **Umweltverträglichkeitsprüfung** unterliegt, so muß das Verfahren, in dem Entscheidungen nach § 8 II 1 u. III BNatSchG oder aufgrund von landesrechtlichen Vorschriften i.S. des § 8 IX BNatSchG getroffen werden, den Anforderungen des UVPG (Rn. 3/2 ff.) entsprechen (§ 8 X BNatSchG).

b) Landesrechtliche Umsetzungen

137 aa) Die Rahmenvorschriften des § 8 BNatSchG sind durch unmittelbar anzuwendendes Landesrecht umzusetzen.

138 In **Baden-Württemberg** sind nach § 11 I BW NatSchG bestimmte, in § 10 BWNatSchG definierte Eingriffe (s. aber Rn. 5/118) *schlechthin unzulässig*, wenn sie mit den Zielen der Raumordnung und Landesplanung nicht vereinbar sind (*Nr. 1*), sie mit vermeidbaren (d.h.

---

gefallen ist. In Planungsentscheidungen ergibt sich diese Berücksichtigungspflicht aus dem Abwägungsgebot. De lege ferenda kann diese Abschichtung zwischen Ausgleichs- und Ersatzmaßnahmen jedoch – wie in § 200a BauGB – aufgegeben werden.

106 *Ecker/Engel/Schäfer*, VBlBW 1994, 217 (219); *Kolodziejcok*, NuR 1992, 309 (311); *Kuchler*, NuR 1991, 465 (471); *Schink*, DVBl. 1992, 1390 (1401).

107 BVerwG, NVwZ 1999, 532; 1997, 486.

über das verfolgte Ziel hinausschießenden[108]) erheblichen Beeinträchtigungen verbunden sind (*Nr. 2*) oder unvermeidbare erhebliche Beeinträchtigungen nicht (oder nicht binnen angemessener Frist) ausgeglichen werden können und wesentliche Belange des Naturschutzes, der Landschaftspflege oder der Erholungsvorsorge entgegenstehen (*Nr. 3*).

Allein Eingriffe i.S. des § 11 I Nr. 3 BWNatSchG können ausnahmsweise zugelassen werden, **139** wenn *überwiegende (andere) öffentliche Belange*, insbesondere Zielsetzungen der Raumordnung und Landesplanung, dies *erfordern* (§ 11 III 1 BWNatSchG)[109]. Diese landesrechtliche Eingriffsregelung ist zugunsten des Natur- und Landschaftsschutzes in dreifacher Hinsicht strenger als die bundesrechtliche Rahmenregelung:

1. *verfahrensrechtlich* wird ein repressives Verbot mit Befreiungsvorbehalt (Rn. 2/21) anstelle der grundsätzlichen Zulässigkeit mit Untersagungsvorbehalt (Rn. 2/32) festgeschrieben;
2. *materiellrechtlich* wird für den Fall, daß die für das (Eingriffs-)Vorhaben sprechenden Belange mit den entgegenstehenden, für Naturschutz und Landschaftspflege sprechenden Belangen gleichgewichtig sind, weiterhin von der Unzulässigkeit des Eingriffs ausgegangen, und
3. darüberhinaus kann im Rahmen der Abwägung allein aufgrund höherrangiger öffentlicher Interessen die Unzulässigkeit des Eingriffs überwunden werden.

Diese Verschärfung gegenüber § 8 III BNatSchG ist bundesrechtlich nicht zu beanstanden[110]. **140** Der Verursacher des Eingriffs ist nach §§ 11 II, III 2 BWNatSchG verpflichtet, vor Ort einen weitestgehenden Ausgleich zu schaffen und im übrigen (§ 11 III 3 u. IV BWNatSchG) die Eingriffsfolgen durch Ersatzmaßnahmen in einem anderen Landschaftsraum (Rn. 5/133) zu kompensieren. Äußerstenfalls ist der Verursacher für nicht kompensierte Eingriffe zur Entrichtung einer *Ausgleichsabgabe* [111] in Form einer an einen staatlichen Naturschutzfonds zu entrichtenden Geldleistung verpflichtet (§ 11 III 4 u. V BWNatSchG).

Diese **Ausgleichsabgabe** ist eine von § 8 IX BNatSchG gedeckte und nach Auffassung des **141** BVerwG auch verfassungsrechtlich (Art. 104a ff. GG) zulässige Sonderabgabe[112]. Konkretisiert wird die Ausgleichsverpflichtung zusammen mit der behördlichen Gestattung durch eine Auflage, wobei die Ausgleichsabgabe wenigstens dem Grunde nach festzusetzen ist. Die *Höhe der Ausgleichsabgabe* wird in den Ländern unterschiedlich bemessen: teilweise werden fiktive Kosten einer Ersatzmaßnahme abgerechnet (Hessen, NRW, Mecklenburg-Vorpommern), teilweise auf den verursachten ökologischen Schaden (Baden-Württemberg, Berlin, Saarland) oder eine Kombination beider Maßstäbe (Brandenburg, Rheinland-Pfalz, Thüringen). Die Bestimmungen sind hinsichtlich der Zweckbindung der Mittelverwendung z.T. bedenklich weit; der in Baden-Württemberg ermöglichte Einsatz für Forschung und Fortbildung im Bereich des Umweltschutzes dürfte die verfassungsrechtlichen Grenzen überschreiten[113].

---

108 VGH BW, DVBl. 1986, 364; VGH BW, VBlBW 1989, 61 ff. (Hochrheinautobahn) mit i.E. zust. Anm. *Kuchler.*

109 VGH BW, VBlBW 1989, 61 ff.

110 S.a. BVerwG, NVwZ 1993, 565 ff. zum inhaltsgleichen § 14 V 2 Bln NatSchG.

111 Die isolierte Anfechtung der mit einer Baugenehmigung verbundenen Festsetzung der Ausgleichsabgabe ist nach zutr. Ansicht des Hess. VGH, NVwZ-RR 1994, 647 (648); OVG Berlin, NVwZ 1997, 1005 f.; VG Hannover, NuR 1995, 102, nicht möglich, weil erst die Ausgleichsabgabe die Zulässigkeit des Eingriffs begründet; a.A. Hess. VGH UPR 1997, 257; OVG Lüneburg, NuR 1997, 301. Zu den landesrechtlich vorgesehenen, unterschiedlich konzipierten Ausgleichsabgaben vgl. *Voßkuhle*, Das Kompensationsprinzip, 1999, S. 242 ff.

112 BVerwGE 74, 308; 81, 220. Allerdings weicht das BVerwG von der Sonderabgabenjudikatur des BVerfG (Rn. 2/57) teilweise ab, vgl. dazu *Meßerschmidt*, DVBl. 1987, 925 ff.; *Rehbinder*, NuR 1989, 149 (163). S.a. *Voßkuhle*, Das Kompensationsprinzip, 1999, S. 220 ff.

113 *Voßkuhle*, Das Kompensationsprinzip, 1999, S. 247.

Weiterführend wird vom SRU vorgeschlagen, die Bemessung einer Ausgleichsabgabe an folgenden Parametern zu orientieren: Sachkosten (Wiederherstellungskosten), Zeitabgabe (Geldäquivalent für Funktionsausfall während der Entwicklungszeit), Risikoabgabe (Geldäquivalent für das Wiederherstellungsrisiko) und Wertabgabe (für den beeinträchtigten Naturschutzwert)[114].

142 bb) Schließlich können die Länder auch *weitergehende* Vorschriften zu Ausgleichsmaßnahmen und zum Verbot von Eingriffen erlassen (§ 8 IX BNatSchG).

143 In **Baden-Württemberg** stehen der *Abbau von Bodenbestandteilen* (z.B. Sand oder Kies), Abgrabungen, Aufschüttungen sowie die Schaffung künstlicher Wasserflächen (§ 13 I BW NatSchG) unter einem repressiven Verbot mit Befreiungsvorbehalt; diese können also von der Naturschutzbehörde nur genehmigt werden, soweit nicht die naturschutzrechtliche Eingriffsregelung oder Vorschriften in Rechtsverordnungen über geschützte Gebiete und Gegenstände entgegenstehen (§ 13 I 1 u. 3 BW NatSchG).

144 *Chemische Mittel* zur Bekämpfung von Schadorganismen (Pestiziden) und Pflanzenkrankheiten sowie Wirkstoffe, die den Entwicklungsablauf von Pflanzen beeinflussen (Herbizide), dürfen in der freien Landschaft außerhalb von land- und forstwirtschaftlich genutzten Grundstükken nur angewendet werden, wenn dies im öffentlichen Interesse erforderlich ist und nicht überwiegende Belange des Naturschutzes und der Landschaftspflege entgegenstehen (§ 17 I BWNatSchG; vgl. auch Rn. 6/43).

145 *Streusalz*, das sich bekanntlich insbesondere baumschädigend auswirken kann, darf außerhalb von Privatgrundstücken nur verwendet werden, soweit dies im öffentlichen Interesse erforderlich ist (§ 17 III BW NatSchG). Dies wird man im Fall von Glättebildung auf Gefällstrecken, in scharfen Kurven, auf Brücken oder an ähnlich gefährdeten Stellen, wohl auch bei stark befahrenen Durchgangsstraßen bejahen müssen, weil hier die erforderliche Verkehrssicherheit durch den Einsatz sogen. abstumpfender Mittel (z.B. Splitt) u.U. nicht zureichend gewährleistet werden kann[115].

146 In **Bayern** bestehen Sondervorschriften für Freileitungen (Art. 6c BayNatSchG), für den Wegebau im Alpengebiet (Art. 6e BayNatSchG) und zum Schutz der Feuchtflächen, Mager- und Trockenstandorte (Art. 6d BayNatSchG mit Anlage).

147 In **Brandenburg** *bedürfen Eingriffe*, für die keine besondere behördliche Zulassung oder Anzeige vorgeschrieben ist (und die dann im Huckepackverfahren im Einvernehmen mit der gleichgeordneten, bei Kreisen der obersten Naturschutzbehörde zu erteilen ist), *der naturschutzrechlichen Genehmigung*.

148 In **Rheinland-Pfalz** dürfen chemische Mittel zur Bekämpfung von Pflanzen oder Tieren in freier Landschaft nur mit behördlicher Genehmigung angewendet werden (§ 7 LPflG).

149 Im **Saarland** regeln die §§ 10-14, 16 f. SaarlNatSchG u.a. die Erhaltung des biologischen Gleichgewichts, die Ufer- und Dammgestaltung, Tier- und Pflanzenbestände und ebenfalls die Verwendung chemischer Mittel.

150 In **Schleswig-Holstein** sind Eingriffe in Feucht- und Trockengebiete sowie in „Knicks" (Gebüschstreifen) grundsätzlich unzulässig (§ 11 LPflG – repressives Verbot mit eng begrenztem Befreiungsvorbehalt); ferner gibt es Sondervorschriften für die Gewinnung von Bodenschätzen (§§ 13 f. LPflG).

---

114 SRU, Umweltgutachten 1994, BT-Drs. 12/6995, Tz. 822.

115 Es gibt auch straßenrechtliche Beschränkungen des Streusalzeinsatzes; vgl. z.B. § 41 I 2 BWStrG, Art. 51 I 2 BayStrWG.

3. Die naturschutzrechtliche Eingriffsregelung in der Bauleitplanung

a) Überblick

Das Bau- und Raumordnungsgesetz 1998 (BGBl. I 2141) hat die naturschutzrechtliche Eingriffsregelung für den Bereich der Bauleitplanung, der 1993 durch Einführung der §§ 8a bis c BNatSchG neu strukturiert worden war[116], in das BauGB überführt. Der ursprüngliche Ansatz, wesentliche Teilbereiche im BNatSchG zu belassen, scheiterte daran, daß die BNatSchG-Novelle nicht zeitgleich mit der Baurechts-Novelle verabschiedet werden konnte. **151**

Der Grundsatz einer **nachhaltigen städtebaulichen Entwicklung**[117] wird in der Planungszielbestimmung des § 1 V BauGB verankert, womit eine Verschärfung der Anforderungen an die Abwägung und die Begründung von Bauleitplänen verbunden ist. Langfristige Folgen der Bauleitplanung müssen berücksichtigt werden. Materielle Planungsschranken können sich insofern ergeben, als Umweltmedien und das Klima nicht langfristig überbelastet werden dürfen, also schwer reversible Entwicklungen, die zu einer Überbelastung des Naturhaushaltes führen können, nicht eingeleitet werden dürfen. **152**

In § 1 V 2 Nr. 7 BauGB wird auf den neuen § 1a BauGB verwiesen, der neben einer **Bodenschutzklausel** (wonach mit Grund und Boden sparsam und schonend umgegangen werden soll und Bodenversiegelungen auf das notwendige Maß zu begrenzen sind)[118] einerseits die Anforderungen der FFH-Richtlinie (Rn. 5/197 ff.) umsetzen und andererseits die wesentlichen Grundzüge der naturschutzrechtlichen Eingriffsregelung in das BauGB übernehmen soll. Nach § 8a II BNatSchG gilt die naturschutzrechtliche Eingriffsregelung in der Form des § 8 BNatSchG nur noch für Außenbereichsvorhaben nach § 35 BauGB und Bebauungspläne, die eine Planfeststellung ersetzen (Rn. 3/90 ff.)[119]. Nach § 1a II BauGB sind im Bauleitplanverfahren in der Abwägung nach § 1 VI BauGB zu berücksichtigen **153**

- Darstellungen von Landschaftsplänen (Rn. 5/107 ff.) und sonstigen umweltrechtlichen Fachplanungen (Rn. 2/39),
- Vermeidung und Ausgleich der zu erwartenden Eingriffe in Natur und Landschaft,

116 S. ausführlich unsere Vorauflage, Rn. 3/150 ff. Ob die Übernahme der Eingriffsregelung aus dem Bundesnaturschutzgesetz in das BauGB und die dadurch bewirkte Verteilung der einzelnen Regelungselemente auf das BauGB die praktische Anwendbarkeit tatsächlich erleichtern wird, bleibt abzuwarten. Einiges hätte dafür gesprochen, es bei den bisherigen Regelungen, die durch die Rspr. der letzten Jahre hinreichend konkretisiert und in der Praxis erprobt waren, zu belassen. Aus der Literatur zu § 1a BauGB vgl. *Bunzel*, NuR 1997, 583 ff.; *Kuschnerus*, BauR 1998, 1 ff.; *Schmidt*, NVwZ 1998, 337 ff.; *Spannowsky/Krämer*, UPR 1998, 44 ff.; *Wolf*, ZUR 1998, 185 ff.

117 S. UBA, Nachhaltiges Deutschland – Wege zu einer dauerhaft umweltgerechten Entwicklung, 1997; *Bunzel*, NuR 1997, 583 ff.

118 Nach h.M. ein Optimierungsgebot (Rn. 3/169), BVerwGE 71, 163 (165); *Bunzel*, NuR 1997, 583 (584); *Wolf*, ZUR 1998, 185 (191).

119 BVerwG, NvwZ 1993, 565 ff.; UPR 1997, 329 ff.; VGH BW, NuR 1998, 653 ff: Bei einem planfeststellungsersetzenden Bebauungplan ist es wegen Fehlens einer planerischen Festsetzungsmöglichkeit nach § 9 I BauGB zulässig, gegenüber dem Vorhabenträger eine **Ausgleichsabgabe** durch Bescheid der unteren Naturschutzbehörde aufgrund § 11 V LNatSchG – vor dem Satzungsbeschluß – festzusetzen, wenn dem Kompensationsgebot anders nicht genügt werden kann.

- Ergebnisse einer etwa durchzuführenden Umweltverträglichkeitsprüfung (Rn. 3/2 ff.),
- Erhaltungsziele oder Schutzzweck von Gebieten gemeinschaftlicher Bedeutung (FFH-Richtlinie und Vogelschutzrichtlinie, Rn. 3/196 ff.).

154 Nach § 1a III BauGB erfolgt der Ausgleich der zu erwartenden Eingriffe in Natur und Landschaft durch geeignete Darstellungen nach § 5 bzw. Festsetzungen nach § 9 BauGB als Flächen oder Maßnahmen zum Ausgleich. Für den Flächennutzungsplan wird durch § 5 IIa BauGB die Möglichkeit geschaffen, Ausgleichsflächen Bauflächen zuzuordnen, so daß die Gemeinde vorsorgend einen sogen. *Kompensationsflächenpool*[120] im Flächennutzungsplan darstellen kann.

155 Die Festsetzung von Kompensationsflächen im Bebauungsplan wird durch Änderung von § 9 I 1 Nrn. 16 und 20 BauGB erleichtert, weil Ausgleichs- und Ersatzmaßnahmen auch dann festgesetzt werden können, wenn sie Gegenstand einer Schutzverordnung sein können[121]. Anstelle von Festsetzungen können auch vertragliche Vereinbarungen (nach dem neuen § 11 BauGB) oder sonstige geeignete Maßnahmen zum Ausgleich auf von der Gemeinde bereitgestellten Flächen getroffen werden. Klargestellt wird, daß ein solcher Ausgleich nicht erforderlich wird, *soweit* die Eingriffe bereits vor Beschlußfassung über den Bebauungsplan erfolgten oder zulässig waren. Nach § 9 Ia BauGB können Kompensationsmaßnahmen und -flächen den Eingriffen zugeordnet werden, wobei die Möglichkeit besteht, diese Festsetzungen auch in einem anderen Bebauungsplan zu treffen.

156 Nach § 9 I BauGB festgesetzte Maßnahmen sind grundsätzlich vom Vorhabenträger durchzuführen; soweit innerhalb des Bebauungsplangebiets eine Zuordnungsfestsetzung nach § 9 Ia BauGB vorgenommen worden ist, soll die Gemeinde die Ausgleichsmaßnahmen anstelle und auf Kosten der Vorhabenträger oder Eigentümer durchführen, sofern dies nicht auf andere Weise (z.B. durch Vertrag) gesichert ist[122]. Nach § 31 II BauGB darf in der Baugenehmigung nicht von den Ausgleichsfestsetzungen befreit werden, weil diese zu den Grundzügen der Planung zählen.

157 Mit der Neuregelung verbleibt dem Landesgesetzgeber kein Raum mehr, Bauvorhaben von der Geltung der naturschutzrechtlichen Eingriffsregelung auszunehmen, wie es etwa § 10 I BWNatSchG vorsieht, wonach nur Bauvorhaben im Außenbereich unter den Eingriffsbegriff fallen sollen. Zwar kann der Landesgesetzgeber den bundesrahmenrechtlichen Begriff des § 8 I BNatSchG konkretisieren, er muß sich dabei aber an den bundesgesetzlichen Rahmen

---

120 *Müller-Pfannenstiel/Brunken-Winkler/Köppel/Straßer*, NuL 1998, 182 ff.; *Wolf*, ZUR 1998, 185 (193 ff.).

121 Vgl. *Erbguth/Müller*, BauR 1997, 568 ff.; zum alten Recht bereits *Gaentzsch*, Berliner Ktr. zum BauGB, § 9 Rn. 40; ferner *Berkemann*, in: *Ramsauer* (Hrsg.), Die naturschutzrechtliche Eingriffsregelung, 1995, mit Beispielen S. 101 ff.

122 Eine Selbstverpflichtung der Gemeinde ist nach Ansicht des BVerwG, NVwZ-RR 1998, 552 f. wegen fehlender Bindungswirkung nicht ausreichend. – BVerwG, B. v. 16.3.1999, 4 BN 17.98: Während es im Regelfall genügen mag, die festgesetzten Ausgleichs- und Ersatzmaßnahmen angemessene Zeit nach der Vornahme der Eingriffe abzuschließen, deren Folgen zu kompensieren sie bestimmt sind, steht der Gemeinde lediglich ein engerer zeitlicher Rahmen zur Verfügung, wenn andernfalls die Gefahr besteht, daß der mit der Kompensation verfolgte Zweck verfehlt wird. Selbst wenn ein Bebauungsplan eine Vielzahl von Bauvorhaben ermöglicht, ist eine Zuordnung zu den Grundstücksflächen, auf denen Eingriffe aufgrund sonstiger Festsetzungen zu erwarten sind, nicht zwingend vorgeschrieben. – Zur Festsetzung von **Qualitätsstandards in einer kommunalen Satzung** s. *Schäfer*, Implementierung ökologischer Standards im Städtebau, Gutachten 1996, S. 150, 160 f.

halten. Indem § 1a II Nr. 2 BauGB auf die Eingriffsregelung nach dem BNatSchG verweist, übernimmt das BauGB den bundesrechtlichen Begriff des Eingriffs in Natur und Landschaft, wie er in § 8 I BNatSchG enthalten ist. Landesrechtliche Bestimmungen können wegen des Zieles des Bundesgesetzgebers, innerhalb des Bundesgebiets eine einheitliche Regelung zu schaffen und landesrechtliche Abweichungen nur über die befristete Aussetzung nach § 246 VI BauGB zuzulassen, nichts Gegenteiliges regeln. Die Neufassung des § 8 II 1 BNatSchG, wonach auf Vorhaben im Innenbereich nach § 34 BauGB die Vorschriften der Eingriffsregelung nicht anzuwenden sind, und die im Laufe des Gesetzgebungsverfahrens eingefügte **Klarstellung des § 1a III 4 BauGB**, daß ein Ausgleich nicht erforderlich wird, *soweit*[123] die Eingriffe bereits vor Beschlußfassung über den Bebauungsplan erfolgten oder zulässig waren, bestätigen dies. Die BauGB-Sonderregelung soll nur für den Bereich der Bauleitplanung gelten, dort aber vollumfänglich.

Nach § 200a BauGB umfassen Festsetzungen für Flächen oder Maßnahmen zum Ausgleich auch Ersatzmaßnahmen nach den Landesnaturschutzgesetzen. Ein unmittelbarer räumlicher Zusammenhang zwischen Eingriff und Ausgleich ist nicht erforderlich, soweit dies mit einer geordneten städtebaulichen Entwicklung und den Zielen der Raumordnung sowie des Naturschutzes und der Landschaftspflege vereinbar ist. Damit wird in der Bauleitplanung die übliche Unterscheidung zwischen Ausgleichs- und Ersatzmaßnahmen nach den Landesnaturschutzgesetzen (und die damit verbundene Stufenfolge) aufgegeben. **158**

Durch § 246 VI BauGB werden die Länder unter der Voraussetzung, daß den Belangen des Naturschutzes auf andere Weise Rechnung getragen werden kann, ermächtigt, die Anwendung des § 1a II Nr. 2 und II BauGB bis zum 31.12.2000 auszusetzen. **159**

b) Die Eingriffsregelung nach § 1a BauGB

Zwingende umweltschutzrechtliche Vorgaben in Gesetzen und Verordnungen sind einer Abwägung nach § 1 VI BauGB nicht zugänglich[124]. § 1a II Nr. 2 BauGB verpflichtet die Gemeinde zu **ermitteln** und zu **entscheiden**, ob vermeidbare Beein- **160**

123 „Soweit" bedeutet in diesem Zusammenhang: Nur soweit durch das „alte" Planungsrecht oder den Bestand zugelassen, d.h. wenn durch Bebauungsplan eine höhere Dichte oder Versiegelung ermöglicht wird, muß der „überschießende Teil" ausgeglichen werden, s. BT-Drs. 13/7589, S. 13.

124 BVerwG, NVwZ-RR 1998, 162 ff.: Ein Bebauungsplan ist kraft Bundesrechts nicht schon deshalb rechtswidrig, weil die für die Verwirklichung von Festsetzungen erforderliche Befreiung (nach § 31 II BNatSchG) von artenschutzrechtlichen Verboten in § 20f I BNatSchG oder die für die Rodung von Wald erforderliche Genehmigung (§ 9 I 1 BWaldG) im Zeitpunkt der Beschlußfassung des Bebauungsplans nicht vorliegt. Der Bebauungsplan ist jedoch – mangels Erforderlichkeit nach § 1 III BauGB – rechtswidrig, soweit seine Verwirklichung an naturschutzrechlichen oder forstrechtlichen Hindernissen scheitern würde; die Gemeinde muß diese Umstände ermitteln und ihre Prognose in der Begründung des Bebauungsplans darlegen. – Weitergehende landesrechtliche Regelungen – wie nach § 11 II BWWaldG – bleiben davon unberührt. S.a. VGH BW, NuR 1998, 146 ff.: Ein Bebauungsplan, der ein gesetzlich nach § 24a LNatSchG geschütztes Biotop überplant, darf nur verabschiedet werden, wenn zuvor von der zuständigen Naturschutzbehörde eine Ausnahme zugelassen wurde. Sonst ist der Bebauungsplan nichtig, wenn die Verwirklichung der entsprechenden Festsetzungen des Bebauungsplans eine Beeinträchtigung oder Zerstörung des Biotops zur Folge hätte. – Zu beachten sind ferner § 1 IV BauGB und Bauverbote in Schutzgebieten, BVerwG, UPR 1992, 447 ff.; BVerwG, NVwZ-RR 1993, 598 f.; NVwZ 1989, 662 f.; VGH BW, NVwZ-RR 1990, 464; UPR 1994, 240.

trächtigungen von Natur und Landschaft zu unterlassen sind und ob und wie unvermeidbare Beeinträchtigungen auszugleichen oder durch Ersatzmaßnahmen zu kompensieren sind, wenn aufgrund der Aufstellung, Änderung, Ergänzung oder Aufhebung eines Bebauungsplans Eingriffe in Natur und Landschaft zu erwarten sind. Ermittlung und Entscheidung müssen den Anforderungen des planungsrechtlichen Abwägungsgebots entsprechen[125].

161 (1) In einem ersten Schritt ist zu klären, ob durch den Bebauungsplan ein **Eingriff** in Natur und Landschaft (Rn. 5/114) ermöglicht wird, wobei der Rahmen des baurechtlich Möglichen vor und nach der Verabschiedung des Bebauungsplans verglichen werden muß. Dies verlangt neben einer *Bestandsanalyse* eine *Prognose* der durch die Bauleitplanung ermöglichten Eingriffe. Wenn bebaubare Grundstücke brachliegen, ist der Ist-Zustand fiktiv durch die mögliche Bebauung zu korrigieren.

162 (2) Das **Verbot vermeidbarer Beeinträchtigungen** verlangt eine städtebauliche *Planrechtfertigung*. Wenn – wie im Regelfall – die Planung nach § 1 III BauGB städtebaulich erforderlich ist[126], folgt daraus, daß ein zwangsläufig damit verbundener Eingriff grundsätzlich nicht vermeidbar ist. Der Flächennutzungs- oder der Bebauungsplan müssen aber daraufhin überprüft werden, ob die Eingriffsfolgen ohne wesentliche Einbußen für die städtebauliche Zielsetzung *minimiert* werden können, wobei planungsrechtlich mögliche *Alternativen* (Verschiebung der Baufenster, anderes Erschließungskonzept, Änderung des Maßes der baulichen Nutzung usw.) zu untersuchen sind.

163 (3) Die aus der Bauleitplanung folgenden Eingriffe sind grundsätzlich **vollständig auszugleichen**, hilfsweise sind Ersatzmaßnahmen vorzusehen. Auch hier ist eine *Prognose* vorzunehmen, inwieweit die Ausgleichs- und Ersatzmaßnahmen den möglichen Eingriff kompensieren (*Bilanzierung* der Eingriffe und der Kompensationsmaßnahmen). Wenn sich zeigt, daß eine vollständige Kompensation der Eingriffsfolgen im Plangebiet nicht durchgeführt werden kann, muß die Gebietsabgrenzung – die durch das planungsrechtliche Gebot der Konfliktbewältigung gesteuert wird – überprüft und eine sich anbietende Arrondierung des Plangebietes mit den erforderlichen Flächen für Ausgleichs- und Ersatzmaßnahmen vorgenommen werden. Das Plangebiet ist so abzugrenzen, daß die Eingriffsfolgen in ihm, einer geeigneten Exklave (um die das Plangebiet erweitert wird) oder dem Gebiet eines weiteren Bebauungsplans kompensiert werden können[127].

164 Art und Umfang der Kompensationsmaßnahmen beeinflussen also den **räumlichen Geltungsbereich eines Bebauungsplans**[128]. Die räumlichen Grenzen des Bebauungsplans sind planerisch so zu bestimmen, daß den mit dem Bebauungsplan verfolgten städtebaulichen Erfordernissen entsprochen werden kann. Die Kompensationsplanung muß daher eine *großflächige Betrachtungsweise zugrundelegen*, vor allem dann, wenn die durch den Bebauungsplan zugelassenen Vorhaben den Naturhaushalt intensiv belasten. Der vom Gesetzgeber gewollte „optimale Ausgleich" der investiven Interessen mit den Belangen des Naturschutzes und der

125 B. v. 31.1.1997 (4 NB 27.96), BVerwGE 104, 68 ff.
126 Zum Maßstab der Erforderlichkeit *Bender*, FS Weyreuther, 1993, S. 125 ff.
127 BVerwGE 104, 353 (359).
128 BVerwGE 104, 353 ff.

Landschaftspflege erfordert, daß nicht nur Erfordernisse der baulichen Entwicklung den räumlichen Geltungsbereich des Bebauungsplans bestimmen. Von dem Regelfall, daß Kompensationsflächen im Geltungsbereich des Bebauungsplans festzusetzen sind[129], kann im Einzelfall abgewichen werden, wenn die Kompensationsmaßnahmen auf andere Art und Weise, z.B. durch einen öffentlich-rechtlichen Vertrag (vgl. § 1a III 4 BauGB) zwischen der Gemeinde und der Naturschutzbehörde gesichert werden; in der Planbegründung ist dann näher darzulegen, aus welchen Gründen dieser Weg gewählt werde und weshalb von der Einbeziehung in den räumlichen Geltungsbereich abgesehen wurde[130].

Von der in § 9 Ia BauGB geschaffenen Möglichkeit, **Kompensationsmaßnahmen auch in einem anderen –** zeitgleich verabschiedeten – **Bebauungsplan** festzusetzen, sollte nur zurückhaltend Gebrauch gemacht werden. Bislang bestehen nur geringe Erfahrungen darüber, wie zwei unabhängige Bebauungspläne einheitlich abgewogen werden können. Darüber hinaus ist das Schicksal des Eingriffsbebauungsplans unklar, wenn nur der Ausgleichsbebauungsplan (oder andersherum) für unwirksam angesehen oder für nichtig erklärt wird. Hier sind die Grundsätze über die Teilbarkeit von Bebauungsplänen[131] entsprechend anzuwenden, d.h. wegen der sachlogischen Verknüpfung von Bebauung und Kompensationsmaßnahmen ist von der Rechtswidrigkeit auch des Eingriffs-Bebauungsplans auszugehen, der nicht Gegenstand des Normenkontrollverfahrens war, mit der Folge, daß die untere Baurechtsbehörde eine Baugenehmigung aufgrund des Gebotes gesetzmäßigen Handelns (Art. 20 III GG) nicht erteilen darf, solange nicht die Gemeinde beide Bebauungspläne neu verabschiedet hat und damit rechtmäßige Verhältnisse schafft[132]. Den Unsicherheiten – die sich auch auf die Beitragserhebung nach § 135a BauGB auswirken – kann man ohne weiteres durch einen Bebauungsplan mit zwei getrennten Geltungsbereichen aus dem Wege gehen. Voraussetzung von räumlich getrennten Geltungsbereichen ist ein städtebaulicher Zusammenhang, der aus der Eignung der Kompensationsflächen für den Eingriffsausgleich abzuleiten ist. **165**

(4) § 1a II BauGB gibt den Belangen des Naturschutzes und der Landschaftspflege keinen abstrakten Vorrang vor den in der Bauleitplanung zu berücksichtigenden anderen Belangen[133], zwingt aber die Gemeinde, dem Kompensationsgedanken planerisch nachzugehen und in Wahrnehmung ihres Planungsauftrags nach § 1 III BauGB zugleich über ein (ggf. gemarkungsweites[134]) **Ausgleichs- und Ersatzmaßnahmenkonzept** für die Bewältigung der voraussichtlichen Eingriffsfolgen zu entscheiden. Darüber hinaus wiegt nach Auffassung des BVerwG die im Eingriff liegende Beeinträchtigung von Natur und Landschaft um so schwerer, wenn mögliche Vermeidungs- und Kompensationsmaßnahmen unterblieben; deshalb *müssen Vermeidungs- und Kompensationsmaßnahmen,* die vom Eigentümer keine unverhältnismäßigen Opfer erforderten, *grundsätzlich auch planerisch ausgewiesen werden.* Der Gemeinde sind **166**

---

129 So auch OVG Bautzen, NVwZ 1996, 1028

130 S. aber BVerwG, NVwZ-RR 1998, 552 ff.: Eine vertragliche Bindung der planenden Gemeinde gegenüber einer staatlichen Behörde – namentlich einer Naturschutzbehörde – stellt in ähnlicher Weise den Vollzug und die Wahrung der Belange des Naturschutzes sicher wie eine planerische Festsetzung. Bei der einseitigen Verpflichtungserklärung fehlt es an einer ausdrücklichen Bindung gegenüber einem Außenstehenden. Die Gefahr, daß die erklärte Maßnahme nicht alsbald durchgeführt wird, ist nicht von der Hand zu weisen. – Dies bestätigen auch die praktischen Erfahrungen.

131 BVerwG, DVBl. 1994, 699.

132 Vgl. BGH, ZfBR 1991, 77; krit. zur neuen Rechtslage auch *Battis/Krautzberger/Löhr*, NVwZ 1997, 1145 (1153); *Schink*, DVBl. 1998, 608 (613 f.).

133 Hierzu und zum folgenden BVerwGE 104, 68 ff.

134 BverwG, B. v. 9.5.1997, 4 N 1.96, BVerwGE 104, 353 ff.

durch § 1 V 2 Nr. 7 BauGB und § 1a II Nr. 2 BauGB Ziele vorgegeben, die in der Abwägung zwar nicht von vornherein unüberwindbar sind, denen aber ein erhöhtes inneres Gewicht zukommen soll (ohne daß das BVerwG von einem Optimierungsgebot spricht). Soweit die Gemeinde weder bei der Informationsgewinnung noch bei der Beachtung von *Planungsalternativen* diesen Grundsätzen hinreichend Rechnung trägt, handelt sie abwägungsfehlerhaft. Ein Absehen von Vermeidungs- und Kompensationsmaßnahmen kommt nur zugunsten entsprechend gewichtiger anderer Belange in Betracht und bedarf besonderer Rechtfertigung in der Begründung des Bebauungsplans. Die Gemeinde muß in einem solchen Fall die Belange, die sie für vorzugswürdig einschätzt, präzise benennen. Die Belange des Naturschutzes und der Landschaftspflege dürfen nicht weiter als erforderlich gegenüber anderen Belangen zurückgestellt werden. Wenn das planerische Ziel auf andere Weise mit geringerer Eingriffsintensität erreichbar ist, muß deshalb eine solche Entscheidungsalternative gewählt werden.

167 Durch § 5 II a BauGB und § 135a II 2 BauGB werden sogen. „**Ökokontoregelungen**“[135] ermöglicht. Die Gemeinden können Ausgleichsmaßnahmen bereits vor den zu erwartenden Eingriffen, also noch vor Verabschiedung eines sog. Eingriffs-Bebauungplans durchführen. Voraussetzung ist, daß die für einen Ausgleich in Betracht kommenden Maßnahmen auf von der Gemeinde bereitgestellten Flächen realisiert werden und die vorherige Verabschiedung einheitlicher Bewertungsmaßstäbe oder ökologischer Standards durch Gemeinderatsbeschluß oder Satzung nach § 135c Nr. 1 BauGB, weil ansonsten gegen den Gleichheitssatz (Art. 3 I GG) verstoßen würde. Wenn Kompensationsflächen bereits im Flächennutzungsplan dargestellt sind, können sie also im zeitlichen Vorgriff zu späteren Bebauungsplänen und zu späteren Bebauungen bereits umgesetzt und auch abgerechnet werden. Es können allerdings nur solche Kompensationsmaßnahmen berücksichtigt werden, die nach Inkrafttreten des BauROG realisiert wurden; eine Anrechenbarkeit von früheren Maßnahmen scheidet mangels gesetzlicher Regelung aus.

4. Bewertungsverfahren und -methoden bei der Eingriffsregelung

168 Bei der **Sachverhaltsermittlung** ist die Gemeinde nicht an standardisierte Bewertungsverfahren gebunden[136], sie kann in eine eigene Beurteilung der ökologischen Situation eintreten und muß sich dabei nicht an quantifizierte Eingriffsbewertungen in einer gutachterlichen Stellungnahme halten. Die Ermittlungen sind in einem Umfang durchzuführen, der eine sachgerechte Planungsentscheidung ermöglicht[137]. Eine vollständige Erfassung von betroffenen Tier- und Pflanzenarten ist dabei regelmäßig nicht erforderlich; es kann ausreichend sein, wenn für den Untersuchungsraum besonders bedeutsame Repräsentanten festgestellt werden und für die Bewertung des Eingriffs auf bestimmte Indikatorgruppen abgestellt wird. Bei der Bemessung von

135 *Mitschang*, ZfBR 1995, 240 ff.; *Wolf*, ZUR 1998, 185 (192 f.).
136 BVerwG, BauR 1997, 798. Eine Übersicht der Bewertungsverfahren findet sich in den drei Gutachten der LANA zur Methodik, Beschreibung und Bewertung von Eingriffen in Natur und Landschaft, zur Bemessung von Ausgleichs- und Ersatzmaßnahmen sowie von Ausgleichszahlungen, Schriftenreihe der LANA, Bd. 4 bis 6, 1997.
137 BVerwG, ZUR 1997, 218.

Ausgleichsmaßnahmen sind die unterschiedlichen naturschutzrechtlichen Wertigkeiten der Bodenbeschaffenheit vor der Versiegelung und des durch die Ausgleichsmaßnahme geschaffenen Zustandes zu berücksichtigen[138]. Je höher der Wert der Ausgleichsmaßnahme im Vergleich zu dem früheren Zustand sei, um so kleiner dürfe die für die Ausgleichsmaßnahme in Anspruch genommene Fläche sein.

Grund und Boden, deren ökologischer Wert hoch oder gar höher zu veranschlagen ist als derjenige, der zur Verwirklichung eines raumbedeutsamen Vorhabens in Anspruch genommen wird, ist aus dem Kreis der für die Durchführung von Kompensationsmaßnahmen potentiell geeigneten Flächen von vornherein auszusondern. **Für Kompensationsmaßnahmen kommen nur solche Flächen in Betracht, die aufwertungsbedürftig und aufwertungsfähig sind**. Diese Voraussetzung sind erfüllt, wenn sie in einen Zustand versetzt werden könnten, der im Vergleich mit dem früheren als ökologisch höherwertig anzusehen ist[139]. **169**

Die wesentliche Schwierigkeit bei der Anwendung der naturschutzrechtlichen Eingriffsregelung liegt in der Bewertung des Eingriffs und der Ableitung der möglichen und erforderlichen Kompensationsmaßnahmen[140]. Erst seit einigen Jahren sind verschiedene Bewertungsverfahren entwickelt worden, die grundsätzlich auf dem Gedanken basieren, daß der durch den Eingriff verursachten Wertminderung mal Flächengröße die Wertsteigerung mal Flächengröße durch die Ausgleichs- und Ersatzmaßnahmen entsprechen muß. Wie dieser Ansatz in die Praxis umgesetzt werden soll, ist aber noch im Streit, weil es keine objektiven Kriterien für eine Bewertung nicht vergleichbarer Eigenschaften und Funktionen von Natur und Landschaft gibt. Der Erholungswert einer naturnahen Wiesenlandschaft, die überbaut werden soll, läßt sich nur schwer mit dem ökologischen Wert einer dort angesiedelten Storchenpopulation vergleichen oder der beeinträchtigten Grundwasserbildungsrate. Allen vorhandenen Bewertungsverfahren ermangelt es an der für untergesetzliche Regelungen notwendigen Transparenz der Erstellung und Erarbeitung durch pluralistisch besetzte Gremien (Rn. 1/74). Teilweise wird dabei von der Bodenversiegelung als maßgeblichem Faktor des Eingriffs ausgegangen (z.B. Modell der Bezirksregierung Rheinhessen-Pfalz), teilweise von Biotop-Grundtypen (z.B. Modell der Bezirksregierung Koblenz und der Hess. Richtlinie zur Bemessung der Ausgleichsabgabe) oder es werden (wie in Hamburg) Wertstufen für Teilhaushalte der Natur (Boden, Tier und Pflanzenwelt, Oberflächengewässer) aggregiert und anschließend bilanziert[141]. **170**

Den **hessischen Richtlinien zur Bemessung der Abgabe bei Eingriffen in Natur und Landschaft** vom 17. Mai 1992[142] liegt ein Gutachten zur ökologischen Bewertung von Nutzungs- und Biotoptypen zugrunde[143]. Hierbei werden etwa 170 Nutzungs- und Biotoptypen **171**

---

138 OVG Lüneburg, NuR 1997, 301. Für die naturschutzrechtliche Bewertung der Bodenbeschaffenheit bieten die von dem Niedersächsischen Landesamt für Ökologie herausgegebenen „naturschutzfachlichen Hinweise" (Informationsdienst Naturschutz Niedersachsen 1/94) geeignete Anhaltspunkte.

139 BVerwG, DVBl. 1997, 68.

140 Kratsch, NuR 1996, 561 ff.

141 Zu Bewertungsverfahren und -methoden vgl. *Kiemstedt*, Methodik der Eingriffsregelung, Schriftenreihe der LANA, 3 Hefte 1994 – 1996; *Haber u.a*, Entwicklung von Methoden zur Beurteilung von Eingriffen nach § 8 BNatSchG, 1993; *Köppel* u.a., Praxis der Eingriffsregelung, 1998; *Zepp/Müller* (Hrsg.), Landschaftsökologische Erfassungsstandards, 1999; ferner *Breuer*, Naturschutzfachliche Hinweise zur Anwendung der Eingriffsregelung in der Bauleitplanung, Informationsdienst Naturschutz Niedersachsen 1/94 (hierzu OVG Lüneburg, NuR 1997, 301 – geeignete Methode); *Peters/Ranneberg*, Umweltwirksamkeit von Ausgleichs- und Ersatzmaßnahmen nach § 8 BNatSchG, 1993; *Peters*, in: *Böhme/Preiser-Holl*, Die naturschutzrechtliche Eingriffsregelung, difu-Materialien 3/1993, S. 84 ff.; *Voßkuhle*, Das Kompensationsprinzip, 1999, S. 395 ff.

142 Staatsanzeiger Nr. 26, S. 1437.

143 *Aicher/Bartling/Leyser/Neugebauer*, Biotopwertverfahren, März 1991.

gebildet und anhand von 8 Kriterien (Entwicklungsgrad – Sukzessionsstadium, Natürlichkeitsgrad, Strukturvielfalt, Artenvielfalt, Seltenheit des Biotoptyps, Seltenheit von Pflanzen- und Tierarten, Empfindlichkeit gegen anthropogene Einflüsse, ungünstige Entwicklungstendenz) anhand einer Sechserskala bewertet. Ausgehend von der These, daß der gleiche Eingriff dort nachhaltiger und insgesamt erheblicher auf den Naturhaushalt und das Landschaftsbild einwirkt, je schutzwürdiger und je schutzbedürftiger der betroffene Biotoptyp ist, werden diese acht Kriterien in zwei Kategorien Schutzwürdigkeit (mit Entwicklungsgrad, Natürlichkeit, Strukturvielfalt und Artenvielfalt) und Schutzbedürftigkeit (mit Seltenheit des Biotoptyps, Anteil seltener Arten, Empfindlichkeit gegenüber anthropogenen Einflüssen und ungünstiger Entwicklungstendenz) unterteilt. Innerhalb einer Kategorie werden die jeweils vier Kriterien gleich gewichtet und ihre Punkte in der Sechserskala addiert. Um Synergieeffekte zu erfassen, werden dann – sehr umstritten – die Punktesummen der beiden Kategorien miteinander multipliziert, so daß eine Höchstsumme von (6+6+6+6) x (6+6+6+6) = 576 rechnerisch möglich ist. Die Biotopwertliste gibt dann jeweils den vom konkteten Nutzungstyp erreichten Quotienten als Prozentsatz an. Konkrete Korrekturen in der Bewertung des Biotoptyps sind im Einzelfall durch individuelle Zu- und Abschläge möglich. Anhand dieser Bewertungsmatrix ist der naturräumliche Zustand auf den Eingriffsflächen zu ermitteln (Punktwert mal Flächengröße) und mit den Ausgleichs- und Ersatzflächen zu vergleichen. Eine vollständige Kompensation wäre danach erreicht, wenn keine Differenz zwischen Voreingriffszustand und Nachausgleichszustand besteht. Nach § 6 III LNatSchG und der hessischen Richtlinie kann eine verbleibende Differenz durch Zahlung einer Ausgleichsabgabe abgegolten werden, die – sehr umstritten – anhand der Rekultivierungskosten ermittelt wird[144].

172 Für die **Bauleitplanung** ist das hessische Bewertungsmodell nur begrenzt verwendungsfähig, weil z.B. die Kriterien für die Biotopbestimmung unklar bleiben und die Bedeutung der einzelnen Teilhaushalte der Natur (Boden, Grundwasser => Versiegelung) nur unzureichend erfaßt ist. Deshalb sollte u.E. in einem medienbezogenen Ansatz (Boden, Oberflächengewässer, Grundwasser, Luft/Klima, Tier- und Pflanzenwelt) verbal-argumentativ vorgegangen werden (was der Begründungspflicht nach § 9 VIII 1 BauGB ohnehin entspricht). Die Methodik ist gemarkungsweit einheitlich (z.B. im Rahmen der Satzung nach § 135c BauGB oder durch Gemeinderatsbeschluß) festzulegen.

VI. Besonderer Biotop- und Flächenschutz

173 Schutz, Entwicklung und Pflege erhaltenswerter und regenerationsfähiger Teile von Natur und Landschaft sind im wesentlichen im IV. Abschnitt des BNatSchG bundesrahmenrechtlich – abgesehen von dem unmittelbar geltenden § 12 IV 2 BNatSchG und verschiedenen Bestimmungen der §§ 19a ff. BNatSchG, die dem Aufbau eines europäischen Biotopschutznetzes Natura 2000 dienen – geregelt und im übrigen der verfahrens- und materiellrechtlichen Ausformung durch die Landesnaturschutzgesetze überlassen. Kern des besonderen Gebietsschutzes sind die Unterschutzstellung bestimmter Flächen und Objekte durch rechtsverbindliche Festsetzung (die jeweiligen Landesgesetze sehen hierfür zumeist eine Rechtsverordnung vor) und der Aufbau des europäischen Schutzgebietsnetzes Natura 2000. Daneben findet sich innerhalb der Bestimmungen zum Artenschutz noch die bedeutsame rahmenrechtliche Regelung des § 20c BNatSchG, welche den gesetzesunmittelbaren Schutz besonders

144 Hess. VGH, UPR 1997, 257; NVwZ-RR 1995, 387: Ausgleichszahlung in Höhe von 1 Mio. DM für eine 20 km lange 110 kV-Freileitung.

schutzwürdiger – flächenhafter – Biotope zum Gegenstand hat. Der Gebietsschutz hat darüberhinaus durch die FFH-RL der EG (Rn. 5/46), die lückenhaft durch die §§ 19a ff. BNatSchG in Bundesrecht umgesetzt ist, eine Aufwertung erfahren. Das hiernach anzustrebende Netzwerk von besonderen Schutzgebieten „Natura 2000" hebt einen engen Bereich von Lebensräumen des gemeinschaftlichen Interesses, der nach in der Richtlinie dargelegten Kriterien im Zusammenwirken von Mitgliedstaaten und EG-Kommission zu bestimmen ist, hervor und verlangt dessen Absicherung als „besonderes Schutzgebiet" durch die Mitgliedstaaten (einschließlich verbindender Landschaftsräume). Den hiermit verbundenen Meldepflichten sind Bund und Länder noch nicht umfassend nachgekommen[145].

Art. 8 der auf der Konferenz von Rio verabschiedeten *Konvention zum Schutz der Artenvielfalt* **174**
v. 13.6.1992 (Rn. 5/64) sieht eine Verpflichtung der Signatarstaaten vor, soweit wie möglich und angemessen ein System von Schutzgebieten oder solchen Gebieten einzurichten, in denen spezielle Maßnahmen notwendig sind, um die Artenvielfalt zu erhalten.

Biotope (Rn. 5/4), also bspw. Waldstücke, Moore, Stillgewässer, Quellengebiete und Wiesen- **175**
täler, sind häufig besonders schutzwürdig und schutzbedürftig. Sie wurden (und werden z.T. noch immer) in den Bundesländern zur Schaffung einer verläßlichen Grundlage für die Ausweisung von Schutzgebieten kartiert (Rn. 5/42; vgl. auch § 20b I Nr. 1 BNatSchG). Bis Mitte 1989 sind auf diese Weise z.B. in *Baden-Württemberg* 35 248 Biotope erfaßt worden; die Kartierung ist mit weiteren rd. 5000 Biotopen inzwischen abgeschlossen.

1. Besonderer Gebietsschutz durch Unterschutzstellung bestimmter Teile von Natur und Landschaft

a) Schutzgebiete und Schutzobjekte

Teile von Natur und Landschaft *können* nach den nicht unmittelbar geltenden Be- **176**
stimmungen der Absätze 1 u. 2 des § 12 BNatSchG bei Vorliegen eines gesetzlich vorgesehenen Schutzgrundes zu einem *– flächenhaften –* Schutzgebiet (Naturschutz- oder Landschaftsschutzgebiet[146], National- oder Naturpark, Biosphärenreservat), oder *Einzelobjekte* zu einem Naturdenkmal oder zu einem geschützten Landschaftsbestandteil erklärt werden. Die **Schutzwürdigkeit**[147] eines Landschaftsbestandteils ist eine *gerichtlich voll überprüfbare Rechtsfrage*, während die **räumliche Abgrenzung** auch *planerische Elemente* beinhaltet[148]. Das „Ob" der Unterschutzstellung

145 *Schink*, ZAU 1999, 338. Bundesweit sind Februar 2000 weniger als 2% Fläche gemeldet; in anderen EG-Ländern mehr als 10%.

146 Über die unterschiedliche Schutzintensität u. die damit verbundenen unterschiedlichen Rechtsfolgen von Natur- und Landschaftsschutzgebieten vgl. (insbes. im Hinblick auf die Landwirtschaft) *Soell*, NuR 1984, 8 ff.; zu den Schutzgebieten *ders.*, NuR 1993, 301 ff.; *Fischer-Hüftle*, DÖV 1990, 1011 ff.; *de Witt/Dreier*, Naturschutz, Rn. 239 ff., 291 ff.

147 Zu den naturschutzfachlichen Kriterien wie Natürlichkeit, Gefährdung, Unersetzbarkeit, Vielfalt, Seltenheit, Vollkommenheit, Repräsentanz einer Fläche s. die VwV Schutzgebiete Naturschutz in BW, GABl. 1996, 323 ff.; *de Witt/Dreier*, Naturschutz, Rn. 248 ff.

148 Enger wohl BVerwG, UPR 1998, 65 ff.; NVwZ 1988, 1020 ff.; andererseits steht die Entscheidung unter einem Abwägungsvorbehalt, vgl. VGH BW, NUR 1992, 190 (191), OVG Lüneburg, UPR 1990, 319; *de Witt/Dreier*, Naturschutz, Rn. 284.

liegt jedoch im **Normsetzungsermessen** des Verordnunggebers, das allerdings aufgrund einer besonderen Schutzwürdigkeit eines Gebietes (wenn beispielsweise viele Rote-Liste-Arten dort leben und ohne Unterschutzstellung sterben würden) stark eingeschränkt sein kann[149].

177 In den Landeswaldgesetzen sind die bundesrahmenrechtlichen Schutzgebietskategorien des Schutzwaldes und Erholungswaldes durch Kategorien wie Bodenschutzwald, Biotopschutzwald, Schutzwald gegen schädliche Umwelteinwirkungen sowie die rechtsförmliche Festsetzung von Waldschutzgebieten als Bannwald oder Schonwald sowie Erholungswald ergänzt[150].

178 Vom BNatSchG wird für die Unterschutzstellung allgemein eine **rechtsverbindliche Festsetzung** gefordert (vgl. §§ 13 I, 14 I, 14a I, 15 I, 17 I, 18 I BNatSchG). Dabei sind nach § 12 II BNatSchG *Schutzgegenstand*[151] und *Schutzzweck*[152], ferner die zur Erreichung des Schutzzwecks notwendigen *Gebote* und *Verbote* und – soweit erforderlich – *Pflege- und Entwicklungsmaßnahmen* oder Ermächtigungen zu solchen Maßnahmen zu bestimmen[153]. Von diesen Möglichkeiten eines naturschutzrechtlichen Gebietsschutzes wurde im Verlauf der letzten beiden Jahrzehnte zunehmend Gebrauch gemacht (Rn. 5/22 ff.). Die in § 12 I BNatSchG genannten Bezeichnungen sind gesetzlich geschützt (§ 19 I BNatSchG und entsprechende landesrechtliche Vorschriften).

179 Es *können* behördlich festgesetzt werden

180 • **Naturschutzgebiete** (§ 13 BNatSchG) zur Gewährleistung eines *besonderen* Schutzes von Natur und Landschaft in ihrer *Ganzheit* oder in *einzelnen Teilen*, soweit dies zur *Erhaltung von Lebensgemeinschaften oder Biotopen* bestimmter wildlebender Tier- und Pflanzenarten, oder aus wissenschaftlichen, naturgeschichtlichen oder landeskundlichen Gründen, oder schließlich wegen ihrer *Seltenheit*, besonderen *Eigenart* oder hervorragenden *Schönheit erforderlich*[154] ist.

---

149 *Soell*, NuR 1993, 301 (307 f.) m.w.N. Es gibt keinen Vorrang des Vertragsnaturschutzes gegenüber einer erforderlichen Schutzgebietsausweisung, BVerwG, NVwZ-RR 1998, 225 (226). Im Verhältnis zur Bauleitplanung legt § 7 BauGB eine begrenzte Bindungswirkung des Flächennutzungsplanes fest, VGH BW, NVwZ-RR 1996, 17 f.

150 Zur Ausweisung eines Bannwaldes s. BayVGH, NuR 1995, 268 ff.

151 *Carlsen/Fischer-Hüftle*, NuR 1993, 311 (314); die Gebietsbeschreibung muß die Anstoßfunktion erfüllen, d.h. ein betroffener Grundstückseigentümer muß aufgrund der Grobbeschreibung des Gebietes erkennen, ob sein Grundstück möglicherweise im Schutzgebiet liegt. BVerwG, NVwZ-RR 1998, 608: Ist der Grenzverlauf in Randzonen unbestimmt, kann die VO nach den Grundsätzen über die *Teilnichtigkeit* von Normen in dem eindeutig zum Schutzgebiet gehörenden Bereich wirksam sein.

152 Zum Erfordernis der Bestimmtheit der wesentlichen Schutzzwecke s. BVerwG, B. v. 14.9.1998, 6 BN 4.98; VGH BW, VBlBW 1993, 139.

153 Die Länder haben durchgehend Verwaltungsvorschriften über die Ausweisung von Schutzgebieten erlassen, die Hinweise zum Verfahren und zum abstrakten Inhalt einer SchutzgebietsVO enthalten, s. z.B. VwV Schutzgebiete Naturschutz BW v. 18.3.1996, GABl. S. 323 ff.

154 BVerwG, NVwZ-RR 1998, 225: Die Festsetzung ist nicht erst dann erforderlich, wenn die in § 13 I BNatSchG genannten Naturgüter konkret gefährdet oder bereits geschädigt sind. Es können auch Maßnahmen getroffen werden, die den vorhandenen Zustand von Natur und Landschaft verbessern, BVerwG, UPR 1997, 32. Zur umstrittenen Einbeziehung von Pufferzonen BVerwG, UPR 1997, 32; OVG Hamburg, NordÖR 1998, 443 ff.; VGH BW, NuR 1996, 603. Rechtsvergleichend *Scharinger*, Rechtsgrundlagen für die Errichtung von Nationalparken in Deutschland, Österreich, der Schweiz und Italien, 1999.

Erforderlich zur Erreichung des Schutzzweckes ist die Festsetzung, wenn der Schutzgegenstand unter Berücksichtigung der allgemeinen Ziele und Grundsätze des Naturschutzes (§§ 1, 2 BNatSchG) tatsächlich *schutzwürdig und schutzbedürftig* ist. Naturschutzgebiete stellen die strengste Form des Flächenschutzes dar, wie sich aus dem absoluten Veränderungsverbot des § 13 II BNatSchG ergibt: Hiernach sind alle Handlungen, die zu einer Zerstörung, Beschädigung oder Veränderungen des Naturschutzgebietes führen können, nach Maßgabe näherer Bestimmungen verboten. Nur soweit es der Schutzzweck erlaubt, können NSG der Allgemeinheit zugänglich gemacht werden[155].

- **Nationalparke** (§ 14 BNatSchG) als einheitlich zu schützende *großräumige Gebiete*, wenn sie von *besonderer Eigenart*, möglichst *unberührt* und *artenreich* sind, im überwiegenden Teil ihres Gebiets die *Voraussetzungen eines Naturschutzgebiets* erfüllen, sich in einem vom Menschen nicht oder wenig beinflußten Zustand befinden und vornehmlich der Erhaltung eines möglichst artenreichen heimischen Tier- und Pflanzenbestandes dienen[156]. **181**

- Die Naturschutzgesetze der neuen Bundesländer haben das Schutzgebietskonzept darüberhinaus um den Typus eines **Biosphärenreservats** (nunmehr § 14a BNatSchG) erweitert. Dies sind einheitlich zu schützende und zu entwickelnde *großräumige Gebiete,* welche für bestimmte Landschaftstypen charakteristisch sind und die in wesentlichen Teilen ihres Gebiets die *Voraussetzungen eines Naturschutzgebiets*, im übrigen überwiegend eines Landschaftsschutzgebietes erfüllen. Sie dienen der *Erhaltung, Entwicklung oder Wiederherstellung* einer durch hergebrachte vielfältige Nutzung geprägten Landschaft und der darin historisch gewachsenen Arten- und Biotopvielfalt (einschließlich Wild- und früherer Kulturformen wirtschaftlich genutzter oder nutzbarer Tier- und Pflanzenarten) und schließlich beispielhaft der Entwicklung und Erprobung von die Naturgüter besonders schonenden Wirtschaftsweisen[157]. **182**

- **Landschaftsschutzgebiete** (§ 15 BNatSchG), in denen ein *besonderer* Schutz von Natur und Landschaft zur Erhaltung oder Wiederherstellung der Leistungsfähigkeit des Naturhaushaltes[158] oder der Nutzungsfähigkeit der Naturgüter, wegen der Vielfalt, Eigenart und Schönheit des Landschaftsbildes[159] oder wegen ihrer be- **183**

155 Zum Verbot von Floßfahrten auf der Donau BayVGH, NVwZ-RR 1998, 114. Zu verbotenen Handlungen s. die Beispiele aus der Rspr. bei *de Witt/Dreier*, Naturschutz, Rn. 301.

156 Vgl. dazu *Lang*, NuR 1984, 14 ff. Die Anforderungen an einen „vom Menschen wenig beeinflußten Zustand" dürfen allerdings in einer Kulturlandschaft nicht überspannt werden, was das OVG Lüneburg, NuR 1999, 470 ff. (Nationalpark Elbtalaue) verkennt, hierzu zutr. die abl. Anm. *Fuchs*, NuR 1999, 446 ff. Fragwürdig ist, daß die Landesgesetze in BW und RPf. keine Nationalparke vorsehen, vgl. *Czybulka*, NuR 1996, 565 (567).

157 OVG Greifswald, ZUR 1995, 41 (44); OVG Weimar, NVwZ 1998, 983 ff.; VG Meiningen, ThürVBl 1993, 68.

158 BVerfG, NuR 1999, 99: Eine die Leistungsfähigkeit des Naturhaushaltes herabsetzende Veränderung ist immer dann anzunehmen, wenn die den Naturhaushalt konkret ausmachenden einzelnen Ökosysteme im Hinblick auf die in ihnen ablaufenden physikalischen, chemischen und biologischen Prozesse durch menschliche Einwirkung nennenswert nachteilig beeinflußt werden.

159 Hierzu *Fischer-Hüftle*, NuL 1997, 239 ff.; *Tausch/Wagner*, NuR 1999, 370 ff.

sonderen Bedeutung für die Erholung *erforderlich*[160] ist. Landschaftsschutzgebiete sind gegenüber Naturschutzgebieten geringer geschützt: Es sind nur Handlungen verboten, die den Charakter des Gebietes verändern oder dem besonderen Schutzzweck zuwiderlaufen; dabei ist das Landwirtschaftsprivileg des § 2 III BNatSchG (Rn. 5/83 ff.) besonders zu beachten[161].

184 • **Naturparke** (§ 16 BNatSchG) als bereits auf einem überwiegenden Teil ihrer Gesamtfläche durch Landschafts- oder Naturschutzgebiete rechtsverbindlich geschützte, aber *einheitlich zu entwickelnde und zu pflegende großräumige Gebiete*, die sich wegen ihrer landschaftlichen Voraussetzungen für die *Erholung der Bevölkerung* besonders eignen und raumordnerisch hierfür oder für den Fremdenverkehr vorgesehen sind.

185 • **Naturdenkmale** (§ 17 BNatSchG), die als *Einzelschöpfungen der Natur*, d.h. als besondere Naturgebilde (u.U. mit Umgebungsfläche) aus *wissenschaftlichen, naturgeschichtlichen* oder *landeskundlichen Gründen* (z.B. Felspartien, Höhlen, sehr alte Bäume, „Gerichtslinden" usw.) oder wegen ihrer *Seltenheit*, *Eigenart* oder *Schönheit* (z.B. seltene oder seltsame Bäume, Wasserfälle usw.) besonders schützenswert erscheinen[162].

186 • **geschützte Landschaftsbestandteile** (§ 18 BNatSchG), deren besonderer Schutz unter dem Gesichtspunkt der *Leistungsfähigkeit des Naturhaushalts*, der Belebung, Gliederung oder Pflege des *Orts- und Landschaftsbildes* oder zur *Abwehr schädlicher Einwirkungen* erforderlich ist, was z.B. zum Schutz insbesondere von „Grünbeständen", z.B. von Parkanlagen, Alleen, Rainen, einzelnen Baum- oder Gebüschgruppen usw. führen kann. Insbesondere haben die meisten Gemeinden aufgrund entsprechender landesgesetzlicher Ermächtigungen Baumschutzsatzungen oder -verordnungen erlassen, in denen die Beseitigung oder Beschädigung von Bäumen eines bestimmten Stammumfangs verboten und einer Erlaubnispflicht unterstellt wird[163]. Waldbäume und -flächen sind wegen des vorrangigen

---

160 Der Schutzgegenstand muß aus der Sicht der Ziele und Grundsätze des Naturschutzes (§§ 1, 2 BNatschG) schutzwürdig und schutzbedürftig sein. Nur dann ist die Unterschutzstellung mit Rücksicht auf Art. 14 I GG zulässig. Zulässig ist insbesondere auch die Ausweisung eines „unselbständigen" LSG, welches eine Pufferzone um ein NSG bilden soll. Zur Erforderlichkeit der Ausweisung eines LSG s. etwa BVerwG, NuR 1996, 600; VGH BW, NVwZ 1985, 59; VBlBW 1989, 227 (228); 1994, 233 (235). – Beispiele bei *de Witt/Dreier*, Naturschutz, Rn. 322, 340.

161 Immerhin ist ein Bebauungsplan, dessen Festsetzungen mit den Regelungen einer Landschaftsschutzverordnung unvereinbar sind, nach § 10 II i.V.m. § 6 II BauGB nicht genehmigungsfähig; vgl. BVerwG, NuR 1989, 225. Zum Landschaftsschutz s. ausführlich *Carlsen/Fischer-Hüftle*, NuR 1993, 311 ff.

162 Vgl. VGH BW, Urt. v. 9.7.1992, 5 S 1867/90. Naturdenkmale sind Einzelschöpfungen der Natur, die in besonderen Fällen als Gruppierung bzw. nach Maßgabe weitergehenden Landesrechts auch flächenhaft geschützt werden können, s. OVG Bautzen, NuR 1997, 608 f.; VGH Kassel, NuR 1996, 264 ff. – Zur Natur- und Kulturdenkmalpflege *Hönes*, NuR 1986, 225 ff.

163 Auch hier handelt es sich um Objektschutz, nicht Flächenschutz, s. BVerwG, NVwZ 1997, 173 ff. Zu kommunalen BaumschutzVO oder -satzungen *Günther*, NuR 1998, 637 ff.; *ders.*, Baumschutzrecht, 1994; *Kuschnerus*, UPR 1995, 241 ff.; *Otto*, UPR 1994, 12 ff.; BVerwGE 31, 22; OVG Münster, NVwZ 1999, 239: Zulässigkeit der Anordnung von Ersatzpflanzungen und Ausgleichszahlungen; BVerwG, NuR 1995, 27 ff.: Bezeichnung des Geltungsbereichs als „Innenbereich" genügt Bestimmtheitsgebot; VGH BW, NVwZ 1995, 402 ff.: eine Baumschutzsatzung muß auf den Innenbe-

Schutzes durch die Landeswaldgesetze regelmäßig vom Schutzbereich einer BaumschutzVO auszunehmen[164]. Nach §§ 30, 34 BauGB bestehende Baurechte können durch die Unterschutzstellung nur bei Zahlung einer angemessenen Entschädigung entzogen werden, so daß in der Praxis wertvolle Baumbestände nur zu dem Verhältnismäßigkeitsgrundsatz Rechnung tragenden Verschiebungen der Baukörper auf einem Grundstück führen[165].

b) Unterschutzstellung

Die Schutzgebietsvorschriften werden fast durchweg in der Form einer **Rechtsverordnung** von den nach Landesrecht jeweils zuständigen Naturschutzbehörden erlassen[166], im Falle eines Nationalparks im Benehmen mit den in § 12 IV 2 BNatSchG genannten Bundesministerien (BMU und BMBau)[167]. Nach Maßgabe des Landesrechts, auf das in § 12 III Nr. 2 BNatSchG verwiesen wird, können zur **einstweiligen Sicherstellung** von künftigen Schutzgebieten oder Einzelschöpfungen der Natur Eingriffe, die im Widerspruch zu dem vorgesehenen Schutzzweck stehen und dessen Verwirklichung (abstrakt) gefährden, durch Rechtsverordnung oder Einzelanordnung befristet untersagt werden (vgl. z.B. § 60 II BW NatSchG, Art. 48 II BayNatSchG usw.), was keine abschließende Abwägung der verschiedenen Belange voraussetzt[168]. **187**

Bei der Erarbeitung des Entwurfs einer Schutzverordnung sind nach Landesrecht alle Behörden und Träger öffentlicher Belange, deren Aufgabenbereich berührt sein könnte, rechtzeitig zu beteiligen. Zuweilen ist auch eine Öffentlichkeitsbeteiligung vorgesehen. Bundesrechtlich vorgegeben ist nach § 29 I 1 Nr. 1 BNatSchG eine Anhörung der anerkannten Naturschutzverbände. **188**

Rechtspflichten zur Ausweisung von Schutzgebieten können sich aus europäischem Gemeinschaftsrecht, nämlich der Vogelschutz-Richtlinie (79/409/EWG) und der FFH-Richtlinie (92/43/EWG) ergeben. Nach Art. 4 I der Vogelschutz-Richtlinie von 1979 müssen die Mitgliedstaaten die für die Erhaltung bestimmter (in einem Anhang aufgezählter) Vogelarten geeignetsten Gebiete zu Schutzgebieten erklären, wobei ihnen nur bei der Ausweisung, nicht aber bei der Verkleinerung bestehender Schutzgebiete ein – eng begrenzter – Beurteilungsspielraum zukommt[169]. Nach den Bestimmungen der FFH-Richtlinie sind zur Wiederherstellung oder **189**

---

reich und angrenzende Randzonen beschränkt sein; sie ist rechtswidrig, wenn sie das gesamtes Gemeindegebiet umfaßt; BGH, NuR 1996, 429: ausreichende Bestimmtheit der Bußgeldvorschriften.

164 Zur Abgrenzung von Baumgruppen und Wald s. OVG Münster, NuR 1988, 256 (Waldfläche von 2500 qm); VG Potsdam, NuR 1995, 318. Unerheblich ist in diesem Zusammenhang, ob die betreffende Fläche dem sogen. Waldverband angehört.

165 OVG Berlin, NuR 1993, 394; OVG Münster, NWVBl. 1994, 173.

166 Zu den rechtsstaatlichen verfahrensrechtlichen Erfordernissen gibt es eine reichhaltige Judikatur; vgl. *de Witt/Dreier*, Naturschutz, Rn. 269 ff.; *Schmidt*, NVwZ 1988, 982 (984); 1991, 31 (33 f.); 1993, 539 (542), 1996, 437 (441); 1999, 363 (370) m.w.N.; ferner BVerwG, NVwZ-RR 1997, 608; OVG Schleswig, BauR 1994, 359.

167 S. auch § 5 I 3 WaStrG.

168 S. HessVGH, NuR 1996, 264 ff.; VGH BW, NVwZ-RR 1993, 544 f.; BayVGH, NVwZ-RR 1993, 549; OVG Lüneburg, NuR 1991, 145; *de Witt/Dreier*, Naturschutz, Rn. 280 f.

169 EuGH, NuR 1991, 249 (250) – Leybucht; Slg. 1996, 3805 (3852) – Lappel Bank. Nach EuGH Slg. 1993, 4221 ff. = NuR 1994, 521 ff. (Marismas de Santoña), besteht u.U. eine Rechtspflicht zur Aus-

Bewahrung eines günstigen Erhaltungszustandes natürlicher Lebensräume und der Arten gemeinschaftlichen Interesses besondere Schutzgebiete auszuweisen, um ein zusammenhängendes europäisches ökologisches Netz zu schaffen.

c) Regelungen

190 Die zur Verwirklichung des jeweiligen Schutzzwecks erforderlichen **Gebote und Verbote** finden sich in den Naturschutzgesetzen der Länder und in den Schutzgebietsverordnungen. Die Regelungen der Schutzgebietsverordnung müssen den Verhältnismäßigkeitsgrundsatz berücksichtigen und das Gleichheitsgebot des Art. 3 I GG beachten; sie stellen Inhalts- und Schrankenbestimmungen des Eigentumsrechts i.S.d. Art. 14 I 2 GG dar[170].

191 **Beispiele:** Verbot, Standorte besonders geschützter Arten durch Fotografieren oder ähnliche Handlungen zu beeinträchtigen; Verbot, wildlebende Tiere an ihren Nist-, Brut-, Wohn- oder Zufluchtstätten durch Aufsuchen oder Fotografieren zu stören; Bauverbot; Zeltverbot; Betretensverbot bzw. Verbot, ausgeschilderte Wege zu verlassen; Pflegegebote zum Mähen und Schneiden, Pflanzgebot, Jagdverbot[171].

192 Soweit ältere Schutzgebietsverordnungen keine Regelungen darüber enthalten, ob und unter welchen Voraussetzungen von ihren Geboten und Verboten Ausnahmen gewährt werden können[172], gelten die allgemeinen landesrechtlichen, dem § 31 BNatSchG (Befreiung von zwingenden naturschutzrechtlichen Normen des BNatSchG)[173] entsprechenden naturschutzrechtlichen Befreiungsbestimmungen. **Befreiungen** kommen nur in atypischen Fällen in Frage[174], d.h. der betroffene Eigentümer muß ein sich von allen anderen Eigentümern unterscheidendes Sonderinteresse besitzen. In *Naturschutzgebieten* sind grundsätzlich alle Veränderungen des Schutzgebiets oder seiner Bestandteile strikt verboten; auf Befreiung besteht kein Rechtsanspruch (repressives Verbot mit Befreiungsvorbehalt, Rn. 2/21). Demgegenüber sind in *Landschaftsschutzgebieten* sowohl repressive Verbote für konkrete Beeinträchtigungen des Schutzzwecks als auch – für allgemein formulierte Beeinträchtigungen – präven-

---

weisung geeigneter Schutzgebiete, s. ZUR 1994, 305 ff. mit zust. Anm. *Winter*. Zuletzt EuGH, Urt. v. 25.11.1999, Rs. C 96/98 – Sumpfgebiet Poitou, Rn. 41.

170 BVerfG (Kammerbeschluß), NJW 1998, 367 (368); BVerwGE 94, 1 (5); BVerwG, NVwZ-RR 1998, 225 (227).

171 BayVGH, NuR 1996, 617.

172 Vgl. dazu *Carlsen/Fischer-Hüftle*, NuR 1993, 311 (318 f.); *de Witt/Dreier*, Naturschutz, Rn. 429 ff.; *Lang*, NuR 1984, 189 f. Absolute Verbote ohne Befreiungsvorbehalt sind nach der neueren Rspr. zu Art. 14 I 2 GG (Fn. 5/182) nur in eng begrenzten Ausnahmefällen denkbar, bspw. wenn die betreffenden Handlungen mit dem Schutzzweck schlechthin unvereinbar sind (z.B. Betretensverbot für die Allgemeinheit).

173 *Stollmann*, DVBl. 1999, 746 ff. § 31 BNatSchG gilt zwar unmittelbar (§ 4 S. 3 BNatSchG), bezieht sich aber nur auf die Verbote oder Gebote, die ihrerseits nach dem BNatSchG (oder nach den auf ihm beruhenden Rechtsvorschriften, z.B. nach der BArtSchV) unmittelbar gelten, vgl. *Louis*, NuR 1995, 62 ff.

174 BVerwG, UPR 1993, 26; BayVGH, NVwZ-RR 1998, 114; VGH BW, VBlBW 1997, 269. BVerwG, B. v. 14.1.1999, 6 B 133/98: Lärmschutz eines Wohngebietes gegenüber Fröschequaken als Sonderinteresse. OVG Lüneburg, NVwZ-RR 1996, 132: Befreiung ist denkbar, wenn der VOGeber einen zusammenhängend bebauten Ortsteil (§ 34 BauGB) als Außenbereich bewertet und in eine LSG-VO einbezogen hat.

tive Verbote mit *Erlaubnisvorbehalt* zu finden, wonach Handlungen zu erlauben sind, die als solche (oder aufgrund von Nebenbestimmungen der Erlaubnis) dem Schutzzweck nicht zuwiderlaufen, insbesondere den Gebietscharakter nicht verändern, den Naturgenuß oder den Erholungswert des Gebiets nicht beeinträchtigen, den Naturhaushalt nicht schädigen usw[175].

Eine Befreiung kommt allerdings nicht in Betracht, wenn dadurch das Schutzgebiet in erheblichem Umfang angetastet oder seine Schutzwürdigkeit in Frage gestellt wird (wie etwa bei flächenhafter Überbauung oder einer Straßenplanung)[176]. In diesem Fall müßte zuvor die Schutzgebietsfestsetzung aufgehoben werden, wenn überwiegende öffentliche Belange die Verabschiedung des Bebauungsplans oder des Planfeststellungsbeschlusses erfordern[177]. Da § 13 BNatSchG kein einheitliches Schutzprofil erkennen läßt, werden auch Naturschutzgebiete – wie alle anderen flächenhaften Schutzgebiete – durch konträre Nutzungsinteressen, insbesondere Freizeit und Erholung gefährdet. So werden von den Naturschutzbehörden aufgrund politischen Drucks nicht selten Nutzungen zugelassen, die dem Schutzzweck erheblich widersprechen, wie z.B. Straßenbauten, Skilifte, Beschneiungsanlagen usw. Rechtspolitisch wird daher eine Einschränkung des allgemeinen Betretungsrechts sowie eine Streichung des Erholungszwecks für Schutzgebiete gefordert[178]. **193**

Grundsätzlich *zulässig* ist die *Fortsetzung der bisherigen landwirtschaftlichen Nutzung*. Im übrigen bleibt aber die vor der Unterschutzstellung rechtmäßig ausgeübte Grundstücksnutzung selbst in der bisherigen Art und im bisherigen Umfang nicht immer zulässig. Umgekehrt muß in manchen Naturschutzgebieten, deren besonderer Wert einer extensiven Nutzung zu verdanken ist (z.B. Streuwiesen, Wacholderheiden), die bisherige Nutzung fortgeführt werden. **194**

Im allgemeinen stellen **Beschränkungen der Eigentümerbefugnisse** durch naturschutzrechtliche Regelungen oder durch Maßnahmen aufgrund solcher Regelungen zulässige Inhalts- und Schrankenbestimmungen des Eigentums dar (Art. 14 I 2 GG)[179], die als Konkretisierungen der *Sozialbindung des Eigentums* (Art.14 II 2 GG) in der Regel entschädigungslos zu dulden sind[180]. Nach der insofern einheitlichen neueren Rechtsprechung liegt eine Enteignung nur noch dann vor, wenn das einfachrechtliche Zuordnungsverhältnis des Eigentums aufgelöst wird. Wenn hingegen eigentumsinhaltsbestimmende Beschränkungen besondere Intensität erreichen (früher sprach man von „enteignendem" Charakter[181]), also z.B. eine bisher ausgeübte oder **195**

175 Hierzu ausführlich mit Beispielen *Carlsen/Fischer-Hüftle*, NuR 1993, 311.

176 *Stollmann*, DVBl. 1999, 746 (749), *de Witt/Dreier*, Naturschutz, Rn. 438. Der VGH BW, VBlBW 2000, 117 (119) hält eine Befreiung für einen „eng begrenzten überschaubaren Bereich" für grundsätzlich möglich, lehnt diese aber im konkreten Fall ab.

177 Das BVerwG, NVwZ 1993, 572 ff. hält – u.E. unzutr. – sogar eine „unbewußt" im Rahmen des PFB erteilte Befreiung von den Festsetzungen einer Landschaftsschutzverordnung für möglich.

178 Vgl. *Schmidt-Aßmann*, in: *Jarass u.a.*, UGB-BT, 1994, S. 423 ff.

179 Vgl. BGHZ 121, 328; BVerwGE 94, 1 (5); NVwZ 1985, 41. S. im übrigen hierzu und zum folgenden *Rennert*, VBlBW 1995, 41 (46 f.); *Soell*, NuR 1993, 301 (302 ff.) und die Referate der Staatsrechtslehrertagung 1991 zum Beratungsgegenstand „Eigentumsschutz, Sozialbindung und Enteignung bei der Nutzung von Boden und Umwelt" von *Rill, Hänni* und *Ehlers*, in: VVDStRL 51 (1992), S. 177 ff.; abl. *Schoenfeld*, NVwZ 1999, 380 ff.

180 Vgl. zuletzt BVerfG, NJW 1998, 367 ff.; BVerwG, NVwZ-RR 1998, 225 (227); BVerwGE 94, 1 (5), 84, 361 (370); BGHZ 90, 17; 99, 24; 121, 328; 123, 242.

181 Der Eingriff konnte nach Auffassung des BGH *enteignend* sein, wenn es sich um eine bisher noch nicht ausgeübte, von der Natur der Sache her aber naheliegende, künftig abgeschnittene Nutzungs-

sich nach Lage der Dinge objektiv anbietende Nutzung unterbunden würde, ist durch *Befreiungs- oder Übergangsregelungen* sowie *als „ultima ratio" durch eine „salvatorische Entschädigungsklausel"*, die eine angemessene Geldentschädigung vorsieht, zu vermeiden, daß der Eigentümer unverhältnismäßig schwer betroffen wird[182]. Hierbei handelt es sich nicht um eine Grenzziehung zur Enteignung, sondern um eine Frage der verhältnismäßigen Inhaltsbestimmung des Eigentumsrechts nach Art. 14 I 2 GG. Regelungen, die hiervon nicht mehr gedeckt werden, sind verfassungswidrig, schlagen aber nicht in eine Enteignung um.

2. Aufbau des Europäischen Schutzgebietsnetzes Natura 2000

a) Überblick

196 Die *RL 79/409/EWG über die Erhaltung wildlebender Vogelarten* (**Vogelschutz-RL**, VRL) verpflichtete erstmals die Mitgliedstaaten zur Erhaltung von Lebensräumen durch Einrichtung von Schutzgebieten[183]. Nach Art. 4 müssen für die 181 im Anhang I enthaltenen Vogelarten und Zugvögel die für ihre Erhaltung zahlen- und flächenmäßig geeignetsten Gebiete unter Schutz gestellt werden. Hierauf darf ein Staat nicht aus wirtschaftlichen oder touristischen Erfordernissen verzichten. Die Schutzgebiete sind umfassend gegen Verschmutzung und Beeinträchtigung geschützt[184]. Entsprechende Maßnahmen haben die Mitgliedstaaten für nicht im Anhang I aufgeführte, regelmäßig auftretende Zugvogelarten für deren Vermehrungs-, Mauser- und Überwinterungsquartiere sowie Rastplätze vor, allerdings mit weniger strengen Anforderungen[185].

---

möglichkeit handelt (dazu BGHZ 105, 19; 63, 240 (244); BGH, NuR 1990, 429). Dies ist zurecht auf Ablehnung gestoßen, weil die Enteignung gegenüber der Sozialbindung ein *aliud* darstellt – vgl. *Ehlers*, VVDStRL 51 (1992), S. 211 (226 f.); *Osterloh*, DVBl. 1991, 910 (913); *Soell*, NuR 1993, 301 (303) – und wird vom BGH mittlerweile in dieser Form nicht mehr aufrechterhalten.

182 BVerwG, NVwZ-RR 1998, 225 (227 f.); NJW 1996, 409; für das Denkmalschutzrecht zusammenfassend BVerfG, NJW 1999, 2877 ff. Die gleiche Frage stellt sich im Gewässerschutzrecht (Rn. 6/165 f.), s.a. BVerwGE 84, 361; 94, 1; BVerwG, NVwZ 1997, 887 (889); VGH BW, VBlBW 1994, 233 (237); BayVGH, BayVBl. 1995, 242 [245]; OVG Münster, NuR 1996, 208; kritisch *de Witt/Dreier*, Naturschutz, Rn. 960; *Melchinger*, NJW 1991, 2524 (2531).

183 RL 79/409/EWG des Rates vom 2.4.1979 über die Erhaltung wildlebender Vogelarten (Vogelschutzrichtlinie), ABl. EG Nr. L 103/1, zuletzt geändert durch RL 97/49/EG vom 29.7.1997, ABl. EG Nr. L 223/9. Hierzu *Epiney*, UPR 1997, 303 ff.; *Jarass*, NuR 1999, 481 ff.

184 Nach EuGH, Urt. v. 18.3.1999, Rs. C 166/97- Seine-Mündung, liegt nur dann eine Ausnahme vor, wenn eine industrielle Anlage in einem Vogelschutzgebiet keine erheblichen Beeinträchtigungen der Lebensräume der betroffenen Vogelarten erwarten läßt und die Fläche, auf der die Anlage errichtet wird, nicht zu den zahlen- und flächenmäßig für die Erhaltung der Vogelart geeignetsten Gebiete gehört. S. ferner EuGH, Slg. 1991, 883 (931) – Leybucht; 1996, 3805 (3852) – Lappel-Bank; 1998, 3031; Urt. v. 25.11.1999, Rs. 96/98 – Sumpfgebiet Poitou; *Epiney*, UPR 1997, 303 (306); *Gellermann*, Natura 2000, 1998, S. 20. Art. 4 VRL ist insofern strenger als Art. 6 IV FFH-RL.

185 Wirtschaftliche und touristische Belange können berücksichtigt werden; *Jarass*, NuR 1999, 481 ff.; *Spannowsky*, UPR 2000, 41 (42).

Das Schutzgebietssystem der Vogelschutzrichtlinie wird durch die 1992 verabschiedete *RL 92/43/EWG zur Erhaltung der natürlichen Lebensräume sowie der wildlebenden Tiere und Pflanzen* (**Fauna-Flora-Habitat-RL,** FFH-RL)[186] erweitert, die allgemein den Erhalt natürlicher Räume und des europäischen Naturerbes bezweckt. Bestimmte Lebensraumtypen (nach Anhang I) sowie Habitate bestimmter Tier- und Pflanzenarten (nach Anhang II) sollen durch ein *zusammenhängendes ökologisches Netz europäischer Schutzgebiete (Natura 2000)* gesichert werden, das nach einem vorgeschriebenen Zeitplan aufgebaut werden soll. In besonders herausragender Weise schutzwürdige Lebensraumtypen und Arten werden als prioritär bezeichnet und in den Anhängen mit einem (*) gekennzeichnet[187]. Zu den Natura 2000-Gebieten gehören auch die bestehenden oder noch zu erlassenden Vogelschutzgebiete. **197**

In Deutschland gibt es nur noch wenige der in Anhang 2 der FFH-RL aufgeführten Arten, so daß der Schwerpunkt der Umsetzung bei den Lebensräumen des Anhangs II liegt, die z.T. bereits gesetzlich nach § 20c BNatSchG (Rn. 5/214 ff.) geschützt sind. Die zu schützenden Lebensräume und Habitate werden in einem *zweistufigen Verfahren* ermittelt: Zunächst hat jeder Staat eine Liste von schützenswerten Gebieten nach Kriterien des Anhangs III aufzustellen (Art. 4 I), wobei Gebiete zu kennzeichnen sind, die prioritäre Lebensraumtypen oder Arten beherbergen. Die Frist hierfür ist am 5.6.1995 abgelaufen und Deutschland hat bislang noch keine komplette Liste erstellt. Bundesrechtlich regelt jetzt § 19b I BNatSchG das Auswahlverfahren für die Schutzgebiete. Anschließend erstellt die Kommission im Einvernehmen mit den Mitgliedstaaten aus den ihr gemeldeten Listen den Entwurf einer Liste der Gebiete von gemeinschaftlicher Bedeutung (Art. 4 II), wobei Gebiete mit prioritären Lebensraumtypen oder Arten grundsätzlich von gemeinschaftlicher Bedeutung sind (Anhang III, Phase 2, Ziffer 1). Für sonstige Gebiete sind die Auswahlkriterien in Anhang III, Phase 2, Ziffer 2 beschrieben. Der Listenentwurf sollte innerhalb von sechs Jahren (d.h. bis zum 5.6.1998) erstellt sein. Eine flexible Handhabung der in Anhang III, Phase 2 aufgeführten Kriterien ist für Staaten, in denen Gebiete mit prioritären Lebensraumtypen oder Arten mehr als 5% der Landesfläche einnehmen würden, möglich. Für den Fall, daß ein Mitgliedstaat ein Gebiet mit prioritären Lebensraumtypen oder Arten nicht in die Vorschlagsliste aufnimmt, greift das sog. Konzertierungsverfahren nach Art. 5: Wenn nach Abgleich der Daten nicht innerhalb 6 Monaten Einigung erzielt worden ist, kann der Rat einstimmig die Aufnahme des nicht vorgeschlagenen Gebietes beschließen. Soweit FFH-Gebiete gleichzeitig Vorgelschutzgebiete sind, gelten nach Art. 7 die Regeln der FFH-RL. **198**

Das Unterschutzstellungsverfahren ist in die drei Phasen der Gebietsauswahl, der Gebietsabgrenzung und der Unterschutzstellung gegliedert. Der Mitgliedstaat muß innerhalb von 6 Jahren nach Erstellen der Liste die genannten Gebiete als besondere Schutzgebiete ausweisen und dabei Prioritäten (d.h. Umweltqualitätsziele) nach Maßgabe der Wichtigkeit für die Wahrung oder Wiederherstellung des natürlichen Lebensraums oder der prioritären Arten festlegen (Art. 4 IV). Für die Schutzgebiete sind die notwendigen Erhaltungsmaßnahmen festzulegen, mit denen den ökologi- **199**

186 Vom 21.5.1992, ABl. EG Nr. 206/7, zuletzt geändert durch RL 97/62/EG vom 27.10.1997, ABl. EG Nr. 305/42; hierzu ferner *Freytag/Iven*, NuR 1995, 109 ff.; *Gellermann*, NuR 1996, 548 ff.; *Iven*, NuR 1996, 373 ff.; *Freiburg*, Die Erhaltung der biologischen Vielfalt in Deutschland auf der Basis europarechtlicher Vorgaben, 1998; *Rödiger-Vorwerk*, Die FFH-RL der EU und ihre Umsetzung in nationales Recht, 1998; s.a. Fn. 5/31.

187 Die Einteilung basiert auf dem Corine-Programm der EG, vgl. *Wascher*, NuL 1993, 108 ff.

schen Erfordernissen Rechnung getragen wird. Zudem besteht ab Aufnahme in die Liste ein besonderer Schutz der Gebiete nach Art. 4 V, 6 II-IV der FFH-RL. Er umfaßt insbes. ein *Verschlechterungsverbot,* eine *Verträglichkeitsprüfung* sowie *Ausgleichsmaßnahmen* für Pläne und Projekte, die ein Gebiet erheblich beeinträchtigen können.

200 Die Bundesrepublik Deutschland ist ihren mitgliedschaftlichen Pflichten bislang nur insoweit nachgekommen, als mit erheblicher Verzögerung durch die 2. Novelle zum BNatSchG am 9.5.1998 der formelle Rahmen zur Unterschutzstellung geschaffen wurde (§§ 19a ff. BNatSchG)[188]. Dabei sind neben den in § 19a enthaltenen Begriffsbestimmungen insbesondere die Unterschutzstellung (§ 19b) und die Verträglichkeitsprüfung (§§ 19c-e) geregelt, wobei immer wieder – z.T. auch „dynamisch" – auf die europarechtlichen Regelungen verwiesen wird[189], was die Verständlichkeit sehr erschwert.

201 Nur wenige Bundesländer haben die rahmenrechtlichen Bestimmungen durch Landesrecht ausgefüllt. In der Folge wird auf das zum 1.9.1998 geänderte bayerische Naturschutzgesetz (GVBl. S. 403) abgestellt.

b) Unterschutzstellung nach § 19b BNatSchG

202 Nach § 19b BNatSchG wählen die Länder zunächst im Benehmen mit dem BMU – und nach Anhörung der Betroffenen[190] sowie der Gemeinden[191] – die der Kommission zu benennenden Gebiete aus; das BMU benennt anschließend der Kommission die Gebiete. Die *Gebietsauswahl* hat sich ausschließlich an den fachlichen Kriterien der FFH-RL zu orientieren. Es besteht *kein politischer Entscheidungsspielraum* (Art. 4 I)[192]. § 19b BNatSchG ist insoweit europarechtskonform auszulegen. Die Länder sind nach der rahmenrechtlichen Regelung des § 19b BNatSchG verpflichtet, die in der Liste der Gebiete von gemeinschaftlicher Bedeutung eingetragenen Gebiete nach Maßgabe des Art 4 IV FFH-RL (d.h. so schnell wie möglich) entsprechend den jeweiligen Erhaltungszielen (§ 19a II Nr. 7) zu geschützten Bestandteilen von Natur und Landschaft i.S.d. § 12 I BNatSchG (Rn. 5/177 ff.) zu erklären.

203 Damit kommen zwar alle in §§ 13 ff. BNatSchG aufgeführten Schutzgebietskategorien in Betracht, das Verschlechterungsverbot des Art. 6 II FFH-RL erfordert aber grundsätzlich die Ausweisung eines Naturschutzgebietes[193]. Dabei sind die in § 19b III enthaltenen Mindestan-

188 Hierzu und zum folgenden: *Apfelbacher/Adenauer/Iven*, NuR 1999, 63 ff.; *Fischer-Hüftle*, ZUR 1999, 66 ff.; *Niederstadt*, NuR 1998, 515 ff.; *Schink*, ZAU 1999, 338 ff. Der EuGH, NuR 1998, 194, hat eine entspr. Vertragspflichtverletzung der BRD festgestellt. Zur Anwendung der FFH-RL vor ausreichender Umsetzung BVerwGE 107, 1; BVerwG, Urt. v. 27.1.2000, 4 C 2.99.

189 Zu dessen Zulässigkeit *Klindt*, DVBl. 1998, 373 ff.

190 *Freiburg*, Erhaltung der biologischen Vielfalt, 1998, S. 91 f., weist zutr. darauf hin, daß dies verfassungsrechtlich vor dem Hintergrund des Art. 14 I GG geboten ist; die im Mai 2000 in BW vorgenommene Einstellung in das Internet ist nicht ausreichend.

191 *Spannowsky*, UPR 2000, 41 (50).

192 BVerwGE 107, 1; s.a. EuGH, Slg. 1991, 883 ff. – Leybucht; 1993, 4221 ff. – Santoña; *de Witt/Dreier*, Naturschutz, Rn. 259; *Spannowsky*, UPR 2000, 41 (49).

193 *Apfelbacher/Adenauer/Iven*, NuR 1999, 63 (66); *Fischer-Hüftle*, ZUR 1999, 66 (67); *Niederstadt*, NuR 1998, 515 (518); *Schink*, ZAU 1999, 338 (341).

forderungen an die Unterschutzstellung zu beachten, nämlich die Festlegung des Schutzzwekkes entsprechend den zuvor herausgearbeiteten Erhaltungszielen sowie die Darstellung, ob prioritäre Biotope oder Arten zu schützen sind. Schließlich ist durch geeignete Ge- und Verbote sowie Pflege- und Entwicklungsmaßnahmen sicherzustellen, daß den Anforderungen des Art. 6 FFH-RL (Verschlechterungs- und Störungsverbot) entsprochen wird. Damit werden auch viele bereits bestehende Schutzverordnungen überarbeitet werden müssen. Insbesondere sind *Privilegierungen* der Landwirtschaft, Jagd oder Fischerei *nicht mehr zulässig*, soweit diese mit Beeinträchtigungen verbunden sein können[194], wovon im Regelfall auszugehen ist. Nach Art. 13c I BayNatSchG ist deshalb eine erhebliche Beeinträchtigung europäischer Schutzgebiete unmittelbar kraft Gesetzes verboten.

Eine Unterschutzstellung kann nach § 19b IV BNatSchG unterbleiben, wenn nach anderen Rechtsvorschriften, Verwaltungsvorschriften oder vertraglichen Vereinbarungen ein gleichwertiger Schutz gewährleistet werden kann. Insbesondere kommen dabei waldrechtliche Schutzvorschriften (z.B. für Bannwälder, Schonwälder, Biotopschutzwald, s. §§ 12, 13 BW WaldG) oder Wasserschutzverordnungen nach § 19 WHG in Betracht. **204**

c) Verträglichkeitsprüfung

In §§ 19c-e BNatSchG ist die von Art. 6 III FFH-RL verlangte Prüfung von Projekten und Plänen auf ihre Verträglichkeit mit den festgelegten Erhaltungszielen geregelt[195]. Dabei spielt es keine Rolle, ob das Vorhaben innerhalb oder außerhalb des Schutzgebietes realisiert werden soll; entscheidend ist allein, daß erhebliche Beeinträchtigungen möglich sind[196]. **205**

Projekte nach § 19c sind in § 19a II Nr. 8 legaldefiniert: es sind erlaubnis- oder anzeigebedürftige **206**

- Vorhaben und Maßnahmen innerhalb des Schutzgebietes,
- naturschutzrechtliche Eingriffe gem. § 8 BNatSchG (Rn. 5/114) sowie
- genehmigungsbedürftige Anlagen nach § 4 BImSchG (Rn. 8/121) und Gewässerbenutzungen nach § 3 WHG (Rn. 6/92).

Die Verträglichkeitsprüfung ist damit an ein verwaltungbehördliches Zulassungsverfahren geknüpft. Das Beeinträchtigungsverbot des Art. 6 III FFH-RL gilt kraft Europarecht jedoch unabhängig hiervon. § 19c BNatSchG enthält keine Aussage darüber, welche Behörde für die Durchführung der Verträglichkeitsprüfung zuständig ist; dies zu regeln ist Sache des Landesrechts. **207**

194 *Fischer-Hüftle*, ZUR 1999, 66 (68).

195 *Beckmann/Lambrecht*, ZUR 2000, 1 ff.; *Jessel*, NuL 1999, 65 ff.; *Schink*, UPR 1999, 417 ff.

196 BVerwGE 107, 1. Zum Begriff der erheblichen Beeinträchtigung *Beckmann/Lambrecht*, ZUR 2000, 1 ff. Bei „notwendigen" Bestandteilen eines Schutzgebietes gilt das Verschlechterungsverbot des Art. 6 II FFH-RL bzw. Art. 4 IV VRL, d.h. eine erhebliche Beeinträchtigung liegt vor, wenn nachteilige Veränderungen der Lebensräume zu erwarten sind (so auch *Epiney*, UPR 1997, 303 [308]). Beispiele: Verkleinerung schützenswerter Flächen, Gefährdung der Entwicklungsziele eines Schutzgebietes, Gefährdung des Artenbestandes im Schutzgebiet.

208 Bei der Linienbestimmung von Verkehrswegen, sonstigen Plänen sowie Bauleitplänen und Satzungen nach § 34 IV BauGB ist eine Verträglichkeitsprüfung vorgesehen (§ 19d). Das Verbot der Schutzgebietsbeeinträchtigung ist in der Bauleitplanung deshalb „abwägungsfest"[197]. Immissionschutzrechtlich genehmigungsbedürftige Anlagen werden in § 19e insofern privilegiert, als eine Genehmigung nur dann zu versagen ist, wenn die Beeinträchtigung des Schutzgebietes nicht entsprechend § 8 II BNatSchG ausgeglichen werden kann. Es bestehen Zweifel, ob dies den Vorgaben des Art. 6 FFH-RL noch entspricht, weil das Bestandsschutzprinzip des Art. 6 FFH-RL durch den – nachrangigen – Kompensationsgedanken aufgeweicht würde[198].

209 Die Verträglichkeitsprüfung hat sich nach Art. 6 III FFH-RL an den europarechtlich festgelegten Erhaltungszielen zu orientieren. Soweit eine ältere Schutzverordnung (noch) keine solchen enthält, sind diese im Einzelfall herauszuarbeiten. Der tatsächliche Bestand an geschützten Biotopen und Arten ist zu ermitteln (§ 24 VwVfG), anschließend sind die zu erwartenden Auswirkungen zu prognostizieren. Abschließend ist dann zu beurteilen, ob erhebliche Beeinträchtigungen für die Erhaltungsziele oder den Schutzzweck möglich sind[199]; in diesem Fall ist das Vorhaben grundsätzlich *unzulässig* (§ 19c II BNatSchG, anders z.B. § 11 UVPG, vgl. Rn. 3/18 f.).

210 Im Anschluß an Art. 6 IV FFH-RL ermöglichen § 19c III-V BNatSchG (als lex specialis gegenüber § 31 BNatSchG) ausnahmsweise die Zulässigkeit eines Vorhabens, soweit es

(1) aus zwingenden (d.h. nicht nur behaupteten, sondern nachgewiesenen und langfristig wirkenden) Gründen des *überwiegenden öffentlichen Interesses*[200] notwendig ist, wobei auch wirtschaftliche und soziale Interessen einzubeziehen sind[201] *und*

(2) zumutbare *Alternativen*[202] nicht bestehen. Bei der Alternativenprüfung ist wie in § 8 BNatSchG oder § 41 BImSchG zu fragen, ob das Vorhaben auch außerhalb des Schutzgebietes oder in ausreichendem Abstand hierzu durchgeführt werden kann und gleichzeitig noch eine Verwirklichung des Projektes zumutbar und möglich ist, d.h. es können in beschränktem Umfang auch Wirtschaftlichkeitserwägungen angestellt werden[203].

211 Wenn sich in einem betroffenen Schutzgebiet prioritäre Biotope oder Arten befinden, kann eine Ausnahme nur erteilt werden, wenn das öffentliche Interesse mit der

---

197 *Fischer-Hüftle*, ZUR 1999, 66 (69).

198 Zurecht abl. daher *Fischer-Hüftle*, ZUR 1999, 66 (69); *Niederstadt*, NuR 1998, 515 (525); a.A. *Apfelbacher/Adenauer/Iven*, NuR 1999, 63 (77).

199 S. *Fischer-Hüftle*, ZUR 1999, 66 (70). Der Ermittlungsumfang deckt sich weitgehend mit der UVP oder der naturschutzrechtlichen Eingriffsregelung, s. aber *Niederstadt*, NuR 1998, 515 (522 f.) zu denkbaren Unterschieden. Zur Ermittlungsdichte s.a. Rn. 3/170.

200 Hierzu: BVerwG, Urt. v. 27.1.2000, 4 C 2.99 – Umgehung Hildesheim. Private Interessen vermögen weder bei FFH- noch bei Vogelschutzgebieten eine Ausnahme zu begründen, *Beckmann/Lambrecht*, ZUR 2000, 1 (4); *Müller-Terpitz*, NVwZ 1999, 26 (29); s.a. OVG Münster, UPR 2000, 78 (Ls.), BA S. 42.

201 Anders bei Vogelschutzgebieten: EuGH Slg. 1996, 3805 (3852) – Lappel Bank.

202 Hierzu *Beckmann/Lambrecht*, ZUR 2000, 1 (6 ff.); *B. Erbguth*, DVBl. 1999, 588 ff.; *Hoppe*, UPR 1999, 426 ff.

203 *Apfelbacher/Adenauer/Iven*, NuR 1999, 63 (75 f.); *Freiburg* (Fn. 190), S. 131. S.a. BVerwGE 107, 1, zur Zumutbarkeit einer Untertunnelung der A 20.

menschlichen Gesundheit, der öffentlichen Sicherheit oder günstigen Auswirkungen des Vorhabens auf die Umwelt zusammenhängt (§ 19c IV 1); mittelbare Effekte (Verlagerung des Verkehrs von der Straße auf die Schiene beim Eisenbahnbau) reichen nicht aus[204]. Im Anschluß an die von der Kommission vertretene Auslegung des Art. 6 FFH-RL im Ostseeautobahn-Verfahren ermöglicht § 19c IV 2 die Einbeziehung wirtschaftlicher und sozialer Interessen bei vorheriger Anhörung der Kommission. Diese müssen aber von ähnlich europaweiter Bedeutung sein wie das Ziel der Erhaltung des europäischen Naturerbes und kommen daher z.B. in strukturschwachen Gebieten in Betracht[205]. In jedem Fall müssen bei der Zulassung im Ausnahmefall Maßnahmen zur Sicherung des zusammenhängenden ökologischen Netzes Natura 2000 getroffen werden, also insbes. Ausgleichsmaßnahmen nach § 8 II BNatSchG. Weitergehende Regelungen (z.B. über Naturschutzgebiete mit Veränderungsverbot ohne Ausgleichsmöglichkeit) bleiben unberührt (§ 19 f II BNatSchG); in solchen Fällen ist dann die Erteilung einer Ausnahme nicht zulässig.

d) Reichweite des Gebietsschutzes im Vorfeld der Umsetzung

Da die Erfahrungen mit der Umsetzung der Vogelschutzrichtlinie bereits sehr negativ **212**
waren, beinhaltet die FFH-RL verschiedene Vorkehrungen zum vorläufigen Schutz von Gebieten. Nach § 19b V BNatSchG sind mit Veröffentlichung eines Gebietes auf der Liste der Kommission dort alle Vorhaben, Maßnahmen, Veränderungen oder Störungen, die zu erheblichen Beeinträchtigungen des Gebietes in seinen für die Erhaltungsziele maßgeblichen Bestandteilen führen können, unzulässig. In einem Konzertierungsgebiet nach § 19a II Nr. 3 BNatSchG (Rn. 5/198) gilt dieses Verbot nur für die prioritären Biotope und Arten. Weil vorläufiger Schutz nicht weiter reichen kann als endgültiger, können Projekte unter der Voraussetzung des § 19c III oder IV BNatSchG ausnahmsweise auch bei negativer Verträglichkeitsprüfung zugelassen werden[206]. § 19b V Nr. 2 BNatSchG erstreckt sich über den Wortlaut hinaus auch auf noch nicht ausgewiesene Vogelschutzgebiete. Die von Gesetzes wegen nur bis zum 8.5.2003 geltende (vgl. § 39 I 2 BNatSchG) gesetzliche Veränderungssperre darf bei europarechtskonformer Auslegung (Rn. 1/43) erst dann entfallen, wenn der Landesgesetzgeber bis dahin Art. 6 FFH-RL genügende Bestimmungen verabschiedet hat.

Vor Aufstellung der Gebietsliste unterstehen Gebiete, die nach den ornithologischen **213**
Kriterien des Art. 4 besonders geeignet sind, auch ohne förmliche Ausweisung dem Schutz des Art. 4 IV Vogelschutz-RL[207]. Das BVerwG hat in seinem A 20-Urteil die Frage, ob es auch aus vergleichbaren Gründen potentielle FFH-Gebiete geben kann[208],

---

204 *Apfelbacher/Adenauer/Iven*, NuR 1999, 63 (76).

205 S.a. *Apfelbacher/Adenauer/Iven*, NuR 1999, 63 (76), Fn. 120, zum Streitstand hinsichtlich der europarechtl. Zulässigkeit.

206 *Apfelbacher/Adenauer/Iven*, NuR 1999, 63 (69); Fischer-Hüftle, ZUR 1999, 66 (71).

207 EuGH, Slg. 1993, 4221 = NuR 1994, 521 – Santoña („effet utile"); NuR 1998, 538; BVerwGE 107, 1 (18 ff.); OVG Lüneburg, ZUR 1998, 92 (94); *Spannowsky*, UPR 2000, 41 (43).

208 *Fischer-Hüftle*, ZUR 1999, 66 (72); *Niederstadt*, NuR 1998, 515 (520 f.); a.A. *Rengeling*, UPR 1999, 281 (283); *Stüber*, NuR 1998, 531 (533); differenzierend *Apfelbacher/Adenauer/Iven*, NuR 1999, 63 (72).

dahingestellt sein lassen und darauf abgestellt, daß ein Mitgliedstaat (d.h. auch Bundesländer und insbesondere Gemeinden in der Bauleitplanung) bereits vor Ablauf der Umsetzungsfrist auf die Umsetzung der Richtlinie hinzuarbeiten und daher alles zu unterlassen habe, was die Ziele der Richtlinie unterlaufe oder vollendete Tatsachen schaffe. Aus einer Vertragsverletzung dürfe dem Mitgliedstaat kein Vorteil entstehen[209]. In jedem Fall ist mit der zögerlichen Umsetzung eine erhebliche Rechtsunsicherheit verbunden.

3. Gesetzesunmittelbarer Biotopschutz

214 § 20c BNatSchG normiert ein umsetzungsbedürftiges *absolutes Verbot der erheblichen oder nachhaltigen Veränderung bestimmter*, bundesrechtlich aufgeführter und landesrechtlich etwa zusätzlich benannter, **besonders schutzwürdiger Biotope**.

215 **Beispiele:** Moore, Sümpfe, naturnahe Bruch-, Sumpf- und Auwälder, seggen- und binsenreiche Naßwiesen, naturnahe Gewässerabschnitte, Quellbereiche, offene Binnendünen, Zwergstrauch- und Wacholderheiden, Trocken- und Magerrasenflächen, Fels- und Steilküsten, Salzwiesen und Wattflächen im Meeresküstenbereich, offene Felsbildungen und natürliche Block- und Geröllhalden, alpine Rasen und Schneetälchen.

216 Diese dürfen nicht zerstört oder erheblich beeinträchtigt werden und unterliegen damit einem **allgemeinen Veränderungsverbot**[210]. Nach dem Gesetzeswortlaut sind auch nur möglicherweise beeinträchtigende Handlungen dem Verbot unterworfen, das durch die BNatSchG-Novelle 1986 eingeführt wurde, zunächst als Regelung im Rahmen der naturschutzrechtlichen Eingriffsregelung nach §§ 8 ff. BNatSchG vorgesehen war, dann aber als eigenständiges Instrument des besonderen Naturhaushaltsschutzes in § 20c geregelt wurde, um das hiermit verbundene Schutzkonzept nicht durch das Landwirtschaftsprivileg des § 8 VII BNatSchG zu schmälern. Das Veränderungsverbot erfaßt daher auch Maßnahmen der ordnungsgemäßen Landwirtschaft, Forst-, Jagd- oder Fischereiwirtschaft[211], sowie – weiter als § 8 I BNatSchG – stoffliche Beeinträchtigungen. Soweit spezialgesetzliche Regelungen für besonders schützenswerte Waldflächen bestehen (z.B. § 30a WaldG BW)[212], sind diese leges speciales, wobei der Schutzzweck des § 20c BNatSchG daneben bestehen bleiben kann, soweit typische Freiraumarten geschützt werden sollen[213]. Der **gesetzesunmit-**

209 BVerwGE 107, 1 (22).

210 Zu § 20c BNatSchG s. Hess. VGH, NVwZ-RR 1993, 348 ff.; *Louis*, NuR 1992, 24 ff.; *Schmidt-Aßmann*, in: *Jarass u.a.*, UGB-BT, 1994, S. 419 ff. Zu den Ge- und Verboten im Einzelnen *de Witt/ Dreier*, Naturschutz, Rn. 482 ff.

211 Ähnlich *Kratsch*, VBlBW 1998, 241. Unzutreffend insoweit VGH BW, Urt. v. 28.11.1995, 3 S 3203/94, wo gesetzlicher Biotopschutz abgelehnt wird, wenn die betreffenden Röhrichtbestände regelmäßig im Rahmen der Landbewirtschaftung abgemäht werden.

212 S. VwV Biotopschutzwald BW, GABl. 1997, S. 621 ff.

213 *Gassner u.a.*, BNatSchG, § 20c Rn. 10; *Fischer-Hüftle*, NuR 1994, 68 (71); a.A. *Orf*, NuR 1994, 224 (231).

214 Zur Wirksamkeit des § 20c BNatSchG im bauplanungsrechtlichen Innenbereich s. BVerwG, BauR 1995, 229. Zur Verfassungsmäßigkeit hinsichtlich Art. 14 I GG s. BVerfG, NuR 1999, 99 (gegen OVG Münster, NWVBl 1995, 333); OVG Lüneburg, NuR 1995, 470 ff.; OVG Schleswig, NuR 1998, 558 ff.; VG Potsdam, NVwZ 1998, 1216 ff.

telbare Schutz, den § 20c BNatSchG den Ländern[214] zur Pflicht macht, hat den Vorteil, daß er von einer besonderen Gebietsausweisung unabhängig ist und wenigstens den status quo sichert.

Die Vorschrift des § 20c BNatSchG ist inzwischen in allen Bundesländern außer Bremen umgesetzt. Die Biotope sind landesweit kartiert worden[215]. Der gesetzliche Biotopschutz erfaßt die Biotope unabhängig von ihrer jeweiligen Größe. Auch sehr kleine Flächen können einen hohen ökologischen Wert haben. Das Bundesamt für Naturschutz hat herausgearbeitet, daß in verdichteten Räumen auch bestimmte Biotope von nur 10 m^2 Fläche schützenswert sind[216]. **217**

Das **Biotopschutzgesetz Baden-Württembergs** beispielsweise definiert in einem Anhang eine Vielzahl von geschützten Biotoptypen (in Erweiterung der beispielhaften Aufzählung des § 20c I BNatSchG), die (deklaratorisch)[217] in Listen und Karten zu erfassen sind[218]. Von der Schutzintensität her sind die besonders geschützten Biotope Naturschutzgebieten durchaus vergleichbar; sie erfassen auch Beeinträchtigungen, die den Eingriffstatbestand des § 8 BNatSchG nicht erfüllen (z.B. stoffliche Einwirkungen und mittelbare Beeinträchtigungen durch Veränderungen der Grundwasserverhältnisse). **218**

In **Brandenburg** sind neben den § 20c-Biotopen (§ 32) auch *Alleen* (§ 31) gesetzlich geschützt und darüberhinaus durch § 33 LNatSchG drei verschiedene Schutzzonen um die Horste von Adlern, Wanderfalken, Weihen, Schwarzstörchen, Kranichen und Uhus festgesetzt. **219**

Durch § 20c II BNatSchG werden die Länder allerdings auch ermächtigt, **Ausnahmen** von dem allgemeinen Veränderungsverbot zuzulassen, wenn die Beeinträchtigungen ausgeglichen werden können oder die Maßnahmen aus überwiegenden Gründen des Allgemeinwohls notwendig sind. In der Vorschrift liegt also neben dem Ausgleichsgebot (Rn. 5/126) eine Abwägungsdirektive, daß nur bei eindeutigem Überwiegen von Allgemeinwohlbelangen (nicht: privaten Belangen), die für die Zulassung einer Maßnahme sprechen, gegenüber dem Erhalt des schutzwürdigen Biotops dieses in Anspruch genommen werden kann. Planungsrechtlich handelt es sich um ein Optimierungsgebot (Rn. 3/169), das mit einer Pflicht, mögliche Ausgleichsmaßnahmen durchzuführen, verbunden ist[219] **220**

Da § 20c BNatSchG eine Inhalts- und Schrankenbestimmung des Eigentumsrechts beinhaltet, hat der Landesgesetzgeber Übergangs-, Befreiungs- oder Entschädigungsregelungen zu treffen, insbesondere für den Fall, daß bestehende Baurechte entzogen würden. Ggf. sind die landesrechtlichen Befreiungsvorschriften heranzuziehen[220]. Die pauschale Herausnahme des **Innenbereichs nach § 34 BauGB** überschreitet jedoch den vorgegebenen bundesrechtlichen Rahmen, weil § 20c BNatSchG keine Legalausnahmen für andere als Gemeinwohlgründe vorsieht. § 67 VI BW NatSchG ist daher nichtig; im Einzelfall ist zu prüfen, ob eine Befreiung erteilt werden kann. **221**

215 In BW z.B. LfU, Kartierungsanleitung für die bes. geschützten Biotope nach § 24a NatSchG, 4. Aufl. 1997.

216 *Rieker*, NuL 1998, 492 ff.

217 VG Dessau, NuR 1997, 465 f.; *Kratsch*, VBlBW 1998, 241 (242).

218 Gesetz zur Änderung des Naturschutzgesetzes (Biotopschutzgesetz) v. 19.11.1991, GBl. S. 701; hierzu *Kratsch*, VBlBW 1998, 241.

219 So auch *de Witt/Dreier*, Naturschutz, Rn. 497; *Metz*, NVwZ 1996, 247 (248); *Louis*, DÖV 1994, 903 (906).

220 BVerfG, NuR 1999, 99 (102).

222 In der *Bauleitplanung* sind gesetzlich nach § 20c BNatSchG geschützte Biotope gesondert zu berücksichtigen, da § 8a BNatSchG nur Eingriffe in Natur und Landschaft erfaßt, sich aber nicht auf den gesetzesunmittelbaren Biotopschutz erstreckt. Ein Bebauungsplan muß also entsprechende Biotope entweder in ihrem Bestand sichern oder materiell die Voraussetzungen für landesrechtlich zulässige Ausnahmen entsprechend § 20c II BNatSchG schaffen[221].

223 Der an sich sehr intensive Biotopschutz genügt allerdings insofern nicht, als manche gefährdeten Tier- und Pflanzenarten in den Gebieten, in denen sie vorkommen, auf Biotope angewiesen sind, die sich nicht dazu eignen, in die absolute Schutzregelung des § 20c BNatSchG einbezogen zu werden. Dem Biotopschutz dient aber auch die Unterschutzstellung von Gebieten (insbesondere nach Naturschutzrecht, aber auch nach § 19 WHG oder §§ 29 ff. BWaldG), die als ergänzendes, *komplementäres Instrument* eingesetzt werden kann[222]. Letztlich muß vorsorgender Biotopschutz darauf abzielen, um des Schutzes der wildlebenden Tiere und der wildwachsenden Pflanzen willen nicht nur deren ökologisch noch funktionsfähige Lebensstätten bzw. Lebensräume intensiv zu schützen, zu pflegen und zu entwickeln, sondern auch neue Biotope (etwa nach Maßgabe eines Landschaftsplans) zu schaffen (z.B. Sukzessionszonen, Gewässerschutz- oder Ackerrandstreifen) und ein Biotopverbundsystem zu entwickeln.

VII. Artenschutz

1. Allgemeines

a) Ziele des Artenschutzes

224 Artenschutz[223] beinhaltet nach § 20 I 1 BNatSchG den *Schutz und die Pflege wildlebender Tier- und Pflanzenarten* in ihrer natürlichen und historisch gewachsenen Vielfalt (Biodiversität) und gehört zum klassischen Bereich des Naturschutzes. Die Novellierungen von 1986 und 1998 haben der Tatsache Rechnung getragen, daß man sich heute nicht mehr mit dem unmittelbaren Schutz bestimmter einheimischer Tiere oder Pflanzen als Einzelerscheinungen der Natur begnügen darf, sondern sich *grenzüberschreitend* angesichts des immer bedrohlichere Ausmaße annehmenden Artenschwundes (Rn. 5/34) um den Schutz und die Pflege der wildlebenden Tier- und Pflanzenarten in ihrer natürlichen und historisch gewachsenen – weltweiten – Vielfalt (§ 20 I 1 BNatSchG) und in diesem Zusammenhang auch um den Schutz der *Lebensräume* der Arten (§ 20 I 2 Nr. 2 BNatSchG) kümmern muß. Das System artenschutzrechtlicher Bestimmungen umfaßt neben völkerrechtlichen Vereinbarungen (Rn. 5/59 ff.) die **EG-Artenschutz-VO** (Rn. 5/46), die FFH- und die Vogelschutz-RL (Rn. 5/196 ff.) sowie deren Umsetzung in den §§ 19a ff. BNatSchG durch die 2. Novelle des BNatSchG im Jahre 1998.

---

221 BVerwG, NVwZ-RR 1998, 162 ff.; weitergehend verlangt VGH BW, NuR 1998, 146 eine Ausnahmeerteilung vor Satzungsbeschluß. Zur Bauleitplanung s.a. *Kratsch*, NuR 1994, 278 ff.; *Weiblen*, VBlBW 1996, 202 ff.

222 Vgl. VGH BW, VBlBW 1994, 233 (237).

223 Vgl. hierzu *Schmidt-Räntsch*, Leitfaden zum Artenschutzrecht, 1990; *ders.*, in: HdUR, Bd. I, Art. „Artenschutzrecht", Sp. 147 ff.; *Hammer*, DVBl. 1997, 401 ff.; *Heider*, Der Tierartenschutz im Naturschutzrecht und artverwandten Gebieten, Diss. 1990. Zur 2. Novelle 1998 vgl. *Apfelbacher/Adenauer/Iven*, NuR 1998, 509 ff. – s.a. BMU (Hrsg.), Durchführung des Washingtoner Artenschutzübereinkommens in der BRD, April 1994.

Die **Bundes-Artenschutz-VO** ist wegen des Anwendungsvorrangs des EG-Rechts überarbeitet worden und betrifft jetzt nur noch heimische Arten[224]. Verschiedene Pilze (u.a. Steinpilz, Pfifferling, Morchel) dürfen in geringen Mengen für den Eigenbedarf gesammelt werden. 225

Nach der unmittelbar geltenden **Ziel- und Aufgabennorm** des **§ 20 I BNatSchG** soll Artenschutz nicht nur im traditionellen Sinn unmittelbar durch Schutz und Pflege der Arten erfolgen, sondern auch mittelbar durch die Erhaltung und zweckdienliche Gestaltung der Lebensräume (s. Rn. 5/36 ff.). Nach § 20 I 2 BNatSchG umfaßt nämlich der Artenschutz 226

(1) den Schutz der *wildlebenden Tiere und Pflanzen* und ihrer *Lebensgemeinschaften* vor Beeinträchtigungen durch den Menschen (*Nr. 1*),
(2) den Schutz, die Pflege, die Entwicklung und die Wiederherstellung der *Biotope* wildlebender Tier- und Pflanzenarten sowie die Gewährleistung ihrer sonstigen Lebensbedingungen (*Nr. 2*),
(3) die *Ansiedlung* von Tieren und Pflanzen verdrängter wildlebender Arten in geeigneten Biotopen innerhalb ihres natürlichen Verbreitungsgebietes (*Nr. 3*).

Die *Länder* sind nach § 20b BNatSchG verpflichtet, geeignete Maßnahmen zur Erreichung der in § 20 I BNatSchG genannten Ziele zu treffen. Die artenschutzrechtlichen Vorschriften werden nach § 20 II BNatSchG durch Vorschriften des *Tier- und Pflanzenschutzrechts, des Seuchenrechts* sowie durch Vorschriften des *Forst-, Jagd- und Fischereirechts* verdrängt (s.a. Rn. 5/54). Die Spezialvorschriften sind aber ihrerseits nur anwendbar, soweit sie europarechtskonform sind (Rn. 1/43). Sinnvoller wäre ein einheitliches Schutzniveau, in dessen Rahmen durch Ausnahmeregelungen den Interessen der Berufsgruppen Rechnung getragen werden kann, soweit diese ihrerseits ökologisch verträglich wirtschaften. 227

Das Schutzkonzept der §§ 20 ff. BNatSchG beruht auf dem gesetzesunmittelbaren Schutz einzelner Lebensräume (§ 20c BNatSchG, Rn. 5/214 ff.) sowie auf gesetzlichen Verboten von für wildlebende Tiere und Pflanzen schädlichen Handlungen (§ 20d I BNatSchG; Rn. 5/234) und noch weitergehenden Verboten (Schädigung, Störung, Besitz, Vermarktung) bei besonders geschützten Tier- und Pflanzenarten (§ 20f BNatSchG; Rn. 5/240 ff.)[225]. 228

Erforderlich ist vor allem ein wirksamer **Biotopschutz** (Rn. 5/39 ff.). Ihm dienen neben der unmittelbar geltenden *Aufgabennorm* des § 20 I 2 Nrn. 2 u. 3 BNatSchG (Rn. 5/224) das umsetzungsbedürftige *allgemeine Verbot der Biotopbeeinträchtigung ohne vernünftigen Grund* des § 20d I Nr. 3 BNatSchG (Rn. 5/234) sowie der gesetzesunmittelbare Schutz *besonders schützenswerter Biotope* nach § 20c BNatSchG (Rn. 5/214 ff.). Einen weitergehenden Biotopschutz für besonders geschützte Arten enthalten die FFH- und die Vogelschutz-RL (Rn. 5/196 ff.) sowie der unmittelbar geltende § 20f I BNatSchG (Rn. 5/240). 229

224 Verordnung zum Schutz wild lebender Tier-und Pflanzenarten (Bundesartenschutzverordnung) v. 14.10.1999, BGBl. I 1955.

225 Zur verfassungsrechtlichen Zulässigkeit der artenschutzrechtlichen Bestimmungen: BVerfG, NVwZ 1997, 159; NuR 1996, 400.

b) Artenschutzrechtliche Begriffe des BNatSchG

230 § 20a BNatSchG enthält wichtige **Legaldefinitionen** für die im Artenschutzrecht verwendeten Begriffe Tiere, Pflanzen, Art, Population, heimische Art, europäische Vogelart, besonders geschützte Art, streng geschützte Art, gezüchtete Tiere, künstlich vermehrte Pflanzen, Anbieten, Inverkehrbringen, rechtmäßig, Mitgliedstaat und Drittland. Unter „Tieren" und „Pflanzen" der Artenschutzregelung sind nur Exemplare „wildlebender Arten" zu verstehen, also nicht Haustiere oder Kulturpflanzen.

231 aa) **Tiere** i.S. des Artenschutzrechts sind nach § 20a I Nr. 1 BNatSchG

- wildlebende, gefangene oder gezüchtete und nicht herrenlos gewordene sowie tote Tiere wildlebender Arten[226],
- Eier, Larven, Puppen und sonstige Entwicklungsformen von Tieren wildlebender Arten[227], und darüberhinaus auch
- ohne weiteres erkennbare Teile von Tieren wildlebender Arten sowie
- ohne weiteres erkennbar aus Tieren wildlebender Arten gewonnene Erzeugnisse (z.B. bearbeitete Häute und Felle, Pelzmäntel[228], Taschen, Tinkturen).

232 bb) **Pflanzen** sind nach § 20a I Nr. 2 BNatSchG

- wildlebende, durch künstliche Vermehrung gewonnene sowie tote Pflanzen wildlebender Arten,
- Samen, Früchte und sonstige Entwicklungsformen von Pflanzen wildlebender Arten,
- ohne weiteres erkennbare Teile von Pflanzen wildlebender Arten sowie
- ohne weiteres erkennbar aus Pflanzen wildlebender Arten gewonnene Erzeugnisse.

233 cc) Mit der 2. Novelle wird weitergehend unterschieden zwischen **besonders geschützten Arten** (§ 20a I Nr. 7) – hierunter fallen Tier- und Pflanzenarten, die in Anhang A oder B der EG-Artenschutzverordnung Nr. 338/97 (Rn. 5/46), Anhang IV der FFH-Richtlinie oder der Bundes-ArtenschutzVO enthalten sind sowie bestimmte europäische Vogelarten (d.h. in Europa heimische Vogelarten i.S.d. Art. 1 Vogelschutz-RL) – und **streng geschützten Arten** (§ 20a I Nr. 8), das sind besonders geschützte Arten, die in Anhang A der EG-Artenschutzverordnung Nr. 338/97, Anhang IV der FFH-Richtlinie oder der Bundes-ArtenschutzVO aufgeführt sind. Durch eine dynamische Verweisung auf die jeweils gültigen Fassungen der – höherrangigen – EG-Rechtsakte wird sichergestellt, daß für die Einstufung der jeweilige aktuelle Stand der Anhänge maßgeblich ist[229].

226 VGH Kassel, NVwZ-RR 1996, 432 – Strauße.
227 VG Saarlouis, NuR 1995, 490 – Gelbbauchunkenkaulquappe.
228 VG Hamburg, NuR 1993, 174.
229 Zur verfassungsrechtlichen Zulässigkeit der dynamischen Verweisung *Klindt*, DVBl. 1998, 373 ff.

2. Allgemeiner Schutz wildlebender Tiere und Pflanzen

Nach der aus dem klassischen Artenschutzrecht stammenden, nicht unmittelbar geltenden Rahmenregelung des **§ 20d I BNatSchG** über den *allgemeinen Schutz wildlebender Tiere und Pflanzen* ist es verboten, **234**

(1) wildlebende *Tiere* mutwillig zu beunruhigen oder ohne vernünftigen Grund zu fangen, zu verletzen oder zu töten (*Nr. 1*),
(2) ohne vernünftigen Grund wildlebende *Pflanzen* von ihrem Standort zu entnehmen oder zu nutzen oder ihre Bestände niederzuschlagen oder auf sonstige Weise zu verwüsten (*Nr. 2*) und
(3) ohne vernünftigen Grund *Lebensstätten* wildlebender Tier- und Pflanzenarten zu beeinträchtigen oder zu zerstören (*Nr. 3*).

Gebietsfremde Tiere und Pflanzen wildlebender und nicht wildlebender Arten dürfen, soweit es sich nicht um land- oder forstwirtschaftlichen Pflanzenanbau handelt, nur mit behördlicher Genehmigung ausgesetzt oder in der freien Natur angesiedelt werden (§ 20d II BNatSchG). **235**

Der Verbotskatalog des § 20d wird durch § 12 BArtSchV ergänzt. Die *Länder* können nach § 20d III BNatSchG noch weitere Vorschriften erlassen. **236**

3. Besonderer Artenschutz

Die Regelungen zum *besonderen Artenschutz* sind mit den BNatSchG-Novellen von 1986 und 1998 erheblich ausgeweitet und umstrukturiert worden. Sie beinhalten (vgl. § 4 S. 3 BNatSchG) *überwiegend unmittelbar geltende, nicht umsetzungsbedürftige Regelungen*, die überdies zum großen Teil nicht ergänzungsbedürftig sind, d.h. den Charakter bundesrechtlicher Vollregelungen haben. Mit ihnen wird ein stärkerer Schutz bestimmter gefährdeter Arten erstrebt, wobei das deutsche Naturschutzrecht zugleich an Vorgaben des internationalen Artenschutzrechts (Rn. 5/59 ff.) und des Europarechts (Rn. 5/46) angepaßt wurde. Nicht nur wegen des Ineinandergreifens von völkerrechtlichen, europarechtlichen und innerstaatlichen Normen, sondern auch wegen des Ausnahmen- und Rück-Ausnahmen-Systems ist das Recht des besonderen Artenschutzes extrem unübersichtlich. **237**

a) Kategorien des besonderen Artenschutzes

Nach der **Schutzform** unterscheidet das Artenschutzrecht zwischen besonders geschützten Arten und streng geschützten Arten (Rn. 5/233), die sich jeweils aus den Anhängen der europarechtlichen Regelungen (ArtenschutzVO, FFH-RL) oder der BArtSchV ergeben. Anders als nach bisherigem Recht erstreckt sich die Verordnungsermächtigung des § 20e BNatSchG nur noch auf den Schutz heimischer Arten (s. § 20a I Nr. 5). Die Umstrukturierung des besonderen Artenschutzes trägt dem Vorrang des Europarechts Rechnung, dessen Artenkataloge über die Verweisungsklausel des § 20a IV in der jeweils geltenden Fassung in deutsches Recht überführt werden. **238**

239 Zu den besonders geschützten Arten gehören praktisch alle europäischen Vogel-, Amphibien- und Reptilienarten, alle heimischen Säugetiere sowie eine große Zahl weiterer heimischer oder nichtheimischer Tier- und Pflanzenarten, z.B. Eichelhäher, Eulenvögel, Wanderfalke, Steinadler usw.[230]

b) Besondere Schutzbestimmungen

240 aa) Der Inhalt der Unterschutzstellung ergibt sich aus **§ 20f BNatSchG**. Danach besteht ein verfassungsrechtlich nicht zu beanstandendes[231]

- **Schädigungs- und Naturentnahmeverbot** für alle *besonders geschützten Arten* (§ 20 f I Nrn. 1 und 2 BNatSchG),
- **Störungsverbot** für Lebensräume *streng geschützter Arten* (Nr. 3 und 4) und *europäischer Vogelarten* (Nr. 3).

241 Die Verbote umfassen praktisch jegliche Beeinträchtigung besonders oder streng geschützter wildlebender Tiere und Pflanzen einschließlich ihrer Nist-, Brut-, Wohn- oder Zufluchtsstätten bzw. Standorte.

242 Für alle *besonders geschützten Arten* (Rn. 5/233) gelten die **Besitzverbote** des § 20 f II Nr. 1 BNatSchG, die auf das „in Gewahrsam nehmen/haben" durch einen Besitzdiener (§ 855 BGB) und den mittelbaren Besitz (§ 868 BGB) ausgedehnt worden sind. **Vermarktungsverbote** bestehen nach Art. 8 der EG-Artenschutzverordnung[232] und darüber hinaus nach § 20f II Nr. 2 BNatSchG für sonstige nach FFH- oder Vogelschutzrichtlinie sowie BArtSchV *besonders geschützte Arten.*

243 bb) Die Verbote gelten nach § 20f III 1 BNatSchG nicht für die ordnungsgemäße land-, forst- und fischereiwirtschaftliche Bodennutzung (s. Rn. 5/94), für die nach § 8 zulässigen Eingriffe (Rn. 5/111 ff.) und nach § 20c BNatSchG ausnahmsweise (Rn. 5/220) zulässigen Maßnahmen[233].

244 cc) **Ausnahmen** von den besonderen Artenschutzvorschriften beinhaltet § 20g BNatSchG; darüberhinaus die EG-Artenschutzverordnung hinsichtlich der dortigen (nicht von § 20f II Nr. 2 erfaßten) Vermarktungsverbote.

245 Zunächst sind *rechtmäßige* (§ 20a I Nr. 13) *Herkünfte* nach § 20g I BNatSchG von den **Besitzverboten** freigestellt, und zwar *innerhalb der EG* gezüchtete, durch künstliche Vermehrung gewonnene oder der Natur entnommene Tiere und Pflanzen sowie rechtmäßig aus Drittländern *in die EG gelangte Arten.*

246 Wenn aber besonders geschützte europäische Arten oder lebende, durch die BArtSchV besonders geschützte Arten nach dem 8.5.1998 unmittelbar aus einem Drittland in die BRD gelangt

230 VGH BW, NVwZ-RR, 1998, 232; OVG Koblenz, NuR 1995, 468; OLG Braunschweig, NuR 1995, 493 (Nichtigkeit eines Kaufvertrages nach § 134 BGB).

231 Vgl. BVerwG, NuR 1998, 541 (543) zum Verbot des Reetschneidens; BVerfG, NuR 1993, 154, und zum früheren § 22 II BNatSchG BVerfGE 61, 291.

232 Zum Vermarktungsverbot für Afrikanische Elefanten (Elfenbein) s. VGH BW, VBlBW 1995, 244 ff.

233 BVerwG, NuR 1998, 541 ff. (jährliches Schneiden von Schilf ist keine ordnungsgemäße landwirtschaftliche Bodennutzung); OVG Berlin, NuR 1999, 401 ff.; OVG Schleswig, NuR 1997, 256: Vernichtung eines Biotops durch Anlegen einer Ackerfläche.

sind, besteht das Besitzverbot weiter, es sei denn, die Zollstelle hat auf einer Einfuhrbescheinigung für lebende Tiere und Pflanzen bestätigt, daß diese Arten unmittelbar aus einem Drittland eingeführt wurden.

Wenn Tiere und Pflanzen keinen *Besitzverboten* unterliegen, sind sie auch von den **Vermarktungsverboten** ausgenommen (§ 20g IIa 1). **247**

Ein Vermarktungsverbot besteht aber immer für streng geschützte Arten (§ 20g IIa Nr. 1) und europäische Vogelarten (soweit diese nicht in Anh. III der Vogelschutz-RL aufgeführt sind, § 20g IIa Nr. 2). Legaler Besitz darf darüberhinaus vermarktet werden bei rechtmäßig vor Inkrafttreten der FFH- bzw. Vogelschutz-RL erworbenen Exemplaren (§ 20g IIb Nr. 1) und Exemplaren, die ein Mitgliedstaat in Übereinstimmung mit den RL vom Vermarktungsverbot freigegeben hat, sowie der BArtSchV unterfallenden Exemplaren, die nach dem 8.5.1998 rechtmäßig unmittelbar aus einem Drittland importiert wurden. **248**

Nach § 2 der BArtSchV i.V.m. § 20e III Nr. 2 BNatSchG ist das Sammeln verschiedener Pilze (u.a. Steinpilz, Pfifferling, Morchel) in geringen Mengen für den Eigenbedarf zulässig. Unverändert besteht die Möglichkeit der Länder nach § 20g VII fort, das Sammeln von Weinbergschnecken zwischen 1.4. und 15.6. jedes dritte Jahr zuzulassen. **249**

dd) Nach § 20g V BNatSchG können die zuständigen Behörden Ausnahmen von den Besitz- und Vermarktungsverboten zulassen, soweit dies für die **Verwertung beschlagnahmter oder eingezogener Arten** erforderlich ist und höherrangiges EG-Recht nicht entgegensteht. Gleiches gilt nach § 20g VI zur Abwehr gemeinwirtschaftlicher Schäden, zum Schutz der heimischen Tier- und Pflanzenwelt oder für Forschungszwecke[234]. **250**

Nach der BArtSchV dürfen besonders geschützte Wirbeltiere nur gehalten werden, wenn sie keinem Besitzverbot unterliegen, der Halter darüberhinaus zuverlässig ist und über die erforderlichen Einrichtungen verfügt, damit die Tiere nicht entweichen können und tierschutzgerecht gehalten werden. Vögel sowie bestimmte – in Anlage 6 Spalte 1 des Anhangs A der EG-ArtenschutzVO aufgeführte – Säugetiere und Reptilien sind zu kennzeichnen. **251**

VIII. Behördenzuständigkeit und Verfahren

1. Zuständigkeit und Verfahren nach Bundesrecht

a) Allgemeine Vorschriften

Zuständig für die Durchführung der Naturschutzgesetze des Bundes und der Länder sind grundsätzlich die für Naturschutz und Landschaftspflege nach Landesrecht hierzu berufenen Landesbehörden (§ 3 I BNatSchG). Andere Behörden und Träger öffentlicher Belange haben die Verwirklichung der – nach § 4 S. 3 BNatSchG unmittelbar in den Ländern verbindlichen – Ziele des Naturschutzes und der Landschaftspflege i.S. des § 1 BNatSchG zu unterstützen (§ 3 II 1 BNatSchG). Soweit die Naturschutzbehörden nicht selbst zuständig sind, sind sie nach § 3 II 2 BNatSchG von den anderen zuständigen Behörden bereits bei der Vorbereitung aller öffentlichen natur- **252**

234 OVG Münster, NuR 1997, 614 ff. zu Grenzen bei der Biotopkartierung.

schutzrelevanten Planungen und Maßnahmen zu unterrichten und anzuhören (verfahrensrechtliche Mindestbeteiligung), wenn nicht andere Vorschriften eine weitergehende Form der Beteiligung vorsehen. Entsprechendes gilt im umgekehrten Fall der primären Zuständigkeit der Naturschutzbehörden (§ 3 III BNatSchG).

b) Besondere Vorschriften bei Eingriffen in Natur und Landschaft

253 Die Behördenzuständigkeit bei Eingriffen in Natur und Landschaft (§ 8 BNatSchG) ist innerhalb der bundesrechtlichen Vorgaben des BNatSchG grundsätzlich Gegenstand landesrechtlicher Regelung. Bundesrechtlich ist das Verfahren bei Beteiligung von Behörden des Bundes (Entscheidung über den Eingriff oder Durchführung einer solchen Entscheidung durch eine Bundesbehörde) durch § 9 BNatSchG geregelt[235]. Im übrigen ist das Landesrecht maßgebend.

254 Haben nicht die Naturschutzbehörden, sondern andere Behörden über naturschutzrechtlich relevante Eingriffe (Rn. 5/114) zu entscheiden, so müssen sie über erforderliche Vermeidungs- und Kompensationsmaßnahmen mitentscheiden (§ 8 II 3 BNatSchG). Die Entscheidung ist im *Benehmen* (d.h. mit dem Ziel eines Ausgleichs der Interessen) mit der zuständigen Naturschutzbehörde zu treffen, wenn nicht eine weitergehende Form der Beteiligung (z.B. genauer Erklärung, so z.B. § 17 II Bbg., § 7 I Hess., § 12 I Saarl., § 7a SHNatSchG) vorgesehen ist (§ 8 V 1 BNatSchG). Ein Einvernehmen kann landesrechtlich nicht vorgeschrieben werden, wenn eine Bundesbehörde zuständig ist, weil dies gegen das verfassungsrechtliche Verbot der Mischverwaltung verstieße[236]. Bei Entscheidungen aufgrund eines Bebauungsplanes erachtet § 8a III 3 die in § 4 I BauGB für das Planaufstellungsverfahren geregelte Beteiligung der Behörden (u.a. also der „Naturschutzbehörden“) für ausreichend, Baugenehmigungen nach § 34 oder § 35 I und IV BauGB ergehen nach § 8a III 1 BNatSchG im Benehmen mit der zuständigen Naturschutzbehörde[237].

255 Bundesrechtlich ist die Beteiligung von Landesbehörden in Fällen, in denen bundesbehördlich vorgesehene Maßnahmen oder Maßnahmen von Bundesbehörden in Natur und Landschaft eingreifen, in § 9 BNatSchG gesondert und abschließend mit unmittelbarer Wirkung (§ 4 S. 2 BNatSchG) geregelt. Bei einer abweichenden Stellungnahme der zuständigen Landesbehörde (§ 8 V BNatSchG) ist danach das Benehmen mit der obersten Landesbehörde für Naturschutz und Landschaftspflege erforderlich.

2. Zuständigkeit und Verfahren nach Landesrecht

256 Die Zuständigkeiten der Naturschutzbehörden sowie verfahrensrechtliche Fragen werden grundsätzlich durch das Landesrecht geregelt. Das gilt auch für die fachliche

235 Die nach § 9 BNatSchG vorgeschriebene Beteiligung verleiht den Ländern nach Auffassung des BVerwGE 92, 258 (260) kein klagefähiges Recht i.S.d § 42 II VwGO (so bereits BVerwG, DVBl. 1989, 1053); hiergegen zutr. *Laubinger*, VerwArch 85 (1994), 291 ff.

236 BVerwGE 82, 17 (20); 92, 258 (260). § 7a SH NatSchG verweist deshalb auf § 9 BNatSchG.

237 Hierzu *Dürr*, BauR 1994, 460 (472).

Beratung der Naturschutzbehörden, für die Heranziehung ehrenamtlich tätiger Bürger und Verbände usw.

So gilt beispielsweise in *Baden-Württemberg*: Bedürfen Eingriffe in Natur und Landschaft nach anderen als naturschutzrechtlichen Vorschriften einer behördlichen Gestattung, so wird diese nach § 12 BW NatSchG im Einvernehmen mit der Naturschutzbehörde erteilt. Handelt es sich aber um den speziellen Fall des Eingriffs nach § 10 I Nr. 1 i.V.m. § 13 I BW NatSchG (*Veränderung der Bodengestalt*), so ist die Genehmigung durch die Naturschutzbehörde erforderlich (§ 13 I 1 BW NatSchG). Bedarf dieses Vorhaben nach anderen Vorschriften einer behördlichen Gestattung (einer Baugenehmigung, wasserrechtlichen Erlaubnis usw.), so wird nach § 13 II 1 BW NatSchG auch diese Gestattung neben der naturschutzrechtlichen Genehmigung durch die Naturschutzbehörde im Benehmen mit der an sich sonst zuständigen Behörde erteilt (Zuständigkeitskonzentration). Dies gilt nur dann nicht, wenn es sich bei der Gestattung nach anderen Vorschriften um eine ihrerseits mit Konzentrationswirkung ausgestattete Planfeststellung (Rn. 3/143) handelt (§ 13 II 2 BW NatSchG) oder wenn Bundesrecht entgegensteht (§ 13 II BW NatSchG a.E.). **257**

In allen Landenaturschutzgesetzen finden sich Vorschriften, nach denen bei unzulässigen Eingriffen in Natur und Landschaft die zuständige Behörde ermächtigt wird vorzugehen; darüberhinaus enthalten einzelne Gesetze (z.B. § 5 I in BW, § 54 I in Bbg, § 63 in Nds u.a.) eine generalklauselartige Ermächtigung, gegen naturschutzwidrige Zustände einzuschreiten. Subsidiär ist die polizeirechtliche Generalklausel anwendbar[238]. **258**

IX. Verbandsmitwirkung und Verbandsklage

Die **Mitwirkung von Verbänden im Bereich des Naturschutzes** und der Landschaftspflege ist bundesrechtlich in der gem. § 4 S. 3 BNatSchG unmittelbar anzuwendenden Vorschrift des § 29 BNatSchG geregelt. Landesrechtlich finden sich ergänzende Regelungen. U.a. haben bisher zwölf Bundesländer für einzelne Bereiche des Naturschutzrechtes die **Verbandsklage** eingeführt (Rn. 4/17 ff.)[239]. **259**

1. Gegenstand der Mitwirkung anerkannter Verbände

Nach **§ 29 I 1 BNatSchG** ist einem rechtsfähigen Verein, soweit nicht in anderen Rechtsvorschriften eine inhaltsgleiche oder weitergehende Form der Mitwirkung vorgesehen ist, Gelegenheit zur Äußerung und Einsicht in die einschlägigen Sachverständigengutachten zu geben bei[240] **260**

238 OVG Münster, NuR 1991, 497; 1994, 251. Zur Störerauswahl s. VGH BW, NVwZ-RR 1992, 350; aber auch OVG Koblenz, NuR 1988, 41.

239 S. *Balleis*, Mitwirkungs- und Klagerechte anerkannter Naturschutzverbände, 1996. Zu den rechtspolitischen Aspekten einer Verbandsbeteiligung vgl. z.B. *Bender*, in: 25 Jahre Bundesverwaltungsgericht, 1978, 37 ff. m.w.N.; *ders.*, in: HdUR, Bd. II, Art. „Verbandsbeteiligung", Sp. 2554 ff.; *Gassner*, NuR 1991, 211 ff.; *Hauber*, VR 1991, 313 ff.

240 Abschließende Aufzählung, deshalb keine Beteiligung in Bauleitplanverfahren, BVerwG, NVwZ-RR 1996, 141. Ein Verband ist nicht Träger öffentlicher Belange, BVerwGE 104, 367.

(1) **der Vorbereitung von Verordnungen** und anderen im Range unter dem Gesetz stehenden Rechtsvorschriften der für Naturschutz und Landschaftspflege zuständigen Behörden (Nr. 1),
(2) **der Vorbereitung von Programmen und Plänen** i.S. der §§ 5 u. 6 BNatSchG, wenn und soweit diese dem einzelnen gegenüber verbindlich sind (Nr. 2),
(3) **Befreiungen** von Verboten und Geboten, die zum Schutz von Naturschutzgebieten (§ 13 BNatSchG) und Nationalparken (§ 14 BNatSchG) erlassen sind (Nr. 3), und
(4) **Planfeststellungsverfahren** über Vorhaben, die mit **Eingriffen in Natur und Landschaft** i.S. des § 8 BNatSchG verbunden sind (Nr. 4)[241].

261 Nach § 42 UGB-KomE sind anerkannte Verbände in der Bauleitplanung sowie der bereichsspezifischen Umweltfachplanung, bei Genehmigungsverfahren mit Öffentlichkeitsbeteiligung, bei Schutzgebietsfestsetzungen sowie der Erteilung von Ausnahmen und Befreiungen vom gesetzlichen Biotopschutz und Regelungen in Naturschutzgebieten, Nationalparken und Biosphärenreservaten zu beteiligen. Hieran knüpft auch die Verbandsklagebefugnis nach § 45 UGB-KomE an.

262 In *Baden-Württemberg* sind gem. § 51 I 3 BW NatSchG die *Naturschutzverbände* vor der Änderung oder Aufhebung einer SchutzVO (Rn. 5/179 ff.), deren Gebiet sie betreuen, sowie bei dort beabsichtigten erheblichen Beeinträchtigungen zu hören. Darüber hinaus ist der *Landesnaturschutzverband* als Spitzenverband (§ 51 III BW NatSchG) der Naturschutzverbände im Landesgebiet gem. § 63 II Nrn. 1 u. 2 BW NatSchG vor Befreiungen von Vorschriften einer Rechtsverordnung *anzuhören*, soweit das Vorhaben ein Naturschutzgebiet oder ein flächenhaftes Naturdenkmal nicht nur unwesentlich betrifft (Nr. 1) oder in Landschaftsschutzgebieten zu Eingriffen von besonderer Tragweite oder zu einer schwerwiegenden Beeinträchtigung überörtlicher Interessen der erholungssuchenden Bevölkerung führen kann (Nr. 2). Soweit in diesen Fällen die zuständige Naturschutzbehörde entgegen der Stellungnahme des Landesnaturschutzverbandes entscheiden will, kann dieser nach § 51 IV BW NatSchG verlangen, daß die Weisung der nächsthöheren Naturschutzbehörde eingeholt wird.

2. Mitwirkungsbefugte Verbände im Naturschutzrecht

263 **Mitwirkungsbefugt** sind förmlich **anerkannte rechtsfähige Vereine des Privatrechts**[242], die durch ein in § 29 I 1 BNatSchG aufgeführtes Vorhaben in ihrem satzungsmäßigen Aufgabenbereich berührt werden. Die **Anerkennung** – ein Verwaltungsakt – wird auf Antrag erteilt (§ 29 II 1 BNatSchG). Sie ist nach **§ 29 II 2 BNatSchG** von der hierfür nach Landesrecht zuständigen Behörde für den satzungsmäßigen Aufgabenbereich des Antragstellers (§ 29 IV BNatSchG) zu erteilen, wenn der Verein

241 Nachdem durch das Planungsvereinfachungsgesetz (Rn. 3/66, 85) das Institut der Plangenehmigung neben der Planfeststellung gesetzlich verankert wurde, wäre es konsequent gewesen, die Verbandsbeteiligung nach § 29 BNatSchG auch auf Plangenehmigungsverfahren zu erstrecken, die mit Eingriffen in Natur und Landschaft verbunden sind. Der Gesetzgeber ist aber bewußt nicht diesen Weg gegangen.

242 Eine Körperschaft des öffentlichen Rechts ist nicht anerkennungsfähig, vgl. OVG Saarlouis, UPR 1986, 88.

(1) nach seiner Satzung ideell und nicht nur vorübergehend vorwiegend die Ziele des Naturschutzes und der Landschaftspflege fördert (Nr. 1)[243],
(2) nach seiner Satzung einen Tätigkeitsbereich hat, der mindestens das Gebiet eines Landes umfaßt (Nr. 2),
(3) die Gewähr für eine sachgerechte Aufgabenerfüllung bietet, wobei Art und Umfang der bisherigen Tätigkeit, der Mitgliederkreis sowie die Leistungsfähigkeit des Vereins zu berücksichtigen sind (Nr. 3),
(4) wegen Verfolgung gemeinnütziger Zwecke nach § 5 I Nr. 9 KStG von der Körperschaftsteuer befreit ist (Nr. 4) und
(5) den Eintritt jedermann ermöglicht, der die Ziele des Vereins unterstützt (Nr. 5)[244].

Die Anerkennung wird von der nach Landesrecht zuständigen Behörde für den satzungsmäßigen Aufgabenbereich ausgesprochen und gilt dann nur für das Gebiet des Landes, in dem die zuständige Behörde ihren Sitz hat (§ 29 IV 1 BNatSchG). Zur Mitwirkung bei Planungen und Maßnahmen des Bundes, die über das Gebiet eines Landes hinausgehen, wird die Anerkennung unter den Voraussetzungen des § 29 IV BNatSchG von dem Bundesminister für Ernährung, Landwirtschaft und Forsten ausgesprochen (§ 29 IV 2 BNatSchG). **264**

Beispiele: Bund für Umwelt und Naturschutz Deutschland e.V. (BUND), Naturschutzbund Deutschland e.V. (Nabu), Deutscher Heimatbund e.V. (DHB); Deutscher Naturschutzring e.V. (DNR); Schutzgemeinschaft Deutscher Wald e.V. (SDW); Vereinigung Deutscher Gewässerschutz e.V. (VDG) usw. Allerdings gehören hierzu z.B. auch der Deutsche Jagdschutzverband e.V. (DJV) oder der Verband Deutscher Sportfischer e.V. (VDSF). **265**

Bundesrechtlich kann nach **§ 29 V 1 BNatSchG** die Anerkennung **zurückgenommen** werden, wenn sie von Anfang an dem Gesetz widersprach, weil die Voraussetzungen für ihre Erteilung nicht vorgelegen haben; sie ist zurückzunehmen, wenn dieser Mangel nicht beseitigt ist. Nach **§ 29 V 2 BNatSchG** ist die Anerkennung zu **widerrufen**, wenn sie deswegen dem Gesetz widerspricht, weil eine der Voraussetzungen für ihre Erteilung nachträglich weggefallen ist. Mit der Unanfechtbarkeit der Aufhebung der Anerkennung endet nach § 29 V 3 BNatSchG das Mitwirkungsrecht des Verbandes. **266**

3. Art der Mitwirkung anerkannter Verbände

Die dem anerkannten Verband bei der Mitwirkung zukommende verfahrensrechtliche Stellung ist bundesrechtlich nur rudimentär geregelt. Ergänzende Bestimmungen finden sich in einzelnen Ländergesetzen, z.B. in § 63 II BbgNatSchG oder § 35 II HessNatSchG[245]. Der Verband muß gem. § 29 I 1 BNatSchG (rechtzeitig) Gelegenheit zur Äußerung sowie zur **Einsicht in die einschlägigen Sachverständigengutachten**[246] erhalten. Von der **Anhörung kann** gleichwohl **abgesehen** werden, wenn **267**

243 Ausführlich zu den Anerkennungsvoraussetzungen *Louis*, NuR 1994, 381 ff. m.w.N.

244 Dazu BVerwG, DVBl. 1986, 415; OVG Hbg., NVwZ 1982, 687; OVG Saarlouis, UPR 1986, 88.

245 *Waskow*, Mitwirkung von Naturschutzverbänden im Verwaltungsverfahren, 1990; *Gassner*, NuR 1991, 211 ff.; *Herbert*, NuR 1994, 218 ff.

246 BVerwGE 105, 348 ff. Abweichend hiervon ist diese Regelung, um der Äußerung des Verbandes die Erfüllung der ihr zugedachten Funktion zu ermöglichen, auch auf die Einsicht in die einschlägigen sonstigen Akten zu beziehen, zutreffend HessVGH, NVwZ 1982, 689.

eine sofortige behördliche Entscheidung wegen Gefahr im Verzug oder im öffentlichen Interesse notwendig erscheint bzw. wenn durch die Anhörung die Einhaltung einer für die Entscheidung maßgeblichen Frist in Frage gestellt werden würde (§ 29 I 2 BNatSchG i.V.m. § 28 II Nrn. 1 u. 2 VwVfG). Die **Anhörung kann unterbleiben**, wenn ihr ein zwingendes öffentliches Interesse entgegensteht (§ 29 I 2 BNatSchG i.V.m. § 28 III VwVfG).

268 Obwohl die Verbandsmitwirkung in erster Linie dem Interesse an sachrichtigen behördlichen Entscheidungen dient, ist dem Verband vom Gesetz ein der behördlichen Anhörungspflicht entsprechender, die Funktionsfähigkeit der Verbandsmitwirkung sicherndes **subjektiv-öffentliches Mitwirkungsrecht**[247] eingeräumt, bei gegebenen Voraussetzungen angehört zu werden und Akteneinsicht zu erhalten. Deshalb ist der übergangene Verband (trotz § 44a VwGO) zunächst einmal befugt, sein Anhörungsrecht während der Dauer des Verwaltungsverfahrens im Wege der Leistungsklage und damit ggf. auch vorläufig im Wege einer einstweiligen Anordnung (§ 123 VwGO) zu erstreiten („Beteiligungserzwingungsklage")[248].

269 Im Falle der gesetzwidrigen Nichtanhörung des Verbandes bei der Vorbereitung von Rechtsvorschriften i.S. des § 29 I 1 Nrn. 1 u. 2 BNatSchG ist der erlassene **Rechtssatz** zwar unter Verletzung einer Verfahrensnorm verabschiedet worden; er leidet gleichwohl nicht unter einem seine Nichtigkeit begründenden Rechtsmangel (str.). Das läßt sich nicht bereits aus dem Wortlaut des Gesetzes („bei der Vorbereitung") entnehmen, kann aber, wenn nicht schon aus dem Zweck der verletzten Verfahrensnorm, so doch aus dem rechtsstaatlichen Gebot der Rechtssicherheit gefolgert werden. Rechtstheoretisch ist die Nichtigkeit keine zwingende Fehlerfolge der Rechtswidrigkeit einer Norm (vgl. z.B. §§ 214 ff. BauGB)[249].

270 In den „**Verwaltungsaktfällen**" des § 29 I 1 Nrn. 3 u. 4 BNatSchG (Befreiungen, Planfeststellungen) kann bei unterlassener Verfahrensbeteiligung der übergangene Verband nach dem BVerwG – trotz § 46 VwVfG – die fehlende Beteiligung mit Erfolg im Wege der Anfechtungsklage gegen den ergangenen Verwaltungsakt rügen; dem Verband ist durch § 29 I BNatSchG sozus. ein absolutes Verfahrensbeteiligungsrecht (wie einer Gemeinde im Hinblick auf § 36 BauGB) eingeräumt[250]. Dieses Recht auf Mitwirkung im Verfahren darf auch nicht umgangen werden, indem anstelle eines Planfeststellungsverfahrens ein Plangenehmigungsverfahren durchgeführt wird; auch in diesem Fall ist der Verband zur Anfechtung der Genehmigung berechtigt mit dem Ziel einer Überprüfung, ob die Tatbestandsvoraussetzungen für einen Verzicht auf das Planfeststellungsverfahren vorgelegen haben[251].

---

247 BVerwGE 87, 62 ff.; *Waskow*, Mitwirkung von Naturschutzverbänden in Verwaltungsverfahren, 1990, S. 79; *Herbert*, NuR 1994, 218 ff.

248 Nach OVG Schleswig, NuR 1994, 307 ff. kann der Naturschutzverband zur Vermeidung vollendeter Tatsachen mit einer Sicherungsanordnung nach § 123 I 1 VwGO die Einstellung bereits vor der Planfeststellung begonnener Bauarbeiten erreichen.

249 BVerwG, NVwZ-RR 1997, 608. Die Verletzung des Mitwirkungsrechts eines anerkannten Naturschutzverbandes stellt einen „Nachteil" i.S. des § 47 II 1 VwGO dar, BVerwG, NVwZ-RR 1996, 141.

250 BVerwGE 87, 62 ff.; 101, 73; 105, 348; BVerwG, NVwZ-RR 1996, 141 f.

251 BVerwG, NVwZ 1998, 279; VG Kassel, NuR 1995, 486; VGH BW, UPR 1993, 194; *Steinberg*, Fachplanung, § 7 Rn. 38.

Kapitel 6

Öffentliches Gewässerschutzrecht

Das *Wasserrecht* als Gesamtheit der Rechtsnormen, die den Zustand der Gewässer und ihre Nutzung regeln, untergliedert sich in das *Wasserstraßen- und Wasserwegerecht* sowie das *Recht der Wasserwirtschaft*. Als spezifisches Umweltrecht ist im folgenden nur das Recht der Wasserwirtschaft zu behandeln, nicht aber das Wasserwegerecht, das sich mit der Verkehrs- und Transportfunktion der Oberflächengewässer befaßt. 1

I. Schutz der Funktionsfähigkeit der Gewässer

1. Fakten und Probleme

a) Gewässerfunktionen

„Das Wasser ist eine der wichtigsten Grundlagen allen menschlichen, tierischen und pflanzlichen Lebens. Es wird nicht nur als Trink- und Brauchwasser, sondern auch als Produktionsmittel in Industrie und Handwerk benötigt"[1]. Die Gewässer erfüllen daher eine *Vielzahl von Funktionen* (Versorgung, Entsorgung, Erholung, Verkehr und Transport). Gerade die *oberirdischen Fließgewässer* spielen als sogen. „Vorfluter" eine erhebliche Rolle: Sie nehmen einerseits Schmutzfrachten auf, andererseits besitzen sie Selbstreinigungskräfte. Das *Grundwasser* ist vor allem Wasserspender für die Trink-, aber auch Reservoir für die Brauchwasserversorgung. Daneben sind die Gewässer natürliche Lebensräume für Tiere und Pflanzen. Die oberirdischen Gewässer sind überdies klimabeeinflussend und landschaftsprägend. 2

Die Bedeutung einer ausreichenden Menge und Güte unseres Wassers kann somit kaum überschätzt werden. Dies gilt schon für die oberirdischen Gewässer (einschließlich der Küstengewässer), vor allem aber für das Grundwasser. Gefährdet werden die Gewässer und ihre Funktionen vor allem durch übermäßigen Wasserentzug und durch Schadstoffeintrag, aber auch durch Erwärmung oder durch Versiegelung aufgrund von Baumaßnahmen u.a.m. Längst ist das öffentliche Gut „Wasser" – wie auch die übrigen Umweltmedien – nicht mehr als (im wirtschaftswissenschaftlichen Sinn) „freies" Gut einzustufen, weil es faktisch aufgrund der wachsenden Nutzungsansprüche an die Gewässer „knapp" geworden ist. Dem mußte auch die rechtliche Regelung Rechnung tragen. Der Schutz der gemeinnützigen Funktionstüchtigkeit der Gewässer und damit die Sicherung einerseits einer ausreichenden Menge und Güte 3

1 BVerfGE 58, 300 (341) – Naßauskiesung.

des Wassers und andererseits einer privatnützigen Teilhabe an diesem öffentlichen Gut erforderten somit eine rechtlich geordnete hoheitliche Gewässerbewirtschaftung[2]. Das bedeutet nicht nur, daß das Wasserdargebot und der Wasserverbrauch in Einklang zu bringen sind, sondern auch, daß eine hinreichende Qualität des Wassers erhalten oder geschaffen werden muß.

4 In der Natur sind durch Verdunstung, Kondensation, Niederschlag, Abfluß und Wiederverdunstung ständig globale, regionale und lokale Wasserkreisläufe (die gleichzeitig den Energiehaushalt der Erde regeln) in Gang. Das verfügbare Wasser unterliegt einer hoheitlich regulierten Angebots- und Nachfrageordnung, die allerdings an der Tendenz zur zunehmenden Verknappung und Verteuerung einwandfreien Wassers nichts zu ändern vermag. Die Gesamtwassermenge, die in Deutschland jährlich für die öffentliche Energieversorgung (Kühlwasser), die industrielle Produktion (Betriebs- und Kühlwasser), die Landwirtschaft und die öffentliche Wasserversorgung genutzt wird, hat 1995 rd. 45 Mrd. m^3 betragen[3]. Während im allgemeinen – von zeitlichen und regionalen Engpässen abgesehen – das *Wasserdargebot* (Bilanz aus Niederschlag, Verdunstung, Abfluß und Zufluß von außerhalb) mit rd. 182 Mrd. m^3/a quantitativ zumeist ausreicht, um den Bedarf zu decken, steht es mit seiner Qualität häufig nicht zum besten[4]. Die *oberirdischen Gewässer* (Rn. 6/80 ff.) und das *Grundwasser* sind zwar weniger in quantitativer, wohl aber in qualitativer Hinsicht gefährdet, vor allem durch *anthropogene Gewässerverunreinigungen*.

5 Grundwasser besitzt im Gegensatz zum Oberflächenwasser nahezu kein Selbstreinigungsvermögen; deshalb ist seine Reinheit unmittelbar mit einem wirksamen *Bodenschutz* (Rn. 5/1 ff.) verbunden. Verunreinigungen des Bodens erreichen das Grundwasser, wenn sie im Boden nicht gebunden oder abgepuffert werden. Die ausreichende Versorgung mit unbelastetem Wasser ist in den vergangenen Jahren in ganzen Regionen (z.B. München, Südhessen) zum Problem geworden. In quantitativer Hinsicht kann die Gefährdung des Grundwassers (trotz seines großen Vorrats gerade in der Bundesrepublik Deutschland) verschiedene Ursachen haben. Zu nennen ist hier etwa seine regional – besonders in Ballungsgebieten – erfolgende *übermäßige Nutzung* (z.B. für den Trinkwasserbedarf bzw. für den meist durch Eigenversorgung, häufig noch nicht im Kreislaufbetrieb befriedigten Kühlwasserbedarf der industriellen Produktion; Rn. 6/8) oder auch die *Behinderung seiner Erneuerung* (z.B. durch flußbautechnische Maßnahmen oder Bodenversiegelung; Rn. 5/19 f.). Übermäßige Entnahmen haben in manchen Gebieten bereits zu landschaftsverändernden Grundwasserabsenkungen geführt (z.B. im Hessischen Ried).

b) Wasserversorgung

6 aa) Die Haushalte, die gewerblichen Kleinverbraucher und viele öffentliche Einrichtungen (Krankenhäuser, Schulen usw.) sind in aller Regel für die Versorgung mit Trink- und Brauchwasser auf die *öffentliche Wasserversorgung* angewiesen. Zur öf-

2 BVerfGE 10, 89 (113).

3 BMU, Wasserwirtschaft in Deutschland, 1998, S. 21.

4 Über den Gewässerzustand und den Gewässerschutz in der Bundesrepublik vgl. BMU, Wasserwirtschaft in Deutschland, 1998; SRU, Umweltgutachten 1987, Tz. 827 ff.; Umweltgutachten 1994, Tz. 478 ff.

fentlichen Versorgung der Bevölkerung Deutschlands wurden im Jahre 1995 5,8 Mrd. m^3 (1991 noch 6,5 Mrd. m^3)[5] Rohwasser dem natürlichen Wasserkreislauf entnommen und mit dem Ziel aufbereitet, es den Verbrauchern in Trinkwasserqualität zuzuleiten. 17.849 Gewinnungsanlagen der öffentlichen Versorgung belieferten 1995 ca. 98,6% der Bevölkerung mit Trinkwasser. Der Pro-Kopf-Wasserverbrauch aller Wasserkonsumenten ist zwischen 1991 und 1999 von 144 l auf 130 l pro Einwohner und Tag zurückgegangen[6]. Dieser erhebliche Bedarf kann zuweilen regional – besonders in Ballungsgebieten – nicht mehr zureichend gedeckt werden, wenn Wasserwerke, die Rohwasser aus oberirdischen Gewässern aufbereiten können, fehlen, und wenn das Grundwasser, das an sich wegen seiner in der Regel geringen Schadstoffbelastung für die Trinkwasserversorgung besonders geeignet ist, bereits übermäßig in Anspruch genommen wird. Besonders in langen Hitzeperioden (wie z.B. in den Sommern 1992, 1983 oder 1976) haben sich örtliche *Wasserversorgungsschwierigkeiten* ergeben. Die übermäßige Grundwassernutzung kann auch zu erheblichen, mit ökologischen Schäden verbundenen *Grundwasserabsenkungen* führen. Nicht selten muß daher der Wassermangel durch den Bau teurer *Fernversorgungssysteme* ausgeglichen werden[7].

Die durch Wasserversorgungsanlagen sichergestellte öffentliche Wasserversorgung ist Selbstverwaltungs-Pflichtaufgabe der Kommunen und eines der wichtigsten Anliegen der *Daseinsvorsorge*. Häufig schließen sich insbesondere kleinere Gemeinden zur gemeinsamen Erfüllung der Wasserversorgungsaufgabe zu einem kommunalen Zweckverband zusammen. Unter den *Begriff der Wasserversorgungsanlagen* fallen alle Einrichtungen zur Gewinnung und Fassung von Grund-, Oberflächen- und Quellwasser sowie zum Aufbereiten, Speichern, Zuleiten und Verteilen des Wassers. Die kommunalen Wasserwerke werden als Regiebetriebe, als Eigenbetriebe oder auch in der Rechtsform privatrechtlicher Kapitalgesellschaften betrieben. 7

bb) Die *industrielle Wasserversorgung* gilt der Deckung des Bedarfs der Kraftwerke und Industriebetriebe an Kühl- oder Spülwasser, an Kesselspeisewasser oder an Wasser als Rohstoff. Der gesamte Wasserverbrauch der Industrie (vor allem der Chemie) lag im Jahre 1991 noch bei ca. 11 Mrd. m^3, ist aber anschließend bis zum Jahre 1995 aufgrund von Wiederverwertungsbemühungen um ca. 2 Mrd. m^3 zurückgegangen. Der Trend eines leicht rückläufigen Wasserverbrauches hält also an[8]. 8

cc) Von Bedeutung ist schließlich auch noch die vor allem zur Deckung des Bewässerungsbedarfs notwendige *landwirtschaftliche Wasserversorgung* insoweit, als der Wasserbedarf der landwirtschaftlichen Betriebe nicht durch Niederschläge abgedeckt wird. Dieser Teil des Wasserbedarfs beträgt nach Schätzungen[9] 1,6 Mrd. m^3. 9

5 BMU, Wasserwirtschaft in Deutschland, 1998, S. 21; Presseerklärung vom 22.3.2000 (www.bmu.de/wasser/daten.htm); Umweltdaten 1998 des UBA, www.umweltbundesamt.de/udd/gew/gew1.htm.

6 Umweltdaten 1998 des UBA, www.umweltbundesamt.de/udd/gew/gew2.htm; Presseerklärung des BMU v. 22.3.2000.

7 Vgl. SRU, Umweltgutachten 1994, Tz. 495; BVerfGE 58, 300 (342). – Die Fernwasserversorgungsnetze in den alten Bundesländern haben 1990 rd. 3000 km Fernleitungen umfaßt.

8 Umweltdaten 1998 des UBA, www.umweltbundesamt.de/udd/gew/gew1.htm.

9 UBA, Daten zur Umwelt 1992/93, S. 320.

c) Trinkwassergewinnung

10 Die herausragende Bedeutung gerade des *Trinkwassers* liegt auf der Hand. Das Rohwasser, das häufig erst noch zu Trinkwasser aufgearbeitet werden muß, wird hauptsächlich aus „echtem", d.h. allein aus der Versickerung von Niederschlagswasser entstandenem *Grundwasser* gewonnen (zu ca. 62%), ferner aus künstlich durch Versikkerung von Oberflächenwasser „angereichertem Grundwasser" (zu ca. 11%), aus „Grundwasser mit Uferfiltrat" (zu ca. 5%), aus *Quellwasser* (zu ca. 11%), aus *See- und Talsperrenwasser* (zu ca. 10%) und schließlich auch – z.B. bei Rhein, Ruhr und Donau – aus *Flußwasser* (zu ca. 0,5%). Aus dem Uferfiltrat des Rheins von Basel bis zur holländischen Grenze werden rd. 5,5 Mio. Einwohner versorgt.

11 Das Trinkwasser muß *Mindestqualitätserfordernissen* entsprechen. Hierfür sieht die u.a. auf § 11 II BSeuchG gestützte, EG-rechtliche Vorgaben umsetzende (lebensmittelrechtliche) *Trinkwasserverordnung* (i.d.F. der Bek. vom 5.12.1990, BGBl. I 2612, zuletzt geändert durch VO vom 1.4.1998, BGBl. I 699) seit 1986 *Grenzwerte* für gewisse Stoffe vor, nämlich für Arsen, Blei, Cadmium, Cyanid, Fluorid, Nitrat, Nitrit, Quecksilber, polyzyklische Kohlenwasserstoffe und organische Chlorverbindungen sowie – seit 1.10.1989 – einerseits für chemische Stoffe zur Pflanzenbehandlung und Schädlingsbekämpfung (nebst toxischen Hauptabbauprodukten) und andererseits für polychlorierte bzw. -bromierte Bi- oder Terphenyle. Das als Trinkwasser in Betracht kommende Rohwasser muß daher in aller Regel *aufbereitet* werden.

12 Entsprechend der Richtlinie 80/778/EWG vom 15.7.1980 ist in der Trinkwasserverordnung der Grenzwert (Vorsorgewert) für die einzelnen Pestizide auf je 0,1 µg/l, der Grenzwert für die Summe aller im Trinkwasser vorhandenen Pestizide auf 0,5 µg/l festgesetzt[10]. Diese extrem niedrigen, allenfalls knapp über der Nachweisgrenze liegenden Grenzwerte sind für viele der Wasserwerke in der Bundesrepublik nicht ohne zeit- und kostenaufwendige Sanierung der Werke bzw. der Wasservorkommen einhaltbar.

13 Nicht nur bei der Nutzung von Oberflächengewässern für die Trinkwassergewinnung, sondern auch wenn Trinkwasser aus Grundwasser ohne Trinkwasserqualität gewonnen wird, sind *Aufbereitungsmaßnahmen* notwendig. Insbesondere bedarf das aus uferfiltriertem Grundwasser oder gar unmittelbar aus Fluß- oder Seewasser gewonnene Rohwasser einer technisch oft schwierigen und aufwendigen physikalischen oder chemischen Aufbereitung zu Reinwasser, um die trinkwasserschädlichen Inhaltsstoffe wie Phosphate, Nitrate und sonstige Salze, Schwermetalle, CKW usw. zu entfernen und das Wasser keimfrei zu machen. Bei der Aufbereitung werden zunächst die gröberen Sink- oder Schwebstoffe, oft unter Zusatz von Fällmitteln wie Eisen- oder Aluminiumsalzen, Kalk usw. *mechanisch entfernt*. Durch *Belüftung* wird das Wasser mit Sauerstoff angereichert; zugleich werden hierdurch die flüchtigen Stoffe (Kohlendioxid, Schwefelwasserstoff usw.) eliminiert. Häufig muß das Wasser auch noch *entsäuert* werden. Durch *Entkeimung*, z.B. im Wege des (problematischen) Zusatzes von Chlor, des Vermischens des Wassers mit ozonhaltiger Luft oder

---

10 Vgl. *Kolkmann*, Die EG-Trinkwasserrichtlinie, 1991; *Wegener*, InfUR 1991, 14 ff. Der EuGH hat die BRD wegen Nichtumsetzung der Richtlinie verurteilt, s. Rn. 6/54. Zur neuen Trinkwasser-RL 98/83/EG v. 3.11.1998, ABl. EG Nr. L 330/32, s. *Falke*, ZUR 1999, 93.

der Ultraviolettbestrahlung usw. soll möglichst weitgehend Keimfreiheit erreicht werden. Schließlich werden durch *Filtration* (über Kies- und Sandstrecken und/oder Aktivkohlefilter) ungelöste Stoffe (z.B. Schwermetalle) zurückgehalten. Durch die stärkere Gewässerverunreinigung wird die Wasseraufbereitung immer teurer (derzeit ca. 3,– DM/m^3 in den alten Bundesländern, 10% teurer in den neuen Bundesländern).

d) Abwasserbeseitigung

Die Hauptverschmutzung der Gewässer[11] wird durch die öffentliche und industrielle Abwasserbeseitigung sowie durch die Landwirtschaft[12] verursacht. **14**

Die von den Gemeinden als *Daseinsvorsorge* in Selbstverwaltung (Pflichtaufgabe) betriebene *öffentliche Abwasserbeseitigung* (zur Legaldefinition vgl. § 18a I 3 WHG, Rn. 6/135 ff.) erfaßt nicht nur die geordnete Beseitigung (Sammeln, Fortleiten, Klären, Einleiten, Versickern usw.) des sogen. Schmutzwassers, sondern auch die Abführung des ungenutzten Niederschlagswassers, das auf verbauten oder befestigten Teilen der Erdoberfläche (Gebäudedächern, Straßen und Plätzen usw.) anfällt. **15**

Möglichst leistungsfähige kommunale und industrielle Kläranlagen sollen den mit den Abwassereinleitungen erfolgenden Eintrag schädlicher Wasserinhaltsstoffe in die oberirdischen Gewässer reduzieren. Hier sind in den letzten Jahrzehnten große Erfolge erzielt worden (vgl. § 7a WHG; dazu Rn. 6/135 ff.). **16**

Der gesamte *Abwasseranfall* in Deutschland (Ableitung behandelten oder unbehandelten Abwassers) hat 1991 noch rd. 43,4 Mrd. m^3 betragen und ist bis 1995 leicht auf 40,2 Mrd. m^3 zurückgegangen[13]. 1995 waren schon 92% der Wohnbevölkerung (dabei 95% in den alten und 77% in den neuen Bundesländern) an die öffentliche Kanalisation, 88% der Wohnbevölkerung (92% in den alten und 72% in den neuen Bundesländern) an eine Abwasserbehandlungsanlage angeschlossen. Von den rd. 10 300 öffentlichen Abwasserbehandlungsanlagen wirkten 1995 der ganz überwiegende Teil nicht nur mechanisch (z.B. durch Rechen und Siebe, Sand- und Fettfänge, Absetzbecken), sondern zusätzlich auch biologisch (durch Umwandlung organischer Stoffe mit Bakterienhilfe in absetzbaren Schlamm, z.B. im Tropfkörper- oder Belebungsbeckenverfahren). Etwa 85% der Bevölkerung der alten Bundesländer und 50% der Bevölkerung in den neuen Bundesländern waren an solche (voll-)biologischen Reini- **17**

---

11 Sowohl am Rhein als auch an der Elbe sind Erfolge der nat. und int. Gewässerschutzmaßnahmen zu verzeichnen. So hat sich die Belastung des Rheins mit Schmutz- und Schadstoffen seit Anfang der 70er Jahre auf die Hälfte bis ein Zehntel verringert. Als Folge verdoppelte sich der Sauerstoffgehalt und verdreifachte sich der Artenbestand im Rheinboden. Auch die Belastung der Elbe mit Schwermetallen ist verringert, liegt aber noch höher als die des Rheins, was auch auf die hohe Schadstoffbelastung der Sedimente ihrer Zuflüsse zurückzuführen ist. S. BMU, Wasserwirtschaft in Deutschland, 1998, S. 27 ff.

12 Vgl. *Schink*, in: *Ramsauer* (Hrsg.), Landwirtschaft und Ökologie, 1998, S. 15 ff.

13 Umweltdaten 1998 des UBA, www.umweltbundesamt.de/udd/gew/gew4.htm.

gungsanlagen angeschlossen, die den strengen, für Gemeinden geltenden Anforderungen nach § 7a WHG (Rn. 6/135 ff.) entsprechen[14].

18 Dadurch wurde eine wesentliche Verringerung der Vorfluterbelastung mit organischer Schmutzfracht erreicht. Die Belastung der kommunalen Abwässer mit düngendem *Stickstoff* und *Phosphor* ist aber verblieben. Daher ist zur Umwandlung von Ammmoniumstickstoff (NH_4) in wasserlösliches Nitrat (NO_3) noch eine besondere Nitrifizierung erforderlich; die völlige Entfernung des Stickstoffs verlangt zusätzlich noch eine Denitrifizierung (Rn. 6/36). Schließlich bedarf es zur Eliminierung des Phosphors einer chemischen Ausfällung (Entphosphatierung). Auch an die kommunalen Abwässer sind daher (zum Schutz der Fließgewässer und der Nord- und Ostsee vor Überdüngung) neue Anforderungen insbesondere in Bezug auf die noch zulässigen Restmengen an sauerstoffzehrenden bzw. düngenden Stickstoffverbindungen (Rn. 6/35) und Phosphorverbindungen (Rn. 6/23) gestellt worden. Seit 1.1.1992 müssen alle kommunale Kläranlagen bestimmte, nach Größenklassen dieser Anlagen differenzierte *Grenzwerte für den Biologischen und den Chemischen Sauerstoffbedarf* (Rn. 6/21 f.) einhalten. Die fünf Größenklassen werden durch eine Reinigungsleistung bestimmt, die nach Einwohner-(gleich-)werten (EW) gestuft ist. Ein EW entspricht dabei 60 g BSB/d im Rohabwasser. In Anlagen mit einer Belastung von mehr als 300 kg BSB_5/d (= 5000 EW) sind Grenzwerte für *Ammomium-Stickstoff und Stickstoff gesamt* (als Summe von Ammonium-Nitrit- und Nitratstickstoff) einzuhalten. Darüberhinaus müssen Kläranlagen ab 10 000 EW (= 600 kg BSB_5/d) eine Entphospatisierung vorsehen. In Kläranlagen der Größenordnung über 100 000 EW dürfen folgende Grenzwerte nicht überschritten werden: CSB: 75 mg/l, BSB_5: 15 mg/l, Ammonium-Stickstoff: 10 mg/l, Stickstoff gesamt: 18 mg/l, Phosphor gesamt: 1 mg/l. – Alte Kläranlagen sind entsprechend nachzurüsten. Des weiteren sind Regenwasserbehandlungsmöglichkeiten für die Mischwasserkanalnetze vorzusehen.

2. Kriterien der Gewässergüte

19 Für die Qualifizierung und Kontrolle der Gewässergüte, also für die Reinheit des Wassers und den Sauerstoffhaushalt gibt es eine Vielzahl von *Gewässergütedaten* (Parametern). Als Gütedaten kommen etwa die Gehalte an absetzbaren, oxidierbaren oder giftigen (organischen oder anorganischen) Stoffen, die Färbung, die Temperatur usw. in Betracht. Dabei kann es sich um Einzelparameter (z.B. gewisse Einzelstoffe, etwa bestimmte Schwermetalle, bestimmte organische oder anorganische chemische Verbindungen) oder Summenparameter (z.B. BSB_5, CSB, AOX) handeln. Einige der wichtigsten dieser chemisch-physikalischen Kenngrößen sowie einige der typischen problematischen Wasserinhaltsstoffe sollen im folgenden vorgestellt werden.

20 • Sauerstoffgehalt

Der Sauerstoffgehalt (gemessen in mg/l) eines Gewässers ist das wichtigste Kriterium seiner Selbstreinigungskraft. Verbraucht wird der Sauerstoff für den Abbau der Verschmutzung; sein Eintrag in die oberirdischen Gewässer erfolgt durch Diffusion aus der Luft unter Mitwirkung von Wind und Wellenbewegung, durch lebende Pflan-

14 Vgl. Umweltdaten 1998 des UBA, www.umweltbundesamt.de/udd/gew/gew5.htm. Von 1970 bis 1994 sind für Neubau, Ausbau und Sanierung von Kanalisation und Kläranlagen mehr als 155 Mrd. DM ausgegeben worden, der jährliche Aufwand beträgt ca. 12 Mrd. DM, vgl. BMU, Wasserwirtschaft in Deutschland, 1998, S. 24 ff.

zen und Algen im Wege der Photosynthese oder durch künstliche Belüftung (Rn. 6/33).

- Biochemischer Sauerstoffbedarf **21**

Der Biochemische (oder Biologische) Sauerstoffbedarf (BSB), gemessen in mg/l, ist die Menge an gelöstem elementaren Sauerstoff, die von Mikroorganismen verbraucht wird, um im Wasser vorhandene, faulfähige organische Stoffe oxidativ bei 20° C und Dunkelheit abzubauen. Der BSB gibt einen Hinweis auf die Belastung des Sauerstoffhaushalts eines Gewässers mit abbaubaren organischen Verbindungen. In der Praxis wird nur auf die innerhalb 5 Tagen benötigte Sauerstoffmenge abgestellt (sogen. BSB_5).

- Chemischer Sauerstoffbedarf **22**

Der Chemische Sauerstoffbedarf (CSB), gemessen in mg/l, ist die Sauerstoffmenge, die zur vollständigen chemischen Oxidation organischer Stoffe mit Hilfe eines bestimmten starken Oxidationsmittels (z.B. Kaliumdichromat als Sauerstofflieferant) benötigt wird. Der CSB ist in der Regel höher als der BSB_5, weil durch das Oxidationsmittel auch Substanzen angegriffen werden, die biologisch nur schwer oder gar nicht abbaubar sind (Alkohole, Essigsäure u.a.). Er ist ein (indirekter) Indikator für den Sauerstoffverbrauch eines Gewässers.

- Phosphate **23**

Phosphate, d.h. (gut wasserlösliche) Salze verschiedener Phosphorsäuren, sind zwar ungiftig, können aber aufgrund ihrer hohen Düngewirkung zu einer Gewässereutrophierung (Rn. 6/31 ff.) führen. Der Phosphateintrag in die Gewässer erfolgt insbesondere aufgrund landwirtschaftlicher (Über-)Düngung und über kommunale Kläranlagen; er ist in den vergangenen Jahren deutlich gesunken.

- Nitrate **24**

Nitrate, d.h. Salze der Salpetersäure, gehören zu Endstoffen des Abbaus von organischen, stickstoffhaltigen Gewässerbestandteilen. Nitrat (NO_3) kann durch Bakterien in das besonders für Säuglinge gefährliche Blutgift Nitrit (NO_2) umgewandelt werden; im übrigen bilden Nitrate im Magen-Darmtrakt krebserregende Nitrosamine. In die Gewässer gelangt Nitrat häufig wiederum durch landwirtschaftliche (Über-)Düngung (Rn. 5/84, 6/34 ff.); auch wird z.B. in den Kläranlagen Ammonium (NH_4) teilweise zu Nitrat aufoxidiert (nitrifiziert).

- Ammonium **25**

Ammonium (NH_4), das ebenfalls nur in salzartigen Verbindungen existiert, wirkt sauerstoffzehrend; es kann auch noch in anderer Weise gewässerrelevant werden, z.B. dann, wenn durch Oxidation bei alkalischem pH-Wert des Gewässers das als Fisch- u. Blutgift wirkende freie Ammoniak (NH_3) entsteht. Ammonium trägt bei höheren Konzentrationen erheblich zur Belastung des Sauerstoffhaushalts bei, weil bei der mikrobiellen Oxidation (Nitrifikation) von 1 mg Ammonium-Stickstoff zu Nitrat (temperaturabhängig) etwa 4,5 mg Sauerstoff verbraucht werden.

26 • Chloride

Chlorid kommt in allen natürlichen Gewässern vor, wobei in den meisten Fällen der natürliche Chloridgehalt unter 20 mg/l Wasser liegt. Die Chloridkonzentration bildet einen Maßstab für die Belastung eines Gewässers insbesondere mit Koch- oder Kalisalz, deren Eintrag vor allem durch Bergbau und industrielle Produktion verursacht wird. Hohe Chloridwerte verändern die Gewässerfauna und -flora nachhaltig, bei Konzentrationen von über 200 mg/l könne für die landwirtschaftliche Nutzung (durch Versalzung der Böden) und die Trinkwasserversorgung (durch hohe Aufbereitungskosten, sofern das Gewässer für die Wasserversorgung von Bedeutung ist) Probleme entstehen.

27 • Schwermetalle

Schwermetalle (z.B. Arsen, Quecksilber, Cadmium, Chrom, Nickel, Blei, Kupfer) haben häufig toxische (auch antibakterielle) Wirkung und beeinträchtigen daher auch die Selbstreinigungskraft der Gewässer. Sie sind oft in Schwebstoffen adsorbiert und in Stillwasserzonen sedimentiert. Ihr Eintrag in die Gewässer erfolgt in erster Linie durch Abwassereinleitungen aus Industriebetrieben (Rn. 6/40). Die ökologische Bedeutung von Schwermetallen liegt darin, daß diese nicht abbaubaren Stoffe sich in Organismen anreichern und damit in verschiedene Nahrungsketten gelangen.

28 • Chlorkohlenwasserstoffe

Die Chlorkohlenwasserstoffe (CKW)[15], die zu den besonders problematischen Umweltgiften gehören, haben inzwischen eine ubiquitäre Verbreitung gefunden. Einige dieser zahllosen chemischen Verbindungen, die sich als solche z.T. sehr lange Zeit in der Umwelt (z.B. auch im Grundwasser) halten und z.T. selbst wasserdichte Barrieren durchdringen können, sind krebserregend. Aufgrund hoher Fettlöslichkeit können sich CKW im Fettgewebe von Mensch und Tier anreichern. Das Vorkommen von CKW in Gewässern deutet stets auf *anthropogene Verursachung* hin (z.B. durch den Einsatz von Schädlingsbekämpfungsmitteln). CKW-freies Grundwasser ist immer seltener geworden. Wenn sich z.B. grundwasseroberstromig eines Grundwasserentnahmebrunnens, der der Trinkwasserversorgung dient, eine „Altlast" (Rn. 7/18 ff.) befindet, von der wassergefährdende CKW in das Grundwasser gelangen können, bedarf es der Abhilfe. Diese wird zunächst in der Installierung von Grundwasserbeobachtungspegeln zur Ermittlung des Schadstoffpfads bestehen. Bei bestimmtem Ausmaß der Kontamination des der Trinkwasserversorgung dienenden Brunnenwassers muß das geförderte Grundwasser aufbereitet werden, z.B. durch den Einsatz aufwendiger Aktivkohlefilter. Typische Anwendungsgebiete für CKW sind z.B. Pestizide, Holzschutzmittel, Lösemittel und Isolierstoffe.

29 • Hexachlorbenzol

Hexachlorbenzol (HCB) ist ein Fungizid, das früher als Saatgutbeizmittel (und als Grundstoff für das Holzsschutzmittel PCB, Rn. 11/6) Verwendung fand. Heute ist der Gebrauch HCB-haltiger Fungizide in der Bundesrepublik wegen Krebsverdachts ver-

15 *Lübbe-Wolff*, Grundwasserbelastung durch CKW. Rechtsfragen der Ermittlung und Sanierung, 1991.

boten, so daß der HCB-Eintrag in die Gewässer vor allem über Altlasten erfolgt. HCB ist schwer wasserlöslich, schwer flüchtig und hat eine starke Tendenz, sich in Sedimenten und Organismen anzureichern.

3. Beeinträchtigungen der Gewässergüte und Gegenmaßnahmen

Trotz der Bemühungen um die Verminderung von Schadstoffeinträgen in das Wasser **30**
durch emissionsmindernde Maßnahmen an der Quelle oder durch Abwasserbehandlungsmaßnahmen läßt die Gewässergüte vieler Oberflächengewässer und nicht selten auch des Grundwassers angesichts der zahlreichen Emissionsquellen noch immer zu wünschen übrig. Emissionen stammen aus Industrieanlagen und Kraftwerken entlang großen Flußläufen, Unfällen mit wassergefährdenden Stoffen, exzessivem Gebrauch von Dünge- und Pflanzenbehandlungsmitteln in der Landwirtschaft, gewässergefährdenden Altlasten, undichten Kanalisationssträngen[16] und Salzausbringung auf Straßen im Winter. Unter den industriellen Emissionsquellen liefern die gezielten Ableitungen aus der chemischen Industrie, aus der Papier- und Zellstoffindustrie und aus der metallverarbeitenden Industrie den Hauptbeitrag zur Gewässerverschmutzung. Zum Teil sind aber für die Gewässerverschmutzung Vorgänge ursächlich, die nichts mit gezielten, wasserrechtlich gestatteten Abwassereinleitungen zu tun haben (Schadstoffeinträge über kontaminierte Böden oder über die Luft, wilde Abwassereinleitungen, Störfälle in der chemischen Industrie usw.).

a) Eutrophierung

Der Eintrag von Nährstoffen, insbesondere von *Phosphaten* (Rn. 6/23) und *Nitraten* **31**
(Rn. 6/24) in die Oberflächengewässer führt zu einer *Steigerung des Nährstoffangebots* und daher zu einem verstärkten Wachstum von Wasserpflanzen (vor allem von Blaualgen). Der durch die Algenvermehrung bewirkte Lichtentzug läßt die Wasserpflanzen in den tieferen Schichten absterben. Durch die Fäulnisvorgänge beim Abbau der abgestorbenen pflanzlichen Substanzen tritt eine *Sauerstoffzehrung* ein. Obendrein entfällt im nunmehr unterbelichteten, wasserpflanzenfreien Bereich die sonst bei der Photosynthese erfolgende Sauerstofffreisetzung. All dies kann dazu führen, daß ein Gewässer, vor allem ein See „kollabiert". Aufgrund des Sauerstoffdefizits ersticken Fische, gehen Kleinlebewesen (Fischnahrung) zugrunde, geht der Schilfröhricht zurück usw. Auch erleichtert die Sauerstoffarmut des Tiefenwassers das Herauslösen von Schwermetallionen aus dem Sediment, was das Fischsterben beschleunigt und die Trinkwasseraufbereitung erschwert.

Die Nährstoffe, die zu Gewässern gelangen, werden zu einem nicht geringen Teil von **32**
landwirtschaftlich genutzten, gedüngten bzw. überdüngten Böden ausgetragen, und zwar einerseits durch Abschwemmung in Oberflächengewässer, andererseits auch ins Grundwasser (durch Versickern mit Niederschlagswasser). Zum Teil gelangen sie

16 Nach Schätzungen aus dem Jahr 1990 sind etwa 22% des 310 000 km langen öffentlichen Kanalnetzes in den alten Bundesländern undicht und müssen über kurz oder lang *saniert* werden.

von den kommunalen Abwasseranlagen in die Vorfluter. Letztlich werden sie über die großen Flüsse (insbesondere Rhein und Elbe) bis in die Nordsee getragen, wo sie ebenfalls Eutrophierungsprobleme verursachen.

33 Der Sauerstoffzehrung der Oberflächengewässer versucht man durch künstlichen Sauerstoffeintrag im Wege der *Belüftung* entgegenzuwirken, etwa durch Einpumpen von Luft, durch Einbau von Schwellen in Fließgewässer, durch Installierung von sogen. Flotationsanlagen in stehenden Gewässern usw.

34 Besser bzw. ergänzend notwendig sind schadstoffmindernde Maßnahmen an der Quelle. Das gilt z.B. für eine *Beschränkung der Düngung* auf das ökologisch verantwortbare Maß (vgl. §§ 3 II Nr. 2, 19 I Nr. 3 WHG); so hat die Landwirtschaft den Phosphateintrag zwischen 1985 und 1995 um etwa 20% reduziert. Aufgrund *verschärfter Anforderungen an die Zusammensetzung der Waschmittel* (Rn. 6/60) ist seit dem Inkrafttreten der Phosphathöchstmengen-VO von 1980 eine Verminderung des Phosphateintrages um die Hälfte erzielt worden[17], durch den Ausbau von Kläranlagen in den alten Bundesländern sogar um 70%.

b) Nitrateintrag

35 Die größten Probleme für die Trinkwasserversorgung ergeben sich derzeit aus der zunehmenden Grundwasserbelastung mit Nitraten[18]. Die im organischen und mineralischen Dünger enthaltenen Stickstoffverbindungen werden im Boden von Mikroorganismen in wasserlösliche Nitrate umgewandelt (sogen. *Nitrifizierung*); sie können nur so von den Pflanzen in begrenzten Mengen aufgenommen werden. Der Überschuß wird von den Bodenschichten kaum zurückgehalten, so daß er schließlich ins Grundwasser gelangt. Im Grundwasser werden die Nitrate nur langsam abgebaut. Zwar sind Nitrate für die Eiweißbildung der Pflanzen unentbehrlich. Durch sie werden jedoch die Gewässer derzeit massiv verunreinigt. Die Gründe hierfür sind insbesondere: tiefe Bodenbearbeitung, Erosion bei Sonderkulturen (z.B. Mais), Überdüngung mit Wirtschaftsdünger (d.h. mit Gülle, die in großen Mengen u.a. als Folge der Massentierhaltung zur kostensparenden Beseitigung versprüht wird) sowie eine nicht bedarfsgerechte Überdosierung von Handelsdünger (Mineraldünger). Dies führt – wie der Phosphateintrag – zu einer *Steigerung des Nährstoffangebots* für die Wasserpflanzen in Oberflächengewässern. 1995 wurden noch 775 000 t Nitrate in Fließgewässer eingeführt.

36 Jedenfalls außerhalb von Wasserschutzgebieten und nach dem Ende der Vegetationsperiode ist der Nitratgehalt des Bodens aufgrund der Düngung von seiten der Landwirtschaft häufig sehr hoch. Die DüngeVO läßt nämlich Maximalmengen des Stickstoffauftrages von jährlich 170 kg/ha zu. Wenn das Grundwasser wegen des Düngemitteleintrags einen zu hohen Nitratgehalt aufweist, muß von den Wasserwerken nitratarmes Wasser zugezogen und zugemischt werden, weil das Ausziehen des Nitrats

---

17 Umweltdaten 1998 des UBA, www.umweltbundesamt.de/udd/gew/gew6.htm.

18 Vgl. BMU, Wasserwirtschaft in Deutschland, 1998, S. 32 f., 146 ff.; Umweltdaten 1998 des UBA, www.umweltbundesamt.de/udd/gew/gew7.htm.

aus dem Wasser mittels physikalischer oder physikalisch-chemischer Verfahren sowie sein Abbau, die sogen. *Denitrifikation*[19], aufwendig und teuer sind.

Aufgrund der Richtlinie 80/778/EWG vom 15.7.1980 ist in der Trinkwasser-VO der *Grenzwert für Nitrat (NO_3) im Trinkwasser* auf 50 mg/l herabgesetzt worden. Dieser Grenzwert konnte und kann etwa in jedem 20. deutschen Wasserwerk nicht eingehalten werden. In der Richtlinie 91/676/EWG zum Schutz der Gewässer vor Verunreinigung durch Nitrat aus landwirtschaftlichen Quellen vom 12.12.1991 werden die Mitgliedstaaten verpflichtet, Maßnahmen gegen den weiteren Eintrag von Dünger zu treffen, wenn sich die Grundwasserbelastung mit Nitrat 50 mg/l nähert. Über 25% aller Grundwassermeßstellen weisen heute nämlich höhere Belastungen als 25 mg Nitrat/l auf. Deshalb schließen sich die von einem zu hohen Nitratgehalt ihres Trinkwassers betroffenen Gemeinden oder Wasserverbände oft einer Fernwasserversorgung an (z.B. der Harz-Wasserversorgung oder der über ein Leitungsnetz von über 1400 km verfügenden, bis nördlich von Heilbronn reichenden Bodensee-Wasserversorgung). **37**

c) Versauerung

Der „saure Regen“ trägt nicht nur zum Waldsterben (Rn. 8/14 ff.) bei, sondern kann auch zur Versauerung von Böden und Gewässern, insbesondere von Seen führen, was z.B. im Odenwald oder bei den Arberseen im Bayerischen Wald zu beobachten ist. Der mit dem Regen erfolgende Eintrag von aus SO_2- und NO_x-Emissionen gebildeten *anorganischen Säuren* – Schwefelsäure (H_2SO_4), schwefliger Säure (H_2SO_3), Salpetersäure (HNO_3) oder salpetriger Säure (HNO_2) – senkt den pH-Wert des Wassers. Auch dies führt zu einem Fischsterben, indem der Bestand an Kleinlebewesen reduziert und bei niedrigen pH-Werten das Herauslösen von Schwermetallen aus dem Sediment begünstigt wird. Die wichtigste Abhilfe gegen die Versauerung besteht in der Begrenzung der Emissionen von Schwefeldioxid und Stickoxiden. **38**

Vor allem die Seen in den nordischen Ländern Europas, ferner die Seen im Nordosten der USA und im Osten von Kanada leiden z.T. unter einer erheblichen Versauerung. Bei den mitteleuropäischen Seen hat die vergleichsweise sogar erheblich höhere Immissionsbelastung deswegen noch nicht zu einer weiträumigen Versauerung geführt, weil der hier vorhandene Basenreichtum der Gewässer (pH-Wert größer als 7) eine Abpufferung des Säureeintrags ermöglicht. Indessen lassen auch Gewässer in kalkarmen Regionen der Bundesrepublik eine zunehmende Versauerung erkennen. **39**

d) Eintrag von Schwermetallen

Schwermetalle (z.B. Kupfer, Zink, Quecksilber, Cadmium, Blei; vgl. Rn. 6/27) gelangen in die Gewässer sowohl *über die Luft* aufgrund schwermetallhaltiger, von Industriebetrieben verursachter Staubemissionen als auch *über das* (wiederum vornehmlich industrielle) *Abwasser* aufgrund behördlich gestatteter oder auch „wilder“ Einleitungen. Sie setzen sich im Sediment ab, wo sie im günstigsten Fall, nämlich bei neutralem Milieu und sauerstoffhaltigem Tiefenwasser, festgehalten und nicht wieder ausgewaschen werden. **40**

19 Unter Denitrifikation versteht man die mikrobiologische Reduktion von Nitrat zu molekularem Stickstoff.

41 Eine starke Belastung der Gewässer mit giftigen Schwermetallen kann über die Nahrungsmittelkette (Anreicherung von Schwermetallen in Speisefischen) zu schwersten Erkrankungen der Menschen führen. Dies ist z.B. in Japan geschehen. Dort trat in Minamata seit etwa 1955 die sogen. „*Minamata-Krankheit*“ auf, an der eine große Zahl von Menschen erkrankte und 59 Menschen starben. Erst 1968 wurde der Verdacht der Vergiftung durch Methylquecksilberchlorid offiziell bestätigt. Diese chemische Verbindung war von einer Fabrik, die Quecksilber als Katalysator zur Herstellung von Acetaldehyd eingesetzt hatte, über Jahrzehnte hinweg mit dem Abwasser in die Meeresbucht von Minamata eingeleitet worden. Über die Nahrungskette Plankton-Fisch-Mensch akkumulierte sich das Nervengift, bis es 1956 zum Ausbruch der Erkrankung kam (Störungen des Seh- und Hörvermögens sowie des Tastempfindens, abnorme Bewegungen, Apathie usw.). Wäre die abstrakte Gefährlichkeit des Methylquecksilberchlorids oder seine konkrete Gefährlichkeit unter den gegebenen Umständen rechtzeitig erkannt worden, so hätten vorsorgende, die Produktionsweise oder die Abwasserbehandlung betreffende behördliche Anordnungen die Schäden an Leib und Gesundheit vermeiden können.

42 Im Sediment der großen deutschen Flüsse ist die Schwermetallanreicherung in den letzten Jahren deutlich zurückgegangen. Das UBA hat 1994 medienbezogene Umweltqualitätsziele zum Schutz der Oberflächengewässer vor Schwermetallen erarbeitet, die nun in der wasserwirtschaftlichen Praxis erprobt werden sollen[20].

e) Eintrag von Pflanzenbehandlungsmitteln

43 Würde die Landwirtschaft auf Pflanzenbehandlungsmittel verzichten, gingen die Erträge möglicherweise um 30% zurück. In der Bundesrepublik sind mehr als 900 Pflanzenbehandlungsmittel, d.h. chemische Schädlingsbekämpfungsmittel (*Pestizide*) und Unkrautbekämpfungmittel (*Herbizide*) mit nahezu 300 verschiedenen Wirkstoffen in Gebrauch. Über 250 dieser Wirkstoffe wurden inzwischen im Trinkwasser nachgewiesen; für etliche Wirkstoffe gibt es noch kein praktisch brauchbares Analyseverfahren. Ein Schnapsglas Pflanzenschutzmittel kann die für die Versorgung 1 Mio. Menschen erforderliche Trinkwassermenge unbrauchbar machen. Manche der Pflanzenbehandlungsmittel werden relativ schnell (durch Hydrolyse, d.h. durch chemische Umsetzung mit Wasser, oder durch Mikroben) abgebaut, manche nur langsam, und manche praktisch gar nicht. Der zunehmende Eintrag von Pestiziden (z.B. Insektiziden, Fungiziden) und Herbiziden, besonders der Eintrag solcher Mittel, die leicht wasserlöslich und schwer abbaubar sind, birgt selbst im Falle ihrer regelentsprechenden Anwendung eine schwerwiegende Gefahr für die Gewässer. Das gilt bei wasserdurchlässigen und geringmächtigen Deckschichten speziell für das Grundwasser, gilt aber auch für oberirdische Gewässer, weil sich beim Versprühen von Pflanzenbehandlungsmitteln (rd. 27 000 t/a) Aerosole bilden, die z.T. verweht und vom Niederschlag ausgewaschen werden. Eine Reihe von Pflanzenbehandlungsmitteln sind *humantoxikologisch zumindest bedenklich.*

20 UBA (Hrsg.), Zielvorgaben für gefährliche Stoffe in Oberflächengewässern, UBA-Texte 44/94; BMU, Wasserwirtschaft in Deutschland, 1998, S. 163 ff.

f) Aufheizung

Schließlich ist unter dem Aspekt der Beeinträchtigung der Gewässergüte auch die Aufheizung des zu Kühlzwecken aus einem Fließgewässer oder aus dem Grundwasser entnommenen, einem Oberflächengewässer unverschmutzt wieder zugeleiteten Wassers anzusprechen. Hohe Wassertemperaturen stören nämlich das ökologische Gleichgewicht eines Gewässers, indem sie ebenfalls zur *Sauerstoffzehrung* beitragen, nämlich aufgrund einer Verminderung der Sauerstoffaufnahmefähigkeit der Gewässer mit steigenden Temperaturen. **44**

g) Unfallbedingter Chemikalieneintrag

Wassergefährdende Stoffe, z.B. als Lösemittel eingesetzte Chlorkohlenwasserstoffe, **45**
können durch undichte Kanalisationen, Unfälle von Transportfahrzeugen u.ä. in das Grundwasser gelangen. Ein aufschreckendes Beispiel für eine unfallbedingte Belastung unserer oberirdischen Gewässer war die Rheinverschmutzungskatastrophe in der Nacht vom 31.10. auf 1.11.1986, als sich in einer Lagerhalle des Baseler Chemiekonzerns *SANDOZ AG/Schweizerhalle* ein Brand ereignete[21].

Dort lagerten 1.246 t Agro-Chemikalien (30 unterschiedliche Stoffarten), vor allem Herbizide **46**
und Insektizide, davon insbesondere Phosphorsäure-Ester (z.B. E 605), aber auch quecksilberhaltige Pilzbekämpfungsmittel („Trillex"). Ca. 10-30 t dieser Chemikalien sowie wenigstens 200 kg einer hochtoxischen Quecksilberverbindung sind mit ca. 15 000 m^3 Löschwasser über das Betriebskanalnetz in den Rhein gespült worden. (Am 7.11.1986 gelangten noch einmal ca. 5% der ursprünglichen Schadstoffmenge aus stehendem Löschwasser in den Rhein). Auf einer Strecke von über 200 km ab Einleitungsstelle stromabwärts sind viele Fische (insbesondere Aale) unmittelbar getötet worden. Daneben wurden aber im Nahbereich des Unfallorts auch die Kleinlebewesen, z.B. Wasserasseln, Flohkrebse, Insektenlarven usw., von denen die Fische leben, völlig vernichtet. Insbesondere das Insektizid Parathion wirkte verheerend, weil es sich mit hohem Anteil im Flußsediment anreichert, schwer abbaubar ist (ausgeprägte Persistenz) und eine hohe aquatische Toxizitat aufweist. Auch die durch den Unfall in den Rhein gelangten organischen Bleiverbindungen werden nicht abgebaut und haben sich, soweit sie nicht vom Hochwasser weitertransportiert wurden, sehr wahrscheinlich mehr oder weniger dauerhaft im Sediment festgesetzt. Einige Zeit nach dem Unfall bestand auch die Gefahr der Grundwasserbeeinträchtigung durch Uferfiltrat. Verschiedene Grundwasserbrunnen der Wasserwerke entlang des Rheins sind daher vorsorglich geschlossen worden, so daß die Bevölkerung zweier Gemeinden südlich von Bonn vorübergehend mittels Tankwagen mit Wasser versorgt werden mußte. Allerdings sind, wie sich inzwischen erwiesen hat, die für die Selbstreinigung des Rheins wichtigen Mikroorganismen durch die Gifteinleitungen nicht nachhaltig geschädigt worden. Zwei Jahre nach dem Unfall hatte sich der Rhein auch im übrigen weitgehend „erholt". Ermöglicht wurde die Katastrophe durch Mißachtung der objektiv gebotenen Risikovorsorge. So war die Lagerhalle nicht zur Eindämmung von Brandschäden in Unterabteilungen aufgeteilt, es gab kein automatisches Feueralarm- und Brandschutzsystem, Auffangbecken für überlaufendes Löschwasser fehlten, ebenso fehlte ein Anschluß der Lagerhalle an das werkseigene Chemieabwassersystem. Der „Internationale Wasser- und Alarmplan ‚Rhein'" wurde von den schweizerischen Behörden verspätet ausgelöst. Dies alles hatte auch in der Bundesrepublik Rechtsetzungskonsequenzen (Rn. 8/162 ff.).

21 Dazu z.B. *Töpfer*, ZAU 1988, 105 ff.

47 Nur Stunden vorher war von CIBA-GEIGY mindestens 0,5 t des Breitbandherbizids Atrazin in den Rhein gelangt. Ferner ereigneten sich nach dem 1.11.1986 innerhalb eines Monats zahlreiche weitere belastende Ableitungen von Chemikalien in den Rhein, z.B. bei Hoechst, BASF, Bayer, Lonza. Sie wurden z.T. nur aufgrund der durch den SANDOZ-Unfall intensivierten Rheinwasseranalysen bekannt und geben einen Hinweis auf die hohe Dunkelziffer solcher – gewollten oder störfallbedingten – ungenehmigten Ableitungen.

II. Einführung in das Gewässerschutzrecht

1. Zur historischen Entwicklung

48 Das Wasserrecht bildet eines der ältesten Teile des Umweltrechts[22]. Während im Mittelalter Wasserregale (d.h. das Recht zur Benutzung eines Gewässers zum Zwecke der Fischzucht, Müllerei, Schiffahrt usw.) von Fürsten vorrangig als Mittel der Geldbeschaffung eingesetzt wurden, vollzog sich der Übergang des Wasserrechts vom allgemeinen Privatrecht (Preuß. Allgemeines Landrecht, Code Civil 1803, Bad. Landrecht 1809), das für Sondernutzungen außerhalb des Gemein-, Eigentums- oder Anliegergebrauchs bereits eine staatliche Gestattung vorsah, in spezielle wasserrechtliche Gesetze in der zweiten Hälfte des 19. Jahrhunderts. Nachdem Preußen 1843 die Benutzung der Privatflüsse einer Regelung unterworfen hatte, kodifizierten Hannover 1847, Braunschweig 1851, Bayern 1852 und Baden 1876 das Wasserrecht umfassend, insbesondere die Benutzung des Wassers, die Bewässerungs- und Entwässerungsunternehmen sowie den Uferschutz und den Schutz gegen Überschwemmungen[23]. Eine Novellierungswelle um die Jahrhundertwende war Folge der Ausklammerung des Wasserrechts aus dem BGB und führte dazu, daß immer größere Teile des Wasserrechts als öffentliches Recht qualifiziert wurden. Auf der Kompetenzgrundlage des Art. 75 GG (Nr. 4: „Wasserhaushalt") hat schließlich der Bundestag am 27.6.1957 das *Wasserhaushaltsgesetz* verabschiedet. Seitdem ist das Wasserwirtschaftsrecht insgesamt sechs Mal geändert worden[24].

49 Dem **privaten Wasserrecht** verblieben nur noch wenige Regelungsgegenstände, dennoch sind gewisse Beziehungen zwischen einzelnen Gewässerbenutzern oder zwischen Grundeigentümern im Hinblick auf Wasserauswirkungen auch heute noch *privatrechtlicher* Natur. So sind etwa bestimmte nachbarrechtliche Beziehungen im Landesrecht privatrechtlich geregelt (vgl. Art. 65 EGBGB), z.B. Durchleitungsrechte für die Wasserversorgung von Grundstücken oder für ihre Entwässerung, Duldungspflichten gegenüber wild abfließendem Wasser. Von seiner Möglichkeit, privates Wasserrecht als „bürgerliches Recht" i.S. des Art. 74 Nr. 1 GG bundeseinheitlich zu regeln, hat der Bund praktisch nur für den Teilbereich der wasserrechtlichen Gefähr-

22 *Seiler*, Die Gewässerbenutzungen und ihre Rechtsgrundlagen im Verlauf der Geschichte des Wasserrechts, Diss. Bonn 1976.

23 *Seiler*, ebda.; *Baisch*, Bewirtschaftung im Wasserrecht, 1996, S. 130 ff.; *Czychowski*, WHG, Einleitung, S. 40 ff.

24 *Czychowski*, WHG, Einl. S. 43 ff.

dungshaftung (§ 22 WHG)[25] Gebrauch gemacht. Das (regelmäßig privatrechtliche) Gewässereigentum ist in den LWG geregelt. **Öffentliches Eigentum** von Staat oder Gemeinden am Gewässerbett besteht aber in *Baden-Württemberg* (Rn. 6/83).

Das **öffentliche Wasserrecht** i.w.S. umfaßt das öffentliche Recht des Gewässerschutzes (= öffentliches Wasserrecht i.e.S.), das Wasserwegerecht und das Wasserverkehrsrecht. **50**

Zum *Gewässerschutzrecht* gehört zunächst einmal das gesamte Wasserwirtschaftsrecht; hinzu kommen einige wenige, ebenfalls dem Gewässerschutz dienende Normen im Kontext des Wasserwegerechts (z.B. § 5 S. 3 WaStrG) und des Wasserverkehrsrechts (z.B. § 1 I Nr. 2, II Binnenschiffahrtsaufgabengesetz). Das *Recht der Wasserwirtschaft* (des Wasserhaushalts i.e.S.) regelt vor allem die Nutzung der Gewässer sowie den Hochwasserschutz, hierbei stehen die Entnahme oder Förderung des Wassers, der Gewässerausbau sowie die Einleitung von Abwässern im Vordergrund. Das *Wasserwegerecht* befaßt sich hingegen mit dem Zustand und der Nutzung der Oberflächengewässer zum Zwecke des Verkehrs, also z.B. mit der Schiffbarkeit, den Verkehrsanlagen und dem Gemeingebrauch; es ist für Bundeswasserstraßen im WaStrG, im übrigen in den LWG normiert. Das *Wasserverkehrsrecht* soll die Sicherheit des Verkehrs auf schiffbaren Oberflächengewässern gewährleisten. **51**

Rechtsdogmatisch sind Gewässer **öffentliche Sachen**. Während es sich bei Wasserstraßen um öffentliche Sachen im Gemeingebrauch handelt, stellen Gewässer im Bezug auf ihre wasserwirtschaftliche Nutzung *öffentliche Sachen im Sondergebrauch* dar. Für das *Wasserwirtschaftsrecht* ist kennzeichnend, daß der in oberirdischen Gewässern und im Grundwasser vorhandene Wasserschatz durch die öffentliche Hand nach Menge und Güte *bewirtschaftet* wird. **52**

2. Rechtsquellen

a) Europarecht

Von allgemeiner Bedeutung sind die medienübergreifenden Umweltrichtlinien der EG, wie die UVP- und die IVU-Richtlinie (Rn. 8/42). Sowohl in der UVP-Änderungs-RL 97/11/EG vom 3.3.1997 (Rn. 3/4) als auch in der IVU-Richtlinie 96/61/EG sind Anforderungen enthalten, die noch in deutsches Recht umzusetzen sind und die z.T. auf Grund der unmittelbaren Geltung dieser Richtlinien (Rn. 1/43 ff.) zu beachten sind. Der Rat der EG hat daneben zahlreiche **Gewässer-Richtlinien** erlassen, die das deutsche Wasserrecht maßgeblich beeinflußt haben. Diese sehen u.a. vor[26]: **53**

- Verhinderung der **Meeresverschmutzung**;

25 Vgl. z.B. BGHZ 124, 394 (395 f.), 103, 129 (130); OLG Hamburg, VersR 1997, 1391 ff.; OLG Karlsruhe, NuR 1996, 163 f.; OLG Köln, ZfW 1997, 195 ff.; 1993, 247. Daneben gilt § 1 UHG, s. *Czychowski*, WHG, § 22 Rn. 2.

26 Vgl. *Breuer*, DVBl. 1997, 1211 ff.; *ders.*, in: *Rengeling* (Hrsg.), EUDUR II, S. 651 (660 f.); *Czychowski*, WHG, Einl. S. 69 ff.; *Ress*, in: HdUR, Bd. I, Art. „Europäische Gemeinschaften", Sp. 548, 593 ff. – Die Texte der EG-Richtlinien sind abgedr. in *Storm/Lohse* (Hrsg.), EG-Umweltrecht, Loseblattsammlung; *Sieder/Zeitler/Dahme*, WHG Bd. I, Halbbd. 2, Anh.

- **Qualitätsanforderungen an bestimmte Nutzungsarten** der Gewässer, mit denen die Höhe des zulässigen Verschmutzungsgrades bestimmt wird, etwa in der Richtlinie 75/440/EWG v. 16.6.1975 über die Qualitätsanforderungen an Oberflächenwasser für *Trinkwassergewinnung* (ABl. Nr. 194/34); der novellierten *Trinkwasser*-RL 98/83/EG v. 3.11.1998 (Abl. EG Nr. L 330/32) oder der Richtlinie 76/160/EWG v. 8.12.1975 über die Qualität der *Badegewässer* (ABl. Nr. L 31/1), alle geändert durch Richtlinie 91/692/EWG v. 23.12.1991 (ABl. Nr. L 377/48);
- **Gewässerschutz vor Ableitungen gefährlicher Stoffe**: Nach der *Gewässerschutzrichtlinie* 76/464/EWG v. 4.5.1976 (ABl. Nr. L 129/23) unterliegt die Ableitung von als besonders gefährlich eingestuften Stoffen aus der Liste I – „schwarze Liste" – einer Genehmigungspflicht durch die nationalen Behörden. Hierzu sind verschiedene Ausführungsrichtlinien ergangen[27]. Nach der *Grundwasserschutzrichtlinie* 80/68/EWG vom 17.12.1979 (ABl. Nr. L 20/43) sind direkte Ableitungen von Stoffen der „schwarzen Liste" grundsätzlich verboten, indirekte Ableitungen bedürfen einer Genehmigung. Die Richtlinie 91/271/EWG zur *Behandlung kommunaler Abwässer* vom 21.5.1991 (ABl. Nr. L 135/1) enthält u.a. Regelungen über die Sammlung, Behandlung und Ableitung kommunalen Abwassers, biologische abbaubaren Abwassers der Industrie sowie zur Entsorgung von Klärschlamm. Die Richtlinie 91/676/EWG zum Schutz der Gewässer vor Verunreinigung durch Nitrat aus landwirtschaftlichen Quellen vom 12.12.1991 (ABl. Nr. L 375/1) verpflichtet die Mitgliedstaaten, Maßnahmen gegen den weiteren Eintrag von Dünger zu treffen, wenn sich die Grundwasserbelastung mit Nitrat 50 mg/l nähert, was in weiten Gebieten der Fall ist.

54 Die Bundesrepublik Deutschland ist in jüngerer Zeit mehrfach wegen **fehlender** oder **mangelhafter Umsetzung** von EG-Richtlinien durch den EuGH verurteilt worden[28]: Sie ist ihrer Pflicht, die EG-Grundwasserrichtlinie 80/68/EWG des Rats vom 17.12.1979 fristgerecht in nationales Recht umzusetzen, nicht zureichend nachgekommen; gleiches gilt für die EG-Richtlinien 75/440/EWG (Qualitätsanforderungen an Oberflächenwasser für Trinkwassergewinnung) und 79/868/EWG (Meßmethoden, Probenahmen und Analysen des Oberflächenwassers für die Trinkwassergewinnung; Meldepflichten) sowie die Trinkwasserrichtlinie 80/778/EWG. Der EuGH beanstandet dabei – und das betrifft insbesondere die Bundesländer –, daß anstelle hinreichend konkretisierter Rechtsnormen *Verwaltungsvorschriften* erlassen wurden (vgl. auch Rn. 1/43). In der Folge sind deshalb die AbwasserVO v. 21.3.1997 (i.d.F. der Bek. v. 9.2.1999, BGBl. I 86) und die GrundwasserVO v. 18.3.1997 (BGBl. I 542)[29] in Form einer Rechtsverordnung erlassen worden. Derzeit wird von der EG eine Wasserrahmenrichtlinie vorbereitet, die verschiedene Richtlinien vereinheitlichen soll[30].

---

27 Z.B. für Quecksilber 82/176/EWG v. 22.3.1982, ABl. EG Nr. L 81/29, und 84/154/EWG v. 8.3.1984, ABl. EG Nr. L 74/49, für Cadmium 83/514/EWG v. 26.9.1983, ABl. EG Nr. L 291/1, Hexachlorcyclohexan 84/491/EWG v. 9.10.1984, ABl. EG Nr. L 274/1; RL 86/280/EWG v. 12.6.1986 über die Grenzwerte und Qualitätsziele für die Ableitung bestimmter gefährlicher Stoffe der Liste I, ABl. EG Nr. L 181/16, zuletzt geändert durch RL v. 27.7.1990, ABl. EG Nr. L 219/1.

28 EuGH, DVBl.1991, 863; InfUR 1992, 34; DVBl. 1993, 167; EuGH, NVwZ 1999, 1216 – Badegewässer-RL; hierzu die nds. BadegewässerVO v. 25.1.1999 (GVBl. S. 19). Zuletzt EuGH, Urt. v. 11.11.1999, Rs. C-184/97.

29 *Knopp*, ZfW 1999, 205 ff.

30 *Breuer*, NVwZ 1998, 1001 ff.; *Bosenius*, NVwZ 1998, 1039 ff. Der Rat hat am 11.3.2000 einen Gemeinsamen Standpunkt verabschiedet, so daß eine Regelung in nächster Zeit zu erwarten ist.

Mit der 6. Novelle des WHG wurde 1996 ein § 6a WHG eingeführt, der die Bundesregierung ermächtigt, mit Zustimmung des Bundesrates Vorschriften über die Bewirtschaftung der Gewässer zu erlassen, soweit es zur Erfüllung bindender Beschlüsse der EG oder zwischenstaatlicher Vereinbarungen notwendig ist. Bindende Beschlüsse der EG sind Verordnungen, Richtlinien und Entscheidungen (Rn. 1/43 ff.); da Verordnungen nach Art. 249 II EG aber bereits unmittelbar in den Mitgliedstaaten gelten und keiner weiteren Transformation bedürfen, bezieht sich § 6a WHG in erster Linie auf die genannten Richtlinien. Die Verordnungsermächtigung ist hinreichend bestimmt i.S.d. Art. 80 I 2 GG, auch wenn sie „dynamisch" auf noch nicht bestehende Vorschriften verweist; dies ist durch den Vorrang des EG-Rechts legitimiert[31]. Zwischenstaatliche Vereinbarungen bestehen für Gewässerläufe, den Bodensee sowie die Nord- und Ostsee (Rn. 6/64), wobei entsprechende Ausführungsregelungen auch im Ratifizierungsgesetz getroffen werden können. Die Umsetzungsbestimmungen dürfen das Schutz- und Vorsorgeniveau des WHG nicht unterschreiten (d.h. für weniger strenge Anforderungen, die aufgrund des Vorrangs des EG-Rechts umgesetzt werden müssen, ist parallel das WHG zu ändern) und erstrekken sich auf Anforderungen an die Beschaffenheit der Gewässer sowie den Bau und Betrieb von Abwasseranlagen (Rn. 6/149), Rohrleitungsanlagen (Rn. 6/150) und von Anlagen zum Umgang mit wassergefährdenden Stoffen (Rn. 6/151). Aufgrund der bundesstaatlichen Kompetenzverteilung im Bereich des Wasserrechts sind vorrangig die Länder verpflichtet, EG-Recht umzusetzen. Hierfür enthalten die LWG Umsetzungsnormen bzw. -ermächtigungen (z.B. Art. 41 BayWG, § 14a BWWG, § 126a HessWG, § 2a Nds u. NRWWG). § 6a WHG betrifft daher vor allem den landesgrenzenüberschreitenden Gewässerschutz, z.B. den Grundwasserschutz oder Schutz langer Flußläufe (Rhein, Donau, Elbe). **55**

b) Bundesrecht

Zum *öffentlichen Wasserrecht* gehört insbesondere das *Wasserwirtschaftsrecht* (= Wasserhaushaltsrecht). Hierfür sind vom Bund wasserrechtliche Regelungen in Gesetzes- und Verordnungsform erlassen worden. **56**

Auf der Bundesrahmenkompetenz des Art. 75 Nr. 4 GG (a.F.) beruht das **Wasserhaushaltsgesetz** (WHG). Es ist zwar nur ein Rahmengesetz, aber – anders als das BNatSchG (vgl. § 4 BNatSchG) – im wesentlichen nicht umsetzungsbedürftig, weil es punktuelle Vollregelungen enthält und die meisten seiner Rahmennormen unmittelbar „bürgerverbindlich" und als solche vollzugsfähig sind (vgl. aber z.B. §§ 1 III, 18a II, 32, 35 WHG). Der Rahmen bedarf aber der Ausfüllung und Ergänzung, d.h. das WHG bedarf zur Herstellung einer ausreichenden Gesamt-Wasserrechtsordnung zusätzlicher landesrechtlicher Regelungen. **57**

Nach Art. 75 Nr. 4 GG a.F. stand dem Bund für den Wasserhaushalt eine Rahmengesetzgebungskompetenz zu. Der Umstand, daß das WHG nicht nur Rahmenvorschrif- **58**

31 BayVfGH, NVwZ 1989, 1053; *Czychowski*, ZUR 1997, 71 (72 f.); dies gilt allerdings nicht für zwischenstaatliche Vereinbarungen.

ten für die Landesgesetzgebung, sondern auch bürgeradressierte Normen enthält, die auf eine Ausfüllung durch Landesgesetze angelegt sind, ist verfassungsrechtlich nicht zu beanstanden, da den Ländern nach Art. 75 GG a.F. ein substantiell ausfüllungsbedürftiger Rahmen verblieben war[32]. Die Vollzugskompetenz für das WHG liegt nach Art. 84 GG bei den Ländern; demzufolge hat das BVerfG einen Versuch des Bundes, sich gesetzlich die wasserrechtliche Vollzugshoheit für den Bereich der Bundeswasserstraßen zu verschaffen, vereitelt[33]. Nach Art. 75 II GG n.F. sind Vollregelungen nur noch in Ausnahmefällen möglich; für die im WHG enthaltenen Vollregelungen gilt Art. 125a II 2 GG, wonach durch Bundesgesetz bestimmt werden kann, daß diese Vorschriften durch Landesrecht ersetzt werden können. Im Rahmen der 6. Novelle des WHG wurde die Gesetzgebungskompetenz weder von der Bundesregierung, noch von Bundestag oder Bundesrat problematisiert, obwohl bestritten wird, daß alle Neuregelungen als Ausnahmefälle angesehen werden können[34].

59 Soweit das WHG selbständig vollzugsfähig ist (z.B. §§ 2 ff., 9a, 26 II, 34 II), führen die Länder Bundesrecht als eigene Angelegenheit aus. Soweit die LWG das WHG ergänzen oder ausfüllungsbedürftige WHG-Normen ausgefüllt haben, geht es um den Vollzug von Landesrecht durch Landesbehörden. Das WHG ist bisher sechsmal, zuletzt 1996 novelliert worden. Beispielsweise wurden nachträglich Bestimmungen eingefügt über Rohrleitungsanlagen und Anlagen zum Umgang mit wassergefährdenden Stoffen, über den Schutz der Küstengewässer, über wasserwirtschaftliche Planung, den Hochwasserschutz u.a.m. Vor allem wurde das dem ursprünglichen Ansatz entsprechende Recht der Ressourcenbewirtschaftung zunehmend durch ein Recht der Emissionsvermeidung ergänzt. Im Zuge der Umsetzung der FFH-Richtlinie (Rn. 5/197 ff.) ist § 6 WHG darüber hinaus durch einen entsprechenden Versagungsgrund zum Schutz europäisch bedeutsamer Biotope ergänzt worden (Art. 2 des G. v. 30.4.1998, BGBl. I 823).

60 Ebenfalls auf Art. 75 Nr. 4 GG (a.F.) beruht das **Gesetz über Abgaben für das Einleiten von Abwasser in Gewässer** (Abwasserabgabengesetz – AbwAbgG), das wiederum durch entsprechende landesgesetzliche Regelungen ausgefüllt wird[35]. Dagegen stützt sich das mittelbar dem Gewässerschutz dienende **Gesetz über die Umweltverträglichkeit von Wasch- und Reinigungsmitteln** (Wasch- und Reinigungsmittelgesetz – WRMG) auf die konkurrierende Gesetzgebungszuständigkeit des Bundes für das Recht der Wirtschaft (Art. 74 I Nr. 11 GG). Eine konkurrierende Gesetzgebungszuständigkeit des Bundes liegt auch dem mit einigen Normen mittelbar ebenfalls dem Gewässerschutz dienenden **Pflanzenschutzgesetz** (Art. 74 I Nr. 20 GG) zugrunde. Beide Gesetze sind nicht medien-, sondern stoffbezogen.

---

32 Vgl. hierzu BVerfGE 66, 250 (285).
33 BVerfGE 15,1.
34 *Reichert*, NVwZ 1998, 17 ff.
35 S. unsere Vorauflage Rn. 4/202 ff.

c) Landesrecht

Aufgrund der Landeskompetenz nach Art. 70 I GG sind die **Landeswassergesetze** (LWG) erlassen worden[36]. Sie waren zwar ursprünglich an einem einheitlichen Musterentwurf ausgerichtet, haben inzwischen aber eine recht unterschiedliche Entwicklung genommen. Der Schwerpunkt der landesgesetzlichen Regelungen liegt – neben einer Konkretisierung der Vorgaben aus dem WHG – in Regelungen des Vollzugs; hierbei sind insbesondere die wasserpolizeilichen Generalklauseln für Anordnungen zum Schutz des Wasserhaushalts hervorzuheben, die Rechtsgrundlage für Untersagungsverfügungen, Gefahrerforschungseingriffe oder Sanierungsverfügungen sind (Rn. 6/191 ff.; s. aber auch Rn. 7/63 f., 92). 61

Hinzu kommen außer Landeswasserverordnungen aufgrund bundes- oder landesgesetzlicher Ermächtigungen wasserrechtliche Nebenvorschriften, z.B. in *Baden-Württemberg* das Fischereigesetz sowie einzelne Bestimmungen des Naturschutzgesetzes, des Landesabfallgesetzes oder der Landesbauordnung usw. Vom 1998 novellierten WGBW werden nach den einleitenden Bestimmungen und der Gewässereinteilung die Eigentumsverhältnisse der Gewässer geregelt, ferner ergänzend zum WHG insbesondere: Benutzung der Gewässer, Mindestwasserführung, Wasserkraftnutzung, Wasserversorgungsanlagen, Abwasserbeseitigung, Ausbau und naturnahe Entwicklung von oberirdischen Gewässern (Gewässerrandstreifen), Sicherung des Wasserabflusses, Gewässeraufsicht, Bauüberwachung und Wassergefahr, Zwangsverpflichtungen, Entschädigung, Zuständigkeit und Verfahren, Wasserbuch, Abwasserabgabe. Den Abschluß bilden Bußgeldvorschriften sowie Übergangs- und Schlußbestimmungen. 62

Zu den landesgesetzlichen Regelungen treten noch *kommunale Satzungen*, die vor allem die Trinkwasserversorgung und die Abwasserbeseitigung über kommunale Trinkwassergewinnungs- und Abwasserbehandlungsanlagen zum Regelungsgegenstand haben. 63

d) Zwischenstaatliche Abkommen

Auf dem Gebiet des Gewässerschutzes bestehen zahlreiche internationale Abkommen, z.B. für den Bereich der Nordsee und der Ostsee, die Donau[37], den Rhein[38], die Elbe sowie die Oder. Hervorzuheben ist die *Helsinki-Konvention* zum Schutz der Ostsee aus dem Jahre 1974 (BGBl. 1979 II 1229), die am 9.4.1992 umfassend novelliert worden ist[39]. Die *Vereinbarung über die internationale Kommission zum Schutz der Elbe* v. 8.10.1990 zwischen Deutschland, der ehemaligen Tschechoslowakei und der EG – nach dem Vorbild der Internationalen Kommission zum Schutz des Rheins (die 64

36 Altes DDR-Wasserrecht, das nach der Kompetenzordnung des GG Landesrecht ist, galt gem. Art. 9 I 1 EinigungsV in den neuen Bundesländern bis zum Erlaß entsprechender neuer Landesgesetze fort, sofern dieses alte Recht dem EG- und Bundesrecht nicht widersprach. Als letztes Land hat Brandenburg am 13.7.1994 ein neues Wassergesetz verabschiedet (GVBl. S. 302).

37 Donauschutzübereinkommen, in Kraft getreten am 12.10.1998, BGBl II 2934.

38 *Zils*, UPR 1992, 413 ff.

39 Hierzu *Breuer*, in: *Rengeling* (Hrsg.), EUDUR II, S. 733 (737 ff.); *Ehlers*, NuR 1993, 202 ff.; *Jenisch*, ZAU 1993, 81 ff.; *Kunig*, in: HdUR, Bd. II, Art. „Ostsee", Sp. 1581 (1585). Für die Nordsee besteht kein ähnlich umfassendes Umweltschutzabkommen; zur Internationalen Nordseeschutz-Konferenz s. BT-Drs. 12/4406 v. 19.2.1993.

bereits seit 1950 besteht) – hat ein möglichst naturnahes Ökosystem mit einer gesunden Artenvielfalt sowie eine Minimierung der Belastung der Nordsee zum Ziel (BGBl. 1992 II S. 942 und 1993 II 827)[40]. Im April 1996 wurde mit Polen, Tschechien und der EG eine entsprechende Vereinbarung zum Schutz der Oder gegen Verunreinigung geschlossen.

3. Überblick über das Wasserhaushaltsgesetz

65 Das **Wasserhaushaltsgesetz** bildet den Grobraster einer Kodifizierung des Wasserrechts. Zunächst enthält das WHG eine *einleitende Bestimmung* zu seinem sachlichen Geltungsbereich (§ 1). Ihr folgen *gemeinsame Bestimmungen für die Gewässer* (§§ 1a – 22: wasserrechtliche Benutzungen, Erlaubnis- und Bewilligungsvorbehalt; alte Rechte und alte Benutzungen; Ausgleichsverfahren; Abwasserbeseitigungspläne und Abwasseranlagen; Wasserschutzgebiete; Rohrleitungen, Anlagen zum Lagern, Abfüllen und Umschlagen wassergefährdender Stoffe; Entschädigung; Überwachung; Betriebsbeauftragte für Gewässerschutz; Gefährdungshaftung). Dem schließen sich *besondere Bestimmungen für oberirdische Gewässer* an (§§ 23-32: erlaubnisfreie Benutzungen, Reinhaltung, Unterhaltung und Ausbau; Überschwemmungsgebiete), weiterhin *besondere Bestimmungen für Küstengewässer* (§§ 32a, 32b), *besondere Bestimmungen für das Grundwasser* (§§ 33-35), *Bestimmungen über wasserwirtschaftliche Planung und das Wasserbuch* (§§ 36-37) sowie schließlich *Bußgeld- und Schlußbestimmungen* (§§ 41, 44).

III. Gesetzeszweck und Anwendungsbereich des Wasserhaushaltsgesetzes

1. Gesetzeszweck: Grundsatz der Gewässerbewirtschaftung (§ 1a WHG)

a) Bewirtschaftungsgebot

66 Gewässer sind nach der Zielnorm des § 1a I WHG[41] als Bestandteil des Naturhaushalts und als Lebensraum für Tiere und Pflanzen zu sichern. Sie sind so zu bewirtschaften, daß sie dem Wohl der Allgemeinheit und im Einklang mit ihm auch dem Nutzen einzelner dienen und daß vermeidbare Beeinträchtigung ihrer ökologischen Funktionen unterbleiben. Damit wird einerseits die Bedeutung des Umweltschutzes für das Wasserrecht unterstrichen, das also nicht nur wasserwirtschaftliche Zwecken wie der Wasserversorgung, Abwasserbeseitigung oder Bewässerung zu dienen hat und einen medienübergreifenden Ansatz verfolgt[42]. Andererseits verdeutlicht die Vorschrift die klassische wasserrechtliche Zielsetzung, nämlich die „haushälterische

---

40 *Schulz*, NuR 1993, 481 ff.; BMU, Wasserwirtschaft in Deutschland, 1998, S. 79 ff.

41 Da § 1a WHG nur programmatischen Charakter hat, kann diese Leitnorm *unmittelbar* keinen Drittschutz begründen (vgl. *Breuer*, NuR 1987, 49 [51]; *Pape*, in: *Landmann/Rohmer*, Umweltrecht, Band II, WHG, § 1a Rn. 18), sondern nur in Einzelfällen über das *Gebot der Rücksichtnahme* im Wasserrecht, BVerwGE 78, 40.

42 *Czychowski*, WHG, § 1a Rn. 2.

Bewirtschaftung des in der Natur vorhandenen Wassers nach Menge und Güte“[43]. Eine solche Bewirtschaftungspflicht ist Ausfluß des *Vorsorgeprinzips* (Rn. 1/81) und für die Menschen sowie die Gesamtwirtschaft lebensnotwendig und verfassungsrechtlich im Hinblick auf die Staatszielbestimmung des Art. 20a GG grundsätzlich unbedenklich[44].

Die Bewirtschaftung erfolgt im Rahmen der öffentlich-rechtlichen Benutzungsordnung durch[45] 67

- Benutzungsverbote mit Erlaubnis- und Bewilligungsvorbehalten,
- Mindestanforderungen an das Einleiten von Abwasser,
- Abwasserbeseitigungs-, Bewirtschaftungs- und Rahmenpläne,
- Festsetzung von Wasserschutzgebieten, von Reinhalteordnungen und Überschwemmungsgebieten,
- Planfeststellung von Gewässerausbau,
- Vorschriften für die ordnungsgemäße Unterhaltung der Gewässer.

Bewirtschaftung ist jede Einflußnahme auf Gewässer, die auf eine Ordnung des Wasserhaushaltes nach Menge und Güte abzielt[46]. Auch ein Grundeigentümer unterliegt dem wasserwirtschaftlichen Benutzungsregime, wenn er das unter der Oberfläche des Grundstücks liegende Grundwasser nutzen will. 68

Nach § 1a I WHG sind die Gewässer als Bestandteil des Naturhaushalts so zu **bewirtschaften**, daß sie dem Wohl der Allgemeinheit und im Einklang mit ihm auch dem Nutzen einzelner dienen und vermeidbare Beeinträchtigungen ihrer ökologischen Funktionen unterbleiben. Die hoheitliche „haushälterische Bewirtschaftung des in der Natur vorhandenen Wassers nach Menge und Güte“[47] geschieht im Rahmen der öffentlich-rechtlichen Benutzungsordnung vor allem durch Zuteilung einer *Ausnahmebewilligung* (in Form der Erlaubnis oder Bewilligung i.S. des § 2 WHG) für eine den landesrechtlich definierten Gemeingebrauch (vgl. § 23 WHG) übersteigende (Sonder-) Gewässerbenutzung i.S. des § 3 WHG. Das gilt auch für den Grundeigentümer, wenn er das unter der Oberfläche seines Grundstücks befindliche Grundwasser nutzen will. *Grundeigentum und öffentlich-rechtliche Gewässerbenutzungsordnung* sind nach der als Inhalts- und Schrankenbestimmung i.S. des Art. 14 I 2 GG zu wertenden Grundsatznorm des § 1a III WHG *nicht miteinander verknüpft*[48]. Soweit von der beabsichtigten Gewässerbenutzung eine Beeinträchtigung des Wohls der Allgemeinheit, insbesondere eine Gefährdung der öffentlichen Wasserversorgung zu erwarten ist, kann die Erlaubnis der Benutzung nicht erteilt werden (§ 6 WHG: *Repressives Verbot mit Befreiungsvorbehalt*; Rn. 2/21). 69

43 BVerfGE 15, 1 (15).
44 BVerfGE 93, 339.
45 S. *Baisch*, Bewirtschaftung im Wasserrecht, 1996, passim.
46 *Reinhardt*, NuR 1999, 134 (135 f.); *Schulz*, ZUR 1995, 195.
47 BVerfGE 15, 1 (15).
48 BVerfGE 58, 300.

70 Einige Arten von Gewässerbenutzungen sind **gestattungsfrei** und bedürfen keiner Erlaubnis oder Bewilligung i.S. des § 2 WHG. Solche Ausnahmen ergeben sich aus dem WHG und den LWG. Im WHG sind in dieser Hinsicht als Ausnahmen vorgesehen

- Maßnahmen, die dem (planfeststellungsbedürftigen) Ausbau und der Unterhaltung eines oberirdischen Gewässers dienen (§ 3 III WHG),
- Gewässerbenutzungen aufgrund sogen. alter Rechte und alter Befugnisse (§§ 15-17 WHG),
- bestimmte Gewässerbenutzungen in bezug auf Übungen und Erprobungen für Zwecke der Verteidigung, des Zivilschutzes und der Gefahrenabwehr (§ 17a WHG),
- der Gemeingebrauch (§ 23 WHG), wie er durch die LWG konkretisiert worden ist (meist nur noch im Umfang typischer Freizeitnutzungen[49], z.B. Schwimmen, aber nicht Sporttauchen),
- der Eigentümer- und Anliegergebrauch (§ 24 WHG),
- das Einbringen von Stoffen in oberirdische Gewässer zu Zwecken der Fischerei (z.B. der Fischhege), falls das Landesrecht dies ermöglicht (§ 25 WHG),
- bestimmte Benutzungen des Grundwassers für häusliche, land-, forst- oder gärtnereiwirtschaftliche Zwecke (§ 33 WHG),
- bestimmte Benutzungen der Küstengewässer nach Maßgabe des Landesrechts (§ 32a WHG).

71 Die Länder können innerhalb dieses Katalogs einzelne Arten gestattungsfreier Benutzungen inhaltlich noch erweitern (§§ 15 III, 24 II, 33 II Nr. 2 WHG).

72 Die Bewirtschaftung erfordert die Ermittlung der Entnahme- und Belastungskapazität eines konkreten Gewässers entsprechend den Gewässerschutzzielen, die in wasserwirtschaftlichen Rahmenplänen (§ 36 WHG), in Gewässer-Bewirtschaftungsplänen und in Reinhalteordnungen (§ 27 WHG) konkretisiert werden müssen (Rn. 6/169). Alsdann muß über Art und Ausmaß der Erfüllbarkeit eines Benutzungswunsches in jedem Einzelfall entschieden werden. Die so erfolgende Zuteilung von Benutzungsrechten oder -befugnissen für Zwecke der Wasserversorgung, der Abwassereinleitung, der Bewässerung usw. liegt im **Bewirtschaftungsermessen** der zuständigen Wasserbehörde, die hierbei entsprechend dem *Vorsorgeprinzip* auf eine Ressourcenschonung bei der Entnahme von Wasser (Offenhaltung von ausreichenden Wasserreserven) und eine Emissionsbegrenzung oder -minimierung bei der Einleitung von Abwasser (Aufrechterhaltung von Belastungsreserven) hinwirken muß.

73 Die Bewirtschaftung des Wasserhaushaltes umfaßt dabei die Ermittlung und Abschätzung des Wasserdargebots, die Ermittlung und Abschätzung des gegenwärtigen und zukünftigen Nutzungsbedarfs, die Erfordernisse der langfristigen Sicherung des Wasserdargebots, die Veranschlagung von Vorrats- und Pufferkapazitäten, die Festlegung von Prioritäten für gegenwärtige und zukünftige Nutzungsansprüche, die zeitliche Staffelung verschiedener Benutzungen usw.[50]

74 Das *Bewirtschaftungsermessen* der zuständigen Wasserbehörden wird vornehmlich unter den Aspekten des Gewässerschutzes und der Gewässerschonung (ohne Drittschutzwirkung) *eingeschränkt* bzw. *gebunden*, insbesondere durch

---

49 *Blumenberg*, ZUR 1998, 116 ff.

50 Vgl. z.B. VGH BW, NVwZ-RR 1995, 566 f.; VG Freiburg, ZfW 1996, 340 ff.; *Salzwedel*, Wasserrecht, in: AKUR, Grundzüge des Umweltrechts, Kap. 15 Rn. 12 ff. Zur Frage, ob § 1a I WHG ermessenslenkende Funktion hat, abl. *Viertel*, ZfW 1996, 417 (419).

- den in erster Linie auf wasserwirtschaftliche Aspekte, aber auch den Gesundheitsschutz zu beziehenden Versagungsgrund des § 6 WHG (Rn. 6/105 ff.),
- die Vorsorgevorschrift des § 7a WHG (Anforderungen an das Einleiten von Abwasser; Rn. 6/135 ff.),
- einzelne Planfestlegungen für die Abwasserbehandlung in überörtlichen Abwasserbeseitigungsplänen der Länder nach § 18a III WHG (Rn. 6/143),
- Vorschriften in (bisher nur in Bayern und Berlin erlassenen) Reinhalteordnungen der Landesregierungen nach § 27 WHG und
- Festlegungen in Gewässer-Bewirtschaftungsplänen der Länder (mit gewässerbezogenen Ziel-Standards) nach § 36b WHG, die den Erfordernissen des Schutzes, der Nutzung und der Schonung der Gewässer Rechnung tragen (Rn. 6/169).

Die Bewirtschaftungsentscheidung durch Erteilung (Versagung) der wasserrechtlichen Erlaubnis oder Bewilligung wirkt **konstitutiv**. Ohne formelle Legalität (Erlaubnis oder Bewilligung) kann es deshalb keine materielle Legalität einer erlaubnispflichtigen Gewässerbenutzung geben[51]. **75**

b) Sorgfaltsgebot

Nach dem *unmittelbar geltenden* **Sorgfaltsgebot** des § 1a II WHG[52] ist *jedermann* verpflichtet, bei Maßnahmen, mit denen Einwirkungen auf ein Gewässer verbunden sein können, die nach den Umständen erforderliche Sorgfalt[53] anzuwenden, um **76**

- eine Verunreinigung des Wassers oder eine sonstige nachteilige Veränderung seiner Eigenschaften zu verhüten (*Qualitätsvorsorge*),
- eine mit Rücksicht auf den Wasserhaushalt gebotene sparsame Verwendung des Wassers zu erzielen (*Quantitätsvorsorge*),
- die Leistungsfähigkeit des Wasserhaushalts zu erhalten (*Nachhaltigkeitsgrundsatz*) und
- eine Vergrößerung und Beschleunigung des Wasserabflusses zu vermeiden *(Hochwasserschutzvorsorge)*.

Durch die 6. Novelle des WHG wurden die Sorgfaltspflichten auf die Leistungsfähigkeit des Wasserhaushaltes und den Hochwasserschutz ausgedehnt. Dies ermöglicht es, Hochwasserschutz auch aus ökologischer Sicht, bspw. über die Erhaltung naturnaher Gewässerstrukturen und natürlicher Retentionsflächen zu verbessern[54]. Hochwasserschutz ist darüberhinaus nicht nur eine Aufgabe der Wasserwirtschaft, sondern auch der räumlichen Planung (Landesplanung, Regionalplanung, Bauleitplanung)[55]. **77**

---

51 BVerwGE 55, 220; 78, 40 (44); BVerwG, NVwZ-RR 1994, 202; *Pape, in: Landmann/Rohmer*, Umweltrecht, Band II, WHG, § 2 Rn. 31; krit. *Breuer*, Wasserrecht, Rn. 549.

52 Zur Auskunftspflicht aufgrund § 1a II WHG: BVerwG, NuR 1992, 184.

53 Nach OLG Celle, NuR 1991, 199, ist dabei ein „strenger Maßstab“ anzulegen, der sich an der Sorgfalt eines umweltbewußten Mitbürgers orientiert, die einschließt, sich Gedanken über die Zulässigkeit der Einleitung oder des Ausbringens von Stoffen zu machen.

54 Vgl. *Czychowski*, WHG, § 1a Rn. 14b f.; LAWA-Leitlinien für einen zukunftsweisenden Hochwasserschutz, 1995; OVG Hamburg, ZfW 1995, 111.

55 *Lüers*, UPR 1996, 241; *Stich*, NVwZ 1996, 876.

Die Gemeinden sind insbes. im Rahmen der Bauleitplanung verpflichtet, den Hochwasserschutz (auch zugunsten von gewässerabwärts liegenden Gemeinden) in der planerischen Abwägung zu berücksichtigen, auch wenn im Einzelfall Überschwemmungsgebiete nicht nach § 32 WHG förmlich ausgewiesen sind.

78 Die Bedeutung des § 1a II WHG als allgemeinverbindliche Verhaltenspflicht (Jedermann-Vorschrift) liegt darin, daß auch im Vorfeld von erlaubnispflichtigen Tatbeständen allgemeine Verhaltenspflichten statuiert werden. Bei Verstößen gegen § 1a II WHG entscheidet die Behörde nach pflichtgemäßem Ermessen, ob und in welcher Weise sie eingreifen will[56]. Potentiell nicht gemeinverträgliche Gewässerbenutzungen sind im Einzelfall nur zulässig, wenn – und soweit – sie von einer wasserbehördlichen Gestattung (Bewilligung, Erlaubnis) umfaßt werden (§§ 2 I, 7, 8 i.V.m. § 3 WHG).

c) Wassernutzung und Eigentum

79 Während früher das Wasser einem weitreichenden Zugriff des Eigentümers unterworfen war, hat das WHG ein öffentlich-rechtliches Bewirtschaftungsregime entwickelt und schließlich in § 1a WHG (deklaratorisch) klargestellt, daß das Grundeigentum weder zu einer Gewässerbenutzung berechtigt, die einer Erlaubnis oder Bewilligung bedarf, noch zum Ausbau eines oberirdischen Gewässers. Das BVerfG hat in seinem Naßauskiesungsbeschluß[57] die Vereinbarkeit dieser Konzeption mit Art. 14 I GG entgegen Zweifeln des BGH ausdrücklich bestätigt und dabei klargestellt, daß § 1a III WHG im Hinblick auf die lebenswichtige Bedeutung des Grundwassers – Sozialpflichtigkeit des Eigentums nach Art. 14 II GG – den Inhalt des Eigentumsrechts nach Art. 14 I GG bestimmt. Grundeigentum verliert nicht bereits deshalb seine Privatnützigkeit, weil der Eigentümer das Grundwasser nur mit behördlicher Erlaubnis entnehmen darf. Dies gilt nicht nur für das Grundwasser, sondern gleichermaßen für die Nutzung von Oberflächengewässern und Küstengewässern[58].

2. Anwendungsbereich

a) Begriff der oberirdischen Gewässer

80 Der Begriff „**oberirdische Gewässer**" umfaßt nach der Legaldefinition des § 1 I Nr. 1 WHG das ständig oder zeitweilig in Betten fließende oder stehende oder aus Quellen wild abfließende Wasser. Ausgenommen sind kleine Gewässer von wasserwirtschaftlich untergeordneter Bedeutung sowie Heilquellen nach Maßgabe der LWG (§ 1 II 1 WHG), in *Baden-Württemberg* z.B. kleine Fischteiche, Feuerlöschteiche und Eisweiher (§ 1 II und III BW WG). Entscheidend für die Einordnung als „oberirdisches Gewässer" ist, ob ein Zusammenhang mit dem Wasserhaushalt besteht, m.a.W. das Gewässer seine *Vorfluterfunktion* (zum Abfluß des Oberflächen-

---

56 *Gallwas*, BayVBl. 1991, 289; BVerwG, ZfW 1991, 229; VGH BW, NVwZ 1991, 1010.
57 BVerfGE 58, 300 ff.; zuletzt BVerwG, B. v. 27.10.1997, 11 B 36.97.
58 *Kloepfer*, Umweltrecht, § 13 Rn. 49; *Czychowski*, WHG, Einl. S. 63.

wassers) erfüllt. Vollständig verdolte Wasserläufe oder Wasser in Leitungen, Becken usw. ohne Zusammenhang mit dem natürlichen Wasserhaushalt gehören daher nicht zu den Gewässern[59].

Die Klassifizierung der oberirdischen Gewässer, die öffentliche oder private Gewässer sein können, ist landesrechtlich verschieden geregelt. Exemplarisch sei hier die Regelung von *Baden-Württemberg* angeführt: Danach sind *öffentliche Gewässer* (1) natürliche Wasserläufe, (2) künstliche Wasserläufe (Kanäle, Gräben, Wuhre), an deren Bett kein Privateigentum nachweisbar ist oder die bisher öffentliche Gewässer waren, sowie (3) natürliche stehende Gewässer (Seen, Teiche, Weiher) mit ständig fließendem oberirdischem Zu- oder Ablauf (§ 2 II 1 BW WG). Alle anderen Gewässer sind *private Gewässer* (§ 2 II 2 BWWG). Die *öffentlichen Gewässer* in diesem Sinne sind eingeteilt in *Bundeswasserstraßen*, Gewässer *erster Ordnung* (aufgeführt in der Anlage zu § 3 I 3 BWWG) und Gewässer *zweiter Ordnung* (§ 3 I 4 BW WG). Von Bedeutung ist diese Einteilung für die Eigentumsverhältnisse am Gewässerbett (§ 4 I BW WG) und für die Unterhaltungs- und Ausbaulast (§§ 49, 63 BWWG). **81**

Das *Gewässereigentum* an Bundeswasserstraßen steht nach Art. 89 I GG dem Bund zu. Nach den LWG sind die Länder Eigentümer der in speziellen Gewässerverzeichnissen aufgeführten Gewässer erster Ordnung. Im übrigen differieren die landesrechtlichen Vorschriften über die Zuordnung des Gewässereigentums. Das Eigentum am Gewässerbett ist außerhalb von Baden-Württemberg immer privates Eigentum. Dieses private Gewässereigentum ist indes durch die kraft Gesetzes erfolgende Widmung der Gewässer zu öffentlichen Sachen stark eingeschränkt. **82**

In *Baden-Württemberg* gilt folgendes: Das *Eigentum am Gewässerbett* steht nach § 4 I BW WG als *öffentliches Eigentum* bei Gewässern 1. Ordnung dem Land und bei Gewässern 2. Ordnung den Gemeinden zu. *Privates Eigentum* am Gewässerbett kann dem Land, den Gemeinden oder auch anderen Rechtsträgern zustehen. Die Grenze zwischen dem Bett eines Gewässers und den Ufergrundstücken (Uferlinie) wird durch die Linie des Mittelwasserstands bestimmt (§ 7 I BW WG). Das Oberflächenwasser steht – wie das Grundwasser – in niemandes Eigentum. Das öffentliche Eigentum vermittelt eine besondere (normativ aber in § 5 nicht näher konkretisierte) hoheitliche Sachherrschaft der öffentlichen Hand. Demgegenüber beinhaltet das Privateigentum eine geringere Sachherrschaft. So kann z.B. grundsätzlich kein Abwehranspruch aus Privateigentum gegen eine erlaubte oder bewilligte Gewässerbenutzung ausgelöst werden (§ 11 BW WG). Für den in seinem öffentlichen Eigentum durch eine bewilligte Gewässerbenutzung Betroffenen gilt allerdings nach § 11 WHG im Ergebnis nichts anderes. **83**

b) Küstengewässer

Nach § 1 I Nr. 1a WHG werden **Küstengewässer** durch das Meer zwischen einerseits der Küstenlinie bei mittlerem Hochwasser der seewärtigen Begrenzung der oberirdischen Gewässer und andererseits der seewärtigen Begrenzung des Küstenmeers gebildet. Für das Küstenmeer entspricht die seewärtige Begrenzung der Hoheitsgrenze, deren Verlauf durch die von der Bundesrepublik in Anspruch genommene 12-Meilen-Zone bestimmt wird. Die seewärtige Begrenzung der *oberirdischen Gewässer* wird für die Bundeswasserstraßen durch das WaStrG (vgl. die Anlage zu **84**

59 Vgl. BayVGH, ZfW 1990, 47; OVG Hamburg, UPR 1992, 385.

§ 1 I Nr. 1 WaStrG), im übrigen gem. § 1 III WHG durch die LWG bestimmt. Für Küstengewässer bestehen einige Sondervorschriften (§§ 3 I Nr. 4a, 32a, 32b)[60].

c) Grundwasser

85 Im wasserrechtlichen Sinne ist unter **Grundwasser** (§ 1 I Nr. 2 WHG) das gesamte unterirdische, nicht in Rohren oder auf ähnliche Weise künstlich gefaßte Wasser zu verstehen, das an den natürlichen Gewässerfunktionen Anteil hat, dem Wasserhaushalt nicht entzogen und der Bewirtschaftung zugänglich ist[61]. Die Bodenfeuchte unmittelbar unter der Erdoberfläche (*Porenwinkelwasser*) ist kein Grundwasser.

86 Eine grundwasserführende Schicht, d.h. ein Grundwasserleiter (*Aquifer*) kann von unterschiedlicher Mächtigkeit und Beschaffenheit sein; dabei kann sich seine Oberfläche (Grundwasserstand) nahe unter der Erdoberfläche befinden oder aber – etwa als Folge einer Flußregulierung oder einer lang anhaltenden Trockenzeit – in größerer Tiefe. Grundwasser kann aber auch zwischen mehreren, übereinander verlaufenden und hydraulisch mehr oder weniger abdichtend wirksamen Trennhorizonten in verschiedenen Grundwasserleitern auftreten. Es fließt, soweit es nicht in Hohlräumen gestaut oder kapillar gebunden ist, mit bestimmter (geringer) Geschwindigkeit, wobei die Fließrichtung eines konkreten Grundwasserstroms schwanken kann. Das Schutzbedürfnis des Grundwassers wurde lange unterschätzt: Da die belebte Bodenzone und die Deckschichten mit ihrem Bindungs- und Puffervermögen das Grundwasser gegen Verunreinigungen nur begrenzt schützen und ein Selbstreinigungsvermögen kaum vorhanden ist, werden Schadstoffe, weil das Grundwasser wie ein Strom die Erde durchfließt, in bislang nicht kontaminierte Bodenbereiche transportiert. Auch die Wirkungen der Entnahme von Wasser lassen sich nicht auf ein bestimmtes Grundstück beschränken[62]. Grundwasserschutz muß deshalb flächendeckend erfolgen. Eine Bewirtschaftung des Grundwassers dergestalt, daß begrenzte Schadstoffeinträge z.B. in Altlastenfällen zugelassen werden, verstößt gegen § 1a WHG[63].

87 Genährt wird das Grundwasser aus Niederschlägen, Infiltrationen aus oberirdischen Gewässern durch Ufer und Sohle und Wasser oberirdischer Gewässer durch Einsikkern (etwa über Klüfte des Untergrundes z.B. in Karstformationen).

88 Grundwasser verliert seine wasserrechtliche Qualifikation nicht dadurch, daß es vorübergehend zutage tritt, sofern es im natürlichen Zusammenhang mit dem unterirdischen Wasser bleibt (z.B. das gelegentlich bei hohem Grundwasserspiegel auf Wiesen oder Feldern hervortretende Wasser).

89 Das *Grundeigentum* berechtigt nicht zu einer solchen Gewässerbenutzung, die nach dem WHG oder nach den LWG einer Erlaubnis oder Bewilligung bedarf (§ 1a III Nr. 1 WHG)[64]. Aufgrund der überragenden Bedeutung des Grundwassers steht es mit

60 Zum Meeresumweltschutz *Breuer*, in: *Rengeling* (Hrsg.), EUDUR II, S. 733 ff.; *Koch/Caspar*, ZUR 1996, 113 ff.

61 *Czychowski*, WHG, § 1 Rn. 39 unter Hinweis auf das (weite) Begriffsverständnis in BVerfGE 58, 300 (303). Zum Grundwasserschutz s.a. *Breuer*, in: *Rengeling* (Hrsg.), EUDUR II, S. 753 ff.

62 Vgl. BVerfGE 58, 300 (343).

63 *Sanden*, Umweltrecht, Rn. 9/32; *Schulz*, ZUR 1995, 194 f.; a.A. *Salzwedel*, Rechtsgutachten Altlastensanierung und Grundwasser v. 21.7.1994 im Auftrag der Treuhandanstalt.

64 BVerfGE 58, 300; seither auch st. Rspr. des BGH (BGHZ 84, 223 u.a.m.).

der verfassungskräftig verbürgten Eigentumsgarantie in Einklang, daß das WHG das unterirdische Wasser im Interesse der Sicherung einer funktionsfähigen Wasserbewirtschaftung einer vom Grundstückseigentum getrennten öffentlich-rechtlichen Benutzungsordnung unterstellt hat. Die Grundwassernutzungsmöglichkeit gehört nicht zum verfassungsrechtlich geschützten Bereich des Grundeigentums.

IV. Das wasserrechtliche Benutzungsregime

1. Allgemeines

Gewässer werden öffentlich-rechtlich bewirtschaftet. Die unmittelbare Nutzung der Gewässer – etwa als Wasserspender für die Gewinnung von Brauchwasser oder von Trinkwasser, aber auch als Vorfluter für Einleitungen sowie die Nutzung des Grundwassers zur Trinkwassergewinnung oder Auskiesung – bedarf grundsätzlich nach §§ 2 I, 3 I, 3 II WHG einer Eröffnungskontrolle in Form einer **Erlaubnis oder Bewilligung** (diese Unterscheidung ist sonst dem Umweltrecht fremd). Die Erlaubnis ist die Regelentscheidung, eine Bewilligung darf nur in Ausnahmefällen nach § 8 II WHG erteilt werden. Ein Rechtsanspruch auf Erteilung ist durch das WHG nicht eingeräumt, die Erteilung steht im *Ermessen* der Behörde[65]. Im Rahmen der Ermessensausübung hinsichtlich der Gewässerbewirtschaftung sind die verfügbaren Ressourcen hinsichtlich Menge und Güte zu ermitteln und auf konkurrierende Nutzungsbewerber zu verteilen. Dabei ist dem in § 1a WHG zum Ausdruck kommenden Gedanken der nachhaltigen Sicherung des Wasserdargebotes Rechnung zu tragen[66]. Allerdings besteht ein Anspruch auf fehlerfreie Ermessensausübung[67]; dieser Anspruch verwandelt sich ausnahmsweise im Falle einer „Ermessensreduzierung auf Null" in einen Erteilungsanspruch. Erlaubnis und Bewilligung, denen keine Konzentrationswirkung wie einem Planfeststellungsbeschluß zukommt, werden nach Maßgabe des § 37 WHG und der landesrechtlichen erganzenden Bestimmungen in das *Wasserbuch* eingetragen. Der *vorzeitige Beginn einer erlaubnis- oder bewilligungspflichtigen Gewässerbenutzung* kann unter der Voraussetzung des § 9a WHG zugelassen werden (s.a. Rn. 8/216). **90**

In nahezu allen Bundesländern werden Abgaben für Wasserentnahmen erhoben (z.B. § 17a BWWG)[68]. Das BVerfG hat die Wasserentnahmeabgabe als zulässige nichtsteuerliche Abgabe eingestuft[69]. Die knappe natürliche Ressource Wasser sei ein Gut der Allgemeinheit. Wenn einzelnen die Nutzung einer solchen, der Bewirtschaftung unterliegenden Ressource eröffnet werde, erhielten sie einen Sondervorteil gegenüber all denen, die dieses Gut nicht oder nicht in gleichem Umfang nutzten. Es sei sachlich gerechtfertigt, diesen Vorteil ganz oder teilweise abzuschöpfen. Der Staat sei darüber hinaus von Verfassung wegen nicht verpflichtet, Standort- **91**

---

65 BVerfGE 93, 319 (339); 58, 300 (347).

66 *Salzwedel*, Wasserrecht, in: AKUR, Grundzüge des Umweltrechts, Kap. 15 Rn. 19; *Sanden*, Umweltrecht, Rn. 9/30.

67 Vgl. OVG Koblenz, ZfW 1994, 352 ff.; *Czychowski*, WHG, § 6 Rn. 12; *Kloepfer*, Umweltrecht, § 13 Rn. 91.

68 Überblick bei *v. Mutius/Lünenbürger*, DVBl. 1996, 1205 ff.

69 BVerfGE 93, 319 ff. Zustimmend *Murswiek*, NVwZ 1996, 417 ff.; abl. *Sanden*, UPR 1996, 181 ff.

vorteile der Landwirte, die auf einem ökologisch bedenklichen Umgang mit Gütern der Allgemeinheit beruhen, auf Dauer zu erhalten.

2. Benutzungstatbestände (§ 3 WHG)

a) Bundesrecht

92 aa) **Bundesrechtlich** sind – vorbehaltlich der Genehmigungsfreiheit nach anderen Bestimmungen (Rn. 6/70) – **erlaubnis- und bewilligungspflichtige Benutzungen** nach § 3 WHG zunächst unmittelbare sogen. „**echte Benutzungen**" nach § 3 I WHG durch[70]

- *Nr. 1:* Entnehmen und Ableiten von Wasser aus oberirdischen Gewässern, d.h. *Wasserentnahmen* durch Einsatz menschlicher oder technischer Arbeitskraft (z.B. durch Pumpen) oder *Wasserableitungen* durch natürliche Wasserkraft infolge Gefälles (z.B. Gräben bzw. Kanäle für Zwecke der Wiesenbewässerung, des Betriebs eines Triebwerks oder der Kondensatorkühlung eines Kraftwerkes usw.),
- *Nr. 2: Aufstauen* und *Absenken* von oberirdischen Gewässern, z.B. Aufstauen von Bächen durch Staubretter, nicht aber Ausbaumaßnahmen i.S. des § 31 WHG (Rn. 6/181 ff.) wie die Errichtung von Talsperren oder auch nur der Aufstau eines größeren Fischteichs[71],
- *Nr. 3: Entnehmen fester Stoffe* aus oberirdischen Gewässern, soweit dies auf den Zustand des Gewässers oder auf den Wasserabfluß einwirkt, z.B. Nutzung des Gewässerbetts durch Entnahme größerer Sandmengen, nicht aber die Ausbaggerung zur Schiffbarmachung (Ausbau nach § 31 WHG) oder zur Erhaltung der Schiffbarkeit (Unterhaltung nach § 28 WHG),
- *Nr. 4: Einbringen* (von festen) und *Einleiten* von (flüssigen oder gasförmigen) *Stoffen in oberirdische Gewässer* (gem. § 8 II 2 WHG nur erlaubnis-, nicht bewilligungsfähig), sofern dies nicht dem Entledigungsverbot des § 26 I 1 WHG widerspricht, was beim Einleiten von Abwasser in Gewässer (s. auch § 2 II Nr. 6 KrW-/AbfG) nicht der Fall ist (§ 26 I 2 WHG)[72],
- *Nr. 4a: Einbringen* und *Einleiten* von Stoffen in *Küstengewässer* unter bestimmten Voraussetzungen,
- *Nr. 5:* das *Einleiten von* (flüssigen oder gasförmigen) *Stoffen in das Grundwasser*[73], z.B. das Versenken von Kühlwasser in sogen. Schluckbrunnen, das Einpressen von Wasser oder von Gas zur Gewinnung von Erdöl oder Erdgas, aber auch

---

70 Vgl. die Beispiele bei *Pape,* in: *Landmann/Rohmer*, Umweltrecht, Band II, WHG, § 3 Rn. 30 ff.

71 OLG Düsseldorf, NuR 1998, 623 f.

72 OVG Lüneburg, NuR 1987, 86; OVG Schleswig, ZfW 1997, 126 ff.; *Pape*, in: *Landmann/Rohmer*, Umweltrecht, Band II, WHG, § 3 Rn. 40.

73 Umstritten ist, inwieweit Düngemittel- oder Pflanzenschutzmitteleinträge aus der Landwirtschaft, die der guten fachlichen Praxis (Rn. 5/82) widersprechen, als echte Gewässerbenutzungen (nicht nur als unechte nach § 3 II Nr. 2) anzusehen sind, so mit beachtlichen Argumenten *Lübbe*, BayVBl. 1995, 97 (103); a.A. *di Fabio*, NuR 1995, 123 (128).

das Verregnen oder Versickern von verunreinigtem Oberflächenwasser und der Betrieb bestimmter Kleinkläranlagen[74] (alles gem. § 8 II 2 WHG nicht bewilligungsfähig und nur unter den Voraussetzungen des § 34 I WHG erlaubnisfähig),

- *Nr. 6:* das *Entnehmen, Zutagefördern, Zutageleiten* und *Ableiten von Grundwasser*, z.B. der Betrieb von Förderbrunnen zur Gewinnung von Trink-, Mineral-, Thermal- oder Kühlwasser oder der nicht mehr unter § 33 I Nr. 1 WHG fallende Betrieb von Wärmepumpen für das längerdauernde Hochpumpen größerer Grundwassermengen.

bb) Als Benutzungen *gelten* auch nicht gezielt gewässerbezogene sogen. „**unechte Benutzungen**" nach § 3 II WHG, nämlich **93**

- das *Aufstauen, Absenken* und *Umleiten von Grundwasser* durch Anlagen, die hierzu bestimmt oder hierfür (erfolgs-)geeignet sind (§ 3 II Nr. 1 WHG), z.B. das Fernhalten von Grundwasser aus Baugruben durch Spundwände, der Bau einer Straße im Geländeeinschnitt mit Grundwasserwanne (dazu § 14 I WHG), der Bau von Unterführungen, Tiefgaragen oder U-Bahnröhren sowie
- Maßnahmen, die geeignet sind, dauernd oder in einem nicht nur unerheblichen Ausmaß *schädliche Veränderungen* der physikalischen, chemischen oder biologischen Beschaffenheit des Wassers herbeizuführen (§ 3 II Nr. 2, Gewässergefährdung)[75], z.B. bei großflächigem Einsatz von Schädlingsbekämpfungsmitteln aus der Luft, dem Aufbringen grundwasserschädlicher Güllemengen[76] oder von Pestiziden bei hohem Grundwasserstand, der Trockenauskiesung bis dicht über den mittleren Grundwasserstand[77] oder sonstigen Handlungen mit nicht ganz entfernt liegender, also nicht nur theoretischer Möglichkeit einer schädlichen Veränderung des Gewässers. Eine Bewilligung ist hier von vornherein nicht möglich (§ 8 II 2 WHG).

cc) Alle Benutzungstatbestände setzen ein *zweckgerichtetes, planvolles Verhalten* voraus, das allerdings auch in dem Unterlassen gebotenen Handelns liegen kann[78]. **94**

dd) Nach § 3 III WHG sind Maßnahmen, die dem *Ausbau* (Rn. 6/181) oder der „chemiefreien" *Unterhaltung* (Rn. 6/176) *eines oberirdischen Gewässers* dienen, *keine Benutzungen* im Sinne des Katalogs der gestattungspflichtigen Benutzungstatbe- **95**

74 OVG Schleswig, ZfW 1997, 125 f.; OVG Münster, ZfW 1999, 52 f.; 1993, 50; VGH BW, ZfW 1992, 437. Bei Kleinkläranlagen wird das strenge Besorgnisprinzip des § 34 WHG (Rn. 6/170 ff.) nicht immer konsequent angewendet. Regelmäßig wurde eine 15m lange Bodenpassage als ausreichend angesehen, obwohl diese nach einiger Zeit verseift und die Abwässer dann direkt ins Grundwasser gelangen; krit. hierzu *Czychowski*, WHG, § 34 Rn. 9; *Sieder/Zeitler/Dahme*, WHG, § 34 Rn. 28 ff. – s. ferner zum Verhältnis zwischen Baugenehmigung u. wasserrechtl. Erlaubnis OVG Schleswig, ZfW 1997, 126 (127); *Kastner/Reinhardt*, NVwZ 1993, 1059 ff.

75 Die Rspr. legt § 3 II Nr. 2 WHG streng aus; vgl. z.B. BGHZ 84, 230 (234); OVG Greifswald, NuR 1999, 49 ff.

76 Zu den vielfältigen Rechtsfragen, die durch die ökologische Überdüngung aufgeworfen werden, vgl. *Linden*, Gewässerschutz und landwirtschaftliche Bodennutzung, 1993, passim; ferner *Murswiek*, NuR 1990, 189 (191 f.); *Salzwedel*, NuR 1983, 41 ff.; *Stemmler*, NuR 1991, 366 ff. u. oben Fn. 6/73.

77 VGH BW, ZfW 1997, 32 ff.

78 *Pape*, in: *Landmann/Rohmer*, Umweltrecht, Band II, WHG, § 3 Rn. 15 ff.

stände. **Keine Benutzungen** sind ferner sogen. **Indirekteinleitungen** (für sie gilt § 7a I 4, IV WHG; Rn. 6/142).

96 **Beispiel:** Zwar läßt die Kiesgewinnung im Wege der Naßbaggerung einen Baggersee entstehen, so daß auf diese Weise Grundwasser zutage gefördert wird (§ 3 I Nr. 6 WHG); gleichwohl handelt es sich hier nicht um eine nach § 2 I i.V.m. § 3 I Nr. 6 WHG erlaubnis- oder bewilligungspflichtige Gewässerbenutzung, wenn der Baggersee längere Zeit bestehen bleibt und somit ein neues (oberirdisches) Gewässer i.S. des § 31 I WHG hergestellt wird. Dann ist eine wasserrechtliche Erlaubnis oder Bewilligung nicht zulässig, sondern eine wasserrechtliche Planfeststellung erforderlich (Rn. 6/181 ff.).

b) Landesrecht

97 **Landesrechtlich** ist der auf die oberirdischen Gewässer bezogene Katalog der erlaubnis- und bewilligungspflichtigen Benutzungstatbestände erweitert worden.

98 So sind etwa in *Baden-Württemberg* nach § 13 I BW WG gestattungspflichtige Benutzungen oberirdischer Gewässer (zum Teil über die bundesrechtliche Regelung hinaus):

- Herstellung und Betreiben von Hafen- und Umschlaganlagen,
- Errichten und Betreiben von Fähren,
- Entnehmen fester Stoffe aus öffentlichen Gewässern auch ohne Erfüllung der zusätzlichen Merkmale des § 3 I Nr. 3 WHG sowie
- Versickern, Verregnen und Verrieseln von Abwasser und anderen Stoffen, welche die Eigenschaften von Wasser nachteilig verändern können, mit Ausnahme der landwirtschaftlichen Düngung im üblichen Umfang.

99 Ist das Versickern von Abwasser usw. nicht zweckgerichtet i.S. von § 3 I Nrn. 4 oder 5 WHG, so wird der dann einschlägige Auffangtatbestand des § 3 II Nr. 2 WHG durch § 13 I Nr. 5 BW WG verschärft; die Gestattungspflicht wird bereits dann ausgelöst, wenn auch nur eine geringfügige nachteilige Veränderung der Wassereigenschaften möglich ist.

100 Nach § 136 IV Nds. WG ist das Einleiten von Niederschlagswasser in das Grundwasser erlaubnisfrei, wenn es auf dem Grundstück versickert, verregnet oder verrieselt werden soll.

3. Die wasserrechtliche Erlaubnis (§ 7 WHG)

a) Rechtswirkung

101 Die **wasserrechtliche Erlaubnis gewährt eine** – widerrufliche – **öffentlich-rechtliche Befugnis**[79], ein Gewässer zu einem bestimmten Zweck in einer nach Art und Maß bestimmten Weise zu benutzen (§ 7 I 1 WHG). Sie kann befristet werden, was regelmäßig erfolgt. Ihre Erteilung steht im *Ermessen* der Wasserbehörde. Die Erlaubnis stellt die Regelentscheidung für Gewässerbenutzungen dar und hat wie die Bewilligung (dort § 8 VI WHG) „dingliche“ Wirkung (§ 7 II WHG). Der *wesentliche Unterschied der Erlaubnis zur Bewilligung liegt* nicht in Art und Umfang der gestatteten Gewässerbenutzung, sondern *in der schwächeren Rechtsstellung*, die die Erlaubnis gewährt.

---

79 BGH, NVwZ 1996, 821 ff.

Die Unterschiede zwischen Bewilligung und Erlaubnis werden allerdings dadurch relativiert, daß **102**

- auch die Bewilligung unter dem Vorbehalt nachträglicher Anforderungen ergeht (§ 5 WHG), die allerdings z.T. unter erschwerten Voraussetzungen stehen (§ 5 I 3 WHG),
- auch die widerrufliche Erlaubnis ihrerseits nur nach pflichtmäßigem Ermessen widerrufen werden darf[80],
- auch die Erlaubnis nach Landesrecht als „gehobene Erlaubnis" mit privatrechtsgestaltender Wirkung ausgestattet werden kann (Rn. 6/104),
- das materielle Entscheidungsprogramm für alle Arten der Gestattung von Gewässerbenutzungen von der jeweiligen Form nach der Rechtsprechung des BVerwG weitgehend unabhängig ist und Drittbetroffene auch in einem auf die Erteilung einer einfachen Erlaubnis gerichteten Verfahren gehalten sind, ihre Rechte bereits in diesem Verfahren geltend zu machen, wenn sie den Eintritt der Bestandskraft der Erlaubnis verhindern wollen[81].

Die Erteilung einer Erlaubnis (anstelle einer Bewilligung) kommt in Betracht, wenn es dem Antragsteller zuzumuten[82] ist, die beabsichtigte gestattungspflichtige Benutzung eines Gewässers *auch ohne den Erwerb einer gesicherten Rechtsstellung* vorzunehmen. Im Gegensatz zur wasserrechtlichen Bewilligung ist die wasserrechtliche Erlaubnis jederzeit ohne Entschädigung nach pflichtgemäßem Ermessen der Wasserbehörde *frei widerruflich* (§ 7 I 1 WHG). Bei bestimmten Benutzungstatbeständen (Einbringen und Einleiten von Stoffen in ein Gewässer sowie Benutzungen i.S.d. § 3 II Nr. 2) ist nur eine Erlaubnis, nicht aber eine Bewilligung zulässig (vgl. § 8 II 2 WHG). Die Erlaubnis geht nach § 7 II WHG grundsätzlich auf den Rechtsnachfolger über, ist also ein sogen. dinglicher Verwaltungsakt. **103**

In den meisten Ländern kann dem Erlaubnisempfänger durch eine sogen. **gehobene Erlaubnis** Dritten gegenüber eine stärkere Rechtsstellung eingeräumt werden, als dies nach dem WHG gefordert wird (vgl. § 30 Bbg WG). Diese gehobene Erlaubnis steht zwischen der *einfachen* Erlaubnis und der Bewilligung, bleibt aber eine Erlaubnis i.S. des § 7 WHG. Da Dritte durch Gewässerbenutzungen, die in qualifizierter Weise erlaubt werden, aufgrund der landesrechtlichen Vorschriften nachbarrechtlich mehr oder weniger beeinträchtigt werden können, ist zum Ausgleich durch die LWG verfahrensrechtlich gewährleistet, daß sie ihre Interessen im Erlaubnisverfahren rechtzeitig geltend machen können. **104**

---

80 Vgl. z.B. VGH BW, NVwZ-RR 1992, 126.

81 BVerwGE 78, 40 (42).

82 Vgl. § 8 II Nr. 1 WHG; während noch BVerwGE 20, 219 (225) die Zumutbarkeit am Kapitalaufwand des Ast. orientierte, werden heute zunehmend auch wasserwirtschaftliche Alternativen einbezogen, s. *Czychowski*, WHG, § 8 Rn. 25 ff.; *Sieder/Zeitler/Dahme*, WHG, § 8 Rn. 17a.

b) Tatbestandsvoraussetzungen

105 aa) Das Bewirtschaftungsermessen der Wasserbehörde kommt im Wortlaut des § 6 I WHG zum Ausdruck[83]. Die wasserrechtliche **Erlaubnis** zur Benutzung eines oberirdischen Gewässers **ist** insbesondere **zu versagen**, wenn von der beabsichtigten Benutzung eine **Beeinträchtigung des Wohls der Allgemeinheit** zu erwarten ist, die nicht durch Auflagen oder Maßnahmen nach § 4 WHG verhütet oder ausgeglichen wird (§ 6 I WHG).

106 Dieser *Gemeinwohlvorbehalt* gilt auch für die Bewilligung der Gewässerbenutzung nach § 8 WHG. Das BVerwG hatte das in § 6 I WHG enthaltene Tatbestandsmerkmal „Beeinträchtigung des Wohls der Allgemeinheit" früher einschränkend dahingehend ausgelegt, daß es sich *nur* auf die wasserwirtschaftlich relevanten Aspekte des Gemeinwohls bezog. Eine wasserrechtliche Erlaubnis durfte nicht aus Gründen versagt werden, denen ein unmittelbarer wasserwirtschaftlicher Bezug fehlte[84]. Dies widerspricht nicht nur dem Wortlaut, sondern auch der in anderen wasserrechtlichen (vgl. §§ 1a I, 6, 12 I, 15 IV, 18a I 1, 19 I, 27 I 1 WHG) und sonstigen umweltrechtlichen Normen vorgenommenen Auslegung des Allgemeinwohlbegriffs[85]. In die Prognose, ob das Allgemeinwohl beeinträchtigt wird, sind schließlich auch Entwicklungen einzubeziehen, die noch keine Rechtsverbindlichkeit erlangt haben, wie ein geplantes Wasserschutzgebiet[86].

107 Bei Vorhaben, die in den Geltungsbereich der IVU-Richtlinie fallen, sind mögliche Verlagerungen nachteiliger Auswirkungen von einem Schutzgut auf ein anderes sowie Wechselwirkungen zwischen unterschiedlichen Beeinträchtigungen des Menschen zu berücksichtigen; insgesamt ist dabei ein hohes Schutzniveau zu gewährleisten.

108 Nach § 6 II WHG n.F. sind die Erlaubnis und die Bewilligung auch zu versagen, soweit von der beabsichtigten Benutzung eine erhebliche Beeinträchtigung eines europäischen Schutzgebietes der Vogelschutz- oder FFH-Richtlinie (Rn. 5/197 ff.) zu erwarten ist und diese nicht entsprechend § 8 II 4 BNatSchG (Rn. 5/126 ff.) ausgeglichen werden kann, es sei denn die Voraussetzungen des § 19c III und IV BNatSchG liegen vor (Rn. 5/210).

109 bb) Darüberhinaus hat die Wasserbehörde bei ihrer Entscheidung das ungeschriebene **wasserrechtliche Gebot der Rücksichtnahme** (Rn. 6/118) zu beachten[87]: Wenn die Belange des Dritten *in einer qualifizierten und individualisierten Weise betroffen* sind, dann steht z.B. den Inhabern einer wasserrechtlichen Erlaubnis oder Bewilligung ein *Anspruch auf ermessensfehlerfreie Würdigung ihrer privaten Belange* durch die Wasserrechtsbehörde zu.

---

83 Vgl. *Baisch*, Bewirtschaftung im Wasserrecht, 1996, S. 145 ff., 156 ff.; *Volkens*, Vorsorge im Wasserrecht, 1993, S. 75 ff.

84 BVerwGE 55, 220 (229).

85 Vgl. *Kloepfer*, Umweltrecht, § 13 Rn. 92; *Reinhardt*, NuR 1999, 134 (138); *Sieder/Zeitler/Dahme*, WHG, § 6 Rn. 7 ff.; a.A. *Büllesbach*, DÖV 1992, 477 ff.; *Czychowski*, WHG, § 6 Rn. 21; *Keppeler*, NVwZ 1992, 137 ff. Das BVerwG hat seine Rspr. in diesem Sinne nunmehr modifiziert, s. BVerwGE 81, 347 (aber auch BVerwGE 85, 352); für einen umfassenden Allgemeinwohlbegriff auch VGH BW, VBlBW 1990, 389; ZfW 1992, 437; NuR 1994, 139; ZfW 1997, 32 ff.; BayVGH, ZfW 1994, 287.

86 BVerwG, B. v. 28.7.1998, 11 B 20.98.

87 Vgl. die Grundsatzentscheidung BVerwGE 78, 40 (unter Hinweis auf BVerwGE 52, 122) = DVBl. 1988, 237 m. Anm. *Kunig*; ferner *Bauer*, JuS 1990, 24 ff.; *Knauber*, NVwZ 1988, 997 ff.; *Ladeur*, UPR 1992, 81 ff.; *Salzwedel*, NVwZ 1988, 493 (497 f.); BGHZ 88, 34.

cc) Die wasserrechtliche Erlaubnis ist schließlich zu versagen, wenn für das beabsichtigte Einleiten von Abwasser die Anforderungen des § 7a WHG (Rn. 6/135 ff.) nicht erfüllt werden können oder für das beabsichtigte Einleiten von Stoffen die Erlaubnisvoraussetzungen des § 36b VI WHG (Rn. 6/169) nicht vorliegen. Schlechthin verboten sind ferner Stoffeinleitungen nach §§ 26 I, 34 I WHG und die gewässernahe und gefährdende Lagerung von Stoffen (Rn. 6/174 f.). **110**

c) Erlaubnisinhalt und Nebenbestimmungen

Nach § 4 WHG können der Erlaubnis (und der Bewilligung) *Auflagen* oder *Benutzungsbedingungen* beigefügt werden, auch um z.B. nachteilige Wirkungen für andere zu verhüten oder auszugleichen. Nebenbestimmungen müssen beigefügt werden, wenn erst hierdurch die Erteilungsvoraussetzungen geschaffen werden (etwa nach § 6 oder nach § 8 III WHG). *Nachträgliche* Auflagen und inhaltsbestimmende Anordnungen ermöglicht § 5 WHG. **111**

aa) **Benutzungsbedingungen** i.S. des § 4 I 1 WHG sind keine echten (aufschiebenden oder auflösenden) Bedingungen i.S. des § 36 II Nr. 2 VwVfG, sondern Teil der Erlaubnis (oder der Bewilligung). Sie bestimmen den Rahmen, in dem der Inhaber der Erlaubnis von seiner Befugnis (der Inhaber einer Bewilligung von seinem Recht) Gebrauch machen darf[88]; in diesem Sinne bestimmen sie *Art und Maß der zulässigen Gewässerbenutzung*. Benutzungsbedingungen sind deshalb als nicht gesondert angreifbare „modifizierende Auflagen" einzustufen. **112**

Beispiele: Staffelung einer Wasserentnahme entsprechend der Wasserführung des jeweiligen Gewässers zur Sicherung einer ausreichenden Restwassermenge; Durchführen von Belüftungsmaßnahmen bei nicht ausreichendem Sauerstoffgehalt; Höchsttemperatur des Abwassers; Höchstsatz für die elektrische Leitfähigkeit als Indikator für den höchstzulässigen Gehalt an Chloriden, den BSB_5, den CSB, den pH-Wert, den zulässigen Gehalt an absetzbaren Stoffen, die maximale Konzentration oder Fracht gewisser schädlicher Wasserinhaltsstoffe (z.B. Phosphate, Chloride, Ammoniak, Nitrate oder Gesamtstickstoff, Phenole, bestimmte Kohlenwasserstoffe, Cyanide, Schwermetalle). **113**

Durch die der Erlaubnis beizufügenden Benutzungsbedingungen für die **Einleitung von Abwasser** sollen insbesondere die von § 7a WHG (Rn. 6/135 ff.) geforderten *Qualitätsmindestanforderungen an das einzuleitende Abwasser* durchgesetzt werden[89]. Dabei kann zur Vermeidung akuter Schädigungen die höchstzulässige Konzentration bestimmter Arten schädlicher Stoffe (in der Dimension mg/l) und zur Verhütung von Langzeitwirkungen die Fracht (z.B. in der Dimension kg/2h) begrenzt werden. Auch kann die Einhaltung bestimmter physikalischer oder chemischer Befindlichkeiten des Abwassers vorgeschrieben werden. Notwendig ist auf jeden Fall neben der Festsetzung der höchstzulässigen Schadstofffrachten die Festsetzung der für die *Abwasserabgabe* maßgeblichen Parameter nach § 4 I 2 AbwAG. **114**

---

88 S.a. OLG Düsseldorf, NVwZ 1991, 510.

89 Die Nichterfüllung der Benutzungsbedingungen führt dazu, daß die Gewässerbenutzung unbefugt ist; s. OLG Düsseldorf, NVwZ 1991, 510; *Czychowski*, WHG, § 4 Rn. 17.

115 bb) **Auflagen** i.S. des § 4 I 1 WHG (und i.S. des § 36 II Nr. 4 VwVfG) sind zu der Bewilligung hinzutretende Gebote, die dem Bewilligungsinhaber ein bestimmtes Tun, Dulden oder Unterlassen vorschreiben, etwa in bezug auf die Unterhaltung einer Wasserbenutzungsanlage. Gem. § 4 I 2 WHG sind Auflagen auch zulässig, um nachteilige Wirkungen für andere zu verhüten oder auszugleichen. Ferner können Auflagen zu einem der in § 4 II WHG genannten Zwecke (z.B. Beobachtungsmaßnahmen, Bestellung eines Gewässerschutzbeauftragten, Ausgleichsmaßnahmen, Kostenbeiträge für benutzungsbedingte Aufwendungen der öffentlichen Hand) ergehen.

116 **Beispiele:** Lärmschutzregelungen zum Anlagenbetrieb; Verpflichtung zur Wasseruntersuchung und Mitteilung der Ergebnisse an die Wasserbehörde; Ermöglichung des Gemeingebrauchs; Anlage von Fischtreppen; naturnahe Gewässer- und Ufergestaltung usw.

d) Verfahren und Rechtsschutz

117 Soweit ein Landeswassergesetz keine besonderen Verfahrensbestimmungen enthält, gelten die Regelungen des LVwVfG. Unterliegt ein Vorhaben, das der wasserrechtlichen Erlaubnis bedarf, einer **Umweltverträglichkeitsprüfung** (§ 3 UVPG i.V.m. der Anl. zu § 3), so kann die Erlaubnis nur in einem Verfahren erteilt werden, das den Anforderungen des UVPG (also insbes. der Öffentlichkeitsbeteiligung) entspricht (§ 7 I 2 WHG; s. Rn. 3/2 ff.). Soweit ein Vorhaben von den Bestimmungen der IVU-Richtlinie (Rn. 8/42) erfaßt ist, muß materiellrechtlich und verfahrensrechtlich sichergestellt sein, daß die dort genannten Anforderungen an Antragstellung, Überwachung und Überprüfung der Erlaubnis, Änderungen des Anlagenbetriebes sowie Behörden- und Öffentlichkeitsbeteiligung erfüllt werden. Hierzu sind landes- oder bundesrechtliche Regelungen seit 31.10.1999 überfällig.

118 Der **Drittschutz im öffentlichen Wasserrecht** war lange Zeit nur wenig entwickelt, da die Bindungen des Bewirtschaftungsermessens als nicht drittschützend beurteilt wurden. *Äußerste Grenze der Duldungspflicht* des Nachbarn gegenüber der Bewilligung (und der Erlaubnis) war die *verfassungsrechtliche Eigentumsgewährleistung* (Art. 14 I GG). Danach steht dem Betroffenen ein öffentlich-rechtlicher Abwehranspruch zu, wenn durch die Gestattung oder deren Ausnutzung *die vorgegebene wasserwirtschaftliche Situation nachhaltig verändert und der Dritte dadurch schwer und unerträglich getroffen wird*[90]. Nach der neueren Rechtsprechung des BVerwG[91] kommt ein weitergehender Drittschutz *gegenüber allen Erlaubnisformen* (Bewilligung, einfache oder gehobene Erlaubnis) unter dem Aspekt des **wasserrechtlichen Gebots der Rücksichtnahme** in Betracht, das aus einer Zusammenschau solcher Normen entwickelt wird, die die Vermeidung nachteiliger Wirkungen für andere (§§ 1a I, 4 I 2, 31 II WHG) bzw. einen Ausgleich kollidierender Interessen von Gewässerbenutzern (§ 18 WHG) im Auge haben (Rn. 4/6).

---

90 BVerwGE 36, 248; 41, 58.

91 Vgl. die Grundsatzentscheidung BVerwGE 78, 40 (unter Hinweis auf BVerwGE 52, 122) = DVBl. 1988, 237 m. Anm. *Kunig*; ferner *Bauer*, JuS 1990, 24 ff.; *Knauber*, NVwZ 1988, 997 ff.; *Ladeur*, UPR 1992, 81 ff.; *Salzwedel*, NVwZ 1988, 493 (497 f.); BGHZ 88, 34.

Voraussetzung ist, daß durch die wasserrechtliche Gestattung die Belange des Dritten *in einer qualifizierten und individualisierten Weise betroffen* sind. Danach gehören zu den geschützten Trägern von Individualbelangen die befugten bzw. berechtigten Wasserbenutzer sowie solche Personen, deren von der neuen Benutzung betroffene Belange nach dem Gesetz nicht beeinträchtigt werden sollen. Ihnen steht ein *Anspruch auf ermessensgerechte Würdigung ihrer privaten Belange* durch die Wasserrechtsbehörde zu. Wird dieser Anspruch verletzt, so können je nach Sachlage für den betroffenen Nachbarn Abwehr- bzw. Schutzansprüche ausgelöst werden, die mit der Anfechtungs- bzw. Verpflichtungsklage verfolgt werden können und müssen, wenn sich der Inhaber einer *Bewilligung* Ansprüche i.S. des § 11 WHG erhalten will (Vorrang des primären Rechtsschutzes vor dem sekundären Rechtsschutz). Die Ausdehnung des Drittschutzes ist umstritten, weil i.S. der Schutznormtheorie die *Programmnorm* des § 1a I WHG Drittschutz nicht unmittelbar vermitteln, sondern nur mittelbar über die Interpretation anderer Normen indizieren kann und das Merkmal des „qualifizierten Betroffenseins" auch durch die Beeinträchtigung einer lediglich *potentiellen Nutzung* erfüllt sein kann[92]. **119**

4. Die wasserrechtliche Bewilligung (§ 8 WHG)

a) Rechtswirkung

Die *wasserrechtliche Bewilligung darf* nur *befristet erteilt werden* (§ 8 V WHG). Ihre Erteilung steht im Ermessen der Wasserbehörde. Sie verleiht dem Empfänger im Gegensatz zur Erlaubnis eine **gesicherte Rechtsposition** (§§ 2, 8 ff. WHG), und zwar sowohl gegenüber dem Staat als auch gegenüber Privaten. Die Bewilligung darf nur unter den in § 8 II WHG genannten Voraussetzungen erteilt werden (Ermessensvorschrift[93]). **120**

Gegenüber der zuständigen Wasserbehörde vermittelt die Bewilligung eine *Bestandsgarantie*, indem vor Ablauf der Bewilligungsfrist (§ 8 V WHG) die verliehene Rechtsposition nur ausnahmsweise widerrufen (§ 12 WHG) oder unter den Voraussetzungen des Auflagenvorbehalts (§ 5 WHG) beschränkt werden kann. *Gegenuber privaten Dritten* besteht eine *Ausübungsgarantie* nach § 11 WHG darin, daß auch dann, wenn die bewilligte Gewässerbenutzung auf das Recht (§ 8 III 1 WHG) oder auf ein landesrechtlich geschütztes Interesse dieses Dritten (§ 8 IV WHG i.V. z.B. mit § 15 BW WG) nachteilig einwirkt, von dem Betroffenen gegen den Bewilligungsempfänger gewisse (privatrechtliche) Ansprüche nicht geltend gemacht werden können (**privatrechtsgestaltende Wirkung** der Bewilligung). Von dieser Präklusion privatrechtlicher Ansprüche sind nicht nur Ansprüche auf Störungsbeseitigung oder Benutzungsunterlassung betroffen, sondern – weitergehend als § 14 BImSchG, § 7 VI AtG, § 14 LuftVG, § 75 II 1 VwVfG – auch Ansprüche auf Herstellung von Schutzeinrichtungen und Schadensersatz, allerdings mit Ausnahme von Ansprüchen, die auf dem Verstoß gegen eine Schutzauflage beruhen. **121**

Insbesondere im Hinblick auf seine *privatrechtsgestaltende Wirkung* (§ 11 WHG) ist die Bewilligung nicht nur ein begünstigender, sondern zugleich ein belastender Verwaltungsakt. Er **122**

92 Ablehnend daher OVG Münster, ZfW 1990, 340.
93 VGH BW, NVwZ-RR 1995, 566 f.

wirkt „*dinglich*", indem die Bewilligung mit der Wasserbenutzungsanlage auf den Rechtsnachfolger übergeht (§ 8 VI WHG).

b) Tatbestandsvoraussetzungen

123 **Die Bewilligung** der Benutzung eines Gewässers **ist zu versagen** (neben den oben Rn. 6/105 ff. dargestellten Fällen), wenn

- dem Bewerber die Durchführung seines Vorhabens *ohne eine gesicherte Rechtsstellung* zugemutet werden kann oder die Benutzung nicht einem bestimmten Zweck dient, der nach einem bestimmten Plan verfolgt wird (§ 8 II 1 WHG); „unzumutbar" ist eine Erlaubnis statt einer Bewilligung nach h.M. dann, wenn die Gewässerbenutzung mittels Anlagen erfolgen soll, die erhebliche Investitionskosten verursachen (Rn. 6/103)[94];
- es um das *Einbringen oder Einleiten von Stoffen in ein Gewässer* (§ 3 I Nrn. 4-5 WHG) oder um den „unechten Benutzungstatbestand" der *Gewässergefährdung* des § 3 II Nr. 2 WHG geht, es sei denn, daß lediglich das Wiedereinleiten von nicht nachteilig verändertem Triebwasser bei Ausleitungskraftwerken beantragt ist (§ 8 II 2 u. 3 WHG);
- die Benutzung auf das *Recht eines anderen nachteilig einwirkt*, dieser andere im Verfahren *Einwendungen* erhoben hat und die nachteiligen Wirkungen durch *Auflagen nicht verhütet* oder ausgeglichen werden können, es sei denn, das Wohl der Allgemeinheit rechtfertigt die Bewilligungserteilung, wobei dann aber der Drittbetroffene zu entschädigen ist (§ 8 III WHG); entsprechendes gilt für die nach § 8 IV WHG landesrechtlich gleichgestellten, zu Einwendungen berechtigenden Nachteile.

124 Als „**Recht**" i.S. des § 8 III WHG kommt praktisch nur ein vermögenswertes subjektives Recht in Betracht, also absolute Rechte wie Eigentum, sonstige Sachenrechte, wohl auch das Recht am eingerichteten und ausgeübten Gewerbebetrieb[95], nicht aber bloße Vertragsrechte. Weiterhin kommen subjektiv-öffentliche Rechte in Betracht, soweit sie auch den Schutz des Art. 14 I GG genießen, also insbesondere wasserrechtlich *bewilligte* Gewässerbenutzungsrechte. Allerdings geben Bewilligungen und Erlaubnisse **kein Recht auf Zufluß von Wasser bestimmter Menge und Beschaffenheit** (§ 2 II WHG); ihr Inhaber kann deshalb gegen die praktisch wichtigsten Beeinträchtigungen (Entzug und Verunreinigung des Wassers) keine Einwendungen nach § 8 III WHG erheben, sofern nicht wegen nachhaltiger Änderung der vorgegebenen wasserwirtschaftlichen Situation und eines dadurch verursachten schweren und unerträglichen Nachteils ein Abwehranspruch unmittelbar aus Art. 14 GG ausgelöst wird (Rn. 6/119)[96].

---

94 BVerwGE 20, 219 (225); VGH BW, NVwZ-RR 1995, 566 f. (Bewilligung kann aus Ermessensgründen versagt werden, auch wenn § 8 II Nr. 1 tatbestandsmäßig greift); VG Freiburg, ZfW 1996, 241 (zur Dauer der beabsichtigten Nutzung).

95 BVerwGE 36, 251; offengelassen in BGH, ZfW 1994, 481; *Czychowski*, WHG, § 8 Rn. 48.

96 BVerwG, UPR 1998, 30: Einwendungen wegen befürchteter Nutzungsbeschränkungen nach § 19 II WHG können nicht schon gemäß § 8 III WHG gegen die wasserrechtliche Bewilligung geltend gemacht werden. S. ferner OVG Saarlouis, UPR 1985, 66; *Czychowski*, WHG, § 8 Rn. 44.

Keine Rechte i.S. des § 8 III WHG sind die im Rahmen des Gemeingebrauchs (§ 23 WHG) sowie – vorbehaltlich abweichender Regelungen des Landeswasserrechts – die durch eine wasserrechtliche Erlaubnis (§ 7 WHG) eingeräumten Befugnisse. **125**

c) Nebenbestimmungen

Hinsichtlich der den wasserrechtlichen Erlaubnissen beizufügenden **Auflagen** gilt das zur wasserrechtlichen Erlaubnis Gesagte (Rn. 6/111). Kraft Gesetzes können auch noch **nachträglich** aufgrund des Vorbehalts und nach Maßgabe des § 5 WHG die im Gesetz aufgeführten *Auflagen* bzw. *inhaltsbestimmenden Anordnungen* ergehen, was aber für *bewilligte* Benutzungen in bestimmten Fällen nur unter den Voraussetzungen des § 5 I 2 WHG (wirtschaftliche Rechtfertigung und Benutzungskonformität) zulässig ist. Nach § 10 I WHG ist bei Unsicherheit über den künftigen Eintritt nachteiliger Wirkungen eine spätere Entscheidung über Auflagen und Entschädigungen zugunsten der potentiell Betroffenen ausdrücklich vorzubehalten. **126**

d) Rücknahme und Widerruf

Für die **Rücknahme** einer *rechtswidrig* erteilten Bewilligung gilt § 48 (L)VwVfG. Im Gegensatz zur Erlaubnis (§ 7 I WHG) ist der vollständige oder teilweise **Widerruf** einer *rechtmäßig* erteilten Bewilligung *nur* zulässig **127**

- *gegen Entschädigung*, wenn von der uneingeschränkten Fortsetzung der Benutzung eine erhebliche Beeinträchtigung des Wohls der Allgemeinheit, insbesondere der öffentlichen Wasserversorgung, zu erwarten ist (§ 12 I WHG)[97],
- *ohne Entschädigung* lediglich dann, wenn einer der in § 12 II WHG aufgeführten Ausnahmetatbestände erfüllt ist.

Daneben kann die zuständige Behörde nach § 5 WHG in bestimmten Fällen entschädigungslos bleibende **nachträgliche Anordnungen** erlassen, auch wenn sie einen teilweisen Widerruf der Bewilligung bedeuten. Beobachtungs- und Wassersparmaßnahmen dürfen allerdings nur angeordnet werden, wenn sie wirtschaftlich gerechtfertigt sind und die Ausnutzung der Bewilligung nicht vereiteln (vgl. § 5 I 4 WHG). **128**

Obwohl die Bewilligung eine gesicherte Rechtsposition begründet, sind zum Schutz der von einer bewilligten Gewässerbenutzung nachteilig Betroffenen (§ 8 III u. IV WHG) nach § 10 WHG zulasten des Benutzungsberechtigten **nachträgliche Entscheidungen über Auflagen und Entschädigungen** zulässig, wenn **129**

- der Betroffene im Verfahren (§ 9 WHG) Einwendungen erhoben hat, etwaige nachteilige Wirkungen bei der Bewilligungserteilung (noch) nicht hinreichend absehbar waren und die nachträglichen Entscheidungen von der zuständigen Behörde (etwa aus Gründen der Beschleunigung des Verfahrens) vorbehalten worden sind (§ 10 I WHG),

97 BVerwG, ZfW 1994, 335 f.: keine unzulässige salvatorische Klausel.

- vom Betroffenen im Verfahren (§ 9 WHG) nachteilige Wirkungen der Gewässerbenutzung nicht vorausgesehen werden konnten (§ 10 II WHG, mit subsidiärer Entschädigungspflicht bei etwa verbleibenden Nachteilen, wenn der Anspruch innerhalb von drei Jahren geltend gemacht wird).

e) Verfahren

130 **Verfahrensrechtliche Vorgaben** enthält § 9 WHG, wonach die *Bewilligung* nur in einem Verfahren erteilt werden kann, das

- gewährleistet, daß die Betroffenen und die beteiligten Behörden Einwendungen geltend machen können, und
- den Anforderungen des UVPG (also insbes. der Öffentlichkeitsbeteiligung) entspricht, wenn für das Vorhaben eine Umweltverträglichkeitsprüfung durchzuführen ist (Rn. 3/2 ff.).

131 Sie werden durch die LWG (subsidiär durch die LVwVfG) ausgefüllt. Das Verfahren ist jedoch kein förmliches Verwaltungsverfahren i.S. der §§ 63 ff. der LVwVfG.

132 Bei *Konkurrenz mit einem anderweitig erforderlichen Planfeststellungsverfahren*, z.B. beim Bau eines Tunnels für eine neue Bahnlinie mit der Notwendigkeit, Tunnelwasser in einen Vorfluter abzuleiten, ist von der Planfeststellungsbehörde (§ 14 I WHG) nach Maßgabe des § 14 III WHG die für das Wasser zuständige Behörde zu beteiligen[98].

133 Unter engen Voraussetzungen kann während eines laufenden Bewilligungsverfahrens – das gilt auch für das Erlaubnisverfahren – bereits vor Erteilung der Bewilligung zugelassen werden, daß mit der erstrebten Benutzung begonnen wird (*vorzeitiger Beginn* nach § 9a WHG, s.a. Rn. 8/216)[99].

f) Rechtsschutz

134 Die Vorschriften des § 8 III u. IV WHG haben *drittschützenden Charakter*[100], berechtigen also einen in seinem Recht oder rechtlich geschützten Interesse nachteilig Betroffenen zur Anfechtung der Bewilligung oder zur Klage auf Erlaß einer Schutzauflage (Rn. 4/6); sie sind auch Schutzgesetze i.S. des § 823 II BGB[101].

---

98 Zu den von § 14 WHG aufgeworfenen Zweifelsfragen *Bender*, NVwZ 1984, 9 ff. Grundsätzlich ist das Einvernehmen mit der Fachbehörde erforderlich, die aber keine Klagebefugnis besitzt, BVerwGE 92, 258 ff.

99 S. *Scheier*, NVwZ 1993, 529 ff. Rechtsvergleichend *Ochtendung*, Die Zulassung vorzeitigen Beginns im Umweltrecht, 1998.

100 So auch *Bauer*, JuS 1990, 24; *Breuer*, Wasserrecht, Rn. 443 ff.; *Burgi*, ZfW 1990, 245 ff.; *Sieder/Zeitler/Dahme*, WHG, § 8 Rn. 21 ff.

101 BGHZ 69, 1 (22); 88, 34.

5. Die Bedeutung der Anforderungen an das Einleiten von Abwasser nach § 7a WHG

Die wichtige emissionsbegrenzende *Vorschrift des § 7a WHG*[102] wurde erst durch die 4. Novelle zum WHG (1976) eingeführt und mit den folgenden Novellen 1986 und 1997 abgeändert. Nach dieser nicht drittschützenden Vorsorgebestimmung, die § 1a II WHG konkretisiert, darf eine Erlaubnis für das Einleiten von Abwasser nur erteilt werden, wenn die *Schadstofffracht* des Abwassers so gering gehalten wird, wie dies bei Einhaltung des jeweils in Betracht kommenden Verfahrens nach dem Stand der Technik möglich ist (*Minimierungsgebot*). § 7a WHG ist also eine ermessenslenkende Vorschrift, die aber Versagungsmöglichkeiten nach § 6 WHG unberührt läßt (§ 7a I 2 WHG). **Abwasser** ist solches Wasser, dessen natürliche Beschaffenheit durch menschliche Eingriffe nachteilig verändert worden ist[103]. Nach seiner Neufassung gilt § 7a WHG für *alle einzuleitenden Abwässer*, nicht nur für mit gefährlichen Stoffen belastetes Abwasser. Zudem ist die schwer praktikable Unterscheidung des Anforderungsniveaus zwischen „allgemein anerkannten Regeln der Technik“ und „Stand der Technik“ entfallen und auf den neu (sowie abweichend vom Wortlaut des § 3 VI BImSchG) gefaßten *wasserrechtlichen Begriff des Standes der Technik* generalisiert worden. **135**

§ 7a WHG stellt damit an die Abwassereinleitung folgende Anforderungen[104]: **136**

- Erlaubnispflicht nach § 7 WHG,
- Emissionsminderungsgebot nach § 7a I 1 WHG i.V.m. § 3 I AbwV,
- Einhaltung des wasserrechtlichen Standes der Technik (§ 7a V WHG),
- kein Versagungsgrund nach § 6 WHG (i.V.m. § 3 II AbwV).

Die Vorschriften des § 7a I, II und V WHG sind *unmittelbar geltende Rahmenregelungen*, deren verfassungsrechtliche Zulässigkeit z.T. bestritten wird[105]. Nach Ablauf der Übergangsfristen wird die AbwasserherkunftsVO damit obsolet; die schadstoffbezogenen Anforderungen werden in der **AbwasserVO** aufgrund § 7a I 3 WHG konkretisiert, die Schritt für Schritt die nicht mehr EG-rechtskonforme Rahmen-Abwas- **137**

102 Wie beim Schutz vor Luftverunreinigungen ist auch hier der sog. Emissions*minderungs*strategie (Abwasserbehandlung) eine „*before* the end of the pipe“ ansetzende Emissions*vermeidungs*strategie vorzuziehen.

103 Die DIN 4045 – Abwasserwesen – definiert Abwasser als „nach häuslichem oder gewerblichem Gebrauch verändertes, insbesondere verunreinigtes, abfließendes und von Niederschlägen stammendes und in die Kanalisation gelangendes Wasser“. Einzelne Landesgesetze (§ 45a III BW WG, § 64 I Bbg. WG, § 39 I MV WG, § 49 I Saarl. WG) enthalten Legaldefinitionen für den bundesrechtlichen Abwasserbegriff. Dazu im einzelnen *Breuer*, Wasserrecht, Rn. 284 ff.; *ders.*, in: HdUR, Bd. I, Art. „Abwasserbeseitigung“, Sp. 80 ff.; *Nisipeanu*, Abwasserrecht, 3. Aufl. 1997; *Sieder/ Zeitler/Dahme*, WHG, § 7a Rn. 5 ff. Abgrenzungsprobleme zum KrW-/AbfG und zum BImSchG können sich bei thermischen Verfahren der *Klärschlammtrocknung* ergeben, die im übrigen aber grds. zur „Entwässerung von Klärschlamm“ zählt; vgl. *Sieder/Zeitler/Dahme*, WHG, § 18a Rn. 13.

104 *Sanden*, Umweltrecht, Rn. 9/76.

105 *Reichert*, NVwZ 1998, 17 (19), a.A. zutr. *Sieder/Zeitler/Dahme*, WHG, § 7a Rn. 1b; *Czychowski*, WHG, § 7a Rn. 1a.

ser-VwV vom 31.7.1996 (GMBl. S. 729 ff.) ablösen wird[106]. Die Verordnungsermächtigung des § 7a I WHG erstreckt sich auch auf den Ort des Anfalls des Abwassers und den Qualitätsstandard vor seiner Vermischung mit anderem Abwasser (§ 5 AbwV). Bedauerlicherweise hat der Gesetzgeber in der 6. Novelle des WHG unterlassen, die verfahrensmäßigen Voraussetzungen für das Zustandekommen des untergesetzlichen Regelwerkes zu normieren (Rn. 1/74, 77)[107]. Zumindest wird aber mit der AbwV rechtstechnisch ein sauberer rechtlicher Rahmen als in § 7a WHG a.F. geschaffen. Die AbwV faßt die Anforderungen an die wichtigsten Begriffsbestimmungen zusammen (§ 2), fordert Geringhaltung der Schadstofffracht durch wassersparende Verfahren, den Einsatz schadstoffarmer Stoffe sowie ein Schadstofftransferverbot in andere Medien (§ 3). Ein Wert gilt als eingehalten, wenn 4 aus 5 Überprüfungen keine Überschreitung zeigen und die einzelne Überschreitung nicht mehr als 100% beträgt (§ 6).

138 Die Bundesregierung hatte nach § 7a I 3 HS 2 WHG a.F. mit Zustimmung des Bundesrats für Abwasser bestimmter Herkunft, das „gefährliche Stoffe“ enthält, *allgemeine Verwaltungsvorschriften* erlassen, die die Anforderungen – und damit die Norm des § 7a I WHG – konkretisieren, die nach ihrer Meinung den „Stand der Technik“ wiedergeben und die nach § 7a I 1 i.V.m. § 7a I 3 HS 2 WHG a.F. für die Erlaubnisbehörden maßgebend gewesen sind. Die Verwaltungsvorschriften waren für die Erlaubnisfähigkeit der Einleitung von Abwasser, das gefährliche Stoffe enthält, *konstitutiv*. Der Gesetzgeber knüpfte die Erlaubnisfähigkeit *nicht an ein von ihm selbst im Gesetzestatbestand* (in § 7a I 1 WHG) *normativ vorgegebenes Anforderungsniveau* (Stand der Technik) an, sondern an ein von der Verwaltung im Wege der Verwaltungsvorschrift in Erfüllung des gesetzlichen Auftrags erst noch zu definierendes Anforderungsniveau. Damit war im Ergebnis die Verwaltung zur Rechtsetzung durch Verwaltungsvorschrift ermächtigt. Auch wenn man verfassungsrechtliche Bedenken hiergegen nicht teilte[108], war diese Regelungstechnik *europarechtlich* unzulässig, soweit durch Verwaltungsvorschriften EG-Richtlinien umgesetzt werden. Richtlinien sind nach aus rechtsstaatlicher Sicht begrüßenswerter Auffassung des EuGH *durch Rechtsnormen umzusetzen*, weil nur so dem Bürger ein klarer Normanwendungsbefehl erkennbar wird, aus dem er etwaige Rechte ableiten kann (Rn. 1/43)[109].

139 Der Gesetzgeber hat als maßgeblichen **Stand der Technik** – auch im Hinblick auf die gerade erlassene IVU-Richtlinie (Rn. 8/42) – in § 7a V WHG angesetzt „den Entwicklungsstand technisch und wirtschaftlich durchführbarer fortschrittlicher Verfahren, Einrichtungen und Betriebsweisen, die als beste verfügbare Techniken zur Begrenzung von Emissionen praktisch geeignet sind.“ Die sprachlich gründlich mißlun-

---

106 Art. 2 des G.v. 11.11.1996, BGBl. I 1690, s. hierzu die AbwasserVO vom 21.3.1997, BGBl. I 566 i.d.F. der Bek. v. 9.2.1999 (BGBl. I 86) mit Anforderungen an 37 gewerbl. u. indust. Bereiche. Bis Ende 2000 sollen die 3. und 4. Änderung der AbwasserVO alle relevanten Einleiter erfassen. Vor Erlaß der entsprechenden Anhänge zur AbwV ist der maßgebliche Stand der Technik von der zuständigen Behörde im Einzelfall zu konkretisieren, s. *Sieder/Zeitler/Dahme*, WHG, § 7a Rn. 12.

107 Vgl. hierzu *Denninger*, Verfassungsrechtliche Anforderungen an die Normsetzung im Umwelt- und Technikrecht, 1990, S. 117 ff.; *Lübbe-Wolff*, ZfW 1991, 219 ff.

108 Zur damit verbundenen rechtsstaatlichen Problematik vgl. einerseits (für Verfassungswidrigkeit) *Lübbe-Wolff*, DÖV 1987, 896 ff., andererseits z.B. *Breuer*, Wasserrecht, Rn. 374 f.; *Kind*, DÖV 1988, 679 ff.; *Papier*, FS Lukes, 1989, 159 (165 ff.). Offengelassen in BVerfGE 78, 214 (227).

109 Z.B. EuGH, DVBl. 1991, 863 (Grundwasser-Richtlinie).

gene Begriffsbestimmung[110] will eine bereichsspezifische Eingrenzung unter Verhältnismäßigkeitsgesichtspunkten erreichen. Das Zurückschrecken vor einer Übernahme des Begriffs aus Art. 2 Nr. 11 IVU-RL ist nicht nachvollziehbar, denn sowohl der herkömmliche „Stand der Technik" als auch die „beste verfügbare Technik" werden durch den Verhältnismäßigkeitsgrundsatz beschränkt; beide Begriffe sind deshalb einheitlich auszulegen (str.)[111].

§ 7a WHG geht damit nicht von der Belastbarkeit des Einzelgewässers (Immissionsprinzip) aus (hier helfen §§ 1a I, 6 WHG; Rn. 6/66, 105), sondern von Einleitungsstandards (Emissionsregulierung). Diese Einleitungsstandards sind nicht an der je schon vorhandenen Gewässerbelastung orientiert, sondern an den technischen Möglichkeiten zur Zurückhaltung von Schadstoffen. Damit wird in einem wichtigen Bereich das i.e.S. verstandene Bewirtschaftungsprinzip vom Vorsorgeprinzip überlagert. § 7a WHG hat vor allem für die Einleitung von Abwasser in oberirdische Gewässer Bedeutung; die Vorschrift kann aber auch für die Einleitung in Grundwasser (z.B. bzgl. Schluckbrunnen, Deponiesickerwasser) wichtig werden. **140**

Der **Einleitungsbescheid** muß aufgrund des *AbwAG* mindestens die sogen. *Überwachungswerte* sowie die *Jahresschmutzwassermenge* festlegen. Neben den Überwachungswerten (Konzentrationsgrenzwerten und Verdünnungsfaktor) ist im Einleitungsbescheid auch eine *Begrenzung der Schadstofffracht* vorzunehmen (z.B. in der Dimension Kilogramm je 2 Stunden), weil § 7a WHG auf eine solche Schadstofffrachtbegrenzung nach dem jeweils möglichen Stand der Technik abstellt. Schadstoffe sind Inhaltsstoffe des Abwassers, die zu einer nachteiligen Veränderung der chemischen, physikalischen oder biologischen Beschaffenheit des Gewässers führen können, also z.B. auch eine erhöhte Abwassertemperatur. Um dem Bestimmtheitsgebot (§ 37 I VwVfG) zu genügen, muß der Erlaubnisbescheid zusätzlich die für die *Kontrolle maßgeblichen Angaben* enthalten, insbesondere den Meß- und Probenahmepunkt, die Art und Dauer der Probenahme, das anzuwendende Analyseverfahren (z.B. nach DIN-Norm) und das anzuwendende Auswertungsverfahren (z.B. Höchstwert, Mittelwert aus 5 Proben oder „4 von 5 Werten"). **141**

Auf der Grundlage der AbwasserVO nach § 7a I 3 WHG haben die Länder ferner Anforderungen an sogen. **Indirekteinleiter** zu stellen, die ihre Abwässer zunächst einer kommunalen Abwasserbehandlungsanlage zuführen, bevor diese von dort in ein Gewässer eingeleitet werden. Nach Neufassung des § 7a IV WHG knüpft die Regelungspflicht der Länder an das Vorhandensein einer verordnungsrechtlichen Ausführungsbestimmung an, die ihrerseits das in § 7a I WHG enthaltene Niveau des Standes der Technik wahren muß. Die in den Bundesländern bestehenden Indirekteinleiter-VOen sind dementsprechend zu ändern[112]. Hierbei müssen auch Emissionsgrenz- **142**

110 *Lübbe-Wolff*, ZUR 1997, 61 (64); *Sieder/Zeitler/Dahme*, WHG, § 7a Rn. 35; *Martens/Lorenz*, NVwZ 1998, 13 ff.

111 *Breuer*, DVBl. 1997, 1211 (1221); *Lübbe-Wolff*, ZUR 1997, 61 (64). A.A. VGH BW, NVwZ-RR 1999, 431 ff.: abweichend von § 3 VI BImSchG ist i.R.d. § 7a V WHG die abschließende Erprobung der fraglichen Technologie erforderlich. Nach *Martens/Lorenz*, ebda. S. 15 kommt es auf die wirtschaftliche Vertretbarkeit an, die u.E. allerdings Teil des Verhältnismäßigkeitsgrundsatzes ist. De lege ferenda sollen bei Umsetzung der UVP- und IVU-Richtlinie § 3 VI BImSchG und § 7a V WHG wieder wortgleich gefaßt werden.

112 Vgl. VGH BW, NVwZ-RR 1999, 431 ff.; *Nisipeanu*, ZfW 1999, 478 ff.; für BW s. die Indirekteinleiter-VO v. 12.7.1990, GBl. S. 258. – Nach wie vor können die Gemeinden für ihre Abwasseranla-

werte für Abwasseranlagen, die in den Geltungsbereich der IVU-RL (Rn. 8/42) fallen, aufgenommen werden.

143 § 7a III WHG verpflichtet die Länder dazu, die Anforderungen des § 7a I 3 und II WHG auch bei **Alteinleitungen** innerhalb angemessener Fristen durchzusetzen. § 18a I 1 WHG enthält das nicht auf die Abwassereinleitung beschränkte **Gebot der allgemeinwohlverträglichen Abwasserbeseitigung**. § 18a II WHG begründet nach dem Vorbild des – früheren – AbfG eine **Abwasserbeseitigungspflicht** der öffentlichen Hand. Die öffentliche Abwasserbeseitigung ist nach landesrechtlicher Regelung Selbstverwaltungs-Pflichtaufgabe der Gemeinden. § 18a III WHG verpflichtet die Länder zum Erlaß von überörtlichen **Abwasserbeseitigungsplänen** durch intern wirksame Verwaltungsvorschriften oder außenwirksame Rechtsverordnungen mit Festlegungen insbes. der Standorte bedeutsamer Abwasserbeseitigungsanlagen (vgl. zu dem Anlagenbegriff § 2 III AbwAG), ihre Einzugsbereiche, die Grundzüge der Abwasserbehandlung (etwa Klärsysteme, Reinigungstechniken) u.a.m.

144 Gemeinden können für ihre Abwasseranlagen durch *Satzung* den Anschluß von Indirekteinleitern insofern beschränken, als es um den Schutz der Abwasseranlagen oder ihres Bedienungspersonals geht. So werden z.B. giftige, fettige, ölhaltige Stoffe, Säuren, Laugen, Lösungsmittel, Pflanzenschutzmittel, Jauche, Gülle, farbstoffhaltiges Abwasser usw. ausgeschlossen.

6. Alte Rechte und Befugnisse

145 Nach § 15 I WHG sind Gewässerbenutzungen, die in einem Verfahren vor Inkrafttreten des WHG unter Abwägung der Belange von Betroffenen und Zielen der ordnungsgemäßen Wasserwirtschaft zugelassen worden sind und die seitdem durch vorhandene Anlagen ausgenutzt werden (z.B. kleine Wasserkraftwerke), privilegiert[113]. Die alten Rechte sind in das Wasserbuch einzutragen (§ 16 I WHG), gewähren aber nach § 2 II WHG kein Recht auf Zufluß von Wasser in bestimmter Menge und Güte[114]. Sie stehen ferner unter dem Vorbehalt nachträglicher Auflagen (§ 15 IV i.V.m. § 5 WHG). Ein Widerruf kann nur gegen Entschädigung erfolgen, wenn von der Fortsetzung der Benutzung eine erhebliche Beeinträchtigung des Wohls der Allgemeinheit zu erwarten ist[115]. Wenn die Nutzung mehr als drei Jahre lang unterbrochen war, ist ein entschädigungsloser Widerruf zum Zwecke der Wiederherstellung der öffentlichrechtlichen Benutzungsordnung des Gewässers möglich[116].

---

gen durch Satzung den Anschluß von Indirekteinleitern insofern beschränken, als es um den Schutz dieser Anlagen (z.B. vor betonaggressiven Stoffen) oder ihres Bedienungspersonals geht. Dazu *Hendler*, VBlBW 1992, 401 ff.; *Lübbe-Wolff*, NVwZ 1989, 205 ff. Soweit man eine solche Kompetenz verneint – was der VGH BW aaO. offenläßt – sind Nebenbestimmungen zur Einleitung des Abwassers nach den IndirekteinleiterVO zulässig. Zur „dynamischen" Verweisung des Landesrechts auf die AbwasserVO s. BayVfGH, BayVBl. 1989, 267.

113 Vgl. VGH BW, ZfW 1995, 93 (94); *Zehrfeld/Hübner*, ZfW 1999, 415 ff.

114 BGH, NuR 1994, 465.

115 OVG Schleswig, ZfW 1993, 426 (427); OVG Münster, NVwZ-RR 1994, 203; BVerwG, NVwZ-RR 1994, 494.

116 VGH Kassel, UPR 1995, 319.

V. Anlagenrecht

Das WHG enthält Vorschriften für den Bau und Betrieb von Abwasseranlagen (§ 18b und c WHG), Rohrleitungsanlagen zum Befördern wassergefährdender Stoffe (§ 19a-f WHG) sowie für Anlagen zum Umgang mit wassergefährdenden Stoffen (§§ 19 g-k WHG). Bundesrechtliche Genehmigungsvorbehalte bestehen für Abwasseranlagen bestimmter Größe (§ 18c WHG) sowie für Pipelines (§ 19a WHG). **146**

Landesrechtlich gibt es zahlreiche weitere Genehmigungsvorbehalte, z.B. (vgl. § 76 BW WG) für Anlagen in und an Gewässern, für Anlagen in Überschwemmungsgebieten, für Bojenfelder oder Bootsstege, für Brücken oder Freileitungen über ein Gewässer, die dessen Unterhaltung beeinflussen, für gewisse Wasserversorgungs- oder Abwasserbehandlungsanlagen usw. In *Baden-Württemberg* besteht auf Erteilung einer (befristeten) Genehmigung i.S. des § 76 BW WG ein Rechtsanspruch[117]. Nach § 76 III ist die Genehmigung zu versagen, wenn von dem Vorhaben eine Beeinträchtigung des Allgemeinwohls zu erwarten ist. Im übrigen kann sie (nur) versagt werden, wenn von dem Vorhaben erhebliche Nachteile, Gefahren oder Belästigungen für andere Grundstücke, Bauten oder sonstige Anlagen zu erwarten sind, die nicht durch Auflagen oder Bedingungen verhütet oder ausgeglichen werden können (insoweit drittschützend), oder wenn die Zustimmung des Eigentümers des Bettes eines öffentlichen Gewässers fehlt. **147**

Die UVP-Änderungs-RL (Rn. 3/4) bedingt Änderungen im Anlagengenehmigungsrecht, weil sie einen weit größeren Kreis von Anlagen als bisher einer Pflicht zur UVP unterwirft (z.B. Wasserfernleitungen). Deshalb wird möglicherweise das UVPG geändert und diese Abwasserbehandlungs- und Rohrleitungsanlagen einer Planfeststellungspflicht unterworfen. **148**

1. Abwasserbehandlungsanlagen

Für **Bau und Betrieb der Abwasseranlagen** normiert § 18b WHG Anforderungen an das Einleiten von Abwasser insbesondere nach § 7a WHG und nach Maßgabe der allgemein anerkannten Regeln der Technik[118]. Die Genehmigungspflicht ist grundsätzlich landesrechtlich geregelt, wobei entweder eine Planfeststellung vorgesehen ist (vgl. z.B. § 45e BW WG, Art. 41i Bay WG, § 67 V Sächs. WG, § 35 I SH WG) oder eine Genehmigung ausreicht. Bundesrechtlich bedürfen nach § 18c WHG Bau, Betrieb und wesentliche Änderung einer **Abwasserbehandlungsanlage**[119], die eine bestimmte Auslegungskapazität überschreitet, einer behördlichen Zulassung, die nur in einem Verfahren erteilt werden kann, das den Anforderungen des UVPG entspricht. Zu unterscheiden von „Abwasser" ist „*flüssiger Abfall*", der aber seit § 1 III Nr. 5 AbfG 1986 ebenfalls der Regie des WHG unterliegt, sofern er in Gewässer eingeleitet wird. **149**

117 S.a. *Heiland*, VBlBW 1998, 401 ff.

118 Hierzu BVerwG, NVwZ-RR 1997, 214 f.; ZfW 1997, 23 ff.; OVG Lüneburg, ZfW 1997, 190 f.; OVG Schleswig, NVwZ-RR 1998, 641 ff.

119 *Driewer*, ZfW 1999, 465 ff.; *Nisipeanu*, NuR 1996, 17 ff.; zum Begriff *Czychowski*, WHG, § 18c Rn. 17: Einrichtungen, die dazu dienen, die Schadwirkung des Abwassers dadurch zu vermindern oder beseitigen, daß sie organisch verschmutztes Abwasser mit physikalischen oder chemischen Verfahren reinigen. Abwasserbehandlungsanlagen sind nur diejenigen Anlagen vor einer unmittelbaren Gewässerbenutzung, vgl. § 7 I 2 WHG u. *Nisipeanu*, NuR 1992, 101 (106).

2. Rohrleitungsanlagen

150 Die Vorschriften zum *Schutz vor wassergefährdenden Stoffen* (§§ 19a-l WHG) sind durch die 5. Novelle zum WHG verschärft worden; sie haben den Charakter einer *unmittelbar geltenden Rahmenregelung*[120]. Unter wassergefährdenden Stoffen werden Rohöle, Benzine, Diesel-Kraftstoffe und Heizöle sowie andere, in der VO über wassergefährdende Stoffe[121] abschließend aufgezählte flüssige und gasförmige Stoffe verstanden (§ 19a II WHG). Die **Pipeline-Genehmigung** (§§ 19a – f WHG; speziell gegenüber § 34 II 2 WHG) ist eine Anlagengenehmigung, deren Erteilung – im Rahmen zwingender gewässerschützender normativer Vorgaben – im *Ermessen* der zuständigen Wasserbehörde steht (arg. e § 19b I, II WHG)[122]. Durch die Errichtung und den Betrieb der (auch Pumpen, Verteiler u.ä. umfassenden) Rohrleitungsanlagen zum Befördern von i.S. des § 19a II WHG wassergefährdenden Stoffen[123] darf entsprechend dem *Besorgnisgrundsatz* (Rn. 6/171 ff.) eine Verunreinigung der Gewässer oder eine nachteilige Veränderung ihrer Eigenschaften nicht zu besorgen sein (§ 19b II 1 WHG; vgl. zur obligatorischen *UVP* für eine Rohrleitungsanlage: Nr. 16 der Anlage zu § 3 UVPG und § 19b III WHG). Die weiteren Regelungen betreffen Nebenbestimmungen und Beschränkungen der Genehmigung, deren Widerruf, Beschaffenheitsanforderungen durch Rechtsverordnungen und eine Zuständigkeitsregelung im Falle des Zusammentreffens mit gewerbe- und bergrechtlichen Entscheidungen. Für Werksleitungen gilt § 19g I 2 WHG.

3. Anlagen zum Umgang mit wassergefährdenden Stoffen (§ 19g ff. WHG)

151 Die §§ 19g – l WHG enthalten – gegenüber §§ 26 II, 32b, 34 II WHG spezielle – rahmenrechtliche Vorschriften über den **Umgang mit wassergefährdenden Stoffen in Anlagen**[124]. Anders als bei Rohrleitungsanlagen besteht kein bundesrechtlicher Genehmigungsvorbehalt, vielmehr werden eine behördliche Eignungsfeststellung und Bauartzulassung verlangt. Landesrechtlich sind zumeist *Anzeigepflichten* für Bau,

---

120 Dazu eingehend *Kibele*, VBlBW 1986, 441 ff.; *Rottgardt/Steiger/Grunder/Hansmann/Lühr*, Anforderungen an den Umgang mit wassergefährdenden Stoffen, 1992.

121 V. 19.12.1973 (BGBl. I 1946), geändert durch VO v. 5.4.1976 (BGBl. I 915).

122 *Breuer*, Wasserrecht, Rn. 505; *Czychowski*, WHG, § 19b Rn. 12; *Kloepfer*, Umweltrecht, § 13 Rn. 134.

123 Hierzu *Kollmer*, GewArch. 1995, 13 (15); *Salzwedel*, in: HdUR, Bd. I, Art. „Grundwasserschutz", Sp. 943, 950 ff.; zum einstweiligen Rechtsschutz *Kollmer*, NuR 1994, 15 ff., mit dem allerdings nicht nachvollziehbaren Ergebnis, daß Gemeinden nicht befugt seien, die Genehmigung anzufechten. Dies wäre mit der kommunalen Selbstverwaltungsgarantie nur schwer zu vereinbaren, sobald konkrete gemeindliche Planungen oder öffentliche Einrichtungen der Wasserversorgung betroffen sind. – Im übrigen ist das gemeindliche Einvernehmen nach § 36 BauGB einzuholen.

124 Dazu *Krieger*, DÖV 1996, 455 ff.; *Müller*, UPR 1991, 257 ff.; *Rupp*, UPR 1988, 332 ff. – Der Anlagenbegriff wird von der Rspr. weit ausgelegt, ausreichend sind ein technischer Mindestaufwand zur Lagerung flüssiger Stoffe oder zum Abfüllen bestimmte Einrichtungen, s. BayVGH, ZfW 1989, 102; BayObLG, BayVBl. 1993, 698; OLG Stuttgart, VBlBW 1992, 232; OVG Schleswig, ZfW 1995, 183; OVG Hamburg, ZUR 1999, 98 (99). Zu den „wassergefährdenden Stoffen" i.S. der §§ 19g – l WHG vgl. § 19g V WHG und den Stoffkatalog der VwV wassergefährdende Stoffe v. 18.4.1996, GMBl. 327. *Nicht* in der VwV aufgeführte Stoffe gelten als nicht wassergefährdend, was im Hinblick auf das Vorsorgeprinzip (Besorgnisgrundsatz) fragwürdig erscheint.

Betrieb und Stillegung solcher Anlagen normiert (z.B. Art. 37 I Bay WG, § 20 Bbg WG, § 31 I Hess WG).

Erfaßt sind zunächst Anlagen, die gem. § 19g I WHG dem *Besorgnisgrundsatz* unterliegen, nämlich Anlagen zum Lagern, Abfüllen, Herstellen und Behandeln von i.S. des § 19g V WHG wassergefährdenden Stoffen sowie Anlagen zum Verwenden wassergefährdender Stoffe, sei es im Bereich der gewerblichen Wirtschaft (z.B. Tankstellen, industrielle Tanks zur Lagerung von Flüssigkeiten, die wassergefährdende Stoffe enthalten, Anlagen zur Verarbeitung solcher Stoffe u.ä.m.), sei es im Bereich öffentlicher Einrichtungen. Diese Anlagen müssen so beschaffen sein und so errichtet und betrieben werden, daß eine Verunreinigung der Gewässer oder eine sonstige nachteilige Veränderung ihrer Eigenschaften nicht zu besorgen ist (§ 19g I WHG). **152**

Hinzu kommen Anlagen i.S. von § 19g II WHG, die nicht dem Besorgnisgrundsatz, sondern (lediglich) dem *Grundsatz des bestmöglichen Schutzes der Gewässer* unterliegen. Hierzu gehören Anlagen zum Umschlagen wassergefährdender Stoffe sowie Anlagen zum Lagern und Abfüllen von Jauche, Gülle und Silagesickersäften, auf die nach § 19g VI 2 WHG die §§ 19g I, 19h – l WHG nicht anzuwenden sind[125]. **153**

Die Anlagen müssen mindestens den allgemein anerkannten Regeln der Technik entsprechen (§ 19g III WHG), im übrigen bestehen spezifische Betreiberpflichten (§ 19 i und k) sowie Anforderungen an die notwendige Qualifikation solcher Fachbetriebe[126], die Anlagen i.S. von § 19g I u. II WHG einbauen, aufstellen, warten oder instandsetzen. **154**

Ergänzt werden die genannten wasserrechtlichen Schutzregelungen durch u.U. zugleich anzuwendende Schutzvorschriften differierender Schutzrichtungen, u.a. durch *gewerberechtliche* Erlaubnistatbestände (§ 24 GewO) i.V. mit darauf bezogenen Rechtsverordnungen (z.B. der Verordnung über Anlagen zur Lagerung, Abfüllung und Beförderung brennbarer Flüssigkeiten zu Lande vom 27.2.1980, BGBl. I 173, 229), sowie durch – z.T. strengere – landeswasserrechtliche Regelungen (z.B. §§ 25 f. BW WG, §§ 161 ff. NWG). **155**

VI. Vorsorgende Instrumentarien des Gewässerschutzes

1. Wasserschutzgebiete (§ 19 WHG)

a) Festsetzung von Wasserschutzgebieten

Soweit es das *Wohl der Allgemeinheit* erfordert, können gem. § 19 I WHG Wasserschutzgebiete festgesetzt werden zu dem Zweck, **156**

---

125 OLG Celle, ZfW 1998, 395 f.: Anlagen zum Abfüllen von Jauche und Gülle müssen innerhalb und auch außerhalb von Wasserschutzgebieten so beschaffen sein, daß der bestmögliche Schutz der Gewässer vor Verunreinigung oder sonstiger nachteiliger Veränderung ihrer Eigenschaften erreicht wird. Dieser Schutz wird nur durch ein Betonbecken, nicht aber durch ein Erdbecken garantiert. OVG Lüneburg, NuR 1998, 45 f.: Die Errichtung von Güllelagunen, d.h. von Erdbecken mit Dichtungsbahnen aus Kunststoff zur Lagerung von Flüssigmist, verstößt gegen § 19g II WHG und § 161 II Nds.WG, weil Güllelagunen den bestmöglichen Schutz des Grundwassers vor Verunreinigung oder sonstiger nachteiliger Veränderung seiner Eigenschaften nicht gewährleisten.

126 VGH BW, NVwZ-RR 1996, 642 ff.

- Gewässer im Interesse der derzeit bestehenden oder künftigen öffentlichen Wasserversorgung vor nachteiligen Einwirkungen zu schützen (*Nr. 1*)[127],
- das Grundwasser anzureichern (*Nr. 2*) oder
- das schädliche Abfließen von Niederschlagswasser sowie das Abschwemmen und den Eintrag von Bodenbestandteilen, Dünge- oder Pflanzenbehandlungsmitteln in Gewässer zu verhüten (*Nr. 3*).

157 Die Schutzgebietsfestsetzung muß (auch nach ausdrücklichen landesrechtlichen Regelungen) durch Rechtsverordnung erfolgen[128], denn die Schutzanordnungen wenden sich an einen unbestimmten Personenkreis und gelten für eine Vielzahl künftiger Nutzungsfälle, was eine abstrakt-generelle Regelung notwendig macht. Die Festsetzung unterliegt der verwaltungsgerichtlichen Normenkontrolle nach Maßgabe des § 47 I Nr. 2 VwGO.

158 Das **Wohl der Allgemeinheit** erfordert die Festsetzung eines Wasserschutzgebietes nur, wenn das fragliche Wasservorkommen *schutzwürdig, schutzbedürftig und ohne unverhältnismäßige Belastung Dritter schutzfähig*[129] ist. Anders als beim sog. flächendeckenden Grundwasserschutz (§§ 1a, 34 II WHG) ist dabei nicht von einer konkreten Betrachtungsweise auszugehen und der Nachweis des Schadenseintritts im Einzelfall nicht erforderlich. Vielmehr ist ausreichend, wenn einer typischerweise gefährlichen Situationen begegnet werden soll. Die Ausweisung eines Wasserschutzgebietes ist bereits dann erforderlich, wenn sie vernünftigerweise geboten ist, um eine Beeinträchtigung der Eignung des in Anspruch genommenen Grundwassers für Trinkwasserzwecke und entsprechende Restrisiken zu vermeiden[130]. Der Grundwasserkörper ist schutzbedürftig, wenn z.B. ohne Schutzvorkehrungen eine gewisse Wahrscheinlichkeit dafür besteht, daß das zur Versorgung benötigte Grundwasser hygienisch oder geschmacklich in seiner Eignung für Trinkwasserzwecke beeinträchtigt wird[131].

159 Der **Schutzzweck** des § 19 I Nr. 1 und 2 WHG setzt bei der Wasserversorgung an. Demgegenüber ist der Schutzzweck des § 19 I Nr. 3 WHG unmittelbar auf das Gewässer bezogen[132]; insoweit kann auch unabhängig von einer existierenden oder geplanten Wasserversorgungsanlage das Grundwasser vor Verunreinigungen – insbesondere vor dem zu befürchtenden Eintrag von Düngemitteln (z.B. Nitrat; s. Rn. 6/35) oder von Pflanzenbehandlungsmitteln (Rn. 6/43) – durch Festsetzung eines Wasserschutzgebiets bewahrt werden[133].

---

127 BVerwG, B. v. 29.12.1998, 11 BN 1.98.

128 S. schon BVerwGE 29, 207 (209 f.); vgl. z.B. auch Art. 35 Bay WG, § 110 BW WG. Zuständigkeit u. Verfahren sind in den LWG geregelt. – Zum Verhältnis der wasserrechtlichen zur regionalplanerischen Grundwasserschutzgebietsfestsetzung vgl. *Schmidt-Aßmann*, DÖV 1986, 985 ff.

129 VGH BW, NVwZ 1987, 241 (242); OVG Lüneburg, NuR 1991, 440; OVG Saarlouis, ZfW 1994, 297 (299); OVG Schleswig, ZfW 1996, 544; *Knopp*, ZfW 1995, 1 ff.; *Lübbe-Wolff*, ZUR 1994, 177 (178); *Czychowski*, WHG, § 19 Rn. 10; *Sieder/Zeitler/Dahme*, WHG, § 19 Rn. 5.

130 VGH BW, NuR 1999, 110 ff.; BayVGH, NVwZ-RR 1997, 609 (610); BVerwG, ZfW 1981, 87 (89).

131 VGH BW, VBlBW 1999, 67 ff.; OVG Schleswig, UPR 1996, 312.

132 OVG Schleswig, UPR 1996, 312.

133 S. hierzu auch SRU, Flächendeckender wirksamer Grundwasserschutz, Sondergutachten 1998.

Umstritten ist, ob die Wasserschutzgebietsfestsetzung nur als in bestimmter Weise konditional gebundenes Verwaltungshandeln (§ 19 I WHG: „soweit ... erfordert"), insbesondere als ein Sonderfall des *Ordnungsrechts* (Gefahrenabwehr) begriffen werden kann oder ob sie sich, was jedenfalls für § 19 I Nrn. 2 u. 3 WHG gelten könnte, auch als ein Teil des der Vorsorge dienenden *Umweltplanungsrechts* darstellt. Dies hat für die Qualifizierung des Ermessens der Wasserbehörde (schlichtes Verwaltungsermessen oder besonderes Planungsermessen) Bedeutung[134]. Die Schutzwürdigkeit, Schutzbedürftigkeit und Schutzfähigkeit eines Gebietes sind gerichtlich voll überprüfbare Rechtsfragen, während die räumliche Abgrenzung u.E. auch planerische Elemente beinhaltet[135]. Das „Ob" der Unterschutzstellung liegt im *Normsetzungsermessen* des Verordnungsgebers[136], das allerdings – wie im Naturschutzrecht (Rn. 5/176) – aufgrund einer besonderen Schutzwürdigkeit eines Gebietes (wenn beispielsweise viele Trinkwasservorkommen dort liegen) stark eingeschränkt sein kann. 160

b) Inhalt der Schutzanordnungen

In den Wasserschutzgebieten können nach § 19 II WHG 161

- **bestimmte Handlungen verboten** oder für nur beschränkt zulässig erklärt werden (*Nr. 1*) und
- die Eigentümer und Nutzungsberechtigten von Grundstücken zur **Duldung bestimmter Maßnahmen** (auch Vorkehrungen zur Beobachtung des Gewässers und des Bodens) **verpflichtet** werden (*Nr. 2*).

Insbesondere die *Verbote* aufgrund des § 19 II Nr. 1 WHG werden im Rahmen von Schutzgebietsfestsetzungen nach § 19 I Nrn. 1 u. 2 WHG regelmäßig gestaffelt. Hierfür werden nach Landesrecht (z.B. Art. 35 I 2 BayWG; § 22 I 3 BlnWG; § 13 I RPfWG) bzw. nach den in einigen Bundesländern durch Verwaltungsvorschrift behördenverbindlich eingeführten Richtli- 162

134 Für ein Planungsermessen z.B. *Knopp/Manner*, Das Wasserrecht in Bayern, 1995, § 19 WHG Rn. 43; *Peters*, DVBl. 1987, 990 ff.; a.A. *Breuer*, Wasserrecht, Rn. 600 ff.; *Kloepfer*, Umweltrecht, § 13 Rn. 158; *Sellmann*, DVBl. 1992, 235 ff. In der Rechtsprechung haben sich z.B. in Richtung einer planerischen Entscheidung ausgesprochen: BayVerfGH, BayVBl. 1977, 727 (Normgeber besitzt bei der Festsetzung von Wasserschutzgebieten einen Gestaltungsspielraum, innerhalb dessen eine Abwägung betroffener Belange vorzunehmen ist); VGH BW, ZfW 1995, 91 (Entscheidung mit planerischem Einschlag, wenn der Schutz der „künftigen" Wasserversorgung gesichert werden soll). VGH BW, VBlBW 1999, 97 ff.: nachvollziehendes Abwägen hinsichtlich der Erforderlichkeit der Festsetzung eines WSG; dies bedeutet im Ergebnis, daß die gerichtliche Kontrolle der Ermessensentscheidung wie bei einer Planungsentscheidung vorgenommen wird. – Zur Sicherung der Planung für die räumliche u. sachliche Ausweitung eines Wasserschutzgebiets ist die Festlegung einer *Veränderungssperre* nach § 36a WHG zulässig, BVerwG, UPR 1989, 308.

135 S.a. *Czychowski*, WHG, § 19 Rn. 24; *Peters*, Umweltverwaltungsrecht, Rn. V/28; enger *Kloepfer*, Umweltrecht, § 13 Rn. 158. Aus der Rspr. vgl. BVerwG, NVwZ 1997, 887 ff.; DVBl. 1984, 342 ff.; NVwZ 1988, 1020 ff.; VGH BW NVwZ-RR 1989, 403; 1996, 642; ZfW 1995, 91; 1998, 312. Enger OVG Lüneburg, UPR 2000, 76 (Ls.): Die Grenzen eines WSG müssen so eng wie möglich gezogen werden.

136 BVerwG, NVwZ 1997, 887 ff; OVG Koblenz, NuR 1991, 142: Ausübung eines gesetzgeberischen Ermessens, das durch nachvollziehendes Abwägen gekennzeichnet und voll gerichtlich überprüfbar ist. Anders VGH BW, NVwZ-RR 1996, 642; ZfW 1998, 312: gerichtlich nur eingeschränkt überprüfbare Einschätzungsprärogative.

nien des Deutschen Vereins für das Gas- und Wasserfach für Trinkwasserschutzgebiete[137] **drei Zonen**, die den Standort der vorhandenen oder geplanten Wasserversorgungsanlage umgeben und unterschiedliche Schutzbestimmungen enthalten, festgesetzt, nämlich

- *Zone I* für den inneren (Fassungs-)Bereich (bei Trinkwassertalsperren für den Stauraum mit Uferzone) als „enge Schutzzone",
- *Zone II* für den ebenfalls besonders gefährdeten Einzugsbereich als „engere Schutzzone" und
- *Zone III* zur Vermeidung langfristig wirkender Beeinträchtigungen als „weitere Schutzzone" (oft noch unterteilt in die Zonen III A und III B).

163 In den Schutzgebietsverordnungen sind die Schutzzonen jeweils parzellenscharf textlich umschrieben und in Karten ausgewiesen. Es sind beispielsweise regelmäßig *verboten*[138]

- in Zone III die Errichtung von Pipelines, die Ansiedlung von Industrieanlagen, in der wassergefährdende Stoffe verwendet werden, das Versickern von Abwässern, das Einleiten schädlicher Abwässer in Vorfluter usw.,
- in Zone II darüber hinaus die Errichtung von baulichen Anlagen, Sport-, Bade- oder Parkplätzen, Wegebau o.ä., das Entnehmen fester Stoffe, das Düngen, die Verwendung von Pflanzenbehandlungsmitteln usw.,
- in Zone I (eingezäunt) darüber hinaus jede Verletzung der belebten Bodenschicht und der Deckschichten, jede andere Nutzung als Wald- oder Grünlandnutzung.

164 Eine Befreiung ist nur in einem atypischen Sonderfall zulässig, um Sonderinteressen einzelner Eigentümer, deren Lage sich von der aller anderen Eigentümer unterscheidet, zu berücksichtigen[139]. Die Ge- und Verbote beschränken eine Gemeinde in ihrer Planungshoheit; Bebauungspläne, deren Festsetzungen den Regelungen einer WasserschutzgebietsVO widersprechen, verstoßen gegen zwingendes Recht (vgl. Rn. 3/158)[140].

c) Entschädigungsfragen

165 aa) Im allgemeinen sind **Beschränkungen der Eigentümerbefugnisse** in Wasserschutzgebieten Folge der sogen. Situationsgebundenheit der betroffenen Grundstücke und damit Konkretisierungen der *Sozialbindung des Eigentums* (Art.14 II 2 GG)[141]; sie sind dann i.S. des Art 14 I 2 GG eigentumsinhaltsbestimmend und ent-

137 Die Richtlinien sind abgedruckt bei *Frhr. v. Lersner/Berendes*, Hdb. des Dt. Wasserrechts, Loseblattslg., Stand 7/99. Für BW s. die VwV-WSG v. 14.11.1994 (GMBl. S. 881), geändert durch VwV v. 6.5.1996 (GMBl. S. 460).

138 Eine Wasserschutz-VO, in der nicht die Möglichkeit vorgesehen ist, im Einzelfall zur Vermeidung unbilliger Härten von den Schutzanordnungen Befreiung zu erteilen, ist nach zutr. Auffassung des OVG Koblenz, NuR 1985, 118 wegen Verstoßes gegen das Übermaßverbot nichtig; weniger streng OVG Schleswig, NVwZ 1994, 1034 ff. Andererseits kann auch ein Zuwenig an schützenden Festsetzungen zur Unverhältnismäßigkeit der Schutzgebietsausweisung führen, vgl. OVG Koblenz, ZfW 1990, 480 (481); *Salzwedel*, ZfW 1992, 397 (398). – Zu Baubeschränkungen s. *Huster*, NuR 1992, 56 ff.

139 VGH BW, VBlBW 1999, 97 ff.; OVG Saarlouis, ZfW 1994, 297.

140 BVerwG, NuR 1989, 225. Zur Normenkontrollbefugnis einer Gemeinde VGH BW, NuR 1999, 110 ff.

141 Vgl. BGHZ 121, 328; 133, 271 ff.; BVerwGE 94, 1; BVerwG, NVwZ 1997, 887 ff. Zusammenfassend *Breuer*, NuR 1998, 337 ff.

schädigungslos zu dulden[142]. In bestimmten Fällen kann ein Verbot (z.B. Gülle oder Jauche auszubringen) dazu führen, daß der status quo an Nutzung des Eigentums nicht mehr ausgeübt werden kann. Wenn keine Möglichkeit besteht, für die bislang ausgeübte Nutzung eine Befreiung zu erteilen – weil sonst der Schutzzweck eines WSG gefährdet wäre – ist eine Eigentumsnutzung u.U. nicht mehr möglich. In der Rspr. des BVerfG ist herausgearbeitet worden, daß ein Gesetz für solche Fälle als „ultima ratio" (d.h. wenn eine Befreiung oder Übergangsregelung nicht greift) eine Entschädigungsregelung enthalten kann, um das Verdikt des unverhältnismäßigen Eingriffs im Sinne des Art. 14 I 2 GG zu vermeiden[143]. Entgegen seinem Wortlaut wird § 19 III WHG, wonach Entschädigung zu leisten ist, wenn eine Anordnung nach § 19 II eine Enteignung darstellt, von der Rechtsprechung in diesem Sinne ausgelegt[144]. Hiermit wird vermieden, die „salvatorische Entschädigungsklausel" als mit der Junktimklausel des Art. 14 III 2 GG unvereinbar anzusehen[145]. Eine vergleichbare Frage stellt sich im Naturschutzrecht (Rn. 5/195) sowie im Denkmalschutzrecht.

bb) § 19 IV WHG enthält einen besonderen landesrechtlich auszufüllenden – umweltpolitisch problematischen – Entschädigungstatbestand[146]. Er sieht einen **Billigkeitsausgleich** wirtschaftlicher Nachteile *zugunsten der Land- und Forstwirtschaft* für den Fall vor, daß durch „erhöhte Anforderungen" nach § 19 II WHG (insbesondere durch ein Verbot des Gebrauchs von Dünge- oder Pflanzenbehandlungsmitteln) die „ordnungsgemäße land- oder forstwirtschaftliche Nutzung eines Grundstücks beschränkt" wird. „Ordnungsgemäß" ist eine solche Nutzung u.E. nicht bereits dann, wenn sie betriebswirtschaftlich sinnvoll ist oder agrarwirtschaftlichen Effizienzkriterien genügt, sondern nur, wenn sie nicht gegen allgemeine, schon außerhalb von Wasserschutzgebieten geltende Rechtsnormen verstößt, wenn sie also insbesondere auch wasserwirtschaftlich mit §§ 1a II, 3 II Nr. 2 WHG vereinbar ist. Ordnungsgemäß ist daher nur eine Bodennutzung, die auch die jeweiligen Standortverhältnisse berücksichtigt und sich daran orientiert, was ökologisch verantwortbar ist, sowie den Belangen des Gewässerschutzes i.S.d. § 1a II WHG nicht widerspricht[147]. **166**

142 Vgl. zuletzt BVerwGE 94, 1 (5); BGH, UPR 1994, 391 ff. Dies gilt z.B. auch für Nutzungsbeschränkungen in Überschwemmungsgebieten nach § 32 WHG, VGH BW, VBlBW 1995, 19.

143 BVerfG, NJW 1999, 2877 ff. (Denkmalschutz); BVerfGE 58, 137 ff. (Pflichtexemplare); s.a. *de Witt*, DVBl 1995, 107 (108).

144 BVerwG, NVwZ 1997, 887 ff. (Verfassungsbeschwerde nicht angenommen, BVerfG, B. v. 16.9.1998, 1 BvR 2273/96); BVerwGE 84, 361; 94, 1 m. Anm *Götz*, DVBl. 1993, 1356 f.; BGHZ 133, 271 ff.; 128, 204 (205); 126, 379 (382); 121, 328 (332); VGH BW, VBlBW 1999, 97; 1995, 63; krit. *Breuer*, NuR 1998, 337 (338 ff.).

145 An der Verfassungsmäßigkeit der salvatorischen Entschädigungsklauseln äußern in der Lit. erhebliche Zweifel z.B. *Weyreuther*, Über die Verfassungswidrigkeit salvatorischer Entschädigungsregelungen im Enteignungsrecht, 1980; *Melchinger*, NJW 1991, 2524 (2531). Der BGH interpretiert solche Klauseln – u.E. unzutreffend – gegen BVerwGE 94, 1 als Rechtswegzuweisung zu ihm (§ 40 II VwGO), s. BGH, NJW 1995, 964 ff.; BGHZ 122, 76 (77) – nunmehr aber offengelassen in BGH, NJW 1997, 388.

146 Dazu *Breuer*, NuR 1998, 337 (340 ff.); *Murswiek*, NuR 1990, 289 ff.; *Schink*, UPR 1991, 201 ff.; *Stemmler*, NuR 1991, 366 ff.; *Weyreuther*, UPR 1987, 41 ff. Vgl. auch VerfGH Rh.-Pf., DVBl. 1992, 981.

147 *Czychowski*, WHG, § 19 Rn. 128 ff. BGH, DVBl. 1998, 890: nur die Bodenbewirtschaftung selbst, nicht aber eine bauliche Nutzung zum Zwecke der Bodenbewirtschaftung ist von § 19 IV WHG erfaßt.

167 Das in den meisten Bundesländern zur Finanzierung des durch § 19 IV WHG vorgeschriebenen Ausgleichs der Ertragsausfälle der Landwirtschaft vorgesehene Wasserentnahmeentgelt (Grundwasserabgabe, sog. „**Wasserpfennig**") widerspricht dem Versursacherprinzip. Zwar wird den Landwirten im Vergleich zu anderen, nicht betroffenen Landwirten eine Sonderbelastung zugemutet, hierdurch aber lediglich die Sozialbindung des Grundeigentums konkretisiert. Das BVerfG hat die Wasserentnahmeabgabe als zulässige nichtsteuerliche Abgabe eingestuft[148]. Der Staat sei aber von Verfassung wegen nicht verpflichtet, Standortvorteile der Landwirte, die auf einem ökologisch bedenklichen Umgang mit Gütern der Allgemeinheit beruhen, auf Dauer zu erhalten.

168 U.E. besteht kein Anlaß, die mit dem Wasserpfennig verbundenen Agrarsubventionen nach einem Übergangszeitraum von etwa 5 Jahren, in dem eine Umstellung auf ökologische Bewirtschaftung möglich ist, weiter zu gewähren. Obwohl Baden-Württemberg in den letzten 11 Jahren insgesamt 1,6 Mrd. DM hieraus eingenommen hat, sind die Nitratwerte im Grundwasser nicht gesunken. Nach der Schutzgebiets- und Ausgleichsverordnung erhielten die Bauern Ausgleichszahlungen in Höhe von DM 110 Mio. in 1998. Zum einen wurde das Geld mit der Gießkanne unter die Landwirte gebracht, zum anderen wird trotzdem ohne Kontrolle und Sanktionen gegen die Schutzbestimmungen verstoßen. In Baden-Württemberg liegt ca. 1/5 der Landesfläche in Wasserschutzgebieten. 320 000 ha werden landwirtschaftlich genutzt. Der Grenzwert soll jetzt von 20 auf 35 mg Nitrat/l heraufgesetzt, und 200 000 ha Fläche sollen aus dem Anwendungsbereich der Schutzgebiets- und Ausgleichsverordnung herausgenommen werden.

2. Wasserwirtschaftliche Planung

169 Zur Reinhaltung der Gewässer ist eine Reihe planungsrechtlicher[149] Instrumente vorgesehen, die praktisch aber nur wenig entwickelt sind:

- verwaltungsinterne, bei Bedarf fortzuschreibende **wasserwirtschaftliche Rahmenpläne** *für große Räume* (Flußgebiete oder Wirtschaftsräume) zur Sicherung der wasserwirtschaftlichen Voraussetzungen für die Entwicklung der Lebens- und Wirtschaftsverhältnisse, also insbesondere Zielvorstellungen zum nutzbaren Wasserschatz, zur Möglichkeit der Deckung des künftigen Wasserbedarfs, zu den Anforderungen an die Reinhaltung der Gewässer, zum Hochwasserschutz u.a.m. (§ 36 WHG),
- verwaltungsinterne, *für kleinere Räume* erlassene **Gewässer-Bewirtschaftungspläne** der Länder, die insbesondere für oberirdische Gewässer, die der öffentlichen Wasserversorgung dienen, aufzustellen sind. Die Erforderlichkeit hierfür kann sich aus wasserwirtschaftlichen Gründen oder aus zwischenstaatlichen bzw. EG-rechtlichen Verpflichtungen ergeben. Die Bewirtschaftungspläne enthalten u.a. wasserwirtschaftliche *Zielvorstellungen* bezüglich der Nutzungen und der

---

148 BVerfGE 93, 319 ff. Zustimmend *Murswiek*, NVwZ 1996, 417 ff.

149 S. hierzu *Baisch*, Bewirtschaftung im Wasserrecht, 1996, S. 106 ff.; *Breuer*, in: *Rengeling* (Hrsg.), EUDUR II, S. 714 ff.; *Peters*, Umweltverwaltungsrecht, Rn. V/14 ff.; *Kloepfer*, Umweltrecht, § 13 Rn. 169 ff.

Gewässergüte[150] sowie einen Maßnahmenkatalog zur Erreichung der Zielvorstellungen (§ 36b WHG),

- außenwirksame, d.h. für jedermann verbindliche **Reinhalteordnungen** durch Rechtsverordnungen der Landesregierungen mit Zuführungsverboten oder (über § 7a WHG hinaus) mit Zuführungs-, vor allem also Immissionsbeschränkungen (§ 27 WHG);
- **Abwasserbeseitigungspläne** (§ 18a III WHG), in denen Standorte bedeutsamer Abwasserbehandlungsanlagen, deren Einzugsbereich, Grundsätze der Abwasserbehandlung sowie die Trägerschaft der Abwasserbehandlung festgelegt sind und die nach § 18 III 3 WHG für (außen-)verbindlich erklärt werden können (durch VO nach Art. 41d IV 2 Bay WG, § 45d BW WG, § 60 III RPf WG).

3. Vorsorgegebote zur Reinhaltung von Gewässern

Ziel der im wesentlichen gleichlautenden Reinhaltevorschriften für oberirdische Gewässer (§ 26 WHG), Küstengewässer (§ 32b WHG, entspricht nur § 26 II) und das Grundwasser (§ 34 WHG) ist es, die (weitere) Verunreinigung eines Gewässers ohne Rücksicht auf dessen jeweiligen Gütezustand zu verhindern. Hierzu bestehen ein zwingendes Erlaubnisverbot (§§ 26 I, 34 I WHG) und ein zwingendes Verhaltensverbot (§§ 26 II, 32b, 34 II WHG). 170

a) Besorgnisgrundsatz

Nach dem in §§ 26 II, 32b, 34 II WHG enthaltenen sogen. *Besorgnisgrundsatz* ist das **Lagern**[151] und **Ablagern von Stoffen**[152] an einem Gewässer[153] sowie das **Befördern von Flüssigkeiten oder Gasen** in Rohrleitungen verboten, wenn hierbei eine „Ver- 171

---

150 Im Anschluß an die Verwaltungsvorschrift über den Mindestinhalt von Bewirtschaftungsplänen v. 19.9.1978 (GMBl. 466) werden 7 Güteklassen für fließende Gewässer und 4 Trophiestufen für stehende Gewässer unterschieden. Die Güteklassen für fließende Gewässer reichen von I (unbelastet bis sehr gering belastet) über I/II (gering belastet), II (mäßig belastet) usw. bis IV (übermäßig verschmutzt). Die Trophiestufen für stehende Gewässer reichen von oligotrophen Seen (klare, nährstoffarme Seen mit geringer Planktonproduktion, die am Ende der Stagnationsperiode auch in der Tiefe noch mit über 70% Sauerstoff gesättigt sind) über metrophe Seen und eutrophe Seen bis zu polytrophen Seen (Seen mit sehr hohem, stets frei verfügbarem Nährstoffangebot, schon im Sommer in der Tiefe sauerstofffrei usw.). Die Güteklassendefinitionen sollten auf neuerkannte Gefährdungspotentiale erstreckt werden und Gütemerkmale wie Halogenkohlenwasserstoffe, Schwefel- und Phosphorverbindungen, Pestizide, Toxizität und Kanzerogenität berücksichtigen, so SRU, Umweltgutachten 1994, Tz. 497.

151 „*Lagern*" ist das aufbewahrende Niederlegen von Stoffen mit dem Ziel ihrer späteren Wiederverwendung; vgl. auch BGHZ 46, 17. Auch die Lagerung von landwirtschaftlichem Mist auf leichten Böden wird grds. von § 3 II Nr. 2 und § 34 II WHG erfaßt, vgl. OLG Düsseldorf, NVwZ 1987, 261. Für Abfälle (§ 3 I KrW-/AbfG) gelten §§ 5, 27 I KrW-/AbfG. § 19g WHG ist gegenüber § 26 II lex specialis.

152 „*Ablagern*" ist das Niederlegen von Stoffen mit dem Ziel, sich ihrer zu entledigen; vgl. auch BGHZ 46, 17; OLG Stuttgart, NVwZ-RR 1997, 220 (Aufbringen von Klärschlamm).

153 „*An einem Gewässer*" i.S. des § 26 II 1 WHG wird ein Stoff (u.U. landeinwärts) niedergelegt, soweit hiervon noch Gefahren für das Gewässer ausgehen können; vgl. *Czychowski*, WHG, § 26 Rn. 23.

unreinigung des Wassers oder eine sonstige nachteilige Änderung seiner Eigenschaften oder des Wasserabflusses zu besorgen ist“. Bei der Anwendung der – unmittelbar geltenden – Vorschriften ist ein strenger, gewässerfreundlicher Maßstab anzulegen[154], es darf keine auch noch so wenig naheliegende Wahrscheinlichkeit bestehen, es muß also nach menschlicher Erfahrung unwahrscheinlich sein, daß nachteilige Veränderungen des Gewässers eintreten[155].

172 Diese Bestimmungen stehen als Regeln des vorbeugenden Gewässerschutzes in Gesetzeskonkurrenz mit der offenbar weniger strengen Bestimmung des § 10 IV 2 Nr. 3 KrW-/AbfG, wonach Abfälle so zu beseitigen sind, daß nicht dadurch „Gewässer … schädlich beeinflußt“ werden. Jedoch ist auch § 10 IV 2 Nr. 3 KrW-/AbfG im Sinne des § 26 II WHG auszulegen, so daß kein unterschiedliches Schutzniveau mehr besteht[156].

173 **Beispiel:** Ein Chemiewerk hat auf eigenem Gelände während längerer Zeit Chemiemüll abgelagert, und zwar lediglich mit Baugenehmigung, aber ohne wasserrechtliche Gestattung. Später gelangte, was nicht vorausgesehen worden war, ständig Sickerwasser mit schädlichen Wasserinhaltsstoffen in einen Vorfluter. Wurden diese Ablagerungen *vor* dem 11.6.1972 (Inkrafttreten des AbfG), aber *nach* dem 1.3.1960 (Inkrafttreten des WHG) abgeschlossen („Altlast“), so hat die (dann zuständige) Wasserbehörde im Wege der Gewässeraufsicht die aufgrund des Verstoßes gegen § 26 II WHG herbeigeführte Gefahr durch eine an das Chemiewerk zu richtenden *Sanierungsverfügung* abzuwehren (etwa gem. §§ 82 ff. BW WG); das Chemiewerk hat die Gefahr unmittelbar verursacht und ist überdies Grundstückseigentümer. Eine Rekultivierung kann hier mangels gesetzlicher Ermächtigung nicht angeordnet werden. – Wurden demgegenüber die Ablagerungen erst *nach* dem 11.6.1972 beendet, so ist für diese stillgelegte Deponie die Sanierungsverfügung durch die für die Abfallbeseitigung gem. LAbfG zuständige Behörde zu treffen; diese kann nach § 10 II AbfG (§ 36 II KrW-/AbfG) nicht nur die Sanierung, sondern auch die Rekultivierung verlangen. – Ist hingegen die Ablagerung bereits *vor* dem 1.3.1960 abgeschlossen worden („Uraltlast“), so kann in der Regel lediglich die Polizei- bzw. Ordnungsbehörde die Sanierungsverfügung erlassen, wobei materiellrechtlich das allgemeine Polizei- oder Ordnungsrecht maßgeblich ist (s. Rn. 7/73 ff.). Eine Rekultivierungsanordnung ist dann ebenfalls nicht möglich.

b) Benutzungsverbote

174 Nach § 26 I WHG ist das **Einbringen von festen Stoffen** in oberirdische Gewässer zu dem Zweck, sich dieser Stoffe zu *entledigen,* d.h. die Sachherrschaft über sie aufzugeben, verboten[157]. Dieses Verbot gilt sowohl für die gestattungspflichtigen als auch für die gestattungsfreien Benutzungen oberirdischer Gewässer, nicht aber für wesentliche Änderungen solcher Gewässer i.S. des § 31 WHG (Rn. 6/181)[158].

---

154 BVerwG, ZfW 1981, 87.

155 VGH BW, VBlBW 1999, 97 ff.

156 So *Hösel/Frhr. v. Lersner*, KrW-/AbfG, § 10 Rn. 43; *Kunig/Paetow/Versteyl*, KrW-/AbfG, § 10 Rn. 38; *Czychowski*, WHG, § 26 Rn. 15; *Sieder/Zeitler/Dahme*, WHG, § 26 Rn. 2b. S. auch BVerwGE 89, 138 (143), wonach bei *rechtswidriger* Lagerung oder Ablagerung von Abfällen die Anforderungen der §§ 26 II, 34 II WHG *ohne* Einschränkung gelten.

157 BVerwG, VerwRspr. 1980, 423; B. v. 271.1997, 11 B 1/97.

Eine Erlaubnis für das **Einleiten von Stoffen** in das Grundwasser (§ 3 I Nr. 5 WHG) darf nach § 34 I WHG nur erteilt werden, wenn eine schädliche Verunreinigung des Grundwassers oder eine sonstige nachteilige Veränderung seiner Eigenschaften nach aller menschlichen Erfahrung nicht zu besorgen ist, wobei beachtet werden muß, daß dem Grundwasser nahezu vollständig das Selbstreinigungsvermögen fehlt[159]. Eine Bewilligung kommt hier nach § 8 II 2 WHG von vornherein nicht in Betracht. **175**

VII. Unterhaltung und Ausbau oberirdischer Gewässer

1. Unterhaltung oberirdischer Gewässer (§§ 28 ff. WHG)

Die Rahmenvorschriften des WHG über den Umfang der Unterhaltung (§ 28), die Träger der Unterhaltungslast (§ 29) und die besonderen Pflichten (Dritter) im Interesse der Unterhaltung (§ 30) werden durch landesrechtliche Vorschriften ergänzt. **176**

Der **Umfang der Unterhaltung** erstreckt sich nach § 28 I 1 WHG auf die Erhaltung eines ordnungsgemäßen Zustandes für den *Wasserabfluß*[160] und ggf. auch die *Schiffbarkeit*, nach Landesrecht insbesondere noch auf die Ufersicherung und die Reinigung des Gewässerbetts. Dabei ist den Belangen des Naturhaushalts (Rn. 5/6) Rechnung zu tragen; Bild und Erholungswert der Gewässerlandschaft sind zu berücksichtigen (§ 28 I 2 WHG)[161]. **177**

Die Unterhaltungslast (§ 29 WHG) ist eine ihrem Träger obliegende öffentlich-rechtliche Verpflichtung, die aber Dritten keine Rechtsansprüche gewährt (vgl. z.B. § 46 I BW WG). Soweit die Unterhaltung nicht die Aufgabe von Bund oder Land, von kommunalen Körperschaften oder Wasser- und Bodenverbänden ist, obliegt sie den Gewässereigentümern, den Anliegern, den durch die Unterhaltung Begünstigten oder den Verursachern des Unterhaltungsbedarfs. Unterhaltungspflichtig ist für die Bundeswasserstraßen der Bund (Art. 89 GG, §§ 7 f. WaStrG). Landesrechtlich ist u.a. bestimmt, in welcher Weise die Unterhaltungslast zu erfüllen ist (§ 29 I 3 WHG)[162]. **178**

In *Baden-Württemberg* sind z.B. für Gewässer 1. Ordnung grundsätzlich das Land und für Gewässer 2. Ordnung die Gemeinden unterhaltungspflichtig (§ 49 BWWG, ebenso in Hessen, NRW, Sachsen, Thüringen und Bremen), in anderen Ländern z.B. auch Wasser- und Bodenverbände (Brandenburg, Mecklenburg-Vorpommern, Niedersachsen). Private Gewässer sind vom Gewässereigentümer bzw. vom Eigentümer des Gewässerbetts zu unterhalten. **179**

---

158 *Czychowski*, WHG, § 26 Rn. 6; BVerwG, B. v. 27.1.1997, 11 B 1/97: Nach § 26 I WHG ist es verboten, die am Rechen eines Wasserkraftwerkes zum Schutz seiner Turbinen aufgefangenen und aus dem Wasser entnommenen festen Stoffe zum Zweck der Entledigung in das Gewässer wieder einzubringen.

159 Der EuGH hat § 34 WHG als nicht ausreichende Umsetzung der Grundwasser-Richtlinie angesehen, weil hierdurch nicht sichergestellt sei, daß auch die Einleitung der in Liste 1 der Richtlinie erfaßten Stoffe verboten ist, s. EuGH, DVBl. 1991, 863.

160 Vgl. BGHZ 125, 191 ff.; OVG Lüneburg, ZfW 1993, 230. Beispiele bei *Czychowski*, WHG, § 28 Rn. 18; *Peine*, UTR 1995, 254.

161 *Krings*, NuR 1997, 129 ff.; *Laismann/Vogel*, ZfW 1997, 220 (222).

162 S. BVerwG, NVwZ-RR 1996, 638 ff.; VGH BW, ZfW 1997, 175.

180 Die Anlieger und Hinterlieger haben nach § 30 WHG gewisse Handlungen der Unterhaltungspflichtigen zu dulden. Entstehen hierdurch Schäden, so haftet der Unterhaltungspflichtige auch ohne Verschulden auf Schadensersatz (Gefährdungshaftung)[163].

2. Ausbau oberirdischer Gewässer (§ 31 WHG)

181 Mit der 6. Novelle ist in § 31 I WHG als Grundsatz des Gewässerausbaus festgelegt worden, daß Gewässer, die sich im natürlichen oder naturnahen Zustand befinden, in diesem Zustand erhalten werden sollen. Nicht naturnah ausgebaute Gewässer sollen so weit wie möglich wieder in einen naturnahen Zustand zurückgeführt werden, wenn überwiegende Gründe des Allgemeinwohls (etwa einer vorhandenen Wasserkraftnutzung) nicht entgegenstehen. Für den in § 31 II geregelten planfeststellungsbedürftige **Ausbau eines Gewässers** bildet diese Vorschrift keine zwingende rechtliche Vorgabe (Rn. 3/158), sondern einen in der Abwägung besonders zu berücksichtigenden Belang (Rn. 3/167 ff.)[164].

182 Unter Ausbau eines Gewässers ist nach § 31 II 1 WHG die (auf Dauer angelegte)

- *Herstellung* (z.B. eines Sees, Kanals, Bachlaufs, Fischteichs, Regenrückhaltebekkens oder Hochwasserpolders),
- *Beseitigung* (z.B. durch Zuschütten eines Gewässers, auch eines Baggersees nach Beendigung der Naßauskiesung) oder
- *wesentliche* (d.h. mit merklichen Auswirkungen auf den Wasserhaushalt verbundene) *Umgestaltung*[165] (z.B. Flußregulierung, Uferverlegung, Errichtung großer Stauanlagen, Vertiefung des Gewässerbettes oder Renaturierungsmaßnahme)

des Gewässers oder seiner Ufer zu verstehen. Nach § 31 I 2 WHG stehen dem Ausbau *Deich- und Dammbauten*, die den Hochwasserabfluß beeinflussen (z.B. Eindeichen einer Flußniederung), gleich. Ein solcher Gewässerausbau bedarf der *Planfeststellung* (Rn. 3/76). Er ist abzugrenzen von wasserwegerechtlichen Maßnahmen an Bundeswasserstraßen, mit denen deren Verkehrsfunktion verbessert werden soll und für die die §§ 12 ff. WaStrG gelten[166], und Gewässerunterhaltungsmaßnahmen nach § 28 WHG[167].

---

163 BVerwGE 75, 363; wonach entsprechend § 40 II 1 VwGO der Zivilrechtsweg eröffnet ist.

164 *Czychowski*, WHG, § 31 Rn. 2c; *Kloepfer*, Umweltrecht, § 13 Rn. 181. *Knopp*, NJW 1997, 417 (421) spricht zutreffend von einer Verpflichtung im Rahmen der Finanzierbarkeit. S. ferner BT-Drs. 13/4788, S. 21.

165 Dazu VGH BW, NuR 1989, 90; OVG Koblenz, NuR 1991, 143; OVG Schleswig, ZfW 1998, 509 ff. Wesentlich ist eine Umgestaltung eines Gewässers, wenn sie den Zustand des Gewässers einschließlich seiner Ufer in einer für den Wasserhaushalt (Wasserstand, Wasserabfluß, Selbstreinigungsvermögen), für die Schiffahrt, für die Fischerei oder in sonstiger Hinsicht (z.B. auch das äußere Bild) bedeutsamen Weise ändert. Weitere Beispiele bei *Czychowski*, WHG, § 31 Rn. 4 ff.; *Sieder/Zeitler/Dahme*, WHG, § 31 Rn. 18.

166 VGH BW, B. v. 19.6.1998, 8 S 602/98.

Wenn der *Wasserbau* – wie in der Vergangenheit üblich – nur unter hydraulischen Aspekten bzw. unter Nutzungsaspekten betrieben wird (z.B. Flußlaufbegradigungen, Kanalisierungen, harte Uferbefestigungen selbst bei kleinen Fließgewässern, Verrohrungen usw.), hat dies Grundwasserabsenkungen und eine erhebliche Schwächung der Leistungsfähigkeit der Fließwasser-Ökosysteme zur Folge (vgl. demgegenüber § 12 II WaStrG). Etwa 40% aller Fluß- und Bachläufe sind ausgebaut. Inzwischen wird hier und da ein ökologisch indizierter „Rückbau" betrieben, der aber grundsätzlich auch planfeststellungspflichtig ist, soweit das Gewässer wesentlich umgestaltet wird, z.B. durch Verbreiterung des Gewässerbettes, künstliches Anlegen von Mäandern, Einbau von Stromschnellen[168]. **183**

Der *Ausbau* eines Gewässers bedarf nach § 31 II 1 u. 2 WHG grundsätzlich der **Planfeststellung** (dazu auch oben Rn. 3/76)[169], wobei im Planfeststellungsverfahren eine **Umweltverträglichkeitsprüfung** vorzunehmen ist. Eine **Plangenehmigung** – ohne UVP – kann nach § 31 III WHG erteilt werden, wenn es sich um einen Ausbau von geringer Bedeutung handelt (insbes. naturnaher Ausbau von Teichen oder kleinräumige Beseitigung einer Verdolung), das Vorhaben keine erheblichen nachteiligen Auswirkungen auf ein Schutzgut des § 2 I 2 UVPG haben kann oder eine wesentliche Verbesserung für diese Schutzgüter herbeiführen soll[170]. **184**

Eine § 8 BNatSchG vergleichbare Vorschrift enthält § 31 V WHG. Nach dieser in ihrem Satz 1 zwingenden, der Abwägung vorgelagerten Rechtsvorschrift (vgl. Rn. 3/158) sind natürliche Rückhalteflächen zu erhalten, das natürliche Abflußverhalten nicht wesentlich zu verändern, naturraumtypische Lebensgemeinschaften zu bewahren und – wie bei § 8 II BNatSchG – sonstige erhebliche nachteilige Veränderungen des natürlichen oder naturnahen Zustandes zu vermeiden oder – soweit dies nicht möglich ist – auszugleichen[171]. Der Planfeststellungsbeschluß ist darüberhinaus (im Rahmen des Abwägungsgebotes) zu versagen, soweit von dem Ausbau eine Beeinträchtigung des Wohls der Allgemeinheit, insbesondere eine erhebliche und dauer- **185**

167 S. hierzu *Czychowski*, WHG, § 31 Rn. 9 ff.; fragl. ist bspw., ob das Wiederherstellen eines früheren Zustandes, wenn sich zwischenzeitlich wegen unterlassener Gewässerunterhaltung ein „natürlicher" Zustand eingestellt hat, der Planfeststellung bedarf, so z.B. OVG Lüneburg, NuR 1990, 86; BayVGH, ZfW 1991, 182. Vgl. auch BVerwGE 99, 160; BVerwG, NuR 1996, 515 ff.; im AEG gibt es aber keine § 31 I WHG vergleichbare Norm.

168 Zur Renaturierung s. *Knauber*, NVwZ 1992, 220 ff.; *Peine*, ZfW 1993, 189 ff.

169 Dazu z.B. *Czychowski*, WHG, § 31 Rn. 15 ff.; 24 ff.; *Sieder/Zeitler/Dahme*, WHG, § 31 Rn. 1 ff. – Nach VGH BW, ZfW 1985, 38 kann eine wasserrechtliche Planfeststellung auch dann erforderlich sein, wenn ohne bauliche Maßnahmen der Lauf eines Gewässers verändert wird (hier: Umleitung von Donauwasser vor den Versickerungsstellen Immendingen und Fridingen durch bereits bestehende Ableitungsstollen).

170 Erforderlich ist eine Prognose der Wasserrechtsbehörde. Stellt sich während des Plangenehmigungsverfahrens heraus, daß durch den Gewässerausbau entgegen dieser Prognose Umweltgüter erheblich betroffen sein können, so ist ein Planfeststellungsverfahren durchzuführen. Eine UVP ist allerdings durchzuführen, wenn das Vorhaben vom Katalog der UVP-Richtlinie oder der UVP-Änderungs-RL erfaßt ist. Die in § 64 V BW WG vorgesehene Freistellung von der Planfeststellungspflicht verstößt gegen § 31 WHG; a.A. *Heiland*, VBlBW 1998, 401 (403). S.a. *Vollmöller*, BayVBl. 2000, 137 ff.

171 Nach Wortlaut und Systematik des Abs. 5 enthält Satz 1 eine zwingende Rechtsvorschrift, während Satz 3 erhöhte Anforderungen an die sachgerechte Abwägung stellt. Unzutreffend deshalb *Czychowski*, WHG, § 31 Rn. 81 (unter fehlerhafter Bezugnahme auf den im Wortlaut unterschiedlichen § 50 BImSchG sowie § 8 II BNatSchG, der vom BVerwG in st. Rspr. als zwingend zu beachtende Rechtsnorm angesehen wird, vgl. BVerwG, NVwZ 1993, 565 [569]).

hafte, nicht ausgleichbare Erhöhung der Hochwassergefahr oder eine Zerstörung natürlicher Rückhalteflächen (insbesondere in Auwäldern) zu erwarten ist.

186 Bei der wasserrechtlichen Planfeststellung wird herkömmlich zwischen *gemeinnütziger* Fachplanung (z.B. Regulierung eines Flußlaufs, Herstellung eines öffentlichen Kanals, Vorhaben i.S. des § 36a I 1 WHG usw.) und *privatnütziger* Fachplanung (z.B. Herstellung eines Baggersees durch Naßbaggerung zum Zwecke der Auskiesung, Herstellung eines Fischteichs) unterschieden. Die Gemein- oder Privatnützigkeit hängt ausschließlich davon ab, ob mit dem Vorhaben *unmittelbar* zum Wohl der Allgemeinheit *öffentliche Aufgaben* wahrgenommen werden. Die Unterscheidung ist nur noch historisch bedingt, nachdem das BVerfG unter bestimmten legislativen Voraussetzungen auch Enteignungen zugunsten Privater für möglich hält und für alle (nicht nur für privatnützige) Planfeststellungen als Rechtmäßigkeitsvoraussetzung anerkannt ist, daß zwingende Rechtsvorschriften – etwa die des Bauordnungsrechts (z.B. das Verunstaltungsverbot für Abgrabungen nach § 2 I 3 Nr. 1 i.V.m. § 3 I 2 BW LBO), des Bauplanungsrechts (z.B. §§ 29 S. 3 i.V.m. 35 BauGB), des Naturschutzrechts (z.B. § 8 II BNatSchG bzw. §§ 10, 11, 13 BWNatSchG) oder des Waldrechts (z.B. § 9 BWaldG bzw. § 9 BWWaldG hinsichtlich der Rodung) – eingehalten und die von der Planung berührten privaten und öffentlichen Belange gegeneinander und untereinander abgewogen werden (Rn. 3/160 ff.)[172]. Die wasserrechtliche Planfeststellung hat nur die Besonderheit, daß sie über das Bewirtschaftungsgebot nach §§ 1a, 6 WHG bereits vor der Stufe der Abwägung versagt werden kann (Rn. 3/157). Allerdings kann die Planfeststellungsbehörde die Frage, ob zwingende Versagungsgründe vorliegen, offen lassen, wenn sich die Ablehnung aus der planerischen Abwägung ergibt[173]. Soweit feststeht, daß unüberwindbare fachgesetzliche Versagungsgründe vorliegen, kann ein Antrag auf Planfeststellung aber auch ohne Einleitung des förmlichen Planfeststellungsverfahrens abgelehnt werden[174].

187 **Beispiele:** Die wichtigen gesamtwirtschaftlichen Aspekte des Kiesabbaus ändern nichts daran, daß die **Naßauskiesung** eines Grundstücks nur aufgrund einer *privatnützigen Planfeststellung* zulässig ist, weil mit der Naßauskiesung nicht unmittelbar zum Wohl der Allgemeinheit öffentliche Aufgaben wahrgenommen werden (Rn. 3/157). Wenn der entstehende Baggersee wieder verfüllt werden soll, wird verschiedentlich hierin nur eine erlaubnis- oder bewilligungspflichtige Zutageleitung von Grundwasser gesehen[175]. Demgegenüber hat auch die nur vorübergehende Anlage eines Baggersees umweltrelevante Auswirkungen auf die gesamte Umgebung, so daß eine Naßauskiesung zumindest dann planfeststellungspflichtig ist, wenn der Baggersee länger als eine Vegetationsperiode bestehen bleibt[176].

172 BVerwGE 85, 155 (156).

173 BVerwGE 85, 155 (156).

174 OVG Koblenz, NuR 1991, 189; a.A. Hess. VGH, ZfW 1984, 226. Nach BVerwG, B. v. 12.8.1993, 7 B 122.93, Buchholz 445.4 § 31 WHG Nr. 16, ist z.B. auch die endgültige Weigerung eines Grundstückseigentümers, Flächen für eine geplante Naßauskiesung zur Verfügung zu stellen, ein „schlechterdings nicht ausräumbares Hindernis", welches bereits das Sachbescheidungsinteresse des Unternehmers entfallen läßt.

175 Hess. VGH, ZfW 1986, 378; *Breuer*, Wasserrecht, Rn. 49.

176 Vgl. OVG Münster, NuR 1992, 134 ff.; *Sieder/Zeitler/Dahme*, WHG, § 31 Rn. 4.

Die LWGe bestimmen hinsichtlich der wasserrechtlichen Planfeststellung weitere wasserrechtlich planfeststellungsbedürftige Vorhaben (z.B. Bau, Betrieb und wesentliche Änderung öffentlicher Abwasserbehandlungsanlagen). **188**

Für das **wasserrechtliche Planfeststellungsverfahren** sind außer § 31 WHG die ergänzenden Sondervorschriften der LWG (z.B. §§ 64, 107 BWWG) maßgeblich. Die allgemeinen Vorschriften zum Planfeststellungsverfahren nach dem jeweiligen LVwVfG gelten subsidiär. Die Konzentrationswirkung des Planfeststellungsbeschlusses ist durch das Landesrecht geregelt (z.B. durch § 75 I LVwVfG)[177]. Die bundes- und landesrechtlichen Regelungen über die *Wirkungen des Planfeststellungsbeschlusses* entsprechen im wesentlichen dem, was oben unter Rn. 3/141 ff. allgemein zu den Wirkungen eines Planfeststellungsbeschlusses ausgeführt wurde. Dies gilt auch für die *Schutzauflagen* i.S. des § 31 V WHG (Rn. 3/122 ff.), für die *Entschädigung* (Rn. 3/130 ff.) und für die *rechtlichen Schranken der planerischen Gestaltungsfreiheit* (Rn. 3/152 ff.). Ausbauvorhaben können – wie sonstige Planfeststellungen – abschnittsweise zugelassen werden (ausdrücklich § 31 IV 1 WHG), ferner kann unter den engen Voraussetzungen des § 9a WHG mit der *vorläufigen Ausführung des Vorhabens* bereits vor der Planfeststellung bzw. der Plangenehmigung begonnen werden (§ 34 IV 2 WHG). Diese Regelung entspricht § 15a BImSchG und § 33 KrW-/AbfG (Rn. 8/216, 12/269 f.). **189**

3. Überschwemmungsgebiete

Dem vorbeugenden Hochwasserschutz dient § 32 WHG. Gebiete zwischen oberirdischen Gewässern, Deichen oder Hochufern sowie sonstige Gebiete, die bei Hochwasser überschwemmt, durchflossen oder für die Hochwasserrückhaltung beansprucht werden, sind förmlich durch Rechtsverordnung nach den LWG (z.B. § 110 I BW WG, § 100 I SächsWG) als **Überschwemmungsgebiete** festzusetzen[178] und in das Wasserbuch einzutragen. Die Überschwemmungsgebiete sind in ihrer Funktion als natürliche Rückhalteflächen zu erhalten, ggf. sind Ausgleichsmaßnahmen vorzusehen. Soweit Überschwemmungsgebiete durch Versiegelung oder intensive landwirtschaftliche Nutzung ihre ökologische Funktion verloren haben, sollen sie so weit wie möglich wiederhergestellt werden (§ 32 II WHG). In den LWG oder der Schutz-VO sind die zum Hochwasserschutz erforderlichen Vorschriften nach Maßgabe des § 32 I 2 WHG festzulegen, bspw. Genehmigungsvorbehalte für bauliche Anlagen oder Bewirtschaftungsgebote. Die Regelungen sind eigentumsinhaltsbestimmend im Sinne des Art. 14 I 2 GG. Wegen Entschädigungen für Einschränkungen land- und forst- **190**

177 Die meisten Länder haben von der Ermächtigung des § 100 Nr. 2 VwVfG Gebrauch gemacht und die Ersetzungswirkung auch auf die nach Bundesrecht notwendigen behördlichen Entscheidungen erstreckt.

178 Zur Entstehung der Hochwasserschutzvorschriften *Geiler*, ZUR 1997, 75 ff. S.a. OVG Hamburg, ZfW 1997, 111 ff.; VGH Urt. v. 20.4.1994, 8 S 2449/93: es begegnet keinen verfassungsrechtlichen Bedenken, daß weder in § 32 WHG noch in § 79 BW WG eine finanzielle Ausgleichspflicht vorgesehen ist.

wirtschaftlicher Nutzungen wird auf § 19 IV WHG verwiesen (§ 32 I 3 WHG, Rn. 6/166).

VIII. Überwachung

1. Behördliche Überwachung

191 Die gesamte Wasserwirtschaft (einschließlich des Gewässerschutzes) untersteht einer **hoheitlichen Gewässeraufsicht**. Ihr unterliegen der Zustand und – nach Maßgabe des § 21 I 1 WHG – die Benutzung der Gewässer (Rn. 6/92) sowie gem. § 21 II WHG die Anlagen und Fachbetriebe i.S. der §§ 19a ff. WHG (Rn. 6/151). Die Kompetenzen der Überwachungsbehörden ergeben sich im einzelnen aus dem Landesrecht[179], da das WHG aus Rücksicht darauf, daß Polizeirecht Ländersache ist, auf eine Regelung verzichtet hat. Alle Ländergesetze enthalten aber eine spezifische **wasserpolizeiliche Generalklausel**, bei deren Anwendung als Auslegungsmaßstab auf § 6 WHG und § 34 WHG (für das Grundwasser) zurückgegriffen werden kann[180]. Die wasserpolizeiliche Generalklausel ist Rechtsgrundlage für Untersagungsverfügungen, Beseitigungs- und Sanierungsverfügungen oder Maßnahmen zur Erforschung eines Gefahrenverdachts (Setzen von Grundwasserpegeln)[181].

192 Eine Untersagungs- und Beseitigungsverfügung bei formell illegaler Gewässerbenutzung erfordert nur im Ausnahmefall die Prüfung, ob die Möglichkeit einer Legalisierung besteht[182]. Wenn die Nutzung einer baulichen Anlage, die mit einer illegalen Gewässerbenutzung verbunden ist, aus Verhältnismäßigkeitsgesichtspunkten für eine bestimmte Zeit nicht untersagt wird, begründet die endgültige Untersagung keinen Entschädigungsanspruch[183]. Eine Ordnungsverfügung darf unter Berücksichtigung des Verhältnismäßigkeitsgrundsatzes auf die bloße Illegalität eines Zustandes gestützt werden[184].

193 Die Wasserbehörden müssen, um ihrer Überwachungsaufgabe nachkommen zu können, die Möglichkeit haben, die hierfür erforderlichen Informationen zu gewinnen. Hierzu enthält bundesrechtlich § 21 WHG eine Reihe von *Duldungspflichten, Auskunfts-* und sonstigen *Mitwirkungspflichten* von Antragstellern und Gewässerbenutzern usw. Weitere Regelungen finden sich im Landeswasserrecht, das teilweise auf

179 Vgl. z.B. §§ 95 f. BW WG.

180 BVerwGE 89, 138 ff.

181 Nach Hess. VGH, ZfW 1993, 102 darf der Grundstückseigentümer nur zur Duldung von Gefahrerforschungseingriffen verpflichtet werden, wenn bei Diagnose des Sachverhalts oder des Kausalverlaufs ein hinreichend wahrscheinlicher Schadenseintritt nicht prognostiziert werden kann. Anderes gilt, wenn vorher stattgefundene Proben erheblich aus dem Rahmen fallende Verunreinigungen ergaben. In diesem Fall besteht ein hinreichender Gefahrenverdacht, so VGH BW, DÖV 1991, 167; DVBl. 1990, 1047. Zur Abgrenzung insbesondere der Kostentragung für Amtsermittlungs- und Gefahrerforschungsmaßnahmen s. *Schink*, DVBl. 1989, 1182 ff., u. Rn. 7/123, 143.

182 BVerwG, B. v. 8.10.1998, 11 B 42.98: bei Schwarzbau nicht erforderlich; OVG Münster, ZfW 1998, 455; OVG Greifswald, NuR 1999, 49 ff.

183 BGH, DVBl. 1999, 603.

184 BVerwG, B. v. 29.12.1998, 11 B 56.98.

§ 21 WHG verweist; subsidiär bestehen daneben die polizeirechtlichen Eingriffsbefugnisse.

2. Innerbetriebliche Überwachung

Neben die externe behördliche Überwachung tritt eine interne *betriebliche Eigenüberwachung* (s. Rn. 2/31). Ihr dient auch die Institution des „**Betriebsbeauftragten für Gewässerschutz**“ (§§ 21a – 21g WHG)[185]. Nach § 21a I WHG ist mindestens *ein* Gewässerschutzbeauftragter von solchen *Gewässerbenutzern* zu bestellen, die an einem Tag mehr als 750 m^3 Abwasser einleiten dürfen. Die gleiche Verpflichtung kann die zuständige Behörde anderen Einleitern von Abwasser in Gewässer oder in Abwasseranlagen auferlegen (§ 21a II WHG). Hinzu kommt die Möglichkeit, eine wasserrechtliche Gestattung mit der Auflage zu versehen, einen Gewässerschutzbeauftragten zu bestellen (§ 4 II Nr. 2 WHG). **194**

Ähnlich wie der Immissionsschutzbeauftragte (s. dazu Rn. 8/280) oder der Betriebsbeauftragte für Abfall (Rn. 12/328) hat auch der *Gewässerschutzbeauftragte*, der ebenfalls nicht als verlängerter Arm der Exekutive, sondern als Mitarbeiter des ihn bestellenden Gewässerbenutzers tätig wird, nach dem WHG bestimmte, im wesentlichen fünf *Funktionen* wahrzunehmen, nämlich eine **195**

- Beratungsfunktion (§ 21b I WHG),
- Initiativfunktion (§ 21b II Nrn.2 u. 3),
- Kontrollfunktion (§ 21b II Nr. 1),
- Aufklärungsfunktion (§ 21b II Nr. 4) und eine
- Berichtsfunktion (§ 21b III).

Der *Gewässerbenutzer* hat dem Gewässerschutzbeauftragten gegenüber *spezielle Pflichten*, nämlich eine Unterstützungspflicht (§ 21c IV), Beteiligungspflicht (§ 21d), Anhörungspflicht (§ 21e) sowie die Pflicht, Benachteiligungen zu unterlassen (§ 21f, auch zum Kündigungsschutz). **196**

185 *Rehborn/Rehborn*, ZfW 1999, 363 ff.; *Rothe/Warnken*, ZfW 1999, 374 ff.

Kapitel 7

Bodenschutzrecht

I. Fakten und Probleme

1. Begriff und Funktionen des Bodens

1 Der **Begriff** des Bodens hat umgangssprachlich und wissenschaftlich verschiedene Inhalte. Im allgemeinen Sprachgebrauch versteht man darunter die oberste, von Tieren, Pflanzen und Mikroorganismen belebte Schicht der Erdoberfläche auf dem festen Land und unter der Wasseroberfläche oberirdischer Gewässer, der wissenschaftliche Inhalt wechselt mit dem Fachbereich.

2 Der Boden ist *Teil der natürlichen Lebensgrundlagen des Menschen*. Noch später als bei Wasser und Luft rückten die Grenzen seiner Belastbarkeit erst in den letzten Jahren in das öffentliche Bewußtsein. Dabei ist er Standort für Biomasse (Wälder, landwirtschaftlicher Anbau), natürlicher Lebensraum für Pflanzen und Tiere, Filter, Puffer und Speicher, Klimafaktor, Rohstofflager und Baugrund.

3 Der Boden dient als *Nist- und Brutstätte für Pflanzen und Tiere* und als Versorger mit pflanzlicher und tierischer Nahrung. Er ist *Produktionsgrundlage* für Nahrungs- und Futtermittel und für natürliche Rohstoffe wie Holz. Böden bilden den Standort, in dem höhere Pflanzen wurzeln und unter Ausnutzung der Sonnenenergie aus dem Kohlendioxid der Atmosphäre, aus dem mit den Niederschlägen in den Boden gelangenden und aus dem bereits als Grundwasser vorhandenen Wasser sowie aus den Nährstoffen des Bodens unter Abgabe von Sauerstoff organische Substanzen aufbauen. Diese stehen dann Tier und Mensch als Nahrung zur Verfügung. Nach dem Absterben der Lebewesen unterliegen deren organische Körpersubstanzen einer mikrobiellen Zersetzung im Boden, durch die die gebundenen Nährstoffe wieder freigesetzt und erneut in den Stoffkreislauf der Ökosphäre überführt werden.

4 Auch der *Wasserhaushalt* einer Landschaft ist entscheidend von Böden und oberflächennah anstehenden Lockersedimenten abhängig. Niederschlagswasser gelangt zum Teil als Oberflächenabfluß oder unterirdischer Abfluß in Bäche und Flüsse oder als Sickerwasser in das Grundwasser. Mit ihrer Wasserspeicherkapazität wirken dabei Böden und Sedimente als Regulatoren des Landschaftswasserhaushalts. Außerdem bilden Böden und Sedimente wirkungsvolle *Filter-, Puffer- und Transformatorsysteme*, die gelöste und suspendierte Nährstoffe aus natürlichen Quellen, aber auch anthropogenen Ursprungs zu binden vermögen. Deshalb auch steht das Niederschlagswasser nach der Bodenpassage jedenfalls bei intakten Böden in der Regel als sauberes Grundwasser für eine *Trink- und Nutzwassergewinnung* wieder zur Verfü-

gung. Die Böden können eingetragene Substanzen verändern, festhalten und an Grundwasser und Pflanzen verändert oder unverändert weitergeben.

5 Der Boden beeinflußt das *Klima*. Und er dient als *Baugrund* für Siedlungs- und gewerbliche Tätigkeit sowie für Verkehrsflächen. Schließlich nutzen wir ihn zur *Freizeitgestaltung*.

6 Gerade mit der Pufferwirkung des Bodens ist auch zu erklären, warum die Notwendigkeit für Maßnahmen zum Schutz des Bodens erst so spät erkannt wurde: Die Auswirkungen von Luft- und Wasserverunreinigungen sind in vielen Bereichen rasch erkennbar. Schadstoffbelastungen im Boden zeigen sich dagegen oft erst mit erheblicher zeitlicher Verzögerung. Zu der im Vergleich zur Luft- und Wasseranalyse erschwerten Diagnose von Bodenbelastungen kommt noch der weit höhere technische und wirtschaftliche Aufwand für die Behandlung von Böden. Bei ökologischer Sichtweise im Vordergrund stehen die Funktionen als Filter, Puffer und Speicher sowie als natürliche Produktionsgrundlage[1].

2. Beeinträchtigungen des Bodens

a) Stoffliche und nichtstoffliche Beeinträchtigungen und ihre Erfassung

7 Die wichtigsten Beeinträchtigungen des Bodens sind **Schadstoffeintrag und Landverbrauch**. So wird zwischen *stofflichen* und *nichtstofflichen Einwirkungen* unterschieden, bei diesen wiederum zwischen Land- und Freiflächenverbrauch einerseits, Erosion und Verdichtung andererseits[2]. Dementsprechend gibt es Bodenbeeinträchtigungen durch Stoffeintrag wie das Einwirken chemischer Elemente oder chemischer Verbindungen, die die natürliche Beschaffenheit des Bodens nachteilig verändern, z.B. aus Altlasten oder durch Düngemitteleintrag, aber auch nicht stoffliche Eingriffe wie die Umwidmung der Nutzung, die Versiegelung durch Siedlungstätigkeit und Verkehrswegebau u.a.m.

8 Der Flächenverbrauch durch Siedlung und Verkehr führt nicht nur zu Verlusten an lebender Bodendecke und verlangt umfangreiche und kostenträchtige Entwässerungsmaßnahmen. Der Oberflächenabfluß anstelle der Versickerung vermindert auch die Grundwasserneubildung und steigert *Hochwassergefahren*. Die Bodenversiegelung führt auch zu Änderungen des Kleinklimas mit verstärkter Nebel- und Wolkenbildung sowie Niederschlägen und Temperatursprüngen.

9 Im Jahre 1997 betrug der Anteil der Siedlungs- und Verkehrsfläche in Deutschland – wie schon vor über 10 Jahren[3] – knapp 12%. Dies deutet auf gleichbleibende Verhältnisse, doch der Schein trügt: Die Zunahme von 12,7 auf 13,3 bzw. von 7,9 auf 8,4% in den alten bzw. neuen Ländern in der Zeit von 1993 auf 1997 zeigt, daß ein Ende des Fächenverbrauchs nicht in Sicht ist. Täglich werden ca. 120 ha (84 ha AL; 36 ha NL) zusätzlich für diese Zwecke in

1 Vgl. zum ganzen *Spilok*, BodSchG BW, Ktr., 1992, § 1 Rn. 5 ff.; SRU, Umweltgutachten, 1994, BT-Drucks. 12/6995, Tz. 467.
2 Zur Einteilung *Erbguth/Stollmann*, NuR 1994, 319 (322); s.a. SRU, Umweltgutachten 2000, Tz. 78.
3 UBA (Hrsg.), Daten zur Umwelt, 1992/93, S. 187.

Nutzung genommen. Durch die erhöhte Wohnungsnachfrage sowohl in den alten als auch in den neuen Ländern und die erheblichen Infrastrukturinvestitionen im Beitrittsgebiet hat sich der Landschaftsverbrauch insgesamt weiter erhöht. Dabei liegen die Verkehrsflächen im Landschaftsverbrauch noch vor der Wohnbebauung[4]. Etwa die Hälfte der Siedlungs- und Verkehrsfläche ist überbaut bzw. versiegelt. Damit befindet sich Deutschland weltweit unter den Staaten mit der höchsten Dichte an infrastrukturellen Einrichtungen für Siedlung und Verkehr[5].

10 Schädliche *Stoffeinträge* geschehen in verschiedensten Formen, teils unbewußt oder jedenfalls ungewollt, teils durchaus bewußt und gewollt, insbesondere in der Landwirtschaft. Eine erhebliche Bodengefährdung in diesem Sinne bedeutet die Düngung, sei es durch Handelsdünger, Landwirtschaftsdünger oder Klärschlamm. Eine weitere Gefährdung besteht durch Pflanzenschutzmittel sowie durch Immissionen; saurer Regen macht saure Böden (Rn. 8/14).

11 Bodenbelastungen können in *anthropogenen* Emissionen bestehen, z.B. Schwermetallen, polyzyklischen aromatischen Kohlenwasserstoffen, Dioxinen, Furanen und anderen organischen Schadstoffen.

Beispiel: Der historische Bergbau im Südschwarzwald führte über die Abschwemmung von Schlacken und Haldenmaterial zu einer großflächigen Schwermetallbelastung bis in die Oberrheinebene. Auf insges. 1680 ha landwirtschaftlicher Nutzfläche wurden deutlich erhöhte Gehalte der Böden an Kadmium, Blei und Zink festgestellt[6].

12 Manche Schwermetalle und andere Elemente können aber auch in *natürlicher Weise* in Böden als *geogene* Bestandteile vorhanden sein, z.B. die Schwermetalle Cd, Pb und Hg in Sulfiden, Karbonaten und anderen sowie Zn, Cu, Ni und Cr in Sulfiden, Karbonaten, Silikaten und anderen. Die ökotoxikologische Relevanz mancher anderer Elemente hängt vom Ausmaß der Bodenversauerung ab. So sind Aluminium und Mangan immer natürliche Bestandteile von Böden, kommen aber in unterschiedlichen Bindungsformen vor und sind dementsprechend harmlos oder giftig[7]. Schließlich kommt es natürlich auch auf die Dosis, also die Stoffkonzentration an.

---

4 BT-Drucks. 10/2977, S. 4; zu den absoluten Zahlen 1993 s. Statistisches Jahrbuch 1994, S. 176; s.a. Stat. Jahrbuch 1999, S. 716 f.

5 Zum Ganzen UBA, www.umweltbundesamt.de/udd/bev/bev3/; s.a. Daten zum Umwelt 1997, S. 17 ff.; SRU, Umweltgutachten 2000, Tz. 83; dazu der Gegenentwurf als eindrucksvoller Bildband: *Anselm Kiefer*, Über euren Städten wird Gras wachsen, 1999.

6 *Spilok* (Fn. 2), § 2 Rn. 13.

7 Die Bedeutung der **Bindungsformen** für ökologische Wirkungen kann am Beispiel der bereits genannten bodeneigenen Elemente Aluminium und Mangan erläutert werden: So ist Aluminium in Böden immer als Gitterbaustein von Tonmineralien vorhanden. Diese sind für viele Bodenfunktionen von entscheidender Bedeutung. Bei der Bodenversauerung werden Tonminerale und andere Silikate zerstört und Aluminium damit aus der immobilen silikatischen Bindung in mobile, toxisch wirkende Al-Ionen überführt. Als immobiler Gitterbaustein der Tonminerale und anderer Silikate ist Aluminium ein unentbehrlicher Bestandteil von Böden, in Form der mobilen Ionen dagegen ein Schadstoff, der einen großen Anteil an der Verursachung der neuartigen Waldschäden (Rn. 8/14) hat. Ähnliches gilt für Mangan, das ein für Lebewesen lebenswichtiges Element ist. Bei starker Versauerung werden in Waldböden mit höheren Manganoxydgehalten wie z.B. in manchen Lößböden Dioxyde zu einem großen Teil aufgelöst und in mobile Mangan-Ionen umgewandelt, die in entsprechender Konzentration toxisch auf die Waldvegetation wirken. Daraus folgt, daß auch die bisher üblichen **Gefährdungsabschätzungen** für belastete Böden anhand von Schadstoff-Gesamtgehalten z.B. nach der Klärschlammverordnung, der Niederländischen Liste und ähnlichem abgelöst, jedenfalls aber ergänzt werden müssen durch eine Messung der ökologisch relevanten mobilen und mobilisierbaren (nachlieferbaren) Schad-

Für die Beurteilung der Schädlichkeit festgestellter Stoffe bedarf es der Festlegung von **Referenzwerten** für unbelastete, umfassend nutzbare Böden sowie von **Prüfwerten** für belastete Böden mit der Option für Nutzungseinschränkungen oder Sanierungsmaßnahmen und von **Sanierungswerten** mit der zwingenden Auflage für Nutzungseinschränkungen oder Sanierungsmaßnahmen[8]. **13**

In den Bodenschutzgesetzen selbst waren und sind keine *Grenzwerte* zur Beurteilung der Böden hinsichtlich ihrer Schadstoffbelastung bzw. ihrer Empfindlichkeit gegenüber Schadstoffen festgelegt, wohl aber jetzt in der BBodSchV (Rn. 7/77 f.) mit *Hintergrund-* und *Prüfwerten*, jeweils getrennt nach Gesamt- und mobilem Gehalt, sowie *Belastungswerten*, die sich nur auf den mobilen Gehalt beziehen. **14**

Wenn die Entwicklung der Siedlungs- und Verkehrsflächen vorstehend als Frage der nichtstofflichen Bodenbelastung und quantitatives Problem beschrieben wurde, darf dies nicht darüber hinwegtäuschen, daß sich natürlich in dichtbesiedelten Räumen die *Umweltbelastungen konzentrieren*, nämlich durch stetigen Eintrag von Schadstoffen in den Boden und deren Anreicherung, durch Grundwasserabsenkung und Erhöhung der Abflußspitzen, durch Verminderung der Pflanzendecke und Beschneidung biologisch aktiver Bodenflächen. Zu den ökologischen kommen auch sozioökonomisch nachteilige Auswirkungen, z.B. neben hohen Bodenpreisen ein weit niedrigerer Freizeit- und Erholungswert. Erholungsflächen sind oft nur mit erhöhtem Aufwand und häufig nur im motorisierten Individualverkehr mit entsprechenden Emissionen zu erreichen. Der Kreis schließt sich. Zur Verdeutlichung des Problems sei der Siedlungsflächenanteil einzelner Großstadtregionen zitiert, nämlich für München mit 74,9%, Berlin 68,0% und Hamburg 55,8%[9]. **15**

Landwirtschaft und Naturschutz, insbesondere Bodenschutz stehen schließlich in einem Spannungsverhältnis, das unter Rn. 5/79 dargestellt ist. **16**

b) Schutzstrategien

Aus den dargestellten Beeinträchtigungen des Bodens ergeben sich auch die Strategien zum Bodenschutz: Der vorgenannten Unterscheidung folgend spricht man von *qualitativem* und *quantitativem* Bodenschutz. Ein möglichst günstiger Bodenzustand ist zu bewahren. Der Flächenverbrauch sowie Bodenbelastungen sind zu vermeiden und zu verringern[10]. Zur Erfassung und Beurteilung von Bodenbelastungen sind Kriterien und standardisierte Methoden zu entwickeln. Das regionale Ausmaß der Bodenbelastung ist zu erfassen (rastermäßige Erfassung, flächenhafte Darstellung, Einrichtung von Dauerbeobachtungsflächen und Referenzproben [Bodenprobenbanken]). Bodenverbesserungen und Sanierungen sind im erforderlichen Umfang, also **17**

---

stoffgehalte. Dazu sind inzwischen auch praxisreife *Analysemethoden* entwickelt worden. Bekannt ist insbesondere die Extraktion der mobilen Gehalte vieler anorganischer Schadstoffe aus Böden mit oxydierenden Bedingungen durch eine 1M NH_4NO_3-Lösung. Zum Ganzen *Brümmer*, in: Ministerium für Umwelt, Raumordnung und Landwirtschaft NW (Hrsg.), Grundfragen des Bodenschutzrechts, 1992, S. 12, 16 f.

8 Ein solches System ist schon im Rahmen der sog. *Niederländischen Liste* (Rn. 7/147) vorgeschlagen und später verbreitet aufgegriffen und weiterentwickelt worden, freilich noch auf der Basis von Schadstoff-Gesamtgehalten.

9 UBA (Hrsg.), Daten zur Umwelt, 1997, S. 17.

10 Näher SRU, Umweltgutachten 2000, Tz. 84 ff.

wohl auch differenzierter als bisher vorzunehmen. Bodeninformationssysteme sind zu erstellen und Bodenkarten (Themenkarten) für flächenhafte Risikovorhersagen anzufertigen, z.B. für Schadstoffbelastungen und -belastbarkeiten von Böden, für Sickerwasser-/Grundwasserbildung und -gefährdung, für Erosionsgefährdung, für Nutzungseigenschaften von Böden usw[11]. In der Regionalplanung und der kommunalen Bauleitplanung (Rn. 7/245) sowie in der jeweils zugrundeliegenden Landschaftsplanung sind die Böden und ihre Funktionen stärker zu berücksichtigen, z.B. durch Ausweisung von Vorrangflächen für verschiedene Nutzungsarten oder Schutzzwecke.

3. Altlasten

a) Grundbegriffe und wirtschaftliche Bedeutung

18 Altlastenfälle sind von immer noch großer, wenn auch inzwischen wohl nicht weiter wachsender wirtschaftlicher Bedeutung[12]. Mit dem Beitritt der neuen Bundesländer hat die Thematik noch einmal an Bedeutung gewonnen, weil Sanierungskosten ein entscheidender Faktor für die Entwicklung einer bestimmten Fläche sind.

aa) Grundbegriffe

19 In der Bundesrepublik Deutschland gibt es eine große Anzahl sog. **Altlasten**. Darunter versteht man einerseits

- **Altablagerungen**, d.h. verlassene oder stillgelegte Ablagerungsplätze mit kommunalen und industriellen Abfällen, aber auch mit abgelagerten Kampfstoffen oder wilden Ablagerungen,

und andererseits

- **Altstandorte**, d.h. kontaminierte Böden ehemaliger Industriestandorte, Bodenkontaminationen infolge von Leckagen defekter Rohrleitungen, Tanklager oder Abwässerkanäle[13] u.ä.m.

20 Im Bereich solcher Altlasten finden sich im oder auf dem Boden Stoffe verschiedenster Art, Beschaffenheit und Herkunft, die zu einer Verunreinigung von Teilen des Bodens, des Grund- und Oberflächenwassers und der Luft führen oder jedenfalls führen können, indem z.B. Gase in die Luft entweichen oder Schadstoffe ausgetragen werden.

---

11 SRU, Umweltgutachten 2000, Tz. 109 ff.

12 Eine Reihe besonders bedeutender oder schwieriger Sanierungsfälle ist dargestellt in *Franzius/Wolf/Brandt*, Handbuch der Altlastensanierung, Bd. 2, S. 9000-9210.

13 Mindestens 1/4 der Abwasserleitungen in Deutschland sollen undicht oder schwer beschädigt sein. Schon heute sollen rund 500 Mio. m^3 Abwasser jährlich unkontrolliert versickern. Die in den kommenden 10 Jahren benötigten Summen zur Beseitigung der Schäden werden auf 75 Mrd. DM geschätzt.

bb) Kostenschätzungen

Entstanden sind diese Altlasten vor allem durch – aus heutiger Sicht – unsachgemäße Behandlung oder Ablagerung von Stoffen. Oft waren zum Zeitpunkt der Ablagerung oder der Behandlung das Gefährdungspotential und die Wirkungszusammenhänge aber auch noch nicht oder jedenfalls nicht vollständig erkennbar. Die ständig fortschreitende Verfeinerung der zu Gebote stehenden Analysetechniken ermöglichte immer wieder neue, zuweilen alarmierende Erkenntnisse über die unmittelbar und mittelbar nachteiligen Folgen unsachgemäßer Ablagerungen. 21

Im Jahre 1988 waren im alten Bundesgebiet rund 40 000 Altablagerungen und fast 8000 kontaminierte industrielle oder gewerbliche Altstandorte erfaßt[14]. Die Zahl der neu entdeckten verdächtigen Altstandorte nahm dann noch ständig zu. So gibt die amtliche Begründung zum Referentenentwurf des BBodSchG i.d.F. vom 7.2.1994[15] für November 1993 im alten Bundesgebiet rund 71 000 Verdachtsflächen an, im Gebiet der neuen Bundesländer rund 67 000 Verdachtsflächen. Auch wurden bis dahin ca. 5000 verdächtige ehemalige Rüstungsstandorte ermittelt[16]. Die Zunahme hat sich aber verlangsamt: Das UBA geht für Dez. 1998 von 304.093 Verdachtsflächen aus, davon ein Drittel in den neuen Ländern[17], der SRU im Februar 2000 von 325 000 zivilen und 10 000 militärischen Flächen[18]. 22

Nach heutigem Wissensstand sind von den (z.T. überbauten) Altlastenflächen nur 3 bis 10% konkret sanierungsbedürftig[19]. Dabei ist die Sanierung oft technisch schwierig und entsprechend teuer. Die Kosten der Altlastensanierung wurden noch 1987 für den Verlauf der nächsten 10 Jahre für die alten Länder auf ca. 17 Mrd. DM geschätzt[20], 1994 schon auf insgesamt 300 Mrd. DM[21], davon nach Schätzung der Bundesvereinigung kommunaler Spitzenverbände allein für militärische Altlasten in den Neuen Bundesländern auf 100 Mrd. DM. 23

cc) Entwicklung

Ähnlich wie das Modethema des Müllnotstandes hat sich auch die Altlastenfrage entwickelt: Anstelle von Übertreibung macht sich Ernüchterung breit. Man hat erkannt, daß nicht unbegrenzt viele neue Altlasten auftauchen werden und auch die Sanierung erkannter Altlasten nicht immer sofort erfolgen kann und muß. Vielfach können Gelder auch im Umweltschutz noch sinnvoller eingesetzt werden als gerade für eine Alt- 24

14 Antwort der BReg. auf die Große Anfrage „Altlasten" der Fraktion der SPD; s. BT-Drucks. 11/2725 (Febr. 1989).

15 Teilweise abgedruckt in: Verhandlungen des 60. Deutschen Juristentags Münster 1994, Diskussionsgrundlage der Abteilung Umweltrecht, 1994, Bd. I, Teil B, B 23 (B 27).

16 SRU, Sondergutachten Altlasten II, 1995, BT-Drucks. 13/380.

17 Für eine bundesweite Übersicht zur Altlastenerfassung nach Ländern vgl. UBA, www.umweltdaten.de/altlast/web1/deutsch/1_6: Altablagerungen: 106.314, Altstandorte: 197.779, Flächen gesamt: 304.093.

18 SRU, Umweltgutachten 2000, Tz. 79.

19 Vgl. zum Stand der Bewertung altlastverdächtiger Flächen die bundesweite Übersicht des UBA: www.umweltdaten.de/altlast/web1/deutsch/1_7.

20 Vgl. *Breuer*, NVwZ 1987, 751 (752) m.w.N.

21 *Breuer*, DVBl. 1994, 890 (890) m.w.N.

lastensanierung „auf Null". Die Begrenztheit der Mittel der öffentlichen Hand führt zur Notwendigkeit von Einsparungen. Dies schlägt sich sowohl in der personellen Ausstattung der zuständigen Behörden als auch im Umfang der für Sanierungsmaßnahmen zur Verfügung stehenden öffentlichen Gelder nieder. Jedem Altlastenverdacht ist nachzugehen. Aber nicht jede Altlast muß, noch dazu sogleich, saniert werden. Vordringlich ist zunächst, die Altlasten zu erfassen und ihr jeweiliges Gefährdungspotential zu bewerten. Je nachdem sind sofort Abwehrmaßnahmen einzuleiten, um weitere Schäden zu verhüten, oder es ist in einer nach Dringlichkeit gestuften Folge die Sanierung zu planen und durchzuführen, oder zunächst ist gar nichts weiter zu unternehmen.

25 Die **flächendeckenden historischen Erkundungen** der Länder (Rn. 7/127 ff.) sind weitgehend abgeschlossen. Viele Neuentdeckungen sind nicht mehr zu erwarten. Eine Prioritätenabschätzung liegt inzwischen für die meisten Fälle vor. Dementsprechend werden die einzelnen Fälle abgearbeitet. An die Erkundungs- schließt sich die Sanierungsphase an. Ziel der Sanierung ist die Herstellung eines mit dem Wohl der Allgemeinheit vereinbaren Zustandes. Vorrangig ist dabei die Sanierung solcher Altlasten, von denen eine Gefährdung des Grundwassers oder der menschlichen Gesundheit ausgeht.

26 Daß es sich beim Altlastenrecht um ein „auslaufendes Recht handelt"[22], klingt zwar im Augenblick noch mutig, ist aber in der Tendenz richtig.

dd) Kostenbeispiele

27 Wo freilich eine Erkundungsmaßnahme vorgenommen oder gar eine Sanierung durchgeführt werden muß, entstehen im Einzelfall immer noch zum Teil horrende **Kosten**. Zur Veranschaulichung diene die folgende Übersicht:

Maßnahme:	Kosten:
Probebohrung	DM 500,00/lfd. Meter
Rammkernsondierung	DM 70,00/lfd. Meter
Analyse auf CKW	DM 120,00/Probe
Analyse auf Schwermetalle	DM 1000,00/Probe
Sanierungsplanung in größeren Fällen	>100 000,–
Deponiegebühr für 1 t schwach kontam. Material	DM 75,00/t
Deponiegebühr für 1 t stark kontam. Material	>DM 500,00/t
Stripanlage für LCKW	550 000 zuzügl. laufende Kosten

b) Technische und organisatorische Maßnahmen

28 Zur Vornahme der etwa notwendigen boden-, gewässer-, und u.U. auch luftschützenden Sanierung kommen meist verschiedenartige, oft auch verschieden teure Maßnahmen in Betracht[23]. So sehen die §§ 2 VII Nr. 2, VIII, 4 III 2 BBodSchG zur Sanierung

22 *Peine,* UPR 1997, 53 (59).

23 Umfassend *Franzius/Wolf/Brandt,* Handbuch, Bd. 2, Ziff. 5000-6705; s.a. SRU, Sondergutachten Altlasten II, 1995, BT.-Drs. 13/380, Tz. 150 f.

bei stofflichen Belastungen neben Dekontaminations- auch gleichwertige Sicherungsmaßnahmen vor. Sonst, also soweit die Beseitigung der Altlast auf diese Weise nicht möglich oder aber unzumutbar ist, sind sonstige Sicherungs- und Beschränkungsmaßnahmen zu ergreifen (§ 4 III 3 BBodSchG). Dabei soll die derzeitige und die planungsrechtlich zulässige künftige Nutzung des Grundstücks berücksichtigt werden, § 4 IV BodSchG (7/163).

Bei den technischen Lösungen ist zu unterscheiden zwischen **Dekontamination**, die auf die tatsächliche Entfernung der Schadstoffe abzielt, und **Sicherung**, bei der das Schadstoffpotential erhalten bleibt, jedoch seine Einwirkung auf die Umweltmedien vermindert oder ausgeschlossen wird. Nach dem Verbleib des kontaminierten Materials im Boden wird unterschieden zwischen Maßnahmen **in situ** und **ex situ**, nach dem Ort der Behandlung zwischen **on site** und **off site**, die alle im folgenden näher erklärt werden. **29**

aa) Sicherung

(1) Ein Verfahren der Sicherung ist die Verfestigung oder **Immobilisierung**, bei der Suspensionen eingespritzt werden, die die Schadstoffe im Boden (**in situ**) fixieren, d.h. derart verfestigen, daß Auslaugungen verhindert oder zumindest bis auf einen nicht mehr bedenklichen Rest vermindert werden. **30**

(2) Das **Einkapseln** der Schadstoffe und kontaminierten Massen an Ort und Stelle **(in situ)** durch die Abdichtung der Oberfläche gegen Niederschlagswasser (Errichtung einer mehrschichtigen Versiegelung unter Verwendung von Folien) und die Errichtung von vertikalen Dichtwänden (etwa im Schlitzwandverfahren) seitlich der Altlast sowie die zureichende Abdichtung ihrer Sohle – letztlich alles zum Schutz der Gewässer, vor allem des Grundwassers – sind ebenfalls sehr aufwendig. Problematisch sind die Dichtigkeit der verwendbaren Materialien (Folien, Spundwände, Ton, Lehm usw.), die noch immer fehlende Kenntnis des Langzeitverhaltens der Dichtungen und die mangelnde Erfahrung mit den anzuwendenden Techniken. Auch nach Abschluß der Sanierung sind daher in aller Regel noch langfristige Überwachungsmaßnahmen (Rechtsgrundlage: § 15 II BBodSchG) erforderlich, und etwa auftretendes Sickerwasser bedarf ständiger Behandlung. **31**

(3) Ebenfalls auf Sicherung beschränken konnen sich bestimmte **hydraulische** Maßnahmen wie eine Grundwasserabsenkung und -umleitung, die ausschließen, daß der Grundwasserstrom aus dem Schadstoffherd Schadstoffe auswäscht. **32**

(4) Letztlich auch „nur“ eine Maßnahme der Sicherung ist die **Deponierung**, also die Auskofferung (Ausgrabung) des kontaminierten Erdreichs, und ihre Verbringung (**ex situ**) auf geeignete Deponien. Häufig und vor allem bei kleineren Verunreinigungen ist die Auskofferung immer noch die Methode der Wahl. Dagegen sprechen freilich die hierfür notwendigen hohen Aufwendungen, der Mangel geeigneten Deponieraums und auch das Gefährdungspotential bei Durchführung der Sanierungsarbeiten. **33**

(5) Schließlich wird – entsprechend §§ 2 VIII, 4 III 3 BBodSchG – jetzt in der BBodSchV, § 5 IV BBodschV, jedenfalls für **nutzungsbezogene** Sanierungsfälle un- **34**

ter den sonstigen Schutz- und Beschränkungsmaßnahmen auch ausdrücklich die **Anpassung der Nutzung** und der Bewirtschaftung der Böden anerkannt. Ergebnis einer Abwägung kann daher, gerade bei besonders aufwendigen Sanierungen, auch sein, die eigentlich vorgesehene Nutzung als Kinderspielplatz oder für Gemüseanbau zu untersagen (Rn. 7/163). Dabei kann in bereits ausgeübte Nutzungen eingegriffen werden[24].

35 Wo Mensch und Tier nicht gefährdet sind, gelten geringere Sanierungsanforderungen bzw. ist eine Sanierung und je nach Fall eine weitere Sicherung entbehrlich.

bb) Dekontamination

36 Auch Dekontaminationsmaßnahmen können unter Belassung des Erdreichs oder nach Auskofferung vorgenommen werden, und zwar entweder an Ort und Stelle oder andernorts.

37 (1) Eine Möglichkeit bildet das **Ausgraben** (daher **ex situ**) der kontaminierten Erdmassen und die anschließende Extraktion der Schadstoffe sowie ihre **Behandlung vor Ort (on-site-treatment)**. So werden die Schadstoffe den ausgehobenen Erdmassen mittels physikalischer oder chemischer Verfahren entzogen (z.B. durch Auswaschen, d.h. durch Auf-Konzentrieren in der Feinstkornfraktion, oder durch „Strippen“, d.h. Durchlüften zur Austreibung flüchtiger Stoffe). Die abgetrennten Schadstoffe werden umgewandelt, abgebaut oder sind als Abfall oder Sonderabfall zu entsorgen. Für die Behandlung kommen auch thermische Verfahren, (z.B. im Wege des Einsatzes mobiler Infrarot- oder Wirbelschichtverbrennungsanlagen) oder mikrobiologische Verfahren in Betracht[25].

38 Meist ist die Behandlung **on-site** kostengünstiger als die **off-site**. Zwar sind die Entfernung und Behandlung in zentralen Entsorgungsanlagen für den Standort und seine Umwelt oft die beste Lösung. Dagegen sprechen aber die hierfür meist notwendigen hohen zusätzlichen Aufwendungen, insbesondere der Transportaufwand, und der Mangel geeigneter Müllverbrennungsanlagen zur Entsorgung der zu beseitigenden Schadstoffe. Eine neuere Verwertungsmöglichkeit ist in Zementwerken entstanden, die mit schwerflüchtigen organischen Schadstoffen belastete Reststoffe zur Verbrennung in ihren Drehrohröfen annehmen. Auch in Ziegeleien können anorganisch und organisch belastete Tone als Rohstoff mit verarbeitet werden. Voraussetzung ist jedoch eine Rückverbrennungsvorrichtung der Abgase und eine entsprechende behördliche Annahmegenehmigung. Hierdurch entstehen oft erstaunliche Kostenverringerungen gegenüber einer herkömmlichen Entsorgung, u.U. aber auch ökologisch nicht hinnehmbare Schadstoffverlagerungen, weil die Folgeprodukte auch nicht „ewig“ halten, Auswaschungen oder sonst Freisetzungen erfolgen können und der Schadstoffpfad nicht mehr verfolgt werden kann.

39 Probleme der on-site-Verfahren bestehen darin, daß immer noch keine ausreichenden Erfahrungen mit der Dekontamination verunreinigter, insbesondere mikrobiologisch behandelter

24 Die bloße Empfehlung, bis zur endgültigen Klärung der Lage landwirtschaftliche Produkte aus dem kontaminierten Gelände nicht zu vermarkten, ist dagegen keine ausgleichspflichtige Maßnahme, BGH, DVBl. 1998, 328.

25 Vgl. zur Kombination der Festbettbiologie mit einer Enteisenungsanlage zwecks Grundwassersanierung WLB 1995, Heft 1-2; zur photokatalytisch-naßoxidativen Reinigung von Grundwasser terratech 1995, Heft 2, Seite 55 ff.; zur Elektronenstrahltechnik terratech 1995, Heft 1.

Böden (Metabolitenbildung!) vor Ort vorliegen, mobile Verbrennungsanlagen in der Bundesrepublik Deutschland wohl kaum verfügbar und die hier genannten Verfahren alle teuer sind[26].

(2) Die ausgehobenen kontaminierten Bodenteile können auch durch Zugabe geeigneter Zuschlagsstoffe (z.B. Zement oder Bitumen) so **verfestigt** (s. oben a) (1)) werden, daß Schadstoffe nur noch in konkret vernachlässigbar geringer Menge ausgelaugt werden. Die behandelten Erdmassen können dann oft an gleicher Stelle wieder abgelagert werden. **40**

(3) Mit gleicher Wirkung können abgelagerte Schadstoffe u.U. auch ohne vorheriges Ausgraben (**in situ**) der kontaminierten Erdmassen **an Ort und Stelle behandelt** werden. Dazu gibt es mittlerweile eine Fülle von Techniken wie z.B. die mikrobiologische Behandlung, die chemische Behandlung durch Extraktion, Ozonierung oder Oxidation, die elektrokinetische Behandlung, die Bodenluftsanierung. **41**

(4) Weiter kommt auch eine **hydraulische Sanierung** im Wege der künstlich herbeigeführten Änderung der lokalen Grundwasserfließrichtung durch ständiges Grundwasserpumpen, kombiniert mit einem Stripping-Verfahren oder photokatalytisch-naßoxidativer Reinigung in Betracht. – Entscheidende Fortschritte hat inzwischen eine neue Art der hydraulischen Sanierung gemacht. Dabei werden Brunnen gesetzt, die kontaminiertes Grund- und Oberflächenwasser aufnehmen. Dieses wird gefiltert oder sonst vor Ort gereinigt. Dann wird es über Schluckbrunnen oder durch Verrieselung auf dem Gelände dem Boden wieder zugeführt. Voraussetzung ist, daß die Schadensquelle sich in der grundwassergesättigten Zone befindet. Gegenüber dem herkömmlichen Ausgraben entsteht oft nur ein Bruchteil der Kosten, zudem wird Deponieraum gespart. Der Sanierungserfolg und der Zeitbedarf sind jedoch schwerer als bei den herkömmlichen Methoden kontrollierbar. In Deutschland fehlen auch noch hinreichende Erfahrungen. **42**

(5) Im Zusammenhang mit anderen Sanierungsmaßnahmen ist zum Gewässerschutz, insbesondere zum Schutz des Grundwassers meist auch eine **Sickerwasserbehandlung** erforderlich. Hierzu ist das Sickerwasser in geeigneter Weise zu sammeln sowie in einer deponieeigenen oder hierfür geeigneten öffentlichen Anlage vor seiner Einleitung in eine kommunale Kläranlage vorzubehandeln. Das kann etwa im Wege der Umkehrosmose geschehen, so daß der nur noch schwach verunreinigte größere Wasserstrom abgeleitet und das stark verunreinigte Konzentrat zur Verdampfung einer thermischen Entsorgungsanlage zugeführt werden kann. **43**

(6) Sofern Gase aus dem kontaminierten Standort austreten, müssen diese ebenfalls gesammelt und entsprechend behandelt werden. Zuweilen – meist jedoch nur bei jungen Deponien – lohnt sich eine thermische Verwertung. **44**

26 Vgl. dazu SRU, Sondergutachten Altlasten II, 1995, BT-Drucks. 13/380, 85 ff. Vgl. zu den Rechtsfragen der Genehmigung mobiler Bodenreinigungsanlagen *Beckmann*, NVwZ 1993, 305 und (zur seither geänderten Rechtslage) *Reidt*, NVwZ 1993, 861 f.

cc) Weitere Maßnahmen

45 Damit auch auf anderen Beeinträchtigungen beruhende Veränderungen der physikalischen, chemischen oder biologischen Beschaffenheit des Bodens erfaßt werden können, ergänzt § 2 VII Nr. 3 BBodSchG den Sanierungsbegriff. Damit kommen auch Maßnahmen gegen Bodenerosionen und -verdichtungen in Betracht (dazu auch § 4 BBodSchG i.V.m. §§ 8 ff. BBodSchV, Rn. 7/77 f.).

II. Einführung in das Bodenschutzrecht

1. Art der Fragestellungen

46 **Bodenschutzrecht** ist noch immer vor allem **Altlastenrecht**. Außerhalb des Altlastenrechts sind bislang nur Abgrabungen und Auffüllungen von einiger Bedeutung, nämlich insbesondere, wenn Bodenaushub – genehmigungspflichtig – auf andere Grundstücke verbracht werden soll. Quantitativer Bodenschutz (Versiegelungsverbot, Entsiegelungspflicht) und qualitativer Bodenschutz (Nutzungsbeschränkungen in der Landwirtschaft einschließlich Ausgleichspflicht) spielen daneben bislang noch kaum eine Rolle. Dies sollte sich freilich mit Inkrafttreten der EntsiegelungsVO ändern[27].

47 Die Art der Fragestellungen im Altlastenrecht ist dagegen vielfältig: Ein Betroffener kann Verursacher einer Verschmutzung oder Eigentümer eines belasteten Grundstücks sein und das Interesse haben, die Haftung für eine Sanierung abzuwehren. Er kann aber auch im Gegenteil Eigentümer, Grundstücksnachbar oder planende Gemeinde sein und gerade ein Interesse daran haben, daß die Sanierung durchgeführt wird. Schließlich beschäftigen Altlasten den Juristen auch außerhalb eigentlicher Sanierungsverfahren, z.B. bei der Bauleitplanung (Rn. 7/245), beim Grundstücks- und Unternehmens(ver)kauf[28], bei der Bilanzaufstellung oder gar im Strafprozeß.

2. Systematische Stellung

48 **Systematisch** ist **Bodenschutz** ein Teil des medienbezogenen Umweltschutzes, vergleichbar dem WHG und dem BImSchG. Ob es eines **eigenständigen Bodenschutzrechts** überhaupt bedürfe, war aber lange Zeit umstritten[29]. Dem lag die Vernachlässigung des Schutzguts Boden, dann aber auch die Tatsache zugrunde, daß jedenfalls Einzelaspekte des Bodenschutzes in einer ganzen Reihe verschiedener Gesetze unmittelbar oder mittelbar eben doch schon verwirklicht waren. Bodenschützende Regelungen enthalten u.a. das Immissionsschutzrecht, das Wasserrecht und das Abfallrecht. So warf der Querschnittscharakter des Bodenschutzes auch nicht unerhebliche Regelungsprobleme auf. Die Zusammenfassung in einem eigenen Gesetz schien daher vielen allenfalls wünschenswert, nicht aber notwendig.

---

27 Zur entsprechenden Forderung BR-Drucks. 244/99, S. 65.

28 Zur Auslegung entsprechender Vertragsklauseln *Waechter*, NJW 1997, 2073.

29 Dafür schon unsere 1. Aufl. 1988, Rn. 4.

3. Historische Entwicklung

Immer neue spektakuläre Altlastenfälle rückten die Schutzbedürftigkeit des Bodens in das Bewußtsein einer breiten Öffentlichkeit. Dementsprechend legte die Bundesregierung am 7.3.1985 ihre *Bodenschutzkonzeption* vor[30], in der die dem Boden drohenden Gefährdungen im einzelnen dargestellt, programmatische Grundlagen für eine Bodenschutzpolitik entwickelt und Strategien zum Bodenschutz konzipiert wurden. In Umsetzung dieser Bodenschutzkonzeption wurden dann immerhin mehr als 50 Bundesgesetze um bodenschützende Regelungen ergänzt, so das BauGB, das BImSchG, das AbfG, das WHG, das ChemG und das StGB. Der damit eingetretenen *Zersplitterung* des Bodenschutzrechts sollte die *Zusammenfassung* in einem einzigen Gesetz Rechnung tragen. **49**

Schon länger gab es eigene Bodenschutzgesetze mit einer Regelung auch der Altlastenfragen: Vorreiter war Baden-Württemberg mit seiner in Deutschland ersten positiv-rechtlichen Normierung eines Bodenschutzgesetzes[31]. Damit sollte – vor dem Hintergrund der Schwierigkeiten bei der Sanierung dioxinbelasteter Böden (Fahlbusch/Rastatt; Rheinfelden) – der Zersplitterung der Rechtsgrundlagen zum Schutz des Bodens entgegengewirkt werden[32]. Indessen war eine Zusammenfassung dieser Rechtsgrundlagen auf der Ebene des Landesrechts nicht zu erreichen[33]. **50**

Der Boden für die Regelungen des BBodSchG war also durch entsprechende Ländergesetze längst bereitet. Dabei fällt auf, daß ursprünglich altlastenrechtliche Regelungen in Wasser- und Abfallgesetze eingebunden waren, dann Eingang in eigene Bodenschutzgesetze fanden und sich jedenfalls auf Landesebene selbst hieraus emanzipiert und ihre Bedeutung durch Regelung in besonderen Altlastengesetzen (bspw. Hessen, BW im Entwurfsstadium) unterstrichen haben. Der Bund hinkte hinterher, hatte er es doch über lange Zeit noch nicht einmal zu einem Bodenschutzgesetz gebracht. Freilich ist auch fraglich, ob die getrennte Regelung von Bodenschutz einerseits, Altlasten andererseits wirklich Vorteile verspricht: Immerhin sind Altlasten auch nur eine Sonderform der Bodenbeeinträchtigung, und die Zusammenfassung der inhaltlichen Anforderungen in nur einem Gesetz liegt nahe. **51**

Am 7.2.1994 wurde ein **Referentenentwurf** des künftigen Bundes-Bodenschutzgesetzes vorgelegt[34]. Aber erst am 24.3.1998 konnte das inzwischen noch wesentlich umgestaltete Gesetz verkündet werden. Der Bund sprach sich für seine sofortige Umsetzung aus, während die Länder eine Frist von ein bis zwei Jahren nach Verkündung forderten, wohl schon aus Kostengründen, aber auch um Druck in Richtung auf die rechtzeitige Herstellung des untergesetzlichen Regelwerks auszuüben. Tatsächlich traten nur die Verordnungsermächtigungen sofort in Kraft, die übrigen Bestimmungen im März 1999. **52**

---

30 BT-Drucks. 10/2977.

31 Gesetz zum Schutz des Bodens v. 1.9.1991, GBl. 1991 434, zuletzt geändert durch Gesetz v. 12.12.1994, GBl. 653, dazu *Spilok* (Fn. 1), S. 12 f.

32 Anschaulich zum Problem VGH BW, DÖV 1990, 344.

33 Vgl. dazu *Ziegler*, NVwZ 1991, 1154; *Schlabach*, VBlBW 1993, 121.

34 Für eine Zwischenbilanz an Fallbeispielen *Sparwasser*, Aktuelle Rechtsfragen des Grundwasserschutzes, in: *Beudt* (Hrsg.), Grundwassermanagement, 1997, S. 33 ff.

4. Gesetzgebungskompetenz und Rechtsquellen

53 Die **Gesetzgebungskompetenz** des Bundes für ein umfassend angelegtes Bodenschutzgesetz und damit der Umfang der Gesetzgebungszuständigkeit war im Gesetzgebungsverfahren umstritten. Dabei beriefen sich beide Seiten auf das Baurechts-Gutachten des BVerfG aus dem Jahre 1954[35]. Zum Teil wird die Gesetzgebungskompetenz aus Art. 74 I Nr. 18 GG (Bodenrecht) sowie – für Teilbereiche – aus Art. 74 I Nr. 11 (Recht der Wirtschaft) und Nr. 24 (Abfallbeseitigung) hergeleitet und dem Bund eine **konkurrierende Vollkompetenz** für eine Altlastenregelung zugesprochen[36]. Andererseits besitzt der Bund nur die **Rahmengesetzgebungskompetenz** für den Wasserhaushalt sowie den Naturschutz und die Landschaftspflege (Art. 75 I 1 Nr. 3 und 4 GG). Dies spricht gegen die Annahme einer konkurrierenden Vollkompetenz für den medialen Schutz des Bodens und des Grundwassers[37].

54 Dementsprechend war der Referentenentwurf (BodSchG-E, Stand Anfang 1994) auf Art. 75 I Nr. 3 GG gestützt und zunächst als Rahmengesetz ausgestaltet. Nur die vorgesehene Altlastenregelung wurde auf eine konkurrierende Gesetzgebungskompetenz aus Art. 74 I Nr. 18 GG gestützt, die für den Bereich der Altablagerungen aus Art. 74 I Nr. 24 GG und für den Bereich der Altstandorte aus Art. 74 I Nr. 11 GG abgeleitet wird[38].

55 Der geänderte Entwurf 1996 gestaltete das Bodenschutzgesetz dann insgesamt als **konkurrierendes Recht** aus. Richtigerweise wird man dabei die Vorschriften zur Gewässersanierung (§§ 4 III 1, 9 I 1 und 14 Satz 1 Nr. 3 BBodSchG) auf die Rahmenkompetenz nach Art. 75 I 1 Nr. 4 GG (Wasserhaushalt) stützen. Diese ist hier aber auch nicht überschritten, da eine punktuelle Vollregelung gerade nicht erfolgt, vielmehr weiterhin das Wasserrecht das „Wie" der Sanierung bestimmt (Rn. 7/92, 152)[39].

56 Hinsichtlich der verfassungsrechtlichen Streitigkeiten um die zutreffenden Kompetenzgrundlagen und damit den Umfang der Gesetzgebungskompetenz des Bundesgesetzgebers stellt sich die Frage, ob die fast 20 Jahre zur Vorbereitung des Gesetzes nicht vielleicht auch dazu ausgereicht hätten, insoweit eine eindeutige Kompetenzgrundlage in der Verfassung zu schaffen[40].

---

35 BVerfGE 3, 407.

36 Dazu *Papier*, Rechtliche Probleme der Boden- und Grundwassersanierung. Rechtsgutachten, 1992, S. 96 ff.; *Papier*, JZ 1994, 810 (811 f.); *Peine*, NuR 1992, 353; *Rid/Froeschle*, UPR 1994, 321; *Rid/Petersen*, NVwZ 1994, 844 (845); ebenso *Czybulka*, UPR 1997, 15, der eine konkurrierende Gesetzgebungskompetenz des Bundes wegen der Erforderlichkeit gleichwertiger Lebensverhältnisse im Bundesgebiet annimmt; s.a. *Schink*, DÖV 1995, 213 (214 ff.) m.w.N.

37 *Degenhardt*, ZRP 1997, 397; ebenso *Breuer*, DVBl. 1994, 890 (897); *Erbguth/Rapsch*, NuR 1990, 433 (436); *Buch*, NVwZ 1998, 822; kritisch auch *Bickel*, Bundes-Bodenschutzgesetz, S. 2 ff.

38 So die Begründung zum Referentenentwurf, B 25 f.; zustimmend *Breuer*, DVBl. 1994, 890 (898); s.a. *Degenhardt*, ZRP 1997, 397, der Art. 74 I Nr. 18 GG als Kompetenztitel verwirft, Art. 74 I Nr. 11, Art. 74 I Nr. 24 und Art. 75 I Nr. 4 GG jeweils nur für einzelne Aspekte der Regelung für zureichend hält und für die Schaffung eines neuen, ausdrücklichen Kompetenztitels für den Bodenschutz im Rahmen der konkurrierenden Gesetzgebung, etwa durch eine entsprechende Erweiterung des Art. 74 I Nr. 24 GG plädiert, die er mit den verschärften Anforderungen des Art. 72 II GG für vereinbar hält.

39 Von der Einstufung des BBodSchG hängt auch die *Zuständigkeit beim BVerwG* ab: Für das *Bodenrecht* ist der 4. Senat zuständig, für das *Bodenschutzrecht* der 7. Senat.

40 Ebenso *Degenhardt*, ZRP 1997, 397.

a) Europarecht

Besondere altlastenbezogene Regelungen gibt es europarechtlich bislang nicht[41]. Dies dürfte sich bald ändern[42], beginnend wohl mit einer *Haftungsrichtlinie* oder einer *Bodenschutzrahmenrichtlinie*. Als unmittelbares Schutzobjekt des Gemeinschaftsrechts ausdrücklich benannt wird der Boden jetzt aber auch in der **IVU-Richtlinie**, die u.a. die Vermeidung und die Verminderung von Emissionen in den Boden bezweckt. Inzwischen baut die **Europäische Umweltagentur** (EEA) in Kopenhagen auch ein europaweites Altlastenkataster auf, in dem alle relevanten Flächen erfaßt werden sollen. Hinzu kommen europäische Bemühungen zu einer gemeinsamen Altlastengefährdungsabschätzung und -sanierung, die eine staatenübergreifende und damit noch wirksamere Zusammenarbeit ermöglichen sollen. Und schließlich verlangt die EU von den Beitrittskandidaten Osteuropas eine Angleichung ihrer Umweltstandards, natürlich auch im Altlastenbereich. All dies führt zu einem **Regelungsbedarf** im Altlastenrecht auch auf europäischer Ebene[43]. Von einer Durchnormierung des Bodenschutzrechts auf europäischer Ebene, wie sie bspw. für das Chemikalienrecht kennzeichnend ist, sind wir aber noch weit entfernt – und werden es wohl auch bleiben, weil Wettbewerbsprobleme hier einen vergleichbar großen Harmonisierungsbedarf – wie bspw. im Immissionsschutz- und Abfallrecht, erst recht im Chemikalien- und Gentechnikrecht – nicht erzeugen. 57

b) Bundesrecht

aa) Gesetze

(1) Bodenschutzrecht

Das BBodSchG vom 17.3.1998 (BGBl. I 502) ist mit seinen Verordnungsermächtigungen sofort wirksam geworden, die übrigen Regelungen des Gesetzes traten am 1.3.1999 in Kraft. 58

Den **Ländern** bleiben gesetzgeberische Aufgaben nur noch, **soweit** der Bund von seiner Gesetzgebungskompetenz nicht schon Gebrauch gemacht hat, im wesentlichen also nur zur Schließung der gewollten (?) „Lücken"[44], und zur Regelung der Einrichtung der Behörden und der Verfahren. 59

Soweit das BBodSchG eine – im Zweifel ja auch abschließende – Regelung enthält, geht sie Landesrecht und früherem – verstreuten – Bundesrecht vor. So klar dieser Grundsatz ist, so schwierig bleibt die Frage des anwendbaren Rechts da, wo es noch auf die frühere Rechtslage ankommt. Und dies trifft in all den – nicht seltenen – Fällen zu, in denen sich die Frage der **Zulässigkeit einer Rückwirkung** stellt. Dann bleibt die Frage, welches Recht vor dem BBodSchG anwendbar war, und die Antwort 60

41 *Epiney*, Umweltrecht in der Europäischen Union, 1997, S. 245.
42 Dazu ist § 22 BBodSchG in das Gesetz aufgenommen.
43 Vgl. zum Stand der Bemühungen und zu einer rechtsvergleichenden Bestandsaufnahme *Sanden*, in: *Franzius/Wolf/Brandt*, Handbuch, Bd. 2, Ziff. 10132 Rn. 42 ff.
44 BVerfGE 67, 299 (324).

hierauf richtet sich entsprechend dem Zeitpunkt der Beendigung der Ablagerungen nach ganz verschiedenen rechtlichen Vorschriften[45]. Auch sonst bleiben noch einige Konkurrenzprobleme, insbesondere mit dem für Altlasten aus Deponien weiter geltenden Abfallrecht.

(2) Altlastenrecht

61 Besonderes Altlastenrecht gab es – auf Gesetzesebene – nur in einigen Ländern, z.B. in Hessen, das die altlastenrelevanten Regelungen aus seinem Bodenschutzgesetz ausgekoppelt hat. Weitere Landesaltlastengesetze befanden sich in Vorbereitung. Diese Entwicklung ist jetzt durch das BBodSchG überholt. Altlastenfragen sind jetzt im BBodSchG geregelt, und die Länder werden sich dem wohl auch systematisch anschließen.

(3) Kreislaufwirtschafts- und Abfallrecht

62 Neben dem BBodSchG ist auf eine Reihe von Vorschriften des KrW-/AbfG zu verweisen, die als Spezialgesetze vorgehen und/oder vom BBodSchG selbst für vorrangig erklärt werden (Rn. 7/87), vgl. § 3 I BBodSchG. Insbesondere gilt dies für die Sanierung früherer Deponien. Darüber hinaus kommt es auf das Abfallrecht nur noch insoweit an, als das **Rückwirkungsverbot** in Rede steht, also zur Klärung der Frage, ob das BBodSchG neue Verpflichtungen enthält oder entsprechende Gebote und Verbote sich auch schon aus dem Abfallrecht ergaben.

(4) Wasserrecht

63 Auch dem Wasserrecht geht das BBodSchG vor, wo es nach seinen **Begriffsbestimmungen** – vgl. § 2 I BBodSchG zum „Boden“: „ohne Grundwasser und Gewässerbetten“ – anwendbar ist (Rn. 7/94) und die **Vorrangbestimmungen** des § 3 I BBodSchG nichts anderes vorsehen (Rn. 7/87). Wie beim Abfallrecht kommt es auf das Wasserrecht außerdem nur noch in Hinblick auf das **Rückwirkungsverbot** an.

64 Unter das Regime des WHG fielen grundsätzlich solche (Alt-)Ablagerungen, die nach dem Inkrafttreten des WHG, also **nach dem 1.3.1960**, aber vor dem Inkrafttreten des AbfG, also vor dem 11.6.1972 vorgenommen und beendet wurden[46]. Vor diesem Zeitraum galt *Bestandsschutz*, danach ging das AbfG als *speziellere Regelung* vor[47]. Mit diesen Einschränkungen anwendbar waren die Verbotsnormen des § 26 II WHG und des § 34 II WHG über die Reinhaltung oberirdischer Gewässer bzw. des Grundwassers sowie § 2 WHG i.V.m. den „echten“ Benutzungstatbeständen des § 3 I Nrn. 4 und 5 WHG, insbesondere aber i.V.m. § 3 II Nr. 2 WHG mit dem „unechten“ Benutzungstatbestand des potentiell gewässerschädlichen Verhaltens. Das WHG selbst enthielt keine Eingriffsermächtigungen für eine Altlasten-Sanierungs-Anordnung. Dagegen hielten manche **Landeswassergesetze** Ermächtigungsgrundlagen für Eingriffe bereit, um auf Verstößen gegen das WHG beruhenden konkreten Gefahren für ein Gewässer, insbesondere für das Grundwasser begegnen zu können[48].

45 Dazu unsere Vorauflage Rn. 5/90 ff.
46 *Breuer*, DVBl. 1994, 890 (893).
47 Zum Vorrang des – strengeren – Wasserrechts aber OVG Schleswig, NVwZ-RR 1994, 75.
48 Vgl. etwa zu § 82 II BW WG VGH BW, UPR 1989, 149. Zur Anwendbarkeit des Wasserrechts und zu möglichen Verfügungsinhalten s. *Schink*, DVBl. 1986, 161. m.w.N., und *Striewe*, ZfW 1986, 273 (274 ff.).

(5) Immissionsschutzrecht

Schließlich sind auch noch eine Reihe von immissionsschutzrechtlichen Vorschriften anwendbar; das Verhältnis zwischen Bodenschutz- und Immissionsschutzrecht ist nicht unkompliziert (Rn. 8/151). **65**

(6) Baurecht

Auf den Vorrang des spezielleren **Baurechts** in dem für den Bodenschutz so wichtigen Bereich der **Versiegelung** ist hinzuweisen. Auf die Berücksichtigung von Altlasten bei der Bauleitplanung wird unten (Rn. 7/245) eingegangen. **66**

bb) Verordnungen

Ein wesentlicher Teil des neuen Bodenschutzrechts besteht im untergesetzlichen Regelwerk, hier der **Bodenschutz- und Altlastenverordnung** vom 12.7.1999[49]. Diese Verordnung enthält Prüfwerte, aber nur in geringem Umfang auch Sanierungswerte, die ohne weiteres bestimmte Sanierungsmaßnahmen auslösen. Weitere Verordnungen beziehen sich u.a. auf den nach der Sanierung ggf. zu leistenden Wertausgleich und auf militärische Altlasten. **67**

cc) Verwaltungsvorschriften und private Regelwerke

Neben dem Polizeirecht der Länder spielte sich das Altlasten„recht" bisher vor allem in einer Fülle von Verwaltungsvorschriften[50] ab, die den – hier berechtigten – „Normenhunger der Verwaltung" befriedigen sollten. Die meisten wurden mit Inkrafttreten der BBodSchV obsolet. Für Altlasten in Liegenschaften des Bundes gibt es eigene Richtlinien[51]. Wie auch sonst oft im Umweltrecht gibt es im Bereich der Altlasten eine Reihe von privaten Regelwerken[52]. **68**

c) Landesrecht

aa) Ausgangslage und Anpassungsbedarf

Eine Reihe von Ländern besitzt Voll- oder Teilregelungen des Altlastenrechts, teils in ihren Abfall- oder Wassergesetzen, teils in einem eigenen Bodenschutzgesetz (BW und Berlin), teils in einem Kombinationsgesetz (Sachsen), aber auch schon in einem eigenen Altlastengesetz (Hessen). Damit hatten die Länder die frühere gesetzliche Lücke weitgehend – und zum Teil eben auch weitergehend – gefüllt[53], bevor der Bundesgesetzgeber endlich das BBodSchG verabschiedete. **69**

---

49 BGBl. I 1554.

50 Die wesentlichen Verwaltungsvorschriften der Länder sind abgedruckt in *Franzius/Wolf/Brandt,* Handbuch, Bd. 3, Ziff. 14150.01.2 ff.

51 Richtlinien für die Planung und Ausführung der Sicherung und Sanierung belasteter Böden v. 23.11.1992, Bundesanzeiger Nr. 28, S. 948-952; auch in *Franzius/Wolf/Brandt,* Handbuch, Bd. 3, Ziff. 15225.

52 Dazu die Arbeitshilfen in *Franzius/Wolf/Brandt,* Handbuch, Bd. 3, Ziff.15226 ff.

53 Vgl. die altlastenrechtlichen Regelungen §§ 28 ff. LAbfG NW, §§ 16 ff. HAbfAG (Hessen), §§ 22 ff. LAbfG BW, §§ 8 ff. BodSchG BW, Art. 26 ff. BayAbfAlG, §§ 25 ff. LAbfVG Bbg., §§ 22 ff. AbfAlG MV, §§ 18 ff. NdsAbfG, §§ 24 ff. LAbfWAG (Rh.-Pf.), §§ 29 ff. LAbfG LSA, §§ 16 ff. ThAbfAG. Vgl. dazu den Überblick bei *Hahn*, Bodenschutz, 1993, S. 188 ff.

70 Soweit nun bundesrechtliche Vorschriften bestehen, gehen sie nach Art. 72 I GG den landesrechtlichen Regelungen vor, darunter auch den polizeirechtlichen Generalklauseln. Die dem Bundesgesetz entgegenstehenden landesrechtlichen Regelungen traten – mit seinem Inkrafttreten – außer Kraft. Soweit Widersprüche bestehen, müssen die Länder ihre Bodenschutzgesetze und ihre Gesetze zur Altlastensanierung dem neuen Bundesrecht **anpassen**. Weitergehende Vorschriften dürfen die Länder also nur beibehalten, sofern kein Widerspruch zu Bundesrecht eintritt. Dies wirft die im Einzelfall immer wieder schwierige Frage danach auf, ob eine „konkurrierende" Bundesvorschrift als **abschließend** zu verstehen sein soll.

71 **Eigenständig** regeln können die Länder nach § 21 BBodSchG das Verwaltungsverfahren, die Führung von Verdachtsflächenkatastern, die Vornahme von Maßnahmen des Bodenschutzes bei flächenhaft schädlichen Bodenveränderungen und zur Einrichtung eigener Bodeninformationssysteme[54] (Rn. 7/238 ff.).

bb) Neue Gesetze

72 Das am 17.3.1998 verabschiedete BBodSchG ließ den Ländern bis zu seinem Inkrafttreten (am 1.3.1999) bewußt einige Zeit zu der nötigen Anpassung. Fast alle Länder haben Zuständigkeitsregelungen getroffen und die Arbeiten an einem neuen Landesgesetz zumindest aufgenommen, einige haben sie auch schon abgeschlossen: Das Gesetz zur Umsetzung des Gesetzes zum Schutz des Bodens in **Bayern** vom 23.2.1999[55] ist am 1.3.1999 in Kraft getreten, ebenso das Gesetz zur Einführung des **niedersächsischen** Bodenschutzgesetzes und zur Änderung des Niedersächsischen Abfallgesetzes vom 19.2.1999[56]. Das bayerische Gesetz umfaßt das bayerische Bodenschutzgesetz (BayBodSchG) und paßt das BayAbfAlG und das BayWG der durch das BBodSchG und das BayBodSchG geänderten Rechtslage an, das niedersächsische enthält das Niedersächsische Bodenschutzgesetz und ändert das NAbfG. Für den **Freistaat Sachsen** gilt das SächsABG[57] seit 1.3.1999, für das Land **Thüringen** das Thüringer Abfallwirtschafts- und Altlastengesetz (ThAbfAG)[58] seit 22.5.1999. – In **Hessen** ist ein materielles Landes-Bodenschutzgesetz, das auch das Hessische Altlastengesetz wieder ablösen soll, beabsichtigt. Darin sollen auch Ermächtigungsvorschriften für Gebietsausweisungen aufgenommen werden. Bis zu einer Neuregelung finden für den Bereich der Altlastensanierung BBodSchG und HAltlastG parallel Anwendung[59].

cc) Polizei- und Ordnungsrecht

73 Die Abgrenzung zum **Polizei- und Ordnungsrecht der Länder** folgt den allgemeinen Regeln. Danach sind die Vorschriften des Polizei- und Ordnungsrechts subsidiär anwendbar, wenn und soweit nicht die bundesrechtlichen Vorschriften des BBodSchG Sperrwirkung entfalten, was in jedem Einzelfall zu prüfen ist[60].

---

54 Zu den verbleibenden Handlungsmöglichkeiten der Länder *Peine*, NVwZ 1999, 1165 ff.

55 GVBl. S. 36 ff.

56 GVBl. S. 46 ff.

57 GVBl. S. 256 ff.

58 GVBl. S. 267 ff.

59 Zum Stand der Umsetzungsarbeiten auch *Ewer*, in: *Landmann/Rohmer*, Umweltrecht, Band III, BBodSchG, Vorb. Rn. 197 ff.

60 *Sanden/Schoeneck*, BBodSchG, § 3 Rn. 1; *Ewer*, in: *Landmann/Rohmer*, Umweltrecht, Band III, BBodSchG, Vorb. Rn. 191 m.w.N.

Die öffentlich-rechtliche Verantwortlichkeit für Altlasten, besonders für „Uraltlasten", also für Ablagerungen oder Kontaminationen, die sich schon vor dem Inkrafttreten des WHG (1.3.1960) ereignet haben und abgeschlossen waren, richtete sich mangels spezialgesetzlicher Eingriffsermächtigungen seit langem nach den das allgemeine Polizei- und Ordnungsrecht normierenden Landesgesetzen[61]. Auch dem Polizeirecht der Länder geht jetzt § 10 BBodSchG vor, was aufgrund des Rückwirkungsverbots nicht mehr Eingriffsmöglichkeiten bringt. **74**

Da die Grundsätze des allgemeinen deutschen Polizeirechts in der damaligen DDR über alle positivrechtlichen Änderungen hinweg fortgegolten haben[62], konnte ein Verhaltens- oder Zustandsstörer in den neuen Ländern in Altlastenfällen nach den gleichen Rechtsgrundsätzen wie in den alten Ländern in Anspruch genommen werden – und damit auch unabhängig vom späteren Inkrafttreten der dortigen Landesgesetze. Schließlich waren auch nach dem DDR-Wasserrecht (§§ 1 III und 24, 25, 26 II und 30, 44 WG DDR) ordnungsbehördliche Eingriffe möglich sowie ergänzend Maßnahmen nach dem Volkspolizeirecht gegen Verhaltens- und Zustandsstörer (§§ 3, 7, 9 VPG). **75**

5. Überblick über Bodenschutzgesetz und BBodSchV

Das Gesetz folgt – anders als zum Teil die Vorentwürfe – einem **Integrationsmodell**, trifft also zunächst gemeinsame Regelungen (§§ 1 bis 10 und 17 ff.) und enthält nur, wo nötig, ergänzende Vorschriften für Altlasten (§§ 11 bis 16). Die fünf Teile umfassen Allgemeine Vorschriften, Grundsätze und Pflichten, Ergänzende Vorschriften für Altlasten, Regelungen der landwirtschaftlichen Bodennutzung sowie Schlußvorschriften. Im einzelnen gibt es allgemeine Regelungen mit Begriffsbestimmungen (§ 2), die zentrale Bestimmung der Sanierungspflichtigen (§ 4), Ermächtigungen der zuständigen Behörde zu einzelfallbezogenen Sanierungsanordnungen („bodenschutzrechtliche Generalklausel"[63]: § 10, ergänzende Generalermächtigung: § 16) und eine Ermächtigung zum Erlaß von Rechtsverordnungen der Bundesregierung über Anforderungen zur Altlastensanierung (§ 8), aber auch besondere altlastenrechtliche Bestimmungen zur Erfassung altlastverdächtiger Flächen und zur Information der Betroffenen (§§ 11 f.), zum Sanierungsplan des Verpflichteten (§ 13) oder der zuständigen Behörde (§ 14), zur behördlichen Überwachung und zur Eigenkontrolle von Altlasten und altlastverdächtigen Flächen (§ 15). **76**

Die **BBodSchV** enthält nach *allgemeinen* Vorschriften zum Anwendungsbereich und Begriffsbestimmungen Regelungen zur Untersuchung von schädlichen Bodenveränderungen und Altlasten sowie zur Bewertung der Untersuchungsergebnisse, die Anforderungen an die Sanierung von schädlichen Bodenveränderungen und Altlasten, weiter *spezielle* Vorschriften für die Altlastensanierung, nämlich zu Gegenstand und Inhalt von Sanierungsuntersuchungen und Sanierungsplänen, Ausnahmen mit Verfahrenserleichterungen für solche Bodenkontaminationen, bei denen Gefahren mit einfachen Mitteln abgewehrt oder beseitigt werden können, Vorschriften für die Gefahrenabwehr von schädlichen Bodenveränderungen auf Grund von Bodenerosion durch Wasser, sodann Vorsorgeanforderungen, die zur Vermeidung künftiger schädlicher Bodenveränderungen zu erfüllen sind, und Anforderungen an das Aufbringen und **77**

61 VGH BW, NVwZ 1990, 781; kritisch mit Nachw. *Breuer*, DVBl. 1994, 890 (893).
62 *Breuer*, DVBl. 1994, 890 (895) m.w.N. in Fn. 53.
63 *Würtenberger/Heckmann/Riggert*, Polizeirecht, Rn. 603.

Einbringen von Materialien auf oder in den Boden und schließlich Schlußbestimmungen, d.h. zur Zugänglichkeit von technischen Regeln und Normblättern sowie zum Inkrafttreten.

78 Vier **technische Anhänge** ergänzen die Vorschriften der BBodSchV:

- *Anhang 1* regelt fachliche Anforderungen an die Untersuchung von schädlichen Bodenveränderungen und Altlasten. Hier werden einheitliche Anforderungen an die Ermittlung von umweltgefährdenden Stoffen in Böden und anderen Materialien und die hierzu durchzuführende repräsentative Probenahme, Analytik und Qualitätssicherung bei der Untersuchung vorgegeben.
- *Anhang 2* enthält Bodenwerte, welche die Erforderlichkeit von Prüfungen bzw. Gefahrenabwehr- und Sanierungsmaßnahmen sowie von Vorsorgemaßnahmen indizieren (Prüf-, Maßnahmen- und Vorsorgewerte).
- *Anhang 3* enthält schließlich detaillierte Anforderungen an den Inhalt und die Reichweite von Sanierungsuntersuchungen und Sanierungsplänen bei Altlasten.
- *Anhang 4* regelt die Anforderungen an die Untersuchung und Bewertung von Flächen, bei denen der Verdacht einer schädlichen Bodenveränderung auf Grund von Bodenerosion durch Wasser vorliegt.

6. Würdigung, Kritik und Ausblick

79 Die erfreuliche Entwicklung zur Einführung eines eigenen Bodenschutzrechts kann nicht darüber hinwegtäuschen, daß gleichzeitig unter den Schlagworten Wirtschaftsstandort Deutschland, Wohnraumschaffung und Verfahrensbeschleunigung den Schutzzielen des Bodenschutzes jedenfalls unter dem Gesichtspunkt der *Flächenzersiedelung* gezielt und effektiv entgegengewirkt wird (Rn. 5/18 ff.)[64].

80 Zu kritisieren ist, daß sich das Gesetz zu sehr am *Bodennutzungsschutz* orientiert, sein Anwendungsbereich zu eng ist und es zu wenig Vorsorge betreibt, ebenso, daß das Gesetz schon allein aufgrund seiner vielen Anwendungsausnahmen nur bedingt in der Lage sein wird, der Rechtszersplitterung auf dem Gebiet des Bodenschutzrechts tatsächlich entgegenzuwirken. Noch fehlen auch eine behördlich durchsetzbare Entsiegelungspflicht und verbindliche Beschränkungen der landwirtschaftlichen Bodennutzung, Regelungen über Summations- und Distanzschäden und Finanzierungsmodelle zur Bodensanierung.

81 Da der Bund unter Inanspruchnahme seiner konkurrierenden Gesetzgebungszuständigkeit[65] den Ländern nur noch „ergänzende Verfahrensregelungen" (so § 22 I BodSchG) überläßt und der Gesetzgeber seine lange Überlegungszeit zu einer eingehenden Verarbeitung der bereits bestehenden länderrechtlichen Bodenschutz- und Altlastengesetze doch nicht genutzt, sondern diese allenfalls auf einen kleinsten gemeinsamen Nenner gebracht hat, dürfte die lange erwartete bundeseinheitliche Regelung in einigen Ländern eher als Rück- denn als Fortschritt aufgenommen werden.

---

64 Vgl. § 35 IV BauGB, § 4 BauGB-MaßnG und weitere Vorschriften des Investitionserleichterungs- und Wohnbaulandgesetzes, das Verkehrswegeplanungsbeschleunigungsgesetz und das Planungsvereinfachungsgesetz. – Zur Kritik *Erbguth/Stollmann*, NuR 1994, 319 (329) m.w.N.

65 Begründung, Stand 22.3.1996, S. 4 ff.

Daß das Bundesbodenschutzgesetz für den Schutz des Bodens tatsächlich viel bringt, darf man daher bezweifeln: Gerade der Schutz des Bodens vor Verbrauch, insbesondere vor Versiegelung durch Verkehrswege- und Städtebau geht kaum weiter als bisherige Regelungen auch schon[66]. Das neue BBodSchG beruht letztlich auf einem **Minimalkonsens**, faßt also zusammen, was schon bisher im wesentlichen unstreitig war. **82**

Die wichtigsten neuen und alten **Streitfragen** kreisen um die Frage der Reichweite des Rückwirkungsverbots[67] und die Frage der abschließenden Wirkung bundesrechtlicher Regelungen gegenüber verbleibendem Landesrecht. Der Verursacherbegriff ist weiter entsprechend dem Polizeirecht zu bestimmen, und damit bleiben auch die alten Fragen offen. Dies wird von den rechtsanwendenden Körperschaften bedauert, von den Autoren des Gesetzes aber verteidigt, und zwar unter anderem damit, daß schon kompetenzrechtliche Bedenken dagegen bestünden, polizeirechtliche und damit der **Landeskompetenz** unterliegende Fragen nun doch **bundesgesetzlich** zu regeln. Fraglich ist freilich, ob bei einer – unterstellt – eindeutig zu bejahenden Bundeskompetenz soviel Rücksicht auf gleichzeitig bestehende Kompetenzen in Parallelbereichen genommen werden muß. Der Rechtsvereinheitlichung und damit der Rechtsklarheit jedenfalls dient diese Rücksichtnahme nicht. **83**

Das BBodSchG trat zwar erst nach dem Regierungswechsel in Kraft, wurde aber vorher verabschiedet. Insofern überrascht es nicht, daß **Nachbesserungen** angekündigt sind. Sie beziehen sich auf den Bereich der Vorsorge (§ 7), der Finanzierung der nicht einem liquiden Sanierungsverantwortlichen zurechenbaren Sanierungskosten, der Reichweite der Privilegierung der Landwirtschaft (§ 17) und wohl auch auf die Entsiegelungspflicht (§ 5), zu der der Bundesrat eine VO dringend anmahnt[68]. **84**

III. Gesetzeszweck, Anwendungsbereich, Begriffe und Instrumente

1. Ziel und Zweck des Gesetzes

Die wichtigste **Zielsetzung** der Kodifizierung des Bodenschutzrechts besteht in der Überwindung seiner bisherigen Zersplitterung, aber auch in der Aufwertung des Schutzgutes Boden insgesamt. **85**

Wie jedes moderne Umweltgesetz enthält auch das BBodSchG eine auslegungs- und ermessensleitende Bestimmung seines **Gesetzeszwecks**. So zielt es nach seinem § 1 darauf,

- nachhaltig die Funktionen des Bodens zu sichern oder wiederherzustellen (*Gesetzeszweck im engeren Sinn*, Satz 1),
- dazu schädliche Bodenveränderungen abzuwehren, Boden und Altlasten sowie dadurch verursachte Gewässerverunreinigungen zu sanieren und Vorsorge gegen nachteilige Einwirkungen auf den Boden zu treffen (*Handlungsziele*, Satz 2) und

---

66 Zur Kritik schon unsere Vorauflage Rn. 5/66; ebenso *Peters*, VBlBW 1999, 83.

67 Dazu *Kahl*, Die Verwaltung, Bd. 33 (2000), 29 (42 ff.) m.w.N.; *Ewer*, in: *Landmann/Rohmer*, Umweltrecht, Band III, BBodSchG, Vorb. Rn. 167 ff.

68 BR-Drucks. 244/99, S. 65.

- bei Einwirkungen auf den Boden Beeinträchtigungen seiner natürlichen Funktionen sowie seiner Funktion als Archiv der Natur- und Kulturgeschichte soweit wie möglich zu vermeiden (*Minimierungsgrundsatz*, Satz 3).

86 Da zu den geschützten Bodenfunktionen auch nicht-ökologische Funktionen gehören, widersprechen sich die geschützten Funktionen untereinander, z.B. die Wirkung des Bodens als Teil des Naturhaushalts mit seinen Wasser- und Nährstoffkreisläufen einerseits, als Fläche für Siedlung und Erholung sowie als Verkehrsfläche andererseits. Damit schützt das Bodenschutzgesetz zugleich auch die Beeinträchtigungen der natürlichen Funktionen des von ihm gerade zu schützenden Umweltmediums. Es muß nicht Aufgabe gerade des Bodenschutzrechts sein, die Zugriffsmöglichkeiten auf Böden bspw. als Siedlungs- und Verkehrsfläche abzusichern[69]: Der Gesetzgeber hat sich aber hierüber hinweggesetzt und (wie in § 2 BNatSchG) für die Gleichrangigkeit aller Funktionen entschieden und die Lösung, welcher Funktion im Streitfall der Vorrang einzuräumen ist, dem Einzelfall überlassen. Entsprechend gering ist die Steuerungskraft der gesetzlichen Zielbestimmung und umso (relativ) größer ihr symbolischer Gehalt[70].

2. Anwendungsbereich

87 Der Anwendungsbereich des BBodSchG wird zweifach begrenzt, nämlich durch einengende Begriffsbestimmungen in § 2 und durch **ausdrückliche Vorrangbestimmungen** zugunsten anderer Gesetze, die sich – ebenfalls – auf die Nutzung des Bodens oder für den Boden erhebliche Tätigkeiten beziehen, vgl. § 3 I BBodSchG. Hier verrät sich die Verwandtschaft des BBodSchG mit dem Polizeirecht, dessen Subsidiaritätsprinzip die Vorrangbestimmung des § 3 BBodSchG entlehnt ist: So wie das Polizeirecht tritt jetzt auch das BBodSchG hinter dem jeweils speziellen Fachrecht zurück. Der lange währenden Enthaltsamkeit des Gesetzgebers entspricht auch seine **inhaltliche** Zurückhaltung. So sind – neben den gleich näher zu besprechenden Vorschriften – **vorrangig** u.a. die Vorschriften über den Verkehrswegebau und die Beförderung gefährlicher Güter, bestimmte Vorschriften des Bundeswaldgesetzes und des Flurbereinigungsgesetzes und die Regelungen über Bodenbelastungen durch radioaktive Stoffe und Anlagen oder durch Kampfmittel; auch das **Düngemittel- und Pflanzenschutzgesetz** sowie das GenTG gehen generell vor, § 3 I Nr. 4 und 5 BBodSchG.

a) Abfallrecht

88 aa) Eine ausdrückliche Vorrangbestimmung enthält § 3 I Ziff. 1 BBodSchG gegenüber der Ermächtigung des § 6 BBodSchG zugunsten der Vorschriften des KrW-/AbfG über

69 So zutreffend *Stollmann*, ZAU 1994, 391 (395) m.w.N. in Fn. 18. Dementsprechend umstritten war im Gesetzgebungsverfahren das Verhältnis zwischen den natürlichen Bodenfunktionen einerseits und den Nutzungsfunktionen, die dazu häufig in Widerspruch treten, andererseits.

70 Zur Kritik auch *Peine*, UPR 1997, 53 (57).

- das Aufbringen von Abfällen zur Verwertung als Sekundärrohstoffdünger oder Wirtschaftsdünger im Sinne des § 1 Düngemittelgesetz und der hierzu aufgrund des KrW-/AbfG erlassenen Rechtsverordnungen sowie der Klärschlammverordnung[71] (dazu § 8 KrW-/AbfG i.V.m. der AbfKlärV) (Ziff. 1) und
- die Zulassung und den Betrieb von Abfallbeseitigungsanlagen zur Beseitigung von Abfällen sowie über die Stillegung von Deponien (vgl. §§ 27, 31-36 KrW-/AbfG i.V.m. § 10 KrW-/AbfG) (Ziff. 2)[72].

bb) Zu den genannten Spezialvorschriften zählen die **Bioabfall- und Kompostverordnung** (derzeit noch im Entwurfstadium) und die **Klärschlammverordnung**. § 6 BBodSchG enthält eine Verordnungsermächtigung zur Bestimmung der Anforderungen an das Auf- und Einbringen von Materialien hinsichtlich der Schadstoffgehalte und sonstiger Eigenschaften. Damit soll die Vermeidungspflicht des § 4 I BBodSchG konkretisiert und der Umfang der Vorsorgeanforderungen zum Schutz des Bodens bestimmt werden. Diese scheinbar weite Ermächtigung wird durch den **beschränkten Anwendungsbereich** nach § 3 BBodSchG zurückgenommen: Klärschlamm, Sekundärrohstoffdünger, Dünge- und Pflanzenschutzmittel unterliegen danach nämlich nicht dem BBodSchG, sondern den für sie besonders geltenden Bestimmungen. Übrig bleiben daher für die Anwendung des § 6 BBodSchG wohl nur unbelastete oder nur sehr gering belastete Böden beim Wiedereinbau. **89**

cc) Vorrang haben danach auch die Bodenschutzvorschriften des § 32 I Nr. 1 lit. a i.V.m. § 10 IV Nr. 3 **KrW-/AbfG**, vor allem aber die Altlastenregelung des **§ 36 II 1 KrW-/AbfG**, wonach dem Deponieinhaber die *Rekultivierung* auferlegt werden kann; für die *Sanierung* dagegen verweist das Abfallrecht in § 36 II 2 **KrW-/AbfG** in das BBodSchG zurück. **90**

dd) Auf die frühere Anwendbarkeit des KrW-/AbfG (AbfG) kommt es heute nur noch insoweit an, als in Frage steht, ob eine bodenschutzrechtliche Regelung gegen das Rückwirkungsverbot verstößt, weil sie anordnet, wozu nach dem vorher geltenden Abfallrecht der Adressat nicht verpflichtet war. Die Anwendbarkeit des Abfallrechts ist aber seinerseits **inhaltlich und zeitlich beschränkt**: Das KrW-/AbfG (AbfG) kann entsprechend seinem Geltungsbereich nur für solche Altlasten (Teil-)Regelungen bereithalten, die auf **Abfallablagerungen**[73] zurückgehen. Auch kann es wegen des verfassungskräftigen Rückwirkungsverbots grundsätzlich nur für solche Abfallablagerungen Anwendung finden, die bei **Inkrafttreten** des AbfG noch nicht stillgelegt waren[74]. Damit fällt es für die rechtliche Durchführung der Sanierung der Mehrzahl der Boden- und Gewässergefährdungen oder gar -schädigungen, nämlich für die sog. „echten Altlasten" aus. Nach dem Zeitpunkt des Inkrafttretens des AbfG (11.6.1972) unterscheidet man nämlich zwischen Anlagen und Ablagerungen einerseits, („echten") Altanlagen und Altablagerungen andererseits. „Alt" sind sie, wenn sie nach dem Stichtag nicht mehr betrieben oder gar errichtet wurden. Hinzu kommen als „neue Altanlagen" diejenigen bestehenden Anlagen, die durch die Neuregelungen des AbfG 1986 erst zu Abfallentsorgungsanlagen gewor- **91**

71 Vgl. die Verordnung über die Grundsätze der guten fachlichen Praxis beim Düngen v. 26.1.1996; dazu die Regierungsbegründung BT-Drs. 13/6701, S. 31.

72 Dazu *Sanden/Schoeneck*, BBodSchG, § 6 Rn. 13 ff.

73 Zum Abfallbegriff Rn. 10/225 ff.

74 *Kunig/Paetow/Verst*eyl, Krw-/AbfG, § 36 Rn. 5 m.w.N.; *Ewer*, in: *Landmann/Rohmer*, Umweltrecht, Band III, BBodSchG, Vorb. Rn. 167 ff.; s.a. VGH BW VBlBW 1997, 110.

den sind, z.B. bestimmte bestehende Verwertungsanlagen oder Tanklager für bestimmte Altöle. Schließlich gibt es illegale Altanlagen/Altablagerungen, die praktisch wie neue behandelt werden. „Uralt“ schließlich sind sie, wenn sie nach Inkrafttreten des WHG (1.3.1960) nicht mehr betrieben oder gar errichtet wurden[75]. Der Sprachgebrauch ist aber nicht einheitlich.

b) Wasserrecht

92 Nach § 4 III 1 BBodSchG sind Gewässerschäden nach den Bestimmungen des BBodSchG zu *sanieren.* Andererseits richten sich die dabei zu erfüllenden **Anforderungen** nach dem Wasserrecht, § 4 IV 3 BBodSchG. Insoweit ist es Sache der Länder, dem Gewässerbewirtschaftungsermessen der ausführenden Behörden Bewirtschaftungs- und Sanierungsziele vorzugeben. Dies gilt nicht nur für die Sanierung der Gewässer selbst, sondern auch für die Sanierung kontaminierter Böden, wenn von diesen Schadstoffe in Gewässer, also auch in das Grundwasser zu gelangen drohen. Auch die *Vorsorge* für das Grundwasser richtet sich nach den wasserrechtlichen Vorschriften, § 7 Satz 6 BBodSchG (vgl. bspw. § 34 I und II WHG zur Reinhaltung des Grundwassers, diese sind Spezialvorschriften).

c) Immissionsschutzrecht

93 Die Abgrenzung gegenüber bzw. Verzahnung mit dem BImSchG regelt § 3 III BBodSchG. Dabei geht es um die bodenschutzrelevanten Pflichten des Betreibers nach Betriebseinstellung[76], um die Verknüpfung von **immissionsschutzrechtlicher und bodenschutzrechtlicher Vorsorgepflicht und eine bodensschutzbezogene Bagatellklausel** für immissionsschutzrechtliche Genehmigungen.

3. Begriffsbestimmungen

a) Boden

94 Für die gegenständliche Abgrenzung des Geltungsbereichs des BBodSchG gegenüber dem WHG – die meisten Bestimmungen des BBodSchG knüpfen ja an eine Beeinträchtigung des Bodens an („Jeder, der auf den Boden einwirkt, …“, § 4 I BBodSchG; „Der Verursacher einer schädlichen Bodenveränderung …“, § 4 III 1 BBodSchG) – ist von der gesetzlichen Begriffsbestimmung des Bodens in § 2 I BBodSchG auszugehen: Boden ist … die obere Schicht der Erdkruste ohne Grundwasser und Gewässerbetten. „An der Oberfläche“ bestimmen daher die Landeswassergesetze die *Uferlinie* und damit den Anwendungsbereich des BBodSchG, der endet, wo das Gewässer beginnt. „In der Tiefe“ endet der Boden, wo das *Grundwasser* beginnt. Darüber herrscht Streit (Rn. 6/77 ff.).

---

75 Zu den Begriffen *Breuer*, NVwZ 1987, 751 (752); eingehend *Paetow*, NVwZ 1990, 510.
76 Zu den verfahrensrechtlichen Konsequenzen in § 17 IVa BImSchG *Salzwedel*, in: AKUR, Grundzüge des Umweltrechts, 2. Aufl. 1997, Rn. 16/14.

b) Schädliche Bodenveränderungen

Schädliche Bodenveränderungen werden in § 2 III BBodSchG gesetzlich bestimmt als Beeinträchtigungen der Bodenfunktionen (dazu § 2 II BBodSchG), die geeignet sind, Gefahren, erhebliche Nachteile oder erhebliche Belästigungen für den einzelnen oder die Allgemeinheit herbeizuführen. Dieser Ansatz ist **anthropozentrisch**[77]. Die Begriffstrias lehnt sich an § 3 I BImSchG an. Da die Nachteile oder Belästigungen **erheblich** sein müssen, kommt den Nachteilen und Belästigungen kaum eigenständige Bedeutung gegenüber der Gefahrenabwehr zu – und sollte es wegen des Rückwirkungsverbots jedenfalls für Altfälle auch nicht. Rechtsgüter des **einzelnen** sind insbesondere Leben und Gesundheit, solche der **Allgemeinheit** das unbelastete Grundwasser, aber auch die natürlichen Funktionen des Bodens und seine Bedeutung als Archiv der Natur- und Kulturgeschichte (vgl. § 1 Satz 3 BBodSchG). Entscheidende Bedeutung für die Begriffsbestimmungen kommt den **Standards** für die Beurteilung und die Bewertung zu (dazu die Ermächtigung des § 8 BBodSchG), die die BBodSchV enthält. **95**

Nach den gesetzlichen Begriffsbestimmungen des BBodSchG sind **Altlasten** (§ 2 V): **96**

- stillgelegte Abfallbeseitigungsanlagen sowie sonstige Grundstücke, auf denen Abfälle behandelt, gelagert oder abgelagert worden sind (Altablagerungen), und
- Grundstücke stillgelegter Anlagen und sonstige Grundstücke, auf denen mit umweltgefährdenden Stoffen umgegangen worden ist, ausgenommen Anlagen, deren Stillegung einer Genehmigung nach dem Atomgesetz bedarf (Altstandorte),

sofern durch sie schädliche Bodenveränderungen oder sonstige Gefahren für den einzelnen oder die Allgemeinheit hervorgerufen werden;

und **altlastverdächtige Flächen**:

- Altablagerungen und Altstandorte, bei denen der Verdacht schädlicher Bodenveränderungen (dazu die Begriffsbestimmung in § 2 III BBodSchG) oder sonstiger Gefahren für den einzelnen oder die Allgemeinheit besteht.

Keine besondere Begriffsbestimmung findet sich für **militärische oder Rüstungs-Altlasten,** also Alt-Standorte sowohl der Militärproduktion als auch des Militärbetriebs[78]. Eine gesonderte Begriffsbestimmung im BBodSchG ist auch entbehrlich, da beide Kategorien von der allgemeinen Altlastendefinition des § 2 V BBodSchG umfaßt werden. Ausgenommen sind nur das Aufsuchen von Kampfmitteln sowie Flächen auf Truppenübungsplätzen[79]. Vorangeschritten ist inzwischen aber das Vorhaben eines Gesetzes über die Finanzierung der Sanierung von Rüstungsaltlasten[80]. **97**

Der altlastenrechtliche **Anlagenbegriff** des § 2 V Nr. 2 BBodSchG umfaßt (entsprechend § 3 V Nr. 1 BImSchG) Betriebsstätten und sonstige ortsfeste Einrichtungen, **98**

77 Kritisch *Peine*, DVBl. 1998, 157 (159).
78 SRU, Sondergutachten Altlasten II, BT.-Drucks. 13/380, S. 162.
79 Kritisch *Schink*, DÖV 1995, 213 (219).
80 Dazu der Entwurf eines Rüstungsaltlastenfinanzierungsgesetzes, BR-Drucks. 322/97 v. 30.4.1997. – Allg. zu den Rüstungsaltlasten *Jorczyk*, Rüstungs- und Kriegsaltlasten, und *Spyra*, Rüstungsaltlasten.

z.B. auch Deponiekörper (auch wenn dort Boden gar nicht mehr vorhanden ist) sowie Nebeneinrichtungen und Leitungssysteme, z.B. auch die Kanalisation. Schließlich umfaßt der Anlagenbegriff des § 2 V BBodSchG auch **Grundstücke** (vgl. § 3 V Nr. 3 BImSchG, wie sich aus dem Ausdruck „sonstige Grundstücke" in § 2 V BBodSchG ergibt). Umgekehrt fallen **ortsveränderliche** technische Einrichtungen und Fahrzeuge (vgl. § 3 V Nr. 2 BImSchG) nicht unter die Altlastendefinition. Gebäudekontaminationen sind wegen der festen Verbindung mit dem Boden und unabhängig von der Beeinträchtigung des sie tragenden Erdreichs mitumfaßt. Wann eine **Stillegung** vorliegt, ist eine Frage des Einzelfalls. Eine Stillegung liegt bei Fortführung des Betriebs nur vor, wenn dies in anderer Weise oder erst nach nicht unerheblicher Zeit geschieht. Zweifelsfragen bleiben bei Betriebsunterbrechungen auf unbestimmte Zeit und teilweiser Betriebseinstellung. Dabei ist gegenüber dem jeweils einschlägigen Fachrecht und hilfsweise gegenüber dem Polizeirecht abzugrenzen. Jedenfalls sind laufende Betriebe in den Altlastenbegriff nicht einbezogen.

c) Bundesrecht und Landesrecht

99 Im wesentlichen entsprechende Begriffsbestimmungen enthielten die **Ländergesetze**. Teilweise gingen die Länderregelungen aber inhaltlich über die bundesrechtliche Regelung hinaus, teilweise nahmen Landesgesetze bestimmte Flächen von einer bodenschutzrechtlichen Regelung auch wieder aus. Da der Bundesgesetzgeber von seiner konkurrierenden Gesetzgebungskompetenz Gebrauch gemacht hat, kommt seiner Definition inhaltliche Sperrwirkung gegenüber den landesrechtlichen Bestimmungen zu. Diese **Sperrwirkung** ist auch gewollt, um die erforderliche Rechtsvereinheitlichung zu erreichen[81]. Dementsprechend verzichten die neuen Landesgesetze insoweit auf eigene Begriffsbestimmungen. Für die Erfassung weiterer Verdachtsflächen besteht aber eine gewisse Freiheit der Länder: Nach § 21 II 1. HS BBodSchG können sie über die in §§ 11 bis 16 BBodSchG geregelten altlastenverdächtigten Flächen und Altlasten hinaus bestimmte Verdachtsflächen von der zuständigen Behörde erfassen lassen (vgl. Art. 5 BayBodSchG) und entsprechende Mitteilungspflichten einführen (vgl. Art. 1 BayBodSchG).

4. Instrumente

100 Bodenschutz erfolgt auf vielfältige Weise. Er kann Haupt- oder Nebenziel von Regelungen sein. Er kann unmittelbar und mittelbar erfolgen. Zur Verwirklichung des Bodenschutzes dienen eingreifende, leistende und planende Bodenschutzmaßnahmen, die räumlich beschränkt oder flächendeckend wirken und die sich auf alte, schon bestehende, aber auch auf neue Bodenbeeinträchtigungen richten können. Entsprechend dem **Querschnittscharakter** der Aufgabe Bodenschutz finden sich eine Vielzahl solcher unmittelbar und mittelbar bodenschützender Maßnahmen in einer Reihe verschiedener Gesetze verstreut, z.B. unter dem Gesichtspunkt des Landverbrauchs

81 Dazu *Ewer*, in: *Landmann/Rohmer*, Umweltrecht, Band III, BBodSchG, Vorb. Rn. 190 f.

im Naturschutzrecht, der Stoffeinträge im Wasserrecht, im Immissionsschutzrecht oder im Abfallrecht. Ergänzend ist zu verweisen auf das Bundeswaldgesetz und die Landeswaldgesetze sowie auf Einzelbestimmungen im Recht der Raumordnung (Raumordnungsgesetz) und Landesplanung (Landesplanungsgesetze), der Bauleitplanung (BauGB) sowie einzelner Fachplanungsgesetze.

Die wesentlichen **Instrumente** des Bodenschutzrechts selbst bestehen in Gefahrenabwehr- und Vorsorgemaßnahmen gegen das Entstehen schädlicher Bodenveränderungen, Ermittlung und Überwachung bestehender Gefahren und in Sanierungs- und Schutzmaßnahmen. Den Ländern bleiben gebietsbezogene Maßnahmen und Festsetzungen wie Bodenschutzpläne zur Sanierung des Gebiets, Bodenschutzpläne zur Vorsorge sowie die Einrichtung und Führung von Bodeninformationssystemen überlassen, § 21 II – IV BBodSchG (Rn. 7/238 ff.); so können sie auch Bodenbelastungsgebiete – ähnlich Wasserschutzgebieten – festsetzen, § 21 III BBodSchG[82]. **101**

Verursacher und Grundstückseigentümer werden verpflichtet, Belastungen des Bodens zu unterlassen oder abzuwenden, die zu *schädlichen Bodenveränderungen* führen können. Zum langfristigen Schutz des Bodens sind aber schon *unterhalb der Gefahrenschwelle* Belastungen des Bodens zu vermeiden oder zu vermindern, wenn sonst durch dauernden Eintrag langfristig die natürlichen Bodenfunktionen beeinträchtigt werden. Die **Vorsorgepflicht** soll verhindern, daß durch schleichende Anreicherung umweltgefährdender Stoffe im Boden jedenfalls auf längere Sicht die Belastungsgrenze erreicht wird. Zur Verwirklichung des vorsorgenden Bodenschutzes auch gegenüber dem Landverbrauch ist mit Grund und Boden sparsam und schonend umzugehen[83]. Schließlich wird der bodenschutzrechtliche Vorsorgegrundsatz auch für die *landwirtschaftliche* Bodennutzung näher bestimmt, § 17 BBodSchG. **102**

IV. Grundsätze und Pflichten

Das BBodSchG enthält in seinem Zweiten Teil, §§ 4 ff., **Grundsätze und Pflichten**, die insgesamt gelten und für den Bereich Altlasten in seinem Dritten Teil, §§ 11 ff., um besondere Vorschriften ergänzt werden. Die wichtigsten materiellen Pflichten enthalten dabei § 4, nämlich eine **103**

- allgemeine Vermeidungspflicht (Abs. 1),
- Abwehrpflicht (Abs. 2) und
- Sanierungspflicht (Abs. 3)

und § 7 BBodSchG mit seiner

- Vorsorgepflicht.

82 *Peters*, VBlBW 1999, 83 m.w.N. in Fn. 9. Vgl. Art. 5 BayBodSchG – ergänzende Vorschriften für schädliche Bodenveränderungen und Verdachtsflächen; Art. 7-9 BayBodSchG – Bodeninformationssystem.

83 Ebenso schon bisher § 1 V 3 BauGB.

104 Diese Pflichten sind personenbezogene, **von sich aus** zur Befolgung und Erfüllung **verpflichtende** und also nicht erst der Umsetzung durch Einzelfallanordnung bedürftige Handlungs- und Unterlassungsanweisungen. Sie entsprechen damit den umstrittenen, insoweit überflüssig gewordenen *materiellen Polizeipflichten,* über die sie im Vorsorgebereich aber hinausreichen. Zu unterscheiden ist dabei grundsätzlich zwischen den Gefahrenabwehrpflichten i.w.S. des § 4 einerseits, der Vorsorgepflicht des § 7 BBodSchG andererseits. Die **Umsetzung** dieser Grundpflichten in – erforderlichenfalls *vollstreckbare* – Anordnungen im Einzelfall erfolgt durch Verfügungen auf der Ermächtigungsgrundlage der §§ 9 und 10 BBodSchG.

1. Verhaltenspflichten, § 4 BBodSchG

a) Vermeidungspflicht, Abs. 1

105 Nach § 4 I BBodSchG hat sich jeder, der auf den Boden einwirkt, so *zu verhalten,* daß *schädliche Bodenveränderungen nicht hervorgerufen* werden. Diese **Vermeidungspflicht** dient dem *präventiven Bodenschutz* und soll dem Entstehen schädlicher Bodenveränderungen von vornherein vorbeugen. Durch die Bezugnahme auf die Begriffsbestimmung der schädlichen Bodenveränderung in § 2 III, der neben Gefahren auch erhebliche Nachteile und erhebliche Belästigungen anführt, geht die Vermeidungspflicht über die Gefahrenabwehr im engeren Sinn hinaus[84]. Die Vermeidungspflicht ist eine spezialgesetzliche Ausprägung der polizeirechtlichen Gefahrenvermeidungspflicht, die in der polizeirechtlichen Generalklausel als materielle Polizeipflicht enthalten sein soll[85], so daß für etwaige Zweifelsfragen hinsichtlich der Zurechnung einer Gefahr im weiteren Sinne und damit der Eingrenzung des Adressatenkreises auf die entsprechenden polizeirechtlichen Lehren zu verweisen ist; auf *Verschulden* kommt es dabei nicht an.

b) Abwehrpflicht, Abs. 2

106 Nach § 4 II BBodSchG sind der Grundstückseigentümer und der Inhaber der tatsächlichen Gewalt über ein Grundstück verpflichtet, Maßnahmen zur Abwehr der von ihrem Grundstück drohenden schädlichen Bodenveränderungen zu ergreifen. Diese **Abwehrpflicht** ergänzt die Vermeidungspflicht des Abs. 1 und ist in der besonderen Verantwortung des Eigentümers bzw. des Nutzungsberechtigten für den Zustand seines Grundstücks, verfassungsrechtlich in der besonderen Sozialbindung des Umweltmediums Boden begründet. Vermeidungs- und Abwehrpflicht haben damit dieselbe Funktion des *präventiven Bodenschutzes.* Während die Vermeidungspflicht des Abs. 1 aber vom Schutzgut selbst ausgeht und eine jedermann-gerichtete Verhaltenspflicht einführt, richtet sich die Abwehrpflicht vom Adressatenkreis her enger nur an bestimmte Garanten mit einer entsprechenden Schutzpflicht. Diese Abwehrpflicht findet ihre *Grenze da*, wo der Pflichtige rechtlich oder tatsächlich nicht in der Lage

84 *Sanden/Schoeneck*, BBodSchG, § 4 Rn. 8.
85 *Sanden/Schoeneck*, BBodSchG, § 4 Rn. 9.

ist, die Gefahr abzuwehren, am Verhältnismäßigkeitsprinzip und dann, wenn der Pflichtige zur Duldung der Einwirkung verpflichtet ist, z.B. aufgrund einer bestandskräftigen immissionsschutzrechtlichen Genehmigung, die nach § 14 BImSchG Abwehransprüche ausschließt[86].

c) Sanierungspflicht, Abs. 3

Nach § 4 III 1 BBodSchG schließlich ist eine Reihe von Adressaten verpflichtet, den Boden und Altlasten sowie durch schädliche Bodenveränderungen oder Altlasten verursachte Verunreinigungen von Gewässern zu **sanieren**. Diese Sanierungspflicht ist die wohl *wichtigste Grundpflicht* des BBodSchG und richtet sich anders als die vorbesprochenen vorbeugenden Pflichten auf Schadensbehebung und Nachsorge, hat also statt präventivem *reparierenden Charakter*[87]. – Die Sanierungspflicht des § 4 III BBodSchG unterscheidet nicht zwischen schädlichen Bodenveränderungen und Altlasten. Die besonderen altlastenbezogenen Pflichten, vor allem Einzelheiten der Sanierungspflicht nach Voraussetzungen (Rn. 7/146 ff.), Inhalt (Rn. 7/107), und Adressaten (Rn. 7/189 ff.) werden unten näher dargestellt. **107**

Eine Sanierungsanordnung auf **polizeirechtlicher** Grundlage setzte stets eine **Gefahr oder Störung** voraus. Für die Verantwortlichkeit war zu ermitteln, ob im Einzelfall eine Gefahr für die öffentliche Sicherheit oder Ordnung vorliegt. Dann war zu prüfen, wer für sie verantwortlich, wem sie somit als „Störer" zuzurechnen ist. Ggf. konnten durch Polizeiverfügung von dem oder den Verantwortlichen Maßnahmen verlangt werden, um der drohenden Gefahr vorzubeugen oder die bereits eingetretene Störung zu beseitigen. Auf diese Weise konnten Sanierungs-, nicht aber Rekultivierungsmaßnahmen angeordnet werden. Damit war das Polizeirecht der Länder Vorbild für die Sanierungspflicht nach § 4 III BBodSchG. Das Problem der Polizeipflichtigkeit und damit der Pflicht zur Kostentragung im Hinblick auf die Durchführung von Sanierungsmaßnahmen gehörte aufgrund seiner rechtlichen Vielschichtigkeit und seiner großen praktischen Bedeutung zu einer der am häufigsten – durchaus kontrovers – diskutierten Fragen des Umweltrechts der letzten Jahre[88]. **108**

Eine **Gefahr** im polizeirechtlichen Sinne ist jetzt tatbestandlich gerade nicht mehr Voraussetzung der Sanierungspflicht. Dieser Gefahrenbegriff im weiteren Sinne wird durch die unten näher zu erörternde *Bewertung* ausgefüllt (Rn. 7/146 ff.). Wegen des Erfordernisses der Erheblichkeit der Nachteile oder Belästigungen hat sich gegenüber der polizeirechtlich tatbestandlich vorausgesetzten Gefahrenlage aber kaum etwas geändert[89]. **109**

---

86 *Sanden/Schoeneck*, BBodSchG, § 4 Rn. 12 ff.

87 *Sanden/Schoeneck*, BBodSchG, § 4 Rn. 20.

88 Vgl. nur *Breuer*, DVBl. 1994, 890 (892 ff.) m.w.N.

89 In diesem Zusammenhang stellt sich die Frage, ob hier eine Ausweitung der Haftung gegenüber Polizei- oder sonst bisher geltendem Landesrecht erfolgt, nämlich durch den Begriff der erheblichen Belästigungen oder Nachteile in § 2 III BBodSchG. Bejahendenfalls stellt sich die Frage, ob die Haftungsregelungen gegen das **Rückwirkungsverbot** verstoßen. Nach anderer Auffassung handelt es sich um eine bloße **Rückanknüpfung**, nämlich an in der Vergangenheit nicht abgeschlossene Tatbestände. Zurecht wird insoweit darauf verwiesen, daß die Gefährdungslage fortbesteht, der Anknüpfungstatbestand also nicht mit der Verunreinigung selbst bereits abgeschlossen ist. Vgl. dazu *Schink*, DÖV 1995, 213 (217), gegen Rückwirkung auch *Sanden/Schoeneck*, BBodSchG, § 4 Rz. 54.

110 § 4 BBodSchG betrifft auch die Abwehr von schädlichen Bodenveränderungen aufgrund wasserbedingter Erosion. Dazu bestimmt der Sechste Teil der BBodSchV, §§ 8 ff. aufgrund welcher Umstände vom Vorliegen einer durch wasserbedingte Erosion verursachten schädlichen Bodenveränderung auszugehen ist. Bestehen bestimmte Anhaltspunkte, trifft die zuständige Behörde eine Ermittlungspflicht. Die Bewertung der Ergebnisse dieser Untersuchungen erfolgt dann einzelfallbezogen unter Berücksichtigung der Besonderheiten des Standorts. Anhang 4 der BBodSchV bestimmt schließlich die weiteren Anforderungen an die Untersuchung und Bewertung von Flächen, bei denen der Verdacht einer schädlichen Bodenveränderung aufgrund von wasserbedingter Erosion vorliegt.

2. Entsiegelungspflicht, § 5 BBodSchG

111 § 5 BBodSchG betrifft die **Entsiegelungspflicht** als Unterfall der bodenschutzrechtlichen Pflichten und rundet damit den Pflichtenkatalog des § 4 BBodSchG ab[90], enthält aber nicht selbst bürgerverbindliche Pflichten. Es handelt sich vielmehr um eine Ermächtigung des Verordnungsgebers, entsprechende Pflichten einzuführen. Noch (1.5.2000) liegt eine Verordnung nicht vor. Vorläufig kann zur Umsetzung der in § 5 BBodSchG angelegten, durch eine Entsiegelungs-Verordnung entstehenden Entsiegelungspflicht eine Entsiegelungsanordnung nach § 5 S. 2 BBodSchG erlassen werden.

3. Auf- und Einbringen von Materialien, § 6 BBodSchG

112 Auch § 6 BBodSchG enthält nur eine Ermächtigung, durch Rechtsverordnungen nähere Bestimmungen über das Auf- und Einbringen von Materialien auf bzw. in den Boden zu erlassen. Für die Um- und Durchsetzung gelten die vorstehenden Ausführungen zur Entsiegelungspflicht entsprechend. Die Regelung konkretisiert einerseits die Vermeidungspflicht des § 4 I und ergänzt andererseits die Vorsorgepflicht des § 7. Die Bedeutung der Vorschrift wird freilich durch die Eingrenzung ihres Anwendungsbereichs, nämlich durch die Negativliste des § 3 BBodSchG verringert, indem bspw. die Einträge von Klärschlamm, Sekundärrohstoffdünger, Dünge- und Pflanzenschutzmitteln gerade nicht erfaßt werden[91]. Hauptanwendungsfall wird damit wohl die Verbringung von **Erdaushub**.

113 Neben dem Altlastenbereich liegt ein Schwerpunkt der Anwendung des BBodSchG nämlich in der Problematik von Ausgrabungen bzw. Auffüllungen: In einer Vielzahl von Fällen soll bei Bauvorhaben nicht oder kaum belasteter Bodenaushub auf andere Grundstücke verbracht werden. Da Deponieraum teuer ist, werden dafür oft andere private Grundstücke vorgesehen. Dies darf nur nach Maßgabe des § 6 BBodSchG i.V.m. § 12 BBodSchV geschehen. Voraussetzung ist, daß aufgrund des Bodentransports eine wesentliche wirtschaftliche Verbesserung für den betroffenen Eigentümer oder eine Verbesserung der Bodenqualitäten entsteht. Ob eine solche erreicht wird, beurteilt die zuständige Bodenschutzbehörde danach, in welche Klasse der Boden des Grundstücks fällt, auf das der Aushub verbracht werden soll. Dazu gibt es Bodenbe-

90 BT-Drs. 13/6701, S. 20.
91 Kritisch dazu auch *Sanden/Schoeneck*, BBodSchG, § 6 Rn. 22.

wertungskarten des Landes. Daneben ist auch der Aushub zu bewerten und in eine Bodenklasse einzuteilen. Entsprechend der Vorsorgepflicht reicht es dann eben nicht, daß nicht gleich wieder ein neuer Sanierungsfall entsteht. Einzelheiten ergeben sich aus § 12 BBodSchV.

4. Vorsorge, § 7 BBodSchG

a) Allgemein

Die **Vorsorgepflicht** des § 7 BBodSchG ist Ausdruck des vorsorgenden Ansatzes des BBodSchG insgesamt (vgl. § 1: nachhaltig zu sichern, Vorsorge zu treffen) und entspricht für das Umweltmedium Boden der Vorsorgepflicht des § 5 I Nr. 2 BImSchG für das Umweltmedium Luft sowie der §§ 1a, 26 II 1, 34 II 1 WHG für das Umweltmedium Wasser. Dabei führen die Sätze 1-4 die Vorsorgepflicht mit ihren Verhaltensanforderungen näher aus, und die Sätze 5-7 grenzen gegenüber anderen Regelungsbereichen ab. **114**

Anders als bei der bloßen Gefahrenabwehr werden zur **Vorsorge** vor langfristig zu erwartenden Beeinträchtigungen des Bodens anspruchsvollere Maßstäbe gesetzt. Schon bevor gefahrbegründende Schadstoffkonzentrationen erreicht werden, soll eine Anreicherung von Schadstoffen im Boden – z.B. aufgrund von Summationsschäden – und damit das künftige Überschreiten der Gefahrenschwelle verhindert werden[92]. Damit sollen die vielfältigen Funktionen der Böden langfristig gesichert und die natürlichen Bodenfunktionen sowie die menschliche Gesundheit **nachhaltig** geschützt werden. Auch dies dient dem Schutz der natürlichen Lebensgrundlagen i.S.v. Art. 20a GG. **115**

Dementsprechend begründet § 7 BBodSchG **Vorsorgepflichten**, die über die Gefahrenabwehr weit hinausgehen. Deshalb sind auch die Vorsorgewerte nach der BBodSchV weit strenger als die Maßnahmewerte, und deshalb wird auch nach der Empfindlichkeit der Böden gegenüber Schadstoffen, grundsätzlich nicht aber nach den zur Zeit zulässigen Nutzungen unterschieden. Werden Vorsorgewerte überschritten, so soll der Verpflichtete Vorkehrungen treffen, um weitere durch ihn auf dem Grundstück und in dessen Einwirkungsbereich verursachte Schadstoffeinträge zu vermeiden oder wirksam zu vermindern. Entsprechende Vorsorgeanordnungen müssen verhältnismäßig sein. Daher sind nach der Verordnung bei behördlichen Anordnungen Zumutbarkeitsgesichtspunkte, vor allem hinsichtlich der planungsrechtlich zulässigen Nutzung einer Fläche, dann doch wieder zu berücksichtigen. **116**

Nähere Bestimmungen der *Vorsorgeanforderungen* enthält § 10 BBodSchV mit ihrem Anhang 1. Aber auch Einträge von Schadstoffen, für die keine Vorsorgewerte festgesetzt sind, sind so weit wie technisch und wirtschaftlich vertretbar zu begrenzen. Ebenfalls der Vorsorge dienen die Anforderungen an das Auf- und Einbringen von Materialien auf oder in den Boden in § 12 BBodSchV. Zur Herstellung einer durchwurzelbaren Bodenschicht in und auf Böden dürfen danach nur Bodenmaterial **117**

92 Dazu näher *Behling*, Strategien zur Weiterentwicklung der Altlastenvorsorge, 1999.

sowie Baggergut und Gemische von Bodenmaterial mit solchen Abfällen, deren Verwertung nach der Bioabfallverordnung und der Klärschlammverordnung zulässig ist, auf- und eingebracht werden. Damit soll erreicht werden, daß bei der Verwertung von Abfällen in und auf Böden keine Böden mit möglichen schädlichen Bodenveränderungen entstehen.

118 Auch muß der Grundstückseigentümer dafür sorgen, daß nicht aus **undichten Rohrleitungen** oder anderen Anlagen grundwassergefährdende Stoffe in den Boden gelangen, und zwar auch nicht langfristig und auch nicht in Mengen, die zunächst ungefährlich erscheinen. Die Besorgnis der langfristigen Anreicherung umweltgefährdender Stoffe im Boden genügt (vgl. zu § 26 WHG Rn. 6/161).

119 Insgesamt wird der Vorsorgegedanke des § 7 BBodSchG auch mit der BBodSchV wohl noch zu wenig umgesetzt. Die Instrumente dieser Vorsorge sind zu wenig bestimmt. Der Gesichtspunkt einer planenden Bewirtschaftung des Bodens kommt zu kurz[93]. Der Gesetzeszweck des § 1 BBodSchG, nämlich über ein vorsorgeorientiertes Bodenschutzrecht langfristig einen nachhaltigen Schutz des Bodens vor schädlichen Veränderungen zu gewährleisten, wird nicht hinreichend umgesetzt. Ökonomische Instrumente fehlen ganz. In diesem Sinn wären z.B. marktorientierte Bodennutzungsabgaben oder Versiegelungsabgaben einzuführen, darüber hinaus auch Baulandabgaben für bebaubare, aber nicht bebaute Grundstücke[94].

b) Landwirtschaft, § 17 BBodSchG

120 Für den besonders wichtigen Bereich der **Landwirtschaft**[95] konkretisiert § 17 die Vorsorgepflicht des § 7, der sie gleichzeitig als Spezialregelung vorgeht. Im Mittelpunkt der Norm steht die Bestimmung der **guten fachlichen Praxis**, durch die bei der landwirtschaftlichen Bodennutzung die Vorsorgepflicht nach § 7 erfüllt wird, § 17 I 1 BBodSchG. Die Grundsätze der guten fachlichen Praxis werden dann in § 17 II näher bestimmt. Insbesondere sollen die Bodenbearbeitung unter Berücksichtigung der Witterung standortgemäß erfolgen, die Bodenstruktur erhalten oder verbessert werden, Bodenverdichtungen und Bodenabträge vermieden werden, naturbetonte Strukturelemente erhalten bleiben und ähnliches mehr, § 17 II 2 Ziff. 1-5 BBodSchG[96]. Zur Umsetzung dieser Grundsätze verpflichtet das Gesetz die zuständigen landwirtschaftlichen Beratungsstellen zu ihrer Vermittlung, § 17 I 2 BBodSchG. Zurecht fordert der SRU darüber hinaus auch die Möglichkeit von Anordnungen zur Durchsetzung der besonderen landwirtschaftlichen Vorsorgepflicht[97].

121 So wichtig einerseits die Regelung der guten fachlichen Praxis angesichts einer Flächennutzung der Landwirtschaft in Deutschland von über 50% ist, so sehr wird ihre Bedeutung doch wieder durch die Eingrenzung des Anwendungsbereichs in § 3 I

---

93 Zu den Möglichkeiten *Erbguth*, NuR 1986, 137 (138).

94 Dazu *Stollmann*, ZAU 1994, 391 (398).

95 Nicht auch für die Forstwirtschaft, vgl. § 3 I Nr. 6 BBodSchG.

96 Eingehend und materialreich *Nies*, in: *Landmann/Rohmer*, Umweltrecht, Bd. III, BBodSchG, § 17 Rn. 12 ff., 48 ff.

97 SRU, Umweltgutachten 2000, Tz. 104.

Nr. 4 BBodSchG beschränkt; Klärschlammverordnung, Düngemittelgesetz und KrW-/AbfG gehen danach ja als Sonderregelungen vor. § 10 I i.V.m. § 17 i.V.m. diesen Sonderregelungen hat aber dann Bedeutung, wenn die Spezialregelung zwar Standards, nicht aber auch Maßnahmen enthält: Dann können die erforderlichen Anordnungen auf das BBodSchG gestützt werden[98].

§ 17 III BBodSchG schließlich konkretisiert und begrenzt die Pflichten der Land- **122**
wirtschaft zur Gefahrenabwehr. Die Vorschrift wirkt eher im Sinne einer Erschwerung des Vollzugs als der Erleichterung des Umweltschutzes[99].

5. Ermittlung, § 9 BBodSchG

Wenn der zuständigen Behörde Anhaltspunkte dafür vorliegen, daß eine schädliche **123**
Bodenveränderung oder Altlast vorliegt, soll sie die zur **Ermittlung** des Sachverhalts geeigneten Maßnahmen ergreifen, § 9 I 1 BBodSchG. Die Regelung ist damit die wichtigste Vorschrift im Vorfeld einer Sanierung und ermöglicht der zuständigen Behörde die vor Erlaß von Einzelanordnungen erforderliche *Aufklärung des Sachverhalts*. Besteht aufgrund konkreter Anhaltspunkte sogar der hinreichende Verdacht einer schädlichen Bodenveränderung oder Altlast, kann die zuständige Behörde dem Adressaten einer möglichen Sanierungspflicht i.S.d. § 4 III, V und VI BBodSchG die notwendigen Untersuchungen zur Gefährdungsabschätzung aufgeben, § 9 II 1 BBodSchG, erforderlichenfalls auch unter Einschaltung von Sachverständigen oder Untersuchungsstellen i.S.d. § 18 BBodSchG, § 9 II 2 BBodSchG. Die **Abs. 1 und 2** regeln damit die sog. **Amtsermittlung** einerseits, den **Gefahrerforschungseingriff** andererseits. Geht die Behörde nach Abs. 2 vor, ist zwar der Adressat kostentragungspflichtig, hat aber einen Erstattungsanspruch gegenüber der Behörde, wenn sich der Verdacht nicht bestätigt, § 24 I 1 BBodSchG. Die Voraussetzungen des § 9 I 1 werden durch die **Prüfwerte** der auf der Grundlage des § 8 I 2 Nr. 1 BBodSchG erlassenen BBodSchV näher bestimmt, wobei auch diese Werte zunächst nur eine Indizfunktion haben und nicht schon eine Erforschungspflicht nach Abs. 2 auslösen[100]. Weitere Einzelheiten im Zusammenhang mit der Sanierung von Altlasten und unter besonderer Berücksichtigung der praktischen Durchführung sind unten näher dargestellt.

6. Anordnungen, § 10 BBodSchG

Das BBodSchG enthält im Widerspruch zu seinem unscheinbaren Titel[101] die zentrale **124**
Ermächtigungsgrundlage zur Durchsetzung der Altlastensanierung. § 10 I 1 BBodSchG macht die vorher im Gesetz enthaltenen Pflichten in Einzelfallanordnungen umsetzbar und schafft damit erforderlichenfalls die Voraussetzungen eines Vollstrek-

98 *Sanden/Schoeneck*, BBodSchG, § 17 Rn. 3.
99 In diesem Sinne *Sanden/Schoeneck*, BBodSchG, § 17 Rn. 26.
100 So zutreffend *Sanden/Schoeneck*, BBodSchG, § 9 Rn. 8, gegen *Vierhaus*, NJW 1998, 1262 (1264).
101 *Sanden/Schoeneck*, BBodSchG, § 10 Rn. 1.

kungstitels. Die Sätze 2-4 gestalten die allgemeine Anordnungsbefugnis näher aus. Auch hier werden Einzelheiten unter Rn. 7/189 ff. dargestellt.

V. Klärung des Handlungsbedarfs bei Altlasten

1. Systematische Erfassung und Kartierung

125 Die **systematische Erfassung und Kartierung** von Altlasten ist nicht nur im Interesse der Umweltmedien erforderlich. Sie ist oft auch von entscheidender Bedeutung für die **Verkehrsfähigkeit** eines Grundstücks. Die Erfassung der Altlasten und altlastverdächtigen Flächen ist „Sache der Länder", § 11 BBodSchG[102].

126 Wie auch in den meisten anderen Ländern wurde in Baden-Württemberg 1987 eine **systematische, einheitliche und stufenweise Altlastenbearbeitung** eingeführt. Ziel ist es dabei, einerseits gegen akute Gefährdungen mit den notwendigen Sofortmaßnahmen vorzugehen, andererseits aber nicht vorschnell zu sanieren. Dementsprechend sollen vorgezogene Sanierungen akute Gefahren abwehren und die notwendige Zeit für ein geordnetes Vorgehen schaffen. Möglicherweise erlauben die so gewonnenen Informationen bereits auf einer frühen Untersuchungsstufe die Einschätzung, daß eine akute Gefahr für Mensch und Umwelt und damit ein aktueller Sanierungsbedarf gar nicht vorliegt. In der Folge reicht dann oft die regelmäßige weitere Beobachtung (Langzeit-Monitoring) der (noch) nicht sanierungsbedürftigen Altlasten aus. Aufgrund des erheblichen Aufwandes für die tatsächliche Sanierung einer Altlast und der noch großen Zahl akut sanierungsbedürftiger Altlasten sind ein stufenweises Vorgehen, die Erstellung einer strengen Prioritätenliste und damit auch die Zurückstellung der Sanierung kontaminierter, aber eben nicht akut gefährlicher Standorte unumgänglich.

127 Dazu fand zunächst eine **flächendeckende historische Erhebung** zur Feststellung und Lokalisierung altlastverdächtiger Flächen statt. In einer **einzelfallspezifischen** historischen Erkundung werden dann alle verfügbaren Informationen über die jeweilige Verdachtsfläche erfaßt. Dies führt auf das sog. Beweisniveau 1 (BN 1). Aus der Abschätzung des Gefährdungspotentials für Mensch und Umwelt ergibt sich der weitere Handlungsbedarf.

128 Diese historische Erhebung Altlasten (HistE) wird von den jeweiligen unteren Bodenschutzbehörden vorgenommen und ist in Baden-Württemberg für bislang ca. 80% der Fälle abgeschlossen. In einem mittleren Landkreis fallen dabei leicht 1000 bis 3000 Flächen an, die untersucht wurden.

129 Nach der einzelfallspezifischen historischen Erkundung werden von der Bewertungskommission der Stadt- und Landkreise **Fallgruppen** gebildet:

- A-Fall (ausscheiden aus der weiteren Bearbeitung und Archivierung, weil unverdächtig),
- B-Fall (belassen zur Wiedervorlage, d.h. abwarten) und
- E-Fall (Weitererkunden).

130 Die E-Fälle werden unter Abschätzung des Gefährdungspotentials im einzelnen weiter untersucht. Dabei werden nach verschiedenen Kriterien Punkte vergeben. Die Ge-

102 Vgl. dazu den Überblick über das bestehende Landesrecht bei *Sanden/Schoeneck*, BBodSchG, § 11 Rn. 10 ff. Eine Auflistung auch in diesem Zusammenhang wichtiger Adressen enthält *Franzius/Wolf/Brandt*, Handbuch, Bd. 3, Ziff. 16200 ff.

samtpunktzahl entscheidet über die Priorität des Sanierungsbedarfs. Daraus entsteht dann eine Liste, in welcher Reihenfolge und mit welcher Dringlichkeit die einzelnen Fälle abgearbeitet werden.

Beispiel: Im Landkreis Emmendingen wurden 1.537 Fälle festgestellt, davon 720 Altablagerungen und 817 Altstandorte. 626 Flächen wurden ausgeschieden, 782 als B-Fälle und 129 als E-Fälle eingestuft. Für diese Untersuchung steht in diesem Landkreis ein einziger Beamter zur Verfügung, der gleichzeitig aber auch für den gesamten Bodenschutz zuständig ist. Vorgesehen zum Abschluß der E-Fälle ist in Baden-Württemberg ein Zeitraum von 10 Jahren. Tatsächlich ist ca. die Hälfte der E-Flächen in Behandlung, zum Teil ist diese auch schon abgeschlossen.

Bei Einordnung als E-Fall und Aufnahme der Bearbeitung beginnen die technischen Erkundungen, die unterschieden werden in *orientierende* und sog. *nähere* Erkundung. Danach wird jeweils neu bewertet. Man erreicht damit das sog. Beweisniveau (BN) 2 bzw. 3. Auf jedem Beweisniveau werden die Schutzgüter Grundwasser, Oberflächengewässer, Boden und Luft bewertet. Die Bewertungsziffer, die daraus zusammenfassend folgt, bestimmt den Platz in der Prioritätenliste, anhand derer die weitere Bearbeitung, unter Umständen gestreckt auf einen Zeitraum von über 10 Jahren, erfolgt. **131**

Die meiste Arbeit verursachen die sog. B-Fälle, bspw. bei Vorliegen eines Bauantrags oder Aufnahme einer Bauleitplanung durch eine Gemeinde. Auch bei Gewerbeabmeldungen besteht möglicherweise Handlungsbedarf. In den sog. B-Fällen wird üblicherweise dem Bauherrn aufgegeben, entweder abzuwarten, bis nach der Einstufung die Priorität für eine Erkundung auf Kosten des Landes erreicht ist, oder zur umgehenden Verwirklichung des Vorhabens die erforderlichen Beprobungen selbst vorzunehmen und damit auch den Nachweis für die gefahrenfreie Nutzung (Altlastenfreiheit) zu erbringen. **132**

Beispiel: Die **typische Bauherrenaltlast** besteht in belastetem Aushub. Dieser ist je nach Belastung als Abfall auf die dementsprechende Deponie zu verbringen. Typische Beispiele für Altlasten dieser Art sind ehemalige Tankstellen und andere aufgegebene Gewerbestandorte. In den meisten Fällen, in denen Private betroffen werden, handelt es sich um Verunreinigungen durch Motorenöl, Dieselöl usw., also Benzol, Tholuol und Xylol (BTX, das sind verschiedene Kohlenwasserstoffarten). Seltener sind Schwermetallbelastungen. Die Mehrzahl der Sanierungsfälle wird immer noch durch Auskoffern und Wegfahren des Aushubs behandelt. In der Regel genügt die Verbringung des ohnehin anfallenden Aushubs bzw. des belasteten Erdreichs durch Lkw auf eine dafür geeignete Deponie.

Aufgrund dieser Erhebungen werden Karten in den sog. **Altlastenatlas** aufgenommen bzw. dort ergänzt, der sowohl den gesamten Zuständigkeitsbereich ausweist als auch Einzelflächen (bis zum Maßstab 1 : 5000) vergrößert darstellt. Hier sind die einzelnen Verdachtsflächen unter Darstellung des **Beweisniveaus** und des **Handlungsbedarfs** angeführt. Ergänzend dazu gibt es sog. **Stammdatenblätter** für jede einzelne Fläche, die im Atlas mit einer Nummer bezeichnet ist. **133**

Die **Stammdatenblätter** enthalten u.a. folgende Angaben: Flächenname, Gemeinde, Adresse, Branchen/Art der Ablagerungen bzw. bei einem Produktionsbetrieb, mit welchen wassergefährdenden Stoffen umgegangen wurde, einschließlich Zeitraum, Beschäftigte usw., Bemerkungen, heutige Nutzung, unterschieden nach Fläche und Umgebung, Wasserschutzgebiet **134**

(Schutzzone, Stand), Oberflächengewässer, sonstige Schutzgüter, Bearbeiter, Bearbeitungsstand, Beweisniveau, Handlungsbedarf.

135 Die Atlanten liegen bei den Landratsämtern und den Gemeinden jeweils aus, bei den Gemeinden auch deshalb, weil in den sog. B-Fällen bei jeder Nutzungsänderung abgeschätzt werden muß, ob Handlungsbedarf entsteht. Insoweit besteht ein **Informationsanspruch** aufgrund von § 4 UIG, also nicht erst bei Nachweis eines besonderen Interesses, weil der Inhalt von Atlas und Stammdatenblättern Umweltinformationen i.S.d. § 3 II Nr. 1 UIG sind (Rn. 3/26).

2. Sanierungsbedürftigkeit im Einzelfall

a) Erkundung

136 aa) Hinsichtlich der Erkundung ist zwischen individuellen Maßnahmen einerseits und der flächendeckenden Altlastenerkundung der Länder andererseits zu unterscheiden. Die flächendeckende Vorgehensweise der Länder mündet in – weitgehend fertiggestellte – Altlastenkarteien (Rn. 7/133 f.). Soweit eine Verdachtsfläche bereits ausreichend erkundet ist, genügt die dementsprechende Akteneinsicht. Andernfalls bleibt nur, die Erkundung im Einzelfall durchzuführen. Dabei unterscheiden sich die Vorgehensweisen im Rahmen der systematischen Erkundung auf behördliche Anordnung einerseits, auf eigene Initiative andererseits nicht wesentlich:

137 Sobald hinreichend starke Verdachtsmomente auf das Vorhandensein einer Altlast hinweisen, ist das Gefährdungspotential möglichst präzise einzuschätzen. Die zuständige Behörde (Rn. 7/179) kann weitere Ermittlungen selbst vornehmen (**Amtsermittlung**, § 9 I BBodSchG) oder einem dafür Verantwortlichen aufgeben (**Gefahrerforschungseingriff**, § 9 II BBodSchG, Rn. 7/123).

138 Oft bringt – besonders im Falle eines alten Betriebsstandortes, aber auch einer Altdeponie – schon die Befragung noch erreichbarer Zeitzeugen (z.B. der Mitarbeiter, Nachbarn, der Abfallbeförderer und des Deponiebetreibers) oder die Sichtung einschlägiger Unterlagen und Karten, wertvolle Hinweise auf die Arten der abgelagerten Stoffe, die insgesamt abgelagerten Mengen sowie den Ablagerungszeitraum (**historische Erkundung**). Ergänzend sind nach Möglichkeit Luftbildauswertungen sowie eine datenverarbeitungsgestützte Erfassung und Bewertung mit einem GEO-Informationssystem vorzunehmen.

139 Wenn die erzielbaren Informationen zur Einschätzung des Gefährdungspotentials der abgelagerten Stoffe nicht ausreichen, sind in der Regel kostenintensive Probebohrungen (Rn. 7/27) vorzunehmen. Insbesondere die Feststellung der Kontamination des in der Abstromfahne der Altlast entnommenen Grundwassers läßt häufig recht genaue Rückschlüsse auf die einzelnen in der Altlast enthaltenen Gefahrstoffe zu. Bodenluftabsaugungen und -untersuchungen haben sich in einer Vielzahl von Fällen bewährt. Neben Proben von Sickerwasser und Bodenluft sind oft auch solche von Feststoffen zu analysieren. Durch die Nutzung von Erfahrungen, die aus der Untersuchung anderer Altlasten gewonnen worden sind, sowie durch systematisch stufenweises Vorgehen in Form fortschreitend zu spezifizierender, probenverdichtender Einzelanalysen (durch Rückstellproben, die allerdings nur für anorganische Schadstoffe vertrauenswürdig sind) ist es technisch relativ leicht, wenn auch oft teuer und zeitaufwendig, weitere Aufschlüsse zu gewinnen.

Ggf. sind dann Untersuchungen der Umgebung des kontaminierten Standortes anzuschließen. Sie können sich auf den Grundwasserflurabstand, die Fließrichtung und den Leiter des Grundwassers sowie auf den Grad der Grundwasserverunreinigung beziehen, aber auch auf Bodenformationen, Hauptwindrichtungen usw. 140

bb) Die **Aufklärungspflicht der Behörde** ist in § 9 BBodSchG bestimmt: So muß die zuständige Behörde, wenn Anhaltspunkte für eine schädliche Bodenveränderung oder Altlast vorliegen, die zur Ermittlung des Sachverhalts geeigneten Maßnahmen ergreifen, § 9 I 1 BBodSchG. Bei Überschreiten der in der BBodSchV festzulegenden Prüfwerte hat die Behörde das Vorliegen einer schädlichen Bodenveränderung oder Altlast förmlich festzustellen. 141

Daneben und darüber hinaus kann die Behörde auch einen **Gefahrerforschungseingriff**[103] vornehmen und bestimmten Personen die notwendigen Untersuchungen zur Gefährdungsabschätzung aufgeben. Voraussetzung ist, daß **konkrete Anhaltspunkte** für den hinreichenden Verdacht einer schädlichen Bodenveränderung oder Altlast vorliegen, § 9 II BBodSchG. Die Aufklärung obliegt dann dem Verursacher oder dem Grundstückseigentümer oder dem Inhaber der tatsächlichen Gewalt über das Grundstück, § 9 II 1 i.V.m. § 4 III BBodSchG. 142

cc) Für die alte Streitfrage, ob nicht die Gefahrerforschung zu dem nicht abwälzbaren behördlichen Aufwand unter dem Gesichtspunkt der Amtsermittlung gehört, ergibt sich daraus: Zunächst beginnt die Behörde mit der sog. **Erstermittlung** nach § 9 I 2 BBodSchG. Ergeben sich dabei Anhaltspunkte für eine sanierungsbedürftige Belastung, erfolgt der **Gefahrerforschungseingriff** nach § 9 II BBodSchG. Dabei gilt die bekannte **Je-desto-Formel**: Je höherrangig das gefährdete Rechtsgut ist, je höher der drohende Schaden ist, desto geringere Anforderungen sind an die Wahrscheinlichkeit des Schadenseintritts zu stellen[104]. Bei den beiden Hauptschutzgütern des Bodenschutzrechts menschliche Gesundheit und Grundwasserschutz dürften praktisch kaum Fälle vorstellbar sein, bei denen nach der Je-desto-Formel nicht schon auch bei geringem Verdacht womöglich weitgehende Erforschungseingriffe aufgegeben werden können. 143

dd) Bisher war umstritten, wer die **Kosten des Gefahrerforschungseingriffs** trägt, wenn sich später erweist, daß kein Sanierungsbedarf besteht oder der Herangezogene nicht sanierungspflichtig ist. Dazu bestimmt jetzt § 24 I 2 BBodSchG, daß die Kosten der angeordneten Maßnahmen den zur Untersuchung Herangezogenen zu erstatten sind, wenn sie die den Verdacht begründenden Umstände nicht zu vertreten haben. Dies war in einigen Landesgesetzen schon vorgesehen. Anders hatte aber eine Reihe von OVGen entschieden[105]. Die Klarstellung ist aus Gründen der Rechtssicherheit zu begrüßen. 144

Ein Rückerstattungsanspruch besteht auch, wenn sich zwar der Verdacht auf die schädliche Bodenveränderung bestätigt, der *Herangezogene* aber *nicht* i.S.d. § 4 III, 145

103 Zum Versuch einer dogmatischen Neubestimmung *Weiß*, NVwZ 1997, 737.

104 VGH BW, VBlBW 1984, 20.

105 BayVGH, DÖV 1986, 977; OVG Saarland, NuR 1986, 216; OVG Münster, NVwZ 1985, 355. Dazu *Schenk*, BayVBl. 1997, 33.

VI BBodSchG *sanierungspflichtig* war und deshalb aus nachträglicher Sicht gar nicht hätte herangezogen werden dürfen. Falls man hier § 24 I 2 BBodSchG nicht unmittelbar anwendet, besteht ein Folgenbeseitigungsanspruch des Anscheinsstörers[106].

b) Bewertung

146 Die so gewonnenen Befunde müssen schließlich bewertet werden, und zwar unter Berücksichtigung von Art und Konzentration der Schadstoffe, der Möglichkeit ihrer Ausbreitung in die Umwelt und ihrer Aufnahme durch Menschen, Tiere und Pflanzen sowie der Nutzung des Grundstücks, § 9 I 3 BBodSchG[107]. Lange fehlte es im deutschen Recht an einer normativen, gesetzeskonkretisierenden Standardisierung von Bodenwerten. Zu den wichtigsten Forderungen an den Gesetzgeber im Zusammenhang mit der bundesrechtlichen Regelung der Altlastenfragen gehörte daher die Aufstellung formalisierter Bewertungskonzepte[108]. Die geforderten Prüf-, Richt- oder Orientierungswerte können zwar nicht die Gefahrenschwelle im **Einzelfall** eindeutig festlegen, wohl aber als Richtlinie für die Art und Weise der Ausübung des behördlichen **Handlungsermessens** dienen.

147 Die bekannteste von etwa 30 „Wertelisten" unterschiedlicher Herkunft und verschiedenen Inhalts, aber ohne unmittelbare rechtliche Bedeutung, die in der fachwissenschaftlichen Diskussion und in der Verwaltungspraxis verwendet werden, ist die sog. Holland- oder Niederländische Liste[109]. Daneben sind auch die sog. Kloke-Liste (Orientierungswerte für tolerierbare Gesamtgehalte einiger Elemente in Kulturböden), die Berliner Liste (Beurteilungskriterien für die Beurteilung kontaminierter Standorte in Berlin), die Hamburger Liste und die Brandenburger Liste in Gebrauch. – Schon früher hatten aber auch die meisten Länder gehandelt und wenigstens Verwaltungsvorschriften zu ihren altlastenregelnden Gesetzen erlassen[110], die dann aber von Land zu Land verschieden waren.

148 Abhilfe schaffte die nach § 8 BBodSchG erlassene Bundes-Bodenschutz- und Altlastenverordnung. Bei der VO handelt es sich um ein Herzstück der ganzen Reform, das einen einheitlichen und zügigen Vollzug gewährleisten, Wettbewerbsverzerrungen aufheben und durch Rechtssicherheit Investitionshemmnisse beseitigen soll. Dabei ist klar, daß sie „keinen Automatismus der Sanierung einführen"[111] und nicht das Ende, sondern die Grundlage der Ermessensausübung sein soll.

106 *Bickel*, BBodSchG, § 24 Rn. 2; BayVGH, NVwZ-RR 1996, 645; BGH, DVBl. 1996, 1312.

107 Eingehend dazu *Franzius/Wolf/Brandt,* Handbuch, Bd. 1, Ziff. 4000-4207; zum Stand der Bewertung in Deutschland insgesamt o. Fn. 7/19.

108 *SRU*, Sondergutachten Altlasten, 1989, BT-Drucks. 11/6191.

109 Dazu OVG Lüneburg, Urt. v. 5.8.1996 – 7 L 1111/94: „Die sog Holland-Liste entfaltet in der Bundesrepublik Deutschland keine Bindungswirkung. … Die Überschreitung des in dieser Liste aufgeführten Referenzwertes für einen Bodenschadstoff deutet jedoch auf eine nachweisbare Verunreinigung des Bodens hin. Bei einer Überschreitung dieses Wertes um das Vierfache ist mit hinreichender Sicherheit eine schädliche Beeinflussung des Bodens i.S.d. § 2 Abs. 1 Satz 2 Nr. 3 AbfG (§ 10 Abs. 4 Satz 2 Nr. 3 KrW-/AbfG) anzunehmen." Dazu auch *SRU*, Sondergutachten Altlasten II, 1995; BT.-Drs. 13/380, Tz. 97.

110 S. für BW die Orientierungswerte für die Bearbeitung von Altlasten und Schadensfällen, GABl. BW v. 30.11.1993.

111 So zurecht auch der SRU, Sondergutachten Altlasten II, 1995, BT-Drucks. 13/380, Tz. 453.

Liegen der Gehalt oder die Konzentration eines Schadstoffs unterhalb des jeweiligen **Prüfwertes**, ist insoweit der Verdacht einer schädlichen Bodenveränderung oder Altlast ausgeräumt (§ 4 II 1 BBodSchV). Werden **Maßnahmenwerte** überschritten, ist in der Regel vom Vorliegen einer schädlichen Bodenveränderung oder Altlast auszugehen und es besteht Handlungsbedarf (vgl. § 8 I 2 Nr. 2 BBodSchG). Die indizielle Bedeutung von Maßnahmenwerten hinsichtlich des Vorliegens von Gefahren, erheblichen Nachteilen oder erheblichen Belästigungen ist hier wesentlich stärker als bei Prüfwerten. Der Gefahrenverdacht kann aber auch hier im Einzelfall durch konkrete Befunde widerlegt werden. **149**

Ziel der Sanierungsmaßnahmen ist grundsätzlich, daß nur noch Schadstoffkonzentrationen bestehen bleiben, die den natürlichen oder anthropogenen (also jedenfalls ohne die Belastung vorgefundenen) Hintergrundwerten entsprechen oder diesen nahekommen. Dafür sollten aber weder ein unverhältnismäßiger Aufwand noch eine – wegen etwaiger gleichzeitiger unerwünschter Folgen der Sanierung – ungünstige Umweltbilanz in Kauf genommen werden. Die Festlegung der Sanierungsziele erfordert daher eine **Abwägung aller Umstände des jeweiligen Einzelfalles**, und zwar unter besonderer **Berücksichtigung der Schutzgüter** Grundwasser, Grundwassernutzungen, menschliche Gesundheit und Boden und Pflanzen. Diese Festlegung erfolgt grundsätzlich auch nicht etwa vorab gesondert, sondern geht als Vorbereitungsmaßnahme in die Sanierungsanordnung ein und in dieser auf. Nach den allgemeinen Lehren über feststellende Verwaltungsakte ist es freilich auch möglich, als „weniger" gegenüber der Sanierungsandordnung und grundsätzlich unter deren Voraussetzungen vorab eine Sanierungszielbestimmung zu treffen. Damit bleibt es auch nach Inkrafttreten der Verordnung bei der Notwendigkeit, über die Sanierung jeweils nur im Einzelfall zu entscheiden und in diese Entscheidung zahlreiche Abwägungsfaktoren einzustellen. Gerade bei umfangreichen und/oder schwierigen Verfahren sind vorbereitend Sanierungsuntersuchungen oder eine Sanierungsplanung nach § 13 BBodSchG aufzugeben bzw. durchzuführen. **150**

Während die **Vorsorge**anforderungen in der BBodSchV immer gleich sind, unterscheiden die für die **Sanierungs**pflicht maßgeblichen Bodenwerte nach bestimmten **Nutzungen**: Was unter Gesichtspunkten der Gefahrenabwehr erreicht werden muß, richtet sich entscheidend nach der Art der Ausbreitung und der Aufnahme (vgl. § 9 I 3 BBodSchG). Dazu sieht schon § 4 IV 1 BBodSchG, auf den § 9 I 3 a.E. BBodSchG verweist, vor, daß die planungsrechtlich zulässige Nutzung des Grundstücks und das sich daraus ergebende Schutzbedürfnis zu beachten sind (Rn. 7/163). Fehlt eine planungsrechtliche Festsetzung, entscheidet die Prägung des Gebiets unter Berücksichtigung der absehbaren Entwicklung. Die Vorsorge ist unmittelbar bodenbezogen und daher benutzungsunabhängig. **151**

Der Schutz des Grundwassers (zum Begriff Rn. 6/77) steht oft im Vordergrund der Bodenschutzbemühungen. § 2 Nr. 5 BBodSchV benennt als Ort der Gefahrenbeurteilung für das Grundwasser den Übergangsbereich von der ungesättigten zur wassergesättigten Zone. Dabei ist abzuschätzen, welche Eintrittswahrscheinlichkeit dafür besteht, daß Schadstoffe aus einer Altlast die gesättigte Zone erreichen. Welche Schutzwürdigkeit dem Grundwasservorkommen bei der Sanierung eingeräumt wird, be- **152**

stimmt sich im Rahmen des *Bewirtschaftungsermessens* (Rn. 6/64) nach wasserrechtlichen Vorgaben, § 4 IV 3 BBodSchG. Eine Grundwassergefährdung liegt nicht vor, wenn sich die Schadstoffkonzentrationen auf dem Weg zu ihm auf ein unbedenkliches Maß verringert haben. Dies hängt unter anderem vom Bindungsvermögen der Bodenschichten, der Migrationsgeschwindigkeit, den chemischen Umwandlungs- und biologischen Abbauprozessen und von der Verdünnungswirkung durch hinzukommende Niederschläge und seitlichen Zustrom unbelasteten Sickerwassers ab[112].

153 Die Prüfwerte für den Pfad Boden-Grundwasser sind auf die Prognose der Qualität des Sickerwassers am Übergang zur gesättigten Zone anzuwenden. Entsprechende Bedeutung kommt der BBodSchV im Hinblick darauf zu, eine möglichst verläßliche Sickerwasserprognose zu begründen (dazu § 2 Nr. 5 BBodSchV, zur Methodik Anhänge 1 und 2): Am Ort der Bodenverunreinigung ist hier eine einigermaßen genaue Bestimmung der Schadstoffe möglich. Was aber in der gesättigten Zone, also im Grundwasser ankommt, kann nur geschätzt und muß dann bewertet werden. Insoweit fordert die Verordnung, daß die Prognose der Sickerwasserbeschaffenheit zu begründen ist. Da die folgende Sanierungsanordnung an diese Sickerwasserprognose anknüpft, ergeben sich entsprechende Unsicherheiten schon hinsichtlich der tatbestandlichen Voraussetzungen einer Sanierungsanordnung.

154 Anders als Maßnahmenwerte stellt die BBodSchV **Prüfwerte** großzügig zur Verfügung. Anhand dieser Prüfwerte ordnen die zuständigen Behörden Verdachtsflächen ein und überprüfen bestehende Einordnungen, nämlich da, wo sich Abweichungen von den bisher verwendeten Prüfwerten ergeben.

155 So sind in Anhang 2 folgende Prüfwerte nach § 8 I 2 Nr. 1 BBodSchG für die direkte Aufnahme von Schadstoffen auf **Kinderspielflächen, in Wohngebieten, Park- und Freizeitanlagen und Industrie- und Gewerbegebieten** ausgedrückt in mg/kg Trockenmasse enthalten:

Stoff	Kinderspielflächen	Wohngebiete	Park- u. Freizeitanlagen	Industrie- u. Gewerbegeb.
Arsen	25	50	125	140
Blei	200	400	1000	2000
Cadmium	10	20	50	60
Cyanide	50	50	50	100
Chrom	200	400	1000	1000
Nickel	70	140	350	900
Quecksilber	10	20	50	80
Pentachlorphenol	500	1000	1500	1500
Polychlorierte Biphenyle (PCB)	2	4	10	200

156 Außerdem hat die Länderarbeitsgemeinschaft Wasser (LAWA) in einer Arbeitsgruppe „Prüfwerte“ Geringfügigkeitsschwellen zur Beurteilung von Grundwasserverunreinigungen festgelegt. Erst wenn die Prognose ergibt, daß bei Erreichen der gesättigten Zone diese Schwellen überschritten sind, ist der Weg zu einer grundwasserbezogenen Sanierung grundsätzlich eröffnet. Auch bei Anwendung dieser Prüfwerte bleiben aber das Vorsorgegebot des § 7 BBodSchG und der Besorgnisgrundsatz des § 1a WHG zu beachten.

112 *Salzwedel* (Fn. 76), Rn. 16/55.

Da die BBodSchV nur für wenige Stoffe **Maßnahmenwerte** enthält, bedarf es für die Anordnung einer **Sanierung** oft weiterhin des Rückgriffs auf die schon überflüssig geglaubten Listen. **157**

3. Mitteilungs- und Mitwirkungspflichten

Anders als Mitwirkungspflichten setzen Mitteilungspflichten keine **Initiative** der Behörde voraus. In jedem Fall sind Auskunftsverweigerungsrechte und Geheimhaltungspflichten sowie der Schutz von Betriebs- und Geschäftsgeheimnissen näher regelungsbedürftig (vgl. etwa § 17a I GenTG). Schwierigkeiten ergeben sich nämlich bei der Unterscheidung zwischen der Mitteilungs- bzw. Meldepflicht des Verursachers einerseits und seinem Recht, sich nicht selbst zu belasten, andererseits. Immerhin können ihm als Verursacher Bußgelder und Strafen drohen. **158**

Beispiel: Einem Tüftler läuft auf seinem Grundstück aus Unachtsamkeit ein Faß mit einer von ihm entwickelten, noch nicht patentierten, leider aber auch wassergefährdenden Flüssigkeit aus. Statt sich den Behörden zu offenbaren, zieht er es vor, sich selbst an die Sanierung zu machen.

§ 12 BBodSchG enthält eine Pflicht zur „Information der Betroffenen". Sie gilt aber nur, wenn eine Sanierungsanordnung **bereits getroffen** ist, und auch nicht hinsichtlich der Gefahrenlage, sondern nur der vorgesehenen Maßnahmen. In diesem Zusammenhang ist auch dem Geschäfts- oder Betriebsgeheimnis Rechnung zu tragen (§ 12 Satz 2 BBodSchG). Ermächtigungsgrundlage für entsprechende Anordnungen ist § 16 BBodSchG. **159**

Dagegen können die Länder nach § 11 BBodSchG die Erfassung von Altlasten und altlastenverdächtigen Flächen in sog. Altlastenkatastern regeln und darüber hinaus nach § 22 II Ziff. 2 BBodSchG weitergehende Bestimmungen über die Mitteilung von Verdachtsflächen an die zuständigen Behörden treffen, vgl. Art. 1 BayBodSchG. Diese Öffnungsklausel war erforderlich, um den Ländern nicht die Möglichkeit ergänzender Regelungen abzuschneiden. Unklar ist die Lage hinsichtlich **Anzeigepflichten**, wie sie eine Reihe von Ländern bisher vorgesehen hat[113]. **160**

Das Bundes-Bodenschutzgesetz enthält keine Möglichkeit, Sanierungsmaßnahmen ohne behördliche Zustimmung zu untersagen. Die Altlast unterliegt aber der **behördlichen Überwachung**, § 15 I 1 BBodSchG. **161**

VI. Verfahren und Ablauf der Sanierung

1. Sanierungsziel

Boden und Altlasten sowie durch Bodenkontaminationen und Altlasten verursachte Gewässerverunreinigungen sind so zu sanieren, daß dauerhaft keine Gefahren, erhebliche Nachteile oder erhebliche Belästigungen entstehen, vgl. § 4 III 1 BBodSchG. **162**

113 *Sanden/Schoeneck*, BBodSchG, § 11 Rn. 7, zusammenfassend Rn. 9; ein Überblick über die bestehenden Länderregelungen findet sich bei *Sanden/Schoeneck*, BBodSchG, § 11 Rn. 10 ff.

163 Den zu erfüllenden **Sorgfaltsmaßstab** bestimmt § 4 IV 1 BBodSchG unter Bezug auf die planungsrechtlich **zulässige Nutzung** des Grundstücks, auf das eingewirkt wird. Die Nutzung des Grundstücks beeinflußt nämlich die Expositionswege und den Wirkungsort und die Wirkungsweise von Schadstoffen jedenfalls in bezug auf das Schutzgut menschliche Gesundheit. In Wohngebieten müssen natürlich andere Maßstäbe gelten als für Verkehrsflächen oder gewerblich genutzte Flächen mit nur vorübergehendem Aufenthalt von Menschen. Auf Kinderspielplätzen müssen schon deshalb besonders hohe Anforderungen gelten, weil hier selbst die orale Aufnahme von Boden und Bodenbestandteilen nicht ausgeschlossen werden kann. Dementsprechend unterscheiden – wie schon bei den Prüfwerten (Rn. 7/155) – auch die näheren Bestimmungen der Sanierungsziele nach den Nutzungsarten.

164 Bei verunreinigten **Gewässern** ergibt sich das Sanierungsziel nach § 4 IV 3 BBodSchG aus den Vorgaben des Wasserrechts, insbesondere §§ 26 II, 34 II WHG (Rn. 6/161 ff.). Die inhaltlichen Sanierungsanforderungen entnimmt die Praxis den von der Länderarbeitsgemeinschaft Wasser (LAWA) erarbeiteten Grundsätzen.

165 Im Ergebnis soll der vor der Einwirkung auf den Boden bestehende Zustand (status quo ante) so weit wie möglich wieder hergestellt werden, und zwar sowohl hinsichtlich der am Standort zu diesem Zeitpunkt ausgeübten Nutzung als auch der vorhandenen Vegetation.

2. Rechtlicher Gang der Sanierung

a) Sanierungsplanung und Durchsetzung

166 aa) Die **Sanierungsplanung** (§ 13 BBodSchG) umfaßt **Art, Umfang und zeitlichen Ablauf** der Sanierung. Sie ist von der zuständigen Behörde **einzelfallbezogen** unter Berücksichtigung des Schadstoffpotentials, der Schadstoffpfade, der Schutzgutexposition und der technischen und wirtschaftlichen Durchführbarkeit festzulegen. Dabei hat die Behörde ein **Auswahlermessen**. Insoweit handelt es sich aber nicht um ein Planungsermessen, wie die Sanierungsplanung auch nicht Teil der Fachplanung ist. Zwar sind auch bei der Sanierung der Sachverhalt zu ermitteln, Belange zu bewerten und Interessen abzuwägen. Dies gilt aber für jeden etwas komplexeren Eingriffsakt und macht ihn nicht zu einem materiellen Planungsakt. Sanierungsplanung ist daher nicht mehr als die vorausschauende Vorbereitung der **Sanierungsanordnung**, an deren Stelle auch die Verbindlicherklärung eines **Sanierungsplans** treten kann.

167 bb) Allgemein ist dem Sanierungspflichtigen vor Erlaß der Sanierungsanordnung **rechtliches Gehör** zu gewähren. Entsprechend den Erfordernissen des Einzelfalls ist dabei oder darüber hinaus ein umfassendes **Sanierungskonzept** zu entwickeln. Dazu soll der zur Sanierung Verpflichtete die notwendigen Untersuchungen zur Entscheidung über Art und Umfang der erforderlichen Maßnahmen und einen **Sanierungsplan** vorlegen, wozu er förmlich verpflichtet werden kann, § 13 I 1 BBodSchG[114].

---

114 Zum Sanierungsplan *Diehr*, UPR 1998, 128; *Vierhaus*, NJW 1998, 1262 (1268 f.).

Der Sanierungsplan soll gerade bei bedeutenden und schwierigen Altlasten Transparenz schaffen und damit auch die Akzeptanz bei den Betroffenen erhöhen.

Einzelheiten seines **Inhalts** bestimmt jetzt § 6 der aufgrund § 13 I 2 BBodSchG erlassenen BBodSchV i.V.m. ihrem Anhang 3. Der Sanierungsplan muß danach unter anderem eine Zusammenfassung der Gefährdungsabschätzung und der durchgeführten Voruntersuchungen enthalten. Dabei kann die Mitwirkung eines Sachverständigen verlangt werden, § 13 II i.V.m. § 18 BBodSchG, was wohl den Regelfall darstellen wird. **168**

cc) Die zuständige **Behörde** kann nach § 14 I BBodSchG den Sanierungsplan i.S.d. § 13 I BBodSchG aber auch **selbst erstellen** oder **ergänzen** oder durch einen **Sachverständigen** erstellen oder ergänzen lassen, wenn **169**

1. der Plan nicht, nicht innerhalb der von der Behörde gesetzten Frist oder fachlich unzureichend erstellt worden ist,
2. ein nach § 4 III BodSchG Verpflichteter nicht oder nicht rechtzeitig herangezogen werden kann oder
3. aufgrund der großflächigen Ausdehnung der Altlast, der auf der Altlast beruhenden weiträumigen Verunreinigung eines Gewässers oder aufgrund der Anzahl der nach § 4 III Verpflichteten ein koordiniertes Vorgehen erforderlich ist.

dd) Mit der **Sanierungsanordnung** nach § 10 I 1 i.V.m. § 4 BBodSchG wird dem oder den Pflichtigen aufgegeben, bestimmte Maßnahmen oder Maßnahmen zur Erreichung eines bestimmten Zieles (Rn. 7/162 ff.) durchzuführen. Anstelle der Sanierungsanordnung kann auch der Plan, erforderlichenfalls unter Abänderungen oder mit Nebenbestimmungen, **für verbindlich erklärt** werden, § 13 VI 1 BBodSchG. **170**

cc) Eine Sanierungsanordnung muß immer auch dem **Verhältnismäßigkeitsgrundsatz** entsprechen. **171**

So hat die Bestimmung von Sanierungsbedürftigkeit und -umfang in den letzten Jahren einen erheblichen Wandel erfahren: Nicht jede Altlast ist sofort sanierungsbedürftig. Die „Sanierung auf Null" ist längst aufgegeben. Eine Sanierung ist abzubrechen, wenn sie mit besonders hohem Aufwand Verbesserungen nur noch im Grenzbereich erbringt. Ausnahmsweise können höhere Restbelastungen hingenommen werden, möglicherweise mit rechtsverbindlich festzulegenden Nutzungsbeschränkungen. Volkswirtschaftliche und betriebswirtschaftliche Erwägungen finden zunehmend Eingang in den *„großen"* und *„kleinen Verhältnismäßigkeitstest"*[115]. **172**

b) Sanierungsvertrag

Anstelle einer Sanierungsverfügung kann auch ein **öffentlich-rechtlicher Vertrag** abgeschlossen werden, der einerseits mehr Akzeptanz beim Betroffenen und Effizienz bei der Durchführung gewährleisten, andererseits aber auch vom Sanierungspflichtigen als Mittel der Verzögerung und Verwässerung des Sanierungsziels eingesetzt werden kann[116]. **173**

---

115 *Salzwedel* (Fn. 76), Rn. 16/43.

116 Anschaulich *Dombert*, in: *Landmann/Rohmer*, Umweltrecht, Band III, BBodSchG, § 13 Rn. 35 ff.; zu den politischen Schwierigkeiten einer Vertragslösung *Salzwedel* (Fn. 76), Rn. 16/28; eingehend *Kippes*, Verwaltungsrundschau 1997, 41, und *Kippes*, VerwArch. 29 (1996), 405; s.a. *Sparwasser*, Anwaltshandbuch, Rn. 23/253.

174 Mit dem Sanierungsplan kann daher der Entwurf eines **Sanierungsvertrags** über die Ausführung des Plans vorgelegt werden, § 13 IV BBodSchG. Dabei handelt es sich um einen **öffentlich-rechtlichen Vertrag** (Rn. 2/34 ff.) zwischen Sanierungspflichtigem und Behörde. Der Vertrag kann freilich die **Einbeziehung Dritter** vorsehen, so ausdrücklich § 13 IV a.E. BBodSchG. Damit gemeint sind aber nicht Erfüllungsgehilfen, sondern andere Sanierungspflichtige. Ergänzend gelten die §§ 54 ff. LVwVfG.

c) Konzentrationswirkung

175 Die Durchführung der Sanierung erfordert oft weitere öffentlich-rechtliche Genehmigungen, Gestattungen, Planfeststellungen usw. Bspw. bedürfen Errichtung und Betrieb eines Schluckbrunnens im Rahmen einer hydraulischen Sanierung der wasserrechtlichen Gestattung, bedarf das Strippen, also das Entgasen, womöglich einer immissionsschutzrechlichen Genehmigung, setzt das Auskoffern eine Baugenehmigung voraus und ist der Transport deponiepflichtigen Materials anzeigepflichtig.

176 Zur Erleichterung des Verfahrens und zur Beschleunigung der Sanierung sehen § 13 VI 2 (§ 14 II) und § 16 II BBodSchG eine **Konzentrationswirkung** des Sanierungsplans bzw. der Sanierungsanordnung vor[117]. So schließen verbindlicher Sanierungsplan bzw. Sanierungsanordnung weitere für die Sanierung erforderliche behördliche Genehmigungen ein, außer bei UVP-pflichtigen Vorhaben. Im Umfang der Konzentrationswirkung sind die sonst jeweils zuständigen Behörden zu beteiligen. Für ein etwa erforderliches gemeindliches Einvernehmen (§ 36 BauGB) gelten die allgemeinen Vorschriften auch über seine Ersetzung.

d) Öffentlichkeitsbeteiligung und Betroffenenunterrichtung

177 Eine besondere **Öffentlichkeitsbeteiligung** ist bodenschutzrechtlich nicht vorgesehen. Die Sanierungverpflichteten müssen aber Grundstückseigentümer, sonstige Nutzungsberechtigte sowie die Nachbarschaft (Betroffene) von der bevorstehenden Durchführung der Sanierungsmaßnahmen **informieren** und die zur Beurteilung der Maßnahmen erforderlichen wesentlichen vorhandenen Unterlagen vorlegen (§ 12 BBodSchG).

e) Behördenzuständigkeit

178 Die Bestimmung der Behördenzuständigkeit ist Ländersache, § 22 I BBodSchG.

179 In der Regel sind die Landratsämter und kreisfreien Städte zuständig, vgl. Art. 10 II 1 BayBodSchG[118].

---

117 Ebenso waren auch schon in einigen Ländern Sanierungsgenehmigungen vorgesehen, die nach anderen Vorschriften erforderliche Zulassungen unter den dort genannten Voraussetzungen und mit Ausnahme von Planfeststellungen ersetzten (vgl. § 20 HAbfAG, § 19 IV ThAbfAG).

118 Hilfreich ist die Sammlung der Anschriften Sanierungsbeteiligter in *Franzius/Wolf/Brandt*, Handbuch, Bd. 3, Ziff. 16000.

3. Nach der Sanierung

a) Überwachung und Nachweispflichten

Altlasten und altlastenverdächtige Flächen unterliegen sowohl der **behördlichen Überwachung**, § 15 I 1 BBodSchG, als auch der **Eigenkontrolle** des Sanierungsverpflichteten, § 15 II BBodSchG. Dazu können Eigenkontrollmaßnahmen, insbesondere Boden- und Wasseruntersuchungen sowie Einrichtung und Betrieb von Meßstellen verlangt werden. § 16 ist Ermächtigungsgrundlage für Maßnahmen nach § 15 I und III BBodSchG, § 15 II enthält die erforderliche Ermächtigung selbst. Regelmäßig haben der Sanierung eine Funktionsprüfung und eine Langzeitkontrolle zu folgen. Für den Bereich bestimmter Deponien gelten abfallrechtliche Sondervorschriften (dazu sogl.). 180

b) Rekultivierung

Rekultivierung bedeutet die umgebungs- und nutzungsgerechte Gestaltung der betroffenen Fläche nach Durchführung der Sanierung oder wenigstens die Herstellung des ursprünglichen Zustands, z.B. durch Begrünung oder Anlage von Freizeitflächen. Polizeirechtlich gab es insoweit keine Möglichkeit einer Rekultivierungsanordnung, als die Rekultivierung über die Gefahrenabwehr hinausgeht. Inzwischen enthalten einige Landesgesetze Vorschriften zur Anordnung einer Rekultivierung[119]. Das BBodSchG wiederum schweigt dazu, was eine **Sperrwirkung** jedenfalls hinsichtlich sonst dem BBodSchG unterfallender Sanierungen bedeutet[120]. Eine Sondervorschrift für stillgelegte Deponien enthält § 36 II 1 KrW-/AbfG, wonach die Behörde die Rekultivierung anordnen soll. 181

Beispiel: Nach Abschluß der Sanierung durch großflächiges Auskoffern verlangt die Behörde die Modellierung des Geländes entsprechend dem früheren Zustand und seine Begrünung.

c) Nachsanierung

Ist die geforderte Sanierung durchgeführt, schließt dies ein weiteres Sanierungsverlangen grundsätzlich nicht aus, sei es aufgrund neuerer Erkenntnisse, aufgrund jetzt strengerer Anforderungen oder aufgrund neuer Kontaminationen. Sperrwirkung entfalten Sanierungsverträge nach Maßgabe des § 60 VwVfG (Rn. 7/173 f.)[121]. 182

Beispiel: Erst während oder nach der Sanierung wird die Gefährlichkeit einer Substanz festgestellt, die bereits in die Sanierung einbezogen ist. – Das Grundstück wird in ein Trinkwasserschutzgebiet einbezogen und unterliegt jetzt strengeren Maßstäben hinsichtlich des Sanierungsziels. – Auf dem sanierten Grundstück wird ein neuer Schadstoffherd gefunden. 183

119 Näher *Pohl*, NJW 1995, 1485 (1487).

120 Dazu *Ewer*, in: *Landmann/Rohmer*, Umweltrecht, Band III, BBodSchG, Vorb. Rn. 190 f. m.w.N.

121 Zu den Besonderheiten in Hessen, wo die Aufhebung der Altlastenfeststellung eine Sperrwirkung dagegen begründen soll, wegen der gleichen Verunreinigung erneut eine Sanierungsbedürftigkeit anzunehmen und weitere Maßnahmen zu fordern, *Bickel*, BBodSchG, § 13 Rn. 7.

d) Wertausgleich

184 Wird die Sanierung ganz oder teilweise von der Behörde durchgeführt und steigt der Verkehrswert des betreffenden Grundstücks dadurch an, wäre es unbillig, diese Wertsteigerung ohne weiteres dem Eigentümer zukommen zu lassen, der selbst einen Beitrag zur Sanierung nicht geleistet hat. Dazu bestimmt jetzt § 25 BBodSchG in Ergänzung der Kostenregelung des § 24 BBodSchG einen **Wertausgleich**. Damit soll eine sonst eintretende „ungerechtfertigte Bereicherung" des Eigentümers wieder abgeschöpft werden[122]. Voraussetzung ist, daß staatliche Maßnahmen durchgeführt wurden, Verantwortliche zur Kostenerstattung nicht oder nur teilweise herangezogen werden können und damit öffentliche Mittel zur Sanierung des Grundstücks eingesetzt werden müssen.

Beispiel: Die Behörde führt eine aufwendige Sanierung durch. Der Eigentümer kann wegen mangelnder Leistungsfähigkeit zu den Kosten der Ersatzvornahme nicht herangezogen werden. Eine Befriedigung aus dem Grundstück ist aber möglich. Hier ermöglicht § 25 BBodSchG die „Refinanzierung aus dem Grundstück selbst".

185 Wurden Subventionen oder Mittel aus Förderprogrammen gewährt, die grundsätzlich freiwillig und als verlorene Zuschüsse gezahlt werden, könnte die Rückzahlungspflicht nach § 25 BBodSchG im Widerspruch zu dem **Förderzweck** stehen. Dies ist im Einzelfall Auslegungsfrage[123]. Anderes gilt, wenn die Rückforderung nach § 25 BBodSchG vorbehalten wurde. Ausdrücklich ausgeschlossen wurde die Rückforderung für Fälle der Freistellung aufgrund von Art. 1 § 4 III 1 Umweltrahmengesetz DDR (vgl. § 25 I 3 BBodSchG) und im Fall von Ausgleichsbeträgen nach § 154 BauGB im Falle baulicher und bodenschutzbezogener Sanierungen (§ 25 I 4 BBodSchG). Schließlich ist auch eine Härtefallregelung in § 25 V 1 BBodSchG ausdrücklich vorgesehen.

186 Den Ausgleichsbetrag setzt die Behörde nach Beendigung der Sicherung oder Sanierung durch **Verwaltungsakt** fest, § 25 III BBodSchG. Damit wird er fällig und kann nach den Verwaltungsvollstreckungsgesetzen der Länder beigetrieben werden. Längstens kann die Festsetzung binnen vier Jahren nach dem Abschluß der Arbeiten erfolgen, § 25 III 2 BBodSchG (Festsetzungsverjährung).

187 Die Ausgleichspflicht wird ohne Eintragung in das Grundbuch wirksam[124]. Sie hat dann im Falle der Zwangsversteigerung das Vorrecht des 3. Ranges nach § 10 I Nr. 3 ZVG. Entgegen § 54 GBO kann ein entsprechender Hinweis in das Grundbuch aber eingetragen werden, § 25 VI 2 BBodSchG.

188 Eine Verordnung zu § 25 BBodSchG über den zu leistenden Wertausgleich befindet sich in Vorbereitung[125].

---

122 Entsprechende Regelungen enthielten bisher schon § 18 BlnBodSchG, § 35 BbgAbfG, § 13 IV BremAgAbfG, § 16 HAltlastG, § 38 NAbfG, § 33 II LAbfG NW, § 32 LAbfWAG RP und § 22 ThAbfAG.

123 Dazu *Sanden/Schoeneck*, BBodSchG, § 25 Rn. 6, und *Vierhaus*, NJW 1998, 1262 (1267).

124 S. jetzt die VO über die Eintragung des Bodenschutzlastenvermerks v. 18.3.1999, BGBl. 497.

125 BR-Drucks. 1016/98 v. 23.12.1998.

VII. Verantwortlichkeit für Untersuchung und Sanierung

1. Verantwortliche, § 4 III, VI BBodSchG

Die Frage nach den **Adressaten** der bodenschutzrechtlichen Grundpflichten ist eine der schwierigsten der bisherigen Altlastendiskussion, die entsprechende Regelung in § 4 BBodSchG eine der wichtigsten des ganzen Gesetzes. Entsprechend umstritten war die Norm im Gesetzgebungsverfahren[126]. Immerhin sind eine Reihe von Streitfragen jetzt geklärt, für andere kann an die bisherige – im Ursprung *polizeirechtliche* – Diskussion angeknüpft werden; neu aufgeworfen sind einige *verfassungsrechtliche* Fragen – insbesondere zur Rückwirkung[127]. **189**

a) Verursacher, § 4 III 1 BBodSchG

Als Handlungs- oder auch sog. „Verhaltensstörer" ist schon nach Polizeirecht die natürliche oder juristische Person verantwortlich, die die Gefahr oder Störung **verursacht** hat (vgl. z.B. § 4 MEPolG). Rechtspolitisch wurde aufgrund einer Vielzahl von Zweifelsfragen in diesem Bereich die Ablösung der polizei- und ordnungsrechtlichen Verhaltens- und Zustandsverantwortlichkeit durch spezialgesetzliche Regelungen der Sanierungsverantwortlichkeit gefordert. Dem entspricht jetzt in § 4 III BBodSchG die **Sanierungspflicht des Verursachers**. **190**

Landesrechtliche Regelungen, und sei es auch nur zur näheren Auslegung sind damit überholt und *ausgeschlossen*. Der jetzt bundesrechtliche Begriff des Verursachers ist vielmehr bundeseinheitlich und aus dem BBodSchG, insbesondere den Grundpflichten heraus, auszulegen, wobei man sich an das anlehnen wird, was Rechtsprechung und Literatur zum Begriff des Handlungsstörers entwickelt haben. **191**

Dementsprechend muß die Verursachung „**unmittelbar**" zu dem polizei- bzw. ordnungswidrigen Erfolg geführt haben. Die – schon vom Preuß. Oberverwaltungsgericht vertretene – „Theorie der unmittelbaren Verursachung" erkennt nur ein solches Verhalten als polizeirechtlich erhebliche Ursache an, das selbst unmittelbar die konkrete Gefahr oder Störung herbeiführt und damit die Gefahrengrenze überschreitet[128]. Hierbei geht es aber nicht nur um eine Kausalitätsfrage; vielmehr erfordert die Anwendung des Kriteriums der „Unmittelbarkeit" die Beantwortung einer Zurechnungs-, d.h. Wertungsfrage. **192**

Beispiel: Der Abfallerzeuger kommt in der Regel nicht für eine polizeiliche Verhaltenshaftung in bezug auf die Sanierung einer von ihm beschickten Altdeponie in Betracht, wenn diese von ihm nicht betrieben worden war.

Insoweit stellt sich die Frage nach den *Kriterien*, die den notwendigen *Wertungen* zugrundezulegen sind. Dazu sind im Schrifttum neben der „Unmittelbarkeitstheorie" **193**

126 *Sanden/Schoeneck*, BBodSchG, § 4 Rn. 4-6 m.w.N.

127 S. schon die Nachw. o. Fn. 68.

128 Vgl. *Drews/Wacke/Vogel/Martens*, Gefahrenabwehr, 9. Aufl. 1986, S. 313; *Würtenberger*, in: *Achterberg/Püttner/Würtenberger* (Hrsg.), Besonderes Verwaltungsrecht, Bd. II, 2. Aufl. 2000, § 21 Rn. 206 ff. m.w.N.

noch andere Störertheorien entwickelt worden, etwa die „Theorie der rechtswidrigen Verursachung“[129] oder die „Pflichtwidrigkeitstheorie“[130]: Der Zurechnungsmaßstab ist zunächst den spezialgesetzlichen risikozuweisenden Rechtsnormen zu entnehmen (früher etwa den §§ 25 III, 51 GewO), jetzt vor allem den §§ 4 I u. II, 7 BBodSchG, hilfsweise den subsidiär einschlägigen, wertgebundenen polizeilichen Generalklauseln und den Bestimmungen über die polizeiliche Verantwortlichkeit, aber auch den **grundgesetzlichen Wertentscheidungen** (Art. 20a, 20 I, 28 I 1 GG) und den Grundrechtsnormen. Wer von einer grundrechtlichen Freiheit Gebrauch macht, darf dies nicht in einer vom **Grundrechtsschutzbereich** nicht mehr gedeckten, gemeinwohlunverträglichen Weise tun (vgl. etwa Art. 2 I und 14 II GG). Damit bleibt ein Verhalten polizeirechtlich ungeschützt, durch das die objektiv einzuhaltenden Sorgfaltsstandards und damit in der Regel auch grundrechtlich geschützte Freiheiten anderer verletzt werden; entsprechendes wird sich jetzt wohl schon unmittelbar aus §§ 4 I u. II und 7 BBodSchG ergeben.

194 Dabei kann es im Rahmen der gebotenen Objektivierung des Zurechnungsmaßstabs nicht darauf ankommen, ob der Handelnde subjektiv nach seinen **Kenntnissen und Fähigkeiten** in der Lage war, die maßgeblichen Standards zu erfüllen. In die Bestimmung des Inhalts und des Umfangs der den einzelnen treffenden „Nichtstörungspflicht“, d.h. der Pflicht zur Wahrung der Gemeinwohlverträglichkeit des eigenen Verhaltens müssen jedoch, um überhaupt von einer „Pflicht“ sprechen zu können, (objektivierte) Sorgfaltskriterien eingehen. Solche begründen jetzt ausdrücklich auch die Grundpflichten der §§ 4 I und 7 BBodSchG.

195 Die Frage, wie es mit der polizeirechtlichen Verantwortlichkeit für die Fälle einer etwaigen Verhaltenshaftung steht, in denen eine von einem Produktionsabfall ausgehende Gefahr **erst später (ex post)** als solche erkannt worden ist und auch erst erkannt werden konnte, sei es aufgrund eines zwischenzeitlich erreichten neuen wissenschaftlichen Erkenntnisstandes oder neuer technischer Erkenntnismöglichkeiten, etwa aufgrund einer Verfeinerung der Analysetechnik, wird kontrovers beantwortet. Sie hat erhebliche praktische Bedeutung. Geht man von der eben genannten „Pflichtwidrigkeitstheorie“ aus, also von dem Kriterium der objektiven Verletzung einer Pflicht zur Wahrung der Gemeinwohlverträglichkeit des eigenen Verhaltens, dann ist die Ablagerung von Abfällen, die im Entsorgungszeitpunkt nach dem wissenschaftlichen Erkenntnisstand als ungefährlich zu beurteilen waren, auch dann objektiv keine polizeirechtlich relevante Pflichtverletzung, wenn – aber eben erst später – die Gefährlichkeit dieser Abfälle erkannt und akut wird[131].

196 Auch schließt die positive, etwa durch eine gewerberechtliche Genehmigung oder durch eine bergrechtliche Betriebsplanzulassung begründete verwaltungsrechtliche Befugnis die Unmittelbarkeit grundsätzlich so weit aus, wie diese Zulassung reicht (und dynamische Betreiber- oder Grundpflichten nicht *entgegenstehen*). Hinsichtlich dieser handlungs- und erfolgsbezogenen sog. „**Legalisierungswirkung**“ behördlicher (z.B. gewerbe-, immissions- oder wasserrechtlicher) Eröffnungskontrollen ist aber eine differenzierende Betrachtungsweise geboten und manches streitig[132].

---

129 Klassisch *Schnur*, DVBl. 1962, 1.

130 Vgl. etwa *Pietzcker*, DVBl. 1984, 457; aus neuerer Zeit *Schink*, VerwArch. 1991, 357 (347 f.); 1996, 50 (55).

131 *Kloepfer*, Umweltrecht, § 12 Rn. 69 m.w.N.; eingehend *Brandner*, Gefahrenerkennbarkeit und polizeirechtliche Verantwortlichkeit, 1990.

132 Dazu *Fluck*, VerwArch. 1988, 406; *Staupe*, DVBl. 1988, 606 (609 f.); *Peine*, JZ 1990, 202.; *Brandt*, Altlastenrecht, S. 138 ff. m.w.N.; aus der Rspr.: OVG Koblenz, NVwZ 1992, 499.; BayVGH, NVwZ

Dies gilt schon für die Tragweite der jeweils in Betracht kommenden Gestattung, also z.B. für die (im allgemeinen wohl zu verneinende) Frage, ob eine frühere, nach den §§ 16 ff. GewO erteilte Gewerbeanlagengenehmigung auch den Vorgang der Ablagerung von umweltgefährdenden Produktionsrückständen umfaßt. Grundsätzlich kann die Legalisierungswirkung nicht über den Inhalt einer Anlagengenehmigung, d.h. über den **Regelungs-(Bescheidungs-)gegenstand** hinausreichen; natürlich kann u.U. aber gerade die Frage nach dem Gegenstand und dem Umfang der Genehmigung zu unterschiedlichen Antworten führen. Entscheidend dürfte darauf abzustellen sein, ob die Genehmigung die sanierungsbedürftigen Zustände nach ihrem Gegenstand und nach ihrer Wirkung abschließend und auch für die Zukunft insgesamt öffentlich-rechtlich, insbesondere polizeirechtlich abschließend beurteilen und zulassen wollte[133]. Eine behördliche Gestattung kann daher auch nicht von der polizeirechtlichen Verantwortlichkeit für solche Gefahren freistellen, die im Zeitpunkt der Gestattung objektiv noch gar nicht vorhersehbar waren[134]. **197**

Eine Grenze findet eine etwa anzuerkennende Legalisierungswirkung auch an den *dynamischen Umweltgrundpflichten*, z.B. in § 5 BImSchG und in § 1a WHG. Sinn dieser Pflichten ist es ja gerade, das Ausmaß der Umweltbeeinträchtigungen nicht auf einem Stand einzugefrieren, der gerade dem des Zeitpunkts der Genehmigung entsprach, sondern diese Pflichten auf der Höhe der Zeit, auf dem Stand der Technik usw. zu erhalten. Damit wäre unvereinbar, Bodenkontaminationen aus dem Bereich der Sanierungsverantwortlichkeit auszunehmen, zu deren Vermeidung der Pflichtige aufgrund seiner dynamischen Betreiberpflichten gerade gehalten ist. **198**

Der Gedanke der **Legalisierungswirkung** stand auch Pate für **§ 4 V 2 BBodSchG**: Die strenge Pflicht des § 4 V BBodSchG zur Beseitigung neuer Bodenbelastungen gilt nicht für denjenigen, der aufgrund der Erfüllung der geltenden gesetzlichen Anforderungen in schutzwürdiger Weise darauf vertraut hat, daß Bodenbeeinträchtigungen nicht entstehen werden[135]. **199**

Die vorbeschriebene „Entpflichtung aufgrund Behördenhandelns“ gilt demgegenüber nicht für eine bloße behördliche **Duldung**[136]; auch diese kann allerdings Bedeutung haben, etwa für die Beurteilung der *Verhältnismäßigkeit* des späteren polizeirechtlichen Eingriffs. **200**

Nicht geregelt ist in § 4 BBodSchG die Haftung für Handlungen eines **Verrichtungsgehilfen**. Dabei handelt es sich um ein offensichtliches Versehen des Gesetzgebers. Die Länder können (und sollten) die Regelungslücke durch landesrechtliche Vorschriften ausfüllen[137]. **201**

b) Eigentümer und Inhaber der tatsächlichen Gewalt, § 4 III 1 BBodSchG

Neben dem „Verhaltensstörer“ war schon bisher auch der Eigentümer oder Inhaber der tatsächlichen Herrschaftsbefugnisse über ein Grundstück, von dem Gefahren aus- **202**

1992, 905; VGH BW, NVwZ-RR 1996, 387 (389).; s.a. *Hermes*, in: *Becker/Schwarze* (Hrsg.), Wandlung der Handlungsformen im öffentlichen Recht, 1991, S. 187 ff.; *Sach*, Genehmigung als Schutzschild?, 1993, S. 116 ff. und 167 ff.; *Roesler*, Legalisierungswirkung; vgl. allgemein zur Legalisierungswirkung einer immissionsschutzrechtlichen Genehmigung BVerwGE 55, 118 (121); 85, 368.

133 Dazu *Sanden/Schoeneck*, BBodSchG, § 10 Rn. 10 f. m.w.N.

134 *Kloepfer*, Umweltrecht, § 12 Rn. 72; diff. *Schrader*, Altlastensanierung nach dem Verursacherprinzip, S. 186 ff.; aus der Rspr. BayVGH, NVwZ 1992, 905.

135 *Kobes*, NVwZ 1998, 786 (789).

136 *Kloepfer*, Umweltrecht, § 12 Rn. 73; grundsätzlich *Hermes/Wieland*, Die staatliche Duldung rechtswidrigen Verhaltens, 1988.

137 Ebenso *Bickel*, BBodSchG, § 21 Rn. 1 am Ende.

gehen, hierfür als sog. „Zustandsstörer" polizeirechtlich verantwortlich (vgl. z.B. § 5 MEPolG). Dem entspricht jetzt § 4 III BBodSchG: Sanierungspflichtig sind der Grundstückseigentümer und der Inhaber der tatsächlichen Gewalt über ein Grundstück. Danach ist bspw. auch der **Pächter** verantwortlich, der die Verunreinigung weder verursacht noch gekannt hat. Hinsichtlich der Grenzen dieser Verantwortlichkeit enthält sich das Gesetz einer näheren Regelung.

Beispiel: Ein Schlossereibetrieb kaufte zwecks Betriebserweiterung das Nachbargrundstück von einer Chemischen Reinigung. Dem Käufer war bekannt, daß sich auf dem Grundstück Altlasten befinden. Nach ersten Untersuchungen wurden DM 100 000,– als Sanierungskosten veranschlagt. Das Grundstück hat ohne Altlast einen Wert von DM 200 000,–. Als Kaufpreis wurden folglich DM 100 000,– vereinbart. Nach dem Eigentumserwerb durch die Schlosserei stellte sich heraus, daß die Sanierungskosten DM 1 Mio. betragen. Haftet der Schlossereibetrieb nur mit dem Grundstück, das er von der Chemischen Reinigung erworben hat (also in Höhe von DM 200 000,–)? Und wovon hängt diese Haftungsbeschränkung ab?

203 Die Zustandshaftung für Altlasten bzw. jetzt Sanierungspflicht des Eigentümers oder Inhabers der tatsächlichen Gewalt bedeutet grundsätzlich – sei es im Wege der Eigensanierung oder der polizeirechtlichen Ersatzvornahme – volle und im Prinzip unbegrenzte Kostentragung. Von der wohl überwiegenden Meinung in Rechtsprechung[138] und Literatur[139] wurde eine **Begrenzung der Haftung** – etwa auf den Verkehrswert des sanierten Grundstücks – lange Zeit verneint. Dies wurde zurecht vielfach kritisiert[140].

204 Dem entsprach die Kostenregelung des § 25 II BBodSchG noch in der Entwurfsfassung vom 12.6.1997: Die **Opferposition** sollte vorliegen, wenn der Betroffene weder Verursacher der schädlichen Bodenveränderung oder Altlast ist noch bei der Begründung des Eigentums Kenntnis von der schädlichen Bodenveränderung oder Altlast oder den sie begründenden Umständen hatte oder hätte haben können, § 25 II 1 BBodSchG-E, und die **Opfergrenze** sollte erreicht sein, wenn die zur Durchführung der Maßnahme erforderlichen Kosten den Verkehrswert des Grundstücks unter Berücksichtigung der durchgeführten Maßnahmen übersteigen, § 25 II 2 BBodSchG-E (s.a. § 12 I Nr. 5 HAltlastG: nur für Eigentümer). U.a. aufgrund von Bedenken der Länder, die wohl eine zu hohe eigene Belastung fürchteten, wenn mögliche Sanierungsopfer so weitgehend verschont würden, wurde Abs. 2 der Entwurfsfassung dann wieder gestrichen. Der Bundesrat verlangte demgegenüber eine stärkere Differenzierung nach der wirtschaftlichen Leistungsfähigkeit des Eigentümers, um einerseits den „Häusle-Bauer" zu verschonen, andererseits aber nicht auch das „größere Unternehmen mit mehreren Firmenstandorten" zum Nachteil der Landeskassen[141]. Sein Gegenvorschlag sollte den Behörden die Möglichkeit eröffnen, sachgerechte Einzelfallentscheidungen zu treffen und andererseits ei-

138 BVerwG, NVwZ 1991, 475; BayVGH, NVwZ 1986, 942 (944) m.w.N., ebenso VGH BW, NVwZ 1986, 325 (326).

139 *Drews/Wacke/Vogel/Martens* (Fn. 128), S. 320 f. m.w.N.; *Spannowsky*, DVBl. 1994, 560 (562 f.): „nur ausnahmsweise unter dem Gesichtspunkt des Übermaßverbots".

140 Eingehend dazu *Sparwasser/Geißler*, DVBl. 1995, 1317 (1319 f.); in diesem Sinne jetzt offenbar auch wieder – obiter – OVG Münster, NVwZ 1997, 804 (806). S.a. *Friauf*, VVDStRL 35 (1977), 350 f.; *Ziehm*, Grundwasserschutz, S. 61 ff.; *Schrader*, Altlastensanierung, S. 121 ff.; *Oerder*, NVwZ 1992, 1031 (1037); *Schink*, GewArch. 1991, 357 (379), jeweils m.w.N. Siehe auch BVerwG, NVwZ 1991, 475 m.w.N.; ihm folgend VGH BW, VBlBW 1995, 488; die subjektive Voraussetzung aber ausdrücklich bestätigend BVerwG, NVwZ 1997, 577 f.

141 BT-Drucks. 13/6701, S. 58 f.

nen richtungsweisenden Entscheidungsrahmen vorgeben. In ihrer Gegenäußerung verwies die Bundesregierung[142] darauf, daß der Bundesratsvorschlag die Einfügung einer Vielzahl ungeklärter unbestimmter Rechtsbegriffe (wirtschaftliche Leistungsfähigkeit, besondere Härte, wesentlicher Teil seines Vermögens) vorsehe und damit den Vollzug belaste. Der allgemeine Verhältnismäßigkeitsgrundsatz erlaube eine durchaus differenzierte Regelung auch nach Opportunitätserwägungen. Auf Betreiben des Vermittlungsausschusses[143] wurden schließlich beide Vorschläge gestrichen. Nur bei der – neu eingeführten – Haftung des früheren Eigentümers findet sich jetzt noch diese Einschränkung (dazu unten).

Dies muß angesichts des dem Gesetzgeber bekannten Meinungsstreits wohl doch eher überraschen. Mit Rechtssicherheit und -vereinfachung hat es wenig zu tun. Im Ergebnis überläßt der Gesetzgeber die Lösung weiter den Gerichten[144]. **205**

Richtigerweise ist die Haftung des Zustandsstörers (jetzt: Eigentümers oder Inhabers der tatsächlichen Gewalt) mit seinem gesamten Vermögen, wie sie von der zunächst ganz h.M. aus dem geltenden Polizeirecht abgeleitet wurde, mit Art. 14 I GG als verfassungsrechtlicher Gewährleistung des **Eigentums** nicht vereinbar und deshalb **verfassungskonform einschränkend auszulegen**[145], und zwar grundsätzlich im Sinne einer Beschränkung auf den Wert des sanierten Grundstücks (aa) und unter Berücksichtigung der Zumutbarkeit im Einzelfall (bb). **206**

aa) Die Haftung des Eigentümers „findet ihren Grund in der mit dem Eigentum verbundenen Sachherrschaft sowie in der Verbindung von Vorteilen und Lasten der Sache“ und ist „Folge der *Sozialbindung* des Eigentums[146] (H.v.d.V.). – Zurecht unterscheidet das BVerfG aber auch nach Eigenart und Funktion des Eigentumsobjekts, so daß die Gestaltungsfreiheit des Gesetzgebers und damit auch die Eingriffsmöglichkeit umso größer ist, je stärker der *soziale* Bezug ist (ebda. Rn. 45). **207**

Entsprechend schon bisher in der Literatur erhobenen Forderungen nach einer grundsätzlichen Begrenzung der Haftung auf den Wert des Grundstücks[147] hält jetzt auch das BVerfG (Fn. 144) die Haftung mit dem übrigen Vermögen des Pflichtigen dann für unzumutbar, wenn dieses „in keinem rechtlichen oder wirtschaftlichen Zusammenhang mit dem sanierungsbedürftigen Grundstück steht“, es sei denn, es bilde „mit dem sanierungsbedürftigen Grundstück eine funktionale Einheit“ (ebda. Rn. 62). **208**

142 BT-Drucks. 13/9637, S. 67.

143 BT-Drucks. 13/9637, S. 5.

144 Ebenso kritisch *Kahl*, Die Verwaltung, Bd. 33 (2000), 29 (37 f.) m.w.N.; hilfreich jetzt aber die Grundsatzentscheidung des BVerfG, B.v. 16.2.2000, 1 BvR 242/91.

145 So schon *Sparwasser/Geißler*, DVBl. 1995, 1317 (1319); unsere Vorauflage Rn. 5/147; *Sparwasser*, Anwaltshandbuch, Rn. 22/310; *ders.*, Aktuelle Rechtsfragen des Grundwasserschutzes, in: *Beudt* (Hrsg.), Grundwassermanagement, 1997, S. 39; „mit rechtsstaatlichen Grundsätzen unvereinbar“, so *Bickel*, BBodSchG, § 4 Rn. 28; kritisch auch *ebda.*, Rn. 10; ebenso *Würtenberger/Heckmann/Riggert*, Polizeirecht, Rn. 617; *Kahl*, Die Verwaltung, Bd. 33 (2000), 29 (38) m.w.N. – Zu eng dagegen BVerwG, NVwZ 1991, 475.

146 BVerfG (Fn. 144), Rn. 51, 55; ebso. *Würtenberger* (Fn. 128), § 21 Rn. 205.

147 So schon unsere Vorauflage Rn. 5/147 ff.; *Kahl*, Die Verwaltung, Bd. 33 (2000), 29 (38) m.w.N.; *Würtenberger* (Fn. 128), § 21 Rn. 205; wohl auch *Bickel*, BBodSchG, § 4 Rn. 28.

209 Nach § 25 II BBodSchG-E kam in den Genuß einer Haftungsbeschränkung, wer sich „*in einer Art Opferposition*" befindet, weil er beim Erwerb des altlastenbehafteten Grundstücks von der Belastung nicht wußte oder wissen konnte. Dies entsprach auch der in Rechtsprechung und Literatur inzwischen wohl überwiegend vertretenen Meinung. In das Gefahrenabwehrrecht wird zwar durch diesen Ansatz eine *subjektive* Komponente eingeführt, die systemfremd ist[148], da das Polizeirecht auch sonst an Verschulden nicht anknüpft. Verortet man die Altlastenhaftung aber ungeachtet ihrer polizeirechtlichen Grundlegung jetzt zwischen Eigentumsschutz einerseits, Sozialbindung (Art. 14 II GG), staatlicher Schutzpflicht (Art. 2 II 1 GG) und Schutz der natürlichen Lebensgrundlagen (Art. 20a GG) andererseits (so das BVerfG [Fn. 144] Rn. 50) und begrenzt man den Haftungsumfang nur unter den Gesichtspunkten der **Verhältnismäßigkeit** und der **Zumutbarkeit** (BVerfG, Rn 54, 59), so ist es folgerichtig, diesen Schutz dann zu versagen, „wenn der Eigentümer das Risiko der entstandenen Gefahr bewußt in Kauf genommen", insbesondere das Grundstück in Kenntnis der Altlast erworben oder eine riskante Nutzung darauf zugelassen hat (BVerfG, Rn. 59).

210 Schließlich soll eine Rolle spielen, ob der Eigentümer „**Vorteile aus dem Risiko** – etwa durch einen reduzierten Kaufpreis oder einen erhöhten Pachtzins – erzielt hat" (BVerfG, Rn. 60, H.v.d.Verf.)[149]. – Das BVerfG weist damit die Richtung. In der Anwendungspraxis werden aber viele Zweifelsfragen bleiben. Viele Rechtsstreitigkeiten aufgrund neuer und alter Abgrenzungsfragen um den Umfang der Zumutbarkeit sind leicht vorherzusagen.

211 cc) Ist die Gefahrenquelle räumlich-gegenständlich eingegrenzt, stellt sich weiter die Frage des **maßgeblichen Zeitpunkts**, und zwar in Hinblick sowohl auf Veränderungen der **Größe** des Grundstücks und die Zugehörigkeit zu besagter „funktionaler Einheit" (Rn. 7/208) als auch auf Änderungen des **Grundstückswerts**. – U.E. ist der entscheidende Anknüpfungspunkt für die Frage, welcher Zeitpunkt hier maßgeblich sein soll, der Zeitpunkt, in dem die haftungsauslösende Pflicht entsteht. Dabei genügte die sog. abstrakte Polizeipflicht nicht, eine solche Rechtspflicht zu begründen. Anders verhält es sich mit der jetzt ausdrücklich geregelten Sanierungspflicht nach § 4 III BBodSchG. Sobald diese entsteht, kann die Haftung nicht mehr beschränkt werden[150]. Änderungen der Grundstücksgröße und der Zugehörigkeit zum „Haf-

148 So *Papier*, JZ 1994, 810 (817) m.w.N.; *Sparwasser/Geißler*, DVBl 1995, 1317 (1323 f.); *Sparwasser*, Anwaltshandbuch, Rn. 22/312; kritisch auch *Schink*, DÖV 1995, 213 (224); *Bickel*, BBodSchG, § 4 Rn. 28; *Kahl*, Die Verwaltung, Bd. 33 (2000), 29 (69 f.) m.w.N.

149 „Auch dann, wenn und soweit Risikoumstände beim Erwerb eines Grundstücks oder bei der Nutzungsgewährung an Dritte zwar erkennbar waren oder im Verlauf der Nutzung hätten erkannt werden können, der Eigentümer aber in fahrlässiger Weise die Augen davor geschlossen hat, kann dies dazu führen, daß eine Kostenbelastung über die Höhe des Verkehrswerts hinaus zumutbar ist. Für die Beurteilung der Zumutbarkeit kann der Grad der Fahrlässigkeit erheblich sein …".

150 Auch hier stellt sich die **Rückwirkungsfrage**: Für die Zeit vor Inkrafttreten des Gesetzes (1.3.1999) kann von einer entsprechenden Handlungspflicht nur ausgegangen werden, wenn sich dies bereits aus Landes- oder wenigstens Polizeirecht ergab – das heißt aber auch wieder: konkret genug ergab; u.E. reichen dafür sog. abstrakte Polizeipflichten nicht aus; dazu *Kahl*, Die Verwaltung, Bd. 33 (2000), 29 (37 f.) m.w.N.; *Sparwasser/Geißler*, DVBl. 1995, 1317 (1322) m.w.N.

tungsverband" sind danach für den Haftungsumfang unerheblich. Wer vor diesem Zeitpunkt der Entstehung der Sanierungspflicht sein Grundstück teilt, handelt nicht rechtswidrig. Seine – grundstücksbezogene – Haftung beschränkt sich auf das ihm verbliebene belastete Grundstück. Eine *„nachwirkende Zustandsstörerhaftung"* (für den abgetrennten, unbelasteten Teil) bedarf einer *ausdrücklichen Verpflichtung* durch das Gesetz. Und die enthält das BBodSchG allenfalls in § 4 VI (dazu oben Rn. 7/104, 107). – Anderes gilt wohl für die *Vergrößerung* des Grundstücks. Der Haftungsumfang ist nicht auf die Grundstücksgröße im Zeitpunkt der Kontamination „eingefroren". Auch nach Entstehen der Sanierungspflicht kann sich mit der Grundstücksgröße auch der Haftungsumfang vergrößern. – Die Fragen dürften mit der Figur der „funktionalen Einheit" (Rn. 7/208) freilich an Bedeutung verlieren, weil, was abgetrennt wird, noch lange nicht aus der funktionalen Einheit fällt. – Entsprechendes wird für *Wertänderungen* zu gelten haben[151].

dd) Als Ergebnis ist festzustellen: Der **Umfang der Haftung des Eigentümers, erst recht des bloßen Inhabers der tatsächlichen Gewalt** ist auch im neuen Recht nicht befriedigend geregelt – und mußte einen Ersatzgesetzgeber auf den Plan rufen. Nach bisher wohl überwiegender Meinung haftet der Eigentümer als Zustandsstörer unbeschränkt mit seinem gesamten Vermögen. Korrekturen erfolgten aus *Billigkeitserwägungen.* Bei „gutgläubig unbelastetem" Erwerb erfolgte danach eine Beschränkung der Eigentümerhaftung auf den Verkehrswert der Gefahrenquelle. Da das Bundesrecht wohl auch hier Sperrwirkung gegenüber bestehendem Landesrecht entfaltet[152], konnte die Reparatur nur noch durch das BVerfG erfolgen. Diese überfällige Entscheidung liegt jetzt vor: **212**

Danach haftet der Eigentümer oder Inhaber der tatsächlichen Gewalt aufgrund der Sozialpflichtigkeit des Eigentums und unter Berücksichtigung des sozialen Bezugs des betroffenen Grundstücks. Die Haftung beschränkt sich grundsätzlich auf die *Gefahrenquelle selbst*, und zwar mit ihrem *Verkehrswert nach der Sanierung*[153]. – Diese Schutzwürdigkeit des Eigentümers wird aber durch freiwillig übernommenes Risiko gemindert und erst recht durch daraus gezogenen Gewinn. – Nach der Entscheidung des BVerfG dürften wohl sehr differenzierende Lösungen gefordert sein: „Die uneingeschränkte und unbedingte Gleichsetzung des Handelns in „vorwerfbarer" Unkenntnis des Risikos mit dem Handeln in positiver Kenntnis trägt dem verfassungsrechtlichen Erfordernis eines in jeder Hinsicht gerechten und verhältnismäßigen Ausgleichs (!) zwischen den schutzwürdigen Interessen des Eigentümers und den Belangen des Gemeinwohls nicht in vollem Umfang Rechnung. Eine unterschiedslose Gleichsetzung beider Verhaltensweisen verbietet sich insbesondere deshalb, weil die Schutzwürdigkeit der vom Eigentümer erworbenen oder überlassenen Position in unterschiedlichem Ausmaß gemindert sein kann." (BVerfG, Rn. 61). **213**

151 Wertminderungen nach dem Entstehen der Sanierungspflicht sind haftungsmindernd nicht mehr zu berücksichtigen, Werterhöhungen aber doch, s. a *Sparwasser/Geißler*, DVBl. 1995, 1317 (1322 f.) m.w.N.

152 *Ewer*, in: *Landmann/Rohmer*, Umweltrecht, Band III, BBodSchG, Vorb. Rn. 191 m.w.N.

153 Ausführlich zum ganzen *Sparwasser/Geißler*, DVBl. 1995, 1319 (1320); s.a. *Sparwasser*, Aktuelle Rechtsfragen des Grundwasserschutzes, in: *Beudt* (Hrsg.), Grundwassermanagement, 1997, S. 39 f.; in diesem Sinne wohl auch *Kahl*, Die Verwaltung, Bd. 33 (2000), 29 (37 f.) m.w.N.

Beispiel: Wer sein Grundstück zum Betrieb einer Deponie oder zur Lagerung wassergefährdender Stoffe teuer verpachtet, kann sich auf die Unzumutbarkeit der Sanierungshaftung kaum berufen. Entsprechendes gilt für den Käufer eines altlastenverdächtigen Grundstücks im Umfang der Vorhersehbarkeit der Sanierungskosten, erst recht, wenn er es wegen der Belastung billiger erworben hat.

214 ee) Für *Erkundungsmaßnahmen* haften der Eigentümer und der Inhaber der tatsächlichen Gewalt im Rahmen der Gefahrenabwehr nur insoweit, als die Maßnahme – auch in seinem Interesse – erforderlich ist, um den Sanierungsbedarf festzulegen.

c) Gesamtrechtsnachfolger, § 4 III 1 BBodSchG

215 aa) Richtigerweise geht bei der Verhaltensverantwortlichkeit eine bloß abstrakte, noch durch keine Verfügung konkretisierte Polizeipflicht nicht auf den Gesamtrechtsnachfolger über[154]. Folgerichtig war die Rechtsnachfolge von einer ausdrücklichen gesetzlichen Bestimmung abhängig zu machen. Eine solche **ausdrückliche Regelung der Haftung des Gesamtrechtsnachfolgers** enthält das BBodSchG jetzt: Nach **§ 4 III 1 BBodSchG** haftet der **Gesamtrechtsnachfolger** des Verursachers[155] (vgl. §§ 1922, 1967 BGB: Erbschaft; § 25 HGB: Firmenübernahme; §§ 346 III, 353 V, 359 II AktG: Verschmelzung; § 5 UmwG: Umwandlung; §§ 1347 ff. BGB: Gütergemeinschaft)[156].

216 Geklärt ist inzwischen, daß die Sanierungspflicht nicht höchstpersönlich und deshalb rechtsnachfolgefähig ist[157].

Beispiel: Ein Erblasser hat das Nachbargrundstück mit Unrat belastet. Sein Rechtsnachfolger soll auf Unterlassung in Anspruch genommen werden sowie auch auf Beseitigung. Hier wird die Verpflichtung zur **Unterlassung** des Rechtsnachfolgers verneint, weil diese höchstpersönlich sei; ein Unterlassungsanspruch setzt nämlich eine Wiederholungsgefahr voraus, die von dem verstorbenen Erblasser aber nicht mehr ausgeht. Hingegen soll die **Beseitigung** vom Erben verlangt werden können, weil diese Handlung vertretbar sei.

217 Da der Gesetzgeber eine zeitliche Einschränkung nicht getroffen hat, geht er offenbar davon aus, daß das grundsätzliche **Verbot echter Rückwirkung** (= Rückbewirkung von Rechtsfolgen) hier nicht greift, die getroffenen Haftungsanordnungen also nur die bisherige Rechtslage bestätigen. Davon kann keine Rede sein: Die Frage der Rechsnachfolgefähigkeit einer abstrakten, d.h. noch durch keine polizeiliche Verfügung konkretisierten Polizeipflicht im Wege der Gesamtrechtsnachfolge war umstritten[158] und ist u.E. zu verneinen, wenn die Haftung nicht schon durch das Gesetz selbst ausreichend bestimmt ist, wozu sog. materielle Polizeipflichten

154 Zum Meinungsstand *Kahl*, Die Verwaltung, Bd. 33 (2000), 29 (43) m.w.N.; *Würtenberger/Heckmann/Riggert*, Polizeirecht, Rn. 313; *Trurnit*, Die Altlastenhaftung des Rechtsnachfolgers, 1998, S. 39 ff. m.w.N.

155 Beim Handlungsstörer stellt sich die Frage der Haftung des Rechtsnachfolgers nicht. Die Zustandsverantwortlichkeit ist nämlich an das Eigentum am Grundstück bzw. die Sachherrschaft gekoppelt und geht – bzw. ging (Rn. 7/224 ff.) – mit der Übertragung beim Voreigentümer unter und entsteht bei dem Erwerber neu. Daher ist der „Rechtsnachfolger" des Zustandsstörers seinerseits originär zustandsverantwortlich.

156 Dazu *Becker*, DVBl. 1999, 134 (135 ff.)

157 *Kahl*, Die Verwaltung, Bd. 33 (2000), 29 (Fn. 69 f.) m.w.N.

158 Dazu die Nachw. in Fn. 156.

eben nicht ausreichen[159]. Dann aber legte der Gesetzgeber der ausdrücklichen Anordnung in § 4 III BBodSchG zu Unrecht Rückwirkung bei, es sei denn, aus dem schon bisher anwendbaren Landesrecht ergäbe sich anderes[160]. Einen Übergang der Verhaltensverantwortlichkeit kraft Gesamtrechtsnachfolge sahen einige Landesgesetze – aber eben auch erst seit ihrem Inkrafttreten zulässigerweise – ausdrücklich vor[161]. Wo und insoweit wie dies nicht der Fall war, ist die Gesamtrechtsnachfolge der Verursachers *verfassungskonform einschränkend auszulegen*[162].

bb) Ob die Haftung des Gesamtrechtsnachfolgers dem Umfang nach auf den Wert des übergegangenen Vermögens **beschränkt** ist, ist umstritten, ebenso die Beschränkung der Dauer nach[163]. Wenn die Erbenhaftung weiter reicht, als die Erbschaft reichen würde, hat der Erbe die Möglichkeit, innerhalb der Frist des § 1944 I BGB (6 Wochen) die Erbschaft auszuschlagen. **218**

cc) Nach der ausdrücklichen Regelung der Rechtsnachfolge nur für den Gesamtrechtsnachfolger im BBodSchG stellt sich die Frage, was zur **Einzelrechtsnachfolge** gelten soll. Richtigerweise ist die Einzelrechtsnachfolge von einer ausdrücklichen gesetzlichen Anordnung abhängig[164]. Das BBodSchG entfaltet hier **keine Sperrwirkung**[165], weil es eine abschließende Regelung offenbar nicht beabsichtigt. **219**

dd) Eine besondere Fallgruppe bildet die der **Funktionsnachfolge**. Durch EinigVtr Art. 21 I ist den Bundesländern mit der Verwaltungskompetenz auch das Verwaltungsvermögen bezüglich der Abfallentsorgungsanlagen zugeordnet worden, so daß nicht von einer Rechtsnachfolge **der Gemeinden** gesprochen werden kann. Deshalb wurde unter dem Stichwort der Funktionsnachfolge erörtert, ob aus diesem Gesichtspunkt eine Haftung der in den neuen Bundesländern entstandenen Gemeinden für die Sanierung von Abfalldeponien abgeleitet werden kann. Aufgrund der rechtlichen und tatsächlich Stellung der ehemaligen Räte der Gemeinden in der DDR sind diese lediglich vollziehende Organe im Rahmen des Systems des „demokratischen Zentralismus“ gewesen und haben keine den heutigen Gemeinden vergleichbare Funktion ausgeübt. Im Ergebnis wurde die Haftung der Gemeinden verneint und damit die Verantwortung den jeweiligen Eigentümern aufgebürdet[166]. **220**

d) Durchgriffsverantwortlichkeit, § 4 III 4 1. Hs. BBodSchG

Nach **§ 4 III 4 1. Hs. BBodSchG** ist **sanierungspflichtig** auch derjenige, der **aus handels- oder gesellschaftsrechtlichem Grund** für eine juristische Person einzustehen hat, der ein sanierungsbedürftiges Grundstück gehört. Dies betrifft vor allem die **221**

159 Dazu schon *Sparwasser/Geißler*, DVBl. 1995, 1319 (1322) m.w.N.
160 Dazu *Bickel*, BBodSchG, § 4 Rn. 29; *Kahl*, Die Verwaltung, Bd. 33 (2000), 29 (43, 47) m.w.N.
161 Dazu die Nachw. bei *Kahl*, Die Verwaltung, Bd. 33 (2000), 29 (Fn. 66) m.w.N. (Bayern, Berlin, Hessen, Thüringen, Hamburg).
162 Ebenso *Kahl*, Die Verwaltung, Bd. 33 (2000), 29 (47 f.); *Papier*, DVBl. 1996, 125 (133).
163 Nachweise bei *Kahl*, Die Verwaltung, Bd. 33 (2000), 29 (40 f.).
164 *Sparwasser/Geißler*, DVBl. 1995, 1317 (1323); ebenso *Papier*, DVBl. 1996, 125 (126); *Würtenberger* (Fn. 128), § 21 Rn. 215 m.w.N.; Beispiele bei *Kahl*, Die Verwaltung, Bd. 33 (2000), 29 (Fn. 68).
165 Dazu *Ewer*, in: *Landmann/Rohmer*, Umweltrecht, Band III, BBodSchG, Vorb. Rn. 190 f. m.w.N.
166 VG Gera, ZUR 1997, 94; dazu *Schoeneck*, ZUR 1997, 97; *Kothe*, LKV 1997, 73; zur Rechtsnachfolge aber auch VG Meiningen, ThürVBl. 1998, 69.

Tatbestände der §§ 25 und 27 HGB und solche Fälle, in denen die Rechtsprechung bei groben Verstößen der Gesellschafter gegen Treu und Glauben einen Durchgriff der Gesellschaftsgläubiger unmittelbar auf die Gesellschafter zuläßt oder bei einem Mißbrauch der Beherrschungsmöglichkeiten innerhalb eines Konzerns einer gesellschaftsrechtlichen Haftungsbeschränkung die rechtliche Wirkung versagt[167]. Die Regelung ist „ordnungsrechtliches Neuland"[168] und wirft aufgrund zahlreicher dogmatischer Streitfragen zur Durchgriffshaftung sicher erhebliche Vollzugsprobleme auf[169].

e) Derelinquent, § 4 III 4 2. Hs. BBodSchG

222 aa) Einzelne spektakuläre Fälle (ver-)führten dazu, auch eine Haftung des sein Grundstück „aufgebenden" **Eigentümers (Derelinquent)** einzuführen, obwohl dies dogmatisch bisher kaum zu verorten war. Ein Eigentumsverlust kann zwar auch auf Übertragungakten wie Verkauf, Schenkung und Einbringung in eine Gesellschaft beruhen[170]; § 4 III 4 2. Hs. gilt aber nur für *Dereliktionsfälle* nach § 928 BGB, weil es sonst des § 4 VI BBodSchG nicht bedürfte[171]. Die Regelung ist im Grundsatz zu begrüßen. Sie ist aber mit Rücksicht auf das *Rückwirkungsverbot* doppelt *einzuschränken*

- erstens auf Fälle der Aufgabe erst nach dem 1.3.1999, also dem Zeitpunkt des Inkrafttretens des Gesetzes, und
- zweitens – entsprechend den Regelungen der meisten Landesgesetze – auf Fälle fortbestehender Herrenlosigkeit des Grundstücks; d.h. diese Haftung entfällt, wenn sich der Staat das Grundstück aneignet oder gar auf einen Dritten überträgt[172].

223 Zwar wird zur **Dereliktion** der Gefahrenquelle durch den Eigentümer die Ansicht vertreten, diese sei grundsätzlich unzulässig oder sittenwidrig[173] und befreie ihn nicht von der Haftung[174]. Dann läge wenigstens insoweit ein Rückwirkungsfall gar nicht vor. Das Dereliktionsverbot bzw. – wohl richtiger – die Weiterhaftung nach Eigentumsaufgabe gab es nach zutref-

167 Vgl. nur BGHZ 122, 123; im Falle des objektiven Mißbrauchs der Gesellschafterstellung ohne Rücksichtnahme auf die Belange der abhängigen Gesellschaft (qualifizierter Konzern) ist das herrschende Unternehmen zum Ausgleich der Verluste der abhängigen Gesellschaft verpflichtet. – Dazu *Vierhaus*, NJW 1998, 1262 (1265 f.); *Knopp/Albrecht*, BB 1998, 1853 (1856 f.); *Kobes*, NVwZ 1998, 786 (790).

168 *Kobes*, NVwZ 1998, 786 (790).

169 *Sparwasser*, Anwaltshandbuch, Rn. 23/328; *Kahl*, Die Verwaltung, Bd. 33 (2000), 29 (49 f.) m.w.N.

170 Darauf verweist *Bickel*, BBodSchG, § 4 Rn. 59.

171 *Sanden/Schoeneck*, BBodSchG, § 4 Rn. 45; *Kahl*, Die Verwaltung, Bd. 33 (2000), 29 (53).

172 So zutreffend *Kahl*, Die Verwaltung, Bd. 33 (2000), 29 (54).

173 VGH BW, UPR 1998, 397 (Hauptsacheverfahren); kritisch dazu *Bickel*, BBodSchG, § 4 Rn. 50.

174 So wird in der Literatur das Ende der Zustandsstörerhaftung mit Eigentumsaufgabe vielfach abgelehnt, vgl. *Denninger*, in: *Lisken/Denninger*, Handbuch des Polizeirechts, 1992, S. 144 Rn. 92, mit der Begründung, daß eine andere Lösung „sehr bald zu ökologisch unerträglichen Zuständen führen" müßte, was wohl kaum ausreicht und zugleich damit entkräftet wird, daß in solchen Fällen in der Regel eine Handlungsverantwortlichkeit begründet sein wird; wie hier *Würtenberger/Heckmann/Riggert*, Polizeirecht, Rn. 608. S.a. Ziff. 45 der Beschlüsse des 60. DJT, NJW 1994, 3077: Danach sollte der Eigentümer zumindest dann, wenn es ihm wirtschaftlich nicht möglich oder zumutbar ist, die Kosten einer Altlastensanierung zu tragen, das Recht haben, die Übernahme des Grundstücks durch die Körperschaft, der die Ordnungsbehörde angehört, zu verlangen.

fender Auffassung **ohne ausdrückliche gesetzliche Anordnung** aber wohl **nicht**[175]. Dann liegt vorbehaltlich – ihrerseits gültiger[176] – landesrechtlicher Regelungen in der Tat ein Rückwirkungsfall vor. Deshalb sind auch frühere landesgesetzliche Regelungen mitzubedenken, die die Fortdauer der Haftung des Alteigentümers anordnen[177].

f) Früherer Eigentümer nach Übertragung, § 4 VI BBodSchG

Nach § 4 VI ist auch der **frühere Eigentümer** eines Grundstücks zur Sanierung verpflichtet, wenn er sein Eigentum nach dem 1.3.1999 übertragen hat und die schädliche Bodenveränderung oder Altlast hierbei kannte oder kennen mußte, außer er hat darauf vertraut, daß schädliche Bodenveränderungen oder Altlasten nicht vorhanden sind, und sein Vertrauen ist schutzwürdig. Auch mit dieser – besonders umstrittenen[178] – Regelung antwortet der Gesetzgeber wie schon bei der Dereliktion auf Mißbrauchsfälle und die Bemühungen zu ihrer Lösung in der Rechtsprechung, die sich mit den Figuren des Scheingeschäfts und des sittenwidrigen und damit nichtigen Rechtsgeschäfts (§ 138 BGB) beholfen hatte[179]. **224**

Beispiel: Der Eigentümer eines belasteten Grundstücks versucht, sich der Haftung zu entziehen, indem er speziell für die Abwicklung seines Risikokaufs eine mit einem Stammkapital von 50 000,– SFr versehene und ansonsten mittellose Schweizer AG gründet; ein Insolvenzverfahrensantrag ist nach Schweizer Recht nicht möglich, und öffentlich-rechtliche Forderungen, die in Deutschland entstanden sind, sind in der Schweiz nicht beitreibbar. – Noch weniger elegant soll es auch schon zu Verkäufen bestimmter ostdeutscher Grundstücke an erstens mittellose und zweitens hinreichend schwer auffindbare Ausländer gekommen sein[180].

§ 4 VI 2 BBodSchG nimmt von dieser neuen Haftung immerhin denjenigen aus, der das Grundstück gutgläubig erworben hat und dabei schutzwürdig ist. Nur hier hat sich also noch etwas von der **Opferposition** erhalten, die sonst mit § 25 II BBodSchG-E aus dem Gesetz gestrichen wurde. U.E. begegnet die Anknüpfung der Sanierungspflicht des Veraußerers an Kenntnis oder Kennenmüssen auch hier wieder grundsätzlichen Bedenken[181]. **225**

Darüber hinaus begegnet die Verpflichtung des früheren Eigentümers **verfassungsrechtlichen** Bedenken. Mag man in Dereliktionsfällen einen Zurechnungsgrund für **226**

175 Ebenso VGH BW, VBlBW NVwZ 1996, 1036 (1037); *Würtenberger/Heckmann/Riggert*, Polizeirecht, Rn. 608.

176 Auch hier stellt sich nämlich die *Rückwirkungs-* und darüber hinaus die *Kompetenzfrage*, dazu *Quack* in: Münchener Kommentar, BGB, Bd. IV, 3. Aufl. 1997, § 959 Rn. 14 f., mit dem Hinweis auf die kompetenzrechtliche Problematik landesrechtlicher Regelungen zur Dereliktion.

177 § 21 I Nr. 5 und 6 AbfAlG Hbg.; § 20 I Nr. 5 ThAbfAG und kritisch dazu *Papier*, JZ 1994, 810 (817); § 12 I Ziff. 6 HAltlG und kritisch *Papier*, DVBl. 1996, 125. Ausführlich *Bickel*, BBodSchG, § 4 Rn. 47.

178 Zur Kritik *Kahl*, Die Verwaltung, Bd. 33 (2000), 29 (55 ff.) m.w.N.; *Spieth/Wolfers*, NVwZ 1999, 355 (356 f.). – Das gleiche Ergebnis hätte man wohl auch erreicht, indem man die Fortdauer der Kostentragungspflicht anordnet, so bspw. § 6 V 5 KAG SH für die Gebühren der Beseitigung verbotswidrig abgelagerter Abfälle.

179 Dazu VGH BW, UPR 1998, 397 f. m.w.N.; anders noch im Eilverfahren NVwZ 1996, 1036 ff.

180 Zu diesen Fällen *Sparwasser/Geißler*, DVBl. 1995, 1317 (1322, Fn. 46 m.w.N.).

181 S.o. Fn. 150; ebenso *Bickel*, BBodSchG, § 4 Rn. 47; *Kahl*, Die Verwaltung, Bd. 33 (2000), 29 (69).

den Fortbestand der Eigentümersanierungspflicht grundsätzlich noch sehen, ist ein solcher jedenfalls in solchen Übereignungsfällen kaum zu bejahen, in denen ein neuer Eigentümer an die Stelle des alten tritt[182]. Erst recht in Verbindung mit dem Fehlen von Verjährungsregelungen (dazu unten Rn. 7/231) führt der Fortbestand der Haftung hier zu einer **„Ewigkeitshaftung“**[183] desjenigen, der irgendwann einmal Eigentümer eines belasteten Grundstücks war. Eine solche nur fiskalisch begründete Ewigkeitshaftung von Voreigentümern, die bloß Zustandsstörer waren, stellt nach Meinung mancher einen mit Art. 14 I, II GG nicht vereinbaren Eingriff in die Eigentumsfreiheit dar[184]. Andererseits muß man auch sehen, daß diese „Ewigkeitshaftung“ ihrerseits erheblichen Einschränkungen unterworfen ist (Erfordernis der „Bösgläubigkeit“ bei Erwerb und Verkauf) und daß anders als früher aufgrund der ausdrücklichen Regelung des § 4 III BBodSchG die Sanierungspflicht des Eigentümers nicht nur latent oder über die zweifelhafte Figur der materiellen Polizeipflicht zu konstruieren, sondern unmittelbar gesetzlich angeordnet ist; insofern handelt es sich auch gar nicht um einen Fall der „bloß verlängerten“ Zustandsverantwortlichkeit, sondern knüpft an ein *Verhalten* an, nämlich das Unterlassen der Sanierung der Altlast[185]. Dem Unterschied gegenüber der Haftung aufgrund der Kontamination selbst[186] ist u.E. durch Beschränkung auf den *Gegenstandswert*, jedenfalls aber im Rahmen von *Verhältnismäßigkeitsüberlegungen* Rechnung zu tragen. Dabei ist nach Art des § 303 III 1 UGB-BT eine Einschränkung auf solche Bodenbelastungen zu erwägen, die auch während der Zeit der Eigentümerstellung entstanden sind[187], womit dann wieder an die Sachherrschaft angeknüpft wäre, oder gar auf die Fälle, in denen der Eigentümer auch Nutzungsvorteile gezogen hat[188].

2. Auswahl unter mehreren Verantwortlichen

227 a) Gibt es mehrere Sanierungsverantwortliche, so steht der zuständigen Behörde weiterhin ein **Auswahlermessen** zu[189]. Das BBodSchG enthält sich auch ermessensleitender Bestimmungen[190]. Zur unmittelbaren Gefahrenbeseitigung wird die Behörde daher – weiterhin – denjenigen Verantwortlichen heranziehen, dessen Auswahl

182 Zu diesem Zusammenhang *Kahl*, Die Verwaltung, Bd. 33 (2000), 29 (54).

183 So *Würtenberger/Heckmann/Riggert*, Polizeirecht, Rn. 610; ebenso kritisch *Kahl*, Die Verwaltung, Bd. 33 (2000), 29 (39, 69 f.) m.w.N.

184 *Würtenberger/Heckmann/Riggert*, Polizeirecht, Rn. 610; *Kahl*, Die Verwaltung, Bd. 33 (2000), 29 (74); s.a. *Kobes*, NVwZ 1998, 786 (790); *Becker*, DVBl. 1999, 134 (136 f.). – Ebenso *Papier*, DVBl. 1996, 125, und *Bickel*, BBodSchG, § 4 Rn. 47 a.E. schon zu § 12 HAltlG.

185 Dazu *Drews/Wacke/Vogel/Martens* (Fn. 128), S. 328; *Breuer*, DVBl. 1994, 890 (900).

186 Kritisch zurecht VGH BW, VBlBW 1995, 486; s. aber a. die Hauptsacheentscheidung UPR 1998, 397 f.

187 *Breuer*, DVBl. 1994, 890 (900).

188 Dazu VGH BW, NVwZ 1996, 1036 ff. (Eilverfahren).

189 *Vierhaus*, NJW 1998, 1262 (1266); zu den vertraglichen Altlastenregelungen zwischen mehreren Sanierungsverantwortlichen *Knopp*, NJW 2000, 905 ff.

190 Dagegen widmet der Professorenentwurf der Auswahlentscheidung eine eigene, dem Problem angemessene und sorgfältig differenzierende Bestimmung (§ 304 UGB-BT).

der schnellen und wirksamen Gefahrenbeseitigung am besten dient[191]. Dies ist in der Regel der leicht greifbare und zahlungsfähige Eigentümer, u.U. aber auch einer von mehreren Verursachern[192].

Beispiel: Fest steht, daß ein bestimmtes Grundstück umgehend zu sanieren ist, nachdem die Behörde bereits teure Gutachten über Sanierungsbedarf und -art eingeholt hat. Sie überlegt nun, gegen wen sie ihre Verfügung – erstens auf Vornahme der sofort erforderlichen Handlungen, zweitens auf Kostenersatz für ihre bisherigen Aufwendungen – richten soll: In Betracht kommen der derzeitige Grundstückseigentümer, der solvent ist, ein früherer Betriebsinhaber, der mit Sicherheit die Verschmutzungen zu vertreten, aber auch kein Vermögen mehr hat, sowie ein heute noch zahlungskräftiger Inhaber.

Unter Effizienzgesichtspunkten wird in der Regel zunächst der Eigentümer herangezogen. Nur wenn eine lupenreine Beweiskette zum Verursacher führt, nimmt die Behörde vorrangig diesen in Anspruch, und auch dies nur unter der Voraussetzung, daß eine ausreichende Liquidität gewährleistet ist. **228**

b) Soweit es aber um bloße **Kostenverteilung** oder vergleichbare, nicht eilbedürftige Maßnahmen geht, kommt dem Gedanken der Gleichbehandlung und dem daraus abgeleiteten **Prinzip der Lastengerechtigkeit** größere Bedeutung zu. Es wird daher hier oft allein ermessensfehlerfrei sein, statt des Eigentümers den Verursacher in Anspruch zu nehmen[193]. Der Reihenfolge des § 4 III BBodSchG kommt damit doch noch die Bedeutung einer *Rangfolge* für die Inanspruchnahme zu. Die Verantwortung für die Gefahrenabwehr einerseits und für die Kostentragung andererseits können dabei auseinanderfallen. **229**

c) Ein Teil der landesrechtlichen Regelungen[194] beschränkte sich darauf, im Zusammenhang mit der **Auswahl unter mehreren Pflichtigen** ausdrücklich das Verhältnismäßigkeitsgebot anzusprechen, zum Teil gibt es aber auch ausdrückliche Vorrangbestimmungen. Hier wird das BBodSchG trotz seines Schweigens **Sperrwirkung**[195] gegenüber abweichendem Landesrecht entfalten, dieses also entsprechende Bestimmungen streichen müssen. Im Ergebnis wird sich damit aber kaum etwas verändern. **230**

3. Verjährung

Erst in letzter Zeit wieder verstärkt diskutiert wird die Verjährung der Sanierungsverantwortlichkeit[196]. Auch insoweit enthält sich das BBodSchG einer Stellungnahme. **231**

191 Vgl. VGH Kassel, NVwZ 1992, 1101 (1102 f.); *Drews/Wacke/Vogel/Martens* (Fn. 128), 304 f. m.w.N.; *Würtenberger/Heckmann/Riggert*, Polizeirecht, Rn. 605.

192 VGH BW, NVwZ-RR 1994, 565 (568): Gleichrangigkeit von Handlungs- und Zustandsstörer. Selbst die alleinige Heranziehung *desjenigen* Verursachers, der den geringeren Verursachungsbeitrag geleistet hat, zur gesamten Sanierung sei grundsätzlich nicht zu beanstanden, VGH BW, NVwZ-RR 1994, 565 (567 f.).

193 *Giesberts*, Die gerechte Lastenverteilung unter mehreren Störern, 1990.

194 Vgl. zum Ausgleich zwischen mehreren Sanierungsverantwortlichen nach Landesabfallrecht in Hess., Thür. und Rh.-Pf. *Herbert*, NVwZ 1994, 1061.

195 Dazu *Ewer*, in: *Landmann/Rohmer*, Umweltrecht, Band III, BBodSchG, Vorb. Rn. 190 f. m.w.N.

196 *Martensen*, NVwZ 1997, 442. Aus der Rspr. – die Frage offen lassend – VG Köln, NVwZ 1994, 927 (930).

Nach h.M. unterliegt die öffentlich-rechtliche Haftung für die Altlastensanierung **keiner Verjährung**. Wohl nur in Extremfällen kommt eine zeitliche Einschränkung unter dem Gesichtspunkt der Verhältnismäßigkeit in Betracht. Ein Teil der Literatur plädierte für die entsprechende Anwendung des § 195 BGB[197]. Nach der Rechtsprechung unterliegen Sanierungsansprüche deshalb nicht der Verjährung, weil es sich nicht um vermögensrechtliche Ansprüche handelt, sondern um Handlungspflichten, für die § 195 BGB nicht gelte[198].

4. Rückgriffsmöglichkeiten

232 a) Entsprechend vielen rechtspolitischen Forderungen[199] und manchen Landesgesetzen[200] bestimmt § 24 II 1 BBodSchG jetzt ausdrücklich einen *Ausgleichsanspruch* mehrerer Verpflichteter untereinander, womit kompetenzrechtliche Bedenken, wie sie gegen entsprechende Landesgesetze erhoben wurden, ausgeräumt sind. Kraft ausdrücklicher Verweisung in § 24 II 2 2. Hs. BBodSchG gilt jetzt der bürgerlich-rechtliche Ausgleichsanspruch nach § 426 I 2 BGB[201]. Die Gesamtschuldner sind sich aber nicht wie nach BGB „zu gleichen Anteilen“ verpflichtet, sondern nach dem Grad der Gefahren- oder Schadensverursachung, § 24 II 2 1. Hs. BBodSchG. Insbesondere kann danach der Zustandsstörer beim Handlungsstörer Rückgriff nehmen[202]. Vertragliche Vereinbarungen gehen dieser gesetzlichen Bestimmung vor, § 24 II 2 1. Hs. BBodSchG[202a].

233 b) Das Fehlen ausdrücklicher, für das Innenverhältnis zwischen mehreren Störern maßgeblicher öffentlich-rechtlicher Ausgleichsregelungen sowie die Rechtsprechung, der zufolge in den hier in Rede stehenden Fällen die bürgerlich-rechtlichen Ausgleichsregelungen beim Bestehen einer Gesamtschuld (§ 426 BGB) weder unmittelbar noch analog anwendbar sind, führten zu dem befremdlichen Ergebnis, daß der auf die Zahlung der Sanierungskosten in Anspruch genommene Zustandsstörer nach der Rechtsprechung *keinen Rückgriffsanspruch* gegen einen Verursacher, der in Anspruch genommene Verhaltensstörer *keinen Rückgriffsanspruch* gegen einen Mitverursacher hatte (außer im Falle vertraglicher oder deliktischer bzw. quasideliktischer Anspruchsgrundlagen)[203]. Auch wurden Aufwendungs- und Ersatzansprü-

---

197 *Ossenbühl*, Zur Haftung des Gesamtrechtsnachfolgers für Altlasten, S. 74 ff.; *ders.*, NVwZ 1995, 547 (548 f.); *Würtenberger/Heckmann/Riggert*, Polizeirecht, Rn. 620 f. m.w.N. – Auch noch nach Inkrafttreten des BBodSchG *Kahl*, Die Verwaltung, Bd. 33 (2000), 29 (39) m.w.N.

198 OVG NW, NVwZ 1997, 507 (511); VGH BW, NVwZ-RR 1996, 387; VGH BW, VBlBW 1997, 110.

199 So sprach sich die Abteilung Umweltrecht des DJT auf ihrer Tagung 1994 mit großer Mehrheit dafür aus, daß das Gesetz einen internen Ausgleich zwischen mehreren Verantwortlichen anordne (64:1:4), und zwar nach Maßgabe der Verantwortlichkeit, wobei der Zustandsstörer vom Handlungsstörer vollständigen Ausgleich verlangen können solle, NJW 1994, 1076 (1078).

200 § 10 III 3 BodSchG BW, § 12 II 4 HAltlG, § 25 LAbfWAG RP, § 10 V 2 EGAB Sachsen, § 20 I 4, 5 ThAbfAG, und insgesamt dazu *Herbert*, NVwZ 1994, 1061. Da es sich hier wohl um einen zivilrechtlichen Ausgleichsanspruch handelt, war die Gesetzgebungskompetenz des Landesgesetzgebers nicht unproblematisch, vgl. Art. 72 I, 74 I Nr. 1 GG. Zu Einzelheiten *Körner/Vierhaus*, LKV 1996, 345 (349 f.); *Oerder*, NVwZ 1992, 1031 (1038); *Kohler-Gehrig*, NVwZ 1992, 1049. Siehe auch *Clemens*, Steuerprozesse zwischen Privatpersonen, 1980.

201 Näher *Schlette*, VerwArch. 2000, 1 ff.

202 Wohl nie umgekehrt, *Vierhaus*, NJW 1998, 1262 (1267); *Pützenbacher*, NJW 1999, 1137 (1140).

202a Dazu *Knopp*, NJW 2000, 905 ff.

203 Vgl. BGH NJW 1981, 2457 (2458); BGHZ 98, 235; BGHZ 110, 313; im Ergebnis ebenso *Papier*, Altlasten und polizeiliche Störerhaftung, 1985, S. 73 f.; *Boujong*, UPR 1987, 81 (85); *Schwachheim*, NVwZ 1988, 225 m.w.N.

che aus Geschäftsführung ohne Auftrag nach §§ 677 ff. BGB verneint, weil ein von der Behörde herangezogener Störer kein Geschäft des nicht herangezogenen Mitstörers geführt habe[204]. Ebenso wurden bereicherungsrechtliche Ausgleichsansprüche nach §§ 812 ff. BGB abgelehnt[205].

c) Die Einführung des Gesamtschuldnerausgleichs bedeutet dagegen **keine Ausdehnung** der Haftung[206]. Der Sache nach handelt es sich um eine Rechtsfolgenverweisung. Die Neuerung beschränkt sich auf das Verhältnis der Pflichtigen untereinander und erweitert nicht die Zugriffsmöglichkeit der Behörde gegen Pflichtige[207]. Bei einem komplexen Schaden mit mehreren Verursachern kann daher der Verursacher nach Beseitigung seines Schadensbeitrags die Sanierung beenden und den fremden Restschaden seinem Schicksal überlassen[208]. Er ist nicht etwa für den Gesamtschaden verantwortlich und auf einen Rückgriff beschränkt. § 24 II BBodSchG regelt also nicht, wann „mehrere“ verpflichtet sind, sondern setzt das Bestehen dieser Pflichten voraus. Nur kann sich natürlich nicht ein Störer durch die Berufung auf einen anderen Störer entlasten. 234

Beispiel: Auf einem Grundstück wurde erst eine Tankstelle, später eine Chemische Reinigung betrieben. CKW- und Mineralölverunreinigungen können nicht getrennt saniert werden. Hier sind „mehrere“ verpflichtet. Jeder kann insgesamt herangezogen werden. Ist aber in diesem Beispiel der Mineralölschaden behoben, der CKW-Schaden jedoch nicht, so ist jetzt nur noch der für den CKW-Schaden Verantwortliche verpflichtet. – Ebenso sind „mehrere“ verpflichtet, wenn sich die Schadensanteile nicht mit Sicherheit voneinander abgrenzen lassen, so bei mehreren einander nachfolgenden Inhabern des gleichen Betriebs, wenn feststeht, daß in jeder Phase ein für sich zur Sanierung verpflichtender Schadensbeitrag geleistet wurde.

d) Der Ausgleichsanspruch **verjährt** nach 3 Jahren, § 24 II 3 BBodSchG[209]. Die Frist beginnt nach der Beitreibung der Kosten, wenn eine Behörde Maßnahmen selbst ausführt. Sonst beginnt sie, wenn der Verpflichtete die ihm aufgegebenen Maßnahmen beendet hat und wenn er von der Person des Ersatzpflichtigen Kenntnis erlangt. Spätestens verjährt der Ausgleichsanspruch aber 30 Jahre nach der Beendigung der Maßnahmen, § 24 II 5 BBodSchG. § 24 II 6 BBodSchG ordnet jetzt ausdrücklich den Rechtsweg zu den ordentlichen Gerichten an. Besonders hinzuweisen ist auf die Gefahr, daß hier **Gewährleistungsfristen** ausgehebelt werden. Dem ist durch entsprechende Vertragsgestaltung Rechnung zu tragen[210]. 235

e) Schließlich stellt sich auch hier wieder die Frage nach der Zulässigkeit einer nachträglichen Anordnung dieser gesamtschuldnerischen Haftung. War die Sanierung vor dem 1.3.1999 abgeschlossen, brauchte der von den Behörden verschonte Sanierungs- 236

204 BGH, NJW 1981, 2457 (2458).

205 BGH, NJW 1981, 2457 (2458); BB 1986, 2289, (2291). Zur Kritik *Koch*, Bodensanierung, S. 69 f., 99 ff.; *Seibert*, DVBl. 1992, 673; für eine analoge Anwendung des § 426 BGB aber *Breuer*, DVBl. 1994, 890 (900).

206 *Bickel*, BBodSchG, § 4 Rn. 15; eine solche Ausdehnung zu Unrecht bejahend *Gerhold*, altlasten-spektrum 1998, 107; *Spieth*, altlasten-spektrum 1998, 75.

207 Ebenso *Bickel*, BBodSchG, § 24 Rn. 6.

208 *Bickel*, BBodSchG, § 4 Rn. 13.

209 Zur Anwendbarkeit bei Mietverhältnissen und zur Konkurrenz mit § 558 BGB (Verjährung nach 6 Monaten) *Kothe*, UPR 1999, 96 (98).

210 Hilfreich dazu *Waechter*, NJW 1997, 2073; *Pützenbacher*, NJW 1999, 1137 (1141).

pflichtige – vorbehaltlich Landesrechts (s. oben) – mit einem Rückgriff des in Anspruch Genommenen nicht zu rechnen. Dies nachträglich zu ändern stellt auch wieder die **Rückwirkungsfrage**[211] jedenfalls da, wo nicht bisher schon – zulässigerweise[212] – landesrechtlich entsprechende Ausgleichsansprüche begründet waren. Auch damit wird wieder der Rückgriff auf Landesrecht erforderlich, das doch eigentlich durch das BBodSchG abgelöst werden sollte.

237 Dagegen läßt sich wohl auch kaum einwenden, die Rechtslage sei so „unklar" und „verworren" gewesen, daß die Betroffenen mit einer Klärung durch den Gesetzgeber hätten rechnen müssen[213]. Wenn der Gesetzgeber einer rechtspolitischen – und sei es auch fast einmütigen – Forderung nachkommt, heißt das nicht immer zugleich, daß vorher eine verworrene Lage bestand. Die wohl weit überwiegende Meinung lehnte die entsprechende Anwendung des Gesamtschuldnerausgleichs ab, wenn auch über seine Wünschbarkeit andererseits kaum Zweifel bestanden.

VIII. Flächenhafter Bodenschutz

238 Der **flächenhafte Bodenschutz** zielt auf Erhaltung, Sicherung, Verbesserung und Wiederherstellung der natürlichen Bodenfunktionen über einzelne Belastungsstellen hinaus und setzt daher gebietsbezogen an. Dabei geht es zum ersten um Bodenschutzplanung mit Programmcharakter (Beschreibung des Zustands, Darstellung der Ziele und der zur Erreichung notwendigen Maßnahmen). Zum zweiten müssen gebietsbezogen rechtsverbindliche Verbote und Beschränkungen ausgesprochen werden können[214]. Flächenhaft wirken aber auch bestimmte Sanierungsvorschriften wie § 13 BBodSchG für umfangreiche Sanierungsvorhaben. Während die Ausweisung von Wasserschutzgebieten den in § 19 I WHG bestimmten Zwecken (Rn. 8/56 ff.), also eher Erhalt und Vorsorge dient, zielt der flächenhafte Bodenschutz wie die §§ 12 ff. BNatSchG (Rn. 5/176 ff.) auch auf Sanierung.

239 Vorbild und Anknüpfungspunkt sind die Länderregelungen zu Bodenbelastungsgebieten des § 13 I BodSchG BW, § 9 II SächsEGAB und § 22 BerlBodSchG)[215]. Nach § 21 III BBodSchG können nun die Länder Gebiete, in denen flächenhaft schädliche Bodenveränderungen auftreten oder zu erwarten sind, und die dort zu ergreifenden Maßnahmen bestimmen sowie weitere Regelungen über gebietsbezogene Maßnahmen des Bodenschutzes treffen. Mögliche Inhalte eines solchen **Bodenschutzplans** können sich aus § 346 UGB-KomE ergeben[216]. Die mit den Plänen verbundenen Einschränkungen der Eigentumsnutzung dürften Ausdruck der Sozialbindung des Eigentums (Art. 14 II GG) und als Inhalts- und Schrankenbestimmung im Sinne des Art. 14 I 2 GG anzusehen und damit entschädigungslos hinzunehmen sein[217].

---

211 Ebenso *Würtenberger/Heckmann/Riggert*, Polizeirecht, Rn. 619; *Vierhaus*, NJW 1998, 1262 (1267).

212 Zu den kompetenzrechtlichen Bedenken schon oben Fn. 200.

213 S. BVerfGE 88, 384 (404).

214 UGB-KomE, S. 1023.

215 Vgl. Gesetzesbegründung BT-Drs. 13/6701, S. 45.

216 *Sanden/Schoeneck*, BBodSchG, § 21 Rn. 11; zu den Inhalten des § 346 UGB-KomE vgl. dort, S. 1023 ff.; vgl. zu dem baden-württembergischen Vorbild *Schlabach*, VBlBW 1996, 408 (411).

Schließlich können die Länder auch Dauerbeobachtungsflächen einrichten („weitere gebietsbezogene Maßnahmen")[218]. 240

Nach § 21 IV BBodSchG können die Länder auch **Bodeninformationssysteme** einrichten (vgl. zum Vorbild §§ 8, 15 BodSchG BW und zur Bodendatenbank § 18 BodSchG BW). Damit werden zugleich die in den Ländern schon vorhandenen Ansätze erhalten, die Länder – entsprechend der begrenzten Kompetenz[219] – zu solchen Maßnahmen aber nicht verpflichtet[220]. 241

So bestimmt jetzt Art. 7 BayBodSchG (vom 23.2.1999), daß zur Bereitstellung der geowissenschaftlichen Grundlagen für eine nachhaltige Sicherung der Funktionen des Bodens beim Geologischen Landesamt ein **Bodeninformationssystem** zu führen ist. Nach Art. 8 umfaßt es die von staatlichen oder sonstigen öffentlichen Stellen erhobenen Daten aus Untersuchungen über die physikalische, chemische und biologische Beschaffenheit des Bodens, die Daten der landesweit eingerichteten Bodendauerbeoachtungsflächen und der beim Geologischen Landesamt eingerichteten Bodenprobenbank sowie deren Auswertung und sonstige geowissenschaftliche Daten und Erkenntnisse. Und nach Art. 9 sind Grundstückseigentümer und Inhaber der tatsächlichen Gewalt auskunfts- und duldungspflichtig. – Dagegen finden sich im BayBodSchG keine Bestimmungen zu Bodenbelastungsgebieten. 242

Weiter geht schon bisher das BodSchG BW: Es enthält nicht nur ähnliche Regelungen zum Bodenzustandskataster in § 15, sondern auch nähere Bestimmungen über Dauerbeobachtungsflächen, eine Bodenprobenbank und eine Bodendatenbank in §§ 16-18. Vor allem aber können nach § 13 I BodSchG BW zur Sicherung des Bodens oder aus Gründen der Vorsorge für die menschliche Gesundheit und gegen erhebliche Beeinträchtigungen des Naturhaushaltes *Bodenbelastungsgebiete* durch Rechtsverordnung der unteren Bodenschutzbehörde mit Zustimmung der höheren Bodenschutzbehörde (§ 14 I 1 u. 2 BodSchG BW) festgesetzt werden, die auch die erforderlichen Gebote, Beschränkungen und Schutzmaßnahmen bestimmt, Abs. 2 S. 1; einige davon sind beispielhaft („insbesondere") in S. 2 Nr. 1-4 aufgeführt.

IX. Finanzierungsmodelle

Die geschilderten Schwierigkeiten, mit denen sich die Anwendung des allgemeinen Polizeirechts auf Altlasten konfrontiert sah, insbesondere 243

- die Notwendigkeit des Nachweises einer konkreten Gefahr,
- die Eingriffsbegrenzung auf das zur Gefahrenabwehr unbedingt Erforderliche,

217 Dazu *Soell*, NuR 1993, 301 (302 f.) m.w.N. in Fn. 25; s.a. BVerwGE 94, 1 (3 ff.); ebenso UGB-KomE, S. 1023. – Zum – ausnahmsweise zu gewährenden – Verhältnismäßigkeitsausgleich *Maurer*, Allgemeines Verwaltungsrecht, 12. Aufl. 1999, § 26 Rn. 79, und BVerfGE 58, 137 – Pflichtexemplare; s.a. *Voßkuhle*, Das Kompensationsprinzip, 1999, S. 276, 256 ff. und – zum Ausgleichsverfahren im Wasserrecht – S. 300 ff. m.w.N.

218 Dazu *Sanden/Schoeneck*, BBodSchG, § 21 Rn. 12 m.w.N.

219 Zutreffend *Sanden/Schoeneck*, BBodSchG, § 21 Rn. 14, gegen *Peine*, DVBl. 1998, 157 (164).

220 Zur umstrittenen Entschädigungsregelung in § 19 IV WHG *Kloepfer*, Umweltrecht, § 11 Rn. 164.

- das Fehlen eines zahlungsfähigen Sanierungsverantwortlichen und
- die Einsicht in die Notwendigkeit von Grenzen der Haftung

begründeten die rechtspolitische Forderung, geeignetere (kollektiv-)rechtliche Grundlagen zur Bewältigung der Altlastenproblematik zu schaffen. Dafür gab es verschiedene Modelle[221]. Diese mußten insbesondere die Frage beantworten, wer die Sanierung derjenigen Altlasten letztlich finanzieren soll, für die ein Verantwortlicher nicht gefunden werden kann. Im BBodSchG ist aber weder eine Organisations- noch eine Finanzierungsregelung vorgesehen. Die rechtspolitische Forderung nach Einführung einer öffentlich-rechtlichen Abgabe[222] wurde also nicht umgesetzt[223]. Die Finanzierung(-sregelung) bleibt großzügig den Ländern überlassen.

244 Um der Sondersituation der neuen Länder Rechnung zu tragen und Investitionshemmnisse zu beseitigen, wurde die **Freistellungsklausel** des Art. 1 § 4 III UmwRG[224] eingeführt[225]. Danach sind im Beitrittsgebiet Eigentümer, Besitzer oder Erwerber von Anlagen und Grundstükken, die gewerblichen Zwecken dienen oder im Rahmen wirtschaftlicher Unternehmungen Verwendung finden, für die durch den Betrieb der Anlage oder die Benutzung des Grundstücks vor dem 1.7.1990 verursachten Schäden nicht verantwortlich, soweit die zuständige Behörde im Einvernehmen mit der obersten Landesbehörde sie von der Verantwortung freistellt. Offenbar sind aber nur wenige stattgebende Bescheide ergangen: 70 000 Anträgen stehen nur 650 Freistellungen gegenüber[226]. Inzwischen gibt es ein neues Finanzierungsabkommen, das eine vereinfachte Verfahrensweise vorsieht[227]. Die Stichtagsregelung wurde aufgehoben[228].

X. Altlasten in der Bauleitplanung

245 Altlasten können die Planung beschäftigen, und zwar sowohl in Form der Fachplanung als auch im Wege der Bauleitplanung (Flächennutzungsplan, Bebauungsplan)[229].

246 Besonders hinzuweisen ist auch auf die Möglichkeiten des **Vorhaben- und Erschließungsplans** sowie auf die Gestaltungsmöglichkeiten in einem **städtebaulichen Vertrag.** Insbesondere kann es ein Eigentümer übernehmen, die zu überplanenden Flächen zu sanieren, womit

221 Vgl. für einen Überblick über kollektivrechtliche Finanzierungsregelungen *Brandt*, Altlastenrecht, S. 221 ff.; näher *Franzius/Stegmann/Wolf/Brandt,* Handbuch, 1. Aufl. 1988, Kap. 1.6.3; zu den neuen Bundesländern *Franzius/Wolf/Brandt,* Handbuch, 2. Aufl. 1996, Zif. 11413; ausführlicher auch unsere Vorauflage, Rn. 1/76 ff.

222 So *Breuer*, DVBl. 1994, 890 (900); *Kretz*, UPR 1993, 41 (47 f.); bes. zu den neuen Bundesländern *Rose*, BB 1991, 2100 ff.; s.a. den Nachweis des Meinungsstands bei *Papier*, JZ 1994, 810 (818) m.w.N. in Fn. 77.

223 Kritisch auch der SRU, Umweltgutachten 2000, Tz. 115.

224 Vom 29.6.1990, GBl. I DDR, S. 649; s.a. das Verwaltungsabkommen v. 1.12.1992, dazu *Radtke/Eisenbarth,* UPR 1993, 86; *Papier*, JZ 1994, 810 (821) m.w.N. in Fn. 104.

225 Jetzt in der Fassung des Art. 12 HemmnisbeseitigungsG v. 22.3.1991, BGBl. I 766; dazu *Dombert/Reichert*, NVwZ 1991, 744; *Kloepfer/Kröger*, DÖV 1991, 989; *Rose*, BB 1991, 2100.

226 *Breuer*, DVBl. 1994, 890 (895) m.w.N. in Fn. 56. – S.a. *Gottschalck*, BB 1997, 845.

227 Vgl. insgesamt zum Problem das Sonderheft ZAU 1994, Heft 5.

228 BMU (Hrsg.), Umwelt 1995, Heft 2; *Radtke/Eisenbarth*, UPR 1993, 86.

229 Für die Folgen von Abwägungsfehlern in der Bauleitplanung *Sparwasser*, Altlastenhandbuch, Rn. 23/401 ff., für die Haftungsrisiken ebda., Rn. 23/408 ff.; *Steiner*, FSWeyreuther, 1993, S. 137 ff. Zum Bodenschutz in der Bauleitplanung *Kratzenberg*, UPR 1997, 177.

erst die Voraussetzungen für eine fehlerfreie Abwägung zugunsten der Bebauung geschaffen werden (dazu jetzt §§ 11 I und 12 I BauGB).

Fehler des Bebauungsplans sowie der Baugenehmigung können **Amtshaftungsansprüche** nach sich ziehen. Insoweit ergeben sich aus dem Altlastenrecht aber keine Besonderheiten gegenüber dem Baurecht im allgemeinen[230]. **247**

230 Dazu *Uechtritz,* Anwaltshandbuch, Rn. 2/114 ff.

Kapitel 8

Immissionsschutzrecht

I. Fakten und Probleme

1 Im Mittelpunkt des öffentlich-rechtlichen Immissionsschutzes stehen **Luftreinhaltung** und **Lärmbekämpfung**. Die Wirkungen von Luftverunreinigungen, Lärm und anderen Immissionen auf Menschen, Tiere und Pflanzen, Boden, Wasser, Atmosphäre, Kultur- und Sachgüter werden in den letzten Jahren immer besser erforscht. Physiker, Chemiker, Mediziner, Biologen, Klimatologen, Bau- und Verkehrsingenieure u.a. arbeiten dabei oft fachübergreifend zusammen. Neue Forschungsergebnisse führen zu neuen Gesetzen, öfter noch zu Verordnungen und Verwaltungsvorschriften, gehen aber auch unmittelbar in die Rechtsprechung ein.

2 Begrifflich sind Emissionen und Immissionen zu unterscheiden. Bei *Emissionen* handelt es sich um die von einer Quelle ausgehenden Teilchen oder Wellen, bei *Immissionen* um die an der Einwirkungsstelle auftretenden Beeinträchtigungen, d.h. um die durch Emissionen an bestimmten Standorten in der Umgebung der Störquelle herbeigeführten Einwirkungen. Beide Begriffe sind in § 3 BImSchG legaldefiniert (Rn. 8/66 f.).

1. Luftschadstoffe und Luftreinhaltung

a) Begriffe

3 **Luftverunreinigungen** (luftfremde Stoffe) bestehen aus *Stäuben* und sonstigen Schwebstoffen, ferner aus Gasen und Dämpfen. *Schwebstoffe* nennt man die in feinster Verteilung in der Luft schwebenden festen oder flüssigen Stoffe (= Aerosole), hierzu gehört insbes. auch Ruß. *Gase* sind Stoffe, die unter Normalbedingungen im gasförmigen Aggregatzustand vorliegen, *Dämpfe* demgegenüber Gase, die unter Normalbedingungen kondensieren. An der Emissionsquelle oder am Immissionsaufpunkt können Luftverunreinigungen nicht aufgrund eines allumfassenden Meßprogramms in einem Meßgang als jeweilige Gesamtheit aller Schadstoffe erfaßt werden, sondern nur, indem entsprechend einem Meßprogramm nach bestimmten Komponenten gefahndet wird. Auch bei *Gerüchen* wird die Geruchsintensität bestimmt (sog. *Olfaktometrie*)[1]. Als „Meßgerät" wird der Geruchssinn geschulter Personen eingesetzt. „Elektronische Nasen" stehen als Prototypen schon zur Verfügung.

1 S. hierzu *Hansmann*, NVwZ 1999, 1158 ff.; LAI-Geruchsimmissions-Richtlinie v. 13.5.1998, die in 11 Bundesländern eingeführt ist.

Die Luftverunreinigungen gehen auf aus ganz verschiedenen Quellen in die Atmosphäre abgegebene Stoffe zurück. *Hauptemittenten* sind Kraftwerke, Produktionsbetriebe, Kraftfahrzeuge und Haushalte. Bei der Ausbreitung der emittierten Stoffe kommt es unter der Einwirkung von Licht (auch Ultraviolettstrahlung), Wärme, Luftfeuchtigkeit (auch Wassertröpfchen) sowie chemischer Luftinhaltsstoffe zu Vermischungen, Summierungen, Veränderungen, Umwandlungen usw. Wegen der äußerst komplexen Vorgänge in der Atmosphäre können Zusammenhänge zwischen Emissionen und Immissionen nur schwer nachgewiesen werden. **4**

Luftverunreinigungen können sich *auf dem Boden* und *auf Pflanzen* ablagern oder auch *in Gewässer* gelangen, und zwar als trockene oder – mit dem Niederschlag – als feuchte Depositionen. Immissionen können aber auch *über dem Gelände* als Luftbelastungen mit bestimmten Verunreinigungen in bestimmten Konzentrationen in Erscheinung treten. Selbstverständlich unterliegen die Immissionen örtlichen und zeitlichen Schwankungen, die bei Messungen am gleichen Ort zu „Häufigkeitsverteilungen" führen. Die *Jahresmittelwerte* der Immissionen fallen unterschiedlich aus, je nachdem, ob es sich um sog. Reinluftgebiete, ländliche Gebiete oder Ballungsgebiete handelt. In Deutschland liegt der Jahresmittelwert für Schwefeldioxid, aber auch für Stickoxide in Reinluftgebieten etwa bei 1-5 Mikrogramm/m^3, während er in ländlichen Gebieten um das 10-fache, in Ballungsgebieten durchschnittlich um das 25-fache größer ist. In den neuen Bundesländern sind die Luftverunreinigungen in manchen Ballungsgebieten z.T. nochmals größer. **5**

Luftschadstoffe sind z.B. **6**

- *Schwebstäube* (ohne Rücksicht auf die Inhaltsstoffe),
- feste oder flüssige *Schwebstoffe* als Träger von (u.U. schädlichen) Inhaltsstoffen,
- gewisse *Schwermetalle*, z.B. Blei (Pb) oder Cadmium (Cd) als Staubinhaltsstoffe,
- *gasförmige Stoffe*, z.B. Ozon (O_3), Kohlenmonoxid (CO), Schwefeldioxid (SO_2), Stickoxide (NO_x), bestimmte leichtflüchtige Kohlenwasserstoffe (KWS), wie z.B. das als krebserregend eingestufte Benzo(a)pyren sowie sonstige, meist hochtoxische polyzyklische aromatische Kohlenwasserstoffe (PAK), ferner Chlor (Cl) oder Fluor (F) bzw. bestimmte chemische Verbindungen dieser Halogene (z.B. Dioxine, Furane, Fluorwasserstoff, FCKW), und schließlich
- *dampfförmige Schadstoffe* (z.B. gewisse Metalle, Metalloxide oder -chloride mit hohem Dampfdruck bei niedriger Temperatur) usw.

Art und Ausmaß der schädlichen Wirkungen hängen entscheidend von ihrer Gefährlichkeit (Grad der Giftigkeit, Eignung zur Ätzung, zur Krebserzeugung usw.), von ihrer Menge (Konzentration) und Einwirkungsdauer sowie von ihrem auch synergistischen Zusammenwirken mit anderen schädlichen Stoffen ab[2]. Manche in die Luft emittierten Stoffe sind zwar nicht gesundheits-, wohl aber umweltschädlich, z.B. CO_2 (Treibhauseffekt; Rn. 8/11) oder FCKW (Ozonschichtabbau; Rn. 8/17). Manche Luftverunreinigungen wirken lediglich als mehr oder weniger störende Gerüche. **7**

---

2 Vgl. *Lahmann*, Die atmosphärische Luft und deren Verunreinigung, 1990; LAI (Hrsg.), Krebsrisiko durch Luftverunreinigungen, 1992.

8 Zur flächendeckenden Erfassung und Darstellung der räumlichen Aufgliederung von *Immissionen* wurden in der Bundesrepublik Deutschland ein Immissionsmeßnetz des Umweltbundesamts (UBA) mit Meßstationen in ländlichen Gebieten sowie Immissionsmeßnetze der Länder mit Meßstationen auch in Ballungsgebieten oder in Gebieten mit neuartigen Waldschäden aufgebaut. Die gewonnenen Daten werden vom UBA in der Datenbank LIMBA gesammelt, archiviert und ausgewertet.

9 In den alten Bundesländern haben die *Gesamtemissionen* (in Mio. t) durch Kraft- und Fernheizwerke (KW), Industrie, Haushalte, Verkehr betragen[3]:

SO_2: (KW)	1990: 5,26	1996: 1,85
NO_2: (Kfz)	1990: 2,67	1996: 1,86
CH_4: (Kfz)	1990: 5,52	1996: 4,72
CO: (Kfz)	1990: 10,92	1996: 6,71
CO_2: (KW u. Industrie)	1990: 1014,15	1997: 888

10 Die Luftschadstoffbelastung ist also tendenziell rückläufig, wenngleich die Belastung mit CO_2, das erheblich zum sog. Treibhauseffekt beiträgt, seit 1992 wieder stagniert. Keine Verbesserung ist auch bei hauptsächlich von Kfz emittierten Schadstoffen zu verzeichnen wie bei Stickoxiden und organischen Stoffen. Der Kfz-Verkehr ist dadurch zum Hauptverursacher von Belastungen durch ubiquitäre Schadstoffe geworden. Weitere *straßenverkehrsspezifische Luftbelastungen* sind ferner Blei-Emissionen und verschiedene – insgesamt 80% (!) der in der Außenluft vorzufindenden krebserregenden – Schadstoffe, insbesondere 41 200 t Benzol und 55 000 t Dieselruß im Jahr 1992 sowie polyzyklische aromatische Kohlenwasserstoffe (PAK) und Dioxine. Für solche krebserregende Luftschadstoffe kann kein Schwellenwert angegeben werden, jenseits dessen keine Gesundheitsgefahr angenommen werden kann[4]. Gerade der Straßen- und Luftverkehr ist – nicht nur im Hinblick auf die damit verbundenen Emissionen, sondern auch auf den Flächenverbrauch – ein Umweltproblem ersten Ranges[5].

b) Luftverunreinigungen: Folgen an Beispielen

11 aa) Durch die Verbrennung fossiler Energieträger (Stein- und Braunkohle, Erdöl und Erdgas) und Brandrodung der Tropenwälder werden derzeit (1995) ca. 21,7 Mrd. t CO_2 weltweit emittiert. Zusammen mit den (für das sog. Ozonloch verantwortlichen) FCKW (Rn. 11/7 f.) und mit anderen Spurengasen, z.B. N_2O, Halonen oder Methan (CH_4) – einem Abfallprodukt der Kohlenstoffchemie, des Steinkohlebergbaus, aber z.B. auch der Rinderzucht – verursacht dies eine bedrohliche Verstärkung des natürlichen (etwa 33^0 C betragenden) **Treibhauseffekts**.

3 Zahlen des UBA aus www.umweltbundesamt.de/uba-info-daten/daten/treibhauseffekt.htm.

4 SRU, Umweltgutachten 1994, Tz. 677 ff.; Sondergutachten Abfallwirtschaft, 1990, Tz. 1702; *Hansmann*, in: *Landmann/Rohmer*, Umweltrecht, TA Luft, Nr. 2.3 Rn. 1; a.A. *Salzwedel*, Rechtsgutachten, in: LAI (Hrsg.), Krebsrisiko durch Luftverunreinigungen, 1992, S. 39.

5 Dazu SRU, Umweltgutachten 1994, Tz. 609 ff. (insbes. Tz. 675 ff. zu krebserzeugenden Substanzen; hierzu auch LAI [Hrsg.], Krebsrisiko durch Luftverunreinigungen, 1992; *Kühling*, ZUR 1994, 112 ff.); *Schulze-Fielitz*, Die Verwaltung 1993, 515 ff.; UBA, Daten zur Umwelt 1992/93, S. 33 ff., 260 ff. Hinzu kommen die sozialen Folgen, die mit bis zu 8000 Toten und 500 000 Verletzten jährlich verbunden sind. Nicht nur die Kfz-Dichte hat erheblich (um ca. 1 Mio. PkW jährlich) zugenommen (1997: ca. 41,4 Mio. Pkw, 2,5 Mio. Lkw und 4,4 Mio. Krafträder), sondern auch die *mittlere* Geschwindigkeit auf den Autobahnen (für Pkw 1980: 122 km/h, 1991: 131,5 km/h; für Lkw 1978: 84,5 km/h, 1991: 88 km/h, also deutlich über der zulässigen Höchstgeschwindigkeit).

Der natürliche Treibhauseffekt der Atmosphäre entsteht, weil diese Stoffe und Gase die energiereiche kurzwellige Sonnenstrahlung nahezu ungehindert passieren lassen, während die von der Erde ausgehende langwellige Wärmestrahlung absorbiert wird. Hierdurch werden die genannten Gase in einen energetisch angeregten Zustand versetzt, um nach kurzer Zeit unter Aussendung infraroter Strahlung wieder in den Grundzustand zurückzukehren. Die infrarote Wärmeabstrahlung erfolgt in alle Raumrichtungen, darunter auch in Richtung Erde. Damit die durch Verbrennung zusätzlich zugeführte Energiemenge wieder abgestrahlt werden kann, muß die Erde eine erhöhte Temperatur annehmen. Dieser „unnatürliche" Treibhauseffekt ist *zu 50% auf den Bereich Verkehr und Energie (CO_2) zurückzuführen*, zu 20% auf chemische Produkte (FCKW, Halone) und zu etwa 15% auf die Vernichtung der Tropenwälder. **12**

Deutschlands Anteil an den weltweiten CO_2-Emissionen lag 1995 bei 4,1% und damit über dem Anteil des gesamten Erdteils Afrika[6]. Die Konzentration des Treibhausgases CO_2 hat sich seit Beginn der industriellen Revolution um 29% erhöht (und nimmt derzeit jährlich um 0,4% zu), was im 20. Jhdt. einen Anstieg der mittleren globalen Lufttemperatur um ca. 0,5° C bewirkte. Die Klimaforschung hat in den letzten Jahren herausgearbeitet, daß sich im 21. Jhdt. die Erdtemperatur um weitere 1-3,5° C erhöhen wird, was infolge der damit verbundenen Ausdehnung des Ozeanwassers und des Abschmelzens von Gletschern eine Erhöhung des Meeresspiegels von 10-95 cm erwarten läßt[7]. Daneben werden sich Klimazonen verlagern, Trockengebiete ausweiten, Niederschläge in den mittleren Breiten verringern und Artenveränderungen in mittleren und höheren Breiten eintreten. Insbesondere kommt es zu einer Häufung extremer Wetterereignisse (z.B. tropischer Wirbelstürme)[8]. **13**

bb) Das sog. **Waldsterben** wäre ohne die anthropogenen *Luftverunreinigungen* nicht entstanden. Schwefeldioxid, Stickoxide und Kohlenwasserstoffe sowie deren Folge- oder Umwandlungsprodukte wie z.B. anorganische Säuren (etwa Schwefel- oder Salpetersäure – „saurer Regen") oder unter der Einwirkung von Ultraviolettstrahlen entstehende Photooxidantien (etwa das als Zellgift wirkende Ozon), Ammoniakbelastung (und deren Folgeprodukte) durch Tierhaltung und Überdüngung[9] wirken sich unmittelbar (z.B. Niederschlag) oder mittelbar (z.B. über bodenchemische Prozesse) waldschädigend aus. Dabei haben auch natürliche biotische Streßfaktoren (z.B. Schadpilze) oder abiotische Streßeinwirkungen auf den Wald (z.B. Kälteeinbrüche, Trockenheit) und schließlich auch eine ungünstige äußere Struktur der Waldbestände oder Besonderheiten der Standorte mitgewirkt. Die Waldschäden sind Folge einer „Komplexerkrankung" der Nadel- und Laubbäume, die auf zahlreichen, unentwirrbar miteinander vernetzten Kausalketten beruht. Es ist nicht möglich, die Schä- **14**

6 www.umweltbundesamt.de/udd/the/the2.htm; *Hasselmann*, in: *Koch/Caspar* (Hrsg.), Klimaschutz im Recht, 1997, S. 9 f. Zu rechtlichen Aspekten des Klimaschutzes s. *Koch/Verheyen*, NuR 1999, 1 ff.

7 UBA, Naturwissenschaftliche Grundlagen der Klimaschutzpolitik, www.umweltbundesamt.de/klima/kww/ngk.htm. Das Klima in Südbaden z.B. entspricht bereits heute dem Klima südlich des Alpenrandes vor 100 Jahren.

8 Vgl. UBA, Klimaveränderungen weltweit, www.umweltbundesamt.de/klima/kww/ngk-htm; Bericht der Enquête-Kommission „Schutz der Erdatmosphäre", BT-Drs. 12/8600; *Schirmer*, in: HdUR, Bd. II, Art. „Klimaschutz", Sp. 1253 ff.; *Koch/Behrend*, NuR 1996, 433 ff.

9 Vgl. hierzu aus der Fülle der Lit. insbes. das Sondergutachten des SRU, Waldschäden und Luftverunreinigungen, März 1983; Umweltgutachten 2000, Tz. 204 ff. (zu einer nachhaltigen Forstpolitk). Zum Schädigungsstand vgl. UBA, www.umweltbundesamt.de/udd/wal.

den einzelnen Verursachern oder bestimmten immissionsschutzrechtlichen Genehmigungen zuzuordnen, zumal mehr als die Hälfte der Luftverunreinigungen „importiert" werden.

15 Auf den Waldflächen der alten Bundesländer (7,4 Mio. ha) waren 1984 etwa 50%, 1993 über 64% der Nadel- und Laubbäume mehr oder minder stark, z.T. (etwa 1/4) irreversibel geschädigt[10]. Etwa 40% der Waldfläche der alten Bundesländer stehen im Eigentum Privater, je ca. 30% im Staats- und Körperschaftseigentum. Im Jahre 1997 waren in Deutschland von den Waldflächen nur 20% nicht, hingegen 39% schwach und 41% stark geschädigt (ohne daß hiermit die inzwischen abgestorbenen und entfernten Bäume erfaßt wären). In den neuen Bundesländern ist der Anteil der deutlich geschädigten Waldflächen am restlichen Wald noch erheblich höher als in den alten Bundesländern, wo wiederum süddeutsche Wälder stärker geschädigt sind als nordwestdeutsche. In Europa liegen die am stärksten betroffenen Wälder neben der BRD in Bulgarien, Tschechien, der Slowakei, Dänemark und Großbritannien. Der Schaden durch Beeinträchtigung der Nutzfunktion des Waldes (Mindererträge, Mehraufwendungen) wurde schon 1985 pro Jahr und ha auf durchschnittlich über 150,– DM geschätzt; dieser Betrag dürfte derzeit deutlich höher sein. Somit würde jährlich durch Beeinträchtigung der Nutzfunktion des Waldes ein Schaden in der Größenordnung von über 1,5 Mrd. DM entstehen. Hinzu kommt die Beeinträchtigung der Schutz- und Erholungsfunktion des Waldes (§ 1 BWaldG).

16 Eine *Staatshaftung* für die Waldschäden wird in der Rspr. des Bundesgerichtshofs[11] abgelehnt. Wenn schon nicht *verfassungsrechtlich geboten*, ist es jedenfalls *rechtspolitisch wünschenswert*, daß der zuständige Gesetzgeber eine Schadensausgleichsregelung bereitstellt, für die verschiedene Modelle (u.a. eine Fondslösung) in Betracht kommen[12].

17 cc) **Ozon** (O_3) ist ein Gas, das aus Sauerstoff unter der Einwirkung von kurzwelligen UV-Sonnenstrahlen (Photodissoziation) entsteht. In der Stratosphäre von 15-35 km Höhe herrscht unter natürlichen Bedingungen ein Gleichgewicht zwischen Ozon auf- und abbauenden Prozessen. Hierdurch wird die UV-B-Strahlung zwischen 260 und 320 nm Wellenlänge, die beim Menschen Hautkrebs, Augenkrankheiten und Immunschwäche verursacht und die Meeresalgen, welche mehr als die Hälfte des Atemsauerstoffs produzieren, schädigt, vom Vordringen bis zur Erdoberfläche zurückgehalten. Die Störung dieses Gleichgewichts durch Abgaseinträge aus Landwirtschaft, Verkehr und Industrie, insbes. durch Fluorchlorkohlenwasserstoffe und Halone, führt zu einer Ausdünnung der Ozonschicht bis zur Bildung eines periodisch wachsenden *Ozonlochs*, welches zunächst über der Antarktis auftrat, aber nunmehr – gegen Ende des Winters – auch über der Arktis im Entstehen begriffen ist. Durch internationale Übereinkommen wird versucht, dieser Entwicklung entgegenzuwirken[13].

---

10 Zu den Daten bis 1993 vgl. im einzelnen UBA (Hrsg.), Daten zur Umwelt 1992/93, S. 162 ff. Aktuelle Daten bei www.umweltbundesamt.de/udd/wal. Der Schwerpunkt des Waldsterbens verlagert sich in letzter Zeit von Fichten und Tannen auf Buchen und Eichen.

11 BGHZ 102, 350; BVerfG, NJW 1998, 3264 ff.

12 Zur staatshaftungsrechtlichen Problematik der Waldschäden vgl. *Bender*, VerwArch. 77 (1986), 335 ff.; *Dörnberg*, NuR 1987, 308 ff.

13 S. *Bunge*, in: HdUR, Bd. II, Art. „Ozonschicht", Sp. 1589 (1591). Ein Überblick zum Forschungsstand ist in der umfangreichen Presseerklärung des UBA enthalten (www.umweltbundesamt.de/uba-

18 Während in der Erdatmosphäre heute zuwenig Ozon vorhanden ist, stellt bodennah die zunehmende Ozonkonzentration wegen der damit verbundenen Gesundheitsbeeinträchtigungen ein Umweltproblem dar. Schönes Wetter und starker Autoverkehr führen dann in den Sommermonaten häufig zu hohen Ozonbelastungen (sog. *Sommersmog*), die aus Vorläufersubstanzen wie Stickoxiden (NO_x) und Kohlenwasserstoffen (CO, CO_2) entstehen. Stickoxide werden etwa zu 70%, Kohlenwasserstoffe werden zu etwa 45% von PKW und LKW erzeugt. Rund die Hälfte wird bei Tankvorgängen ohne Saugrüssel freigesetzt.

19 Der durchschnittliche Ozongehalt der Atemluft liegt bei 30 bis 60 $\mu g/m^3$. Ein Bewertungsmaßstab ist die EG-Richtlinie 92/72 über die Luftverschmutzung durch Ozon und die daraufhin geänderte 22. BImSchV. Hiernach ist zwischen einem (gesundheitsschützenden) 8-Stunden-Mittelwert von 110 $\mu g/m^3$ und einem 1-Stunden-Schwellenwert von 180 $\mu g/m^3$ zu unterscheiden, bei dem die Bevölkerung zu informieren ist. Die Lungenfunktion ist nach neuen wissenschaftlichen Erkenntnissen ab einer Ozonkonzentration von 100 $\mu g/m^3$ eingeschränkt, wobei neben Ozon noch andere Schadstoffe eine Rolle spielen. Entzündliche Reaktionen des Lungengewebes sind bei körperlicher Belastung ab 160 $\mu g/m^3$ nachgewiesen. Die physische Ausdauer-Leistungsfähigkeit ist ab 240 $\mu g/m^3$ deutlich reduziert. Subjektive Befindlichkeitsstörungen wie Tränenreiz, Reizung der Atemwege, Husten, Kopfschmerzen und Atembeschwerden werden ab 200 $\mu g/m^3$ berichtet. Ozon ist allergiefördernd und erbgutschädigend[14].

c) Gegenmaßnahmen

20 Eine Vielzahl tatsächlicher und rechtlicher Maßnahmen soll zu einer Verminderung der Luftverunreinigungen führen. Für Emissionsvermeidung und -verminderung sorgen technische Vorrichtungen (z.B. Filter, Katalysatoren) und betriebliche Vorkehrungen (z.B. Produktionsunterbrechungen, Verfahrensänderungen).

21 Eine Strategie der Emissionsverminderung auf der letzten Stufe (*end of the pipe-treatment*), z.B. durch Einsatz von Filteranlagen, ist in der Regel nicht nur teuer, sondern kostet auch Strom (emissionssteigernd). Außerdem führt die Rückhaltetechnik für sich allein u.U. zu Problemverlagerungen, d.h. zu neuen Schadstoffproblemen bei Abwasser und/oder Abfall (Filter oder Filterstäube als zu entsorgender Sondermüll u.ä.). Vorzuziehen ist daher im Sinne eines „verfahrensintegrierten Umweltschutzes" eine Strategie der *Emissionsvermeidung* durch veränderte Verfahrenstechniken (z.B. Kraft-Wärme-Kopplung, Wirbelschichtfeuerung)[15] und die Verwendung schadstofffreier oder schadstoffarmer Brennstoffe (dazu z.B. §§ 32 ff. BImSchG). Nur solche emissionsvermeidenden Produktkreisläufe vermögen eine dauerhafte umweltgerechte Entwickung („*sustainable development*", Rn. 1/2) sicherzustellen. Dies ist Ziel der IVU-Richtlinie der EG (Rn. 8/42).

---

info-presse/pressemitteilung/okap199.htm … okap999.htm). Aktuelle Daten bei www.umweltbundesamt.de/udd/sto. In Deutschland hat die Ozonschicht zwischen 1985 und 1995 um ca. 8,5% abgenommen.

14 www.umweltbundesamt.de/uba-info-presse/pressemitteilungen/okap599.htm. Aktuelle Ozonwerte finden sich von Mai bis September unter www.umweltbundesamt.de/uba-info-daten/daten/aod.htm.

15 Dazu *Cronenbroek/Wagner*, et 1990, 324 ff.

22 Eine drastische Reduzierung insbesondere der SO_2-, NO_x- und Staubemissionen haben die 13. BImSchV von 1983 (Rn. 8/166 ff.) und die TA Luft 1986 (Rn. 8/69 ff.) durch entsprechende Emissionsgrenz- bzw. Emissionswerte sowohl für Neuanlagen als auch – unter Vorgabe von Sanierungsfristen – für Altanlagen vorgeschrieben[16]. Erreicht wird diese Reduzierung durch *Primärmaßnahmen zur emissionsmindernden Verbrennungsbeeinflussung* (z.B. Wirbelschichtfeuerung) sowie durch Maßnahmen zur Rauchgasreinigung, und zwar sowohl zur Entstaubung (z.B. durch mechanische Filter oder Elektrofilter), als auch zur Abscheidung gasförmiger Luftverunreinigungen (insbes. Rauchgasentschwefelung und Rauchgasentstickung). Die Mehrinvestitionen für die vorgeschriebenen Emissionsbegrenzungen betragen z.B. bei Kraftwerken etwa ein Drittel der Errichtungskosten.

23 Der ständig – u.a. aufgrund eines veränderten Mobilitäts- und Konsumverhaltens, aber auch der Entwicklung des Binnenmarktes bei gleichzeitigem Lohn- und Preisgefälle sowie der Globalisierung auch des Warenhandels – zunehmende Straßenverkehr macht eine Verschärfung und Ausweitung verkehrsbezogener Maßnahmen erforderlich. Dazu zählen weitere Abgasreduzierung beim Kfz-Betrieb, Verkehrsvermeidung, Kfz-Geschwindigkeitsbegrenzungen, sonstige Kfz-Benutzungsbeschränkungen, gesteuerte Umleitung des Güterfernverkehrs von der Straße auf die Schiene, ökonomische Instrumente zur Durchsetzung von Transportpreisen, die die tatsächliche Knappheit der natürlichen Lebensgrundlagen widerspiegeln u.a.m.[17].

24 Zu einem erfreulichen Rückgang der FCKW-Produktion hat das *Montrealer Übereinkommen* zur Einstellung der Produktion und Verwendung vollhalogenierter FCKW geführt, so daß es möglich wird, den Abbau der Ozonschicht wenigstens zu verlangsamen[18]. Auf der zweiten globalen UN-Umweltkonferenz in *Rio de Janeiro* 1992 wurde eine Klimarahmenkonvention angenommen und auf der darauffolgenden 3. Vertragsstaatenkonferenz in *Kioto* 1997 ein Protokoll verabschiedet, nach dem sich die Industrieländer verpflichten wollen, ihre Treibhausgasemmissionen im Zeitraum von 2008 bis 2012 gegenüber 1990 um mindestens 5% zu reduzieren. Die EG muß ihre Emissionen um 8%, Deutschland aufgrund EU-interner Regelung um 21% senken. Problematisch sind der von den osteuropäischen Staaten befürwortete Emissionshandel (d.h. die USA kaufen zur Erfüllung ihrer Verpflichtung von Rußland Emissionskontingente, die dort nicht mehr ausgenutzt werden, weil die industrielle Produktion eingestellt ist) sowie die Zunahme des Flugverkehrs. Beides wird die angestrebten Reduzierungen aufzehren[19]. In Deutschland wird dieses Ziel nur erreicht werden können, wenn weitere drastische Maßnahmen, wie z.B. höhere Mineralölsteuern, Grenzwerte für den Ausstoß von CO_2 und den Benzinverbrauch oder ein Tempolimit auf Autobahnen, ergriffen werden[19a].

---

16 Allein aufgrund der Novellierung der TA Luft von 1986 waren fast 30 000 industrielle oder gewerbliche Altanlagen darauf zu überprüfen, ob sie den verschärften Anforderungen genügen.

17 Vgl. ausführlich hierzu SRU, Umweltgutachten 1994, Tz. 760 ff.

18 UBA, www.umweltbundesamt.de/udd/sto/sto1.htm.

19 BMU, Leitfaden 5. Klimaschutzkonferenz in Bonn, Oktober 1999.

19a Pressemitteilung des BMU v. 6.4.2000 über die Ergebnisse des Gutachtens „Politikszenarien für den Klimaschutz II".

2. Geräusche und Lärmschutz

a) Körperliche und seelische Wirkungen

Schall ist das Ergebnis von – in der Regel zusammengesetzten – mechanischen Schwingungen in Festkörpern, Flüssigkeiten oder Gasen und breitet sich zumeist in der Luft als Longitudinalwellen entweder periodisch (Töne bzw. – bei Überlagerung mehrerer Töne – Klänge) oder aperiodisch (Geräusche) aus. Vom Menschen sind Schallwellen im Schwingungsbereich zwischen ca. 16 und maximal 20 000 Hz hörbar (unter 16 Hz: *Infraschall*, über 20 000 Hz: *Ultraschall*). Immissionsschutzrechtlich kommt es grundsätzlich nicht darauf an, ob die Schallschwingungen gleichförmig oder schwankend, dissonant oder harmonisch in Erscheinung treten. **25**

Subjektiv können Geräusche negativ, d.h. als **Lärm** (Straßen- oder Schienenverkehrslärm, Fluglärm, Industrie- und Gewerbelärm, Baulärm, Freizeitlärm usw.) empfunden werden und durch Art (z.B. durch Frequenzhöhe und -zusammensetzung), Ausmaß oder Dauer lästig, störend oder gar gefährdend wirken[20]. Lärm wird als desto störender empfunden, je weniger er als ortsüblich wahrgenommen wird, je häufiger und je intensiver er ist, je höher seine Frequenzen sind, je leichter er vermeidbar wäre, je größer sein Informationsgehalt und je gespannter die Beziehung des Gestörten zur Lärmquelle ist. Diese Faktoren sind nur zum Teil meßbar[21]. Insbesondere kann der Lärm den Schlaf und die Kommunikation, die Konzentration und die Erholung und damit über psychische und physische Reaktionen (Ärger, Herzklopfen, Blutdruckerhöhung usw.) das körperliche, seelische und soziale Wohlbefinden nachteilig beeinflussen; er kann sogar zu schweren Krankheiten (insbes. zu Schwerhörigkeit) und erhöhtem Herzinfarktrisiko führen. Art und Ausmaß der Beeinträchtigungen hängen somit nicht nur von den physikalischen Schallfaktoren, sondern auch von nichtakustischen Einflußgrößen, insbesondere von den Persönlichkeitseigenschaften der Betroffenen, von der konkreten Umweltsituation und von sonstigen sog. Moderatoren (Begleitumständen, wie z.B. Tageszeit, Ortsüblichkeit) ab. **26**

Etwa 10-15% der Bevölkerung fühlt sich selbst bei sehr niedrigem Schallpegel immer noch belästigt, wie umgekehrt ein etwa gleicher Bevölkerungsanteil auch hohe Schallintensitäten nicht als lästig empfindet. Im übrigen fühlt sich fast die Hälfte der Bevölkerung in erster Linie durch Straßenverkehrslärm (Rn. 8/298 ff.) belästigt oder stark belästigt. An zweiter Stelle der subjektiv als störend empfundenen Lärmbelastung steht der Flugverkehr. Danach folgen in der Reihenfolge zunehmender Akzeptanz: Lärm lauter Nachbarn, Industrielärm (Rn. 8/83 ff.), Schienenverkehrslärm, Sportlärm (Rn. 8/257 ff.)[22]. **27**

20 Zu den Lärmwirkungen s. SRU, Umweltgutachten 1987, S. 392 ff.; Sondergutachten Umwelt und Gesundheit, 1999, Tz. 82 ff.; Innenministerium BW (Hrsg.), Städtebauliche Lärmfibel, 1991; *Jansen/ Klosterkötter*, Lärm und Lärmwirkungen, 1980; BMU (Hrsg.), Gesundheitsrisiken durch Lärm, 1998.

21 S. dazu BVerwG, DVBl. 1990, 419 (422).

22 Vgl. *Kuckartz*, in: BMU (Hrsg.), Gesundheitsrisiken durch Lärm, 1998, S. 74 (79); SRU, Sondergutachten Umwelt und Gesundheit, 1999, Tz. 84. Zum Fluglärm s. unsere Vorauflage, Rn. 2/92 ff.

b) Schallphysikalische Grundlagen

28 aa) Die Wirkungen des Schalls auf den Menschen sind gekennzeichnet durch die *Frequenz* (Tonhöhe, 1 Hz = 1 Schwingung pro Sekunde), die *Schallintensität* (Schallenergie, gemessen in Watt pro m^2) und den *Schalldruck* (Lautstärke, 1 Pa = 1 Newton pro m^2). Weil das vom menschlichen Ohr wahrnehmbare Schallspektrum Zahlenwerte umfaßt, die beim Schalldruck 10 Mio. und bei der Schallstärke 1 Mrd. Einheiten übersteigen, wurde für die Praxis eine (dekadische) logarithmische Skala mit der Einheit **Dezibel** (dB) eingeführt. Dadurch gelingt es, die verschiedenen, die jeweilige Schallenergie kennzeichnenden Schallintensitäten vom relativen Wert 1 (Hörschwelle) bis zum 10-billionenfachen (Schmerzgrenze) in den (dB)-Werten 0-130 zu erfassen. Die in verschiedenen Regelwerken postulierten Immissionsorientierungs-, Immissionsricht-, Immissionsleit- oder Immissionsgrenzwerte werden allerdings nicht in der Einheit dB, sondern in der Einheit dB*(A)* ausgedrückt. Dem zugrunde liegt die sog. (frequenzabhängige) **A-Bewertung** des Schalldrucks. Sie trägt mit Hilfe einer empirisch ermittelten Frequenzbewertungskurve der Tatsache Rechnung, daß das menschliche Ohr Frequenzen zwischen rd. 1000 Hz und rd. 5000 Hz als lauter empfindet als niedrigere bzw. höhere Frequenzen gleichen Schalldrucks[23].

29 **Beispiele:**

20 - 30 dB(A):	Atemgeräusch eines Schlafenden
30 - 40 dB(A):	Flüstersprache in 1 m Entfernung, Blätterrascheln
50 - 60 dB(A):	Unterhaltungsgespräch, gedämpfte Radiomusik
65 - 75 dB(A):	Schreibmaschine, Nadeldrucker (Kopfschmerzschwelle)
70 - 80 dB(A):	Vorbeifahrgeräusch eines Pkw am Fahrbahnrand bei 50 km/h
80 - 90 dB(A):	Arbeitslärm in der Fabrikhalle, Vorbeifahrgeräusch eines Pkw am Fahrbahnrand bei 100 km/h (Hör- und Gleichgewichtsstörungen)
95 - 110 dB(A):	Diskothek, Rockkonzert, Lärm in einem Fußballstadion
105 dB(A):	Preßlufthammer, Schleifmaschine
120 dB(A) u.m.:	Probelauf eines Düsenflugzeugs am Prüfstand in 100 m Entfernung
170 dB(A):	Schußknall

30 Eine *Schallpegeländerung um 10 dB* bewirkt bei gleichartigen, relativ lauten Geräuschen von über 50 dB(A) im Mittel etwa die Verdoppelung bzw. Halbierung der subjektiv empfundenen Lautstärke, obwohl physikalisch der Schalldruck um eine Zehnerpotenz vergrößert oder reduziert worden ist. So wird z.B. der Lärm, der von 5 in einer Minute vorbeifahrenden Kraftfahrzeugen emittiert wird, als etwa halb so laut empfunden wie der von 50 in der gleichen Zeit passierenden gleichartigen Fahrzeugen. Eine *Pegeldifferenz von 2 dB* ist bei der Änderung eines Dauertons von 50 dB und darüber eben noch wahrnehmbar. Bei relativ leisen Geräuschen von 30 dB(A) oder darunter entspricht bereits eine Änderung des Schallpegels um 3 dB einer Verdoppelung bzw. Halbierung des subjektiven Lautstärkeeindrucks.

31 Die *Verdoppelung des Abstandes* zur Lärmquelle bewirkt eine Abnahme um 6 dB(A) bei punktförmigen Schallquellen (z.B. Ventilator o.ä.) und um 3-4 dB(A) bei linien-

---

23 Zu den physikalisch-technischen Fragen des Lärms und Lärmschutzes vgl. z.B. *Koch* (Hrsg.), Schutz vor Lärm, 1990; *Ullrich*, DVBl. 1985, 1159 ff. m.w.N.

förmigen Schallquellen (z.B. Straßen o.ä.). Die *Summierung* zweier gleich starker Schalldruckpegel führt infolge des logarithmischen Maßsystems nicht zur Verdoppelung des dB(A)-Wertes, sondern nur zur Erhöhung um 3 dB(A), bei drei gleich starken Schalldruckpegeln um 4,8 dB(A) usw. Ist die *Differenz zwischen zwei Schalldruckpegeln größer als 10 dB(A)*, so ist der aus der energetischen Addition resultierende Gesamtschalldruckpegel praktisch nicht höher als der höhere der beiden Ausgangspegel.

bb) Insbesondere bei *Straßenverkehrsgeräuschen* (§§ 41 ff. BImSchG; Rn. 8/298 ff.) kommt es nicht auf das Einzelgeräusch eines vorbeifahrenden Kraftfahrzeuges an, sondern auf die durch den Verkehrsstrom bewirkte Gesamtheit zahlreicher, oft dicht aufeinanderfolgender Einzelgeräusche. Daher stellt man bei relativ kontinuierlichen Dauergeräuschen (wozu häufig auch *Industrie- und Gewerbelärm*, nicht aber Fluglärm gehört) zur Beurteilung der Lärmwirkung grundsätzlich nicht auf einen *Einzelschallpegel* oder auf eine diskontinuierliche Folge von Einzelpegeln ab. Vielmehr wird den zeitlichen Schwankungen des Geräuschs – d.h. Höhe, Dauer und Häufigkeit der Einzelpegel – mit einem *errechneten* mittleren Schalldruckpegel, dem sog. **Mittelungspegel** (= Mittelwert der Schallintensität innerhalb eines bestimmten Beurteilungszeitraums) Rechnung getragen. Der Mittelungspegel ist als solcher also nicht hörbar. Er wird nach einem bestimmten Verfahren – vgl. etwa die TA Lärm (Rn. 8/83 ff.) oder die 16. BImSchV (Rn. 8/301 ff.) – für einen festgelegten Zeitraum aufgrund bestimmter schallrelevanter Daten (z.B. Meß- oder Prognosedaten)[24] errechnet. Für den Beurteilungszeitraum ist der Mittelungspegel als Dauerschallpegel den von ihm umfaßten Einzelschallpegeln (z.B. energetisch) äquivalent. Dieser *Dauerschallpegel* basiert – als Ergebnis einer auf die logarithmische Skala Bedacht nehmenden sog. „energetischen Mittelung" – auf der Mittelung der Schallintensitäten aller Einzelpegel über die Zeiteinheit; er liegt höher als das arithmetische Mittel der Einzelpegel. Der daraus resultierende Dauerschallpegel dient – u.U. modifiziert als „Beurteilungspegel" (Rn. 8/36) – als Kenngröße für physische und psychische Wirkungen von Lärmimmissionen. Die Aussagekraft des Mittelungspegels für die Lästigkeit des Lärms schwindet mit der Häufung von das Grundgeräusch überragenden Einzelimpulsen. 32

Dies ist z.B. bei *Fluglärm*, gewissen Arten von *Sportlärm* (dazu die 18. BImSchV und Rn. 8/257 ff.) oder *nächtlichem Eisenbahnverkehr* der Fall. Hier kann die Lästigkeit häufig nur durch *Einzelpegel* und deren Häufigkeit adäquat wiedergegeben werden. Demgegenüber tritt der *Straßenverkehrslärm* in stärker belasteten Gebieten mehr oder weniger als Dauergeräusch in Erscheinung. Allerdings stellt man auch beim *Schienenverkehrslärm* (§§ 41 ff. BImSchG) zur Beurteilung der Lärmwirkung 33

24 Z.B. werden die bei *Straßenverkehrsgeräuschen* auftretenden Immissions-Mittelungspegel insbes. durch folgende Größen beeinflußt: Verkehrsstärke, Verkehrszusammensetzung (insbes. Lkw-Anteil), zulässige Höchstgeschwindigkeit, Steigungen, Art der Straßenoberfläche, Entfernung des Immissionsorts von der Straße, Schallausbreitungsbedingungen (Wind, Regen, Gelände, Bewuchs usw.), aktive Lärmschutzmaßnahmen. Bei Straßenverkehrslärm wird zur Bildung des *Beurteilungspegels* zum berechneten Mittelungspegel ein Zuschlag für die erhöhte Störwirkung von lichtzeichengeregelten Kreuzungen und Einmündungen angesetzt.

auf den Mittelungspegel ab, obwohl er sich in der Zeitstruktur vom Straßenverkehrslärm erheblich unterscheidet. Dem Schienenverkehrslärm, der von der Bevölkerung mehr toleriert wird als der Straßenverkehrslärm, wird bei der Bildung des Beurteilungspegels in der 16. BImSchV zudem ein „Schienenbonus" von 5 dB(A) zugebilligt.

34 Entsprechend den bei *Straßen- und Schienenverkehrslärm* angewandten *Meß- und Berechnungsregeln* (vgl. die 16. BImSchV) führt sowohl die Verdoppelung der Einwirkzeit als auch die Verdoppelung der Verkehrsstärke unter sonst gleichen Bedingungen zu einer Erhöhung des Mittelungspegels um 3 dB[25]. Eine Pegeldifferenz von 2-3 dB(A) ist für das menschliche Ohr (im normalen Lautstärkebereich) noch wahrnehmbar. Die (energetische) Summierung der Mittelungspegel verschiedener Schallquellen, z.B. die Summierung des Lärms von Kfz-Verkehr auf einer Straße und des Lärms von Bahnverkehr auf einer parallel zur Straße verlaufenden Bahnlinie, führt zu einem *Gesamt-* oder *Summenpegel*. Die Bildung eines Summenpegels ist nur sinnvoll, wenn die verschiedenen Schallereignisse und Meßmethoden nach Art, Dauer und Intensität in etwa vergleichbar sind.

Beispiel: Die A-Straße mit 12 000 Kfz/24 h und einem Mittelungspegel von 70 dB(A) bei einem Angrenzergrundstück wird von der B-Straße, an die das betroffene Grundstück ebenfalls angrenzt, mit 5000 Kfz/24 h und einem Mittelungspegel von 65 dB(A) gekreuzt. Der daraus resultierende Summenpegel beträgt dann bei dem Angrenzergrundstück rd. 71 dB(A). Er ist wegen der Gleichartigkeit der störenden Schallereignisse für die Störwirkung repräsentativ. Dies wäre z.B. bei einer Summierung von Straßenverkehrs- und Fluglärm nicht der Fall.

35 cc) Verschiedene amtliche oder private Regelwerke – z.B. die TA Lärm (Rn. 8/83 ff.), die 16. BImSchV (Rn. 8/301 ff.), die 18. BImSchV (Rn. 8/257 ff.), die DIN 18005 (Rn. 8/316) – sollen mit Immissionsricht- oder Immissionsgrenzwerten eine Antwort auf die Frage nach den *Grenzen der Zumutbarkeit* bestimmter Beurteilungspegel geben, die mit diesen Immissionswerten zu vergleichen sind. Bei den Immissionswerten wird meist nach Tageszeit (z.B. 6.00 Uhr oder 7.00 Uhr bis 22.00 Uhr) und Nachtzeit sowie nach Gebietsarten (z.B. Reines Wohngebiet, Misch- oder Industriegebiet) unterschieden. Der **Beurteilungspegel** wird durch eine Bewertung aus dem Mittelungspegel (Rn. 8/32) gebildet. Im Beurteilungspegel wird etwa die Länge der Einwirkzeit des Geräusches zum Beurteilungszeitraum in Beziehung gesetzt. In diesen Pegel gehen auch Abschläge für Fremdgeräusche sowie Zuschläge für Ruhezeiten, Ton-, Impuls- oder Informationshaltigkeit ein[26]. Da die Meß- und Beurteilungs-

---

25 Bei einem Halbierungsparameter q = 4 (z.B. bei Fluglärm) wird ein Schallereignis bestimmter Dauer einem um 4 dB niedrigeren Schallereignis doppelter Dauer gleichgesetzt; wird dagegen (wie beim Straßen- und Schienenverkehr) von q = 3 ausgegangen, so reduziert sich der Schallpegel eines energieäquivalenten Schallereignisses doppelter Dauer gegenüber dem Vergleichspegel nur um 3 dB. Daher erhöht sich der Mittelungspegel im Falle einer Verdoppelung der Verkehrsstärke (z.B. der Flugbewegungszahl pro Zeiteinheit) bei q = 4 um 4 dB(A), bei q = 3 um 3 dB(A). Der Halbierungsparameter gibt somit bei zeitunabhängigem Pegel die Pegelerhöhung in dB(A) an, die zu dem gleichen Mittelungspegel führt, wenn die Geräuschdauer halbiert wird. Die unterschiedlichen Halbierungsparameter sollten mittelfristig aufgegeben werden, s. SRU, Sondergutachten Umwelt und Gesundheit, 1999, Tz. 98.

26 Geräusche sind *tonhaltig*, wenn besondere Einzeltöne, z.B. singende oder kreischende Töne hervortreten; sie sind *impulshaltig*, wenn sie durch knall- oder schlagartige Schalleindrücke mitgeprägt werden.

verfahren in den einzelnen Regelwerken nicht identisch sind, haben die jeweils ermittelten Beurteilungspegel bei gleichem Zahlenwert keineswegs auch den gleichen Aussagewert[27].

dd) Unzureichend gelöst ist das Problem der Lärmbewertung bei Lärm aus unterschiedlichen Schallquellen (z.B. Straßenlärm, Fluglärm, Gewerbelärm, Sportlärm, Freizeitlärm). Die vorhandenen Regelwerke zur Lärmbewertung klammern dieses Problem aus. Die Rechtsprechung insbesondere des 11. Senats des BVerwG hat darüberhinaus die Tauglichkeit der Verkehrslärmschutzverordnung durch Beschränkung ihres Anwendungsbereichs entwertet; der Gesetzgeber enthält sich klarer Aussagen über erforderliche Ansprüche zur Lärmsanierung, ohne daß dies von den Verwaltungsgerichten heute hinterfragt würde[28]. **36**

c) Schallschutz

Eine Überschreitung der Zumutbarkeitsschwelle kann in der Regel durch Schallschutz vermieden werden[29]. Dazu sollen zunächst Maßnahmen **aktiven Schallschutzes** dienen, d.h. emissionsmindernde Maßnahmen (z.B. Einsatz leiserer Kraft- oder Luftfahrzeuge, Anwendung lärmarmer Reifen und schalldämmender Straßendecken – sog. „Flüsterbeton" –, Einhausung der Schallquelle), organisatorische Maßnahmen (z.B. Nachtflugverbote, Geschwindigkeitsbeschränkungen) sowie sonstige Maßnahmen, die an oder bei der Lärmquelle ansetzen (z.B. Schallschutzwälle oder -wände[30]). Dem Schallschutz dienen aber auch die (gewöhnlich vom Vorhabenträger zu finanzierenden) Maßnahmen **passiven Schallschutzes**, d.h. Maßnahmen, die am Schutzobjekt vorgenommen werden (z.B. Verwendung von Schallschutzfenstern bestimmter Schallschutzklassen und schalldämmender Umfassungsbauteile). **37**

Gemeinden sind verpflichtet, **Lärmminderungspläne** (Rn. 8/329 ff.) für Gebiete aufzustellen, in denen schädliche Umwelteinwirkungen durch Lärm hervorgerufen werden können, deren Maßnahmenkatalog von den hierfür zuständigen Stellen (z.B. Bundesbahnen, Immissionsschutzbehörde, Straßenverkehrsbehörde) durchzusetzen ist. Bei der **Planung** neuer Verkehrswege – z.B. bei der Wahl der günstigsten Trassierung, der Konzeption einer Trog- oder Tunnellösung, der Anordnung von Lärmschutzwällen oder -wänden usw. – müssen für die Berechnung der künftigen Schallemissionen und -immissionen hinsichtlich der zu erwartenden Verkehrsmenge und der künftigen Zusammensetzung des Verkehrsstroms für einen bestimmten künftigen Zeithorizont *Prognosen* angestellt werden. Für die hierauf basierenden Emissions- **38**

27 Zur Ermittlung u. Beurteilung der Geräuschemissionen u. -immissionen s. SRU, Umweltgutachten 1987, Tz. 1386 ff. Zu den Rechtsproblemen bei der Bewertung von Geräuschimmissionen vgl. *Kutscheidt*, NVwZ 1989, 193 ff.

28 Vgl. auch SRU, Sondergutachten Umwelt und Gesundheit, 1999, Tz. 96 ff.

29 Vgl. *Krell*, Handbuch für Lärmschutz an Straßen und Schienenwegen, 1980; *Bohny, Borgmann u.a* (Hrsg.), Lärmschutz in der Praxis, 1986; Innenministerium BW (Hrsg.), Städtebauliche Lärmfibel, 1991.

30 Zum Beleg dafür, wie auch ein Revisionsgericht die Tragweite schallphysikalischer Zusammenhänge (hier bei der Beurteilung der Schutzwirkung von Lärmschutzanlagen i.S. von § 127 II Nr. 5 BauGB) mit der Folge der Postulierung dubioser Rechtsgrundsätze verkennen kann, vgl. *Kuschnerus*, NVwZ 1989, 528 ff.

und Immissionsberechnungen sehen die Regelwerke besondere Berechnungsmethoden vor; so z.B. für Bundesstraßen und Bahnlinien die 16. BImSchV.

II. Einführung in das Immissionsschutzrecht

1. Zur historischen Entwicklung

39 Neben dem zivilrechtlichen Abwehranspruch insbesondere gegen wesentliche nachbarliche Einwirkungen auf das Grundeigentum in Gestalt von Immissionen hat sich aufgrund der Industrialisierung im 19. Jhdt. schon relativ früh auf polizeirechtlicher Grundlage auch ein öffentlich-rechtliches Immissionsschutzrecht entwickelt. In Fortentwicklung der ordnungsrechtlichen Generalklausel des Allgemeinen Preußischen Landrechts wurde z.B. bereits 1845 in der Allgemeinen Preußischen Gewerbeordnung (§§ 26 ff.) für bestimmte besonders lästige Anlagen eine spezielle Genehmigungspflicht eingeführt, die sich unter im wesentlichen gleichen Voraussetzungen auch in den §§ 16 ff. *Gewerbeordnung des Norddeutschen Bundes* von 1869 bzw. in der *Reichsgewerbeordnung* von 1900 wiederfindet.

40 Die Gewerbeordnung wurde mehrfach novelliert, u.a. mit dem Ziel einer Intensivierung des in §§ 16 ff. GewO geregelten, auf genehmigungspflichtige Anlagen bezogenen Immissionsschutzes. Bereits in der Regierungserklärung von 1969 wurde zum Ausdruck gebracht, daß weitere gesetzgeberische Maßnahmen auf den Gebieten der Luftreinhaltung und Lärmbekämpfung vordringlich seien. Schließlich ging aus den §§ 16 ff. GewO – unter Einbeziehung des Vorsorgeprinzips – der II. Teil des *Bundes-Immissionsschutzgesetzes* (BImSchG) vom 15.3.1974 hervor. Es wurde inzwischen mehrfach geändert und hat sich insbesondere durch die Regelungstechnik der Ermächtigung zum Erlaß von Verordnungen und Verwaltungsvorschriften als aktuelles und vielfach auch effizientes Steuerungsinstrument erwiesen.

41 Die immissionsschutzrechtliche Anlagengenehmigung in ihrer heutigen Form wird – aufgrund des polizeirechtlichen Ursprungs des öffentlichen Immissionsschutzrechts – mit Rücksicht auf die grundrechtliche Position des Betreibers überwiegend als **Kontrollerlaubnis** (Rn. 2/20) verstanden[31]. Dies bedeutet, daß die Verwaltung dem um die Erteilung der immissionsschutzrechtlichen Genehmigung nachsuchenden Betreiber gegenüber *gebunden* ist, wenn die Genehmigungsvoraussetzungen gegeben sind und dabei insbesondere sowohl der gebotene Schutz der Allgemeinheit sowie der Nachbarschaft vor (umwelt-)schädlichen Einwirkungen als auch die Einhaltung des Vorsorgegebots gewährleistet sind. Andererseits genießt die immissionsschutzrechtliche Genehmigung wegen der potentiell umweltbelastenden Auswirkungen

---

31 Dies schließt aber u.E. nicht aus, durch Änderung des BImSchG die Nutzung der Luft einem – der Gewässernutzung vergleichbaren – öffentlich-rechtlichen Benutzungsregime zu unterstellen und anstelle einer Kontrollerlaubnis eine Ausnahmebewilligung oder privatnützige Planfeststellung vorzusehen, s. *Wahl/Appel*, in: *Wahl* (Hrsg.) Prävention und Vorsorge, 1995, S. 174 ff.; *Murswiek*, DVBl. 1994, 77 (81); zum UGB *Engel*, ZUR 1999, 131 (135); *Kloepfer/Rehbinder/Schmidt-Aßmann/Kunig*, UGB-AT, S. 262 und die Diskussion auf der Staatsrechtslehrertagung 1991 in Gießen, VVDStRL 51, 283 ff.

emittierender Anlagen und der damit verbundenen stärkeren Sozialbindung des Eigentums nur einen **eingeschränkten Bestandsschutz** (Rn. 8/239 ff.).

2. Rechtsquellen

a) Europarecht

Auf der Ebene des Europarechts gibt es neben medienübergreifenden Regelungen (Rn. 3/1 ff.) immissionschutzrechtlich relevante **Richtlinien des Rats der EG** u.a. zu folgenden Themenkomplexen[32]: **42**

- **Verminderung der Umweltverschmutzung durch ortsfeste Anlagen**, insbesondere die *Richtlinie 96/61/EG über die integrierte Vermeidung und Verminderung der Umweltverschmutzung* vom 24.9.1996 (ABl Nr. L 257/26, **IVU-Richtlinie**), mit der die ältere Rahmenrichtlinie 84/360/EWG v. 29.6.1984 zur Bekämpfung der Luftverunreinigung durch Industrieanlagen (ABl. Nr. L 188/20, geändert durch ABl. 1991 Nr. L 377/48) zum 31.10.2007 außer Kraft gesetzt wird, und die medienübergreifende Anforderungen an Anlagenzulassung und -betrieb stellt, die RL 88/609/EWG v. 24.11.1988 über Großfeuerungsanlagen (ABl. Nr. L 336/1, geändert durch ABl. 1990 Nr. L 353/59) sowie die RL 89/369/EWG v. 8.6.1989 (ABl. Nr. L 163/32) und 89/429/EWG v. 21.6.1989 (ABl. Nr. L 203/50) zur Emissionsbegrenzung bestehender und neuer Müllverbrennungsanlagen.

Die **IVU-Richtlinie** ist nach Ablauf der Umsetzungsfrist seit 31.10.1999 mit vielen Bestimmungen *unmittelbar anzuwenden*[33]. Die Anforderungen der IVU-Richtlinie und der UVP-Richtlinie können dabei verzahnt werden. An angeblichen verfassungsrechtlichen Bedenken gegen die Gesetzgebungskompetenz des Bundes für die Umweltmedien Wasser und Natur ließ die BReg die geplante Umsetzung in einem ersten Teil des UGB scheitern. Ein Artikelgesetz soll nunmehr Abhilfe schaffen. Auf die im kommenden Jahr anstehenden Änderungen des BImSchG wird an entspechender Stelle eingegangen.

Die IVU-Richtlinie bezweckt, Emissionen in Wasser, Luft und Boden unter Einbeziehung der Abfallwirtschaft so weit wie möglich zu vermeiden, hilfsweise zu vermindern, um ein hohes Schutzniveau für die Umwelt insgesamt zu erreichen. Dieser medienübergreifende Ansatz wird in das Anlagenrecht übertragen. In einem Anhang I sind bestimmte Anlagen abschließend aufgezählt, die der IVU-RL unterfallen. Der *Anlagenbegriff* des Art. 2 Nr. 3 ist dabei weiter als der des § 3 V BImSchG, und auch der Anlagenkatalog ist nicht deckungsgleich mit dem der 4. BImSchV. Art. 3 IVU-RL beschreibt dabei *Grundpflichten* des Anlagenbetreibers, die weiter gehen als § 5 BImSchG. Anlagen sind so zu betreiben, daß

---

32 S. ausführlich *Epiney*, Umweltrecht in der Europäischen Union, 1997, S. 236 ff., 246 ff.; *Jahns-Böhm*, Umweltschutz durch europäisches Gemeinschaftsrecht am Beispiel der Luftreinhaltung, 1994; ferner *Jarass*, BImSchG, Einl. Rn. 15 ff.; *Ress*, in: HdUR, Bd. I, Art. „Europäische Gemeinschaften", Sp. 548 (606 ff.). Die Rechtsakte der EG sind z.B. abgedr. in *Storm/Lohse*, EG-Umweltrecht, u. bei *Jarass*, BImSchG, Anh. D. – Rechtsvergleichend *Steinberg*, NVwZ 1995, 209 ff.

33 *Dolde*, NVwZ 1997, 313 ff.; *Koch/Jankowski*, ZUR 1998, 57 ff.; *Kühling/Röckinghausen*, DVBl. 1999, 1614 ff.; *Steinberg/Koepfer*, DVBl. 1997, 973 ff.; *Wasielewski*, NVwZ 2000, 15 ff.; *Röckinghausen*, Integrierter Umweltschutz im EG-Recht, 1998; *Zöttl*, NuR 1997, 157 ff.; *ders.*, Integrierter Umweltschutz in der neuesten Rechtsentwicklung, 1998; *Becker*, Integrierte Vermeidung und Verminderung der Umweltverschmutzung, Ktr., 1998. Europarechtlich zu eng der Ansatz von *Schmidt-Preuß*, NVwZ 2000, 252 ff., vgl. Rn. 1/45.

1. geeignete Vorsorgemaßnahmen gegen Umweltverschmutzungen, insbesondere durch den Einsatz der besten verfügbaren Techniken getroffen werden,
2. keine erheblichen Umweltverschmutzungen verursacht werden,
3. Abfälle vermieden oder verwertet werden, sofern dies technisch möglich und wirtschaftlich zumutbar ist,
4. Energie effizient verwertet wird,
5. notwendige Unfallschutzmaßnahmen ergriffen werden,
6. bei endgültiger Anlagenstillegung Sicherungs- und Rekultivierungsmaßnahmen durchgeführt werden.

Der Betrieb einer Anlage ist nach Art. 4 genehmigungspflichtig, die Anforderungen an Antragstellung, Inhalt der Genehmigungsunterlagen und Öffentlichkeitsbeteiligung sind in Art. 6 und 15 geregelt, darüber hinaus enthält Art. 9 *materiellrechtliche Genehmigungsvoraussetzungen*. Die Genehmigung muß Emissionsgrenzwerte insbesondere für die in Anhang IV aufgeführten Schadstoffe enthalten, wobei Wechselwirkungen einer Verschmutzungsverlagerung von einem Umweltmedium auf ein anderes berücksichtigt werden müssen. Insgesamt ist mit der Genehmigung ein hohes Schutzniveau für die Umwelt sicherzustellen. Auch wesentliche Änderungen der Anlagen unterliegen diesen verfahrens- und materiellrechtlichen Voraussetzungen. Nach der EuGH-Rechtsprechung ist damit – abweichend vom deutschen Recht (Rn. 8/144) – auch die Umsetzung des Vorsorgegebotes des Art. 3a) oder der Abfallvermeidung des Art. 3e) klagefähig. Als technischer Maßstab wird die *„beste verfügbare Technik"*, die geringfügig unter dem Schutzniveau des Standes der Technik nach § 3 VI BImSchG bleibt, festgeschrieben. Sie wird derzeit durch sog. BREF-Dokumente einer in Sevilla tagenden Kommission konkretisiert. Erteilte Genehmigungen sind von den Behörden kontinuierlich zu überprüfen und ggf. zu aktualisieren.

- **Verminderung der Schadstoffemissionen durch Kraftfahrzeuge**; zuletzt RL 98/69/EG vom 13.10.1998 (ABl. EG Nr. L 350/1)[34] und RL 99/102/EG vom 15.12.1999 (ABl. EG Nr. L 334/43);
- **Grenz- und Leitwerte für die Luftqualität**, darunter die RL 80/779/EWG über Grenz- und Leitwerte für SO_2 und Schwebstaub v. 15.7.1980 (ABl. Nr. L 229/30), die RL 82/884/EWG über einen Grenzwert für Blei in der Luft v. 3.12.1982 (ABl. Nr. L 378/15), die RL 85/203/EWG über Luftqualitätsnormen für NO_2 v. 7.3.1985 (ABl. Nr. L 87/1, alle geändert durch ABl. 1991 Nr. L 377/48), die RL 92/72/EWG über die Luftverschmutzung durch Ozon v. 21.9.1992 (ABl. Nr. L 297/1), und die RL 96/62/EG über die Beurteilung und Kontrolle der Luftqualität vom 27.9.1996 (ABl. Nr. L 296/55).

In Anlehnung an die IVU-Richtlinie hat der Rat die RL 99/32/EG vom 22.4.1999 über Grenzwerte für SO_2, NO_2, NO_X, Partikel und Blei in der Luft (ABl Nr. L 163/41 vom 29.6.1999) verabschiedet, die die genannten Luftqualitätsrichtlinien ablösen soll.

43 Zur Umsetzung verbindlicher Normen des Europarechts in innerstaatliches Recht nimmt das BImSchG mehrfach (z.B. in §§ 7 IV, 38, 44 I, 47 I, 48a) auf bindende Beschlüsse der EG Bezug.

44 Nach zwei Entscheidungen des EuGH vom 30.5.1991[35] war die BRD der Pflicht, die SO_2- und die Bleirichtlinie in nationales Recht umzusetzen, dadurch, daß die Grenzwerte dieser Richtlinien, die auch dem Gesundheitsschutz des einzelnen dienen, lediglich in die nur als Verwal-

34 Hierzu *Falke*, ZUR 1999, 93 (94 f.).
35 EuGH Slg. 1991, 2567 (2607).

tungsvorschrift ergangene und noch nicht einmal für alle emittierenden Anlagen geltende TA Luft (Rn. 8/69 ff.) übernommen (und dort z.T. sogar verschärft) wurden, nicht ordnungsgemäß nachgekommen. Erforderlich ist vielmehr die Umsetzung der Richtlinien – so der EuGH – in eine Regelung mit *außennormativer Wirkung*, damit der einzelne von seinen Rechten in vollem Umfang Kenntnis erlangen und diese vor nationalen Gerichten durchsetzen kann. Darüber hinaus muß sich die Regelung auf einen größeren Anwendungsbereich als den der TA Luft beziehen, indem auch nicht genehmigungsbedürftige emittierende Anlagen in sie einbezogen werden. Daher ist die 22. BImSchV über Immissionswerte für SO_2, Schwebstaub, Blei, NO_2 und Ozon als Teil-Novellierung der TA Luft im Rang einer Rechts-VO erlassen worden (vgl. § 48a BImSchG).

b) Bundesrecht

aa) Nach Art. 74 I Nr. 24 GG hat der *Bund* die **konkurrierende Gesetzgebungskompetenz** auf dem Gebiet der Luftreinhaltung und der Lärmbekämpfung. Für die Regelung sonstiger Immissionen (Erschütterungen, Licht, Wärme usw.) kann sich der Bund hinsichtlich wirtschaftlicher Unternehmen auf Art. 74 I Nr. 11 GG (Recht der Wirtschaft), hinsichtlich der von Fahrzeugen verursachten Immissionen auf Art. 73 Nr. 6 GG (Bundeseisenbahn- und Luftverkehr) sowie auf Art. 74 I Nrn. 21-23 GG (Schiffahrt, Straßenverkehr, Schienenbahnen u.a.) berufen. **45**

bb) Die zentrale Regelung des Immissionsschutzrechts im Bereich des Bundesrechts stellt das seit 1974 mehrfach novellierte **Gesetz zum Schutz vor schädlichen Umwelteinwirkungen durch Luftverunreinigungen, Geräusche, Erschütterungen und ähnliche Vorgänge** (Bundes-Immissionsschutzgesetz – **BImSchG**) dar[36]. Es wurde im Laufe der Jahre insbesondere aufgrund der Einführung der UVP in das bundesdeutsche Recht (Rn. 3/2 ff.), der Novelle 1990, des Investitionserleichterungs- und Wohnbaulandgesetzes vom 22.4.1993 (BGBl. I 466) sowie des Gesetzes zur Beschleunigung und Vereinfachung immissionsschutzrechtlicher Vorschriften geändert. Hierdurch wurden z.B. Abfallentsorgungsanlagen (mit Ausnahme der Abfalldeponien) anstelle einer Planfeststellung der immissionschutzrechtlichen Genehmigungspflicht unterworfen und vielfältige – rechtspolitisch umstrittene – Verfahrenserleichterungen mit dem Ziel eingeführt, das Genehmigungsverfahren abzukürzen. **46**

Eine weitreichende Änderung des BImSchG steht mit der seit Oktober 1999 fälligen Umsetzung der IVU Richtlinie an, die sowohl formelle als auch materielle Änderungen des BImSchG bedingt. **47**

Ergänzt wird das BImSchG durch die zu ihm ergangenen (bisher 28) Durchführungsverordnungen, z.B. die 4. BImSchV über genehmigungsbedürftige Anlagen, die 13. BImSchV über Großfeuerungsanlagen (Rn. 8/166 ff.), die 17. BImSchV über Abfallverbrennungsanlagen (Rn. 8/173 ff.), die VerkehrslärmschutzVO (Rn. 8/298, 301 ff.) und die SportanlagenlärmschutzVO (Rn. 8/257 ff.). Ferner gibt es spezielle Immissionsschutzgesetze, z.B. das *Fluglärmgesetz* (das aber eher dem Schutz des Flugverkehrs als der Vermeidung des Fluglärms dient) oder das *Benzinbleigesetz* zur Begren- **48**

36 BImSchG i.d.F. d. Bek. vom 14.5.1990 (BGBl. I 881). Seitdem wurde das BImSchG mehrfach, zuletzt durch Ges. v. 19.10.1998, BGBl. I 3178, geändert.

zung des Bleigehalts von Otto-Kraftstoffen. Hinzu kommen immissionsschutzrechtliche Bestimmungen in solchen Fachgesetzen, die nicht primär den Immissionsschutz normieren (vgl. z.B. §§ 2 I 2 Nr. 4, 6 II 1, 9 II, 29b LuftVG, § 6 I Nr. 3 lit. d StVG, § 2 I Nr. 7 BNatSchG, § 10 IV 2 Nr. 4 KrW-/AbfG usw.). Von großer Bedeutung für die Praxis sind auch die einschlägigen untergesetzlichen Verwaltungsvorschriften (Rn. 1/71 ff.), darunter die TA Luft (Rn. 8/72) und die TA Lärm (Rn. 8/85).

c) Landesrecht

49 aa) Im Bereich des Landesrechts finden sich (nicht durchgängig) Landesimmissionsschutzgesetze und Immissionsschutzverordnungen sowie spezielle immissionsschutzrechtliche Normen in vorwiegend andere Materien regelnden Gesetzen (z.B. in Landesbauordnungen). Das BImSchG läßt den Ländern auf dem Gebiet des Immissionsschutzes nur noch wenig Raum. Eine Ergänzungskompetenz besteht z.B. dort, wo die Länder durch das BImSchG zur Normsetzung im Wege von Rechtsverordnungen ermächtigt worden sind (z.B. durch §§ 40 I, 49 II BImSchG zum Erlaß von sog. *Smog-VO*), ferner dort, wo der Bund von seinem Gesetzgebungsrecht mit dem Erlaß des BImSchG keinen Gebrauch gemacht hat (Art. 72 I GG), was für bestimmte Normsetzungsbereiche im BImSchG ausdrücklich klargestellt ist (etwa durch § 49 III BImSchG).

50 Ein Gesetzgebungsrecht der Länder auf dem Gebiet des Immissionsschutzrechts[37] besteht somit im wesentlichen nur noch hinsichtlich nicht anlagenbezogener, z.B. produktbezogener Vorschriften (soweit nicht Rechtsverordnungen nach §§ 32 ff. BImSchG die Gesetzgebungskompetenz des Bundes ausgeschöpft haben) und unmittelbar von menschlichen oder tierischen Verhaltensweisen bewirkter Immissionen (etwa Vorschriften über das Abbrennen fester Stoffe oder über nächtliches Hundegebell) sowie hinsichtlich solcher anlagenbezogener Immissionen, die nicht von Anlagen i.S. des § 3 V BImSchG ausgehen. Der allgemeine **handlungsbezogene Immissionsschutz** bleibt damit die letzte Domäne der Immissionsschutzgesetze und -verordnungen der *Länder* und Polizeiverordnungen der *Gemeinden*; er bezieht sich beispielsweise auf den Schutz der Nachtruhe, die Benutzung von Musikinstrumenten, das Abbrennen von Feuerwerkskörpern oder die Tierhaltung (s.a. Rn. 8/250).

51 bb) Altes DDR-Immissionsschutzrecht, das nach der Kompetenzordnung des GG Landesrecht ist, gilt gem. Art. 9 I 1 Einigungsvertrag in den *neuen Bundesländern* bis zum Erlaß entsprechender neuer Landesgesetze fort, sofern dieses alte Recht dem EG- und Bundesrecht nicht widerspricht.

d) Zwischenstaatliche Abkommen

52 Auf dem Gebiet der Luftreinhaltung bestehen zahlreiche internationale Übereinkommen, wie etwa das Genfer (ECE-)*Übereinkommen über weiträumige grenzüberschreitende Luftverunreinigungen* vom 13.11.1979 (BGBl. 1982 II 374) sowie das Helsinki-Protokoll vom 8.7.1985 über die Verringerung von Schwefelemissionen oder ihres grenzüberschreitenden Flusses um mindestens 30% (BGBl. II 1116). Nach dem Sofia-Protokoll vom 31.10.1988 haben sich 25 ECE-Mitgliedstaaten verpflich-

---

37 Hierzu *Jarass*, BImSchG, Einl. Rn. 29 ff.; *Pudenz*, NuR 1991, 361 ff.

tet, ihren NO_x-Ausstoß auf dem Stand von 1987 einzufrieren[38]. Nach dem Oslo-Protokoll vom 16.6.1994 hat sich Deutschland verpflichtet, die Gesamt-Schwefel-Emissionen um 83% bis zum Jahr 2000 und um 87% bis zum Jahre 2005 zu reduzieren. Zum Klimaschutz ist mit dem auf dem Rio-Gipfel am 21.4.1994 unterzeichneten Rahmenübereinkommen der UN über Klimaveränderungen (BGBl II 1993, 1784) ein erster Schritt getan worden, dem mehrere – weitgehend erfolglose – Konferenzen in Berlin, Genf, Kioto und Buenos Aires folgten, die sich zunehmend dem Emissionshandel zuwandten[39]. Hauptziel der Konvention ist eine Stabilisierung der Treibhausgaskonzentration auf einem Niveau, auf dem eine gefährliche anthropogene Störung des Klimasystems verhindert wird. Im *Kioto-Protokoll* von 1997 verpflichten sich Industrieländer, ihre Treibhausgasemissionen bis 2012 gegenüber dem Niveau von 1990 um 5% zu senken.

Auf dem Weltklimagipfel im November 1999 in Bonn haben zahlreiche Länder erklärt, das Protokoll von Kioto solle 2002 in Kraft treten. Dazu muß es von mindestens 55 Staaten ratifiziert werden. **53**

3. Überblick über das Bundes-Immissionsschutzgesetz

In seinem **I. Teil** enthält das BImSchG **allgemeine Vorschriften**: **54**

- § 1 zum Zweck des Gesetzes, nämlich Menschen, Tiere und Pflanzen, den Boden, das Wasser, die Atmosphäre sowie Kultur- und sonstige Sachgüter (*Schutzgegenstand*) vor schädlichen Umwelteinwirkungen und soweit es sich um genehmigungsbedürftige Anlagen handelt, auch vor Gefahren, erheblichen Nachteilen und erheblichen Belästigungen, die auf andere Weise herbeigeführt werden, zu schützen (*Schutzzweck*) und dem Entstehen schädlicher Umwelteinwirkungen vorzubeugen (*Gefahrenabwehr und Vorsorge*),
- § 2 zum *sachlichen Geltungsbereich*: Errichtung und Betrieb von Anlagen, Herstellung, Inverkehrbringen und Einfuhr von Anlagen, Treib- und Brennstoffen (§§ 32-37), Beschaffenheit, Ausrüstung, Betrieb und Prüfung von Kraft-, Schienen-, Luft- und Wasserfahrzeugen (§§ 38-40), Bau öffentlicher Straßen und Schienenwege (§§ 41-43).

  Dabei geht es nicht nur um Anlagen zu gewerblichen Zwecken, sondern auch um Anlagen der Land- und Forstwirtschaft sowie des Bergbaus, und schließlich auch um Anlagen im Hoheitsbereich. *Ausgenommen* vom BImSchG sind aber Flugplätze, Kernbrennstoffe sowie atomrechtlich geregelte Anlagen und Geräte, soweit es sich um den Schutz vor den Gefahren der Kernenergie und der schädlichen Wirkung ionisierender Strahlen handelt. Soweit die Regelungen des BImSchG die Luftreinhaltung und die Lärmbekämpfung betreffen, gelten sie grds. für Anlagen aus allen Bereichen, im übrigen aber aus Kompetenzgründen (Rn. 8/45) nur für den Bereich der Wirtschaft.
- § 3 enthält zentrale Begriffsbestimmungen (Rn. 8/65 ff.).

---

38 Vgl. dazu *Gündling*, UPR 1985, 403 ff.; *Kimminich*, in: HdUR, Bd. II, Art. „Umweltvölkerrecht", Sp. 2521 (2524 ff.); *Schröder*, DVBl. 1986, 1173 ff.; *Wolfrum*, DVBl. 1984, 493 ff. – Zum Schutz der Ozonschicht vor FCKW s. Rn. 10/8.

39 BMU, Leitfaden zur 5. Klimaschutzkonferenz in Bonn, 1999; *Ehrmann*, NuR 1997, 229 ff.; *Koch/Behrend*, NuR 1996, 433 ff.; *Müller-Kraenner*, ZUR 1998, 113 ff.

55 Der **II. Teil** des BImSchG betrifft den *anlagenbezogenen Immissionsschutz* (**Errichtung und Betrieb von Anlagen,** §§ 4-31a), der in drei Abschnitte gegliedert ist:

(1) *Genehmigungsbedürftige Anlagen* (§§ 4-21): Unter dem Aspekt von Luftverunreinigung oder Lärm besonders umweltrelevante Anlagen sind in der 4. BImSchV abschließend aufgeführt und bedürfen einer immissionsschutzrechtlichen Genehmigung, für die ein besonderes Verfahren vorgeschrieben ist.

(2) *Nicht genehmigungsbedürftige Anlagen*: Für sie werden in den §§ 22-25 Pflichten der Betreiber bzw. über die Anforderungen an das Ausmaß der gebotenen Umweltfreundlichkeit der Anlagen und ihres Betriebs festgelegt.

(3) Der *3. Abschnitt* über *Ermittlung von Emissionen und Immissionen, sicherheitstechnische Prüfungen und den Technischen Ausschuß für Anlagensicherheit* (§§ 26-31a) handelt zunächst von der Pflicht der Anlagenbetreiber, auf Ersuchen der zuständigen Behörde Emissionen und/oder Immissionen (letztere im Einwirkungsbereich der Anlagen) auf eigene Kosten durch anerkannte Stellen messen zu lassen und die Ergebnisse zu melden; ferner regelt er den beim BMU gebildeten, diesen beratenden Technischen Ausschuß für Anlagensicherheit.

56 Der **III. Teil** betrifft den *produktbezogenen Immissionsschutz*, d.h. die **Beschaffenheit von Anlagen, Stoffen, Erzeugnissen, Brennstoffen, Treibstoffen und Schmierstoffen** (§§ 32-37). Hier geht es vornehmlich um Ermächtigungen der Bundesregierung, nach Anhörung der beteiligten Kreise (§ 51) durch RechtsVO mit Zustimmung des Bundesrats zum Schutz vor schädlichen Umwelteinwirkungen gewisse Anforderungen zu stellen, und zwar

- an die Beschaffenheit und generelle Zulassung (Bauartzulassung) hergestellter, eingeführter oder in Verkehr gebrachter Anlagen und Anlagenteile,
- an die Beschaffenheit von Brenn- und Treibstoffen oder von sonstigen Stoffen und Erzeugnissen, deren Verwendung oder Verbrennung zu schädlichen Umwelteinwirkungen führen können.

57 Im **IV. Teil** ist der *verkehrsbezogene Immissionsschutz* – **Beschaffenheit und Betrieb von Fahrzeugen, Bau und Änderung von Straßen- und Schienenwegen** (§§ 38-43) – geregelt. Während §§ 38, 39 Emissionen, die durch Teilnahme am Verkehr verursacht sind, erfassen und diesbezüglich Anforderungen an Beschaffenheit und Betrieb von Fahrzeugen (Kraftfahrzeuge und Anhänger, Schienen-, Luft- und Wasserfahrzeuge) stellen und Verordnungsermächtigungen (auch für supranationales Recht) beinhalten, sind aufgrund von § 40 und der darauf erlassenen Landes- bzw. Bundesverordnungen Verkehrsbeschränkungen wegen konkreter Immissionssituationen (Sommer- und Wintersmog) möglich. Demgegenüber knüpfen die §§ 41-43 an die Lage und Ausgestaltung öffentlicher Straßen und Schienenwege an und stellen – zusammen mit § 50 – eine Stufenregelung hinsichtlich des Lärmschutzes – schonende Trassierung, aktiver Lärmschutz vor passivem Lärmschutz und Aufwendungsersatz für die Lärmbetroffenen – auf.

58 Der **V. Teil** betrifft den *gebietsbezogenen Immissionsschutz*; in ihm geht es um die Überwachung der Luftverunreinigung im Bundesgebiet, ferner um Luftreinhalte- und Lärmminderungspläne (§§ 44-47a).

Der **VI. Teil** schließlich (§§ 48-62) enthält *gemeinsame Vorschriften*, darunter z.B. § 48a als Ermächtigung zur Umsetzung von EG-Recht und § 48 BImSchG, der die Bundesregierung ermächtigt, mit Zustimmung des Bundesrats nach Anhörung der beteiligten Kreise (§ 51) *allgemeine Verwaltungsvorschriften* zu erlassen, und zwar u.a. über Immissionswerte, die zu dem in § 1 genannten Zweck (Rn. 8/39) nicht überschritten werden dürfen, über Emissionswerte, deren Überschreitung nach dem Stand der Technik vermeidbar ist, sowie über das Verfahren zur Ermittlung der Emissionen und Immissionen. Aufgrund dieser Ermächtigung sind die (novellierungsbedürftige) **TA Luft** (Rn. 8/69 ff.) und die **TA Lärm** von 1998 (Rn. 8/85) ergangen. **59**

Schließlich finden sich noch gemeinsame Vorschriften zur fehlerfreien Zuordnung unterschiedlich genutzter Flächen bei *raumbedeutsamen Planungen* (§ 50), zur *Überwachung* der Durchführung immissionsschutzrechtlicher Vorschriften (§ 52; Rn. 8/273) sowie zur Bestellung eines *Betriebsbeauftragten für Immissionsschutz* (§§ 53-58; Rn. 8/280). Gleichartige Regelungen für Betriebsbeauftragte finden sich im Gewässer-, Abfall- und Strahlenschutzrecht. **60**

Der **VII. Teil** enthält die Schlußvorschriften.

III. Gesetzeszweck, Grundbegriffe und Instrumente

1. Zielsetzung des geltenden Immissionsschutzrechts

Ziel des gesamten öffentlichen Immissionsschutzrechts ist der – vor allem auf das Medium Luft ausgerichtete – Schutz der Umwelt vor schädlichen Einwirkungen durch Luftverunreinigungen, Lärm, Erschütterungen und ähnlichen Erscheinungen. Die in seinem § 1 vorangestellte **Zweckbestimmung** des BImSchG dient der Auslegung der weiteren im Gesetz enthaltenen Vorschriften[40]. Die Bestimmung, in der der *Gefahrenabwehr*- und der *Vorsorgegrundsatz* zum Ausdruck kommen, lautet: **61**

„Zweck dieses Gesetzes ist es, Menschen, Tiere und Pflanzen, den Boden, das Wasser, die Atmosphäre sowie Kultur- und sonstige Sachgüter[41] **62**
- vor schädlichen Umwelteinwirkungen und,
- soweit es sich um genehmigungsbedürftige Anlagen handelt, auch vor Gefahren, erheblichen Nachteilen und erheblichen Belästigungen, die auf andere Weise herbeigeführt werden, zu schützen und
- dem Entstehen schädlicher Umwelteinwirkungen vorzubeugen."

Dieser auf den Schutz des Menschen und seiner Umwelt bezogenen Schutzzweck- und Schutzobjektbestimmung – der Schutz von Ökosystemen (Rn. 5/4) sowie von Wechselwirkungen[42] dürfte ebenfalls in den Schutzbereich einbezogen sein – kommt vor allem bei der Rechtsanwendung, bei der Ermessensausübung und bei der rechtsetzenden Ausfüllung des BImSchG praktische Bedeutung zu. **63**

---

40 BVerfGE 75, 329 (344); ausführlich *Sach*, Genehmigung als Schutzschild?, 1994.

41 Dies alles war auch schon gem. der alten Fassung geltendes Recht; vgl. *Lübbe-Wolff*, NVwZ 1986, 178 ff.; zum Bodenschutz durch das BImSchG *Seibert*, NVwZ 1993, 16 ff.

42 *Jarass*, BImSchG, § 1 Rn. 5; *Rebentisch*, NVwZ 1995, 950.

64 Allerdings verfolgt das BImSchG auch noch ein anderes, in § 1 nicht angesprochenes Ziel: Es will insoweit, als die Umwelteinwirkungen und sonstigen nachteiligen Einwirkungen die Erheblichkeitsschwelle nicht erreichen, den Betrieb emittierender Anlagen, d.h. eine kontrollierte industrielle Umweltnutzung ermöglichen[43].

2. Grundbegriffe und Instrumente

65 Für die wichtigsten Begriffe des Immissionsschutzrechts enthält § 3 Legaldefinitionen.

a) Emissions- und Immissionsbegriff

66 Nach der Legaldefinition der **Emissionen** in § 3 III BImSchG ist entscheidend, daß Luftverunreinigungen, Geräusche, Erschütterungen, Licht, Wärme, Strahlen[44] und ähnliche Erscheinungen von einer *Anlage* i.S. des § 3 V BImSchG „ausgehen", auch – wie klarstellend zu ergänzen ist – von Fahrzeugen (§ 38) und öffentlichen Verkehrswegen (§ 41). Kennzeichnend für die Emissionen ist der Quellenbezug.

67 Die Legaldefinition der **Immissionen** nach § 3 II BImSchG knüpft an die gleichen Erscheinungen an, die bereits für Emissionen kennzeichnend sind, doch müssen die Immissionen alternativ auf Menschen, Tiere und Pflanzen, den Boden, das Wasser, die Atmosphäre sowie Kultur- und sonstige Sachgüter „einwirken". Immissionen können schädliche Umwelteinwirkungen i.S.d. § 3 I BImSchG sein (Rn. 8/96). Für Immissionen spielt die Quelle keine Rolle, so daß in die Beurteilung von Immissionen Vor- und Fremdbelastungen grundsätzlich einzubeziehen sind.

68 Ein Unterschied zwischen den öffentlich-rechtlichen und privatrechtlichen (§ 906 BGB) Begriffen der Emissionen und der Immissionen besteht nicht.

b) Luftverunreinigungen und die TA Luft

69 aa) Für **Luftverunreinigungen** ist in § 3 IV BImSchG eine Legaldefinition enthalten, während der Bedeutungsgehalt anderer Immissionen (Geräusche usw.) im Gesetz vorausgesetzt wird. Luftverunreinigungen sind danach Veränderungen der natürlichen Zusammensetzung der Luft, insbesondere durch Rauch, Ruß, Stäube, Gase, Aerosole, Dämpfe oder Geruchsstoffe.

70 Kennzeichnend für eine Luftverunreinigung ist somit eine – qualitativ noch gar nicht bewertete – Differenz zwischen dem Soll-Zustand der Luft (eigentlicher Naturzustand) und ihrem jeweiligen örtlichen Ist-Zustand (Belastungs-Zustand). Anhaltspunkte für die natürliche Zusammensetzung der Luft in Bodennähe enthält die VDI-

43 BVerwGE 84, 236 (241): Schärfere Anforderungen als die des BImSchG sollen aber nicht ausgeschlossen werden.

44 Vgl. aber zu den ionisierenden Strahlen § 2 II BImSchG. Zu Immissionen von elektromagnetischen Wellen s. die 26. BImSchV (Rn. 8/254).

Richtlinie 2104, die die Gewichts- bzw. Volumenanteile von Sauerstoff, Stickstoff, Kohlendioxid, Wasserstoff und Edelgasen angibt.

Schädliche Luftverunreinigungen, d.h. abstrakt schädliche Luftschadstoffe können konkret zu schädlichen Umwelteinwirkungen (§ 3 I BImSchG; Rn. 8/96) führen. Ihnen gelten die Luftreinhaltebemühungen nach dem BImSchG, den aufgrund des BImSchG erlassenen Vorschriften und europarechtlichen Normen (Rn. 8/42). **71**

bb) Die (aufgrund § 48 BImSchG erlassene) allgemeine Verwaltungsvorschrift der Technischen Anleitung zur Reinhaltung der Luft vom 27.2.1986[45] – **TA Luft** – enthält für den Normalbetrieb genehmigungspflichtiger Anlagen Vorschriften zur Reinhaltung der Luft, die von den zuständigen Behörden (§ 10 V BImSchG) im Genehmigungsverfahren bei der Prüfung der Anträge auf Erteilung von Genehmigungen (bzw. Teilgenehmigungen oder Vorbescheiden) nach §§ 6, 15 BImSchG oder im Überwachungsverfahren bei nachträglichen Anordnungen nach § 17 BImSchG zu beachten sind. Die Regelungen zielen aber nicht nur auf die Einhaltung der Immissions- und Emissionswerte, sondern bereits auf die Vermeidung und Minimierung der Emissionen (z.B. durch Verfahrensoptimierung). Die Rechtsprechung sieht in der TA Luft eine gerichtlich nur beschränkt überprüfbare normkonkretisierende Verwaltungsvorschrift (Rn. 4/31 ff.)[46]. **72**

Sie werden ergänzt durch die 22. und 23. BImSchV die normativ die – inzwischen wiederum verschärften – europarechtlichen Grenzwerte für SO_2, Schwefelstaub, Blei und NO_2 in deutsches Recht überführt. Nach 14 Jahren ist die TA Luft novellierungsbedürftig, weil die 1990 in das BImSchG aufgenommenen Schutzgüter (Boden, Wasser, Atmosphäre) nicht mit entsprechenden Immissionswerten konkretisiert werden, für zu wenig Schadstoffe Immissionswerte festgesetzt sind und schließlich die RL 99/30/EG vom 22.4.1999 über Grenzwerte für Schwefeldioxid, Stickstoffdioxid, Partikel und Blei in der Luft (ABl. EG Nr. L 163/41 vom 29.6.1999) schärfere Anforderungen stellt. **73**

Die TA Luft enthält allgemeine Grundsätze zum Genehmigungsverfahren, Immissionsgrenzwerte (nur) für die wichtigsten luftverunreinigenden Stoffe, Verfahren zur Beurteilung von Immissionen, standardisierte Verfahren zur Berechnung der Ausbreitung von Emissionen und zur Bestimmung von Schornsteinhöhen, Emissionsgrenzwerte für staub- und gasförmige Stoffe nebst Sonderregelungen für gasförmige Stoffe, Sonderregelungen für verschiedene Anlagen, Anforderungen an die Überwachung von Emissionen und Regelungen für Altanlagen. Die *Eingangsregelungen* (Anwendungsbereich, Begriffsbestimmungen) finden sich in Nr. 1 und Nr. 2.1, die Regelungen über *Immissionen* insbesondere in Nrn. 2.2, 2.5 u. 2.6, die Regelungen über *Emissionen* insbesondere in Nrn. 2.3, 2.4 u. 3 und die Sonderregelungen über die *Altanlagensanierung* in Nr. 4. Der Abschnitt Nr. 4, der die notfalls durch nachträgliche Anordnungen durchzusetzenden Anforderungen an Altanlagen[47] (Rn. 8/169 ff.) enthält, war (und ist noch) von besonderer Bedeutung für die Verminderung der vorhandenen Umweltbelastung durch Luftschadstoffe. **74**

---

45 Veröffentlicht im GMBl. Nr. 7 vom 28.2.1986, S. 95, ber. S. 202. Dazu *Dreißigacker/Surendorf*, FS Feldhaus, 1999, S. 159 ff.; *Führ*, InfUR 1991, 131 ff., 200 ff., InfUR 1992, 24 ff.; *Koch*, GK-BImSchG, § 3 Rn. 88 ff.; *Schmölling*, in: HdUR, Bd. II, Art. „TA Luft", Sp. 2041 ff.; *Hansmann*, UPR 1989, 321 ff. Zur Novellierung der TA Luft s. *Ludwig*, FS Feldhaus, 1999, S. 181 ff.

46 BVerwG, NVwZ 1995, 994; NVwZ-RR 1996, 498 (499); NVwZ 2000, 440.

47 Dazu 5. Immissionsschutzbericht der BReg., BT-Drs. 12/4006, S. 67 ff.

75 cc) Die **Immissionswerte** konkretisieren das Schutzgebot (z.B. der §§ 5 I Nr. 1, 17 I 2 BImSchG, Rn. 8/131, 225), und zwar jeweils zum Schutz vor schädlichen Umwelteinwirkungen i.S. des § 3 I BImSchG (Rn. 8/96). Die Prüfung, ob die gesetzlichen Genehmigungs- oder Anordnungsvoraussetzungen erfüllt sind, hat sich nach der TA Luft auf Gesundheitsgefahren (Nr. 2.2.1.1), erhebliche Nachteile und erhebliche Belästigungen (Nr. 2.2.1.2) sowie auf schädliche Umwelteinwirkungen in Sonderfällen (Nr. 2.2.1.3) zu erstrecken.

76 Die Immissionswerte werden nach der Nr. 2.1.2 TA Luft als Massenkonzentration z.B. in den Einheiten g/m^3 oder mg/m^3 angegeben, beim Staubniederschlag als zeitbezogene Massenbedeckung in den Einheiten $g/(m^2\ d)$ oder $mg/(m^2\ d)$. In Nr. 2.5.1 sind für 8 klassische (gem. Nr. 2.2.1.1 zu prüfende) Schadstoffe (bzw. Schadstoffgruppen) Immissionswerte (funktionell als Grenzwerte) angeführt, die sich am *Schutz vor Gesundheitsgefahren* orientieren. Soweit es um den *Schutz vor erheblichen Nachteilen oder erheblichen Belästigungen* geht, werden in Nr. 2.5.2 Immissions-(Richt-)werte für (nur) 5 (gem. Nr. 2.2.1.2 zu prüfende) Schadstoffe (bzw. Schadstoffgruppen) angeführt. Die Werte sind auf das Jahresmittel, d.h. auf sog. *Langzeiteinwirkungen* (IW 1) und z.T. auch (als höhere Werte) auf die Belastungsspitzen, d.h. auf sog. *Kurzzeiteinwirkungen* (IW 2) bezogen. Sie gelten nur nach Maßgabe der vorgeschriebenen Ermittlungsverfahren (Nr. 2.5) und berücksichtigen einen Unsicherheitsbereich bei der Ermittlung (Messung und Berechnung) der Immissionskenngrößen für die Vor-, Zusatz- und Gesamtbelastung (Nr. 2.6). Soweit Immissionswerte nicht festgelegt sind, bedarf es nach Nr. 2.2.1.3 einer *Sonderfallprüfung* (d.h. Einzelfallprüfung), wenn Anlaß zu der Annahme besteht, daß andere Luftschadstoffe, für die Immissionswerte fehlen, mit der Folge emittiert werden, daß schädliche Umwelteinwirkungen eintreten können[48]. Eine solche *Sonderfallprüfung* ist auch in bestimmten Fällen ausdrücklich vorgesehen.

77 Die schadstoffspezifischen *Kenngrößen der Vorbelastung* (Nr. 2.6.3) – Lang- und Kurzzeitwerte – in den sog. *Beurteilungsflächen* (Nr. 2.6.2.3) des die Anlage umgebenden sog. *Beurteilungsgebiets* (Nr. 2.6.2.2) werden durch Messungen (in der Regel während der Dauer eines Jahres) ermittelt. Die von der (u.U. erst künftigen) Anlage zu erwartenden Kenngrößen für die schadstoffspezifische *Zusatzbelastung* (Nr. 2.6.4) sind mittels einer *Ausbreitungsrechnung* (gem. Anhang C der TA Luft) zu prognostizieren. Aus Vor- und Zusatzbelastung mit einem bestimmten Schadstoff ergibt sich für diesen durch Addition die Kenngröße der *Gesamtbelastung* (Nr. 2.6.5), die für die zu prüfende Luftverunreinigung mit dem entsprechenden Immissionswert der TA Luft zu vergleichen ist. Übersteigt die Gesamtbelastung mit einem bestimmten Schadstoff (bzw. mit einer Schadstoffgruppe) den Immissionswert, so führt dies in der Regel zur Ablehnung der beantragten Genehmigung, soweit die Einhaltung des Immissionswertes nicht durch Nebenbestimmungen der Genehmigung gewährleistet werden kann. Werden die im Anhang A aufgeführten Zusatzbelastungswerte eingehalten, ist die Anlage genehmigungsfähig, und zwar in der Regel unabhängig davon, ob die entsprechenden Kenngrößen für Vorbelastung und Gesamtbelastung unter- oder überschritten sind (Ausnahme: SO_2).

78 Das für den Einwirkungsnahbereich der Anlage repräsentative *Beurteilungsgebiet*, gebildet durch einen Kreis, dessen Radius das 30-fache der wirksamen Höhe der Emissionsquelle beträgt, gliedert sich in quadratische *Beurteilungsflächen* mit einer Seitenlänge von grundsätzlich 1000 m (in Ausnahmefällen von 500 m). Die Schnittpunkte dieser Rasterlinien dienen als

48 BVerwG, UPR 1998, 393 ff. zur Sonderfallprüfung; s.a. *Steinebach*, Lärm- und Luftgrenzwerte, 1987, Rn. 241: Die TA Luft müßte für mehr als 300 Stoffe (anstelle der 8 von der TA Luft erfaßten) Grenzwerte bestimmen.

Aufpunkte für die Immissionsmessungen und -berechnungen (vgl. Nr. 2.6.4.2. i.V.m. dem Anhang C der TA Luft).

Der *Immissionswert IW 1*, der die sog. „Langzeitbelastung" ausdrückt, ergibt sich aus dem arithmetischen Mittel aller über den Meßzeitraum gemessenen (oder berechneten) Einzelwerte. Der *Immissionswert IW 2* für die sog. „Kurzzeitbelastung" ist ein sog. 98-Perzentilwert, d.h. der Wert, der von 98% der über den Meßzeitraum gemessenen (oder berechneten) Einzelwerten unterschritten werden muß. **79**

dd) Die auf den Stand der Technik bezogenen **Emissionswerte** konkretisieren das Vorsorgegebot (z.B. der §§ 5 I Nr. 2, 17 I 1 BImSchG; s. Rn. 8/138, 225). Angegeben werden die Emissionswerte nach der Nr. 2.1.3 TA Luft als **80**

- *Massenkonzentration* (Masse der emittierten Stoffe bezogen auf das Volumen) in den Einheiten g/m^3 oder mg/m^3,
- *Massenstrom* in den Einheiten kg/h, g/h oder mg/h,
- *Massenverhältnis* (Verhältnis der emittierten Stoffe zur Masse der erzeugten oder verarbeiteten Produkte) als kg/t oder g/t.

Die gem. Nr. 2.2.1.4 im Genehmigungs- oder Überwachungsverfahren zu beachtenden Emissionswerte, deren Überschreitung nach dem Stand der Technik vermeidbar ist, werden als höchstzulässige Werte in Abschn. 3.1-3.2 für *ca. 130 staub- und gasförmige Stoffe* angegeben. Sie haben den Charakter spezieller Vorsorgeanforderungen. Ob sonstige Vorsorgemaßnahmen, z.B. Betriebseinschränkungen, Einsatz emissionsarmer Brenn- und Arbeitsstoffe usw. zu fordern sind, ist gem. Nr. 2.2.1.4 im Einzelfall aufgrund des § 5 I Nr. 2 BImSchG zu entscheiden. Im einzelnen legt die TA Luft für den Vorsorgebereich zahlreiche Anforderungen fest, und zwar sowohl generell und grundsätzlich (Nr. 3.1.2) als auch für besondere Arten emittierter Stoffe, z.B. für staub-, dampf- oder gasförmige und geruchsintensive Stoffe (Nrn. 3.1.3-3.1.9)[49]. **81**

Emissionswerte für *krebserzeugende Stoffe* – für sie kann es keine Immissionswerte geben – sind gem. Nr. 2.2.1.5 nach Nr. 2.3 zu begrenzen und nach Nr. 2.4 abzuleiten[50]. Dies sind nach Nr. 2.3 Mindestanforderungen, die – soweit wie dies möglich und noch verhältnismäßig ist unterschritten werden müssen. Dabei werden die im Abgas enthaltenen krebserzeugenden Stoffe in 3 Klassen mit unterschiedlichen Grenzwerten eingeteilt. Auf die Klasse 1 (z.B. Asbest als Feinstaub) entfällt der niedrigste Grenzwert von 0,1 mg/m^3. Die Regelung der Nr. 2.2.1.5 ist dem Bereich der *individualschützenden Vorsorge* zuzuordnen und vermittelt daher Drittschutz (Rn. 4/11, 8/144)[51]. **82**

c) Geräusche und die TA Lärm

aa) Für **Geräusche** (Rn. 8/25 ff.) enthält das BImSchG keine Legaldefinition. Wie Geräusche gemessen und in bestimmten Lärmwirkungsindikatoren – insbes. **83**

49 OVG Lüneburg, NuR 1998, 661 (663); *Roßnagel*, NuR 1998, 69 (72).

50 Hierzu: *Hansmann*, FS Feldhaus, 1999, S. 199 ff.

51 Vgl. *Kutscheidt*, FS Redeker, 1993, S. 439 (454); i.E. auch VGH BW, NVwZ 1995, 292 (296); OVG Koblenz, B. v. 18.3.1994, 8 B 12060/93; *Jarass*, BImSchG, § 5 Rn. 28 (Teil der Schutzpflicht nach § 5 I Nr. 1). Die LAI empfiehlt für Asbest seit November 1990 einen Emissionswert, der um eine Zehnerpotenz niedriger ist, nämlich 0,01 mg/m^3; s. z.B. für BW GABl. 1998, 657. Das BVerwG, UPR 1995, 196, ordnet Emissionsgrenzwerte dem Vorsorgegebot zu, läßt aber dabei offen, ob ein durchsetzbarer Anspruch der betroffenen Bürger besteht.

in dB(A)-Beurteilungspegeln – ausgedrückt werden, war bereits Gegenstand der einführenden schallphysikalischen Darstellung (Rn. 8/28 ff.). Erst wenn diese Pegel bestimmte Immissions-(grenz-)werte überschreiten, erlangen die Geräusche die Qualität schädlicher Umwelteinwirkungen i.S.des § 3 I BImSchG.

84 Während sich die frühere (polizeirechtliche) Beurteilung lästiger oder gar schädlicher Geräuscheinwirkungen im konkreten Fall auf die schlichte Sinneswahrnehmung verlassen mußte, praktisch also im Streitfall der „Hellhörigkeit" der Gerichte oblag, ist das Überschreiten der Schwelle schädlicher Umwelteinwirkungen (Rn. 8/96) durch Geräusche heute im Interesse der Sachrichtigkeit, der Rechtsanwendungsgleichheit und damit der Rechtssicherheit nicht mehr ohne Rückgriff auf einerseits technische Regeln und Begriffe und andererseits meßtechnische Geräte (und damit meist auch auf sachverständige Hilfe) entscheidbar. Im Juli 1960 wurde die **VDI-Richtlinie 2058**, die eigentlich nur für die „Beurteilung von Arbeitslärm in der Nachbarschaft" gedacht war, veröffentlicht und seither fortgeschrieben und war lange Zeit – bis zur Novellierung der TA Lärm 1998 – das maßgebliche Regelwerk für die Schallbewertung[52]. Behördenintern war zwar die Anwendung der TA Lärm 1968 vorgeschrieben. Diese entsprach aber schon bald nicht mehr dem Stand der Technik und trat gegenüber der VDI 2058 in den Hintergrund.

85 bb) Am 26.8.1998 hat die Bundesregierung aufgrund von § 48 BImSchG eine neue technische Anleitung zum Schutz gegen Lärm (**TA Lärm**) als Verwaltungsvorschrift verabschiedet[53]. Mit dieser wurde die noch aufgrund § 16 III 2 GewO a.F. erlassene und vielfach nicht mehr dem Stand der Technik (§ 3 VI BImSchG) entsprechende TA Lärm vom 16.7.1968 abgelöst. Die Rechtsprechung hat die TA Lärm bislang nicht als normkonkretisierende Verwaltungsvorschrift anerkannt, was für die TA Lärm 1968 auf ihre evidente Abweichung vom Stand der Technik zurückzuführen sein dürfte.

86 Der LAI hatte im Jahre 1995 eine „Musterverwaltungsvorschrift Lärm"[54] verabschiedet, damit diese in den Bundesländern durch Verwaltungsvorschrift eingeführt werden könnte. Hierin waren nicht nur Bestimmungen über die Nichtanwendbarkeit einiger Regelungen der TA 1968 enthalten, sondern darüber hinaus auch Regelungen für den Freizeitlärm[55], der nunmehr von der novellierten TA Lärm ausgespart wird[56].

87 Anders als ihre Vorgängerin erstreckt sich der Anwendungsbereich der neuen TA Lärm auf genehmigungs- und nichtgenehmigungsbedürftige **Anlagen** im Sinne des § 3 V BImSchG, nimmt aber acht Bereiche aus, nämlich Sportanlagen (weil hierfür die 18. BImSchV gilt), sonstige nicht genehmigungsbedürftige Freizeitanlagen und Freiluftgaststätten, landwirtschaftliche Anlagen, Schießplätze, Bergbautagebau, Baustellen, Seehafenumschlaganlagen sowie Anlagen für soziale Zwecke, also Kindergärten, Schulen, Behinderteneinrichtungen usw. (Nr. 1a-h TA Lärm 1998).

---

52 *Kutscheidt*, NVwZ 1989, 193 ff.

53 6. Allgemeine VwV zum BImSchG v. 26.8.1998, GMBl. 1998, 503; hierzu *Sparwasser/v. Komorowski*, VBlBW 9/2000; *Tegeder*, UPR 2000, 99 ff.

54 Abgedruckt in *Landmann/Rohmer*, Umweltrecht II, Nr. 4.1

55 Abgedruckt in NVwZ 1997, 469 ff.; s.a. OVG Lüneburg, NVwZ 1999, 88 ff.

56 Insofern ist für die Beurteilung die Freizeitlärm-Richtlinie des LAI (NVwZ 1997, 469 ff.) heranzuziehen, s. hierzu *Koch/Maaß*, NuR 2000, 69 (73 ff.).

Die Herausnahme dieser Anlagen erschwert den Vollzug des BImSchG ganz erheblich, weil sachlich den Besonderheiten dieser Anlagen auch über eine Sonderfallprüfung nach Nr. 3.2.2 Rechnung getragen werden könnte. Im Einzelfall ist es möglich, einzelne Regelungen der TA Lärm oder der Muster-VwV des LAI anzuwenden, wenn und soweit in der TA Lärm keine abweichende Regelung getroffen worden ist[57]. **88**

Die TA Lärm 1998 enthält weiterhin sog. **Immissionsrichtwerte** (IRW), die für Immissionsorte außerhalb von Gebäuden (Nr. 6.1) nach bauplanungsrechtlichen Gebietskategorien zwischen dem Beurteilungspegel für die Tageszeit (6.00 bis 22.00 Uhr) und dem für die Nachtzeit (22.00 bis 6.00 Uhr) differenziert sind. Einzelne kurzzeitliche Geräuschspitzen dürfen die IRW am Tage um nicht mehr als 30 dB(A) und in der Nacht nicht mehr als 20 dB(A) überschreiten. In sog. *Gemengelagen*, in denen Gebiete unterschiedlicher Schutzwürdigkeit aufeinandertreffen, ist im Anschluß an die Rechtsprechung[58] ein Mittelwert zugrundezulegen, wobei in keinem Fall die IRW für ein Mischgebiet überschritten werden dürfen. Wenn also in älteren Bebauungsplangebieten ein reines Wohngebiet an ein Gewerbegebiet grenzt, so kann dies dazu führen, daß dort ausnahmsweise eine Schutzwürdigkeit wie in einem Mischgebiet besteht[59]. Dem besonderen Ruhebedürfnis in Wohngebieten und Kurgebieten wird dadurch Rechnung getragen, daß während bestimmter Zeiten (6.00 bis 7.00 Uhr, 20.00 bis 22.00 Uhr, an Sonn- und Feiertagen auch von 13.00 bis 15.00 Uhr) ein Zuschlag von 6 dB zum Mittelungspegel der entsprechenden Teilzeit vorzunehmen ist, was rechnerisch den Beurteilungspegel um etwa 1 dB(A) erhöht. Die TA Lärm 1998 sieht – wie die Sportanlagenlärmschutzverordnung – Regelungen für **seltene Ereignisse** vor, nach denen eine Überschreitung der IRW an bis zu 10 Tagen oder Nächten im Kalenderjahr, aber an nicht mehr als jeweils zwei aufeinanderfolgenden Wochenenden zugelassen werden darf. Der Beurteilungspegel darf in diesem Fall nicht über 70/55 dB(A), der Maximalpegel für einzelnen kurzzeitige Geräusche nicht über 90/65 dB(A) in Wohngebieten liegen. Nr. 7.3 TA Lärm 1998 enthält eine neue Regelung für tieffrequente Geräusche (z.B. Diskothekenlärm, Kirchenglocken) und verweist insofern auf die Anhaltswerte des Beiblatts 1 der DIN 45680, die angesichts der begrenzten Erfahrungen nur empfohlene Beurteilungswerte, keine gesicherten Richt- oder Grenzwerte darstellen. **89**

Aus den Pegeln der über die Beurteilungszeit schwankenden Geräusche werden Mittelungspegel gebildet. Diese werden ggf. um Zuschläge für Ton- und Informationshaltigkeit, Impulshaltigkeit und Ruhezeiten erhöht. So entsteht der Beurteilungspegel, der mit den IRW zu vergleichen ist. Die TA Lärm wurde hierbei insoweit verschärft, als zwar noch über die gesamte Tageszeit (16 Stunden) zu mitteln, für die Beurteilung in der Nacht aber die lauteste volle Nachtstunde maßgeblich ist (Nr. 6.4). **90**

Auch die Neufassung der TA Lärm löst das zentrale Problem der **Summenbelastung** nur unzureichend. Die §§ 3, 5, 22 BImSchG stellen auf die jeweiligen Immissions- **91**

57 S. *Spohn*, ZUR 1999, 297 (298); *Chotjewitz*, LKV 1999, 47; *Kutscheidt*, NVwZ 1999, 577 (578).

58 BVerwGE 50, 49; BGHZ 121, 248 (254); s.a. *Dolde*, DVBl. 1983, 732 ff.

59 *Schulze-Fielitz*, DVBl. 1999, 65 (68). Heute würde dies einen Verstoß gegen § 50 BImSchG darstellen, der zur Nichtigkeit des Bebauungsplans führt, wenn dieser Mangel innerhalb der 7-Jahres-Frist des § 215 I BauGB gerügt wird.

verhältnisse am Ort unter Berücksichtigung aller anderen Lärmquellen ab[60]. Zwar berücksichtigt die neue TA Lärm jetzt auch eine Vorbelastung durch Anlagen, die der TA Lärm unterfallen, klammert aber alle anderen Anlagen aus (Nr. 2.4). Im Ergebnis muß in diesem Fall eine sog. **Sonderfallprüfung** nach Nr. 3.2.2 TA Lärm durchgeführt werden, um eine sachgerechte Bestimmung der Schädlichkeitsgrenze des Lärms vorzunehmen[61].

92 Bedenklich sind die verschiedenen in Nr. 3.2.1 der TA Lärm enthaltenen **Ausnahmen** von ihrer Verbindlichkeit, nach denen eine Anlage auch dann zu genehmigen ist, wenn die IRW überschritten werden. Diese Ausnahmen widersprechen dem Schutzzweck des BImSchG und dürften dazu führen, daß die Gesamtlärmbelastung in Zukunft wieder wird steigen können[62]. Darüberhinaus entspricht die Beibehaltung eines Meßabschlages in Nr. 6.9 der TA Lärm in Höhe von 3 dB(A) vom Ergebnis einer Überwachungsmessung nicht dem Stand der Technik[63] und führt dazu, daß Nachbarschutz im Genehmigungsverfahren und beim laufenden Betrieb auseinanderklaffen, was sachlich nicht zu rechtfertigen ist und u.E. zur Unanwendbarkeit der Regelung führt.

d) Erschütterungen

93 *Erschütterungen* sind niederfrequente, mechanische Schwingungen fester Körper, wie sie z.B. beim Einsatz von Baumaschinen (z.B. Rammen, Bohrpfahlgeräten), aber auch beim Betrieb von Verkehrseinrichtungen (z.B. Bahnstrecken) entstehen. Die Ausbreitung der Schwingungen ist nur schwer prognostizierbar. In der Planungspraxis werden die DIN 4150, Teil 2 – Erschütterungen im Bauwesen – sowie die Erschütterungs-Richtlinie des LAI vom 28.9.1994 angewandt.

e) Ähnliche Erscheinungen bzw. Umwelteinwirkungen

94 Den Luftverunreinigungen, Geräuschen und Erschütterungen, dem Licht, der Wärme und den Strahlen werden im Emissions- bzw. Immissionsbegriff des BImSchG (Rn. 8/66) *ähnliche Erscheinungen* bzw. *ähnliche Umwelteinwirkungen* gleichgestellt. Bei ihnen geht es immer um „physische" Vorgänge, nicht aber um immaterielle Einwirkungen wie etwa „*ästhetische*" (z.B. benachbarter Schrottplatz) oder „*sittliche*" Einwirkungen (z.B. benachbartes Bordell)[64]. Zu den ähnlichen Einwirkungen zählen Einwirkungen durch *unwägbare Stoffe*, also etwa durch Funkenflug, Kalt- oder Heißluft, pathogene Keime u.ä. (ebenso in § 906 BGB), nicht aber durch „wägbare" („grobkörperliche") Stoffe, etwa durch Gesteinsbrocken, die durch Sprengung aus einem Steinbruch ausgeworfen werden, oder durch Insekten.

---

60 BVerwGE 101, 1 (7); *Jarass*, BImSchG, § 3 Rn. 36 f.; *Koch*, GK-BImSchG, § 3 Rn. 30.

61 *Sparwasser/v. Komorowski*, VBlBW 9/2000.

62 Hierzu *Schulze-Fielitz*, DVBl. 1999, 65 (69 f.); *Spohn*, ZUR 1999, 297 (298 f.). Abhilfe kann auch hier eine Sonderfallprüfung nach TA Lärm Nr. 3.2.2 lit. d schaffen.

63 *Chotjewitz*, LKV 1999, 47 (50); *Kunert*, NuR 1999, 430 (432); *Schulze-Fielitz*, DVBl. 1999, 65 (72); a.A. OVG Münster, NVwZ 1999, 1360.

64 *Jarass*, DVBl. 1983, 725 (727); *Kloepfer*, Umweltrecht, § 14 Rn. 42.

„*Negative*“ Immissionen, wie etwa die Behinderung des Zutritts von Luft oder Licht, fallen nach überwiegender Auffassung nicht unter das BImSchG[65]. Im Gegensatz zu § 906 BGB ist die Immissionsdefinition des BImSchG (§ 3 II) nicht durch das Element des „Zuführens“ verengt[66]. **95**

f) Schädliche Umwelteinwirkungen

Auf der Immissionsseite ist der Begriff der *schädlichen Umwelteinwirkungen* von zentraler Bedeutung, denn hieran knüpfen z.B. Betreiberpflichten, Genehmigungs- und Anordnungsvoraussetzungen an (vgl. §§ 5 I Nr. 1 und 2, 7 II, 17 I, 19 I, 22 I, 23 I, 25 II, 33 I, 34 I, 40 I und II, 41 I, 43 I BImSchG u.a.m.). Nach der *Legaldefinition* des § 3 I BImSchG sind **schädliche Umwelteinwirkungen** im Sinne des BImSchG Immissionen, die nach Art, Ausmaß oder Dauer geeignet sind, Gefahren, erhebliche Nachteile oder erhebliche Belästigungen für die Allgemeinheit oder die Nachbarschaft herbeizuführen[67]. **96**

Allerdings sind nach § 5 I Nr. 1 BImSchG (Rn. 8/131) nicht nur die mit Immissionen verbundenen Gefahren, erheblichen Nachteile und erheblichen Belästigungen abzuwehren, sondern auch *sonstige* Gefahren, erhebliche Nachteile und erhebliche Belästigungen, die von einer genehmigungsbedürftigen Anlage ausgehen können (z.B. Explosions- oder Brandgefahr, Grundwassergefährdung usw.). **97**

aa) Gefahren

Der immissionschutzrechtliche **Gefahrenbegriff** der §§ 3 I, 5 I Nr. 1, 17 BImSchG usw. geht auf das Polizeirecht zurück, wo er eine Lage bezeichnet, in der bei ungehindertem Ablauf des Geschehens ein Zustand oder ein Verhalten mit hinreichender Wahrscheinlichkeit zu einem Schaden für die Schutzgüter der öffentlichen Sicherheit führen würde[68]. Dabei wird die Wahrscheinlichkeit des Schadenseintritts in der Regel nach den Erfahrungen des täglichen Lebens beurteilt. Dieser Maßstab genügt im Umweltrecht nicht, wenn zur Gefahrbeurteilung eine natur- oder ingenieurwissenschaftliche Analyse und/oder Prognose notwendig ist[69]. Im Immissionsschutzrecht gewinnt **98**

---

65 *Jarass*, BImSchG, § 3 Rn. 54; *Koch*, GK-BImSchG, § 3 Rn. 25, *Kutscheidt*, in: *Salzwedel* (Hrsg.), Grundzüge des Umweltrechts, 1982, S. 245 mit dem Hinweis darauf, daß der Begriff der Immissionen voraussetzt, daß die physischen Erscheinungen zuvor emittiert wurden, was bei negativen Immissionen nicht der Fall ist; BGHZ 88, 344 (346).

66 Im Zivilrecht hat der Eigentümer gem. § 903 BGB die Freiheit, den Nachbarn bezügl. Luft- u. Lichtzutritt zu beschränken, allerdings vorbehaltlich abweichenden Landesrechts (Art. 124 EGBGB, z.B. Licht- und Fensterrecht); s. *Jauernig*, JZ 1986, 605 ff.; BGH, NJW 1992, 2569.

67 Dazu *Jarass*, DVBl. 1983, 725 ff.; *Koch*, in: UTR 9, 1989, S. 205 ff.; *Kutscheidt*, FS Feldhaus, 1999, S. 1 ff.; *Schulze-Fielitz*, Immissionsschutzrecht, Rn. 64 ff. „Geeignet“ i.S.d. § 3 I BImSchG sind Immissionen, die *möglicherweise* zu schädlichen Umwelteinwirkungen führen bzw. wenn *hinreichende Gründe* für die Annahme bestehen, daß derartige Einwirkungen möglich sind (BVerwGE 69, 37 [43]). *Darnstädt*, Gefahrenabwehr und Gefahrenvorsorge, 1983, fragt danach, ob Immissionen die *potentielle Fähigkeit* besitzen, Gefahren, erhebliche Nachteile bzw. Belästigungen zu verursachen.

68 Seit PrOVG 45, 339 (340), s.a. *Drews/Wacke/Vogel/Martens*, Gefahrenabwehr, 9. Aufl. 1986, S. 220.

69 Vgl. statt vieler *Hansen-Dix*, Die Gefahr im Polizeirecht, im Ordnungsrecht und im Technischen Sicherheitsrecht, 1982.

wegen des Rangs der betroffenen Rechtsgüter die sog. „*Je-desto-Formel*“ besondere Bedeutung: Je größer und folgenschwerer der drohende Schaden ist, desto geringere Anforderungen sind an den Grad der Wahrscheinlichkeit des Eintritts des Schadensereignisses zu stellen[70].

99 Eine immissionsschutzrechtliche Gefahr ist demzufolge eine hinreichend wahrscheinliche, nach Art, Ausmaß oder Dauer konkret negative Auswirkung im Sinne einer erheblichen Beeinträchtigung materieller oder immaterieller Rechtsgüter[71]. Bei Geräuschimmissionen wird z.B. die Gefahrenschwelle bei sehr hohen oder sehr lang anhaltenden, jeweils mit drohender Gesundheitsbeeinträchtigung verbundenen Lärmpegeln überschritten. Bei Luftverunreinigungen werden von Nr. 2.5.1 der TA Luft (Rn. 8/72) Immissionswerte zum Schutz vor Gesundheitsgefahren (etwa bei toxischen Wirkungen) festgelegt (für Schwebstaub, Blei und Cadmium nebst ihren anorganischen Verbindungen als Staubinhaltsstoffe, ferner für Chlor, Chlorwasserstoff, Kohlenmonoxid, Schwefeldioxid und Stickstoffdioxid). Der Gefahrbegriff der TA Luft umfaßt – u.E. zu eng[72] – überhaupt nur Gesundheitsgefahren, während Sachschäden nur als erheblicher Nachteil oder gar nur als erhebliche Belästigung erfaßt werden. Funktionell haben die Gesundheitswerte der TA Luft Grenzwertcharakter, die Nachteils- und Belästigungswerte lediglich Richtwertcharakter.

bb) Nachteile

100 Der Nachteilsbegriff des BImSchG ist umstritten. Nachteil ist jede Beeinträchtigung, die nicht als Schaden (d.h. als Folge einer Gefahr) oder Belästigung qualifiziert werden kann. Während der Belästigungsbegriff auf Beeinträchtigungen des Menschen abstellt, sind Schutzgegenstände des Nachteilsbegriffs Tiere, Pflanzen, sonstige Sachgüter, Vermögen und geschützte immaterielle Werte[73]. Daher liegen Nachteile i.S. des BImSchG meist in der hinreichend bedeutsamen Beeinträchtigung materieller Interessen *ohne unmittelbare Verletzung eines Rechtsguts*, vor allem in Vermögenseinbußen. In Betracht kommen z.B. erhöhte Aufwendungen für passive Immissionsschutzvorkehrungen, die Wertminderung eines Grundstücks (z.B. eines Wohngrundstücks) oder der Umsatzrückgang eines Betriebes (z.B. Gartenwirtschaft) infolge der Auswirkungen von Immissionen[74].

cc) Belästigungen

101 Unter den immissionschutzrechtlichen Begriff der Belästigungen fallen hinreichend bedeutsame Beeinträchtigungen des körperlichen oder seelischen Wohlbefindens des *Menschen* unterhalb der Schwelle der Gesundheitsgefahr[75]. Die Grenze zur Gesund-

---

70 BVerwGE 45, 51 (61); 47, 31 (40).

71 Wie hier z.B. *Lübbe-Wolff*, NVwZ 1986, 178 (181 f.) m.w.N.; ähnlich *Jarass*, BImSchG, § 3 Rn. 11. Allgemein zu den umweltrechtlichen Gefahr- u. Schadensbegriffen, zur Gefahrenprognose, zur Gefahrenabwehr u. zur Risikovorsorge: *Murswiek*, in: HdUR, Bd. I, Art. „Gefahr“, Sp. 803 ff.; *Reich*, Gefahr – Risiko – Restrisiko: das Vorsorgeprinzip am Beispiel des Immissionsschutzes, 1989.

72 So auch *Lübbe-Wolff*, NVwZ 1986, 178 (180). Demgegenüber erfaßt z.B. § 5 I Nr. 2 i.V.m. 3 I BImSchG auch Gefahren für die Allgemeinheit, die z.B. durch Immissionen auftreten, die die Ozonschicht in der Atmosphäre zerstören.

73 *Murswiek*, in: HdUR, Bd. II, Art. „Nachteil“, Sp. 1431 (1432).

74 Vgl. *Kloepfer*, Umweltrecht, § 14 Rn. 44; *Hoppe/Beckmann*, Umweltrecht, S. 401 f. m.w.N.

75 Vgl. die amtl. Begr. zu § 3 BImSchG, BT-Drs. 7/179; *Kloepfer*, aaO; *Murswiek*, in: HdUR, Bd. I, Art. „Belästigung“, Sp. 220 ff.; s. auch BVerwG, DVBl. 1987, 907.

heitsgefahr, d.h. zur Gefahr für die Gesundheit i.e.S. (also unter Ausschluß des „sozialen Wohlbefindens") ist naturgemäß fließend, zumal inbesondere lang andauernde Belästigungen letztlich zu Gesundheitsschäden führen können[76].

dd) Erheblichkeit

Daß nach § 3 I BImSchG (nur) erhebliche immissionsbedingte *Nachteile* und *Belästigungen* als schädliche Umwelteinwirkungen anzusehen sind, dient nicht zuletzt dem gerechten Interessenausgleich innerhalb des nachbarschaftlichen Gemeinschaftsverhältnisses und entspricht dem am Topos der Zumutbarkeit orientierten Gebot gegenseitiger Rücksichtnahme. Identisch sind daher nach h.M. **Erheblichkeitsschwelle und Zumutbarkeitsschwelle** (vgl. auch Rn. 3/132 ff.) sowie erhebliche Nachteile oder Belästigungen i.S. von § 3 I BImSchG und wesentliche Immissionen i.S. von § 906 I BGB[77]. Beeinträchtigungen sind somit erheblich, wenn sie in der gegebenen Situation durch Art, Ausmaß oder Dauer unter Berücksichtigung öffentlicher Belange (auch der Belange des Emittenten) das dem Beeinträchtigten zumutbare Maß überschreiten. Dies ist bereits unterhalb der Grenze, ab der Immissionen eine Gesundheitsgefahr darstellen oder die Nutzung eines Grundstücks in einer mit Art. 14 I 1 GG nicht mehr zu vereinbarenden Weise einschränken, der Fall. Die Zumutbarkeitsbeurteilung setzt eine *einzelfallbezogene Bewertung der* Umwelteinwirkungen (und zwar der *Gesamtbelastung*[78]) voraus; sie kann daher auch in den amtlichen Regelwerken nicht abschließend vorgenommen werden. Das Maß der Zumutbarkeit bestimmt sich – insbesondere bei Lärm, nicht aber bei gesundheitsgefährlichen Luftschadstoffimmissionen – u.a. nach der Schutzwürdigkeit des Gebiets[79]. **102**

76 Vgl. *Kutscheidt*, in: *Salzwedel* (Hrsg.), Grundzüge des Umweltrechts, 1982, S. 245. Auch hinsichtlich der „Belästigungen" stellt das BImSchG in § 5 I Nr. 1 als Genehmigungsvoraussetzung nicht allein auf die Vermeidung solcher Belästigungen ab, die durch Immissionen herbeigeführt werden, sondern auch auf die Vermeidung sonstiger mit der Errichtung und dem Betrieb der Anlage verbundener Belästigungen. S. im übrigen *Martens*, DVBl. 1981, 597 ff.

77 Die Neufassung des § 906 I BGB hat hieran nichts geändert. Vgl. i.ü. BVerwGE 50, 49 (55); 68, 62 (67); 69, 37 (43); 79, 254 (256); 81, 197 (199); 88, 210 (213); BGHZ 111, 63 (65); *Kutscheidt*, in: *Landmann/Rohmer*, BImSchG, § 3 Rn. 14; *Ule/Laubinger*, BImSchG, § 3 Rn. 4; *Petersen*, Schutz und Vorsorge, S. 64 ff. m.w.N.; *Martens*, DVBl. 1981, 597 (598). Vgl. auch Nr. 2.2.1.3 TA Luft. – A.A. *Classen*, JZ 1993, 1042 ff.; *Koch*, in: *ders.* (Hrsg.), Schutz vor Lärm, S. 41 ff.; *Murswiek*, Risiken der Technik, S. 301 ff.: Nicht jede Beeinträchtigung, die erheblich ist, sei allein deswegen schon unzumutbar; zudem beruhe der Erheblichkeitsmaßstab des § 3 I BImSchG auf anderen rechtlichen Kriterien als der Minimierungsmaßstab des § 22 I Nr. 2 BImSchG.

78 *Jarass*, BImSchG, § 3 Rn. 36 f.; *Kutscheidt*, NVwZ 1989, 193 (199); *Koch*, Der Erheblichkeitsbegriff in § 3 I BImSchG und seine Konkretisierung durch die TA Lärm, in: *ders.* (Hrsg.), Schutz vor Lärm, 1990, S. 41 (47 f.).

79 *Koch*, ebda.; *Petersen*, Schutz und Vorsorge, S. 69 ff.; BVerwG, NVwZ 1983, 155 (Schießplatz). Gemeinden können damit durch Bauleitplanung gebietsbezogen bis zu einem bestimmten Grad steuern, ob gewisse Nachteile oder Belästigungen i.S. des § 3 I BImSchG erheblich sind; vgl. BVerwG, DVBl. 1991, 1151 f.; 1989, 1050. Weitergehend auch auf Kriterien wie Sozialadäquanz und Akzeptanz abstellend BVerwGE 68, 62 (Kirchenglocken); 79, 258 (Feueralarmsirene); 81, 197 (Sportplatz); BayVGH, NVwZ 1996, 1031 (Wertstoffhof). Zusätzlich nach der Art des Lärms (Gaststättenlärm habe eine geringere Zumutbarkeitsschwelle als Verkehrslärm) differenziert OVG Bremen, NVwZ-RR 1994, 80 ff.; zu Recht krit. *Koch*, GK-BImSchG, § 3 Rn. 67 ff.

103 Zur Bestimmung der Erheblichkeitsschwelle ist in *differenzierender* und zugleich *typisierender Betrachtungsweise* darauf abzustellen, was von einem verständigen Durchschnittsmenschen in Abwägung der Vor- und Nachteile für alle Betroffenen billigerweise hinzunehmen ist[80]. Die subjektive Empfindlichkeit des Einzelnen bleibe damit außer Betracht[81]. Aus verfassungsrechtlicher Sicht ist die besondere Empfindlichkeit von Personengruppen (Kindern, Schwangeren, alten Menschen) jedoch zu berücksichtigen[82]. Bei den meisten Immissionen (nicht aber bei gesundheitsgefährlichen Immissionen) folgt die Zumutbarkeitsgrenze aus der Schutzwürdigkeit und Schutzbedürftigkeit der Umgebung, also aus dem Gebietscharakter, wie er faktisch bzw. nach einem Bebauungsplan besteht (Rn. 3/124). In gleicher Weise differenzieren auch die in amtlichen oder privaten Regelwerken festgesetzten Immissionsorientierungs-, Immissionsricht- oder Immissionsgrenzwerte.

104 Für *Luftverunreinigungen* setzt die TA Luft (Rn. 8/72) Immissionswerte zum Schutz vor „erheblichen" Nachteilen und Belästigungen fest, z.B. für Staubniederschlag, Blei, Cadmium, Thallium, Fluorwasserstoff. Für *Anlagengeräusche* markieren, wie schon erwähnt, die Immissionsrichtwerte der TA Lärm (Rn. 8/85) für den Regelfall die Grenze zwischen den zumutbaren und den nicht mehr zumutbaren Lärmimmissionen, wobei nicht nach Gefahren, erheblichen Nachteilen und erheblichen Belästigungen differenziert wird.

105 In sog. **Gemengelagen** oder wenn Gebiete von unterschiedlicher Qualität und unterschiedlicher Schutzwürdigkeit zusammentreffen, ist die Grundstücksnutzung mit einer spezifischen *gegenseitigen Pflicht zur Rücksichtnahme* belastet. Das führt nicht nur zur Pflichtigkeit dessen, der Immissionen verursacht, sondern nach der Rechtsprechung des Bundesverwaltungsgerichts – im Sinne der *„Bildung einer Art von Mittelwert"* – auch zu einer die Tatsachen respektierenden Duldungspflicht derer, die ihr Grundstück in der Nähe von solchen Emissionsquellen nutzen[83].

106 Nach der insbesondere zum Fachplanungsrecht ergangenen Rechtsprechung des Bundesverwaltungsgerichts haben – soweit in einer normativen Regelung nichts anderes bestimmt ist – Lärm-*Vorbelastungen* eine schutzmindernde Wirkung, wenn entweder eine *faktische* Vorbelastung des betroffenen Gebietes mit im wesentlichen gleichartigen Lärmimmissionen[84] oder eine *planerische* (plangegebene) Vorbelastung (aufgrund einer bereits zureichend konkretisierten und verfestigten Planung, z.B. einer Fachplanung), deretwegen künftig mit einer höheren Belastung des Gebietes zu rechnen ist, vorliegt (Rn. 3/127 ff.).

ee) Nachbarschaft

107 In § 3 I BImSchG werden im Rahmen des Begriffs „schädliche Umwelteinwirkungen" die Allgemeinheit und die Nachbarschaft unterschieden. Die Systematik des

---

80 *Jarass*, BImSchG, § 3 Rn. 39; *Kutscheidt*, NVwZ 1989, 193 (195); *Petersen*, Schutz und Vorsorge, S. 73; BGH, NJW 1993, 929; krit. *Führ*, GK-BImSchG, § 1 Rn. 108, der hierin einen Widerspruch zum Gesetzeszweck sieht.

81 Anders noch PrOVG, PrVBl. 1890/91, 353 (354).

82 *Böhm*, Der Normmensch, 1996, S. 20 ff.; *Wulfhorst*, Der Schutz überdurchschnittlich empfindlicher Rechtsgüter im Polizei- und Umweltrecht, 1994.

83 BVerwGE 50, 49 – Tunnelofen; BVerwG, DVBl. 1985, 397. Der Mittelwert ist nicht streng arithmetisch zu sehen, sondern ein Zwischenwert anhand des jeweiligen Einzelfalls, BGHZ 121, 248 (254); BGH, UPR 1995, 28 (29).

84 Vgl. zuletzt BVerwGE 88, 210 (Schießlärm).

Gesetzes folgt hier – wie in § 5 I Nr. 1 BImSchG – der im deutschen Recht gebräuchlichen Unterscheidung, wie sie auch § 42 II VwGO für die Klagebefugnis zugrundeliegt (Rn. 4/5). Damit sind Allgemeininteressen am (unmittelbaren oder mittelbaren) Schutz der Bevölkerung oder von Allgemeingütern (Luft, Wasser, Boden, Ökosysteme usw.) und Individualinteressen derjenigen Personen, die sich regelmäßig im „Einwirkungsbereich“ der emittierenden Anlage aufhalten oder Nutzungsrechte an dort befindlichen Sachen (insbes. Grundstücken) haben und somit als Nachbarn in einer engeren zeitlichen und räumlichen Beziehung zu der Anlage stehen[85], zu unterscheiden. Personen, die *keine dinglichen Nutzungsrechte* an Sachen im Einwirkungsbereich der Anlage haben, sind nur dann „Nachbarn“ und damit ggf. klagebefugt, wenn ihre Beziehung zum Einwirkungsbereich in zeitlicher Hinsicht *hinreichend dauerhaft* ist (z.B. bei Dauermietern oder -pächtern, Arbeitnehmern), sich also nicht in gelegentlichen kurzfristigen Aufenthalten (z.B. bei Besuchen, Spaziergängen) erschöpft.

Räumlich gesehen ist Nachbarschaft der **Einwirkungsbereich** der Anlage. Dieser **108**
Begriff, der als Gesetzesbegriff nur in § 26 BImSchG auftaucht, ist gesetzlich nicht definiert. Im Hinblick auf Immissionen ist allerdings unter dem Einwirkungsbereich nicht das bei Luftverunreinigungen u.U. sehr große Gebiet zu verstehen, in welchem sich Emissionen noch als Immissionen auswirken können. So verstanden würde u.U. das gesamte Gebiet der Bundesrepublik Deutschland und noch ein Teil des europäischen Auslands zum Einwirkungsbereich emittierender Anlagen gehören, weil sich der Ferntransport der Luftschadstoffe insbesondere wegen der (als verfehlt erkannten) „Hochschornsteinpolitik“ früherer Jahre über eine große Reichweite erstreckt. Daher ist unter dem „Einwirkungsbereich“ einer Anlage, soll dieser Begriff nicht funktionslos werden, nur jener Bereich zu verstehen, in dem die von einer emittierenden Anlage bewirkten relevanten Zusatzbelastungen zu etwa bereits vorhandenen Vorbelastungen dem als Verursacher *individualisierbaren Emittenten* noch hinreichend zuverlässig zurechenbar sind (Nahbereich). Bei Luftschadstoffen wird insoweit von einem Teil der Rechtsprechung auf das schadstoffbezogene Beurteilungsgebiet i.S. der Nr. 2.6.2.2 der TA Luft (Rn. 8/77) abgestellt[86]; bei Anlagengeräuschen wird der Nahbereich auf einen bestimmten Beurteilungspegel im Freien begrenzt (z.B. auf 35 dB[A] am Tage oder auf 25 dB[A] nachts). In diesem Sinne hat der Einwirkungsbereich Einfluß auf die Klagebefugnis eines (zur „Nachbarschaft“ gehörenden) Betroffenen, der sich beispielsweise auf die drittschützende Norm des § 5 I Nr. 1 BImSchG (Vermeidung schädlicher Umwelteinwirkungen als Genehmigungsvoraussetzung) berufen will.

85 BVerwG, NJW 1983, 1507 (Azo-Urt.) u.a.m.

86 S. OVG Lüneburg, NVwZ 1985, 357; BayVGH, BayVBl. 1989, 530; NVwZ-RR 1991, 463 f. Dies schließt es nicht aus, im Einzelfall auch einen weiteren Kreis von Drittbetroffenen anzunehmen, wenn – nach Einzelfallprüfung – etwa aufgrund einer belegbaren Kausalkette ein größerer Raum erheblichen Beeinträchtigungen ausgesetzt ist; s. OVG Münster, NWVBl 1993, 51; *Jarass*, BImSchG, § 3 Rn. 20; *Roßnagel*, GK-BImSchG, § 5 Rn. 843.

109 Die zuweilen schwierige Frage, ob von einer immissionsschutzrechtlichen Vorschrift auch die Nachbarschaft geschützt wird, ob diese Vorschrift also Drittschutz (und nicht nur einen Schutz der Allgemeinheit) bewirken soll (Schutznorm), ist aus dem **Schutzzweck** der jeweils anzuwendenden Norm zu beantworten (Rn. 4/5)[87].

g) Anlage

110 Der in § 3 V BImSchG definierte, vor allem für die Emissionsseite bedeutsame Anlagebegriff des Immissionsschutzrechts ist von weitreichender Bedeutung[88]. Zunächst gilt das BImSchG nur für genehmigungsbedürftige oder genehmigungsfreie Anlagen. Dabei ist unter der *genehmigungspflichtigen* Anlage nicht etwa die Fabrik als solche zu verstehen, sondern jede zu einer Fabrik gehörende Anlage, sofern sie im Anhang der 4. BImSchV genannt wird. In diesem Sinne kommt es z.B. auf den Anlagebegriff auch an bei der Abgrenzung zwischen der *Änderung* einer (genehmigungsbedürftigen) Anlage (§ 15 BImSchG), also etwa ihrer Kapazitätssteigerung unter Erhaltung ihrer Identität, und der *Erweiterung* ihres Funktionsbereichs durch zusätzliche Errichtung einer – mit ihr im räumlichen und funktionellen Zusammenhang stehenden – neuen, immissionsschutzrechtlich selbständigen Anlage (§ 4 BImSchG).

111 Zur genehmigungsbedürftigen Anlage gehören nach § 1 II Nr. 1 der 4. BImSchV[89] alle technischen Einrichtungen, die bei den Verfahrensschritten eingesetzt werden, die zur Erreichung des im Anhang der 4. BImSchV genannten Betriebszwecks erforderlich sind. Außer diesem „Kernbestand" sind aber nach § 1 II Nr. 2 der 4. BImSchV auch die emissions-, immissions- und sicherheitsrelevanten Nebeneinrichtungen genehmigungspflichtig, sofern sie in einem räumlichen und technischen Zusammenhang zum Kernbestand stehen (z.B. Verpackungs- und Verladeeinrichtungen).

112 Der – sehr weite – Anlagebegriff des § 3 V BImSchG ist nach Sinn und Zweck des Gesetzes nur dahingehend einschränkend auszulegen, daß von einer Anlage nur gesprochen werden kann, wenn das ungeschriebene Tatbestandsmerkmal des *Betreibens*[90] vorliegt. Im übrigen werden Anlagen, also auch solche, die nur *ungewollt* Immissionen verursachen, nach u.E. zutreffender h.M. vom Anlagenbegriff erfaßt. Auch wo Immissionen bestimmter Art, bestimmten Ausmaßes und bestimmter Dauer als solche gewollt sind (mögen diese Immissionen schädlich sein oder nicht), bleibt die Frage sinnvoll, ob sie etwa i.S. des § 22 I Nrn. 1 u. 2 BImSchG (Rn. 8/251) nach dem „Stand der Technik" vermieden oder reduziert werden können[91]. Eine Entscheidung über die Zulässigkeit solcher – vom Gesetz als grundsätzlich unzulässig angesehenen – Immissionen kann erst nach einer *Güterabwägung* zwischen der Bedeutung der störenden Nutzung und der Schutzwürdigkeit der gestörten Nutzung getroffen werden[92], die im Rahmen der Erheblichkeitsprüfung vorzunehmen ist.

---

87 S. hierzu *König*, Drittschutz, 1993, S. 83 ff., 102 ff.

88 Materialreich *Henkel*, Der Anlagenbegriff des Bundes-Immissionsschutzgesetzes, 1989.

89 Schon zuvor klärend BVerwGE 69, 351 (355); vgl. z.B. auch Hess. VGH, UPR 1992, 34. Ausführlich *Jarass*, NVwZ 1995, 529 ff.

90 *Jarass*, BImSchG, § 3 Rn. 57; *Sundermann-Rosenow*, in: HdUR, Bd. I, Art. „Anlage", Sp. 112 (113).

91 Vgl. BVerwGE 79, 254; *Jarass*, BImSchG, § 22 Rn. 7; *Roßnagel*, in: *Koch/Lechelt* (Hrsg.), 20 Jahre BImSchG, 1994, S. 60 (67); a.A. *Ziegler*, UPR 1986, 170 ff. und unsere 2. Aufl., Rn. 294.

92 *Koch*, in: *ders.*, Schutz vor Lärm, S. 41 (47); *Murswiek*, Risiken der Technik, S. 214 ff.

Bei lärmintensiven Diebstahlsirenen, Weinbergschußapparaten o.ä. ist zu fragen, ob im Hinblick auf die Intensität der Lärmbeeinträchtigung und die Zahl der betroffenen Personen die Erheblichkeitsschwelle überschritten wird, wofür die TA Lärm und entsprechende private Regelwerke einen Anhaltspunkt bieten können. Darüberhinaus werden Lärmimmissionen häufig ihrerseits der Gefahrenabwehr dienen (z.B. Feueralarmsirenen[93], Martinshorn, dringend erforderliche nächtliche Reparaturarbeiten an Straßenbahnschienen usw.) und sind daher bei Abwägung der berührten Interessen vom Drittbetroffenen grundsätzlich hinzunehmen (soweit nicht ohne Gefährdung ihres Zwecks minimierbar). Das liturgische Läuten (nicht der Stundenschlag) von Kirchenglocken[94] ist gleichfalls verfassungsrechtlich (Art. 140 GG i.V.m. Art. 137 WRV, Art. 4 GG) geschützt, weshalb über seine Zumutbarkeit auch hier im Einzelfall aufgrund einer Güterabwägung zu entscheiden ist. In der Land- und Forstwirtschaft ist anhand der gesetzlichen Wertung zu ermitteln, ob der Eigentümer bestimmte Maßnahmen zum Schutze seines Eigentums ergreifen darf oder ggf. auf Alternativen zurückgreifen muß. Soweit nicht ohnehin Stoffverwendungsverbote bestehen (Pestizide, Fungizide usw.), dürfen Immissionen nur im bodenschutz-, naturschutz- oder wasserrechtlich zulässigen Umfang verursacht werden. **113**

Mit dieser Einschränkung sind nach § 3 V BImSchG „**Anlagen**" (einschließlich der mit ihnen im örtlichen und betriebstechnischen Zusammenhang stehenden Nebeneinrichtungen): **114**

„**Betriebsstätten und sonstige ortsfeste Einrichtungen**", in der Regel also bauliche Anlagen, insbesondere gewerbliche, industrielle oder landwirtschaftliche Produktionsstätten. Eine „Betriebsstätte" kann dabei u.U. mehrere Produktionsstätten umfassen, die jeweils als gesondert genehmigungsbedürftige Anlage zu qualifizieren sind. Auch „sonstige ortsfeste Einrichtungen" müssen *betrieben* werden, um als Anlagen i.S. des § 3 V BImSchG gelten zu können. Zu ihnen gehören auch größere *Sportanlagen*, obwohl der von ihnen ausgehende Lärm (wie auch bei Kinderspielplätzen) überwiegend unmittelbar durch menschliches Handeln verursacht wird. **115**

Ferner sind Anlagen „**Maschinen, Geräte und sonstige ortsveränderliche technische Einrichtungen sowie Fahrzeuge, soweit sie nicht dem § 38 unterliegen**". Eine Einrichtung ist ortsveränderlich, wenn sie dazu bestimmt ist, an wechselnden Orten verwendet zu werden, und auch nicht in funktionalem Zusammenhang mit einer ortsfesten Einrichtung steht. Einfache Werkzeuge fallen, da sie nicht betrieben werden, ebenso wie viele Spiel- und Sportgeräte aus dem Anlagebegriff heraus, desgleichen solche Musikinstrumente, die keine technischen Einrichtungen sind. Im öffentlichen Verkehr genutzte Fahrzeuge unterliegen dem Immissionsschutzrecht nur nach Maßgabe der §§ 38-40 BImSchG. **116**

Schließlich sind Anlagen auch „**Grundstücke, auf denen Stoffe gelagert oder abgelagert oder Arbeiten durchgeführt werden, die Emissionen verursachen können, ausgenommen öffentliche Verkehrswege**"; für letztere gelten aber die §§ 41 ff. BImSchG. Die Tätigkeiten müssen für eine gewisse Dauer ausgeübt werden, so daß z.B. Bauhöfe in der Regel, Baustellen aber nur dann Anlagen im Sinne des BImSchG sind, wenn sie wenigstens mehrere Monate ununterbrochen bestehen **117**

93 BVerwGE 79, 254 (256) = JZ 1989, 237 m. insoweit zust. Anm. *Murswiek*.

94 BVerwGE 68, 62 (66); BVerwG, DVBl. 1992, 1234 ff.; BayVGH, BayVBl. 1994, 721 f.; OVG Saarlouis, NVwZ 1992, 72 ff.; *Laubinger*, VerwArch. 83 (1992), 623 ff.

bleiben sollen. Anforderungen an die Art und Weise des Lagerns, Behandelns und Beseitigens von Abfällen sind in den Spezialvorschriften des KrW-/AbfG enthalten (§ 9 KrW-/AbfG), während die Genehmigung der entsprechenden Anlagen jetzt im BImSchG geregelt ist (§ 31 I KrW-/AbfG). Nur noch Abfalldeponien, d.h. Anlagen zur (langfristigen) Ablagerung von Abfällen, sind nach § 31 II KrW-/AbfG planfeststellungspflichtig.

h) Stand der Technik

118 Der für die Emissionsseite besonders wichtige Begriff des Standes der Technik (vgl. z.B. §§ 5 I Nr. 2, 14 S. 2, 22 I 1 Nrn. 1 u. 2, 41 I, 48 Nr. 2 BImSchG, §§ 2 III, 3 IV der 12. BImSchV – StörfallVO; s. aber § 7a I und V WHG) hat in § 3 VI BImSchG (§ 12 III KrW-/AbfG) eine *Legaldefinition* erfahren:

„Stand der Technik im Sinne dieses Gesetzes ist der Entwicklungsstand fortschrittlicher Verfahren, Einrichtungen oder Betriebsweisen, der die praktische Eignung einer Maßnahme zur Begrenzung von Emissionen gesichert erscheinen läßt. Bei der Bestimmung des Standes der Technik sind insbesondere vergleichbare Verfahren, Einrichtungen oder Betriebsweisen heranzuziehen, die mit Erfolg im Betrieb erprobt worden sind."

119 Die Fassung des Gesetzes läßt erkennen, daß sich die Verfahren und Einrichtungen nicht notwendigerweise bereits allgemein im Betrieb bewährt zu haben brauchen. Vorausgesetzt wird aber ein Entwicklungsstand, der (z.B. aufgrund der Erprobung in Versuchs- oder Pilotanlagen) die praktische Eignung im technischen bzw. großtechnischen Maßstab gesichert erscheinen läßt[95]. Nach Art. 9 IV der IVU-Richtlinie (Rn. 8/42) ist der „Einsatz der besten verfügbaren Technik" (*best available technique*, BAT) gefordert, soweit die Durchführung der Maßnahme keine unverhältnismäßig hohen Kosten verursacht.

120 Das Abstellen auf den „Stand der Technik" kann im Zusammenhang mit Emissionsgrenzwerten (vgl. etwa § 5 I Nr. 2 BImSchG i.V.m. Abschn. 3.1-3.2 TA Luft) kontraproduktiv für umweltfreundliche technische Innovationen wirken. Technologien, die lediglich im Sinne eines „additiven" Umweltschutzes „at the end of the pipe" ansetzen (z.B. Filter), sollten mehr und mehr im Sinne eines „integrierten" Umweltschutzes, das heißt durch in das gesamte (Produktions-) Verfahren integrierte Lösungen ersetzt werden. Es bleibt abzuwarten, ob im Zuge der Umsetzung der IVU-Richtlinie solche Standards (über sog. *BAT-reference documents*) entwickelt werden[96].

IV. Genehmigungsbedürftige Anlagen

1. Genehmigungserfordernis

121 Die Errichtung und der Betrieb von Anlagen (§ 3 V BImSchG)[97], die aufgrund ihrer Beschaffenheit oder ihres Betriebs in besonderem Maße geeignet sind, schädliche

---

95 Vgl. BVerwG, B. v. 4.8.1992, 4 B 150.92, Buchholz 406.25, § 3 Nr. 9. Ausf. zum Stand der Technik *Koch*, GK-BImSchG, § 3 Rn. 342 ff.

96 Hierzu *Zierock/Salomon*, ZUR 1998, 227 ff.

97 *Jarass*, NVwZ 1995, 529 ff. Von der Genehmigungspflicht ausgenommen sind Anlagen des Bergwesens (§ 4 II BImSchG i.V.m. § 2 BBergG); krit. *Jarass*, BImSchG, § 4 Rn. 31.

Umwelteinwirkungen (§ 3 I BImSchG) hervorzurufen oder in anderer Weise die Allgemeinheit oder die Nachbarschaft zu gefährden, erheblich zu benachteiligen oder erheblich zu belästigen, sowie von ortsfesten Abfallentsorgungsanlagen zur Lagerung oder Behandlung von Abfällen[98] bedürfen nach § 4 I 1 BImSchG einer **Genehmigung** (präventives Verbot mit Erlaubnisvorbehalt, vgl. Rn. 2/20). *Nichtgewerbliche Anlagen*[99] nach § 4 I 2 BImSchG unterfallen der Genehmigungspflicht nur, wenn sie *in besonderem Maße geeignet* sind, schädliche Umwelteinwirkungen durch Luftverunreinigungen oder Geräusche hervorzurufen; diese Erleichterung betrifft aber nicht die immissionsschutzrechtlichen Pflichten und gilt nicht für Abfallentsorgungsanlagen.

Die genehmigungspflichtigen Anlagen sind abschließend in dem (2-spaltigen) Anhang der gem. § 4 I 3 BImSchG von der Bundesregierung nach Anhörung der beteiligten Kreise (§ 51) mit Zustimmung des Bundesrates ergangenen **4. BImSchV** aufgeführt. In ihrem § 2 I ist bestimmt, daß für Anlagen, die in der Spalte 1 des Anhangs genannt sind oder sich aus Anlagen der Spalte 1 und 2 zusammensetzen, das förmliche Genehmigungsverfahren nach § 10 BImSchG (Rn. 8/181 ff.) durchzuführen ist. Dem vereinfachten Genehmigungsverfahren nach § 19 BImSchG (Rn. 8/199 ff.) unterliegen die in Spalte 2 des Anhangs aufgeführten Anlagen. Gehören zu einer Anlage Teile oder Nebeneinrichtungen, die je gesondert genehmigungsbedürftig wären, so bedarf es lediglich *einer* Genehmigung (§ 1 IV der 4. BImSchV). **122**

Beispiele für Spalte 1-Anlagen: Kraftwerke und Heizkraftwerke ab einer Wärmeleistung von 50 MW bei festen oder flüssigen Brennstoffen, Kühltürme mit einem Kühlwasserdurchsatz von 10 000 m^3/h oder mehr, Zementwerke, größere Anlagen zur Stahlerzeugung, Steinmühlen, ferner zahlreiche Anlagen der chemischen und pharmazeutischen Industrie, Anlagen zur Erzeugung von Pestiziden, größere Papierfabriken, Müllverbrennungsanlagen, Pyrolyseanlagen usw. **123**

Die 4. BImSchV ist im Hinblick auf die verfristete Umsetzung der *IVU-RL* (Rn. 8/42) und der *UVP-Änderungs-RL* (Rn. 3/4) *zu überarbeiten.* Die strenge verfahrensrechtliche Trennung zwischen Spalte 1- und Spalte 2-Anlagen ist dabei für diejenigen Anlagen aufzuheben, die immissionsschutzrechtlich der Spalte 2 zugeordnet sind, die aber in den Anhängen zur IVU- oder UVP-Änderungsrichtlinie erfaßt werden. Hierbei ist zu unterscheiden: Anlagen nach der UVP-Änderungsrichtlinie (z.B. Galvanikanlagen, Anlagen zur Herstellung von Lacken und Farben, Windfarmen) sind seit Ablauf der Umsetzungsfrist der UVP-Änderungsrichtlinie (14.3.1999) UVP-pflichtig und müßten deshalb zukünftig im förmlichen Genehmigungsverfahren behandelt werden. Bis zum Inkrafttreten des entsprechenden Gesetzes kann ggf. freiwillig ein förmliches Verfahren durchgeführt werden; wenn der Antragsteller hiermit nicht einverstanden ist, muß im vereinfachten Verfahren eine UVP mit entsprechender Öffentlichkeitsbeteiligung nach der insoweit u.E. unmittelbar geltenden UVP-RL durchgeführt werden. Anlagen des Anhangs der IVU-RL sind einem Genehmigungsverfahren, das den Anforderun- **124**

98 Vgl. *Fluck*, UPR 1997, 234 ff.; *Mayer*, ZUR 1997, 201 ff.; *Kretz*, UPR 1994, 44 ff.; *Schink*, DÖV 1993, 725 ff.; *Weidemann*, DVBl. 1994, 263 ff.

99 Einrichtungen für kulturelle, religiöse oder pädagogische Zwecke sowie nach h.M. auch Anlagen der Bundeswehr und Polizei, s. *Jarass*, BImSchG, § 4 Rn. 27; a.A. *Blankenagel*, GK-BImSchG, § 4 Rn. 64.

gen der RL entspricht, zu unterziehen. Hierfür kann unmittelbar auf das förmliche Genehmigungsverfahren zurückgegriffen werden[100].

125 Im übrigen bedarf eine genehmigungsbedürftige Anlage unter jedem Aspekt ihrer nach Lage, Beschaffenheit und Betrieb möglichen Eignung, schädliche Umwelteinwirkungen und damit das Bedürfnis nach Vorkehrungen gegen solche Einwirkungen hervorzurufen, der Genehmigung. Aus dem Charakter des präventiven Verbotes mit Erlaubnisvorbehalt folgt, daß verboten ist, was nicht genehmigt wurde[101].

126 Nach § 1 VI der 4. BImSchV bedürfen Anlagen keiner immissionsschutzrechtlichen Genehmigung, die der **Forschung**, Entwicklung und Erprobung neuer Einsatzstoffe, Brennstoffe, Erzeugnisse und Verfahren dienen, sofern dies nur im Labormaßstab geschieht. Nach § 4 I 3 2. Hs. BImSchG könnte in der 4. BImSchV – sofern dadurch ein ausreichender Schutz vor Gefahren möglich ist – auch vorgesehen werden, daß eine immissionsschutzrechtliche Genehmigung nicht erforderlich ist, wenn für die Anlage eine Bauartzulassung (nach § 33 I Nr. 1 BImSchG, Rn. 8/270) erteilt *und* die Anlage entsprechend dieser errichtet wurde und betrieben wird. Hierbei würde allerdings nur von der immissionsschutzrechtlichen Genehmigungspflicht befreit werden: andere etwa erforderliche Eröffnungskontrollen, wie z.B. Baugenehmigung oder wasserrechtliche Genehmigung, müssen weiterhin eingeholt werden.

2. Grundpflichten des § 5 BImSchG

127 Für Errichtung und Betrieb genehmigungsbedürftiger Anlagen gelten nach § 5 I, III BImSchG eine

- Schutz- bzw. Abwehrpflicht (§ 5 I Nr. 1),
- Vorsorgepflicht (§ 5 I Nr. 2),
- Pflicht zur Vermeidung oder Verwertung, hilfsweise Beseitigung der Abfälle (§ 5 I Nr. 3),
- Abwärmenutzungspflicht (§ 5 I Nr. 4) und eine
- Nachsorgepflicht (§ 5 III BImSchG).

128 Die *IVU-Richtlinie* enthält in Art. 3 ebenfalls Betreiberpflichten[102], die z.T. über § 5 BImSchG hinausgehen und bis zum Inkrafttreten eines entsprechenden Gesetzes *unmittelbare Wirkung* haben. So besteht eine Pflicht, alle geeigneten Vorsorgemaßnahmen gegen Umweltverschmutzungen, insbesondere durch den Einsatz der besten verfügbaren Techniken, zu treffen, Rohstoffe und Energie effizient zu verwenden sowie Vorkehrungen zur Verhinderung von Unfällen und Begrenzung von deren Folgen zu ergreifen. Es ist zu erwarten, daß § 5 I (und ggf. § 7 I) BImSchG geändert wird.

129 Die Sicherstellung der Einhaltung dieser **Grundpflichten** ist Voraussetzung der Erteilung der immissionsschutzrechtlichen Genehmigung (§ 6 I Nr. 1 BImSchG). Diese Grundpflichten sind *dynamisierte*, durch den Verhältnismäßigkeitsgrundsatz beschränkte **Dauerpflichten** des Betreibers (s. Rn. 2/30). Sie gelten nicht nur für die Errichtung, sondern *für den gesamten Betriebszeitraum,* die Nachsorgepflicht des

---

100 *Kühling/Röckinghausen*, DVBl. 1999, 1614 (1620). Vgl. die Vollzugshinweise des UVM BW v. 6.3.2000, Az. 42-8800.10. In BW weigert sich die oberste Baurechtsbehörde, die IVU-Richtlinie in ihrem Zuständigkeitsbereich umzusetzen.

101 BVerwGE 84, 220 (224).

102 Hierzu: *Breuer*, FS Feldhaus, 1999, S. 49 (71 ff.).

§ 5 III BImSchG auch für die *Zeit nach Betriebseinstellung*[103]. Die Regelung des § 5 I hat zur Konsequenz, daß der Betreiber den Anlagenbetrieb einer Verschlechterung der Immissionssituation anpassen muß. Daher genießen die Anlage und ihr Betrieb gegenüber nachträglichen Anordnungen (§ 17 BImSchG; Rn. 8/224), durch die Grundpflichten des Betreibers konkretisiert werden (z.B. infolge einer Änderung der Immissionssituation oder aufgrund von neuen, erst nach Genehmigungserteilung gewonnenen wissenschaftlichen Erkenntnissen über die Gefährlichkeit emittierter Stoffe), nur einen sehr **eingeschränkten Bestandsschutz** (Rn. 8/239).

Im übrigen bleibt eine Verletzung der Grundpflichten durch den Betreiber weitgehend sanktionslos. Das BImSchG sieht hierin keine bußgeldbewehrte Ordnungswidrigkeit. Allerdings greift bei feststehendem Verstoß gegen die Grundpflichten die Beweislast-Vermutung des § 6 UHG (Rn. 3/46 ff.). Denkbar sind auch privatrechtliche Ansprüche nach § 823 II BGB i.V.m. § 5 I Nr.1 BImSchG und Abwehransprüche nach § 906 BGB. **130**

a) Schutz- bzw. Gefahrenabwehrpflicht (§ 5 I Nr. 1 BImSchG)

aa) Nach § 5 I *Nr. 1* BImSchG dürfen weder **schädliche Umwelteinwirkungen** (§ 3 I) noch sonstige **Gefahren** (z.B. Feuer- oder Explosionsgefahr), **erhebliche Nachteile und erhebliche Belästigungen** für die Allgemeinheit und die Nachbarschaft durch die Errichtung oder den Betrieb der Anlage hervorgerufen werden[104]. Dies gilt für den Normalbetrieb der Anlage wie auch für etwaige Störfälle. Schon die bloße Möglichkeit einer künftigen unzulässigen Beeinträchtigung muß nach dem Gesetzeswortlaut entfallen („nicht hervorgerufen werden können“) und mit hinreichender, dem Verhältnismäßigkeitsgrundsatz entsprechender Wahrscheinlichkeit ausgeschlossen sein[105]. Die Gefahrenabwehrpflicht erfaßt nach h.M. Vorkehrungen gegen einen bloßen *Gefahrenverdacht* und gegen eine hinreichend wahrscheinliche *künftige Gefahr* unter dem Aspekt einer „vorbeugenden Gefahrenabwehr“, *nicht aber* eine – z.B. im Atomrecht anerkannte (Rn. 9/109 ff.) *Pflicht zur störfallbezogenen Risikovorsorge* im Sinne einer Pflicht zur Risikominimierung[106] (vgl. Rn. 1/82 f.). **131**

Bei im Sinne der Schutzpflicht zu hohen Immissionsbelastungen sind weitergehende Maßnahmen der Emissionsbegrenzung geboten[107]. Anders als die Vorsorgepflicht der Nr. 2 stellt die Gefahrenabwehrpflicht des § 5 I Nr. 1 BImSchG nicht auf den „Stand der Technik“ (§ 3 VI) ab. Daher können Emissionen, die nach bisherigem Wissensstand weitgehend unschädlich sind, auch dann unzulässig sein, wenn sie nach dem Stand der Technik vermeidbar sind, und auch bei Einhaltung des Standes der Technik muß die Genehmigung bei unvermeidbaren gefährlichen Umwelteinwirkungen versagt werden. Eine Genehmigung scheidet z.B. aus, wenn **132**

103 BVerwGE 84, 220 (224); vgl. ferner *Breuer*, FS Feldhaus, 1999, S. 49 (57 f.); *Vallendar*, UPR 1991, 91 ff.

104 Dazu eingehend *Marburger*, Gutachten für den 56. DJT, 1986, S. 54 ff. m. zahlr. Nachw.

105 BVerwGE 55, 250 (254). Ausreichend ist die *Mitverursachung* von Emissionen, die nur dann entfällt, wenn von der Anlage praktisch keine entspr. Emissionen ausgehen, s. *Petersen*, Schutz und Vorsorge, S. 131 ff.; a.A. *Jarass*, BImSchG, § 3 Rn. 24.

106 *Breuer*, NVwZ 1990, 211 (219); *Petersen*, Schutz und Vorsorge, S. 198 ff.; VGH Kassel, NVwZ 1995, 1114; a.A. insbes. *Murswiek*, Risiken der Technik, S. 336 ff.

107 Vgl. *Rehbinder*, FS Sendler, 1991, S. 269 (278); aus der Rspr. BayVGH, NVwZ-RR 1991, 463 (472); BayVBl. 1989, 530; VGH BW, NVwZ 1995, 292 (297).

der Einwirkungsbereich der projektierten Anlage bereits über die Schädlichkeitsgrenze hinaus durch Immissionen *vorbelastet* ist oder wenn diese Grenze durch die Inbetriebnahme der hinzukommenden Anlage nach dem Ergebnis einer konkreten Immissionsprognose überschritten würde. Ausnahmen sind über die sog. Sanierungsklausel der Nr. 2.2.1.1b TA Luft möglich (vgl. Rn. 1/88).

133 Das Schutzgebot ist bei der Genehmigung der Errichtung und des Betriebs einer Neuanlage (§ 5 I Nr. 1 BImSchG), der Änderung einer Anlage (§§ 15, 16 BImSchG; Rn. 8/218), dem Erlaß nachträglicher Gefahrenanordnungen (§ 17 I 2 BImSchG; Rn. 8/225) und bei Beseitigungsverfügungen (§ 20 II 2 BImSchG; Rn. 8/237) zu beachten.

134 Das Schutz- und Abwehrgebot ist als Genehmigungsvoraussetzung (§ 5 I Nr. 1 i.V.m. § 6 I Nr. 1 BImSchG) insoweit **drittschützend**, als es der Rücksichtnahme auf Interessen eines individualisierbaren, d.h. sich von der Allgemeinheit unterscheidenden Personenkreises dient; es begünstigt somit in diesem Sinne die „Nachbarschaft" (Rn. 4/5)[108]. Die im Einwirkungsbereich der Anlage als Nachbarn potentiell Betroffenen können somit gegen die Genehmigung gerichtlichen Rechtsschutz in Anspruch nehmen. Anders als bei § 906 BGB und abweichend vom primär eigentumsorientierten Bebauungsrecht sind **Nachbarn** im Sinne des Immissionsschutzrechts nicht nur Grundeigentümer, sondern alle Personen, die in einer engeren zeitlichen und räumlichen Beziehung zu der Anlage stehen, z.B. auch Dauermieter oder auf dem betroffenen Grundstück beschäftigte Arbeitnehmer[109].

135 bb) Der vom Gefahrenbegriff abzugrenzende Begriff des **Risikos** wird besonders im Bereich der Sicherheitstechnik verwendet. Der den sicherheitsrechtlichen Schutznormen sachlich zugrundeliegende, bisher noch kaum in die sicherheitsrechtliche Gesetzessprache (s. aber § 6 I GenTG) eingegangene Begriff des Risikos, der auf Einzelpersonen (Individualrisiko) oder auf bestimmte Personengruppen (Kollektivrisiko) bezogen werden kann, umfaßt herkömmlicherweise die Eintrittshäufigkeit sowie den potentiellen Schadensumfang[110] (vgl. Rn. 1/82).

136 Im Zuge der vorausschauenden Planung der erforderlichen technischen Sicherheitsvorrichtungen können sich die *deterministische* und die *probabilistische* Betrachtungsweise (näher Rn. 9/128) bei der Beantwortung der Frage ergänzen, ob und in welchem Ausmaß Risiken bestehen und wie diese gemindert werden können. Während Wissenschaft und Technik die notwendigen Analysen und die technischen Lösungen zur Risikobegrenzung erarbeiten können, sind die Fragen der Risikoermittlung und -bewertung unter sicherheitsrechtlichen Gesichtspunkten vom Staat zu verantworten. Sie ist auf der Normsetzungsebene Sache der Legislative bzw. der aufgrund gesetzlicher Ermächtigung normsetzenden Verwaltung, auf der Normanwendungsebene Sache der normausführenden Verwaltung oder – außerhalb einer etwaigen „Einschätzungsprärogative" der Verwaltung – Sache der Gerichte.

---

108 BVerwGE 65, 313 (320); 68, 58 (59); BVerwG, NJW 1984, 2174 (2175); UPR 1984, 128 (besondere gesetzliche Ausprägung des Rücksichtsnahmegebots). Vgl. im übrigen *Jarass*, BImSchG, § 5 Rn. 120; *Roßnagel*, GK-BImSchG, § 5 Rn. 837 ff.

109 *Jarass*, BImSchG, § 3 Rn. 18 ff.; *Roßnagel*, GK-BImSchG, § 5 Rn. 844.

110 Vgl. z.B. *Wahl/Appel*, in: *Wahl* (Hrsg.), Prävention und Vorsorge, 1995, S. 88 ff.; *Reich*, Gefahr – Risiko – Restrisiko, 1989, S. 171; *Breuer*, NVwZ 1990, 211 (213); *Ipsen*, VVDStRL 48 (1990), S. 177 (186); anders z.B. *Scherzberg*, VerwArch. 1993, 484 (498); vgl. auch *Murswiek* u. *Schlink*, VVDStRL Bd. 48 (1990), S. 207 ff., 235 ff.

Ist ein Risiko (nach der *Je-desto-Formel*) als **Gefahr** zu beurteilen, so gilt das Gefahrenabwehrprinzip (vgl. § 3 I Störfall-VO). Gegenüber einem Risiko, das die Gefahrenschwelle nicht überschreitet, ist im BImSchG – abweichend vom Atomrecht – nur eine Pflicht zur Risikovorsorge enthalten, soweit sich das (Schadens-)Risiko auf etwaige schädliche Umwelteinwirkungen i.S. des § 3 I BImSchG bezieht, sonstige Schäden (z.B. Explosionsschäden) sind vom *Vorsorgeprinzip* nicht erfaßt. Jedoch liegt in § 7 I Nr. 1 BImSchG (Rn. 8/158) eine Ermächtigung zu einer einschlägigen Regelung durch Rechts-VO (vgl. § 3 III Störfall-VO). **137**

b) Vorsorgepflicht (§ 5 I Nr. 2 BImSchG)

aa) Nach § 5 I *Nr. 2* BImSchG sind genehmigungsbedürftige Anlagen so zu errichten und zu betreiben, daß **Vorsorge gegen schädliche Umwelteinwirkungen** getroffen wird, insbesondere durch die dem Stand der Technik (§ 3 VI BImSchG) entsprechenden Maßnahmen zur Emissionsbegrenzung[111]. Die Emissionen sind demnach – zwar einzelfallbezogen, aber prinzipiell situationsunabhängig – durch emissionsmindernde Verfahrensoptimierung oder durch nachgeschaltete Rückhalte- bzw. Reinigungsmaßnahmen[112] so weit zu mindern, wie dies mit Maßnahmen möglich ist, die dem Stand der Technik entsprechen und verhältnismäßig sind. In diesem Sinn zielt Vorsorge – anders als Gefahrenabwehr – auf anlagenbezogene, nicht das „Ob“, sondern das „Wie“ einer Anlage betreffende Maßnahmen. **138**

Die Bewertung der Frage, ob eine Gefahr im Sinne des Schutzprinzips besteht, setzt bei der Anwendung der klassischen polizeirechtlichen „Je-desto-Formel“ durchschnittliche Erfahrungen voraus, die über einen gewissen Zeitraum hinweg in Wissenschaft und Technik, Verwaltung und Wirtschaft gesammelt wurden. Bei vielen modernen technischen Entwicklungen kann aber auf solche Erfahrungen nicht zurückgegriffen werden. Die *Risikovorsorge* soll dazu beitragen, solche Ungewißheiten technisch-wissenschaftlicher Sachverhalte zu bewältigen. Damit können Vorsorgemaßnahmen schon dann geboten sein, wenn die Immissionen nicht oder noch nicht den Grad schädlicher Umwelteinwirkungen erreichen, also nur *potentiell gefährlich* sind[113]. Art und Ausmaß der nach § 5 I Nr. 2 BImSchG gebotenen Vorsorgemaßnahmen werden durch den Stand der Technik und durch die Adäquanz[114] (Verhältnismä- **139**

---

111 Vgl. dazu z.B. *Feldhaus*, DVBl. 1980, 133 ff.; 1981, 166 (170); *Grabitz*, WiVerw. 1984, 232 ff.; *Kloepfer/Kröger*, NuR 1990, 8 ff.; *Kutscheidt*, FS Redeker, 1993, S. 439 ff.; *Ossenbühl*, NVwZ 1986, 161 (163, 169); *Rehbinder*, FS Sendler, 1991, S. 269 ff.; *Rengeling*, DVBl. 1982, 622 ff.; *Rid/Hamann*, VBlBW 1987, 121 ff.; *Schwerdtfeger*, WiVerw. 1984, 217 ff.; *Sellner*, NJW 1980, 1255 ff.; eingehend *Marburger*, Gutachten für den 56. DJT 1986, S. 58 ff.; *Petersen*, Schutz und Vorsorge, 1993; *Rengeling*, Die immissionsschutzrechtliche Vorsorge, 1982; *Reich*, Gefahr – Risiko – Restrisiko, 1989; *Wahl/Appel*, in: *Wahl* (Hrsg.), Prävention und Vorsorge, 1995, S. 72 ff.

112 S. z.B. VG Düsseldorf, ZUR 1999, 171. Eine Verdünnung der Emissionen durch „hohe Schornsteine“ ist nur aus Verhältnismäßigkeitsgesichtspunkten gerechtfertigt, vgl. BVerwG, NVwZ 1995, 995; *Jarass*, BImSchG, § 5 Rn. 55; *Roßnagel*, GK-BImSchG, § 5 Rn. 600.

113 *Petersen*, Schutz und Vorsorge, S. 236 ff.; *Wahl/Appel*, in: *Wahl* (Hrsg.), Prävention und Vorsorge, 1995, S. 76: Objekt der Vermeidung ist nicht erst der Schaden, sondern bereits die Gefahr.

114 Vgl. z.B. *Jarass*, BImSchG, § 5 Rn. 59 ff. m.w.N.

ßigkeit, Nähe zur Gefahrenschwelle, gegenwärtige und künftige räumliche Nutzung des Einwirkungsbereichs usw.) bestimmt. Da die Grundpflichten des § 5 I BImSchG gleichrangig sind, kann auch eine technisch mögliche und an sich verhältnismäßige Emissionsbegrenzung dann nicht geboten sein, wenn sie zu schweren, nicht lösbaren Problemen bei der Abfallentsorgung (§ 5 I Nr. 3 BImSchG) führen müßte. Konkret sind aber der positive Gehalt des Vorsorgegebotes und damit Inhalt und Umfang der Vorsorgepflicht nur schwer auszumachen. Daher gibt es zur näheren Konkretisierung aufgrund des § 48 Nrn. 2-4 BImSchG *Emissionswerte* (sowie Verfahrensvorschriften zu ihrer Ermittlung) in Form von Verwaltungsvorschriften (z.B. TA Luft) und aufgrund des § 7 BImSchG *Emissionsgrenzwerte* in Form von Rechtsverordnungen (z.B. 13. und 17. BImSchV). Eine bislang nur unzureichend ausgenutzte Möglichkeit zur Konkretisierung des Vorsorgegebotes liegt in dem Erlaß eines – raumbezogenen – *Vorsorgeplans* nach § 47 I 3 BImSchG (Rn. 8/326) durch die zuständige Immissionsschutzbehörde[115].

140 Das Vorsorgegebot ist bei der Genehmigung der Errichtung und des Betriebs einer Neuanlage (§ 5 I Nr. 2 BImSchG), der Änderung einer Anlage (§§ 15, 16 BImSchG; Rn. 8/218) und dem Erlaß nachträglicher Vorsorgeanordnungen (§ 17 I 1 BImSchG; Rn. 8/225) zu beachten.

141 bb) Die **Vorsorge** ist

- *raumbezogen*[116], weil sie jenseits der Schutzpflicht der Sicherung von Freiräumen für künftige emittierende Anlagen einerseits (Optionsaspekt) sowie von intakten Lebensräumen für die Menschen andererseits (Umweltqualitätsaspekt) dient, und
- *risikobezogen*[117], weil sie unterhalb der Gefahrenschwelle (in Verwandtschaft mit der Freiraumthese) auf die Schaffung von *Sicherheitsabständen* zur Grenze schädlicher Umwelteinwirkungen (Vorsorge gegen „Risiken unterhalb der Gefahrenschwelle") sowie (mehr aus ordnungsrechtlicher Sicht) im Zusammenhang mit Immissionen auf die Berücksichtigung eines *„Besorgnispotentials"* z.B. wegen der nicht ausschließbaren Möglichkeit schädlicher synergistischer Effekte oder sonstiger bisher unzureichend bekannter schädlicher Wirkungen bekannter Stoffe abzielt.

142 Ein Gebot der Minimierung des technischen *Störfallrisikos* (vgl. z.B. § 3 I, III 12. BImSchV) kann nicht bereits dem § 5 I Nr. 2 BImSchG entnommen werden. Vereinfacht gesprochen läßt sich der Vorsorgegrundsatz vom Schutzprinzip einerseits und vom Restrisiko andererseits wie folgt abgrenzen: vom Schutzprinzip des § 5 I Nr. 1 BImSchG unterscheidet er sich dadurch, daß – noch – keine Gefahren vorliegen, von

115 *Jarass*, BImSchG, § 5 Rn. 52; *Wahl/Appel*, in: *Wahl* (Hrsg.), Prävention und Vorsorge, 1995, S. 169 ff.

116 Dieser auf die Gesetzesmaterialien gestützte raumbezogene Vorsorgeaspekt wird betont von *Feldhaus*, DVBl. 1980, 133 (135); *Kutscheidt*, in: *Landmann/Rohmer* (Hrsg.), Umweltrecht, § 1 BImSchG Rn. 7; *Jarass*, BImSchG, § 5 Rn. 56 ff.; *Martens*, DVBl. 1981, 597 (602 ff.); *Sellner*, NJW 1980, 1255 (1261). S.a. *Wahl/Appel*, in: *Wahl* (Hrsg.), Prävention und Vorsorge, 1995, S. 78 ff.

117 Diese auf den Wortlaut des § 5 I Nr. 2 BImSchG gestützten risikobezogenen Vorsorgeaspekte werden z.B. betont von *Breuer*, FS Feldhaus, 1999, S. 49 (58 ff.); *Rengeling*, DVBl. 1982, 622 (626 f.); *Kloepfer/Kröger*, NuR 1990, 8 ff. S.a. *Frhr. v. Lersner*, in: HdUR, Bd. II, Art. „Vorsorgeprinzip", Sp. 1087 f.

der Hinnahme eines Restrisikos (Rn. 9/116 ff.) durch ein auf hinreichende Gründe gestütztes Besorgnispotential[118] (s.a. Rn. 1/82 f.).

Auch das Bundesverwaltungsgericht vertritt anscheinend eine Verbindung dieser Interpretationsansätze (Vorsorge als **multifunktionales Gebot**)[119]. Allerdings führt die raumbezogene, quasi planerische Komponente der Vorsorge nicht dazu, daß § 5 I Nr. 2 BImSchG als Planungs- und damit Abwägungsermächtigung der Genehmigungsbehörde verstanden werden könnte. Das wäre mit dem bei Vorliegen der gesetzlichen Voraussetzungen nach h.L. bestehenden *Rechtsanspruch* auf Genehmigungserteilung („gebundene Kontrollerlaubnis") nicht vereinbar. Erforderlich sind daher im Hinblick auf eine Vielzahl von Emittenten abstrakt-generelle Regelungen, die Ausdruck eines zukunftsbezogenen planerischen Konzepts sind, durch das die Genehmigungsbehörden gebunden werden. (Das ist beispielsweise bei den Luftreinhalteplänen und Lärmminderungsplänen der Fall; Rn. 8/329 ff.). Zur Durchsetzung eines solchen, auf §§ 7, 48 BImSchG beruhenden „langfristig angelegten Vorsorgekonzepts" hat sich die Vorsorge gegen Luftverunreinigungen nicht allein auf den Einwirkungsbereich der Anlage, sondern auch auf den emissionsquellenfernen Transport zu beziehen[120]. **143**

Im Gegensatz zum Schutz- und Abwehrgebot (§ 5 I Nr. 1 BImSchG) ist das Vorsorgegebot (§ 5 I Nr. 2 BImSchG) nach h.M. **nicht drittschützend**. Während in § 5 I Nr. 1 die Nachbarschaft ausdrücklich erwähnt ist, fehlt ein solcher Hinweis in Nr. 2. Das BVerwG[121] ist der Auffassung, daß die Individualinteressen Dritter durch das Abwehrgebot ausreichend geschützt seien, Vorsorge unterhalb der Schädlichkeitsschwelle nur gegen hypothetische Gefahren gerichtet sei und deswegen nur der Reduzierung eines Kollektivrisikos diene. Soweit das Vorsorgeprinzip eine allgemeine Verbesserung der Umweltsituation und damit auch einen ausreichenden Sicherheitsabstand zur Schädlichkeitsschwelle oder aber unbelastete bzw. gering belastete Freiräume sichern will, ist dies im Ansatz zutreffend. Die herkömmliche Trennung zwischen drittschützender Gefahrenabwehr und nichtdrittschützender Vorsorge ist aber europarechtlich nicht länger haltbar. Der EuGH geht nämlich davon aus, daß Richtlinien mit konkreten Umweltstandards auch Rechtsschutz vermitteln (Rn. 1/44). Wo Vorsorge im Hinblick auf *europarechtlich vorgeschriebene allgemeine Umweltstandards* betrieben wird, ist daher auch das Vorsorgeprinzip individual- und damit *drittschützend*. So enthält die seit 30.10.1999 unmittelbar geltende IVU-Richtlinie in Art. 3 S. 1 lit. a eine nach der Konzeption des EuGH Rechtsschutz vermittelnde Vorsorgepflicht (Rn. 8/42), die sich auf die Einhaltung der in den verschiedenen EG-Richtlinien enthaltenen Immissionsrichtwerte bezieht. Gleiches gilt auch für Vor **144**

---

118 *Kutscheidt*, FS Redeker, 1993, S. 439 (450).

119 In BVerwGE 65, 313 (320) sind die verschiedenen Auffassungen ohne eigene Stellungnahme wiedergegeben; s.a. BVerwG, UPR 1995, 196 (197); BVerwGE 69, 37 (43 ff.) – Heidelberger Fernheizwerk. Für eine multifunktionale Betrachtungsweise *Jarass*, BImSchG, § 5 Rn. 46 ff.; *Grabitz*, WiVerw. 1984, 232 (236 ff.); *Schwerdtfeger*, WiVerw. 1984, 217 ff.; *Sendler*, UPR 1983, 33 (43); *Wahl*, DVBl. 1982, 51 (61).

120 BVerwGE 69, 37 (45).

121 BVerwGE 65, 313 (320). S.a. BGHZ 102, 350 (360); OVG Lüneburg, UPR 1985, 253 u. 255 (Buschhaus I. u. II); VGH BW, NVwZ 1996, 297 ff.; *Feldhaus*, DVBl. 1980, 133 (136); *Jarass*, BImSchG, § 5 Rn. 121 f. (der allerdings Emissionsgrenzwerte für kanzerogene Stoffe der Schutzpflicht nach § 5 I Nr. 1 zuordnet); *Rengeling*, DVBl. 1982, 622 (628); *Ronellenfitsch/Wolf*, NJW 1986, 1955 (1959); *Sellner*, Immissionsschutzrecht, Rn. 61; *Breuer*, DVBl. 1986, 849 (855), anders nunmehr, *ders.*, in: Umweltrechtstage 1991, S. 158 (174 ff.).

sorge gegen erkannte Gefahren[122], für die z.B. Emissionswerte bzw. Emissionsgrenzwerte in der TA Luft (Rn. 8/69), der Großfeuerungsanlagen-VO (Rn. 8/166) und in der Abfallverbrennungsanlagen-VO (Rn. 8/173) bestehen.

c) Abfallvermeidungspflicht (§ 5 I Nr. 3 BImSchG)

145 Für die Entsorgung der Stoffe, die beim Betrieb einer immissionsschutzrechtlich genehmigungsbedürftigen Anlage anfallen, im Anlagenbetrieb aber nicht mehr gebraucht werden, ist in erster Linie § 5 I *Nr. 3* BImSchG maßgeblich. Hiernach sind **Abfälle**[123]

- zu *vermeiden*, z.B. durch Änderung der Einsatzstoffe oder der Verfahrenstechnik, also durch Maßnahmen, die einem auf Emissionsvermeidung gerichteten „produktionsintegrierten Umweltschutz" entsprechen, oder
- ordnungsgemäß und schadlos (zu Produktions- oder Wärmeerzeugungszwecken) *innerhalb oder außerhalb* der genehmigungsbedürftigen Anlage zu *verwerten*[124], z.B. durch Verkauf des bei der Rauchgasentschwefelung anfallenden Gipses in gereinigter Form an die Gipsindustrie, wofür sich nach § 9 S. 2 u. 3 KrW-/AbfG (Rn. 12/94) stoffbezogene Anforderungen aus dem Abfallrecht ergeben, oder
- hilfsweise – wenn Vermeidung und Verwertung technisch nicht möglich oder unzumutbar sind – als Abfälle ohne Beeinträchtigung des Wohls der Allgemeinheit nach dem KrW-/AbfG oder nach den in § 2 II KrW-/AbfG genannten Vorschriften zu *beseitigen*[125].

146 Zwischen dem Vermeidungs- und Verwertungsgebot besteht kein Rangverhältnis[126], wohl aber haben beide zusammen Vorrang vor dem Beseitigungsgebot. Eine gesetzliche Änderung steht jedoch aufgrund Art. 3 lit. c der *IVU-RL*, die von einem *Vorrang der Abfallvermeidung* ausgeht, an[127]. Der Abfallbegriff des § 5 I Nr. 3 BImSchG ist mit dem des KrW-/AbfG identisch (arg. e § 9 KrW-/AbfG). Er umfaßt daher neben beweglichen Sachen, die bei der Energieumwandlung, Herstellung, Behandlung oder

---

122 Das ist z.B. der Fall, wenn die Grenzen zwischen zumutbaren und unzumutbaren Immissionen (noch) nicht beschrieben werden können (z.B. bei kanzerogenen Stoffen) oder lückenhaften Kenntnissen im Hinblick auf die Schädlichkeit bestimmter Immissionen oder vermuteter Synergismen kleinräumig vorgebeugt werden soll, so *Kutscheidt*, FS Redeker, 1993, S. 439 (453 f.); ähnlich *Rehbinder*, FS Sendler, 1991, S. 269 (282); *Roßnagel*, GK-BImSchG, § 5 Rn. 849 ff.; VG Gießen, NVwZ-RR 1993, 537; VG Neustadt, NVwZ 1992, 1008 (1011).

123 Dazu *Fluck*, DVBl. 1997, 463 ff.; *Jarass*, BImSchG, § 5 Rn. 70 ff.; *Kunig*, NVwZ 1997, 209 ff.; *Rebentisch*, NVwZ 1995, 639 ff.; *Seibert*, UPR 1994, 415 (420). Zu den Grenzen der Pflicht: BVerfG, ZUR 1998, 145; *Jarass*, BImSchG, § 5 Rn. 75; *Roßnagel*, GK-BImSchG, § 5 Rn. 671 f.

124 S. aber BVerwGE 96, 80 (82): Verfüllung von Hohlräumen in Bergwerken; *Seibert*, UPR 1994, 415 (420). Nach § 9 KrW-/AbfG findet „Verwertung" nicht nur außerhalb der Anlage, sondern auch anlagenintern statt, was unter § 5 I Nr. 3 a.F. als „Vermeidung" interpretiert wurde; s. *Jörgensen*, Das Reststoffvermeidungs- und Verwertungsgebot, 1994, S. 45 ff.; *Petersen/Rid*, NVwZ 1995, 7 (12).

125 OVG Lüneburg, NJW 1998, 398.

126 Vgl. *Jarass*, BImSchG, § 5 Rn. 93; *Jörgensen*, Das Reststoffvermeidungs- und Verwertungsgebot, 1994, S. 59 ff. m.w.N.

127 Nach Art. 3 lit. c IVU-RL ist die Entstehung von Abfällen zu vermeiden, andernfalls sind Abfälle zu verwerten oder, wenn dies aus technischen oder wirtschaftlichen Gründen nicht möglich ist, zu beseitigen, wobei Auswirkungen auf die Umwelt zu vermeiden oder zu vermindern sind.

Nutzung von Stoffen oder Erzeugnissen oder bei Dienstleistungen anfallen, ohne daß der Zweck der jeweiligen Handlung darauf gerichtet ist, („Reststoffen" nach § 5 I Nr. 3 BImSchG a.F.) auch sonstige unerwünschte Nebenprodukte wie Abwässer[128]. § 2 II KrW-/AbfG nimmt nämlich Abwässer vom Geltungsbereich des KrW-/AbfG aus, engt aber nicht den Abfallbegriff ein. Steht das Wohl der Allgemeinheit der Reststoffbeseitigung entgegen und findet der Betreiber keine Vermeidungs- oder (hochwertige) Verwertungsmöglichkeit, so ist die beantragte Genehmigung zu versagen. Fehlt es an einer (i.S.d. KrW-/AbfG) ordnungsgemäßen Abfallbeseitigung, so können noch nachträglich Anordnungen getroffen werden (§ 17 I BImSchG); letztlich kann der Betrieb untersagt werden (§ 20 I BImSchG).

d) Abwärmenutzungspflicht (§ 5 I Nr. 4 BImSchG)

Ferner wurde mit § 5 I *Nr. 4* BImSchG die Grundpflicht eingeführt, beim Betrieb entstehende (Überschuß-)**Wärme** für Anlagen des Betreibers **zu nutzen** oder an abnahmebereite Dritte abzugeben, und zwar im Rahmen des nach Art und Standort der Anlage technisch Möglichen und Zumutbaren und in Übereinstimmung mit den Pflichten nach den Nrn. 1-3. Die Regelung zielt auf eine Minderung des Einsatzes fossiler Brennstoffe (Energieeinsparung) und damit auch auf eine Minderung der Luftbelastung. Sie gilt nur, soweit solche Anlagen in einer Rechtsverordnung nach § 5 II benannt sind, was bislang nur im Bereich der Abfallverbrennungsanlagen geschehen ist (§ 8 der 17. BImSchV). Nach Art. 3 lit. d der IVU-RL ist Energie effizient zu verwenden[129]. Diese Betreiberpflicht gilt für von der RL erfaßte Anlagen unmittelbar, so daß de lege ferenda der VO-Vorbehalt zu streichen ist. **147**

e) Nachsorgepflicht (§ 5 III BImSchG)

§ 5 III BImSchG normiert den Anlagenbetrieb überdauernde, der Entstehung von Altlasten vorbeugende Grundpflichten des Betreibers[130]. Dieser hat nämlich sicherzustellen, daß nach einer – gem. § 16 II BImSchG der zuständigen Behörde rechtzeitig anzuzeigenden – Betriebseinstellung **148**

- von der Anlage oder dem Anlagengrundstück keine schädlichen Umwelteinwirkungen und sonstige Gefahren, erhebliche Nachteile und erhebliche Belästigungen für die Allgemeinheit und die Nachbarschaft hervorgerufen werden können (*Nr. 1*) und
- vorhandene Abfälle ordnungsgemäß und schadlos verwertet oder als Abfälle ohne Beeinträchtigung des Wohls der Allgemeinheit beseitigt werden (*Nr. 2*).

Von einer stillgelegten *Anlage* (auch einem stillgelegten selbständigen Anlageteil) oder von dem *Betriebsgrundstück* der stillgelegten Anlage können i.S. der *Nr. 1* des § 5 III schädliche Umwelteinwirkungen (z.B. in Gestalt von Staubverwehungen von Halden) oder sonstige Gefahren, erhebliche Nachteile und Belästigungen (z.B. auf- **149**

128 *Jarass*, BImSchG, § 5 Rn. 84; *Kaster*, NuR 1996, 112; *Roßnagel*, GK-BImSchG, § 5 Rn. 646.
129 *Schäfer*, FS Feldhaus, 1999, S. 327 ff.
130 *Hansmann*, NVwZ 1993, 921 ff.; *Peters*, NVwZ 1994, 879 f.

grund von im Boden versickerten gelösten Chemikalien) ausgehen. Die Pflicht, die Allgemeinheit und die Nachbarschaft hiervor zu schützen, trifft nicht den Eigentümer des Betriebsgrundstücks als solchen (qua Zustandshaftung), sondern den (gefahrenverursachenden) Betreiber (str.)[131].

Eine bestimmungsgemäße oder sonst kurzfristige Betriebsunterbrechung ist dabei nicht als eine Betriebseinstellung i.S. der §§ 5 III, 16 II, 17 IVa BImSchG anzusehen.

150 Durch *Nr. 2* des § 5 III wird klargestellt, daß die in § 5 I Nr. 3 normierten Pflichten der Abfallverwertung und -beseitigung auch nach Betriebseinstellung bestehen bleiben, dann aber ohne Rangverhältnis.

151 Die Gewährleistung der Einhaltung der Grundpflichten aus § 5 III BImSchG ist – soweit wie möglich – schon bei Genehmigungserteilung zu prüfen (§ 4b I Nr. 4 der 9. BImSchV). Der Schwerpunkt liegt aber ohne Zweifel bei der späteren behördlichen Prüfung nach Eingang der Anzeige des Betreibers (§ 16 II), wonach dieser die Absicht hat, den Anlagenbetrieb einzustellen. Dieser Anzeige sind die Unterlagen für die vorgesehenen Maßnahmen zur Erfüllung der Nachsorge-Grundpflichten beizufügen. Hier können dann von der Behörde noch innerhalb eines Zeitraums von 10 Jahren nach Betriebseinstellung die notwendigen Anordnungen zur Herstellung des den Pflichten nach § 5 BImSchG genügenden Zustands getroffen werden (§ 17 I i.V.m. § 17 IV a BImSchG)[132].

3. Genehmigungsvoraussetzungen

a) Die immissionsschutzrechtliche Genehmigung als Kontrollerlaubnis

152 Sind die gesetzlichen *Genehmigungsvoraussetzungen* erfüllt, so besteht – abweichend von § 2 WHG oder § 7 AtG – gem. § 6 I BImSchG ein **Anspruch auf Erteilung der Genehmigung**. Im Gegensatz zum Medium Wasser unterliegt somit das Medium Luft nach geltendem Recht keinem Bewirtschaftungsermessen[133]. Allerdings ist die immissionsschutzrechtliche Genehmigung keine rechtlich „streng" gebundene Kontrollerlaubnis, weil sie an mehreren Stellen „offene" Tatbestandsmerkmale mit abwägenden oder bewertenden Elemente beinhaltet wie z.B. das Vorsorgeprinzip oder das „Wohl der Allgemeinheit" im Rahmen anderer öffentlich-rechtlicher Vorschriften i.S.d. § 6 I Nr. 2 BImSchG[134].

---

131 *Dienes*, NWVBl 1990, 406; *Fluck*, BB 1991, 1797 (1799); a.A. (letzter Betreiber) *Vallendar*, UPR 1991, 91 (95). Zur Inanspruchnahme des Konkursverwalters BVerwG, NJW 1999, 1416 f.; OVG Lüneburg, NVwZ 1998, 308.

132 S. *Salzwedel*, in: AKUR, Grundzüge des Umweltrechts, Kap. 14 Rn. 16.

133 Vgl. *Jarass*, BImSchG, § 6 Rn. 19; a.A. *Murswiek*, Risiken der Technik, S. 357 ff.; s.a. *Trute*, Vorsorgestrukturen, S. 336 f. Zu den Möglichkeiten de lege ferenda *Hoffmann-Riem*, DVBl. 1994, 605 ff.

134 Vgl. *Jarass*, Umweltverträglichkeitsprüfung bei Industrieanlagen, 1987, S. 91 f.; *Sendler*, in: *Koch/Lechelt* (Hrsg.), Zwanzig Jahre BImSchG, 1994, S. 221 f.; *Wahl/Appel*, in: *Wahl* (Hrsg.), Prävention und Vorsorge, 1995, S. 176 ff.

Da die immissionsschutzrechtliche Genehmigung den Charakter einer „Realkonzession“ (Rn. 2/22) hat, gehören die Zuverlässigkeit und Fachkunde des Betreibers nicht zu den Genehmigungsvoraussetzungen. Steht jedoch die Unzuverlässigkeit des Betreibers bereits bei Antragstellung fest, so kann es wegen § 20 III BImSchG (Untersagungsmöglichkeit bei Unzuverlässigkeit des Betreibers) am Antragsinteresse fehlen. **153**

b) Genehmigungsvoraussetzungen nach § 6 BImSchG

Die Genehmigung *ist* (grundsätzlich sowohl unbefristet als auch unwiderruflich, vgl. aber Rn. 8/238) nach § 6 I BImSchG zu erteilen, wenn **154**

- sichergestellt[135] ist, daß die Pflichten, die sich aus § 5 BImSchG und einer aufgrund des § 7 BImSchG (zur Bestimmung der näheren Anforderungen) erlassenen RechtsVO ergeben, erfüllt werden (*Nr. 1*) und
- andere öffentlich-rechtliche Vorschriften und Belange des Arbeitsschutzes der Errichtung und dem Betrieb der Anlage nicht entgegenstehen (*Nr. 2*).

Zu den sonstigen anlagenbezogenen öffentlich-rechtlichen Vorschriften zählen z.B. Vorschriften des Abfall-, Bauordnungs-, Bauplanungs-[136], Boden-, Gewerbe-, Straßen- und Naturschutzrechts[137], also auch Vorschriften, die ein repressives Verbot mit Befreiungsvorbehalt beinhalten (z.B. Waldumwandlungsgenehmigung oder die naturschutzrechtliche Eingriffsregelung nach verschiedenen LNatSchG). Insbesondere gehören dazu Vorschriften, die die materiellrechtlichen Voraussetzungen derjenigen Erlaubnisse und Genehmigungen regeln, die gem. § 13 BImSchG (Konzentrationsgrundsatz) von der Genehmigung eingeschlossen werden (Rn. 8/200). **155**

Das integrative Konzept der IVU-RL (Rn. 8/42) verlangt darüberhinaus, daß mögliche Verlagerungen von nachteiligen Auswirkungen von einem Schutzgut auf ein anderes sowie die Wechselwirkungen zwischen den Schutzgütern berücksichtigt und ein hohes Schutzniveau für die Umwelt insgesamt gewährleistet werden[138]. Bis zum Inkrafttreten eines entsprechenden Gesetzes ist dies durch europarechtskonforme Auslegung unbestimmter Rechtsbegriffe sicherzustellen. Eine Umweltverträglichkeitsprüfung ist nach § 1 II der 9. BImSchV unselbständiger Teil des Zulassungsverfahrens. Dabei sind die für die Prüfung der Genehmigungsvoraussetzungen bedeutsamen Auswirkungen einer Anlage auf die Umweltgüter zu ermitteln, zu beschreiben und zu bewerten (§ 1a 9. BImSchV). Soweit das gesetzliche Entscheidungsprogramm es zuläßt (z.B. im Rahmen des Schutz- oder Vorsorgeprinzips oder sonstiger **156**

135 *Breuer*, FS Feldhaus, 1999, S. 49 ff.; Zweifel gehen zu Lasten des Antragstellers, s. *Berg*, Beweismaß und Beweislast im öff. Umweltrecht, 1995, S. 139.

136 Eine immissionsschutzrechtliche Genehmigung muß daher versagt werden, wenn eine Gemeinde während des Genehmigungsverfahrens oder des verwaltungsgerichtlichen Verfahrens zulässigerweise eine Veränderungssperre nach § 14 I BauGB erläßt mit dem Ziel, eine Grünfläche (§ 9 I Nr. 20 BauGB) zu erhalten; vgl. BVerwG, NVwZ 1991, 62 ff.; VGH BW, NVwZ-RR 1990, 396 ff. Zur Bindung der immissionsschutzrechtlichen Genehmigung an die §§ 29 ff. BauGB BVerwG, NVwZ 1990, 464 ff.; *Bohl*, NVwZ 1994, 647 ff.; *Uechtritz*, DVBl. 1991, 466 ff.

137 VGH BW, NVwZ 1992, 998 ff.

138 S.a. SRU, Umweltgutachten 2000, Tz. 20.

öffentlich-rechtlicher Vorschriften nach § 6 I Nr. 2 BImSchG) kann das Ergebnis der UVP bei der Genehmigungsentscheidung berücksichtigt werden[139].

157 Nach dem 1996 eingefügten § 6 II BImSchG ist die Erteilung einer *Mehrzweck-* und *Vielstoffgenehmigung* für die Errichtung und den Betrieb einer Anlage, in der alternativ verschiedene Betriebsweisen und unterschiedliche Stoffe eingesetzt werden können, möglich, wenn für jede Alternative die Genehmigungsvoraussetzungen erfüllt sind. Eine Änderungsgenehmigung oder -anzeige nach §§ 15, 16 BImSchG ist dann nicht erforderlich, wenn von einer genehmigten Betriebsweise zu einer anderen übergegangen wird[140].

c) Anforderungen an genehmigungsbedürftige Anlagen in Rechtsverordnungen

158 Mit § 7 I BImSchG ist die Bundesregierung ermächtigt worden, nach Anhörung der beteiligten Kreise (§ 51) mit Zustimmung des Bundesrats durch RechtsVO

- technische Anforderungen an Anlagen (*Nr. 1*),
- Emissionsgrenzwerte (*Nr. 2*),
- Meßpflichten der Betreiber (*Nr. 3*) und
- von den Betreibern im Wege der Eigenüberwachung während der Errichtung, vor Inbetriebnahme, und schließlich noch während der Betriebszeit zu veranlassende sicherheitstechnische Überprüfungen durch einen Sachverständigen i.S. des § 29a (*Nr. 4*)

zu regeln. Insbesondere sind aufgrund dieser Ermächtigung erlassen worden

- die 12. BImSchV (Störfall-VO; Rn. 8/162 ff.),
- die 13. BImSchV (Großfeuerungsanlagen-VO; Rn. 8/166 ff.) und
- die 17. BImSchV (VO über Verbrennungsanlagen für Abfälle und ähnliche brennbare Stoffe, Rn. 8/173 ff.).

159 Solche Vorschriften, deren Einhaltung bei Erteilung der Genehmigung sichergestellt sein muß, dienen der (vorbeugenden) Gefahrenabwehr und der Konkretisierung des gesetzlichen Vorsorgegebots.

160 Für den Fall, daß in bestehenden Genehmigungen oder Vorbescheiden geringere Anforderungen gestellt worden sind, als sie in einer gem. § 7 I BImSchG ergangenen RechtsVO geregelt sind, können in dieser RechtsVO nach § 7 II BImSchG *Übergangsfristen* bis zur notwendigen Erfüllung der strengeren Anforderungen vorgesehen werden. § 7 III 1 BImSchG ermöglicht es, für Vorsorgeanforderungen nach § 5 I Nr. 2 schon in der VO selbst für betriebsbereite Anlagen befristete und gebietsbeschränkte, mit dem Schutzzweck des § 1 BImSchG zu vereinbarende Ausnahmen vorzusehen. Dies gilt aber nur, wenn an anderen Anlagen des Betreibers oder Dritter „weitergehende" Emissionsminderungen erreicht werden (Kompensationsprinzip, Rn. 1/88). Die Vorsorgeplanung kann somit unter dem Aspekt des Bestandsschutzes flexibel

---

139 Ausführlich hierzu und zu den im Hinblick auf die UVP-RL verbleibenden Defiziten im Hinblick auf Wechselwirkungen zwischen verschiedenen Umweltmedien und die Verschiebung von Umweltproblemen aus einem Umweltmedium in ein anderes *Erbguth/Schink*, UVPG, § 12 Rn. 95 ff., 103 ff.; ferner *Hoffmann-Riem*, DVBl. 1994, 605 ff.

140 BT-Drs. 31/96, S. 15 f.; *Jarass*, BImSchG, § 6 Rn. 4. Der erstmalige Wechsel ist im Falle einer Auflage nach § 12 IIb BImSchG mitzuteilen.

gestaltet werden. Dies ist mit der 13. BImSchV auch geschehen, übrigens auch mit den Fristenstaffelungen, die die TA-Luft 1986 vorsieht (Rn. 8/171).

Der Flexibilisierung von Vorsorgeanforderungen dient § 7 III BImSchG. Hiernach kann durch Verordnung im Vorsorgebereich die Möglichkeit einer Emissionskompensation geschaffen werden. Eine begünstigte Anlage muß dann die gesetzlichen Anforderungen nicht voll einhalten, eine belastete Anlage muß sie übererfüllen (vgl. auch § 17 III a BImSchG)[141]. **161**

4. Insbesondere: Die 12., 13. und 17. BImSchV

a) Störfall-Verordnung

Die *Störfall-VO* (12. BImSchV)[142] ist ein Beispiel für die Überformung bundesdeutschen Rechts durch Europarecht, weil sie mit der Novelle 2000 ein zweites Mal zur Umsetzung europarechtlicher Sicherheitsvorschriften, zuletzt der Seveso-II-Richtlinie 96/82/EG vom 9.12.1996 (ABl. 1997 Nr. L 10/13) geändert wurde. Sie gilt nunmehr für *Betriebsbereiche* i.S.d. § 3 Va BImSchG, in denen 38 bestimmte, in Anhang I der VO angeführte störfallrelevante (insbes. toxische sowie brennbare oder explosive) Stoffe oder Stoffgruppen (z.B. das 2, 3, 7, 8 TCDD = „Seveso-Dioxin", Acetylen, E 605, Phosgen) im bestimmungsgemäßen Betrieb vorhanden sind (§ 1 I VO). Darüber hinaus werden auch nach § 4 BImSchG genehmigungsbedürftige *Anlagen*, die ein hohes Gefährdungspotential aufweisen, einbezogen, auch wenn sie nicht zu einem Betriebsbereich gehören, dies betrifft z.B. Flüssiggas- oder Ammoniakkälteanlagen oder Anlagen mit explosionsfähigen Staub-/Luftgemischen nach Maßgaben des § 1 III. **162**

Ein Störfall ist nach § 2 Nr. 3 ein Ereignis, wie z.B. eine Emission, ein Brand oder eine Explosion größeren Ausmaßes, das sich aus einer Störung des bestimmungsgemäßen Betriebes ergibt und sofort oder später eine ernste Gefahr (§ 3 Nr. 4) oder Sachschäden (nach Anh. VI Teil 1 Ziff. I Nr. 4) hervorruft. **163**

Die Verordnung legt den Betreibern der Betriebsbereiche und Anlagen (materielle und formelle) Pflichten auf. Diese sind nach dem jeweiligen Gefährdungspotential (entsprechend Anhang I und VII Teil 1) abgestuft. Erreicht die Menge der im Betriebsbereich vorhandenen Stoffe die niedrigere Mengenschwelle der Spalte 4 des Anhangs I, so gelten Grundpflichten nach §§ 3-8 sowie eine Meldepflicht nach § 19 (i.V.m. Anhang VI) über eingetretene Störfälle und sonstige Betriebsstörungen. Wird die höhere Schwelle der Spalte 5 erreicht, gelten zusätzliche Sicherheitspflichten nach §§ 9-12. Entsprechendes gilt für genehmigungsbedürftige Anlagen nach Anhang VII Teil 1 Spalte 4 bzw. Anhang VII Teil 2. Die Störfall-VO hat nach wie vor keinen abschließenden Charakter, wie insbes. § 3 I entnommen werden kann[143]. **164**

---

141 Vgl. *Enders*, Kompensationsregelungen im Immissionsschutzrecht, 1996; *ders.* DÖV 1998, 184 ff.

142 Störfall-VO v. 26.4.2000 (BGBl. I 603), dazu BR-Drs. 75/00 und *Feldhaus*, UPR 2000, 121 ff.; *Rebentisch*, NVwZ 1997, 6 ff. Zur Anwendung der alten Störfall-VO sind VwV v. 30.9.1993 (GMBl. 582) u. 23.10.1995 (GMBl. 782) erlassen worden.

143 *Jarass*, BImSchG, § 7 Rn. 27; *Hansmann*, in: *Landmann/Rohmer*, Umweltrecht, Vorbem. 6 zur 12. BImSchV; *Roßnagel*, GK-BImSchG, § 5 Rn. 237.

Die **Grundpflichten** beinhalten

- (drittschützende[144]) Sicherheitspflichten zur Verhinderung von Störfällen (§§ 3 I, II, 4, 6 VO) und zur (europarechtlich drittschützenden[145], Rn. 4/10) Störfallvorsorge, um Störfallauswirkungen so gering wie möglich zu halten (§§ 3 III, 5, 6 VO),
- die Pflicht zur Anzeige der Errichtung eines Betriebsbereiches (§ 7 VO), wobei dies regelmäßig ein Verfahren nach §§ 15, 16 BImSchG betreffen wird,
- die Pflicht zur Erstellung und kontinuierlichen Anpassung eines Konzeptes zur Verhinderung von Störfällen (§ 8 der VO).

Die **erweiterten Pflichten** der §§ 9-12 betreffen

- den *Sicherheitsbericht* (§ 9 VO), der nicht nur eine Sicherheitsanalyse, sondern auch detaillierte Angaben zur Anlage, zu enthaltenen Stoffen und eine Risikobeschreibung sowie den Nachweis eines Sicherheitsmanagementsystems beinhalten muß. Dieser ist der Behörde vorzulegen (s.a. § 4b II der 9. BImSchV) und spätestens alle fünf Jahre zu aktualisieren.
- *Alarm- und Gefahrenabwehrpläne* (§ 10 VO) sowie
- *Informationspflichten* nach § 11; danach sind nicht nur Betreiber und potentiell betroffene Personen zu informieren, sondern auch der Sicherheitsbericht zur öffentlichen Einsicht bereitzuhalten.

165 Die Novelle verpflichtet die Behörden zum Aufbau eines Überwachungssystems nach § 16 und zur Mitteilung einer besonderen Gefahrenlage („Domino-Effekt") an den Betreiber, wenn aufgrund eines anderen Standortes in der Umgebung ein höheres Risikopotential vorhanden ist (§ 15). Im letzteren Fall entstehen Betreiberpflichten zu einem Informationsaustausch, um abgestimmte Sicherheitskonzepte herbeizuführen (§ 6 III VO).

Die Novelle dieses Jahres hat zwar weitergehende Pflichten geschaffen, andererseits aber etwa 10-20% der Anlagen aus dem bisherigen Geltungsbereich entlassen. Das in der 12. BImSchV noch vorhandene Nebeneinander von europarechtlichem Sicherheitsrecht (für einen Betriebsbereich) und deutschem Sicherheitsrecht (für Anlagen) soll im Zuge der Umsetzung der IVU-RL (Rn. 8/42) aufgelöst werden.

b) Großfeuerungsanlagen-Verordnung

166 Die *Verordnung über Großfeuerungsanlagen* (13. BImSchV) vom 22.6.1983 (BGBl. I 719)[146] enthält ein Emissionsbegrenzungskonzept für Neuanlagen sowie ein Altanlagensanierungskonzept. Nach ihrem § 1 gilt die 13. BImSchV für die Errich-

---

144 Zum Drittschutz durch § 3 I StörfallVO vgl. VGH BW, NVwZ 1995, 292 (297); OVG Münster, NVwZ 1991, 1200 (1203).

145 Zu § 3 III der 12. BImSchV a.F. auch *Roßnagel*, in: GK-BImSchG, § 5 Rn. 338 ff., 855; OVG Münster, NVwZ 1989, 174; a.A. *Jarass*, BImSchG, § 7 Rn. 31; *Hansmann*, in: *Landmann/Rohmer*, Umweltrecht, 12. BImSchV, § 3 Rn. 2; z.T. wurde das Schutzprinzip nach § 5 I Nr. 1 BImSchG ausgeweitet, so *Breuer*, NVwZ 1990, 211 (221); *Schulze-Fielitz*, Immissionsschutzrecht, Tz. 112; OVG Lüneburg, DVBl. 1984, 890 (893).

146 Dazu etwa *Donner*, NuR 1989, 72 ff.; *Kutscheidt*, NVwZ 1984, 409 ff.; *Peters*, NVwZ 1985, 723 ff.; *Roßnagel*, GK-BImSchG, § 7 Rn. 243 ff.; *Tegethoff*, et 1985, 173 ff. – Zum Vollzug s. 5. Immissionsschutzbericht der BReg. BT-Drs. 12/4006, S. 4 ff.

tung, die Beschaffenheit und den Betrieb von Feuerungsanlagen mit einer Wärmeleistung ab 50 MW (bzw. bei gasförmigem Brennstoff ab 100 MW), also vor allem für Kraft- und Fernheizwerke sowie für Industriefeuerungen zur Prozeßdampf- und Stromerzeugung.

aa) Für Neuanlagen dieser Art setzt die 13. BImSchV je nach dem verwendeten fossilen Brennstoff (fest, flüssig oder gasförmig) **Grenzwerte für bestimmte Emissionen** (Stäube, CO, NO_x, SO_2 und Halogenverbindungen) fest, z.B. für SO_2 gem. § 6 IV 400 mg/m³ im Abgas von Kohle-KW. Die Emissionsgrenzwerte sind in Abhängigkeit von der Brennstoffart und der thermischen Leistung gestaffelt. **167**

Der Brennstoff bestimmt nämlich weitgehend die Feuerungsart und hat deswegen großen Einfluß auf die Abgaszusammensetzung. Die Grenzwerte sind umso niedriger festgelegt, je größer die Feuerungswärmeleistung und damit die emittierten Massenströme (Frachten) sind. Bei Stickoxiden wurde der Grenzwert in § 5 I 1 auf 800 mg/m³ festgelegt. Wegen der 1983 noch in der Entwicklung befindlichen NO_x-Emissionsminderungstechnologie wurde aber eine „Pflichtendynamisierung" vorgesehen (§ 5 I 2). Daher waren aufgrund der technischen Entwicklung entsprechend einem Beschluß der Umweltministerkonferenz bereits 1984 die Anlagen auf einen NO_x-Grenzwert von nur noch 400 mg/m³ auszulegen; moderne Anlagen erreichen heute ein Zehntel davon. **168**

bb) Außerdem enthält die 13. BImSchV ein **Altanlagensanierungskonzept**[147], indem sie die Anforderungen und Übergangsfristen für die sanierungsbedürftigen Altanlagen festsetzt (§§ 17 ff., § 36 der 13. BImSchV). **169**

Ab 1.4.1993 mußten alle Altanlagen den für Neuanlagen geltenden Anforderungen entsprechen oder aber stillgelegt sein. Das durch die 13. BImSchV ausgelöste Investitionsvolumen für Entschwefelung und Entstickung belief sich allein für die Energieversorgungsunternehmen auf rd. 21 Mrd. DM, was Stromerzeugungsmehrkosten von durchschnittlich 2,5 Pf/kWh entspricht. **170**

Das Altanlagensanierungskonzept der 13. BImSchV ist für kleinere Feuerungsanlagen (bestimmte chemische Fabriken, Raffinerien, Zementwerke usw.) durch das der **TA Luft 1986** (Rn. 8/69) ergänzt worden, und zwar für Anlagen mit einer Wärmeleistung bis 50 MW (bei Gasbetrieb bis 100 MW). Im Gegensatz zur 13. BImSchV bedürfen Sanierungsanforderungen der TA Luft der Umsetzung durch nachträgliche Anordnungen. **171**

cc) Die 13. BImSchV konkretisiert in abstrakt-genereller Weise (s. § 1 I 2) das Vorsorgegebot (Emissions-, nicht Immissionsbegrenzung); die in ihr festgelegten **Emissionsgrenzwerte** können jedoch u.E. im Einzelfall der individualschützenden Vorsorge zugeordnet werden und sind dann **nachbarschützend**[148]. **172**

c) Die Abfallverbrennungsanlagen-Verordnung

Mit der aufgrund §§ 5 II, 7 I und 4 BImSchG erlassenen *Verordnung über Verbrennungsanlagen für Abfälle und ähnliche brennbare Stoffe* (Abfallverbrennungsanla- **173**

147 Das Konzept hat sich entgegen den skeptischen Erwartungen der Energiewirtschaft bewährt. Zum Altanlagenbegriff BVerwGE 69, 37 (40 f.). Zur Dynamisierungsklausel des § 19 BVerwG, NVwZ-RR 1995, 565.

148 Wie hier *Roßnagel*, GK-BImSchG, § 5 Rn. 855; a.A. VG Schleswig, SchlHA 1985, 157 ff.

gen-VO, 17. BImSchV) vom 23.11.1990 (BGBl. I 2545)[149], der zweiten anlagebezogenen Sanierungsvorschrift nach der 13. BImSchV, werden die emissionsbegrenzenden Anforderungen an Abfall- und Abfallmitverbrennungsanlagen gegenüber der TA Luft erheblich verschärft. Die 17. BImSchV wurde im Zusammenhang mit der 3. Novelle des BImSchG 1990 – durch die die Möglichkeit geschaffen wurde, Abfälle auch in immissionsschutzrechtlich genehmigungspflichtigen Anlagen zu behandeln und insbesondere zu verbrennen (§ 4 I 2 AbfG = § 27 I 2 KrW-/AbfG) – verabschiedet und setzt auch die Anforderungen der EG-Richtlinien zu Müllverbrennungsanlagen (Rn. 8/42) in bundesdeutsches Recht um.

174 aa) Die 17. BImSchV gilt für nach § 4 BImSchG genehmigungsbedürftige Anlagen, in denen *feste oder flüssige Abfälle* (§ 1 I 1 Nr. 1) oder *ähnliche feste oder flüssige brennbare Stoffe* (§ 1 I 1 Nr. 2), die nicht in Nr. 1.2 des Anhangs zur 4. BImSchV aufgeführt sind, *verbrannt* werden, auch wenn dies nur einen Nebenzweck der Anlage darstellt. Die VO gilt auch für alle Anlagen, in denen diese Stoffe zum Einsatz kommen, also „mitverbrannt" werden. Wenn der Anteil der Abfälle oder abfallähnlichen Stoffe an der jeweiligen Feuerungswärmeleistung unter 25% liegt, sind die Bestimmungen des § 3 (Anforderung an die Anlieferung und Zwischenlagerung der „Einsatzstoffe", d.h. der Abfälle) und § 4 II bis V Nr. 2 und VII, VIII (zur Befeuerung) unanwendbar.

175 Ausgenommen werden Anlagen zur ausschließlichen Verbrennung von Stoffen, die in dem abschließenden Katalog des § 1 III aufgeführt sind, wobei z.B. in flüssigen brennbaren Stoffen dann weniger als 10 mg/kg an polychlorierten aromatischen Kohlenwasserstoffen enthalten sein muß (bei einem Mindestheizwert von 30 MJ/kg, Nr. 4) oder wonach bei sonstigen flüssigen brennbaren Stoffen aufgrund ihrer Zusammensetzung keine anderen oder (wesentlich) höheren Emissionen als bei der Verbrennung von „Heizöl EL" auftreten dürfen (Nr. 5).

176 bb) Neben **Emissionsgrenzwerten** für CO (§ 4 VI) enthält die 17. BImSchV in § 5 I Emissionsgrenzwerte für[150]

- Gesamtstaub, Gesamtkohlenstoff (Organik), Chlorwasserstoff (anorganische Chlorverbindungen), Fluorwasserstoff (anorganische Fluorverbindungen), SO_2 und SO_3, NO und NO_2, sowie Quecksilberverbindungen, und zwar als Tagesmittelwerte und Halbstundenmittelwerte und
- Schwermetalle sowie – krebserzeugende – Dioxine und Furane, jeweils bezogen auf den Mittelwert der Probenahmezeit, die das Vorsorgegebot konkretisieren, jedoch u.E. der **nachbarschützenden** Vorsorge zuzuordnen sind (Rn. 8/144)[151].

---

149 Hierzu BayVGH, DVBl. 1997, 70 ff.; *Führ*, NWVBl 1992, 121 ff.; *Roßnagel*, GK-BImSchG, § 7 Rn. 266 ff.; *Rupp*, in: *Kormann* (Hrsg.), Abfallrecht und Abfallwirtschaft, 1993, S. 91 (106 ff.); Amtl. Begründung BR-Drs. 303/90; 5. Immissionsschutzbericht der BReg, BT-Drs. 12/4006, S. 70 ff.

150 Die Messungen sind nach den Vorschriften der §§ 9 ff. vorzunehmen. Der Stand der Technik ist zwischenzeitlich für einzelne Schadstoffe weiter fortgeschritten, so daß nach § 5 I Nr. 2 BImSchG strengere Vorsorgewerte festgesetzt werden.

151 Wie hier *Roßnagel*, GK-BImSchG, § 5 Rn. 855; *Lübbe-Wolff*, NuR 2000, 19 ff.; VG Schleswig, ZUR 1996, 152 (153); a.A. BVerwG, UPR 1998, 393 ff.; BayVGH, NVwZ-RR 1998, 737 (741); VGH BW, NVwZ-RR 1999, 298 (302); NVwZ 1995, 292 (296) – vorbeugende Gefahrenabwehr nach § 5 I Nr. 1 BImSchG.

Die dynamischen Grundpflichten des § 5 BImSchG gelten – trotz des mißverständlichen Wortlauts des § 1 IV – weiterhin, weil § 20 eine Öffnungsklausel enthält, die es den Immissionsschutzbehörden ermöglicht, weitergehende Anforderungen zu treffen, die auch durch § 17 III BImSchG nicht eingeschränkt wird[152]. **177**

cc) Weiterhin enthält die Abfallverbrennungsanlagen-VO emissionsbegrenzende Vorschriften über die Anlieferung und Lagerung der Stoffe (§ 3), die Betriebsweise der Feuerung (§ 4), die Abwärmenutzung (§ 8) und die Unterrichtung der Öffentlichkeit durch den Betreiber (§ 18). Für Altanlagen enthält § 17 eine Übergangsregelung, die bis 30.6.2000 verlängert wurde. Für Mitverbrennungsanlagen gelten bis dahin die Emissionsgrenzwerte des § 5. **178**

V. Genehmigungsverfahren, Genehmigung und nachträgliche Verwaltungsakte

Neben den dyamischen Betreiberpflichten des § 5 BImSchG, die der Anlagenbetreiber zu erfüllen hat, unterliegen genehmigungsbedürftige Anlagen aufgrund ihres Gefahrenpotentials einem weitgefächerten System der hoheitlichen Kontrolle, das sich auf die Errichtung, den Betrieb und etwaige Änderungen der Anlage oder des Anlagenbetriebs erstreckt. Zu unterscheiden sind im Genehmigungsverfahren für Anlagen **179**

- das *förmliche* Verfahren mit und ohne UVP (Rn. 8/181 ff.),
- das *vereinfachte* Genehmigungsverfahren (Rn. 8/199 ff.) und
- das *Anzeigeverfahren* für Änderungen der Lage, Beschaffenheit oder des Betriebs der Anlage (Rn. 8/219).

Für Anlageänderungen gilt also ein gestuftes System: Soweit eine Veränderung nicht Lage, Beschaffenheit oder Betrieb der Anlage erfaßt (z.B. eine bloße Änderung in der Unternehmensorganisation vorgenommen wird) oder sie keine Auswirkungen auf ein Schutzgut nach § 1 BImSchG hat (also eine unbedeutende Änderung ist), ist sie anzeigefrei und unterliegt keiner Eröffnungskontrolle (Rn. 2/20). Alle anderen Veränderungen sind nach § 15 BImSchG anzuzeigen, es sei denn, sie sind als wesentliche Änderung i.S.d. Legaldefinition des § 16 I 1 BImSchG genehmigungspflichtig (wovon der Austausch von Anlageteilen im Rahmen der erteilten Genehmigung ausgenommen ist). Schließlich kann der Vorhabenträger von sich aus für anzeigepflichtige Vorhaben eine Genehmigung im vereinfachten Verfahren beantragen (§ 16 IV). **180**

---

152 *Führ*, NWVBl 1992, 121 (125); *Roßnagel*, GK-BImSchG, § 7 Rn. 11. Anders *Kutscheidt*, in: *Landmann/Rohmer*, Umweltrecht, BImSchG, § 7 Rn. 36; BVerwG, UPR 1998, 393: Anordnungen zur Einhaltung niedrigerer Emissionswerte als der in § 5 der 17. BImSchV generalisierend festgelegten Grenzwerte kommen nur im Einzelfall bei atypischen Sachverhaltslagen unter Beachtung des Grundsatzes der Verhältnismäßigkeit in Betracht (im Anschluß an BVerwG, NVwZ 1997, 497). Für eine Sonderfallprüfung nach Nr. 2.2.1.3 TA Luft ist nur Raum, wenn aufgrund besonderer Umstände des Einzelfalls Anlaß zu der Annahme besteht, daß die Abfallverbrennungsanlage trotz Einhaltung der Emissionsgrenzwerte des § 5 der 17. BImSchV schädliche Umwelteinwirkungen hervorrufen könnte (so auch BayVGH, NVwZ-RR 1998, 737 ff.).

1. Förmliches Genehmigungsverfahren

181 Das *förmliche Genehmigungsverfahren* ist in § 10 BImSchG i.V.m. der 9. BImSchV (Grundsätze des Genehmigungsverfahrens) geregelt; es erfaßt nicht nur Erst-, sondern auch Änderungsgenehmigungen (§ 16 BImSchG), Teilgenehmigungen (§ 8 BImSchG) und den Vorbescheid (§ 10 IX i.V.m. § 9 BImSchG). Diese Regelung, die auch Vorbild für das atomrechtliche Genehmigungsverfahren (Rn. 9/160) war, entspricht in vielem dem Planfeststellungsverfahren (Rn. 3/93 ff.). Das „normale" förmliche Genehmigungsverfahren ist für alle in Spalte 1 des Anhangs zur 4. BImSchV aufgeführten Anlagen erforderlich (§ 2 I Nr. 1 der 4. BImSchV).

182 Nach § 3 UVPG i.V.m. Nr. 1 der Anlage zu § 3 UVPG ist darüberhinaus eine UVP (Rn. 3/2 ff.) für die dort aufgeführten Anlagen, die einer Öffentlichkeitsbeteiligung bedürfen (was nur Anlagen der Spalte 1 der 4. BImSchV betrifft), durchzuführen. Die Anforderungen an das Genehmigungsverfahren für solche Anlagen werden in 9. BImSchV näher bestimmt (§ 10 X 2 BImSchG)[153].

a) Antragstellung

183 Noch vor Stellen des Genehmigungsantrags kann der Vorhabenträger, um das spätere Verfahren zu beschleunigen, die Genehmigungsbehörde von dem Vorhaben unterrichten und sich von ihr im Hinblick auf die spätere Antragstellung *beraten* lassen (§ 2 II der 9. BImSchV).

184 Der Umfang der Beratung wird durch das *Gebot fairer Verfahrensführung*[154] konkretisiert. Unzulässig wäre eine damit verbundene Verkürzung der Verfahrensrechte Drittbetroffener, so daß insbesondere behördliche Zusicherungen (§ 38 VwVfG) oder Verträge über die Verfahrensgestaltung und die Genehmigung unzulässig und nichtig sind (§ 44 I bzw. § 59 II Nr. 1 VwVfG). Soweit eine verbindliche Vorklärung bestimmter Fragen gewünscht wird, kann ein Vorbescheid oder eine Teilgenehmigung beantragt werden.

185 Für UVP-pflichtige Vorhaben soll der Vorhabenträger nach § 2a der 9. BImSchV über den voraussichtlichen Untersuchungsrahmen unterrichtet werden, kann darauf aber auch verzichten.

186 Dem schriftlich zu stellenden **Antrag** (§ 10 I BImSchG, § 3 der 9. BImSchV) sind alle für die Prüfung der Genehmigungsvoraussetzungen erforderlichen Unterlagen beizufügen (§§ 4-4e der 9. BImSchV). Bei Unvollständigkeit des Antrags hat die Behörde den Antragsteller unverzüglich aufzufordern, die erforderlichen Ergänzungen in angemessener Frist vorzulegen; verstreicht diese Frist erfolglos, soll der Antrag abgelehnt werden (§ 20 II 2 der 9. BImSchV). Sobald die Antragsunterlagen vollständig sind, ist das Vorhaben von der Genehmigungsbehörde nach § 10 III 1 BImSchG i.V.m. §§ 8, 9 der 9. BImSchV **öffentlich bekannt zu machen**.

153 S. *Gallas*, UPR 1991, 214 ff.; *Vallendar*, UPR 1992, 212 ff.
154 BVerwGE 75, 214 (230 ff.).

b) Behördenbeteiligung und Sachverständigengutachten

Spätestens mit der öffentlichen Bekanntmachung des Vorhabens sind *alle Behörden*, deren Aufgabenbereich durch das Vorhaben berührt wird, zur Abgabe von Stellungnahmen binnen eines Monats aufzufordern (§ 10 V BImSchG, §§ 11, 11a der 9. BImSchV). Wird die Frist nicht genutzt, so kann die Genehmigungsbehörde davon ausgehen, daß auf eine Stellungnahme verzichtet wird. In diesem Fall ist der entscheidungserhebliche Sachverhalt von Amts wegen (§ 24 VwVfG) zu klären. **187**

Soweit die Genehmigungsfähigkeit der Anlage nach den Antragsunterlagen weder durch die Genehmigungs- noch eine beteiligte Behörde aus eigener Fachkunde beurteilt werden kann, sind – auf Kosten des Antragstellers – *Sachverständigengutachten* einzuholen (§ 13 der 9. BImSchV). Im Regelfall muß ein solches Gutachten für die Sicherheitsanalyse nach der Störfall-VO erstellt werden. **188**

Bei der Auswahl der Gutachter ist auf ihre ausreichende Sachkunde und ihre Unabhängigkeit (durch entspr. Anwendung der §§ 20 ff. VwVfG) zu achten. Deshalb kann es (z.B. bei unterschiedlichen wissenschaftlichen Schulen) geboten sein, Parallelgutachten zu vergeben, um eine ausreichende und dem Gebot fairer Verfahrensführung entsprechende Sachverhaltsaufklärung zu erzielen[155]. **189**

c) Öffentlichkeitsbeteiligung

Die vollständigen Unterlagen sind nach der *öffentlichen Bekanntmachung* zu jedermanns Einsicht für einen Monat **auszulegen** (§ 10 III 2 HS 1 BImSchG, § 10 der 9. BImSchV). **Einwendungen** (Rn. 3/90) können binnen der bereits in der Bekanntmachung anzugebenden Einwendungsfrist, d.h. binnen zwei Wochen nach Ablauf der Auslegungsfrist bei der Auslegungsstelle und der Genehmigungsbehörde von **jedermann –** schriftlich – erhoben werden (§ 10 III 2 HS 2, 10 IV Nr. 2 BImSchG, § 12 9. BImSchV). Die Einwendungen sind dem Antragsteller bekanntzugeben. **190**

Zugunsten solcher Dritter, die durch die Genehmigung in einer materiellrechtlich geschützten Rechtsposition (z.B. Eigentum) verletzt sein können, haben die Vorschriften über die Öffentlichkeitsbeteiligung *drittschützende* Funktion[156]. Unterlagen, die Betriebs- und Geschäftsgeheimnisse (vgl. Rn. 3/31) enthalten, sind vom Antragsteller als solche zu kennzeichnen und getrennt vorzulegen. An ihrer Stelle ist eine Kurzbeschreibung der wesentlichen Merkmale der Anlage und ihres Betriebs sowie der voraussichtlichen Umweltauswirkungen vorzulegen und auszulegen (§ 10 II BImSchG). Auszulegen sind auch bereits vorhandene Stellungnahmen von Behörden und Sachverständigengutachten, die Tatsachen enthalten, die für die Nachbarschaft bedeutsam sind[157], sowie – bei UVP-pflichtigen Vorhaben – die Umweltverträglichkeitsuntersuchung. **191**

---

155 An die Erforderlichkeit einer Parallelbegutachtung sind unter dem Gesichtspunkt der Verfahrensökonomie strenge Anforderungen zu stellen, *Roßnagel*, DVBl. 1995, 644 (645).

156 Vgl. BVerwGE 85, 368 (374); VGH Kassel, NVwZ-RR 1997, 406; OVG Saarlouis, Urt. v. 7.7.1995, 8 U 8/95; *Jarass*, BImSchG, § 10 Rn. 130 m.w.N.; *Held*, Der Grundrechtsbezug des Verwaltungsverfahrens, 1984.

157 VGH BW, VBlBW 1992, 428; s.a. BVerwGE 71, 150 (153); 75, 214 (224) zum Planfeststellungsverfahren. Die Einsichtnahme muß während der gesamten Dienstzeit, nicht nur während der Sprechzeiten, möglich sein. Daneben besteht der Informationsanspruch des § 4 UIG, s. EuGH, NVwZ 1998, 945 m. Anm. *Schrader*, NVwZ 1999, 40 ff.

192 Nach Ablauf der Einwendungsfrist werden alle nachfolgenden *Einwendungen ausgeschlossen* (präkludiert), die nicht auf besonderen privatrechtlichen Titeln (z.B. Vertrag, Grunddienstbarkeit) beruhen (§ 10 III 4 BImSchG). Diese sog. **Verwirkungspräklusion** hat auch *materielle* Wirkung (wie z.B. § 17 IV FStrG; Rn. 3/107 f.) mit der Folge, daß ein später gegen die Genehmigung von Dritten eingelegter Widerspruch bzw. eine verwaltungsgerichtliche Klage nicht mehr auf Umstände gestützt werden kann, die bereits im Wege der Einwendungen hätten geltend gemacht werden können.

193 Materielle Präklusionswirkung haben nach § 11 BImSchG im übrigen auch unanfechtbare Teilgenehmigungen (§ 8) und Vorbescheide (§ 9), und zwar für den gesamten Verfahrensfortgang (sog. Bestandskraft- oder *Bestandsschutzpräklusion*)[158].

d) Erörterungstermin

194 Die rechtzeitig erhobenen zulässigen Einwendungen hat die Genehmigungsbehörde mit den Einwendern und dem Antragsteller in einem **Erörterungstermin** (s. auch Rn. 3/96 ff.) zu besprechen, soweit dies für die Prüfung der Genehmigungsvoraussetzungen von Bedeutung sein kann (§ 10 VI 1 BImSchG, § 14 der 9. BImSchV). Dabei erhalten die Einwender Gelegenheit, ihre Einwendungen zu erläutern (§ 14 I 2 der 9. BImSchV; vgl. zu den Einzelheiten §§ 14-19 der 9. BImSchV). Einwendungen, die auf besonderen privatrechtlichen Titeln beruhen, sind auf den Zivilrechtsweg zu verweisen (§ 10 VI 2 BImSchG, § 15 der 9. BImSchV).

e) Umweltverträglichkeitsprüfung

195 Für Anlagen, die im Rahmen eines immissionschutzrechtlichen Genehmigungs- oder Änderungsgenehmigungsverfahrens einer **Umweltverträglichkeitsprüfung** bedürfen, wurden keine zusätzlichen *materiellrechtlichen* Anforderungen an die Genehmigungsfähigkeit der Anlage in § 6 I BImSchG geschaffen, was dem in der UVP-RL enthaltenen *Berücksichtigungsgebot* in bestimmten Fallkonstellationen nicht genügt (Rn. 3/19)[159]. Da aber seit der Novelle von 1990 die Voraussetzungen der gebundenen Genehmigung nach § 5 I i.V.m. § 1, 3 II BImSchG derart verschärft wurden, daß ihre Erteilung bei zu erwartenden schädlichen Einwirkungen auf die Atmosphäre und/oder Boden oder Wasser nicht in Betracht kommt, bestehen wohl nur noch im Bereich der Wechselwirkungen zwischen Umweltmedien und der Verschiebung von Umweltproblemen aus einem Umweltmedium in ein anderes Umsetzungsdefizite, die im Verfahren durch *unmittelbaren Rückgriff* auf die UVP-RL (*Anwendungsvorrang,* Rn. 1/47) zu beheben sind.

196 Die *verfahrensrechtlichen* Einzelheiten der UVP sind in Anlehnung an das UVPG (Rn. 3/2 ff.) in der 9. BImSchV (dort in den §§ 1, 1a, 2a, 4e, 11a, 20 Ia, Ib u. III 2, 21 I Nr. 5, 21a, 22 III, 23 II Nr. 5, 23a) und der UVP-VwV (v. 18.9.1995, GMBl. 691)

158 Dazu *Jarass*, UPR 1983, 241 ff.

159 Näher dazu *Calliess*, NVwZ 1996, 339 ff.; *Heitsch*, NuR 1996, 453 ff.; *Schink/Erbguth*, DVBl. 1991, 413 ff.; *Spoerr/Moench*, NVwZ 1996, 631 ff.; *Steinberg*, NVwZ 1995, 209 (215 ff.); a.A. *Beckmann*, in: *Hoppe* (Hrsg.), UVPG, § 12 Rn. 119 ff., *Lange*, DÖV 1992, 780 (794).

geregelt. *Prüfungsgegenstand* der UVP ist stets das *gesamte Vorhaben*; soweit sich der Genehmigungsantrag lediglich auf einen Anlagenteil o.ä. bezieht, ist nach § 4 UVPG die Umweltverträglichkeitsprüfung auf die vorhabenbezogenen Auswirkungen zu erweitern[160]. Nach § 20 Ia der 9. BImSchV ist zur Vorbereitung der Genehmigungsentscheidung eine zusammenfassende Darstellung der Umweltauswirkungen zu erarbeiten und auf dieser Grundlage nach § 20 Ib eine Bewertung der Auswirkungen des Vorhabens vorzunehmen (Rn. 3/18). Hat bereits ein Raumordnungsverfahren stattgefunden, so ist im Genehmigungsverfahren nur noch eine sog. UVP 2. Stufe durchzuführen (Rn. 3/20).

f) Entscheidung und Zustellung

Die Genehmigungsbehörde hat spätestens sieben Monate (§ 10 VIa BImSchG), nachdem vollständige Antragsunterlagen (Rn. 8/186) vorliegen, ihre Entscheidung zu treffen. Diese ist schriftlich zu erlassen, schriftlich zu begründen und dem Antragsteller sowie in der Regel auch allen Einwendern *zuzustellen* (§ 10 VII BImSchG). Nach § 10 VIII BImSchG kann die Zustellung durch öffentliche Bekanntmachung des verfügenden – nicht des begründenden – Teils der Entscheidung (mit Hinweis auf die Auflagen) nebst Rechtsbehelfsbelehrung ersetzt werden. In diesem Fall ist eine Bescheidausfertigung 14 Tage ab öffentlicher Bekanntmachung auszulegen. Bei UVP-pflichtigen Anlagen ist die Entscheidung gem. § 21a der 9. BImSchV stets öffentlich bekanntzumachen. **197**

Nach § 14a BImSchG kann der Antragsteller unter Abweichung von § 75 S. 3 VwGO Klage erheben, wenn über seinen Widerspruch nach Ablauf von drei Monaten seit Einlegung nicht entschieden ist. **198**

2. Vereinfachtes Verfahren

Nach § 19 BImSchG i.V.m. § 2 I 1 Nr. 2 der 4. BImSchV ist über die Erteilung der immissionschutzrechtlichen Genehmigung in einem **vereinfachten Verfahren** zu entscheiden, sofern es sich um eine Anlage handelt, die in dem Anlagenkatalog der Spalte 2 des Anhangs zur 4. BImSchV aufgeführt ist. Nach § 19 I BImSchG ist der Verordnunggeber zu einer solchen Regelung ermächtigt, sofern dies nach Art, Ausmaß und Dauer der von diesen Anlagen hervorgerufenen schädlichen Umwelteinwirkungen und etwaigen sonstigen Gefahren, erheblichen Nachteilen und erheblichen Belästigungen vereinbar ist mit dem Schutz der Allgemeinheit und der Nachbarschaft. In dem vereinfachten Verfahren sind nach § 19 II BImSchG (vgl. auch § 24 der 9. BImSchV) *nicht anzuwenden* die Vorschriften über die **199**

- Öffentlichkeitsbeteiligung im Verfahren auf Erteilung einer Genehmigung oder eines Vorbescheids (Abs. 2-4, 6 u. 9 des § 10 BImSchG; Rn. 8/196),
- Ersatzzustellung durch öffentliche Bekanntmachung (§ 10 VIII BImSchG; Rn. 8/198),

160 *Erbguth/Schink*, UVPG, § 12 Rn. 103 ff.; *Jarass*, BImSchG, § 10 Rn. 12; *ders.*, NuR 1991, 203.

- Präklusionswirkung bei Teilgenehmigung und Vorbescheid (§ 11 BImSchG; Rn. 8/211 ff.)
- und privatrechtsgestaltende Wirkung der Genehmigung durch Ausschluß privatrechtlicher Abwehransprüche (§ 14 BImSchG; Rn. 8/207 f.).

200 Dies bedeutet insbesondere: Das Vorhaben wird im vereinfachten Verfahren nicht öffentlich bekanntgemacht; Antrag und Antragsunterlagen werden nicht ausgelegt; es entfallen die Präklusionsfrist für die Erhebung von Einwendungen sowie der Erörterungstermin. Außerdem sind nach § 24 der 9. BImSchV die Vorschriften, die die Durchführung einer UVP betreffen, nicht anzuwenden. Dagegen hat auch eine im vereinfachten Verfahren ergangene Genehmigung *Konzentrationswirkung* (§ 13 BImSchG), weswegen auch in diesem Genehmigungsverfahren die übrigen Fachbehörden zu hören sind, wobei das etwa gesetzlich vorgesehene Einvernehmen zu einer von der Konzentrationswirkung umfaßten Genehmigung (Rn. 8/205 f.) einzuholen ist.

201 Die Genehmigungsbehörde *kann* auf Antrag des Vorhabenträgers zulassen, daß die Genehmigung einer dem vereinfachten Verfahren zugeordneten Anlage im Normalverfahren erfolgt (§ 19 III BImSchG); dann tritt auch die privatrechtsgestaltende Wirkung des § 14 BImSchG (Rn. 8/207) mit der Wirkung eines gesteigerten Bestandsschutzes ein.

202 Die Novellierungen der 90er Jahre haben den Anhang zur 4. BImSchV grundlegend geändert, indem eine Vielzahl von Anlagen aus der Spalte 1 in die Spalte 2 versetzt und Anlagen der Spalte 2 aus dem immissionsschutzrechtlichen Genehmigungsverfahren entlassen wurden (bestehen bleibt allerdings die Baugenehmigungspflicht, in deren Rahmen auch die immissionsschutzrechtlichen Anforderungen nach §§ 22 ff. BImSchG geprüft werden, Rn. 8/248 ff.). Die für das vereinfachte Verfahren vorgesehenen Anlagen sind – abgesehen von Versuchsanlagen nach § 2 III 1 der 4. BImSchV – in Spalte 2 des Anhangs der 4. BImSchV abschließend aufgeführt (§ 2 I 1 Nr. 2 der 4. BImSchV).

203 **Beispiele** (für Anlagen der 2. Spalte): freie Elektrospannwerke, Steinbrüche, Anlagen zur Herstellung von bis zu 1500 Bleiakkumulatoren (z.B. Autobatterien) pro Tag, Anlagen zum Rösten von Kaffee mit einer Leistung ab 250 kg/h, Schießstände für Handfeuerwaffen und Schießplätze (außer in geschlossenen Räumen), Schlachthöfe mit einem Durchsatz zwischen 8 und 40 t/Woche, Wertstoffsortieranlagen mit einer Leistung von mehr als 1 t/h, Kompostwerke mit einer Durchsatzleistung zwischen 0,75 t und 10 t/h (d.h. max. 87 600 t/a), mobile Bodenreinigungsanlagen.

3. Immissionsschutzrechtliche Genehmigung

204 Die für die genehmigungsbedürftige Anlage erteilte, von der Person des Betreibers unabhängige *immissionsschutzrechtliche Genehmigung* gestattet die Ausführung des genehmigten Vorhabens entsprechend ihren jeweiligen Festsetzungen. Der *Inhalt* des Genehmigungsbescheids ist in § 21 der 9. BImSchV geregelt.

a) Konzentrationswirkung (§ 13 BImSchG)

205 Die **Konzentrationswirkung** der Genehmigung (§ 13 BImSchG: „schließt … ein") erstreckt sich auf die meisten bundes- oder landesrechtlichen *anlagenbezogenen* Genehmigungen, bleibt aber hinter der Tragweite der Konzentrationswirkung i.S. des § 75 I 1 HS 2 VwVfG oder des § 22 GenTG zurück. Sie hat zunächst den Charakter einer „Entscheidungskonzentration"; ihr gehen eine Zuständigkeits- und Verfahrenskonzentration voraus. Es findet nur *ein* Genehmigungsverfahren vor *einer* Behörde statt, an dem allerdings andere Fachbehörden beteiligt sind, die nach Maßgabe der für sie einschlägigen fachgesetzlichen Normen jeweils ihre (verwaltungsinterne) Stellungnahme abgeben. An die Verweigerung des fachgesetzlich etwa vorgeschriebenen „Einvernehmens" anderer Behörden ist die zur Erteilung der immissionsschutzrechtlichen Genehmigung zuständige Behörde gebunden (vgl. z.B. § 36 I 2 HS 1 BauGB[161]).

Gebündelt ist die immissionsschutzrechtliche Genehmigung z.B. mit Baugenehmigungen (einschließlich baurechtlicher Ausnahmen und Befreiungen), gewerberechtlichen Erlaubnissen (§ 24 GewO), Erlaubnissen und Ausnahmen des Natur- und Denkmalschutzrechts, der Waldrodungsgenehmigung (§ 9 BWaldG)[162], der luftverkehrsrechtlichen Genehmigung eines Schornsteins oder der Pipeline-Genehmigung nach § 19a WHG. Die Konzentrationswirkung befreit nicht von der Einhaltung fachgesetzlicher Vorschriften. Die Immissionsschutzbehörde ist also an alle zwingenden materiellrechtlichen Normen gebunden, die für die sonstigen, von der immissionsschutzrechtlichen Genehmigung umschlossenen behördlichen Entscheidungen maßgebend sind. Die immissionschutzrechtliche Genehmigung muß versagt werden, wenn die materiellrechtlichen Voraussetzungen für die Erteilung einer von ihr umfaßten Genehmigung nicht vorliegen und auch nicht durch Nebenbestimmungen hergestellt werden können (§ 6 I Nr. 2 BImSchG). *Nicht in die Konzentrationswirkung einbezogen sind* nach § 13 BImSchG *behördliche Zustimmungen* (also etwa das erwähnte bauplanungsrechtliche Einvernehmen der Gemeinde), die *Zulassung bergrechtlicher Betriebspläne, Entscheidungen aufgrund atomrechtlicher Vorschriften und wasserrechtliche Erlaubnisse und Bewilligungen nach §§ 7, 8 WHG* sowie *Planfeststellungen*. Letztere machen umgekehrt sonst erforderliche immissionsschutzrechtliche Genehmigungen entbehrlich. Unberührt bleibt auch die Anzeige nach § 4 EnergG sowie die gentechnikrechtliche Genehmigung nach § 22 GenTG. **206**

b) Privatrechtsgestaltende Wirkung (§ 14 BImSchG)

Die unanfechtbare Genehmigung hat nach Maßgabe des § 14 BImSchG durch Ausschluß privatrechtlicher Abwehransprüche **privatrechtsgestaltende Wirkung**. Auch bei erheblich benachteiligenden Immissionen kann ein Dritter vom Betreiber keine Einstellung des Betriebs verlangen, sondern nur Vorkehrungen zum Ausschluß der benachteiligenden, nicht schon kraft Gesetzes (z.B. nach den §§ 906, 1004 BGB) zu duldenden Wirkungen, was eine erhebliche Investitionssicherheit für den Betreiber **207**

161 *Bohl*, NVwZ 1994, 647 ff.; *Uechtritz*, DVBl. 1991, 466 ff.; BVerwGE 84, 209 (214); BayVGH, NVwZ-RR 1991, 523; Hess. VGH, NVwZ-RR 1995, 60; a.A. VGH BW, NVwZ 1997, 1018 (1019); DVBl. 1998, 1192 für Abfallentsorgungsanlagen. – Anders zurecht OVG Koblenz, NVwZ 1995, 290 (291); BayVGH, NVwZ-RR 1998, 25 (27).

162 *Hofmann*, GK-BImSchG, § 13 Rn. 31; *Jarass*, BImSchG, § 13 Rn. 4; *Seibert*, in: *Landmann/Rohmer*, BImSchG, § 13 Rn. 75; a.A. *Dipper*, WaldG BW, § 11 Rn. 3.

mit sich bringt[163]. § 14 BImSchG flankiert die Bestandskraftwirkung der immissionsschutzrechtlichen Genehmigung auf der privatrechtlichen Seite. Die Vorschrift rechtfertigt sich aus der aufwendigen Ausgestaltung des Genehmigungsverfahrens, in dem den Betroffenen Mitwirkungs- und Abwehrrechte eingeräumt sind. Folgerichtig erstreckt sich die privatrechtsgestaltende Wirkung des § 14 BImSchG nicht auf die im vereinfachten Verfahren erteilte Genehmigung (§ 19 II BImSchG, Rn. 8/194).

208 Sind Vorkehrungen nach dem Stand der Technik nicht durchführbar oder wirtschaftlich nicht vertretbar, bleibt nur der von § 14 S. 2 BImSchG eingeräumte Schadensersatzanspruch als Surrogat für die im Nachbarrechtsverhältnis ausgeschlossenen zivilrechtlichen Unterlassungsansprüche (deren Tatbestandsvoraussetzungen im einzelnen jedoch vorliegen müssen)[164]. Schadensersatzansprüche nach § 823 BGB, die sich nicht auf eine Untersagung des Anlagenbetriebs richten[165], und quasi-negatorische Ansprüche auf Durchsetzung nicht beachteter Genehmigungsauflagen aufgrund nachbarschützender Vorschriften werden durch § 14 BImSchG allerdings nicht ausgeschlossen (str.)[166].

c) Nebenbestimmungen (§ 12 BImSchG)

209 **Genehmigungsinhaltsbestimmungen** legen unmittelbar den Genehmigungsgegenstand (§ 21 I Nr. 3 der 9. BImSchV) fest. Zum Genehmigungsinhalt (ggf. in Form einer modifizierenden Auflage) gehören Regelungen über die höchstzulässigen Emissionen einer Anlage (s.a. Art. 9 III der IVU-RL). Genehmigung und Teilgenehmigung können aber nach Maßgabe des § 12 BImSchG auch mit **Nebenbestimmungen** versehen werden (dazu auch § 21 I Nr. 4 BImSchG)[167]. Nebenbestimmungen sind insbesondere in Form von *Bedingungen* (i.S. des § 36 II Nr. 2 VwVfG) und *Auflagen*[168] (i.S. des § 36 II Nr. 4 VwVfG) möglich und auch geboten, soweit dies zur Sicherstellung der Genehmigungsvoraussetzungen (§ 6 I BImSchG) erforderlich ist (§ 12 I). Eine *Befristung* (i.S. des § 36 II Nr. 1 VwVfG) ist – und das gilt entsprechend für eine auflösende Bedingung – nach dem BImSchG bei Vollgenehmigungen nur auf Antrag (§ 12 II 1), bei Teilgenehmigungen auch von Amts wegen (§ 12 III) möglich. Vorbescheide verlieren gem. § 9 II bereits 2 Jahre nach Eintritt der Unanfechtbarkeit kraft Gesetzes ihre Wirksamkeit, soweit die Frist nicht auf Antrag um bis

---

163 Dazu *Wahl/Hermes/Sach*, in: *Wahl* (Hrsg.), Prävention und Vorsorge, 1995, S. 217 (243 ff.); *Sach*, Genehmigung, S. 196 ff.; *Hagen*, NVwZ 1991, 817 ff.; *Peine*, NJW 1990, 2442 ff.; *Pietzcker*, JZ 1985, 209 (212 f.); BVerwGE 88, 210 (213); OVG Münster, NVwZ-RR 1998, 23 ff. Die Präklusion verwaltungsrechtlicher Abwehransprüche nach § 10 III 3 BImSchG erstreckt sich nach h.M. *nicht* auf verbleibende zivilrechtliche Ansprüche: *Jarass*, BImSchG, § 10 Rn. 82 m.w.N.; *Peine*, NJW 1990, 2442 (2444); LG Aachen, NVwZ 1988, 188.

164 Vgl. OLG Hamm, NVwZ 1991, 506 ff.

165 Vgl. *Sach*, Genehmigung, S. 225 ff. m.w.N.

166 *Fritzsche*, NJW 1995, 1121 (1124).

167 § 12 BImSchG ist gegenüber § 36 VwVfG spezieller. Dies gilt nicht für einen *Vorbescheid*; dieser kann im übrigen gem. § 23 II Nr. 4 der 9. BImSchV unter bestimmten Voraussetzungen und Vorbehalten erteilt werden.

168 Zur Frage „Genehmigungsinhalt oder Auflage?“ BVerwGE 69, 37 (39); VG Düsseldorf, ZUR 1998, 317 f.; *Fluck*, DVBl. 1992, 862 (863); *Kunert*, UPR 1991, 249 (251).

zu 4 Jahre verlängert wird. Schließlich ist in seltenen Fällen auch ein *Widerrufsvorbehalt* zulässig, nämlich bei Anlagen, die nur Erprobungszwecken dienen (§ 12 II 2), sowie wiederum bei Teilgenehmigungen (§ 12 III), immer mit der selbstverständlichen Einschränkung, daß solche Vorbehalte dem Zweck der Genehmigung nicht widersprechen dürfen.

Nach § 12 IIa BImSchG kann die Genehmigung im Einverständnis mit dem Antragsteller **210** auch unter einen *Vorbehalt nachträglicher Auflagen* gestellt werden, wenn z.B. die Baustatik oder die Erschließung nicht abschließend beurteilt werden kann. Dies ermöglicht eine schnellere Genehmigungserteilung, erfordert aber eine Prognose, daß eine Verletzung drittschützender Vorschriften durch Errichtung und Betrieb der Anlage ausgeschlossen ist und mögliche Vorsorgevorkehrungen nicht geschmälert werden. Insofern ist der Antragsteller später mit dem Einwand ausgeschlossen, nachträgliche Vorsorgeauflagen seien im Hinblick auf zu ändernde Produktionsabläufe oder bauliche Maßnahmen unverhältnismäßig.

d) Teilgenehmigung (§ 8 BImSchG)

Es ist nicht erforderlich, über den begründeten (Gesamt-)Genehmigungsantrag in ei- **211** nem Akt durch Erteilung einer Vollgenehmigung zu entscheiden. Möglich ist (auf zusätzlichen Antrag) die Erteilung einer **Teilgenehmigung** (§ 8 BImSchG, § 22 der 9. BImSchV). Dies ist ein für die Genehmigungspraxis wichtiges Institut des sog. gestuften Verfahrens. Dieses kann dazu beitragen, die Problematik abschnittsweise abzuarbeiten und „an der Front des technischen Fortschritts" zu bleiben. Anders als beim Vorbescheid (Rn. 8/215) enthält die Teilgenehmigung bereits eine konkrete Erlaubnis (oder deren mehrere). Eine Teilgenehmigung kann nach § 8 I 1 BImSchG auf Antrag erteilt werden

- als sog. *Errichtungsgenehmigung* für die Errichtung der Gesamtanlage bzw. für die Errichtung eines Teils einer Anlage oder
- als sog. *Abschnittsgenehmigung* für die Errichtung und den Betrieb eines Teils einer Anlage.

Abweichend vom Atomrecht ist eine isolierte Teilbetriebsgenehmigung nicht vorge- **212** sehen. Von der Vollgenehmigung unterscheidet sich die Teilgenehmigung nur durch die Beschränkung ihres Regelungs- und Wirkungsbereichs. Sie darf nur erteilt werden, wenn

(1) ein berechtigtes Interesse an ihrer Erteilung besteht, z.B. weil bei einer umfangreichen Anlage Planung und Ausbau sinnvollerweise in Abschnitten vorgenommen werden soll und durch die Aufspaltung in mehrere Verfahren weder eine sachgemäße Prüfung (durch zu viele Teilgenehmigungen) noch im Interesse der Nachbarn ein faires Verfahren behindert wird;

(2) die Genehmigungsvoraussetzungen für den beantragten Gegenstand der Teilgenehmigung vorliegen und

(3) eine *vorläufige Beurteilung* ergibt, daß der Errichtung und dem Betrieb der gesamten Anlage keine von vornherein unüberwindlichen Hindernisse im Hinblick auf die Genehmigungsvoraussetzungen entgegenstehen (sog. vorläufiges positives Gesamturteil).

213 Das **vorläufige positive Gesamturteil** ist ein (nicht „tenorierungsbedürftiger") feststellender Teil der Teilgenehmigung. Dieses Gesamturteil hat als Vorgang der „Beurteilung" zunächst *verfahrensrechtlichen* Charakter. *Materiellrechtlich* ist das positive Ergebnis der Beurteilung Voraussetzung der Teilgenehmigung. Soweit sich das vorläufige Gesamturteil auf *nachbarschützende* Genehmigungsvoraussetzungen (z.B. § 5 I Nr. 1 BImSchG oder sonstige Normen des öffentlichen Rechts i.S.d. § 6 I Nr. 2 BImSchG) bezieht, ist es selbst nachbarschützend, begründet aber insoweit auch eine Anfechtungslast Dritter (zur Vermeidung der Präklusion). Dies wurde durch die Rspr. des Bundesverwaltungsgerichts zur Teilgenehmigung im Atomrecht entwickelt und ist durch die Novelle 1993 in § 8 Nr. 3 BImSchG kodifiziert worden (weitere Einzelheiten in Rn. 9/154).

214 Die Teilgenehmigung entfaltet (vorbehaltlich § 12 II u. III BImSchG) im Verhältnis zwischen Genehmigungsbehörde, Antragsteller und Drittem volle **Bindungswirkung**. Bei der Entscheidung über die Folgegenehmigung ist die Genehmigungsbehörde an das *vorläufige positive Gesamturteil* gebunden, das in der zuvor erteilten Teilgenehmigung enthalten ist (allerdings nur, soweit eine Prüfung tatsächlich stattgefunden hat, was aus Tenor und Gründen der Teilgenehmigung zu ermitteln ist)[169]. Die Bindung entfällt, soweit sich dies aus der *Vorläufigkeit* des Gesamturteils ergibt, z.B. eine Änderung der Sach- oder Rechtslage oder Einzelprüfungen im Rahmen späterer Teilgenehmigungen zu einer abweichenden Bewertung führen (§ 8 S. 2 BImSchG; Rn. 9/143 ff.). Baut eine Teilgenehmigung auf einer anderen (noch nicht bestandskräftigen) auf, so läßt deren Fortfall auch die Wirkungen der späteren Teilgenehmigung entfallen[170].

e) Vorbescheid (§ 9 BImSchG)

215 Auf Antrag kann durch **Vorbescheid** (§ 9 BImSchG, § 23 der 9. BImSchV) über einzelne Genehmigungsvoraussetzungen sowie über den Standort der geplanten Anlage entschieden werden, wenn die Möglichkeit ausreichender Beurteilung der Auswirkungen und ein berechtigtes Interesse an der Erteilung eines Vorbescheids bestehen (§ 9 I). Diese Regelung dient dem Dispositionsschutz (Vertrauens- und Investitionsschutz) des Antragstellers durch Vorwegnahme der Beantwortung von Vorfragen späterer Teilgenehmigungen bzw. der späteren Schlußgenehmigung. Sonderformen sind *Standortvorbescheid* und *Konzeptvorbescheid*, die in der Praxis – auch im Atomrecht (Rn. 9/154 ff.) – Bedeutung erlangt, dann aber doch keineswegs alle Erwartungen erfüllt haben. Hinsichtlich des auch hier erforderlichen vorläufigen Gesamturteils (nach den Maßstäben des § 6 BImSchG) und der Bindungswirkung kann auf Rn. 8/213 f. verwiesen werden. Der Vorbescheid wird gem. § 9 II nach Ablauf von 2 Jahren seit Eintritt seiner Unanfechtbarkeit unwirksam, wenn keine Genehmigung beantragt wurde; diese Frist kann auf Antrag bis zu 4 Jahre verlängert werden.

---

169 OVG Münster, NWVBl 1990, 92; ferner *Hofmann*, GK-BImSchG, § 8 Rn. 22 ff.; *Jarass*, UPR 1983, 241 (243); bedenklich insoweit BVerwGE 88, 286 (289 f.).

170 *Jarass*, BImSchG, § 8 Rn. 23 m.w.N.

f) Zulassung vorzeitigen Beginns (§ 8a BImSchG)

216 Die Genehmigungsbehörde kann nach § 8a I BImSchG unter den im Gesetz genannten Voraussetzungen zulassen, daß bereits vor Genehmigungserteilung mit der Errichtung der Anlage und mit Maßnahmen zur Prüfung der Betriebstüchtigkeit begonnen wird (dazu auch § 24a der 9. BImSchV)[171]. Die Vorschrift findet eine Entsprechung in § 9a WHG (s. Rn. 6/133, 189) und § 33 KrW-/AbfG (s. Rn. 12/269 f.). Vorausgesetzt ist u.a. eine positive Prognose der Zulassungsbehörde, daß alle Genehmigungsvoraussetzungen erfüllbar sind. Wenn eine UVP durchgeführt werden muß, ist also deren Ergebnis abzuwarten[172]. Die Ermessensentscheidung muß darüberhinaus das berechtigte Interesse des Antragstellers und öffentliche Interessen, wie das Risiko vollendeter Tatsachen[173] oder Möglichkeiten, die zu einer Verbesserung des Umweltschutzes führen, berücksichtigen. Es können auch nur Maßnahmen gestattet werden, die nicht irreversibel sind und deren etwaige Rückgängigmachung den weiteren Entscheidungsprozeß nicht unangemessen belasten würde. Nur ausnahmsweise kann nach § 8a III BImSchG im Rahmen eines Änderungsgenehmigungsverfahrens die vorläufige Inbetriebnahme zugelassen werden, wenn die Anlagenänderung durch das BImSchG oder eine auf sie gestützte VO zwingend geboten ist, was u.E. eine Verbesserung der Umweltsituation insgesamt voraussetzt. Die Zulassung kann jederzeit widerrufen werden; sie kann außerdem unter dem Vorbehalt von Auflagen erteilt oder mit Auflagen verbunden werden (§ 8a II).

g) Erlöschen der Genehmigung (§ 18 BImSchG)

217 Nach § 18 BImSchG *erlischt* die Genehmigung mit der Folge, daß die Errichtung bzw. der Betrieb der Anlage unzulässig wird, wenn die (verlängerungsfähige: § 18 III) *behördlich festgesetzte Frist* für den Beginn der Errichtung oder des Betriebs ungenutzt verstreicht (§ 18 I Nr. 1) oder der Betrieb während eines (gem. § 18 III ebenfalls verlängerungsfähigen) Zeitraums von *mehr als 3 Jahren* unterbleibt (§ 18 I Nr. 2)[174]. Die Genehmigung erlischt ferner, und zwar mit der Folge, daß der Betrieb der Anlage zulässig bleibt, wenn das bisherige Genehmigungserfordernis für die Anlage entfällt (§ 18 II). Da § 18 BImSchG keine abschließende Regelung enthält, kann die Genehmigung auch aus anderen, nicht in § 18 genannten Gründen erlöschen, z.B. mit Ablauf einer Genehmigungsbefristung (Rn. 8/204) oder aufgrund Verzichts des Genehmigungsempfängers[175].

---

171 Vgl. *Ochtendung*, Die Zulassung des vorzeitigen Beginns im Umweltrecht, 1998.
172 *Jarass*, BImSchG, § 8a Rn. 7 m.w.N.; BVerwG, DVBl. 1991, 877 (879).
173 BVerwG, DVBl. 1991, 877 (879); *Ochtendung* (Fn. 171), S. 50.
174 Die 3-Jahres-Frist findet auch auf nach § 67 II BImSchG lediglich anzuzeigende (Alt-)Anlagen Anwendung, so zutr. VGH BW, NVwZ 1991, 393 (395); VG Koblenz, ZUR 1994, 255 f. m. zust. Anm. *Führ*; a.A. BayVGH, NVwZ-RR 1989, 625.
175 Vgl. BVerwGE 84, 209 (211).

4. Änderung von Anlagen (§ 15, 16 BImSchG)

218 Die meisten immissionsschutzrechtlichen Verfahren betreffen nicht Neuanlagen, sondern Änderungen oder Erweiterungen im Bestand einer Anlage. Das Recht der Anlagenänderung ist mit der BImSchG Novelle 1996 neu strukuriert worden[176]. Bestimmte **unbedeutende** Änderungen sind **anzeigefrei** und unterliegen keiner Eröffnungskontrolle (Rn. 2/20 ff.). **Alle anderen** Änderungen sind nach § 15 BImSchG **anzuzeigen, außer** sie sind als wesentliche Änderung i.S.d. Legaldefinition des § 16 I 1 BImSchG **genehmigungspflichtig**. Schließlich kann der Vorhabenträger von sich aus für anzeigepflchtige Vorhaben eine Genehmigung im vereinfachten Verfahren beantragen (§ 16 IV BImSchG).

219 Die (nicht nur unbedeutende) **Änderung** einer genehmigungspflichtigen Anlage ist der Behörde mindestens einen Monat vorher **anzuzeigen** (§ 15 I BImSchG), soweit diese Änderung die *Lage*, die *Beschaffenheit* oder den *Betrieb* der Anlage betrifft *und* sich auf die *Schutzgüter* des § 1 BImSchG auswirken kann. Anzeigefrei ist also eine bloße Änderung in der Unternehmensorganisation, nicht aber eine Änderung der Betriebsweise oder der Betriebszeiten. Ob ein Schutzgut nach § 1 BImSchG betroffen ist, muß ein Vorher-Nachher-Vergleich zeigen, ohne daß es hier eine Rolle spielt, ob die Auswirkungen nachteilig oder erheblich sind[177]. Demzufolge sind der Anzeige die zur Prüfung der Genehmigungsfähigkeit erforderlichen Unterlagen beizufügen. Die Behörde hat unverzüglich, spätestens aber innerhalb eines Monats nach Eingang aller Unterlagen zu prüfen, ob die Änderung wesentlich ist und deshalb der Genehmigung bedarf (§ 15 II 1). Sofern sich die Behörde nicht äußert oder eine „Freistellungserklärung" abgibt, darf die Änderung vorgenommen werden. Die Rechtswirkung der Anzeige erschöpft sich in der *verfahrensrechtlichen Feststellung*, daß kein Genehmigungsverfahren erforderlich ist, und in der gesetzlich vorgesehenen Zulässigkeit des Änderungsbeginns. Eine Feststellung der Genehmigungsfähigkeit ist damit ebensowenig verbunden wie eine Konzentrationswirkung[178]. Der Vorhabenträger hat deshalb die Möglichkeit nach § 16 IV BImSchG, von sich aus eine Genehmigung zu *beantragen*. § 15 II BImSchG ermächtigt schließlich nicht dazu, einer Freistellungserklärung Nebenbestimmungen beizufügen. Jedoch kann die Behörde anläßlich einer Anzeige nachträgliche Auflagen gem. § 17 BImSchG erlassen.

220 Wenn eine Änderung sich nach Prüfung durch die Behörde als *wesentlich* herausstellt, ist sie **genehmigungspflichtig**. Nach der Legaldefinition des § 16 I BImSchG ist eine Änderung wesentlich, wenn sie – im Vergleich zu dem bisher genehmigten Betrieb unter Berücksichtigung der dynamischen Betreiberpflicht – nachteilige Aus-

---

176 Hierzu *Jarass*, NJW 1998, 1097 ff.; *Zöttl*, NVwZ 1998, 234 ff.; *Führ*, UPR 1997, 421 ff.; *ders.*, ZUR 1997, 293 ff.; *Fluck*, VerwArch. 1997, 265 ff.; *Kutscheidt*, NVwZ 1997, 111 ff.; *Moormann*, UPR 1996, 408 ff.; *Sellner*, FS Feldhaus, 1999, S. 101 ff. und allgemein *Führ*, Sanierung von Industrieanlagen, 1989; *Kiefer*, Die Investitionssicherheit bei der Änderung genehmigungsbedürftiger Anlagen nach den §§ 15, 16 BImSchG, 1999. Rechtsvergleichend *Wasielewski*, UPR 1998, 420 ff.

177 *Kutscheidt*, NVwZ 1997, 111 (115); *Jarass*, BImSchG, § 15 Rn. 16; a.A. *Fluck*, VerwArch. 1997, 265 (273).

178 *Führ*, ZUR 1997, 293 (296); *Jarass*, BImSchG, § 15 Rn. 29. Eine Anfechtung der Freistellungserklärung kommt in Frage, wenn das Verfahren Drittschutz vermitteln muß, wenn also ein förmliches Genehmigungsverfahren durchzuführen wäre.

wirkungen hervorrufen kann und diese für die Prüfung der Tatbestandsvoraussetzungen des § 6 I Nr. 1 BImSchG (Betreiberpflichten nach § 5 und § 7) erheblich sein können. Nicht erfaßt werden also z.B. allein baurechtlich relevante Änderungen (sie unterfielen § 6 I Nr. 2). Bagatellfälle sind nach § 16 I 2 BImSchG keine wesentliche Änderung. Soweit dies nicht ohne weiteres beurteilt werden kann, also eine genauere Prüfung erforderlich ist, bleibt es bei der Genehmigungspflicht[179].

Gegenstand der Prüfung und der Änderungsgenehmigung bzw. der Nebenbestimmungen sind **221**

- bei einer lediglich erweiternden, sog. „quantitativen Änderung" nur die Änderung selbst, und
- bei einer auf den genehmigten Bestand zurückwirkenden sog. „qualitativen Änderung" auch die von der nunmehrigen Gesamtanlage ausgehenden Einwirkungen[180].

Sollen die bisherige Anlage oder Teile davon im Rahmen der erteilten Genehmigung ersetzt oder ausgetauscht werden, bedarf es nach § 16 V BImSchG keiner Genehmigung. Dies betrifft nicht den Fall, daß die Anlage durch eine gleichartige „Anlage" erweitert wird (indem z.B. ein Zementwerk einen zusätzlichen Ofen erhält); hier ist ggf. eine Neugenehmigung (§ 4 BImSchG) erforderlich[181]. **222**

Nach § 16 II BImSchG *soll* die Behörde beim *Verfahren* von der Öffentlichkeitsbeteiligung absehen, wenn der Träger des Vorhabens dies beantragt *und* erhebliche nachteilige Auswirkungen auf die Schutzgüter des § 1 BImSchG (Rn. 8/39) nicht zu besorgen sind. Diese Bestimmung ist *einschränkend auszulegen*: Unerheblich ist zunächst, ob solche Auswirkungen tatsächlich auftreten; ausreichend ist die *Möglichkeit* der nachteiligen Auswirkungen auf eines der Schutzgüter; zu berücksichtigen sind u.a. Störfallrisiken. Für *UVP-pflichtige Anlagen* ist § 8 II 3 der 9. BImSchV entsprechend anzuwenden, so daß eine Öffentlichkeitsbeteiligung erfolgen muß, wenn zusätzliche oder andere erhebliche Auswirkungen möglich sind. Zudem wurde als **Regelbeispiel** ausgeführt, daß negative Auswirkungen unberücksichtigt bleiben, wenn sie im Verhältnis zu den vergleichbaren Vorteilen der Anlage gering sind, was nicht nur einen identischen Betroffenenkreis, sondern auch eine Übereinstimmung hinsichtlich der Art der Auswirkungen voraussetzt[182]. Schließlich ist für die in Anhang I der IVU-RL (Rn. 8/42) aufgeführten Anlagen zu beachten, daß deren Art. 15 I 1 auch bei wesentlichen Änderungen eine Öffentlichkeitsbeteiligung vorsieht, womit § 16 II 1 BImSchG in diesen Fällen *europarechtskonform* ausgelegt werden muß (Rn. 1/43)[183]. **223**

---

179 *Führ*, ZUR 1997, 293 (298); *Fluck*, VerwArch. 1997, 265 (279).

180 BVerwG, DVBl. 1977, 770 f.; BVerwGE 101, 347 ff.; *Sellner*, Immissionsschutzrecht, Rn. 299 ff. m.w.N.; *Jarass*, BImSchG, § 15 Rn. 18. – Zur Reichweite des Nachbarschutzes BVerwGE 85, 368. – Zur Anlagensanierung und Änderung *Denkhaus*, NuR 2000, 9 ff. (auch zu Nr. 2.2.3 TA Luft).

181 Vgl. BVerwGE 50, 49 ff. – Tunnelofen. OVG Lüneburg, GewArch. 1996, 346 f.: Eine Anlage, in der Betonsteine, die in einer benachbarten Anlage desselben Unternehmens gefertigt wurden, aus einer gewissen Höhe fallengelassen werden, um ihnen durch das Abplatzen von Ecken ein älteres Aussehen zu geben („Rumpleranlage"), ist eine Nebeneinrichtung zu der Betonsteinfertigungsanlage. Die Errichtung einer solchen Rumpleranlage ist eine wesentliche Änderung der Betonsteinfertigungsanlage.

182 *Führ*, Sanierung von Industrieanlagen, 1989, S. 229.

183 Vgl. zur europarechtskonformen Anwendung OVG Saarlouis, Urt. v. 7.7.1995, 8 U 8/95; VG Schleswig, ZUR 1996, 152; *Jahns-Böhm*, Umweltschutz durch Europäisches Gemeinschaftsrecht am Beispiel der Luftreinhaltung, 1994, S. 104 f.; *Kühling/Röckinghausen*, DVBl. 1999, 1614 (1620 f.); *Sellner*, FS Feldhaus, 1999, S. 101 (110 ff.).

5. Nachträgliche Maßnahmen

a) Nachträgliche Anordnungen (§ 17 BImSchG)

224 Nachträgliche Anordnungen dienen der Durchsetzung allein immissionsschutzrechtlicher Pflichten. Sie können den Charakter „nachträglicher Nebenbestimmungen" (Rn. 8/208) oder „nachträglicher Genehmigungsinhaltsbestimmungen" haben.

225 aa) Eine **nachträgliche Anordnung**[184] ist nach § 17 I BImSchG zur Sicherstellung der Erfüllung der immissionschutzrechtlichen Grundpflichten (Rn. 8/105, 2/30)

- zulässig (i.S. einer *Kann-Vorschrift*), wenn der Betreiber einer ihm nach dem BImSchG oder einer BImSchV obliegenden Pflicht nicht nachkommt (sog. *Vorsorgeanordnung*, § 17 I 1), und
- geboten (i.S. einer *Soll-Vorschrift*), wenn nach Genehmigungserteilung festgestellt wird, daß der Schutz der Allgemeinheit oder der Nachbarschaft vor schädlichen Umwelteinwirkungen oder sonstigen Gefahren, erheblichen Nachteilen oder erheblichen Belästigungen nicht ausreicht (sog. *Schutzanordnung*, § 17 I 2); hier kann die zuständige Behörde im Rahmen ihres eingeschränkten Ermessens nur bei „atypischer Fallgestaltung" von einer nachträglichen Anordnung absehen.

226 Die durch nachträgliche Anordnung geltend zu machende Erfüllung einer Grundpflicht kann auch aufgrund neuer Anforderungen in Bezug auf die Anlage angezeigt sein, z.B. durch eine Veränderung der Immissionssituation im Einwirkungsbereich der Anlage (§ 5 I Nr. 1), durch die Fortentwicklung des Standes der Technik (§ 5 I Nr. 2) oder durch das Inkrafttreten einer Rechtsverordnung (§ 7). Immer muß aber der Grundsatz der Verhältnismäßigkeit beachtet werden (§ 17 II BImSchG).

227 Ein **Nachbar** kann aufgrund der Vorschrift des § 17 I 2 BImSchG von der Behörde bei der Entscheidung über Erlaß oder Ergänzung einer von ihm beantragten nachträglichen Schutzanordnung die fehlerfreie Ausübung des Ermessens verlangen[185].

228 bb) § 17 IIIa BImSchG hält die zuständigen Behörden dazu an, unter den im Gesetz genannten (dem § 7 III BImSchG entsprechenden) Voraussetzungen eine *Kompensation im Emissionsbereich* zu ermöglichen[186]. Die Vorschrift verdrängt die in Nr. 4.2.10 TA Luft getroffene Regelung (vgl. Rn. 1/88).

229 cc) § 17 IVa BImSchG beschränkt die Möglichkeit des Erlasses nachträglicher „Nachsorge"-Anordnungen zur Erfüllung der sich aus § 5 III BImSchG ergebenden Pflichten (Rn. 8/148) auf einen Zeitraum von 10 Jahren nach Stillegung der Anlage[187]. Adressat solcher Anordnungen kann nur der letzte Betreiber sein. Sollte der Betreiber nicht mehr existieren, so kann gegen den Grundeigentümer als solchen nur nach Bodenschutz-, Abfall-, Wasser- bzw. Polizeirecht vorgegangen werden.

230 dd) Die unanfechtbar genehmigte Anlage genießt gem. § 17 BImSchG einen gewissen (durch die Grundpflichtenregelung des § 5 BImSchG relativierten) **Bestands-**

---

184 *Schröder*, BWVP 1996, 33 ff.

185 *Jarass*, NJW 1983, 2844 (2845).

186 Vgl. *Goßler*, UPR 1990, 255 (256 f.); *Jarass*, BImSchG, § 17 Rn. 72 ff.; *Koch*, GK-BImSchG, § 17 Rn. 169 ff.

187 Hierzu *Vallendar*, UPR 1991, 91 ff.

schutz (s. Rn. 8/239 ff.). Auch bei Vorliegen der allgemeinen Voraussetzungen einer Vorsorge- oder Gefahrenanordnung nach § 17 I BImSchG ist eine nachträgliche Anordnung *unzulässig*, wenn

- die Anordnung unverhältnismäßig ist, insbesondere wegen Mißverhältnisses zwischen Aufwand und Anordnungsziel (§ 17 II)[188], oder
- das Anordnungsziel in Anforderungen bestünde, die strenger sind als die abschließend geregelten Anforderungen in einer zur Konkretisierung des § 5 I Nr. 2 BImSchG (Vorsorge) ergangenen RechtsVO (§ 17 III).

ee) Sind die allgemeinen Anordnungsvoraussetzungen gegeben und muß von einer nachträglichen Anordnung gleichwohl wegen Unverhältnismäßigkeit abgesehen werden, dann soll die zuständige Behörde die Genehmigung ganz oder teilweise *widerrufen* (§§ 17 II 2 HS 1, 21 I Nrn. 3-5). In diesem Fall ist aber aufgrund des fortwirkenden Bestandsschutzes ein etwaiger Vertrauensschaden zu *entschädigen* (§ 17 II 2 HS 2 i.V.m. § 21 IV BImSchG). 231

ff) Wenn der Vollzug der nachträglichen Anordnung eine wesentliche Änderung der Lage, der Beschaffenheit oder des Betriebs der Anlage bedingt, ohne daß diese Änderung in der Anordnung abschließend bestimmt wäre, bedarf es zusätzlich noch einer *Änderungsgenehmigung* (§§ 17 IV, 16 BImSchG). 232

gg) Die zur nachträglichen Anordnung ergangenen Regelungen der Absätze 1-4a des § 17 BImSchG gelten nach § 17 V BImSchG für sog. „Uraltanlagen" i.S. des § 67 BImSchG entsprechend. 233

b) Untersagung, Stillegung und Beseitigung (§ 20 BImSchG)

Eine erteilte immissionsschutzrechtliche Genehmigung ist grundsätzlich (abgesehen von vorläufigen polizeilichen Maßnahmen bei unmittelbar drohenden Gefahren) „polizeifest" (*Legalisierungswirkung der Genehmigung*)[189]. 234

aa) Der Betrieb der Anlage *kann* aber von der zuständigen Immissionsbehörde ganz oder teilweise bis zur Erfüllung der Pflicht **untersagt** werden, wenn der *Betreiber einer Pflicht nicht nachkommt*, die durch Auflage, vollziehbare nachträgliche Anordnung oder (gem. § 7 BImSchG ergangene) Rechtsverordnung begründet wurde und sich auf die Beschaffenheit oder den Betrieb der Anlage (§ 20 I) bezieht, sowie bei *Unzuverlässigkeit des Betreibers* oder des Betriebsleiters (§ 20 III). Der immissionsschutzrechtliche Bestandsschutz genehmigter Anlagen ist insoweit eingeschränkt. 235

In § 20 Ia BImSchG wird der Behörde die Möglichkeit eingeräumt, zur Störfallverhütung nach RL 96/82/EG (Rn. 8/42) die Inbetriebnahme oder Weiterführung eines Betriebsbereiches gem. § 3 V a BImSchG einer genehmigungsbedürftigen Anlage ganz oder teilweise zu untersagen[190]. 236

---

188 BVerwG, NVwZ 1997, 498 (500): Beweislast des Anlagenbetreibers. S.a. *Sach*, Genehmigung, S. 116 ff.; *Jarass*, NVwZ 1986, 607 (608). Umstr. ist, ob einer *Schutzanordnung* u.a. Fehleinschätzungen der Behörde oder eine Änderung des Umgebungscharakters entgegenstehen und ob bei einer *Vorsorgeanordnung* die Anlagenimmissionen mitzuberücksichtigen sind, was durch *Sach* a.a.O. mit überzeugenden Gründen verneint wird.

189 Vgl. BVerwGE 89, 357 (361); 88, 286 (293); 84, 220 (224); *Sach*, Genehmigung, S. 141 ff.

190 *Feldhaus*, NVwZ 1998, 1138 (1139 f.).

237 bb) Ferner *soll* die **Stillegung** oder die **Beseitigung** angeordnet werden, wenn und soweit eine genehmigungspflichtige Anlage *ungenehmigt* errichtet, betrieben oder wesentlich geändert wird (§ 20 II 1). Das BImSchG stellt insofern allein auf die formelle Illegalität ab. Bei „atypischer Fallgestaltung" hat die Behörde allerdings ein Entscheidungsermessen. Ein atypischer Fall liegt z.B. vor, wenn keine Zweifel bestehen, daß die Anlage genehmigungsfähig ist[191], nicht aber bei bloßer bisheriger behördlicher Duldung eines ungenehmigten Anlagenbetriebs[192]. Eine Beseitigungsanordnung *muß* ergehen, wenn dies zum Schutz der Allgemeinheit oder der Nachbarschaft erforderlich ist (§ 20 II 2 – drittschützend).

c) Widerruf der Genehmigung (§ 21 BImSchG)

238 Rechtmäßig erteilte Genehmigungen, Teilgenehmigungen und Vorbescheide können nur bei Vorliegen gewisser öffentliche Interessen betreffender Voraussetzungen (§ 21 I) vollständig oder mit Wirkung für die Zukunft **widerrufen** werden[193]. Dies ist für den nicht vorbehaltenen Widerruf nur innerhalb Jahresfrist seit Erlangung der behördlichen Kenntnis von den den Widerruf rechtfertigenden Tatsachen möglich (§ 21 II). Der Widerruf hat in einigen Fällen (z.B. Rn. 8/224) Entschädigungsfolgen (§ 21 IV), die im Zivilrechtsweg geltend zu machen sind (§ 21 VI). Die Einschränkungen der Widerruflichkeit gelten nicht, wenn die Genehmigung vor dem Widerruf noch nicht bestandskräftig geworden war, weil sie von einem Dritten angefochten worden ist und daraufhin dem Rechtsmittel abgeholfen wird (§ 21 VII). Diese Widerrufsregelung entspricht inhaltlich den §§ 49 I – III, V, 50 VwVfG. Für die **Rücknahme** *rechtswidrig* erteilter Genehmigungen gilt mangels einer Sonderregelung im BImSchG, § 48 VwVfG.

6. Bestandsschutz

239 Die immissionsschutzrechtliche Genehmigung bewirkt, daß trotz der dynamisierten Grundpflichten des § 5 I BImSchG der Betrieb der Anlage aufgrund nachträglicher Änderungen der Sach- oder Rechtslage nicht rechtswidrig wird. Die Grundpflichten bewirken aber eine Einschränkung des Vertrauensschutzes des Betreibers und verlagern das Schadensrisiko auf ihn.

240 Begrifflich unterscheidet man bei genehmigten Anlagen ganz allgemein einen **passiven**, gegen spätere Rechtsänderungen wirksamen Schutz der Anlage und ihrer Nut-

191 *Kischel*, DVBl. 1996, 185 (187); BVerwGE 84, 220 (233); 89, 357 ff.; BVerwG, B. v. 4.11.1992, 7 B 160.92, Buchholz 406.25 § 20 Nr. 3; Hess.VGH, NVwZ 1998, 1315 ff.; VGH BW, VBlBW 1999, 552 f.

192 S. aber BayVGH, DVBl. 1987, 1015. Zum Altanlagen-Privileg des § 67 II BImSchG BVerwG, DVBl. 1994, 340 f.; VGH BW, NVwZ-RR 1989, 124.

193 *Zitzelsberger*, GewArch. 1990, 153 ff., 271 ff.; OVG Lüneburg, B. v. 7.3.1988, 7 B 25/87, OVG Münster, NVwZ 1988, 173 ff.; VG Frankfurt, NVwZ-RR 1998, 166 f.

zung im Umfang ihres genehmigten Bestands[194] von einem **aktiven** (überwirkenden) **Bestandsschutz**[195], wonach Anlagen- und Nutzungsänderungen u.U. trotz entgegenstehender Rechtslage zur Erhaltung der Funktion der Anlage zu genehmigen sind. Nicht die immissionsschutzrechtliche Genehmigung, sondern die auf ihrer Basis errichtete und betriebene *Anlage* ist Gegenstand des eigentumsrechtlichen Bestandsschutzes. Die Genehmigung schützt ihren Inhaber vor abweichenden Regelungen so weit, wie ihr Regelungsgehalt (der anhand des objektiven Willens der Genehmigungsbehörde zu ermitteln ist) reicht. Unvorhersehbare Folgen sind daher nicht ohne weiteres vom Regelungsgehalt der Genehmigung erfaßt.

Der Betreiber einer gem. § 4 BImSchG genehmigten Anlage genießt allerdings im- **241**
missionsschutzrechtlich gegenüber einer zulässigen nachträglichen Anordnung i.S. des § 17 BImSchG, einer Betriebsuntersagungsverfügung i.S. des § 20 I BImSchG oder eines Genehmigungswiderrufs i.S. des § 21 BImSchG keinen *passiven* Bestandsschutz.

Insbesondere trägt er das Risiko, daß Investitionen durch nachträgliche Schutzanordnungen **242**
entwertet werden, weil sich Änderungen der Sachlage (z.B. unerwartete Gesundheitsschäden in der Nachbarschaft, heranrückende und nicht abgewehrte Wohnbebauung) in *seiner* Risikosphäre ergeben. Daneben ist über § 17 BImSchG eine Korrektur von erkennbaren Fehleinschätzungen der Behörde bei Erteilung der immissionsschutzrechtlichen Genehmigung möglich, desgleichen eine durch neue wissenschaftliche Erkenntnisse bedingte Veränderung der Sicherheitsphilosophie durchsetzbar: Ausgeschlossen wird lediglich die Durchsetzung einer umweltpolitisch motivierten neuen Sicherheitsphilosophie[196]. Vorsorgeanordnungen sind vor dem Verhältnismäßigkeitsgrundsatz zu rechtfertigen, der sich an einem generalisierenden und objektivierten Maßstab zu orientieren hat. Je länger eine Anlage in Betrieb ist, desto geringer ist – als Folge der dynamisierten Grundpflichten – die Schutzwirkung der Genehmigung für den Betreiber. Den Betreiber trifft im Einzelfall auch die Beweislast für die Unverhältnismäßigkeit der Maßnahme ihm gegenüber.

Ein *aktiver* Bestandsschutz wird durch das BImSchG nicht gewährt, da jede wesent- **243**
liche Änderung der Lage, Beschaffenheit oder des Betriebs der genehmigten Anlage nach § 15 BImSchG erneut genehmigungsbedürftig ist (Rn. 8/212)[197].

Neben diesem immissionsschutzrechtlichen Bestandsschutz gibt es bekanntlich noch **244**
den baurechtlichen (ebenfalls ursprünglich verfassungsrechtlich begründeten, inzwi-

194 *Wahl/Hermes/Sach*, in: *Wahl* (Hrsg.), Prävention und Vorsorge, 1995, S. 217 (254 ff.): Die Schutzposition des Genehmigungsinhabers ist begrenzt durch den Antrag, das gesetzlich und tatsächlich geleistete Prüfprogramm sowie den Schutz der Drittbetroffenen. Was aus deren Sicht nicht erkennbarer Bestandteil der Genehmigung ist, wird von der Genehmigungswirkung nicht erfaßt; s.a. BVerwGE 88, 286 (292).

195 Zum folgenden ausführlich *Sach*, Genehmigung, S. 95 ff., 145 ff.; BVerwGE 65, 313 (317); BVerwG, NVwZ 1989, 257. Überzeugend zur Problematik des Bestandsschutzes *Wahl/Hermes/Sach*, in: *Wahl* (Hrsg.), Prävention und Vorsorge, 1995, S. 217 ff.; *Wahl*, FS Redeker, 1993, S. 245 ff., u. BVerwGE 84, 322 (334); 85, 289; BVerwG, NVwZ 1999, 523 (525) – Baurecht. S. ferner *Jankowski*, Bestandsschutz für Industrieanlagen, 1999.

196 *Sach*, Genehmigung, S. 119 ff. m.w.N.; i.E. auch *Koch*, in: *Koch/Lechelt* (Hrsg.), 20 Jahre BImSchG, 1994, S. 33 (43); s. aber Rn. 9/177 ff. für die atomrechtl. Genehmigung.

197 *Sach*, Genehmigung, S. 145 ff. m.w.N.; i.E. auch BVerwGE 65, 313 (317); 84, 322 (334); 88, 191 (203); a.A. *Dolde*, NVwZ 1986, 873 (883); *Schenke*, NuR 1989, 8 (17); *Sellner*, Immissionsschutzrecht, Rn. 206 ff.

schen aber ausschließlich einfachgesetzlich gewährten) Bestandsschutz sowie einen privatrechtlichen, durch § 14 BImSchG vermittelten Bestandsschutz (Rn. 8/202 f.).

VI. Nicht genehmigungsbedürftige Anlagen

1. Anwendungsbereich der §§ 22-25 BImSchG

245 Nicht genehmigungsbedürftige „Anlagen“ i.S. der §§ 22-25 BImSchG sind Einrichtungen, Geräte und in bestimmter Weise genutzte Grundstücke, die dem BImSchG unterliegen (§ 2 I Nr. 1 i.V.m. § 3 V; Rn. 8/110 ff.), nicht aber der Genehmigungspflicht des § 4 BImSchG[198]. Sie sind zwar von der Genehmigungspflicht (wegen ihres typischerweise geringeren Grades an Umweltgefährlichkeit) ausgenommen; ihre Betreiber haben aber gleichwohl zum Schutz der Umwelt bestimmte Grundpflichten zu erfüllen. Erfaßt sind alle Anlagen, die nicht in der Anlage zur 4. BImSchV aufgeführt sind und dennoch schädliche Umwelteinwirkungen hervorrufen können.

246 **Beispiele**[199]: Autowaschstraße, Bauhof, Baumaschine, chem. Reinigungsbetrieb, Feueralarmsirene (BVerwGE 79, 254), Flutlichtanlage, Fußballstadion, Gartengrillgerät, kleinere und mittlere Heizungsanlagen, Hochspannungsleitung, Kinderspielplatz (BVerwG, NJW 1992, 1779 f.), Kirchenglocken (BVerwGE 68, 62), Rasenmäher, Schießstand, Schrottplatz, Sportplatz (BVerwGE 81, 197), Steinbruch, Tankstelle, Tiefgarage, Weinbergschußapparat, Werkstatt, Windkraftanlage.

247 Die §§ 22-25 BImSchG sind *kumulativ* neben anderen immissionsschutzrechtlich relevanten Normen (z.B. Baugenehmigungstatbestand der Landesbauordnungen, Schutzverordnungen nach § 49 I BImSchG, Festsetzungen nach § 9 I Nrn. 23 u. 24 BauGB in Bebauungsplänen[200]) anwendbar, die sich auf Anlagen beziehen, die nach dem BImSchG nicht genehmigungspflichtig sind.

248 In vielen Fällen ist für die Errichtung und Nutzung einer Anlage eine **Baugenehmigung** nach landesbaurechtlichen Vorschriften einzuholen. Immissionsschutzrecht und Baurecht gehen dabei von einem einheitlichen Maßstab bei der Bewertung der Zumutbarkeit – anhand der Schutzwürdigkeit und Schutzbedürftigkeit der Umgebungsbebauung – aus[201]. Die §§ 22 ff. BImSchG sind als „sonstige öffentlich-rechtliche Vorschriften“ bei der Erteilung der Baugenehmigung zu beachten, d.h. in der Baugenehmigung ist über das jeweilige immissionsschutzrechtliche Problem (z.B.

198 Hierzu: *Kutscheidt*, NVwZ 1983, 65 ff.; *Pütz/Buchholz*, Immissionsschutz bei nicht genehmigungsbedürftigen Anlagen, 3. Aufl. 1996; *Seiler*, Die Rechtslage der nicht genehmigungsbedürftigen Anlagen im Sinne von §§ 22 ff. BImSchG, 1985.

199 S. ferner *Jarass*, BImSchG, § 22 Rn. 8 m.w.N.

200 S. *Kraft*, DVBl. 1998, 1048 ff.; *Koch*, Immissionsschutz durch Baurecht, 1991, passim; BVerwG, DVBl. 1998, 891 ff.; DVBl. 1993, 1098 f.; NVwZ 1991, 881 ff.: Festsetzung von Emissonsgrenzwerten durch – immissionswirksame – flächenbezogene Schalleistungspegel im Wege der Gliederung eines Baugebietes nach § 1 IV BauNVO; DVBl. 1989, 369 ff.: Verwendungsverbote u. -beschränkungen für luftverunreinigende Stoffe.

201 BVerwG, BauR 1999, 152 (156); VGH BW, VBlBW 1998, 62; 1996, 105 (106); BayVGH, NVwZ 1998, 419 ff.; offengelassen in BVerwGE 91, 92; 98, 235; *Jarass*, BImSchG, § 22 Rn. 14.

Küchengeruch einer Gaststätte, Lärm einer Sportanlage) mitzuentscheiden[202]. Die Bestandskraft der Baugenehmigung erstreckt sich in diesem Fall auf immissionsschutzrechtliche Belange, die im Rahmen des Baugenehmigungsverfahrens geprüft und zum Genehmigungsinhalt wurden. Die Erfüllung der Betreiberpflichten bleibt jedoch unberührt und kann – soweit sich im Laufe der Zeit strengere Maßstäbe entwickeln – über §§ 22 ff. BImSchG durchgesetzt werden[203].

Die §§ 22 ff. BImSchG werden durch sonstiges Bundesrecht nur verdrängt, soweit **249**
dort strengere oder wenigstens gleich strenge (den Mindeststandard der §§ 22 ff. wahrende), aber konkretere Anforderungen festgelegt sind[204].

Im Verhältnis der §§ 22-25 BImSchG zum *Landesrecht* ist umstritten, ob sich § 22 II **250**
BImSchG, wonach weitergehende öffentlich-rechtliche (und damit auch landesrechtliche, z.B. polizeirechtliche) Vorschriften unberührt bleiben, nur auf nichtanlagenbezogene Vorschriften bezieht[205] oder ob – entsprechend der Praxis der Länder – auch *weitergehende*[206] anlagenbezogene landesrechtliche Regelungen zulässig sind[207]. Letzteres ist sicherlich außerhalb des Regelungsbereichs des § 22 I BImSchG, also hinsichtlich „sonstiger", nicht unter § 3 I und damit auch nicht unter § 22 I BImSchG fallender Gefahren, erheblicher Nachteile oder erheblicher Belästigungen möglich.

2. Grundpflichten des Betreibers

Nach dem Grundpflichtenkatalog des § 22 I 1 BImSchG sind die immissionsschutz- **251**
rechtlich nicht genehmigungsbedürftigen Anlagen so zu errichten und zu betreiben, daß

1. schädliche Umwelteinwirkungen (§ 3 I), die nach dem Stand der Technik (§ 3 VI) vermeidbar sind, verhindert werden (§ 22 I 1 *Nr. 1*; *Verhinderungsgebot* – entspricht § 5 I Nr. 1 BImSchG),
2. schädliche Umwelteinwirkungen (§ 3 I), deren Vermeidung nach dem Stand der Technik (§ 3 VI) nicht in vollem Umfang möglich ist, auf das unvermeidbare

202 BVerwGE 74, 315 (322); BVerwG, BauR 1999, 152 (156); BayVGH, BayVBl. 1994, 721 f.; VGH BW, VBlBW 1994, 197 f.

203 *Jarass*, BImSchG, § 22 Rn. 12; *Roßnagel*, GK-BImSchG, § 22 Rn. 13; BVerwGE 91, 92; zumeist ist der Nachbar daher auf die Abwehr atypischer oder von der Baugenehmigung nicht erfaßter Immissionen beschränkt, vgl. auch OVG Münster, BauR 1999, 237 ff. Zur Verwirkung von Nachbarrechten gegen ein ungenehmigtes Vorhaben: BVerwG, NJW 1998, 329. BayVGH, BayVBl. 1998, 113: Der Betrieb einer Anlage ist vom Bestandsschutz nicht mehr gedeckt, wenn sein Umfang die Schwelle der Genehmigungsbedürftigkeit erreicht.

204 BVerwG, NVwZ 1996, 1025: keine Verdrängung durch das Gaststättenrecht. S. ferner *Koch*, GK-BImSchG, § 22 Rn. 47 ff.; *Martin*, UPR 1998, 321 ff.

205 BayVGH, GewArch. 1986, 70 f.; *Henkel*, Der Anlagenbegriff des BImSchG, 1989, S. 20 ff.

206 BVerwGE 108, 260 ff. (Bay. BiergartenVO).

207 BayObLG, NJW 1997, 2394 (2395); OVG Koblenz, NVwZ 1989, 275 f.; OVG Münster, DVBl. 1979, 317 ff.; i.E. auch BVerwG, LKV 1991, 411 = BayVBl. 1992, 58; *Engler*, Der öffentlich-rechtliche Immissionsabwehranspruch, 1995, S. 79 ff.; *Hansmann*, in: *Landmann/Rohmer*, BImSchG, § 22 Rn. 31 f.; *Pestalozza*, WiVerw. 1984, 245 (256 ff.); *Pudenz*, NuR 1991, 363 ff.; *Roßnagel*, GK-BImSchG, § 22 Rn. 189. Ein entsprechendes Problem ergibt sich bei der Auslegung des § 49 III BImSchG, der Rechtsgrundlage örtlicher Polizeiverordnungen sein kann; abl. hierzu VGH BW, NVwZ 1998, 764 ff.

Mindestmaß beschränkt werden[208] (§ 22 I 1 *Nr. 2*; *Minimierungsgebot* – bleibt hinter § 5 Abs. 1 Nr. 2 BImSchG zurück), und schließlich
3. die beim Betrieb der Anlagen entstehenden Abfälle ordnungsgemäß beseitigt werden können (§ 22 I 1 *Nr. 3*; *Abfallbeseitigungsgebot*).

252 Anders als bei § 5 BImSchG wird in § 22 I BImSchG nicht zwischen Schutz- und Vorsorgeprinzip differenziert, woraus abzuleiten ist, daß § 22 I BImSchG allein den Aspekt der Gefahrenabwehr betrifft[209]. Die Abgrenzung zwischen Nr. 1 und Nr. 2 des Satzes 1 bereitet Schwierigkeiten, weil schädliche Umwelteinwirkungen (§ 3 I) immissionsbezogen sind, während der Stand der Technik schon nach dem Wortlaut des § 3 VI BImSchG an sich emissionsbezogen ist[210]. Die Regelung des § 22 I BImSchG nimmt – wie z.B. auch § 41 I BImSchG, aber anders als § 5 BImSchG – in Kauf, daß schädliche Umwelteinwirkungen unterhalb der Gefahrenschwelle verbleiben. Dieses „immissionsschutzrechtliche Defizit" wird bei Überschreiten der Gefahrenschwelle durch § 25 II BImSchG aufgefangen. Durch Ausnutzung der Verordnungsermächtigung des § 23 BImSchG (Rn. 8/254) oder durch landesrechtliche Vorschriften nach § 22 II BImSchG kann zudem der Vorsorgegrundsatz umgesetzt werden.

253 Unerheblich ist, durch welche Umstände die schädlichen Emissionen einer Anlage ausgelöst werden; schädliche Umwelteinwirkungen können also durch Normalbetrieb ebenso wie durch Störfälle oder eine – vermeidbare – mißbräuchliche Nutzung entstehen[211]. Gesundheitsschäden sind immer zu vermeiden[212], bei Sachschäden, erheblichen Nachteilen und Belästigungen ist nach Art, Ausmaß und Dauer der Immissionen anhand eines objektiven Maßstabes über die Zumutbarkeit zu entscheiden, bei seltenen Ereignissen (Rn. 8/93, 8/264) sind deshalb häufig höhere Belastungen hinzunehmen[213]. Bei **nichtgewerblichen** Anlagen sind aus Kompetenzgründen die Grundpflichten nur auf Luftverunreinigungen und Geräusche bezogen (§ 22 I 3 BImSchG); § 22 I BImSchG normiert also einen Mindeststandard. Nach § 22 II BImSchG bleiben nämlich weitergehende – auch landesrechtliche – öffentlich-rechtliche Vorschriften unberührt. Diese können vor allem *sonstige*, nicht zu den schädlichen Umwelteinwirkungen gehörende Gefahren, erhebliche Nachteile und Belästigungen betreffen, auf die sich § 22 BImSchG im Gegensatz zu § 5 I Nr. 1 BImSchG nicht bezieht.

---

208 Dies bedeutet: Beschränkung auf ein unter dem Gesichtspunkt des nachbarlichen Interessenausgleichs zumutbares Mindestmaß, BVerwGE 81, 197 (200). Anhaltspunkte für die Reichweite der Grundpflichten bieten die TA Lärm, TA Luft und die Geruchseimmissions-Richtlinie (Fn. 8/1).

209 BayVGH, DÖV 1987, 498; OVG Lüneburg, DVBl. 1994, 298; *Jarass*, BImSchG, § 22 Rn. 19; *Roßnagel*, GK-BImSchG, § 22 Rn. 132; *Rid/Hamann*, NVwZ 1989, 200 (204); a.A. *Hansmann*, NVwZ 1991, 829 (831 ff.); *Kloepfer*, Umweltrecht, § 14 Rn. 132.

210 Vgl. z.B. *Sellner/Löwer*, WiVerw. 1980, 221 (233).

211 *Jarass*, BImSchG, § 22 Rn. 26; *Roßnagel*, GK-BImSchG, § 22 Rn. 20; VGH BW, UPR 1994, 279 f.; a.A. BayVGH, NVwZ 1995, 1033.

212 BVerfGE 77, 170 (224); *Kloepfer*, Umweltrecht, § 14 Rn. 133.

213 VGH BW, B. v. 8.6.1998, 10 S 3300/96 (ZUR 1999, 52).

3. Anforderungen an Errichtung, Beschaffenheit und Betrieb

Auf der Grundlage des § 23 BImSchG kann die Bundesregierung unter Anhörung der beteiligten Kreise (§ 51) durch RechtsVO mit Zustimmung des Bundesrates zur *Konkretisierung der Betreiberpflichten* aus § 22 zum *Schutz* der Allgemeinheit und der Nachbarschaft vor schädlichen Umwelteinwirkungen sowie zur *Vorsorge* gegen solche Umwelteinwirkungen bestimmte technische Anforderungen an nicht genehmigungsbedürftige Anlagen stellen, darüber hinaus *Emissionsgrenzwerte* festsetzen und schließlich den Betreibern die *Pflicht zur Messung* von Emissionen und Immissionen auferlegen. Auf dieser Grundlage sind z.B. folgende BImSchG-Durchführungsverordnungen erlassen worden: **254**

- 1. BImSchV über Kleinfeuerungsanlagen i.d.F. der VO v. 15.7.1988 (BGBl. I 1059), zuletzt geändert durch VO v. 20.7.1994 (BGBl. I 1680);
- 2. BImSchV zur Emissionsbegrenzung von leichtflüchtigen Halogenkohlenwasserstoffen v. 10.12.1990 (BGBl. I 2694), geändert durch VO v. 5.6.1991 (BGBl. I 1218);
- 7. BImSchV zur Auswurfbegrenzung von Holzstaub v. 18.12.1975 (BGBl. I 3133);
- 8. BImSchV (Rasenmäherlärm-VO) i.d.F.d. Bek. v. 13.7.1992 (BGBl. I 1248), durch die eine EG-Richtlinie von 1985 umgesetzt wird, geändert durch Gesetz v. 27.4.1993 (BGBl. I 512);
- 18. BImSchV (Sportanlagenlärmschutz-VO) vom 18.7.1991 (BGBl. I 1588; ber. 1790);
- 20. BImSchV zur Begrenzung der Kohlenwasserstoffemission beim Umfüllen und Lagern von Ottokraftstoffen vom 7.10.1992 (BGBl. I 1727);
- 21. BImSchV zur Begrenzung der Kohlenwasserstoffemissionen bei der Betankung von Kraftfahrzeugen vom 7.10.1992 (BGBl. I 1730);
- 26. BImSchV über elektromagnetische Felder vom 16.12.1996 (BGBl. I 1966)[214];
- 27. BImSchV über Anlagen zur Feuerbestattung vom 19.3.1997 (BGBl. I 545);
- 28. BImSchV über Emissionsgrenzwerte von Verbrennungsmotoren vom 11.11.1998 (BGBl. I 3411).

Die Frage, ob und inwieweit eine Rechtsverordnung gegenüber den Grundpflichten und landesrechtlichen Regelungen abschließenden Charakter hat, ist durch Auslegung zu bestimmen. Wenn überhaupt, ist dies nur partiell der Fall (vgl. z.B. § 13 der 27. BImSchV). Abschließende Regelungen dürfen nicht hinter dem Schutzniveau des § 22 BImSchG zurückbleiben[215]. **255**

Baustellenlärm wird einerseits über die – auf § 37 BImSchG gestützte – 15. BImSchV vom 10.11.1986 (BGBl I 1729) und daneben durch die §§ 22, 24 BImSchG sowie bauordnungsrechtliche Vorschriften (z.B. § 12 I LBO BW) geregelt[216]. **256**

---

214 Zu Immissionen von elektromagnetischen Wellen (Funktürme, Bahnoberleitungen) s. die bad.-würt. VwV elektromagnet. Felder v. 28.12.1998, GABl. 1999, 246 ff.; *Blümel/Pfeil*, VerwArch. 1994, 451 ff.; *Di Fabio*, DÖV 1995, 1 ff.; *Kirchberg*, NVwZ 1998, 375 ff.; *Kutscheidt*, NJW 1997, 2481 ff.; *Kremser*, DVBl. 1998, 1360 ff.; *Rebentisch*, DVBl. 1995, 495 ff.; BVerfG, NJW 1997, 2509; BVerwG, NVwZ 1996, 1023; ZUR 1995, 39 ff.; OVG Bautzen, DÖV 1998, 431 ff.; BayVGH, NVwZ 1998, 419 ff.; krit. Hess.VGH, ZUR 1995, 205 ff.; VG Gießen, ZUR 1994, 146 ff.

215 BVerwGE 108, 260 (264 ff.); *Vieweg/Röthel*, DVBl. 1996, 1171 (1176).

216 OVG Berlin, NVwZ 1996, 926; *Bogdanovitz*, NJW 1997, 2351 ff; *Klindt*, Die Bekämpfung des Baustellenlärms, 1997.

4. Insbesondere: die Sportanlagenlärmschutzverordnung (18. BImSchV)

257 In den letzten Jahren haben Beschwerden über die Lärmbelästigung durch Freizeitbetätigungen wie Fußball, Tennis, Streetball oder Skateboardfahren stark zugenommen. Sportfunktionäre mag es erstaunt haben, daß Gerichte auf Klagen belästigter Nachbarn die Möglichkeiten der Sportausübung in verschiedenen Fällen rechtlichen Beschränkungen unterworfen haben[217]; jedoch unterliegt auch die mit der Freizeitbetätigung des Menschen verbundene Lärmentwicklung den Regeln des Nachbarschaftsrechts.

258 Im Gegensatz zu Verkehrslärm geht Sportlärm von einer immissionsschutzrechtlichen **Anlage** i.S.d. § 3 V Nr. 1 BImSchG aus[218]. Sport- und Freizeitanlagen sind in der Regel immissionsschutzrechtlich nicht genehmigungsbedürftig (vgl. aber etwa Nrn. 10.17, 10.18 des Anh. zur 4. BImSchV). Sie bedürfen jedoch zumeist einer Baugenehmigung, wobei neben der bauplanungsrechtlichen Zulässigkeit nach §§ 29 ff. BauGB insbesondere die Anforderungen nach §§ 22 ff. BImSchG und damit auch der **Sportanlagenlärmschutzverordnung** (18. BImSchV) geprüft werden müssen[219]. Die Sportanlagenlärmschutzverordnung beruht auf § 23 I 1 Nr. 2 BImSchG[220]. Sie normiert Immissionsrichtwerte für das Errichten und Betreiben einer Sportanlage und regelt das hierfür anwendbare Meßverfahren.

259 Die Sportanlagenlärmschutzverordnung gilt nach ihrem § 1 für die Errichtung, die Beschaffenheit und den Betrieb von Sportanlagen, soweit sie zum Zwecke der Sportausübung betrieben werden und einer Genehmigung nach § 4 BImSchG nicht bedürfen. Sie erfaßt also Anlagen des Vereins- oder Schulsport sowie des organisierten und nicht organisierten Breiten- und Leistungssports.

260 Die 18. BImSchV gilt nicht für Kinderspielplätze, für die in der Nachbarschaft wesentlich höhere Belastungen hinzunehmen sind, weil diese wohnnah untergebracht werden müssen[221]. Sie ist aber für Bolzplätze[222] und, als Maßstab für die Beurteilung der Zumutbarkeit, in entsprechender Anwendung für Aktivspielplätze[223] und seltene örtliche Veranstaltungen[224] heranzuziehen. Sie stellt keine abschließende Regelung dar, weil sie sich auf Sportanlagenlärm be-

---

217 BGH, NJW 1983, 751 (Frankfurter Tennisplatz-Urteil); BVerwGE 81, 197 (Sportplatz Tegelsbarg); 88, 143 (Spielplatz Dortmund-Sölde). Instruktiv der Überblick von *Berkemann*, NuR 1998, 565 ff. Zur Beurteilung des *Freizeitlärms* kann auch die Muster-VwV des LAI zur TA Lärm vom 4.5.1995 dienen, deren Regelungen dann aus der TA Lärm 1998 ausgeklammert wurden (NVwZ 1997, 469 ff.); hierzu OVG Lüneburg, NVwZ 1999, 88 ff. und *Koch/Maaß*, NuR 2000, 69 (73 ff.).

218 Z.B. BVerwG, BauR 1999, 152 (156 ff.); VGH BW, VBlBW 1996, 105 ff.; OVG Berlin, NVwZ-RR 1989, 15 f.; OVG Münster, NVwZ-RR 1988, 13. Aus der Literatur: *Berkemann*, NVwZ 1992, 817 ff.; *Herr*, Sportanlagen in Wohnnachbarschaft, 1997; *Ketteler*, Sportanlagenlärmschutzverordnung, 1998; *Spindler/Spindler*, NVwZ 1993, 225 ff.; *Kirchhof* (Hrsg.), Sport und Umwelt, 1992.

219 Vgl. z.B. BVerwGE 74, 315 (322); BVerwG, BauR 2000, 234 ff.; OVG Münster, NVwZ 1993, 1116 f.

220 Krit. hierzu *Berkemann*, NVwZ 1992, 817 (826); *Schink*, DVBl. 1992, 515 (518).

221 BVerwG, NJW 1992, 1779 f.; VGH BW, NVwZ 1990, 988 ff.; OVG Berlin, NVwZ-RR 1994, 142; *Jarass*, BImSchG, § 22 Rn. 39. Zu Freibädern *Kuchler*, NuR 2000, 77 ff.

222 *Ketteler*, BauR 1997, 959 ff.; OVG Schleswig, NVwZ 1995, 1030; a.A. OVG Lüneburg, BRS 58 Nr. 165.

223 VGH BW, VBlBW 1998, 62 (63). Ferner BayVGH, ZUR 1998, 45 (Modellflug).

224 VGH BW, VBlBW 1994, 197 ff.

schränkt und deshalb im Rahmen der Zulässigkeitsbeurteilung nach §§ 22 ff. BImSchG stets eine Gesamtlärmbetrachtung unter Einbeziehung anderer Lärmquellen vorzunehmen ist[225].

In § 2 werden – vorbehaltlich schärferer Bestimmungen (§ 4) – *Immissionsrichtwerte* vorgegeben, die am Immissionsort durch die summierten Geräuschimmissionen *aller* Sportanlagen nicht überschritten werden dürfen (§ 2 I). Die Immissionsrichtwerte stellen nicht das Ergebnis antizipierten Sachverstandes dar, sondern vielmehr eine qualifizierte – politische – Wertung im Rahmen des Gestaltungsspielraumes des Verordnunggebers[226]. Die Immissionsrichtwerte, mit denen den besonderen Belangen des Sports im Rahmen des aus Umweltschutzgründen noch Vertretbaren Rechnung getragen werden soll, sind nach Gebietstypen, Tageszeiten und Wochentagen gestaffelt (§ 2 II)[227]. Dabei werden 8 Gebietstypen unterschieden, die den Unterscheidungen der Baugebietstypen der BauNVO 1990 entsprechen. Die Einstufung in diese Gebietskategorien hat anhand bestehender Bebauungspläne zu erfolgen. Nur wenn die tatsächliche Nutzung vom Bebauungsplan erheblich abweicht und die bauplanerisch festgesetzte Nutzung künftig nicht mehr beibehalten werden soll, kann auf die tatsächliche Nutzung nach § 2 VI 3 zurückgegriffen werden[228]. Nach der BauNVO 1990 sind, im Gegensatz zu früher, Sportanlagen in allen Baugebieten entweder allgemein oder ausnahmsweise zulässig (begrenzt durch das Rücksichtnahmegebot des § 15 BauNVO). 261

So gelten z.B. für *allgemeine Wohngebiete und Kleinsiedlungsgebiete* nach § 2 II der VO folgende **Immissionsrichtwerte**: 262

1. *nachts* (22.00 bis 06.00 an Werktagen bzw. bis 07.00 an Sonn- und Feiertagen): 40 dB(A)
2. *tags* (06.00 bis 22.00 an Werktagen bzw. 07.00 bis 22.00 an Sonn- u. Feiertagen),
   – außerhalb der Ruhezeiten: 55 dB(A)
   – innerhalb der Ruhezeiten (an Werktagen: 06.00-08.00 u. 20.00 bis 22.00, an Sonn- u. Feiertagen: 07.00-09.00, 13.00 bis 15.00 sowie 20.00 bis 22.00): 50 dB(A).

Die Werte für die an den Immissionsorten ermittelten Immissionen werden als (Außen-) Mittelungspegel für alle dem Sportbetrieb zuzurechnenden Geräusche (verursacht insbesondere von den Sporttreibenden, aber auch von Übungsleitern, von den Zuschauern, Lautsprecheranlagen usw.) angegeben. Sie werden nach einem im Anhang der VO beschriebenen Verfahren durch Messung oder Prognose ermittelt (d.h. bei einer 3 Stunden dauernden Veranstaltung am 263

---

225 *Jarass*, BImSchG, § 23 Rn. 24; *Hansmann*, NuR 1997, 53 (54); a.A. wohl BVerwG, UPR 1995, 108.

226 Vgl. BVerwGE 77, 285 (290). VGH BW, VBlBW 1996, 105 sieht die Immissionsrichtwerte deshalb als verbindliche Grenzwerte an.

227 Eine Vorbelastung mit anlagentypischen Geräuschen dürfte vom Verordnunggeber mangels anderer Anhaltspunkte berücksichtigt sein, so daß ein Rückgriff auf die sog. Mittelwertbildung (vorbelastetes Wohngebiet wird als Mischgebiet eingestuft) nicht möglich ist: *Herr*, Sportanlagen in Wohnnachbarschaft, 1997, S. 160; VG Karlsruhe, B. v. 19.10.1995, 3 K 2443/94; a.A. *Ketteler*, SportanlagenlärmschutzVO, 1998, S. 101 ff.; VGH BW, B. v. 5.7.1999, 3 S 10211/99. Das BVerwG, BauR 2000, 234 (237) stellt insoweit auf eine Wertung im Rahmen des Rücksichtnahmegebotes ab, wobei zu berücksichtigen ist, welche Nutzung länger besteht.

228 BVerwG, DVBl. 2000, 187 ff.: Erforderlich ist eine anderweitige Darstellung im Flächennutzungsplan. Hiervon zu trennen ist die Frage, ob eine Mittelwertbildung zulässig ist.

Freitag Nachmittag erfolgt eine Mittelung über einen Zeitraum von 18 Stunden). Bei Messungen ist zudem ein fachlich nicht begründeter (Rn. 8/92) Abschlag von 3 dB(A) vorzunehmen. Die so gebildeten Mittelungspegel erhalten bei der Bildung der maßgebenden „Beurteilungspegel" u.U. Zuschläge, z.B. für Ton- oder Impulshaltigkeit der Geräusche (Lautsprecheranlage in einem Fußballstadion, Schiedsrichterpfiffe, Tennisschlaggeräusch usw.). Diese Beurteilungspegel sind dann mit den maßgebenden Immissionsrichtwerten zu vergleichen. Wird ein Immissionsrichtwert überschritten, so muß der Betreiber geeignete technische und/oder betriebliche oder organisatorische Maßnahmen treffen, um die Einhaltung des Immissionsrichtwertes zu gewährleisten. In § 3 sind – nicht abschließend – der Einbau von Schallpegelbegrenzern bei Lautsprechern, technische und bauliche Schallschutzmaßnahmen (lärmmindernde Bodenbeläge, Schallschutzwälle usw.) sowie betriebsorganisatorische Maßnahmen (die ggf. über einen Ordnungsdienst sicherzustellen sind) aufgeführt. Die zuständige Behörde hat in der für die Anlage erforderlichen Zulassungsentscheidung (z.B. Baugenehmigung) **Nebenbestimmungen** festzusetzen, durch die ein ordnungsgemäßer, die Nachbarschaft nicht beeinträchtigender Betrieb der Anlage sichergestellt wird (§ 5 II 1). Sie kann auch nachträglich, unter den Ermessensrahmen des **§ 24 BImSchG** einschränkenden Voraussetzungen, Maßnahmen hinsichtlich der Betriebszeiten anordnen, wobei der Schutz der Nachbarschaft und der Allgemeinheit sowie die Gewährleistung einer sinnvollen Sportausübung auf der Anlage gegeneinander abzuwägen sind (§ 5 II-VII). **Altanlagen** werden im Bestand – nicht bei Ausbau – dadurch privilegiert, daß die IRW um bis zu 5 dB(A) ohne Betriebszeitenbeschränkung überschritten werden dürfen. Auflagen nach § 3 zur Lärmminderung bleiben hiervon unberührt[229].

264 Bei „**seltenen Ereignissen**" (die an maximal 18 Tagen/Jahr stattfinden – also z.B. abendliche Flutlichtspiele in einem Fußballstadion oder einzelne Großveranstaltungen) soll von Betriebszeitenregelungen abgesehen werden, wenn die Immissionsrichtwerte zwar um bis zu 10 dB(A) überschritten werden, der Mittelwert aber unter bestimmten Höchstwerten (70/65/55 dB[A]) liegt und die Lärmspitzen tags um nicht mehr als 20 dB(A) darüber liegen. Zwischen 20 und 22 Uhr sind somit Lärmspitzen von bis zu 85 dB(A) möglich. Auf die Eigenarten des Sportbetriebs wird in der VO auch insoweit Bedacht genommen, als z.B. kurzzeitige Überschreitungen der Immissionsrichtwerte durch Geräuschspitzen tags bis 30 dB(A) und nachts bis 20 dB(A) zulässig sind (§ 2 IV). Nicht unproblematisch erscheint dabei, daß Geräuschspitzen nachts in einem allgemeinen Wohngebiet 60 dB(A) erreichen dürfen und damit deutlich über dem Lärmpegel liegen, der zum Aufwachen führen kann. Die Immissionsrichtwerte sind zwar einerseits absolute Zumutbarkeitsgrenzen, die nicht überschritten werden dürfen; in besonders gelagerten Einzelfällen – wie etwa bei impulshaltigen Geräuschen, die lauter als der nächtliche Aufweckwert sind, oder hoher Gesamtlärmbelastung – kann die *Zumutbarkeitsschwelle* des von der Nachbarschaft hinzunehmenden Lärmpegels aber auch niedriger liegen[230].

265 Diese 18. BImSchV ermöglicht es, daß bestimmte, mit entsprechenden Geräuschen verbundene Sportarten auf einer Sportanlage nicht bereits um 19.00 Uhr untersagt werden müssen, was vor Erlaß dieser VO nach der Rspr. (z.B. bei Fußball) der Fall war[231].

229 Zum Altanlagenprivileg BVerwG, BauR 2000, 234 (237); OVG Münster, NVwZ 1994, 1018 ff.; *Knoche*, GewArch. 1997, 191 ff. Zu eng VG Arnsberg, NWVBl 1998, 248.

230 Ähnlich *Jarass*, BImSchG, § 23 Rn. 24; *Hansmann*, NuR 1997, 53 (54); OVG Münster, B. v. 19.11.1993, 11 A 773/90; a.A. wohl BVerwG, UPR 1995, 108; differenzierend nunmehr BVerwG, BauR 2000, 234 (237 ff.). Allerdings ist in der Bauleitplanung nach BVerwG, BauR 2000, 229 ff.= DVBl. 2000, 187 ff. eine Lärmbelastung unterhalb der Immissionsrichtwerte in der Abwägung angemessen zu berücksichtigen.

231 Vgl. z.B. BVerwGE 81, 197.

5. Durchsetzung der Grundpflichten

a) Anordnungen im Einzelfall

Nach § 24 BImSchG können zur Durchführung des § 22 und einer Rechtsverordnung nach § 23 im Einzelfall Anordnungen ergehen, um die Erfüllung immissionsschutzrechtlicher Pflichten bei nichtgenehmigungspflichtigen Anlagen zu gewährleisten (vgl. auch Rn. 4/5 zum Drittschutz). Da § 22 BImSchG ein Angepaßtsein der Anlage an die Anforderungen auf Dauer gebietet, kann die Immissionsschutzbehörde aufgrund des § 24 BImSchG z.B. zum Schutz der Nachbarschaft vor erheblichen Belästigungen durch Luftverunreinigungen nachträglich die Erhöhung des Schornsteins eines bauaufsichtlich genehmigten Wohnhauses anordnen[232]. Der baurechtliche Bestandsschutz steht einer Anordnung nach § 24 BImSchG nicht entgegen (Rn. 8/248)[233]. Die Anordnungsermächtigung des § 24 BImSchG *konkurriert* mit den den Immissionsschutz einbeziehenden Anordnungs- bzw. Auflagenermächtigungen in anderen Gesetzen (so z.B. § 5 GastG, LBO-Generalklauseln) und wird von diesen nicht verdrängt (str.)[234]. **266**

b) Untersagung

Der Anlagenbetrieb kann gem. § 25 I BImSchG ganz oder teilweise *untersagt werden*, wenn der Betreiber einer gem. § 24 S. 1 BImSchG ergangenen vollziehbaren Anordnung nicht nachkommt. **267**

Nicht erst der Betrieb, sondern ggf. schon die Errichtung oder Inbetriebnahme der Anlage **soll** gem. der (drittschützenden) Vorschrift des § 25 II BImSchG ganz oder teilweise *untersagt werden*, wenn **268**

- schädliche Umwelteinwirkungen das Leben oder die Gesundheit von Menschen oder bedeutende Sachwerte gefährden und
- die Allgemeinheit oder die Nachbarschaft nicht auf andere Weise ausreichend geschützt werden kann.

VII. Produktbezogener Immissionsschutz

Der Dritte Teil des BImSchG regelt ähnlich wie im Abfallrecht (Rn. 12/159 ff.) – insbesondere durch die Bereitstellung von Verordnungsermächtigungen – den **produktbezogenen Immissionsschutz** (§§ 32-37 BImSchG), durch den – entsprechend dem umweltrechtlichen Vorsorgeprinzip (Rn. 1/81 ff.) – schon auf der Stufe der Herstel- **269**

232 Dazu BVerwG, NJW 1988, 2552 f.; VGH BW, VBlBW 1994, 238 (243). – Nach Hess. VGH, UPR 1992, 454, muß der Rechtsnachfolger eines Betriebsinhabers die gegen diesen ergangenen immissionsschutzrechtlichen Anordnungen gegen sich gelten lassen.

233 BVerwGE 91, 92 (94); 98, 235 (247); *Jarass*, BImSchG, § 24 Rn. 15.

234 *Jarass*, BImSchG, § 22 Rn. 14; *Koch*, GK-BImSchG, § 22 Rn. 47 ff.; *Hansmann*, in: *Landmann/Rohmer*, BImSchG, § 24 Rn. 6 ff.; BayVGH, UPR 1996, 157 (158); OVG Saarlouis, B. v. 25.2.1997, 8 W 20/96.

lung oder des Handels Anforderungen an die Beschaffenheit gestellt werden, um möglichst frühzeitig für einen ausreichenden Immissionsschutz zu sorgen. So kann beispielsweise die Beschaffenheit von Anlagen durch Rechts-VO geregelt (§ 32, s. hierzu die Rasenmäherlärm-VO) und ebenso das Inverkehrbringen und Einführen bestimmter Anlagen oder Anlagenteile von einer Bauartzulassung abhängig gemacht werden (§ 33 I Nrn. 2-4).

270 Durch die mit der Novelle 1993 eingeführte Vorschrift des § 33 I Nr. 1 BImSchG wird die **Bauartzulassung** als besondere Form der Eröffnungskontrolle eingesetzt. Die Bauartzulassung ist ein Verwaltungsakt, der es dem Antragsteller nach Maßgabe einer RechtsVO, die nach Anhörung der beteiligten Kreise (§ 51) ergehen kann, gestattet, bestimmte in § 3 V Nrn. 1 oder 2 bezeichnete Anlagen oder Anlagenteile nach einer Bauartprüfung allgemein bzw. unter bestimmten Auflagen für Errichtung und Betrieb in Verkehr zu bringen. Der Verwender darf eine solchermaßen zugelassene Anlage aber nur dann ohne gesonderte immissionsschutzrechtliche Genehmigung errichten und betreiben, wenn hiervon durch RechtsVO nach § 4 I 3 HS 2 BImSchG befreit wurde. Aber auch dann bleiben andere Genehmigungserfordernisse (z.B. Baugenehmigung) unberührt.

271 Durch die RL 97/68/EG vom 16.12.1997 wird für bestimmte größere Motoren (Kirmesgefährte, Freizeitparks usw.) eine Typengenehmigung entsprechend dem Zulassungsverfahren für Kfz vorgeschrieben. Eine Neufassung des § 37 BImSchG ermöglicht die Zulassung über das Kraftfahrbundesamt. Der produktbezogene Immissionsschutz stellt einen Regelungsschwerpunkt der EG dar.

272 Des weiteren können durch RechtsVO die Beschaffenheit von Brenn-, Treib- und Schmierstoffen (§ 34; dazu 3. und 19. BImSchV) oder Anforderungen an die Beschaffenheit anderer Stoffe, wenn diese bei bestimmungsgemäßer Verwendung oder bei der Verbrennung schädliche Umwelteinwirkungen durch Luftverunreinigungen hervorrufen können (§ 35 I, III), festgelegt werden.

VIII. Überwachung

1. Behördliche Überwachung, Überwachungsbefugnisse

a) Überwachungsauftrag

273 Nach § 52 I BImSchG haben die nach Landesrecht für zuständig erklärten Behörden die Durchführung des BImSchG und der auf dieses Gesetz gestützten Rechtsverordnungen, insbesondere also die Errichtung und den Betrieb der genehmigungsbedürftigen Anlagen zu überwachen. Diese Vorschrift des § 52 I BImSchG ist lediglich eine Aufgabennorm und begründet noch keine Befugnisse zu behördlichem Eingreifen[235]. Durch die IVU-RL (Rn. 8/42) werden die Überwachungsbehörden verpflichtet, im-

235 *Lechelt*, DVBl. 1993, 1048 ff.; *Mayer/Rössner/Six*, ZUR 1997, 193 ff.; *Pfaff*, UPR 1989, 416 ff; *Reinhardt*, FS Feldhaus, 1999, S. 121 ff.; *Dose*, Die verhandelnde Verwaltung, 1997; *Koch* (Hrsg.), Anlagenüberwachung im Umweltrecht, 1999.

missionsschutzrechtliche Genehmigungen regelmäßig zu überprüfen; hierbei sind ggf. die Betreiberpflichten zu aktualisieren.

In Baden-Württemberg haben die Staatlichen Gewerbeaufsichtsämter 1993 in einer Schwerpunktaktion insgesamt 513 Anlagen, denen in den Jahren 1990 und 1991 eine immissionsschutzrechtliche Genehmigung erteilt wurde, daraufhin überprüft, ob sie genehmigungskonform errichtet und betrieben wurden. Bei 26% der Anlagen wurden Abweichungen festgestellt[236]. **274**

b) Überwachungsbefugnisse und Überwachungsvollzug

aa) § 52a BImSchG verpflichtet die Betreiber einer genehmigungsbedürftigen Anlage zur Mitteilung, welches *Mitglied der Geschäftsleitung* (Immissionsschutz ist „Chefsache"!) für die Wahrnehmung der Pflichten nach dem BImSchG zuständig ist (Abs. 1) und welche organisatorischen Maßnahmen zur Sicherstellung der Einhaltung dieser Pflichten getroffen worden sind (Abs. 2); der Einsatz wirksamer Umwelttechnik allein reicht für die Erfüllung der Grundpflichten des § 5 BImSchG nicht aus. **275**

bb) Die zuständigen Behörden können ihrer Überwachungsaufgabe nur dann nachkommen, wenn sie die Möglichkeit haben, die hierfür erforderlichen *Informationen* zu gewinnen, d.h. die entscheidungsrelevanten Tatsachen zu ermitteln. Diese Möglichkeit wird – neben anderen Vorschriften (z.B. §§ 26, 18 BImSchG, §§ 21 ff. der 13. BImSchV, §§ 9 ff. der 17. BImSchV) – durch die Absätze 2-6 des § 52 BImSchG rechtlich dadurch gesichert, daß der Gesetzgeber bestimmte Personen (insbes. Eigentümer und Betreiber von Anlagen) zur Duldung bestimmter Überwachungsmaßnahmen verpflichtet. Hieraus folgt die behördliche Befugnis, diese Überwachungsmaßnahmen, durch die u.U. in Rechte Dritter eingegriffen wird, vorzunehmen und die Vornahme ggf. durch den Erlaß und den Vollzug von (unselbständigen) Verfügungen durchzusetzen. Es geht insbesondere um die Befugnis, Grundstücke (u.U. auch Wohnräume) zu betreten, Auskünfte oder die Vorlage von Unterlagen zu verlangen, Proben zu entnehmen, Emissions- und Immissionsmessungen vorzunehmen u.a.m. **276**

cc) Spezielle immissionsschutzrechtliche Überwachungsbefugnisse zur *Ermittlung von Emissionen und Immissionen* sind den zuständigen Behörden in den §§ 26-31 BImSchG (und dem zuständigen Bezirksschornsteinfegermeister in den §§ 14 u. 15 der 1. BImSchV) eingeräumt. **277**

So kann die zuständige Behörde die Vornahme von Emissions- und Immissionsmessungen durch eine von der obersten Landesbehörde bekanntgegebene Stelle anordnen[237] **278**

- bei allen Anlagen, wenn konkrete Anhaltspunkte für die Verursachung schädlicher Umwelteinwirkungen vorliegen (§ 26 BImSchG),
- bei genehmigungsbedürftigen Anlagen nach Inbetriebnahme oder nach einer wesentlichen Änderung sowie nach Ablauf eines Zeitraums von (regelmäßig) jeweils

236 Umweltministerium BW, Jahresbericht der Staatlichen Gewerbeaufsicht 1993, S. 31.
237 BVerwG, DVBl. 1997, 726 (727); *Dolde/Vetter*, NVwZ 1995, 943 (945).

3 Jahren, all dies auch ohne den Verdacht auf die Verursachung schädlicher Umwelteinwirkungen (§ 28 BImSchG), sowie
- durch den Einsatz kontinuierlich aufzeichnender Meßgeräte, dies aber bei nicht genehmigungsbedürftigen Anlagen nur zur Prüfung auf die etwaige Verursachung schädlicher Umwelteinwirkungen (§ 29 BImSchG).

279 Über die Ergebnisse haben die Betreiber auf Verlangen Auskunft zu erteilen (§ 31 BImSchG), bspw. über elektronische Datenübertragung[238]. Darüberhinaus sind die Betreiber zur Abgabe einer *Emissionserklärung* nach § 27 BImSchG verpflichtet, die alle zwei Jahre zu aktualisieren ist. Einzelheiten regelt die 11. BImSchV. Solche Mitteilungen bilden u.U. Anlaß für und Grundlage von behördlichen Anordnungen gem. § 17 bzw. §§ 24, 25 BImSchG.

2. Eigenüberwachung

a) Immissionsschutzbeauftragter

280 Bei bestimmten genehmigungsbedürftigen Anlagen wird die staatliche Überwachung des Anlagenbetriebs durch eine in Gestalt des **Betriebsbeauftragten für Immissionsschutz** institutionalisierte betriebsinterne, fachkundige und eigenverantwortliche Überwachung ergänzt (§§ 53-58 BImSchG; 5. u. 6. BImSchV). Die Bestellung hat für die Anlagen zu erfolgen, die in einer gem. § 53 I 2 erlassenen Rechtsverordnung wegen der Umweltrelevanz der Emissionen oder der Erzeugnisse oder wegen der technischen Probleme der Emissionsbegrenzung (§ 53 I 1) angeführt sind. Die Bestellung hat aber auch dann zu erfolgen, wenn sie von der zuständigen Behörde im Einzelfall unter den Voraussetzungen des § 53 I 1 angeordnet wird (§ 53 II). Unter diesen Voraussetzungen kann die Bestellung eines Betriebsbeauftragten auch gegenüber dem Betreiber einer nichtgenehmigungsbedürftigen Anlage angeordnet werden. In der aufgrund des § 53 I 2 BImSchG ergangenen 5. BImSchV über Immissionsschutz- und Störfallbeauftragte v. 30.7.1993 (BGBl. I 1433) sind die Anlagen genannt, deren Betreiber Immissionsschutzbeauftragte zu bestellen haben[239]. Die Anforderungen an die Fachkunde und Zuverlässigkeit des Betriebsbeauftragten sind in der 6. BImSchV geregelt. Ein solcher Betriebsbeauftragter ist nicht ein verlängerter, öffentlich-rechtlich verantwortlicher Arm der Exekutive. Er ist lediglich privatrechtlich dem Betreiber gegenüber als dessen Mitarbeiter verantwortlich. Vom Betreiber wird er nach den in § 55 I u. II BImSchG normierten Vorgaben (durch Abschluß eines Arbeits- oder Dienstvertrags) bestellt. Nach dem BImSchG hat der *Immissionsschutzbeauftragte* im wesentlichen *fünf Funktionen* im Vorsorgebereich wahrzunehmen, nämlich eine

238 BVerwG, DVBl. 1997, 726 ff.

239 Hierzu *Kotulla*, GewArch. 1994, 177 ff.; *Sander*, WUR 1991, 31 ff.; *Steiner*, DVBl. 1987, 1133 ff. – Zur Frage, inwieweit die Vorschriften der 5. BImSchV im Hinblick auf Art. 80 I GG eine ausreichende Rechtsgrundlage in § 53 I 2 BImSchG haben s. *Brandt*, GK-BImSchG, § 53 Rn. 17 ff. m.w.N.

(1) *Beratungsfunktion* gegenüber dem Betreiber und den Betriebsangehörigen hinsichtlich der immissionschutzrechtlich bedeutsamen Angelegenheiten (§ 54 I 1),
(2) *Initiativfunktion* hinsichtlich der Entwicklung und Einführung umweltfreundlicher Verfahren und Erzeugnisse (§ 54 I 1 Nrn. 1 u. 2),
(3) *Kontrollfunktion* hinsichtlich der Einhaltung der immissionsschutzrechtlichen Pflichten (§ 54 I 1 Nr. 3),
(4) *Aufklärungsfunktion* gegenüber den Betriebsangehörigen hinsichtlich der Verursachung und Verhinderung schädlicher Umwelteinwirkungen (§ 54 I 1 Nr. 4),
(5) *Berichtsfunktion* gegenüber dem Betreiber in Gestalt eines jährlichen Berichts über die nach § 54 I 1 Nrn. 1-4 getroffenen und beabsichtigten Maßnahmen (§ 54 II).

Der *Betreiber* (Geschäftsleitung) hat dem Immissionschutzbeauftragten gegenüber **281**
besondere Pflichten, nämlich die Pflicht zur Unterstützung bei der Erfüllung seiner Aufgaben (§ 55 IV), zur Beteiligung vor Entscheidungen über die Einführung von umweltrelevanten Verfahren und Erzeugnissen sowie vor umweltrelevanten Investitionsentscheidungen (§ 56), zur unmittelbaren Anhörung der Vorschläge oder Bedenken des Immissionsschutzbeauftragten (§ 57) sowie zur Unterlassung von Benachteiligungen des Immissionschutzbeauftragten wegen Erfüllung der ihm übertragenen Aufgaben, wobei das Gesetz dem arbeitsrechtlich bestellten Immissionsschutzbeauftragten einen besonderen Kündigungsschutz einräumt (§ 58).

b) Störfallbeauftragter

Bei genehmigungsbedürftigen Anlagen mit besonderem Gefahrenpotential i.S. des **282**
§ 58a I 1 BImSchG ist die vom Betreiber (durch Abschluß eines Arbeits- oder Dienstvertrags) vorzunehmende Bestellung mindestens eines fachkundigen Störfallbeauftragten vorgesehen (§§ 58a-58d BImSchG). Die Bestellung hat für Anlagen zu erfolgen, die wegen ihres besonderen Gefahrenpotentials i.S. des § 58a I 1 in einer gem. § 58a I 2 erlassenen Rechts-VO angeführt sind. Die Bestellung hat aber auch dann zu erfolgen, wenn sie von der zuständigen Behörde im Einzelfall unter den Voraussetzungen des § 58a I 1 angeordnet wird (§ 58a II). Die BReg. hat gem. § 58a I 2 BImSchG nach Anhörung der beteiligten Kreise (§ 51) mit Zustimmung des BRats durch die 5. BImSchV bestimmt, für welche Anlagen Störfallbeauftragte zu bestellen sind; dies ist für Betriebsbereiche, die den erweiterten Pflichten nach §§ 9 ff. Störfall-VO (Rn. 8/164) unterliegen, erfolgt. Der *Störfallbeauftragte* hat wiederum im wesentlichen *fünf Funktionen* wahrzunehmen, nämlich eine

(1) *Berichtsfunktion* gegenüber dem Betreiber hinsichtlich der Fragen der Anlagensicherheit (§ 58b I 1),
(2) *Initiativfunktion* hinsichtlich der Verbesserung der Anlagensicherheit (§ 58b I 2 Nr. 1),
(3) *Kontrollfunktion* hinsichtlich der Einhaltung der Pflichten zur Verhinderung von Störungen des bestimmungsgemäßen Betriebs (§ 58b I 2 Nr. 3),
(4) *Warnfunktion* hinsichtlich gefahrenverdächtiger Störungen des bestimmungsgemäßen Betriebs und hinsichtlich irgendwelcher Mängel beim vorbeugenden und

abwehrenden Brandschutz, indem solche Störungen oder Mängel dem Betreiber unverzüglich mitzuteilen sind (§ 58b I 2 Nrn. 2 u. 4),

(5) *Berichts- und Dokumentationsfunktion* gegenüber dem Betreiber in Gestalt der Pflicht zur Erstattung eines jährlichen Berichts über die nach § 58b I 2 Nrn. 1-3 getroffenen und beabsichtigten Maßnahmen und der Pflicht, die von ihm bei Störfällen getroffenen Maßnahmen aufzuzeichnen (§ 58b II).

283 Gegenüber dem Störfallbeauftragten hat der *Betreiber* (Geschäftsleitung) nach §§ 58c I, 58d *besondere Pflichten*, die seinen Pflichten gegenüber den Immissionsschutzbeauftragten (Rn. 8/280) entsprechen. Außerdem hat der Betreiber vor bedeutsamen sicherheitsrelevanten Entscheidungen (Investitionen, Planung von Betriebsanlagen, Einführung von Arbeitsverfahren und Arbeitsstoffen) rechtzeitig eine Stellungnahme des Störfallbeauftragten einzuholen (§ 58c II). Im übrigen kann der Betreiber dem Störfallbeauftragten Entscheidungsbefugnisse bei der Begrenzung von Störfällen und bei der Beseitigung ihrer Folgen übertragen, wenn die Störfälle mit Gefahren für die Umwelt verbunden sind oder sein können (§ 58c III).

c) Insbesondere: Sicherheitstechnische Überprüfung

284 Nach § 7 I Nr. 4 BImSchG kann durch RechtsVO der Bundesregierung allgemein – und nach § 29a BImSchG durch Verwaltungsakt der zuständigen Behörde im Einzelfall – angeordnet werden, daß der Betreiber einer genehmigungspflichtigen Anlage einen für diesen Zweck amtlich anerkannten Sachverständigen mit bestimmten sicherheitstechnischen Überprüfungen der Anlage beauftragt. Danach kann – auch schon für die Zeit vor Inbetriebnahme der Anlage oder für den Fall der Betriebseinstellung – eine Sonderprüfung vorgeschrieben werden; es kann sich aber auch um in regelmäßigen Zeitabständen zu wiederholende Prüfungen handeln. Die Prüfberichte sind der Behörde vom Betreiber vorzulegen, und zwar unverzüglich bei gegenwärtiger Gefahr, anderenfalls binnen eines Monats.

285 Die Sachverständigen sollen – so wurde verschiedentlich angeregt – in geeigneten Überwachungsorganisationen, z.B. in privatrechtlich organisierten Technischen Überwachungsvereinen, nach Maßgabe des Landesrechts zusammengeschlossen werden. Vorbild für diese (umstrittenen) Bestrebungen ist die Regelung der §§ 24 I Nr. 4, 24c I u. IV GewO.

IX. Verkehrsbezogener Immissionsschutz

286 Der *verkehrsbezogene Immissionsschutz* ist nur punktuell in den §§ 38 ff. BImSchG, überwiegend aber anderweitig und versetzt geregelt (Benzin-BleiG, StVO, StVZO, Straßenrecht usw.). Der **IV. Teil des BImSchG** regelt **Beschaffenheit und Betrieb von Fahrzeugen, Bau und Änderung von Straßen- und Schienenwegen** (§§ 38-43). Die §§ 38 und 39 BImSchG enthalten *Grundpflichten zur Beschaffenheit und zum Betrieb von Kraftfahrzeugen* (§ 1 II StVG) sowie Rechtsverordnungs-Ermächtigungen (z.B. §§ 47, 47a, 47b StVZO). Die Grundpflicht des § 38 I BImSchG, wonach Fahrzeuge so beschaffen sein müssen, daß die verkehrsbedingten Emissionen bestimmte Grenzwerte nicht überschreiten, ist Ausfluß des Vorsorgegrundsatzes[240]. Darüberhinaus können für den Fall austauscharmer Wetterlagen die Landesregierungen aufgrund § 40 I die Grundlagen für *Verkehrsbeschränkungen* – und durch § 49 II für die Beschränkung der Produktion und der Brennstoffverwendung – durch Erlaß einer *Smog-VO* schaffen (Rn. 8/287). Weitere verkehrsbeschränkende Maßnahmen können bei entsprechenden Immissionsbelastungen gebietsweise aufgrund § 40 II und der hierauf beruhenden 23. BImSchV getroffen werden (Rn. 8/291). Weiterhin werden Anforderungen an die Herstellung von – nicht zu den Anlagen i.S. des BImSchG gehörenden (§ 3 V Nr. 3) – öffentlichen *Straßen- und Schienenwegen* gestellt (§ 41), und die Bundesregierung wird ermächtigt (§ 43), nach Anhörung der beteiligten Kreise (§ 51) durch RechtsVO mit Zustimmung des Bundesrats bestimmte Verkehrslärmgrenzwerte festzusetzen (Rn. 8/301), bestimmte technische Anforderungen an den Bau der Verkehrswege zu stellen und die Notwendigkeit von (passiven) Schallschutzmaßnahmen an baulichen Anlagen zu regeln. Bei Überschreitung der so festgesetzten Grenzwerte ist nach § 42 BImSchG eine Entschädigung zur Finanzierung von (passiven) Schallschutzmaßnahmen vorgesehen (Rn. 3/130 ff., 8/321)[241].

1. Verkehrsbeschränkungen

a) Austauscharme Wetterlagen (Smog-Verordnungen)

Nahezu alle Bundesländer hatten von der in § 40 I BImSchG enthaltenen Rechtsgrundlage Gebrauch gemacht, wonach Gebiete festgelegt werden können, in denen während austauscharmer Wetterlagen der Kfz-Verkehr beschränkt oder verboten werden *muß*, um weitere schädliche Umwelteinwirkungen durch Luftverunreinigungen zu vermeiden oder bestehende zu vermindern[242]. Die Verkehrsbeschränkungen sind dabei *zeitlich* und inhaltlich verhältnismäßig zu begrenzen. § 40 I 2 richtet einen Vollzugsauftrag an die Straßenverkehrsbehörden, die (durch Verkehrszeichen Nr. 270) den Verkehr in einem solchen Sperrgebiet zu verbieten haben, sobald eine *austauscharme Wetterlage* bekanntgegeben wurde. **287**

Eine austauscharme Wetterlage ist gegeben, wenn ein nennenswerter Wind nicht vorhanden ist, weshalb der horizontale Luftaustausch behindert wird, und über der Bodenluftschicht liegende wärmere Luftschichten den vertikalen Luftmassenaustausch behindern (§ 2 I Muster-SmogVO). Nebelbildung oder fehlender Niederschlag ist nicht vorausgesetzt. Die Bekanntgabe der austauscharmen Wetterlage ist ein Verwaltungsakt in Form einer Allgemeinverfügung (str.). Sie erfolgt regelmäßig über Funk und Fernsehen. Ausnahmeregelungen können **288**

240 *Jarass*, BImSchG, § 38 Rn. 13.

241 Kritisch zum Regelungskonzept der §§ 38 ff. BImSchG *Jarass*, DVBl. 1995, 589 ff.

242 Die Smog-VO der Länder sind nach dem Vorbild eines von der Umweltministerkonferenz der Länder Ende 1987 verabschiedeten Musterentwurfs (abgedr. NVwZ 1988, 138) neu gefaßt worden (s. *Jarass*, BImSchG, § 40 Rn. 11 m.w.N.). S.a. BVerwG, NVwZ 1986, 918; OVG Münster, DVBl. 1990, 379 ff.; *Ehlers*, DVBl. 1987, 972 ff.; *Hansmann*, NVwZ 1987, 89 ff.; *Jarass*, NVwZ 1987, 95 ff.; *Kluth*, NVwZ 1987, 960 ff. Verschiedene Bundesländer haben ihre Smog-VO inzwischen aufgehoben, weil sie keinen Regelungsbedarf mehr sehen.

(z.B. für Katalysatorautos, Elektroautos, Öffentlichen Personennahverkehr, Krankenwagen usw.) generell oder im Einzelfall geboten sein (§ 8 Muster-SmogVO).

b) Gesundheitsgefährdende Luftschadstoff-Konzentrationen

289 aa) Die 1990 eingeführte Vorschrift des § 40 II BImSchG[243] dient der Reduzierung verkehrsbedingter gesundheitsgefährdender Luftverunreinigungen in kleinräumigen Gebieten mit hohem Verkehrsaufkommen. Hiernach kann die Straßenverkehrsbehörde den Kfz-Verkehr auf bestimmten Straßen oder in bestimmten Gebieten unter Berücksichtigung der Verkehrsbedürfnisse und der städtebaulichen Belange nach Maßgabe der verkehrsrechtlichen Vorschriften beschränken oder verbieten, soweit die zuständige Immissionsschutzbehörde dies im Hinblick auf die örtlichen Verhältnisse für geboten hält, um schädliche Umwelteinwirkungen durch Luftverunreinigungen zu vermindern oder deren Entstehen zu vermeiden. Gleichzeitig wird die Bundesregierung ermächtigt, nach Anhörung der beteiligten Kreise (§ 51) durch Rechtsverordnung mit Zustimmung des Bundesrates die *Konzentrationswerte* (und das anzuwendende Meß- und Beurteilungsverfahren) festzulegen, bei deren Überschreiten solche verkehrsbeschränkenden Maßnahmen zu *prüfen* sind.

290 Maßnahmen nach § 40 II 1 BImSchG können als *Schutzanordnungen* auch ergehen, wenn keine RechtsVO erlassen ist, weil der Gesetzgeber mit der bloßen Verordnungs*ermächtigung* keine Rechtsanwendungs*sperre* erlassen hat[244]. § 40 II ermächtigt auch – trotz seines engen Wortlauts – zu flächenhaften Maßnahmen, wenn sie räumlich beschränkt bleiben (z.B. auf einen Ortsteil), wobei auch geringer belastete Straßen und Umlenkungseffekte einbezogen werden können, um den Gesetzeszweck zu sichern[245]. Bei der Entscheidung über verkehrsbeschränkende Maßnahmen hat die Straßenverkehrsbehörde im Rahmen der Ermessensausübung sowohl die Verbesserung der Lärm- und Abgassituation als auch Umlenkungseffekte (d.h. Mehrbelastungen durch räumliche Verkehrsverlagerungen) zu berücksichtigen[246].

291 bb Im Jahre 1994 hat die Bundesregierung aufgrund § 40 II 2 die 23. BImSchV über die Festlegung von Konzentrationswerten erlassen[247]. Maßnahmen zur Verminderung oder zur Vermeidung des Entstehens schädlicher Umwelteinwirkungen durch Luftverunreinigungen aufgrund von Verkehr sind zu prüfen, wenn folgende Konzentrationswerte überschritten werden:

243 Hierzu *Lühle*, Beschränkungen und Verbote des Kfz-Verkehrs zur Vermeidung der Luftbelastungen, 1998.

244 BayVGH, ZUR 1994, 133 (134); *Jarass*, BImSchG, § 40 Rn. 30; *Rehbinder*, ZUR 1994, 101 (103); *Schenke*, WiVerw. 1993, 145 (151 ff.); *Schulze-Fielitz*, Die Verwaltung 1993, 515 (538 ff.), jeweils unter Hinweis auf BVerfGE 79, 174 (194); a.A. *Hansmann*, in: *Landmann/Rohmer*, Umweltrecht, BImSchG, § 40 Rn. 48; *Rebentisch*, NVwZ 1991, 310 (315).

245 *Koch*, ZUR 1995, 190; *Rehbinder*, ZUR 1994, 101 f.; *Schenke*, WiVerw. 1993, 145 (159 ff.); enger *Rebentisch*, ebda. – *Jarass*, DVBl. 1995, 589 (591) befürwortet eine analoge Anwendung des § 41 BImSchG auch auf Luftschadstoffe; abl. *Schulze-Fielitz*, GK-BImSchG, § 41 Rn. 106. Die EU bereitet derzeit eine RL über Grenzwerte für Benzol und CO in der Luft vor, s. ABl. C Nr. 53/8 vom 24.2.1999.

246 OVG Berlin, ZUR 1999, 164 ff.; VG Berlin, NVwZ-RR 1996, 257 ff.; zur Anwendung des § 45 I Nr. 3 StVO neben § 40 BImSchG VG Frankfurt, NVwZ-RR 1997, 92 ff.; OVG Münster, NVwZ-RR 1998, 627 ff.

247 VO v. 16.12.1996, BGBl. I 1962.

- NO_2: 160 µg/m³ als 98 Perzentil aller Halbstundenmittelwerte eines Jahres (d.h. 80% des Immissionswertes aus § 1 VI der 22. BImSchV),
- Ruß: 8 µg/m³ als arithmetischer Jahresmittelwert ab 1.7.1998,
- Benzol: 10 µg/m³ als arithmetischer Jahresmittelwert ab 1.7.1998.

Die Konzentrationswerte für die (krebserzeugenden) Stoffe Ruß und Benzol liegen nach Auffassung des Verordnunggebers unterhalb der Gefahrenschwelle[248]. Da Maßnahmen zur Verminderung des Krebsrisikos aber zur individualschützenden Vorsorge (Rn. 8/144) zählen, haben die Prüfwerte für Ruß und Benzol u.E. drittschützenden Charakter (str.)[249]. **292**

Die in der 23. BImSchV festgesetzten Werte gehen auf Vorschläge des LAI[250] zurück, die schon während des Verordnungsverfahrens mit beachtlichen Gründen als nicht vorsorgegerecht kritisiert wurden[251]. Sie wurden zudem in einer politischen Wertung weiter abgeschwächt[252]. **293**

An stark verkehrsbelasteten Punkten werden selbst diese Konzentrationswerte überschritten. In Baden-Württemberg wurden zwischen September 1997 und November 1998 an 64 Meßpunkten in 46 Kommunen Meßreihen durchgeführt. Der NO_2-Prüfwert wurde zwar nur an vier Meßpunkten überschritten, der für Benzol aber an 28 und der für Ruß an 45 Meßpunkten (beide krebserregend)[253]. Erkennbare behördliche Maßnahmen hat dies bislang nicht zur Folge gehabt. **294**

Die Entscheidung der Straßenverkehrsbehörde nach § 40 II 1 BImSchG ist eine Ermessensentscheidung, die angesichts der Vielfalt der zu berücksichtigenden Belange und der räumlichen Auswirkungen planerischen Charakter besitzt[254]. Insbesondere Gesichtspunkte des Schutzes und der Vorsorge vor schädlichen Umweltauswirkungen durch den Kfz-Verkehr sind hierbei mit den Verkehrsbedürfnissen und städtebaulichen Belangen abzuwägen. Nach Verhältnismäßigkeitsgesichtspunkten sind verkehrsplanende und -lenkende Maßnahmen vor Verkehrsbeschränkungen und -verboten zu ergreifen. In Betracht kommen auch Ausnahmeregelungen für Pkw mit Dreiwege-Katalysator und zugunsten des Öffentlichen Personennahverkehrs. Langfristig erscheinen jedoch – neben vielfältigen Attraktivitätssteigerungen seitens des öffentlichen Transportsystems – Lenkungsabgaben und andere ökonomische Instrumente **295**

248 BR-Drs. 531/93, S. 19 f. Dies wird sich mit der am 15.12.1999 verabschiedeten und im Jahr 2010 in Kraft tretenden RL über Grenzwerte für Benzol und Kohlenmonoxid in der Luft, die einen höchstzulässigen Jahresmittelwert von 5 µg/m³ festsetzt, ändern.

249 Ein betroffener Bewohner oder Arbeitnehmer in einem belasteten Gebiet hat einen Anspruch auf ermessensfehlerfreie Entscheidung der Straßenbehörde über verkehrsregelnde Maßnahmen. Die Beweislast obliegt im Falle eines non liquet, weil materiell-rechtlich ein Abwehranspruch des Bürgers geltend gemacht wird, der Behörde; vgl. *Berger*, ZUR 1994, 109 ff.; *Michler*, Rechtsprobleme des Verkehrsimmissionsschutzes, 1993, S. 226 ff.; *Schulze-Fielitz*, GK-BImSchG, § 40 Rn. 199.

250 LAI (Hrsg.), Krebsrisiko durch Luftverunreinigungen, 1992, S. 158: 2,5 µg/m³ für Benzol.

251 SRU, Umweltgutachten 1994, S. 328 ff.; s.a. *Kühling*, ZUR 1994, 112 ff., der vorrechnet, daß damit bei langfristiger Exposition bei Überschreiten der Werte eine Krebssterblichkeit bezogen auf 100 000 Personen von 98 Menschen aufgrund Ruß und 14 Menschen aufgrund Benzol hingenommen würde. Kritisch auch *Koch/Mengel*, NuR 2000, 1 (6 f.)

252 Nach *Rehbinder*, ZUR 1994, 101 (104) liegt das verbleibende Risiko aber noch im Rahmen des verfassungsrechtlich nach Art. 2 II GG Zulässigen. S.a. BVerwG, NVwZ 2000, 560 ff.

253 KGVR 1999, 14 f.

254 Vgl. OVG Bremen, UPR 1990, 353 (354); *Schulze-Fielitz*, GK-BImSchG, § 40 Rn. 171.

zur Reduzierung des Individualverkehrs (Rn. 2/41 ff.) eher geeignet, eine Verringerung der Immissionsbelastung herbeizuführen.

296 cc) In **Sommersmog**-Lagen bedarf es großräumiger, teilweise über ein Bundesland hinausgehender Maßnahmen zur Reduzierung der Ozonbelastung. Es erscheint fraglich, ob solche großflächigen Maßnahmen noch auf § 40 I BImSchG gestützt werden können, wie z.B. in Hessen (ähnlich später auch Bremen, Niedersachsen und Schleswig-Holstein) die VO zur Bekämpfung von Luftverunreinigungen durch Ozon vom 6.7.1993 (GVBl. S. 283). Voraussetzung wäre jedenfalls eine austauscharme Wetterlage, die nach herkömmlicher Auffassung, die darunter eine Inversionswetterlage versteht, nicht vorliegt[255]. Eine Anwendung des § 40 II BImSchG stößt – neben der Großflächigkeit – auf das Problem, daß wissenschaftlich nicht hinreichend sicher belegt werden kann, daß Verkehrsbeschränkungen einen spürbaren Rückgang der Ozonbildung nach sich ziehen und damit eine im Hinblick auf Art. 2 I, 12 I GG verhältnismäßige Maßnahme darstellen. Nach Ergebnissen des vom 23.-26.6.1994 im Raum Heilbronn/Neckarsulm (BW) durchgeführten Großversuchs[256] beinflussen lokale Verkehrsbeschränkungen die Ozonbildung nicht spürbar. Fraglich ist im Hinblick auf § 40 II BImSchG ferner, ob die bewußte Nichtaufnahme verkehrsbedingter sekundärer Luftverunreinigungen wie Ozon in die 23. BImSchV eine Sperrwirkung für die unmittelbare Anwendung des § 40 II 1 entfaltet. U.E. ist dies zumindest für Schutzanordnungen nicht der Fall, weil ansonsten ein Wertungswiderspruch zu § 1a der 22. BImSchV und der EG-Ozonrichtlinie 92/72/EWG aufträte.

297 Durch das sog. Ozongesetz vom 30.6.1995 (BGBl. I 930) waren die §§ 40a ff. in das BImSchG eingefügt worden[257]. Danach konnten ab einem Stundenmittelwert von 240 $\mu g/m^3$ an verschiedenen, in bestimmter Entfernung voneinander errichteten Meßstellen Verkehrsverbote durch die oberste Straßenverkehrsbehörde erlassen werden, wenn eine ebenso hohe Ozonkonzentration für den nächsten Tag zu erwarten war. Das OzonG ist nur einmal für einen Tag in Baden-Württemberg angewendet worden. Trotz der somit naheliegenden Verletzung des Schutzauftrages des Art. 2 II GG[258] hat das BVerfG angesichts der relativ jungen Ozonproblematik dem Gesetzgeber den Vorwurf erspart, seine Maßnahmen seien evident unzureichend[259]. Die neue Bundesregierung plant erfreulicherweise eine Novellierung des am 31.12.1999 außer Kraft getretenen OzonG.

2. Lärmschutz

a) Rechtsgrundlagen

298 Öffentliche Verkehrswege (Straßen, Straßenbahnen, Eisenbahnen) sind keine Anlagen i.S. des BImSchG (§ 3 V Nr. 3)[260]. Für die (in der Regel planfeststellungsbedürf-

255 A.A. *Repkewitz*, VerwArch. 86 (1995), 88 ff.

256 Hierzu und zu § 45 StVO *Schenke*, WiVerw. 1993, 145 ff. – S. ferner *Kuttler/Zmarsly*, ZAU 1995, 153 ff.; SRU, ZAU 1995, 160 ff.

257 *Jocham*, Rechtsfragen bei Verkehrsbeschränkungen aufgrund erhöhter Ozonwerte, 1997; *Köck/Lemke*, ZUR 1996, 133 ff.; *Kutscheidt*, NJW 1995, 3153 ff.; *Schlette*, JZ 1996, 327 ff.; *Sendler*, NJW 1995, 2829 ff.

258 Hess. VGH, ZUR 1998, 251 (254 ff.) mit Anm. *Schulze-Fielitz*, S. 257 ff.; *Köck/Lemke*, ZUR 1996, 133 ff.; *Kutscheidt*, NJW 1995, 3153 ff.; *Schlette*, JZ 1996, 327 ff.; Steinberg, NJW 1996, 1985 (1988).

259 BVerfG, NJW 1996, 651; hierzu auch *Wollenteid/Wenzel*, NuR 1997, 60 ff.

260 Ein Verkehrsweg ist „öffentlich", wenn er dem allgemeinen Verkehr auf der Grundlage des jeweiligen Verkehrswegerechts **gewidmet** ist, s. *Jarass*, BImSchG, § 3 Rn. 67; *Koch*, GK-BImSchG, § 3 Rn. 336. Ein öffentlicher Verkehrsweg kann auch von einer privaten Gesellschaft wie der Deutschen Bahn AG oder kommunalen Verkehrsbetrieben betrieben werden.

tige) Errichtung neuer oder die wesentliche Änderung alter Straßen gelten neben den §§ 1-3 und einigen gemeinsamen Vorschriften des VI. Teils (z.B. § 50) nur die §§ 41-43 BImSchG. Eine umfassende Generalklausel zur Vermeidung schädlicher Umwelteinwirkungen (wie §§ 5 I Nr. 1, 22 I 1 BImSchG) fehlt für bestehende Verkehrsanlagen bis heute. Damit wird eine „schleichende Verkehrslärmerhöhung" von den Regelungen des BImSchG nicht erfaßt[261]. Die Anwohner sind daher auf Ansprüche nach § 75 II 2 VwVfG (Rn. 3/138) oder Entschädigungsansprüche (Rn. 3/130 ff.) beschränkt. In den §§ 41 ff. BImSchG, die auch für Eisenbahnen, etwaige Magnetschwebebahnen und Straßenbahnen gelten, ist der **Verkehrslärmschutz** als Teil des sog. **verkehrsbezogenen Immissionsschutzes** abschließend geregelt[262]. Danach gilt:

(1) Nach dem **Optimierungsgebot des § 50 BImSchG** sind Verkehrswege den Wohngebieten und sonstigen schutzbedürftigen Gebieten so zuzuordnen, daß schädliche Umwelteinwirkungen (Rn. 8/96) soweit wie möglich vermieden werden.

Dies verlangt grds. eine *schonende Trassierung*, z.B. auch durch Tieflage oder Gradientenabsenkung. In der Kollision mit anderen Belangen kann sich die Planfeststellungsbehörde dabei für Planvarianten entscheiden, die kein Optimum im Sinne eines vorsorgenden Immissionsschutzes gewährleisten, wenn andere, zumindest gleich gewichtige Belange (etwa des Naturschutzes oder Städtebaus) hierfür sprechen. Auch Kostengesichtspunkte können dabei berücksichtigt werden[263].

(2) Ergibt eine Immissionsprognose, daß beim Neubau oder der wesentlichen Änderung[264] (Rn. 8/307) eines Verkehrsweges dem Lärmschutz für diesen oder jenen Streckenbereich nicht ausreichend Rechnung getragen ist, so müssen nach der *drittschützenden* Vorschrift des **§ 41 I BImSchG** die zur Vermeidung schädlicher Umwelteinwirkungen (§ 3 I BImSchG) nach dem Stand der Technik möglichen Maßnahmen **aktiven Lärmschutzes** getroffen werden, sofern die hierfür erforderlichen Aufwendungen nicht außer Verhältnis zu dem angestrebten Schutzzweck stehen (§ 41 II BImSchG)[265].

---

261 BVerwGE 97, 367 (369 f.); *Jarass*, UPR 1998, 415 (416); a.A. *Hansmann*, in: *Landmann/Rohmer*, BImSchG, § 41 Rn. 30; *Schulze-Fielitz*, GK-BImSchG, § 41 Rn. 38.

262 S. *Jarass*, UPR 1998, 415 ff.; *Rieger*, VBlBW 1998, 41 ff.; *Schulze-Fielitz*, in: *Koch/Lechelt* (Hrsg.), 20 Jahre BImSchG, S. 117 ff.; *Silagi*, UPR 1997, 272 (273 f.); *Uechtritz*, DVBl. 1999, 198 (199 ff.); *Strick*, Lärmschutz an Straßen, 1998. Diese Vorschriften sind auf Fluglärm nicht anwendbar. – Zurecht krit. zur Beschränkung der §§ 41 ff. BImSchG auf den Aspekt des Lärmschutzes *Jarass*, BImSchG, § 41 Rn. 8 ff. sowie *ders.*, DVBl. 1995, 589 (591). – Zu dem straßenverkehrsrechtlich gemäß § 45 I 2 Nr. 3 StVO gebotenen Lärmschutz mittels verkehrsregelnder Maßnahmen vgl. BVerwG, NJW 1999, 2056; NVwZ 1983, 610; NJW 1987, 2655 (Anspruch auf fehlerfreien Ermessensgebrauch); VGH Kassel, NJW 1999, 2057 ff.; *Schenke*, WiVerw. 1993, 145 ff. – Zur Bekämpfung des Kfz-Lärms an der Quelle vgl. § 49 II u. III StVZO mit Anlagen.

263 BVerwG, UPR 1999, 268 (269) = NVwZ 1999, 1222 (1223 f.) m.w.N.

264 Eine Trassenverschiebung steht dem Neubau gleich, s. *Jarass,* UPR 1998, 415 (416). Zu eng BVerwG, NVwZ-RR 1999, 720 ff.: Wird ein Schienenweg unter Veränderung der Gleisanlage wiederhergestellt, ohne daß die alte Trasse verlassen wird, liegt i.S.d. § 41 I BImSchG kein Neubau, sondern eine wesentl. Änderung vor.

265 Für den Lärmschutz an Straßen wurden 1990 rd. 390 Mio. DM ausgegeben. Vgl. im übrigen zu den ökonomischen Folgekosten des Lärms *Willecke/Weinberger/Thomassen*, Die Kosten des Lärms in der BRD, 1991. Zur – offengelassenen – Frage, ob § 41 BImSchG den Bund verpflichtet, bislang nicht ausgeschöpfte Lärmminderungspotentiale erforschen zu lassen: BVerwG, NVwZ-RR 1999, 725 (728).

In der Planung ist also zunächst über aktive Lärmschutzmaßnahmen, also durch Lärmschutzwälle, -wände und -zäune, durch Lärmschutzgalerien oder Tunnelung, aber auch durch lärmmindernde Straßenbeläge oder Schienenlagerung eine Verkehrslärmminderung zu erreichen. Auch betriebsregelnde Maßnahmen wie die Begrenzung der Fahrtenfrequenz auf der Schiene, Geschwindigkeitsbeschränkungen sowie andere verkehrsregelnde Maßnahmen zählen hierzu[266]. Nach h.M. ist § 41 BImSchG eine strikte Rechtsnorm und eröffnet keinen planerischen Gestaltungsspielraum[267]. Offen ist, ob § 41 II BImSchG es zuläßt, in die Verhältnismäßigkeitsprüfung neben Kostengesichtspunkten[268] auch sonstige öffentliche Belange unter Einschluß der Landschafts- und Stadtbildpflege einzubeziehen[269]. Da § 41 I BImSchG nicht unter einem allgemeinen Abwägungsvorbehalt steht, spricht vieles dafür, den Begriff der Vermeidbarkeit wie in § 8 BNatSchG normimmanent zu begrenzen, so daß schädliche Umwelteinwirkungen dann nicht vermeidbar sind, wenn hierfür so schwerwiegende Nachteile in Kauf genommen werden müssen, daß eine andere Lösung vernünftigerweise nicht in Betracht kommt. Der Planungsträger muß vor der Wahl stehen, entweder das Vorhaben zu verwirklichen oder andere, mit unverhältnismäßig hohem Kostenaufwand verbundene Lärmschutzmaßnahmen zu ergreifen[270].

(3) Nach § 42 BImSchG besteht aber in diesem Fall ein Anspruch jedes unzumutbar betroffenen Eigentümers eines bebauten Grundstücks auf eine **angemessene Entschädigung** zur Finanzierung von Maßnahmen **passiven Lärmschutzes** (Rn. 8/37) auf seinem Grundstück.

Die Zumutbarkeitsschwellen, d.h. die Grenzwerte, die zum Schutz der Nachbarschaft vor schädlichen Umwelteinwirkungen durch Verkehrslärmgeräusche nicht überschritten werden sollen, sind nach Anhörung der beteiligten Kreise (§ 51 BImSchG) von der Bundesregierung mit Zustimmung des Bundesrats durch die **Verkehrslärmschutzverordnung** (16. BImSchV) aufgrund § 43 I 1 Nr. 1 BImSchG festgesetzt worden[271]. Lärmschutzgesichtspunkten unterhalb der Zumutbarkeitsschwelle ist bei der Planung im Rahmen der Abwägung Rechnung zu tragen[272]. Darüberhinaus regelt die **Verkehrswege-Schallschutzmaßnahmenverordnung** (24. BImSchV) Art und Umfang notwendiger Schallschutzmaßnahmen für schutzbedürftige Räume bei Bau und wesentlicher Änderung von Verkehrswegen.

---

266 *Dürr*, Planfeststellung, S. 1048; *Jarass*, UPR 1998, 415 (419); a.A. *Michler*, VBlBW 1998, 201 (209); *Steenhoff*, DVBl. 1996, 1236 (1241). S.a. BVerwGE 87, 332 (347) zu Fluglärm.

267 BVerwGE 108, 248 (256 ff.); BVerwG, UPR 2000, 71 f. ggn. BVerwGE 104, 123; zuvor bereits BVerwG, DVBl. 1995, 1010 (1011); VGH BW, VBlBW 1996, 423; OVG Lüneburg, UPR 1992, 192 (193). Der 11. Senat hat in NVwZ-RR 1999, 725 (727) offengelassen, ob er an seiner in E 104, 123 geäußerten Rechtsauffassung festhält. Dem 11. Senat folgt *Jarass*, FS Feldhaus, 1999, S. 235 (247).

268 VGH BW, UPR 1983, 207: 300.000,– DM zum Schutz eines einzelnen Hauses; OVG Bremen, NVwZ-RR 1993, 468 (472): 100.000,– DM zum Schutz eines Hauses bei Pegelminderung zwischen 3 und 5 dB(A). S.a. BayVGH, BayVBl. 1992, 657 (659).

269 BVerwGE 108, 248; VGH BW, Urt. v. 15.11.1999, 3 S 2181/98. Nach BayVGH, Urt. v. 21.2.1995, 20 A 40080 kann in lärmvorbelasteten Gebieten aber leichter vom Vorrang des aktiven Schallschutzes abgewichen und ein Drittbetroffener auf passiven Schallschutz verwiesen werden; a.A. *Jarass*, BImSchG, § 41 Rn. 37.

270 *Rieger*, VBlBW 1998, 41 (43); ähnlich *Uechtritz*, DVBl. 1999, 198 (203).

271 Zur Vorgeschichte *Berkemann*, in: *Koch* (Hrsg.), Schutz vor Lärm, 1990, S. 73 (79 ff.). Die 16. BImSchV regelt u.E. nur Mindestanforderungen, über die im Einzelfall aufgrund von § 41 BImSchG hinauszugehen ist, so auch *Jarass*, BImSchG, § 41 Rn. 38 ff; *Kloepfer*, Umweltrecht, § 14 Rn. 171. Lärmschutzgesichtspunkte unterhalb der Zumutbarkeitsschwelle des § 2 I der 16. BImSchV ist bei der Planung im Rahmen der Abwägung Rechnung zu tragen, BVerwG, NVwZ-RR 1999, 556 f.

272 BVerwG, NVwZ-RR 1999, 556 f.

b) Verkehrslärmschutzverordnung (16. BImSchV)

aa) Das BVerwG hatte in dem grundlegenden sog. B 27-Urteil vom 21.5.1976 (E 51, 15) mangels normativer Grenzwertfestsetzungen durch Interpretation des § 17 IV FStrG a.F. für Wohngrundstücke eine „straßenplanungsrechtliche Lärmzumutbarkeitsschwelle" durch die richterrechtliche „Festsetzung" von Grenzwerten konkretisiert. Diese planungsrechtliche Zumutbarkeitsschwelle des § 17 IV FStrG a.F. – jetzt: § 74 II VwVfG (LVwVfG) – entsprach nach der Auffassung des BVerwG der durch Interpretation der §§ 1, 3 I, 41 I BImSchG ermittelten „immissionsschutzrechtlichen Zumutbarkeitsschwelle" (Rn. 3/132 ff.)[273]. **299**

In der Folgezeit ging das Bundesverwaltungsgericht bis zum Erlaß der 16. BImSchV weiterhin von den nachstehenden, im B 27-Urteil entwickelten Orientierungsmaßstäben aus: Die richterrechtlichen Maßstäbe und Werte konnten allerdings kein zureichender Ersatz für eine an sich notwendige normative Regelung sein[274]. **300**

bb) Inzwischen ist die **Verkehrslärmschutzverordnung** als 16. BImSchV erlassen worden[275]. Bei ihr spielt die Klassifizierung der Straße keine Rolle. **301**

Im Vergleich zur vorausgegangenen Rspr. des Bundesverwaltungsgerichts werden dessen Immissionsgrenzwerte für Verkehrslärm (bezogen auf Wohngebiete) scheinbar um 4 dB(A) erhöht. In Wahrheit ist jedoch der Unterschied minimal, weil die vorgeschriebene Methode zur Berechnung des Beurteilungspegels (Rn. 8/36) im Vergleich zu der früher praktizierten, vom BVerwG offengelassenen Methode zu solchen Beurteilungspegeln führt, die bis zu 4 dB(A) höher liegen. **302**

Die Zumutbarkeitsschwelle wird durch die in § 2 I der VO enthaltenen **Immissionsgrenzwerte** normiert, die **303**

- für Krankenhäuser, Schulen, Kurheime und Altenheime 57 dB(A) tags und 47 dB(A) nachts,
- in reinen und allgemeinen Wohngebieten sowie Kleinsiedlungsgebieten 59/49 dB(A),
- in Kern-, Dorf- und Mischgebieten 64/54 dB(A) sowie
- in Gewerbegebieten 69/59 dB(A) betragen.

Grenzwerte für die (nicht zureichend schutzwürdigen) Industriegebiete sind nicht vorgesehen. Für den Gebietscharakter sind die bauplanerischen Festsetzungen maßgebend (§ 2 II 1 der VO). Aufgrund dieser gesetzgeberischen Typisierung entfällt die (schutzmindernde) Berücksichtigung der Lärmvorbelastung. Für „sonstige" Gebiete und Anlagen (z.B. für faktische Baugebiete nach § 34 II BauGB, für typusmäßig in **304**

---

273 BVerwGE 71, 150 (161); BVerwG, DVBl. 1990, 421 (422). In BVerwGE 71, 150 (154 ff.) sind frühere Bedenken (BVerwGE 61, 295 [298 f.]) gegen die Anwendbarkeit des § 41 BImSchG vor Erlaß einer Rechts-VO i.S. des § 43 I Nr. 1 BImSchG zu Recht aufgegeben worden. Auch das BVerfG sieht in § 43 I für § 42 I BImSchG keine Rechtsanwendungssperre: BVerfGE 79, 174. – Nach BVerwG, UPR 1995, 265 (266), ist § 41 I BImSchG lex specialis zu § 74 II 2 VwVfG.

274 BVerwGE 71, 285 (B 31- Meersburg). Das ist verfassungsrechtlich nicht zu beanstanden: BVerfGE 79, 174. Das BVerwG, DVBl. 1990, 421, spricht von einer „richterlichen Notkompetenz".

275 *Alexander*, NVwZ 1991, 318 ff.; *Hendlmeier*, NuR 1992, 463 ff.; *Schulze-Fielitz*, UPR 1994, 1 ff. Gegen einen abschließenden Charakter der 16. BImSchV *Jarass*, DVBl. 1995, 589 (592); *Kloepfer*, Umweltrecht, § 14 Rn. 171. S.a. *Strick*, Lärmschutz an Straßen, 1998.

der BauNVO nicht vorgesehene Gebiete und für Gebäude im Außenbereich) ergibt sich der Vorsorgewert aus ihrer am Maßstab des § 2 I der VO zu beurteilenden Schutzwürdigkeit (§ 2 II 2 der VO)[276]. Grundsätzlich sind der Tages- und der Nachtwert einzuhalten; bei Nutzungen wie Kindergärten oder Büroräumen kommt es aber nur auf den Tageswert an.

305 Die Immissionsgrenzwerte der 16. BImSchV gelten für den Bau und die wesentliche Änderung von Straßen und Schienenwegen, woraus das BVerwG ableitet, daß die *Grenzwerte nur für den Verkehr des geänderten oder neuen Verkehrsweges gelten*, was aus dem Wortlaut aber nicht notwendig abzuleiten ist[277]. In die planerische Abwägung (Rn. 3/160 ff.) ist vielmehr auch die Gesamtlärmbelastung unter Einschluß anderer Verkehrswege oder Lärmarten (z.B. Fluglärm, Straßenbahnlärm, Sportlärm usw.) einzubeziehen.

306 In einem solchen Fall kann nach dem fachplanungsrechtlichen Abwägungsgebot die Planfeststellungsbehörde zur Vermeidung unsachgerechter Bevorzugung eines nur von einer Lärmquelle Betroffenen verpflichtet sein, Lärmschutzmaßnahmen anzuordnen, die zu einer Absenkung des Beurteilungspegels unter die Grenzwerte des § 2 I BImSchV führen (sog „Lärmminimierungsanspruch"). Die Planfeststellungsbehörde hat bei dem so umschriebenen „Minimierungsanspruch" freilich über finanzielle Verhältnismäßigkeitserwägungen hinaus sämtliche für und gegen solche schalltechnischen Zusatzmaßnahmen sprechenden Gründe, insbesondere auch städtebauliche Belange, in ihre Abwägung einzubeziehen. Sie ist demzufolge hier wesentlich freier gestellt als bei der Entscheidung über die Verhältnismäßigkeit der nach § 41 I BImSchG zur Einhaltung der Lärmgrenzwerte gebotenen aktiven Schallschutzmaßnahmen (vgl. § 41 II BImSchG)[278]. Die Gesamtlärmbelastung darf in keinem Fall die Schwelle der Gesundheitsgefährdung überschreiten, die vom BVerwG bei einem Innenpegel von 30 dB(A) angesetzt wird[279].

307 Von einem Neubau ist auch auszugehen, wenn eine bestehende Trasse auf längerer Strecke verlassen wird. Maßgeblich ist dabei das räumliche Erscheinungsbild im Gelände. Eine *wesentliche Änderung* liegt nach der nicht abschließenden Aufzählung[280] in § 1 II der VO dann vor, wenn

- ein bestehender Verkehrsweg baulich um durchgehende Fahrstreifen oder Gleise erweitert wird (§ 1 II 1 Nr. 1)[281],

---

276 BVerwG, NVwZ 1992, 885 stellt eine Kleingartenanlage einem Dorfgebiet gleich. Bestandsgeschützte Wohnungen in einem Industriegebiet und Sondergebiete nach § 11 III BauNVO sind wie ein Gewerbegebiet zu behandeln. Wohngebäude im Außenbereich sind i.d.R. wie ein Mischgebiet zu schützen, vgl. *Schulze-Fielitz*, UPR 1994, 1 (2).

277 BVerwGE 101, 1 (3 ff.); BVerwG, UPR 1999, 152; NVwZ-RR 1999, 556 f.; krit. *Hansmann*, NuR 1997, 53 (59); *Jarass*, UPR 1998, 415 (418), mit dem Hinweis, daß der Immissionsbegriff in § 3 und § 41 BImSchG einheitlich ausgelegt werden müsse, sowie zu Unterschieden zwischen § 41 BImSchG und, der 16. BImSchV. Zu weitgehend jedenfalls ist BVerwG, NVwZ-RR 1999, 720 (723), wo von einem Verbot der Summenpegelbildung gesprochen wird, das in Einklang mit § 41 I BImSchG stehe. Aus Gleichbehandlungsgesichtspunkten (die dort auch verkannt werden) ist im Rahmen der Abwägung eine solche Summenpegelbildung jedenfalls vorzunehmen und über die hieraus zu ziehenden Konsequenzen zu entscheiden.

278 VGH BW, DVBl. 1996, 999 ff.; i.E. auch *Schulze-Fielitz*, UPR 1994, 1 (6).

279 BVerwGE 104, 123 (130); BVerwG, DVBl. 1995, 1010 (1012).

280 *Hansmann*, in: *Landmann/Rohmer*, BImSchG, § 41 Rn. 31 f.; *Feldhaus/Czajka*, BImSchG, § 41 Rn. 34; *Jarass*, BImSchG, § 41 Rn. 12a, und UPR 1998, 415 (417); *Schulze-Fielitz*, GK-BImSchG, § 43 Rn. 63.; a.A. VGH BW, Urt. v. 21.3.1997, 5 S 1568/96; *Rieger*, VBlBW 1998, 41.

281 Wenn ein zusätzliches Gleis eine **andere Verkehrsfunktion** besitzt (z.B. S-Bahn-Gleis), handelt es sich jedoch um einen Neubau, vgl. BayVGH. Urt. v. 21.2.1995, 20 A 93.40080.

- der Beurteilungspegel des von dem Verkehrsweg ausgehenden Lärms durch einen erheblichen (Abgrenzung zu „Bagatellfällen"!) baulichen Eingriff um mindestens 3 dB(A) oder auf mindestens 70/60 dB(A) erhöht wird (§ 1 II 1 Nr. 2)[282],
- ein Beurteilungspegel von bereits mindestens 70/60 dB(A) durch einen erheblichen baulichen Eingriff erhöht wird, was aber nicht für Gewerbegebiete gilt (§ 1 II 2).

Kennzeichnend für einen erheblichen baulichen Eingriff sind Maßnahmen, die in die bauliche Substanz und die Funktion der Straße oder des Schienenweges eingreifen und letztlich auf eine Steigerung der Leistungsfähigkeit abzielen[283]. Eine Lärmsteigerung muß ursächlich auf die bauliche Maßnahme zurückzuführen sein, d.h. der Einfluß der allgemeinen Verkehrsentwicklung ist ggf. herauszurechnen[284]. **308**

Nach den Verkehrslärmschutzrichtlinien des Bundes (Rn. 8/314) zählen zu erheblichen baulichen Eingriffen: Bau von Anschlußstellen von Bundesstraßen, Ein- und Ausfädelstreifen, Abbiegestreifen, Standstreifen, Radwegen; kreuzungsfreier Umbau einer Straße, deutliche Fahrbahnverlegung. *Kein* erheblicher baulicher Eingriff liegt vor bei dem Bau von Lichtsignalanlagen[285], Ummarkierungen zur Schaffung zusätzlicher Fahrstreifen[286], der Erneuerung der Fahrbahnoberfläche (reine Unterhaltungsmaßnahme), dem Bau von Verkehrsinseln und Haltebuchten für den ÖPNV[287], dem Einsatz neuer Züge ohne bauliche Veränderungen am Gleiskörper, aber zur Erhöhung der Taktfrequenz[288], Bau eines neuen Bahnsteiges[289], Beseitigung eines Bahnübergangs[290]. **309**

Nach Nr. 27 der Verkehrslärmschutzrichtlinien (Rn. 8/314) soll eine durch den Straßenbau bedingte Zunahme des Verkehrsaufkommens nur im „Ausstrahlungsbereich" des Straßenneubaus relevant sein, nicht aber entlang bestehenden Straßen, über die ein verdrängter Verkehr führt. Dies widerspricht § 41 BImSchG. Soweit die dort auftretende Verkehrslärmerhöhung kausal auf den Straßenneubau oder -umbau zurückzuführen ist, muß sie – entgegen den an den Bedürfnissen der Praxis orientierten **310**

282 BVerwG, NVwZ-RR 1999, 720 (721 f.); VGH BW, NVwZ-RR 1996, 70: Eine dauerhafte Erhöhung des Lärmpegels ist nicht erforderlich, ausreichend ist z.B. eine nicht nur kurzzeitige **Verkehrsverlagerung** von einer nicht zu Ende gebauten Bundesstraße auf eine Kreisstraße.

283 Vgl. BVerwGE 97, 369 ff. Zu eng BVerwG, Urt. v. 17.11.1999, 11 A 4/98: Die Wiederaufnahme einer jahrzehntelangen Nutzungsunterbrechung einer Bahnstrecke in baufälligem Zustand soll selbst dann nicht einen erheblichen baulichen Eingriff darstellen, wenn die Bauarbeiten einem Neubau nahekommen. – Hier wurde sowohl in die bauliche Substanz eingegriffen als auch die Leistungsfähigkeit durch Elektrifizierung erhöht.

284 BVerwG, B. v. 4.10.1991, 4 B 162.91; s. ferner BVerwGE 97, 367 (372); BVerwG, UPR 1997, 39; VGH BW, UPR 1998, 200.

285 VG Ansbach, Urt. v. 28.1.1992, 20 K 91.000071; u.E. bedenklich, soweit ein entsprechend abgestimmtes System auf die Erhöhung der verkehrlichen Leistungsfähigkeit abzielt, vgl. BayVGH, NVwZ-RR 1997, 159 ff.; a.A. BVerwG, Urt. v. 20.5.1998, 11 C 3.97.

286 U.E. schwer haltbar, weil die Zahl der Fahrstreifen zum notwendigen Inhalt eines PFB gehört und die verkehrliche Leistungsfähigkeit erheblich beeinflußt wird. Von BVerwGE 97, 369 und BVerwG, B. v. 27.8.1996, 11 VR 10.96, sind die vorgenannten Fälle ausdrücklich offengelassen worden.

287 S. aber VGH BW, Urt. v. 7.5.1998, 5 S 1060/98.

288 S. BayVGH, Urt. v. 5.3.1996, 20 B 92.1005.

289 BVerwG, UPR 1999, 152.

290 VGH BW, UPR 1997, 479; offengelassen in OVG Münster, NVwZ 1994, 1016 (1017).

VLärmSchRL – berücksichtigt werden[291]. § 3 der VO enthält i.V.m. den Anlagen 1 u. 2 eine Regelung des *Verfahrens für die Berechnung des Beurteilungspegels* bei Straßen- und Schienenwegen. Für **Schienenwege** ist in Anlage 2 i.V.m. § 3 S. 2 der VO grundsätzlich ein **Bonus** in Höhe von 5 dB(A) vorgesehen[292].

311 Der *Mittelungspegel*[293] für den Straßenverkehr ergibt sich aus der Verkehrsprognose[294] für den stündlichen Verkehr und dem darin enthaltenen Anteil des Lkw-Verkehrs (nicht aber des Bus- oder Motorradverkehrs). Des weiteren werden zulässige Geschwindigkeit, Beschaffenheit der Straßenoberfläche, Steigungen der Straße, Kreuzungen, Entfernung von der Straße, topographische und meteorologische Besonderheiten durch Korrekturfaktoren berücksichtigt. Unbefriedigend ist, daß stets nur die Emissionen der neuen Straße für die Ermittlung der zulässigen Lärmbelastung berechnet werden. Dies kann bei nacheinander durchgeführten Planungsverfahren (z.B. Neubaustrecke der Bundesbahn, Autobahnausbau und neuer Autobahnzubringer) dazu führen, daß jedes Vorhaben für sich die Immissionsgrenzwerte einhält, in der Summe sich aber bei Durchführung *eines* Planfeststellungsverfahren eine deutliche Überschreitung ergäbe 49+49+49 dB(A) = 53,8 dB(A). Hier ist im Einzelfall zu prüfen, ob nicht bei einer solchen Verfahrensgestaltung der Regelungsgedanke der 16. BImSchV umgangen wird und deshalb die Gesamtemissionen der Berechnung zugrunde gelegt werden müssen[295].

312 Eine *Lärmsanierung* bestehender Verkehrswege unabhängig von baulichen Eingriffen ist nicht Regelungsgegenstand des § 41 BImSchG und damit auch nicht der VO. Die 70/60 dB(A)-Werte könnten aber praktisch wie *Sanierungswerte* für eine *anläßlich* eines erheblichen baulichen Eingriffs vorzunehmende Verkehrslärmsanierung wirken, wenn der Eingriff zu einer nur geringfügigen Pegelerhöhung führt[296].

c) 24. BImSchV, Ministerielle Richtlinien und private Regelwerke

313 aa) Die Verkehrslärmschutzverordnung wird durch die 24. BImSchV (Verkehrswege-Schallschutzmaßnahmen-VO) vom 4.2.1997 (BGBl. I 172) weiter konkretisiert. In dieser VO sind Art und Umfang der zum Schutz vor schädlichen Umwelteinwirkungen durch Verkehrsgeräusche notwendigen Schallschutzmaßnahmen festgelegt. Wohnräume dürfen Durchschnittslärmpegel von 37 dB(A), Schlafräume von 27 dB(A) aufweisen, was im wesentlichen den von der Rechtsprechung entwickelten Werten entspricht[297]. Vorausgesetzt ist im Anschluß an § 2 der 16. BImSchV eine Überschreitung der dortigen Immissionsgrenzwerte durch den Bau oder die wesentliche Änderung öffentlicher Straßen, Eisen- oder Straßenbahnen. Die VO regelt die geschützten Bereiche nicht abschließend. So sind bspw. die nach §§ 42, 43 BImSchG zu schützenden Außenwohnbereiche nicht geregelt.

---

291 S. *Dürr*, Planfeststellung, S. 1105; *Jarass*, BImSchG, § 41 Rn. 14; *Schulze-Fielitz*, GK-BImSchG, § 43 Rn. 65; VGH BW, NVwZ-RR 1996, 70 Verkehrsverlagerung; BVerwG, NVwZ 1997, 394, für Eisenbahnen; OVG Münster, Urt. v. 20.8.1999, 23 D 61/97.AK.

292 Zur Anwendbarkeit des Schienenbonus BVerwGE 104, 123 (131 f.); BVerwG, UPR 1994, 261.

293 Zur Zulässigkeit des Mittelungspegels BVerwG, NVwZ 1996, 1006; BVerwGE 104, 123 (128 ff.).

294 Es wird also nicht die durch Messung ermittelte Ist-Belastung hochgerechnet.

295 BVerwG, NVwZ-RR 1997, 209; *Jarass*, UPR 1998, 415 (416).

296 *Schulze-Fielitz*, GK-BImSchG, § 41 Rn. 43 f.; a.A. BVerwGE 101, 1 (3 ff.).

297 *Michler*, VerwArch. 1999, 21 (38).

Die *Richtlinien des BMV für den Verkehrslärmschutz an Bundesfernstraßen* vom 2.6.1997 (VkBl. 1997, 434) konkretisieren die gesetzlichen Vorgaben der 16. und 24. BImSchV und ergänzen sie hinsichtlich der Lärmsanierung an bestehenden Straßen. Die **Lärmsanierungswerte** betragen z.B. bei Wohngebieten tags 70 und nachts 60 dB(A), bei Kern-, Misch- und Dorfgebieten 72/62 dB(A) und bei Gewerbegebieten 75/65 dB(A); eine Lärmsanierung für gewerbliche Nutzungen (z.B. Büroräume) ist nicht vorgesehen. Schließlich enthalten die VLärmSchRL Grundsätze für die finanzielle Entschädigung nach § 19a FStrG, die von den Bundesländern für auf planfeststellungspflichtige Straßen anwendbar erklärt wurden[298]. **314**

Um eine gleichmäßige Verwaltungsübung zu gewährleisten, sind vom BMVk *Richtlinien für Lärmschutz an Straßen*, Ausgabe 1990 (RLS-90; VkBl. 1990, 258), erlassen worden. In ihnen werden z.B. bestimmte Verfahren zur Berechnung der Mittelungspegel vorgeschrieben, die in die Anlage 1 zu § 3 der 16. BImSchV übernommen worden sind. Anforderungen für schalltechnische Untersuchungen bei Eisenbahnen und Straßenbahnen sind in der *Schall 03, Richtlinie zur Berechnung der Schallimmissionen von Schienenwegen* vom 19.3.1990 (Amtsblatt der DB Nr. 14 v. 14.4.1990) enthalten[299]. **315**

bb) Nach der Rechtsprechung des BVerwG[300] sind die dem Städteplaner mit Planungsrichtwerten Orientierungshilfen gebende **DIN-Norm 18005** (Schallschutz im Städtebau) vom 1.5.1987 und die **VDI-Richtlinie Nr. 2058** (Beurteilung von Arbeitslärm), Bl. 1 vom Sept. 1985, für den Verkehrswegebau nicht überzubewerten. Das gilt auch für sonstige DIN-Normen und VDI-Richtlinien. Als Ersatz für gesetzliche Regelungen sind solche technischen Normen ungeeignet (Rn. 1/75). **316**

Die Normausschüsse des Deutschen Instituts für Normung sind so zusammengesetzt, daß ihnen der für ihre Aufgabe benötigte Sachverstand zu Gebote steht. Daneben gehören ihnen aber auch Vertreter bestimmter Branchen und Unternehmen an, die deren Interessenstandpunkte einbringen. Die Ergebnisse ihrer Beratungen dürfen deswegen im Streitfall nicht unkritisch als „geronnener Sachverstand" oder als reine Forschungsergebnisse verstanden werden. Zwar kann den Normsetzern der DIN-Vorschriften einerseits Sachverstand und Verantwortungsbewußtsein gegenüber dem allgemeinen Wohl nicht abgesprochen werden. Andererseits darf aber nicht verkannt werden, daß es sich dabei zumindest auch um Vereinbarungen interessierter Kreise handelt, die eine bestimmte Einflußnahme auf das Marktgeschehen bezwecken. Den Anforderungen, die etwa an die Neutralität und Unvoreingenommenheit gerichtlicher Sachverständiger zu stellen sind, genügen sie deswegen nicht[301]. **317**

Passive Schallschutzmaßnahmen werden in der Praxis entsprechend den in der **DIN 4109** (Schallschutz im Hochbau) – auf die die 24. BImSchV verweist – und der **VDI-Richtlinie Nr. 2719** (Schalldämmung von Fenstern und deren Zusatzeinrichtungen) enthaltenen Anforderungen ausgeführt. **318**

298 Für BW die VwV des UVM v. 30.7.1997, GABl. 634.

299 Das BVerwG, NVwZ-RR 1999, 720 (723 f.), hält die in der 16. BImSchV vorgeschriebene Anwendung der „Schall 03" für mit § 43 BImSchG vereinbar.

300 BVerwGE 77, 285 ff.

301 S. *Führ*, ZUR 1993, 99 ff.; s.a. die Nachweise bei Rn. 1/75.

319 cc) In der **Bauleitplanung** finden die DIN 18005, die DIN 4109 und die VDI-Richtlinie Nr. 2719 jedoch ein breites Anwendungsfeld. Während die Verkehrslärmschutzverordnung bei der Neuplanung von Straßen für die Beurteilung der Gefahrenschwelle heranzuziehen ist, findet die DIN 18005 Anwendung bei der Beurteilung der vorhandenen Lärmsituation und der Abwägung, ob die sich nach der Neuplanung einstellende Lärmsituation gebietsverträglich ist. In den Bebauungsplan können die privaten Regelwerke z.B. über Festsetzungen nach § 9 Abs. 1 Nr. 24 BauGB Eingang finden[302].

320 Die planungsrechtliche Zumutbarkeit von Lärmimmissionen, die durch eine planbedingte Steigerung des Verkehrsaufkommens durch den Zu- und Abgangsverkehr eines Vorhabens auf den vorhandenen öffentlichen Straßen hervorgerufen werden, ist nach den Umständen des Einzelfalls unter Berücksichtigung der nach der Gebietsart und den tatsächlichen Verhältnissen zu bestimmenden Schutzwürdigkeit der von den Immissionen betroffenen Wohnnutzung zu beurteilen; die Bestimmungen der DIN 18005 – Berücksichtigung des Schallschutzes im Städtebau – können hierbei (wie die 16. BImSchV!) als *Orientierungshilfe* herangezogen werden. Sollen die zur Aufnahme des Zu- und Abgangsverkehrs vorgesehenen Straßen zugleich baulich verändert werden und stellt sich diese Änderung als eine wesentliche im Sinne des § 1 II der 16. BImSchV dar, so sind die Bestimmungen dieser Verordnung auch in der Bauleitplanung zwingend zu beachten. Dies dispensiert den Plangeber jedoch nicht davon, über die Zumutbarkeit der von der Gesamtplanung ausgelösten Immissionen im Rahmen einer nach Lage der Dinge gebotenen einzelfallbezogenen Gesamtabwägung zu befinden[303].

d) Entschädigung

321 Wenn eine Beeinträchtigung des Grundeigentums durch Verkehrslärm nicht durch aktive oder passive Schallschutzmaßnahmen vermieden werden kann, stehen dem Eigentümer die in Rn. 3/130 ff. dargestellten Ausgleichsansprüche (insbes. nach § 42 BImSchG) zu.

X. Gebietsbezogener Immissionsschutz

322 Der **gebietsbezogene Immissionsschutz** ist in §§ 44-47a BImSchG, ergänzt durch die Vorschrift des § 49 für besonders schutzbedürftige Gebiete, geregelt. Er ist den nach Landesrecht zuständigen Behörden anvertraut und betrifft die Bereitstellung planungsrechtlicher Instrumente in Gestalt von *umweltspezifischen und raumbezogenen Fachplänen* (Rn. 2/39, 8/326 ff.).

1. Untersuchungsgebiete

323 Diese Regelungen betreffen zunächst einmal die zur Planungsvorbereitung (durch Rechts-VO) vorzunehmende Festsetzung von Untersuchungsgebieten, d.h. Gebieten, die besonders problematische Luftverunreinigungen aufweisen oder aufweisen kön-

302 Vgl. BVerwG, NVwZ 1991, 881 ff.; NJW 1989, 1291; *Dürr*, UPR 1992, 241 (244).
303 OVG Münster, NVwZ-RR 1998, 632 ff.

nen (§ 44 II BImSchG), sowie die nach Art eines *Immissionskatasters* fortlaufende Feststellung von Art und Umfang bestimmter, potentiell zu schädlichen Umwelteinwirkungen führenden Luftverunreinigungen in derartigen Gebieten (§ 44 I 1). Gleiches gilt für (nicht festgesetzte) Gebiete (sog. Problemgebiete), in denen eine Überschreitung gewisser Immissionswerte oder Immissionsleitwerte festgestellt wird oder zu erwarten ist (§ 44 I 2). Es handelt sich dabei um Werte, die in zur Durchführung des BImSchG ergangenen Rechts- oder allgemeinen Verwaltungsvorschriften zum Schutz vor Gesundheitsgefahren oder in bindenden Beschlüssen der EG festgelegt sind.

„Immissionsleitwerte" liegen unterhalb der Schwelle der die Grenzen zulässiger Be- 324
lastungen konkretisierenden Immissionswerte. Solche Immissionsleitwerte sind bisher in bundes- oder landesrechtlichen Vorschriften noch nicht geregelt worden.

2. Emissionskataster

Weiterhin gehört zum gebietsbezogenen Immissionsschutz die zur Planungsvorberei- 325
tung notwendige Aufstellung von Emissionskatastern, die in sog. Untersuchungsgebieten die räumliche Verteilung der Emissionsquellen und ihren nach Art, Menge und zeitlicher Verteilung gekennzeichneten Ausstoß detailgenau ausweisen (§ 46).

3. Luftreinhaltepläne

Planungsrechtlich geht es beim gebietsbezogenen Immissionsschutz zunächst um ein 326
Planungsinstrument für die Luftreinhaltung, nämlich um die Aufstellung von sog. **Luftreinhalteplänen**[304] in Gestalt von Sanierungs- oder Vorsorgeplänen, die notwendige Maßnahmen für (nach § 44 festgesetzte) *Untersuchungsgebiete*, für Teile dieser Gebiete oder für Problemgebiete auf der Grundlage der für sie in den Immissions- und Emissionskatastern ausgewiesenen Fakten und der mit ihrer Auswertung vorgenommenen Prognosen vorsehen. Werden festgelegte *Immissionswerte* überschritten, die in zur Durchführung des BImSchG ergangenen Rechts- oder allgemeinen Verwaltungsvorschriften zum Schutz vor Gesundheitsgefahren oder in bindenden Beschlüssen der EG festgelegt sind, so *muß* die zuständige Behörde einen *Sanierungsplan* aufstellen (§ 47 I 1). Treten – soweit Immissionswerte nicht festgelegt sind – sonstige schädliche Umwelteinwirkungen durch Luftverunreinigungen auf oder sind sie zu erwarten, so *soll* ein *Sanierungsplan* aufgestellt werden (§ 47 I 2). Geht es lediglich um die Überschreitung von *Immissionsleitwerten*, so *kann* die zuständige Behörde einen *Vorsorgeplan* aufstellen (§ 47 I 3). Die Pläne können auf bestimmte Luftschadstoffe, auf Teile eines Untersuchungsgebiets oder auf bestimmte Arten von Emissionsquel-

304 *Erbguth*, BayVBl. 1993, 97 ff.; *Schulze-Fielitz*, UPR 1992, 41 ff.; *Trute*, NuR 1989, 370 ff; *ders.*, in: *Koch/Lechelt* (Hrsg.), 20 Jahre BImSchG, 1994, S. 155 (156 ff.). Zu den in der Bundesrepublik installierten Meßnetzen, zu den Luftreinhalteplänen und zu den Emissionskatastern vgl. SRU, Umweltgutachten 1987, Tz. 645 ff., 791 f.

len beschränkt werden (§ 47 I 4). Die Erfordernisse der Raumordnung und Landesplanung sind zu beachten (§ 47 I 5).

327 Der Luftreinhalteplan beruht auf Gesetz und ist demzufolge als förmlicher Umweltschutzfachplan zu qualifizieren. Er ist für Verwaltungsträger, die planrelevante Maßnahmen zu treffen, anzuordnen oder zu gestatten haben (z.B. Genehmigungen nach §§ 4 ff. BImSchG), *innenverbindlich* (§ 47 III 1 BImSchG), wobei aber die nach außen wirkende Um- bzw. Durchsetzung durch behördliche Anordnungen oder sonstige Entscheidungen u.U. einer besonderen gesetzlichen Ermächtigung bedarf (z.B. §§ 17, 21, 24, 25 BImSchG). Soweit die Umsetzung im Wege einer raumbedeutsamen, dem Abwägungsgebot unterliegenden Planung erfolgt (z.B. in Gestalt eines Bauleitplans oder – str. – eines Planfeststellungsbeschlusses[305]), hat der Planungsträger den Luftreinhalteplan im Rahmen des planungsrechtlichen Abwägungsgebotes (Rn. 3/160 ff.) lediglich zu berücksichtigen (§ 47 III 2 BImSchG).

328 Nach § 47 II BImSchG enthält der Plan

- die *Zustandsbeschreibung* (Nrn. 1 u. 2), d.h. die Darstellung der Emissionen, Immissionen und ihrer Wirkungen auf die Schutzgüter des § 1 (Rn. 8/62),
- die *Ursachenanalyse* (Nr. 3), d.h. Feststellungen über die Ursachen der Luftverunreinigungen und ihrer Auswirkungen,
- die *Prognose* (Nr. 4), d.h. eine Abschätzung der zu erwartenden künftigen Veränderungen der Emissions- und Immissionsverhältnisse,
- die *Zielvorgaben* (Nr. 5), d.h. die Angabe der in § 47 I genannten Immissionswerte und Immissionsleitwerte sowie der vorgesehenen Nutzungen, und
- das *Handlungskonzept* (Nr. 6), d.h. die Ausweisung der Maßnahmen, die zur Verminderung der Luftverunreinigungen und zur Vorsorge vorgesehen sind.

4. Lärmminderungspläne

329 Schließlich ist (seit der 3. Novelle des Jahres 1990) im BImSchG auch noch eine gesetzliche Grundlage für Lärmminderungspläne[306] enthalten.

330 Diese sind von den Gemeinden (sonst von nach Landesrecht zuständigen Behörden) nach vorausgehender Erfassung der Belastung durch die Geräuschquellen und Feststellung ihrer Umweltauswirkungen (§ 47a I) für Wohngebiete und andere schutzbedürftige Gebiete aufzustellen, wenn in diesen Gebieten schädliche Umwelteinwirkungen (§ 3 I) durch Geräusche auftreten oder zu erwarten sind und die Beseitigung oder Verminderung dieser schädlichen Umwelteinwirkungen ein abgestimmtes Vorgehen gegen verschiedenartige Lärmquellen erfordert (§ 47a II 1). Wiederum sind

305 *Trute*, ebda. S. 166 f.; *Schulze-Fielitz*, UPR 1992, 41 (43); a.A. zutreffend *Jarass*, BImSchG, § 47 Rn. 15; *Hansmann*, in: *Landmann/Rohmer*, BImSchG, § 47 Rn. 22, weil dem PFB ein Gesamtplanungscharakter fehlt.

306 *Dürr*, UPR 1992, 241 (247); *Schulze-Fielitz*, DVBl. 1992, 389 ff.; *ders.*, UPR 1992, 41 ff.; *Trute*, ebda., S. 172 ff. – S.a. *Losert/Mazur/Theine/Weisner*, Hdb. Lärmminderungspläne, 1994; SRU, Sondergutachten Umwelt und Gesundheit, 1999, Tz. 101.

die Erfordernisse der Raumordnung und Landesplanung zu beachten (§ 47a II 2). Die Lärmminderungspläne sollen bezüglich der Lärmbelastungen und der Lärmquellen eine *Zustandsbeschreibung* enthalten, ferner eine *Lärmprognose*, eine *Emittentenanalyse* und ein am Ziel einer Lärmminderung orientiertes *Handlungskonzept* (§ 47a III). Nach § 47a IV i.V.m. § 47 III BImSchG ist der Lärmminderungsplan ein verwaltungsintern bindender Umweltschutzfachplan (Rn. 2/39). Konkrete einzelfallbezogene Maßnahmen sind nach Maßgabe der spezialgesetzlichen Ermächtigungen (u.a. § 176 BauGB, § 45 I, Ia StVO, §§ 17, 24 BImSchG) durch Drittbehörden (z.B. Eisenbahn-Bundesamt, Straßenverkehrsbehörde, Immissionsschutzbehörde, Baurechtsbehörde) durchzusetzen oder von der Gemeinde selbst mit den Mitteln der Bauleitplanung vorzubereiten.

Die Lärmminderungspläne haben sich als Sanierungspläne zunächst nicht an den Vorsorgewerten der TA Lärm, DIN 18005 oder VDI 2058 zu orientieren, müssen aber den Sanierungsbedarf anhand des jeweiligen Baugebietstypes differenzieren. Der Länderausschuß für Immissionsschutz hat 1986 Sanierungsgrenzwerte vorgeschlagen, deren Angemessenheit – weil sehr hoch angesetzt – umstritten blieb; sie betragen z.B. für Straßenverkehr 70 dB(A) tags/60 nachts, für Schienenverkehr 70 dB(A) tags/65 nachts, für Industrie- und Gewerbelärm 65 dB(A) tags/50 nachts. **331**

Kapitel 9

Kernenergie- und Strahlenschutzrecht

I. Fakten und Probleme

1. Energiegewinnung durch Kernspaltung

a) Wirkungsweise und Reaktortypen

1 aa) Kernenergie kann sowohl durch Spaltung (Fission) als auch durch Verschmelzung (Fusion) von Atomkernen gewonnen werden. Sie ist – entsprechend der bekannten *Einstein*'schen Energie-Massenrelation[1] – der Massendifferenz zwischen den reagierenden und den aus der Reaktion hervorgehenden Kernen äquivalent. Die Kernenergieerzeugung durch *Kernspaltung* beruht auf der 1938 von *Hahn/Strassmann* entdeckten Kettenreaktion durch Spaltung von Uran im Wege des Neutroneneinfangs. Die von dem radioaktiven Uran emittierten (schnellen) Neutronen treffen, wenn sie durch einen Moderator (z.B. Graphit, Wasser) abgebremst werden (langsame, sog. thermische Neutronen), so auf spaltbare andere Atomkerne von Uran 235, daß diese zertrümmert werden. Auf diese Weise entstehen als Kernbruchstücke (*Spaltprodukte*) neue, u.U. selbst wieder radioaktive Elemente. Zugleich werden bei jeder durch Kollision eines Neutrons mit einem spaltbaren Uranatomkern bewirkten Kernspaltung jeweils zwei bis drei Neutronen freigesetzt, die – abgebremst – ihrerseits unter Neutronenfreisetzung Atomspaltungen herbeiführen (Kettenreaktion). Bei dieser Reaktion sowie beim Zerfall der Spaltprodukte wird Energie freigesetzt. In Bewegungs- und Wärmeenergie umgewandelt kann diese mittels eines Generators zur Erzeugung von Elektrizität genutzt werden. Als Nebenprodukte der Reaktion entstehen Plutonium und andere Transurane, die zum Teil ihrerseits als Kernbrennstoff, zum Teil aber auch als Bombenmaterial geeignet sind.

2 bb) In den USA und Westeuropa hat sich der Typus des *Leichtwasserreaktors* (LWR)[2] durchgesetzt, und zwar teils in Gestalt des **Siedewasserreaktors** (SWR), teils in der des **Druckwasserreaktors** (DWR)[3]. Beim LWR dient Wasser sowohl als Moderator zum Abbremsen der schnellen Neutronen als auch als Kühlmittel, das die im Reaktordruckbehälter erzeugte Wärme an die Dampfturbine abführt. Dies geschieht entweder unmittelbar in einem *einzigen Kühlkreis* (SWR) oder aber mittelbar von dem den Reaktordruckbehälter einschließenden *Primärkreis* über einen Wärmeaustauscher (Dampferzeuger) auf einen Sekundärkreis, in dem sich die Dampfturbine

1 Danach ist die Energie äquivalent der mit dem Quadrat der Lichtgeschwindigkeit multiplizierten Masse ($E = m \times c^2$).

2 Vgl. zur Entwicklung *Newman/Brunzell/Ehlers*, atw 1994, 41 ff.

3 Dazu bspw. *Bruschi*, atw 1996, 256 ff.

befindet (DWR). In der Bundesrepublik Deutschland befinden sich neben SWR (zuletzt – 1984 – KKW Gundremmingen) vor allem DWR (zuletzt – 1988 – KKW Neckarwestheim 2) im kommerziellen Einsatz[4].

cc) Daneben gibt es weitere Reaktortypen, von denen in Deutschland aber nur zwei Demonstrationskraftwerke in Bau bzw. in Betrieb waren. Der sog. *Schnelle Brüter* (SNR)[5] in Kalkar ist, obwohl 7 Mrd. DM in ihn investiert wurden, nie in Betrieb genommen worden. – Der Prototyp-Schnellbrutreaktor Monju (280 MWe) in Japan ging im Dezember 1995 ans Netz, wurde aber schon am 8.12.1995 wegen eines Störfalls wieder abgeschaltet; bei diesem bis dahin schwersten nuklearen Störfall in der Geschichte Japans traten durch ein Leck in einer Schweißnaht aus dem zweiten Kühlkreislauf 2-3 t Natrium aus[6]; seit 1985 waren hier ca. 10 Mrd. DM in Entwicklung und Bau investiert worden. – Am 2.1.1998 beschloß die französische Regierung endgültig die Stillegung des KKW Super-Phenix. – Mit sog. *Hochtemperaturreaktoren* (HTR) wurden in der Bundesrepublik Deutschland seit 1967 erste Erfahrungen mit dem Kugelhaufen-Forschungsreaktor in Jülich (15 MWe) gesammelt (Stillegung 1988). Außerdem wurde der Thorium-HTR Hamm-Uentrop als Prototyp (300 MWe) mit einem (unvorhergesehenen) Kostenaufwand von rd. 4 Mrd. DM errichtet, lief aber – mit großen Unterbrechungen – nur von 1985 bis 1989[7]. – Der neue *Garchinger Forschungsreaktor* FRM-II (Baubeginn: 1.8.1996)[8] soll mit hochangereichertem Uran (HEU) arbeiten, das atomwaffentauglich ist. Damit soll der deutschen Forschung eine leistungsfähige Neutronenquelle zur Verfügung gestellt werden, die für die Neutronenforschung (Materialforschung, Werkstoffentwicklung, selbst medizinischer Einsatz!) als unverzichtbar angesehen wird. Nach Meinung seiner Kritiker könnte der Reaktor auch mit niedrig angereichertem, nicht atomwaffentauglichem Uran (LEU) betrieben werden. 3

dd) Ungeachtet der Ausstiegsdiskussion gehen die Bemühungen der Techniker dahin, die bestehenden Reaktoren so zu ertüchtigen, daß sie bis zu 60 Jahre lang betrieben werden können. Maßnahmen zur Nachrüstung gelten vor allem der Maschinentechnik. – Eine der beiden in der Bundesrepublik für die Zukunft verfolgten Reaktorlinien ist der von Siemens und dem fanzösischen Partner Framatome gemeinsam entwickelte europäische Druckwasserreaktor EPR („*European Prized Water Reactor*")[9]. Neu an ihm sind ein „core catcher", der die bei einem schweren Unfall entstehende Kernschmelze verhindern, und ein neues System im Sicherheitsbehälter, das Explosionen ausschließen soll. – Die zweite Linie betrifft den SWR-1000 als Gemeinschaftsentwicklung von Siemens und deutschen Betreibern. Es handelt sich dabei um einen Siedewasserreaktor mit 1000 Megawatt elektrischer Leistung, der ebenfalls auf bereits vorhandener Technik aufbaut. 4

4 Zu neuen Siedewasserreaktorkonzepten allerdings *Brettschuh//Wagner*, atw 1996, 244 ff.; *Lundgren/Trirén*, atw 1996, 248 ff.; *Reding*, atw 1996, 251 ff.; *Fabian u.a.*, atw 1999, 12 ff.; *Brettschuh/Wagner*, atw 1999, 23 ff.; *Mattern/Albert*, atw 1999, 29 ff; *Hütte*, atw 1999, 33 ff.

5 Zur Brüterentwicklung weltweit *Marth*, atw 1997, 313 ff.

6 Zu diesem Störfall *Marth*, atw 1996, 312 ff.

7 Im Okt. 1988 wurde bei einer Revision entdeckt, daß 35 von ca. 2600 Befestigungselementen für die Wärmeisolierung in den Heißgaskanälen beschädigt und Reparaturmanipulatoren nicht vorhanden waren.

8 Hierzu *Buchreiter-Schulz*, Das Genehmigungsverfahren für den Forschungsreaktor Garching, in: Schnittpunkte nationalen und internationalen Atomrechts, 1997, S. 263 ff.

9 Dazu *Fabian/Teichel*, atw 1999, 95 ff.; *Fischer/Bouteille*, atw 1998, 83 ff.

b) Brennstoffzyklus

5 aa) *Der Begriff* „**Brennstoffzyklus**" („Brennstoff**kreislauf**") bezeichnet die Verfahrensstufen der Brennstoffversorgung und -entsorgung von Kernreaktoren. Um einen wirklichen *Kreislauf* handelt es sich nicht. So erstreckt sich bei dem als Kernbrennstoff verwendeten Uran der Brennstoffzyklus von der Gewinnung und Aufbereitung dieses Metalls über die Urananreicherung, die Brennelementherstellung, den Einsatz der Brennelemente in Reaktoren, (ggf.) die Wiederaufarbeitung abgebrannter Brennelemente und die Wiederanreicherung des Urans für die Wiederverwendung in Brennelementen bis zur Behandlung und Endlagerung des radioaktiven Mülls. Dazwischen liegen jeweils *Transportwege* und *Zwischenlagerungsphasen*. Für große Mengen hoch-, mittel- und schwachaktiver[10] Abfälle stehen die notwendigen Aufarbeitungs- bzw. Endlagerungsmöglichkeiten nicht zur Verfügung.

6 bb) Beim **Atomtransport** geht es um das Verbringen abgebrannter Brennelemente in Zwischen- oder Endlager oder zur Wiederaufarbeitung. Der Transport der strahlenden Brennelemente erfolgt unter besonderen Sicherheitsvorkehrungen. Zum Transport zu den Zwischenlagern Ahaus und Gorleben benutzt man einen Container namens Castor (*Cask for storage and transport for radioactive material*), der je Stück 2 Mio. DM kostet. Er enthält knapp 5 t Strahlenstoff und wiegt insgesamt 125 t. Eine Tonne Brennelemente enthält unmittelbar nach dem Entladen aus dem Reaktorkern mehr Radioaktivität, als 1986 von dem Unglücksreaktor in Tschernobyl freigesetzt wurde. – Die Castor-Transporte laufen unter hohen Sicherheitsvorkehrungen. Doch sind bestimmte Risiken nicht ausgeschlossen, manche derzeit auch nicht auszuschließen. So führt die Bahntransportstrecke über Brücken, die höher sind als die bisher getesteten Fallhöhen, bis zu denen der Behälter unbeschädigt bleibt. – 1998 wurde bekannt, daß seit Jahren verstrahlte Behälter benutzt werden[11].

7 Wegen überhöhter Strahlenwerte bei Atomtransporten in die französische Wiederaufbereitungsanlage **La Hague** und ins britische **Sellafield** stoppte am 21.4.1998 das Bundesumweltministerium alle Atommülltransporte. Zwar hat die Strahlenschutzkommission (Rn. 9/214) schon im Juni 1998 festgestellt, daß die Kontamination zu keiner Erhöhung der Strahlenbelastung der Bevölkerung führe und auch eine Gesundheitsgefährdung für das Arbeitspersonal auszuschließen sei[12]. Jedoch hat der Skandal Mängel bei der Information der Aufsichtsbehörden durch Stromkonzerne und Transportverantwortliche offenbar werden lassen: Während die Unternehmen schon seit Mitte der 80er Jahre von dem Problem wußten, erfuhr das Bundesumweltministerium nach eigenen Angaben erst am 24.4.1998 davon. Nicht einmal die am Transport Beteiligten sind bislang verpflichtet, sich gegenseitig über Kontaminationen an den Transportbehältern zu informieren. Auch wenn eine Rechtspflicht, Überschreitungen des Kontaminationsgrenzwertes den Behörden zu melden, möglicherweise nicht besteht[13], sollte sie de

---

10 Schwach- und mittelaktiv ist ein radioaktiver Abfall nicht wegen geringer Radioaktivitätsmenge, sondern wegen der Verteilung der Radioaktivität auf eine relativ große Menge nicht radioaktiven Materials, so daß die Intensität der Strahlung aus der Volumeneinheit schwächer wird.

11 Dazu eingehend *König/Amannsberger/Collin*, et 1999, 574 (576 ff.).

12 Stellungnahme der Strahlenschutzkommission zur „Bewertung der Kontamination beim Transport abgebrannter Brennelemente", 154. Sitzung am 3.6.1998, www.ssk.de/1998/castor2v.htm.

13 *Schmidt-Preuß*, et 1998, 750 (752). S.a. § 6 I und II der atomrechtlichen Sicherheitsbeauftragung- und Meldeverordnung – (AtSMV) vom 14.10.1992, BGBl. I 1766; *Kloepfer*, Umweltrecht, § 15 Rn. 76.

lege ferenda dringend eingeführt werden, wozu als Ermächtigungsgrundlage § 12 I 1 Nr. 1 AtG dienen kann. – Neue *Genehmigungen* für den Transport in das Zwischenlager Ahaus wurden gem. § 4 AtG (gebundene Entscheidung!) erst nach zweijähriger Pause im Januar 2000 mit Wirkung ab August dieses Jahres und mit strengeren Auflagen wieder erteilt[14]. Die Genehmigung auch internationaler Transporte wird nicht mehr lange auf sich warten lassen.

Nach dem Regierungswechsel 1998 dürfte sich die Problematik der Castor-Transporte über kurz oder lang entschärfen. Denn die neue Bundesregierung vertritt grundsätzlich die Auffassung, daß es künftig keine zentrale Zwischenlagerung und auch keine Wiederaufarbeitung mehr geben soll. Um Castor-Transporte zu vermeiden, sollen die abgebrannten Brennstäbe direkt an den KKW zwischengelagert[15] und dann nach rund 40 Jahren, wenn die Strahlung ausreichend abgeklungen ist, direkt ins Endlager verfrachtet werden. Trotz verbalen Dauerprotests scheint auch die Atomwirtschaft auf diese neue Entsorgungslinie einschwenken zu wollen. So haben inzwischen die meisten deutschen Kernkraftwerke den Bau von Zwischenlagern an ihren Standorten beantragt. Allein im Dezember 1999 sind neun neue Anträge beim Bundesamt für Strahlenschutz eingegangen. **8**

2. Entsorgung

Radioaktive *Reststoffe* bedürfen der **Entsorgung**, d.h. der schadlosen Verwertung oder geordneten Beseitigung[16]. Dazu werden radioaktive Abfälle zunächst zwischengelagert, dann u.U. wiederaufgearbeitet, sodann konditioniert (also zu einem Abfallgebinde verarbeitet bzw. verpackt) und schließlich endgelagert. Ein Teil des sog. Brennstoffzyklus verläuft daher im Entsorgungsbereich. Abgesehen von der Frage der Wünschbarkeit der zivilen Kernenergienutzung überhaupt betrifft die wichtigste Entscheidung in der gegenwärtigen Atomrechtsdiskussion die Wahl zwischen Wiederaufarbeitung einerseits und direkter Endlagerung andererseits. **9**

In der Bundesrepublik fallen Jahr für Jahr erhebliche Mengen radioaktiver Abfälle an, und zwar insbesondere beim Betrieb der LWR, in der kerntechnischen Industrie (z.B. bei der Urananreicherung oder der Brennelementherstellung), in Großforschungseinrichtungen oder bei der Radioisotopenanwendung in sonstigen Forschungseinrichtungen, Krankenhäusern usw. Soweit diese Abfälle hochaktiv sind (z.B. abgebrannte Brennelemente), entwickeln sie große Wärme; bei mittel- oder schwachaktiven Abfällen ist die Wärmeentwicklung vernachlässigbar. **10**

a) Zwischenlagerung

Die Zwischenlagerung *mittel- und schwachaktiven* radioaktiven Abfalls bereitet keine besonderen Schwierigkeiten. Sie wird in staatlichen, aber auch in industriellen **11**

14 Zentrale Genehmigungsvoraussetzung war, daß die von der IAEO (Rn. 9/74) festgelegten Grenzwerte für mögliche radioaktive Kontaminationen an den Außenwänden der Castor-Behälter während des gesamten Transports sicher eingehalten werden.

15 Dazu aus ingenieurwissenschaftlicher Sicht *Bauck/Wasinger*, atw 1997, 398 ff.

16 Hierzu aus jüngster Zeit *Wild*, atw 1999, 458 ff.; für eine ausführliche Darstellung der tatsächlichen und rechtlichen Aspekte vgl. Hess. Ministerium für Umwelt (Hrsg.), Entsorgung von hoch radioaktiven Brennelementen aus Kernkraftwerken nach dem Atomgesetz, Dokumentation der Anhörung im Umweltausschuß des hessischen Landtags am 20.6.1996.

Zwischenlagern vorgenommen (z.B. in den externen Faßlagern Gorleben und Mitterteich). Bei der Zwischenlagerung wärmeentwickelnden, d.h. *hochradioaktiven* Abfalls geht es dagegen

- zunächst um eine *interne* Zwischenlagerung abgebrannter Brennelemente, nämlich in kraftwerkseigenen Wasserbecken, in denen die Radioaktivität der entladenen Brennelemente abklingen soll,
- dann um eine *externe* Zwischenlagerung konditionierter und unkonditionierter Abfälle.

12 Zentrale **Zwischenlager** mit je 420 Stellplätzen gibt es in Gorleben (für 3800 t Schwermetall abgebrannter Brennstäbe) und in Ahaus; drei externe Brennelementelager sind in Obrigheim, in Jülich sowie in Greifswald/Lubmin zu finden; in Greifswald/Lubmin wurde jüngst ein standortnahes Zwischenlager genehmigt, das allerdings (vorerst) ausschließlich der Aufbewahrung von abgebrannten Brennelementen aus den beiden stillgelegten ostdeutschen Atomkraftwerken Greifswald und Rheinsberg dienen soll[17]. – Das Zwischenlager Gorleben wurde mit 420 Castor-Behältern gefüllt (erster Transport: April 1995, zweiter: Mai 1996)[18]. – Unter starkem Polizeischutz rollte am 19.3.1998 der größte Castor-Transport in der Geschichte Deutschlands in Richtung Ahaus[19].

b) Wiederaufarbeitung

13 Die **Wiederaufarbeitung** abgebrannter Brennelemente hat das Ziel der Rückgewinnung von Brennstoff (insbesondere Uran 235 und Plutonium 239) und soll der atomaren „Entschärfung" des abzulagernden Atommülls durch Einschmelzen der radioaktiven Spaltprodukte in Glasblöcke dienen. Der rückgewonnene Kernbrennstoff wird wieder Brennelementfabriken zugeführt. Die im Wege der Wiederaufarbeitung vorgenommene Extraktion der als Kernbrennstoffe bzw. der zur Kernbrennstoffherstellung geeigneten Stoffe (Uran, Plutonium) soll nicht nur einen gewissen Teil des Gesamt-Kernbrennstoffbedarfs decken und die insoweit bestehende Importabhängigkeit mindern, sondern auch die Entsorgung des radioaktiven Abfalls erleichtern. Bei der Wiederaufarbeitung sind *Abfallvolumen* und *Radiotoxizität* in den ersten Jahrhunderten der Ablagerung aber auch größer als bei direkter Endlagerung.

14 In jedem Jahr fallen in Deutschland insgesamt rd. 400 t abgebrannter Brennelemente an, bis zum Jahr 2005 insgesamt etwa 10 500 t[20]. Seit 1971 fand die Wiederaufarbeitung eines kleinen Teils der nicht zwischengelagerten abgebrannten Brennelemente aus deutschen KKW im

---

17 Zu den deutschen Zwischenlagern *König/Amannsberger/Collin*, et 1999, 574 (578).

18 Nach der Entscheidung des OVG Lüneburg vom 2.9.1996 – DVBl. 1997, 857 (nur LS) – durfte es weiterbetrieben werden; Sicherheitsbedenken seien unbegründet, die Kläger durch den Betrieb des Transportbehälterlagers nicht in ihren Rechten verletzt.

19 Die Klage gegen die Zwischenlagerung von Atommüll in Ahaus wurde vom BVerwG, NVwZ 1999, 654 ff., wie in der Vorinstanz (OVG Münster, RdE 1997, 222 ff.) abgewiesen. Der Vorwurf, die Vorinstanz habe sich nicht ausreichend mit der Sicherheit der Atommüllbehälter befaßt, sei unzutreffend.

20 Nachweise bei *Warnecke*, et 1993, 86 (90). Nach BMU, Fragen und Antworten zum Atomausstieg, Dezember 1999, S. 9: 5100 t Brennelemente in Frankreich und Großbritannien, 30 000 m^3 unkonditionierte radioaktive Abfälle mit vernachlässigbarer Wärmeentwicklung, 1400 m^3 konditionierte Abfälle (mit Wärmeentwicklung) und 61 000 m^3 konditionierte Abfälle mit zu vernachlässigender Wärmeentwicklung.

Kernforschungszentrum Karlsruhe statt, im übrigen vor allem in *Frankreich (La Hague)*, aber auch in *England (Sellafield)*. – Auf Initiative der Deutschen Gesellschaft für die Wiederaufarbeitung von Kernbrennstoffen (DWK) war bei *Wackersdorf* Ende 1985 mit dem Bau einer großtechnischen Wiederaufarbeitungsanlage (WAA) begonnen worden. Rd. 2,5 Mrd. DM waren bereits investiert, als die Bauarbeiten Ende Mai 1989 von der DWK eingestellt wurden. – Auf Betreiben der Kernenergiewirtschaft wurde die Wiederaufbereitung ausgedienter Brennelemente in der Folge (betriebswirtschaftlich weit günstiger) auf der Grundlage neuer langfristiger Verträge mit der französischen COGEMA (*Compagnie Générale des Matières Nucléaires*) und der britischen BNFL (*British Nuclear Fuels Ltd*) durchgeführt, und zwar mit Billigung der Staatsregierungen. Die deutschen Brennelemente werden danach vor allem in La Hague, aber auch in Sellafield aufgearbeitet. Die bei der Wiederaufarbeitung anfallenden radioaktiven Abfälle werden in den Wiederaufbereitungsanlagen konditioniert. Aufgrund privat- und völkerrechtlicher Verpflichtungen auf Regierungsebene sind sie nach Deutschland zurückzuführen[21]. Die im Zusammenhang mit der Aufgabe von Wackersdorf verhandelten Verträge reichen bis etwa zum Jahr 2005 und enthalten Optionen bis zum Jahr 2015.

Mit den erwähnten Regierungs- und Industrieabkommen war ursprünglich eine langfristige enge Zusammenarbeit zwischen einerseits der deutschen und andererseits sowohl der französischen als auch der englischen Energiewirtschaft im Rahmen eines übergreifenden *europäischen Konzepts der Kooperation bei der friedlichen Nutzung der Kernenergie* beabsichtigt gewesen. In ihrer Koalitionsvereinbarung[22] hat die rot-grüne Bundesregierung jedoch festgelegt, daß die Wiederaufarbeitung bestrahlter Brennelemente beendet werden soll. Das bisherige Entsorgungskonzept sei gescheitert, die Entsorgung künftig auf Zwischen- und Endlagerung zu beschränken[23]. – Damit trägt die Bundesregierung Bedenken Rechung, daß für die WAA im Ausland ausreichend hohe Sicherheitsstandards nicht bestehen. Auffallend hohe Krebsraten in der Umgebung ausländischer Wiederaufarbeitungsanlagen wecken insoweit in der Tat Zweifel[24]. Ohnehin dürfte der Ausstieg aus der Wiederaufarbeitung in Frankreich allenfalls aufzuschieben, schließlich aber genauso wenig aufzuhalten sein wie in Deutschland. Der Abschied vom Super-Phenix (Rn. 9/3) ist ein Signal. 15

c) Konditionierung

Durch die **Konditionierung** sollen die Abfallgebindevolumina verringert und die Abfallgebindeeigenschaften verbessert werden. 16

Seit Mai 1986 ist in Gorleben eine *Pilotkonditionierungsanlage* (PKA) für abgebrannte Brennelemente mit einem Durchsatz von 35 t/Jahr geplant[25]. Inzwischen hat sich Niedersachsen vertraglich verpflichtet, alle erforderlichen Genehmigungen zu erteilen. Im Gegenzug ruhen die Amtspflichtverletzungsklagen der Betreiber[26]. 17

21 Zu den gegenüber Frankreich und Großbritannien in Sachen Wiederaufbereitung bestehenden völkerrechtlichen Verpflichtungen der Bundesrepublik *Heintschel v. Heinegg*, et 1999, 72 ff.
22 www.bmu.de/atomkraft/koalition.htm = ZRP 1998, 485 ff.
23 Dazu jüngst *Koch/Roßnagel* NVwZ 2000, 1 (8).
24 Dazu *Wollenteit/Gebauer*, ZUR 1999, 250.
25 Dazu BVerwG, DVBl. 1993, 1152.
26 Die Anlage soll dringend erforderlich sein, um schadhafte Castoren zu reparieren, selbst wenn sie sonst keine weitere Verwendung hat.

d) Endlagerung

18 Seitdem mit der Änderung des Atomgesetzes 1994 (Rn. 9/64) der Vorrang der Wiederaufarbeitung aufgegeben wurde, stehen Wiederaufarbeitung und direkte Endlagerung abgebrannter Brennelemente als *gleichberechtigte Optionen* nebeneinander. Inzwischen soll sogar ein *Wiederaufarbeitungsverbot* ergehen (Rn. 9/219 ff.). Die gesetzlichen Voraussetzungen für eine – verfassungsrechtlich fragwürdige – Privatisierung der Endlagerung wurden mit der 8. Novelle des AtG von 1998 teilweise geschaffen[27]. Die Endlagerung ist ein bislang ungelöstes Problem[28]. – Auch hier ist nach der Strahlung zu unterscheiden:

19 aa) Bei der Endlagerung *hochradioaktiven Abfalls* geht es vor allem um die ausgedienten Brennelemente aus den LWR. Die Endlagerung erfolgt entweder nach Wiederaufarbeitung oder im Wege der „direkten" Endlagerung. Jedenfalls muß die Endlagerung in einer auf ihre Eignung für die Abschirmung und die Wärmeaufnahme überprüften und für geeignet befundenen Umgebung, etwa in Tonstein, in Granit oder in einem Salzstock vorgenommen werden. Sie muß nämlich für lange Zeit – die Halbwertszeit bspw. von Jod 129 beträgt 1 Mio. Jahre, von Plutonium 24 000 Jahre – einen sicheren Abschluß des radioaktiven Mülls von der Biosphäre gewährleisten. Da die geologischen Anforderungen an Endlager für radioaktive Abfälle nicht verallgemeinert werden können, sind die Bedingungen jeweils standortspezifisch zu formulieren.

20 bb) Das einzige Endlager des Bundes für *niedrig- bis mittelaktive Abfälle* bestand bis vor kurzem – aufgrund DDR-Zulassung – in Morsleben[29]. Es wurde als Endlager für radioaktive Abfälle der ehemaligen DDR eingerichtet und bis vor kurzem als staatliches Endlager i.S.d. § 9a III AtomG unter der Zuständigkeit des BfS (Rn. 9/253) betrieben. Nach dem Regierungswechsel hat sein neuer Präsident erklärt, daß die Einlagerung von Abfällen hier nicht mehr vertretbar sei, und das Lager geschlossen[30]. Es soll nunmehr verfüllt werden, weil ein Langzeitsicherheitsnachweis nicht zu führen ist[31] (s.a. Rn. 9/212).

21 Für die Endlagerung *schwach-* und gewisser *mittelaktiver Abfälle* mit vernachlässigbarer Wärmeentwicklung (z.B. Filtermaterialien) war ursprünglich die vom Bund als kapazitativ ausreichend und besonders geeignet beurteilte ehemalige *Eisenerzgrube Konrad (Salzgitter)* vorgesehen gewesen. Sie sollte 550 000 bis 650 000 m³ radioaktive Abfälle mit vernachlässigbarer Wärmeentwicklung als Endlager aufnehmen. Erst nach einer Entscheidung des BVerfG[32] kam das Land Niedersachsen einer bundesaufsichtlichen Weisung des BMU nach und leitete mit Auslegung der Planunterlagen die Öffentlichkeitsbeteiligung ein. Nach einer erneuten bundesaufsichtlichen Weisung begann der – in Deutschland bisher längste – Erörterungstermin. – Noch ungewiß ist, wie sich der Regierungswechsel auswirken wird. Denn einerseits hält die neue Bundesregierung ein besonderes Endlager für schwach- oder mittelaktive atomare Abfälle offenbar für verzichtbar und plädiert stattdessen für ein einziges zentrales nationales Endlager. Dies ist so auch in der Koalitionsvereinbarung[33] niedergelegt worden. Dann aber müßte

27 BGBl. 1998 I 694.

28 Zur deutschen Endlager-Situation auch atw 1996, 627 ff.; krit. SRU, Umweltgutachten 2000, Tz. 253, 269.

29 Dazu BVerwGE 90, 255; *Kloepfer/Brandner*, ZUR 1993, 269 ff.; zu den Endlagerungsbedingungen in Morsleben *Brennecke/Kugel/Noack*, atw 1997, 237 ff.

30 Davor hatte schon das OVG Magdeburg – NVwZ 1999, 93 ff. – weitere Einlagerungen untersagt.

31 *Koch/Roßnagel*, NVwZ 2000, 1 (9).

32 BVerfGE 84, 25.

33 S.o. Fn. 22.

der Standort Salzgitter aufgegeben werden, denn für stark wärmeentwickelnden Abfall ist er nicht geeignet.

cc) Noch unter der christlich-liberalen Bundesregierung war im *Salzstock Gorleben* ein Endlager für alle Arten von radioaktiven Abfällen, insbesondere für *wärmeentwickelnde Abfälle* (also abgebrannte Brennelemente und konditionierte hochaktive Abfälle insbesondere aus der Wiederaufarbeitung) geplant worden. Aufgrund einer übertägigen Standorterkundung (Rn. 9/228) war die Eignungshöffigkeit des Standortes festgestellt und die untertätige Erkundung des Salzstocks in Angriff genommen worden; die Betriebsaufnahme war für das Jahr 2008 vorgesehen. Mittlerweile hat jedoch der Bundesumweltminister die Absicht der neuen Bundesregierung bekräftigt, die Erkundungsarbeiten für ein atomares Endlager im Salzstock Gorleben zu unterbrechen. Stattdessen soll ein nationaler Entsorgungsplan für die Erblast der radioaktiven Abfälle erarbeitet werden. Dazu gehört nach Auffassung der Bundesregierung auch ein neues Endlagerverfahren, bei dem es kein Präjudiz für Gorleben geben dürfe. **22**

3. Gegenwärtiger Stand der wirtschaftlichen Nutzung der Kernenergie

1968 wurde das KKW Obrigheim, 1972 das KKW Stade in Betrieb genommen[34]. Anfang 2000 waren in der Bundesrepublik Deutschland 18 Leistungsreaktoren in kommerziellem Betrieb; hinzu kommt Mülheim-Kärlich, dessen erste Teilgenehmigung nachgeholt werden soll. Schließlich gibt es den Forschungsreaktor KNK-2 in Karlsruhe[35]. – Nach dem Ausstiegsszenario der Bundesregierung sollen noch in dieser, der 14. Legislaturperiode die KKW Stade und Obrigheim abgeschaltet werden. Grundsätzlich sieht die rot-grüne Koalition eine Gesamtlaufzeit von maximal 30 Kalenderjahren vor, ergänzt um eine Übergangsfrist von drei Jahren. Damit gingen Stade und Obrigheim erst 2003 vom Netz, also in der 15. Wahlperiode. Für welche Gegenleistung die Atomindustrie die gewünschten Bauernopfer, also Stillegung noch in dieser Legislaturperiode, bringt, bleibt abzuwarten. 1997 betrug der Atomstromanteil mit 170 328 GWh an der gesamten Elektrizitätserzeugung in Deutschland (549 746 GWh) 31% gegenüber 29% 1995[36]. **23**

Das KKW Obrigheim, mit einer Leistung von 340 MW kleinstes KKW Deutschlands mit dem ältesten LWR am Netz weltweit, wurde am 25.5.1990 abgeschaltet, nachdem der VGH BW mit Entscheidung vom 23.5.1990[37] es als ungenehmigt ansah. Auf die Entscheidung des BVerwG vom 7.6.1991[38] ging der Atommeiler nach 450 Tagen und einem Verlust von 380 Mio. DM wieder ans Netz. Am 27.10.1992 wurde die weiterhin umstrittene Dauerbetriebsgenehmigung erteilt, am 7.3.1995 vom VGH BW aufgehoben und dann am 22.1.1997 vom BVerwG[39] doch wieder bestätigt. Im Streit stand, ob die Genehmigung erteilt wurde, obwohl die Behörde einen Gefahrenverdacht gehabt habe und wichtige Sicherheitsfragen wie Schweißnähte, Notfallkühlung, Festigkeitsnachweise für den Reaktordruckbehälter und Erdbebensicherheit zum Zeitpunkt der Genehmigung offengeblieben seien. Ebenso war umstrit- **24**

34 Bereits 1961 war das Versuchs-KKW Kahl in Betrieb gegangen.

35 In den neuen Bundesländern blieben zwar aufgrund von Übergangsbestimmungen noch eine Reihe zu DDR-Zeiten genehmigter, erneut auf ihre Sicherheit geprüfter KKW zunächst am Netz, sind jetzt aber alle abgeschaltet.

36 Stat. Jahrbuch 1999, S. 225.

37 NVwZ-RR 1990, 535 ff.

38 BVerwGE 88, 286.

39 DVBl. 1997, 719 ff.

ten, ob das KKW abweichend von der Genehmigung gebaut wurde. Der Eilantrag einer Nachbargemeinde auf Wiederherstellung der aufschiebenden Wirkung ihrer Klage gegen die Genehmigung von Veränderungen am Kraftwerk hatte keinen Erfolg, weil sie nach Auffassung des VGH mit ihren Einwendungen präkludiert war[40].

25 Am 14.1.1998 bestätigte das BVerwG die Aufhebung der (nachgebesserten) Ersten Teilgenehmigung von 1990 für das KKW Mülheim-Kärlich durch das OVG Koblenz, weil Risiken der Erdbebensicherheit nicht ausreichend untersucht worden seien[41]. Schon die 1975 erstmals erteilte Genehmigung war nach 13 Jahren aufgehoben und der im Probebetrieb gelaufene Reaktor abgeschaltet worden. RWE hat inzwischen aber erneut einen Antrag auf eine Erste Teilgenehmigung gestellt.

26 Einer Reihe funktionierender Anlagen stehen also auch einige Forschungs-, Betriebs- und Bauruinen gegenüber.

27 Nicht nur in der Bundesrepublik, sondern auch in anderen Ländern, bspw. den USA, stagniert die Kernenergieentwicklung. In Österreich ist die Nutzung von Kernenergie nach einer Volksabstimmung gesetzlich verboten. In Italien gilt ein Moratorium. In Schweden wurde schon vor Jahren der „Umstieg“ (aus der Kernenergie) beschlossen[42]. Grundlage war eine Volksabstimmung 1980, wonach der Ausbau des Atomkraftprogramms auf 12 Reaktoren zugelassen, zugleich aber deren Stillegung nach höchsten 25 Jahren Betriebsdauer festgesetzt wurde. Ein Reaktor wurde kürzlich gegen Entschädigung in Strom abgeschaltet; vor 2010 soll aber keine weitere Stillegung erfolgen.

28 Der Bau weiterer Atomkraftwerke steht jedenfalls gegenwärtig in Deutschland nicht mehr zur Debatte. Die Technik ist offensichtlich nicht mehr mehrheitsfähig, und die Erfüllung der neuen Sicherheitsstandards wäre wohl außerordentlich kostenaufwendig. Die übrigen Möglichkeiten der Energieerzeugung sind inzwischen so weit gereift, daß ökologische Gründe für die Kernkraftnutzung, falls sie je einer ernsthaften Prüfung standhielten, in den Hintergrund gerückt sind.

29 Nachdem sich die Regierung in ihrem Koalitionsvertrag im Herbst 1998 zum Ausstieg aus der Atomenergie verpflichtet hat, konzentrierte sich die Diskussion im folgenden auf die zwischen der Regierung einerseits, den Vertretern der Atomwirtschaft andererseits zu vereinbarende Restlaufzeit der 19 in der Bundesrepublik bestehenden Atomkraftwerke. Nach der Koalitionsvereinbarung[43] vom Oktober 1998 soll für den Ausstieg ein Stufenplan gelten: Zunächst soll ein „entschädigungsloser“ Ausstieg „im Konsens“ mit den Betreibern gefunden werden[44]. Wenn sich dies innerhalb eines Jahres als unmöglich erweisen sollte, soll eine gesetzliche Befristung eingeführt werden. Nach Meinung des Wirtschaftsministeriums sollte die Laufzeit der Reaktoren auf 35 Kalenderjahre beschränkt werden. Das älteste Atomkraftwerk, der 1968 angefahrene Reaktor im badischen Obrigheim, würde dann im Jahre 2003 als erster vom

---

40 VGH BW, DÖV 1999, 833 f.

41 BVerwGE 106, 115 ff. – Mülheim Kärlich III.

42 *Fogelström*, atw 1991, 373 ff.

43 S.o. Fn. 22.

44 Für den Fall eines Ausstiegs aus der Atomkraft ohne Konsens mit den Betreibern drohten die Betreiber der 19 deutschen Kernkraftwerke einen Schadensersatzanspruch von bis zu 50 Mrd. DM an. Dabei galt in der Stromwirtschaft eine Lösung als akzeptabel, bei der 35 Betriebsjahre der Kernkraftwerke in KW-Stunden umgerechnet werden, während die Ausstiegsbefürworter anstelle von Vollast- von Kalenderjahren ausgehen.

Netz gehen, der letzte – Neckarwestheim 2 – im Jahr 2024. Von Bündnis 90/Die Grünen wurde eine Gesamtlaufzeit von max. 30 Kalenderjahren gefordert, von den Stromversorgern dagegen eine ganz andere Berechnungsweise: Sei wollen statt Kalenderjahren Betriebsjahre gewertet wissen. Da die Reaktoren wegen Wartungsarbeiten immer wieder stillstehen, bedeuten 35 Betriebsjahre eine Laufzeit von meist mehr als 40 Kalenderjahren. Kommt ein Konsens nicht bald zustande, will die Regierung mit einer einseitigen gesetzlichen Regelung in Gestalt eines Ausstiegsgesetzes (vgl. Rn. 9/206) Fakten schaffen.

4. Argumente für und gegen die Nutzung der Kernenergie

Im Mittelpunkt stehen die **Fragen**, ob **30**

- Kernenergie wirtschaftlich notwendig ist oder ob wir auch ohne Kernenergie die Energieversorgung sicherstellen können,
- sich das Katastrophenpotential der Kernenergie so verringern läßt, daß es mit anderen, akzeptierten technischen Risiken vergleichbar ist,
- wir für die Abfallbehandlung und Endlagerung eine befriedigende Lösung erzielen, die auch künftigen Generationen keine unzumutbaren Risiken aufbürdet, und
- durch den Einsatz der Kernenergie Energiesparen sowie Entwicklung und Einsatz regenerativer und dezentraler Techniken behindert werden.

a) Befürworter

Für die weitere friedliche Nutzung der Kernenergie werden vor allem die *Einsparung von Öl* als wertvollem, für die Petrochemie unentbehrlichem Rohstoff und die gegenüber herkömmlichen KW *größere Umweltfreundlichkeit der KKW im Normalbetrieb* angeführt. **31**

Der Beitrag der fossil befeuerten KW zur *Umweltbeeinträchtigung* ist in der Tat bedeutend. **32** Das gilt nicht nur für die SO_2-Emmissionen (Stichwort: *Waldsterben*; Rn. 8/14 ff.), sondern auch für den CO_2-Ausstoß[45]. Die Verbrennung fossiler Energieträger (Kohle, Öl und Erdgas) trägt so zu dem bedrohlichen *Treibhauseffekt* (Rn. 8/11 ff.) bei. Freilich kann angesichts der nur begrenzten Uranressourcen durch die Nutzung von Kernergie eine wirksame CO_2-Minderung auf längere Sicht wohl nicht erreicht werden; ein *zukunftsfähiger* Energiemix muß daher *ohne* Kernergie geplant und ins Werk gesetzt werden[46]. Die Notwendigkeit weiterer Kernenergienutzung aus Klimaschutzgründen ist zwischen den christlich-liberalen Parteien einerseits und den beiden Regierungsparteien sowie der PDS andererseits seit jeher heftig umstritten[47].

---

45 Dazu das „Plädoyer für die friedliche Nutzung der Kernenergie" der seinerzeitigen Bundesumweltministerin *Merkel*, atw 1996, 386 (390); aber auch der SRU, vgl. SRU, Umweltgutachten 2000, Tz. 273.

46 Vgl. *Koch/Roßnagel*, NVwZ 2000, 1 (4).

47 Vgl. *Michaelis*, et 1995, 45 ff. zur Bilanz der Arbeit der Enquête-Kommission „Schutz der Erdatmosphäre" und deren Bericht 1994, BT-Drs. 12/8600 vom 31.10.1994. – Bei einem globalen Ersatz der Kernenergie durch herkömmliche Brennstoffe soll sich der CO_2-Ausstoß um rd. 10% erhöhen.

33 Soll der Atomausstieg nicht auf Kosten des Klimaschutzes[48] gehen, ergäben sich auch weitere *Verteuerungen des Strompreises*. Eine errechnete Mehrbelastung von 1,7 Pf./kW/h erscheint freilich nicht als durchschlagendes Argument, zumal diese Modellrechnung von einem Ausstieg bis 2005 ausgeht, der ohnehin nicht geplant ist. – Erst recht ist das *Arbeitsplatzargument* zwiespältig; im übrigen geht auch von neuen Energietechnologien eine positive Beschäftigungswirkung aus[49].

b) Gegner

34 Von Skeptikern werden demgegenüber **gegen** die weitere friedliche Nutzung der Kernenergie vor allem Sicherheitsbedenken[50] vorgebracht:

35 aa) Zwar ist die Wahrscheinlichkeit eines nicht beherrschbaren Reaktorunfalls bei den heute in der Bundesrepublik Deutschland in Betrieb befindlichen, mehrfach nachgerüsteten KKW (insbesondere bei den Druckwasserreaktoren) infolge des hohen technischen Sicherheitsstandards womöglich kleiner als in anderen großtechnischen Bereichen, z.B. in dem der Chemie. Indes verbleibt ein sog. *„Restrisiko"* (Rn. 1/83 ff.). Seine *Akzeptabilität* wird trotz der atomrechtlichen Haftungsgewährleistung mittlerweile wohl von der der Mehrheit der Gesellschaft *verneint*, insbesondere wegen des voraussichtlich katastrophalen Ausmaßes der Schadensfolgen eines Kernschmelzunfalls und wegen der spezifischen Entsorgungsrisiken.

36 Zwar hat die *Sicherheitstechnik* einen sehr hohen Standard erreicht, weil wir heute vorausschauend das Verhalten selbst hochkomplexer technischer Systeme analysieren können und wirksame Strategien zur *technischen* Störfallvermeidung bzw. Störfallbeherrschung entwickelt haben. Bei all dem bleibt freilich das Problem zureichender Absicherung gegen den **Risikofaktor Mensch** (Fehlleistungen bei der Auslegungsplanung einer kerntechnischen Anlage, bei der Herstellung, beim Betrieb und bei der Überwachung).

37 So haben vor allem der *TMI-2-Reaktorstörfall von Harrisburg/USA* (3/79)[51], der *Reaktorunfall des RBMK-1000 von Tschernobyl/UdSSR* (4/86)[52] und zuletzt der Unfall von *Tokaimura/Japan* gezeigt, daß das Sicherheitsvertrauen enttäuscht werden kann. Im ersten Fall handelte es sich um einen Störfall in einem DWR, der zu einer Beinahe-Katastrophe geführt hat, im zweiten Fall lag ein echter Reaktorunfall vor („Super-GAU"), der über den größten anzunehmenden Auslegungsstörfall („GAU") hinausging (nukleare Leistungsexkursion mit Kernzerstörung, Freisetzung radioaktiven Inventars mit bedeutenden interkontinentalen Auswirkun-

48 Zum Zusammenhang SRU, Umweltgutachten 2000, Tz. 244 ff.

49 Dazu *Eichelbrönner*, et 1998, 707 ff.

50 Zusammenfassend SRU, Umweltgutachten 2000, Tz. 251 f.

51 Dazu z.B. die Berichte in atw 1979, 578 ff., 582 ff. u. 586 ff. (Kemeny-Kommission) sowie in atw 1980, 39 ff. (Bedeutung für deutsche KKW aus der Sicht der Energiewirtschaft), s.a. *Perrow*, Normale Katastrophen, 1988, S. 44 ff.

52 Vgl. z.B. *Hicken*, et 1986, 683 ff.; *Wendling*, et 1986, 733 ff.; *Kotthoff/Erven*, atw 1987, 32 ff.; *Loprieno*, EurUm 1987, 2 ff.; *Birkhofer*, et 1987, 317 ff. Zu den rechtlichen Folgemaßnahmen nach Tschernobyl vgl. *Haedrich*, et 1988, 631 ff.; s. im übrigen: *Stscherbak*, Protokolle einer Katastrophe, 1988; *Kröger/Chakraborty*, Tschernobyl und weltweite Konsequenzen, 1989, sowie – aus neuerer Zeit – das (Schwerpunkt-)Heft 3 der atw 1996.

gen[53]). Die hohe Rate an Schilddrüsenkrebs und Leukämie bei Kindern aus den durch den Atomunfall von Tschernobyl betroffenen Regionen belebte erneut die Diskussion um die Angemessenheit der bisherigen Grenzwerte. Insbesondere sei zu wenig berücksichtigt, daß auch niedrige Strahlendosen Krebs erzeugen. – Aufsehen hat ferner ein *Störfall* erregt, der sich am *16./17.12.1987* im Block A des *KKW Biblis* (DWR) ereignet hat[54], in der Öffentlichkeit aber erst ein Jahr später bekannt geworden ist: Auf das *technische Versagen eines Ventils* folgte eine *Kette menschlicher Fehlhandlungen*[55]. – Auch durch rechtswidrige Verschiebung falsch deklarierter radioaktiver Abfälle zwischen deutschen Kernanlagen und dem belgischen Kernforschungszentrum Mol[56] sowie die jahrelang verschwiegene Kontamination der Castor-Transportbehälter wurde das Vertrauen der Öffentlichkeit in die vom Atomrecht geforderte Zuverlässigkeit von Personen, die in der Atomwirtschaft verantwortlich tätig sind, schwer erschüttert[57].

Am 30.9.1999 ereignete sich in der Brennelementefabrik *Tokaimura* der bisher schwerste atomare Unfall in Japan[58]. Dabei mischten Arbeiter aus Versehen 16 statt 2,4 kg Uran mit Salpetersäure und setzten so eine unkontrollierte Kettenreaktion außerhalb eines Reaktors in Gang, in deren Folge in der Anlage die Strahlendosis 4000 mal höher war als zulässig und mindestens 55 Menschen verstrahlt wurden, davon 3 mit einer sehr hohen Dosis. Dieser Unfall in Japan mit seinem vergleichsweise hohen Sicherheitsstandard zeigt einmal mehr die besonderen Gefahren beim Umgang mit radioaktiven Stoffen: Die Anlage und ihre Mitarbeiter waren auf schwere atomare Unfälle offenbar unzureichend vorbereitet. Das Betreiberunternehmen hatte Arbeitsvorschriften für die Handhabung des Urans geändert, ohne dies den Aufsichtsbehörden anzuzeigen. In der Uranverarbeitungsanlage wurde eigenmächtig und gefährlich und unter Verstoß gegen Gesetze gehandelt. Die Kontrollen waren unzureichend. Gleichwohl hält Japan an seiner Politik fest, den Anteil der Atomenergie an der Stromerzeugung von über 1/3 weiter auszubauen. – **38**

Fast unglaublich und alles andere als geeignet, Vertrauen in die Nuklearindustrie (wieder-)herzustellen, ist auch die im Februar 2000 bekannt gewordene Fälschung von Sicherheitspapieren für MOX-Brennelemente durch die BNFL in Sellafield[59]. **39**

Neben dem geschilderten Stör- und Unfallrisiko, dem § 7 II 1 Nr. 3 AtG begegnen will, besteht ein trotz § 7 II 1 Nr. 5 AtG nicht kalkulierbares Risiko hinsichtlich *Sabotage* und *Terroranschlägen* („Eva“ = Einwirkungen von außen)[60]. Die Frage nach den hiergegen notwendigen **40**

---

53 In der Bundesrepublik wurde (durch Regenfälle) besonders Süddeutschland mit Radioaktivität (insbes. Jod 131 sowie Cäsium 134 u. 137) kontaminiert. Wegen der Halbwertzeiten (8 Tage bei Jod 131, 2 Jahre bei Cäsium 134 u. 30 Jahre bei Cäsium 137) bleibt im wesentlichen nur das Cäsium 137 noch für einige Zeit bedeutsam, wenn auch die Mengen (im Gegensatz zur biologischen Wirksamkeit der Radioaktivität) verschwindend gering sind. Über das gesamte Bundesgebiet wurden lediglich ca. 1 g Jod 131 u. einige 100 g Cäsium deponiert; vgl. *Sauer/Pries*, NJW 1988, 953 f. – Vgl. zu den Langzeitfolgen *Mück*, atw 1993, 138 ff. – Des ungeachtet wird das KKW Tschernobyl nach wie vor betrieben (Stand: Frühjahr 2000), wenn auch nur noch mit einem Reaktor.

54 Vgl. die Berichte in atw, 1988, 1 ff.; 1989, 186 ff. u. 1989, 580 ff. sowie den Bericht des BMU vom 28.1.1989 gegenüber dem zust. BT-Ausschuß, BMU, Umwelt 1989, Heft 2, S. 85 ff. Vgl. auch HessVGH, NVwZ 1989, 1183 (1186 f.).

55 Weitere Beispiele bei *Hawkes*, Der Faktor Mensch im Gentechnikrecht, 1995, S. 50 ff.

56 Vgl. etwa atw 1988, 173 ff., 175 ff. u. 178 ff.; Erklärung der BReg vom 13.1.1988, BMU, Umwelt 1988, Heft 2, S. 75.

57 Zu den rechtlichen Auswirkungen der Vorkommnisse in Hanau vgl. *Haedrich*, et 1988, 631 (634 ff.); s.a. *Brinkert*, atw 1992, 129 ff.

58 Dazu *Kugeler u.a.*, atw 1999, 630 ff.

59 FAZ, 17.2.2000, S. 1.

60 Dazu allgemein *Murswiek*, in: *v. Westphalen* (Hrsg.), Technikfolgenabschätzung als politische Aufgabe, 3. Aufl., 1997, S. 238 (245 f.). Zur behördlich angeordneten Eigensicherung terroranschlag-gefährdeter KKW durch einen mit Handfeuerwaffen ausgestatteten Werkschutz vgl. BVerwG, JZ 1989, 895 m. krit. Anm. *Karpen*.

Schutzvorkehrungen ist, soweit es sich um geheim zu haltende Vorkehrungen handelt, nach h.L. nicht justitiabel, ebensowenig wie die Befürchtung etwaiger *Kriegseinwirkungen*. – Hingewiesen wird schließlich auch auf die Möglichkeit, das Reaktorplutonium, das bei der Wiederaufarbeitung abgebrannter, nicht aus militärischen Reaktoren, sondern aus kommerziellen Leichtwasserreaktoren (Rn. 9/2) stammender Brennelemente anfällt, zur *Atombombenherstellung* zu verwenden.

41 bb) Nicht nur die mit einem hohen Gefährdungspotential verbundene *Wiederaufarbeitung* von Brennelementen, sondern auch die *Endlagerung hochaktiven „Atommülls"* wird als problematisch angesehen. Sie ist nämlich mit einem **Langzeitrisiko** verbunden, weil die Halbwertzeit (Rn. 9/52) mancher radioaktiver Spaltprodukte sehr hoch ist, z.B. bei Restplutonium (Pu 239)[61] 24 360 Jahre. Dies erfordert für Jahrtausende einen absolut sicheren Abschluß der hochaktiven Abfälle von der Biosphäre (insbesondere Ausschluß einer Grundwasserverseuchung) und die gesicherte Weitergabe des einschlägigen technischen Wissens an nachfolgende Generationen. Verläßliche Vorhersagen, wie sich künftig geologische, erst recht gesellschaftliche Prozesse während der hier in Rede stehenden langen Zeiträume abspielen werden, sind aber schlicht unmöglich. Der SRU hält „insbesondere wegen der in weiten Teilen ungelösten Entsorgungsprobleme eine weitere Nutzung der Atomenergie für nicht verantwortbar"[62].

c) Alternativen

42 aa) **Alternativen zum Atomstrom** gibt es, und zwar neben der Energieeinsparung und über die vorstehend angesprochenen konventionellen Erzeugungsweisen hinaus: Dazu werden schon seit einiger Zeit, wenn auch wohl lange Zeit halbherzig, Regelungen über einen möglichst effizienten Einstieg in Alternativenergien getroffen. Dabei ist Ausstieg ohne Umstieg nicht ohne weiteres möglich. Gelingt aber der Einstieg in Alternativen früher oder besser aufgrund entsprechender Förderung, verliert auch die derzeit noch sehr im Vordergrund stehende Ausstiegsfrage bzw. die entsprechende Fristbestimmung an Gewicht.

43 Dabei bedürfen die Marktbedingungen der liberalisierten Energiewirtschaft der gleichermaßen kritischen wie konstruktiven Betrachtung: Mit den sinkenden Strompreisen wird Energiesparen uninteressanter. Die Vergütung für Strom aus regenerativen Energien fällt immer weiter. Hier bietet das Stromeinspeisungsgesetz von 1991[63] bzw. jetzt das Gesetz über erneuerbare Energien[64] wesentliche Ansatzpunkte.

44 bb) Eine der Alternativen zum Einsatz der Kernernergie besteht in der vermehrten Nutzung regenerativer Energien. An dafür geeigneten Stellen bietet z.B. die **Windkraft** eine sinnvolle Möglichkeit. Aufgrund des Einspeisungsgesetzes entstanden hier tausende von Arbeitsplät-

61 Von den 16 bekannten Isotopen des *Plutoniums* sind nur die mit ungerader Massenzahl (z.B. das für die technische Anwendung besonders wichtige Pu 239) spaltbar. Plutonium ist ein Schwermetall und als solches giftig. Die Risiken des Plutoniums liegen aber vor allem in seiner sog. Radiotoxizität. In der unmittelbaren Umgebung eines inkorporierten alphastrahlenden (Rn. 9/54) Pu-Teilchens werden nämlich die Körperzellen einer hohen lokalen Dosis mit meist kanzerogener Wirkung ausgesetzt.

62 SRU, Umweltgutachten 2000, Tz. 269.

63 Vom 7.12.1990; dazu BVerfG zum Vorlagebeschluß des AG Plön, NJW 1997, 591.

64 EEG vom 29.3.2000, BGBl. I 305.

zen, und ein zunehmend wichtiger Teil der Energieerzeugung erfolgt auf diesem Weg. Dementsprechend ist die Zahl von Windkraftanlagen in den letzten Jahren sprunghaft gestiegen (1999: 7500), ihre Gesamtleistung betrug 1999 beachtliche 6 Mrd. KW/h. Zurückführen läßt sich dies u.a. auf den Anspruch auf Übernahme des erzeugten Stroms durch die Energieversorgungsunternehmen, wie er in § 2 des Stromeinspeisungsgesetzes, jetzt § 3 I EEG normiert ist, sowie auf die verschiedenen Förderprogramme von Bund und Ländern[65]. Freilich werfen die Windkraftanlagen ihrerseits erhebliche **umweltrechtliche Probleme** auf, sei es immissionsschutzrechtlich, baurechtlich[66] oder naturschutzrechtlich[67].

Auch **Biogasanlagen**, für deren Strom bislang indes weniger bezahlt wird als für Windkraft, sollten in das ökologisch gebotene Umstiegsszenario einbezogen werden. 45

Schließlich wäre eine angemessene Förderung vor allem im Bereich der **Sonnenenergie** wichtig. Würde im EEG eine kostendeckende Vergütung für Solarstrom, derzeit DM 1,60 bis DM 1,80/kW/h, aufgenommen, wäre eine entsprechende Entwicklung wie bei der Windkraft schon jetzt abzusehen. 46

Eine besonders effiziente Art der Energieeinsparung besteht in der **Kraft-Wärme-Kopplung**: 47
Statt nämlich wie klassische Großkraftwerke bis zu 2/3 der Energie als Verlustwärme in die Atmosphäre zu blasen, nutzen KWK-Kraftwerke Brennstoffe zu 90%. Dabei werden die Brennstoffe, meist Gas, besonders effizient verwertet und Strom und nutzbare Wärme erzeugt. Der Strom wird ins Netz eingespeist, die Wärme über Nahwärmenetze verteilt. Würde man alle Großkraftwerke der Republik durch KWK-Anlagen ersetzen, ließe sich der Einsatz von Brennstoffen bei gleicher Stromerzeugung halbieren. KWK-Anlagen können aber gegen den wohl billigeren[68] Atomstrom aus abgeschriebenen Anlagen kaum konkurrieren, erst recht nicht gegen Atomstrom aus dem Ausland. Eine mögliche Lösung besteht in der gesetzlichen Einführung einer Quote, wonach jeder Stromversorger einen bestimmten Anteil seines Stroms mit KWK gewinnen muß. Dieses System funktioniert auch marktwirtschaftlich, indem diesen umweltfreundlichen Strom zukaufen muß, wer die Quote nicht durch Eigenerzeugung erreicht, so daß sich der Markt dann selbst reguliert. Die Quote betrifft alle Versorger gleichermaßen, wirkt wettbewerbsneutral und belastet nicht die öffentlichen Kassen[69]. Gleichwohl ist sie natürlich ein Markteingriff.

cc) Beim **Kostenvergleich** ist außerdem zu bedenken: Nach einer Studie der Prognos AG/Basel kostete, 1 kW/h Atomstrom annähernd DM 4,–, wenn er ohne staatliche Hilfen auskommen müßte. Auch wenn diese Fördergelder zum Teil langfristig angelegt und daher kurzfristig nicht zu stoppen sind, liegt das Umstiegspotential hier auf der Hand. 48

Bisher müssen sich die Betreiber auch nur für einen Bruchteil der möglichen Schäden eines Unfalls versichern. Auch förderte das Bundesforschungsministerium die Atomforschung jährlich mit 100ten von Mio. DM. Schließlich durften die Betreiber bisher rd. 50 Mrd. DM Gewinn unversteuert rückstellen als Vorsorge für die Entsorgung; das entsprechende Kapital soll in der deutschen Müllwirtschaft und im Telekommunikationsbereich angelegt sein. In dieser großzügigen staatlichen Förderung sind Änderungen schon erfolgt, weitere zu erwarten. 49

65 Z.B. Förderdatenbank des Bundes unter www.bmwi.de.

66 Zum Nachbarschutz gegen Windenergieanlagen, auch baurechtlich: *Lühle*, NVwZ 1998, 897 ff.

67 Kritisch zur Windkraft auch *Mock*, NVwZ 1999, 937 ff.

68 Was auch von der Sichtweise abhängt: dazu die Nachweise bei *Stüer/Loges*, NVwZ 2000, 9 (15).

69 Zur KWK-Quote *Goldbach*, et 1998, 574 ff.; zu den diversen Quoten-Modellen allgemein *Menges*, et 1998, 687 ff.; zur wettbewerblichen Förderung von Ökostrom insgesamt *ders.*, et 1999, 728 ff.

5. Ionisierende Strahlen

50 Das Atomrecht hat auch und insbesondere den Zweck, Leben, Gesundheit und Sachgüter vor der Wirkung ionisierender Strahlen[70] zu schützen (§ 1 Nr. 2 AtG). Dieser Schutz ist die Domäne des Strahlenschutzrechts (Rn. 9/229). Was aber sind und wie wirken ionisierende Strahlen?

a) Naturwissenschaftliche Grundlagen

51 Radioaktiver Zerfall erfolgt – unter Bildung von anderen Atomkernen (Isotopen anderer Ordnungszahl) – durch die Aussendung von Neutronen, Alphateilchen (= Helium-Atomkernen), Beta-Teilchen (Elektronen), aber auch von Photonen (Strahlenquanten), einer harten elektromagnetischen Röntgenstrahlung (Gamma-Strahlung). Die Strahlung ist ionisierend, d.h. sie kann elektrisch neutrale Atome in einen geladenen Zustand (Ionen) versetzen.

52 Die (physikalische) **Halbwertzeit**, d.h. die Zeitspanne, die bis zum Zerfall der Hälfte einer bestimmten Menge gleicher Nuklide vergeht, schwankt zwischen Minibruchteilen einer Sekunde und Milliarden von Jahren. Im Strahlenschutzrecht werden Radionuklide mit einer Halbwertzeit von mehr als 100 Tagen als *langlebige*, die übrigen als *kurzlebige* Radionuklide bezeichnet.

53 Die ionisierenden Strahlen – aus ihnen besteht z.B. auch die kosmische Strahlung – haben, wenn sie auf Körpersubstanz treffen, bestimmte, meist schädliche Wirkungen (z.B. *kanzerogene* oder *mutagene* Effekte).

54 Die **Alpha-Strahlung**, die beim Zerfall mancher Radionuklide (z.B. Plutonium 239) ausgesendet wird, besteht aus Atomkernen des Edelgases. Sie kann nur oberflächlich in Gewebe oder anderes Material eintreten, so daß sie z.B. schon mit dünner Pappe abschirmbar ist. (Ähnliches gilt für die *Neutronenstrahlung*.) – Die **Beta-Strahlung** hingegen besteht aus emittierten Elektronen (ausnahmsweise auch aus positiv geladenen sog. Positronen), die in Materie tiefer eindringen können; ihre Abschirmung kann aber z.B. noch durch eine dünne Metallfolie erfolgen. – Die (äußerst kurzwellige elektromagnetische) **Gamma-Strahlung** kann besonders tief in Materie eindringen und läßt sich u.U. nur durch Schwerbeton- oder Bleiwände abschirmen.

55 Zu unterscheiden sind die *externe* und die *interne Einwirkung ionisierender Strahlen* auf den menschlichen Körper (*Strahlenexposition*). Diese Einwirkung kann nämlich einerseits von außen geschehen (z.B. aus einer von einem Reaktorunfall ausgelösten, vom Wind ausgebreiteten Radionuklidwolke), andererseits von innen. Werden etwa Radionuklide mit der Atemluft aufgenommen (Inhalation) oder werden sie mit der Nahrung über eine Nahrungskette vom Organismus inkorporiert (Ingestion; etwa das vor allem in die Schilddrüse gelangende Jod 131 über den sog. *Weide-Kuh-Milch-Pfad*) und dann u.U. in die Zellsubstanz eingebaut, so wird der Betroffene von innen bestrahlt. Die Zeitspanne, die vergeht, bis die Hälfte der vom Körper aufgenommenen Menge einer bestimmten Radionuklidart wieder ausgeschieden ist, wird die **bio-**

70 Dazu *Kaul*, Ionisierende Strahlung – Quellen der Exposition, Dosen, Risiken, rechtliche Regelungen des Schutzes, Schrift 9/87 des Bundesgesundheitsamts, 1988.

kinetische Halbwertzeit genannt. Aus der physikalischen und der biokinetischen Halbwertzeit wird die für den Organismus relevante **effektive Halbwertzeit** gebildet.

Ionisierende Strahlen können auch bei geringen Dosiswerten im einen oder anderen Fall Organ- oder Blutkrebserkrankungen oder mutagene Wirkungen verursachen. Dabei gibt es keinen unteren Dosisschwellenwert; man geht daher beim Strahlenschutz von einer *linearen Dosis-Wirkung-Beziehung* aus. **56**

b) Maßeinheiten und Grundbegriffe

Als Maß der **Strahlenaktivität** wird heute das **Becquerel** (Bq) verwendet. Es gibt die Zahl der Zerfalle pro Sekunde an (1 Bq = 1 Zerfall/s). **57**

Die **Energiedosis**, die anzeigt, wieviel Strahlungsenergie unabhängig von Strahlenart und absorbierendem Material von 1 kg Masse aufgenommen wird, drückt man seit einiger Zeit in der Maßeinheit *Gray* (Gy) aus. Von **Dosisleistung** spricht man in bezug auf die pro Zeiteinheit aufgenommene Energiedosis (z.B. Gy/s oder Gy/h). **58**

Dem Umstand, daß die biologische Wirksamkeit einer bestimmten Strahlenenergiedosis (d.h. die Zahl der Ionisierungen beim gradlinigen Durchqueren einer Zelle) je nach der Strahlenart unterschiedlich sein kann, wird durch eine Überführung der in Gray ausgedrückten Dosis in eine in der Maßeinheit *Sievert* (Sv) angegebenen **Äquivalentdosis** Rechnung getragen. Zu den Sievertwerten gelangt man durch Multiplikation des Graywertes mit einem je nach Strahlenart verschiedenen Multiplikator (dimensionsloser Bewertungs- oder Qualitätsfaktor). Die **Äquivalentdosisleistung** gibt die pro Zeiteinheit aufgenommene Äquivalentdosis wieder (z.B. Sv/s oder Sv/h). **59**

Die bei externer Strahlenexposition von Weichteilgewebe aufgenommene Äquivalentdosis läßt sich messen. Die Messung kann an einem bestimmten Ort erfolgen (*Ortsdosis*) und an einer für die Strahlenexposition repräsentativen Stelle der Körperoberfläche einer exponierten Person (**Personendosis**). Demgegenüber ist die bei interner Strahlenexposition von bestimmten Organen oder vom ganzen Körper aufgenommene Äquivalentdosis nur berechenbar. Externe und interne Strahlenexposition zusammen führen für bestimmte Organe zur jeweiligen **Organdosis**. **60**

Die einzelnen Organe sind in unterschiedlicher Weise strahlenempfindlich, also für Tumore und genetische Mutationen disponiert. Aus diesen Gründen ist es sinnvoll, das in Rem oder Sievert ausgedrückte Dosisäquivalent (= Äquivalentdosis) in der Weise auf bestimmte einzelne Organe oder Gewebe zu beziehen, daß diesen ein die spezifische Empfindlichkeit wiedergebender sog. „Wichtungsfaktor“ zugeordnet wird, z.B. (nach Tabelle X 2 der Anlage X zur StrlSchV) der Schilddrüse der Faktor 0,03 oder der Keimdrüse, die einem besonders hohen genetischen Risiko ausgesetzt ist, der Faktor 0,25. Man erhält dann als rechnerisches Ergebnis der unterschiedlichen Gewichtung einer Äquivalentdosis die sog. **effektive Äquivalentdosis**. Das Strahlenschutzrecht nennt eine sowohl differenzierende als auch integrierende Berücksichtigung der effektiven Äquivalentdosisbelastung der einzelnen Organe und Gewebe als **effektive Dosis**, unter der die Summe der nach ihrer Tabelle X 2 der Anlage X gewichteten mittleren Äquivalentdosen in den einzelnen, in Tabelle X 2 ihrer Anlage X abschließend aufgeführten Organen und Geweben verstanden wird (vgl. die Definition in Anl. I der StrlSchV). **61**

II. Einführung in das Atomverwaltungs- und Strahlenschutzrecht

1. Systematische Stellung und Regelungsansatz

62 Das Atomrecht ist Teil des Rechts der technischen Sicherheit und ein spezielles Immissionsschutzgesetz. Es regelt nicht den medialen, sondern den kausalen Umweltschutz (Rn. 1/12) und enthält zur Verwirklichung seines Schutzzwecks (insbes. § 1 Nr. 2 AtG) eine Reihe von Kontrollerlaubnissen und Aufsichtspflichten, die die zuständigen Behörden in die Lage setzen sollen, vor den Gefahren der Kernenergie und der schädlichen Wirkung ionisierender Strahlen zu schützen, sowie haftungsrechtliche Bestimmungen.

2. Historische Entwicklung

63 Nachdem die USA 1953 erklärt hatten, allen Nationen, die freiwillig auf eigene Atomwaffen verzichten, bei der friedlichen Nutzung der Kernenergie zu helfen (*„Atoms for Peace"),* konnte sich die Bundesrepublik Deutschland nach der Wiedererlangung ihrer Quasi-Souveränität ab 1955 der Förderung der Forschung und Entwicklung auf dem Gebiet der Kerntechnik zuwenden. Aber erst am 23.12.1959 wurde unter gleichzeitiger Änderung des Grundgesetzes (Einfügung der Art. 74 Nr. 11a und 87c; BGBl. 1959 I 813) das am 1.1.1960 in Kraft getretene **Gesetz über die friedliche Verwendung der Kernenergie und den Schutz gegen ihre Gefahren** (Atomgesetz – AtG) erlassen (BGBl. I 814)[71].

64 Das Atomgesetz wurde mehrfach, zumeist aber nur punktuell geändert. Hinzuweisen ist auf die 4. Novelle von 1976 mit der Entsorgungsregelung für radioaktive Reststoffe und Abfälle (§§ 9a ff.), und die Änderung 1989 im Zusammenhang mit der Errichtung des Bundesamtes für Strahlenschutz (Rn. 1/253). Durch die 7. Novelle im Rahmen des sog. Artikelgesetzes Kohle/Kernenergie vom 29.7.1994 wurde der *Umfang der Risikovorsorge* für zukünftige, neue KKW geändert und der *Vorrang der Wiederaufbereitung* aufgegeben[72].

---

71 Bereits 1956 sind Kernforschungszentren gegründet worden. In deutsch-amerikanischer Firmenkooperation wurden in der Folgezeit Leichtwasserreaktoren (Rn. 9/2) zur Stromerzeugung entwickelt. Zunächst ging 1960/61 der Versuchsreaktor Kahl mit 15 MWe in Betrieb, dann Mitte der 60er Jahre die (noch staatlich subventionierten) Demonstrations-KW Gundremmingen, Lingen und Obrigheim sowie schließlich ab Anfang der 70er Jahre die ersten der folgenden rein kommerziellen Anlagen, und zwar zunächst die KKW Stade (Rn. 9/23) und Würgassen (Rn. 9/213). – Vgl. zur Geschichte der Kernenergienutzung in der Deutschland *Kloepfer/Franzius/Reinert*, Zur Geschichte des deutschen Umweltrechts, 1994, S. 89 ff., 115 ff.; ferner die – sehr kernenergiefreundliche – Darstellung von *Stoll*, et 1998, 666 ff.

72 Zu dieser Rechtsänderung *Roller*, DÖV 1998, 657 (658 ff.); Art. 4 des in Rede stehenden Gesetzes ist zwischenzeitlich vom BVerfG insoweit für nichtig erklärt worden, als durch ihn in § 7 II a 1 HS 2 AtG das für die kerntechnische Sicherheit und den Strahlenschutz zuständige Bundesministerium ermächtigt wird, die bei der Auslegung der Anlage i.S.v. § 7 II a 1 HS 1 AtG zugrunde zu legenden Ereignisse nach Anhörung der zuständigen obersten Landesbehörde in Leitlinien näher zu bestimmen, BVerfG, NVwZ 1999, 977 ff. (dazu auch bei Fn. 149 u. 82).

Eine **8. Novelle**[73] 1998 diente der Umsetzung der UVP-Richtlinie 1988 (Rn. 3/2 ff.) und der Abfallverbringungsrichtlinie 92/3 EURATOM (Rn. 9/67)[74]. Darüber hinaus enthielt sie aber auch – wohl als Reaktion auf das Krümmel-Urteil des BVerwG[75] – eine Regelung zur Realisierung sicherheitsverbessernder Nachrüstungsmaßnahmen im neuen § 7 II 2 AtG. Ferner betraf sie die Weiterentwicklung der Sicherheitstechnik durch das Prüfverfahren des neuen § 7c AtG mit einer standortunabhängigen Beurteilung von Entwicklungskonzepten für neue Reaktortypen durch das Bundesamt für Strahlenschutz (Rn. 9/157 ff.), die Privatisierung der Entsorgung mit der Möglichkeit, die Errichtung von Endlagern auf private Dritte zu übertragen (vgl. § 9a IV AtG) im Wege der Beleihung auf der Grundlage eines Verwaltungsakts oder eines öffentlich-rechtlichen Vertrags (Stufe 1) bzw. zu einem späteren Zeitpunkt die Errichtung einer öffentlich-rechtlichen Körperschaft mit der Aufgabe der Entsorgung, die sie vom Bund übernähme (dazu § 9a III 3 AtG) in einer Stufe 2 und schließlich die Regelung über die Enteignung zur Sicherung der Endlagereinrichtung und zur vorbereitenden Standorterkundung, vgl. § 9d ff. AtG[76]. – Zudem wurde die Geltung früherer DDR-Genehmigungen verlängert. **65**

Die Regelungen sind auf massive Kritik des Bundesrates gestoßen, der sich jedoch nicht durchsetzen konnte. Mehrere Bundesländer haben Normenkontrollklage eingereicht. Auch sind die 1998 an die Regierung gekommenen Parteien in ihrer Koalitionsvereinbarung[77] darin übereingekommen, die Atomgesetz-Novelle von 1998 aufzuheben, soweit sie nicht der Umsetzung von EU-Recht dient. Ob die Novelle Bestand haben wird, ist daher fraglich. **66**

3. Gesetzgebungskompetenz und Rechtsquellen

a) Europarecht

Europarechtlich sind insbesondere zu nennen[78] **67**

- der Vertrag zur Gründung der europäischen Atomgemeinschaft (EURATOM) vom 25.3.1957, in Kraft seit 1.1.1958 (BGBl. 1958 II 1 mit Änderungen)[79]; Durchführungsgesetz vom 27.7.1957 (BGBl. II 753, 1014, 1675, BGBl. 1958 II 1),
- die Richtlinie 96/29 EURATOM des Rates vom 13.5.1996 zur Festlegung der Grundnormen für den Gesundheitsschutz der Bevölkerung und der Arbeitskräfte

73 Gesetz zur Änderung des Atomgesetzes und des Gesetzes über die Errichtung eines Bundesamtes für Strahlenschutz vom 6.4.1998, BGBl. I 694 ff.; dazu *Wagner*, atw 1998, 223 ff.; kritisch *Rebentisch*, RdE 1999, 18 (22).

74 Dazu *Roser*, atw 1994, 382 und 856; *Schmidt-Preuß*, NVwZ 1998, 553 ff.

75 BVerwGE 101, 347 ff.

76 Zum Ganzen zustimmend *Schmidt/Preuß*, et 1998, 750 ff.

77 Fn. 22.

78 Dazu *Pernice*, EuZW 1993, 497 ff.; *Schroeder*, DVBl. 1995, 322 ff.

79 Zu Geschichte und Aufgaben der EAG (auch EURATOM genannt) eingehend *Pelzer*, in: *Rengeling* (Hrsg.), EUDUR II, S. 335 ff.; ferner auch *Gmelin*, atw 1999, 237 ff.

gegen die Gefahren ionisierender Strahlungen (ABl. v. 29.6.1996 Nr. L 159/1, s. Rn. 9/229 ff.)[80],
- die Richtlinie 92/3 EURATOM des Rates vom 3.2.1992 zur Überwachung und Kontrolle der Verbringung radioaktiver Abfälle von einem Mitgliedsstaat in einen anderen, in die Gemeinschaft und aus der Gemeinschaft (ABl. v. 12.2.1993, Nr. L 35/24) und
- die Verordnung (EURATOM) Nr. 1493/93 des Rates vom 8.6.1993 über die Verbringung radioaktiver Stoffe zwischen den Mitgliedsstaaten (ABl. v. 19.6.1993, Nr. L 148/1).

b) Bundesrecht

68 Schon die Regelungsnumerierung der konkurrierenden Gesetzgebungskompetenz des Bundes (Art. 74 I Nr. 11*a* GG, seit 1959) kennzeichnet das Atomrecht als ein „jüngeres" Rechtsgebiet. Danach erstreckt sich die konkurrierende Gesetzgebung des Bundes auf die Erzeugung und Nutzung der Kernenergie zu friedlichen Zwecken, die Errichtung und den Betrieb von Anlagen, die diesen Zwecken dienen, den Schutz gegen Gefahren, die bei Freiwerden von Kernenergie oder durch ionisierende Strahlen entstehen, und die Beseitigung radioaktiver Stoffe.

69 Mit dem **Atomgesetz** (Rn. 9/63) hat der Bund von seiner konkurrierenden Gesetzgebungszuständigkeit abschließend Gebrauch gemacht. Derzeit gilt das Atomgesetz i.d.F. vom 25.7.1985 (BGBl. I 1565), zuletzt geändert durch das Gesetz vom 6.4.1998 (BGBl. I 694).

70 Aufgrund atomgesetzlicher Ermächtigungen sind einige *Rechtsverordnungen* ergangen[81]:
- Verordnung über den Schutz vor Schäden durch ionisierende Strahlen (Strahlenschutzverordnung – StrlSchV) i.d.F. der Bekanntmachung vom 30.6.1989, BGBl. I 1321, ber. 1926, zuletzt geändert durch Gesetz vom 2.8.1994, BGBl. I 1963; eine Totalnovelle ist angekündigt;
- Verordnung über die Deckungsvorsorge nach dem Atomgesetz (Atomrechtliche Deckungsvorsorge-Verordnung – AtDeckV) vom 25.1.1977, BGBl. I 220;
- Verordnung über das Verfahren bei der Genehmigung von Anlagen nach § 7 des Atomgesetzes (Atomrechtliche Verfahrensverordnung – AtVfV) i.d.F. der Bekanntmachung vom 3.2.1995, BGBl. I 180;
- Verordnung über den kerntechnischen Sicherheitsbeauftragten und über die Meldung von Störfällen und sonstigen Ereignissen (Atomrechtliche Sicherheitsbeauftragten- und Meldeverordnung – AtSMV) vom 14.10.1992, BGBl. I 1766;
- Verordnung zur Übertragung von Meß- und Auswerteaufgaben nach dem Strahlenschutzvorsorgegesetz vom 3.8.1989, BGBl. I 1582;
- Zweite Verordnung zur Übertragung von Meß- und Auswerteaufgaben nach dem Strahlenschutzvorsorgegesetz vom 31.7.1991, BGBl. I 1768;

80 Allgemein zu Problemen der Umsetzung von EU-Richtlinien im Atomrecht *Junker*, et 1997, 171 ff.

81 Sämtliche zum Atom- u. Strahlenschutzrecht ergangenen Rechtsvorschriften sowie das umfangreiche untergesetzliche Regelwerk finden sich in dem vom BMU als Losebl.-Sammlung herausg. Handbuch Reaktorsicherheit und Strahlenschutz.

- Verordnung über Vorausleistungen für die Einrichtung von Anlagen des Bundes zur Sicherstellung und zur Endlagerung radioaktiver Abfälle (Endlagervorausleistungsverordnung – EndlagerVlV) vom 28.4.1982, BGBl. I 562;
- Verordnung über eine atomrechtliche Zuverlässigkeitsüberprüfung (AtZÜV) – vom 1.7.1999, BGBl. I 1525.

Eine Verordnung über die nukleare Sicherheit fehlt.

c) Allgemeine Verwaltungsvorschriften

Da das Kernenergie- und Strahlenschutzrecht weitgehend im Wege der Bundesauftragsverwaltung vollzogen wird (Rn. 9/254), kann die Bundesregierung[82] gem. Art. 85 II 1 GG allgemeine Verwaltungsvorschriften erlassen (Rn. 1/71; 6/78 ff.). Sie bedarf dazu allerdings der *Zustimmung des Bundesrates*. Dies mag erklären, weshalb in dem politisch hochsensiblen Bereich des Atomrechts bislang lediglich drei solcher Verwaltungsvorschriften erlassen worden sind[83]. 71

d) Technische Regelwerke

Keine Rechts-, wohl aber wichtige Erkenntnisquellen, und zwar gerade im Atomrecht mit der besonderen Bedeutung des „Stands von Wissenschaft und Technik", sind eine Reihe technischer Regelwerke[84] wie 72

- die *Sicherheitskriterien für Kernkraftwerke* (SKK), verabschiedet vom Bundesminister des Innern gemeinsam mit den Genehmigungsbehörden der Länder, vgl. § 28 III StrlSchV (Rn. 9/234)[85],
- die *Leitlinien der Reaktor-Sicherheitskommission* (RSK) für Druckwasser- und Siedewasserreaktoren,
- die *Empfehlungen der Stahlenschutzkommission* (SSK),
- die *Regeln des Kerntechnischen Ausschusses* (KTA) und
- die *DIN-Normen Kerntechnik, Strahlenschutz und Radiologie*.

e) Zwischenstaatliche Abkommen

Nicht erst seit Tschernobyl wächst die Erkenntnis, daß das Atom- und Strahlenschutzrecht noch mehr als andere Bereiche des Umweltrechts ein *internationales* Problem darstellt und der *internationalen* Zusammenarbeit bedarf. Dem tragen die bestehenden Vereinbarungen bei weitem nicht ausreichend Rechnung. 73

Es gibt eine Reihe **internationaler Vereinbarungen** zur Kernenergie, darunter 74

- die Satzung der internationalen Atomenergie-Organisation (IAEO) vom 26.10.1956, in Kraft seit 1.10.1957 (BGBl. 1957 II 1357, zuletzt 1987, 43);

82 BVerfG, NVwZ 1999, 977 ff.: nur als Kollegium; zust. *Lüdemann*, ZUR 1999, 268 f.; dagegen mit beachtlichen Gründen *Bleibaum*, DVBl. 1999, 1265 f.; vgl. auch *Tschentscher*, JZ 1999, 1265 f.

83 Nämlich zu § 45 StrlSchV: Ermittlung der Strahlenexposition durch Ableitung radioaktiver Stoffe aus kerntechnischen Anlagen oder Einrichtungen (BAnz. Nr. 64a v. 31.3.1990); zu § 62 II StrlSchV: AVV Strahlenpaß (BAnz Nr. 94a v. 19.5.1990); zu § 10 II StrVG: zum integrierten Meß- und Informationssystem, AVV-IMIS (Beilage 200a im BAnz Nr. 200 v. 24.10.1995).

84 Dazu ausführlich *Heintschel von Heinegg*, in: *Büdenbender/Heintschel von Heinegg/Rosin*, Energierecht I. Recht derEnergieanlagen 1999 (zit.: Energierecht), Rz. 172 ff.

85 Neue Fassung vom 21.10.1977, Bundesanzeiger Nr. 206 vom 3.11.1977.

- den Vertrag über die Nichtverbreitung von Kernwaffen (Atomwaffensperrvertrag) vom 1.7.1968, für die Bundesrepublik Deutschland in Kraft seit 2.5.1975 (BGBl. II 552); Zustimmungsgesetz vom 4.6.1974 (BGBl. II 785);
- das Pariser (Atomhaftungs-)Übereinkommen vom 29.7.1960 über die Haftung gegenüber Dritten auf dem Gebiet der Kernenergie (i.d.F. des Zusatzprotokolls vom 28.1.1964 und des Protokolls vom 16.11.1982) i.d.F. der Bek. vom 15.7.1985 (BGBl. II 963)[86] – ohne die Sowjetunion;
- das – noch nicht ratifizierte – Übereinkommen über zusätzliche Entschädigung bei Nuklearschäden vom 12.09.1997[87];
- zwei IAEO-Konventionen vom 26.9.1986, nämlich das Übereinkommen über die frühzeitige Benachrichtigung bei nuklearen Unfällen sowie das Übereinkommen über Hilfeleistung bei nuklearen Unfällen oder radiologischen Notfällen; dazu das Ratifikationsgesetz vom 16.5.1989 (BGBl. II 434), sowie
- das Übereinkommen über nukleare Sicherheit vom 20.9.1994, dazu Ratifikationsgesetz vom 7.1.1997 (BGBl. II 130)[88].

75 Hinzuweisen ist schließlich auch auf andere Formen internationaler Zusammenarbeit, nämlich auf bestimmte Befugnisse von internationalen Organisationen, Empfehlungen oder selbst verbindliche Richtlinien und Entscheidungen zu erlassen, auf gemeinschaftliche Forschungsprojekte, die Empfehlungen der privaten internationalen Strahlenschutzkommission (ICRP[89]; Rn. 9/214) und den Versuch der IAEO, weltweite „*Nuclear Safety Standards*“ (NuSS) zur Vereinheitlichung der technischen Regeln und Richtlinien bei der Reaktorgenehmigung zu errichten[90].

4. Überblick über das Atom- und Strahlenschutzrecht

76 Das Atomverwaltungs- und Strahlenschutzrecht ist im wesentlichen im Atomgesetz sowie in den dazu ergangenen Verordnungen und im Strahlenschutzvorsorgegesetz (StrVG) geregelt.

77 Das **AtG** selbst enthält nach Zweck- und Begriffsbestimmungen **Überwachungsvorschriften** einschließlich einer Reihe von **Genehmigungserfordernissen**. Diese betreffen insbesondere die Genehmigung von Anlagen, aber auch den Umgang mit Kernbrennstoffen außerhalb von Anlagen sowie ihre Verwertung und Beseitigung. Dem folgen die atomgesetzlichen Ermächtigungsvorschriften (§§ 11-12a AtG) und

86 Das Pariser Übereinkommen ist grundsätzlich innerstaatlich anzuwenden (§ 25 I 2 AtG). Es wird durch das Brüsseler Zusatzübereinkommen vom 31.1.1963 mit Zusatzprotokoll vom 28.1.1964 u. Änderungsprotokoll vom 16.11.1982 ergänzt (vgl. BGBl. 1975 II 957 u. 1985 II 970). Zum Pariser Übereinkommen und zum Brüsseler Zusatzabkommen vgl. jüngst die ausführliche Darstellung von *Pelzer*, in: *Rengeling* (Hrsg.), EUDUR II, S. 422 ff., 426 ff., 437 ff.

87 ILM 36 (1997), 1473; dazu *Pelzer*, atw 1998, 391 ff.

88 Näheres BMU, Umwelt 1994, Heft 12, S. 469 ff.; s.a. *Roser*, atw 1995, 74.

89 Zu deren Arbeit *Clarke*, atw 1997, 524 ff.

90 Dazu auch *Pelzer*, in: HdUR, Bd. 1, 2. Aufl., Sp. 168 ff.

die Bestimmungen zur Deckungsvorsorge (§§ 13-15 AtG), die gegenüber den Vorschriften des VwVfG speziellen Bestimmungen zu Nebenbestimmung, Widerruf und Entschädigung (§§ 17, 18 AtG), die Regelung der staatlichen Aufsicht (§ 19 AtG) sowie die Haftungsbestimmungen (§§ 25-40), außerdem Bußgeld- und Schlußvorschriften.

Aufgrund des Atomgesetzes erging unter anderem die **Strahlenschutzverordnung**. **78**
Sie regelt den Strahlenschutz beim Umgang mit radioaktiven Stoffen und mit Anlagen, Geräten und Vorrichtungen mit dem Ziel, für unzulässig erklärte Strahlenbelastungen von vornherein zu vermeiden. Sie enthält ergänzende Regelungen zu nach dem Atomgesetz genehmigungsbedürftigen Verrichtungen und Vorhaben, aber auch selbst neue Genehmigungstatbestände. Grundsätzlich befaßt sich somit das AtG mit den „Kernbrennstoffen", die StrlSchV mit den „sonstigen radioaktiven Stoffen" (einschließlich der in § 2 II StrlSchV angeführten kernbrennstoffhaltigen Abfälle). Ob nicht Teile der StrlSchV, insbesondere die Grundsatzregelung des § 28 (Rn. 9/234), besser im AtG selbst geregelt wären[91], sei dahingestellt. Eine umfassende **Novellierung** der Strahlenschutzverordnung anläßlich der Umsetzung der Richtlinie 96/29 Euratom[92] ist in Arbeit. Gem. Art. 55 I der Richtlinie mußte die rechtliche Umsetzung bis 13.3.2000 abgeschlossen sein. Bis zur Umsetzung wird die detailgenaue Richtlinie in der Bundesrepublik wohl direkt anzuwenden sein.

Dagegen hat das **StrVG** u.a. das Ziel, bei gegebenen *radioaktiven Auswirkungen in* **79**
der Fläche die Folgen für Menschen und Umwelt nach dem Minimierungsgrundsatz *zu begrenzen* (Rn. 9/263 ff.).

5. Bedeutung das Atomrechts

Das Atomrecht hat seine früher herausragende Rolle im Bereich des Umweltrechts **80**
verloren. Wichtige neue Entscheidungen, wie sie früher im Atomverwaltungsrecht z.B. zu den Fragen des Drittschutzes, des Gefahrenbegriffs und des Vorsorgegedankens mit Wirkung für das ganze Umweltrecht ergingen, sind selten geworden. Seine einstige Vorreiterrolle als fortschrittliches Schutz- und Sicherheitsgesetz hat es durch die Fortentwicklung anderer Umweltschutzgesetze eingebüßt. Der Schwerpunkt der dogmatischen Auseinandersetzung im Umweltrecht hat sich auf das Planfeststellungs-, insbesondere das Verkehrswegeplanungsrecht sowie das Abfallrecht verlagert. Im Vordergrund braucht jetzt nicht mehr die dringende Problemlösung, sondern könnte die systematische Durchdringung und innere Harmonisierung des Umweltrechts stehen. Gerade hier sind im Atomrecht als einem der Umweltrechte der ersten Stunde noch besonders große Lücken zu schließen. Das fortgeschrittene Gefahrenbewußtsein gerade im Chemikalien- und Gentechnikrecht hat das Atomverwaltungsrecht inzwischen auch seiner einzigartigen Stellung als Schicksalsfrage der Industriegesellschaft beraubt. Diese Stellung teilt das Atomrecht jetzt wohl mit einigen ande-

91 So wie dies nunmehr einmütig der UGB-ProfE sowie der UGB-KomE vorschlagen.
92 ABl. 1996 Nr. L 158/1; Näheres zu der Richtlinie in atw 1998, 697 ff.

ren, für das Überleben dieser Erde ebenso wichtigen Umweltrechtsbereichen. Rechtspolitisch ist freilich das Atomrecht nach wie vor umstritten.

81 Die wichtigsten gerichtlichen Entscheidungen der neunziger Jahre betrafen Bedeutung und Struktur der Bundesauftragsverwaltung (Rn. 9/258) und die Befugnisse der Aufsicht (Rn. 9/173 ff.). Nach dem Regierungswechsel hat sich die alte politische Frontstellung zwischen einer die Kernenergie rundum befürwortenden Bundesregierung und kernenergieskeptischen Landesregierungen vorerst verflüchtigt. Die „neue Südschiene" Bayern, Baden-Württemberg und Hessen hat sich aber schon zusammengeschlossen, um Widerstand gegen das BMU zu leisten; erstes gemeinsames Kind ist die Süddeutsche Reaktorsicherheitskommission. Gleichwohl dürften höchstrichterliche Grundsatzjudikate künftig eher Rechtsfragen des Ausstiegs (Rn. 9/206 ff.) als solche des Bund-Länder-Verhältnisses betreffen. Daneben wird es aber selbstverständlich auch weiterhin Entscheidungen zum Atomrecht i.e.S. geben, wobei es u.E. insbesondere um die Fragen gehen wird, wann die vorläufige Einstellung eines Betriebs erforderlich/rechtmäßig ist (Rn. 9/188 ff.), wo die Grenzen liegen für behördliches Einschreiten und wie weit die Einschätzungsprärogative (Rn. 4/37,9/124, 180) der Verwaltung reicht[93].

82 Unabhängig davon besteht gesetzgeberischer **Änderungsbedarf**. Insbesondere sollte die *Förderpflicht* wegfallen (vgl. Rn. 10/62, 9/83) und die *Entschädigung* bei Widerruf (Rn. 9/203 f.) gestrichen werden.

III. Gesetzeszweck, Anwendungsbereich, Begriffe und Instrumente des Atomverwaltungsrechts

1. Zweck des Atomgesetzes

83 Die **Zweckbestimmung** in § 1 AtG ist zwar keine unmittelbar vollzugsfähige Norm, aber eine *Richtlinie für die Auslegung* des Atomgesetzes. Hiernach ist Zweck des Atomgesetzes,

- die Erforschung, Entwicklung und Nutzung der Kernenergie zu friedlichen Zwecken zu *fördern* (Nr. 1). – An dieser Förderpflicht sind *rechtspolitische* Zweifel auch dann anzumelden, wenn man die „Ausstiegsprärogative" oder „-option" nicht verficht;
- Leben, Gesundheit und Sachgüter vor den Gefahren der Kernenergie und der schädlichen Wirkung ionisierender Strahlen zu *schützen* und durch Kernenergie oder ionisierende Strahlen verursachte *Schäden auszugleichen*. – Dieser Schutzzweck der Nr. 2 des § 1 AtG, der den Bereich der Nuklearsicherheit („*Safety*") insbesondere im Sinne des § 7 II 1 Nr. 3 und zum Teil auch des § 7 II 1 Nr. 5 AtG betrifft, geht nach der Rechtsprechung dem Förderungszweck der Nr. 1 vor[94];

93 In diesem Sinne auch *Pfaundler*, UPR 1999, 336.
94 So schon BVerwG, DVBl. 1972, 678 (680) – Würgassen; NVwZ 1989, 1170 f.; s. auch BVerfGE 53, 30 (58).

- die innere und äußere Sicherheit der Bundesrepublik im Sinne der öffentlichen Sicherheit und Ordnung („*Security*") zu schützen (vgl. insbesondere § 7 II Nr. 5 AtG);
- die Erfüllung internationaler Verpflichtungen der Bundesrepublik auf dem Gebiet der Kernenergie und des Strahlenschutzes zu gewährleisten. Dies betrifft die Erfüllung solcher internationaler Verpflichtungen, die auf das Ziel gerichtet sind, einen *Mindestschutz* von Menschen und Sachgütern zu sichern und den Mißbrauch von Kernenergie und die Weiterverbreitung von Atomwaffen zu verhindern. Einer Verschärfung nationaler Sicherheitsstandards steht das Völker(vertrags)recht wohlgemerkt nicht entgegen.

2. Anwendungsbereich

Anders als in neueren Umweltgesetzen war der Anwendungsbereich des Atomgesetzes ursprünglich nicht ausdrücklich bestimmt und entsprechend umstritten. Er ergab sich erst aus den einzelnen darin enthaltenen Regelungen und Begriffsbestimmungen[95]. Durch § 2 AtG neu fällt es leichter, den Anwendungsbereich des AtG zu bestimmen, zumal sich die Vorschrift an international übliche Abgrenzungen orientiert (vgl. Art. 197 EURATOM-Vertrag). – Das Atomgesetz regelt wohl nicht den Schutz vor den inländischen Folgen eines ausländischen Reaktorunfalls (dazu: Strahlenschutzvorsorgegesetz, Rn. 9/263 ff.), wohl aber die Beseitigung radioaktiver Altlasten und auch die Abwehr von Gefahren aufgrund krimineller Handlungen mit radioaktiven Stoffen (§ 19 III AtG) sowie (wie die StrSchV, Rn. 9/229 ff.) aus natürlicher Radioaktivität. **84**

Dem Anwendungsbereich gelten *Reformüberlegungen* in Richtung auf ein umfassendes Atom- und Strahlenschutzgesetz, das sowohl Vorschriften über den Umgang mit radioaktiven Stoffen und ionisierenden Strahlen als auch Regelungen der ursachenunabhängigen Strahlenschutzvorsorge enthalten soll[96]. **85**

3. Begriffsbestimmungen

Das Atomgesetz enthält in seinem § 2 eine Reihe von *Begriffsbestimmungen*, unter anderem zu radioaktiven Stoffen (Abs. 1) und dem, was solche nicht sind (Abs. 2), etwas ungewöhnlich aber auch zum Pariser Abkommen (Abs. 4) und zum Brüsseler Zusatzübereinkommen (Abs. 5). Für eine Reihe weiterer Begriffe im Bereich der Vorschriften über die Haftung und Deckung verweist § 2 III auf die Begriffsbestimmungen in Anlage 1 des Gesetzes; dies betrifft die Begriffe nukleares Ereignis, Kernanlage, Inhaber einer Kernanlage, Kernmaterialien und Sonderziehungsrechte. Nicht bestimmt ist (bislang) der wichtige Anlagebegriff i.S.d. Genehmigungstatbestandes **86**

95 Dagegen enthält die Strahlenschutzverordnung seit jeher eine ins einzelne gehende Bestimmung ihres sachlichen Geltungsbereichs in ihrem § 1 (näher unten, Rn. 9/232).

96 Der UGB-ProfE mit seinen §§ 377 ff. wie auch der UGB-KomE mit den §§ 465 ff. entsprechen dieser Zielvorgabe.

des § 7 AtG (Rn. 9/100 f.). Für die Begriffsbestimmungen der StrlSchV ist auf die dortigen Ausführungen zu verweisen (Rn. 9/229 ff.).

4. Instrumente

87 Als wichtigste *Instrumente* enthält das AtG eine Reihe von *Genehmigungstatbeständen* (Rn. 9/88 ff.), darüber hinaus aber auch Bestimmungen über die Führung eines Strahlenschutzregisters und über die Vorsorge für die Erfüllung gesetzlicher Schadensersatzverpflichtungen (Deckungsvorsorge) durch eine Haftpflichtversicherung oder auf sonstige Weise. Schließlich unterliegen der Umgang und der Verkehr mit radioaktiven Stoffen, der Betrieb und der Besitz von Anlagen sowie eine Reihe verwandter Tatbestände der staatlichen *Aufsicht*. Hinzu kommt ein System lückenloser und andauernder *Überwachung* (§§ 17, 19 AtG).

IV. Genehmigungserfordernisse nach dem AtG im Überblick (§§ 3-10 AtG)

88 Um eine *möglichst lückenlose Überwachung und zureichende Sicherheit* in bezug auf besondere spaltbare Stoffe[97], d.h. *Kernbrennstoffe*[98] (Legaldefinition: § 2 I Nr. 1 AtG) zu gewährleisten, sind Verrichtungen, die sich auf den Umgang mit Kernbrennstoffen beziehen (Ein- und Ausfuhr, Beförderung usw.), sowie Anlagen, in denen Kernbrennstoffe hergestellt, genutzt oder verarbeitet werden, nach dem *AtG* (§§ 3 ff.) *genehmigungspflichtig;* Ausnahmen können in einer RechtsVO gem. § 10 AtG vorgesehen werden (eine solche VO existiert jedoch nicht).

89 Soweit es sich nicht um Kernbrennstoffe, sondern um „*sonstige radioaktive Stoffe*" (Legaldefinition: § 2 I Nr. 2 AtG) handelt, sind die Vorschriften der §§ 3-27 *StrlSchV* einschlägig. – Hinzu kommen jeweils Sondervorschriften für den Beförderungsvorgang.

90 Das Gesamtsystem der Genehmigungs- und Kontrollkompetenzen ist nicht gerade transparent (zur Behördenzuständigkeit Rn. 9/254).

91 Die atomrechtlichen Genehmigungen nach den §§ 3 ff. AtG können jeweils nur erteilt werden, wenn gewisse persönliche und sachliche **Voraussetzungen** erfüllt sind. Diese sind in den Genehmigungstatbeständen jeweils in ähnlicher Weise zu finden. Fast durchweg wird vorausgesetzt, daß

- keine Bedenken gegen die *Zuverlässigkeit* des Antragstellers bestehen[99],
- der Antragsteller oder seine Beauftragten über die notwendige *Fachkunde* oder die sonst notwendigen Kenntnisse verfügen[100],
- die nach dem Stand von Wissenschaft und Technik erforderliche *Schadensvorsorge* getroffen ist[101],

97 Nach Art. 36 des Euratom-Vertrags sind die besonderen spaltbaren Stoffe ipso iure Eigentum der Gemeinschaft.

98 Zum Kernbrennstoffbegriff BVerwG, DVBl. 1995, 245.

99 §§ 3 II Nr. 1, 3 III Nr. 1, 4 II Nr. 1, 6 II Nr. 1, 7 I Nr. 1, 9 II Nr. 1 AtG.

100 §§ 4 II Nr. 2, 6 II Nr. 1, 7 II Nrn. 1 u. 2, 9 II Nrn. 1 u. 2 AtG.

101 §§ 4 II Nr. 3, 6 II Nr. 2, 7 II Nr. 3, 9 II Nr. 3 AtG.

- die erforderliche Vorsorge für die Erfüllung gesetzlicher Schadensersatzpflichten (*Deckungsvorsorge*) getroffen ist[102],
- der erforderliche Schutz gegen *Störmaßnahmen* oder sonstige Einwirkungen Dritter gewährleistet ist[103],
- überwiegende *öffentliche Interessen* der Erteilung der Genehmigung nicht entgegenstehen[104].

1. Einfuhr und Ausfuhr von Kernbrennstoffen

§ 3 AtG normiert für die *Ein- und Ausfuhr von Kernbrennstoffen* ein „präventives" Verbot mit Erlaubnisvorbehalt (Anspruch auf Erteilung der Genehmigung bei Vorliegen der gesetzlichen Voraussetzungen). Zuständig für die Genehmigungserteilung ist das Bundesausfuhramt, § 22 AtG. **92**

2. Beförderung von Kernbrennstoffen

Auch für die *Beförderung von Kernbrennstoffen* (zu ihrer tatsächlichen Problematik vgl. ausf. Rn. 9/6 ff.) bestimmen die §§ 4, 4b AtG ein präventives Verbot mit Erlaubnisvorbehalt. Auch dabei handelt es sich um eine *gebundene* Entscheidung. Genehmigungsbehörde ist das Bundesamt für Strahlenschutz (BfS; Rn. 9/253), § 23 I 1 Nr. 3 AtG. **93**

3. Verwahrung von Kernbrennstoffen

Kernbrennstoffe sind grundsätzlich *staatlich zu verwahren* (§ 5 I AtG), und zwar durch das BfS (Rn. 9/253, § 23 I 1 Nr. 1 AtG). Wer Kernbrennstoffe *außerhalb* der staatlichen Verwahrung oder genehmigter Anlagen (§ 7 AtG) bzw. genehmigten Umgangs (§§ 4, 9 AtG) aufbewahrt, bedarf der Genehmigung (§ 6 AtG) durch das BfS (§ 23 I 1 Nr. 4 AtG), sonst durch die zuständige Landesbehörde[105]. Unter die Aufbewahrungsgenehmigung des § 6 I AtG fällt auch die private Zwischenlagerung *bestrahlter* Kernbrennstoffe[106]. Auf die Erteilung der Genehmigung besteht ggf. ein Rechtsanspruch (§ 6 AtG). **94**

---

102 §§ 4 II Nr. 4, 6 II Nr. 3, 7 II Nr. 4, 9 II Nr. 4 AtG.

103 §§ 4 II Nr. 5, 6 II Nr. 4, 7 II Nr. 5, 9 II Nr. 5 AtG.

104 §§ 4 II Nr. 6, 6 II Nr. 5, 7 II Nr. 6, 9 II Nr. 6 AtG.

105 Bei der *internen* Zwischenlagerung, also bei der Zwischenlagerung am Kraftwerksstandort, muß einzelfallbezogen geprüft werden, ob hierfür die Genehmigung nach § 7 AtG (Rn. 9/107 ff.) ausreicht und eine Genehmigung nach § 6 AtG insoweit überflüssig ist bzw. ob sich neben der Genehmigung nach § 6 zusätzlich eine Änderungsgenehmigung nach § 7 AtG (Rn. 9/131 ff.) als erforderlich erweist (vgl. *Rosin*, in: *Büdenbender/Heintschel von Heinegg/Rosin*, Energierecht I. Recht der Energieanlagen, 1999 (zit. Energierecht), Rz. 1241 ff.)

106 OVG Münster, NVwZ-RR 1994, 143 ff.; RdE 1997, 222; s.a. DVBl. 1988, 155 – Zwischenlager Ahaus; danach bedarf ein Brennelemente-Zwischenlager sowohl der Aufbewahrungsgenehmigung nach § 6 I AtG als auch der Baugenehmigung (vgl. dazu – *de lege ferenda* – *Koch/Roßnagel*, NVwZ 2000, 1 [8]). Zu beachten ist, daß nur der *Betrieb* eines Brennelemente-Zwischenlager einer Geneh-

4. Errichtung und Betrieb von Kernanlagen

95 Das Genehmigungserfordernis des § 7 AtG zur Errichtung und zum Betrieb von Anlagen zur Erzeugung, Be- und Verarbeitung oder Spaltung von Kernbrennstoffen oder zur Aufbereitung von Kernbrennstoffen ist die praktisch wichtigste Vorschrift des Atomgesetzes, die unten (Rn. 9/99 ff.) im einzelnen erörtert wird. Das Genehmigungsverfahren wird nach § 24 I AtG von den Ländern im Auftrag des Bundes durchgeführt[107], wobei nach § 24 II AtG die von den Ländern bestimmte oberste Landesbehörde zuständig ist.

5. Bearbeitung, Verarbeitung und sonstige Verwendung von Kernbrennstoffen außerhalb genehmigungspflichtiger Anlagen

96 Wer Kernbrennstoffe *außerhalb* von gem. § 7 AtG genehmigungspflichtigen Anlagen *bearbeitet, verarbeitet oder sonst verwendet,* bedarf nach § 9 I 1 AtG der Genehmigung. Dies gilt nach § 9 I 2 AtG auch für den, der von dem in der Genehmigungsurkunde festgelegten Verfahren für die genannten Handlungen abweicht oder die in ihr bezeichnete Betriebsstätte oder deren Lage wesentlich verändert. Die Genehmigung „darf“ nur unter den in § 9 II AtG genannten, dem § 7 II AtG entsprechenden Voraussetzungen erteilt werden, d.h., es besteht ein *Versagungsermessen* der Genehmigungsbehörde.

6. Landessammelstellen für die Zwischenlagerung radioaktiver Abfälle

97 Schließlich bedürfen nach § 9c AtG auch die Errichtung und der Betrieb (sowie die wesentliche Änderung) der in § 9a III AtG genannten *Landessammelstellen* für die Zwischenlagerung gewisser im Landesgebiet anfallender radioaktiver Abfälle der Genehmigung. Gemeint sind die Abfälle, die nach § 82 StrlSchV zur Entsorgung an eine derartige Zwischenlagerungssammelstelle des Landes abzuliefern sind (§ 9a II, III 1 AtG). Nach § 9c i.V.m. § 9 AtG steht der Genehmigungsbehörde ein *Versagungsermessen* zu, nicht aber nach §§ 3 I, 6 I StrSchV i.V.m. § 2 I Nr. 2 AtG („sonstige Stoffe“). Die Zuständigkeit bestimmt sich nach § 24 AtG.

7. Endlagerung

98 Keiner Genehmigung, sondern einer *Planfeststellung* bedürfen die Anlagen des Bundes zur Sicherstellung und zur Endlagerung radioaktiver Abfälle und die wesentliche

---

migung nach § 6 AtG bedarf, für seine *Errichtung* jedoch eine Baugenehmigung ausreicht, was verfassungsrechtlich unbedenklich sein soll, dazu OVG Lüneburg, RdE 1995, 245 f. = et 1995, 610 ff. sowie bestätigend NVwZ-RR 1997, 281 (282). – Verfassungsrechtlich soll es ferner unbedenklich sein, daß für private externe Zwischenlager der nuklearen Entsorgung keine spezielle atomrechtliche Genehmigung (nebst verfahrensrechtlich gewährleisteter Öffentlichkeitsbeteiligung) vorgesehen ist, BVerfG, NVwZ 1988, 427. – Für die Genehmigung der Zwischenlagerung schwach- u. mittel-radioaktiver Abfälle ist § 3 StrlSchV einschlägig.

107 Vgl. Art. 85, 87c GG. Zu den dadurch aufgeworfenen Rechtsfragen vgl. Rn. 9/254.

Änderung solcher Anlagen oder ihres Betriebs, § 9b I i.V.m. 9a III 1 AtG, näher Rn. 9/227.

V. Insbesondere: Die Anlagengenehmigung nach § 7 AtG

1. Sachlicher Regelungsbereich

§ 7 I AtG regelt die **Genehmigung** zur Errichtung, zum Betrieb, zur sonstigen Innehabung und zur wesentlichen Änderung der für die Kernenergie maßgeblichen Anlagen, d.h. solcher Anlagen, die zur Erzeugung, Bearbeitung, Verarbeitung oder Spaltung von Kernbrennstoffen oder zur Aufarbeitung bestrahlter Kernbrennstoffe dienen. In erster Linie geht es um *ortsfeste* kerntechnische Anlagen, vor allem also um im kommerziellen Bereich eingesetzte Reaktoren, aber auch um Forschungseinrichtungen, Wiederaufarbeitungsanlagen, Brennelementfabriken usw. Die Regelung gilt aber nach ihrem Absatz 5 auch für *ortsveränderliche* Anlagen, also etwa für Schiffsreaktoren. Auch die *Stillegung* einer Anlage i.S. des § 7 I AtG bedarf nach § 7 III AtG einer Genehmigung[108], ebenso der *sichere Einschluß* der endgültig stillgelegten Anlage oder der *Abbau* der Anlage oder von Anlagenteilen (Rn. 9/213). Jeweils ist für die genehmigungspflichtige Maßnahme, soweit die Genehmigung in einem Verfahren mit Öffentlichkeitsbeteiligung zu erteilen ist, eine **Umweltverträglichkeitsprüfung** durchzuführen (§ 1a I AtVfV). Im übrigen ist das Verfahren in der AtVfV geregelt. **99**

Weder im Atomgesetz noch in der AtVfV ist der **Anlagebegriff** definiert. Er kann auch eine Gesamtanlage als Zusammenfassung mehrerer durch einen einheitlichen Zweck miteinander verbundener Einzel-, d.h. Teilanlagen umfassen[109]. Nach dem vom BVerwG[110] vertretenen **sicherheitstechnischen Anlagebegriff** gehören zur Anlage alle diejenigen Teile, aber auch nur diese, die dem Schutz vor nuklearen Gefahren dienen. Dabei darf nichts aus dem Genehmigungserfordernis für Errichtung und Betrieb der Anlage ausgeklammert bleiben, was nuklearspezifisches Gefährdungspotential in sich birgt, darüber hinaus auch nichts, was zwar für sich selbst keine Strahlengefahren mit sich bringt, aber sicherheitstechnisch oder *sicherungs*technisch (Zaun zum Schutz vor Sabotage) notwendig ist, um die Kernanlage gefahrlos betreiben zu können[111]. Hierzu zählen alle die Vorrichtungen, die erforderlich sind, um eine unzulässige radioaktive Strahlung – sei es beim bestimmungsgemäßen Betrieb, sei es beim Störfall – auszuschließen[112]. Im Sinne des § 7 I AtG gehört hiernach der Kühlturm nicht zum KKW, wohl aber – und insoweit ist nach dem BVerwG die Gesamt- **100**

108 Beispiel: BayVGH, NVwZ-RR 1995, 136 ff.

109 BVerwGE 80, 21 – WAA Wackersdorf.

110 Erstmals im Wyhl-Urteil – E 72, 300 (328 f.).

111 BVerwGE 80, 21 (26). Dazu *Beckmann/Kuhlmann*, NuR 1988, 369 (374 f.).

112 Nach VGH BW, VBlBW 1988, 184, ist ein Anlagebegriff, der nur die *aktive* Sicherheit der die Kernspaltung gewährleistenden Anlagenteile, nicht aber auch die die Anlagensicherheit u.U. gefährdenden, zur aktiven Sicherheit an sich nichts beitragenden Teile in den Blick nimmt, vor dem Schutzgebot des § 1 Nr. 2 AtG zu eng (Hinweis auf die zu § 3 V BImSchG ergangene Entsch. BVerwGE 69, 351 [353]).

Kernanlage genehmigungsrechtlich nicht teilbar – z.B. die Außenzaunanlage oder das Brennelementeingangslager einer Wiederaufarbeitungsanlage[113].

101 Demgegenüber wird auch ein *weiter Anlagebegriff* vertreten, der im Beispielsfall den Kühlturm mit einschließt, weil auch solche *nicht nuklearspezifischen* Gesamtanlagenteile, die (am vorgesehenen Standort) überhaupt erst den bestimmungs- und funktionsgerechten Betrieb der nuklearspezifischen Teile **ermöglichen**, mit diesen eine im Anlagebegriff des § 7 AtG zusammenzufassende **funktionelle und technische Einheit** bilden[114]. Die **Genehmigungspraxis** folgt dem *weiten Anlagebegriff*[115].

2. Genehmigungsvoraussetzungen und Versagungsermessen

102 a) Die Genehmigung darf nach § 7 II AtG *nur* erteilt werden, wenn die dort genannten subjektiven und objektiven **Voraussetzungen** erfüllt sind. Alle wesentlichen sicherheitstechnischen Belange müssen abschließend geprüft sein[116]. Allenfalls Details können baubegleitend „freigegeben" werden. Wenn freilich als Genehmigungsvoraussetzung die *abschließende* Prüfung aller sicherheitstechnisch erheblichen Fragen angesehen wird, ist die Rechtmäßigkeit jedenfalls mancher Genehmigung zweifelhaft. In der Praxis wird vieles später in *baubegleitender Aufsicht* abgearbeitet[117].

103 Gem. § 14 AtVfV erstreckt sich die Prüfung durch die Genehmigungsbehörde darüber hinaus auf die Beachtung der übrigen das Vorhaben betreffenden öffentlich-rechtlichen Vorschriften[118].

104 In § 7 II AtG sind die folgenden subjektiven (personenbezogenen) und objektiven (anlagenbezogenen) *Genehmigungsvoraussetzungen* genannt:

- Es dürfen keine Zweifel an der Zuverlässigkeit des Antragstellers sowie an der Zuverlässigkeit[119] und Fachkunde der verantwortlichen Personen bestehen (*Nr. 1*).
- Auch bei den sonst beim Betrieb der Anlage tätigen Personen müssen die für den sicheren Betrieb und für den Gefahrenschutz notwendigen Kenntnisse vorhanden sein (*Nr. 2*).
- Die nach dem Stand von Wissenschaft und Technik erforderliche Vorsorge gegen Schäden durch die Errichtung und den Betrieb der Anlage muß getroffen sein (*Nr. 3, ergänzt durch § 7 IIa*; dazu Rn. 9/108 ff.).

113 BVerwGE 80, 21 (26). Maßgebend war vor allem die Erwägung, daß das Genehmigungserfordernis nach § 7 I AtG in erster Linie dem *nuklearspezifischen Gefahrenschutz* dient und daher der dem Atomgesetz zugrundeliegende Schutzzweck (§ 1 Nr. 2 AtG) den Anlagebegriff des § 7 I AtG entscheidend prägt.

114 So etwa VGH BW in seinem vom BVerwG, (E 72, 300) lediglich im Ergebnis gebilligten Urt. v. 30.3.1982, NJW 1983, 63 = VBlBW 1982, 400 – Wyhl.

115 *Rosin*, in: Energierecht I, Rn. 711; krit. *Rebentisch*, RdE 1999, 18.

116 BVerwGE 80, 207 – Mülheim-Kärlich I.

117 Kritsch und instruktiv dazu *Lange*, Fehler und Fehlerfolgen im atomrechtlichen Genehmigungsverfahren; eine Untersuchung des Verfahrens betreffend die 5. Teilgenehmigung für den Betriebsteil MOX-Verarbeitung des Siemens-Brennelementwerkes in Hanau, 1994, S. 9 f.

118 Vgl. dazu Fn. 3/85.

119 Vgl. dazu neuerdings *Lang*, Die Zuverlässigkeit von Personen und Kapitalgesellschaften im Umweltrecht, 1997.

- Die erforderliche Vorsorge für die Erfüllung gesetzlicher Schadensersatzverpflichtungen (§§ 25 ff. AtG) muß getroffen sein (*Nr. 4*; dazu § 13 V AtG nebst der AtDeckV).
- Der erforderliche Schutz gegen Störmaßnahmen oder sonstige Einwirkungen Dritter muß gewährleistet sein (*Nr. 5*)[120].
- Überwiegende öffentliche Interessen, insbesondere im Hinblick auf die Umweltauswirkungen, dürfen der Wahl des Standorts der Anlage nicht entgegenstehen (*Nr. 6*)[121].

Die Nrn. 3 und 5 sind *Drittschutz* vermittelnde Schutznormen, soweit es nicht um das Kollektivrisiko (Bevölkerungsrisiko), sondern um das *Individualrisiko* geht[122]. Des weiteren ist § 7 II Nr. 1 AtG drittschützend (vgl. Rn. 4/5)[123]. **105**

b) Auch wenn die Genehmigungsvoraussetzungen erfüllt sind, ist der Genehmigungsbehörde ein **Versagungsermessen** eingeräumt, obwohl es sich bei der Vorschrift des § 7 AtG nicht um ein repressives, sondern um ein präventives Verbot mit Erlaubnisvorbehalt handelt[124] (Rn. 2/20). Der Grund hierfür liegt darin, daß zwar das AtG nach § 1 Nr. 1 die friedliche Kernenergienutzung fördern will, bei seinem Erlaß aber die besonderen Gefahren der Kernenergienutzung noch nicht zureichend überschaubar waren. **106**

Umstritten ist, wie weit die *ermessensfehlerfreien Versagungsmöglichkeiten* reichen[125]. Schon wegen des Förderzwecks des § 1 Nr. 1 AtG ist es fehlerhaft, wenn die Genehmigungsbehörde die Erteilung der beantragten Genehmigung aufgrund *allgemeiner Bedenken* gegen die friedliche Nutzung der Kernenergie ablehnt. Auch der Wegfall des Förderzwecks wird hieran nichts ändern[126]. – Rechtsfrage und nicht Ermessensfrage ist die Frage nach der erforderlichen Vorsorge; diese umfaßt den Bereich von Gefahr und Risiko, oberhalb der Schwelle des sog. Restrisikos (Rn. 9/109 ff., 120) und unterhalb der Gefahrenschwelle[127]. Die Entsorgungsvorsorge, die abweichend von § 5 I Nr. 3 BImSchG keine atomrechtliche Genehmigungsvoraussetzung darstellt, ist hingegen ein notwendiger Ermessensgesichtspunkt[128]. Auch zur **107**

120 Dazu BVerwGE 81, 185 m. krit. Anm. *Karpen*, JZ 1989, 898 ff.

121 Vgl. zur „Parallelgenehmigungsproblematik", die durch diese „Standortverträglichkeitsprüfung" auch noch nach der Neufassung des § 7 II Nr. 6 AtG aufgeworfen wird, BVerwG, DVBl. 1988, 489 f.

122 Zweifelnd insoweit z.B. *Bender*, NJW 1979, 1425 (1432 f.).

123 So auch BVerwG, NVwZ 1990, 858 ff. – Kernforschungszentrum Karlsruhe.

124 BVerfGE 49, 89; *Rebentisch*, RdE 1999, 18 (19); krit. hierzu *Roser*, atw 1998, 689 (691).

125 Vgl. z.B. BVerwGE 70, 365 einerseits, *Winter*, Krit. Justiz 1986, 23 (29) andererseits.

126 *Di Fabio*, Der Ausstieg aus der wirtschaftlichen Nutzung der Kernenergie, 1999, S. 32; *Borgmann*, Rechtliche Möglichkeiten und Grenzen des Ausstiegs aus der Kernenergie, 1994, S. 184 f.; vgl. dazu auch jüngst den von *Pelzer* herausgegebenen Tagungsband der Deutschen Landesgruppe der AIDN/INLA zum Thema „Die Zweckbestimmungen des Atomrechts", 1999, m.w.N.

127 Die Differenzierung zwischen Gefahr und Risiko ist durch BVerwGE 72, 300 – Wyhl – aufgehoben worden; eingehend *Steinberg*, in: *Schneider/Steinberg*, Schadensvorsorge, S. 13 ff.; *Roller*, DVBl. 1993, 20 ff.; s.a. *Greipl*, DVBl. 1992, 598 ff.; *Breuer*, NVwZ 1990, 211 (212 ff.).

128 *Rosin*, in: Energierecht I, Rn. 979 ff. m.w.N.; *Badura*, Langzeitrisiko und Verfassung, in: Die Bewältigung von Langzeitrisiken im Umwelt- und Technikrecht, 1998, S. 43 (53). – Zur Entsorgungsvorsorge BVerwGE 91, 62 ff.; hierzu auch *Kremser*, RdE 1995, 142 ff.; *Tettinger*, in: *Schmidt* (Hrsg),

vorsorglichen Restrisikominimierung (z.B. Sicherung gegen Flugzeugabsturz) kann das Versagungsermessen eingesetzt werden[129].

3. Schadensvorsorge im Sinne des § 7 II 1 Nr. 3 AtG

108 Die Genehmigungsvoraussetzung des § 7 II 1 Nr. 3 AtG, dem zufolge die *nach dem Stand von Wissenschaft und Technik erforderliche Vorsorge gegen Schäden* durch die Errichtung und den Betrieb der Anlage getroffen sein muß, ist aufgrund ihrer zentralen Bedeutung im Genehmigungsverfahren und der verwendeten unbestimmten Rechtsbegriffe die wohl meistdiskutierte Bestimmung des Atomrechts[130]. Die Regelung wird durch die StrlSchV, insbesondere durch deren Vorschriften über die Strahlenschutzgrundsätze (Rn. 9/235 ff.), die Strahlenbelastungsgrenzwerte bei bestimmungsgemäßem Betrieb (Rn. 9/239 ff.) und die Störfall-Planungsgrenzwerte (Rn. 9/247 ff.) ergänzt.

a) Gefahrenabwehr, Risikovorsorge

109 Nach § 7 II 1 Nr. 3 AtG darf die Genehmigung einer kerntechnischen Anlage nur erteilt werden, wenn die erforderliche „**Vorsorge gegen Schäden**" getroffen ist, die durch die Errichtung und den Betrieb dieser Anlage eintreten können.

110 aa) Der Begriff des *Schadens* erfaßt – entsprechend dem Schutzzweck des § 1 Nr. 2 AtG – immaterielle und materielle Schäden, nämlich einen auf den Risiken der Kernenergie oder ionisierender Strahlen beruhenden Verlust des Lebens sowie nicht ganz unerhebliche Beeinträchtigungen von Gesundheit und Sachgütern.

111 bb) Nach der Rechtsprechung des BVerfG umfaßt die „Schadensvorsorge" i.S.d. § 7 II Nr. 3 AtG die *bestmögliche Gefahrenabwehr und Risikovorsorge*"[131]. Damit geht § 7 II Nr. 3 AtG über den polizeirechtlichen Gefahrenbegriff hinaus.

112 Unter einer **Gefahr** im polizeirechtlichen Sinne werden Ereignisse oder Zustände verstanden, aus denen mit einer abschätzbaren, nicht vernachlässigbaren Wahrscheinlichkeit (zu vermeidende) Schäden bzw. schädigende Ereignisse oder Zustände folgen können. Dabei kann, um noch von „Gefahr" sprechen zu können, das erforder-

---

Öffentliches Wirtschaftsrecht, BT I, 1995, S. 737 f. – Dem Versagungsermessen gelten seit längerem *Reformbestrebungen*, wonach es durch einen Rechtsanspruch auf Genehmigungserteilung bei Vorliegen der Genehmigungsvoraussetzungen ersetzt werden soll; dafür *Papier*, in: *Lukes* (Hrsg.), Reformüberlegungen zum Atomrecht, 1991, S. 111 (127 ff.), sowie neuerdings v.a. der UGB-KomE, vgl. Entwurfsbegründung, S. 1250; dagegen *Breuer*, Gutachten zum 59. DJT; s.a. Gesetzes-Begründung, S. 19.

129 *Rosin*, in: Energierecht I, Rn. 949; vgl. auch Rn. 9/109.

130 Vgl. insbes. *Marburger*, Atomrechtliche Schadensvorsorge, 2. Aufl. 1985; s.a. die zahlr. Nachw. bei *Rosin*, in: Energierecht I, Rn. 741 ff.; *Stüer/Spreen*, NuR 1999, 16 (18 ff.); ferner *E. Rehbinder*, FS Sendler, 1991, S. 269 ff.

131 BVerfGE 49, 89 (143) – Kalkar; 53, 30 (58 f.) – Mülheim-Kärlich. Eingehend *Gemmeke*, Nachträgliche Anordnungen im Atomrecht, 1995, S. 107 ff. m.w.N.

liche Maß der Wahrscheinlichkeit eines derartigen Kausalverlaufs desto geringer sein, je schwerer der drohende Schaden nach Art und Ausmaß ist.

Der in der Rechtsprechung verwendete Begriff der „Risikovorsorge“ geht auf den versicherungsrechtlichen Begriff des **Risikos** zurück, der *zwei Komponenten* umfaßt, nämlich die *Eintrittshäufigkeit* eines möglicherweise schädigenden Ereignisses sowie das potentielle *Schadensausmaß*. **113**

Beide Komponenten *zusammen* konstituieren den Grad bzw. das *Gewicht des jeweiligen Risikos*. Ein konkretes technisches Schadensrisiko mit zwar sehr kleiner Eintrittswahrscheinlichkeit, aber mit sehr erheblichem potentiellen Schadensausmaß kann dasselbe Gewicht haben wie das Risiko eines anderen Schadensereignisses mit einer erheblich höheren Eintrittswahrscheinlichkeit, aber eben mit einem weit geringeren Ausmaß des drohenden Schadens. Auch hier muß daher die Wahrscheinlichkeit des Eintritts eines Schadensereignisses als Ergebnis einer zureichenden Schadensvorsorge desto geringer sein, je schwerwiegender die Schadensart und die Schadensfolgen, die auf dem Spiel stehen, sein können (sogen. **„Je-desto“-Formel**; BVerfGE 49, 89 [138] – Kalkar). **114**

Unter den **Begriff des Risikos** fallen somit **115**

- zum einen die Vorgänge und Zustände, die im polizeirechtlichen Sinne des § 1 Nr. 2 AtG unzweifelhaft eine echte „Gefahr“ bilden („Risiken **mit** erkannter Gefahrenqualität“); hier wird in letzter Zeit teilweise die Zuordnung zum Risiko bestritten (Rn. 1/82),
- zum anderen aber auch die Vorgänge und Zustände, bei denen nicht bereits bekannte, sondern nach dem gegenwärtigen Erkenntnisstand lediglich „nicht ausschließbare“ und daher theoretisch mögliche Kausalzusammenhänge zwischen einzelnen Risikofaktoren und möglichen Schäden in Rede stehen, so daß faktisch ein echtes Risiko zwar fehlen, aber eben auch bestehen kann („Risiken **ohne** oder mit **bisher** nicht erkannter Gefahrenqualität“[132]).

132 Zu dieser Terminologie *Bender*, NJW 1979, 1425 ff. u. DÖV 1980, 633 ff. Die Schadensvorsorgediskussion leidet darunter, daß die Begriffe „Gefahr“ und „Risiko“ mit sehr unterschiedlichen Inhalten verwendet werden, ohne daß das jeweils Gemeinte immer klar genug zum Ausdruck käme (dazu auch Fn. 238). Aus der Rspr. des *BVerfG*: BVerfGE 49, 89 – Kalkar; BVerfGE 53, 30 – Mülheim-Kärlich. – Aus der Rspr. des *BVerwG*: BVerwG, DVBl. 1972, 678 – Würgassen; BVerwGE 61, 256 – Stade; BVerwGE 70, 365 – Krümmel; BVerwGE 72, 300 – Wyhl; BVerwGE 78, 177 – Brokdorf; BVerwGE 80, 21 – WAA Wackersdorf; BVerwGE 80, 207 – Mülheim-Kärlich. – Aus der Lit. *Reich*, Gefahr-Risiko-Restrisiko. Das Vorsorgeprinzip am Bsp. des Immissionsschutzrechts, 1989; *Scherzberg*, VerwArch 1993, 484 ff.; *Steinberg*, in: *Schneider/Steinberg*, Schadensvorsorge, S. 12 (19 ff. u.ö.); *Schneider*, in: *Schneider/Steinberg*, Schadensvorsorge, S. 117 (135 ff. u.ö.); *Breuer*, NVwZ 1990, 211 (213 ff.); *E. Rehbinder*, FS Sendler, S. 269 (272 ff.); *Kutscheidt*, FS Redeker, 439 (443 ff.); *Ladeur*, NVwZ 1992, 948 (949); *Roller*, Genehmigungsaufhebung, S. 52 ff., jeweils m.w.N. – S.a. § 2 Nr. 5 KomE (S. 441 f.) mit Hinweis auf *di Fabio*, Risikoentscheidungen im Rechtsstaat, 1994, S. 52 ff.; *Rehbinder*, in: AKUR, Grundzüge des Umweltrechts, 2. Aufl. 1997, S. 04/012 ff. (zur Abgrenzung Gefahr/Risiko), und *Roßnagel*, GK-BImSchG, Rn. 5/161 ff.; *ders.*, DÖV 1998, 1048 ff. Eine Klarstellung durfte man sich von dem neuen UGB erhoffen, vgl. § 2 Nrn. 4 und 5 UGB-KomE.

b) Erforderliche Schadensvorsorge

116 aa) Die Reichweite der Schadensvorsorge i.S.d. § 7 II 1 Nr. 3 AtG über den polizeirechtlichen Gefahrenbegriff hinaus ist durch das BVerwG[133] wie folgt **begründet** und begrenzt worden. Die Vorschrift des § 7 II 1 Nr. 3 AtG sei nicht anhand des polizeirechtlichen Gefahrenbegriffs, sondern mit Blick auf den in § 1 Nr. 2 AtG genannten Schutzzweck des Gesetzes auszulegen. Schadensvorsorge bedeute daher nicht, daß Schutzmaßnahmen erst dort zu beginnen bräuchten, wo es gelte, eine Gefahr im polizeirechtlichen Sinne vorbeugend abzuwehren. Abweichend vom Polizeirecht müßten darüber hinaus solche *Schadensmöglichkeiten in Betracht gezogen werden, die sich nur deshalb nicht ausschließen lassen, weil nach dem derzeitigen Wissensstand bestimmte Ursachenzusammenhänge weder bejaht noch verneint werden können* und daher insoweit noch keine Gefahr, sondern nur ein „**Gefahrenverdacht**“[134] oder ein „*Besorgnispotential*“ bestehe. Schadensvorsorge bedeute insbesondere auch, daß bei der Beurteilung von Schadenswahrscheinlichkeiten nicht allein auf das vorhandene ingenieurmäßige Erfahrungswissen zurückgegriffen werden dürfe. Schutzmaßnahmen seien auch anhand „bloß theoretischer“ Überlegungen und Berechnungen in Betracht zu ziehen, um Risiken aufgrund noch bestehender Unsicherheiten oder Wissenslücken hinreichend zuverlässig auszuschließen[135]. Das gelte sowohl für den Kollektiv- als auch für den Individualschutz.

117 bb) Nach § 7 II 1 Nr. 3 AtG richten sich Art und Ausmaß der erforderlichen Schadensvorsorge nach dem **Stand von Wissenschaft und Technik**[136]. Der *Stand der Wissenschaft* hat vor allem für die Erkenntnis der in Betracht kommenden, vorsorgebedürftigen Risiken und der ihnen eigenen Bedingungs- und Wirkungszusammenhänge Bedeutung, während sich der *Stand der Technik* vor allem auf die gegen solche Risiken möglichen Schadensvorsorgemaßnahmen bezieht, d.h. auf Maßnahmen, deren praktische Eignung zur Schadensvorsorge als hinreichend gesichert angesehen werden darf.

118 Mit der Bezugnahme auch auf den **Stand der Wissenschaft** übt der Gesetzgeber einen noch stärkeren Zwang dahingehend aus, daß die rechtliche Regelung mit der wissenschaftlichen und technischen Entwicklung Schritt hält. Es muß diejenige Vorsorge gegen Schäden getroffen werden, die *nach den neuesten wissenschaftlichen Erkenntnissen* für erforderlich gehalten wird.

119 Läßt sie sich technisch noch nicht verwirklichen, darf die Genehmigung nicht erteilt werden; die erforderliche Vorsorge wird mithin nicht durch das technisch gegenwärtig Machbare begrenzt.

133 BVerwGE 72, 300 (315 ff.) – Wyhl.
134 Zur Einordnung *Kloepfer/Kröger*, NuR 1990, 8 (12).
135 BVerwGE 72, 300 (315 f.) – Wyhl. Dazu aus neuester Zeit BVerwG, NVwZ 1998, 623 (627) – Obrigheim II; BVerwGE 106, 115 ff. – Mülheim-Kärlich III.
136 Der Begriff des *Standes von Wissenschaft und Technik* wird insbesondere im Atomgesetz verwandt; vgl. z.B. §§ 6 I Nr. 2, 7 II Nr.3, 9 II Nr. 3 AtG; aber auch §§ 6 II, 7 II, 13 I Nr. 4, 16 I Nr. 2 GenTG; s.a. *Breuer*, in: HdUR, Bd. II, 2. Aufl. 1994, Art. „Stand der Technik“, Sp. 1874 f.

cc) Im Hinblick auf ein **verbleibendes Restrisiko**[137] läßt das Gesetz nach Auffassung des Bundesverfassungsgerichts eine Genehmigung nur dann zu, wenn es nach dem Stand von Wissenschaft und Technik *„praktisch ausgeschlossen"* ist, daß Schäden an Leben, Gesundheit und Sachgütern eintreten. Ungewißheiten jenseits dieser **„Schwelle praktischer Vernunft"** (Akzeptabilitätsmaßstab) haben ihre Ursache in den Grenzen des menschlichen Erkenntnisvermögens; sie sind unentrinnbar und insofern als *sozialadäquate* Lasten von allen Bürgern zu tragen[138]. Risikovorsorge in diesem Restrisikobereich ist *nicht mehr tatbestandliche Schadensvorsorge* i.S. des § 7 II 1 Nr. 3 AtG, sondern *zulässige Restrisikominimierung nach pflichtgemäßem Ermessen.* 120

dd) Etwaigen Unsicherheiten bei der Risikoermittlung und Risikobewertung ist nach Maßgabe des sich daraus ergebenden Besorgnispotentials, und zwar durch hinreichend **„konservative"**, d.h. auf der sicheren Seite liegende Annahmen Rechnung zu tragen. Dabei darf sich die Genehmigungsbehörde nicht auf eine „herrschende Meinung" verlassen, sondern muß alle vertretbaren wissenschaftlichen Erkenntnisse in Erwägung ziehen[139]. 121

Bislang ungeklärt ist, ob die Anforderungen der Rechtsprechung, Gefahren und Risiken im Rahmen der Schadensvorsorge nach § 7 II 1 Nr. 3 AtG praktisch auszuschließen, es zulassen, die Schadensvorsorge unter den **Vorbehalt der Verhältnismäßigkeit** zwischen Vorsorge**aufwand** und Vorsorge**nutzen** zu stellen[140]. 122

In diesem Zusammenhang spielt die zugrundeliegende kerntechnische **„Sicherheitsphilosophie"** eine wichtige Rolle; ob sie nur „ein mehr oder weniger logischer Verbund praktisch brauchbarer Grundannahmen"[141] oder doch eher eine durch das Wählervotum demokratisch geadelte, genuin politische Ermessensentscheidung ist (Rn. 9/170), wird neuerdings wieder fraglich[142]. 123

ee) Der von § 7 II 1 Nr. 3 AtG verlangte praktische Ausschluß von Schäden nach dem jeweiligen Stand von Wissenschaft und Technik ist unvermeidlich mit *Wertungen* verbunden. Die Risikoermittlung und Risikobewertung wird hierbei nach uber- 124

---

137 Dazu *Murswiek*, in: HdUR, Bd. 2, Sp. 1719 ff. m.w.N. Zur verfassungsrechtlichen Zulässigkeit des hinzunehmenden Restrisikos bejahend: *Gemmeke*, Nachträgliche Anordnungen im Atomrecht, 1995, S. 127 ff.; verneinend: *Stüer/Spreen*, NuR 1999, 16 (20 ff.). Dogmatisch konstruktiv ist davon auszugehen, daß die grundrechtliche Schutzpflicht prinzipiell in den Bereich des Restrisikos hineinreicht, daß Restrisiken aber aus verfassungsrechtlichen Gründen u.U. hinnehmbar sein können. Vgl. dazu *Böhm*, Der Normmensch, 1996, S. 116 f.; *Murswiek*, in: *v. Westphalen* (Hrsg.), Technikfolgenabschätzung als politische Aufgabe, 3. Aufl. 1997, S. 238 (243 f.).

138 BVerfGE 49, 89 (143). Kritisch *Murswiek*, in: *v. Westphalen* (Hrsg.), Technikfolgenabschätzung als politische Aufgabe, 3. Aufl. 1997, S. 238 (252 ff.), der das Schlagwort von der „praktischen Vernunft" als Ausdruck einer Verschleierungstaktik wertet. Dadurch werde zweierlei vernebelt, nämlich erstens, daß mit dieser Begrifflichkeit entgegen ihrer rechtsphilosophischen Einkleidung nur auf das Fachwissen von technischen Praktikern verwiesen wird, und zweitens, daß mit dem Abstellen auf die praktische Vernunft reale, besonders schwerwiegende Gefahren gerade nicht ausgeschlossen sind.

139 BVerwGE 72, 300 (316): „Gefahren und Risiken müssen … praktisch ausgeschlossen sein".

140 UGB-KomE, S. 1241; *Greipl*, DVBl. 1992, 598.

141 *Roßnagel*, UPR 1993, 129, anschaulich zu Begriff und Funktion; s.a. *Haedrich*, Erl., § 17 AtG, Anm. IV d, bb.

142 *Martin*, in: *Koch/Roßnagel* (Hrsg.), 10. Deutsches Atomrechts-Symposium, 1999, S. 245 f. – unter Verweis auf BVerwGE 106, 115 (122) – Mülheim-Kärlich III.

einstimmender Auffassung von BVerwG[143] und BVerfG[144] der Verwaltung als gerichtlich nur begrenzt überprüfbarer Beurteilungsspielraum (**Einschätzungsprärogative**, Rn. 4/37, 9/124, 180) übertragen.

125 Danach trägt die Verwaltung die *Verantwortung für die Risikoermittlung* und *-bewertung*. Es könne nicht Sache der nachträglichen verwaltungsgerichtlichen Kontrolle sein, die der Exekutive zugewiesene Wertung wissenschaftlicher Streitfragen einschließlich der daraus folgenden Risikoabschätzung durch eine eigene Bewertung zu ersetzen. Somit komme es nicht darauf an, welche Schadensvorsorge das Verwaltungsgericht nach Art und Ausmaß für erforderlich hält, sondern darauf, ob die Genehmigungsbehörde nach den Ergebnissen des von ihr durchgeführten Genehmigungsverfahrens die Überzeugung haben durfte, daß die vorgesehenen Schadensvorsorgemaßnahmen ausreichen[145]. Die Exekutive verfüge nicht nur gegenüber der Legislative, sondern auch im Verhältnis zu den Verwaltungsgerichten über rechtliche Handlungsformen, die sie für die Verwirklichung des Grundsatzes bestmöglicher Gefahrenabwehr und Risikovorsorge im Rahmen ihres Bewertungskonzepts sehr viel besser ausrüsten[146]. Dies sei der eigentliche Grund für die relativ geringe Regelungsdichte, die § 7 II 1 Nr. 3 AtG aufweist; er rechtfertige diese Regelung zugleich im Hinblick auf die Erfordernisse des grundrechtlichen Gesetzesvorbehalts. Deshalb darf ein Verwaltungsgericht eine atomrechtliche Genehmigung nicht schon wegen einer unzutreffenden Risikoabschätzung, sondern nur wegen eines Ermittlungs- und Bewertungsdefizits aufheben, wobei diese Fehler auch noch während des gerichtlichen Verfahrens von der Behörde behoben werden können[147]. Neben den im Vergleich zur Judikative besseren Erkenntnismöglichkeiten der Verwaltung stellt das BVerwG auch darauf ab, daß der Inhalt einer Risikoabschätzung „*letztlich nur politisch verantwortet werden kann*"[148].

126 ff) Die Genehmigungsvoraussetzungen für Errichtung und Betrieb eines neuen KKW wurden hinsichtlich der notwendigen *Risikovorsorge* (Nr. 3) bei *Stromgewinnungsanlagen* durch das sog. Artikelgesetz Kohle/Kernenergie vom 29.7.1994 (Rn. 9/64) ergänzt. § 7 II a AtG verlangt, daß aufgrund der Beschaffenheit und des Betriebs der Anlage auch außergewöhnliche Ereignisse weitere Maßnahmen außerhalb der Anlage nicht erforderlich machen würden. Gem. § 7 II a 1 HS 2 AtG sollten die bei der Auslegung der Anlage zugrundezulegenden Ereignisse in entsprechenden

143 BVerwGE 61, 82 (115); 72, 300 (314 ff.) – Wyhl; 78, 177 (180 f.) – Brokdorf; 106, 115 – Mülheim-Kärlich III.

144 BVerfGE 49, 89 (119 f.), 61, 82 (115).

145 BVerwGE 61, 82 (115); 72, 300 (314 ff.) – Wyhl; 78, 177 (180 f.) – Brokdorf; 106, 115 – Mülheim-Kärlich. Ebenso für § 7 II Nr. 5 AtG BVerwGE 81, 185 ff. vgl. auch BVerwG, DVBl. 1993, 1149 ff. mit Anm. *Winter*, ZUR 1994, 20 ff.; BayVGH, NVwZ-RR 1997, 279 (281). Zum Ganzen *Roller*, Genehmigungsaufhebung, S. 68 m.w.N.

146 Demgegenüber unterliegt nach Auffassung von *Pfaundler*, UPR 1999, 236 (338 f.) zumindest der atomrechtliche *Gefahren*begriff einer uneingeschränkten Rechtskontrolle. Dies kann aber nicht einmal für die (wenigen) Fälle überzeugen, in denen das AtG selbst den Gefahrenbegriff aus dem allgemeinen atomrechtlichen Risikobegriff ausgesondert und isoliert normiert hat (insbes. § 17 V AtG; dazu Rn. 9/184 ff.). Denn auch in diesen Fällen ist die Gefahrenermittlung wegen der Komplexität atomarer Gefahren der hierfür besser ausgestatteten Exekutive zugewiesen. *Badura*, DVBl. 1998, 1197 ff. spricht insoweit zutreffend von einen „Funktionsvorbehalt" zugunsten der Genehmigungsbehörde.

147 So zuletzt BVerwGE 106, 115 ff. – Mülheim-Kärlich III. Dies ist in der Revisionsinstanz schon deswegen fragwürdig, weil diese bekanntlich grundsätzlich auf die Prüfung von Rechtsfragen beschränkt ist. Auch müßte zur Behebung wohl ein förmlicher Bescheid ergehen.

148 BVerwGE 106, 115 (122) – Mülheim-Kärlich III – mit vorsichtiger Zustimmung *Martin* (Fn. 142), S. 245 f.

Leitlinien (also in Ergänzung zu den Störfall-Leitlinien, Rn. 9/249) des zuständigen Ministeriums bestimmt werden; dieser Teil der neuen Vorschrift ist dann aber vom BVerfG für nichtig erklärt worden[149]. Die Neuregelung gilt nicht für bis zum 31.12.1993 genehmigte oder teilgenehmigte Anlagen und nicht einmal für wesentliche Änderungen dieser Anlagen oder ihres Betriebs. Damit ist für künftig zur Zulassung anstehende Kernkraftwerke zur Elektrizitätserzeugung (sog. Leistungsreaktoren) ein zusätzliches Sicherheitsziel festgelegt. So muß zur Überzeugung der Genehmigungsbehörde feststehen, daß es nicht zu Strahlenfreisetzungen kommen kann, die einschneidende Maßnahmen wie etwa eine Evakuierung erforderlich machen[150].

gg) **Exkurs:** Bei der Beantwortung der Frage, welche Anforderungen an eine zureichende Schadensvorsorge zu stellen sind[151], kommen als ingenieurwissenschaftliche Hilfen sog. **deterministische** und sog. **probabilistische** Methoden in Betracht. Hierbei wird eine unter Sicherheitsaspekten vorzunehmende Bewertung eines technischen Systems, d.h. eine Bewertung der Gesamtheit seiner dem Betrieb und der Sicherheit dienenden Funktionsbereiche, vorgenommen. Gemeinsame Grundlage beider Methoden ist eine *Systemanalyse*. Mit ihr werden die technisch notwendigen Eigenschaften der Systemelemente und -komponenten (z.B. die notwendige Förderleistung einer Kühlpumpe) und die notwendigen inneren Kausalverknüpfungen (z.B. die erforderliche Energieversorgung für den Pumpenantrieb) ermittelt. **127**

Nach der „klassischen", in der Praxis der Genehmigungsbehörden vorherrschenden (risiko*qualifizierenden*) **deterministischen Methode** ist die Sicherheit der zu bewertenden technischen Systeme bzw. Systemteile gegeben, wenn allen hypothetisch angenommenen Störfallabläufen, d.h. allen bei ingenieurmäßiger Betrachtung relevanten Ereignisketten und Versagenspostulaten bei der technischen Auslegung des Systems bzw. der Systemteile durch die Einhaltung solcher „Sicherheitsabstände" Rechnung getragen ist, die bei „konservativer" Betrachtungsweise als zureichend zu erachten sind. So ist z.B. die notwendige Festigkeit eines Bauteils auf die von ihm aufzunehmende Last bezogen. Hier kann der notwendige „Sicherheitsabstand" etwa dadurch hergestellt werden, daß die Festigkeit des Bauteils nennenswert höher bemessen wird als die zu erwartende Höchstlast. Bei einem derart ausgelegten und fehlerfrei gefertigten Bauteil kann dann das Versagen deterministisch am „Maßstab der praktischen Vernunft" ausgeschlossen werden. **128**

Nach der (risiko*quantifizierenden*) **probabilistischen Methode** (PSA)[152] werden die Ausfallraten aller technischen Elemente und Komponenten eines Systems, hier also einer kerntechni- **129**

149 BVerfG, B. v. 2.3.1999, 2 BvF 1/94, BGBl. 1237. Die Nichtigkeit soll sich jedoch nicht aus dem im Verfassungsprozeß gerügten Umstand ergeben, daß es sich inhaltlich um eine Vorschrift der Verwaltung handle und damit der BRat zustimmen müsse, sondern vielmehr daraus, daß der Erlaß der betreffenden Richtlinien der Bundesregierung als Kollegium vorbehalten sei und daher nicht dem Bundesumweltminister überantwortet werden könne; s. schon o Fn. 82.

150 Begründung: BT-Drs. 12/6908 S. 16; krit. dazu *Sauer*, Die Divergenz von technisch definiertem und rechtlich verstandenem Risiko, in: *Steinberg*, Reform, 1994, S. 45 ff.; s.a. *Rose*, atw 1995, 856.

151 Das BMU wird hierzu von der Reaktorsicherheitskommission beraten.

152 Dazu aus jüngerer Zeit *Störzel*, Kerntechnische Schutzkonzepte und atomrechtliche Anlagengenehmigungen, Diss. 1998, S. 184 ff.; s.a. *Rengeling*, Probabilistische Methoden bei der atomrechtlichen Schadensvorsorge, 1987; *Hauptmanns/Hertrich/Werner*, Technische Risiken, Ermittlung und Beurteilung, 1987; *Steinberg*, in: *Schneider/Steinberg*, Schadensvorsorge, S. 12 (40 ff.) m.w.N.; *Roßnagel*, DÖV 1997, 801 (802 ff.); *Balfanz*, atw 1995, 102. – Zur rechtlichen Bedeutung s. BVerwG, DVBl. 1990, 58 – THTR; aus jüngster Zeit VGH Kassel, Urt. v. 25.3.1997, 14 A 3083/89, UA S. 85, 74.

schen Anlage, statistisch ermittelt bzw. (bei Fehlen entsprechender empirischer Daten) konservativ geschätzt. Die gedanklich vorgenommene Hintereinanderschaltung von Versagensereignissen mit jeweils quantifizierter Versagenshäufigkeit führt im Wege einer sog. „*Fehlerbaumanalyse*" zu verzweigten „Ereignisketten". Solche Ereignisketten münden mit einer bestimmten Gesamtwahrscheinlichkeit (Produkt der einzelnen Versagenswahrscheinlichkeiten) letztendlich in die Bewirkung des gerade zu vermeidenden Schadens. Diese Methode quantifiziert die Gesamtwahrscheinlichkeit des Eintritts eines bestimmten Stör- oder Unfalls (z.B. des Eintritts einer Reaktorkernschmelze mit Austritt von Teilen des nuklearen Inventars durch die obendrein wegen hohen Dampfdrucks versagende Sicherheitshülle des KKW). Sie sieht die notwendige Sicherheit als gegeben an, wenn das Produkt der einzelnen Versagenswahrscheinlichkeiten aller auf einer Ereigniskette befindlichen Elemente und Komponenten nach dem „Maßstab der praktischen Vernunft" genügend klein ist. Sie müssen allerdings – und darin liegt (neben den unvermeidbaren bloßen Schätzungen unbekannter Ausfallraten technischer Elemente) ihre Schwäche – solche Risikobeiträge weitgehend unberücksichtigt lassen, die unkalkulierbar und daher nicht quantifizierbar sind, weil sie von menschlichem Versagen des Betriebspersonals, von böswilligen Einwirkungen Dritter, von Kriegsereignissen u.ä. ausgehen.

130 Der Stand der Probabilistik wird freilich überschätzt[153]: Ihr praktischer Einsatz besteht vor allem darin, Schwachstellen der Deterministik aufzuspüren, also ergänzend zusätzlich erforderliche Sicherheitsmaßnahmen zu ermitteln. Insoweit kann die Praxis, mag es sich um Einzelgenehmigungen oder auch um die Aufstellung von Regelwerken, Kriterien oder Richtlinien handeln, auf eine kumulative Anwendung probabilistischer und deterministischer Methoden nicht verzichten[154]. Diese sicherheitserhöhende Funktion der Deterministik verkehrt sich freilich ins Gegenteil, wenn sie stattdessen dafür eingesetzt wird, deterministisch notwendige Maßnahmen angesichts mutmaßlich geringer Eintrittswahrscheinlichkeiten für letztlich entbehrlich zu erklären[155].

4. Änderungsgenehmigung

131 **Wesentliche Änderungen** bedürfen nach § 7 I AtG einer Änderungsgenehmigung. Dabei ist zu prüfen, ob die veränderte Anlage insgesamt dem Gebot der Schadensvorsorge genügt. Diese Prüfung erstreckt sich auf sämtliche von der Veränderung ausgehenden Auswirkungen, die die Sicherheit der Anlage und deren Betrieb betreffen[156].

132 Zunächst ist jede Abweichung vom genehmigten Anlagenbestand oder -betrieb eine Änderung. Sie ist **wesentlich**, wenn sie nicht nur unerhebliche Konsequenzen für das

153 Dazu auch *Roßnagel*, DÖV 1997, 801 (805 ff.)

154 Instruktiv *Steinberg*, in: *Schneider/Steinberg*, Schadensvorsorge, S. 40 ff.; für ein Bsp. vgl. BVerwGE 104, 36 (55) – Obrigheim.

155 Anschaulich dazu *Martin* (Fn. 142), S. 247.

156 Dazu BVerwGE 101, 347 ff. – Krümmel. Das BVerwG hob die vorangegangene Entscheidung des OVG Schleswig auf, verlangte die Untersuchung der radiologischen Auswirkung und des Betriebs nach dem Einsatz neuartiger Brennelemente und der Möglichkeit, ob der Betrieb der Anlage für die Häufung von Leukämie in der Umgebung verantwortlich sein könne. Das BVerwG hat sich in dieser Entscheidung überhaupt zum ersten Mal mit der Reichweite atomrechtlicher Änderungsgenehmigungen auseinandergesetzt. Vgl. dazu die Anmerkungen von *Murswiek*, JuS 1997, 568 ff.; *Gielen*, JR 1997 (10 ff.); *Aulehner*, JA 1997, 541 ff.

Sicherheitsniveau hat und in diesem Sinne die Genehmigungsfrage neu aufgeworfen wird[157].

Anhaltspunkte dafür, ob eine wesentliche Änderung vorliegt, bietet § 4 II AtVfV, wonach eine erneute Öffentlichkeitsbeteiligung unter bestimmten Voraussetzungen zwingend vorgeschrieben ist, z.B. bei einer bestimmten Erhöhung von Emissionen, bei der Konzeptänderung und bei Änderungen am Sicherheitssystem. 133

a) Prüfungsumfang

Nach bisherigem Recht war fraglich, ob über das jeweilige Änderungsvorhaben als solches hinaus die Konsequenzen für Anlage und Betrieb insgesamt in den Blick genommen werden müssen. In Anlehnung an das Immissionsschutzrecht hat das Bundesverwaltungsgericht dies im Krümmel-Urteil geklärt: Danach kommt es entscheidend auf die *Auswirkung* des Änderungsvorhabens an[158]. Anders als bei der Teilgenehmigung (Rn. 9/140) sei die rechtliche Bindungswirkung der Ausgangsgenehmigung für die Frage des Prüfungsgegenstands belanglos und entfalle, soweit die faktischen Auswirkungen der Änderung reichten[159]. 134

Nach der Rspr. des BVerwG ist für die Frage nach dem Prüfungsumfang bei der Änderungenehmigung somit auf die Auswirkungen des Änderungsvorhabens abzustellen. Diese Aufassung entspricht dem insofern maßgeblichen Entscheidungsprogramm des § 7 II 1 Nr. 3 AtG[160], wonach nur das Risikopotential der betreffenden Änderung, dieses aber umfänglich, also ohne Bindung an frühere Entscheidungen überprüft werden soll. 135

Dieser vom BVerwG entwickelten Sichtweise hat sich mit dem neuen § 7 II 2 HS 2 AtG mittlerweile auch der Gesetzgeber angeschlossen[161]. Wenn infolgedessen im Änderungsgenehmigungsverfahren nun mitunter auch auf die Altanlage durchgegriffen werden kann, so liegt darin kein Widerspruch zur Bestandsschutzssystematik der §§ 17 f. AtG[162]. 136

Diese Bestimmungen beziehen sich nämlich nur auf Fälle, in denen der Staat nachträglich in den Genehmigungsbestand eingreift; bei vom Staat verfügten nachträglichen Auflagen oder Genehmigungsaufhebungen genießen die Anlagenbetreiber Bestandsschutz im Rahmen der §§ 17 f. AtG (Rn. 9/168 ff.). Wenn der Anlagenbetreiber die Anlage aber von sich aus ändert, kann er nicht darauf vertrauen, daß die Genehmigungsbehörde faktische Auswirkungen der Änderungsmaßnahme auf die Gesamtanlage rechtlich außer Betracht läßt, nur weil die Gesamtanlage als solche be- 137

157 BVerwGE 101, 347 ff. – Krümmel; ebenso *Gemmeke*, Nachträgliche Anordnungen im Atomrecht, 1995, S. 314.

158 BVerwGE 101, 347 (350); insoweit zust. *Kutscheidt*, NVwZ 1997, 111 (114). *Sendler*, UPR 1997, 101 (102 f.); krit. *v. Danwitz*, RdE 1997, 55 (56 f.); zur „wesentlichen Änderung" im Atom- und Immissionsschutzrecht rechtsvergleichend *Wasielewski*, UPR 1998, 420 ff.

159 Grdsl. zust. *Steinberg/Roller*, DVBl. 1997, 57 (59); *Rebentisch*, DVBl. 1997, 810 (812 f.); krit. *Grigoleit/Mager*, NuR 1997, 469 (475); *v. Danwitz*, RdE 1997, 55 (58 f.).

160 Hierauf stellt auch *Schmidt-Preuß*, NVwZ 1998, 553 (554) ab.

161 So auch die Einschätzung von *Schmidt-Preuß*, et 1998, 750 (751). Das Schicksal dieser neuen Vorschrift ist freilich ungewiß, vgl. Rn. 9/65.

162 So allerdings *Grigoleit/Mager*, NuR 1997, 469 (475).

reits genehmigt ist. Soweit die Änderung in sachlichem Zusammenhang mit der Gesamtanlage steht, ist es dem Anlagenbetreiber zuzumuten, daß er die Änderung nur genehmigt bekommt, wenn er die Altanlage *insoweit* entsprechend dem aktuellen Stand von Wissenschaft und Technik nachrüstet. Dies gilt erst recht, wenn man den skizzierten Rechtsdurchgriff auf die Altanlage unter Berücksichtigung des Verhältnismäßigkeitsgrundsatzes mildert[163], wie dies der neue § 7 II 2 HS 1 AtG ausdrücklich vorsieht[164].

b) Prüfungsmaßstab

138 *Prüfungsmaßstab des* § 7 II 2 HS 1 AtomG ist unverändert der Stand von Wissenschaft und Technik. Die Genehmigungsvoraussetzungen liegen freilich auch dann vor, wenn der Antrag den Stand von Wissenschaft und Technik nicht ganz erreicht, weil mehr nicht machbar ist oder unverhältnismäßig wäre. Das bedeutet aber nicht, daß man bei Altanlagen „weniger genau hinsehen" müsse. Vielmehr ist auch hier zu prüfen, was erforderlich, ob es möglich und wie aufwendig es ist. Erst dann stellt sich die Frage, ob die Anforderungen der Risikominderung einerseits und die legitimen Betreiberinteressen andererseits objektiv in angemessenem Verhältnis stehen[165]. Im Ergebnis soll in diesen Fällen eine minimale Reduzierung von Risiken nicht zu fordern sein, wenn sie nur mit unverhältnismäßigen Kosten realisiert werden könnte[166]. Nicht hingegen darf die Vorschrift so verstanden werden, daß Nachrüstungsmaßnahmen minderen Standards oder aufgrund nur summarischer Prüfungen durchgeführt werden dürfen, um wenigstens ein Sicherheitsniveau zu erhalten, das keine Stillegung mehr rechtfertigen würde. Dabei macht es keinen Unterschied, ob die Änderungen in einem Antrag zusammengefaßt oder einzeln zur Beurteilung gestellt werden.

139 Da die neue Bundesregierung allerdings die Absicht hat, die Regelung des § 7 II 2 AtomG wieder aufzuheben (Rn. 9/70), könnte sich bald die vorsorglich bereits aufgeworfene Frage stellen, ob die Beschränkungen des § 7 II 2 AtG durch den Verhältnismäßigkeitsgrundsatz nicht **deklaratorischer** Natur sind, weil dieser ohnehin auf grundgesetzlicher Basis gilt[167].

5. Besondere Formen genehmigungsähnlicher Entscheidungen

140 Die z.B. im Immissionsschutzrecht verankerten Rechtsinstitute der **Teilgenehmigung** (Rn. 8/211.) und des **Vorbescheids** (Rn. 8/215) finden sich im Zusammenhang mit § 7 AtG auch im Atomrecht. Sie werfen auch hier besondere rechtsdogmatische

163 Dafür *Rebentisch*, RdE 1997, 810 (814); *Steinberg/Roller*, DVBl. 1997, 57 (59).
164 *Schmidt-Preuß*, et 1998, 750 (751).
165 Dazu auch *Roller*, DÖV 1998, 657 (662 f.).
166 Zust. *Schmidt-Preuß*, NVwZ 1998, 553 (554); vorsichtig bis kritisch *Roller*, DÖV 1998, 657 (663).
167 In diesem Sinne *Rosin*, in: Energierecht I, Rn. 937 ff. m.v.w.N., und wohl auch die in Fn. 163 Genannten.

Probleme auf[168]. Dabei ist nur der Vorbescheid (in § 7a) ausdrücklich vorgesehen, die Teilgenehmigung wird (in § 7b) vom Gesetz nur vorausgesetzt und hinsichtlich Einwendungen Dritter geregelt (vgl. aber § 18 AtVfV und § 8 BImSchG).

Ähnlichen Zwecken wie Teilgenehmigung und Vorbescheid dient das Prüfverfahren nach § 7c AtG, das durch die umstrittene letzte Atomrechtsnovelle eingeführt worden ist. Es orientiert sich an den standortunabhängigen Zertifizierungsverfahren US-amerikanischer Prägung. Im deutschen Umweltrecht stellt das betreffende Prüfverfahren indes ein völliges Novum dar und harrt dementsprechend auch noch einer befriedigenden dogmatischen Durchdringung (Rn. 9/157 ff.). **141**

Lediglich hingewiesen sei auf drei in der (Länder-)Praxis relevante – und je für sich teils problematische – Entscheidungsformen, nämlich Freigaben, Vorabzustimmungen sowie Nachtragsgenehmigungen[169]. **142**

a) Teilgenehmigung

aa) Die **Teilgenehmigung** (§ 7b AtG, § 18 AtVfV) soll dazu dienen, Probleme abschnittsweise abzuarbeiten, dadurch das Verfahren für die Beteiligten übersichtlicher zu gestalten und sich mit den Folgegenehmigungen möglichst immer an der Spitze des jeweiligen Standes von Wissenschaft und Technik zu bewegen. Gleichzeitig soll das in der Teilgenehmigung enthaltene *vorläufige positive Gesamturteil* den Antragsteller davor schützen, daß die bisherigen Investitionen hinfällig werden, es sei denn, die fehlende Genehmigungsfähigkeit ergibt sich aus den noch offen gebliebenen Detailfragen oder einem Fortschritt des Standes von Wissenschaft und Technik. Deshalb werden vor Erteilung der (Voll-)Genehmigung einer Kernanlage (jeweils auf Antrag) zahlreiche Teilerrichtungs- und Teilbetriebsgenehmigungen beantragt, was unter Rechtsschutzgesichtspunkten zu einigen Schwierigkeiten führt[170]. **143**

Die Teilgenehmigung besteht aus einem **gestattenden** (und insoweit auch endgültig feststellenden) **Teil** und aus dem **vorläufigen positiven Gesamturteil**. Sie darf *verfahrensrechtlich* nur ergehen, wenn im Umfang ihrer Gestattungswirkung *alle* sicherheitstechnisch relevanten Einzelheiten von der Genehmigungsbehörde geprüft worden sind[171] und wenn eine *vorläufige* Prüfung im Sinne des § 18 I AtVfV über das Vorliegen der Genehmigungsvoraussetzungen im Hinblick auf die Errichtung und den Betrieb der *gesamten* Anlage stattgefunden hat (*„vorläufiges positives Gesamturteil"*). **144**

Die Bindungswirkung *endgültiger* Entscheidungen in Teilgenehmigungen kann auch bei inzwischen veränderter Sachlage nur durch Widerruf beseitigt werden. Dagegen ist die Bindungswirkung des *vorläufigen positiven Gesamturteils* begrenzt. Das **vor-** **145**

168 Vgl. den Überblick bei *Kutscheidt*, FS Sendler, 1991, S. 303 ff.; s.a. *Wieland*, DVBl. 1991, 616 ff.
169 Vgl. dazu *Rosin*, in: Energierecht I, Rn. 1378 ff. m.v.w.N.
170 Vgl. zuletzt BVerwGE 92, 185 – Mülheim Kärlich II; dazu *Vogelsang/Zartmann*, NVwZ 1993, 855 ff.; s.a. *Wieland*, DVBl. 1991, 616 ff. m.w.N.; krit. zur Überbetonung der Investitionssicherheit *Roßnagel*, DÖV 1995, 624 (629).
171 BVerwGE 80, 207 – Mülheim-Kärlich I; BVerwG, DVBl. 1990, 58 – THTR.

läufige positive Gesamturteil hat sozusagen eine „Klammerfunktion". Es ist nämlich nicht nur Genehmigungsvoraussetzung, sondern es gehört, obwohl es nicht „tenoriert" wird[172], auch zu dem (über den gestattenden Teil einer Teilgenehmigung hinausweisenden) *feststellenden Teil* der Teilgenehmigung und damit zu dessen Regelungsgehalt, der aber insoweit hinter dem eines Vorbescheids (Rn. 8/215 ff.) zurückbleibt[173]. Es besagt, daß nach dem Ergebnis einer vorläufigen Prüfung die Genehmigungsvoraussetzungen im Hinblick auf die Errichtung und den Betrieb der gesamten Anlage vorliegen werden (§ 18 I AtVfV), m.a.W. dem Vorhaben „keine von vornherein unüberwindlichen rechtlichen Hindernisse" entgegenstehen[174]. Das Gesamturteil ist „vorläufig", weil es nur auf vorläufigen, wenn auch hinreichend aussagekräftigen Angaben zu beruhen braucht; das bedeutet aber nicht eine geringere Prüfungs*intensität*, etwa im Sinne einer bloßen Evidenzkontrolle[175], sondern vielmehr eine Art Vollprüfung auf derzeitigem Stand[176]. Erst mit der letzten Teilgenehmigung erstarkt das zuvor jeweils „vorläufige" zum „abschließenden" positiven Gesamturteil.

146 Mit der Errichtungsgenehmigung ist die endgültige Feststellung verbunden, daß die entsprechend errichtete Anlage sicher betrieben werden kann. Die Betriebserlaubnis ist jedoch zur Vermeidung widersprüchlichen Verhaltens zurückzustellen, bis sich die Genehmigungsbehörde Klarheit darüber verschafft hat, daß es bei der Feststellung verbleiben kann[177]. Diese letzte Teilgenehmigung, die den Betrieb erlaubt, unterliegt keiner weiteren Prüfung. Entstehen danach Zweifel, ist ihnen im Rahmen der Aufsicht nachzugehen.

147 Wenn beispielsweise für die vollständige Errichtung der Anlage lückenlose Teilgenehmigungen vorliegen, sind Fragen der Auslegung des Kernkraftwerks gegen Störfälle einschließlich der Folgen eines Flugzeugabsturzes nicht mehr Gegenstand des sich nur noch auf die Betriebsgenehmigung beziehenden Verfahrens[178].

148 Die normative Bindungswirkung der Teilgenehmigung gilt hinsichtlich des vorläufigen positiven Gesamturteils nur eingeschränkt. Sie entfällt nicht erst bei späterer Änderung der Sach- oder Rechtslage, namentlich bei einem zwischenzeitlich weiterentwickelten Stand von Wissenschaft und Technik, sondern schon dann, wenn an noch nicht genehmigte Anlagenteile aufgrund der späteren Detailprüfung neue Anforderungen gestellt werden müssen[179]. Dies ist u.U. von erheblicher wirtschaftlicher Bedeutung.

---

172 BVerwGE 72, 300 (309); BVerwG, NVwZ 1999, 1231 (1232). Jedoch müssen die potentiell Drittbetroffenen hinreichend deutlich erkennen können, welche Anfechtungslast ihnen durch das vorläufig positive Gesamturteil aufgebürdet wird, BVerwGE 88, 286 (292); 80, 207 (215).

173 BVerwGE 72, 300 (306 ff.); s.a. BVerwG, UPR 1993, 302 f.

174 So schon BVerwG, DVBl. 1982, 960 – Würgassen; s.a. VGH Kassel, UPR 1994, 79.

175 BVerwGE 72, 300 (308) unter Hinweis auf BVerwG, DVBl. 1982, 960.

176 Vgl. jetzt BVerwG, DVBl. 1994, 1252 (1254): VpG bezieht sich nicht auf den Errichtungsvorgang.

177 So zuletzt OVG Münster, RdE 1998, 142 (144) unter Verweis auf BVerwGE 88, 286 (290) u. BVerwG, DVBl. 1997, 719.

178 BVerwGE 88, 286 (290 f.); BVerwGE 92, 185; BVerwG, DVBl. 1993, 1151; s.a. BVerwG, et 1992, 324 zu den Folgen der Aufhebung einer atomrechtlichen Teilgenehmigung für die Frage einer nachträglichen Genehmigungsfähigkeit der Anlage.

179 Hierzu und zum folgenden BVerwGE 92, 185 – Mülheim-Kärlich II; dazu *Vogelsang/Zartmann*, NVwZ 1993, 855 ff. m.w.N.

Umgekehrt kommt aber auch schon einer Reihe vorläufiger positiver Gesamturteile Bindungswirkung zu, die sogar die durch Aufhebung der ersten Teilgenehmigung entstandene Lücke schließen können soll[180]. 149

Unproblematisch ist dies nicht, denn mit der Aufhebung der ersten Entscheidung könnte den nachfolgenden Teilgenehmigungen, die über die Lücke hinweghelfen sollen, die Grundlage ja gerade entzogen worden sein. Anders sieht dies freilich das BVerwG. Danach nimmt die nachfolgende Teilgenehmigung – im Unterschied zum Vorbescheid – ein lediglich vorläufiges und insoweit unter Vorbehalt stehendes Gesamturteil auf, um dieses erst nach erneuter Absolvierung des vorbehaltenen Prüfprogramms in eine neue, detaillierte und aktualisierte endgültige Feststellung umzuwandeln[181]. Dem entspricht, daß die fehlende erste Teilgenehmigung auch noch nachträglich ersetzbar sein soll. Dies gibt Anlaß, über die Reichweite des vorläufigen positiven Gesamturteils neu nachzudenken, weil die Rechtsprechung die Realitäten eines Genehmigungsverfahrens verkennt und den Rechtsschutz zu sehr verkürzt. 150

Soweit sich das vorläufige positive Gesamturteil auf gesetzliche Genehmigungsvoraussetzungen bezieht, die drittschützenden Charakter (vgl. Rn. 4/5) haben (insbesondere § 7 II 1 Nr. 3 AtG), ist das vorläufige positive Gesamturteil selbst „*drittschützend*“[182]. Umgekehrt sind die Drittbetroffenen mit allen Einwendungen, die nicht auf privatrechtlichen Titeln beruhen, für alle weiteren Stufen des atomrechtlichen Genehmigungsverfahrens ausgeschlossen, wenn sie ihre Interessen nicht vor Ablauf der Auslegungsfrist geltend gemacht haben (sog. **Verwirkungspräklusion**, § 7 I AtVfV)[183]. Darüber hinaus sind die Drittbetroffenen ab Bestandskraft der Teilgenehmigung[184] im Hinblick auf die weiteren Etappen des mehrstufigen Genehmigungsverfahrens mit all den Einwendungen ausgeschlossen, die schon gegenüber der Teilgenehmigung vorgebracht wurden oder hätten vorgebracht werden können (sog. **Bestandskraftpräklusion**, § 7b AtG)[185]; dabei bestimmt die Bindungswirkung die Präklusionswirkung[186]. In derartigen Fällen können Drittbetroffene allenfalls im Wege der Verpflichtungsklage behördliche Maßnahmen nach § 17 AtG (Rn. 9/168 ff.) gerichtlich einfordern[187]. 151

bb) Im gestuften Verfahren folgt der Errichtungsgenehmigung in der Regel die **Betriebsgenehmigung**. Ihr Gegenstand ist ein Betriebsreglement, das die bestmögliche Risikovorsorge gewährleistet. Vor ihrer Erteilung muß die Behörde nachträglich auftauchenden Bedenken nur dann nachgehen, wenn sich darauf der Erlaß nachträglicher Auflagen zur Errichtungsgenehmigung oder deren Rücknahme oder Widerruf 152

180 BVerwGE 92, 185 (191 f.).
181 BVerwGE 92, 185 (192) – Mülheim-Kärlich II.
182 BVerwGE 72, 300 (310).
183 Dazu auch *Kloepfer*, Umweltrecht, § 15 Rn. 57 m.w.N.
184 Die Auffassung, daß Einwendungen, die bereits gegen die erste Teilgenehmigung vorgebracht worden sind, unabhängig von deren Bestandskraft im weiteren Verfahren präkludiert seien, ist zu Recht ohne Gefolgschaft geblieben, vgl. dazu *Schirp*, Atomrechtliches Teilgenehmigungsverfahren und Rechtsschutz, 1997, S. 13 ff.
185 Vgl. *Kloepfer*, Umweltrecht, § 15 Rn. 65 m.w.N.
186 BVerwGE 92, 185 – Mülheim-Kärlich II; OVG Koblenz, NVwZ-RR 1994, 381 ff – Mülheim-Kärlich, 1.TG (neu).
187 BVerwGE 104, 36 f. – Obrigheim.

(Rn. 9/168 ff.) stützen ließe[188]. Eine den Betrieb der Atomanlage abschließend gestattende Genehmigung darf nur erteilt werden, wenn vorher alle wesentlichen Sicherheitsfragen geklärt sind[189].

153 Eine *Probebetriebsgenehmigung* ist gesetzlich nicht vorgesehen, wird in der Praxis aber häufig erteilt[190].

b) Vorbescheid

154 Der **Vorbescheid** (§ 7a AtG, § 19 AtVfV) bezieht sich auf einzelne Fragen, von denen die Erteilung der Kernanlagengenehmigung abhängt (z.B. Standort oder Konzept). Er enthält lediglich eine rechtlich relevante *Feststellung* und keine Gestattung. Sie bestimmt den Rahmen, innerhalb dessen sich später erteilte Teilgenehmigungen zu halten haben. Nach einer (um zwei Jahre verlängerungsfähigen) Frist von zwei Jahren seit Eintritt der Bestandskraft wird der Vorbescheid unwirksam (§ 7a I 2 AtG), sofern noch keine (Teil-) Genehmigung beantragt worden ist. Auch ein Vorbescheid darf nur ergehen, wenn hinsichtlich der gesamten Anlage ein **vorläufiges positives Gesamturteil** (Rn. 9/145) möglich ist.

155 Der *Standortvorbescheid* stellt für eine Kernanlage die Eignung eines in Aussicht genommenen Standorts fest (z.B. in geologischer, hydrologischer, agrarmeteorologischer Hinsicht); vgl. dazu § 7 II 1 Nr. 6 AtG (teilweise drittschützend; jedenfalls hinsichtlich Erdbebensicherheit). Das zugrundeliegende Anlagenkonzept kann dann nicht mehr aus standortspezifischen Gründen in Frage gestellt werden[191].

156 Der *Konzeptvorbescheid* stellt weder – wie das vorläufige positive Gesamturteil – eine bloße Entscheidungsprognose dar, noch ist er eine Zusicherung. Er regelt feststellend eine Einzelfrage des konkreten Anlagenkonzepts, d.h. der als konzeptrelevant angesehenen Anlagenteile und -systeme; damit steht er – im Gegensatz zur vorläufigen positiven Gesamtbeurteilung – nicht unter dem Vorbehalt späterer Detailprüfung[192].

c) Standortunabhängiges Genehmigungsverfahren nach § 7c AtG

157 Nach § 7c S. 1 AtG kann für Weiterentwicklungen der Sicherheitstechnik ein Prüfverfahren zu einzelnen Fragen der Schadensvorsorge durchgeführt werden[193]. Diese vorverlagerte **standortunabhängige** Beurteilung eines **Entwicklungskonzepts** ist im deutschen Anlagenzulassungsrecht ohne Vorbild. Sie soll einer späteren Zulassungsentscheidung nicht vorgreifen, andererseits aber dem Betreiber ermöglichen,

188 BVerwGE 88, 286 (290 f.) – Obrigheim.
189 BVerwG, DVBl. 1990, 1167 ff. – Kernforschungszentrum Karlsruhe.
190 Zu damit verbundenen Rechtsproblemen BVerwGE 88, 286 ff. – Obrigheim.
191 BVerwGE 80, 207 (213) – Mülheim-Kärlich I; BVerwGE 72, 300 (304 f.) – Wyhl; BVerwGE 70, 365 (372 f.) – Krümmel.
192 BVerwGE 70, 365 (372) – Krümmel.
193 Ausführlich hierzu *Rosin*, in: Energierecht I, Rn. 1371 ff.; ferner *Schmidt-Preuß*, et 1998, 750 (751). Auslöser dieser Gesetzesänderung war das deutsch-französische Gemeinschaftswerk eines Druckwasserreaktor (EPR), der die bestehenden KKW in Deutschland und Frankreich einmal ersetzen und als Export-Modell angeboten werden soll.

seine Investitions- und Planungsrisiken frühzeitig einzuschätzen, und gleichzeitig volkswirtschaftlich schädliche Fehlleitungen von Ressourcen vermeiden.

Dieses neue Prüfverfahren (Rn. 9/65) wirft aber auch eine Reihe neuer Fragen auf[194]: **158**

Einerseits soll es sich um eine vorläufig-unverbindliche Bekundung handeln ohne Regelungscharakter, und sie soll unter dem Vorbehalt späterer Detailprüfung sowie eines veränderten Standes von Wissenschaft und Technik stehen. Andererseits soll die spätere Genehmigungsbehörde an das Gebot der zügigen Verfahrensabwicklung gebunden und daher gehalten sein, Akten eines einschlägigen Prüfverfahrens beizuziehen und darin enthaltene Gutachten zu verwerten. – Einerseits ergebe sich keine Einschränkung ihrer Verwaltungsautonomie und keine unzulässige faktische Bindungswirkung, andererseits treffe aber auch der Vorwurf unnötiger Bürokratie durch Einführung eines weiteren Verfahrens nicht zu. – Und einerseits sind die obersten Landesbehörden im Rahmen der Bundesauftragsverwaltung für die Genehmigungserteilung nach § 7 AtomG zuständig, und andererseits sei es sachgerecht, da das Prüfungsverfahren standortunabhängig sei, es dem BfS (Rn. 9/253), zu überantworten (vgl. § 23 I 1 Nr. 4a AtomG). – Einerseits würden materielle Rechte Dritter durch das Prüfverfahren nicht berührt, eben mangels Bindungswirkung; andererseits sah der Gesetzgeber dann aber doch Veranlassung, das Prüfergebnis im Bundesanzeiger bekannt zu geben, vgl. § 7c V AtG. – Einerseits soll bei dem Prüfverfahren eine Umweltverträglichkeitsprüfung entbehrlich sein, weil es sich dabei nicht um ein Verfahren im Sinne des § 9 VwVfG handle, vgl. § 2 I 1 UVPG; andererseits soll das Prüfverfahren auf den Erlaß eines feststellenden Verwaltungsakts gerichtet sein. – Auf die erheblichen Bedenken des Bundesrats wurde bereits hingewiesen (Rn. 9/66). **159**

6. Verfahren

Zuständig zur Erteilung der Genehmigung nach § 7 AtG sind die gem. § 24 II AtG **160**
durch die Landesregierungen bestimmten obersten Landesbehörden (Rn. 9/254). Formell eingeleitet wird das Verfahren durch die Einreichung des *Genehmigungsantrags* bei der Genehmigungsbehörde. Ihm sind die erforderlichen, in § 3 AtVfV angeführten Unterlagen beizufügen. Sie bilden die Grundlage für die *Behördenbeteiligung* und die *Öffentlichkeitsbeteiligung*. Im Verfahren sind nach § 7 IV 1 AtG alle Behörden des Bundes, der Länder, der Gemeinden und der sonstigen Gebietskörperschaften zu beteiligen, deren Zuständigkeitsbereich berührt wird. Gem. § 20 AtG können Sachverständige zugezogen werden, wobei im Hinblick auf die der Verwaltung zustehende Einschätzungsprärogative (Rn. 4/37,9/124, 180) nach § 7 II 1 Nr. 3 AtG auch kernenergiekritische Wissenschaftler – ggf. im Rahmen einer Doppelbegutachtung – Berücksichtigung finden sollten[195]. Bestehen zwischen der (Landes-) Genehmigungsbehörde und einer beteiligten Bundesbehörde Meinungsverschieden-

194 Dazu eingehend *Roller*, DÖV 1998, 657 (661 ff.); *Schmidt-Preuß*, NVwZ 1998, 553 (556 ff.); ferner *Wagner*, atw 1998, 223 (224).

195 Dazu *Roßnagel*, DVBl. 1995, 644 ff.; *Schirp*, NVwZ 1996, 560 ff.; *Fiebig*, RdE 1995, 104 ff. sowie den Beschluß des VGH Kassel, RdE 1996, 189 ff.

heiten, so hat nach § 7 IV 2 AtG die Genehmigungsbehörde die Weisung des für die kerntechnische Sicherheit und den Strahlenschutz zuständigen Bundesministers einzuholen. Im übrigen wird das Verfahren gem. § 7 IV 3 AtG durch die AtVfV nach den Grundsätzen der §§ 8, 10 I-IV u. VI-VIII, 18 BImSchG geregelt (auch für die Teilgenehmigung und den Vorbescheid, vgl §§ 18 bzw. 19 AtVfV). Insoweit kann – unter Verzicht auf die Darstellung von Abweichungen – auf die Ausführungen oben Rn. 8/211 ff. Bezug genommen werden[196]. Vor Beginn des atomrechtlichen Verfahrens werden regelmäßig Raumordnungsverfahren (§ 15 ROG) und (bei Reaktoren) energiewirtschaftliche Genehmigungsverfahren (§ 3 EnWG) durchgeführt; hinzu kommt bei bestimmten Kernanlagen die *Umweltverträglichkeitsprüfung* nach Maßgabe des 1995 neu eingefügten § 1a I AtVfV, der auch schon für noch laufende Genehmigungsverfahren galt[197], bzw. des wohl kommenden § 2a neu AtG (Umweltverträglichkeitsprüfung).

7. Wirkungen der atomrechtlichen Genehmigung

161 Seltsamerweise hat – bis auf den in § 8 II AtG geregelten Fall (Genehmigung nach § 4 BImSchG)[198] – die atomrechtliche Genehmigung i.S. des § 7 AtG abweichend von den Regelungen im BImSchG (Rn. 8/205 ff.) und im GenTG (Rn. 10/111) über die atomrechtliche Gestattungswirkung hinaus bundesrechtlich keine *Konzentrationswirkung*[199], wohl aber nach § 7 VI AtG i.V.m. § 14 BImSchG *privatrechtsgestaltende* Wirkung. Ein KKW bedarf daher über die atomrechtliche Genehmigung hinaus noch sonstiger behördlicher Gestattungen, z.B. baurechtlicher Genehmigungen[200]. Bauplanungsrechtlich sind Kernanlagen und atomare Entsorgungsanlagen nach § 35 I Nr. 6 BauGB privilegiert.

162 Die bisher beschränkte Konzentrationswirkung sollte auf sämtliche anlagenbezogenen behördlichen Entscheidungen (mit Ausnahme der Energieaufsichtsbehörde) erstreckt werden (so auch § 99 I UGB-KomE).

---

196 Die erstinstanzliche Zuständigkeit der OVG nach § 48 I VwGO zur Entscheidung über Streitigkeiten, die die Errichtung, den Betrieb, die sonstige Innehabung, die Veränderung u. die Stillegung von Anlagen i.S. von §§ 7a, 9a III AtG betreffen, bezieht sich auf *sämtliche* für das Vorhaben erforderlichen Genehmigungen u. Erlaubnisse.

197 Nach § 1a I AtVfV ist eine *Umweltverträglichkeitsprüfung* durchzuführen für die Errichtung und den Betrieb, die Stillegung, den sicheren Einschluß und den Abbau einer in § 7 I AtG genannten Anlage und den Abbau von Anlagenteilen sowie die wesentliche Veränderung der Anlage und ihres Betriebes, die nach § 4 AtVfV bekanntzumachen sind.

198 Dazu OVG Münster, RdE 1998, 142 ff.

199 Vgl. dazu OVG Greifswald, LKV 1998, 460. – Nach § 14 AtVfV erstreckt sich die Prüfung der Genehmigungsbehörde außer auf die Genehmigungsvoraussetzungen des § 7 II AtG auch auf die Beachtung der übrigen das Vorhaben betreffenden öffentlich-rechtlichen Vorschriften. Diese Regelung wirft insoweit, als weitere Genehmigungen neben der atomrechtlichen Genehmigung erforderlich sind, die bekannten Probleme der Konkurrenz sog. Parallelgenehmigungen auf (vgl. Rn. 4/54). Zu den möglichen Konsequenzen vgl. BVerwG, DVBl. 1988, 489: Festsetzung unterschiedlicher Grenzwerte der radioaktiven Kontamination für KKW-Abwasser(-einleitung) durch Atom- u. Wasserbehörde (ausnahmsweise Doppelzuständigkeit).

200 Landesrechtlich schließt eine Genehmigung nach § 7 AtG häufig die notwendige Baugenehmigung ein (vgl. z.B. § 48 III 1 BW LBO).

8. Nebenbestimmungen

Gem. § 17 I AtG kann die Genehmigung inhaltlich *beschränkt* und mit *Auflagen* verbunden werden, wobei zur Erreichung des Schutzzwecks des § 1 Nr. 2 AtG auch **nachträgliche Auflagen** (Rn. 9/168 ff.) zulässig sind. 163

VI. Erhaltung des gebotenen Sicherheitsstandards

Die Frage, wann mit Rücksicht auf geltend gemachte nuklear-spezifische Sicher- 164
heitsdefizite nachträgliche Auflagen verfügt, Betriebe aus Sicherheitsgründen zeitweise stillgelegt und – als letzter Schritt – bestandskräftige atomrechtliche Errichtungs- bzw. Betriebsgenehmigungen (durch *Rücknahme* oder *Widerruf*)[201] aufgehoben werden können oder müssen, ist schlichte, freilich ideologieanfällige Gesetzesanwendung[202].

Das (noch) geltende Atomrecht bietet keine Handhabe für einen gezielten, kurzfristi- 165
gen „Atomausstieg durch Gesetzesvollzug"[203]. Das Atomgesetz in seiner derzeit gültigen Fassung beurteilt die Kernenergie positiv (vgl. den Förderzweck in § 1 AtG) und schützt die KKW-Betreiber durch teilweise sehr weitgehende Bestandsschutz- sowie Entschädigungsregelungen. Über diese einfachrechtlichen Vorgaben dürfen sich im Rahmen atomrechtlicher Verfahren weder der Bund mit seinen vielfältigen Gestaltungs- und Einwirkungsmöglichkeiten noch die mit der Durchführung dieser Verfahren betrauten Länder(behörden) einfach hinwegsetzen[204].

Es ist daher nur konsequent, daß die neue Bundesregierung, die die friedliche Nut- 166
zung der Kernenergie in der Bundesrepublik mittelfristig beenden möchte, einen *gesetzlichen* Ausstieg aus der Kernenergie anstrebt[205] (Rn. 9/206).

Unabhängig davon muß aber der verfassungs- und einfachrechtlich gebotene Sicher- 167
heitsstandard erhalten werden. Das hierzu notwendige Instrumentarium wird in den §§ 17 und 19 AtG bereitgestellt.

201 Zum folgenden auch *Bender*, DÖV 1988, 813 ff. m.w.N. Zuständig für die Aufhebung der nach § 7 AtG erteilten Genehmigungen sind nach § 24 II 1 AtG die Genehmigungsbehörden, d.h. die von den Landesregierungen bestimmten obersten Landesbehörden. Untersagungen gem. § 4 II 2 EnWG wegen eines etwaigen Sicherheitsdefizits kämen wegen der speziellen Regelungen des AtG nicht in Betracht; ebenso *Lange*, NJW 1986, 2459 (2461 f.).

202 Zutreffend *Sendler*, DÖV 1992, 181 (186 ff.). – Daß bei weitem nicht alle Vorwürfe gegen angeblich „ausstiegsorientierte" Behörden zutreffen, ergibt sich etwa daraus, daß alle Amtspflichtverletzungsklagen gegen die hessische Atomaufsicht ohne Erfolg blieben, s. *Martin* (Fn. 142), S. 235, 237.

203 Zum administrativen Ausstieg aus der Atomenergie vgl. *Borgmann* (Fn. 126), S. 134 ff.; *Schmidt-Preuß*, et 1998, 750, 752 ff. sowie die 2. Aufl. unseres Werks, S. 177 ff.

204 Dazu *Borgmann* (Fn. 126), S. 182 ff.; *Di Fabio*, atw 1999, 78 (79).

205 Zum gesetzlichen Ausstieg aus der Atomenergie vgl. bereits *Borgmann* (Fn. 126), S. 215 ff.

1. Nachträgliche Anforderungen, § 17 I AtG

168 Gem. § 17 I AtG können zur Erreichung des Schutzzwecks des § 1 Nr. 2 und 3 AtG auch **nachträgliche Auflagen** ergehen. Solche Auflagen sind zum Teil förmlich Voraussetzung für den Widerruf einer Genehmigung (vgl. § 17 III Nr. 3 AtG, Rn. 9/183) und gehen diesem als milderes Mittel schon nach dem Verhältnismäßigkeitsgrundsatz vor[206].

169 a) Nachträgliche Auflagen sind auch im **Risikovorsorgebereich** zulässig[207]: § 17 I 3 AtG verweist ausdrücklich auf § 1 Nr. 2 AtG und erfaßt auch den Bereich der Risikovorsorge i.S.d. § 7 II 1 Nr. 3 AtG, so daß nachträgliche Auflagen auch diesseits der Gefahrenschwelle ergehen können. Problematisch ist allenfalls der Erlaß nachträglicher Auflagen im Restrisikobereich mit dem Ziel, dieses Risiko weiter zu verringern[208]. Vor dem Hintergrund dessen, daß die Restrisikominimierung im Rahmen des § 7 II 1 Nr. 3 AtG zwar nicht Rechtserfordernis, wohl aber zulässige Ermessenserwägung ist (Rn. 9/107, 120) und sich aus zwingenden gesetzessystematischen Gründen folglich auch die Zweckbestimmung des § 1 Nr. 2 AtG auf die Restrisikominimierung erstreckt, ergibt sich aus der ausdrücklichen Bezugnahme des § 17 I 3 AtG auf die atomgesetzliche Zweckbestimmung, daß nachträgliche Anforderungen auch zur Restrisikominimierung ergehen dürfen[209]. Die damit im gesamten Risikovorsorgebereich zulässigen nachträglichen Auflagen unterliegen allerdings einer strikten, einzelfallbezogenen Verhältnismäßigkeitsprüfung[210] (§ 17 I 3 AtG – „erforderlich“).

170 b) Umstritten ist, ob nur die Änderung des Standes von Wissenschaft und Technik oder auch Modifikationen der behördlichen **Sicherheitsphilosophie** nachträgliche Auflagen im Risikovorsorgebereich rechtfertigen. Nachträgliche Auflagen bedeuten in der Sache die teilweise Aufhebung der ursprünglichen Genehmigung, verbunden mit dem Erlaß eines neuen, inhaltlich beschränkten Verwaltungsakts[211]. Wenn eine atomrechtliche Genehmigung widerrufen werden kann, weil aufgrund eines geänderten sicherheitspolitischen Bewertungskonzepts ein bisher als Restrisiko eingestuftes Risiko nunmehr als vorsorgebedürftig eingeschätzt wird (sehr str., s. Rn. 9/174 ff.), können wohl auch nachträgliche Auflagen im Risikovorsorgebereich auf eine geänderte Sicherheitsphilosophie der Genehmigungsbehörde gestützt werden[212].

206 Dazu *Sellner*, FS Sendler, 1991, 339 ff.

207 In diesem Sinne auch *Berendes*, Nachträgliche Auflagen im Atomrecht, 1996, S. 85 ff.; *Roller*, Genehmigungsaufhebung, S. 120; etwas vorsichtiger *Ossenbühl*, Bestandsschutz und Nachrüstung von Kernkraftwerken, 1994, S. 62 ff.; a.A. *Backherms*, Bestandsschutz und wesentliche Änderung, in: 6. Deutsches Atomrechts-Symposium, hrsg. von *Lukes*, 1980, S. 173 (178).

208 Ablehnend *Rosin*, in: Energierecht I, Rn. 1019.

209 So auch *Schneider/Hartung*, DVBl. 1989, 1110 (1112 f.).

210 *Gemmeke*, Nachträgliche Anordnungen im Atomrecht, 1995, S. 197 ff., 282 ff.; *Berendes* (Fn. 207), S. 71 ff.; auch *Wickel*, Bestandsschutz im Umweltrecht, 1996, S. 194. Vgl. *Rosin*, in: Energierecht I, Rn. 1024.

211 *Berendes* (Fn. 207), S. 25 ff.

212 So auch *Berendes* (Fn. 207), S. 85 ff.; a.A. *Sellner*, FS Sendler, 1991, S. 339 (344 f.); *Ossenbühl* (Fn. 207), S. 64 ff.

c) Vom Inhalt der nachträglichen Auflagen dürfte es abhängen, ob der Betreiber zu ihrer Umsetzung ein **Änderungsgenehmigungsverfahren** gem. § 7 I AtG durchzuführen hat[213]. Dies ist dann der Fall, wenn die zuständige Behörde nicht über das nötige Fachwissen verfügt und deshalb dem Betreiber aufgibt, detailkonkrete Umsetzungsvorschläge förmlich einzureichen, oder wenn diese Umsetzungsvorschläge so wesentliche Veränderungen beinhalten, daß sie im Hinblick auf den festgeschriebenen Schutzzweck des Atomgesetzes (§ 1 Nr. 2 AtG), dem – Leben und Gesundheit prozedural schützenden – Genehmigungsverfahren nach § 7 I AtG i.V.m. der AtVfV unterworfen werden müssen. **171**

2. Fakultative Genehmigungsrücknahme, § 17 II AtG

Nach § 17 II AtG *kann* u.a. eine KKW-Genehmigung **zurückgenommen** werden, wenn **eine ihrer Voraussetzungen** (also auch eine der Voraussetzungen nach § 7 II 1 Nr. 3 AtG) bei ihrer Erteilung, d.h. **von Anfang an** nicht vorgelegen hat, wenn somit die Erteilung **rechtswidrig** war (vgl. insoweit auch § 48 VwVfG). Diese Fallgruppe ist wohl nicht von großer praktischer Bedeutung[214]. **172**

Nach dem Verhältnismäßigkeitsgrundsatz wäre aber die Rücknahme der KKW-Genehmigung wegen Ermessensüberschreitung fehlerhaft, wenn die etwa fehlende Voraussetzung zureichender Schadensvorsorge binnen angemessener Frist – durch *Nachgenehmigung* – geschaffen und in der Zwischenzeit (z.B. durch vorübergehende Stilllegung des KKW) ein Zustand ausreichender Sicherheit gewährleistet werden kann. **173**

3. Fakultativer Genehmigungswiderruf, § 17 III AtG

a) Nach § 17 III Nr. 2 AtG *kann* eine KKW-Genehmigung **widerrufen** werden, wenn **eine ihrer Voraussetzungen** (also auch eine solche nach § 7 II 1 Nr. 3 AtG) **später weggefallen** ist und *nicht in angemessener Zeit Abhilfe* geschaffen wird. Soweit die Aufhebung wegen etwaiger nuklearspezifischer Sicherheitsdefizite erwogen wird, sind für die Rechtsanwendung die Bereiche der Schadensvorsorgepflicht und des sog. Restrisikos (Rn. 9/109 ff., 120) zu unterscheiden: Was zum **Restrisikobereich** gehört und vom einzelnen und der Allgemeinheit als sozialadäquat hinzunehmen ist, fällt unter das der Exekutive vom Gesetzgeber mit § 7 AtG (bislang) eingeräumte Versagungsermessen (Rn. 9/107, 120), nicht aber unter die tatbestandlichen **174**

---

213 Dafür: *Berendes* (Fn. 207), S. 100 ff.; dagegen: *Ossenbühl*, (Fn. 207), S. 72 ff.

214 So auch *Ossenbühl*, ebda., S. 86 m.w.N. Dies ergibt sich freilich nicht schon daraus, daß fast alle KKW-Genehmigungen meist mehrinstanzliche verwaltungsgerichtliche Verfahren durchlaufen haben und zwischen Behörde und (stets beigeladenem) Betreiber die Rechtmäßigkeit rechtskräftig feststünde (§ 121 VwGO), weil jedenfalls viele Klagen nicht zureichend substantiiert sind und deshalb abgewiesen werden.

Voraussetzungen der Genehmigungserteilung, d.h. nicht unter die Anforderungen an die gem. § 7 II 1 Nr. 3 AtG gebotene, nach dem jeweiligen Stand von Wissenschaft und Technik zu bemessende Schadensvorsorge. § 17 AtG setzt aber das Fehlen einer tatbestandlichen Genehmigungsvoraussetzung voraus und stellt daher für eine so motivierte Aufhebung einer KKW-Betriebsgenehmigung keine Ermächtigung dar[215].

175 Der Fall eines nachträglichen bzw. nachträglich erkannten Sicherheitsdefizits im Bereich der Risikovorsorge kann sich bei § 17 III Nr. 2 AtG auf eine spätere (etwa alterungsbedingte) *Änderung der Anlage* (ihrer Komponenten, Elemente und Sicherheitssysteme), aber auch auf eine Änderung der *Anlagenumwelt* beziehen.

176 b) Darüber hinaus kann aber nach der *ratio* dieser Norm auch die bloße *Änderung des Erkenntnisstandes*, d.h. die Änderung des Standes von Wissenschaft und Technik, unter § 17 III Nr. 2 AtG fallen[216]. Eine **Änderung des Erkenntnisstandes** kann nämlich dazu führen, daß für eine seit Genehmigungserteilung gleich gebliebene Anlage erst nachträglich Risiken erkennbar geworden und erkannt worden sind, gegen die – trotz eines an sich objektiv bestehenden Vorsorgebedürfnisses – aufgrund des bisherigen Kenntnisdefizits keine Vorsorge getroffen worden ist. Hiervon erfaßt sind sicherheitsrelevante, erst nach Genehmigungserteilung gewonnene Erkenntnisse, die zu einer veränderten **deterministischen** oder **probabilistischen** Sicherheitsbeurteilung (Rn. 9/127 ff.) führen.

177 Man denke an eine Falsifizierung der bisherigen, scheinbar verläßlichen Annahmen über die bruchmechanischen Eigenschaften einer bestimmten, in KKW-Komponenten verwendeten Metallegierung, über die statistische Versagenshäufigkeit bestimmter, im Reaktorschutzsystem verwendeter Relais usw. Derartige Änderungen des Erkenntnisstandes fallen nicht unter § 17 II AtG (Rn. 9/172), sondern unter § 17 III Nr. 2 AtG (Rn. 9/174), u.U. auch (bei erkannter „erheblicher Gefährdung") unter § 17 V AtG (Rn. 9/184 ff.).

178 c) Wenn dagegen die Exekutive ohne Änderung der „äußeren Tatsachen" (der Anlage oder der Umwelt) und *ohne Änderung des Erkenntnisstandes* ein bisher von ihr nicht i.S. des § 7 II 1 Nr. 3 (oder Nr. 5) AtG für vorsorgebedürftig gehaltenes, also bisher als Restrisiko (Rn. 9/120) eingestuftes Risiko aufgrund einer **Änderung ihres sicherheitspolitischen Bewertungskonzepts** oder einer Änderung der in § 28 III 3 StrlSchV erwähnten Standards (Rn. 9/234), nämlich der Sicherheitskriterien für Kernkraftwerke oder der Störfall-Leitlinien jetzt doch für vorsorgebedürftig hält, ist dies ein Spezialfall der *Änderung der sog. Sicherheitsphilosophie* (Rn. 9/123, 170)[217]. Ob eine solche Änderung der Sicherheitsphilosophie (der „Atompolitik"), die zur

---

215 *Bender*, DÖV 1988, 813, 816. Allerdings wird diese auf den ersten Blick so klare Differenzierung dadurch entscheidend relativiert, daß sich ein bisher als Restrisiko qualifiziertes Risiko aufgrund einer neuen Sicherheitsphilosophie als nicht mehr hinnehmbar entpuppen kann (dazu eingehend Rn. 9/169 f., 175 ff.), die tatbestandlichen Voraussetzungen des § 7 II 1 Nr. 3 AtG somit nicht mehr gegeben sind und ein auf § 17 III Nr. 2 AtG gegründeter Widerruf nunmehr ohne weiteres in Betracht kommt.

216 In diesem Sinne *Roller*, Genehmigungsaufhebung, S. 81 ff.; *Wickel* (Fn. 210), S. 192 f.; vorsichtiger *Rosin*, in: Energierecht I, Rn. 1032.

217 Zum Begriff *Roßnagel* und *Haedrich* (Fn. 141).

Versagung einer *neu* beantragten Genehmigung führen kann (Rn. 9/106 f.), auch einen Genehmigungswiderruf trägt, ist streitig[218].

Gegen die Subsumtion dieser Fallgruppe unter § 17 III Nr. 3 AtG spricht der *Vertrauensschutzgedanke:* **179**

Die Genehmigungsbehörde hat bei Genehmigungserteilung Vorsorge gegen ein bestimmtes Risiko deswegen nicht gefordert, weil sie dieses Risiko dem Restrisikobereich zugerechnet hat, und die Kernanlage wurde mit hohem Investitionsaufwand im Vertrauen darauf errichtet, daß – bei insoweit unverändertem Stand von Wissenschaft und Technik – nicht schon eine andere behördliche Bewertung gleich gebliebener faktischer Gegebenheiten zum Widerruf der KKW-Genehmigung führt[218]. Der Vertrauensschutz des Betreibers hat in einigen Vorschriften des Atomgesetzes (z.B. in §§ 7 VI, 17 I 4) auch sichtbaren Ausdruck gefunden, ohne daß dies mit dem Schutzzweck des Atomgesetzes (§ 1 Nr. 2) unvereinbar wäre (z.B. durch § 17 I 2 u. 3).

Für die Anwendung des § 17 III Nr. 2 AtG spricht hingegen, daß der Exekutive bei der Risikoermittlung und -bewertung und insoweit auch bei der Bestimmung der nach Art und Ausmaß erforderlichen Schadensvorsorge jedenfalls dann, wenn es nicht um den „Gefahrenbereich" (Rn. 9/112), d.h. um echte Gefahrenlagen geht, eine *Einschätzungsprärogative* zusteht (Rn. 4/37, 9/124). **180**

Aus dieser Sicht gehören die aus der jeweiligen Sicherheitsphilosophie der Exekutive abzuleitenden konkreten Sicherheitsanforderungen zu den tatbestandlichen Voraussetzungen der Genehmigungserteilung i.S. des § 7 II 1 Nr. 3 AtG, die später wegfallen können, obwohl sich weder die Anlage noch ihre Umwelt geändert hat[219].

Ob für diese Auffassung auch das BVerwG[220] – Mülheim-Kärlich III – in Anspruch genommen werden kann, bleibt abzuwarten. Immerhin heißt es dort, daß die in Hinblick auf § 7 II Nr. 3 AtG von der Genehmigungsbehörde vorzunehmende Risikoabschätzung „letztlich nur politisch verantwortet werden" könne. Eine genehmigungsbehördliche Sicherheitsphilosophie (was letztlich wohl nichts anderes ist als eine eigene atompolitische Linie) ist demnach nicht nur nicht gesetzwidrig, sondern gerade gesetzlich geboten. Das mag dann von den Genehmigungsvoraussetzungen auch auf die Widerrufbarkeit der Genehmigung durchschlagen. Bei dieser Entscheidung ist aber in besonderem Maße der Verhältnismäßigkeitsgrundsatz zu beachten, und allzu großer Widerrufsfreude dürfte die Entschädigungspflicht nach § 18 I 1 AtG (Rn. 9/202) Grenzen setzen.

218 Zustimmend *Sendler*, DÖV 1992, 181 (184); eingehend *Sellner*, FS Sendler, 1991, S. 339 (344 ff.); s.a. Ossenbühl (Fn. 207), und dazu *Sendler*, DVBl. 1995, 634.

219 So etwa *Roßnagel*, JZ 1986, 716 (717 ff.); *Lange*, NJW 1986, 2459 (2463); *Roller*, Genehmigungsaufhebung, S. 120 f.

220 BVerwGE 106, 115 (122).

181 d) Keine Frage der Sicherheitsphilosophie ist es demgegenüber, wenn sich **tatsächliche Erkenntnisse über anlagenexterne Umstände** ändern. Dies gilt auch im Bereich des sog. *Restrisikos*. Hier kommt also ein Genehmigungswiderruf durchaus in Betracht. Einen *Bestandsschutz für das Sicherheitskonzept* gibt es nicht[221].

182 **Beispiel:** Die Möglichkeit eines Flugzeugabsturzes auf ein KKW wurde als Restrisiko angesehen. Die dafür angenommene Wahrscheinlichkeit stellt sich nachträglich als weit höher heraus. Dagegen gibt es keinen Vertrauensschutz.

183 e) Schließlich kann eine Verminderung des „Restrisikos" durch nachträgliche Auflagen gefordert werden, wenn sie verhältnismäßig sind. Werden solche Auflagen nicht erfüllt, kann dies ebenfalls zum Widerruf führen, freilich nach § 17 III Nr. 3 AtG.

4. Obligatorischer Genehmigungswiderruf, § 17 V AtG

184 Nach § 17 V AtG **muß** eine atomrechtliche Genehmigung **widerrufen** werden, wenn dies wegen einer **erheblichen Gefährdung** der Beschäftigten, Dritter oder der Allgemeinheit erforderlich ist und nicht durch nachträgliche Auflagen in angemessener Zeit Abhilfe geschaffen werden kann. Wann eine solche erhebliche Gefährdung vorliegt, ist umstritten. Überwiegend wird zunächst angenommen, daß dem Wort „erheblich" keine eigenständige Bedeutung zukommen soll[222]. Bei der Auslegung des Rechtsbegriffs der „Gefährdung" greift die wohl noch herrschende Meinung auf den Gefahrbegriff des klassischen Polizeirechts zurück[223], während die Gegenansicht auch entferntere Schadenswahrscheinlichkeiten einbeziehen will[224]. Für letztere spricht, daß der atomrechtliche Gefahrbegriff gerade nicht auf den klassischen polizeirechtlichen relativiert werden darf, sondern anerkanntermaßen in den Bereich der Risikovorsorge hineinragt (Rn. 9/115). Allzu großes Gewicht darf diesem Meinungsstreit freilich nicht beigemessen werden. Denn entsprechend der sog. *Je-desto-Formel* (Rn. 9/114) müssen auch bei Zugrundelegung des polizeirechtlichen Gefahrenbegriffs die Anforderungen an die Nähe des Schadenseintritts stark relativiert werden[225].

185 Die erhebliche Gefährdung kann bereits bei Erteilung der Betriebsgenehmigung unerkannt bestanden haben; andernfalls wäre auch § 17 II AtG erfüllt. Sie kann aber auch – und nur dieser Fall dürfte praktische Bedeutung gewinnen können – erst später eingetreten sein, und zwar

- entweder durch eine Änderung der Anlage bzw. ihrer Teile (z.B. durch Abnutzung, Korrosion, Neutronenversprödung) oder der Anlagenumwelt

221 Vgl. zum Ganzen *Schneider*, in: *Schneider/Steinberg*, Schadensvorsorge, S. 117 (135 ff. u.ö.); *Steinberg*, in: *Schneider/Steinberg*, Schadensvorsorge, S. 12 (88 ff. u.ö.); eingehend auch *Roller*, Genehmigungsaufhebung, S. 82 ff. m.w.N.

222 Vgl. nur *Rosin*, in: Energierecht I, Rn. 1037.

223 *Rosin*, in: Energierecht I, Rn. 1036 f; *Berendes* (Fn. 207), S. 97; *Pfaundler*, UPR 1999, 336 (337).

224 *Schneider*, in: *Schneider/Steinberg*, Schadensvorsorge im Atomrecht zwischen Genehmigung, Bestandsschutz und staatlicher Aufsicht, 1991, S. 115 (174).

225 So auch *Pfaundler*, UPR 1999, 336 (337).

– oder durch neue Erkenntnisse aufgrund einer Änderung des Standes von Wissenschaft und Technik ohne gleichzeitige Änderung der Anlage, ihrer Teile oder ihrer Umwelt.

In Fällen dieser Art wäre wohl von der Aufsichtsbehörde zunächst eine einstweilige Stillegung des KKW nach § 19 III 2 Nr. 1 AtG anzuordnen (mit der Möglichkeit des Sofortvollzugs nach § 80 II 1 Nr. 4 VwGO), bis eine etwa mögliche und zureichende Nachrüstungsauflage erfüllt ist. Ist Abhilfe nicht möglich, bleibt nur der Widerruf. **186**

Nach herrschender Auffassung kann eine bloße *Änderung der Sicherheitsphilosophie* einen obligatorischen Widerruf i.S. des § 17 V AtG kaum je nach sich ziehen[226]. Geht man freilich davon aus, daß eine Änderung der Sicherheitsphilosophie im Atomrecht grundsätzlich beachtlich ist, berücksichtigt man ferner, daß dem Erheblichkeitskriterium im § 17 V AtG keine eigenständige Bedeutung zukommt und die dort vorausgesetzte „Gefährdung" auch Vorsorgerisiken umfaßt, so wird man dieser These eher skeptisch begegnen. – Ein Widerruf wegen erheblicher Gefährdung war von der hessischen Atomaufsicht im Falle des KKW Biblis A beabsichtigt, konnte jedoch wegen bundesaufsichtlicher Weisungen nicht vollzogen werden. Der VGH Kassel hatte die Behörde aufgrund Klagen Dritter verpflichtet, deren Anträge zu bescheiden[227]. **187**

5. Betriebseinstellung, § 19 III AtG

Im Rahmen ihrer Aufsichtsbefugnisse (§ 19 AtG) kann die zuständige Behörde erforderlichenfalls den Umgang mit radioaktiven Stoffen, die Errichtung und den Betrieb von Anlagen der in §§ 7 und 11 I Nr. 2 AtG bezeichneten Art u.a.m. **einstweilen einstellen**, auch wenn die erforderliche Genehmigung vorliegt, und **endgültig einstellen**, wenn eine erforderliche Genehmigung nicht erteilt oder rechtskräftig widerrufen ist, § 19 III Nr. 3 AtG. **188**

Beispiel: Ein KKW, für das nachträgliche Auflagen nicht erfüllt werden, wird vorläufig stillgelegt, d.h. vom Netz genommen.

Namentlich in der Gefahrenalternative des § 19 III 1 Alt. 2 AtG kommt dem Instrument der – regelmäßig nur einstweiligen[228] – Betriebseinstellung große Bedeutung für die atomrechtliche Praxis zu[229]. **189**

Offenbaren sich im Rahmen aufsichtlicher Prüfungen oder bei einem Störfall bislang unbekannte Risiken für Schutzgüter des AtG und gelingt es dem betreffenden Anlagenbetreiber nicht, die Situation in offenem oder stillschweigendem Einvernehmen mit der Aufsichtsbehörde zu bereinigen, so ist die einstweilige Betriebseinstellung typischerweise die erste rechtsförmige Maßnahme, die staatlicherseits ergriffen wird. Und nur wenn dies dann noch geboten **190**

226 Dazu *Haedrich*, Erl., § 17 AtG Rn. 14; *Roller*, Genehmigungsaufhebung, S. 87 ff., jeweils m.w.N. So auch BImSchG Rn. 6/234. –

227 Zu den dabei zu beachtenden Maßstäben und Problemen vgl. *Martin* (Fn. 142), S. 246 ff. (unter Verweis auf VGH Kassel und BVerwG). Zu den Voraussetzungen, unter denen Dritte den Widerruf nach § 17 V AtG verlangen können, BayVGH, NVwZ 1991, 903; zu den Wirkungen der Präklusion und der Berücksichtigungsfähigkeit präkludierter Einwendungen VGH BW, UPR 1991, 320 ff.

228 So zutr. VGH Kassel, NVwZ-RR 1998, 361 (364 f.).

229 Hierzu aus Sicht des ehemaligen Leiters des Atomrechtsreferats einer kernenergieskeptischen Landesregierung *Martin* (Fn. 142), S. 233 ff. Daß Betriebseinstellungen v.a. seit dem Verlust des energiepolitischen Konsenses Anfang der achtziger Jahre Konjunktur haben, liegt dabei auf der Hand.

erscheint, kommt es zu einem späteren Zeitpunkt vielleicht zur nachträglichen Anforderung (Rn. 9/168 ff.) oder äußerstenfalls auch zur Genehmigungsaufhebung[230] (Rn. 9/174 ff.), wobei diese Maßnahmen nicht mehr zu den Aufsichts-, sondern zu den formalrechtlich[231] davon strikt getrennten genehmigungsbehördlichen Anordnungen zählen. Die besondere praktische Bedeutung der einstweiligen Betriebseinstellung folgt also daraus, daß bei gravierenderen Sicherheitsdefiziten die rechtliche Auseinandersetzung zunächst regelmäßig um die Frage der Rechtmäßigkeit einstweiliger Betriebseinstellungen kreist – und sich häufig damit auch schon erledigt.

191 So groß die praktische Bedeutung gefahrbezogener einstweiliger Betriebseinstellungen ist, so umstritten sind freilich ihre tatbestandlichen Voraussetzungen. In Streit steht insbesondere, ab welcher Risikoschwelle die Aufsichtsbehörde eine einstweilige Betriebseinstellung verfügen darf (Rn. 9/188 f.). Ferner hat sich bislang auch noch kein Konsens darüber herauskristallisiert, wer die (materielle) Beweislast dafür trägt, daß von einer nuklearen Tätigkeit eine Gefahr i.S.d. § 19 III 1 2. Alt. AtG ausgeht (Rn. 9/198 ff.). Kontrovers diskutiert wird schließlich noch die Methodik der Gefahrermittlung (Rn.9/201).

192 Teilweise wird die Auffassung vertreten, daß Aufsichtsbehörden zwar ab dem Vorliegen eines Gefahrenverdachts im Wege der einstweiligen Betriebseinstellung vorgehen dürften, ihnen diese Möglichkeit im Bereich der Risikovorsorge jedoch insgesamt verschlossen sei[232].

193 Dem widerspricht freilich schon der Wortlaut des § 19 III 1 AtG, der in seiner zweiten Alternative einen Zustand voraussetzt, aus dem sich „Gefahren ergeben können". Mithin genügt also unabhängig von der hinreichenden Wahrscheinlichkeit die bloße Möglichkeit eines Gefahreneintritts. Damit ist nicht bloß der klassische polizeirechtliche Gefahrenverdacht angesprochen, bei dem die Anforderungen an die hinreichende Wahrscheinlichkeit zwar verringert, aber keineswegs aufgegeben sind[233]. Vielmehr geht es um den spezifisch atomrechtlichen Gefahrenverdacht, der die auf bloß hypothetischen Annahmen und theoretischen Überlegungen gründende Möglichkeit eines Schadenseintritts bezeichnet[234], und damit in den Bereich der „klassischen" Risikovorsorge[235] fällt. Gegen eine Relativierung des § 19 III 1 AtG auf den polizeirechtlichen Gefahrenverdacht und für seine Anwendbarkeit auch zum Zwecke des Risikovorsorgeschutzes spricht im übrigen die systematische Auslegung. § 19 III 1 Alt. 2 AtG ist mit § 1 Nr. 2 AtG nahezu wortgleich[236]. Hinsichtlich der atomgesetzlichen Zweckbestimmung steht indes außer Streit, daß sie den Bereich der Risikovorsorge mitumfaßt, zumal sich ja auch die ausdrückliche Vorsorgeanforderung des § 7 II Nr. 3 AtG systematisch als Ausfluß der Zweckbestimmung darstellt[237].

---

230 Zu diesen Zusammenhängen vgl. *Rosin*, in: Energierecht I, Rn. 1043; auch *Kloepfer*, Umweltrecht, § 15 Rn. 74.

231 Die der gesetzlichen Konzeption nach strenge Unterscheidung von Aufsichts- und Genehmigungsverfahren wird in der Praxis bis zur Unkenntlichkeit verwischt (vgl. dazu nur *Rosin*, in: Energierecht I, Rn. 1043 a.E.).

232 So etwa *Pfaundler*, UPR 1999, 336 (337 f.)

233 Dazu nur *Gusy*, Polizeirecht, 4. Aufl. 2000, Rn. 186.

234 Vgl. BVerwGE 61, 256 (267) – Stade.

235 Zur klassischen, sicherheitsrechtlich orientierten Risikovorsorge im Gegensatz zu der von der sog. Freiraum-These inspirierten, bewirtschaftungsrechtlich ausgerichteten Ressourcenvorsorge vgl. nur *Kloepfer*, Umweltrecht, § 4 Rn. 9.

236 Grundlgegend dazu *Roßnagel*, DÖV 1998, 1048 ff.; in diese Richtung auch schon VGH BW, ZUR 1996, 33 (34 f.).

237 *Martin* (Fn. 142), S. 243.

Daraus ergibt sich, daß die nach § 19 III 1 AtG zulässige Gefahrenabwehr auch in den Risikovorsorgebereich hineinreichen kann[238]. **194**

Offen bleibt, ob sich § 19 III 1 AtG auf den gesamten Risikovorsorgebereich erstreckt und somit grundsätzlich auch Eingriffsmaßnahmen zur Restrisikominimierung rechtfertigen kann oder ob er tatbestandlich auf den nach § 7 II Nr. 3 AtG geforderten Vorsorgeschutz oberhalb der Restrisikoschwelle beschränkt ist[239]. **195**

Für die Auffassung, daß § 19 III 1 AtG ein weiter, die Restrisikominimierung erfassender Gefahrbegriff zugrunde liegt, streitet wiederum die (nahezu vollkommene) Wortgleichheit dieser Vorschrift mit der Zweckbestimmung des § 1 Nr. 2 AtG. Wenn nämlich, was allgemein anerkannt ist, § 7 II AtG dem Schutzzweck des § 1 Nr. 2 AtG verpflichtet ist[240], so umfaßt dieser zwingend auch die Restrisikominimierung. Denn für das Versagungsermessen des § 7 II AtG ist allgemein anerkannt, daß es auch zur Minimierung des Restrisikos (Rn. 9/107, 120) eingesetzt werden kann[241]. In systematischer Hinsicht spricht für dieses Ergebnis, daß die tatbestandlichen Voraussetzungen der Genehmigungsversagung und die des aufsichtlichen Eingriffs in der Gefahrenvariante wegen der Dynamisierung der Grundpflichten „parallelisiert" sind[242]. Wenn daher Gesichtspunkte der Restrisikominimierung eine Genehmigungsversagung legitimieren können, müssen sie auch einen aufsichtlichen Eingriff rechtfertigen können (str.). Erst recht gilt dies, wenn man den Genehmigungswiderruf nach § 17 III AtG aufgrund Änderung der Sicherheitsphilosophie (Rn. 9/180) zuläßt. **196**

Diese weite Auslegung des Gefahrbegriffs in § 19 III AtG eröffnet erst den Weg zu der dann gebotenen **Ermessensausübung**. Diese kann – und wird wohl in der Regel – zu einer Nachrüstungspflicht binnen einer im Einzelfall zu bestimmenden Abhilfefrist führen. Dabei sind Gesichtspunkte der **Verhältnismäßigkeit** einzustellen, die bei Restrisikomaßnahmen auch den völligen Verzicht auf ein Einschreiten gebieten können[243]. Im Hinblick auf die Betreibergrundrechte und den Verhältnismäßigkeitsgrundsatz sind aufsichtlichen Maßnahmen zu Zwecken der Restrisikominimierung faktisch deutliche Grenzen gesetzt. Damit kommt der umstrittenen Frage, ob auch Restrisiken unter den Gefahrbegriff des § 19 III AtG fallen, letztlich doch nur begrenzte Bedeutung zu. **197**

Als praktisch sehr viel wichtiger erweist sich die Frage, wer bei Nichterweislichkeit der in § 19 III AtG vorausgesetzten nuklearen Gefahr die materielle Beweislast trägt. **198**

---

238 Diejenigen, die zwischen Gefahrenverdacht und Risikovorsorge unterscheiden und infolgedessen § 19 III 1 AtG für im Vorsorgebereich unanwendbar erachten, verkennen u.E., daß sich der atomrechtliche Gefahrenverdacht wesentlich vom polizeirechtlichen unterscheidet, indem er die für das klassische Polizeirecht zentrale Frage der hinreichenden Schadenswahrscheinlichkeit bewußt ausklammert (s.o. Fn. 234 sowie eingehend *Rosin*, in: Energierecht I, Rn. 752). Insofern wäre es aus Gründen der Klarheit zweckmäßig, wenn man im Atomrecht statt von Gefahrenverdacht konsequent von Besorgnispotential (vgl. BVerwGE 72, 300 [315] – Wyhl) sprechen würde. Dogmatisch noch klarer wäre es wohl, mit einem eigenständigen atomrechtlichen Gefahrenbegriff zu arbeiten, in diesem Sinne *Martin* (Fn. 142), S. 243; um neuerlichen Verwirrungen vorzubeugen, sollte freilich statt von atomrechtlicher Gefahr von atomrechtlichem Risiko gesprochen werden (zur Parallel-Problematik im Chemikalienrecht vgl. Rn. 11/56 ff. zum „Risikoschutzkonzept des ChemG").

239 In diesem Sinne offensichtlich *Roßnagel*, DÖV 1998, 1048 (1050).

240 Dezidiert in diesem Sinne z.B. *Roßnagel*, DÖV 1998, 1048.

241 Auch *Rosin*, in: Energierecht I, Rn. 950.

242 *Roller*, DÖV 1993, 20 (24).

243 Dazu *Martin* (Fn. 142), S. 243 f.

199 Die aus dem Zivilprozeß bekannte, in das Verwaltungsverfahrens- und -prozeßrecht übernommene Rosenberg'sche Formel, daß jeder die tatsächlichen Voraussetzungen der ihm günstigen Norm beweisen muß[244], könnte dafür sprechen, daß Ungewißheiten bei den Eingriffsvoraussetzungen des § 19 III AtG zu Lasten der Behörde gehen[245]. In dieselbe Richtung weist die verwaltungsrechtliche Faustformel, daß im Bereich der Eingriffsverwaltung grundsätzlich die eingreifende Behörde die objektive Beweislast trägt[246]. Doch ebenfalls aus dem Zivilprozeß bekannt ist die Regel, die mitterweile auch im Verwaltungsrecht zur Standardfloskel geronnen ist, daß die Beweislastverteilung letztlich immer eine Frage des materiellen Rechts einschließlich des Verfassungsrechts bleibt[247].

200 Im Hinblick auf die aus Art. 2 II GG erwachsende grundrechtliche Schutzpflicht des Staates dürfte davon auszugehen sein, daß in Situationen, deren Ungefährlichkeit nicht erwiesenermaßen feststeht, das Vorliegen einer Gefahr notgedrungen zu unterstellen ist[248], sich die *non-liquet*-Situation beim § 19 III 1 AtG also trotz Rosensberg'scher Formel und trotz des offensichtlichen Eingriffscharakters der Aufsichtsmaßnahmen *zu ungunsten* des Anlagenbetreibers auswirkt. Mit dieser Sichtweise wird der Regelungsgehalt der grundrechtlichen Schutzpflicht keineswegs überzogen. Denn zum einen kommt dieser Schutzpflicht im Bereich nuklearer Gefahren eine hervorragende Bedeutung zu[249]. Zum anderen ist anerkannt, daß sich aus der Schutzpflicht für Leben und Gesundheit mitunter auch positive Anforderungen an eine grundrechtsadäquate Ausgestaltung des Beweisrechts ableiten lassen[250].

201 Für die Gefahrermittlung schließlich kann und muß nach richtiger Auffassung auf das aktuelle kerntechnische Regelwerk zurückgegriffen werden[251].

202 Die These, daß allein das bei der Genehmigung der Anlage maßgebliche Regelwerk maßgeblich sei[252], ist verfehlt. Schließlich geht es beim Aufsichtsverfahren um die Frage, ob von einem KKW *gegenwärtig* eine atomrechtliche Gefahr ausgeht. Dies kann nur nach dem *heutigen* Stand von Wissenschaft und Technik beurteilt werden. Dazu ist das derzeitige kerntechnische Regelwerk ohne Einschränkung heranzuziehen[253].

6. Entschädigungspflicht

203 a) Bei der fakultativen Rücknahme oder dem fakultativen Widerruf einer KKW-Genehmigung (oben Rn. 9/172 ff. u. 9/174 ff.) ist nach § 18 I 1 AtG das betroffene EVU

244 Vgl. nur *Engelhardt*, in: Obermayer, VwVfG, 3. Aufl. 1999, § 24 Rn. 301 ff. – Rosenberg'sche Formel.
245 So denn auch *Rosin*, in: Energierecht I, Rn. 1076.
246 Vgl. nur OVG Münster, NuR 1993, 40.
247 Vgl. nur *Stelkens/Kallerhoff*, in: *Stelkens/Bonk/Sachs,* VwVfG, Kommentar, 5. Aufl. 1998, § 24 Rn. 55.
248 So auch *Martin* (Fn. 142), S. 239; *Roßnagel*, DÖV 1998, 1048 (1055).
249 BVerfGE 49, 89 (141 f.) – Kalkar; E 55, 30 (57) – Mülheim-Kärlich.
250 *Lorenz*, HStR VI, § 128 Rn. 55.
251 *Martin* (Fn. 142), S. 247.
252 *Rosin*, in: Energierecht I, Rn. 1075.
253 So ausdrücklich *Roßnagel*, DÖV 1998, 1048 (1053).

grundsätzlich **angemessen zu entschädigen**[254], und zwar vom Land (§ 18 I 2 AtG), allerdings mit Innenbeteiligung des Bundes (§ 18 IV 1 AtG). Diese Entschädigung ist der Höhe nach durch den Zeitwert des KKW begrenzt (§ 18 I 4 AtG)[255]. Im übrigen ist hinsichtlich der Angemessenheit der Entschädigung stets zu prüfen, ob das Vertrauen des KKW-Betreibers schutzwürdig war[256].

b) Bei einem *obligatorischen Widerruf* i.S. des § 17 V AtG (Rn. 9/184 ff.) **entfällt** nach § 18 II Nr. 3 AtG **die Entschädigungspflicht**. Dies gilt aber nur dann, wenn die erhebliche Gefährdung *nachträglich* eingetreten und *in der genehmigten Anlage* begründet ist[257]. Entsprechend der hier zu § 17 III Nr. 2 AtG (Rn. 9/174 ff.) vertretenen Auffassung kann eine nachträglich eingetretene und in der genehmigten Anlage begründete erhebliche Gefährdung u.U. auch bei einer bloßen Änderung des Erkenntnisstandes bejaht werden. Dies wäre etwa dann der Fall, wenn die Risikobewertung mit dem Ergebnis einer „erheblichen Gefährdung von Beschäftigten, Dritten oder der Allgemeinheit" überhaupt erst aufgrund einer nach Genehmigungserteilung eingetretenen Änderung des Standes von Wissenschaft und Technik veranlaßt und ermöglicht worden ist. Mit dieser Möglichkeit mußte aber der Inhaber eines KKW in Anbetracht der Komplexität der (jedenfalls bei Erlaß des AtG noch relativ jungen) Kerntechnik rechnen. 204

c) Entschädigungspflichtig sind schließlich u.U. auch **nachträgliche Auflagen** (§ 18 III AtG)[258], wenn sie einem Widerruf gleichkommen; der normale Nachrüstungsfall ist demgegenüber entschädigungsfrei[259]. 205

VII. Ausstieg aus der Kernenergie

Die neue Bundesregierung möchte entsprechend den Wahlprogrammen der sie bildenden Parteien die friedliche Nutzung der Kernenergie in der Bundesrepublik mittelfristig beenden und strebt dazu einen gesetzlichen Ausstieg aus der Kernenergie an[260]. Der 206

254 Auf die im Schrifttum umstrittene Frage, ob diese Entschädigung verfassungsrechtlich geboten ist, und zwar aufgrund des Art. 14 I 2 GG oder des Art. 14 III 1 GG, kommt es hier nicht an. Wegen der Höhe der Entschädigung steht nach § 18 I 5 AtG der Zivilrechtsweg offen. Die Höhe einer „angemessenen" Entschädigung bestimmt sich u.a. nach den in § 18 I 3 AtG angeführten Gesichtspunkten.

255 Eingehend *Roller*, Genehmigungsaufhebung, 1994, S. 245 ff., insbes. 269 ff.; *Wickel* (Fn. 210), S. 200; ferner *Ossenbühl* (Fn. 207), S. 103 ff. So nun ausdrücklich § 485 I 4 UGB-KomE.

256 *Roller*, Genehmigungsaufhebung, 1994, 254; *Wickel* (Fn. 210), S. 198.

257 Im Schrifttum wird nicht nur kontrovers diskutiert, wann eine Gefährdung „nachträglich" eingetreten ist, sondern auch, wann sie „in der genehmigten Anlage" begründet ist. Vgl. dazu die Nachw. der unterschiedlichen Meinungen bei *Haedrich*, Erl., § 18 AtG Rn. 16; *Roller* (Fn. 132), S. 251 ff.; *Schoch*, DVBl. 1990, 549 ff.

258 Nach dem UGB-ProfE wie auch nach dem UGB-KomE soll die Entschädigungspflicht bei nachträglichen Auflagen freilich entfallen. Da dies zugleich die Schwelle für nachträgliche Anforderungen der Schadensvorsorge erhöht, ist dies nicht unbedenklich.

259 *Roller*, Genehmigungsaufhebung, 1994, 272 ff.; *Wickel* (Fn. 210), S. 200. Diese Richtung haben auch der Professoren- sowie der Kommissionsentwurf eingeschlagen.

260 Zum gesetzlichen Ausstieg aus der Atomenergie vgl. bereits *Borgmann* (Fn. 126), S. 215 ff.; ausführlich *Koch/Roßnagel* (Hrsg.), 10. Deutsches Atomrechts-Symposium, 1999.

Koalitionsvertrag[261] stellte insoweit ein zweischrittiges Vorgehen in Aussicht. Auf eine Atomrechtsnovelle, die namentlich zur Streichung des Förderzwecks in § 1 AtG und zur gesetzlichen Verankerung des Wiederaufarbeitungsverbots (Rn. 9/219 ff.) geführt hätte, sollte nach Abschluß der Konsensgespräche, aber unabhängig von deren Erfolg, das eigentliche Ausstiegsgesetz folgen. Neben prinzipiellen Einwänden gegen das rot-grüne Ausstiegskonzept als solches war speziell gegen die geplante Atomrechtsnovelle vorgebracht worden, daß es sich um eine rechtsstaats- und demokratiewidrige „verdunkelnde Gesetzgebung“ handle, wenn durch einige wenige Gesetzesänderungen das eigentlich kernenergiefreundliche AtG auf Ausstiegskurs getrimmt werde[262]. In Hinblick darauf, daß die rot-grüne Bundestagsmehrheit ihren klaren Ausstiegskurs zu keinem Zeitpunkt verhehlt hat und der eigentliche Zweck einer Atomrechtsnovelle schon deshalb offen zutage gelegen hätte, vermag dieser Einwand aber nicht zu überzeugen. Rechtlich entscheidend dürfte daher weniger die Frage sein, in welcher Form (Novellierung oder Ausstiegsgesetz) der gesetzliche Atomausstieg ins Werk gesetzt wird, als vielmehr die nach den eigentlich inhaltlichen Schranken eines legislativen Abschieds von der Kernkraft.

207 *Verfassungsrechtlich* muß die Ausstiegsgesetzgebung in erster Linie den Vorgaben des **Art. 14 GG** gerecht werden. Dabei ist zu berücksichtigen, daß sich unstreitig nur solche EVU auf die Eigentumsgarantie berufen können, die ausschließlich in privater Hand stehen. Bei gemischtwirtschaftlichen Unternehmen ist die **Grundrechtsfähigkeit** zweifelhaft[263]; Unternehmen in Staatsbesitz sind anerkanntermaßen keine Grundrechtsträger[264]. Mit der Ausstiegsgesetzgebung wird nun jedenfalls dadurch in Art. 14 I GG eingegriffen, daß die Nutzbarkeit des Grundeigentums eingeschränkt wird[265]; insoweit liegt eine **Inhalts- und Schrankenbestimmung** (Art. 14 I 2 GG) vor. Darüber hinaus könnte der gesetzliche Ausstieg aber auch den – zumindest teilweisen – **Entzug ganz konkreter Eigentumspositionen** zur Folge haben. Als solche kommen die atomrechtliche Genehmigung[266], das aufgrund der Genehmigung „ins Werk Gesetzte“[267], der mit dem KKW eingerichtete und ausgeübte Gewerbebetrieb[268] sowie die aus dem Grundeigentum erwachsenden umfassenden Nutzungsbefugnisse

---

261 S.o. Fn. 22. Der Koalitionsvertrag und die ersten Gesetzgebungsvorhaben beruhen auf einem (unveröffentlichten) Ausstiegsgesetz-E vom Sommer 1998, das vom Hessischen Umweltministerium als Bundesratsinitiative vorbereitet wurde.

262 *Di Fabio*, Der Ausstieg aus der wirtschaftlichen Nutzung der Kernenergie, 1999, S. 36 ff., 31 ff.

263 Für einen vollumfänglichen Grundrechtsschutz gemischtwirtschaftlicher Unternehmen z.B. *Di Fabio* (Fn. 262), S. 87; offenbar auch *Schmidt-Preuß*, et 1998, 750 (754); *Stüer/Loges*, NVwZ 2000, 9 (11) m.w.N.; dagegen bspw. *Dreier*, in: *ders.* (Hrsg.), GG-Kommentar, Bd. 1, 1996, Art. 19 III Rn. 49. – Aus der Rspr. BVerfG, NJW 1995, 582; E 61, 82.

264 Zum Problem der Grundrechtsfähigkeit der KKW-Betreiber allgemein *Roßnagel*, in: *ders./Roller*, Die Beendigung der Kernenergienutzung durch Gesetz, 1998, S. 9 (28 f.); *Roller*, ebd., S. 81 (83 ff.) und v.a. *Borgmann* (Fn. 126), S. 318 ff.

265 In diesem Sinne wohl auch *Di Fabio* (Fn. 262), S. 121 ff.; a.A. offenbar *Ossenbühl*, AöR 124 (1999), 1 (6).

266 *Stüer/Loges*, NVwZ 2000, 9 (12); a.A. *Ossenbühl*, AöR 124 (1999), 1 (8).

267 *Ossenbühl*, AöR 124 (1999), 1 (9); *ders.*, et 1998, 758.

268 *Di Fabio* (Fn. 262), S. 123; *Ossenbühl*, AöR 124 (1999), 1 (7 f.); *ders.*, et 1998, 758; skeptisch BVerfGE 51, 193 (221 f.); 66, 116 (145).

in Betracht. Unterstellt man eine solche Eigentumsposition als gegeben[269], so stellt sich die Frage, ob die Ausstiegsgesetzgebung insofern nicht als **(Legal-)Enteignung** (Art. 14 III GG) qualifiziert werden muß. Allerdings hat das BVerfG in seiner jüngeren Rechtsprechung klargestellt, daß keine Enteignung vorliegt, wenn der Gesetzgeber im Zuge der generellen Neugestaltung eines Rechtsgebiets bestehende Rechte abschafft, für die es im neuen Recht keine Entsprechung gibt[270]. Mit der Ausstiegsgesetzgebung wird eine grundlegende Neugestaltung eines wesentlichen Bereichs des Energiewirtschaftsrechts bezweckt[271]. Daher ist die mit einem Ausstiegsgesetz verbundene Einwirkung auf bestehende Eigentumsverhältnisse wohl nicht als Enteignung, sondern als **Inhalts- und Schrankenbestimmung** zu werten[272].

Bei der Ausgestaltung der Inhalts- und Schrankenbestimmungen des Eigentums steht dem Gesetzgeber ein nicht unerheblicher **Gestaltungsspielraum** zu[273]. Jedoch muß die **Verhältnismäßigkeit** gewahrt und dem Vertrauensschutz Rechnung getragen werden[274]. Dies gilt in besonderem Maße dann, wenn Altrechte entzogen werden[275]. In diesen Fällen kann der Entzug von Rechtspositionen durch **Übergangsregelungen**[276] sowie als ultima ratio durch Entschädigungsregelungen abgemildert werden[277]. **208**

Im Rahmen der **Verhältnismäßigkeitsprüfung** ist zum einen zu berücksichtigen, daß die Ausstiegsgesetzgebung – in Erfüllung der gesetzgeberischen **Schutzpflicht**[278] – dem Schutz besonders hochrangiger Verfassungsgüter dient, nämlich dem von Leben und Gesundheit (Art. 2 I GG) sowie der Umwelt (Art. 20a GG)[279]. Zum anderen ist die erhebliche **Sozialpflichtigkeit** des Kernkraftwerkbetriebs in Rechnung zu stellen[280]. Schließlich kann nicht unberücksichtigt bleiben, in welch hohem Maß die Atomwirtschaft mit öffentlichen Mitteln gefördert wurde, nicht zuletzt durch die gewaltige Steuerentlastung aufgrund der Berücksichtigungsfähigkeit der hohen Rückstellungen. Daher dürfte die mit der Ausstiegsgesetzgebung einhergehende Inhalts- und Schrankenbestimmung jedenfalls dann verfassungsrechtlich gerechtfertigt sein, wenn hinsichtlich der Altrechte (d.h. der Alt Genehmigungen) **angemessene Übergangsregelungen** vorgesehen werden[281]. Eine Gesamtlaufzeit von **209**

269 Mit dieser Hypothese arbeitet auch *Roller* (Fn 264), S. 81 (87).

270 BVerfGE 83, 201 (211 f.) – bergrechtliches Vorkaufsrecht.

271 Dazu ausführlich *Koch/Roßnagel*, NVwZ 2000, 1 (3 ff.).

272 *Roßnagel* (Fn. 264), S. 9 (34); *Roller* (Fn. 264), S. 81 (86 ff.); *ders.*, et 1998, 770 ff.; *Borgmann* (Fn. 126), S. 395; *Koch/Roßnagel*, NVwZ 2000, 1 (5 ff.); *Stüer/Loges*, NVwZ 2000, 9 (13); a.A. *Ossenbühl*, AöR 124 (1999), 1 (26 ff.); *ders.*, et 1998, 758 ff.; *Di Fabio* (Fn. 262), S. 137 ff.; *ders.*, atw 1999, 78 (81); *Schmidt-Preuß*, et 1998, 750 (754).

273 Dazu nur *Roßnagel*, et 1998, 764 (766).

274 Vgl. z.B. *Borgmann* (Fn. 126), S. 396; *Stüer/Loges*, NVwZ 2000, 9 (13 f.).

275 Vgl. dazu auch *Di Fabio* (Fn. 262), S. 124 ff.; *Koch/Roßnagel*, NVwZ 2000, 1 (5).

276 Dazu der Vorschlag des SRU zur Bildung von drei Kategorien, SRU, Umweltgutachten 2000, Tz. 270 f.

277 BVerfG, NJW 1999, 2877 (Denkmalschutz).

278 BVerfGE 49, 89 (141 f.) – Kalkar; E 53, 30 (57) – Mülheim-Kärlich; s.a. VGH Kassel, Urt. v. 25.3.1997, Az. 14 A 3083/89, UA. S. 41, Kurzfassung in et 1997, 632 ff.

279 *Roller* (Fn. 264), S. 81 (83, 97 f.).

280 *Roller* (Fn. 264), S. 81 (83, 96 f.); hierzu auch *Hofmann*, Rechtsfragen der atomaren Entsorgung, 1981, S. 299 ff.

281 Ähnlich *Stüer/Loges*, NVwZ 2000, 9 (13).

30 Kalenderjahren je KKW, wie sie die Bundesregierung vorsieht, kann insoweit wohl als ausreichend angesehen werden. Unter dieser Voraussetzung erscheint die Ausstiegsgesetzgebung auch im Hinblick auf den grundrechtlich (und rechtsstaatlich) gebotenen **Vertrauensschutz verfassungsrechtlich hinnehmbar**[282].

210 **Europarechtlich** ist gegen den gesetzlichen Ausstieg aus der friedlichen Nutzung der Kernenergie eingewandt worden, daß die Bundesrepublik damit gegen den **EAG-Vertrag** verstoßen würde[283]. Eine ausdrückliche Verpflichtung der EAG-Mitglieder, an der friedlichen Nutzung der Kernenergie festzuhalten, läßt sich dem Vertrag freilich nicht entnehmen. Allenfalls die Präambel sowie die Aufgabenbeschreibung der EAG in Art. 1 und 2 EAG-Vertrag könnten im Sinne eines **gemeinschaftsrechtlichen Ausstiegsverbots** gelesen werden. Allerdings spricht schon der Umstand, daß in den betreffenden Passagen die EAG als Gemeinschaft und eben nicht die Mitgliedsstaaten in Bezug genommen werden, gegen ein an die einzelnen Staaten gerichtetes Verbot[284]. Auch ist sehr zweifelhaft, ob sich aus Präambeln, Motiven und Aufgabenumschreibungen überhaupt konkrete Verhaltenspflichten ableiten lassen[285]. Ferner haben Belgien, Österreich und Schweden auf die Nutzung der Kernkraft verzichtet, ohne daß insoweit z.B. beim Beitritt Schwedens oder Österreichs Probleme gesehen worden wären.

211 Der über kurz oder lang beabsichtigte gesetzliche Ausstieg aus der Kernkraft dürfte daher wohl weder am nationalen Verfassungs- noch am europäischen Gemeinschaftsrecht scheitern[286].

VIII. Beseitigung stillgelegter Anlagen

212 Wird eine Anlage i.S. des § 7 I AtG stillgelegt, bedarf dies nach § 7 III AtG einer Genehmigung, ebenso der *sichere Einschluß* der endgültig stillgelegten Anlage oder der *Abbau* der Anlage oder von Anlagenteilen (Rn. 9/99). Soweit die Genehmigung in einem Verfahren mit Öffentlichkeitsbeteiligung erteilt wird, ist eine *Umweltverträglichkeitsprüfung* durchzuführen (§ 1a I AtVfV bzw. § 2a AtG neu). Im übrigen ist das Verfahren in der AtVfV geregelt.

---

282 Vgl. dazu *Roßnagel* (Fn. 264), S. 9 (64 ff.).

283 So zuletzt *Di Fabio* (Fn. 262), S. 45 ff.; *ders.*, atw 1999 (78, 80); a.A. UGB-KomE, S. 1232; *Roßnagel* (Fn. 264), S. 9 (22 f.); *Borgmann* (Fn. 126), S. 402 ff.; *Wollenteit/Gebauer*, ZUR 1999, 250 (251); und – grundlegend – *Wahl/Hermes*, Nationale Kernenergiepolitik und Gemeinschaftsrecht, 1995, S. 191 ff.

284 So etwa *Hanenburg/Warg*, atw 1999, 700.

285 So aber *Di Fabio* (Fn. 262), S. 45 ff.; dagegen *Wahl/Hermes* (Fn. 283), S. 204 f.

286 So auch UGB-KomE, S. 1232.

Die **Beseitigung** stillgelegter KKW bzw. kerntechnischer Anlagen ist ein bislang vernachlässigtes, jetzt aber besonders zukunftsträchtiges Thema. Die KKW Hamm-Uentrop, Kalkar, Niederaichbach, Kahl, Greifswald, Rheinsberg, Würgassen, das Forschungszentrum Karlsruhe und die Brennelementefabriken Nukem, Hobeg, Siemens-MOX und Siemens Uran in Hanau sind nur die ersten Namen auf der Stillegungsliste. All diese Anlagen sind außer Betrieb, zum Teil sind sie schon demontiert, zum Teil stehen sie zum Rückbau an. Mit dem KKW Niederaichbach wurde weltweit erstmals der nukleare Abbau eines Leistungsreaktors beendet[287]. **213**

IX. Entsorgung

Eine der Grundfragen der friedlichen Nutzung der Kernenergie ist die Möglichkeit der **Entsorgung**. Hierfür kommen *Wiederaufarbeitung* und *direkte Endlagerung* in Betracht, auf die sich auch die bislang wichtigsten Änderungen des Atomgesetzes bezogen. **214**

1. Entsorgungspflicht und -konzept

Wer Kernanlagen betreibt oder sonst mit radioaktiven Stoffen (§ 2 I-III AtG) umgeht (z.B. in der Nuklearmedizin), ist zur ordnungsgemäßen Entsorgung der radioaktiven Reststoffe (z.B. abgebrannter Brennelemente) oder der infolge Aktivierung oder Kontamination radioaktiv gewordenen und (z.B. nach Stillegung eines KKW) ausgebauten Anlagenteile verpflichtet (§ 9a I AtG). Das gleiche gilt für denjenigen, der sonst radioaktive Abfälle besitzt (§ 9a II AtG). Die **Entsorgungspflicht** des „Verursachers" bedeutet **215**

- die *Pflicht zur schadlosen (Wieder-)Verwertung* (§ 9a I AtG) z.B. durch Rückführung der Stoffe, die in den radioaktiven Reststoffen enthalten und noch verwertbar sind, in den Wirtschaftskreislauf (vor allem durch Wiederaufarbeitung, aber auch durch Dekontaminierung von Metallschrott u.ä.) *oder* (seit 1994)[288]
- die *geordnete Beseitigung* (direkte Endlagerung).

Der im Atomrecht gebräuchliche Entsorgungsbegriff umfaßt, anders als im Abfallrecht (Rn. 10/119), nicht das Einsammeln und Befördern radioaktiver Abfälle. **216**

Der Nachweis der gesicherten Entsorgung ist bisher nicht förmlich Genehmigungsvoraussetzung nach § 7 AtG, wohl aber – nach ständiger Verwaltungspraxis (s.o. Rn. 9/107, 120) – Ermessensgesichtspunkt für die Versagung der Genehmigung. Nach § 469 I Ziff. 4 UGB-KomE sollte der Entsorgungsnachweis Genehmigungsvor- **217**

---

287 Zu den Rechtsfragen der Stillegung und Beseitigung nuklearer Anlagen vgl. *Rebentisch*, DVBl. 1992, 1255 ff. und den Tagungsbericht *Junker*, DVBl. 1992, 1224; sowie eingehend *ders.*, Die Stillegungs-, Einschluß- und Abbaugenehmigung für Kernkraftwerke nach § 7 III des AtG, 1990. – Zum Stand von Stillegung, Rückbau und Finanzierung der kerntechnischen Altanlagen im Geschäftsbereich des BMU *Komorowski/Meuresch*, atw 1995, 231 ff.; zum Stillegungsprogramm in Großbritannien *Junker*, atw 1995, 236 ff.; in Frankreich *Dubourg*, atw 1995, 239 ff.; speziell zu Niederaichbach *Schwald/Obst/Orwantschke/Valencia*, atw 1995, 242 ff.; zu Greifswald *Sterner/Leushacke/Rittscher*, atw 1995, 247 ff.

288 Der früher bestehende *Vorrang der Wiederaufarbeitung* wurde mit der 7. Novelle 1994 *aufgegeben*.

aussetzung werden und an die Stelle des Versagungsermessens ein Genehmigungsanspruch treten[289].

218 Neben der rechtlichen Entsorgungspflicht besteht aber auch ein *faktischer Entsorgungszwang*, da bei einem Leichtwasserreaktor heutiger Normalgröße (1300 MWe) neben den schwach- und mittelaktiven Abfällen jährlich über 50 t abgebrannter Brennelemente anfallen (s.a. Rn. 9/10). Derzeit bestehen allerdings auf verschiedenen Entsorgungsstufen Engpässe, und zwar nicht nur für die Zwischen- und Endlagerung radioaktiver Abfälle, sondern auch schon für die zu ihrer Lagerung erforderliche „Konditionierung" (Rn. 9/16).

2. Wiederaufarbeitungsverbot

219 Die seit September 1998 amtierende Bundesregierung hält das bislang verfolgte Entsorgungskonzept für gescheitert. Ihrer im Koalitionsvertrag[290] niedergelegten Auffassung zufolge sollen die **Wiederaufarbeitung beendet**, die abgebrannten Brennstäbe standortnah zwischengelagert und danach unmittelbar in ein nationales Endlager verbracht werden (Rn. 9/20 ff.). Dementsprechend lag schon bald nach dem Regierungswechsel ein Referentenentwurf zu einer AtG-Novelle vor, die als Vorschaltgesetz dem eigentlichen Ausstiegsgesetz vorausgehen sollte und u.a. ein Wiederaufarbeitungsverbot vorsah. Dieses Verbot ist politisch harsch kritisiert worden, überdies haben Teile der Rechtswissenschaft darin einen Verstoß gegen europäisches Gemeinschafts- und geltendes Völkervertragsrecht sehen wollen. Unter dem Druck der Atomindustrie, die mit dem Abbruch der Konsensgespräche drohte, wurde der Novellierungsvorschlag samt dem geplanten Wiederaufarbeitungsverbot dann im Frühjahr 1999 vorerst auf Eis gelegt.

a) Europarecht

220 **Europarechtlich** umstritten ist, ob ein Wiederaufarbeitungsverbot gegen das in Art. 93 EAG-Vertrag niedergelegte **Verbot mengenmäßiger Beschränkungen** bei der Ausfuhr verstößt[291]. Dem vorgelagert ist freilich die Frage, ob abgebrannte Brennstäbe überhaupt zu den von Art. 93 EAG-Vertrag erfaßten **Ausfuhrerzeugnissen** zählen, weil sie in den durch Art. 93 EAG-Vertrag in Bezug genommenen Listen nicht ausdrücklich genannt sind[292]. Aber selbst wenn Art. 93 EAG-Vertrag auf abgebrannte Brennelemente anzuwenden wäre, dürfte er einem Wiederaufarbeitungsverbot kaum entgegenstehen[293]. In der Rechtsprechung des EuGH ist nämlich geklärt, daß unter „mengenmäßigen Beschränkungen der Ein- und Ausfuhr" nur solche Maßnahmen zu verstehen sind, „die sich als eine gänzliche oder teilweise Untersagung

289 UGB-KomE, S. 1247 ff.; zur Frage, ob § 7 AtG bei der bestehenden Entsorgungssituation (noch) verfassungsgemäß ist, vgl. *Winter*, ZUR 1994, 20 (25).
290 Fn. 22.
291 Dazu ausführlich *Di Fabio* (Fn. 262), S. 52 ff.
292 So *Wahl/Hermes* (Fn. 283), S. 125 ff.; a.A. *Hanenburg/Warg*, atw 1999, 700 (702).
293 So i.E. auch *Wahl/Hermes* (Fn. 283), S. 128 ff.; a.A. *Hanenburg/Warg*, atw 1999, 700 (702).
294 EuGH, Slg. 1973, 865 (879) Geddo/Ente Nazionali Risi.

der Einfuhr, Ausfuhr oder Durchfuhr darstellen"[294]. Das Wiederaufarbeitungsverbot knüpft indes gerade nicht an *Einfuhr- oder Ausfuhrtatbestände* an, so daß es nicht als mengenmäßige Beschränkung i.S.v. Art. 93 EAGV angesehen werden kann. Anders verhielte es sich allenfalls dann, wenn Art. 93 EAGV im Lichte des Art. 29 EG zu interpretieren oder diese Bestimmung neben Art. 93 EAGV anzuwenden wäre. So wird die Auffassung vertreten, daß das Wiederaufarbeitungsverbot vielleicht keine mengenmäßige Beschränkung der Ein- und Ausfuhr darstelle, wohl aber als eine – ebenfalls verbotene – *„Maßnahme gleicher Wirkung"* i.S.d. direkt oder im Auslegungswege heranzuziehenden Art. 29 EG qualifiziert werden müsse[295]. Läßt man einmal unberücksichtigt, daß Art. 93 EAGV das gegenüber Art. 29 EG speziellere Gesetz ist und diese Vorschrift vorliegend schon deshalb unanwendbar sein dürfte[296], so bleibt immer noch überaus zweifelhaft, ob das Wiederaufarbeitungsverbot tatsächlich als „Maßnahme gleicher Wirkung" angesehen werden kann. Denn – anders als bei den in Art. 28 EG erfaßten Einfuhrbeschränkungen – ist im Rahmen des Art. 29 EG für eine mit mengenmäßigen Ausfuhrbeschränkungen vergleichbare „Maßnahme gleicher Wirkung" vorauszusetzen, daß diese eine *„spezifische* Beschränkung der Ausfuhrströme" bezweckt[297]. Bei einem Wiederaufarbeitungsverbot, das unterschiedslos für den Binnenmarkt wie für den Außenhandel gilt, ist dies aber ersichtlich nicht der Fall[298].

b) Völkerrecht

Völkerrechtlich wird die Zulässigkeit eines Wiederaufarbeitungsverbots insoweit bestritten, als zwischen der Bundesrepublik und Frankreich bzw. Großbritannien auf diplomatischer Ebene mehrere *Notenwechsel*[299] stattgefunden haben, durch die die privatrechtlichen Verhandlungen und Vereinbarungen zwischen den deutschen Stromerzeugern und den französischen sowie britischen Entsorgern (COGEMA und BNFL) flankiert werden sollten. In dem letzten Notenwechselpaar von 1990/91 heißt es u.a., daß die Regierungen dem Zugang der Stromerzeuger der Bundesrepublik zu den Wiederaufarbeitungsanlagen „kein Hindernis entgegensetzen" werden. Hieraus ist der Schluß gezogen worden, daß die Bundesrepublik *völkerrechtswidrig* handle und sich insoweit auch *schadensersatzpflichtig* mache, wenn sie die Wiederaufarbeitung verbiete[300]. Zwingend ist diese Sichtweise freilich nicht. Zwar sind durch die Notenwechsel völkerrechtliche Verträge begründet worden. Als solche sind die Noten allerdings auch der Auslegung zugänglich. Bei textimmanenter Interpretation, der anerkanntermaßen der Vorrang vor anderen Interpretationsmethoden zukommt (vgl. Art. 31 WVÜ), sprechen nun in systematischer Hinsicht durchgreifende Gründe dafür, daß sich die Bundesrepublik durch den Notenaustausch nur insoweit verpflichtet hat, die Atomtransporte nach La Hague und Sellafield nicht zu behindern, als es um 221

295 *Di Fabio* (Fn. 262), S. 60 ff.
296 So *Wahl/Hermes* (Fn. 283), S. 147 ff.; a.A. *Hanenburg/Warg*, atw 1999, 700 (702).
297 Vgl. EuGH, Slg. 1979, 3409, Rn. 7 – Groenveld/Produktschap voor Vee en Vlees.
298 So auch *Wollenteit/Gebauer*, ZUR 1999, 250 (254).
299 Dazu *Hanenburg/Warg*, atw 1999, 700 f.; *Heintschel v. Heinegg*, et 1999, 72 ff.; *Kadelbach*, ZUR 1999, 257 (258 ff.).
300 So v.a. *Heintschel v. Heinegg*, et 1999, 72 ff.

deren administrative (ordnungs- und sicherheitsrechtliche) Abwicklung geht[301]. Nicht umsonst steht die Nichtbeeinträchtigungsverpflichtung im Zusammenhang rein technischer Vorgaben und Sicherheitsvorschriften. Dies steht in klarem Gegensatz zu der Annahme, die Bundesrepublik habe sich durch die Notenwechsel der Regierung mit *völkerrechtlicher Bindungskraft* auch für den *Gesetzgeber* langfristig auf die Wiederaufarbeitung festlegen wollen.

222 Gegen diese Annahme streitet ferner, daß eine so weitreichende Entscheidung nach deutschem Verfassungsrecht nicht ohne *Zustimmung des Parlaments* hätte erfolgen dürfen[302]. Nun berühren solche innerstaatlichen Verfassungsverstöße zwar grundsätzlich nicht die Wirksamkeit völkerrechtlicher Verträge (vgl. Art. 46 WVÜ). Vorliegend aber war es für die beiden anderen Vertragsparteien bei dem Notenwechsel offenkundig, daß eine in der deutschen Gesellschaft politisch derart umstrittene, zentrale Grundrechte unmittelbar berührende Entscheidung wie die zugunsten der Wiederaufarbeitung dem Bundestag hätte *vorbehalten* bleiben müssen. Schließlich entspricht es der Verfassungspraxis – und in Hinblick auf die Grundrechtsrelevanz wohl auch dem geltenden Verfassungsrecht – sowohl Frankreichs als auch Großbritanniens, solche Entscheidungen vom Parlament *ratifizieren* zu lassen. Es widerspräche daher dem gerade auch bei der Vertragsinterpretation beachtlichen allgemeinen *Völkerrechtsgrundsatz von Treu und Glauben* (vgl. Art. 31 WVÜ), wenn Frankreich und Großbritannien die Bundesrepublik an einem bestimmten Vertragsinhalt festhielten, obgleich sie schon bei Vertragsschluß wußten, daß die Bundesrepublik einen so zu interpretierenden Vertrag allenfalls nach parlamentarischer Zustimmung hätte eingehen dürfen[303].

3. Träger und Einrichtungen der Entsorgung

223 Staat, also Bund und Länder, und Kernenergienutzer haben sich – bisher – die **Verantwortung für die Entsorgung** (Rn. 9/9 ff.) zu teilen.

224 Nach § 9a III 1 AtG haben die *Länder* Landessammelstellen für die *Zwischenlagerung* von in ihrem Gebiet anfallenden (in § 82 StrlSchV aufgeführten) radioaktiven Abfällen einzurichten (Rn. 9/97)[304], während der *Bund* die *Anlagen zur Sicherstellung und Endlagerung* anderer (bei Verrichtungen gem. §§ 5, 6, 7 und 9 AtG entstandener, in § 81 StrlSchV genannter) radioaktiver Abfälle zu schaffen hat (§ 9a III AtG). Die Landessammelstellen führen ihrerseits gem. § 82 III StrlSchV die bei ihnen zwischengelagerten Abfälle grundsätzlich an eine Anlage des Bundes ab. Bund und Länder können sich zur Erfüllung ihrer Pflichten *Dritter* bedienen (§ 9a III 2 AtG). Unter „Sicherstellung" i.S. des § 9a III 1 AtG ist die Übernahme von (in der Regel konditionierten) radioaktiven Abfällen in das Eigentum des Bundes zu verste-

301 So auch *Kadelbach*, ZUR 1999, 257 (259 f.).
302 BVerfGE 49, 89 (126) – Kalkar.
303 In diese Richtung auch *Kadelbach*, ZUR 1999, 257 (260 f.).
304 Die hierdurch entstehenden Ausgabenbelastungen hat gem. Art. 104a II GG der Bund zu tragen, dazu eingehend *Papier*, FS Blümel, 1999, S. 421 ff.

hen, und zwar prinzipiell zu dem Zweck, sie der Endlagerung (Rn. 9/18 ff.) zuzuführen. Bis zur Inbetriebnahme der Anlagen des Bundes gilt § 86 StrlSchV.

Die *Sicherstellung und Endlagerung radioaktiver Abfälle* ist eine auf Kosten der Ver- **225**
ursacher zu erfüllende – bislang – *staatliche* Aufgabe[305]. Der Gesetzgeber hat die Verantwortung für die Erfüllung dieser Aufgabe dem BfS (Rn. 9/253) übertragen (§ 23 I Nr. 1 AtG)[306]. Errichtung und Betrieb dieser Anlagen des Bundes zur Sicherstellung und Endlagerung radioaktiver Abfälle stehen daher in der Trägerschaft des BfS (§ 23 I Nr. 2 AtG). Für Endlager des Bundes wird als „*Dritter*" i.S. des § 9a III 2 AtG die von drei bundeseigenen Unternehmen (u.a. der DWK) 1979 gegründete „Deutsche Gesellschaft zum Bau und Betrieb von Endlagern für Abfallstoffe mbH" (DBE) tätig[307].

Dabei soll künftig die Endlagerung auch in *privater Hand* betrieben werden können. **226**
Dies entspricht einerseits dem Verursacherprinzip, stößt andererseits aber bei einer Aufgabe, die viele Generationen über andauert, auch an Grenzen.

4. Planfeststellungsverfahren

Die Errichtung und der Betrieb von Anlagen des Bundes zur Sicherstellung und zur **227**
Endlagerung radioaktiver Abfälle sowie die wesentliche Änderung solcher Anlagen oder ihres Betriebs bedürfen der **Planfeststellung**, § 9b I i.V.m. § 9a III 1 AtG. Im Sinne der Harmonisierung des Umwelt- und des gesamten Verwaltungsrechts tritt diese an die Stelle der sonst im Atomrecht vorgesehenen atomrechtlichen Genehmigung[308]. Abweichungen von den §§ 72 bis 78 VwVfG regelt § 9b V AtG. Im Rahmen des Planfeststellungsverfahrens ist eine UVP durchzuführen, § 9b II AtG. Hinsichtlich der Zulässigkeit verweist § 9b IV 1 AtG auf die Genehmigungsvoraussetzungen in § 7 II 1 Nrn. 1, 2, 3 und 5 AtG und ergänzt diese um zwingende Versagungsgründe in § 9b IV 2 Nrn. 1 und 2 AtG (Wohl der Allgemeinheit, Umweltverträglichkeit)[309]. Im Unterschied zur herkömmlichen Anlagengenehmigung unterfällt der atomrechtliche Planfeststellungsbeschluß freilich nicht den Beschränkungsmöglichkeiten aus § 17 AtG, er kann jedoch u.U. nach Maßgabe der §§ 48 f. VwVfG aufgehoben werden[310]. § 75 II VwVfG steht dieser Sichtweise nicht entgegen, denn darin wird le-

305 Sogar eine *Handlungspflicht* des Staates bejaht *Wagner*, DVBl. 1991, 24 (30). – Zur Doppelrolle des Bundes als Betreiber und Aufsichtsbehörde vgl. *Rengeling*, Rechtsfragen zu Bundesendlagern für radioaktive Abfälle, 1990.

306 Dazu *Näser/Oberpottkamp*, DVBl. 1995, 136 (138 ff.); s.a. *Steinberg*, Fachplanung, Rn. 1/69 ff.

307 Zum Stand der Arbeiten zur direkten Endlagerung s. *Closs*, et 1993, 328.

308 Das Planfeststellungs- anstelle des Genehmigungsverfahrens wurde auch eingeführt „wegen der potentiellen langfristigen räumlichen Auswirkungen", *Haedrich,* Erl. § 9b Rn. 1; s.a. amtliche Begründung, BT-Drs. 9/4794, S. 9.

309 Zur Problematik der Langzeitsicherheit im Rahmen der atomrechtlichen Planfeststellung nach § 9b AtG vgl. *Näser/Oberpottkamp*, DVBl. 1995, 136 ff.

310 BVerwG, UPR 1997, 465 ff. (= E 105, 6 ff.); anders noch die Vorinstanz OVG Sachsen-Anhalt, ZUR 1996, 145 ff. – Endlager Morsleben – mit ablehnender Stellungnahme von *Wollenteit/Plantholz*, ZUR 1996, 127 ff.; wie hier allgemein *Bonk*, in: *Stelkens/Bonk/Sachs*, VwVfG, 5. Aufl. 1998, § 72 Rn. 131.

diglich die privatrechtsgestaltende Duldungs- bzw. Ausschlußwirkung von Planfeststellungsbeschlüssen festgeschrieben (Rn. 3/147), nicht aber eine allgemeine Bestandskraftregelung getroffen. Für die planfeststellungsrechtlichen Einzelheiten ist auf unseren AT, Kapitel 3, Rn. 3/51 ff. zu verweisen.

228 Keiner atomrechtlichen Planfeststellung bedurfte es nach dem BVerwG[311] für die untertägige Erkundung eines Standorts (hier: Salzstock Gorleben, Rn. 9/6, 11, 14, 28) auf seine Eignung für die Sicherstellung und Endlagerung radioaktiver Abfälle, da es sich dabei noch nicht um den Beginn der Errichtung einer entsprechenden Anlage handle. – Keiner Planfeststellung bedurfte es auch für das Endlager Morsleben (Rn. 9/20), da hier die nach ehemaligem DDR-Recht erteilte und nach dem Einigungsrecht fortgeltende atomrechtliche Genehmigung kraft Gesetzes auf das BfS (Rn. 9/253) übergegangen ist[312].

X. Strahlenschutzverordnung

229 Viele wesentliche materiell atomrechtliche Bestimmungen enthält nicht das AtG, sondern die auf den §§ 10-12, 54 AtG beruhende Strahlenschutzverordnung (StrlSchV) vom 13.10.1976 (BGBl. I 2905)[313]. Unter **Strahlenschutz** im engeren Sinne versteht man alle Vorrichtungen und Maßnahmen zum Schutz von Menschen, Sachen und Umwelt gegen Schädigung durch **ionisierende Strahlen** (Rn. 9/51 ff.) aller Art[314]. Das Recht des Strahlenschutzes ist mit dem Fortschreiten der wissenschaftlichen Erkenntnis einem ständigen Wandel unterworfen. Es wird in regelmäßigen Abständen insbesondere den Empfehlungen der (1928 gegründeten) Internationalen Strahlenschutzkommission (ICRP), einer privaten internationalen Organisation, aber auch den ständig entsprechend fortgeschriebenen EU-Grundsatznormen angepaßt. Eine umfassende Novellierung zur Umsetzung der neuen EU-Grundnormen ist gegenwärtig in Vorbereitung[315].

230 Die **Strahlenschutzverordnung** bestimmt in ihrem *I. Teil* mit den einleitenden Vorschriften den sachlichen Geltungsbereich und enthält i.V.m. ihrer Anlage I Begriffsbestimmungen. Im *II. Teil* folgen Überwachungsvorschriften, und zwar im wesentlichen Genehmigungstatbestände für den Umgang, die Beförderung und die Ein- und Ausfuhr von radioaktiven Stoffen i.S. des § 2 I Nr. 2 AtG. Der *III. Teil* umfaßt die besonders wichtigen Schutzvorschriften, der *IV. Teil* die neu gestalteten Vorschriften über die Ablieferung radioaktiver Abfälle, während es sich beim *V.* und *VI. Teil* nur noch um Bußgeld-, Übergangs- und Schlußvorschriften handelt. Soweit es um Ver-

311 E 85, 54; zur vorangegangenen Kontroverse *Steinberg*, Das Nachbarrecht der öffentlichen Anlagen, 1. Aufl. 1988, S. 286 ff. m.w.N.

312 BVerwGE 90, 255; *Kloepfer/Brandner*, ZUR 1993, 269 ff.

313 I.d.F. der Bekanntmachung vom 30.07.1989 (BGBl. I 1963), zul. geändert durch Art. 1 der VO vom 18.08.1997 (BGBl. I 2113). Mit dieser letzten Änderung sind die Regelungen der EURATOM-Richtlinie 89/618 über die Unterrichtung der Bevölkerung in radiologischen Notstandssituationen in deutsches Recht umgesetzt worden. – Zur Kritik der StrlSchV allgemein s. schon o. Rn. 9/78, 85 m.w.N. – Neben der Strahlenschutz-VO ist noch die Röntgen-VO vom 8.1.1987 (BGBl. I S. 114) zu erwähnen, die dem Strahlenschutz im medizinisch-technischen Bereich dient.

314 Hierzu auch das schwerpunktmäßig dem Strahlenschutz gewidmete Heft 1 der atw 1995.

315 Zur Novellierung der Strahlenschutz-VO vgl. *Heller*, atw 1999, 556.

richtungen und Vorhaben im Zusammenhang mit „Kernbrennstoffen" i.S. des § 2 I Nr. 1 AtG geht, sind prinzipiell die §§ 3 ff. AtG einschlägig (vgl. Rn. 9/92 ff.). Die StrlSchV enthält ergänzende Regelungen zu diesen nach dem AtG genehmigungsbedürftigen Verrichtungen und Vorhaben. Darüber hinaus normiert die StrlSchV im Zusammenhang mit Verrichtungen und Vorhaben, die sich auf „sonstige radioaktive Stoffe" i.S. des § 2 I Nr. 2 AtG beziehen, aufgrund atomgesetzlicher Ermächtigungen neue Genehmigungstatbestände. Grundsätzlich befaßt sich somit das AtG mit den „Kernbrennstoffen", die StrlSchV mit den „sonstigen radioaktiven Stoffen" (einschließlich der in § 2 II StrlSchV angeführten kernbrennstoffhaltigen Abfälle).

Der Strahlenschutz soll drei Zielgruppen zugute kommen, nämlich *strahlenexponierten Patienten*, ferner *beruflich Strahlenexponierten* und schließlich der *allgemeinen Bevölkerung*. Im folgenden wird lediglich auf gewisse Grundsatzregelungen aus dem *III. Teil* der Strahlenschutzverordnung näher eingegangen, nämlich auf das Strahlenschutzkonzept, das sich einerseits auf kerntechnische Anlagen als potentielle Strahlenquellen und andererseits auf den Schutz der allgemeinen Bevölkerung vor dieser potentiellen Umweltradioaktivität bezieht. **231**

1. Geltungsbereich

Die Strahlenschutzverordnung gilt nach ihrem § 1 II z.B. nicht für die Errichtung und den Betrieb von Röntgeneinrichtungen – dazu die Röntgen-VO[316] –, wohl aber nach ihrem § 1 I für **232**

- den Umgang (Gewinnung, Lagerung, Verarbeitung usw.) mit „radioaktiven Stoffen" (§ 2 I Nr. 2 AtG), den Verkehr mit solchen Stoffen (Erwerb und Abgabe), ferner für deren Beförderung, Einfuhr und Ausfuhr sowie für das Aufsuchen, Gewinnen und Aufbereiten radioaktiver Bodenschätze (*Nr. 1*),
- die in den §§ 5-7, 9 AtG genannten genehmigungspflichtigen Aktivitäten im Zusammenhang mit „Kernbrennstoffen" (§ 2 I Nr. 1 AtG) und Kernanlagen bzw. Anlageteilen i.S. des § 7 AtG (*Nr. 2*) und
- die Errichtung und den Betrieb von Anlagen zur Erzeugung ionisierender Strahlen (§ 11 I Nr. 2 AtG) und von Störstrahlern i.S. der Röntgen-VO mit einer bestimmten Mindestenergie der Teilchen oder Photonen (*Nr. 3*).

Räumlich schließt § 89a StrlSchV die Anwendung der Strahlenschutzverordnung für die Aufsuchung, Gewinnung und die Aufbereitung radioaktiver Bodenschätze für die neuen Bundesländer aus. Dort gilt altes DDR-Recht als Bundesrecht fort[317]. **233**

316 S.o. Fn. 313.

317 Verordnung zur Gewährleistung von Atomsicherheit und Strahlenschutz (VOAS) vom 11.10.1984 und die Anordnung zur Gewährleistung des Strahlenschutzes bei Halden und industriellen Absetzanlagen und bei der Verwendung darin abgelagerter Materialien vom 17.11.1980, GBl. I 347, freilich beschränkt auf „bergbauliche und andere Tätigkeiten, soweit dabei radioaktive Stoffe, insbesondere Radon-Folgeprodukte, anwesend sind".

2. Vorsorge gegen schädliche oder möglicherweise schädliche Strahlenbelastung

234 Die §§ 28-80 StrlSchV enthalten im wesentlichen die materiellen Strahlenschutzvorschriften; sie gelten in der Regel sowohl für Kernbrennstoffe als auch für sonstige radioaktive Stoffe. Im folgenden werden – unter dem Aspekt der vorbeugenden Abwehr der Gefahren ionisierender Strahlen sowie der Strahlenrisikovorsorge – nur Grundsatzbestimmungen der StrlSchV, die sich auf genehmigungspflichtige Kernanlagen i.S. des § 7 AtG (dazu Rn. 9/99 ff.) und in diesem Zusammenhang auf den Schutz der Bevölkerung und der Umwelt beziehen, knapp erörtert.

a) Strahlenschutzgrundsätze

235 aa) Wer eine kerntechnische Anlage i.S. des § 7 AtG betreibt (oder sonst eine Aktivität i.S. des § 1 StrlSchV ausübt), ist nach den *Strahlenschutzgrundsätzen des § 28 I StrlSchV* verpflichtet,

- jede unnötige Strahlenexposition oder jede unnötige Kontamination von Personen, Sachgütern oder der Umwelt zu vermeiden (*Nr. 1*); sog. **Strahlenvermeidungsgebot**,
- jede Strahlenexposition oder Kontamination von Personen, Sachgütern oder der Umwelt unter Beachtung des Standes von Wissenschaft und Technik und unter Berücksichtigung aller Umstände des Einzelfalles auch unterhalb der in der StrlSchV festgesetzten Grenzwerte so gering wie möglich zu halten (*Nr. 2*); sog. **Strahlenminimierungsgebot**.

236 Das *Strahlenvermeidungsgebot* gilt ohne jede Einschränkung. Das (auch für Radioaktivitätsableitungen in § 46 I Nr. 2 StrlSchV positivierte) *Strahlenminimierungsgebot*, das als solches nicht drittschützend (vgl. Rn. 4/5) ist[318], wird durch den Verhältnismäßigkeitsgrundsatz relativiert. Das bedeutet, daß ein Genehmigungsinhaber erhebliche Investitionskosten, die zu einer nur unerheblichen Minderung der Strahlenbelastung führen würden, nicht auf sich zu nehmen braucht.

237 bb) Innerbetrieblich hat der vom Strahlenschutzverantwortlichen (in der Regel also vom Inhaber der atom- oder strahlenschutzrechtlichen Genehmigung) bestellte *Strahlenschutzbeauftragte* für die Einhaltung der Strahlenschutzgrundsätze und sonstiger Schutzbestimmungen der StrlSchV zu sorgen (vgl. dazu Näheres in §§ 29 ff. StrlSchV).

238 cc) Gem. § 28 II StrlSchV bleiben bei der Ermittlung der Körperdosen (Rn. 9/60) die *natürliche Strahlenexposition*, d.h. die Exposition aufgrund natürlicher Strahlenquellen (terrestrische oder kosmische Strahlung) und die medizinische Strahlenexposition (z.B. durch Röntgenstrahlen) sowie andere, außerhalb des beruflichen Tätigkeitsbereichs liegende Strahlenexpositionen unberücksichtigt.

b) Strahlenbelastungsgrenzwerte bei bestimmungsgemäßem Betrieb

239 aa) Für den **Normalbetrieb**, d.h. für den bestimmungsgemäßen Betrieb der kerntechnischen Anlagen (insbesondere der KKW) sieht § 45 I StrlSchV auch für nicht zu

318 BVerwGE 61, 256 (267) – Stade.

den sog. Strahlenschutzbereichen der Kernanlage (§§ 57 ff. StrlSchV) gehörende Bereiche bestimmte **Dosisgrenzwerte** vor. Das sind in bezug auf die Strahlenbelastung des Menschen, die durch die Ableitung radioaktiver Stoffe in Luft und Wasser verursacht wird, nach ihrer Wirkung bemessene *Immissionsgrenzwerte*.

Die technische *Auslegung* und der *Betrieb* einer Kernanlage sind danach so zu *planen*, daß sich die Strahlenexposition des Menschen, die durch Ableitung von radioaktiven Stoffen über die Luft (z.B. über den Abluftkamin) oder das Wasser (z.B. über das eingeleitete Abwasser) bedingt ist, in den vorgeschriebenen Grenzen hält. Es ist Vorsorge dahin zu treffen, daß die Strahlenexposition **240**

- *so gering wie möglich* gehalten wird (§ 28 I Nr. 2 StrlSchV; **Strahlenminimierungsgebot**; Rn. 9/235) und
- für eine am ungünstigsten Punkt verweilende Referenzperson (unter Berücksichtigung der Standortvorbelastung durch sonstige Strahlenexpositionen, der relevanten Belastungspfade und der in Anlage XI zu § 45 II StrlSchV postulierten wesentlichen Annahmen über Lebensgewohnheiten usw.) über den Luft- und den Wasserbelastungspfad für den *ganzen Körper* eine effektive Dosis (Rn. 9/61) von 0,3 mSv/a = 30 mrem/a nicht überschreitet, und daß die Teilkörperdosis für bestimmte Organe und Gewebe (insbesondere Keimdrüsen) *jeweils nicht mehr als 0,3 mSv/a* = 30 mrem/a, für die meisten anderen Organe und Gewebe (z.B. für die Schilddrüse) *jeweils höchstens 0,9 mSv/a* = 90 mrem/a und für die Haut sowie die Knochenoberfläche *max. 1,8 mSv/a* = 180 mrem/a beträgt (sogen. **30-Millirem-Konzept** des § 45 I StrlSchV). Strahlenbelastungen unterhalb der Dosisgrenzwerte des § 45 I StrlSchV werden als „zumutbares Restrisiko“ (Rn. 9/107) gewertet.

Das *Strahlenminimierungsgebot* des § 28 I Nr. 2 StrlSchV hängt mit der hypothetischen Annahme einer linearen Dosis-Wirkung-Beziehung zusammen. Das in § 45 I StrlSchV für den ganzen Körper vorgesehene *30-Millirem-Konzept* bei der Festlegung des Grenzwertes für die effektive Dosis (Rn. 9/61) hält sich innerhalb der Streubreite der natürlichen Strahlenexposition (Rn. 9/238). Es hat daher den Charakter eines konservativen Vorsorgewerts, der niedriger gelegen hat, als es die auf Risikoabschätzungen beruhende entsprechende EURATOM-Grundnorm vorschreibt. Freilich hat inzwischen die ICRP neu gewichtet, und ihre Empfehlungen sind jetzt z.T. viel strenger als die StrSchV. **241**

Werden die nach § 45 I StrlSchV höchstzulässigen Dosen (Dosisgrenzwerte) nicht überschritten, so ist damit die für den Schutz des einzelnen gem. § 7 II Nr. 3 AtG erforderliche Vorsorge gegen Schäden beim Betrieb einer Kernanlage (Rn. 9/86 ff.) sichergestellt. *Hierauf* – nicht aber auf die Einhaltung des Strahlenminimierungsgebots des § 28 I Nr. 2 StrlSchV – haben **Drittbetroffene** einen **Rechtsanspruch**[319]. Freilich führt der Anspruch auf Einhaltung der Dosisgrenzwerte dann nicht mehr weiter, wenn diese veraltet sind oder sich aus sonstigen Gründen nicht (mehr) auf der Höhe **242**

319 BVerwGE 61, 256 (263 ff.) – Stade; 72, 300 (319) – Wyhl; BVerwG, NVwZ 1998, 634 – Zwischenlager Gorleben; *Sendler*, FS Feldhaus, 1999, S. 479 (488 mit Fn. 20 u. 494); a.A. *Stüer/Spreen*, NuR 1999, 16 (17 f.).

der wissenschaftlich-technischen Entwicklung befinden. Die zuständigen Stellen sind aber von Rechts wegen verpflichtet, die Dosisgrenzwerte unter Kontrolle zu halten und gegebenfalls nachzubessern, worauf die Betroffenen einen subjektiv-rechtlichen Anspruch haben[320]. Denn wegen der grundrechtlichen Schutzpflicht aus Art. 2 II GG[321] ist der einzelne berechtigt, vom Staat Nachbesserung zu verlangen, wenn einfachrechtliche Schutznormen aufgrund neuerer Ereignisse nicht mehr geeignet erscheinen, rechtlich beachtliche Gesundheitsrisiken auszuschließen[322]. Auf entsprechendes Klagevorbringen müssen daher die Verwaltungsgerichte prüfen, ob der Normgeber Erkenntnisse, die sich bei der Untersuchung von Schadensereignissen ergeben, verneint oder unvertretbar fehlgewichtet hat[323]. Im Fall des KKW Krümmel waren dies Leukämieerkrankungen von Kindern im näheren Umfeld der Anlage.

243 Die angeführten Dosisgrenzwerte der **Immissionsgrenzwertregelung** des § 45 StrlSchV sind **Standortgrenzwerte**, in die auch Ableitungen anderer kerntechnischer Anlagen oder sonstiger Verwendungen radioaktiver Stoffe eingehen (vgl. aber Rn. 9/238), so daß prinzipiell *alle* am Standort auftretenden Immissionen zusammengenommen den normativ vorgegebenen Dosisgrenzwert nicht überschreiten dürfen. Das Gebot der Minimierung der Strahlenexposition greift daher bereits weit vor der Grenze ein, ab der Vorsorge gegen gesundheitliche Risiken geboten ist, und beschränkt sich nicht auf die Anlage, deren Betrieb zur Genehmigung ansteht[324].

244 bb) Die organspezifische Immissionsgrenzwertregelung des § 45 StrlSchV wird durch die **Emissionsgrenzwertregelung** des § 46 StrlSchV ergänzt. Nach Abs. 1 ist eine unkontrollierte Radionuklidableitung zu vermeiden, die Ableitung zu minimieren, zu überwachen und der zuständigen Behörde spezifiziert nach Art und Aktivität mindestens jährlich anzuzeigen. Nach Abs. 2 hat die Genehmigungsbehörde die Aktivitätsabgaben über die Luft oder das Wasser so festzulegen (in Ci/a bzw. Bq/a), daß die Immissionsgrenzwerte des § 45 StrlSchV eingehalten werden. Für den Fall, daß keine behördliche Festlegung erfolgt, sieht die Vorschrift des § 46 StrlSchV für die Aktivitätsabgaben, soweit von ihnen die Bevölkerung außerhalb der Kontrollbereiche (§ 58 StrlSchV) und betrieblichen Überwachungsbereiche (§ 60 StrlSchV) betroffen ist, nach den Absätzen 2 und 3 i.V.m. den Tabellen der Anlage IV bestimmte Emissionsgrenzwerte vor.

245 cc) Die laufende Überwachung der Einhaltung der Dosisgrenzwerte des § 45 StrlSchV ist praktisch nicht möglich. Diese Werte müssen daher *berechnet* werden, und zwar auf der Basis der in Anlage XI zu § 45 II StrlSchV postulierten Grundannah-

320 BVerwGE 101, 347 = DVBl. 1997, 52 m. Anm. *Sommer*, ZUR 1998, 65; *Steinberg/Roller*, DVBl. 1997, 57 (60); *Sendler*, UPR 1997, 161 ff. (II 5); *Murswiek*, JuS 1997, 568 ff.

321 Zur gerade im Atomrecht entwickelten Schutzpflicht BVerfGE, 49, 89 (141 f.) – Kalkar; E 53, 30 (57) – Mülheim-Kärlich.

322 *Rosin*, in: Energierecht I, Rn. 774; ferner *BVerwG*, NVwZ 1998, 631 (632).

323 Vgl. bspw. OVG Berlin, OVGE BE 22, 140 ff.: „Die das Schadensvorsorgegebot des § 7 Abs. 2 AtG konkretisierende Festsetzung der dem Bevölkerungsschutz dienenden Dosisgrenzwerte nach § 45 StrSchV ist nicht offensichtlich infolge eines wissenschaftlichen Erkenntnisfortschrittes überholt; eine Verpflichtung des Verordnungsgebers zur Nachbesserung der Grenzwertregelung hat sich daher nicht aktualisiert."

324 BVerwG, DVBl. 1992, 883. Ableitungen radioaktiver Stoffe aus dem Normalbetrieb anderer Anlagen sind mitzurechnen, nicht aber Belastungen aufgrund von Stör- und Unfällen.

men. Die Prognose erfolgt anhand der gem. § 45 II 2 StrlSchV von der BReg. zu erlassenden allgemeinen Verwaltungsvorschriften[325].

c) Störfall-Planungsgrenzwerte

Für die Bevölkerung ist die höchstzulässige Strahlenbelastung nicht nur im Hinblick **246**
auf den Normalbetrieb einer kerntechnischen Anlage, sondern auch im Hinblick auf einen etwaigen **Störfall** von Bedeutung. Unter einem „Störfall" ist hierbei ein störender Ereignisablauf zu verstehen, der Schaden an der Umwelt oder Menschen verursachen kann. Dabei gilt für die **Planung** von Schutzvorrichtungen gegen Störfälle folgendes:

Nach § 28 III StrlSchV darf beim „Auslegungsstörfall", d.h. beim (gerade) noch be- **247**
herrschbaren ungünstigsten Störfall (dem früher sog. größten anzunehmenden Unfall = „GAU") in der Umgebung des KKW die Strahlenenergiedosis für den ganzen Körper und für gewisse Körperteile einen jeweils in der StrlSchV (in Anlage X Tabelle X 1) festgesetzten Höchstwert (Immissionsgrenzwert) nicht überschreiten[326]. Diese Dosisgrenzwerte entsprechen den Grenzwerten, die für beruflich strahlenexponierte Personen zugelassen sind. Indessen gilt auch hier der Grundsatz: so gering wie möglich. Maßgebend für die ausreichende Vorsorge ist wiederum der Stand von Wissenschaft und Technik (Rn. 9/117 ff.).

Die Genehmigungsbehörde kann für ein KKW die erforderliche Vorsorge gegen Störfälle als **248**
getroffen ansehen, wenn der Antragsteller der Planung der anlagentechnischen Schutzmaßnahmen diejenigen Störfälle zugrunde gelegt hat, die nach den vom Länderausschuß für Atomenergie verabschiedeten sog. **Sicherheitskriterien für Kernkraftwerke** und nach den vom zuständigen Bundesminister (nach Anhörung der beteiligten Kreise) erlassenen **Störfall-Leitlinien**[327] die Auslegung der KKW bestimmen (§ 28 III 3 StrlSchV).

KKW sind nur gegen sog. „*Störfälle*" i.S. der Anlage I der StrlSchV, nicht gegen sog. „*Un-* **249**
fälle" i.S. der Anlage I der StrlSchV ausgelegt. „Reaktorunfälle", u.U. also atomare Katastrophen (Super-GAU; s. Rn. 9/37), werden für extrem unwahrscheinlich gehalten und sind daher – unbeschadet der etwaigen Möglichkeit anlageninterner Notfallschutzmaßnahmen und anlagenexterner Katastrophenschutzmaßnahmen – im technischen Sicherheitskonzept eines KKW nicht berücksichtigt. Deswegen gibt es hier keinen vorbeugenden Auslegungsschutz gegen eine ggf. grenzwertüberschreitende Strahlenexposition oder gegen eine grenzwertüberschreitende Inkorporation von Radionukliden. Für „Unfälle" kann daher die StrlSchV auch keine Planungs-Dosisgrenzwerte vorsehen.

---

325 Lange Zeit wurde die noch vom BMI als *Verwaltungsrichtlinie* erlassene „Allgemeine Berechnungsgrundlage für Strahlenexposition bei radioaktiven Ableitungen mit der Abluft oder in Oberflächengewässer" vom 15.8.1979 (GMBl. 371) angewandt. Nach dem KKW-Wyhl-Urteil des BVerwG (E 72, 300 [320 f.]) ist diese Richtlinie nicht als „antizipiertes Sachverständigengutachten" zu qualifizieren; sie hat vielmehr „*normkonkretisierende Funktion*" und ist daher innerhalb der von der Norm gesetzten Grenzen für die Verwaltungsgerichte verbindlich (Rn. 4/31 ff.).

326 Zur Auslegung des § 28 III StrlSchV vgl. BVerwGE 72, 300 (322 f.) – Wyhl.

327 Dazu BVerwGE 72, 300 (322 f.). – Zum abweichenden Störfallbegriff im Immissionsschutzrecht vgl. Rn. 8/162 ff.

XI. Überwachung, Behördenzuständigkeit und Haftung

1. Überwachung

a) Behördliche Überwachung

250 Die Überwachung der Durchführung des AtG sowie der aufgrund des AtG erlassenen Rechtsverordnungen und der darauf beruhenden behördlichen Anordnungen und Verfügungen obliegt weitgehend den zuständigen Landesbehörden, §§ 19 I, 24 I 1 AtG i.V.m. § 139b GewO, zum Teil aber auch Bundesbehörden, §§ 24, I, III, 22 I AtG.

251 Im Rahmen der **staatlichen Aufsicht** wacht die zuständige Behörde über die Einhaltung aller Sicherheitsbestimmungen (§ 19 AtG), darunter über die Einhaltung bzw. Erfüllung auch nachträglicher Auflagen (§ 19 III 1 AtG, dazu eingehend oben Rn. 9/164 ff.). Dazu dienen Auskunfts- und Duldungspflichten des Betreibers und der verantwortlichen Personen gegenüber den Aufsichtsbehörden, ihren Beauftragten und Sachverständigen entsprechend § 19 II AtG. § 19 III AtG sieht behördliche Anordnungen vor, wenn solche zur Beseitigung festgestellter oder zur Verhütung künftiger Verstöße gegen das Gesetz, gegen auf seiner Grundlage erlassene Rechtsverordnungen, gegen Genehmigungsbestimmungen oder nachträgliche Auflagen notwendig sind.

b) Innerbetriebliche Überwachung

252 Durch die 1992 aufgrund § 12 I 1 Nrn. 1, 7, 13 und § 54 I 1 und II 1 AtG verordnete atomrechtliche Sicherheitsbeauftragten- und MeldeV wurde ein **kerntechnischer Sicherheitsbeauftragter** eingeführt. Er hat in Anlagen nach § 7 I AtG Auswertungs-, Mitwirkungs- und Mitteilungspflichten zwecks Vermeidung von Risiken, Abhilfe bei Mängeln und Verbesserung der sicherheitstechnischen Ausstattung der Anlage, § 4 AtSMV. Außerdem hat der Inhaber einer Anlagengenehmigung nach § 7 I oder III 1 AtG *Meldepflichten* bei Unfällen, Störfällen und anderen für die kerntechnische Sicherheit bedeutsamen Ereignissen, § 6 AtSMV (vgl. 6/266 f.; 10/342 ff.; 4/201 ff.).

2. Behördenzuständigkeit und Bundesaufsicht

a) Behördenzuständigkeit

253 Das Genehmigungsverfahren wird nach § 24 I AtG von den **Ländern** im **Auftrag des Bundes** durchgeführt (vgl. Art. 85, 87c GG), wobei nach § 24 II AtG die von den Ländern bestimmte oberste Landesbehörde zuständig ist.

254 Dem 1989 als selbständige Bundesoberbehörde geschaffenen[328] **Bundesamt für Strahlenschutz** (BfS) mit Sitz in Salzgitter[329] sind u.a. die Errichtung und der Betrieb

328 Gesetz über die Errichtung eines Bundesamtes für Strahlenschutz vom 9.10.1989, BGBl. I 1830; vgl. auch *Rosin*, in: Energierecht I, Rn. 1271.

329 S. Gesetz vom 9.10.1989, BGBl. I 1830.

von Endlagern des Bundes für radioaktive Abfälle (§ 23 I Nr. 2 AtG), die Genehmigung des Transports und der Lagerung von Kernbrennstoffen (§ 23 I Nrn. 3 u. 4 AtG), die Überwachung der Umwelt-Radioaktivität mit Hilfe eines aufgrund des Unfalls von Tschernobyl (Rn. 9/37) aufgebauten integrierten Meß- und Informationssystems (§ 11 VI StrVG) und die Einrichtung und Führung eines zentralen Dosis-Registers über die Strahlenexposition beruflich strahlenexponierter Personen (§§ 12c, 23 I Nr. 6 AtG) übertragen. Nachdem mit der Wende im Osten Europas die Gefahren des Atomschmuggels drastisch gewachsen sind, ist dem BfS auch noch die Aufgabe zugewachsen, die zuständigen Behörden auf deren Ersuchen in Fällen des Verlustes oder Fundes radioaktiver Stoffe sowie im Falle des Verdachts einer Straftat im Zusammenhang mit radioaktiven Stoffen zu unterstützen (§ 2 V AtG)[330].

Über Ein- und Ausfuhr von Kernbrennstoffen entscheidet das **Bundesausfuhramt**, **255**
vgl. § 22 I 1, III AtG[331].

Soweit der BMU auf dem Gebiet des Strahlenschutzes normsetzend tätig wird, berät **256**
ihn die **Strahlenschutzkommission** (SSK); ebenfalls beratende Funktion haben die **Reaktorsicherheitskommission** und der **Kerntechnische Ausschuß**, in dem alle an atomrechtlichen Verfahren beteiligten Gruppen vertreten sind[332].

b) Weisungen des Bundes

Als ergiebige Streitquelle hat sich in den letzten Jahren die **bundesaufsichtsrechtli-** **257**
che Weisungsbefugnis aufgrund der nach geltendem Recht vorgesehenen Auftragsverwaltung erwiesen. Nach dem zerbrochenen Konsens über die Zukunft der Kernenergie in Deutschland gingen die Standpunkte zwischen dem Bund und einzelnen Ländern immer weiter auseinander mit der Folge, daß diese sich weigerten, von ihnen für rechtswidrig gehaltene Weisungen des Bundes auszuführen. Die Verfahren betrafen den Schnellen Brüter in Kalkar und das Endlager Schacht Konrad[333]. Nach dem BVerfG steht dem Land unentziehbar die sog. **Wahrnehmungskompetenz** zu, also Handeln und Verantwortlichkeit nach außen, während der Bund die sog. **Sachkompetenz** für die **Sachbeurteilung** und **Sachentscheidung** besitzt. Diese kann er jederzeit an sich ziehen. Die Länder müssen daher Weisungen des Bundes auch dann befolgen, wenn sie diese inhaltlich für rechtswidrig halten[334].

Der Vollzug des Atomrechts geschieht durch die Länder im Wege der **Bundesauf-** **258**
tragsverwaltung (Art. 87c GG, § 24 I 1 AtG). Damit erstreckt sich die Bundesauf-

330 Eingeführt durch Art. 2 des Gesetzes zur Änderung des Atomgesetzes und des Gesetzes über die Errichtung eines Bundesamtes für Strahlenschutz v. 6.4.1998 (BGBl. I 694).

331 Gesetz vom 28.2.1992, BGBl. I 376.

332 Zur Verwertbarkeit ihrer technischen Regelwerke BVerwG, DVBl. 1993, 1149 ff. Im Dezember 1998 hat der neue Bundesumweltminister die *Reaktorsicherheits-* sowie die *Strahlenschutzkommission*, bei denen es sich jeweils um reine Sachverständigengremien handelte, neu und teilweise auch mit Kernkraftkritikern besetzt.

333 BVerfGE 81, 310; 84, 25.

334 Näher *Steinberg*, Bundesaufsicht, Länderhoheit und Atomgesetz, 1990; *Lange*, Das Weisungsrecht des Bundes in der atomrechtlichen Auftragsverwaltung, 1990; s.a. *Ossenbühl*, in: *Lukes* (Hrsg.), Reformüberlegungen zum Atomrecht, 1991, S. 27 ff.

sicht gem. Art. 85 V 1 GG auch auf Gesetzmäßigkeit und Zweckmäßigkeit der Ausführung. Die i.S. des § 24 III 1 AtG zuständige oberste Landesbehörde untersteht den Weisungen der zuständigen obersten Bundesbehörde (Art. 85 III GG). Soweit es sich bei der Aufhebung von KKW-Genehmigungen um *Ermessensverwaltung* handelt, d.h. um die Fälle der fakultativen Rücknahme oder des fakultativen Widerrufs, kann somit die zuständige oberste Bundesbehörde (BMU) nach ihrem eigenen Bewertungskonzept und ihrer eigenen Sicherheitsphilosophie[335] die Rücknahme oder den Widerruf der erteilten KKW-Genehmigung untersagen bzw. die „Aufhebung einer Aufhebung" anordnen, wenn nicht die *Aufhebung der KKW-Genehmigung von Rechts wegen geboten* ist bzw. war, insbesondere kein Fall eines obligatorischen Widerrufs gem. § 17 V AtG vorliegt. Aber selbst in diesen Fällen, in denen die Weisung gegen geltendes Recht verstößt, würde das Land in einem verwaltungsgerichtlichen Anfechtungsprozeß wegen Unzulässigkeit der Klage regelmäßig unterliegen[336]. Zu berücksichtigen ist nämlich, daß die Länder überhaupt nur dann durch eine Weisung in ihrer (Wahrnehmungs-)Kompetenz verletzt sein können, wenn gerade die Inanspruchnahme der Weisung (das ‚Ob' und das ‚Wie') gegen das Grundgesetz (und namentlich gegen die sog. Pflicht zu bundesfreundlichem Verhalten) verstößt[337]. Über den Umfang des Weisungsrechts des Bundes gegenüber den Ländern nach Art. 85 III GG im Rahmen der Bundesauftragsverwaltung entscheidet allein das Bundesverfassungsgericht im Bund-Länder-Streit[338]. Dritten ist ein gerichtliches Vorgehen gegen eine aufsichtliche Weisung des Bundes versperrt; verwaltungsgerichtlicher Rechtsschutz steht ihnen nur gegen das die Weisung ausführende Land zu, wobei der Bund in diesem Prozeß nicht einmal notwendig Beigeladener i.S.d. § 65 II VwGO ist[339]. Weigert sich das Land, der von der zuständigen obersten Bundesbehörde erteilten Weisung nachzukommen, so kann der Bund gegen die Versäumung der in Art. 85 III 3 GG geregelten Vollziehungssicherstellungspflicht mit *Bundeszwang* (Art. 37 GG) vorgehen oder ihre Erfüllung beim Bundesverfassungsgericht geltend machen.

3. Haftung des Betreibers

259 Umfangreiche Vorschriften (§§ 25 ff. AtG) regeln die haftungsrechtlichen Folgen eines Schadens, der auf einem von einer Kernanlage ausgehenden nuklearen Ereignis beruht oder bei der Beförderung von Kernmaterialien entsteht u.a.m. Sie dienen gleichzeitig der Umsetzung des Pariser Übereinkommens (§ 2 IV AtG). Eine Erhöhung der Deckungsvorsorge (§ 13 AtG) ist angesichts der drohenden außerordentli-

335 Zum Begriff *Roßnagel* und *Haedrich* (Fn. 127).

336 Dies war früher sehr umstritten. Zur Gegenmeinung, die ein verwaltungsgerichtliches Vorgehen gegen (einfach) rechtswidrige Weisungen aus u.E. durchaus naheliegenden Erwägungen für zulässig erachtete, vgl. insbesondere *Pauly*, DÖV 1989, 884 ff.; *ders.*; Anfechtbarkeit und Verbindlichkeit von Weisungen in der Auftragsverwaltung, 1989, S. 233 ff.

337 *Dittmann*, in: *Sachs* (Hrsg.), GG-Kommentar, 2. Aufl. 1999, Art. 85 Rn. 23 ff.; *Rosin*, in: Energierecht I, Rn. 1266.

338 BVerfGE 84, 25 – Schacht Konrad.

339 BVerwG, NVwZ 1999, 296.

chen Schäden eigentlich schon längst überfällig[340]. Bemerkenswert ist übrigens, daß sämtliche Versicherungen entgegen § 25 II AtG Einwirkungen durch Kriege und Aufstände ausschließen und keine Deckung für die volle Verjährungsfrist nach § 32 I AtG umfassen.

4. Amtshaftung bei rechtswidrigem Behördenverhalten

Geht es bei der atomrechtlichen Haftung gem. §§ 25 ff. AtG um die privatrechtliche Gefährdungshaftung der Anlageninhaber, so haben diese – in umgekehrter Stoßrichtung – jüngst wiederholt Amtshaftungsklage (nach § 839 BGB i.V.m. Art. 34 GG) erhoben, um von den betreffenden Ländern Schadensersatz wegen rechtswidriger atomrechtlicher (Teil-)Genehmigungen[341] bzw. Stillegungsverfügungen[342] zu erlangen[343]. Aufgrund aufsichtlicher Maßnahmen wurden in Hessen zwischen 1992 und 1995 fünf Schadensersatzforderungen in Höhe von insgesamt DM 240 Mio. anhängig gemacht, von denen zwei rechtskräftig abgewiesen, eine für erledigt erklärt und zwei zurückgenommen wurden[344]. Bei der Anwendung des Amtshaftungshaftungsinstituts auf atomrechtliche Fallkonstellationen kommt es v.a. darauf an, die atomgesetzlichen mit den zivilrechtlichen Wertungen in Einklang zu bringen, so daß diese jene nicht nur nicht konterkarieren, sondern im Sinne der Einheit der Rechtsordnung sinnvoll ergänzen. So wäre es bspw. verfehlt, die grundsätzlich bestehende Amtspflicht zu zügiger Prüfung und Entscheidung (vgl. § 10 VwVfG) als vorrangig gegenüber der Amtspflicht zu sorgfältiger Prüfung und Bescheidung anzusehen; dies widerspräche § 1 Nr. 2 AtG. **260**

Grundlegende Bedeutung kommt in diesem Zusammenhang der in bezug auf das KKW Mülheim-Kärlich ergangenen, u.E. zutreffenden Entscheidung des BGH vom 16.1.1997 zu[345]. **261**
Hiernach sind die Bediensteten einer Genehmigungsbehörde dem Anlagenbetreiber zu rechtmäßigem, insbesondere auch verfahrensrichtigem Handeln verpflichtet, so daß bei schuldhafter Verletzung dieser Amtspflicht ein Amtshaftungsanspruch dem Grunde nach in Betracht kommt. An die dem Bediensteten einer Landesbehörde im Rahmen eines atomrechtlichen Genehmigungsverfahrens obliegende Sorgfaltspflicht dürfen dabei hohe Anforderungen gestellt werden. Hinsichtlich des Haftungsumfangs sei speziell bei Teilgenehmigungen zu bedenken, daß die hierdurch gegebene Vertrauensgrundlage u.U. auch unternehmerische Dispositionen auslösen könne, für die es zwar noch keine rechtliche Absicherung gebe, die jedoch nach dem jeweiligen Sach- und Verfahrensstand unternehmerisch vernünftig seien. Freilich entfalle der amtshaftungsrechtliche Vertrauensschutz generell dort, wo bereits nach allgemeinem Verwaltungsrecht von vornherein jeder Vertrauensschutz für den Adressaten des Verwaltungsakts

340 So auch ein Gesetzentwurf des Bundesrates in der vergangenen Wahlperiode, s. BT-Drucks. 13/10, S. 483.

341 LG Mainz, NVwZ 1993, 603 ff.; OLG Koblenz, ZUR 1995, 326 ff.; BGHZ 134, 268 ff.

342 OLG Celle, RdE 1997, 118 ff.

343 Dazu *Posser*, Die Amtshaftung im Atomrecht, in: Schnittpunkte nationalen und internationalen Atomrechts, 1997, S. 255 ff.; *Kloepfer*, Umweltrecht, § 15 Rn. 86; früher auch schon *de Witt/Burmeister*, NVwZ 1992, 1039 ff.

344 *Martin* (Fn. 142), S. 237.

345 BGHZ 134, 268 ff.; dazu *Scherer-Leydecker*, EWiR 1997, 401 f.

ausscheide, also bspw. dann, wenn der Adressat selbst die Rechtswidrigkeit des erteilten Verwaltungsakt erkannt hat oder hätte erkennen müssen[346].

XII. Strahlenschutzvorsorgegesetz

262 Das am 19.12.1986 verabschiedete *Strahlenschutzvorsorgegesetz* (BGBl. I 2610) soll verhindern, daß sich das nach dem Reaktorunfall in Tschernobyl/UdSSR vom 26.4.1986 im Zusammenhang mit der radioaktiven Kontamination von Böden und Gewässern, Pflanzen und Tieren (d.h. auch Futter- und Lebensmitteln) eingetretene „Durcheinander" behördlicher Verbote und Empfehlungen wiederholt. Das StrVG hat zum Ziel, bei gegebenen *radioaktiven Auswirkungen in der Fläche die Folgen für Menschen und Umwelt* nach dem Minimierungsgrundsatz *zu begrenzen*. Dazu wird der BMU nach § 6 I StrVG ermächtigt, durch Rechtsverordnung Dosiswerte und Kontaminationswerte sowie die ihnen zugrundezulegenden Berechnungsverfahren und Annahmen festzulegen. Das Gesetz bedarf noch der Ergänzung durch die in ihm vorgesehenen Rechtsverordnungen.

1. Gesetzeszweck

263 Zweck des Gesetzes (§ 1 StrVG) ist die Überwachung der Radioaktivität der Umwelt und die Minimierung der Strahlenexposition der Menschen im Fall von Ereignissen mit nicht unerheblichen radiologischen Auswirkungen. Zur Verwirklichung dieses Zwecks wirken Bund und Länder zusammen.

2. Aufgaben des Bundes

264 Nach § 2 I StrVG gehören zu den Aufgaben des Bundes insbesondere

- die großräumige Ermittlung der Radioaktivität in Luft und Niederschlägen, in Bundeswasserstraßen und in Nord- und Ostsee,
- die (bundeseinheitliche) Entwicklung und Festlegung von Probenahme-, Analyse-, Meß- und Berechnungsverfahren, die Durchführung von Vergleichsmessungen und Vergleichsanalysen,
- die (zentrale) Zusammenfassung der vom Bund ermittelten und ihm übermittelten Daten in einem Informationssystem (§ 4)[347], ihre Aufbereitung und Dokumentation,
- die (einheitliche) Bewertung dieser Daten sowie
- die Information der Länder über die Daten und ihre Bewertung.

346 Ein weiteres Urteil befaßte sich mit Amtshaftungsansprüchen infolge der Untersagung des Wiederanfahrens eines Kraftwerks nach einer Tropfleckage. Der Vorwurf willkürlicher Amtspflichtverletzungen der hessischen Atomaufsicht zu Lasten des Steuerzahlers wurde darin widerlegt. OLG Frankfurt a.M., Urt. v. 10.10.1996, 1 U 46/95, rechtskräftig. Zu Einzelheiten *Martin* (Fn. 142), S. 234 f.

347 Dazu wurden ca. 200 Kontrollstellen zu einem umfassenden Meß- und Informationssystem verbunden.

Diese Aufgaben werden von verschiedenen, in §§ 5, 11 StrVG angeführten Bundesbehörden (vom zuständigen Bundesminister, von bestimmten Bundesämtern und Bundesanstalten) wahrgenommen. **265**

Im übrigen kann der Bund zur Erreichung des Gesetzeszwecks Maßnahmen nach den §§ 6 ff. StrVG treffen, z.B. **266**

- Bestimmung von Dosiswerten und Kontaminationswerten durch Rechtsverordnung (§ 6)[348],
- Verbote und Beschränkungen bei Lebensmitteln, Futtermitteln, Arzneimitteln und sonstigen Stoffen durch Rechtsverordnung zur Einhaltung der gem. § 6 festgesetzten Dosis- bzw. Kontaminationswerte (§ 7),
- Empfehlungen an die Bevölkerung hinsichtlich bestimmter Verhaltensweisen (§ 9).

3. Aufgaben der Länder

Im Rahmen der Überwachung der Umweltradioaktivität ermitteln die Länder gem. § 3 I StrVG *im Auftrag des Bundes* (§ 10 I 1 StrVG) die Radioaktivität insbesondere **267**

- in Lebensmitteln, Tabakerzeugnissen, Bedarfsgegenständen und Arzneimitteln sowie in deren Ausgangsstoffen,
- in Futtermitteln,
- im Trinkwasser, Grundwasser und in oberirdischen Gewässern (außer Bundeswasserstraßen),
- in Abwässern, im Klärschlamm, in Reststoffen und Abfällen,
- im Boden und in Pflanzen,
- in Düngemitteln.

Die hierbei gewonnenen Daten haben die Länder gem. § 3 II StrVG dem Bund zu übermitteln. Unberührt hiervon bleibt die Befugnis der Länder, in Eigenverwaltung weitergehende Ermittlungen der Radioaktivität vorzunehmen (§§ 2 II, 10 I 2 StrVG). Im übrigen können auch die zuständigen Landesbehörden Empfehlungen an die Bevölkerung richten, aber eben nur insoweit, als es sich um Ereignisse im Gebiet eines Landes mit ausschließlich örtlichen Auswirkungen handelt (§ 9 II StrVG). **268**

348 Dazu „Richtlinie zur Überwachung der Radioaktivität in der Umwelt nach dem Strahlenschutzvorsorgegesetz, Teil I: Meßprogramm für den Normalbetrieb“, vom 16.9.1994, GMBl. 929 ff.

Kapitel 10

Gentechnikrecht

I. Fakten und Probleme

1 **Gegenstand** der Gentechnik ist die gezielte Veränderung der genetischen Information einer Zelle oder eines Organismus durch chemische oder physikalische Behandlung, vor allem durch Übertragung und Einbau von fremdem Genmaterial oder auch von künstlich hergestellten Genen[1]. So kann die Struktur alles Lebenden von Mikroorganismen über Pflanzen und Tiere bis hin zum Menschen verändert und neu gestaltet werden. – Statt von Gentechnik spricht man auch (gleichbedeutend) von *Gentechnologie*, *Genmanipulation* oder *genetischer Manipulation* (englisch: *genetic engineering*). – Geht es um die Anwendung beim Menschen, spricht man von **Humangenetik**; sie ist nicht Gegenstand unserer weiteren Betrachtung, auch wenn sie bei der Darstellung der Fakten und Probleme aufgrund mancher Überschneidungen nicht ganz ausgeklammert werden soll. Im Rahmen des Umweltrechts geht es um die – etwas zu einschränkend – sog. **Grüne Gentechnik** oder besser **Umweltgentechnik**[2].

2 Das Recht der Gentechnik ist ein vergleichsweise junges Gebiet. Es hat sich aber inzwischen als allgemein anerkannter Teil des Umweltrechts etabliert[3]. Produkte der Gentechnik sind heute in jedermanns Reichweite, auch wenn die Produktvielfalt hier noch um einiges geringer ist als bei den Chemikalien.

1. Naturwissenschaftlich-technische Grundlagen

3 Zu unterscheiden ist zwischen gen- und reproduktionstechnologischen Methoden. **Gentechnologie** i.e.S. meint das Isolieren, Zerlegen, Gezielt-Neukombinieren und Identisch-Vervielfachen von genetischem Material. Diese Techniken haben ihren Ur-

1 Vgl. zur Einführung in die Gentechnik Bericht der Enquête-Kommission „Chancen und Risiken der Gentechnologie“, BT-Drs. 10/6775, S. 5 ff., m.w.N. S. 39; *Friedrichsen*, Gentechnologie: Chancen und Gefahren, 2. Aufl. 1993; *Gassen/Kemme*, Gentechnik: die Wachstumsbranche der Zukunft, 1996; *Gassen/Schrimpf* (Hrsg.), Gentechnische Methoden: eine Sammlung von Arbeitsanleitungen für das molekularbiologische Labor, 2. Aufl. 1999; *Dingermann*, Gentechnik, Biotechnik: Lehrbuch und Kompendium für Studium und Praxis, 1999; einen geeigneten Schnellkurs bietet www.bayern.de/STMLU/gen/inhalt1.htm#lexikon.

2 Zu den Begriffen auch *Wahl*, in: *Landmann/Rohmer*, Umweltrecht, Band III, GenTG, Vorb. Rn. 4.

3 Vgl. (schon) *Kloepfer*, Umweltrecht, 1. Aufl. 1989, S. 802; s.a. den Tagungsband *Breuer/Kloepfer/Marburger/Schröder* (Hrsg.), UTR Band 14, Gentechnikrecht und Umwelt, 1991; aus neuerer Zeit *Kloepfer*, Umweltrecht, 2. Aufl. 1998, § 16 Rn. 1; *Schmidt*, Umweltrecht, 5. Aufl. 1999, Rn. 6/83 („Exkurs“); nicht aber: *Salzwedel u.a.*, AKUR, Grundzüge des Umweltrechts, 1997, Loseblatt; umfassend *Dörner*, Bibliographie Umweltaspekte der Gentechnik, 1999.

sprung in den siebziger Jahren. Das veränderte Material kann mit Hilfe verschiedener Techniken in Bakterien, eukaryontische Zellen, d.h. solche mit Zellkern, oder ganze Organismen eingeschleust und in deren Erbinformation eingebaut werden. Die **Reproduktionstechnologie** umfaßt seit längerem bekannte zellbiologische Techniken zur Beeinflussung der Entwicklung von Eizellen und Embryonen. So ist es zum Beispiel möglich, aus einer befruchteten Amphibieneizelle Spermakern und Eikern zu entfernen und in die Eizelle einen fremden Zellkern, etwa einen amphibischen Körperzellkern, einzuschleusen, der dann die Entwicklung des Eis steuern wird. Indem man diesen Vorgang mit identischen Zellkernen wiederholt, lassen sich genetisch identische Individuen schaffen (*Klonierung* von Lebewesen). Bestandteil nicht der Gen-, sondern der Befruchtungstechnologie ist auch die unter anderem in der Humanmedizin angewandte *in-vitro-Fertilisation*, bei der Eizellen im Reagenzglas befruchtet und zur weiteren Entwicklung in den Mutterleib zurückverpflanzt werden.

Das chemische Substrat der Erbinformation von Lebewesen ist die **Desoxyribonukleinsäure** (DNS, englisch: DNA), deren Struktur erst in den 50er Jahren erforscht worden ist. Sie hat die Form einer fadenförmigen, spiralig gedrehten Strickleiter (Doppelhelix). Die Holme bestehen aus Zuckermolekülen (Ribosen) und Phosphatgruppen, die Sprossen aus jeweils zu einem Paar miteinander verbundenen Basen, und zwar entweder Cytosin und Guanin oder Adenin und Thymin. Daraus ergeben sich die Kombinationsmöglichkeiten CG, GC, AT und TA. Allein von der Aufeinanderfolge der Millionen von Basenpaaren, die ein einziges DNS-Molekül enthält, hängen die Erbeigenschaften einer Zelle ab. 4

Ein **Gen** ist ein DNS-Abschnitt, der eine **Erbeigenschaft** bestimmt. Beim Menschen wird die Zahl der Gene auf 50 000 bis 100 000 geschätzt, von denen bislang ca. 5000 bekannt sind[4]. Das *Genom* ist die gesamte Erbinformation einer Zelle. Grundsätzlich enthält jede Zelle eines Organismus dieselbe Erbinformation. Die DNS ist zusammen mit Proteinen im Zellkern zu den – in der Zellbiologie schon länger bekannten – Chromosomen aufgeknäult. Bei der *Genexpression* wird der einem Gen entsprechende DNS-Abschnitt in ein – chemisch eng verwandtes – Ribonukleinsäuremolekül (RNS, englisch: RNA) abgeschrieben. Die RNS wandert vom Kern in das Zellplasma und steuert dort den Aufbau der Eiweißstoffe (daher: Boten-RNS, englisch Messenger-RNA, mRNA). 5

Bei der gentechnischen Neukombination von DNS im Reagenzglas wird ein zuvor isolierter DNS-Abschnitt von sog. Restriktionsenzymen an bestimmten Stellen aufgetrennt und ein zuvor ebenfalls isoliertes und „zurechtgeschnittenes" fremdes DNS-Molekül von weiteren Enzymen, den Ligasen, an der Schnittstelle eingefügt. Das neugewonnene Molekül kann dann mit Hilfe von Plasmiden – kleinen, ringförmigen DNS-Molekülen aus Bakterien – in Bakterien eingeschleust, dort identisch vervielfacht und zur Weiterverwendung wieder isoliert werden (Klonierung von DNS). Als Bakterium wird hierbei meist *Escherichia coli* (E. coli) verwendet, das „Arbeitspferd" der Gentechniker. 6

4 Vgl. DER SPIEGEL, Nr. 37, 1998, S. 272 ff.

7 Auf die beschriebene Art können große Mengen gewünschter DNS hergestellt werden. Aber nicht nur die DNS, sondern auch das Protein, für dessen Herstellung der DNS-Abschnitt die notwendige Information enthält (codiert), läßt sich so in großem Maßstab herstellen und dadurch überhaupt erst oder jedenfalls besser untersuchen. Die rekombinierte DNS kann mit chemisch-physikalischen oder biologischen Methoden (durch sog. Vektoren, z.B. Viren) in einen genetisch zu verändernden Wirt, also in Bakterien, eukaryontische Zellkulturen, pflanzliche oder tierische Organismen eingeschleust und in deren Erbinformation eingebaut werden (Transformation). Der transformierte Wirt kann zur Weiterverwendung vermehrt und ggf. freigesetzt werden.

2. Wissenschaftliche und kommerzielle Bedeutung

8 Die **wissenschaftliche** Bedeutung gentechnischer Methoden besteht zunächst darin, definierte Segmente von DNS in großen Mengen und in höchster Reinheit zu erzeugen. So läßt sich die Struktur des genetischen Materials überhaupt erst oder besser untersuchen. Durch die im Vergleich zu den herkömmlichen Methoden der klassischen Genetik gezielteren gentechnischen Manipulationsmöglichkeiten läßt sich auch die Funktion von Genen weit effektiver erforschen.

9 **Medizinische** Bedeutung kann die Gentechnik neben der Erforschung von pathologischen genetischen Veränderungen haben, indem durch den Einsatz klonierter DNS die Produktion seltener Eiweiße möglich wird, z.B. von Peptidhormonen wie Insulin. Mit dem entsprechenden Verfahren wird seit 1980 auch Interferon hergestellt. Ebenso lassen sich Antigene von Viren produzieren, die eine Immunisierung von Menschen mit abgetöteten, aber vollständigen Viren überflüssig machen. *Pharmazeutische* Forschung und Industrie arbeiten an der Synthese von Antibiotika, Vitaminen und seltenen pharmakologisch wichtigen Substanzen aus Pflanzen, die ihre Isolation aus den natürlichen Quellen überflüssig machen würde[5]. Die Gentechnik trägt so dazu bei, bekannte Methoden zu effektivieren, eine billigere Produktion zu ermöglichen und bisher nicht in ausreichenden Mengen herstellbare Stoffe zu erzeugen.

10 **Beispiele:** *Insulin* wird bisher vor allem billiger. Einen medizinischen Fortschritt bedeutet seine gentechnische Produktion für die (wenigen) Patienten, die das handelsübliche Insulin aus Schlachttieren nicht vertragen konnten. – *Interferon* ist ein Eiweißkörper, der mit ihm in Berührung kommenden Körperzellen die Eigenschaft gibt, eindringenden Viren die Vermehrung in der Zelle zu verwehren. Es wird daher zur Bekämpfung von Viruserkrankungen eingesetzt. – Ein menschliches Wachstumshormon wird zur Behandlung des Zwergwuchses bei Kindern angewandt. – Ein monoklonaler Antikörper wird zur Unterdrückung der *Immunabwehr* eingesetzt. – *Ein Hepatitis-B-Impfstoff* und offenbar auch schon ein (wirksamerer) Impfstoff gegen *Malaria* stehen bereits zur Verfügung; eine (biologische) Abwehr gegen die sie übertragenden Moskitos wird entwickelt. – Hoffnungen bestehen auch, gentechnische Möglichkeiten der Behandlung und Heilung von *Krebs* und *Aids* zu finden. Auch hier sind entsprechende Versuche längst im Gang.

5 Innerhalb Europas sind in Deutschland die meisten biotechnologich hergestellten Arzneimittel zugelassen: 20 sollen 1996 bereits auf dem Markt gewesen sein, 150 in der klinischen Prüfung.

Ferner geht es um die Anwendung der Erkenntnisse der – hier nur wegen des Sachzusammenhangs angesprochenen – **Humangenetik** z.B. in neuen Verfahren der *Genomanalyse* und der *Gentherapie*. So könnte die Gentechnik zur – freilich problematischen – Analyse genetischer Eigenschaften – etwa Krankheitsanfälligkeit von Versicherungsnehmern, besondere Empfindlichkeit für bestimmte Stoffe bei Arbeitnehmern – und zur „Reparatur defekter Gene“ eingesetzt werden, also zur Behandlung der beim Menschen bekannten etwa 2000 genetisch bedingten Krankheiten. Menschenversuche wurden sowohl in den USA als auch in der Bundesrepublik Deutschland schon vorgenommen. Im Bereich der Humangenetik sind aber die Hoffnungen – oder Befürchtungen – bisher immer noch weit größer als die konkreten Möglichkeiten, und der *medizinisch-therapeutische* Einsatz der Gentechnik verlief bisher enttäuschend; einzelnen Todesfällen stehen kaum nachweisbare Heilungserfolge gegenüber. **11**

Immerhin gelang im Februar 1997 schottischen Forschern erstmals die *Kopie eines Schafes* („Dolly“) aus einer Körperzelle eines erwachsenen Tieres[6]. Im gleichen Jahr konnten in Japan Mäuse erzeugt werden, die ein komplettes *menschliches Chromosom* in sich trugen[7]. Im Juli 1998 konnte das „Dolly“-Experiment durch das Klonen von zwei Kälbern (Japan) und 50 Mäusen (Hawaii) fortgeführt werden[8]. Nicht zuletzt aufgrund dieser schnellen Fortentwicklung der gentechnischen Möglichkeiten und mit besonderer Schärfe im Bereich der Humangenetik wird die Frage brisant, welche Grenzen die Rechtsordnung für gentechnologische Verfahren setzt. So ernteten US-Forscher im Januar 1998 heftige Kritik dafür, **Menschen klonen** zu wollen. (Aber nur) 19 Mitgliedsländer des Europarates einschließlich Deutschlands verpflichteten sich darauf zu einem Verbot des Klonens von Menschen (Rn. 10/29). **12**

Am weitesten fortgeschritten ist die kommerzielle Anwendung der Gentechnik außer im pharmazeutischen Bereich wohl in den Bereichen Ernährung und Landwirtschaft[9], nämlich in der Pflanzen- sowie Tierzucht und im Pflanzenschutz. Zum Beispiel können Nahrungspflanzen besser an ungünstige Standorte (Salz, Trockenheit usw.) angepaßt und gegen Krankheitserreger, „Schädlings“-Befall und „Unkraut“-Vernichtungsmittel geschützt werden. Damit lassen sich die landwirtschaftliche Produktion weiter rationalisieren und die landwirtschaftlichen Erträge steigern. Ob diese Entwicklung wünschenswert ist, ist höchst umstritten[10]. Auch die Begeisterung der Verbraucher für gentechnisch „verbesserte“ Lebensmittel, etwa die Tomate „*Flavr-Savr*“, hält sich offenbar noch in Grenzen[11] – jedenfalls, solange die Produkte erstens **13**

6 *Glauben*, DRiZ 1997, 306f.; DER SPIEGEL Nr. 10, 1997, S. 216 ff.

7 DER SPIEGEL Nr. 24, 1997, S. 214 f.

8 DER SPIEGEL Nr. 31, 1998, S. 176.

9 *Hammond*, Plant biotechnology: new products and applications, 1999; *Friedrichsen*, Gentechnologie, S. 34 ff.

10 Vgl. am Beispiel der Diskussion zum Anbau von Kulturpflanzen mit gentechnisch erzeugter Herbizidresistenz die Studie des Wissenschaftszentrums Berlin *van den Daele*, Technikfolgenabschätzung als politisches Experiment, 1994.

11 In einer SPIEGEL-Umfrage gaben 1998 84% der Befragten an, einen gentechnisch veränderten Schokoriegel nicht kaufen zu wollen, DER SPIEGEL Nr. 37, 1998, S. 20.

teurer und zweitens entsprechend gekennzeichnet[12] sind. Ähnlich ambivalent ist die Anwendung der Gentechnik in der **Nutztierzucht**, wo Tiere mit bestimmten Eigenschaften schnell und gezielt gezüchtet und gegen verschiedene schädliche Einwirkungen geschützt werden sollen[13]. – Der Marktwert der gentechnologisch hergestellten Produkte wurde für 1985 weltweit auf 4 Mrd. bis 5 Mrd. US Dollar und für das Jahr 2000 auf rd. 150 Mrd. US Dollar jährlich geschätzt[14]. Neueste Prognosen sind freilich wieder bescheidener. – In den ersten 2 1/2 Jahren GenTG in Deutschland sollen rund 850 Anträge eingegangen sein[15].

14 Ein *weiteres Anwendungsfeld* der Gentechnologie ist die Herstellung von Mikroorganismen, die Öl und andere Abfallstoffe abbauen, Minerale reinigen, Metall konzentrieren oder Biomasse konvertieren sollen. Die Gentechnik ist inzwischen auch aus der *Kriminalistik* nicht mehr wegzudenken: Die aufwendigste Gen-Untersuchung der Deutschen Kriminalgeschichte führte die Polizei zum Mörder der 11-jährigen Christina Nytsch im Kreis Cloppenburg.

15 *Genbanken* – also die Sammlung klonierter DNS-Fragmente aus dem Genom eines Organismus – sollen der Verarmung der genetischen Vielfalt der Nutzpflanzenarten entgegenwirken. Der Verlust von Arten – aufgrund der Verdrängung wirtschaftlich weniger interessanter Arten durch natürlich oder gentechnisch durchsetzungsstärkere – ist damit freilich nicht auszugleichen.

3. Risiken und Sicherheitsfragen

16 Die vielschichtigen **ethischen Fragen** der Anwendung der Gentechnik, insbesondere im Bereich der Humanmedizin, können hier nicht ausgeführt werden. Die Fragwürdigkeit des Nutzens mancher durch die Gentechnik in Gang gesetzter oder jedenfalls effektivierter Entwicklungen wurde bereits angesprochen. **Sicherheitsbedenken** gelten den möglichen **unbeabsichtigten** Folgen gentechnischer Experimente und von Freisetzungen genetisch manipulierter Organismen[16].

---

12 Lebensmittel, die gentechnisch veränderten Mais oder Soja enthalten, müssen in der Europäischen Union jetzt klar gekennzeichnet werden, vgl. Art. 8 der sog. Novel Food-Verordnung (258/97) der EG vom 27.1.1997 vor. S.a. VO 1139/98 – Soja-/Mais und VO 50/00 – Zusatzstoffe und Aromen, und dazu *Wahl/Groß*, DVBl. 1998, 2. Damit soll der Verunsicherung der Verbraucher vorgebeugt werden. Nach dem Vorbild der Novel-Food-Verordnung soll künftig auch bei anderen gentechnisch veränderten Produkten eine Kennzeichnung obligatorisch sein.

13 Obwohl in Australien 1994 17 000 Schafe einer 70 000-köpfigen Herde an Fluoressigsäure, einem natürlichen Bestandteil bestimmter Pflanzen, verendet sind, erlaubte das zuständige Gentechnikkommitee nicht den Einsatz einer gentechnischen Manipulation, die vor diesem Gift schützt, um der Gefahr einer Übertragung auf Kaninchen und wilde Ziegen vorzubeugen, New Scientist, 1995, Vol. 1963, S. 5.

14 So *Lukes*, DVBl. 1990, 273 m.w.N. in Fn. 11.

15 Gesetzesbegründung, BT-Drs. 12/5145, S. 10. – Dazu die Übersicht in www.rki.de/gentec/gentec.htm.

16 Vgl. schon *Kolleck/Tappeser/Altner* (Hrsg.), Die ungeklärten Gefahrenpotentiale der Gentechnologie, 1986; *Winnacker*, Am Faden des Lebens, 1993; *Wahl*, in: *Landmann/Rohmer*, Umweltrecht, Bd. III, GenTG, Vorb. Rn. 7 ff. m.w.N.

So können bereits existierende Krankheitserreger umgewandelt und ungefährliche Bakterien in Krankheitserreger verändert werden. Auch die Vernetzung von genetischen Informationen aus Bakterien, Pflanzen und Tieren ist nicht unbedenklich. Immerhin sind während der Evolution zwischen Bakterien, Pflanzen und Tieren natürliche Barrieren entstanden, die allerdings auch in der Natur nicht völlig dicht sind (horizontaler Gentransfer). Aufgrund gentechnischer Manipulationen können neue Arten mit Selektionsvorteilen entstehen, deren Freisetzung zu gravierenden Veränderungen des Ökosystems führen kann. Beispielsweise könnten gentechnisch herbeigeführte Herbizidresistenzen auf andere Pflanzen überspringen[17]. Schließlich ist auch noch ungeklärt, welche allergenen Wirkungen der Einsatz gentechnischer Produkte in Nahrungsmitteln hat[18]. **17**

Unsere Kenntnisse von der Evolution komplizierter Organsysteme und der Wirkungsweise biochemischer Regulationsmechanismen sind heute und wohl noch lange so unzureichend, daß wir uns bei gentechnischen Manipulationen allzu leicht wie der sprichwörtliche Elefant im Porzellanladen bewegen. Die Anwendung der Gentechnik läßt sich also schon heute nicht mehr verharmlosend als „Fortsetzung der Züchtung mit anderen Mitteln“ beschreiben. Zu vielfältig sind jedenfalls die Möglichkeiten eines qualitativen und eines quantitativen Sprungs. **18**

Insbesondere besteht bei *Freisetzungen* eine Gefahr darin, daß die Freisetzung lebensfähiger genetisch veränderter Organismen **irreversibel** („nicht-rückholbar“) ist. Hinzu kommt, daß ein gentechnisch veränderter Organismus zum „Selbstläufer“ werden kann, indem er sich vermehrt. Die Gefahrendiskussion darf sich daher nicht auf die Gefahr von Unfällen während des genetischen Experiments beschränken, sondern sie muß vielmehr die Gefahren für das ökologische Gleichgewicht aufgrund sowohl gewollter als auch ungewollter Freisetzung eines genetisch veränderten Organismus ins Auge fassen. Genau diese Abschätzung ist oftmals aber nur schwer, wenn überhaupt möglich. **19**

In die heute als „Vektoren“ benutzten Phagen (Viren, die Bakterien befallen), werden zwar bereits hohe „Sicherheitsreserven“ eingebaut, indem sie allein nicht infektiös sind und verschiedene Defekte haben. Dennoch ist die Möglichkeit nicht auszuschließen, daß ein „Passagier“ auch ungewollt weitergegeben wird. Auch die Verwendung abgeschwächter Formen beim Einsatz von Viren schließt die Schaffung von Krankheitserregern, sogar kanzerogener Viren, nicht aus. **20**

Der für Experimente besonders häufig benutzte Organismus der *Escherichia coli* (eines Bakteriums, das ursprünglich nur den Verdauungstrakt warmblütiger Säugetiere, unter anderem des Menschen, bewohnte) findet sich heute auch in wechselwarmen Tieren, in vielen Gewässern und auch an Land. Hinsichtlich der Vermehrung und **21**

---

17 Beispiele bestehender Flora- oder Fauna-Verfälschung sind der Milzbrand auf Gwinard Island/Schottland 1940/41, die Kaninchen in Australien, der Riesenbärklau in Streuwiesen, Japanischer Knöterich an Flußufern und die „Killer“-Bienenfreisetzung in Sao Paulo 1956 mit Wanderungen bis in die USA. – Vgl. zum Problem des horizontalen Gentransfers Enquête-Kommission, BT-Drs. 10/6775, S. 224.

18 SRU, Umweltgutachten 2000, Tz. 203.

Verbreitung von E. coli gibt es noch viel Unsicherheit. Es hat sich gezeigt, daß auch Hochsicherheitsbedingungen den Kontakt des Laborpersonals mit den benutzten Organismen nicht ausschließen. Obwohl die Transformation von Bakterien wie E. coli sehr spezielle und in der Natur unwahrscheinliche Bedingungen erfordert, besteht jedenfalls die Möglichkeit, daß genetische Informationen auch an Wildtyp-Organismen, also an natürlich vorkommende Formen (im Gegensatz zu z.B. durch lange Zucht im Labor an andere Umweltbedingungen angepaßten oder mutierten Mikroorganismen) weitergegeben werden. Das Überleben genetisch veränderter Organismen wird dadurch weniger unwahrscheinlich.

22 Trotz aller Vorsichtsmaßnahmen ist das Auftreten eines unerwünschten Organismus in einer Laborkultur nie völlig auszuschließen. Wenn aber ein anderer als der geplante Organismus geklont wird, ist ein Teil der Sicherheitsüberlegungen gegenstandslos.

23 Die Verwendung „unreinen" Startmaterials bei „Schrotschußexperimenten" kann dazu führen, daß gefährliche Gene und evtl. Viren mitgeklont werden. Entsprechende Experimente sind offenbar vom wissenschaftlichen Standpunkt aus sehr interessant. Andererseits kann es gerade dadurch entstehen, daß ein bestimmter Krankheitserreger ein menschliches Gen erwirbt, das ihm die Anheftung an bestimmte Zelltypen oder gezielte Eingriffe in wichtige menschliche Stoffwechselvorgänge ermöglicht. Auf einen solchen zufälligen Erwerb eines menschlichen Gens – freilich auf natürlichem Weg – soll z.B. die Gefährlichkeit des Erregers von Diphtherie zurückzuführen sein. Die Gefährlichkeit der Klonierung menschlicher Gene unter diesem Gesichtspunkt liegt auf der Hand.

24 Schließlich gilt wohl auch heute noch, daß die Erforschung neuer Handlungsmöglichkeiten mehr finanzielle Mittel freisetzt und auch mehr wissenschaftlichen Ruhm einbringt als die Erforschung von Sicherheitsrisiken.

25 Vielen gelten nicht die ungewollten Folgen der Gentechnik, also Unfallfolgen als das eigentliche Problem, sondern vielmehr die **gewollten Folgen**: Die „Züchtung mit anderen Mitteln" erzeugt Tiere und Pflanzen, die es so sonst nicht gäbe. Sie verdrängen damit sonst sich natürlich entwickelnde Arten in ihrer Vielfalt und greifen in ohne Gentechnik jedenfalls andere Bestände und Abläufe ein. Ein Verlust an „Natürlichkeit" und an „natürlicher Vielfalt" ist die (mit-)gewollte (Neben-)Folge.

26 Nur am Rande kann hier auch hingewiesen werden auf die mögliche *militärische* Anwendung der Gentechnik. Zwar ist die Produktion biologischer Waffen, nicht aber auch die Forschung auf diesem Gebiet zur Vorbeugung und zum Selbstschutz verboten.

27 Das Recht der Bio- und Gentechnologie erlangt aber auch unter Gesichtspunkten des *Beschäftigtenschutzes* eine immer größere Bedeutung. Es dient schon jetzt dem Schutz von mehr als 5 Millionen Beschäftigten in Bereichen wie Biotech-Unternehmen, Abfallwirtschaft, Papierindustrie, Lebensmittelindustrie, Textilindustrie, metallverarbeitender Industrie, Bauwirtschaft, Land- und Forstwirtschaft, Human- und Veterinärmedizin sowie Wissenschaft und Forschung.

II. Einführung in das Gentechnikrecht

1. Eingrenzung, Systematische Stellung und Regelungsansatz

a) Abgrenzung zu Humangenetik und Biotechnik

aa) Anders als z.B. im Immissionsschutz- und Wasserrecht ist die Einbeziehung des Gentechnikrechts in das Umweltrecht noch nicht selbstverständlich. Gentechnik hat ganz verschiedene und auf ganz verschiedene Weise auf den Menschen bezogene Einsatzbereiche und schafft entsprechend verschiedene Gefahrenlagen. Die mit der unmittelbaren Anwendung der Gentechnik in der *Humanmedizin* (gentechnische Behandlung menschlicher Gene, Rn. 10/11) verbundenen Probleme bleiben hier aber ausgeklammert. **28**

Das **Klonen von Menschen**[19] ist in Deutschland seit 1990 auf einfachgesetzlicher Ebene durch § 6 ESchG[20] verboten und unter Strafe gestellt. Gleiches gilt für die Bildung und Übertragung von *Chimären* (Wesen, deren Zellen nicht alle von derselben Ausgangszelle [Zygote] abstammen) unter Verwendung menschlicher Embryonen und Interspezies-Hybriden (Lebewesen, die mit Keimzellen von Mensch und Tier erzeugt werden)[21], jeweils soweit die auf diese Weise entstandenen Embryos differenzierungsfähig sind[22], § 7 ESchG. Völker- oder europarechtlich für die Bundesrepublik Deutschland verbindliche Verbote entsprechender Versuche gibt es derzeit noch nicht[23]. **29**

Auf der Ebene des Grundgesetzes sind das Recht auf informationelle Selbstbestimmung in Art. 2 I i.V.m. Art. 1 I GG, der Lebens- und Gesundheitsschutz in Art. 2 II GG und die Würde des Menschen in Art. 1 I GG einschlägig[24]. Im Hinblick auf Art. 1 I GG[25] sind Gentransfers in menschliche Keimzellen bedenklich, da diese vererblich wirken. So stellt nach der überwiegenden Auffassung in der Literatur das Klonen von Menschen und die Erzeugung von Chimären und Hybriden einen Verstoß gegen die Menschenwürde dar[26]. Im einzelnen bedarf in diesem Bereich noch vieles der eingehenderen Klärung[27]. **30**

Das **Umwelt-Gentechnikrecht**, die sog. *grüne Gentechnik*, beschränkt sich auf den Teil der Gentechnik, der sich mit der Anwendung gentechnischer Verfahren an nicht- **31**

---

19 Hierzu *Kienle*, ZRP 1998, 186 ff.

20 Embyonenschutzgesetz vom 13.12.1990, BGBl. I 2746.

21 Vgl. *Keller/Günther/Kaiser*, ESchG, Ktr., 1992, Rn. 7/1.

22 Zum biotechnologischen Begriff der Differenzierung s. *Dellweg/Schmid/Trommer*, Römpff Lexikon Biotechnologie, Stichw. Differenzierung; damit sollen Verfahren erlaubt bleiben, bei denen eine Fortentwicklung des so entstandenen Embryos nicht möglich ist, vgl. *Keller/Günter/Kaiser*, ESchG, Rn. 7/26 f.

23 Dem vom Ministerkomitee des Europarats verabschiedeten Zusatzprotokoll zur Bioethik-Konvention hinsichtlich des Verbots des Klonens von Menschen vom 12.1.1992 kann Deutschland nicht beitreten, da die Bioethik-Konvention nicht ratifiziert wurde; näher hierzu und zu Unternehmungen der EU *Kienle*, ZRP 1998, 186 ff.

24 *Kloepfer*, Umweltrecht, § 16 Rn. 2; *Jarass/Pieroth*, Grundgesetz, 5. Aufl. 2000, Art. 1 Rn. 11.

25 Zum folgenden vgl. *Höfling*, in: *Sachs*, GG, Art. 1 Rn. 21 ff.; *Dreier*, in: *Dreier*, GG, Art. 1 I Rn. 56 ff., jeweils m.w.N.

26 *Höfling* (Fn. 25), Rn. 22; *Kunig*, in: *von Münch*, GG, Art. 1 Rn. 36. Nach dieser Auffassung dürften die Verbote in den §§ 6, 7 ESchG nicht gelockert werden. Großzügiger: *Dreier* (Fn. 27), Rn. 61. Kritisch zur Anwendung von Art. 1 Abs. 1 GG in diesem Bereich überhaupt *Enders*, EuGRZ 1986, S. 241 ff.

27 So z.B. die Grenzziehung zwischen – überwiegend für zulässig gehaltenen – therapeutischen Eingriffen und anderen Veränderungen menschlicher Keimzellen, vgl. *Höfling* (Fn. 25), Rn. 23.

menschlichen Organismen und ihren Auswirkungen auf die Umwelt befaßt[28]. Daß diese Techniken auch den Menschen beeinträchtigen können, ist keine Besonderheit des Umwelt-Gentechnikrechts, sondern schon aus allen anderen Bereichen des Umweltrechts vertraut.

32 bb) Neben das Gentechnikgesetz ist jetzt auch die **Biostoffverordnung** (Rn. 10/53) getreten und ist mit ihm Grundlage des Bio- und Gentechnikrechts. Damit besteht jetzt eine umfassende Regelung dieser Materie. Zwischen beiden Bereichen besteht auch ein enger Zusammenhang, denn biologische Arbeitsstoffe sind Ausgangsstoffe im Bereich der Gentechnik. Soweit es sich um genetisch veränderte Mikroorganismen handelt, gilt das Gentechnikgesetz, insbesondere die Gentechnik-Sicherheitsverordnung. Die Biostoffverordnung geht als speziellere Regelung vor, soweit im Gentechnikrecht keine gleichwertigen oder strengeren Regelungen bestehen.

b) Systematische Stellung

33 **Systematisch** ist das Umwelt-Gentechnikrecht ein Teil des **Gefahrstoffrechts im weiteren Sinne** wie auch des **Gefahrstoffrechts im engeren Sinne**. Auch das Gentechnikrecht ist durch seinen *stoffspezifischen* Gehalt gekennzeichnet, nämlich durch die Ausrichtung seines Regelungszwecks auf die Gefahren, die von gentechnisch behandelten Genen oder Organismen auf die Umwelt ausgehen können (Rn. 10/16 ff.).

c) Regelungsansatz

34 Dennoch knüpft sowohl das europäische als auch das deutsche Gentechnikrecht – bislang – nicht an die konkrete Gefährlichkeit gentechnisch veränderter Organismen (GVO) an, sondern an die Unsicherheit bzw. Gefährlichkeit der Gentechnik insgesamt. Grundlage sind die Annahme eines Basisrisikos[29] entsprechender Arbeiten, wonach es ein spezifisch gentechnisches Risiko gibt, das aus der gentechnischen Arbeitsweise als solcher folgt, und der *Vorsorgegedanke* (Rn. 1/81 ff.). Die zunehmenden Erfahrungen mit gentechnischen Arbeiten führen auch zu einer differenzierteren Einschätzung ihres Gefährdungspotentials: Sicher ist eine Vielzahl gentechnischer Arbeiten risikoarm im Vergleich mit dem, was die chemische Industrie ohne bürokratischen Aufwand täglich veranstaltet. Solange aber breite Einigkeit über die Harmlosigkeit bestimmter gentechnischer Arbeiten immer noch nicht besteht – und dies ist bei einer so grundlegend neuen Verfahrensweise und dem Fehlen langfristiger Erfahrungen natürlich –, ist die gesetzgeberische Vorsicht kaum zu tadeln. Folge dieses Ansatzes ist erstens, daß die Gentechnik einem eigenen Rechtsregime unterworfen wird, statt sie anderen, bereits bestehenden gefahrstoffrechtlichen Regelungen zu unterstellen, und zweitens, daß jegliche gentechnische Arbeiten einem administrativen Kontrollsystem, nicht notwendig einer präventiven Eröffnungskontrolle, bei der einfachsten Sicherheitsstufe vielmehr nur einer Anzeige- bzw. Anmeldepflicht (Rn. 10/116) unterliegen.

---

28 Ausdruck und Erklärung bei *Kloepfer*, Umweltrecht, § 16 Rn. 4

29 *Wahl*, in: *Landmann/Rohmer*, Umweltrecht, Band III, GenTG, Vorb. Rn. 17 ff.

Der sog. horizontale, prozeßbezogene Ansatz (Erfassung *jeglicher* gentechnischer Arbeiten) im Gegensatz zum sog. vertikalen oder produktbezogenen Ansatz (Beschränkung auf gefährliche gentechnisch veränderte Organismen), also *process* statt *product approach*, ist die europarechtliche Vorgabe (Rn. 10/44 ff.), die das deutsche Recht umzusetzen hat[30]. **35**

Die Intensität der Kontrolle knüpft freilich an das jeweils zu bewertende Risikopotential der betroffenen Organismen an und führt zur Einordnung in die vier verschiedenen *Sicherheitsstufen* des § 7 I GenTG (Rn. 10/80). **36**

2. Historische Entwicklung

Auf mögliche Gefahren der Gentechnik wurde seit 1974 von namhaften Wissenschaftlern öffentlich hingewiesen. In der Folge wurden – zunächst in den USA – beim NIH (National Institute of Health) in Washington *Richtlinien* entwickelt, die den Umgang mit neukombinierter DNS regeln. Nach dem Vorbild dieser Richtlinien entstanden entsprechende Regelungen auch in anderen Ländern. Die von der OECD entwikkelten Sicherheitskriterien wurden von verschiedenen einzelnen Ländern und von der EG übernommen. Auf der entsprechenden *Richtlinie der EG* (dazu sogleich) basiert auch das deutsche Gentechnikgesetz. **37**

Eine ausführlichere Regelung des Umgangs mit der Gentechnik enthielten schon die *„Richtlinien zum Schutz vor Gefahren durch in vitro neukombinierte Nucleinsäuren"* des Bundesministeriums für Forschung und Technologie in ihrer 1. Fassung vom 15.2.1978. Diese Richtlinien waren aber eine bloße Verwaltungsvorschrift, galten also nur verwaltungsintern, banden allerdings über Förderungsbestimmungen auch unmittelbar oder mittelbar vom Bund geförderte Forschungs- und Entwicklungsarbeiten. Seither wurden auch *Referentenentwürfe* für ein Gentechnologiegesetz entwickelt[31]. **38**

Seit 1987 gibt es eine Regelung über das „bei der Bio- und Gentechnik anfallende gefährliche biologische Material", nämlich in § 15 I Nr. 1 *GefStoffV* (Rn. 10/53). Eine weitere Gentechnikrecht-Normierung fand sich auch schon in Nr. 4.11 des Anhangs der 4. BImSchV (Rn. 6/122 ff.), wonach gentechnologische Anlagen – außer reinen Forschungsanlagen – genehmigungsbedürftige Anlagen i.S.d. § 4 BImSchG waren. Auch in der *Abwasserherkunftsverordnung* gab es eine einschlägige Bestimmung: „Herstellung und Verwendung von Mikroorganismen und Viren mit in-vitro neukombinierter Nucleinsäure" (§ 1 Nr. 10h, jetzt geändert in: „... Viren und andere biotechnische Verfahren"). **39**

30 Zu diesen Ansätzen *Wahl/Melchinger*, JZ 1994, 973 (974 ff.) m.w.N.

31 Der erste Referentenentwurf ist abgedruckt bei *Lukes/Scholz* (Hrsg.), Rechtsfragen der Gentechnologie, 1986, Anhang II, S. 150 ff.

40 Im Auftrag der Bundesregierung erarbeitete die *Enquête-Kommission* „Chancen und Risiken der Gentechnologie" ab etwa Mitte 1984 die Grundlagen für eine umfassende gesetzliche Regelung[32].

41 Der weithin – und u.E. zu Recht – kritisierte[33] Beschluß des VGH Kassel[34], nach dem gentechnische Anlagen nur aufgrund eines die Nutzung der Gentechnik ausdrücklich zulassenden Gesetzes errichtet und betrieben werden durften und das BImSchG und andere Fachgesetze dafür nicht ausreichten, markierte dann den Schlußpunkt unter die „vorgesetzliche" Entwicklung der Gentechnik der Bundesrepublik Deutschland.

42 Das von der Öffentlichkeit letztlich nur wenig beachtete, politisch aber doch sehr umstrittene[35] **Gentechnikgesetz**[36] trat schließlich am 1.7.1990 in Kraft (BGBl. I 1080).

43 Nach vielfältiger Kritik von Gegnern und Befürwortern der Gentechnik, insbesondere aber unter dem Schlagwort der „Standortgefährdung"[37], wurde das GenTG schließlich 1993 novelliert[38]. Die staatliche Kontrolle wurde gelockert, Fristen wurden verkürzt und Verfahren vereinfacht.

3. Gesetzgebungskompetenz und Rechtsquellen

a) Europarecht

44 Wie schon im Chemikalienrecht ist auch im Bereich des Gentechnikrechts auf die *Vorreiter-Rolle* der EG für die nationalen Rechtsordnungen hinzuweisen[39]: Eine arbeitsschutzrechtliche Richtlinie „über den Schutz der Arbeitnehmer gegen Gefährdung durch biologische Arbeitsstoffe bei der Arbeit" wurde von der Kommission nur als Entwurf vorgelegt, vom Rat aber nicht beschlossen.

32 Die Enquête-Kommission wurde am 29.6.1984 von der Bundesregierung eingesetzt; *Enquête-Kommission*, „Chancen und Risiken der Gentechnologie", BT-Drs. 10/6775, Abschlußbericht; s. dazu *Benda*, NJW 1985, 1730 ff.; *Deutsch*, Zur Arbeit der Enquête-Kommission „Chancen und Risiken der Gentechnologie", in: *Lukes/Scholz* (Hrsg.) (Fn. 31), S. 76 ff.

33 *Sendler*, NVwZ 1990, 231 ff.; *Rose*, DVBl. 1990, 279 ff.; *Gersdorff*, DÖV 1990, 514 ff.; *Breuer* (Fn. 3), S. 47 f. m.w.N.

34 B. v. 6.11.1989, NJW 1990, 336 ff.

35 Vgl. zum Entwurf *Lukes*, DVBl. 1990, 273 ff. m.w.N; unter den zahlreichen kritischen Stellungnahmen vgl. *Riedel/Führ/Tappeser*, KJ 1989, 349 ff.

36 Gesetzentwurf der Bundesregierung, BT-Drs. 11/5622 vom 9.11.1989.

37 Zur Diskussion *Graf Vitzthum/Geddert-Steinacher*, Standortgefährdung. Zur Gentechnik-Regelung in Deutschland, 1994, S. 937 f. m.w.N.

38 Änderungsgesetz vom 16.12.1993, BGBl. I, 2051; dazu *Wahl/Melchinger*, JZ 1994, 973 ff.; *Simon/Weyer*, NJW 1994, 765 ff.; krit. zum Novellierungsbedarf *Drescher*, ZUR 1994, 289 (292 f.), zum Inhalt S. 294 ff. – Vgl. zum Ergebnis der Anhörung der Bundestagsausschüsse für Forschung, Technologie und Technikfolgenabschätzung sowie für Gesundheit im Februar 1992 BT-Drs. 12/3658; vgl. ferner die Begründung des Gesetzentwurfs BT-Drs. 12/5145 sowie die Stellungnahme des Bundesrates, BT-Drs. 12/5614, Anlage 2.

39 Hierzu und zum folgenden *Jarass*, NuR 1991, 49 ff. *Rehbinder*, ZUR 1999, 6 ff.; *Schweizer/Calame*, RIW 1997, 30 ff.; *Schenck*, Das Gentechnikrecht der EG: Gemeinschaftliche Biotechnologiepolitik und Gentechnikregulierung, 1995; *v. Kameke*, Gemeinschaftsrechtliches Gentechnikrecht: Die Freisetzungsrichtlinie 90/220/EWG, 1995.

- Die Richtlinie „über die Verwendung von gentechnisch veränderten Mikroorganismen in abgeschlossenen Systemen" (**Systemrichtlinie**)[40] – aufgrund Art. 175 130s EGV – statuiert bereits eine Pflicht zur Anmeldung gentechnischer Arbeiten.
- Sie wird ergänzt durch die Richtlinie „über die absichtliche Freisetzung genetisch veränderter Organismen in die Umwelt" (**Freisetzungsrichtlinie**)[41] – aufgrund Art. 95 EG (100a EGV) (vgl. Rn. 10/44).

- Für den Bereich des Inverkehrbringens von gentechnisch veränderten **Lebensmitteln und Lebensmittelzutaten** ist die Verordnung des Europäischen Parlaments und des Rates vom 27.1.1997 „über neuartige Lebensmittel und neuartige Lebensmittelzutaten" (sog. **Novel Food-Verordnung**) erlassen worden, ebenfalls aufgrund Art. 95 EG (100a EGV)[42]. 45

Die Verordnung trat am 15. Mai 1997 – nach einer langen Entstehungsgeschichte[43] – in Kraft. Sie regelt das Inverkehrbringen und die Etikettierung neuartiger Lebensmittel und neuartiger Lebensmittelzutaten. Damit werden einerseits für das Inverkehrbringen einheitliche Bewertungsmaßstäbe für die gesundheitliche Unbedenklichkeit der Erzeugnisse angewandt, andererseits ein umfassender vorbeugender Verbraucherschutz gewährleistet. Der Anwendungsbereich der Novel Food-VO umfaßt nach Art. 1 II NFVO u.a. solche neuartigen Lebensmittel und neuartigen Lebensmittelzutaten, die genetisch veränderte Organismen enthalten, aus solchen bestehen oder aus solchen hergestellt wurden, und solche, bei deren Herstellung ein nicht übliches Verfahren angewandt worden ist und bei denen als Folge eine bedeutende Veränderung der Zusammensetzung oder der Struktur mit Auswirkungen auf Nährwert, Stoffwechsel oder die Menge unerwünschter Stoffe auftritt. Als Verordnung geht sie unmittelbar ohne Änderungen in das nationale Recht der EU-Mitgliedsstaaten über. Einzelstaatliche Regelungen für das Inverkehrbringen von gentechnisch modifizierten Lebensmitteln dürfen nicht mehr angewandt werden[44].

- Am 3. September 1998 trat die EG-Verordnung Nr. 1139/98[45] der Kommission in Kraft, wonach Lebensmittel und Lebensmittelzutaten, die aus gentechnisch veränderter **Soja** mit Herbizidtoleranz oder gentechnisch verändertem **Mais** mit Insektizidtoleranz hergestellt wurden, zu kennzeichnen sind, wenn sie sich von konventionellen Soja- und Maisprodukten unterscheiden. Das Inverkehrbringen der aus gentechnisch veränderter Soja und gentechnisch verändertem Mais hergestellten Lebensmittel war bereits Ende 1996 von der Europäischen Kommission genehmigt worden. Eine Kennzeichnungspflicht bestand zu diesem Zeitpunkt aber noch nicht, weil erst seit dem Inkrafttreten der *Novel Food*-Verordnung am 15. Mai 1997 eine Kennzeichnung neuartiger Produkte vorgeschrieben ist. Aufgrund fehlender Durchführungsbestimmungen ist jedoch zunächst noch keine Kennzeichnung er- 46

40 Vom 23.4.1990, 90/219/EWG, ABl. Nr. L 117/1 vom 8.5.1990, zuletzt geändert durch die Richtlinie 98/81/EG des Rates vom 26.10.1998, ABl. Nr. L 330/13.

41 Vom 23.4.1990, 90/220/EWG, ABl. Nr. L 117/15 vom 8.5.1990, zuletzt geändert durch die Richtlinie 97/35/EG vom 8.6.1994, ABl. L 169/72; dazu *von Kameke*, Gemeinschaftliches Gentechnikrecht – Die Freisetzungsrichtlinie 90/220/EWG, 1995.

42 EG-Verordnung Nr. 258/97, ABl. Nr. L 43/1 vom 14.2.1997, abgedruckt in: EuZW 97, 499 ff. Hierzu *Streinz*, EuZW 1997, 487 ff.; *Wahl/Groß*, DVBl. 1998, 2 ff.; *dies.*, ZUR 1999, 16 ff.; *Rehbinder*, ZUR 1999, 6 ff.; *Berg*, ZLR 1998, 375 ff.; zu Fragen der Verwaltungskompetenzen und des Rechtsschutzes *Gärditz*, ZUR 1998, 169 ff.

43 S. *Streinz*, EuZW 1997, 487 ff.

44 Instruktiv www.dainet.de/bfe/deutsch/janybericht/bfe8a.htm.

45 ABl. L 159/4 vom 3.6.1998, zuletzt geändert durch die EG-Verordnung 49/2000 der Kommission vom 10.1.2000, ABl. L 6/13 vom 11.1.2000.

folgt. In der EG-Verordnung Nr. 1139/98 sind jetzt die Kriterien für die Kennzeichnung der bereits zugelassenen Produkte aus transgener Soja und Mais festgelegt. Lebensmittel, die solche Produkte enthalten, müssen mit dem Hinweis „aus genetisch veränderten Sojabohnen" bzw. „genetisch verändertem Mais hergestellt" gekennzeichnet werden, wenn sie entweder neue Proteine oder gentechnisch verändertes Erbmaterial (DNS) enthalten. Die Überwachung der Kennzeichnungsvorschriften liegt in der Verantwortung der zuständigen Landesbehörden.

47 Mittlerweile wurden weitere aus gentechnisch veränderten Pflanzen hergestellte Lebensmittel bei der Europäischen Union angemeldet und sind damit in allen EG-Mitgliedsstaaten verkehrsfähig. Dazu gehören u.a. Produkte aus weiteren gentechnisch veränderten Maissorten sowie aus verschiedenen Rapssorten gewonnenes Speiseöl[46].

48 • Die *Etikettierung* von Lebensmitteln und Lebensmittelzutaten, die genetisch veränderte oder aus genetisch veränderten Organismen hergestellte **Zusatzstoffe und Aromen** enthalten, sieht nunmehr die EG-Verordnung Nr. 50/2000[47] der Kommission vor, da insoweit weder die Novel Food-Verordnung noch die Soja-Mais-Verordnung Nr. 1139/98 anwendbar war.

49 • Hinzuweisen ist schließlich auch auf das europäische **Pflanzenschutzrecht** und die Richtlinie des Rates über das Inverkehrbringen von **Pflanzenschutzmitteln** 91/414/EWG vom 15.7.1991[48].

50 • Die **Patentierung** von Genen wird nunmehr durch die Richtlinie des Europäischen Parlamentes und des Rates über den rechtlichen Schutz biotechnologischer Erfindungen 98/44/EG vom 6.7.1998[49] geregelt.

b) Bundesrecht

51 Die **Gesetzgebungskompetenz** des Bundes für das Gentechnikrecht ergibt sich seit 1994 aus Art. 74 I Nr. 26 GG, und zwar in Form der konkurrierenden Gesetzgebung[50].

52 Die erste bundesgesetzliche Regelung überhaupt erfolgte durch das **Gesetz zur Regelung von Fragen der Gentechnik** (Gentechnikgesetz – GenTG) vom 20.6.1990 (BGBl. I 1080), geändert und neu bekannt gemacht durch Gesetz vom 16.12.1993 (BGBl. I 2066) und vom 24.6.1994 (BGBl. I 1416), zuletzt geändert durch Gesetz vom 21.9.1997 (BGBl. I 2390). Wie das ChemG überläßt auch dieses Gesetz viele Regelungen, die es erst anwendbar machen, auf seiner Grundlage zu erlassenden Rechtsverordnungen[51]. Sein § 30 enthält dazu eine Reihe von Ermächtigungen.

46 Vgl. dazu auch *Kniesel/Müllensiefen*, NJW 1999, 2564 (2566); der SRU mahnt auch hier die Festlegung von *Bagatellgrenzen* an, SRU, Umweltgutachten 2000, Tz. 202.

47 Vom 10.1.2000, ABl. L 6/15 vom 11.1.2000.

48 ABl. Nr. L 230/1, ber. ABl. vom 25.6.1992, Nr. L 170/40.

49 ABl. Nr. L 213/13 vom 30.7.1998; dazu *Kienle*, EWS 1998, 156 ff.; *Luttermann*, RIW/AWD 1998, 916 ff.; eingehend *Straus*, Genpatente: rechtliche, ethische, wissenschafts- und entwicklungspolitische Fragen, 1997.

50 Vgl. *Jarass/Pieroth*, GG, Art. 74 Rn. 60; *Degenhart*, in: *Sachs*, GG, Art. 74 Rn. 97. Nach a.A. soll Art. 74 I Nr. 26 GG nur eine Gesetzgebungskompetenz für Humangentechnik beinhalten (*Kloepfer*, Umweltrecht, § 16 Rn. 12; dagegen sprechen aber Wortlaut und Entstehungsgeschichte (vgl. BT-Dr. 12/6000, S. 35).

51 Dazu *Kraatz*, Parlamentsvorbehalt im Gentechnikrecht, Diss. 1995.

Die wichtigsten bisher ergangenen **Verordnungen** sind die **53**

- Verordnung über die Sicherheitsstufen und Sicherheitsmaßnahmen bei gentechnischen Arbeiten in gentechnischen Anlagen (**Gentechnik-Sicherheitsverordnung** – GenTSV) vom 24.10.1990 (BGBl. I 2340), i.d.F. vom 14.3.1995 (BGBl. I 297),
- Verordnung über Antrags- und Anmeldeunterlagen und über Genehmigungs- und Anmeldeverfahren nach dem Gentechnikgesetz (**Gentechnik-Verfahrensverordnung** – GenTVfV) vom 24.10.1990 (BGBl. I 2378), i.d.F. vom 4.11.1996 (BGBl. I 1657), zuletzt geändert durch Verordnung vom 10.12.1997 (BGBl. I 2884),
- Verordnung über Anhörungsverfahren nach dem Gentechnikgesetz (**Gentechnik-Anhörungsverordnung** – GenTAnhV) vom 24.10.1990 (BGBl. I 2375), i.d.F. vom 4.11.96 (BGBl. I 1649),
- Verordnung über Aufzeichnungen bei gentechnischen Arbeiten zu Forschungszwecken oder zu gewerblichen Zwecken (**Gentechnik-Aufzeichnungsverordnung** – GenTAufzV) vom 24.10.1990 (BGBl. I 2338)[52], i.d.F. vom 4.11.1996 (BGBl. I 1644),
- Verordnung über die zentrale Kommission für die biologische Sicherheit (**ZKBS-Verordnung** – ZKBSV) vom 30.10.1990 (BGBl. I 2418), i.d.F. vom 5.8.1996 (BGBl. I 1232),
- Verordnung über die Beteiligung des Rates, der Kommission und der Behörden der Mitgliedstaaten der Europäischen Union und der Vertragsstaaten des Abkommens über den Europäischen Wirtschaftsraum im Verfahren zur Genehmigung von Freisetzungen und Inverkehrbringen sowie im Verfahren bei nachträglichen Maßnahmen nach dem Gentechnikgesetz (**Gentechnik-Beteiligungsverordnung** – GenTBetV) vom 17.5.1995 (BGBl. I 734),
- Verordnung über die Erstellung von außerbetrieblichen Notfallplänen und über Informations-, Melde- und Unterrichtungspflichten (**Gentechnik-Notfallverordnung** – GenTNOtfV) vom 10.12.1997 (BGBl. I 2882) und die
- Verordnung über Sicherheit und Gesundheitsschutz bei Tätigkeiten mit biologischen Arbeitsstoffen (**Biostoffverordnung** – BioStoffV) vom 27.1.1999 (BGBl. I 50)[53], zur Umsetzung von EG-Richtlinien über den Schutz der Beschäftigten gegen Gefährdung durch biologische Arbeitsstoffe bei der Arbeit mit speziellen Anforderungen zum Schutz der Beschäftigten vor Gefahren bei Tätigkeiten mit Mikroorganismen, Zellkulturen und humanpathogenen Endoparasiten, die beim Menschen Infektionen, sensibilisierende oder toxische Wirkungen hervorrufen können[54].

52 Dazu *Fluck*, DÖV 1991, 129 ff.

53 Ganzer Text: www.sidi.de/info-rom/arbeitss/arb_vo/biostoffv.htm.

54 Dazu *Nöthlichs*, Kommentar zur Biostoffverordnung und zum Gentechnikgesetz, 1999.

4. Überblick über das Gentechnikrecht

54 Das Gentechnikgesetz enthält vor allem eine Reihe von Handlungs- und Verhaltenspflichten mit gentechnischen Arbeiten befaßter Menschen sowie Genehmigungs- und Anmeldepflichten.

55 *Gegenstand* des Gesetzes sind sowohl gentechnische Arbeiten in geschlossenen gentechnischen Anlagen (§§ 7 ff.) als auch die Freisetzung und das Inverkehrbringen gentechnisch veränderter Organismen (GVO) in jeder Form (§§ 14 ff.). Diese Unterscheidung entspricht auch den europarechtlichen Vorgaben in der *Systemrichtlinie* einerseits, der *Freisetzungsrichtlinie* andererseits. Nur sehr eingeschränkt umfaßt dagegen das Gentechnikgesetz die Anwendung der Gentechnik im Bereich der Humanmedizin (Rn. 10/9 ff.). Als *geschützte Rechtsgüter* nennt das Gesetz Leben und Gesundheit von Menschen, Tiere, Pflanzen und die sonstige Umwelt sowie Sachgüter. Als *Maßnahmen* enthält das Gentechnikgesetz die Verpflichtung des Betreibers gentechnischer Anlagen zu eigenverantwortlicher Gefahrenabwehr und Risikovorsorge und staatliche Kontrollmaßnahmen vor der Inbetriebnahme gentechnischer Anlagen und vor der Aufnahme gentechnischer Arbeiten sowie eine nachgehende Überwachung. Die *Freisetzung* von gentechnisch veränderten Organismen und ihr Inverkehrbringen muß vorher genehmigt sein. Daneben sollen *Verbote und Beschränkungen* besonderen arbeits- und giftrechtlichen Bedenken Rechnung tragen. Schließlich sieht das GenTG *Haftungsregelungen* und Vorschriften über eine obligatorische Dekkungsvorsorge und generalpräventive Straf- und Bußgeldvorschriften vor.

56 Hinsichtlich Arbeiten im geschlossenen System („in gentechnischen Anlagen") übernimmt das Gesetz die Konzeption der Richtlinien (Rn. 10/44) mit einem *abgestuften System von Sicherheitsmaßnahmen* (Rn. 10/80 ff.).

5. Bedeutung des Gentechnikgesetzes

57 Die möglichen weitreichenden Gefahren aufgrund gentechnischer Arbeiten machten eine umfassende *gesetzliche Regelung* längst überfällig. Spätestens der Beschluß des VGH Kassel[55] markierte aber auch für Forschung und Industrie einen Endpunkt der vor- oder außergesetzlichen Entwicklung und machte die rasche Verabschiedung *rechtlicher Grundlagen* für weitere Arbeiten in diesem Bereich jedenfalls im Geltungsbereich des Gentechnikgesetzes zur Überlebens- oder jedenfalls zur Auswanderungsfrage auf diesem Gebiet. Die Notwendigkeit eines Gentechnikgesetzes ergab sich also nicht nur aus den grundrechtlichen *Schutzpflichten* des Staats und aus der *Wesentlichkeitstheorie*, sondern auch aus der notwendigen *Planungssicherheit* der betroffenen Forschungseinrichtungen und Unternehmen[56]. Diesen Gesichtspunkten ist durch das GenTG jedenfalls Rechnung getragen – wenn nicht zu aller Zufriedenheit, muß das bei den beidseits hohen Erwartungen nicht verwundern.

---

55 NJW 1990, 336 ff. m. abl. Anm. *Sendler*, NVwZ 1990, 231 ff.

56 Dazu *Lerche*, Verfassungsrechtliche Aspekte der Gentechnologie, in: *Lukes/Scholz* (Hrsg.) (Fn. 31), S. 88 ff.

Die Gelegenheit zur Verbesserung des Gesetzes wurde vielfach nicht genutzt, insbesondere zur gewiß beschleunigend wirkenden Klarstellung wichtiger Begriffe, z.B. des Anlagen-, des Gefahren- und des – außer in § 40 I Nr. 1 ArzneimittelG – erstmals im Umwelt- und Technikgesetz ausdrücklich eingeführten Risikobegriffs[57]. **58**

Die **Kritik** am geltenden Gentechnikrecht ist nach der Novelle 1993 nicht verstummt[58] und betraf insbesondere aber seinen Vollzug[59]. Dem GenTG und seinen Anwendern ist aber zugute zu halten, daß mit der neuen Materie erst einmal Erfahrungen gesammelt werden mußten. Da bei der Novelle auch die EG-rechtlichen Vorgaben (Rn. 10/44) zu beachten waren, schied ein Systemwandel aus. **59**

Vor einem noch weitergehenden Rückzug von Gesetzgeber und Verwaltung ist zu warnen. Wer unter Berufung auf Standortgefährdung und Verfahrensbeschleunigung den – hier: industrie- und forschungspolitischen – „Befreiungsschlag" fordert, tut weder der Gentechnik noch dem Umwelt- und Technikrecht insgesamt ein gutes Werk[60]. Was weiterhin gefordert ist, sind begriffliche und systematische Klärung und in beidem eine möglichst weitgehende Ankoppelung des Gentechnikrechts an sonst bestehendes Umwelt- und Technikrecht. **60**

III. Gesetzeszweck, Anwendungsbereich, Begriffe und Instrumente

1. Zweck des Gentechnikgesetzes

Das Gentechnikgesetz enthält – wie alle modernen Umweltgesetze – in seinem § 1 eine auslegungs- und ermessensleitende Bestimmung seines **Zwecks**, nämlich **61**

- Leben und Gesundheit von Menschen, Tiere, Pflanzen sowie die sonstige Umwelt in ihrem Wirkungsgefüge und Sachgüter vor möglichen Gefahren gentechnischer Verfahren und Produkte zu schützen und dem Entstehen solcher Gefahren vorzubeugen (Nr. 1) und
- den rechtlichen Rahmen für die Erforschung, Entwicklung, Nutzung und Förderung der wissenschaftlichen, technischen und wirtschaftlichen Möglichkeiten der Gentechnik zu schaffen (Nr. 2).

Mit § 1 Nr. 2 GenTG ist nach einer verbreiteten Auffassung die Förderung wenigstens mittelbar zum Gesetzeszweck erklärt, weil es sonst der Aufnahme von „Förderung" in den Katalog nicht bedurft hätte (zum Förderungszweck im Atomrecht, § 1 Nr. 1 AtomG, vgl. Rn. 9/83). Die Schaffung eines rechtlichen Rahmens für die Förderung einer Technik könne nur als Anerkennung ihrer Förderungswürdigkeit verstanden werden. Richtigerweise wird man hierin aber keinen *Förderungsauftrag*, sondern nur eine *Förderungsermächtigung* zu sehen haben, und zwar *nicht an die Verwaltung*, sondern nur an den *Haushaltsgesetzgeber*. Im übrigen er- **62**

57 Hierzu *Appel*, NuR 1996, 227 ff.; *Breuer*, NuR 1994, 157 ff.; zur Abgrenzung Gefahr/Risiko s.a. *E. Rehbinder*, Das Vorsorgeprinzip im internationalen Vergleich, 1991. S.a. *Scherzberg*, VerwArch. 84 (1993), 484 (498).

58 S. aber *Wahl/Melchinger*, JZ 1994, 973 ff. m.w.N.: insgesamt ausgewogen und sinnvolle partielle Deregulierung ohne Abstriche am materiellen Schutzniveau.

59 So auch *Graf Vitzthum/Geddert-Steinacher*, Standortgefährdung, 1992, S. 150.

60 Zutreffend zur Gegenkritik *Wahl/Melchinger*, JZ 1994, 973 (979) m.w.N.

gibt sich schon aus Art. 1 und 6 der Systemrichtlinie (Rn. 10/44), daß dem *Schutzzweck* (§ 1 Nr. 1 GenTG) *Vorrang* vor dem Förderungszweck (§ 1 Nr. 2 GenTG) zukommt[61]. Die „wirtschaftlichen Möglichkeiten" kamen erst durch die Novelle 1993 in das Gesetz; die Änderung ist wohl eher politischer als rechtlicher Natur.

2. Anwendungsbereich

63 Mit dem GenTG hat der Gesetzgeber lückenlos jeglichen Umgang mit GVO in Anlagen und durch Tätigkeiten erfaßt.

64 Der Anwendungsbereich des GenTG umfaßt nach § 2 I

- gentechnische Anlagen (Nr. 1),
- gentechnische Arbeiten (Nr. 2),
- die Freisetzungen von gentechnisch veränderten Organismen (Nr. 3) und
- das Inverkehrbringen von Produkten, die gentechnisch veränderte Organismen enthalten oder aus solchen bestehen (Nr. 4)[62].

65 Hinsichtlich des Inverkehrbringens ist besonders auf die *Konkurrenzklausel* in § 2 Nr. 4 Hs. 2 zu verweisen, wonach gesetzliche Vorschriften, die besondere Voraussetzungen für das Inverkehrbringen bestimmter Produkte aufstellen, Vorrang vor dem GenTG erhalten; Vorrang hat demnach das Pflanzenschutzgesetz, zweifelhaft ist dies für das Arzneimittelgesetz, und abzulehnen ist es für das Lebensmittel- und Bedarfsgegenständegesetz, das Tierseuchengesetz, das Futtermittelgesetz und das Saatgutverkehrsgesetz[63].

66 Der (Forschungs-)Versand unterfällt aufgrund der Neudefinition des Begriffs des Inverkehrbringens (§ 3 Nr. 8 GenTG, Rn. 10/70) jetzt nicht mehr dem GenTG.

67 Hinsichtlich der Anwendung von gentechnisch veränderten Organismen am *Menschen* stellt § 2 II GenTG klar, daß das GenTG dafür nicht gilt[64].

68 Dies betrifft beispielsweise die Bereiche der Prävention (z.B. Biovaccine), der Diagnostik (z.B. Marker-Experimente) und der Therapie (z.B. somatische Gentherapie). Diese Ausgrenzung gilt aber nicht auch für die in-vitro-Teilschritte der genannten Verfahren, die der Anwendung am Menschen vorausgehen oder folgen können[65]. Wenn also im Labor gentechnische Arbeiten durchgeführt werden, die der Vorbereitung einer somatischen Gentherapie am Menschen dienen, unterfallen diese unabhängig von ihrer Ausrichtung dem GenTG. Anderes gilt für die Anwendung der dabei etwa gewonnenen GVO am Menschen, die das GenTG nicht erfaßt, also auch keiner Genehmigungspflicht unterwirft.

69 Abweichend von der EG-Systemrichtlinie begnügte sich der Gesetzgeber für die außerbetriebliche Beförderung mit der bloßen Verordnungsermächtigung des § 30 II

61 So zutr. *Führ*, DVBl. 1991, 559 (563).
62 Für gentechnisch veränderte Lebensmittel und Lebensmittelzutaten geht aber die Novel Food-VO der EG (Rn. 10/45) vor.
63 *Hirsch/Schmidt-Didczuhn*, GenTG, § 2 Rn. 11 ff. m.w.N.; s.a. *Ott*, NuR 1992, 459 ff.
64 Dazu *Simon/Weyer*, NJW 1994, 759 (765).
65 Gesetzesbegründung, BT-Drs. 12/5145, S. 11.

Nr. 13 GenTG, weil er über die umfangreichen Gefahrgutvorschriften (Rn. 11/20) hinaus kein Regelungsbedürfnis sah[66]. Kritisiert wurde, daß der außerbetriebliche Transport von GVO aus dem Anwendungsbereich des Gesetzes ausgeklammert bleibt. Dies widerspricht wohl auch der EG-System-Richtlinie (Rn. 10/44). Das Problem des außerbetrieblichen Transports von GVO ist damit nicht befriedigend gelöst.

3. Begriffsbestimmungen

Die wesentlichen Begriffsbestimmungen des Gentechnikrechts – und damit auch die inhaltliche Bestimmung seines Anwendungsbereichs – enthält § 3. Danach ist **70**

- „*Organismus*" jede biologische Einheit, die fähig ist, sich zu vermehren oder genetisches Material zu übertragen (Nr. 1), sind
- „*gentechnische Arbeiten*" die Erzeugung gentechnisch veränderter Organismen und die Verwendung, Vermehrung, Lagerung, Zerstörung oder Entsorgung sowie der innerbetriebliche Transport gentechnisch veränderter Organismen, soweit noch keine Genehmigung für die Freisetzung oder das Inverkehrbringen zum Zweck des späteren Ausbringens in die Umwelt erteilt wurde (Nr. 2), ist
- „*gentechnisch veränderter Organismus*" ein Organismus, dessen genetisches Material in einer Weise verändert worden ist, wie sie unter natürlichen Bedingungen durch Kreuzen oder natürliche Rekombination nicht vorkommt. Solche Veränderungen sind insbesondere DNS-Rekombinationstechniken, bei denen Vektorsysteme eingesetzt werden, Verfahren, bei denen in einen Organismus direkt Erbgut eingeführt wird, welches außerhalb des Organismus zubereitet wurde, Zellfusionen oder Hybridisierungsverfahren, bei denen lebende Zellen mit einer neuen Kombination von genetischem Material anhand von Methoden gebildet werden, die unter natürlichen Bedingungen nicht auftreten; ausdrücklich nicht als solche Verfahren gelten verschiedene gentechnische Arbeiten, es sei denn, es werden gentechnisch veränderte Organismen als Spender oder Empfänger verwendet (Nr. 3);
- eine „*gentechnische Anlage*" eine Einrichtung, in der gentechnische Arbeiten i.S.d. Nr. 2 im geschlossenen System durchgeführt werden und für die physikalische Schranken und ggf. weitere Schranken verwendet werden, um den Kontakt der verwendeten Organismen mit Menschen und der Umwelt zu begrenzen (Nr. 4);
- eine „*gentechnische Arbeit zu Forschungszwecken*" eine Arbeit für Lehr-, Forschungs- oder Entwicklungszwecke oder eine Arbeit für nicht industrielle bzw. nicht kommerzielle Zwecke in kleinem Maßstab (Nr. 5); hierbei besteht das Auslegungsproblem, ob sich die Einschränkung „in kleinem Maßstab" auf den ganzen Satz oder nur auf den letzten Satzteil bezieht, ob also Arbeiten in kleinem Maßstab nur für sog. nicht industrielle bzw. nicht kommerzielle Zwecke gilt oder allgemein die Forschung bestimmt[67];

66 Krit. dazu *Breuer* (Fn. 3), S. 37 (55 f.).

67 Nach überwiegender Auffassung soll die Forschung insgesamt privilegiert werden und das Merkmal „kleiner Maßstab" nur für die zweite Alternative gelten; vgl. die Nachweise bei *Wahl/Melchinger*, JZ

- eine *„gentechnische Arbeit zu gewerblichen Zwecken"* jede andere Arbeit als die zuvor beschriebene (Nr. 6);
- eine *„Freisetzung"* das gezielte Ausbringen von gentechnisch veränderten Organismen in die Umwelt, soweit noch keine Genehmigung für das Inverkehrbringen zum Zweck des späteren Ausbringens in die Umwelt erteilt wurde (Nr. 7);
- *„Inverkehrbringen"* die Abgabe von Produkten, die gentechnisch veränderte Organismen enthalten oder aus solchen bestehen, an Dritte und das Verbringen in den Geltungsbereich des Gesetzes, soweit die Produkte nicht zu gentechnischen Arbeiten in gentechnischen Anlagen bestimmt oder Gegenstand einer genehmigten Freisetzung sind. Ausnahmen gelten für Transitverkehr und das Verbringen zur klinischen Prüfung (Nr. 8). Inverkehrbringen ist also die Abgabe im freien Warenverkehr an einen unbestimmten Personenkreis.

71 Durch Nr. 8 ist der internationale und der nationale Austausch gentechnisch veränderter Organismen klarer geregelt, insbesondere fallen jetzt unter den Begriff des Inverkehrbringens nicht mehr der nationale und internationale Austausch gentechnisch veränderter Organismen zum Zweck der Forschung (*Forschungsversand*), der Austausch innerhalb eines Konzerns zur Weiterverarbeitung oder Produktion, die Abgabe nach patentrechtlichen Vorschriften an Dritte, die Abgabe zum Zweck der unmittelbaren genehmigten Freisetzung und die Abgabe von Arzneimitteln im Rahmen der klinischen Prüfung[68]. Anders als bis 1993 können daher jetzt auch die inländische Abgabe und der Import gentechnisch veränderter Organismen zur Durchführung gentechnischer Arbeiten zu gewerblichen Zwecken genehmigungsfrei sein. Damit wird auch der nationale und der internationale *Austausch* von GVO zwischen *Forschungseinrichtungen* erleichtert.

72 Nach jahrelangem Tauziehen hat sich am 30.1.2000 auch die Internationale Konferenz über die Sicherheit von Gentechnik auf Regelungen für den Handel mit gentechnisch veränderten Organismen geeinigt (*Biosafety-Protokoll*)[69], wonach ein Land auch ohne wissenschaftlichen Nachweis die Einfuhr solcher Organismen wegen des Verdachts einer Umwelt- oder Gesundheitsgefährdung verbieten kann. Gleichzeitig wurden auch Regelungen zur Kennzeichnung gentechnisch veränderter Lebensmittel festgeschrieben. Genauere Verfahrensvorschriften sind aber nicht vor 2002 zu erwarten.

- sind *„Sicherheitsstufen"* Gruppen gentechnischer Arbeiten nach ihrem Gefährdungspotential (Nr. 12).

73 Desweiteren definiert sind *Betreiber* (Nr. 9), *Projektleiter* (Nr. 10), *Beauftragte für die biologische Sicherheit* (Nr. 11), *Laborsicherheits- oder Produktions- und biologische Sicherheitsmaßnahmen* (Nrn. 13 und 14) sowie *Vektor* (Nr. 15).

74 Gerade der *Anlagenbegriff* ist – wie früher bspw. im Atomrecht auch (Rn. 9/100) – problematisch[70] und entsprechend Gegenstand von Auslegungsbemühungen gewor-

---

1994, 973 (982) in Fn. 82. Diese Auslegung ist aber wohl nicht EG-Richtlinien-konform; ebda. m.w.N. in Fn. 83. Nach der – gebotenen – EG-Richtlinien-konformen Auslegung (Rn. 1/40) muß sich auch die Forschung an den dort beschriebenen „kleinen Maßstab" halten, „z.B. 10 l Kulturvolumen"; dazu auch die Auffassung des Länderausschusses Gentechnik, *Knoche*, DVBl. 1993, 879 (880); ebso. *Wahl*, in: *Landmann/Rohmer*, Umweltrecht, Band III, GenTG, § 3 Rn. 45 m.w.N.

68 Gesetzesbegründung, BT-Drs. 12/5145, S. 12; dazu *Knoche*, BayVBl. 1994, 673 (674).

69 Vgl. dazu Neue Züricher Zeitung, 21.2.2000, S. 6.

70 Zum Anlagenbegriff *Fluck*, UPR 1993, 81 ff.; *Turck*, NVwZ 1992, 650 ff.; *Drescher*, ZUR 1994, 289 (294 f.); *Krekeler*, DVBl. 1995, 765 ff., jeweils m.w.N.

den. Vom Kühlschrank bis zur gesamten Betriebsstätte reicht das mögliche Spektrum. Gerade in universitären Forschungseinrichtungen ist es oft nicht leicht, den Umfang der Anlage zu bestimmen, man denke an die verstreuten Forschungslaboratorien eines Instituts oder auch nur an die verschiedenen Teile eines einzelnen Labors. Der Anlagenbegriff entscheidet aber über den Umfang sowohl des Schutzregimes des Gentechnikrechts insgesamt als auch der der Anlagengenehmigung zukommenden Konzentrationswirkung.

4. Instrumente

§ 6 GenTG bestimmt zunächst **Grundpflichten** mit dynamischem Inhalt (Rn. 2/30, 8/129) entsprechend dem Entwicklungs- und Erkenntnisstand, und zwar im einzelnen **75**

- für jeden, der *Umgang* mit gentechnisch veränderten Organismen hat, die Pflicht zur vorherigen und umfassenden *Risikobewertung*,
- für den *Betreiber* einer gentechnischen Anlage die Pflicht, die nach dem Stand von Wissenschaft und Technik notwendigen *Vorkehrungen* zu treffen,
- die Pflicht des *Betreibers* einer gentechnischen Anlage zur *Aufzeichnung* über die Durchführung gentechnischer Arbeiten sowie
- Pflicht desjenigen, der *gentechnische Arbeiten oder Freisetzungen durchführt*, Projektleiter und Beauftragte oder Ausschüsse für die *biologische Sicherheit* zu bestellen (§ 6 IV GenTG).

Weiter sieht das GenTG ein System **gestufter Präventivkontrollen** vor (Rn. 10/ 80)[71]. **76**

Die **behördlichen Handlungsmöglichkeiten** bestehen im System des Gentechnikgesetzes in der **fingierten Zustimmung** – § 12 VIII 1, der **vorherigen Zustimmung** – § 12 VIII 2, und der **Untersagung** – § 12 XI GenTG[72]. **77**

Für Einzelheiten ist zu unterscheiden zwischen gentechnischen Arbeiten in gentechnischen Anlagen einerseits (Rn. 10/79 ff.), der Freisetzung und dem Inverkehrbringen gentechnisch veränderter Organismen bzw. von Produkten, die solche enthalten oder aus solchen bestehen, andererseits (Rn. 10/121 ff.). **78**

IV. Arbeiten in Anlagen

Gentechnische Arbeiten in gentechnischen Anlagen unterliegen grundsätzlich einer **präventiven Eröffnungskontrolle** (Rn. 1/20 ff.): Errichtung und Betrieb einer gentechnischen Anlage bedürfen grundsätzlich einer **Anlagengenehmigung**, § 8 I 2 GenTG (Ausnahme: gentechnische Anlagen zu Forschungszwecken der Sicherheitsstufe 1, Rn. 10/80). Entsprechendes gilt für wesentliche Änderungen von Lage, Beschaffenheit oder Betrieb. Ebenso bedarf die *Durchführung gentechnischer Arbeiten* **79**

71 Vgl. hierzu *Wahl*, in: *Landmann/Rohmer*, Umweltrecht, Bd. III, GenTG, Vorb. vor § 8, Rn. 1 ff. m.N.
72 VG Freiburg, B. vom 30.11.1998, 1 K 1703/98 – rechtskräftig.

einer sog. *Anlagengenehmigung* (Ausnahmen: bestimmte Fälle bloßer Anmelde- bzw. Aufzeichnungspflicht). Die Genehmigung von gentechnischen Arbeiten in geschlossenen Systemen weist deutliche Parallelen zu den Anlagengenehmigungen des Atom- und Immissionsschutzrechts auf[73].

1. Sicherheitsstufen und Sicherheitsmaßnahmen

80 Grundlegend ist zwischen verschiedenen **Sicherheitsstufen** (S)[74] und Sicherheitsmaßnahmen zu unterscheiden (§ 7 I GenTG), nämlich der

- *Sicherheitsstufe 1* (S 1) für gentechnische Arbeiten, bei denen nach dem Stand der Wissenschaft *nicht* von einem Risiko für die menschliche Gesundheit und die Umwelt auszugehen ist, der
- *Sicherheitsstufe 2* (S 2), bei der von einem *geringen* Risiko, der
- *Sicherheitsstufe 3* (S 3), bei der von einem *mäßigen* Risiko, und der
- *Sicherheitsstufe 4* (S 4), bei der von einem *hohen* Risiko oder dem begründeten Verdacht eines solchen Risikos für die menschliche Gesundheit oder die Umwelt auszugehen ist.

81 Zwischen Juli 1990 und September 1993 wurden nach dem Gentechnikgesetz 691 gentechnische Anlagen von den zuständigen Landesbehörden genehmigt, davon 107 von privater, 584 von öffentlicher Seite (dem Deutschen Krebsforschungszentrum, der Max-Planck-Gesellschaft). 610 Anträge wurden S 1 zugeordnet (davon 5, die gewerblichen Zwecken dienten), 69 Anträge S 2 (drei teils S 2, teils S 1) und sieben Anträge S 3. Kein Antrag wurde für S 4 gestellt. Anlagengenehmigungen zu gewerblichen Zwecken erfolgten nur in S 1. Gleichzeitig wurden vom Bundesgesundheitsamt fünf Freisetzungen genehmigt, ein sechster Antrag zurückgezogen, ein Genehmigungsverfahren war noch nicht abgeschlossen[75]. Die neueren Daten (Stand: 15.7.1998) lauten für S 1 2302 Anlagen, S 2 2657, S 3 352[76]. Laut SRU sind Freisetzungen transgener Pflanzen in Deutschland an 414 Orten erfolgt[77].

82 Vollzugsfähig wird diese Einteilung erst durch den Erlaß der Verordnung über die Sicherheitsstufen und Sicherheitsmaßnahmen bei gentechnischen Arbeiten in gentechnischen Anlagen (*Gentechnik-Sicherheitsverordnung* – GenTSV)[78] aufgrund § 7 I 2 GenTG.

83 Diese Verordnung ist die wichtigste der fünf Begleitverordnungen zum Gentechnikgesetz. Sie enthält Bestimmungen darüber, ob und welche Sicherheitsrisiken bei der Herstellung und beim Umgang mit gentechnisch veränderten Organismen entstehen, wie solche Risiken zu bewerten sind und wie ihrer Verwirklichung vorgebeugt werden kann. Die wichtigsten Regelungen enthält der zweite Abschnitt zur Einstufung technischer Arbeiten in die genannten vier Si-

---

73 So zu Recht *Breuer*, NuR 1994, 157 (167).

74 Zu dem abgestuften System der Ermittlung und Bewertung des Risikopotentials nach § 7 GenTG und den Vorschriften der GenTSV vgl. *Wahl*, in: *Landmann/Rohmer*, Umweltrecht, Bd. III, GenTG, Vorb. Rn. 17, 65; § 1 GenTG, Rn. 12, 17, 19; § 7 Rn. 6 ff.; s.a. *Appel*, NuR 1996, 227 ff.

75 Zitiert nach *Simon/Weyer*, NJW 1994, 759 (760).

76 *Sanden*, Umweltrecht, § 14 Rn. 13.

77 SRU, Umweltgutachten 2000, Tz. 199.

78 I.d.F. vom 14.3.1995 (BGBl. I 297); zu Kritik und Verteidigung der GenTSV *Breuer* (Fn. 3), S. 61 f. m.w.N.

cherheitsstufen im Einzelfall. Der dritte Abschnitt bestimmt die Zuordnung von Sicherheitsmaßnahmen zu den zuvor ermittelten Sicherheitsstufen. Durch diese je nach Sicherheitsstufe unterschiedlich strengen Anforderungen soll ein gefahrloses gentechnisches Arbeiten gewährleistet werden. Schließlich enthält die Verordnung in insgesamt sechs Anhängen die Risikogruppen der Spender- und Empfängerorganismen, biologische Sicherheitsmaßnahmen, Sicherheitsmaßnahmen für Labor- und Produktionsbereich, Sicherheitsmaßnahmen für Gewächshäuser, Sicherheitsmaßnahmen für Tierhaltungsräume sowie Regelungen über Vorsorgeuntersuchungen und die Beteiligung der Beschäftigten. – Leider enthält die GenTSV nicht auch standardisierte Sicherheitsvorkehrungen bei der Freisetzung gentechnisch veränderter Organismen – und auch die Novelle 1993 nicht die dafür notwendige Ergänzung der Ermächtigungsgrundlage, § 30 GenTG.

Biologische Sicherheitsmaßnahmen müssen entweder in Anhang II Teil A GenTSV genannt oder – im Rahmen ihrer vorhabenbezogenen Stellungnahme – von der ZKBS anerkannt sein, vgl. § 6 GenTSVO. **84**

2. Genehmigungs- und Anmeldeverfahren

Genehmigungs- und Anmeldeverfahren sind im Gentechnikgesetz eingehend geregelt (§ 11 bzw. § 12 GenTG). Darüber hinaus ermächtigt § 30 II Nr. 15 GenTG die Bundesregierung, nach Anhörung der ZKBS durch Rechtsverordnung mit Zustimmung des Bundesrates Inhalt und Form der Antrags- und Anmeldeunterlagen, insbesondere die Bewertungskriterien, sowie Einzelheiten des Genehmigungs- und des Anmeldeverfahrens zu regeln. Davon hat die Bundesregierung in der Verordnung über Antrags- und Anmeldeunterlagen und über Genehmigungs- und Anmeldeverfahren nach dem Gentechnikgesetz (*Gentechnik-Verfahrensverordnung* – GenTVfV) i.d.F. vom 4.11.96, geändert am 10.12.97, Gebrauch gemacht (Rn. 10/53). **85**

Die Verordnung bestimmt Einzelheiten, aus denen der Betreiber eines gentechnischen Vorhabens Klarheit über die Anforderungen gewinnt, denen sein Vorhaben genügen muß. Sie erleichtert die fachliche und rechtliche Prüfung des Vorhabens und ermöglicht eine bundeseinheitliche Durchführung des Gentechnikgesetzes. **86**

Ergänzend sind die Verwaltungsverfahrensgesetze des Bundes und der Länder anzuwenden. Genehmigungs- und Anmeldeverfahren sind keine förmlichen Verfahren i.S.d. §§ 63 ff. VwVfG. Die Durchführung des Verfahrens obliegt der Genehmigungsbehörde, die sich nach Landesrecht bestimmt, § 31 GenTG. **87**

a) Genehmigungsverfahren

Das **Genehmigungsverfahren** gilt sowohl für *Anlagengenehmigungen* in Form von Erst-, Teil- und Änderungsgenehmigungen nach § 8 I 2 (ggf. i.V.m. § 9 II oder § 10 III) und § 8 III, IV als auch für *Tätigkeitsgenehmigungen* nach § 10 II GenTG[79]. **88**

Das Genehmigungsverfahren beginnt mit dem *schriftlichen Antrag* des Betreibers, § 11 I GenTG, § 3 GenTVfV. Der notwendige Inhalt der beizufügenden Unterlagen **89**

79 Vgl. allgemein *Gerlach*, Das Genehmigungsverfahren zum Gentechnikgesetz, Diss. 1993.

ergibt sich aus § 11 II GenTG i.V.m. § 4 GenTVfV. Die vorgelegten *Unterlagen* müssen umfassend und nachprüfbar alle Umstände enthalten, die nach § 13 I bzw. II GenTG Voraussetzung für die Erteilung der Genehmigung im Einzelfall einschließlich der Entscheidung über die nach § 22 GenTG eingeschlossenen behördlichen Entscheidungen sind. Insbesondere muß also erkennbar sein, daß die zentralen Genehmigungsvoraussetzungen nach § 13 I Nr. 4 GenTG vorliegen, daß also für die vom Betreiber angenommene Sicherheitsstufe die nach dem Stand von Wissenschaft und Technik notwendigen Vorkehrungen getroffen und deshalb schädliche Auswirkungen auf die in § 1 Nr. 1 GenTG genannten Rechtsgüter nicht zu erwarten sind. Die vorzulegenden Angaben, Beschreibungen, Erklärungen, Bewertungen und Nachweise müssen insgesamt ergeben, daß das Vorhaben die im Gesetz und in den Verordnungen geregelten Anforderungen an die Risikobewertung, die Sicherheitseinstufung, die Sicherheitsmaßnahmen und an die Sachkunde des Projektleiters und des Beauftragten für die biologische Sicherheit erfüllt, § 4 II GenTVfV.

90 Insbesondere sind nach § 11 II 2 GenTG anzugeben bzw. vorzulegen:

- Lage der Anlage und Name und Anschrift des Betreibers (Nr. 1),
- Name des Projektleiters und des Beauftragten für die biologische Sicherheit und Nachweis der erforderlichen Sachkunde (Nrn. 2 und 3),
- Beschreibung der bestehenden oder der geplanten gentechnischen Anlage und ihres Betriebs, insbesondere der für die Sicherheit bedeutsamen Einrichtungen (Nr. 4),
- Risikobewertung nach § 6 I und eine Beschreibung der vorgesehenen gentechnischen Arbeiten, aus der sich die Eigenschaften der verwendeten Spender- und Empfängerorganismen, der Vektoren und des gentechnisch veränderten Organismus im Hinblick auf die erforderliche Sicherheitsstufe sowie ihre möglichen sicherheitsrelevanten Auswirkungen auf die in § 1 Nr. 1 bezeichneten Rechtsgüter und die vorgesehenen Vorkehrungen ergeben (Nr. 5),
- Beschreibung der verfügbaren Techniken zur Erfassung, Identifizierung und Überwachung des gentechnisch veränderten Organismus (Nr. 6) und
- im Bereich gentechnischer Arbeiten zu gewerblichen Zwecken zusätzlich Angaben über Zahl und Ausbildung des Personals, Angaben über Reststoffverwertung, Notfallpläne und Angaben über Unfallverhütungsmaßnahmen (Nr. 7).

91 Von der Vollständigkeit der vorgelegten Unterlagen hängt entscheidend ab, wie lange das Genehmigungsverfahren dann dauert (vgl. § 11 VI 4 GenTG).

92 Besonders geregelt sind die Anforderungen an die Antragsunterlagen für die Erteilung der Genehmigung *weiterer gentechnischer Arbeiten* zu gewerblichen Zwecken (§ 10 II GenTG) in § 11 IV GenTG. Das Gesetz beschränkt sich hier auf eine Beschreibung der vorgesehenen gentechnischen Arbeiten, Angaben zum Ausgangsbescheid und auf die Mitteilung sicherheitsrelevanter Änderungen diesem gegenüber (§ 11 IV 2 GenTG). In § 4 I Nr. 4 i.V.m. Anlage 1 Teil IV GenTVfV wird allerdings nicht unterschieden zwischen einer Genehmigung von Anlagen für die Arbeiten S 2, 3 oder 4 einerseits und *weiteren* gentechnischen Arbeiten dieser Sicherheitsstufen andererseits[80].

80 Diese Gleichbehandlung hat der Verordnungsgeber von der vorigen Fassung der GenTVfV übernommen; kritisch und für eine einschränkende, nämlich gesetzeskonforme Auslegung der GenTVfV insoweit *Hirsch/Schmidt-Didczuhn*, GenTG, § 11 Rn. 32.

Damit das Genehmigungsverfahren zügig durchgeführt werden kann und der Beginn des Laufs der Genehmigungsfrist eindeutig feststeht, ist der Eingang des Antrags und der beigefügten Unterlagen von der Behörde dem Antragsteller unverzüglich schriftlich zu bestätigen, § 11 V 1 GenTG. Sodann sind Antrag und Unterlagen auf Vollständigkeit zu prüfen, erforderlichenfalls Ergänzungen nachzufordern, § 11 V 1 2. HS und 2 GenTG. **93**

Anschließend ist über einen Genehmigungsantrag innerhalb jetzt verkürzter *Fristen* schriftlich zu entscheiden, nämlich grundsätzlich innerhalb von drei Monaten (§ 11 VI 1 GenTG). Bei Anträgen über die Genehmigung einer gentechnischen Anlage für bestimmte gentechnische Arbeiten der Sicherheitsstufe 2 zu Forschungszwecken muß die Entscheidung unverzüglich, spätestens nach einem Monat erfolgen, § 11 VI 2 GenTG. **94**

Vor der Entscheidung über eine Genehmigung ist grundsätzlich eine **Stellungnahme der ZKBS** zur *sicherheitstechnischen Einstufung* der vorgesehenen gentechnischen Arbeiten und zu den erforderlichen sicherheitstechnischen Maßnahmen einzuholen und bei der Entscheidung zu berücksichtigen, § 11 VIII 1 und 2 GenTG. Abweichungen von den Stellungnahmen der ZKBS sind zu begründen, § 11 VIII 3 GenTG. **95**

Auch hinsichtlich des Beteiligungsverfahrens gelten Verfahrenserleichterungen, die der Beschleunigung dienen: Bei allen gentechnischen Vorhaben der (untersten) Sicherheitsstufe 1 entfällt die obligatorische Einholung der ZKBS-Stellungnahme (§ 12 VII 2 und IX 2 GenTG). Die zuständigen Behörden können diese Verfahren jetzt selbständig bearbeiten. Da ca. 80% aller gentechnischen Arbeiten der Sicherheitsstufe 1 zuzurechnen sind, wird der Verzicht auf die Einschaltung der – bislang auch entsprechend überlasteten – ZKBS die Verfahren nicht unerheblich beschleunigen. Bei gentechnischen Vorhaben der Sicherheitsstufe 2 entfällt die Einholung einer Stellungnahme der ZKBS, wenn eine vergleichbare gentechnische Arbeit von der ZKBS bereits sicherheitseingestuft wurde (§ 11 VI 2 und VII 2, § 12 VIII 4 GenTG). Damit die zuständigen Behörden diese Vergleichbarkeit auch erkennen, veröffentlicht die ZKBS allgemeine Stellungnahmen zu häufig durchgeführten gentechnischen Arbeiten mit den jeweils zugrundeliegenden Kriterien der Vergleichbarkeit im Bundesgesundheitsblatt (§§ 11 VI a, 12 VIII 3 GenTG). **96**

Rechtspolitisch ist zu erwägen, ob nicht zumindest die Anlagengenehmigungen für gewerbliche Vorhaben in das Immissionsschutzrecht zurückgeführt werden sollten, wo ein formell und materiell ausgereiftes Zulassungs- und Kontrollinstrumentarium zur Verfügung steht. Stattdessen wird die Zersplitterung des Umweltrechts – trotz Beteuerung gegenteiliger Bemühungen – weiter vorangetrieben. Für die übrigen, insbesondere also wohl Forschungsarbeiten, genügte eine Tätigkeitsgenehmigung. **97**

b) Anmeldeverfahren

Mit dem **Anmeldeverfahren** werden bestimmte gentechnische Vorhaben einem vereinfachten Verfahren unterworfen, weil sie ein geringeres Gefährdungspotential aufweisen oder bereits ein anlagenbezogenes Genehmigungsverfahren durchlaufen haben (Rn. 10/88 ff.); dies gilt insbesondere für weitere Arbeiten in solchen Anlagen, **98**

81 *Eberbach/Lange/Ronellenfitsch*, GenTG, § 12 Rn. 78, 93-96; *Knoche/Löv*, GewArch. 1995, 305 (308).

für deren Sicherheitsstufe schon eine anlagebezogene Prüfung stattgefunden hat. Indem angemeldete Vorhaben erst nach Ablauf einer bestimmten Frist (§ 8 II, § 9 I, § 10 I GenTG) begonnen werden dürfen, kann die Behörde prüfen, ob die gesetzlichen Vorschriften eingehalten sind. Ein anmeldepflichtiges Vorhaben steht also nicht unter dem präventiven Verbot mit Erlaubnisvorbehalt. Nach Ablauf der Wartefrist kann der Antragsteller sein Vorhaben beginnen. Dabei gilt der Ablauf der Frist als Zustimmung, womit auch die Vorschriften über die Genehmigung (vgl. zu Nebenbestimmungen § 19 GenTG, einstweiliger Einstellung, Rücknahme und Widerruf § 20 GenTG und Erlöschen § 27 GenTG) Anwendung finden. Der Eintritt der Zustimmungsfiktion kann nur durch eine Untersagung verhindert werden[81]. Dabei sind aber auch noch nach Ablauf der Fiktionsfrist Anordnungen zulässig, da die Zustimmungsfiktion nur die zeitliche Schranke beseitigt, mit dem Vorhaben beginnen zu dürfen, nicht aber einer Genehmigung gleich steht. Sie bedeutet daher für den Anmelder keinen umfassenden Investitions- und Bestandsschutz, sondern nur einen abgeschwächten Schutz. Die fingierte Zustimmung hat auch keine Konzentrationswirkung[82].

Das Anmeldeverfahren entspricht der Systemrichtlinie (vgl. Art. 11 IV alt 1, 5a im Gegensatz zu Art. 11 IV alt 2, 5b).

99 Für die der Anmeldung beizufügenden Unterlagen gelten die gleichen Vorschriften wie für die Genehmigung, § 12 I, II i.V.m. § 11 II Nr. 1-5 i.V.m. § 3 S. 2 GenTVfV, damit die Behörde aufgrund der Unterlagen beurteilen kann, ob das Vorhaben den Voraussetzungen nach § 13 I GenTG genügt.

100 Für die Anmeldung weiterer gentechnischer Arbeiten nach §§ 9 I und 10 I enthält das GenTG eine eigenständige Regelung, obwohl auch hier eine Verweisung genügt hätte. Auch hier muß die Behörde die Unterlagen prüfen und ggf. weitere Unterlagen unverzüglich nachfordern, § 12 IV GenTG.

101 Wie das Genehmigungsverfahren wurde auch das Anmeldeverfahren durch die Novelle 1993 gestrafft. Einerseits muß der Antragsteller die Wartefrist von drei (§ 12 VII 3) bzw. zwei (§ 12 VIII 1) Monaten einhalten, bevor er beginnen kann; der Ablauf der Frist gilt als Zustimmung, § 12 VII 3, VIII und IX GenTG. Andererseits muß die Behörde über die Anmeldung unverzüglich, spätestens nach Ablauf einer Frist von einem Monat entscheiden, § 12 VII 1 GenTG[83]. Etwa erforderliche weitere behördliche Entscheidungen sind ebenfalls innerhalb der dreimonatigen Anmeldefrist durch die zuständige Behörde zu treffen (§ 12 VII 4 GenTG), damit der Beschleunigungseffekt im Anmeldeverfahren nicht an den außergentechnikrechtlichen Genehmigungen scheitert. Neben diesem *zeitlichen* besteht ein *sachlicher Entscheidungsverbund*: Auch bei bloßer Anmeldepflicht entfallen sonst etwa erforderliche andere behördliche Eröffnungskontrollen jedenfalls insoweit, als es sich um den Schutz vor den spezifischen Gefahren der Gentechnik handelt, § 22 II GenTG (Rn. 10/108).

---

82 Zur Zustimmungsfiktion *Casper*, AöR 2000, 131 ff.

83 Zu den Änderungen vgl. *Simon/Weyer*, NJW 1994, 761 (761 f.), *Knoche*, BayVBl. 1994, 673 (675); zu den Folgen rechtswidrigen Zögerns *ders.*, DVBl. 1992, 1082 ff.

c) Anhörungsverfahren

Für bestimmte gentechnische Vorhaben (Arbeiten der Sicherheitsstufen 2, 3 oder 4 zu gewerblichen Zwecken) bestimmt (der durch die Novelle neu gefaßte) § 18 GenTG die Durchführung eines **Anhörungsverfahrens** vor der Entscheidung über Errichtung oder Betrieb. Einzelheiten regelt die Verordnung über Anhörungsverfahren nach dem Gentechnikgesetz (*Gentechnik-Anhörungsverordnung* – GenTAnhV, Rn. 10/53). **102**

Gegenstand dieser Verordnung ist die Regelung der *Öffentlichkeitsbeteiligung* im Rahmen der Genehmigung von gentechnischen Anlagen, aber auch der Genehmigung der Freisetzung von gentechnisch veränderten Organismen in die Umwelt (Rn. 10/121). Durch die Öffentlichkeitsbeteiligung sollen die Interessen der Allgemeinheit und die Belange der Nachbarschaft berücksichtigt werden. Die Verordnung enthält Vorschriften über die öffentliche Bekanntmachung und die Auslegung von Antrag und Unterlagen sowie über den Erörterungstermin und den Ablauf des Erörterungstermins. **103**

Das Anhörungsverfahren muß den Anforderungen des § 10 III bis VIII BImSchG (s. Rn. 8/181 ff.) entsprechen. Das Anhörungsverfahren läßt sich daher wieder in die Abschnitte Bekanntmachung des Vorhabens, Auslegung des Antrags und der -unterlagen, Erhebung von Einwendungen mit der Folge materieller Präklusion bei Fristversäumnis[84] und Erörterungstermin teilen. **104**

Auch hier führte die Novelle 1993 zu einer Straffung und trug damit den Kritikern des Verfahrens Rechnung: Das öffentliche Anhörungsverfahren ist für die Genehmigung gentechnischer Anlagen zu gewerblichen Zwecken der Sicherheitsstufe 1 ganz und der Sicherheitsstufe 2 grundsätzlich entfallen, ausgenommen sind die (seltenen) Vorhaben, bei denen nach den Vorschriften des BImSchG ein Anhörungsverfahren erforderlich ist, § 18 I 1 und 2 GenTG. Darüber hinaus entfällt das Anhörungsverfahren jetzt auch bei der Genehmigung der wesentlichen Änderung (§ 8 IV GenTG) einer gewerblichen gentechnischen Anlage, „wenn nicht zu besorgen ist, daß durch die Änderung zusätzliche oder andere Gefahren für die in § 1 Nr. 1 bezeichneten Rechtsgüter zu erwarten sind" (§ 18 I 3 GenTG)[85]. **105**

3. Anlage- und Arbeitsgenehmigung

Das GenTG unterscheidet zwei Arten von Genehmigung, nämlich die **Anlagengenehmigung** (§ 8 I 2 GenTG) und die **Arbeitsgenehmigung** (§ 10 II GenTG). Dabei umfaßt die Anlagengenehmigung bestimmte Arbeiten mit (§ 8 I 3 GenTG). Wie die Anlagengenehmigung nach § 4 BImSchG auch ist die Anlagengenehmigung nach § 8 GenTG an eine *bestimmte Anlage* gebunden. Darüber hinaus aber ist sie wie im Atomrecht (§ 7 II Nr. 1 AtG, Rn. 9/104) auch *personenbezogen* ausgestaltet (vgl. § 13 I 1 GenTG: Zuverlässigkeit als Genehmigungsvoraussetzung). **106**

84 Vgl. zu § 5 I 2 GenTAnhV VG Berlin, NVwZ-RR 1994, 150 (151); *Hirsch/Schmidt/Didczuhn*, § 18 Rn. 58; allgemein BVerfGE 61, 82 (109 ff.), BVerwGE 60, 297 (305 f.); 66, 99 ff.

85 Zu den Auslegungsfragen *Knoche*, BayVBl. 1994, 673 (676).

107 Die Genehmigung zur Errichtung und zum Betrieb *ist* zu erteilen, wenn die Voraussetzungen des § 13 I GenTG für die aus dem Genehmigungsantrag ersichtlichen geplanten Arbeiten[86] vorliegen. Dazu gehören – neben subjektiven Anforderungen an die Personen des Betreibers, des Projektleiters und anderer Verantwortungsträger, einschlägigen Vorgaben des internationalen Rechts und anderen als gentechnikrechtlichen Voraussetzungen des nationalen öffentlichen Rechts (§ 13 I Nrn. 1, 2, 5 und 6 GenTG) – spezifisch anlagen- und arbeitsbezogene Genehmigungsvoraussetzungen:

108 Im einzelnen bestimmt § 13 GenTG als **Genehmigungsvoraussetzungen**, daß

- keine Tatsachen vorliegen, aus denen sich Bedenken gegen die *Zuverlässigkeit* des Betreibers und der für die Errichtung sowie für die Leitung und die Beaufsichtigung des Betriebs der Anlage verantwortlichen Personen ergeben,
- gewährleistet ist, daß der Projektleiter sowie der oder die Beauftragten für die biologische Sicherheit die für ihre Aufgaben erforderliche *Sachkunde* besitzen und die ihnen obliegenden Verpflichtungen ständig erfüllen können,
- sichergestellt ist, daß vom Antragsteller bestimmte *Pflichten* im Zusammenhang mit der vorhergehenden umfassenden Bewertung und der Gefahrenvorsorge nach dem Stand von Wissenschaft und Technik (§ 6 I und II; vgl. Rn. 1/70) sowie weitere sich aus den dazugehörigen Verordnungen ergebenden *Pflichten* für die Durchführung der vorgesehenen gentechnischen Arbeiten erfüllt werden[87],
- gewährleistet ist, daß für die erforderliche Sicherheitsstufe die nach dem Stand der Wissenschaft und Technik notwendigen Vorkehrungen getroffen sind und deshalb schädliche Einwirkungen auf die Schutzgüter des GenTG (§ 1 Nr. 1 GenTG) nicht zu erwarten sind;

109 Die notwendigen Vorkehrungen dienen Gefahrenabwehr und Risikovorsorge und umfassen Maßnahmen, die ausgerichtet am Maßstab der praktischen Vernunft (Rn. 9/120, 128) im Hinblick auf die Gefahren und Risiken adäquat sind. Schädliche Einwirkungen sind gentechnikspezifische schädigende Ereignisse. Dazu sind besonders die Vorschriften der GenTSV zu beachten.

- durch die Genehmigung nicht gegen bestimmte internationale Übereinkommen verstoßen wird und
- andere öffentlich-rechtliche Vorschriften der Errichtung und dem Betrieb der gentechnischen Anlage nicht entgegenstehen.

110 So sind z.B. hinsichtlich des Standortes die Vorschriften des BauGB und der BauNVO zu beachten, hinsichtlich der Arbeitnehmer die allgemeinen Arbeitsschutzvorschriften, ähnlich § 6 Nr. 2 BImSchG (Rn. 8/154 f.).

111 Die Anlagengenehmigung hat *Konzentrationswirkung*, schließt also etwa erforderliche andere die gentechnische Anlage betreffende behördliche Entscheidungen ein, außer auf Grund atomrechtlicher Vorschriften (§ 22 GenTG). Sie beschränkt sich auf die Anlage, bezieht sich also nicht auf nicht zur Anlage gehörende Bauteile (zum An-

86 Andere in der Anlage denkbare gentechnische Arbeiten bleiben außer Betracht, BVerwG, NVwZ 1999, 1232 ff.

87 *Hawkes*, Der Faktor Mensch im Gentechnikrecht, 1995, S. 27 ff.

lagebegriff Rn. 9/100). Die Konzentrationswirkung geht damit weiter als nach § 13 I BImSchG (Rn. 8/200). Auch hier nicht eingeschlossen ist freilich das etwa erforderliche gemeindliche Einvernehmen nach § 36 I 2 BauGB.

Wie im Immissionsschutz- (Rn. 8/211) und im Atomrecht (Rn. 9/143) ist auch die Möglichkeit einer *Teilgenehmigung* („für die Errichtung und den Betrieb eines Teils einer gentechnischen Anlage") vorgesehen (§ 8 III i.V.m. § 13 II GenTG). **112**

Die Anforderungen an die Zulässigkeit „**weiterer gentechnischer Arbeiten**", also solcher Arbeiten, die nicht von der Anlagengenehmigung oder der Erstanmeldung gedeckt sind, sind kompliziert. Solche Arbeiten bedürfen **113**

- zu *Forschungszwecken* auf Sicherheitsstufe 2 grundsätzlich einer Anmeldung (§ 9 I 1) bzw. auf einer höheren Sicherheitsstufe einer neuen Anlagengenehmigung (§ 9 II), **114**
- zu *gewerblichen Zwecken* auf der Sicherheitsstufe 1 einer Anmeldung (§ 10 I), auf den Sicherheitsstufen 2, 3 oder 4 einer gesonderten (Arbeits-) Genehmigung und auf einer höheren als der zuvor zugelassenen Sicherheitsstufe einer neuen Anlagengenehmigung, § 10 III GenTG[88]. Keiner Anmeldung bedürfen seit der Novelle 1993 weitere gentechnische Arbeiten, die „auf Veranlassung der zuständigen Behörden zur Untersuchung einer Probe im Rahmen der Überwachung" durchgeführt werden (§ 9 I 2 Nr. 2 GenTG). **115**

4. Anmeldung

Der bloßen **Anmeldepflicht** unterliegen weitere gentechnische Arbeiten der Sicherheitsstufen 2, 3 und 4 zu Forschungszwecken sowie die Übertragung solcher Arbeiten der Sicherheitsstufe 2 in einen anderen Betrieb mit entsprechenden Genehmigungs- und Sicherheitsvoraussetzungen (§ 9 III GenTG), aber auch weitere gentechnische Arbeiten der Sicherheitsstufe 1 zu gewerblichen Zwecken (§ 10 I GenTG). Ganz aus der Anmeldung herausgenommen wurden durch die Novelle 1993 weitere gentechnische Arbeiten der Sicherheitsstufe 1 zu Forschungszwecken. **116**

Mit Zustimmung der zuständigen Behörde können die gentechnischen Arbeiten auch schon vor Ablauf der Frist begonnen werden, § 12 VIII 2 GenTG. Eine Konzentrationswirkung entfaltet die Zustimmung aber nicht. Ebenso wie eine ausdrücklich erklärte Zustimmung kann auch die fingierte Zustimmung von Dritten mit Widerspruch und Anfechtungsklage angefochten werden, die Untersagung nach § 12 XI 1 GenTG vom Betreiber mit Widerspruch und Anfechtungsklage; die aufschiebende Wirkung seines Rechtsbehelfs gestattet ihm aber nicht, mit seinem Vorhaben zu beginnen[89]. **117**

---

88 Zur Kritik *Fluck*, BB 1990, 1716 (1719 ff.); s.a. *Fritsch/Haverkamp*, DB 1990, Beilage 31, S. 9 f., 11; s.a. *Breuer* (Fn. 3), S. 63 ff.

89 Dazu ist eine einstweilige Anordnung nach § 123 VwGO erforderlich (praktisch aber kaum durchsetzbar); vgl. *Hirsch/Schmidt-Didczuhn*, GenTG, § 13 Rn. 27; a.A. *Brocks/Polmann/Senft*, Das neue Gentechnikgesetz, 1991, II. 6.3.3.

5. Überwachung

118 Auch wenn die Genehmigung erteilt ist, endet die **Überwachung** nicht: Nach § 6 III GenTG hat der Betreiber gentechnischer Anlagen über die Durchführung gentechnischer Arbeiten *Aufzeichnungen* zu führen und der zuständigen Behörde auf ihr Ersuchen vorzulegen. Einzelheiten über Form und Inhalt der Aufzeichnungen und die Aufbewahrungs- und Vorlagepflichten regelt die GenTAufzV i.d.F. vom 4.11.1996 (aufgrund der Verordnungsermächtigung in § 6 III 2 GenTG).

6. Rechtsschutz

119 Der Antragsteller kann seinen **Anspruch auf Genehmigung** seiner Anlage oder Arbeiten ggf. gerichtlich im Wege der Verpflichtungsklage durchsetzen. Die Behörde hat kein Versagungs*ermessen*. Die Verantwortung für die Risikoermittlung und -bewertung trägt aber die Exekutive. Sie muß dabei die Wissenschaft zu Rate ziehen. Damit ist eine *Einschätzungsprärogative* der Exekutive und eine entsprechende Zurückhaltung der verwaltungsgerichtlichen Kontrolle begründet (Rn. 4/37)[90]. Ein Widerspruchsverfahren (§§ 68 ff. VwGO) vor Erhebung der verwaltungsgerichtlichen Klage entfällt, wenn ein Anhörungsverfahren nach § 18 GenTG durchgeführt wurde, § 11 IX, § 16 VII GenTG. Dem Anhörungsverfahren kommt Präklusionswirkung zu, § 5 I 2 GenTAnhV[91].

120 Eindeutige Regelungen zum **Dritt- bzw. Nachbarschutz** enthält das GenTG nicht. Anders als in § 5 I Nr. 1 BImSchG sind die Belange der Nachbarschaft in § 13 I Nr. 3 und 4 GenTG nicht ausdrücklich erwähnt. Andererseits spricht der allgemeine Schutzzweck des § 1 Nr. 1 GenTG für einen drittschützenden Charakter jedenfalls des § 13 I Nr. 4 GenTG[92]. Welche Normen des GenTG im einzelnen drittschützend sind, ist durch Auslegung unter besonderer Berücksichtigung ihres Regelungszwecks und des systematischen Zusammenhangs zu ermitteln. Nicht drittschützend sind daher wohl die Vorschriften über die Risikobewertung (§ 6 I), die Aufzeichnungspflicht (§ 6 III) oder über Anzeigepflichten (§ 21 GenTG). Drittschützend sind jedenfalls die in der GenTSV (§§ 8 ff.) dem Betreiber auferlegten Labor- und Produktionssicherheitsmaßnahmen, die Beschäftigte oder Dritte vor Gefahren oder Risiken der betreffenden gentechnischen Arbeit schützen sollen, z.B. die Pflicht, daß ein Labor für Arbeiten in S 3 von seiner Umgebung abgeschirmt sein muß, keine zu öffnenden Fenster haben darf und eine Schleuse aufweisen muß (Anhang III A III, Nr. 1, 2, 3 zur GenTSV). Drittschützend sind wohl auch die Vorschriften über Zuverlässigkeit und

---

90 BVerwG, NVwZ 1999, 1232 ff.; vgl. auch OVG Berlin, ZUR 1994, 206 (208), allerdings mit unzutr. Ableitung aus dem Verfahrensrecht; *Hirsch/Schmidt-Didczuhn*, GenTG, § 13 Rn. 94 ff. m.w.N.; *Kloepfer*, Umweltrecht § 16 Rn. 46; vgl. auch OVG Berlin, NVwZ 1999, 95 ff.: Einschätzungsprärogative ebenso bei § 16 I GenTG. m. Anm. *Appel* ZUR 1999, 41 ff.; zu Einschätzungsspielraum der Behörde und verwaltungsgerichtlicher Kontrolle s.a. *Kroh*, DVBl. 2000, 102.

91 Dazu VG Berlin, NVwZ-RR 1994, 150 (151) m.w.N.

92 So zutreffend *Breuer* (Fn. 3), S. 68 unter Verweis auf die parallele Gesetzesfassung zur atomrechtlichen Anlagengenehmigung (§ 7 II Nr. 3 AtomG); s.a. *Hirsch/Schmidt-Didczuhn*, GenTG, § 13 Rn. 66 ff.

Sachkunde von Betreiber, Projektleiter und Beauftragtem für die biologische Sicherheit (§ 13 I Nr. 1 und 2 GenTG)[93]. Fraglich ist, ob die Grundpflichten des Betreibers nach § 6 II (Gefahrenabwehr und Risikovorsorge) drittschützend sind. In Anlehnung an das Immissionsschutzrecht (§ 5 I Nr. 1 BImSchG einerseits, Nr. 2 andererseits) wird man der *Gefahrenabwehrpflicht* und der *individualschützenden Risikovorsorge* Drittschutz zusprechen[94], der *allgemeinen Risikovorsorge* indessen Drittschutz absprechen müssen[95] (Rn. 4/9).

V. Freisetzung und Inverkehrbringen

1. Genehmigungserfordernis

Nach § 14 I 1 Nr. 1 GenTG bedarf einer Genehmigung des Robert Koch-Institutes (Rn. 10/141), wer *gentechnisch veränderte Organismen freisetzt* (§ 3 Nr. 7 GenTG, Rn. 10/70)[96]. **121**

Beispiel: Durch die Rechtsprechung bekannt gewordene Freisetzungsfälle sind die Zuckerrüben in Oberviehhausen bei Deggendorf in Bayern[97]. Die Zuckerrüben waren aufgrund gentechnischer Eingriffe resistent gegen das Rizomania-Virus. In dem Freilandexperiment sollten das Virus-Resistenzverhalten dieser Zuckerrüben sowie sonstige agronomisch relevante Eigenschaften unter Befallsbedingungen beurteilt werden. Während europaweit 1995 228 Freisetzungen stattfanden, belief sich diese Zahl für Deutschland nur auf 12 (1994: 163/8, 1993: 94/3, 1992: 65/0[98]. **122**

Ebenso bedarf einer Genehmigung des Robert Koch-Institutes (Rn. 10/141), wer *Produkte in den Verkehr bringt* (§ 3 Nr. 8 GenTG, Rn. 10/70), die gentechnisch veränderte Organismen enthalten oder aus solchen bestehen[99], § 14 I Nr. 2 GenTG. Entsprechendes gilt für denjenigen, der solche Produkte zu einem anderen Zweck als der bisherigen bestimmungsgemäßen Verwendung in den Verkehr bringt (§ 14 I Nr. 3 GenTG). Insoweit besteht Anpassungsbedarf an die inzwischen novellierte EG-Freisetzungsrichtlinie, die mit dieser Gesetzesfassung wohl nur unzureichend umgesetzt wurde. **123**

---

93 So *Wahl/Schütz*, in: *Schoch/Schmidt-Aßmann/Pietzner*, VwGO, § 42 II Rn. 190 und wohl auch BVerwG, DVBl. 1990, 1167 zu § 7 II Nr. 1 und 2 AtG, im Ergebnis aber offengelassen, s.a. Rn. 7/114 zum AtomR.

94 OVG Hbg., ZUR 1995, 93 f.; *Hirsch/Schmidt-Didczuhn*, GenTG, § 13 Rn. 76; *Jarass* BImSchG, Rn. 5/99; *Kutscheidt*, FS Redeker, S. 439 (453); *E. Rehbinder*, FS Sendler, S. 269 (282); VG Neustadt, NVwZ 1992, 1008 (1011) mit Anm. *Ladeur*, NVwZ 1992, 948 ff.; VG Gießen, NVwZ-RR 1993, 534 ff.

95 Vgl. BVerwGE 65, 220. – S.a. Rn. 9/104 zu § 7 II Nr. 3 AtG.

96 Dazu *Jörgensen/Winter*, ZUR 1996, 293 ff.; *Roller/Jülich*, ZUR 1996, 74 ff.; rechtspraktisch *Winter*, Die Prüfung der Freisetzung von gentechnisch veränderten Organismen: Recht und Genehmigungspraxis; Gutachten im Auftrag des Umweltbundesamtes, 1998; rechtsvergleichend mit den USA *Dederer*, Gentechnikrecht im Wettbewerb der Systeme: Freisetzung im deutschen und US-amerikanischen Recht, 1998.

97 VG Berlin, NVwZ-RR 1994, 150 ff.; OVG Berlin, ZUR 1994, 206 ff.

98 http://yellow-fever.rki.de/gentec/zkbs/taetigkeitsberichte/zkbs95.htm.

99 Vgl. a. hier zu den geringen Antragszahlen http://yellow-fever.rki.de/gentec/zkbs/taetigkeitsberichte/zkbs95.htm.

124 Dabei erscheint hilfreich, sich noch einmal den *Unterschied* zwischen *Freisetzen* und *Inverkehrbringen* bewußt zu machen: Die Freisetzung erfolgt typischerweise auf einem begrenzten, deshalb auch nationalen Raum, während das Inverkehrbringen im Binnenmarkt von vorneherein wenigstens möglicherweise europaweit gilt. Dies hat Auswirkungen auf die verschiedene Ausgestaltung der jeweils erforderlichen Genehmigung.

2. Verfahren

125 Hinsichtlich des auch hier grundsätzlich vorgesehenen **Anhörungsverfahrens** (§ 18 II 1 GenTG) gilt das oben zur Anlagengenehmigung Ausgeführte entsprechend (Rn. 10/102)[100]. Nach der Novelle bleibt es bei der Anhörung, es entfällt aber der Erörterungstermin (§ 18 III 3 GenTG).

126 Die *Freisetzungsrichtlinie*[101] sieht ein **gemeinschaftsweites Beteiligungsverfahren** vor, in dem die Mitgliedsstaaten zu in anderen Mitgliedsstaaten gestellten Freisetzungsgenehmigungsanträgen Stellung nehmen können, Art. 9, Art. 6 II FreisRL. Diese Richtlinienbestimmung wurde jetzt aufgrund der Ermächtigung nach § 16 VI GenTG mit Erlaß der GenTBetV vom 17.5.1995 (Rn. 10/53) in das deutsche Recht umgesetzt.

127 Nach der Freisetzungsrichtlinie gilt die Genehmigung für das Inverkehrbringen eines Produkts in allen EG-Mitgliedsstaaten (Art. 13 V FreisRL). Dementsprechend bedarf ein Produkt für den Vertrieb in der Bundesrepublik Deutschland keiner weiteren Genehmigung, wenn es in einem anderen EG-Mitgliedsstaat nach verfahrens- und materiell-rechtlich der Freisetzungsrichtlinie entsprechenden und damit dem Gentechnikgesetz gleichwertigen Vorschriften genehmigt ist, § 14 V GenTG. Als Ausgleich sieht die Freisetzungsrichtlinie ein besonderes Beteiligungsverfahren vor, hier mit (administrativer) Letztentscheidungsbefugnis der EG-Kommission: Wenn sich die Mitgliedsstaaten über die Erteilung einer Genehmigung nicht einigen können, entscheidet die Kommission, Art. 12, 13 FreisRL.

128 Aufgrund der Freisetzungsrichtlinie und ihrer Umsetzung in deutsches Gentechnikrecht besteht daher ein *zweigleisiges Verfahren*: Werden genetisch veränderte Organismen *freigesetzt*, genügt eine nationale Genehmigung, in Deutschland durch das *Robert Koch-Institut* (Rn. 10/141). Für das *Inverkehrbringen* dagegen ist bei begründeten Einwänden eines Mitgliedstaats eine europäische Genehmigung erforderlich (Art. 13 III FreisRl.), eben weil das Inverkehrbringen im Binnenmarkt transnational wirkt[102]. Erst dann kann das Produkt an Dritte weitergegeben und europaweit angebaut werden. Für die Genehmigung zuständig ist die EU-Kommission, die sich in einem Regelungsausschuß mit den 15 EU-Staaten abspricht (Art. 21 FreisRL).

---

100 Dazu OVG Berlin, ZUR 1999, 37 ff.: Rechtswidrige Praxis des RKI, eine Genehmigung für einen bestehenden Standort zu erteilen und Nachmeldung weiterer Standorte zuzulassen. Anm. *Appel* S. 41 ff.

101 *Rehbinder*, ZUR 1999, 6 ff.

102 Dazu *Wahl/Groß*, DVBl. 1998, 2 ff.

Dieses Verfahren soll nun geändert werden. So soll die Genehmigung zum Inverkehrbringen auf 10 Jahre befristet und danach routinemäßig überprüft werden, ob es neue Erkenntnisse über die Umwelt- und Gesundheitsverträglichkeit der Gen-Pflanzen gibt. Gibt es vorher neue Erkenntnisse, kann die Genehmigung geändert und etwa auch mit Auflagen versehen werden. Auch soll künftig schon eine qualifizierte Mehrheit der EU-Staaten die Kommission blockieren können. Andererseits sollen die Genehmigungsanforderungen künftig konkretisiert und das Verfahren auch transparenter werden. **129**

Ähnlich ist auch das für den Anwendungsbereich der unmittelbar geltenden *Novel Food-Verordnung* (Rn. 10/45) zu durchlaufende Genehmigungsverfahren: Bei diesem muß zunächst ein qualifizierter Antrag bei der national zuständigen Lebensmittelprüfstelle gestellt werden. Diese führt eine Erstprüfung durch. Nur wenn diese ein positives Ergebnis hat und weder ein anderer Mitgliedstaat der Europäischen Union noch die EU-Kommission hiergegen begründete Einwände erheben, entscheidet der Mitgliedstaat endgültig und mit gemeinschaftsweiter Geltung über das Inverkehrbringen (*mitgliedstaatliche Genehmigung*[103]). Sonst wird die Entscheidung von der Kommission in einem Gemeinschaftsverfahren getroffen (*Gemeinschaftsgenehmigung*)[104]. **130**

3. Genehmigungsvoraussetzungen

Nach § 16 I GenTG ist die Genehmigung für eine *Freisetzung* zu erteilen, wenn die *subjektiven Anforderungen* in Bezug auf die Zuverlässigkeit und die Sachkunde (§ 16 I Nr. 1 i.V.m. § 13 I Nrn. 1 u. 2 GenTG) erfüllt sind sowie die sachbezogene Gewährleistung besteht, daß alle nach dem Stand von Wissenschaft und Technik erforderlichen *Sicherheitsvorkehrungen* getroffen werden (§ 16 I Nr. 2 GenTG). Die Freisetzungsvoraussetzungen entsprechen insoweit den Anlagenvoraussetzungen (Rn. 10/108). Die weitere Genehmigungsvoraussetzung des § 16 I Nr. 3 GenTG, daß nach dem Stand der Wissenschaft *im Verhältnis zum Zweck der Freisetzung* unvertretbare schädliche Einwirkungen auf die Schutzgüter des GenTG (§ 1 Nr. 1 GenTG) nicht zu erwarten sind[105], wurde heftig kritisiert[106]. Sie wurde auch von der EG-Kommission gerügt. **131**

Schädliche Wirkungen sind wieder gentechnikspezifische Wirkungen, hier beispielsweise die Bildung toxischer Stoffwechselprodukte, pathogene Wirkungen für andere als den Zielorganismus, Veränderungen von Energie- und Stofffließgleichgewichten, die Verdrängung anderer Arten, die Übertragung von gentechnisch vermittelten Ei- **132**

103 Die griffige Terminologie stammt von *Wahl/Groß*, DVBl. 1998, 2 (6).

104 Näher zum Verfahren nach der Novel Food-VO *Wahl/Groß*, DVBl. 1998, 2 (7 f.); *Rehbinder*, ZUR 1999, 6 (10 ff.).

105 Zur probabilistischen Risikoanalyse bei der Freisetzung gentechnisch veränderter Organismen *Breuer*, NuR 1994, 157 (168 f.); s.a. *Ladeur*, NuR 1992, 254 (259 f.), und allgemein Rn. 9/127 ff. m.w.N.

106 Dazu *Breuer* (Fn. 3), S. 72 ff. m.w.N.; *Lukes*, DVBl. 1990, 277 ff.; *Jarass*, NuR 1991, 49 (54) und in: *Breuer* (Fn. 3), S. 91 (107 f.). Zur Gegenkritik *Hirsch/Schmidt-Didczuhn*, GenTG, § 16 Rn. 17 ff.; *Hawkes* (Fn. 87), S. 110 ff.

genschaften auf andere Arten oder vergleichbar schwerwiegende Eingriffe in die evolutionär eingespielte Interaktion der Gene[107].

133 Nach der amtlichen Begründung[108] ist eine *Gesamtabwägung* der zu erwartenden Wirkungen vorzunehmen unter Berücksichtigung der beabsichtigten oder in Kauf genommenen möglichen schädlichen Auswirkungen und des Nutzens des Vorhabens. Nicht möglich sei es, den Ausschluß jeglicher schädlicher Wirkungen zu verlangen. Sonst könnten z.B. keine Produkte zur Schädlingsbekämpfung freigesetzt oder in Verkehr gebracht werden. Damit soll auch nicht das vorgegebene Schutzniveau relativiert werden. So bleibt es bei der strikten Abwehr und Vorsorge gegen schädliche Einwirkungen der genannten Art. Die Vorschrift soll daher nur einen Ausgleich der Zielkonflikte ermöglichen, die sich aus dem weiten Kreis der nach § 1 Nr. 1 GenTG zu schützenden Rechtsgüter ergibt[109].

134 Zumindest ihrem Wortlaut nach läßt die Bestimmung aber eine weitgehende Relativierung des Rechtsgüterschutzes zu und steht damit auch im Widerspruch zu dem strikten Schutzanspruch der Freisetzungsrichtlinie (Art. 4 I). Dem ist zwar durch die vorstehend dargelegte Auslegung Rechnung zu tragen. Damit bleibt aber die Frage, ob sich der strikte Schutzanspruch der Freisetzungsrichtlinie so genau und eindeutig im Gentechnikgesetz wiederfindet, wie es nach der jüngsten Rechtsprechung des EuGH notwendig ist, um dem Erfordernis der Rechtssicherheit in vollem Umfang zu genügen und seine Umsetzung in der behördlichen Genehmigungspraxis sicherzustellen (Rn. 1/72).

135 Nach § 16 II GenTG ist die Genehmigung für ein *Inverkehrbringen* zu erteilen, wenn nach dem Stand der Wissenschaft *im Verhältnis zum Zweck des Inverkehrbringens* unvertretbare schädliche Einwirkungen auf die Schutzgüter des GenTG (§ 1 Nr. 1 GenTG) nicht zu erwarten sind (entspricht § 16 I Nr. 3 GenTG).

136 Auf die Genehmigung für die *Freisetzung* wie für das *Inverkehrbringen* besteht bei Vorliegen der gesetzlichen Voraussetzungen ein **Rechtsanspruch**.

137 Soweit die **Novel Food-Verordnung** greift (Rn. 10/45), regelt diese die materiellen Genehmigungsvoraussetzungen bei der Produktzulassung. Danach darf Novel Food keine Gefahr darstellen, keine Irreführung bewirken und sich von vergleichbaren Lebensmitteln oder Lebensmittelzutaten, die es ersetzen soll, nicht so unterscheiden, daß sein normaler Verbrauch Ernährungsmängel mit sich brächte (Art. 3 I NFVO)[110].

---

107 *Hirsch/Schmidt-Didczuhn*, GenTG, § 16 Rn. 15.

108 BT-Drs. 11/5622 vom 9.11.1989, S. 29.

109 S. zur Zweck-Risiko-Relation als Genehmigungsvoraussetzung auch § 25 II Nr. 5 AMG und § 15 I Nr. 3 BPflSchG und dazu BVerwG, NVwZ 1990, 565 ff.

110 Näher dazu *Wahl/Groß*, DVBl. 1998, 2 (8 f.).

VI. Überwachung, Behördenzuständigkeit und ZKBS, Haftung,

1. Überwachung

a) Überwachung durch die Behörden

138 Der Überwachung dienen **Auskunfts- und Duldungspflichten** des Betreibers und der verantwortlichen Personen entsprechend § 25 II und III GenTG. § 26 GenTG sieht behördliche Anordnungen vor, wenn solche zur Beseitigung festgestellter oder zur Verhütung künftiger Verstöße gegen das Gesetz oder gegen auf seiner Grundlage erlassene Rechtsverordnungen notwendig sind. Dazu gehört auch die **Untersagung** des Betriebs einer gentechnischen Anlage, gentechnischer Arbeiten, einer Freisetzung[111] oder eines Inverkehrbringens, § 26 I 2 GenTG. § 28 GenTG bestimmt eine **Unterrichtungspflicht** gegenüber dem Robert Koch-Institut (Rn. 10/141) hinsichtlich sicherheitsrelevanter Vorkommnisse, über Zuwiderhandlungen und den Verdacht auf solche sowie im Vollzug des Gesetzes getroffene Entscheidungen.

b) Innerbetriebliche Überwachung

139 Der *innerbetrieblichen* Überwachung dient die Pflicht, bei der Durchführung gentechnischer Arbeiten und bei Freisetzungen einen Projektleiter und *Beauftragte oder Ausschüsse für die biologische Sicherheit* zu bestellen, § 6 IV GenTG. Der Projektleiter (§ 3 Nr. 10 GenTG) führt die Planung, Leitung oder Beaufsichtigung der gentechnischen Arbeiten oder der Freisetzung durch. Er ist dabei für die Einhaltung der maßgeblichen Vorschriften, insbesondere die Beachtung der Sicherheitsmaßnahmen verantwortlich. Dem Beauftragten für die biologische Sicherheit (§ 3 Nr. 11 GenTG) obliegt die Überwachung der Erfüllung der Aufgaben des Projektleiters und die Beratung des Betreibers in Sicherheitsfragen. Einzelheiten hinsichtlich der erforderlichen Sachkunde und der jeweiligen Aufgaben regeln §§ 14-19 GenTSV (aber nur für Arbeiten in gentechnischen Anlagen, § 1 GenTSV).

2. Behördenzuständigkeit

140 Die **Überwachung** der Durchführung des GenTG sowie der aufgrund des GenTG erlassenen Rechtsverordnungen und der darauf beruhenden behördlichen Anordnungen und Verfügungen obliegt den zuständigen Landesbehörden, § 25 I GenTG. – Die **Zuständigkeit** für die Genehmigung der Freisetzung gentechnisch veränderter Organismen und des Inverkehrbringens entsprechender Produkte obliegt dem Robert Koch-Institut (und damit dem Bund), § 14 I GenTG, das ggf. im Einvernehmen mit

111 *Mayer*, Anforderungen an die Überwachung von Freisetzungen gentechnisch veränderter Pflanzen und Mikroorganismen als Landesaufgabe im Rahmen des Vollzugs des Gentechnikgesetzes, 1995.

der Biologischen Bundesanstalt für Land- und Forstwirtschaft und dem Umweltbundesamt und anderen entscheidet, § 16 IV GenTG[112].

141 Das **Robert Koch-Institut** (www.rki.de) ist eine Bundesoberbehörde mit Sitz in Berlin und ist an die Stelle des aufgelösten Bundesgesundheitsamts getreten. Zu seinen Aufgaben zählen die Beobachtung des Auftretens von Krankheiten und relevanter Gesundheitsgefahren in der Bevölkerung und Ableitung und wissenschaftliche Begründung der erforderlichen Maßnahmen zum wirkungsvollen Schutz der Gesundheit der Bevölkerung, darunter auch die Entwicklung erforderlicher diagnostischer, experimenteller oder epidemiologischer Methoden, die nicht anderweitig verfügbar sind, sowie die Bewertung gentechnischer Arbeiten und umweltmedizinischer Einflüsse und Methoden.

142 In Baden-Württemberg wurde die Zuständigkeit für Genehmigungen und Anmeldungen von gentechnischen Anlagen und Arbeiten für alle Regierungsbezirke auf das RP Tübingen konzentriert (GenTZuVO vom 2.7.1990, GBl. 1990, 211); in Rheinland-Pfalz auf das Landesamt für Umweltschutz und Gewerbeaufsicht in Mainz.

3. Zentrale Kommission für die Biologische Sicherheit (ZKBS)

143 Die zuständigen Behörden werden unterstützt durch die **Zentrale Kommission für die Biologische Sicherheit** (ZKBS). Diese wird entsprechend §§ 4 und 5 GenTG beim Robert Koch-Institut (Rn. 10/141) als Sachverständigenkommission eingerichtet. Sie hat sicherheitsrelevante Fragen nach den Vorschriften des GenTG zu prüfen und zu bewerten, dazu Empfehlungen abzugeben und Bundesregierung und Länder in sicherheitsrelevanten Fragen der Gentechnik zu beraten. Sie muß jährlich der Öffentlichkeit über ihre Arbeit berichten. Die Zusammensetzung der ZKBS regelt § 4 I GenTG. § 4 IV GenTG ermächtigt wieder zum Erlaß einer Verordnung, die das Nähere über die Berufung und das Verfahren der Kommission usw. regelt. Dieser ZKBS kommt für die Konkretisierung und den Vollzug des Gentechnikgesetzes eine Schlüsselrolle zu. Trotz ihrer nur beratenden Rolle hat sie einen erheblichen Einfluß auf die behördlichen Einzelfallentscheidungen.

144 Weicht die Fachbehörde von einer Stellungnahme der Kommission ab, so ist dieser Gelegenheit zu geben, sich mit den von der Fachbehörde vorrangig herangezogenen Gutachten noch einmal auseinanderzusetzen. Dieses Gebot ist die Kehrseite des dem Regierungspräsidium im Außenverhältnis zustehenden Entscheidungsspielraums und entspricht der der *Kommission* vom GenTG zugewiesenen, *herausgehobenen Stellung* bei der Risikoermittlung gentechnischer Arbeiten[113].

145 **Beispiel:** Im Rahmen der biomedizinischen Hepatitis B-Virus (HBV)-Forschung eines Universitätsinstituts soll die Schaffung eines geeigneten Infektionsmodells versucht werden, an dem die Wirksamkeit einer bislang nicht gegebenen Therapiemöglichkeit untersucht wird, um

112 Zu Kompetenzkonflikten zwischen Überwachungs- und Genehmigungsbehörden – Untersagungsverfügungen durch die Landesüberwachungsbehörden gegen Rücknahme oder Widerruf der Genehmigung durch die Genehmigungsbehörde – *Zivier*, Rechtsprobleme des Gentechnikgesetzes im Bereich der Gefahrenabwehr bei legalen Vorhaben, 1995. S.a. *Nöh*, ZUR 1999, 12 ff. (Erfahrungen des UBA beim Vollzug des GenTG).

113 VG Freiburg, B. v. 30.11.1998, 1 K 1703/98, Umdruck, S. 12.

zu einem geeigneten Tiermodell der HBV-Infektion mit seinen Möglichkeiten zum Austesten antiviraler Strategien zu gelangen. Das zuständige RP untersagt die Versuchsanordnung nach Anmeldung und Ablauf der Wartefrist von 2 Monaten. Dabei weicht es von der Auffassung der Kommission, es handle sich um eine Arbeit der Stufe 2, ab unter Berufung auf ein von der Behörde eingeholtes Gutachten, ohne der Kommission Gelegenheit zur Stellungnahme zu diesem Gutachten zu geben. Die Untersagung wurde im Eilverfahren aufgehoben unter Berufung auf die herausgehobene Stellung und Bedeutung der Kommission[114]. Die Hauptsacheklage hatte dann aber keinen Erfolg, nachdem die Kommission Gelegenheit zur Erwiderung gehabt hatte[115].

Kritisiert wird hinsichtlich der ZKBS die Dominanz der Anwenderinteressen, aber auch das **146**
Anhörungsmonopol beim Erlaß von Rechtsverordnungen, weil anders als z.B. nach § 51 BImSchG, § 16 AbfG und § 17 VII ChemG eine zusätzliche Anhörung der „beteiligten Kreise" nicht stattfindet[116]. Hervorzuheben ist immerhin, daß das Gesetz neue Wege geht, wenn es der Kritik an der fehlenden Legitimation außerstaatlicher Expertengremien (s.a. Rn. 4/31 ff.) wenigstens insoweit Rechnung trägt, als es Einrichtung und Aufgaben der ZKBS rechtssatzmäßig regelt.

4. Haftung

§ 32 GenTG führt eine verschuldensunabhängige **Gefährdungshaftung** ein, und **147**
zwar ohne Haftungsausschluß auch für Fälle höherer Gewalt[117]. Zugunsten eines Geschädigten tritt eine Beweiserleichterung ein (§ 34 GenTG), und bei begründetem Verdacht besteht auch ein Auskunftsanspruch gegenüber Betreiber und Behörden (§ 35 GenTG). Ökologische Schäden sind besonders geregelt, § 32 VII GenTG. Der Haftungshöchstbetrag beträgt (derzeit) DM 160 Mio., § 33 S. 1 GenTG. Durch eine – noch ausstehende – Rechtsverordnung ist vorzusehen, daß eine hinreichende Dekkungsvorsorge erbracht wird, § 36 GenTG.

114 VG Freiburg (Fn. 113), S. 12, in diesem Sinne auch Urteil des VG Freiburg v. 23.6.1999, 1 K 1599/98.

115 Urteil des VG Freiburg v. 23.6.1999, 1 K 1599/98.

116 *Drescher*, ZUR 1994, 289 (298) m.w.N.

117 Zum Haftpflichtrisiko *Züfle*, ZfV 1999, 699 ff.; *Werner*, Gentechnikhaftung, 1996; s.a. *Schumacher*, Haftung für Mikroorganismen in Deutschland und den Vereinigten Staaten von Amerika, 1995.

Kapitel 11

Chemikalienrecht

I. Fakten und Probleme

1 Der alltägliche Umgang mit zahllosen Produkten der chemischen Industrie ist uns in einem Ausmaß vertraut, daß wir uns der Künstlichkeit dieser Stoffe, ihrer möglichen Nebenwirkungen und ihres weiteren Schicksals oft gar nicht mehr bewußt sind. Die Entwicklung und Vermarktung immer neuer Chemikalien oder aus ihnen gebildeter Stoffzusammensetzungen („Chemisierung" vieler Lebensbereiche) bringt auch weiterhin immer neue Risiken mit sich. Mindestens so vielfältig wie die segensreichen Wirkungen solcher Produkte (z.B. künstliche Düngemittel, Pflanzenschutzmittel, Lösemittel) dürften auch ihre schädlichen **Nebenwirkungen** sein, die rechtzeitig zu erkennen, zu vermeiden und zu bekämpfen eine besonders wichtige Aufgabe der Träger von Forschung und Entwicklung, der Produzenten, des Staates und nicht zuletzt der Verbraucher ist. Insbesondere müssen durch **vorbeugende Gefahrenkontrolle** Schäden an der menschlichen Gesundheit und an der Umwelt, die alle zu erheblichen Sozialkosten und Schlimmerem führen können, möglichst vermieden werden.

2 Laut UBA sind heute rund acht Mio. chemische Substanzen bekannt, unterliegen mehr als 100 000 Chemikalien dem Chemikalienrecht und kommen jährlich mehrere hundert neue Stoffe hinzu[1]. Für den Bereich der EG wird die Zahl der auf dem Markt befindlichen – in über einer Million *Zubereitungen* enthaltenen – chemischen *Stoffe* auf über 100 000 geschätzt. Allein im Jahr 1993 wurden in Deutschland 131 neue Stoffe angemeldet[2]. Von den bis November 1998 in Deutschland insgesamt angemeldeten Stoffen (1086) haben aber nur 159 eine *Vermarktungsmenge* von 10t/Jahr, 18 von 100 t/Jahr und lediglich 3 von 1000 t/Jahr erreicht[3]. Zu den am häufigsten vorkommenden bzw. am höchsten umweltrelevanten Schadstoffgruppen zählen die persistenten organischen Schadstoffe (**POP**) und die flüchtigen organischen Verbindungen (**VOC**); schließlich ist auf partikuläre Luftinhaltsstoffe (**Schwebstäube**) zu verweisen, die nach Aufnahme in die Lunge zu akuten und chronischen Gesundheitsschäden führen können[4].

3 Die *Wirkungen* dieser Stoffe, insbesondere ihre negativen ökologischen Auswirkungen (sogen. *Ökotoxizität*) sowie ihre langfristigen (*chronischen*) Schadwirkungen auf die menschliche Gesundheit sind oft noch weitgehend unerforscht.

---

1 Dazu www.umweltbundesamt.de, „Chemikaliengesetz".
2 Umwelt (BMU) 1994, 116; ebda. zu weiteren Zahlen und zur Entwicklung.
3 UBA (Fn. 1).
4 SRU, Umweltgutachten 2000, Tz. 172 ff., 175 ff., 178.

4 Schon bei bestimmungsgemäßem Gebrauch, erst recht aber bei bestimmungswidriger Verwendung oder gar bei ungewolltem (z.B. störfallbedingtem) Austrag von chemischen Stoffen oder Zubereitungen können erhebliche Gefahren für Mensch und Umwelt ausgelöst werden. Die unzähligen Möglichkeiten, neue chemische Verbindungen herzustellen, und das Auftreten erst spät erkennbarer Langzeitwirkungen machen es nach dem Stand von Wissenschaft und Technik oft schwer, zuweilen unmöglich, noch vor dem (u.U. massenhaften) Verbreiten neuer Stoffe deren Gefährdungspotential einigermaßen zuverlässig abzuschätzen. So hat es Jahrzehnte gedauert, bis die – nachgewiesene oder aufgrund starker Indizien zu vermutende – *kanzerogene* oder *toxische Wirkung* mancher häufig verwendeter Stoffe wie z.B. Asbest, Formaldehyd und PCB erkannt und zum Anlaß gefahrstoffrechtlicher Regelungen genommen wurde.

5 **Asbest** ist zwar ein „Stoff" i.S. des ChemG, aber keine Chemikalie, sondern ein natürlich vorkommendes, zur Bildung von (krebserzeugendem) Feinstaub neigendes, feuer- und säurefestes faserartiges Silikatmineral, das im wesentlichen aus Serpentin (Mg_3 $[Si_2O_5]$ $(OH)_4$) besteht, mit äußerst vielfältigen Verwendungsmöglichkeiten. Es wurde in großem Umfang zur Herstellung von (im Hoch- und Tiefbau eingesetztem) Asbestzement[5] und (im Fahrzeugbau) von Kupplungs- und Bremsbelägen verwendet. Heute hat es durch geeignete Ersatzstoffe weitgehend an Bedeutung verloren. Noch immer aber ist eine Vielzahl von Gebäuden durch asbesthaltige Baumaterialien verseucht, kann nicht mehr genutzt und muß abgebrochen werden[6]. – **Formaldehyd** (HCHO) ist ein bei vielen chemischen Prozessen verwendeter ätzender, gasförmiger Stoff. Er ist Ausgangsstoff für die Kunststoffproduktion und dient in wässeriger Lösung zur Desinfektion und Konservierung. Zahlreiche Produkte (z.B. Spanplatten) emittieren aufgrund der bei ihrer Herstellung verwendeten Lacke, Leime, Beschichtungen usw. Formaldehyd[7]. – **Polychlorierte Biphenyle** (PCB) sind chlorierte Kohlenwasserstoffe von chronischer Toxizität, die vor allem wegen ihrer Unbrennbarkeit, Reaktionsträgheit und Zähflüssigkeit als Kühl-, Flammschutz- und Imprägniermittel, Hydraulikflüssigkeit, Kondensatoren- und Transformatorenöl, Weichmacher für Kunststoffe und anderes vielfältige Verwendung fanden, die aber wegen ihrer chemisch außerordentlich hohen Stabilität ein ökologisches Langzeitrisiko darstellen[8]. PCB, die seit 1930 im technischen Maßstab produziert werden und inzwischen ubiquitär verbreitet sind, werden in der Bundesrepublik seit 1983 nicht mehr hergestellt[9]. Dagegen erhöhte der französische Hersteller Rhône-Poulenc die Produktion noch 1990 von 8000 auf 30 000 Jahrestonnen[10]. –

---

5 Die Eternit AG und die übrigen im Wirtschaftsverband der Faserzementindustrie vereinigten Hersteller von Asbestzementprodukten schlossen 1982 ein Branchenabkommen mit der BReg. Danach sollte der Asbestanteil in Hochbauprodukten stufenweise gesenkt werden und bis spätestens Ende 1990 ganz entfallen. Im Tiefbau wurde 1993 die Umstellung beendet. S.a. *Forschner u.a.,* Asbest, UBA-Berichte 5/91.

6 Zu Rechtsproblemen der Asbestsanierung vgl. VGH BW, UPR 1992, 32 f.; OVG Bremen, UPR 1992, 450 f.; OVG Hamburg, InfUR 1992, 38 ff.

7 Zur zivilrechtlichen Gewährleistung bei Formaldehydausdünstungen eines Fertighauses OLG Nürnberg, NJW-RR 1993, 1300.

8 Zu den Problemen der PCB-Sanierung an öffentlichen Gebäuden *Bartels*, BWGZ 1995, 140 f.

9 *Heintz/Reinhardt*, Chemie und Umwelt, 2. Aufl 1991, S. 302; die früher verstreuten Verbotsverordnungen wurden 1993 zusammengefaßt in der ChemVerbotsV (Rn. 11/34, 110.), siehe dort Anhang 1 zu § 1 Abschnitt 13.

10 *Winter*, DVBl. 1994, 913 (915) mit Fn. 16; zu den chemikalienrechtlichen Anforderungen an PCB-haltige Erzeugnisse *Sander*, LKV 1999, 443 f.; zur gefahrstoffrechtlichen Beurteilung von PCB-belasteten Erzeugnissen *Maaß*, ZUR 1998, 12 ff.; zur Reichweite des Verbots PCB-belasteter Recyclingprodukte *Hoppe/Sandner*, NuR 1999, 311 ff.

6 Das über lange Zeit wegen seiner insektiziden Wirksamkeit in großen Mengen weltweit zur Schädlingsbekämpfung angewandte **DDT**, das an Tieren und Pflanzen (gewollte) Fortpflanzungsstörungen verursacht, gelangte – über die Nahrungskette – auch in den menschlichen Körper, wo es sich aufgrund seiner hohen chemischen Stabilität (Persistenz) u.a. im Fettgewebe oder in der Muttermilch ansammelt. DDT ist aber ein Nervengift mit (allerdings geringer) chronischer Toxizität. Im ökologischen Bereich waren die negativen Auswirkungen (z.B. auf bestimmte Vogelarten) z.T. drastisch[11]. Ein umfassendes gesetzliches Verbot in der Bundesrepublik Deutschland (DDT-Gesetz vom 7.8.1972, BGBl. I 1385, abgelöst durch eine Verordnungsregelung entsprechend der inzwischen für Stoffverbote entwickelten Systematik) – mit einem Herstellungs- und Ausfuhrverbot seit 1977 – und die weltweite Ächtung von DDT waren die (radikale) Konsequenz aus den gewonnenen Erkenntnissen. Diese Verbote haben andererseits aber auch dazu beigetragen, daß – in den letzten Jahren wieder drastisch zunehmend – allein in Indien mehr als 1 Mio. Menschen an der durch Stechmücken übertragenen Malaria starben oder daß der verheerenden Heuschreckenplage in Nordafrika nicht wirksam genug begegnet werden kann – typische Beispiele für die Ambivalenz derartiger Verbote[12].

7 Die (ungiftigen und unbrennbaren) **Fluorchlorkohlenwasserstoffe** (FCKW) wurden insbesondere als Treibgas in Spraydosen, aber auch als Zellgas bei der Kunststoffverschäumung, als Kältemittel in Kühlaggregaten und als Reinigungsmittel bei der technischen Reinigung in großen Mengen eingesetzt. Diese chemisch sehr stabilen vollhalogenierten FCKW gelangen nach und nach (u.U. erst nach Jahrzehnten) unzersetzt durch die Troposphäre in die Stratosphäre, wo sie weitere Jahrzehnte verweilen und unter bestimmten Temperatur- und wohl auch Strahlungsbedingungen in einer komplizierten Reaktionskette die für den Schutz des Menschen vor der harten UV-Strahlung lebenswichtige Ozonschicht (am dichtesten in 25 km Höhe) abbauen[13]. Der **Abbau der Ozonschicht** und die Zunahme der ultravioletten Strahlung führen auf der Erde zu einer Zunahme der Hautkrebsfälle, zu Augenkrankheiten und Immunschwäche und zur Schädigung von Pflanzen und Tieren. Außerdem tragen die FCKW über den „Treibhauseffekt" (Rn. 8/12 f.) zu Klimaveränderungen bei. Das Ausmaß der Schädigung wird eingehend erforscht. In früheren, dann als zu günstig erkannten Einschätzungen ging man bei gleichbleibenden Schadstoffemissionen von einer Gesamtozonabnahme von 3-5% bis zum Jahr 2025 aus und damit von einem Anwachsen der Hautkrebsfälle um ca. 14%. Inzwischen soll der Ozonabbau in mittleren Breiten der Nordhalbkugel 8,5% in 10 Jahren (1985 bis 1994) betragen[14]. Erst seit 1985 wird auch die wohl seit Ende der 70er Jahre in Gang befindliche Abnahme der Ozonkonzentration über der Antarktis gegen Ende der Winterperiode (September/Oktober) um mehr als 50% festgestellt. Dieses sog. **Ozonloch** wird von Jahr zu Jahr größer und berührt bisher die Länder Australien, Neuseeland und weite Teile von Chile. Entsprechendes gilt – wenn auch noch in geringerem Ausmaß – jetzt auch für die Arktis[15]. FCKW sind daneben auch zentrale Problemstoffe bei **Altlasten** (Rn. 7/132).

8 Eine verantwortungsbewußte *Vorsorgepolitik* erforderte, Produktion und Vertrieb dieser FCKW möglichst bald weltweit einzustellen. In den USA ist, nachdem die erste Warnung von seiten der Wissenschaft bereits 1974 erfolgt war, die Anwendung von FCKW in Aerosolprodukten schon seit 1978 verboten. In der Bundesrepublik kam es im Sinne des Kooperations-

---

11 Dazu z.B. *Strubelt*, Gifte in unserer Umwelt, 1988, S. 160 ff.

12 Dazu auch SRU, Umweltgutachten 2000, Tz. 174.

13 Dazu *Bunge*, in: HdUR, Bd. II, Art. „Ozonschicht", Sp. 1589 ff. Ozon (O_3) wirkt somit in der Stratosphäre lebensnützlich, in der Troposphäre aber lebensschädlich (Rn. 8/17 f.).

14 www.umweltbundesamt.de/udd/sto.

15 Vgl. zum ganzen Deutscher Bundestag (Hrsg.), Enquête-Kommission „Schutz der Erdatmosphäre", Zwischenbericht, S. 102 ff.; 2. Bericht der Bundesregierung, BT-Drs. 12/3846, S. 31 ff.; Endbericht, BT-Drs. 12/8600; *Bunge* (Fn. 13); aus naturwissenschaftlicher Sicht *Heintz/Reinhardt* (Fn. 9), S. 36 ff., 43 ff., 80 ff.

prinzips (Rn. 1/94 ff.)[16] zu erst wenig wirksamen freiwilligen Vereinbarungen (1976, 1987). – *International* ist der langsame Fortschritt durch das Wiener Übereinkommen zum Schutz der Ozonschicht[17] (1985), das auch von der EG unterzeichnete und genehmigte Montrealer Protokoll[18] (1987) und die Londoner (1990) und die Kopenhagener Beschlüsse (1992) gekennzeichnet mit einem Verbot von Herstellung und Verbrauch von Halonen und FCKW von 1994 bzw. 1996 an[19]. – Die Umsetzung in *Europarecht* erfolgte im Wege einer auf Art. 130s EGV (175 EG) gestützten EG-Verordnung (FCKW-VO), die inzwischen mehrfach novelliert wurde[20] und Produktion, Einfuhr und Verwendung von FCKW, Halonen und Tetrachlorkohlenstoff seit Ende 1994 und für 1,1,1-Trichlorethan seit Ende 1995 verbietet. – Das *deutsche Recht* enthält entsprechende Beschränkungen und Verbote in der FCKW-Halon-Verbots-Verordnung vom 6.5.1991[21]. Tatsächlich gingen die Emissionen von FCKW und Halonen insgesamt zurück von 43 000 t 1990 über 20 000 1992 auf stabil 8 seit 1994[22].

Chemikalien können somit für den Menschen und die Umwelt zu ernsten Gefahren 9
führen, denen vorbeugend bzw. vorsorgend zu begegnen ist. Sie tragen allerdings umgekehrt auch dazu bei, daß in vielen Bereichen ein wirksamer Gesundheits-, Ernährungs- und Umweltschutz überhaupt erst möglich wird. Schließlich ist auch auf die große volkswirtschaftliche Bedeutung der – exportorientierten – chemischen Industrie hinzuweisen (Jahresumsatz 1998: 230 Mrd., Beschäftigte 1998: 500 000[23]). Mit ihr nimmt die Bundesrepublik Deutschland hinter den USA, der UdSSR und Japan die 4. Stelle in der nach dem Gesamtumsatz an Chemikalien gestaffelten Rangfolge ein. So muß auch die Erhaltung der besonders zukunftssicheren Arbeitsplätze in den Chemieunternehmen im Auge behalten werden. Die Erfüllung der gesetzlich zur Gefahrstoffkontrolle auferlegten Pflichten kann nämlich für die Unternehmen sehr *kosten- und zeitaufwendig* sein. Daher müssen vom Gesetzgeber im Interesse der internationalen Wettbewerbsfähigkeit der deutschen chemischen Industrie deren Kostenbelastung und Innovationsfähigkeit mitbedacht werden. Die – vom Hersteller oder Importeur zu tragenden – Gesamtprüfkosten für eine Stoffanmeldung mit Grundprüfung und Zusatzprüfung 1. Stufe (näher unten Rn. 11/83) werden von der BReg. auf 0,9 bis 1,2 Mio. DM geschätzt, die chemikalienrechtlich induzierten Prüfaufwendungen für neue Stoffe auf insgesamt DM 25 Mio. im Jahr[24].

---

16 Vgl. zu weiteren Beispielen UBA (Hrsg.), Chemikaliengesetz, S. 11 f. sowie *Kloepfer*, Chemikaliengesetz, S. 16 m.w.N. Auch auf EG-Ebene haben sich die europäischen Hersteller von FCKW-Treibgasen für Spraydosen mit der EG-Kommission Anfang 1989 darauf geeinigt, die Verwendung der FCKW als Treibgase bis 1990 „freiwillig“ um 90% zu vermindern

17 Zustimmungsgesetz vom 26.9.1988 (BGBl. II 901); für die Bundesrepublik in Kraft seit 29.12.1988 (BGBl. 1989 II 160).

18 Für die Bundesrepublik am 1.1.1989 in Kraft getreten (BGBl. 1989 II 622); Zustimmungsgesetz vom 9.11.1988 (BGBl. II 1014).

19 Zum ganzen *Bunge*, in: HdUR, Band II, Art. „Ozonschicht“, Sp. 1589.

20 VO (EWG) Nr. 3322/88 des Rates vom 14.10.1988, ABl. Nr. L 297/1 (FCKW-VO), Verordnung vom 4.3.1991, ABl. Nr. L 594/91, Verordnung vom 30.12.1992, ABl. Nr. L 3952/92, sowie die Neufassung durch VO (EG) Nr. 3093/94 vom 15.12.1993, ABl. Nr. L 333/1.

21 BGBl. I 1090, geändert durch G. vom 24.6.1994, BGBl. I 1416. – Zu verweisen ist auch auf die Verordnung zur Immissionsbegrenzung von leichtflüchtigen Halogenkohlenwasserstoffen, 2. BImSchV vom 10.12.1990, BGBl. I, 2694, geändert durch VO vom 5.6.1991, BGBl. I 1218.

22 Statistisches Jahrbuch 1999, S. 711.

23 Statistisches Jahrbuch 1999, S. 201.

24 Gesetzesbegründung der BReg., BT-Drs. 12/7136, S. 3; s.a. *Theuer*, NVwZ 1995, 127 (132 Fn. 59): die Prüfkosten alleine für die Grundstufe nach § 7 sollen – nach der zweiten Novelle – DM 230 000,–

10 Abweichend von verschiedenen anderen Umweltgesetzen können die positiven Auswirkungen des Chemikaliengesetzes nicht oder kaum gemessen und quantifiziert werden. Sinn und Notwendigkeit vorbeugender Gefahrstoffkontrolle liegen gleichwohl auf der Hand.

11 Unter anderem ist z.B. die Umweltbelastung, aber auch die Belastung von Lebensmitteln und des Menschen durch **Dioxine** in Deutschland seit Ende der 80er Jahre deutlich zurückgegangen. Grund dafür war eine Fülle von technischen und rechtlichen Maßnahmen, u.a. wurde der Dioxin-Ausstoß von Abfall-Verbrennungsanlagen drastisch reduziert. 1994/95 lagen die Gesamt-Emissionen von Dioxinen bei 30 g TE pro Jahr. 1990 waren es noch 400 g TE pro Jahr. Die derzeitigen Dioxin-Emissionen aus Abfall-Verbrennungsanlagen betragen weniger als zwei g TE pro Jahr.

12 Dioxine reichern sich in Lebewesen vor allem in Fett-, Leber- und Hautgewebe an und bauen sich nur langsam ab. Vom Menschen werden 90-95% der Dioxine über die Nahrung aufgenommen. Nahezu zwei Drittel dieser Aufnahme erfolgt über den Verzehr von Fleisch und Milchprodukten. Die Aufnahme über die Atemluft und über die Haut ist im Vergleich zur Nahrung für nicht beruflich exponierte Personen vernachlässigbar. Einige Dioxine sind extrem giftig und können bereits in kleinsten Mengen tödlich sein. Beim Menschen kann Dioxin – abhängig von der aufgenommenen Menge – Gewichtsverlust (wasting syndrome), Hautschädigungen (Chlorakne), Störungen des Immunsystems, der Nervenleitung, des Hormonhaushalts und der Enzymsysteme mit all ihren Folgen hervorrufen. 2,3,7,8 TCDD ist von der Weltgesundheitsorganisation WHO im Februar 1997 als humankanzerogen (krebserzeugend für den Menschen) eingestuft worden. Andere Dioxine stehen im Verdacht, krebserzeugend zu sein.

13 In die Umwelt gelangen Dioxine hauptsächlich durch Verbrennungsprozesse sowie bei der Produktion und Verwendung chlororganischer Verbindungen. Für den Ausstoß von Dioxin aus Verbrennungsanlagen (Müllverbrennung, Sondermüllverbrennung) gilt in Deutschland seit 1990 ein Grenzwert von 0,1 Nanogramm (ng = ein Milliardstel Gramm)/m^3 Rauchgas. Alte Anlagen mußten bis spätestens 1.12.1996 nachgerüstet werden. Dieser Grenzwert ist weltweit der strengste für derartige Anlagen. Deshalb sind mittlerweile auch thermische Prozesse der Metallgewinnung und -verarbeitung bei der Entstehung von Dioxinen in den Vordergrund getreten. – Im November 1994 hat die Umweltministerkonferenz auf der Grundlage eines Berichts einer Arbeitsgruppe unter Leitung des Umweltbundesamtes ein gestuftes Anforderungskonzept zur Emissionsbegrenzung von Dioxinen bei industriellen und gewerblichen Anlagen mit einem Emissions-Zielwert von 0,1 ng TE je Kubikmeter Abgas für Anlagen mit einem Abgasvolumenstrom von mehr als 5000 m^3/h beschlossen.

II. Einführung in das Chemikalienrecht

1. Systematische Stellung

14 Unter **Gefahrstoffrecht im weiteren Sinn** versteht man die Gesamtheit der Regelungen, die dem Schutz von Mensch und Umwelt vor gefährlichen Stoffen dienen[25].

bis DM 470 000,– betragen; die erforderlichen Prüfungen für Mengen ab 100 kg/a nehmen danach 6-9 Monate in Anspruch, ebda. S. 129.

25 Zur Zersplittung des Gefahrstoffrechts und zu verschiedenen Ordnungsversuchen in der Literatur vgl. *Uppenbrink*, WiVerw. 1985, 131 (131 f.); s. auch *Kloepfer*, in: HdUR, Bd. I, Art. „Gefahrstoffrecht“, Sp. 814 ff.

Die von diesen Stoffen ausgehenden Gefahren werden häufig schon durch primär *medienbezogene Umweltgesetze* (bzw. durch die auf ihnen gründenden Rechtsverordnungen) erfaßt. Auf der Grundlage des BImSchG kann z.B. die Emission gewisser Gefahrstoffe in das Medium Luft und damit auch der Eintrag solcher Stoffe über den Luftweg in Gewässer und Boden reglementiert werden. Das WHG und die ergänzenden Landeswassergesetze ermöglichen es, Emissionen von Gefahrstoffen in das Medium Wasser zu begrenzen. Die Entsorgung von Abfällen, die umweltgefährliche Chemikalien enthalten, richtet sich nach den für gefährliche Sonderabfälle geltenden Vorschriften des KrW-/AbfG. Dem Gefahrstoffrecht im weiteren Sinn lassen sich selbst Atomrecht und Gentechnikrecht zuordnen. Freilich wird der Begriff des Gefahrstoffrechts in diesem weiten Verständnis konturenlos und damit wenig brauchbar. **15**

Das **Gefahrstoffrecht im engeren Sinn** ist durch seinen *stoffspezifischen Gehalt*, nämlich seine Ausrichtung vor allem auf die (insbesondere präventive) Kontrolle der Gefahrstoffe, daneben auch auf Beschaffenheitsanforderungen gekennzeichnet. Seine Normen wollen die Gesundheit oder die Umwelt schlechthin durch generell stoffbezogene, also nicht durch speziell medienbezogene Regelungen schützen. **16**

Zum Gefahrstoffrecht im engeren Sinne gehört zunächst einmal das **Chemikaliengesetz** mit den bisher aufgrund seiner (zahlreichen) Ermächtigungen ergangenen untergesetzlichen Rechtsvorschriften, insbesondere der Gefahrstoff- (Rn. 11/30, 108 f.) und der Chemikalienverbotsverordnung (Rn. 11/30, 110 ff.). Umgekehrt enthält das ChemG nicht nur „klassisches Umweltrecht", sondern auch Gesundheits- und Arbeitsschutzrecht. **17**

Trotz seines weit gefaßten Titels normiert das Chemikaliengesetz das Gefahrstoffrecht aber nur unvollständig. Sein Anwendungsbereich wird durch spezielle gefahrstoffregelnde Gesetze nicht unerheblich eingeengt (Rn. 11/54 ff.). Das Gefahrstoffrecht im engeren Sinne umfaßt auch andere Gesetze mit stoffspezifischen Regelungen zum Schutz der Gesundheit oder der Umwelt[26], beispielsweise das Pflanzenschutzgesetz, das (auch zum speziellen Gewässerschutzrecht gehörende) Wasch- und Reinigungsmittelgesetz, das Düngemittelgesetz, das Futtermittelgesetz, das Sprengstoffgesetz, das Arzneimittelgesetz, das (auch zum speziellen Immissionsschutzrecht gehörende) Benzinbleigesetz, ferner einzelne Normen in sonstigen Gesetzen, z.B. die – zum Schutz vor schädlichen Umwelteinwirkungen erlassenen – Verordnungsermächtigungen der §§ 34, 35 BImSchG über Herstellung, Einführung und sonstiges Inverkehrbringen von Brennstoffen und Treibstoffen (Rn. 8/272), sowie bestimmte Verordnungsermächtigungen des KrW-/AbfG (Rn. 12/168, 199, 282). **18**

Besonders hinzuweisen ist in diesem Zusammenhang schließlich auch auf nationale und internationale Regelungen bezüglich des **Transports gefährlicher Güter**. Sie reichen vom Einpacken/Befüllen ggf. über transportbedingtes Zwischenlagern bis zum Auspacken/Entleeren, enthalten entsprechend den einzelnen Gefahrgutklassen 1-9 mit Unterklassen bestimmte Verpackungsvorschriften, Kennzeichnungspflichten und Verantwortungsbestimmungen. **19**

Aufgrund des Gesetzes über die Beförderung gefährlicher Güter vom 6.8.1975 (BGBl. I 2121), zuletzt geändert durch G. vom 6.8.1998 (BGBl. I 2037), sind insbesondere folgende **20**

26 Dazu *Kloepfer*, Umweltrecht, § 17 Rn. 6 m.w.N.

einschlägige Verordnungen ergangen: Verordnung über die innerstaatliche und grenzüberschreitende Beförderung gefährlicher Güter auf Straßen (Gefahrgutverordnung Straße – GGVS); Verordnung über die innerstaatliche und grenzüberschreitende Beförderung gefährlicher Güter mit Eisenbahnen (Gefahrgutverordnung Eisenbahn – GGVE); Verordnung über die Beförderung gefährlicher Güter mit Seeschiffen (GefahrgutV-See); Gefahrgutverordnung Binnenschiffahrt (GGVBinSch). Für die Beförderung gefährlicher Güter in Luftfahrzeugen gilt derzeit noch § 27 I LuftVG i.V.m. §§ 76 ff. LuftVZO; auch hier soll jedoch eine eigene Gefahrgutverordnung erlassen werden.

21 Die Sicherheitsstandards, die durch die angeführten, den Transport gefährlicher Güter regelnden Verordnungen verwirklicht werden sollen, sind nach immer neuen Erfahrungen teils nicht streng genug, teils werden sie nicht genügend überwacht.

2. Historische Entwicklung

22 Nach dem Vorbild entsprechender Regelungen in den USA, in Japan und in Ländern der EG wurde das Chemikaliengesetz als fach- und medienübergreifendes Gefahrstoffgesetz (erst) 1980 verabschiedet. Auf einen 1975 erfolgten Vorstoß Frankreichs hin, das seinerseits bald danach ein Chemikaliengesetz verabschiedete[27], arbeitete man in Rat und Kommission der Europäischen Gemeinschaften an der Einführung einer Chemikalien-Präventiv-Kontrolle. Im folgenden beeinflußten sich wechselseitig die Vorarbeiten zur 6. Änderung der Richtlinie des Rates 67/548 EWG vom 27.6.1967 zur Angleichung der Rechts- und Verwaltungsvorschriften für die Einstufung, Verpackung und Kennzeichnung gefährlicher Stoffe einerseits und die Vorarbeiten für ein deutsches Chemikaliengesetz andererseits. Diese Vorarbeiten auf EG- und innerstaatlicher Ebene mündeten schließlich in die am 18.9.1979 verabschiedete Richtlinie des Rates zur 6. Änderung der Richtlinie 67/548 EWG[28] und in die Verabschiedung des deutschen Chemikaliengesetzes vom 16.9.1980[29].

23 Das **Chemikaliengesetz** verwirklichte in der Bundesrepublik Deutschland erstmals in stoffbezogener Betrachtungsweise eine dem Vorsorgeprinzip (Rn. 1/81) verpflichtete und das Verursacherprinzip (Rn. 1/89) umsetzende Kontrollmöglichkeit für Chemikalien. Sie umfaßt gewisse – aufgrund der „Verlustliste" des § 2 ChemG (Rn. 11/40 ff.) bei weitem nicht alle – seit dem 18.9.1981 neu auf den Markt gebrachte Chemikalien. Entsprechendes gilt unter bestimmten Voraussetzungen auch für sog. Altstoffe[30]. Das fach- und medienübergreifende Gesetz, das dem allgemeinen Gesundheitsschutz, dem Arbeitsschutz und dem Umweltschutz gleichermaßen dient, kann damit als ein Markstein in der Gesetzgebungsgeschichte des Umweltrechts bezeichnet werden. Mit dem Inkrafttreten dieses Gesetzes ging, wie erwartet, die Zahl der neu in Verkehr gebrachten chemischen Stoffe erheblich zurück, u.a. deswegen, weil die bei ihrer Anmeldung geforderten Prüfungen und Informationen kostspielig und zeitraubend sind (Rn. 11/9). Immerhin stieg in der Bundesrepublik die Zahl der

27 Loi sur le contrôle des produits chimiques, Nr. 77-771 vom 12.7.1977.

28 ABl. Nr. L 259/10.

29 Vgl. zum ganzen ausführlich *Kloepfer*, Chemikaliengesetz, S. 17 ff. m.w.N.

30 Zur Forderung des SRU nach einer Beschleunigung und Verbesserung der Aufarbeitung von Altstoffen SRU, Umweltgutachten 2000, Tz. 183 ff.

Anmeldungen neuer Stoffe von 4 im Jahre 1983 über 19 im Jahre 1986, 41 im Jahre 1987 auf 61 im Jahre 1988 und auf 112, 81 und 107 in den Jahren 1990, '91 und '92[31].

Das ChemG wurde erstmals 1990 novelliert[32] und dabei auch in der Form grundlegend verbessert. Die Gesetzessystematik wurde zwar beibehalten, das Gesetz aber (u.a. durch seine Gliederung in 8 Abschnitte) übersichtlicher präsentiert. Im übrigen blieb kaum ein Paragraph des bisherigen ChemG ohne Änderung oder Ergänzung. Zahlreiche Vorschriften wurden ganz neu gefaßt, neue Vorschriften eingefügt. Eine weitere Novelle erfolgte 1994 zur Anpassung an neueres EG-Recht (Rn. 11/26), an das Abkommen über den Europäischen Wirtschaftsraum und an das ILO-Übereinkommen Nr. 170. Konzeptionelle Änderungen fanden damit nicht statt[33]. Eine wirkliche Neuordnung im Sinne der rechtspolitisch geforderten ökonomisch und ökologisch notwendigen Stoffwirtschaft (Rn. 11/37) ist damit nicht erfolgt und steht weiter aus. 24

3. Gesetzgebungskompetenz und Rechtsquellen

a) Europarecht

Rechtsgrundlagen auf Europarechtsebene sind vor allem die Art. 95 und 175 EG (Art. 100a und 130s EGV). Wichtige europarechtliche Schranken für die nationale Stoffpolitik ergeben sich aus Art. 28 EG (Art. 30 EGV). 25

Auf EG-Ebene findet sich eine bedeutende Anzahl von **Richtlinien des Rats** der EG über chemische Stoffe und Zubereitungen (z.B. über Anforderungen an Einstufung, Verpackung und Kennzeichnung; Verwendung; Beschränkung des Inverkehrbringens bestimmter Stoffe wie z.B. PCB, PCT, VC; Verhütung und Verringerung der Umweltverschmutzung durch Asbest; vorbeugende Überwachung u.a.m.)[34]. Eine Reihe neuerer Richtlinien des Rats[35] wurde mit den Novellen 1990 und 1994 zum ChemG in deutsches Recht umgesetzt. Es handelt sich um die 26

- Richtlinie 88/379 vom 7.6.1988 zur Angleichung der Rechts- und Verwaltungsvorschriften der Mitgliedstaaten für die Einstufung, Verpackung und Kennzeichnung gefährlicher Zubereitungen („**Zubereitungsrichtlinie**"; ABl. Nr. L 187/14), die vor allem hinsichtlich der Kennzeichnungspflicht einigen Novellierungsbedarf im deutschen Chemikaliengesetz erzeugte, die
- Richtlinien 87/18 vom 18.12.1986 (1. GLP-Richtlinie; ABl. Nr. L 15/29) und 88/320 vom 7.6.1988 (2. GLP-Richtlinie; ABl. Nr. L 145/35), beide zur „Guten La-

31 Gesetzesbegründung der BReg, BT-Drs. 12/7136, S. 21.

32 Die Änderungen beinhalteten insbesondere die ausdrückliche Verankerung des Vorsorgeprinzips in § 1 bei gleichzeitiger entsprechender Absenkung der Eingriffsschwelle für Verbote und Beschränkungen in §§ 17 und 23, die Voraussetzungen, um das Altstoffproblem rechtlich lösen zu können, und neue Regelungen über den OECD-Grundsatz der sog. Guten Laborpraxis und zur Vermeidung von Tierversuchen.

33 Die wichtigsten Änderungen betrafen die Vorschrifen über die Anmeldung neuer Stoffe, vor allem das Anmeldeverfahren und den Umfang der bei der Anmeldung vozulegenden Unterlagen.

34 S. die Nachw. bei *Kloepfer,* Umweltrecht, § 17 Rn. 13 m. Fn. 47.

35 Richtlinien 93/21 vom 27.4.1993, ABl. Nr. L 110/20; 93/67 vom 20.7.1993, ABl. Nr. L 227/9, und 93/90 vom 29.10.1993, ABl. Nr. L 277/33 vom 10.11.1993.

borpraxis" (GLP), die im Rahmen behördlicher Beurteilung der Gefährlichkeit von Chemikalien die Qualität vorgelegter Prüfergebnisse sicherstellen wollen, und die

- Richtlinie 92/32 vom 30.4.1992 zur 7. Änderung der Richtlinie 67/548 zur Angleichung der Rechts- und Verwaltungsvorschriften für die Einstufung, Verpackung und Kennzeichnung gefährlicher Stoffe (ABl. Nr. L 154/1), mit der das Recht der Anmeldung neuer Stoffe grundlegend überarbeitet, insbesondere die Anmeldepflicht erheblich erweitert und das Prüfprogramm des Anmeldeverfahrens vor allem im Bereich der Ökotoxikologie überarbeitet und ergänzt worden ist.

27 Ebenso wurden mit den Novellen 1990 und 1994 ergänzende Vollzugsvorschriften für EG-Verordnungen des Rats (Rn. 1/43) geschaffen, nämlich für die

- Verordnung 3322/88 vom 14.10.1988 über bestimmte Fluorchlorkohlenwasserstoffe und Halone, die zu einem Abbau der Ozonschicht führen, („FCKW-VO"; ABl. Nr. L 297/1)[36],
- Verordnung 1734/88 vom 16.6.1988 betr. die Ausfuhr bestimmter gefährlicher Chemikalien aus der Gemeinschaft bzw. deren Einfuhr in die Gemeinschaft („Im-/Export-VO"; ABl. Nr. L 155/2, inzwischen ersetzt durch VO 2455/93),
- Verordnung 428/89 vom 20.2.1989 betreffend die Ausfuhr bestimmter chemischer Erzeugnisse (ABl. Nr. L 50/1),
- Verordnung 2455/92 vom 23.7.1992 betreffend die Ausfuhr und Einfuhr bestimmter gefährlicher Chemikalien[37] (ABl. Nr. L 251/13, zuletzt geändert durch VO 2247/98, ABl. vom 20.10.1998, Nr. L 282/12) sowie die
- Verordnung 793/93 vom 23.3.1993 zur Bewertung und Kontrolle der Umweltrisiken chemischer Altstoffe (ABl. Nr. L 84/1, berichtigt ABl. vom 3.9.1993, Nr. L 224/34), die praktisch ganz besonders wichtig ist.

28 Das EG-Recht hat gerade im Bereich des deutschen Chemikalienrechts durchschlagende Bedeutung erlangt, wie die beiden – fast ganz EG-induzierten – Novellen des ChemG eindrucksvoll belegen. Die damit erreichte Harmonisierung fördert die Standortbedingungen der in Deutschland arbeitenden Betriebe. Für die Innovationsfähigkeit und damit die künftigen Wettbewerbsbedingungen sind nämlich neue Produkte besonders wichtig. Werden hier Kosten einseitig nur der deutschen Industrie auferlegt, nämlich aufgrund gegenüber nicht harmonisiertem EG-Recht schärferen deutschen Rechts, wird dies zur Abwanderung deutscher Betriebe führen. U.a. diesen Bedenken hat die 7. Änderungsrichtlinie durch die Absenkung der Eingangsmengenschwelle des Anmeldeverfahrens auf 10 kg Rechnung getragen (jetzt: 10 kg, früher: 1 t).

---

36 Vgl. Fn. 20.

37 Quecksilberoxid, Quecksilberchlorid, andere organische Quecksilberverbindungen, DDT, polychlorierte Biphenyle (PCB) und andere mehr.

b) Bundesrecht

Das **Gesetz zum Schutz vor gefährlichen Stoffen** (Chemikaliengesetz – ChemG) vom 16.9.1980 (BGBl. I 1718), in der Fassung der Bekanntmachung vom 25.7.1994 (BGBl. I 1703), zuletzt geändert durch G. v. 14.5.1998 (BGBl. I 950, 969), beruht auf der konkurrierenden Gesetzgebungszuständigkeit des Bundes für das Recht der Wirtschaft (Art. 74 I Nr. 11 GG), für den Arbeitsschutz (Art. 74 I Nr. 12 GG), für den Verkehr mit Giften (Art. 74 I Nr. 19) und für das Strafrecht (Art. 74 I Nr. 1 GG). Die Gesetzgebungskompetenz der Länder wurde durch den Erlaß des Chemikaliengesetzes erheblich eingeschränkt (Art. 72 GG)[38]. Allerdings unterliegt der Erlaß der meisten der auf dem Chemikaliengesetz beruhenden Verordnungen dem Erfordernis der Zustimmung des Bundesrats. **29**

Auch dieses Gesetz ist wie viele andere Umweltgesetze auf eine Konkretisierung durch Rechtsverordnungen angelegt. Nur wenige Gesetzesbestimmungen sind aus sich heraus vollziehbar („Vollzugslastigkeit" des ChemG). Das ChemG enthält daher zahlreiche Ermächtigungen zum Erlaß von Rechtsverordnungen durch die Exekutive. Nicht selten ist dabei dem Gesetz nur die Zielvorstellung zu entnehmen, die der Exekutive als Regelungsprogramm (Art. 80 I 2 GG) vorgegeben ist. Das führt dann leicht dazu, daß unter dem Einfluß interessierter Kreise auf Verordnungsebene verwässert wird, was auf Gesetzesebene bestenfalls angelegt ist.

Die wichtigsten der bisher ergangenen Verordnungen sind die **30**

- Verordnung zum Schutz vor gefährlichen Stoffen (*Gefahrstoffverordnung* – GefStoffV) vom 26.10.1993 (BGBl. I 2049), zuletzt geändert durch Verordnung vom 15.4.97 (BGBl. I 782)[39],
- Verordnung über Verbote und Beschränkungen des Inverkehrbringens gefährlicher Stoffe, Zubereitungen und Erzeugnisse nach dem Chemikaliengesetz (*Chemikalien-Verbotsverordnung* – ChemVerbotsV) vom 14.10.1993, BGBl. I 1720, i.d.F. vom 19.7.1996 (BGBl. I 1151), zuletzt geändert durch VO v. 18.10.1999 (BGBl. I 2059, 2064),
- Verordnung über Prüfnachweise und sonstige Anmelde- und Mitteilungsunterlagen nach dem Chemikaliengesetz (Prüfnachweisverordnung – ChemPrufV) vom 1.8.1994 (BGBl. I 1877),
- Verordnung über die Mitteilungspflichten nach § 16e des Chemikaliengesetzes zur Vorbeugung und Information bei Vergiftungen (Giftinformationsverordnung – ChemGiftInfoV) vom 17.7.1990 (BGBl. I 1424), i.d.F. vom 31.7.1996 (BGBl. I 1198),
- Verordnung zum Verbot von bestimmten die Ozonschicht abbauenden Halogenkohlenwasserstoffen (FCKW-Halon-Verbots-Verordnung) vom 6.5.1991 (BGBl. I 1090), geändert durch G. v. 24.6.1994 (BGBl. I 1416),

38 Kritisch hierzu *Kloepfer,* Chemikaliengesetz, S. 38.
39 Dazu *Au,* ZUR 1994, 237 ff.

- Verordnung über Übergangsmaßnahmen für die chemikalienrechtliche Anmeldung von Stoffen in dem in Art. 3 des Einigungsvertrags genannten Gebiet (Chemikalien-Übergangsverordnung) vom 18.2.1992 (BGBl. I 288), sowie die
- Verordnung zur Durchsetzung gemeinschaftsrechtlicher Verordnungen über Stoffe und Zubereitungen (Chemikalien Straf- und Bußgeldverordnung – ChemStrOWiV) vom 30.3.1994 (BGBl. I 718).

4. Überblick über das Chemikaliengesetz

31 Zur Verwirklichung des Ziels eines präventiven Schutzes von Mensch und Umwelt vor den Wirkungen gefährlicher Stoffe und Zubereitungen enthält das Chemikaliengesetz Regelungen zum allgemeinen Schutz vor gefährlichen Stoffen, aber auch zum besonderen Gift- und Arbeitsschutz. Dabei hat der Gesetzgeber – anders als im Arzneimittelrecht – auch für neue Stoffe und Zubereitungen **kein Zulassungsverfahren**, sondern nur ein **Anmelde- und Prüfverfahren** vorgesehen. Insbesondere hat er bei seinem Inkrafttreten in irgendeinem Mitgliedsstaat der Europäischen Gemeinschaften bereits in Verkehr gebrachte Stoffe („Altstoffe") grundsätzlich ausgeklammert und sich zur Schonung der Innovationsfähigkeit der chemischen Industrie und zur Vermeidung übermäßiger Verwaltungskosten mit der Einführung einer grundsätzlich nur **neue Stoffe** betreffenden Anmelde-, Prüfnachweis- und Mitteilungspflicht begnügt. Damit bekennt sich das ChemG – im Gegensatz zu einem „Produktionsverbot mit Erlaubnisvorbehalt" – zum **„Grundsatz der Produktionsfreiheit mit staatlichem Eingriffsvorbehalt"**[40].

32 Die Grundregelung für den allgemeinen Schutz vor gefährlichen Stoffen und Zubereitungen betrifft das **Anmelde- und Prüfverfahren für neue Stoffe**. Danach ist es die Pflicht des Herstellers oder Einführers, alle neuen Stoffe entsprechend einem einheitlichen Prüfprogramm auf ihre Gesundheits- und Umweltverträglichkeit zu überprüfen bzw. überprüfen zu lassen und rechtzeitig vor ihrem Inverkehrbringen oder vor ihrer Einfuhr bei der zuständigen Behörde mit Prüfungsunterlagen anzumelden (§§ 4-12, 16-16e). Die zuständigen Behörden können dann auf der Grundlage einer Beurteilung (Bewertung) der ihnen mit der Anmeldung übermittelten Informationen (insbesondere der Prüfungsergebnisse) darüber entscheiden, ob und ggf. welche Eingriffsmaßnahmen (z.B. Nachforderung zusätzlicher Prüfnachweise, Produktions- oder Vertriebsauflagen usw.) geboten sind. Mit der Größe der in Verkehr gebrachten Menge der neuen Stoffe steigen Zeit und Aufwand für die Prüfungen.

33 Neben dieses Anmelde- und Prüfverfahren tritt die **Einstufung** eines Stoffes oder einer Zubereitung, d.h. die Zuordnung zu einem Gefährlichkeitsmerkmal, und zwar entweder durch den Verordnunggeber („Legaleinstufung") oder (hilfsweise) durch den Hersteller oder Einführer selbst („Eigeneinstufung"), ferner die Pflicht, als gefährlich eingestufte Stoffe oder Zubereitungen nach den hierzu ergangenen Vorschriften zum Schutz von Mensch und Umwelt so zu **verpacken** und für den Ver-

40 *Radek/Friedel*, Das neue Chemikaliengesetz, 1981, S. 16.

braucher zu **kennzeichnen** (§§ 13-15a), daß Gefahren für Gesundheit und Umwelt bei richtiger Verwendung vermieden werden.

In Übereinstimmung mit dem **Verhältnismäßigkeitsgrundsatz** wird der Kreis der den Hersteller oder Einführer treffenden Pflichten mit der Menge und/oder Gefährlichkeit eines Stoffes erweitert. Diese „**Pflichteneskalation**" erstreckt sich von der ursprünglichen Pflicht zur Anmeldung (nebst Vornahme der Grundprüfung) über u.U. hinzukommende besondere Prüfungspflichten, Einstufungs-, Kennzeichnungs- und Verpackungspflichten bis hin zu besonderen, durch hoheitliche Beschränkungen oder Verbote (§ 17) begründeten Pflichten. **34**

Schließlich kennt das ChemG auch die bereits erwähnten, auf Dauer angelegten **Verbote und Beschränkungen**, allerdings vor allem in Gestalt von Verordnungsermächtigungen (insbesondere §§ 17, 18 ChemG, z.T. auch § 19 ChemG). Unmittelbar aufgrund des ChemG können im Einzelfall Verbote nach § 11 II (als Druckmittel der Anmeldestelle zur Befolgung einer Nachweispflicht) und nach § 23 II (befristetes Verbot in bezug auf einen gefährlichen Stoff, eine gefährliche Zubereitung oder ein Erzeugnis, das derartige Stoffe oder Zubereitungen enthält) ergehen. **35**

Mit dem skizzierten Regelungssystem hat der Gesetzgeber ein Vorsorgeinstrument geschaffen, dem eine Ergänzungsfunktion gegenüber den bestehenden, zum Gefahrstoffrecht i.w.S. (Rn. 11/14 f.) gehörenden stoffbezogenen Regelungen in medienspezifischen Gesetzen (z.B. BBodSchG, WHG, BImSchG) zukommt. **36**

5. Mängel und Bedeutung des Chemikaliengesetzes

Das ChemG 1980 ist wegen seiner unübersehbaren *Mängel* auf vielfältige politische und wissenschaftliche Kritik gestoßen[41]. Das galt nicht so sehr für die Regelungsinhalte, deren sich die Novelle 1990 vor allem annahm, als vielmehr für die Gesetzestechnik, die es dem Rechtsanwender außerordentlich erschwerte, den jeweiligen Regelungsgehalt zu erfassen. Das Gesetz war unübersichtlich und schwer verständlich. Es enthielt terminologische Unstimmigkeiten und systematische Schwächen. Und es verlagerte viele maßgebliche (stoffbezogene) Regelungen in später zu erlassende Rechtsverordnungen, was freilich Schule gemacht hat. Insgesamt war das Gesetz, wie dies wohlwollend festgestellt worden ist, ein „Gesetz von Spezialisten für Spezialisten". Hier hat die *Novelle 1990* unübersehbare *Verbesserungen* gebracht, u.a. durch eine neue Gliederung, durch Zwischenüberschriften und weniger Verweisungen. Die *Novelle 1994* brachte formal kaum Neues (Rn. 11/24). **37**

Die klassisch ordnungsrechtliche zweiseitige Instrumentierung des Chemikalienrechts (Rn. 11/52) bedarf der Ergänzung sowohl durch prozedurale Elemente[42] als auch durch proaktive Instrumente[43]. Die **rechtspolitische** Diskussion kreist um die

41 Zusammenfassend *E. Rehbinder*, in: Jarass u.a., UGB-BT, S. 875 (879 ff.).

42 Eingehend *Viebrock*, Öffentlichkeit im Verfahren der Chemikalienkontrolle am Beispiel PCP, 1995.

43 Dazu der Bericht „Die Industriegesellschaft gestalten" der Enquête-Kommission „Schutz des Menschen und der Umwelt – Bewertungskriterien und Perspektiven für umweltverträgliche Stoffkreisläufe in der Industriegesellschaft", 1994, BT-Drs. 12/8260.

„**Schlüsselstellung im Umweltrecht**", die dem Chemikalienrecht aufgrund seiner möglichen **Steuerfunktion für Stoffströme** – neben dem Kreislaufwirtschafts- und Abfallrecht[44] – nach Meinung vieler zukommen sollte[45]. Dazu wäre die Beschränkung auf gefährliche Stoffe aufzugeben und im Sinne einer ganzheitlichen Betrachtung eine umfassende Stoffwirtschaft („Stoffstrom-Management") – nach dem Beispiel des KrW-/AbfG (Rn. 12/81) – anzustreben[46]. Die Regelungen wären in einem **integrierten Stoffrecht** zusammenzufassen[47]. Der Professorenentwurf zum UBG-BT hält sich hier sehr zurück; § 442 II UGB-BT erfaßt nur gefährliche Stoffe, Zubereitungen und Produkte, ebenso § 586 UGB-KomE[48].

Verstärkt werden sollten die *chemiepolitischen Leitideen* der Minimierung besonders gefährlicher Stoffe, der Reduzierung des Stoffumlaufs, der Führung in Stoffkreisläufen und selbst Bedarfsprüfungen[49]. Kurzfristig ist eine Verbesserung aber nicht in Sicht.

III. Gesetzeszweck, Anwendungsbereich, Begriffe und Instrumente

1. Gesetzeszweck

38 Nach seiner Novellierung beschränkt sich § 1 ChemG jetzt auf die Angabe des **Gesetzeszwecks**, nämlich

- den Menschen und die Umwelt vor schädlichen Einwirkungen gefährlicher Stoffe und Zubereitungen zu schützen,
- insbesondere sie erkennbar zu machen, sie abzuwenden und ihrem Entstehen vorzubeugen.

39 Damit ist das *Vorsorgeprinzip* (Rn. 1/81) aber auch ausdrücklich in die Schutzzielbestimmung aufgenommen. Dies ist für die Auslegung der Eingriffs- und Verordnungsermächtigungen des Gesetzes von Bedeutung. Die Eingriffsschwelle für Verbote und Beschränkungen wird damit gesenkt, vgl. §§ 11 und 17 ChemG (Rn. 11/89, 105)[50].

44 Zur Verbindung Chemikalien-/Kreislaufwirtschaftsrecht SRU, Sondergutachten „Abfallwirtschaft", BT-Drs. 11/8493, Tz. 180.

45 Vgl. SRU, Umweltgutachten 1994, Tz. 570 ff.; ebenso Entschließungsantrag der SPD-Fraktion zum ChemG, BT-Drucks. 12/7447; s.a. die Diskussion *Schwanhold/Grießhammer/Held*, ZAU 1993, 297 ff.

46 Dazu *Kunig*, Jahrbuch des Umwelt- und Technikrechts 1994, S. 277 ff.; *E. Rehbinder*, in: Stoff-Enquête (Fn. 43), S. 305; *Führ,* KJ 1997, 159 ff.; *Gebers/Führ/Wollny*, Ökologische Stoffwirtschaft, 1993, S. 22, 26 u.ö.

47 Enquête-Kommission (Fn. 43), S. 29 ff., 305.

48 UGB-KomE, S. 1440: „Angesichts des jetzigen Diskussionsstadiums kann jedenfalls eine Modifizierung des gesamten Modells gegenwärtig nicht befürwortet werden."

49 Dazu *Held* (Hrsg.), Leitbilder der Chemiepolitik, 1992; *Ladeur*, NuR 1994, 8 (13 f.).

50 *E. Rehbinder*, in: AKUR, Grundzüge des Umweltrechts, Rn. 13/12: Eingriffsvoraussetzung und Strukturprinzip.

2. Anwendungsbereich

Der **Anwendungsbereich** des ChemG wird in seinem § 2 nur negativ bestimmt und durch eine „Verlustliste" stark verkürzt, indem zahlreiche Stoffe, für die spezialgesetzliche Regelungen bestehen, vom Anwendungsbereich des Chemikaliengesetzes jedenfalls teilweise ausgenommen werden. Es handelt sich dabei um solche stoffbezogenen Regelungen, die nach Auffassung des Gesetzgebers einen zumindest gleichwertigen, wenn auch nicht gleichartigen Schutz von Mensch und Umwelt vor gefährlichen Stoffen verwirklichen. **40**

So gelten nach § 2 I Nrn. 1-5 ChemG die wichtigsten Vorschriften des ChemG (nämlich die §§ 4-16a sowie § 16b I 1 Nrn. 2, 16e, 17 I Nr. 2a und b und 23 II) nicht für **41**

- Tabakerzeugnisse und kosmetische Mittel im Sinne des Lebensmittel- und Bedarfsgegenständegesetzes (Nr. 1),
- Arzneimittel, die einem Zulassungs- oder Registrierungsverfahren nach dem Arzneimittelgesetz oder nach dem Tierseuchengesetz unterliegen, sowie sonstige Arzneimittel, soweit sie nach § 21 II des Arzneimittelgesetzes einer Zulassung nicht bedürfen oder in einer zur Abgabe an den Verbraucher bestimmten Verpakkung abgegeben werden (Nr. 2),
- Medizinprodukte i.S.d. § 3 Nr. 1, 2, 6, 7 und 8 Medizinproduktgesetzes (Nr. 2a),
- Abfälle zur Beseitigung i.S.d. § 3 I 2 Hs. 2 KrW-/AbfG (Nr. 3a),
- radioaktive Abfälle im Sinne des Atomgesetzes (Nr. 4),
- Abwasser im Sinne des Abwasserabgabengesetzes, soweit es in Gewässer oder Abwasseranlagen eingeleitet wird (Nr. 5).

Noch mehr Vorschriften (nämlich die §§ 4-17 I Nr. 2a und b und 23 II ChemG) gelten nicht für Lebensmittel im Sinne des Lebensmittel- und Bedarfsgegenständegesetzes; so wurde die Rückstands-Höchstmengenverordnung vom 1.9.1994 (BGBl. I 2299), zuletzt geändert durch Verordnung v. 26.9.1997 (BGBl. I 2366), über die für Verbraucher wichtigen Grenzen für „Gifte auf Lebensmitteln" u.a. auf lebensmittelrechtlicher, nicht auf chemikalienrechtlicher Grundlage erlassen. Ausgenommen sind auch Futtermittel und Zusatzstoffe im Sinne des Futtermittelgesetzes (§ 2 II ChemG). Hiervon enthält § 2 II 2 ChemG wiederum Rückausnahmen, z.B. hinsichtlich der Einstufungs-, Verpackungs- und Kennzeichnungs- sowie bestimmter Mitteilungspflichten, beispielsweise für Futtermittel. Weiter gibt es Ausnahmen für die Grundstoffe von zulassungs- oder registrierungspflichtigen Arzneimitteln nach dem Arzneimittelgesetz oder nach dem Tierseuchengesetz und soweit die Stoffe und Zubereitungen einem Zulassungsverfahren nach dem Pflanzenschutzgesetz unterliegen (§ 2 III ChemG). Auch gelten die meisten Vorschriften des ChemG nicht für die Beförderung gefährlicher Güter im Eisenbahn-, Straßen-, Binnenschiffs-, See- und Luftverkehr, es sei denn, es handelt sich um innerbetriebliche Beförderung (§ 2 V ChemG). **42**

Da die Einschränkungen des Anwendungsbereichs für verschiedene Stoffe, Zubereitungen und Erzeugnisse an unterschiedliche Kriterien anknüpfen, um einerseits schon bestehenden gesetzlichen Bestimmungen, andererseits unterschiedlich großem Schutzbedarf Rechnung zu tragen, ist auch die Gesamtregelung der Verluste mit ihren Ausnahmen und Rückausnahmen nicht gerade transparent. Dies gilt auch noch nach der Novelle, selbst wenn diese die Verlustliste übersichtlicher gefaßt und inhaltlich verkürzt hat. **43**

44 Ergänzend anwendbar ist das Chemikaliengesetz jedenfalls grundsätzlich neben dem Benzinbleigesetz, dem Bundesimmissionsschutzgesetz, dem Düngemittelgesetz und dem Wasch- und Reinigungsmittelgesetz, denen es einerseits mit einzelnen Normen als späteres Gesetz vorgeht, von denen es aber andererseits mit einzelnen Normen insoweit verdrängt wird, als die genannten Gesetze speziellere Regelungen enthalten[51].

3. Begriffsbestimmungen

45 Für den Anwendungsbereich des Chemikaliengesetzes enthält sein § 3 ChemG eine Reihe wesentlicher **Begriffsbestimmungen**, der 1990 und 1994 erheblich erweitert wurde.

- „**Stoffe**“ sind chemische Elemente oder (hergestellte oder natürlich vorkommende) chemische Verbindungen einschließlich – etwa herstellungsbedingter – Verunreinigungen und – z.B. für die Vermarktung erforderlicher – Hilfsstoffe, mit Ausnahme von bestimmten Lösungsmitteln (Nr. 1). Mit dem Stoffbegriff der Chemie ist der chemikalienrechtliche Stoffbegriff nicht identisch. Der Begriff des Stoffes ist sozus. der *Grundbegriff des ChemG*, da sich die meisten Regelungen des Gesetzes ausschließlich auf Stoffe als solche oder auf Stoffe in Zubereitungen beziehen.
- „**Zubereitungen**“ sind Gemenge, Gemische oder Lösungen von zwei oder mehreren Stoffen (Nr. 4). Eine chemische Verbindung verschiedener Stoffe ist selbst ein Stoff und keine Zubereitung; diese umfaßt nur **mechanisch-physikalische Stoffverbindungen**.
- „**Alte Stoffe**“ sind – im Gegensatz zu „*Neuen Stoffen*“ i.S.d. Nr. 3 – solche, die im Altstoffverzeichnis der EG – EINECS[52] – in seiner jeweiligen Fassung bezeichnet sind (Nr. 2).

  Das europäische Altstoffinventar umfaßt über 100 000 Stoffe. Die Risiken auch dieser Altstoffe mußten für die in größeren Mengen im Verkehr befindlichen gefahrenverdächtigen Stoffe systematisch erfaßt und bewertet werden, was wegen der beschränkten Überprüfungskapazität eine umfassende europäische Kooperation und gleichwohl eine Reihe von Jahren erforderte. Aufgrund der neuen Altstoffbestimmung konnte die bisher geltende Chemikalien-Altstoffverordnung außer Kraft treten.
- „**Erzeugnisse**“ sind Stoffe oder Zubereitungen, die bei der Herstellung eine spezifische Gestalt, Oberfläche oder Form erhalten haben, die deren Funktion mehr bestimmen als ihre chemische Zusammensetzung als solche oder in zusammengefügter Form (Nr. 5).

  An der Geeignetheit dieser Begriffsbestimmung kann man weiterhin zweifeln. Kein Erzeugnis in diesem Sinne liegt vor, wenn die physikalische Form nur dazu dient, den Stoff oder die Zubereitung für das In-Verkehr-bringen in eine dafür geeignete Form zu bringen wie z.B. bei Kunststoffgranulat und Lötdraht. Dagegen ist ein Erzeugnis nicht nur ein Autoreifen aus einem bestimmten Stoff, sondern auch das damit bestückte Auto.

---

51 *E. Rehbinder/Kayser/Klein*, Chemikaliengesetz, § 2 Rn. 16 ff., jeweils m.w.N.

52 *European Inventory of Existing Commercial Chemical Substances*, ABl. vom 15.6.1990, Nr. C 146 A.

- Unter „**Einstufung**" versteht das Gesetz die Zuordnung zu einem Gefährlichkeitsmerkmal entsprechend § 3a (Nr. 6).
- „**Hersteller**" sind neben natürlichen oder juristischen Personen wie bisher jetzt auch nicht rechtsfähige Personenvereinigungen, die einen Stoff, eine Zubereitung oder ein Erzeugnis herstellen oder gewinnen (Nr. 7).

  Das Gesetz umfaßt daher OHG, KG und eine Gesellschaft bürgerlichen Rechts. Bei arbeitsteiliger Herstellung ist wohl jede damit befaßte Person oder Personenvereinigung Hersteller i.S.d. Nr. 7.

Weiter sind in § 3 ChemG die Begriffe *Einführer, Inverkehrbringen*[53], *Polymer, Verwenden, wissenschaftliche Forschung und Entwicklung* und *verfahrensorientierte Forschung und Entwicklung* bestimmt. 46

Die beiden letzten Begriffsbestimmungen sind neu und entstammen der 7. Änderungsrichtlinie (Rn. 11/26). Sie sind wichtig für die Privilegierung durch Ausnahme von der Anmeldepflicht nach § 5 I ChemG und die Mitteilungspflicht nach § 16a I, II ChemG.

„**Gefährliche Stoffe und gefährliche Zubereitungen**" haben jetzt in einem eigenen 47
§ 3a I ihre Begriffsbestimmung gefunden, nämlich als Stoffe oder Zubereitungen, die

- explosionsgefährlich (Nr. 1, z.B. Ammoniumdichromat, Dibenzoylperoxid),
- brandfördernd (Nr. 2, z.B. Natriumchlorat, Salpetersäure),
- hochentzündlich (Nr. 3, z.B. Acetylen, Butan, Ether),
- leichtentzündlich (Nr. 4, z.B. Toluol),
- entzündlich (Nr. 5, z.B. Styrol),
- sehr giftig (Nr. 6, z.B. Phosgen, Blausäure),
- giftig (Nr. 7, z.B. Phenol, Methanol),
- gesundheitsschädlich (Nr. 8), neu anstelle des verharmlosenden „mindergiftig",
- ätzend (Nr. 9, z.B. Natronlauge, Salzsäure),
- reizend (Nr. 10, z.B. Natronlauge, Salzsäure),
- sensibilisierend (Nr. 11),
- krebserzeugend (Nr. 12, z.B. Benzol, Asbestfeinstaub),
- fortpflanzungsgefährdend (Nr. 13), neu anstelle von „fruchtschädigend",
- erbgutverändernd (Nr. 14) oder
- umweltgefährlich (Nr. 15, z.B. Pentachlorphenol[54]) sind,

wobei gefährliche Eigenschaften ionisierender Strahlen ausgenommen sind.

Als „*umweltgefährlich*" bestimmt sind in § 3a II ChemG Stoffe oder Zubereitungen, die selbst oder deren Umwandlungsprodukte geeignet sind, die Beschaffenheit des Naturhaushalts, von Wasser, Boden und Luft, Klima, Tieren, Pflanzen oder Mikroorganismen derart zu verändern, daß dadurch sofort oder später Gefahren für die Umwelt herbeigeführt werden können. Neben den in § 3a Abs. 1 Nr. 1 bis 14 ChemG angeführten Einzelmerkmalen bildet § 3a I Nr. 15 i.V.m. Abs. 2 einen Auffangtatbestand. 48

Die nähere Bestimmung der genannten Gefährlichkeitsmerkmale gefährlicher Stoffe und Zubereitungen ist in § 4 GefStoffV (Rn. 11/30, 108 f.) enthalten. Nach § 4 I 49

---

53 Vgl. hierzu *Knebel*, in: HdUR, Bd. I, Art. „Inverkehrbringen", Sp. 1156 ff.

54 Vgl. die Entscheidung der Kommission vom 14.9.1994, ABl. vom 9.12.1994, Nr. L 316/43.

Nr. 6 GefStoffV sind z.B. Stoffe und Zubereitungen „sehr giftig" i.S. des § 3a Abs. 1 Nr. 6 des Gesetzes, wenn sie in sehr geringer Menge beim Einatmen, beim Verschlucken oder bei Aufnahme über die Haut zum Tode führen oder akute oder chronische Gesundheitsschäden bewirken können.

50 Dort findet sich auch eine Reihe weiterer Begriffsbestimmungen in § 3, beispielsweise zu den Begriffen *Umgang, Lagern, Arbeitgeber, MAK, BAT* und *TRK*, zur *Auslöseschwelle* und zum *Stand der Technik* im Sinne der Verordnung.

51 Einige vom ChemG verwendete, mehr oder weniger unbestimmte Rechtsbegriffe werden dagegen im Gesetz nicht definiert, so z.B. der Begriff Gesundheit, ferner die Begriffe Stand der wissenschaftlichen Erkenntnis oder gesicherte wissenschaftliche Erkenntnis[55] u.a.m. Erst recht wurden zunächst scheinbar verschiedene Gefahrbegriffe nebeneinander verwendet – z.B. „Gefahr", „erhebliche Gefahr", „erhebliche Gefahr für Leben und Gesundheit", „besondere Gefahr", „Gefahr im Verzug" – ohne daß eindeutige Abgrenzungen ersichtlich waren[56].

4. Instrumente

a) Allgemeines

52 Das Chemikaliengesetz sieht, wie schon hervorgehoben wurde, **kein Zulassungsverfahren** für Chemikalien vor. Es begnügt sich stattdessen damit, dem Hersteller und Einführer gewisse Pflichten aufzuerlegen, und zwar entweder unmittelbar kraft Gesetzes oder kraft einer (aufgrund des Gesetzes zu erlassenden) Rechtsverordnung. Hierbei geht es zunächst um die nur neue Stoffe betreffenden Anmelde- und Prüfnachweispflichten (§§ 4-10 ChemG), dann aber auch um die jetzt systematisch gestrafften und wesentlich erweiterten, bestimmte neue wie alte Stoffe betreffenden *Mitteilungspflichten* (§§ 16-16e). Darüber hinaus gibt es *Einstufungs-, Verpackungs- und Kennzeichnungspflichten* (§§ 13-15a), Unterlassungspflichten aufgrund von *Verboten und Beschränkungen* (§ 17), Bestimmungen über die *Gute Laborpraxis* (GLP) (§§ 19a-19d), überwachungsdienliche Pflichten (§§ 20, 21) sowie giftrechtliche (§ 18) und arbeitsschutzrechtliche (§ 19) Regelungen zum Schutz vor gefährlichen Stoffen. Hinzu kommen Bußgeld- und Strafbestimmungen (§§ 26, 27) sowie schließlich Normen zur Begründung administrativer Befugnisse, die zur Durchführung all dieser Regelungen erforderlich sind.

53 Zwischen den drei modernen *idealtypischen Regelungssystemen* für die Kontrolle von Chemikalien

- Zulassungsverfahren,
- Meldeverfahren mit Eingriffsvorbehalt und
- primäre Herstellerverantwortlichkeit

---

55 Vgl. hierzu *Marburger*, Untersuchung des Begriffs „gesicherte wissenschaftliche Erkenntnis" nach dem Chemikaliengesetz und Abgrenzung zu dem Begriff „Stand der Technik" und ähnlichen Begriffen, in: Gesellschaft für Rechtspolitik (Hrsg.), Chemikalienrecht, 1986, S. 327 ff., bes. S. 369 ff.

56 „Tendenz terminologischer Disharmonie", *Kloepfer*, Chemikaliengesetz, S. 30.

hat sich der Gesetzgeber also für den mittleren Weg des bloßen **Meldeverfahrens** entschieden und trägt damit dem „Grundsatz der kontrollierten Eigenverantwortung des Herstellers" Rechnung[57]. Kommt aber die zuständige Stelle *aufgrund der Meldung und Nachweise* oder aufgrund *eigener Erkenntnis* zu dem Ergebnis, daß ein **Eingriff** bis hin zum **Totalverbot** angezeigt ist, kann sie die erforderlichen Maßnahmen – und zwar sowohl bei neuen als auch bei Altstoffen – ergreifen.

Beispiel: Pentachlorphenol (PCP) ist ein in der EG schon seit langem produzierter pilztötender, aber auch schwer abbaubarer Wirkstoff zum Einsatz in Lederkonservierungs- sowie Holzschutzmitteln. Viele Bewohner von Wohnräumen, in denen mit derartigen Holzschutzmitteln behandeltes Holz eingebaut ist, klagten über Beschwerden. Eine beim Bundesgesundheitsamt gebildete Kommission „Holzschutzmittel (PCP)-Wohnraum" kam 1983 zu dem Ergebnis, gesundheitsschädliche Wirkungen durch Holzschutzmittel seien bisher zwar nicht bewiesen, aber eben auch nicht auszuschließen[58]. PCP ist nach gesicherter wissenschaftlicher Erkenntnis als giftig i.S. des § 3a I Nr. 7 ChemG und wegen seiner ökotoxischen Wirkung auch als umweltgefährlich i.S. des § 3a I Nr. 15, II ChemG und damit als „gefährlich" i.S. des § 14 I Nr. 1 ChemG einzustufen. Daher traf auch ohne weitere Regelung Hersteller und Einführer die Pflicht, PCP sowie seine Verbindungen und Zubereitungen gem. § 13 I 1 ChemG sicher zu verpacken und durch entsprechende Kennzeichnung auf die Gefährlichkeit hinzuweisen. Da PCP aber ein „Altstoff" ist (Rn. 11/45), unterliegt es nicht der Anmelde- und Prüfungspflicht für neue Stoffe (Rn. 11/63, 70, 79). Statt nun nach § 16c II ChemG (bzw. nach § 4 VI ChemG a.F.) eine Rechtsverordnung zu erlassen, um inländische Hersteller und Einführer zu verpflichten, bei der Anmeldestelle (Rn. 11/126) den Stoff anzumelden unter Nachweis der Prüfung des Stoffes auf den Grad seiner Gefährlichkeit auf Kosten des Anmelders, entschloß sich die Bundesregierung, gleich das schärfste Mittel, nämlich ein Dauerverbot der Herstellung, des Inverkehrbringens und der Verwendung von PCP und PCP-haltigen Zubereitungen zu ergreifen. Die dazu am 20.5.1987 gem. § 17 I ChemG i.d. damaligen Fassung mit Zustimmung des Bundesrats beschlossene Rechtsverordnung[59] traf zwar auf den Widerstand der EG-Kommission, weil ein einseitiges nationales PCP-Verbot als Handelshemmnis beurteilt wurde und eine einschlägige EG-Richtlinie (noch) ausstand[60], wurde dann aber doch von ihr bestätigt[61] und ist jetzt in der ChemVerbotsV (Rn. 11/30, 110 ff.) aufgegangen. **54**

Besonders kritische Stoffe wie Cadmium oder Stoffe der Chlorchemie in Konsumprodukten (Chlororganica) sollten mit ordnungsrechtlichen Instrumenten beschränkt werden, z.B. PVC als Verpackungsmaterial und Cadmium i.V.m. PVC. PVC in Siedlungsmüll und in gemischten Kunststoffabfällen bereitet erhebliche Schwierigkeiten, **55**

57 *E. Rehbinder* (Fn. 50), Rn. 13/11.

58 Vgl. auch *Strubelt*, Gifte in Natur und Umwelt, 1996. – Um die Kausalität für Gesundheitsschäden durch PCP ging es im sog. Holzschutzmittelprozeß (LG Frankfurt/Main, ZUR 1994, 33), vgl. *Schulz*, ZUR 1994, 26 (29). – Zum Anspruch eines Beamten auf Schutz vor PCP-Gefahren am Arbeitsplatz s. VG Oldenburg, NVwZ 1993, 913. – Eine umfangreiche „Fallstudie PCP" findet sich bei *Viebrock*, Öffentlichkeit im Verfahren der Chemikalienkontrolle am Beispiel „PCP", 1995, S. 71 ff.

59 Vom 17.12.1989, BGBl. I 2235.

60 Vor ihrer Inkraftsetzung mußte die PCP-VO von der Kommission der EG notifiziert werden. In der EG stieß aber ein EG-weites Totalverbot von PCP auf Widerstand.

61 Entsch. v 2.12.1992, ABl. Nr. C 334, S. 8; diese Entsch. wurde vom EuGH – wegen Verletzung der Begründungspflicht nach Art. 190 EGV – für nichtig erklärt – Urt. vom 17.5.1994, Rs. C-41/93 (Frankreich/Kommission), NJW 1994, 3341 mit Anm. *Reich*, NJW 1994, 3334 ff. – dann aber mit einer neuen umfangreichen Begründung erneut bestätigt – Entscheidung vom 14.9.1994 (94/783/EG), ABl. vom 9.12.1994, Nr. L 316/43. – Zur weiteren PCP-Politik der Kommission s. ABl. vom 12.11.1994, Nr. C 315/4.

diese Abfälle zu Produkten mit gesicherten Qualitätsstandards zu verarbeiten. Nach § 17 ChemG sind auch abfallwirtschaftliche Zielsetzungen einzubeziehen.

b) Inkurs: Das „Risikoschutz"-Konzept des ChemG

56 Das deutsche Umweltrecht ist noch immer geprägt von der begrifflichen **Unterscheidung** zwischen **Gefahr und Risiko** (Rn. 1/79 ff.) und der dem entsprechenden Stufung in *Schutz- und Vorsorgemaßnahmen* (vgl. Rn. 4/9). Schon aus dem für die Gesetzesauslegung grundlegenden § 1 ChemG folgt aber, daß die **Risikovorsorge** wesentlicher Bestandteil des **umfassenden** Schutzkonzepts des ChemG ist (vgl. Rn. 11/39)[62]. Diese überkommenen umweltrechtlichen Begrifflichkeiten sind im Rahmen des ChemG ein Stück weit aufgegeben.

57 Dies dürfte v.a. zwei Ursachen haben: Erstens ist in denjenigen Umweltbereichen, in denen – wie im Chemikalienbereich – gravierende, irreversible Schädigungen drohen, der Gefahrbegriff durch die „Je-desto-Formel" ohnehin stark relativiert: Da wegen des Ausmaßes und der Intensität möglicher Schädigungen die Anforderungen an die Wahrscheinlichkeit des Schadenseintritts entsprechend gering sind[63], lassen sich Gefahrenabwehr einerseits und „klassische" Risikovorsorge[64] andererseits praktisch kaum noch gegeneinander abgrenzen[65]. Zweitens ist das Chemikaliengesetz noch viel stärker als andere Umweltgesetze von europarechtlicher Gesetzgebung beeinflußt (Rn. 11/21). Außerhalb Deutschlands aber spielt die Abgrenzung von Gefahr und Risiko, wenn überhaupt, nur eine untergeordnete Rolle und werden insbesondere nicht dieselben weitreichenden Rechtsfolgen an diese Unterscheidung geknüpft[66]. Auch dies hat die Ausbildung eines eigenständigen „Risikoschutz"-Konzepts im ChemG befördert. Die Literatur freilich scheint diesen Paradigmenwechsel, obwohl im Gesetz unmittelbar angelegt, (noch) nicht nachzuvollziehen. Vielmehr bemüht sie sich, das Risikoschutzkonzept des ChemG mit dem Gefahrenbegriff des allgemeinen Umweltrechts zu harmonisieren[67]. Wo ihr dies nicht gelingt, wird das Fehlen einer hinreichend klaren Systematisierung innerhalb des gesetzlichen Risikoschutzkonzepts bemängelt[68]. Gerechtfertigt ist dieser Vorwurf u.E. aber nicht.

58 Nach dem Gesetzeszweck sollen die einzelnen Vorschriften des ChemG Mensch und Umwelt umfassend Schutz vor den durch Gefahrstoffe bedingten Risiken bieten. Daß nicht nur Gefahren, sondern auch Risiken erfaßt sind, ergibt sich aus der **ausdrücklichen Einbeziehung** der **Vorsorge** in das Schutzkonzept. Damit ist klargestellt, daß bereits die „praktisch nicht ausgeschlossen erscheinende Möglichkeit des Eintritts ei-

---

62 Dahinter verbirgt sich auch eine grundlegende sicherheitsrechtliche Neuoriertierung.

63 Dazu nur *Breuer*, DVBl. 1978, 829 (833) sowie *ders.*, NVwZ 1990, 211 (219).

64 Zur Unterscheidung zwischen der noch sicherheitsrechtlich inspirierten „klassischen" Risikovorsorge und der bewirtschaftungsrechtlich orientierten Ressourcenvorsorge *Kloepfer*, Umweltrecht, § 4 Rn. 9.

65 Allgemein zu Neuorientierungen in der Sicherheitsdogmatik *Wahl/Appel*, in: *Wahl* (Hrsg.), Prävention und Vorsorge, 1995, S. 90 ff.

66 So auch UGB-KomE, S. 439.

67 So insbesondere *Rehbinder* (Fn. 50), Rn. 13/14; ferner *Kloepfer*, Umweltrecht, § 17 Rn. 42. Zum ganzen auch *Winter*, DVBl. 1994, 913 ff., der aber die Regelungsgehalte des Chemikaliengesetzes unnötig kompliziert mit dem hergebrachten Begriffsinstrumentarium zu konkretisieren versucht, statt sie einfacher und wohl auch überzeugender aus sich selbst heraus zu deuten.

68 *Kloepfer*, Umweltrecht, § 17 Rn. 42.

ner nur geringfügigen nachteiligen Einwirkung auf ein gesetzliches Schutzgut"[69] unter das Risikoschutzkonzept des ChemG fällt. Zugleich wird deutlich, daß der Vorsorgezweck des ChemG sich auf die noch sicherheitsrechtlich inspirierte, „klassische" Risikovorsorge beschränkt, die Ressourcenvorsorge hingegen in dem risikoorientierten Schutzkonzept des ChemG keinen Platz hat[70]. Dem folgt der UGB-KomE, der die Thematik des Ressurcenschonung ebenfalls aus seinem Gefahrenstoffkapitel ausgelagert hat[71].

Zur Konkretisierung und Rationalisierung des Risikoschutzkonzepts im ChemG trägt ganz wesentlich die Begriffsbestimmung der gefährlichen Stoffe und gefährlichen Zubereitungen in § 3a ChemG (Rn. 11/39) sowie die auf der Grundlage dieser Vorschrift i.V.m. § 4 ChemG ergangene Gefahrstoffverordnung (Rn. 11/43 f.) bei. Denn an das Vorliegen gefährlicher Stoffe i.S.d. Bestimmungen knüpfen die gesetzlichen Risikoschutzinstrumente an (z.B. § 6 II; § 19 II 1 ChemG). An den gesetzlich bzw. untergesetzlich näher bestimmten gefährlichen Stoffen hat der Gesetzgeber des weiteren auch sein nuanciert-differenziertes[72] System gestufter Risikoschwellen festgemacht. Es reicht vom bloßen Anhaltspunkt (§ 16d I) über den begründeten Verdacht, daß der Stoff gefährlich ist (§ 11 I), bis zur erheblichen Gefahr (§ 23 Abs. 2). Der für das Schutzregime des ChemG insofern ganz zentrale *§ 3a* bringt nun seinerseits unverkennbar die *eigenständige Risikophilosophie* des ChemG zum Ausdruck: Indem er entscheidend auf die potentielle Gefährlichkeit der betreffenden Stoffe abstellt, zeigt sich, daß die bloße Gefahrenabwehr insoweit durch die Risikovorsorge ergänzt wird[73]. Auf dieser Linie liegt erklärtermaßen auch der UGB-KomE[74]. **59**

In der Literatur ist nun allerdings der Versuch unternommen worden, das in § 1 angelegte, durch § 3a ChemG bestätigte weite Risikoschutzkonzept des ChemG wieder zu verengen. Es wurde geltend gemacht, daß die *bloße Gefährlichkeit* eines Stoffes i.S.d. § 3a noch nicht ausreiche, um eine *Gefahr oder ein Risiko* i.S.d. der Schutzregelungen des ChemG zu begründen. Es komme daher neben der lediglich *stoffimmanenten Gefährlichkeit* auf die *biologische Wirksamkeit* des Stoffs für Mensch und Umwelt, also auf seine *aktuelle* Gefährlichkeit an[75]. Insbesondere sei ein Einschreiten des Verordnungsgebers gem. § 17 (dazu näher Rn. 11/105 f.) bei bloß *stoffimmanenter Gefährlichkeit* ausgeschlossen[76]. Daran ist richtig, daß nach dem Schutzkonzept des ChemG ein Risiko unterhalb der *Restrisikoschwelle* kein Risiko im juristischen Sinne ist. Daher wäre auch ein Herstellungsverbot nach § 17 unstatthaft, wenn eine Schädigung von Mensch und Natur durch den gefährlichen Stoff praktisch ausgeschlossen wäre. Um zu diesem Ergebnis zu gelangen, bedarf es freilich nicht des tatbestandseinschränkenden Korrektivs einer wirkungsbezogenen Gefahr oder eines solchen Risikos, zumal dadurch der mit den Typisierungen nach § 3a intendierte **60**

69 So die Risikodefinition in § 3 Nr. 5 UGB-KomE.
70 Zu den unterschiedlichen Vorsorgebegriffen s.o. Rn. 1/81 ff.
71 UGB-KomE, S. 1427.
72 So anerkennend auch *Kloepfer*, Umweltrecht, § 17 Rn. 42.
73 Dem entspricht, daß sich auch die verfassungsrechtliche Pflicht des Staates zum Schutz der natürlichen Lebensgrundlagen sowohl auf die Gefahrenabwehr als auch auf die Risikovorsorge erstreckt, *Murswiek*, in: *Sachs* (Hrsg.), GG-Kommentar, 1999, Rn. 49.
74 UGB-KomE, S. 1427.
75 *Rehbinder* (Fn. 50), Rn. 13/14 f.
76 *Rehbinder* (Fn. 50), Rn. 13/68.

Konkretisierungs- und Rationalsierungseffekt wieder verloren ginge[77]. Vielmehr ergibt sich aus dem in § 17 enthaltenen Grundsatz der **Verhältnismäßigkeit**[78], wann Restrisiken von (Verfassungs-)Rechts wegen zu tolerieren sind[79]. Dies wird allenfalls ausnahmsweise der Fall sein. Damit bedarf das zukunftsweisende Risikoschutzkonzept des ChemG keiner gefahrenabwehrrechtlichen Korrektur.

IV. Anmeldung, Prüfung und Bewertung von Stoffen

61 Kernstück des Gesetzes sind die Regelungen der **Anmelde- und Prüfungs- bzw. Prüfnachweispflichten** der Hersteller oder Importeure von neuen Stoffen (§§ 4-12 ChemG). Sie sollen den zuständigen Behörden[80] die rechtzeitige Beurteilung („Bewertung" i.S. des § 12 II ChemG) erlauben, ob ein Stoff schädliche Einwirkungen auf den Menschen oder die Umwelt hat, um ggf. entsprechende Schutzmaßnahmen ergreifen zu können. Zu dem Kreis dieser Pflichten treten die besonderen, gegenüber der Anmeldestelle (Rn. 11/126) bestehenden Mitteilungspflichten des Anmeldeverpflichteten (§ 16 ChemG); diese beziehen sich aber nur auf eine nach der Anmeldung eintretende Veränderung anmeldepflichtiger Tatsachen (Änderungsmitteilungen) oder auf gewisse nicht (oder nicht mehr) anmeldepflichtige Stoffe[81]. Zutreffend wird daher das ChemG auch als „stoffbezogenes Informationsgewinnungsgesetz"[82] bezeichnet.

1. Anmeldepflicht und Ausnahmen

62 Nur noch **neue Stoffe** i.S. des § 3 Nr. 3 ChemG unterliegen der **Anmelde- und Prüfungspflicht**.

a) Grundsatz: Anmeldepflicht für neue Stoffe (§ 4 ChemG)

63 aa) In sachlicher Hinsicht ist nach § 4 I u. II ChemG der **neue Stoff** entweder als **solcher** oder als **Bestandteil einer Zubereitung** (§ 3 Nr. 4 ChemG) **anmeldepflichtig**. Dies gilt aber nicht für einen neuen Stoff als Bestandteil eines solchen Erzeugnisses, das Ergebnis der weiteren Be- oder Verarbeitung eines anmeldepflichtigen Stoffes oder einer einen derartigen Stoff enthaltenden Zubereitung ist.

64 **Beispiel:** Ein Unternehmen der chemischen Industrie hat einen neuen Kunststoff mit besonderen mechanischen Eigenschaften entwickelt. Dieser Kunststoff soll in Granulatform herge-

77 I.E. gleich *Breuer*, Chemikalienrecht, 1986, 155 (215 f.).

78 Im Falle des § 17 ChemG hat dieser in Gestalt des Erforderlichkeitspostulats eine einfachgesetzliche Teilkonkretisierung erfahren.

79 Dazu *Kloepfer*, Umweltrecht, § 3 Rn. 17.

80 Bei der Prüfung und Bewertung werden verschiedene Bundesanstalten eingeschaltet, um eine möglichst umfassende Beurteilung zu ermöglichen, so das Bundesinstitut für gesundheitlichen Verbraucherschutz und Veterinärmedizin, das Umweltbundesamt, die Biologische Bundesanstalt und die Bundesanstalt für Materialprüfung).

81 Vgl. *E. Rehbinder*, UPR 1988, 201 ff.

82 BVerwG, NVwZ 1992, 983 (984).

stellt und vertrieben werden. Er wird in hocherhitztem Zustand flüssig und kann dann in Formen gegossen werden. Mit einem Unternehmen, das Ersatzteile für Flugzeuge herstellt und das hierzu künftig auch den neuen Kunststoff verwenden will, ist bereits ein Liefervertrag abgeschlossen. Der Anmeldepflicht unterliegt hier nur der Kunststoff als solcher, nicht aber die Reihe der aus ihm durch Verarbeitung hergestellten Folgeprodukte.

bb) In persönlicher Hinsicht ist anmeldepflichtig **65**

- der *Hersteller* (§ 3 Nr. 7 ChemG), der i.S. des § 3 Nr. 9 ChemG den Stoff in einem Mitgliedstaat der EG oder des EWR-Abkommens in Verkehr bringt, sofern er den Stoff nicht bereits in einem solchen Mitgliedstaat angemeldet hat (§ 4 I ChemG),
- der *Einführer* (§ 3 Nr. 8 ChemG), wenn er einen Stoff erstmalig aus einem Staat einführt, der nicht Mitgliedstaat der EG oder EWR-Vertragsstaat ist (§ 4 II 1 ChemG), es sei denn, der Einführer ist in dem Mitglieds- oder Vertragsstaat auch niedergelassen (S. 2), sowie
- ein Unternehmen, das zwar nicht nach Deutschland einführt, wohl aber aus einem Mitglieds- oder Vertragsstaat in einen anderen, außer im Transitverkehr, § 4 IV ChemG.

cc) Die Anmeldepflicht des Herstellers oder Einführers besteht nur bei einem *gewerbsmäßigen* oder im Rahmen sonstiger wirtschaftlicher Unternehmungen erfolgenden, also nicht bei privatem oder unentgeltlichem Handeln (§ 4 I 1 u. II 1 ChemG). Sie besteht ferner nur dann, wenn der Stoff nicht bereits in einem anderen EG-Mitgliedsstaat von demselben Hersteller hergestellt bzw. von demselben Einführer eingeführt und dort in einem gleichwertigen Verfahren angemeldet worden ist (§ 4 I 2 bzw. II 2 ChemG). Die Anmeldung in einem Mitgliedsstaat hat somit *transnationale* Wirkung[83]. **66**

Wer als Privater oder als juristische Person in keinem EG-Mitglieds- oder EWR-Vertragsstaat niedergelassen ist, darf einen Stoff als solchen (oder als Bestandteil einer Zubereitung) gewerbsmäßig (oder sonst im Rahmen wirtschaftlicher Unternehmungen) nicht in die Bundesrepublik Deutschland einführen (§ 4 III ChemG). **67**

b) Ausnahmen von der Anmeldepflicht für neue Stoffe

In § 5 ChemG werden verschiedene Stoffe von der Anmeldepflicht ausgenommen, und zwar aus ganz unterschiedlichen Gründen. Es geht dabei um ein **Kleinbestandteils- und Kleinmengenprivileg** (§ 5 I 1 Nrn. 1 u. 4 ChemG) sowie ein **Forschungs- und Entwicklungsprivileg** (§ 5 I 1 Nrn. 2 u. 3), das seit 1994 von einem auf zwei Jahre verlängert werden kann (§ 5 III Nr. 2) und von besonders großer praktischer Bedeutung ist[84]. Indessen bestehen in vielen Fällen *Mitteilungspflichten* nach § 16a ChemG. **68**

83 *Theuer*, NVwZ 1995, 127 (128); *Schmidt-Aßmann*, DVBl. 1993, 935.
84 Kritisch zu Voraussetzungen und Zeitbeschränkung *Theuer*, NVwZ 1995, 127 (131 f.).

c) Gegenausnahmen

69 Allerdings gibt es von diesen Ausnahmen wiederum (Ermächtigungen für behördlich anzuordnende) Gegen-, d.h. Rückausnahmen (§ 11 I Nrn. 1 u. 2 ChemG), dann nämlich, wenn Anhaltspunkte dafür vorliegen, daß der Stoff gefährlich und das Verlangen weiterer Prüfnachweise verhältnismäßig ist.

2. Anmeldung, Prüfnachweise, Bewertung

a) Anmeldung

70 Der notwendige **Inhalt der Anmeldung** (d.h. der Angaben bzw. der mit diesen vorzulegenden Unterlagen) ergibt sich aus §§ 6, 7, 7a ChemG i.V.m. der aufgrund des § 20 VI ChemG erlassenen Verordnung vom 1.8.1994 (BGBl. I 1877) über Prüfnachweise und sonstige Anmelde- und Mitteilungsunterlagen nach dem Chemikaliengesetz (Prüfnachweisverordnung – ChemPrüfV).

71 Diese Prüfnachweisverordnung regelt (in ihren §§ 3 ff.) z.B. näher
- Inhalt und Form der Anmeldeunterlagen (zu § 6 I-II ChemG),
- Art und Umfang der mit der Anmeldung vorzulegenden Prüfnachweise für die Grundprüfung (zu § 7 ChemG) sowie
- Art und Umfang der Angaben und Prüfnachweise bei der eingeschränkten Anwendung (zu § 7a ChemG),
- Art und Umfang der etwa geforderten zusätzlichen Prüfnachweise für die Zusatzprüfung 1. bzw. 2. Stufe (zu §§ 9 bzw. 9a ChemG).

72 Danach müssen Angaben, Nachweise oder Hinweise u.a. vorgelegt werden zu
- den *Identitätsmerkmalen des Stoffes*, wie z.B. die Bezeichnung nach dem System der internationalen Union für reine und angewandte Chemie, Summenformel und Strukturformel, Reinheit, Art und Prozentanteil der Hilfsstoffe und der Hauptverunreinigungen, Spektraldaten usw.,
- Nachweis- und Bestimmungsmethoden,
- Verwendung, Herstellung, Exposition und Verbleib,
- bekannten Analysemethoden zur Exposition des Menschen und zum Verbleib in der Umwelt,
- *möglichen schädlichen Wirkungen für Mensch und Umwelt* bei den vorhersehbaren Verwendungen,
- *Jahresmengen*, beginnend mit den ersten 12 Monaten nach erstmaligem Import oder Inverkehrbringen, sowie prozentuale Verteilung der Mengen auf Verwendungsarten und -bereiche,
- der *geordneten Entsorgung*, der möglichen *Wiederverwendung* und der *Neutralisierung*,
- der vorgesehenen Einstufung und Kennzeichnung,
- dem Standort des Herstellungsbetriebs,
- Sofortmaßnahmen bei Unfällen.

73 Wenn der Anmelder über weitere Erkenntnisse über die Wirkungen des Stoffes auf Mensch oder Umwelt verfügt, hat er eine Zusammenfassung der entsprechenden Unterlagen und auf Anforderung unverzüglich die vollständigen Unterlagen vorzulegen,

§ 6 I a ChemG. Für gefährliche Stoffe hat der Anmelder zusätzlich ein Sicherheitsdatenblatt vorzulegen (§ 6 II ChemG i.V.m. § 3 Nr. 12 ChemPrüfV).

In § 8 ChemG ist das Verfahren nach Eingang der Anmeldung näher geregelt, und **74**
zwar in Anlehnung an entsprechende Bestimmungen des GenTG (§ 12; Rn. 10/93 f.) – ein Beispiel für die fortschreitende innere Harmonisierung des Umweltrechts. So hat die Behörde innerhalb 60 bzw. 30 Tagen einen Bescheid darüber zu erlassen, ob sie die Anmeldung als ordnungsgemäß anerkennt[85] (Abs. 1), nötigenfalls Berichtigungen oder Ergänzungen entsprechend § 20 II ChemG nachzufordern (Abs. 2). Die Anmeldeunterlagen und Prüfnachweise müssen eine ausreichende Beurteilung zulassen, § 20 I ChemG. Notfalls ergeht gem. § 20 II ChemG durch die Anmeldestelle (Rn. 11/126) eine kraft Gesetzes sofort vollziehbare Informationsnachforderung innerhalb einer 60- bzw. 30-Tage-Frist, und zwar jetzt über Prüfnachweise hinaus auch für sonstige zur Beurteilung erforderliche Unterlagen und ergänzende Auskünfte. Der angemeldete Stoff darf dann wiederum erst nach Ablauf der entsprechenden Frist nach dem Eingang der nachgeforderten Information (Berichtigung oder Ergänzung) in Verkehr gebracht werden, § 8 III ChemG. Dabei darf freilich der für die Vornahme der entsprechenden Ergänzungen zu veranschlagende Zeitraum nicht vernachlässigt werden.

Während des Anmeldeverfahrens kann die Anmeldestelle vorsorglich bestimmte be- **75**
schränkende oder verbietende Maßnahmen durch **Verwaltungsakt** treffen, um zu vermeiden, daß ein Stoff, der noch nicht ordnungsgemäß angemeldet bzw. hinreichend geprüft ist, vorzeitig in den Verkehr gelangt (vgl. etwa § 11 III ChemG).

Die sog. Zweitanmeldung ist unter Berücksichtigung des Tierschutzes sowohl für das **76**
Anmelde- wie auch für das Mitteilungsverfahren so geregelt, daß nicht gleiche Tierversuche von verschiedenen Anmelde- oder Mitteilungspflichtigen, also doppelt durchgeführt zu werden brauchen.

Dazu kann die Anmeldestelle zulassen, daß der Anmelde- oder Mitteilungspflichtige auf einen **77**
Prüfnachweis eines Dritten (Voranmelders) mit dessen schriftlicher Zustimmung Bezug nimmt, wenn ihr der Prüfnachweis vorliegt, § 20a I ChemG. Damit der Pflichtige vom Vorliegen entsprechender Versuchsergebnisse überhaupt Kenntnis erlangen kann, wurde 1994 eine *Voranfragepflicht* zu der Erforderlichkeit entsprechender Tierversuche eingeführt, § 20a II 1 ChemG, aus Wettbewerbsgründen mit der Möglichkeit, daß der Voranmelder während eines Jahres anonym bleibt, § 20a II 4 ChemG. Auch *ohne die Zustimmung* des Dritten können jetzt unnötige Tierversuche unterbleiben; der Vorlage von Prüfnachweisen, die Tierversuche voraussetzen, bedarf es nämlich nicht mehr, wenn die Anmeldestelle schon ausreichende Erkenntnisse hat. Eine Mitteilungspflicht gegenüber dem Dritten, sein (zeitlich begrenztes) Widerspruchsrecht sowie sein Vergütungsanspruch in Höhe von 50% der vom Anmelder ersparten Aufwendungen (§ 20a Abs. 2-4 ChemG) sollen seine Wettbewerbsvorteile sichern. Auch bei gleichzeitiger Anmeldung können jetzt durch besondere Regelung der sog. Doppelanmelderproblematik in § 20 V ChemG doppelte Tierversuche ausgeschlossen werden.

Die sog. **Einführeranmeldung** betrifft Stoffe aus Staaten außerhalb der EG. Nach **78**
§ 10 ChemG kommt es für die Mengenbestimmung nicht auf die vom einzelnen An-

85 Mit nur feststellender Wirkung; anders bei der eingeschränkten Anmeldung nach § 8 III 3 ChemG: feststellende und rechtsgestaltende Wirkung, *Theuer*, NVwZ 1995, 127 (129).

melder selbst in den Verkehr gebrachten Mengen an, sondern auf die Gesamtmenge, in der der gleiche Stoff desselben Herstellers in die EG eingeführt wird, was Mißbrauchsmöglichkeiten vermindert. Gleichzeitig kann jetzt der Hersteller des Stoffes durch einen Alleinvertreter innerhalb der EG den Stoff selbst anmelden, was die einzelnen Einführer von ihren Vorlagepflichten entbindet. Damit werden aufwendige Parallelanmeldungen vermieden.

b) Prüfnachweise

79 aa) Mit der Anmeldung sind vom Anmeldepflichtigen **Prüfnachweise** vorzulegen (§ 6 I Nr. 11, § 7 ChemG). Die Stoffprüfungen sollen sicherstellen, daß der Staat hinsichtlich der gesundheitlichen und umweltrelevanten Auswirkungen von Chemikalien (§ 20 I ChemG: „schädliche Einwirkungen auf den Menschen oder die Umwelt") diejenigen Kenntnisse erhält, die für die Bewertung und die etwaige Einleitung regulativer Maßnahmen (insbes. nach §§ 13, 17 ff. ChemG) erforderlich sind. Dazu sieht das ChemG ein nach Prüfthematik und Prüfintensität differenziertes *Stufenprüfungssystem* vor, nämlich die sog. Grundprüfung nach § 7 und die intensivierten bzw. erweiterten Untersuchungen der Zusatzprüfung 1. bzw. 2. Stufe nach §§ 9 und 9a ChemG. Damit wird zugleich dem erheblichen *Prüfaufwand* Rechnung getragen (Rn. 11/9).

80 Die Prüfnachweise der Grundprüfung (§ 7 ChemG) müssen nach näherer Bestimmung des § 4 ChemPrüfV Aufschluß geben über

- die physikalischen, chemischen und physikalisch-chemischen Eigenschaften,
- die akute Toxizität,
- Anhaltspunkte für eine krebserzeugende oder erbgutverändernde Eigenschaft,
- Anhaltspunkte für fortpflanzungsgefährdende Eigenschaften,
- reizende und ätzende Eigenschaften,
- sensibilisierende (d.h. Überempfindlichkeitsreaktionen auslösende) Eigenschaften,
- subakute Toxizität (28-Tage-Test),
- abiotische und leichte biologische Abbaubarkeit,
- Toxizität gegenüber Wasserorganismen nach kurzzeitiger Einwirkung,
- Hemmung des Algenwachstums,
- Bakterieninhibition und
- Adsorption und Desorption.

81 Bei Unterschreiten bestimmter Mengen jährlich vom Anmeldepflichtigen in der EG in Verkehr gebrachter Stoffe (100 kg bzw. 1 t), findet eine *eingeschränkte Anmeldung* statt, bei der nur bestimmte der vorstehend aufgeführten Angaben gemacht werden müssen, § 7a ChemG. Einzelheiten bestimmt Abs. 2 i.V.m. der ChemPrüfV. Bei Erreichen der jeweiligen *Mengenschwellen* sind dann die Anmeldedatensätze entsprechend aufzufüllen, §§ 7a I 3 und 4 ChemG.

82 Seit 1994 gilt eine EG-weite und damit einheitliche Anmeldepflicht. Zum Ausgleich wurde – wiederum entsprechend der Richtlinie – die eingeschränkte Anmeldung nach § 7a ChemG eingeführt. Damit gingen Teile der Mitteilungspflichten nach § 16a ChemG a.F. in dem EG-weit harmonisierten und gleichzeitig gestuften Anmeldeverfahren auf.

bb) Über die Grundprüfung hinaus kann die Anmeldestelle (Rn. 11/126) von dem Anmeldepflichtigen hinsichtlich der in den Mitglieds- bzw. Vertragsstaaten in Verkehr gebrachten Stoffe **zusätzliche**, innerhalb einer von ihr bestimmten Frist vorzulegende **Prüfnachweise** verlangen. **83**

Dies gilt

- auf einer **ersten**, durch das Erreichen *bestimmter* Einfuhr- bzw. Erzeugungs-*Mengenschwellen* der anmeldepflichtigen Stoffe gekennzeichneten **Stufe** (Zusatzprüfung 1. Stufe, § 9 I ChemG) über
- – physikalische, chemische und pysikalisch-chemische Eigenschaften,*
- – subchronische und chronische Toxizität (Nr. 2),*
- – fortpflanzungsgefährdende, krebserzeugende und erbgutverändernde Eigenschaften,
- – toxikokinetische Grundeigenschaften,
- – die potentielle biologische Abbaubarkeit,*
- – Adsorption und Desorption,*
- – Bioakkumulation,
- – Toxizität gegenüber Wasserorganismen nach langfristiger Einwirkung,
- – Toxizität gegenüber Bodenorganismen und Pflanzen,

* soweit sich die Erforderlichkeit aus den Prüfergebnissen der Grundprüfung, bei Nr. 2 auch aus sonstigen Erkenntnissen ergibt,

- sowie auf einer **zweiten**, nach Erreichen (10 mal) *höherer Mengenschwellen* der anmeldepflichtigen Stoffe gekennzeichneten **Stufe** (Zusatzprüfung 2. Stufe, § 9a ChemG) über
- – toxikokinetische einschließlich biotransformatorischer Eigenschaften,
- – chronische Toxizität,
- – krebserzeugende Eigenschaften,
- – verhaltensstörende Eigenschaften,
- – fortpflanzungsgefährdende Eigenschaften,
- – peri- und postnatale Wirkungen,
- – Organ- und Systemtoxizität,
- – Mobilität, insbesondere Adsorption und Desorption,
- – abiotische und biologische Abbaubarkeit,
- – Bioakkumulation,
- – Toxizität gegenüber Fischen, Vögeln und anderen Organismen (Nrn. 11 bis 13) und
- – weitere Eigenschaften, die allein oder im Zusammenwirken mit anderen Eigenschaften des Stoffes umweltgefährlich sind.

Die Zusatzprüfung 1. Stufe kann auch schon vor Erreichen der genannten Mengenschwellen gefordert werden, wenn zumindest geringere Mengenschwellen überschritten und weitere Nachweise – unter Berücksichtigung des Schutzzwecks des Gesetzes – erforderlich sind[86]. **84**

Besondere Bestimmungen gelten für die Einführeranmeldung, nämlich hinsichtlich der Ermittlung der maßgeblichen Gesamtmenge in der EG, § 10 I ChemG. Einzelheiten des Inhalts der Prüfnachweise bestimmt die Prüfnachweisverordnung, beispielsweise § 4 zu § 7 ChemG, § 5 zu § 7a ChemG und § 6 zu Polymeren, § 7 zu § 9 und § 8 zu § 9a ChemG (s.o. Rn. 11/70 ff.). **85**

So muß beispielsweise der Nachweis über die Prüfung auf Anhaltspunkte für erbgutverändernde und krebserzeugende Eigenschaften durch einen bakteriellen Test zur Ermittlung der Auslösung von Genmutationen sowie durch einen nichtbakteriellen Test, in der Regel als in vi- **86**

86 Vgl. – noch zu § 11 I Nr. 2 ChemG 1980 – BVerwG, NVwZ 1992, 984 ff.

tro-Test zur Ermittlung von Chromosomenaberrationen (Mikrokernen) geführt werden oder der Nachweis über die Prüfung auf subakute Toxizität grundsätzlich an einer Nagetierart über eine Dauer von mindestens 28 Tagen, wobei sich der Verabreichungsweg nach dem wahrscheinlichsten Expositionspfad beim Menschen, der akuten Toxizität und der Art des Stoffes bestimmt; fehlen Kontraindikationen, ist der orale Verabreichungsweg zu wählen, § 4 Nr. 3 und 7 ChemPrüfV.

87 Die aufgrund der zit. Bestimmungen vom Hersteller (bzw. vom Importeur) einzuholenden Informationen und vor allen Dingen die danach – bei geeigneter personeller, apparativer und sonstiger Ausstattung vom Prüfpflichtigen selbst, im übrigen aber in seinem Auftrag und auf seine Kosten in einem geeigneten Labor (Rn. 11/95) vorzunehmenden Prüfungen sind häufig nicht nur sehr kosten-, sondern auch sehr zeitaufwendig (Rn. 11/9). Nicht selten ist eine Reihe von Tests in Gestalt von Tierversuchen durchzuführen, die sich u.U. über Wochen oder gar Monate erstrecken. Hierzu werden ohnehin nur Spezialinstitute in der Lage sein, deren begrenzte Kapazität den alsbaldigen Beginn der Testserien unmittelbar nach Auftragserteilung oft nicht zuläßt.

88 Die **moderne Analytik**, die sich mit der Bestimmung von Einzelstoffen und Stoffgemischen befaßt, verfügt über sehr verfeinerte Meßverfahren (quantitative Analytik). Sie mißt heute nicht mehr nur im Bereich von ppm (1 Teil auf 1 Million Teile) oder ppb (1 Teil auf eine Milliarde Teile), sondern im Bereich von ppt (1 Teil auf 1 Billion Teile) oder gar im Bereich von ppq (1 Teil auf 1 Billiarde Teile). Einer Messung im ppt-Bereich entspricht die Identifizierung eines Roggenkorns in 100 000 t Weizen; eine Messung im ppq-Bereich identifiziert noch Schadstoffe in der Konzentration eines Zuckerwürfels im Starnberger See mit seinen 2700 Mrd l Wasser. Die Entwicklung derart effizienter Meßmethoden (etwa in Richtung der sog. Sekundär-Ionen-Massenspektrometrie, Elektronen-, ja sogar Protonensonden, Laserspektroskopie usw.) ist längst nicht abgeschlossen. Erfaßt werden sollen durch so verfeinerte Messungen weniger (akute) Kurzzeitwirkungen, als vielmehr (chronische) Langzeitschäden (etwa bei krebserzeugenden, fruchtschädigenden oder erbgutverändernden Stoffen). Dem Fortschritt auf seiten der Analysen- und Meßtechnik hinkt der Fortschritt der Toxikologie hinterher. Das Wissen um Kombinationswirkungen (Synergismus), Hemmungswirkungen (Antagonismus), das Langzeitverhalten schadstoffbelasteter Systeme (Boden, Grundwasser) und ähnliche Zusammenhänge wird oft erst durch epidemiologische Untersuchungen bereits eingetretener Schäden im nachhinein erweitert.

89 Auch für von der Anmeldepflicht befreite Stoffe können unter bestimmten Voraussetzungen Prüfnachweise sowohl der Grundstufe als auch der Zusatzstufen verlangt werden (§ 11 II Ziff. 1 ChemG). Entsprechendes gilt für Stoffe auch schon vor Überschreiten der eigentlich vorgesehenen Mengenschwelle (§ 11 I Ziff. 2 ChemG). Voraussetzung ist, daß Anhaltspunkte, insbesondere ein nach dem Stand der wissenschaftlichen Erkenntnisse begründeter Verdacht dafür vorliegen, daß der Stoff gefährlich ist, und die Maßnahme zu dem in § 1 genannten Zweck erforderlich ist. Diese Herabsetzung der Eingriffsschwelle seit der Novelle 1990 dient dem Vorsorgeprinzip (Rn. 1/81; 11/39)[87].

90 cc) Mit einem in der Novellierung 1990 in das ChemG eingefügten Abschnitt über die **„Gute Laborpraxis“** (GLP; 6. Abschnitt, §§ 19a ff. ChemG) wurden die europarechtlichen GLP-Richtlinien (Rn. 11/26) in deutsches Recht überführt. Diese Richtli-

87 Vgl. *Winter,* DVBl. 1994, 913 (917 f.), auch zur alten Fassung.

nien und ihre Umsetzung haben den Zweck, bei allen behördlichen Verfahren, bei denen es auf die Beurteilung der Gefährlichkeit von Chemikalien ankommt, die Qualität vorgelegter Prüfergebnisse sicherzustellen und einen hohen Verläßlichkeitsgrad der Laborprüfergebnisse zu gewährleisten. Das ChemG hat jetzt die Grundsätze der „Guten Laborpraxis" in seinem Anhang 1 normiert, der sich mit den Einzelheiten des organisatorischen Ablaufs und den Bedingungen, unter denen Laborprüfungen geplant, durchgeführt und überwacht werden, sowie mit der Aufzeichnung und Berichterstattung der Prüfung befaßt. Stoffprüfungen sind nach diesen Grundsätzen durchzuführen, § 19a I ChemG. Ein entsprechender Nachweis ist vorzulegen. Zur Vereinfachung wurde eine GLP-Bescheinigung eingeführt, § 19b i.V.m. Anhang 2, womit die zuständige Behörde demjenigen, der entsprechende Prüfungen durchführt, auf Antrag eine Bescheinigung über die Einhaltung der GLP erteilt, wenn seine Prüfeinrichtung und die von ihm durchgeführten Prüfungen den Grundsätzen der GLP nach Anhang 1 entsprechen. Über die Anwendung der Grundsätze der GLP ist von der Bundesregierung jährlich der Kommission der EG Bericht zu erstatten, § 19c I 1 ChemG. Die Abgabe unwahrer GLP-Erklärungen und das Erschleichen der GLP-Bescheinigung sind strafbar, § 27a ChemG. Bis Mitte 1993 haben 135 deutsche Prüfeinrichtungen eine GLP-Bescheinigung erhalten[88].

c) Behördliche Bewertung

Anmeldungen und Mitteilungen sind kein Selbstzweck, sondern sollen – als notwen- **91**
dige Vorstufe eines etwaigen behördlichen Eingreifens – die zuständigen Behörden über alle sicherheits- oder schutzrelevanten Tatbestände und Verdachtsgründe unterrichten. Hinsichtlich der vorzunehmenden „**Bewertung**" heißt es in § 12 II ChemG, ihre *Durchführung* werde durch die Bundesregierung bestimmt[89] und bei der *Bewertung* seien die gemeinschaftsrechtlichen Grundregeln zu Inhalt und Methode der Bewertung einzuhalten. Dazu hat die Kommission die Richtlinie 93/67 vom 20.7.1993[90] erlassen, die in ihrer jeweils neuesten Fassung gilt[91].

Die Bewertungsstellen (Ziff. 1.2 ChemVwV – Bewertung), also die Bundesanstalt für Arbeits- **92**
schutz als Anmeldestelle (§ 12 I ChemG), das Bundesinstitut für gesundheitlichen Verbraucherschutz und Veterinärmedizin[92] und das Umweltbundesamt haben, sobald die mit der Anmeldung vorzulegenden, von der Anmeldestelle zu überprüfenden Unterlagen vollständig und fehlerfrei sind, vor allem die (abstrakte) Gefährlichkeit des angemeldeten Stoffes zu beurteilen, d.h. eine Bewertung der Eigenschaften des angemeldeten Stoffes anhand der Anmeldeunterlagen und Prüfnachweise vorzunehmen. Eine „Gegenprüfungsbefugnis" ist der Anmeldestelle oder den Bewertungsbehörden durch das ChemG aber nicht eingeräumt. Die Bewertungsstellen (unter Einschluß der Bundesanstalt für Arbeitsschutz als Anmeldestelle) haben die vorzulegenden Unterlagen auf Plausibilität und Validität zu prüfen (Ziff. 2.1 ChemVwV –

88 Gesetzesbegründung der BReg., BT-Drs. 12/7136, S. 25.

89 Allgemeine Verwaltungsvorschrift der BReg. zur Durchführung der Bewertung nach § 12 Abs. 2 des Chemikaliengesetzes (ChemVwV – Bewertung) vom 24.6.1992 (GMBl. 438).

90 ABl. Nr. L 227/9; dazu *Winter*, DVBl. 1994, 913 (916).

91 Zur Zulässigkeit dynamischer Verweisungen auf europarechtliche Vorschriften *Klindt*, DVBl. 1998, 373 ff.

92 Als Nachfolgestelle des Bundesgesundheitsamts, BGBl. 1994 I 1422.

Bewertung). Sie werden dabei von der biologischen Bundesanstalt für Land- und Forstwirtschaft und von der Bundesanstalt für Materialforschung und -prüfung unterstützt. Soweit sachlich erforderlich haben sie andere Einrichtungen des Bundes und der Länder und sonstige öffentlich-rechtliche oder privatrechtliche Einrichtungen oder sachverständige Personen zu beteiligen (Ziff. 2.2 ChemVwV – Bewertung). Sodann haben die Bewertungsstellen die erforderlichen Schutzmaßnahmen zu veranlassen, die nach dem Chemikaliengesetz getroffen werden können (Ziff. 4 ff. ChemVwV-Bewertung).

93 Von der Bewertung hängt die Einstufung, Verpackung und Kennzeichnung ab, aber auch das Verlangen der Anmeldestelle (Rn. 11/126) nach zusätzlichen Prüfnachweisen (§§ 9 II, 11 I, II ChemG) u.a.m. Ihre Bedeutung für den Betroffenen liegt damit auf der Hand. Die Bestimmung der Bewertungsmaßstäbe durch bloße Verwaltungsvorschrift war rechtsstaatlich sicher zweifelhaft[93].

V. Besondere Pflichten

1. Einstufung, Verpackung und Kennzeichnung gefährlicher Stoffe und Zubereitungen

94 Die ordnungsgemäße Erfüllung besonderer Pflichten hinsichtlich gefährlicher Chemikalien soll nach Möglichkeit verhindern, daß diese wegen unzureichender Verpakkung Gefahren für Leben, Gesundheit und die Umwelt verursachen. Desweiteren soll sie gewährleisten, daß durch die Kennzeichnung die Abnehmer, Verwender oder sonst mit dem gefährlichen Stoff in Berührung kommenden Personen über derartige Gefahren und über die Notwendigkeit eines sorgfältigen, gefahrvermeidenden Umgangs mit dem Stoff zureichend aufgeklärt werden.

95 Dazu begründen – neben den Anmelde- und Prüfnachweispflichten für gefährliche **Stoffe** und **Zubereitungen** bestehende – besondere Gebote **im** Chemikaliengesetz sowie **aufgrund** dieses Gesetzes Pflichten zur **Einstufung, Verpackung und Kennzeichnung** (§§ 13-15 ChemG) – sowie (seit 1994) ein Werbeverbot (§ 15a ChemG). Hier schrieb die EG-Zubereitungsrichtlinie vom 7.6.1988[94] eine weitreichende Fortentwicklung des Chemikalienrechts vor[95].

96 Die **Einstufung**, d.h. die Zuordnung eines Stoffes oder einer Zubereitung zu einem besonderen Gefährlichkeitsmerkmal (§ 3 Nr. 6 ChemG), erfolgt in erster Linie durch Normativeinstufung durch die Gefahrstoffverordnung (Rn. 11/49) nach § 14 I ChemG[96]. Durch die Novelle des ChemG 1990 wurden entsprechend den europarechtlichen Vorgaben die VO-Ermächtigungen zum Erlaß von Einstufungs-, Verpackungs- und Kennzeichnungsvorschriften zusammengefaßt und erweitert. Die Ermächtigungen sind umgesetzt durch die Gefahrstoffverordnung von 1993. Einzelheiten zur Einstufung bestimmen dort die §§ 4 (Gefährlichkeitsmerkmale), 4a (Einstufung von Stoffen) und 4b (Einstufung von Zubereitungen).

93 Kritisch schon *Kloepfer*, Chemikaliengesetz, S. 91 f. und – auch nach der zweiten Novelle – *Theuer*, NVwZ 1995, 127 (130). – Instruktiv zu den Maßstäben *Winter*, DVBl. 1994, 913 (915).

94 In der Fassung vom 29.4.1993, ABl. Nr. L 104/46 (93/18/EWG).

95 Dazu *Au*, ZUR 1994, 237 ff.

96 Zu Bewertungsergebnissen s. Umweltbericht 1994, BR-Drs. 849/94, S. 93.

Wenn nach dem Ergebnis einer Prüfung gem. §§ 7, 9 ChemG oder nach gesicherter wissenschaftlicher Erkenntnis die Gefährlichkeit eines Stoffes bereits feststeht und eine Normativeinstufung noch fehlt, erfolgt die Einstufung als **Selbsteinstufung** durch den als Hersteller oder Einführer Pflichtigen selbst (§ 13 I 2 Nr. 2 ChemG). Für Zubereitungen gilt im wesentlichen Entsprechendes, § 13 II ChemG. **97**

Auch die Einstufung änderte sich mit der 4. Novelle der GefStoffV. So muß jetzt jede Zubereitung eingestuft werden, die einen Stoff mit mindestens einem Gefährlichkeitsmerkmal enthält. Damit sollen weit mehr als 50% aller Zubereitungen neu eingestuft werden[97]. **98**

Bei als gefährlich eingestuften Stoffen richten sich die Art der nunmehr vorgeschriebenen (sicheren) **Verpackung** und der Inhalt ihrer notwendigen (hinreichend informativen) Kennzeichnung[98] nach §§ 5 ff. GefStoffV. In dieser Rechtsverordnung können nach § 14 II ChemG Ausnahmen vorgesehen werden, was (mit § 11 GefStoffV) auch geschehen ist. Die Verpackungs- und Kennzeichnungspflicht trifft nicht nur den Hersteller oder Einführer, sondern auch den (gefährliche Stoffe umpackenden oder umfüllenden) Vertreiber und auch den Zwischenhändler, Abfüller usw. (§ 15 ChemG). **99**

Beispielsweise müssen als Kennzeichnung gefährlicher Stoffe angegeben werden die chemische Bezeichnung des Stoffes, die Gefahrensymbole und die dazugehörigen Gefahrenbezeichnungen, die Hinweise auf besondere Gefahren, die Sicherheitsratschläge, Name, Anschrift und Telefonnummer des Herstellers, des Einführers oder des Vertriebsunternehmers, die dem Stoff zugeordnete EWG-Nummer (EINECS- oder ELINCS-Nummer) und anderes mehr, § 6 I GefStoffV. Entsprechendes gilt für gefährliche Zubereitungen, § 7 GefStoffV. **100**

Im Anhang I der GefStoffV sind nicht nur die zu verwendenden Gefahrensymbole und Gefahrenbezeichnungen enthalten, sondern auch die Abkürzungen für die Hinweise auf die besonderen Gefahren (sogen. R-Sätze, z.B. R 10: Entzündlich, R 23: Giftig beim Einatmen, R 45: Kann Krebs erzeugen u.a.m.) und die Sicherheitsratschläge (sogen. S-Sätze, z.B. S 1: Unter Verschluß aufbewahren, S 15: Vor Hitze schützen, S 37: Geeignete Schutzhandschuhe tragen u.a.m.). **101**

2. Mitteilungspflichten

Mit den beiden Novellen 1990 und 1994 wurden die bisher in § 16 ChemG normierten Mitteilungspflichten erweitert und zahlreiche neue **Mitteilungspflichten** eingeführt. Nach § 16 ChemG hat bei angemeldeten Stoffen der Anmeldepflichtige der Änderungen gewisser bewertungserheblicher Daten, die bei der Anmeldung anzugeben waren, insbesondere aber neue Erkenntnisse über die Wirkungen des Stoffes auf Mensch oder Umwelt unverzüglich schriftlich mitzuteilen (sogen. *Änderungsmitteilungen*). Aus § 16a ChemG ergeben sich Mitteilungspflichten für die nach § 5 I Nrn. 3 ChemG (Rn. 11/68) von der Anmeldung ausgenommenen neuen Stoffe. Neue **102**

97 *Au*, ZUR 1994, 237 (239) m.w.N.

98 Vgl. hierzu *Brohm*, in: HdUR, Bd. I, Art. „Kennzeichnungspflicht“, Sp. 1241 ff. – Die Einführung zusätzlicher Kennzeichnungspflichten für Chemikalien ist beabsichtigt; sie sollen es den Verbrauchern ermöglichen, sich umweltfreundlicher zu verhalten.

Mitteilungspflichten beziehen sich auf Stoffe, die nur außerhalb der EG oder der anderen Vertragsstaaten des Abkommens über den Europäischen Wirtschaftsraum (zur Einbeziehung der EFTA-Staaten) in Verkehr gebracht werden (sogen. Exportstoffe), und auf Stoffe, die zwar nicht in den Verkehr gelangen, wohl aber (wie z.B. im Betrieb anfallende Reststoffe) gelagert, transportiert oder weiterverarbeitet werden, so daß sie ebenfalls ein Gefährdungspotential bergen können, § 16b ChemG. Auch wurden Mitteilungspflichten über die Zusammensetzung von besonders gefährlichen (weil z.B. giftigen, ätzenden oder krebserzeugenden) Zubereitungen mit Empfehlungen über Vorsichtsmaßnahmen beim Verwenden und Sofortmaßnahmen bei Unfällen eingeführt (§ 16e ChemG).

103 Aufgrund der EG-Altstoffverordnung Nr. 793/93 vom 23.3.1993 (Rn. 11/27) bestimmt § 16c I ChemG die Verpflichtung desjenigen, der Grunddatensätze über *alte Stoffe* an die EG-Kommission zu liefern hat, die Anmeldestelle und die für ihn zuständige Landesbehörde hiervon unter Zusendung einer Liste der betreffenden Stoffe zu unterrichten. Damit sollen die deutschen Behörden die ihnen gegenüber der EG-Kommission obliegende Verpflichtung zur Überwachung und Durchsetzung der Einhaltung der Vorschriften der EG-Altstoffverordnung in Deutschland wirksam wahrnehmen können.

104 Unverändert weiter gilt die Verordnungsermächtigung nach § 16c II ChemG zur Erhebung von Grunddaten über den Stoff, indem *gezielte Stoffprüfungen* zur Ermittlung gefährlicher Eigenschaften verlangt werden können. Diese Verordnungsermächtigung knüpft nicht an das Bestehen eines konkreten Gefahrenverdachts gegen die erfaßten Stoffe an, sondern läßt den Zweck der Gefahrermittlung ausreichen (§ 16c II Nr. 2 ChemG). – Schließlich kann die Bundesregierung für bestimmte gefährliche Zubereitungen Rezepturmeldepflichten (§ 16d ChemG) begründen.

VI. Verbote und Beschränkungen sowie gift- und arbeitsschutzrechtliche Regelungen

1. Ermächtigungen zu Verboten und Beschränkungen

105 Nach § 17 I ChemG kann die Bundesregierung weitreichende Vorschriften zum *Schutz* des Menschen oder der Umwelt vor schädlichen Einwirkungen gefährlicher Stoffe, aufgrund des erweiterten Gesetzeszwecks, § 1 ChemG, aber auch schon zur *Vorsorge*[99] (Rn. 1/81, 11/56 ff.) – erlassen. Sie kann nach Anhörung der beteiligten Kreise durch **Rechtsverordnung** mit Zustimmung des Bundesrats für *neue und alte Stoffe* unter differenzierten Voraussetzungen Herstellungs-, Verkehrs- und Verwendungsverbote bzw. -beschränkungen sowie Herstellungsverfahrens- oder Verwendungsverfahrensverbote bzw. -beschränkungen bestimmen, persönliche Anforderungen regeln, Anzeige- und Erlaubnisvorbehalte einführen und Aufbewahrungsanfor-

99 *E. Rehbinder* (Fn. 50), Rn. 13/13, 68; zur Anwendung des *Vorsorgegrundsatzes* und zu Risikobewertungsmodellen als Grundlage von Stoffverboten im Chemikalienrecht *Theuer*, NuR 1996, 120 ff.

derungen sowie Abgabebeschränkungen vorsehen (§ 17 I 1 Nrn. 1-3 ChemG)[100]. Seit der Novelle 1990 ist die *Eingriffsschwelle* für Verbote und Beschränkungen deutlich gesenkt, und zwar insbesondere durch ausdrückliche **Erstreckung des § 17 ChemG auf den Vorsorgebereich** mittels Verknüpfung mit dem neugefaßten § 1 ChemG (Rn. 11/24, 36, 39/56 ff.) bei gleichzeitiger Ausweitung des sachlichen Anwendungsbereichs der Vorschrift.

Bei „Gefahr im Verzuge" – auch hier aber nicht nur im Sinne von Gefahrenabwehr, sondern auch von Risikovorsorge (Rn. 1/83 ff., 56 ff.)[101] – kann die Bundesregierung in den Fällen des § 17 I Nrn. 1 u. 3 ChemG Rechtsverordnungen auf die Dauer von 12 Monaten auch ohne Anhörung der beteiligten Kreise und ohne Zustimmung des Bundesrats erlassen (§ 17 VI ChemG). **106**

Insbesondere kann die Bundesregierung auf der Grundlage der zentralen Ermächtigungsnorm des § 17 I ChemG mit Zustimmung des Bundesrats **107**

- vorschreiben, daß bestimmte gefährliche Stoffe, Zubereitungen oder Erzeugnisse nicht, nur in bestimmter Beschaffenheit oder nur für bestimmte Zwecke hergestellt, in den Verkehr gebracht oder verwendet werden dürfen, nur auf bestimmte Art und Weise verwendet werden dürfen oder nur unter bestimmten Voraussetzungen oder nur an bestimmte Personen abgegeben werden dürfen,
- vorschreiben, daß derjenige, der bestimmte gefährliche Stoffe, Zubereitungen oder Erzeugnisse herstellt, in den Verkehr bringt (z.B. von einem Lager aus) oder verwendet (z.B. zur Herstellung eines Fertigerzeugnisses), dies anzuzeigen hat, dazu einer Erlaubnis bedarf, bestimmten Anforderungen an seine Zuverlässigkeit und Gesundheit genügen muß oder seine Sachkunde in einem näher festzulegenden Verfahren nachzuweisen hat,
- Herstellungs- und Verwendungsverfahren, bei denen bestimmte gefährliche Stoffe anfallen, verbieten (§ 17 I Nr. 3 ChemG).

a) Gefahrstoffverordnung

Von herausragender Bedeutung ist die **Gefahrstoffverordnung**. Sie setzt eine Reihe gesetzlicher Ermächtigungen des ChemG in vollziehbares Recht um, nämlich § 14 I (Rn. 11/99), § 17 I (Rn. 11/107), § 19 (Rn. 11/119) und § 25, und löst das Giftrecht der Länder ab. Mit ihren Regelungen zur ordnungsgemäßen Verpackung, Einstufung und Kennzeichnung gefährlicher Stoffe und Zubereitungen und zum Umgang mit Gefahrstoffen (einschließlich ihrer Aufbewahrung, Lagerung und Vernichtung) in allen beruflichen Bereichen dient sie dem Gesundheitsschutz am Arbeitsplatz, dem Verbraucherschutz und dem Schutz der Umwelt[102]. **108**

---

100 Zu den Eingriffsmöglichkeiten nach § 17 ChemG vgl. allgemein *Breuer*, Eingriffsmöglichkeiten nach dem Chemikaliengesetz, in: Gesellschaft für Rechtspolitik (Hrsg.), Chemikalienrecht, 1986, S. 158 ff., bes. S. 253 ff.

101 *E. Rehbinder* (Fn 50), Rn. 13/73.

102 Hinzuweisen ist in diesem Zusammenhang auch auf die zu beachtenden, allgemein anerkannten sicherheitstechnischen, arbeitsmedizinischen und hygienischen Regeln; hierzu werden vom Ausschuß für Gefahrstoffe sog. „Technische Regeln für Gefahrstoffe" (TRGS) aufgestellt, nach Bedarf fortgeschrieben und von BMA und BMU bekannt gegeben.

109 Mit ihrer 4. Novelle vom 26.10.1993 wurde sie grundlegend überarbeitet[103]. Die Novelle setzte nicht weniger als 18 EG-Richtlinien in deutsches Recht um und auch das Übereinkommen Nr. 162 der ILO zu Asbest. Sämtliche Verbote und Beschränkungen des Inverkehrbringens von gefährlichen Stoffen, Zubereitungen und Erzeugnissen wurden jetzt aus der Gefahrstoffverordnung ausgegliedert und finden sich jetzt in der Chemikalienverbotsverordnung (Rn. 11/110 ff.). Umgekehrt wurden alle Herstellungs- und Verwendungsverbote nach § 17 ChemG in die GefStoffV aufgenommen[104]. Die wichtigsten Änderungen betreffen die Einführung des Vorsorgeprinzips in § 1 der GefStoffV, der jetzt im Wortlaut § 1 ChemG entspricht. Auch nach der 4. Novelle zur GefStoffV sind schon wieder mehrere Änderungsverordnungen ergangen, u.a. betreffend die Verwendung von Cadmium und die Substitutionspflichten nach §§ 16 II und 36 II GefStoffV.

b) Chemikalien-Verbotsverordnung

110 Aufgrund der Ermächtigung des § 17 I ChemG ist auch die **Chemikalien-Verbotsverordnung** vom 14.10.1993 ergangen[105].

111 Sie enthält für bestimmte Stoffe und Zubereitungen sowie Stoffe, Zubereitungen und Erzeugnisse, die diese freisetzen können oder enthalten, ein mit gewissen Einschränkungen und Ausnahmen versehenes Verbot des Inverkehrbringens, § 1 I ChemVerbotsV. Die Stoffe und Zubereitungen sind in Spalte 1 des dazugehörigen Anhangs, die Einschränkungen vom Verbot in Spalte 2, die Ausnahmen in Spalte 3 aufgeführt. Spalte 1 enthält in verschiedenen Abschnitten z.B. Asbest, Formaldehyd, Dioxine und Furane, Benzol, Quecksilber- und Arsenverbindungen, polychlorierte Bi- und Terphenyle, Venylchlorid, Pentachlorphenol und andere mehr. Abschnitt 2, Asbest, enthält beispielsweise 6 CAS-Nummern, nämlich für Akdinolith, Amosid, Anthophyllite und andere mehr. Hier sind die betroffenen Stoffe bzw. Zubereitungen mit Kennummer aufgeführt. Spalte 2 bestimmt nun die diese Stoffe oder Zubereitungen betreffenden Verbote. So dürfen die genannten Stoffe nach Spalte 1 mit Faserstruktur, Zubereitungen, die diese Stoffe mit einem Massengehalt von insgesamt mehr als 0,1% enthalten, und Erzeugnisse, die Stoffe nach Spalte 1 oder die genannten Zubereitungen enthalten, nicht in den Verkehr gebracht werden. Spalte 3 enthält demgegenüber die Ausnahmen. So gilt das Verbot nach Spalte 2 beispielsweise nicht für bestimmte Ersatzteile zum Zweck der Instandhaltung, soweit andere geeignete asbestfreie Ersatzteile nicht auf dem Markt angeboten werden, und für natürlich vorkommende mineralische Rohstoffe mit freien Asbestfasern mit einem Massengehalt von nicht mehr als 0,1%. Bestimmte Ausnahmen sind zeitlich befristet, soweit asbestfreie Stoffe nicht auf dem Markt angeboten werden oder deren Verwendung zu einer unzumutbaren Härte führt.

112 **Beispiel:** Tributylzinn (TBT) wird zu 80% als Antifouling-Mittel bei Schiffsanstrichen verwendet, gelangt so aber auch in die Nahrungskette. Anfang Januar 2000 wurde das Gift in

103 Dazu *Au*, ZUR 1994, 237 ff.

104 Kritisch zu einer Ausweitung von Einzelverordnungen *Au*, ZUR 1994, 237 (238).

105 Da vor der Novelle das Gebrauchmachen von der Ermächtigung den Nachweis der Stoffgefährlichkeit bzw. der Anhaltspunkte für eine solche Gefährlichkeit voraussetzte, waren einem *vorsorgenden* Gesundheits-, Arbeits- und Umweltschutz auf dieser Grundlage verhältnismäßig enge Grenzen gesetzt. Die Bundesregierung hat sich daher in der Vergangenheit darum bemüht, durch Vereinbarungen mit der Industrie einen vorbeugenden Verbraucherschutz sicherzustellen. Das gilt z.B. für den Ersatz von Asbest durch geeignete Austauschstoffe, für die Verminderung der Lösemittel in Lacken und Anstreichstoffen, für den Ersatz von Cadmium in Kunststoff-Folien und für die FCKW-Vereinbarung. Mit der Novelle und mit dem Erlaß der ChemVerbotsV sind die meisten Absprachen überholt.

Nike-Sporttrikots nachgewiesen, aber auch solchen anderer Firmen[106]. Die giftige zinnorganische Verbindung kann das Immunsystem schädigen und in den Hormonhaushalt eingreifen. Nach entsprechenden Berichten wurde zunächst ein breites Verbot, insbesondere seiner Verwendung in Textilien, Leder, Papier und Holz sowie als Schiffsanstrich gefordert; auch sollten Grenzwerte für TBT in Nahrungsmitteln eingeführt werden[107]. Nach Auskunft des BMU ist vorerst aber nur das Verbot von TBT für Bootsanstriche geplant und eine entsprechende Änderung der ChemVerbotsV und der GefStoffV in Vorbereitung.

Die §§ 2-5 ChemVerbotsV mit ihren Vorschriften über die Abgabe bestimmter gefährlicher Substanzen entsprechen dem klassischen Giftrecht. **113**

c) Einzelfall-Anordnungen

Neben den Eingriffsmöglichkeiten während des Anmeldeverfahrens nach § 11 III ChemG (Rn. 11/75) kann die *zuständige Landesbehörde* zur Beseitigung oder zur Verhinderung von Verstößen gegen die chemikalienrechtlichen Vorschriften nach § 23 I ChemG auch (unselbständige) Einzelfall-Anordnungen treffen[108]. **114**

Beispiel: Eine bayerische Polizeistreife entdeckt, wie Arbeiter ein Asbestzementwelldach mit Drahtbürsten und Hochdruckreiniger behandeln. Nach § 15 GefStoffV i.V.m. Anhang IV Nr. 1 dürfen Asbesterzeugnisse aber nicht mit Arbeitsgeräten bearbeitet werden, die die Oberfläche abtragen, also bspw. durch Abschleifen, Hoch- und Niederdruckreinigen oder Abbürsten. Auf der Grundlage des § 23 I ChemG werden die Arbeiten mit Sofortvollzug untersagt[109]. **115**

Sie kann weiter in bezug auf gefährliche Stoffe, Zubereitungen oder Erzeugnisse zum Zweck der vorbeugenden Gefahrenabwehr nach Maßgabe des § 23 II ChemG durch (selbständige) Verwaltungsakte (Allgemeinverfügungen) für begrenzte Zeit (bis 3, ausnahmsweise bis 15 Monate) Verbote oder Beschränkungen, auch im Sinne einer Verkehrsbeschränkung/eines Verkehrsverbots, anordnen. Die Novelle 1990 brachte eine Ergänzung um die Befugnis, das Herstellen, Inverkehrbringen oder Verwenden von bestimmten Voraussetzungen abhängig zu machen. **116**

Mit der Novelle 1990 wurde auch die Eingriffsschwelle für Verbote und Beschränkungen gesenkt, und zwar über das schon Angeführte hinaus durch die *Erweiterung des Verdachtsbegriffs* in den bisherigen §§ 11 I, 17 I 3 und 23 II in der Weise, daß bereits „Anhaltspunkte, insbesondere ein nach dem Stand der wissenschaftlichen Erkenntnisse begründeter Verdacht" für die Gefährlichkeit des Stoffes, der Zubereitung oder des Erzeugnisses ausreichen. **117**

2. Giftige Tiere und Pflanzen

Ferner wird die Bundesregierung durch § 18 I ChemG ermächtigt, durch *Rechtsverordnung* mit Zustimmung des Bundesrats **118**

106 Vgl. DER SPIEGEL, Nr. 2, 2000, S. 67.
107 Dazu auch SRU, Umweltgutachten 2000, Tz. 190.
108 Zu behördlichen Eingriffsmitteln bei Gesundheitsgefahr auch nach dem ChemG *Kienle*, NVwZ 1996, 871 ff.
109 Zum Abbruch eines mit Eternitplatten eingedeckten Gebäudes durch Abbruchunternehmer OLG Düsseldorf, GewArch 1994, 438 ff.

- die Einfuhr und Haltung bestimmter *giftiger Tierarten* zu verbieten oder an bestimmte Bedingungen zu knüpfen (Nr. 1) sowie
- zu bestimmen, daß bestimmte *giftige Pflanzenarten* auf bestimmten Flächen nicht angepflanzt oder schriftlich nur unter Hinweis auf ihre Giftigkeit angeboten werden dürfen (Nr. 2).

§ 18 II ChemG dehnt die Ermächtigung des § 18 I auf tote Exemplare giftiger Tierarten, Teile von diesen, giftige Samen usw. aus.

3. Arbeitsschutz

119 Schließlich kann die Bundesregierung zur Gewährleistung des notwendigen **Arbeitsschutzes** vor Gefahrstoffen aufgrund des § 19 ChemG durch *Rechtsverordnung* mit Zustimmung des Bundesrats bestimmte Maßnahmen vorschreiben, soweit dies zum Schutz von Leben oder Gesundheit des Menschen einschließlich des Schutzes der Arbeitskraft und der menschengerechten Gestaltung der Arbeit erforderlich ist[110]. Das gilt sowohl für die Herstellung oder Verwendung von Gefahrstoffen als auch für Tätigkeiten in deren Gefahrenbereich. Die Verordnungsermächtigung greift nicht, soweit entsprechende Vorschriften nach dem Atomgesetz, Bundesimmissionsschutzgesetz, Pflanzenschutzgesetz oder Sprengstoffgesetz bestehen, § 19 I 2 ChemG. Gefahrstoffe im Sinne des § 19 sind nach dessen Abs. 2 gefährliche Stoffe und Zubereitungen nach § 3a ChemG und Stoffe, die sonstige chronisch schädigende Eigenschaften besitzen, explosionsfähige Stoffe, Zubereitungen und Erzeugnisse sowie Stoffe, Zubereitungen und Erzeugnisse, aus denen bei der Herstellung oder Verwendung Gefahrstoffe der vorbezeichneten Art entstehen oder freigesetzt werden können, und schließlich solche, die erfahrungsgemäß Krankheitserreger übertragen können.

120 So kann/können durch Rechtsverordnung bestimmt werden (§ 19 III ChemG)

- die Pflicht, zu ermitteln, ob mit einem Gefahrstoff umgegangen wird (Nr. 1),
- die Pflicht, zu prüfen, ob geeignete Ersatzstoffe zur Verfügung stehen, ggf. diese zu verwenden (Nr. 2),
- die Pflicht, dem Arbeitgeber auf Verlangen die gefährlichen Inhaltsstoffe der Gefahrstoffe sowie die gültigen Grenzwerte, hilfsweise Empfehlungen für einzuhaltende Stoffkonzentrationen und die von den Gefahrstoffen ausgehenden Gefahren oder die zu ergreifenden Maßnahmen mitzuteilen (Nr. 2a),
- Beschaffenheit, Einrichtung und Betrieb der Arbeitsstätte einschließlich der technischen Anlagen, der technischen Arbeitsmittel und der Arbeitsverfahren (Nr. 3),
- die Regelung des Betriebs, insbesondere im Hinblick auf den Schutz der Beschäftigten vor Gefahrstoffen beim innerbetrieblichen Umgang damit und anderes mehr (Nr. 4),
- Begrenzung der Dauer der Beschäftigung unter der Einwirkung der gefährlichen Stoffe oder Zubereitungen (Nr. 4e),
- die einschlägige Unterweisung der Beschäftigten (Nr. 5),
- Vorkehrungen zur Verhinderung von Betriebsstörungen und zur Begrenzung ihrer Auswirkungen für die Beschäftigten und Maßnahmen zur Organisation der Ersten Hilfe (Nr. 6),

---

110 Zum Schutz vor Gefahrstoffen am Arbeitsplatz *Maaß*, NZA 1998, 688 ff.; s.a. *Klein*, Die Rechtsentwicklung im Gefahrstoffbereich, FS Wlotzke, 1996, S. 533 ff.

- die gesundheitliche Überwachung der Beschäftigten (Nr. 12) sowie
- die Prüfung der Betriebsanlagen und Arbeitsverfahren, in denen bestimmte Gefahrstoffe hergestellt oder verwendet werden, durch einen Sachkundigen oder einen Sachverständigen (Nr. 15).

Die *GefStoffV* (Rn. 11/108 f.) hat einen erheblichen Teil der Ermächtigungen des § 19 ChemG in vollziehbares Recht umgesetzt. Ergänzt werden die Arbeitsschutzregelungen der GefStoffV durch Mitwirkungsrechte des Betriebsrats nach BetrVerfG. **121**

Beispiele: Nicht zuletzt die erheblich gestiegene Zahl von Erkrankungen im Friseurhandwerk zeigt die Notwendigkeit entsprechender Regelungen gerade für Feuchtarbeitsplätze. Beim Haarewaschen quellen die Hautschichten auf und erleichtern den Angriff von Friseurchemikalien wie z.B. Färbemitteln. Deshalb sind gerade hier technische Regeln aufzustellen. – Noch schwerwiegender sollen Lösemittelvergiftungen, die sich Lackierer bei der Arbeit zuziehen können, zu einer organischen Erkrankung des Gehirns und verminderter Schuldzurechnungsfähigkeit führen können[111]. **122**

Dem Arbeitsschutz dient auch eine Reihe von *Dokumentationspflichten* des Arbeitgebers. Seit 1993 sind alle Gefahrstoffe, mit denen Arbeitnehmer umgehen, in ein Gefahrstoffkataster aufzunehmen, § 16 III a GefStoffV. In Verbindung mit der Pflicht des Arbeitgebers, Stoffe, Zubereitungen oder Erzeugnisse mit einem geringeren gesundheitlichen Risiko als Ersatzstoffe zu verwenden bzw. durch Änderung des Herstellungs- oder Verwendungsverfahrens auf die Verwendung von Gefahrstoffen zu verzichten oder ihr Auftreten am Arbeitsplatz zu verhindern oder zu verringern, wenn ihm dies zumutbar ist (§ 16 II GefStoffV), ergibt sich so die Möglichkeit, daß die Überwachungsbehörde auch wirklich für die konsequente Ausschöpfung des *Substitutionspotentials* eines Unternehmens sorgt. **123**

VII. Überwachung, Behördenzuständigkeit und Haftung

1. Überwachung

Zur **Überwachung** der Durchführung des Chemikaliengesetzes kann die zuständige Behörde (Rn. 11/128) nach § 21 III, IV und VI ChemG insbesondere **124**

- Auskünfte verlangen,
- durch beauftragte Personen Grundstücke, Geschäftsräume und Betriebsräume (bei besonderer Dringlichkeit auch Wohnräume) betreten und besichtigen, Proben fordern und entnehmen und in die geschäftlichen Unterlagen des Auskunftspflichtigen Einsicht nehmen,
- die Vorlage der Unterlagen über Anmeldung und Mitteilung verlangen,
- Arbeitseinrichtungen und Arbeitsschutzmittel prüfen,
- Arbeitsverfahren untersuchen und insbesondere das Vorhandensein und die Konzentration gefährlicher Stoffe und Zubereitungen feststellen und messen.

111 S.a. zum Arbeitsschutz für eine werdende Mutter, die als Kassiererin einer Tankstelle arbeitet, aufgrund GefStoffV und MuSchG OVG Berlin, NVwZ 1993, 198.

125 Die Überwachungsbefugnisse der Länder erstrecken sich jetzt ausdrücklich auch auf die Durchführung einschlägiger EG-Verordnungen, § 21 II 1 ChemG. Das hat z.B. für die FCKW-VO[112] Bedeutung.

2. Behördenzuständigkeit

126 Als **Anmeldestelle** ist jetzt unmittelbar aufgrund Gesetzes (§ 12 I ChemG) die Bundesanstalt für Arbeitsschutz in Dortmund bestimmt. Neben den ihr sonst nach dem ChemG zukommenden Aufgaben und Befugnissen – z.B. Bestätigung der Anmeldung (§ 8 I), Anforderung von Anmeldungsberichtigungen oder -ergänzungen (§ 8 II), von zusätzlichen Prüfnachweisen für Stufe 1 oder 2 (§§ 9 u. 9a) oder von außerordentlichen Prüfnachweisen (§ 11 I ChemG), Untersagung des Inverkehrbringens in bestimmten Fällen (§ 11 III ChemG) – hat die Anmeldestelle die in § 22 I ChemG normierten Mitteilungs- d.h. Informationspflichten insbesondere im Verhältnis zu Landesbehörden, zur EG-Kommission und zu Anmeldestellen anderer EG-Staaten zu erfüllen[113]. Die Anmeldestelle untersteht als solche der Fachaufsicht des BMU, § 12 I ChemG.

127 Für die im ChemG nicht näher geregelte behördliche *Bewertung* (Rn. 11/91 ff.) der Eigenschaften des angemeldeten Stoffes hat die Bundesregierung gem. § 12 II ChemG durch Verwaltungsvorschrift, nämlich in Ziff. 1.2 ChemVwV – Bewertung, als Bewertungsstellen nicht etwa die Anmeldestelle, sondern die Bundesanstalt für Arbeitsschutz, das Bundesinstitut für gesundheitlichen Verbraucherschutz und Veterinärmedizin[114] sowie das Umweltbundesamt (beide in Berlin) bestimmt; an der Bewertung werden nach Bedarf die Biologische Bundesanstalt für Land- und Forstwirtschaft und die Bundesanstalt für Materialprüfung (beide ebenfalls in Berlin) beteiligt. Weitere Einzelheiten der Zuständigkeiten von Anmeldestelle und Bewertungsstellen und weiteren Behörden regelt die ChemVwV – Bewertung.

128 Die Pflicht zur *Überwachung* des Vollzugs der chemikalienrechtlichen Vorschriften obliegt nach § 21 I ChemG grundsätzlich den zuständigen Landesbehörden[115], in der Regel den Gewerbeaufsichtsämtern. Ihnen stehen hierzu nach § 21 III, IV und VI ChemG die notwendigen Befugnisse zu.

129 Der beim Bundesministerium für Arbeit und Sozialordnung gebildete und durch die 4. Novelle der GefStoffV noch einmal aufgewertete *Ausschuß für Gefahrstoffe* soll Regeln und Erkenntnisse über den Umfang mit Gefahrstoffen ermitteln, Möglichkeiten der Erfüllung der Vorschriften der GefStoffV erkunden und dem jeweiligen Stand von Wissenschaft, Technik und Medizin entsprechende Vorschriften vorschlagen (§ 52 II 1 GefStoffV).

112 Vgl. Fn. 15.

113 Von besonderer Bedeutung ist dabei der in § 22 III ChemG enthaltene „Negativkatalog" von Angaben, die kraft Gesetzes *kein* Betriebs- oder Geschäftsgeheimnis (vgl. Rn. 1/173) darstellen. § 22 III ChemG ist eine zulässige Inhaltsbestimmung des Eigentums i.S.d. Art. 14 I GG, vgl. *Breuer*, NVwZ 1986, 171 (173); *Rehbinder/Kayser/Klein*, ChemG, § 12 Rn. 77.

114 Fn. 66.

115 Vgl. z.B. für Baden-Württemberg: ChemGZuVO vom 23.1.1995, GBl. 133.

Kapitel 12

Kreislaufwirtschafts- und Abfallrecht

I. Fakten und Probleme

1. Herkunft und Menge des Abfalls

Die Bemühungen um die Abfallvermeidung und -verwertung führten zu einem spürbaren Rückgang des Aufkommens an zu beseitigendem Abfall wenigstens seit 1990. Die Abfallentsorgung in der Bundesrepublik Deutschland befindet sich aber immer noch in einer Krise: Noch immer fällt viel vermeidbarer, also zu viel Abfall an. Die Entsorgungskosten steigen. Noch immer fehlt auch ein Abfallkonsens, wie die weiter geführten Auseinandersetzungen um das richtige Entsorgungskonzept (Deponie oder Verbrennung), aber auch um Standorte zeigen. Leider werden Abfälle bisher noch nicht im erreichbaren Umfang stofflich verwertet. Noch immer werden sie zum großen Teil in anderer Weise entsorgt (deponiert, exportiert). 1

Der *Krisenbefund* hat sich daher in den letzten Jahren – und auch seit der Vorauflage – verändert. Nicht daß die Krise jetzt gelöst wäre oder sich das Vorzeichen umgekehrt hätte, wie manche Entsorger heute meinen[1], kennzeichnet die Lage. Zwar ist es richtig, daß anstelle fehlender Entsorgungskapazitäten heute vielfach das Ausbleiben der zum kostendeckenden oder gar gewinnbringenden Betrieb entsprechender Anlagen erforderlichen Müllmengen beklagt wird. Entscheidend ist, daß immer noch zuviel vermeidbarer Abfall anfällt und seine Entsorgung ökologisch und volkswirtschaftlich eine hohe Belastung bleibt. Immerhin hat der Mülltourismus an Bedeutung verloren, was an schärferen nationalen und internationalen Bestimmungen, aber auch einer besseren Überwachung liegt, und auch sonst laufen ungeeignete „Entsorgungs"-Arten (in vielen Fällen Deponie, jedenfalls Verklappung usw.) aus. 2

Offenbar müssen die letztlich von den Abfallproduzenten zu tragenden Aufwendungen weiterhin empfindlich steigen, ehe die Abfallvermeidungs- bzw. Abfallverwertungsstrategien weiterentwickelt werden. Auf dem Weg zu einer erheblichen Abfallmengenminderung sind wir immerhin, das Ziel liegt noch immer in der Ferne. 3

Das **Abfallaufkommen** in Deutschland 1993 nach Abfallarten ist S. 598 oben dargestellt – neuere Angaben verschweigt auch das Statistische Jahrbuch 1999[2]. 4

Unter Berücksichtigung der erheblichen Mengen von Bauschutt, Bodenaushub, Straßenaufbruch und Baustellenabfällen ergibt sich der Löwenanteil des produzierenden Gewerbes bei der Betrachtung des Abfallaufkommens nach Wirtschaftsbereichen 1993 mit 86%. Dabei ging hier das Abfallaufkommen von 1990 bis 1993 um 11% zu- 5

1 „Kampf um Abfall" lautet nun das Schlagwort, s. *Petersen*, in: *Bohne* (Hrsg.), Kommunen im wirtschaftlichen Wettbewerb, 1999, 13 ff.; *ders.*, NVwZ 1998, 1113.

2 Statistisches Jahrbuch 1999, S. 704; ergiebig dagegen http://www.umweltbundesamt.de/uba-info-daten/daten/tba.htm.

In Mio. t	Abfallaufkommen	davon Abfälle zur Verwertung	davon Abfälle zur Beseitigung
Hausmüll, hausmüllähnliche Gewerbeabfälle, Sperrmüll, Kehricht	43,5	13,0	30,5
Bergematerial aus dem Bergbau	67,8	9,1	58,7
Abfälle aus der Produktion	77,7	45,6	32,1
Bauschutt, Bodenaushub, Straßenaufbruch, Baustellenabfälle	143,1	15,8	127,3
Sonstige	6,4	2,0	4,5
Insgesamt	338,5	85,4	253,1

rück, während der Verwertungsanteil von 22 auf 25% stieg. Dabei sind freilich eine Reihe von Sonderbewegungen und -entwicklungen zu beachten, so die erhebliche Zunahme der Bauleistungen in den Neuen Ländern im Betrachtungszeitraum und die erheblich rückläufige Produktionstätigkeit z.B. in der Grundstoffindustrie[3].

6 Von 1990 bis 1993 ging auch das Aufkommen an besonders überwachungsbedürftigen Abfällen (früher: gefährlichen Sonderabfällen, insbes. schwefelhaltigen Abfällen, Lackschlämmen, halogenierten und nichthalogenierten Lösemitteln, Ölemulsionen, Galvanikabfällen u.ä.) deutlich zurück, wofür die Ursachen freilich vielschichtig und allein mit den verstärkten Anstrengungen zu Vermeidung und Verwertung sowie der Stillegung und Umstrukturierung von Produktionsanlagen in den Neuen Ländern nicht zu erklären sind.

	Überwachungsbedürftige Abfälle insgesamt		davon Abfälle zur Verwertung	
in 1 000 t	1990	1993	1990	1993
Deutschland	13 079	9 093	3 543	3 034
Alte Länder	9 909	8 120	2 979	2 765
Neue Länder	3 170	973	565	269[4]

7 *Außerhalb* der öffentlichen Abfallentsorgung wird die Entsorgung (vor allem der Industrieabfälle) z.T. von den entsorgungspflichtigen Abfallerzeugern selbst (*Eigenentsorgung*) oder aber im Auftrag von Entsorgungspflichtigen von privaten Entsorgungsunternehmen (*Fremdentsorgung*) vorgenommen (Rn. 12/222). Es gibt in der Bundesrepublik zahlreiche private Entsorgungsunternehmen, die nicht nur Hausmüll und hausmüllähnlichen Gewerbemüll befördern und u.U. sortieren, sondern vor allem auch Sondermüll sammeln, zwischenlagern, vorbehandeln und zu geeigneten Abfallbeseitigungsanlagen nachfolgender Stufen im In- oder Ausland verbringen – oder auch nicht. Einige Unternehmen betreiben aufgrund übertragener Entsorgungspflicht auf eigene Rechnung solche Entsorgungsanlagen nachfolgender Stufen (Müllverbrennungsanlagen, Deponien).

3 Zum Ganzen UBA (Hrsg.), Daten zur Umwelt, Ausgabe 1997, S. 427 ff.
4 UBA (Fn. 3), S. 433; ebda. auch unterschieden nach Wirtschaftsbereichen.

Die auch dem Umweltschutz dienende Abfallentsorgung ist *ihrerseits mit Umweltbelastungen* verbunden. Dies gilt schon für den Normalbetrieb. Erst recht gilt dies, wenn sich z.B. bei der Beförderung von gefährlichen Sonderabfällen Transportunfälle mit schwerwiegenden Folgen für Boden und Grundwasser ereignen; Deponien undicht werden und zu Grundwasserkontaminationen führen; Müllverbrennungsanlagen durch übermäßige Schadstoffemissionen Luft und Gewässer verunreinigen usw. Daher stößt selbst die unverzichtbare Neuerrichtung von Abfallbeseitigungsanlagen in der Bevölkerung der Standortumgebung häufig auf erheblichen, zuweilen erbitterten Widerstand. 8

2. Vermeidung und Verwertung des Abfalls

Umweltschonender als jede Art der Abfallentsorgung ist die **Abfallvermeidung**. Ihr gebührt daher Priorität (Rn. 1/84, 12/131 ff.). Lange Zeit waren die Anstrengungen aber weit mehr auf eine Erhöhung des technischen Standards der Abfallbeseitigung als auf eine effektivere Abfallvermeidung gerichtet. Für die Abfallentsorgung (ebenso für die Abwasserbehandlung und die Abluftreinigung) stehen inzwischen technisch weitgehend ausgereifte Methoden zur Verfügung. Dieser *a posteriori* einsetzende Umweltschutz bedarf dringend der Ergänzung, besser: des Ersatzes durch *a priori* wirkende Vermeidungsstrategien. Da solche Vermeidungsstrategien (Änderung der Einsatzstoffe oder der Verfahren) jeweils mehr oder weniger speziellen Charakter haben, kann es sich oft nur um individuelle Problemlösungen handeln. 9

Beispiel: Kfz sollten nur in Spritzkabinen mit Abluftreinigung unter gleichzeitiger Rückgewinnung der in der Abluft enthaltenen Reststoffe lackiert werden. Die so ausgefilterten Lösemittel und Lackreste werden dann vollständig wiederverwertet. Darüber hinaus werden diese umweltgefährlichen Stoffe nicht mehr als Emissionen oder als Abfall an die Umwelt abgegeben. 10

Wo Abfall nicht vermieden bzw. vermindert werden kann, soll er möglichst (wieder-) *verwertet* werden (Rn. 12/138 ff.). Dabei ist zwischen stofflicher und thermischer Verwertung zu unterscheiden. Die **stoffliche Verwertung** von Abfällen erfolgt entweder dadurch, daß diese unmittelbar – u.U. nach vorheriger Sortierung, aber sonst ohne Aufarbeitung – in den Produktionskreislauf zurückgegeben werden (Recycling z.B. von Papier/Pappe, Glas, Metallen, Kunststoffen u.ä.), oder mittelbar dadurch, daß sie nach vorheriger Aufarbeitung (Behandlung) oder Umwandlung zu neuen Produkten (z.B. Kompostierung organischer Fraktionen, Herstellung von Brennstoffen aus Abfällen u.ä.) wieder in den Wirtschafts*kreislauf* rückgeführt werden. Bei der **thermischen Verwertung** werden durch Abfallverbrennung bzw. -pyrolyse elektrische Energie, Heizwärme, Prozeßdampf oder Gas gewonnen. Die Verwertung kann innerhalb oder außerhalb des Betriebs des Abfallerzeugers erfolgen. 11

In der Regel ist Voraussetzung für eine wirtschaftliche Abfallverwertung eine systematische **Materialsortierung**. Diese kann in Sortieranlagen, sollte aber durch geeignete Wertstofferfassungssysteme möglichst schon als Vorsortierung beim Abfallproduzenten erfolgen. Bei Hausmüll kann dies z.B. im Rahmen eines vom kommunalen Abfallentsorger organisierten „Holsystems" durch Aufstellen von Mülltonnen verschiedener Zweckbestimmung für jeden Haushalt geschehen, etwa (wie heute meistens) einer für Glas, Kunststoffe und Altpapier bestimmten 12

„grünen Tonne“ bzw. eines „gelben Sacks“ oder einer für kompostierfähige organische Abfälle bestimmten „Biotonne“. Die Sortierung kann bei Hausmüll auch im Rahmen eines vom Abfallentsorger eingeführten „Bringsystems“ erfolgen[5], etwa durch Aufstellen eigener Container für die Sammlung von Glas oder Papier. Das *„Recycling“* wirkt sich dann umwelt- und ressourcenschonend aus, wenn und soweit die bei der Herstellung der wiederverwerteten Ausgangsprodukte (z.B. Glas-, Papier-, Weißblech- oder Aluminiumerzeugnisse) auftretenden Emissionen von Schadstoffen nicht erneut auftreten und Rohstoffe und Energie eingespart werden können.

13 Von dem Gesamtabfallaufkommen in Deutschland 1993 mit 338,5 Mio. t entfielen 253,1 t auf Abfälle zur Beseitigung. Dabei sank in den alten Ländern das Aufkommen von zu beseitigenden Abfälle 1990 bis 1993 um 17%, und das Aufkommen von Abfällen zur Verwertung stieg um 4%. Obwohl in den neuen Ländern der Anteil der verwerteten Abfälle mit 16% noch deutlich unter dem Niveau der alten Länder lag, betrug 1993 der *Verwertungsanteil* insgesamt schon 25%[6]. Dabei werden bei den Abfällen aus der Produktion die größten Verwertungsanstrengungen unternommen: Verwertungsanteil 1993 59%.

14 Insgesamt wurden im Jahr 1993 in Deutschland 43,8 Mio. t aus Haushalten durch kommunale und private Entsorgungsbetriebe **eingesammelt**, davon 11,9 Mio. t als getrennt gesammelte verwertbare Abfälle, hiervon Papier und Pappe mit 38% und Glas und kompostierbare Abfälle mit jeweils 22% und Kunststoff mit 3%. Von den 11,9 Mio. t wurden 10,8 Mio. t an Betriebe zur Weiterverarbeitung abgegeben, 1,0 Mio. t als nicht verwertbare Rückstände abgelagert oder verbrannt. Der Anteil, der von den Kommunen als Restmüll (graue Tonne) eingesammelten Abfälle ging von 26,5 Mio. t 1990 um 13% auf 23 Mio. t 1993 und damit insgesamt auf 66% des gesamten Abfallanfalls zurück[7]. Von dem eingesammelten Restmüll wurden mit 16,6 Mio. t 72% auf Deponien abgelagert und mit 6,4 Mio. t 28% in Müllverbrennungsanlagen behandelt[8].

15 Noch 1991 stammten rd. 50% des Hausmüllvolumens aus **Verpackungsmaterial**[9]. Der Verbrauch an Verpackungen ist aber aufgrund der Verpackungsverordnung vom 12.6.1991 (Rn. 12/169 ff.) bis 1995 um etwa 12% zurückgegangen und betrug (relevanter Verbrauch bundesweit)[10]:

in 1 000 t	1991	1994	1995
Alle Verpackungen	13 026,0	11 866,9	11 670,1
Glas	3 816,9	3 504,1	3 289,4
Weißblech	544,2	448,6	448,2
Aluminium	63,3	50,6	47,2
Kunststoff einschließlich -Verbunde	1 387,8	1 320,2	1 343,3
Bezogen auf Privathaushalte	906,8	856,3	875,0
Pro Kopf	95 kg/EW		82 kg/EW

5 Zur Zulässigkeit des Bringsystems VGH BW, NVwZ 1997, 1025.
6 UBA (Fn. 3), S. 427.
7 UBA (Fn. 3), S. 428.
8 UBA (Fn. 3), S. 429.
9 Zu der daraus entstehenden Belastung SRU, Sondergutachten Abfallwirtschaft, 1990, Tz. 838 ff.
10 UBA (Fn. 3), S. 437.

16 Dabei stiegen die **Erfassungs- und Verwertungsquoten** der DSD GmbH deutlich, die Erfassungsquote von 67,7% 1994 auf 75,6% 1995; bei den Verwertungsquoten macht sich bemerkbar, daß die Kapazitäten für die Sortierung, Aufbereitung und Verwertung von gebrauchten Verkaufsverpackungen inzwischen spürbar erhöht wurden, nämlich bis 1995 auf 455 Sortieranlagen, 47 Aufbereitungsanlagen und 212 Verwertungsbetriebe. Damit konnten auch die Mindestverwertungsquoten nach der Verpackungsverordnung zum Teil deutlich übererfüllt werden. Während zunächst noch erhebliche Verwertungskapazitäten im Ausland genutzt werden mußten, sollten ab 1997 die Kunststoffverpackungen zu 93% im Inland verwertet (d.h. zumeist verbrannt) werden. So entwickelten sich die Verwertungsquoten[11]:

in	1993	1994	1995	auf (in 1 000 t)
Glas	66,6	70,6	78,2	2 571,9
Papier/Pappe/Karton	60,6	73,2	86,6	1 255,3
Kunststoffe	32,8	52,6	57,6	503,6
Weißblech	39,1	55,2	60,7	259,1
Verbunde	25,4	38,9	49,0	296,5
Aluminium	13,1	42,0	66,9	31,6
Gesamt	56,7	66,3	73,5	4 918,0

17 Der Papierverbrauch in Deutschland lag 1995 bei 193,7 kg/Einwohner und 15,8 Mio. t insgesamt. Das Altpapieraufkommen stieg bis 1995 auf 10,5 Mio. t an und ergab damit eine Altpapier*rücklaufquote* von immer 66%[12]. – Die Glasherstellung belief sich 1994 auf 6,8 Mio. t insgesamt, davon 4,4 Mio. t Behälterglas und 1,7 Mio. t Flachglas. Die *Verwertungsquote* für Altglas bezogen auf den Behälterglasabsatz betrug 1996 mit 78,8% deutlich mehr als von der Verpackungsverordnung (72%) vorgegeben und 3,6% mehr als im Vorjahr[13], 1997 78,9%[14].

18 Nach anfänglichen Schwierigkeiten hat die *Duale System Deutschland Gesellschaft für Abfallvermeidung und Sekundärrohstoffgewinnung mbH* damit auch ihre finanzielle Situation stabilisiert. Freilich kommt die *Müllvermeidung* bei alledem zu kurz. Ist die Kapazität aber erst einmal geschaffen, wird die Abfallwirtschaft darauf dringen, sie auch auszuschöpfen. Damit wiederum sinkt der politische Druck zur Vermeidung. Abgesehen hiervon ist die VerpackV auch daran zu messen, *was* aus den eingesammelten Stoffen wird und zu *welchem Preis*. Wenn nämlich die eingesammelten Stoffe zu nichts Besserem verwendet werden als zur Herstellung von Parkbänken und Zaunpfählen (*Down-Cycling*), ist nicht viel gewonnen. Erst recht gilt dies, wenn eine bislang noch nicht erstellte *Energiebilanz* dafür auch noch hohe für diese Verwertung benötigte Energiemengen ausweist. Schließlich ist auch kritsch nach dem Kosten-Nutzen-Verhältnis zu fragen, jedenfalls in Hinblick auf kleinvolumige, stark verschmutzte Behältnisse und vor dem Hintergrund der Umstellung von unbehandelter Deponierung auf Verbrennung; insoweit schlägt der SRU auch wieder Änderungen der VerpackV vor[15].

19 Zum Jahresanfang 1999 wurden die *Lizenzgebühren* für den Handel erstmals um 9,5% gesenkt. Die Verbraucher müssen statt DM 49,00 jetzt nur noch DM 44,50/Jahr für den „Grünen

11 UBA (Fn. 3), S. 438.
12 UBA (Fn. 3), S. 434.
13 UBA (Fn. 3), S. 441.
14 http://www.umweltbundesamt.de/uba-info-daten/daten/altglasverwertung.htm.
15 SRU, Umweltgutachten 2000, Tz. 162.

Punkt" aufbringen. Hintergrund ist die Senkung der Ausgaben an die Entsorgungspartner, vor allem aber das Inkrafttreten der Novelle am 1.7.1998. Seither haben 1800 neue Firmen eine Lizenz erworben, hauptsächlich aus den Bereichen Serviceverpackung, Getränke, Textilien, Garten, Elektro und Möbel. 1998 wurden 5,48 Mio. t Verkaufsverpackungen verwertet, von jedem einzelnen Bundesbürger durchschnittlich 75,8 kg in die Erfassungsbehälter geworfen. Damit sind die *Verwertungsquoten* der Verpackungsverordnung erfüllt und oft auch deutlich übertroffen.

20 Die Möglichkeiten zur Vermeidung und Verwertung sind – technisch, wirtschaftlich und rechtlich – noch längst nicht ausgeschöpft. Offenbar sind heute die Probleme vernünftig nur noch durch **Lenkung der Stoffströme** in den Griff zu bekommen, sei es durch *dirigistische* Maßnahmen, sei es durch entsprechende Vorgaben für *marktwirtschaftliche* Selbstregelungen[16].

3. Arten der Abfallbehandlung und -beseitigung

21 Abfälle, die nicht verwertet werden (können), werden einer **Abfallbeseitigungsanlage** zur Behandlung oder Ablagerung zugeführt. Allein von 1990 bis 1993 ist die Anlieferung von Abfällen an öffentlich betriebene Abfallentsorgungsanlagen um nahezu 24% (alte Länder: 26%) auf 110, 5 Mio. t zurückgegangen. Dies ist vor allem auf einen wesentlich höheren *Verwertungsanteil* zurückzuführen. Dabei betrug der Rückgang bei den Deponien mehr als 30%, während bei Verbrennungs-, Kompostierungs- und anderen Anlagen, darunter im wesentlichen Sortier- und Bauschuttaufbereitungsanlagen, mehr oder weniger deutliche Zuwächse festzustellen waren. An öffentlich betriebene Abfallentsorgungsanlagen angeliefert wurden[17]

	Davon Hausmüll, hausmüllähnliche Gewerbeabfälle, Sperrmüll, Straßenkehricht und Marktabfälle		Insgesamt	
Auf bzw. an	1990	1993	1990	1993
Deponien	82	73	130,3	90,8
Verbrennungsanlagen	15	23	8,7	9,2
Kompostieranlagen			1,5	2,4
andere Anlagen	3	4	3,9	8,2
Summe	53,2	37,2	144,5	110,5 Mio. t

22 Neben der vorrangigen Abfallverwertung bestehen mehrere Möglichkeiten der Abfallbeseitigung. Von bisher erheblicher Bedeutung, nach den Vorgaben der *Technischen Anleitung Siedlungsabfall* (TASi, Rn. 12/73) jetzt aber nur noch ein Auslaufmodell ist die *unbehandelte* Ablagerung auf **Deponien**. Die Deponie ist möglichst getrennt nach Abfallarten, etwa in solche für Erdaushub- und Bauschutt, Haus- und Gewerbemüll und Sonderabfall vorzunehmen. Das Problem ist, daß entsprechend

16 Zur Zulässigkeit von Bedarfsprüfungen *Groß*, VerwArch. 1997, 89 ff.
17 UBA (Fn. 3), S. 443 f.

dem Vorsorgeprinzip die zu deponierenden Abfälle inert sein müssen, das heißt biologisch und chemisch inaktiv, und ihre Schadstoffe durch natürliche Prozesse nicht mobilisierbar. Diese Forderung kann nach Auffassung vieler nur die **thermische Restmüllbehandlung**, also die Verbrennung, Verschwelung oder Vergasung von Haus- und Gewerbemüll, insbesondere von Sonderabfällen erfüllen. Dementsprechend hat die TASi (Rn. 12/73) die Anforderungen an die Eigenschaften der zu deponierenden Abfälle erhöht. Damit dürften künftig vor allem Kombinationsverfahren (Pyrolyse und Verbrennung, Pyrolyse und Vergasung sowie mechanisch-biologische Behandlung und thermische Behandlung) zum Einsatz kommen, die seit Ende der 80er Jahre entwickelt und erprobt wurden. Die seinerzeit gehegten Erwartungen auf einen baldigen großtechnischen Einsatz im Entsorgungsmaßstab konnten bis heute jedoch nicht erfüllt werden.

a) Sortierung

Sortieranlagen sind Abfallentsorgungsanlagen, in denen insbesondere Wertstoffe aus Hausmüll und hausmüllähnlichem Gewerbemüll durch **Sortieren** (Magnetscheidung, Absiebung usw.) für den Wirtschaftskreislauf zurückgewonnen werden (Materialrecycling). Das Sortieren von Abfällen wird – vor jeder Art von Abfallbehandlung – immer wichtiger. **23**

b) Kompostierung

Die **Kompostierung** ist ein Verwertungsverfahren für biologisch abbaubare organische Müllbestandteile. Aufgrund eines geänderten Umweltbewußtseins gewinnt sie jetzt wieder zunehmend an Bedeutung. Sie setzt voraus, daß die organischen Müllbestandteile (etwa Küchenabfälle, Laub oder Klärschlamm), die einem Verrottungsprozeß ausgesetzt werden, sauber aussortiert werden, und zwar nach Möglichkeit bereits beim Abfallerzeuger. Nur wenn der Kompost keine Schadstoffe (insbesondere Schwermetalle) enthält, kann er zur Bodenverbesserung eingesetzt werden. **24**

Die Kompostierung von Hausmüll stößt sonst auf das Problem, daß sich allein durch die Anreicherung von im Kompost befindlichen Schadstoffen beim üblichen Ausbringzyklus schon in 160 Jahren z.B. hinsichtlich Blei eine Schadstoffanreicherung bildet, mit der die Grenzwerte für eine Sanierungspflicht überschritten werden. Bei flächendeckender Anwendung entstünde damit aus dem ganzen Bundesgebiet eine einzige Altlast. **25**

Das allgemein gestiegene Umweltbewußtsein weiter Bevölkerungskreise führte aber sowohl zu einer Erhöhung des Reinheitsgrades des Bioabfalls als auch zur Zunahme des Erfassungs- und Erschöpfungsgrades. So ist auch die Zahl der Kompostwerke in Deutschland von 133 (1990) auf 386 (1995) und die Anlagenkapazität von 1,1 Mio. auf 4,1 Mio. t gestiegen. An der Geruchsproblematik wird mit geschlossener Bauweise und dem Einsatz von Filter- und Wascheinrichtungen gearbeitet[18]. Vorteile gegenüber der thermischen Behandlung liegen im deutlich geringeren Anfall an gefährlichen Rückständen, Luftschadstoffen und Kosten. **26**

---

18 UBA (Fn. 3), S. 446.

c) Biologisch-mechanische Behandlung

27 Dieses sog. *kalte Vorbehandlungsverfahren* wird vielfach als Alternative zur thermischen Behandlung angesehen. Freilich kann damit der nach der TA Siedlungsabfall[19] (Rn. 12/73) für den **Glühverlust** festgelegte Wert nicht erreicht werden. Dieses Verfahren hat gegenüber der Ablagerung von unbehandelten Abfällen den Vorteil, daß die Ablagerungsdichte erhöht wird, was Deponievolumen spart und das Setzungsverhalten verbessert, und daß die Sickerwasserbelastung und die anfallende Deponiegasmenge verringert werden. Kritisch wird eingewandt, daß dieses Verfahren für bestimmte Abfallarten wie Kunststoffe ungeeignet ist und die behandelten Abfälle noch so viel Restorganik enthalten, daß es zu langfristigen Reaktionen im Deponiekörper kommen kann. Die Anforderungen an die BMA – auch als Voraussetzung einer Deponierung – sollen demnächst in der 29. BImSchV geregelt werden.

28 Eine *Pilotanlage* befindet sich mit Unterstützung des BMFT in Heilbronn in Planung und in Schwäbisch-Hall in Betrieb. Langfristige großtechnische Erfahrungen stehen noch aus.

29 Im Rahmen der TA Siedlungsabfall (Rn. 12/73) besteht nur die Möglichkeit, im Rahmen der *Ausnahmeregelungen* nach Nr. 2.4 im konkret zu begründenden Einzelfall Ausnahmen hinsichtlich des von BMA nicht erreichbaren Glühverlustes zuzulassen[20]; allerdings ist beabsichtigt, im Rahmen einer VO nach § 12 KrW-/AbfG, die dieTA Siedlungsabfall ablösen soll, weiterreichende Ausnahmen zuzulassen.

d) Thermische Behandlung

30 Hinsichtlich der **thermischen Behandlung** sind drei Arten zu unterscheiden: **Verbrennung** ist die Oxidation organischer Substanzen bei mindestens 1000° C durch Luftsauerstoff zu CO_2 und Wasser. **Pyrolyse** ist die Trocknung und thermische Zersetzung organischer Substanz bei Temperaturen unter 500° C unter Ausschluß von Luftsauerstoff; dabei entstehen Pyrolysegas und Pyrolysekoks. **Vergasung** ist die Umsetzung organischer Substanz bspw. mit Sauerstoff bei höchstens 2000° C zu gasförmigen Brennstoffen (Synthesegas). Diese Verfahren laufen entweder in einer Anlagenkomponente nacheinander oder aber in verschiedenen Anlagenkomponenten ab[21]. – Für eine große Zahl von festen, pastösen oder flüssigen Abfällen ist eine *thermische Behandlung* derzeit die einzige ernsthaft in Betracht kommende Entsorgungsmöglichkeit. Dabei werden nur brennbare Anteile des Abfallgemischs „verbrannt"; im übrigen dient die hohe Temperatur zur Aufspaltung chemischer Verbindungen. Der populäre Ausdruck „Müllverbrennung" ist daher ungenau. In vielem ähneln moderne MVA komplexen Produktionsstätten der chemischen Großindustrie. – **Ziel** der thermischen Müllbehandlung ist es, eine *erhebliche Reduzierung des Müllvolumens und des Müllgewichts* (ca. 90%) und damit eine *Minderung des Deponiebedarfs* zu erreichen. Gleichzeitig soll die thermische Müllbehandlung organische Schadstoffe zerstören und anorganische Schadstoffe in Filtern konzentrieren, die dann als Sonder-

19 Dazu *Jarass*, Inhalte und Wirkungen der TA Siedlungsabfall, 1999.
20 *Müllmann/Lohmann*, UPR 1995, 168 (170 f.).
21 Eine vergleichende Darstellung findet sich bei *Tauber*, et 1995, 378 ff.

abfall in Untertagedeponien abgelagert werden können. Weiter können über 90% der anfallenden Reststoffe (allenfalls mit darin enthaltenen Schadstoffen) verwertet werden, bspw. als Schlacke im Straßenbau, als Gips beim Bau und als Salzsäure in der Industrie. Schließlich steht freiwerdende *Wärmeenergie* zur Verstromung, Fernheizung usw. zur Verfügung.

Große und geeignete Flächen für Deponien sind – insbesondere in Ballungs- und Verdichtungsräumen – kaum noch auszumachen. Schon deswegen, aber auch wegen des eher kontrollierbaren Emissionsverhaltens soll künftig die Abfallbeseitigung mehr und mehr im Wege der thermischen Behandlung erfolgen, und zwar nach Möglichkeit in energieerzeugenden, d.h. abfallverwertenden Anlagen, seien dies Müllheizwerke (insbesondere zur Fernwärmeversorgung), Müllkraftwerke (mit Stromproduktion) oder Müllheizkraftwerke (mit gekoppelter Strom- und Wärmeproduktion)[22]. Abgesehen davon eignen sich manche Abfälle nicht für die Deponierung, etwa leicht wasserlösliche Abfallstoffe (jedenfalls nicht für Übertagedeponien) oder organische Abfälle (z.B. PCB; Rn. 11/5). Andere, in besonderer Weise verbrennungstaugliche Abfallstoffe sollten schon wegen ihrer Menge thermisch behandelt werden. **31**

So wären z.B. wegen ihres hohen Energiegehalts zur Verbrennung in MVA zahlreiche *Kunststoffe* (etwa Polyethylen, Polysystrol, Polyamid, Polyvinylchlorid) geeignet; dadurch kann die sonst u.U. zuzusetzende Menge an Brennstoff (Öl, Erdgas) verringert werden. PVC eignet sich wegen seiner Beständigkeit nicht zur Deponie, wohl aber zur Verbrennung insofern, als es trotz höheren Heizwerts als Holz oder Papier weniger CO_2 freisetzt. Allerdings wird bei der Verbrennung von PVC (wie übrigens auch bei der thermischen Behandlung von chlorierten Kohlenwasserstoffen) regelmäßig Chlor freigesetzt, so daß sich HCl (das Gas der Salzsäure) bildet. Daher kommt es zur Bildung von krebserzeugenden *Dioxinen (*Rn. 11/12). Inzwischen soll das anfallende HCl mittels Natronlauge in Kochsalz und Wasser umgewandelt werden können (erstmals praktiziert im Müllheizwerk Iserlohn). Insgesamt ist aber der energetischen Verwertung von Kunststoffabfällen eine stoffliche Verwertung der „recycelbaren" Kunststoffabfälle zur Erzeugung neuer Produkte vorzuziehen; sie wirkt nämlich doppelt ressourcenschonend, weil Kunststoffe mit erheblichem Energieaufwand aus Erdöl hergestellt werden. Nach einem noch immer in der Erprobung befindlichen Verfahren kann aus Kunststoffen durch Pyrolyse (Rn. 12/41) Öl gewonnen werden. **32**

Nach Meinung vieler Abfallexperten ist nach dem gegenwärtigen Stand der Technik nur die Verbrennung, jedenfalls die thermische Behandlung wirklich zu verantworten. Andererseits wird die Ablehnung eines Standorts durch die benachbarte Bevölkerung in der Regel allenfalls durch die gegen einen KKW-Standort übertroffen. **33**

Anfang 1999 waren in der Bundesrepublik Deutschland 59 Anlagen zur thermischen Behandlung von Siedlungsabfällen mit einer jährlichen Kapazität von ca. 13 Mio. t. in Betrieb. Nahezu alle Anlagen verfügen über eine Energienutzung (Strom, Fernheizung). In 13 Anlagen wird zusammen mit Siedlungsabfall auch kommunaler Klärschlamm verbrannt. Alle Anlagen verfügen über Abgasreinigungen entsprechend den Anforderungen der 17. BImSchV. Die meisten Anlagen werden abwasserfrei betrieben. Meist werden die Rostschlacken einer Aufbereitung zugeführt und stofflich verwertet. Die Verteilung der thermischen Behandlungsanlagen für Rest-Siedlungsabfall auf die Bundesländer (Stand: 03/99) ergibt sich aus folgender Tabelle[23]: **34**

---

22 Müllkraftwerke (nicht aber Müllheizwerke) unterliegen nicht nur den abfallrechtlichen, sondern auch den energiewirtschaftsrechtlichen Bestimmungen.

23 www.umweltbundesamt.de, Stichworte Müllverbrennung und Thermische Behandlung von Abfällen (Müllverbrennung, Abfallverbrennung).

Bundesland (BL)	Anzahl vorhandener Anlagen	Vorhandene Kapazität t/a
Baden-Württemberg	5	1 010 000
Bayern	17[a]	2 793 400
Berlin	1	520 000
Brandenburg	–	–
Bremen	2	565 000
Hamburg	3	850 000
Hessen	4	964 000
Mecklenburg-Vorpommern	–	–
Niedersachsen	2	505 600
Nordrhein-Westfalen	16	5 028 300
Rheinland-Pfalz	2	330 000
Saarland	2	330 000
Sachsen	1[b]	ca. 140 000
Sachsen-Anhalt	–	–
Schleswig-Holstein	4	612 000
Thüringen	–	–
Summe 16 BL	59[a, b]	insges. 13 648 300

a 1 Pyrolyseanlage
b 1 Vergasungsanlage

aa) Verbrennung

35 Bei der **Müllverbrennung** laufen die vorbeschriebenen Vorgänge der *Verbrennung, Pyrolyse* und *Vergasung* in einem Feuerraum ab. Für die Müllverbrennung stehen verschiedene Technologien zur Verfügung, bei Hausmüll z.B. die neuere *„Walzenrosttechnologie“*, bei Sondermüll vor allem die wegen ihres großen Anwendungsbereichs („Allesfresser“) am häufigsten eingesetzte *„Drehrohrtechnologie“*, aber z.B. auch noch die für Klärschlamm, pastöse Abfälle oder kontaminierte Böden geeignete Technologie der *„Wirbelschichtfeuerung“* usw.

36 Die Errichtung solcher MVA mit Nebenanlagen und ihre – zur Reduzierung der Schadstoffemissionen notwendige – Ausstattung mit Staubfiltern und Rauchgasreinigungseinrichtungen ist teuer. Die Verbrennung von 1 kg Abfall erzeugt ca. 10 m^3 reinigungsbedürftiges Abgas (Rauchgas). Heute ist aber der Stand der Luftreinhaltetechnik bei modernen MVA ebenso hoch wie bei konventionellen Kraftwerken. Für Neuanlagen gelten die Emissionswerte der TA Luft (Rn. 8/69 ff.) bzw. der 17. BImSchV (Rn. 8/173 ff.); die in der 17. BImSchV vorgesehene Überleitungsfrist für Altanlagen endete 1996.

37 Viele Altanlagen hatten, bevor sie saniert wurden, den Charakter von „Giftschleudern“, weil man zu spät erkannte, daß auch bei MVA ein bedeutender technischer Aufwand erforderlich ist, um zu vermeiden

- *Emissionen* aufgrund der (schwankenden) Schadstoffgehalte des Rohgases (je nach Einsatzstoffen und Verbrennungsverfahren z.B. Schwefeldioxid, Stickoxide, Kohlenmonoxid, Salzsäure, Fluorwasserstoffe, Stäube und damit Schwermetalle, organische Stoffe, u.U. auch in der Anlage erst gebildete Dioxine und Furane), so daß eine Abgasreinigung im Trocken- bzw. Sprühabsorptionsverfahren oder im Wege der wohl wirksameren sog. Naßwäsche, möglichst mit nachfolgender Abgasentstickung erforderlich ist,

- den Anfall großer, mit Salzen und Schwermetallen belasteter und daher nach Möglichkeit einzudampfender *Abwassermengen* aus der etwaigen Naßwäsche des Abgases und dem Schlackebad sowie
- den Anfall von z.T. hochtoxischen, entsorgungs- und damit oft auch konditionierungsbedürftigen *Reststoffen* (z.B. Filterstäuben, Schlämmen, Reaktionsprodukten als Eindampfungsrückständen bei einer Abgasreinigung unter Abwasservermeidung).

An Stäuben aus den Elektro- oder Gewebefiltern und Reaktionssalzen aus der Abwasserverdampfung können je nach der Rohgasbeladung und dem angewendeten Reinigungsverfahren Gewichtsmengen bis zu 2/10 der verbrannten Abfälle verbleiben. Sie müssen in geeigneter Weise als Sonderabfälle deponiert werden. Im Jahre 1985 waren erst rd. 1/4 der MVA mit Filtern und Rauchgasreinigungsanlagen ausgestattet; trotzdem fielen bereits 50 000 t/a Filterstäube an. – Weniger belastend sind dagegen solche Stäube, die nicht Filterstäube sind, sowie die Flugasche und die einen wesentlichen Bestandteil der MV-Rohasche bildende sog. „Schlacke". Diese Restprodukte machen ca. 1/10 bis 3/10 des Gewichts der verbrannten Abfälle aus. Die Schlacke wird z.B. bei der Anlage von Wegen auf Deponien verwendet oder aber abgelagert. – 1990 fielen in der Bundesrepublik insgesamt bereits 4,6 Mio. t Asche, Schlacke u. Stäube aus Müllverbrennungsanlagen an[24]. **38**

Bei hoher Temperatur der Verbrennungsabgase (bis zu 1200°C in sog. Nachbrennkammern) können halogenierte aromatische Kohlenwasserstoffe, ferner Dioxine (z.B. das Seveso-Dioxin) und Furane sowie andere schädliche organische Verbindungen im allgemeinen hinreichend schnell zersetzt werden. Problematisch ist die Dioxinbildung in der Abkühlphase. Es gibt auch Dioxinreduktionsverfahren (z.B. mittels Aktivkoksfilter). Tatsächlich können sich bei den herkömmlichen Verbrennungstechniken noch Dioxine und Furane in den Filterstäuben befinden. Inzwischen wird aber ihre Zersetzung in ungiftige Bestandteile unter Verwendung geeigneter Katalysatoren (verschiedene Metallionen) durch eine unter Sauerstoffmangelbedingungen (Luftabschluß) erfolgende Wiedererwärmung der Stäube während der Dauer von ca. 1 h auf eine Temperatur im Bereich von 350-400°C möglich. Dabei ist eine Nachbehandlung der Filterstäube erforderlich[25]. **39**

Es gibt **Müllverbrennungsanlagen für brennbaren Hausmüll** (einschl. Sperrmüll und brennbarem hausmüllähnlichem Gewerbemüll) mit einer oder mehreren Verbrennungseinheiten und einem Durchsatz von insgesamt ca. 100 000-500 000 t/a. Diese Anlagen gehören zur öffentlichen Abfallentsorgung. Ferner gibt es **Müllverbrennungsanlagen für brennbaren Sondermüll**, d.h. für brennbare feste oder flüssige (insbesondere gefährliche) Industrieabfälle mit einem Durchsatz von ca. 30 000-120 000 t/a; diese im Hochtemperaturbereich betriebenen Anlagen gehören nur z.T. zum Bereich der öffentlichen bzw. öffentlich zugänglichen Abfallentsorgung, im übrigen zur industriellen Eigenentsorgung bzw. zur privaten Abfallentsorgung „durch Dritte". **40**

bb) Pyrolyse und Schwelbrenn-Verfahren

Das **Schwelbrenn-Verfahren** der Firma KWU-Siemens war das erste *Kombinationsverfahren*, das im Herbst 1987 der Fachwelt vorgestellt wurde und danach in zwei Versuchsanlagen in Ulm-Wieblingen und Japan erfolgreich erprobt wurde. Die Inbe- **41**

24 Zu den Möglichkeiten der Verwertung von Filterstäuben aus MVA *Boccaccini/Köpf/Ondracek*, ZAU 1994, 357 ff.

25 Vgl. etwa *Horch*, et 1990, 298 (299 f.); s. jetzt die 17. BImSchV (Rn. 8/173 ff.).

triebnahme der ersten großtechnischen Schwelbrenn-Anlage in *Fürth* stellte sich als wesentlich schwieriger heraus als zunächst angenommen und fand ihr vorläufiges Ende nach einem Störfall mit Freisetzung von Schwelgas durch eine Verstopfung der Reststoffaufbereitungseinrichtung mit einem Drahtgewölle am 12.8.1998. Das Schwelbrenn-Verfahren wird offenbar vorerst in Deutschland nicht weiter erprobt werden.

42 Die erste **Verschwelungs-Anlage** im praktischen Einsatz steht in *Burgau* im Landkreis Günzburg und wird seit 1987 als einzige Pyrolyse-Anlage in Deutschland zur Behandlung von Restabfall und Klärschlamm im Entsorgungsmaßstab mit einem Jahresdurchsatz von ca. 25 000 t/a betrieben. Die Ablagerung der derzeit noch unbehandelten Pyrolyse-Reststoffe entspricht allerdings nicht den Anforderungen der geltenden TA Siedlungsabfall.

cc) Vergasung (Thermoselect, Konversion)

43 Die Vergasung von Abfällen sollte insbesondere im **Thermoselect**- oder im **Konversionsverfahren** durchgeführt werden. Kennzeichnend ist, daß mehrere Verbrennungsprozesse hintereinander geschaltet und im weiteren Verlauf Gas und Feststoffe getrennt weiterverarbeitet werden sollen. Der Vorteil soll in der besseren Beeinflußbarkeit der jeweiligen Vorgänge und damit in der Entstehung deponiefreundlicherer Reste bestehen.

44 Bei dem Verfahren des Schweizer Unternehmens *Thermoselect* handelt es sich um ein aus mehreren Verfahrensschritten und Behandlungsarten zusammengesetztes Verfahren. Dabei wird gemischter Haus- und Gewerbemüll hochverdichtet (auf ein Zehntel seines Volumens) und dann bei etwa 600°C zu einem Kohle-Mineral-Metall-Gemisch umgewandelt. Der verschwelte Müll wird in einem Hochtemperaturreaktor mit reinem Sauerstoff behandelt. Mineralien und Metalle sollen dann abgeschieden und wiederverwertet oder jedenfalls problemlos abgelagert werden können. Das übrigbleibende Synthesegas soll mehrere Reinigungsstufen durchlaufen und schließlich zur Energieererzeugung verwendet werden können[26].

45 Zunächst wurden Erfahrungen mit Betriebssicherheit und Langzeitverhalten von eingesetzten Werkstoffen in Komponenten der Anlage in der gleichnamigen Pilotanlage im italienischen *Fondotoce/Verbania* gesammelt. Deutschlands erste Anlage entstand in *Ansbach/Bayern*, die zweite aufgrund Genehmigung vom 24.10.1996 in *Karlsruhe* mit einem geplanten Jahresdurchsatz von 225 000 t/a; diese sollte im Januar 1999 in Betrieb gehen, nur 1/5 der Stickoxide eines Müll-Heizkraftwerks emittieren und ein Drittel weniger kosten als bisher die Müllverbrennung. Der Probebetrieb verläuft aber bisher offenbar nicht zufriedenstellend.

46 Beim *Konversionsverfahren* werden die Abfälle zunächst zerkleinert (<50 mm) und nötigenfalls getrocknet. Dann findet wie beim Schwelbrenn-Verfahren eine Pyrolyse statt. Die Metalle werden separiert, Pyrolysekoks und inerte Reststoffe werden fein aufgemahlen und zusammen mit dem Pyrolysegas unter Zugabe von Sauerstoff bei maximal 2000°C und einem Systemdruck von höchstens 35 bar vergast. Die Vergasungsrückstände werden dabei aufgeschmolzen und als Granulat abgezogen. Das Synthesegas wird gekühlt und gereinigt und steht dann zur Energiegewinnung in Gasturbinen zur Verfügung. Der bei der Reinigung entstehende Schwefel kann aufbereitet und verwertet werden[27].

---

26 Dazu *Schweitzer* (Hrsg.), Thermoselect-Verfahren zur Ent- und Vergasung von Abfällen, 1994.
27 Dazu *Carl/Fritz*, Noell-Konversionsverfahren zur Verwertung und Entsorgung von Abfällen, 1994.

dd) Weitere Kombinationsverfahren

Außerdem richtet sich der Blick auf zwei weitere technisch fortgeschrittene *Kombinationsverfahren*, die sich mit einer großtechnischen Anlage in der Inbetriebnahme oder Probephase befinden, ihren Entsorgungsmaßstab mit einem stationären Betrieb über ein bis zwei Jahre jedoch noch beweisen müssen. Es handelt sich um **47**

- das RCP-Verfahren der Firma Roll mit einer großtechnischen Verfahrenslinie bei einem ausgelegten Durchsatz von 6 t/h in Bremerhaven; die Anlage wird seit Sommer 1998 erprobt und arbeitet bisher mit Durchsätzen von bis zu 5 t/h jeweils etwa über einen Zeitraum von einer Woche.
- das PKA-Verfahren der Firma PKA-Umwelttechnik GmbH und Co. KG in Aalen, mit einer Entsorgungsanlage bei einem Jahresdurchsatz von 24 000 t/a; hier hat die Anfahrphase im Herbst 1998 begonnen.

ee) Kryo-Recycling

Im weiteren Sinn um ein thermisches Verfahren handelt es sich auch bei dem sog. *Kryo-Recycling*, das zu einer besseren Wiederverwertung des Hausmülls führen soll. Dazu soll in einem Kältetunnel die Müllmischung auf bis zu 140°C tiefgefroren werden. Dabei wird selbst zäher Kunststoff spröde wie Glas, so daß sich Verbunde wie z.B. in Elektronikschrott lösen und das Gemisch mit relativ geringem Energieaufwand fein vermahlen werden kann. Anschließend können dann ganz verschiedene Kunststoffe und Plastik in allgemein üblichen Verfahren sortenrein getrennt werden. Damit sollen 60% der sog. „Leichtfraktion“ des Restmülls wirtschaftlich lohnend und ökologisch sinnvoll wieder zu Werkstoffen für neue Produkte zu machen sein. Die großtechnische Erfahrung steht auch hier noch aus. **48**

e) Deponie

Die Zeiten der ungeordneten Müllkippen („vergraben und vergessen“) sind vorbei. Heute geht es bei der **Deponie von Abfällen** um eine dauerhafte, geordnete und kontrollierte Ablagerung auf Sicherheitsdeponien, was aber zumindest auf lange Sicht immer noch zu erheblichen Umweltbelastungen führen kann. Die Ablagerung von Abfällen ist aber bislang die – zunächst – kostengünstigste Art der Abfallentsorgung und auch weiterhin die Entsorgungsmethode für Restabfälle, die nicht vermieden, nicht verwertet und nach Möglichkeit vorbehandelt worden sind. **49**

Auf Deponien mit unterschiedlichen abgelagerten Abfällen (Hausmülldeponien, Sonderabfalldeponien) laufen die physikalischen, chemischen und mikrobiologischen Prozesse im Deponiekörper weitgehend unkontrolliert ab. Die davon ausgehenden Sickerwasser- und Deponiegasemissionen sind durch geeignete technische Maßnahmen zu vermindern. Grundlage für Planung, Bau und Betrieb aller (oberirdischen) Deponien ist das *Multibarrierenkonzept*, das durch mehrere, weitgehend voneinander unabhängige Barrieren die Freisetzung und Ausbreitung von Schadstoffen aus der Deponie verhindert. Der Deponiestandort muß hydrologisch und geologisch geeignet sein durch hohes Absorptionsvermögen, geringe Wasserdurchlässigkeit und ausreichenden Sicherheitsabstand zum Grundwasserleiter („geologische Barriere“). Das Basisabdichtungssystem muß in Verbindung mit dem darauf angeordneten Entwässerungssystem verhindern, daß belastetes Sickerwasser in den Untergrund gelangt. Dazu besteht das Abdichtungssystem aus wasserundurchlässigen natürlichen oder/und künstlichen Materialien und das Entwässerungssystem aus grobkiesigen Flächenfiltern und einem Dränrohrsystem, und es dient der Sammlung und zügigen Ableitung der belasteten Sickerwässer zu einer Aufbereitungsanlage. Die abzulagernden Abfälle müssen weitgehend reaktionsträge (inert) **50** und schadstoffarm sein, so daß die Sickerwasserbelastung gering ist und sich praktisch kein Deponiegas bildet. Wenn die Abfälle diese Eigenschaften von Natur aus nicht haben, sind sie vorzubehandeln oder von der Ablagerung auszuschließen („stoffliche Barriere"). Der Deponiekörper muß in sich und in bezug auf seine Umgebung mechanisch stabil hergestellt werden (Verdichtung). Der Eintrag von Fremd- und Niederschlagswasser in den Deponiekörper muß nach Verfüllung der Deponie durch eine Oberflächenabdichtung verhindert werden. Eine auf der Oberflächenabdichtung angeordnete Rekultivierungsschicht einschließlich Bewuchs dient dem Schutz der Abdichtung und der Eingliederung des Deponiekörpers in die Landschaft. Schließlich muß die Folgenutzung der verfüllten Deponie kontrolliert werden, um eine Beschädigung der Oberflächenabdichtung auszuschließen, und das Deponielangzeitverhalten überwacht und dokumentiert werden.

51 Solche Deponien sind *komplexe Ingenieurbauwerke*, die nicht nur über moderne technische Anlagen im eigentlichen Ablagerungsbereich (Sickerwasserfassungssystem, Sickerwasserreinigung, Deponiegasfassungssystem, Deponiegasreinigung, Deponiegasverwertung, teilweise Abfallbehandlungsanlagen) sondern auch über eine bauliche Infrastruktur verfügen müssen, wie Deponiestraßen, Betriebsgebäude mit verschiedenen Räumen, Hallen und Werkstätten für Fahrzeuge und Geräte, Speicherbehälter für Wasser aus dem Deponiebereich und umfangreiche Meßeinrichtungen für Wetterdaten und Deponiekontrolldaten.

aa) Haus- und Gewerbemülldeponien

52 Die Menge der in den alten Ländern auf Hausmülldeponien abgelagerten Abfälle blieb 1980 bis 1990 verhältnismäßig gleich und verringerte sich seither (oben Rn. 12/21, 15). Dagegen erhöhte sich der Anteil der auf Bodenaushub- und Bauschuttdeponien abgelagerten Abfälle deutlich. Deponien für *Hausmüll* (Siedlungsabfall) und *hausmüllähnlichen Gewerbemüll* stehen heute meist in der Trägerschaft von Kreisen bzw. kreisfreien Städten oder – zunehmend – Zweckverbänden. Die Entwicklung geht dahin, die Ablagerung von Hausmüll und hausmüllähnlichem Gewerbemüll – nach vorheriger Aussonderung des „Wertabfalls" – auf möglichst wenige *Zentraldeponien* mit einem Einzugsbereich von jeweils 100 000-150 000 Einwohnern zu konzentrieren. Aufgrund der TA Siedlungsabfall (Rn. 12/73) haben die Hausmülldeponien nur noch den Rang einer Übergangslösung[28].

53 Zur Steigerung der Wirtschaftlichkeit wird auch angestrebt, jedenfalls bei Hausmülldeponien das *Deponiegas* (bestehend aus ca. 55% Methan, ca. 40% Kohlendioxid, ca. 5% Stickstoff und anderen, z.T. toxischen Bestandteilen), das durch Zersetzung der organischen Müllbestandteile unter Luftabschluß entsteht, künftig stärker als bisher zur Energieerzeugung zu nutzen[29], und zwar entweder durch Verheizung (hoher Wirkungsgrad, aber auch hoher Investitionsaufwand, z.B. durch Heiz-KW und längere Rohrleitungen) oder Verstromung (geringerer Wirkungsgrad, aber auch kleinerer Investitionsaufwand, z.B. durch Gasmotoren in Block[heiz]-KW).

54 Deponien erzeugen (durch die Anfahrt) Verkehrs- und (durch den Einbau) Maschinenlärm, aber auch Geruchsbelästigungen[30] für umliegende Orte, und sie verbrau-

28 Vgl. *Erbguth*, UPR 1997, 224 ff.

29 Hausmüll mit durchschnittlich 200 kg organisch gebundenem Kohlenstoff je t ergibt bei einer Deponie von 200 Mio m^3 rd. 1000 m^3 Gas je Stunde mit einem Heizwert von 500 l Heizöläquivalent.

30 Dazu die LAI-Geruchsimmissions-Richtlinie v. 13.5.1998, die in 11 Bundesländern eingeführt ist.

chen Landschaft. Neben diesen und weiteren *Umweltbelastungen* steht das Problem des *Sickerwassers* im Vordergrund. Rd. 10% der Deponien haben gar keine Basisabdichtung, die meisten haben wenigstens eine mineralische Abdichtung, und nur neue Deponien bzw. Deponieerweiterungen besitzen eine Kombinationsabdichtung (mit zusätzlichen Kunststoffbahnen). Ohne Basisabdichtung kann Sickerwasser nicht aufgefangen werden und gelangt mit entsprechenden Schadstoffbelastungen in das Grundwasser. Solange keine Oberflächenabdichtung besteht, durchläuft Niederschlagswasser immer neu den Deponiekörper und wäscht ihn so in das Grundwasser aus. In den neuen Ländern hatten selbst sog. „geordnete Deponien" keine Basisabdichtung[31]. Oberflächenabdichtungen können erst aufgebracht werden, wenn nicht weiter verfüllt wird. Sanierungen sind teuer.

Deponien – und das gilt schon für Hausmülldeponien – sind „Bauwerke für die Ewigkeit": Archäologen suchen mit Hilfe von Luftbildaufnahmen nach früheren Abfallablagerungsstätten und finden damit Siedlungen, die schon vor Jahrtausenden verlassen wurden. Dabei ist unschwer vorstellbar, um wieviel harmloser damalige Deponien waren. 55

bb) Sondermülldeponien

Für feste Sonderabfälle, die stofflich und thermisch nicht verwertbar sind oder thermisch mit vertretbarem Aufwand nicht in einen inerten Zustand gebracht werden können, kommt nur das geordnete Deponieren in Frage. Öffentlich zugängliche **Sondermülldeponien** – 1995 waren es insgesamt 14[32] – stehen oft in der Trägerschaft eines Landes oder einer GmbH mit Beteiligung der öffentlichen Hand. Sie sind für die Aufnahme ablagerungsfähigen festen Mülls bestimmt, der – aufgrund seiner speziellen Eigenschaften – besonders hohe Anforderungen an eine sichere und umweltgerechte Ablagerung stellt. Dazu gehören insbesondere eine (in der Regel zweilagige) Sohlabdichtung, eine Seitenabdichtung, die Erfassung und Behandlung des Sickerwassers sowie die Gewährleistung der Langzeitüberprüfung der Umgebung (einschließlich des Grundwassers). Einzelheiten regelt die TA Abfall (Rn. 12/72). Eine Sondermülldeponie kann über Tage oder unter Tage angelegt werden. 56

Die **Ablagerung über Tage** setzt – das gilt auch für Hausmülldeponien – einen speziell geeigneten, nämlich aufgrund hinreichend mächtiger Tonschichten o.ä. wasserundurchlässigen, nach heutigem Stand der Technik (*Multibarrierenkonzept*, Rn. 12/50) noch zusätzlich durch Kunststoffbahnen abzudichtenden Untergrund voraus. Abgesehen vom geeigneten Untergrund müssen noch sonstige Standortkriterien erfüllt sein (z.B. Anbindung an das Straßen- und Eisenbahnnetz, hinreichender Abstand zu Wohngebieten usw.). Auch im günstigsten Fall wirft aber eine Über-Tage-Deponie, wenn bzw. solange die Sonderabfälle nicht zureichend konditionierbar bzw. konditioniert sind, noch immer Probleme auf, insbesondere in bezug auf gasförmige Emissionen und auf die Behandlung des über ein Drainagesystem abgeleiteten Sickerwassers, das kontrolliert entwässerbar sein muß. Trotz aller aufwendigen Sicherungsvorkehrungen kann bisher noch nicht garantiert werden, daß Sondermülldeponien auf Dauer 57

31 UBA (Fn. 3), S. 562.
32 Verzeichnet in UBA (Fn. 3), S. 454.

sicher bleiben. Wir erzeugen daher die Altlasten von morgen, und zwar in voller Kenntnis dieses Tatbestandes.

58 Die **Ablagerung unter Tage** ist für die Aufnahme unbrennbarer, leicht wasserlöslicher Schadstoffe oder sonst besonders problematischen Sondermülls (insbes. toxischer, langlebiger und bioakkumulativer organischer Stoffe, z.B. organischer Halogen- oder Phosphorverbindungen) geeignet. Sie ist sehr sicher, aber auch sehr aufwendig. Geeignete Standorte stehen bei weitem nicht in ausreichender Zahl zur Verfügung.

59 **Beispiele:** Untertagedeponie *Herfa-Neurode*/Hessen in der Trägerschaft der Kali und Salz AG mit einer Jahreskapazität von max. 120 000 t bei Zweischichtbetrieb. Diese schon seit 1972 betriebene Deponie war lange Zeit die einzige Untertagedeponie in der Bundesrepublik. Sie steht zwar grundsätzlich allen Bundesländern und sogar dem Ausland für die Ablagerung insbesondere hochtoxischer Abfälle offen[33]; ihre Jahreskapazität, die bis 1992 auf 240 000 t ausgebaut worden sein soll, reicht allerdings für die gesamte Bundesrepublik bei weitem nicht aus. In Baden-Württemberg nehmen Stollen des Salzbergwerks von *Heilbronn* insbesondere Rückstände aus der Abgasreinigung von Müllverbrennungsanlagen auf.

f) Abfallbeseitigung auf hoher See

60 Schließlich wurden nicht unerhebliche Sondermüllmengen auf **hoher See** „entsorgt“, sei es durch Verbrennung (z.B. hochchlorierter Kohlenwasserstoffe), sei es durch unmittelbares Einbringen von Abfällen ins Meer („Verklappen“, d.h. Versenken)[34]. Die Abfallverbrennung auf hoher See ist 1994 endlich ausgelaufen.

g) „Mülltourismus“

61 Mangels zureichender Abfallentsorgungsmöglichkeiten im Inland, aber auch aus Kostengründen[35] wurden aus der Bundesrepublik jahrelang erhebliche Müllmengen *ins Ausland verfrachtet*[36]. Noch 1989 entfiel davon weit über die Hälfte auf die DDR (0,9 Mio. t/a ohne West-Berlin). Aus West-Berlin gelangte Hausmüll z.B. nach *Schöneiche* bei Potsdam, aus der übrigen Bundesrepublik Sondermüll vor allem nach *Schönberg* auf die „größte Müllkippe Europas“ ca. 6 km vor den Toren Lübecks. Beliebt war auch der Müllexport nach Frankreich, aber auch in weitere europäische Länder (z.B. nach Belgien und in die Niederlande, kleinere Mengen auch nach Großbritannien und in die Schweiz). Selbst in außereuropäische (vor allem afrikanische) Länder wurde Sondermüll transportiert, insbesondere über Belgien (rd. 1,5 Mio. t/a)[37]. Der Export von Sonderabfällen und sonstigen Abfällen (Klärschlamm usw. ohne Siedlungsabfälle) in die Nachbarländer Belgien, Frankreich und Niederlande nahm von 1988 bis 1992 noch um 44% zu. Die Siedlungsabfälle gingen (insbesondere aus Bayern und Baden-Württemberg) fast ausschließlich nach Frankreich, von 1988 bis 1992 aber verringert von 874 000 auf 294 000 t, von 1991 bis 1992 um 45%[38]. – Für diesen Müllexport gibt es nunmehr strenge, bremsend wirkende Vorschriften (Rn. 12/313 ff.). Deshalb und aufgrund der fast voll-

---

33 Zu den verfassungs- und kartellrechtlichen Fragen bei Bestehen eines Entsorgungsmonopols hinsichtlich hochtoxischer Stoffe *Wilmowsky*, UPR 1987, 172 ff.

34 Vgl. zur Belastung der Nordsee hierdurch unsere Vorauflage Rn. 10/62 f.

35 Für eine Tonne Sondermüll kostet die ordnungsgemäße Ablagerung bis zu DM 400,–, die ordnungsgemäße Verbrennung u.U. mehrere tausend DM.

36 Die Kontrolle der grenzüberschreitenden Verbringung gefährlicher Abfälle ist Gegenstand der Baseler Konvention vom 22.3.1989; Rn. 12/77.

37 Zu Recht kritisch *Stede*, UPR 1991, 422 ff.

38 UBA (Fn. 3), S. 555 f.

ständigen Einstellung der Siedlungsabfallexporte ist die Menge der aus Deutschland ausgeführten Sonder- und Siedlungsabfälle seit Anfang der 90er Jahre von 1 Mio. t auf ungefähr die Hälfte zurückgegangen[39].

II. Einführung in das Kreislaufwirtschafts- und Abfallrecht

1. Systematische Stellung

Das Abfallrecht dient wie auch das Immissions-, Atom-, Gentechnik- und Chemika- **62**
lienrecht dem *kausalen* Umweltschutz (Rn. 1/12). Es besteht aus staats- und verwaltungsrechtlichen, aber auch strafrechtlichen Bestimmungen.

2. Historische Entwicklung

Das Recht der Abfallbeseitigung/-entsorgung wurde gesetzgeberisch lange Zeit ver- **63**
nachlässigt. Zunächst war Abfallbeseitigungsrecht nur Müllabfuhrrecht und lediglich Regelungsgegenstand kommunaler Satzungen. Die wirklichen Probleme beginnen aber erst nach dem Einsammeln und Abtransport des Mülls. Daher ergingen Ende der 60er Jahre die ersten Landesgesetze, die auch auf eine geordnete Abfallablagerung abzielten. Erst 1972 wurde eine umfassende (konkurrierende) Gesetzgebungskompetenz des Bundes (Art. 74 Nr. 24 GG a.F.) geschaffen und das *Abfallbeseitigungsgesetz* (AbfG) vom 7.6.1972 erlassen. Das *Abfallgesetz* (AbfG) von 1986 war praktisch eine 4. Novelle zum alten Abfallbeseitigungsgesetz. Es enthielt – z.T. in Umsetzung EG-rechtlicher Vorgaben – eine Reihe von Verbesserungen, u.a. die Einführung *abfallwirtschaftlicher Ansätze*. Mit einer 5. Novelle wurde nun das **Kreislaufwirtschafts- und Abfallgesetz** (KrW-/AbfG)[40] eingeführt. Das Gesetz soll Unsicherheiten über den Abfallbegriff verringern und die Verantwortung der Produzenten und Konsumenten steigern[41]. Die Wirtschaft *soll vom Abfall her denken*[42]. Entsprechend dem Verursacherprinzip wird die Verantwortung für ge- oder verbrauchte Produkte auf die Produktion und die Produzenten zurückverlagert. Das KrW-/AbfG stieß in seinen anfänglichen Entwürfen, aber auch noch in der verabschiedeten Fassung auf den Widerstand der Industrie, die Wettbewerbsnachteile und eine staatliche Bevormundung befürchtet[43].

---

39 UBA (Fn. 3), S. 446.

40 Kreislaufwirtschafts- und Abfallgesetz vom 27.9.1994, BGBl. I 2705; dazu BR-Drs. 245/93, BT-Drs. 12/5672. – Dazu *Bartlsperger*, VerwArch. 86 (1995), 32 ff.; *Kersting*, DVBl. 1994, 273 ff.; *Kniep*, GewArch. 1995, 19 ff; *Petersen/Rid*, NJW 1995, 7 ff.; *Tettinger*, DVBl. 1995, 213 ff.; *Versteyl/Wendenburg*, NVwZ 1994, 833 ff.; *Weidemann*, NVwZ 1995, 631 ff.

41 Zur Zielsetzung des Gesetzes vgl. BT-Drs. 12/5672, S. 1.

42 BT-Drs. 12/5672, S. 2 und 35.

43 Vgl. bspw. die Kritik von *Dittmann* (BDI), ZAU 1992, 447 ff.

3. Gesetzgebungskompetenz und Rechtsquellen

a) Europarecht

64 Auf EU-Ebene finden sich folgende **Richtlinien**

- 75/442/EWG vom 15.7.1975 über Abfälle (Rahmenrichtlinie) und 91/156/EWG vom 18.3.1991[44] zu ihrer Änderung,
- 91/689 EWG vom 12.12.1991 über gefährliche Abfälle[45] und 94/31/EG vom 27.6.1994[46] zu ihrer Änderung,
- 89/369/EWG vom 8.6.1989 über die Verhütung der Luftverunreinigung durch neue Verbrennungsanlagen für Siedlungsmüll[47] und
- 89/429/EWG vom 21.6.1989 über die Verringerung der Luftverunreinigung durch bestehende Verbrennungsanlagen für Siedlungsmüll[48],
- 1999/31/EG vom 26.4.1999 über Abfalldeponien[49], umzusetzen binnen 2 Jahren nach Inkrafttreten, also bis 16.7.2001; die Richtlinie enthält in ihrem Anhang 1 allgemeine Anforderungen für alle Deponiekategorien, in ihrem Anhang 2 Abfallannahmekriterien und -verfahren und in Anhang 3 Meß- und Überwachungsverfahren während des Betriebs und der Nachsorgephase; sie soll jetzt durch das Artikelgesetz zur IVU-RL umgesetzt werden;

ferner spezielle Richtlinien über die Verwendung von Klärschlamm, die Beseitigung von Altöl, von PCB oder von Abfällen aus der Titanoxidproduktion, u.a.m.[50]

65 Daneben ist auf die Abfallverbringungs-**Verordnung** des Rats 259/93 EWG vom 1.2.1993[51] zur Überwachung und Kontrolle der Verbringung von Abfällen in der, in die und aus der Europäischen Gemeinschaft (Rn. 12/316 ff.) hinzuweisen, mit der erstmals im Abfallbereich eine Verordnung, also keiner Umsetzung bedürftiges, in den Mitgliedsstaaten unmittelbar geltendes Recht ergangen und die am 6.5.1994 in Kraft getreten ist.

b) Bundesrecht

66 Seine konkurrierende **Gesetzgebungskompetenz** (Art. 74 Nr. 24 GG a.F.: Abfallbeseitigung und Luftreinhaltung) hat der Bund mit dem Erlaß des Abfallbeseitigungs-

---

44 ABl. Nr. L 78/32.
45 ABl. Nr. L 377/20.
46 ABl. Nr. L 168/28. – Davor RL 78/319/EWG vom 20.3.1978 über giftige und gefährliche Abfälle.
47 ABl. Nr. L 163/32.
48 ABl. Nr. L 203/50.
49 ABl. Nr. L 182 EG vom 16.7.1999; ABl. Nr. L 182 vom 16.7.1999; abgedr. in NVwZ, Beilage Nr. 4/99.
50 *Scherer-Leydecker*, NVwZ 1999, 590 ff.; zur neueren Entwicklung *Konzak*, Aktuelle Entwicklungen im europäischen Abfallrecht, AbfallPrax 1999, 99 ff. Vgl. zur Bedeutung der Richtlinien für die nationale Abfallwirtschaft *Pernice*, NVwZ 1990, 414 ff.; *Salzwedel*, NVwZ 1989, 820 f.; eingehend zu den europarechtlichen Vorgaben *Rengeling/Gellermann*, DVBl. 1995, 389 ff., bes. 394 ff.; s.a. *Epiney*, Umweltrecht in der Europäischen Union, 1997, S. 273 ff. m.w.N.
51 ABl. Nr. L 30/1; dazu *Winter*, UPR 1994, 161 ff.; kritisch *Dieckmann*, ZUR 1993, 109 ff.

gesetzes 1972, jetzt des KrW-/AbfG genutzt. Dieses ist ferner auf Art. 74 I Nr. 11 n.F. (Recht der Wirtschaft) und Art. 75 I 1 Nr. 4 GG n.F. (Bodenverteilung, Raumordnung und Wasserhaushalt) gestützt. Die Länder haben daher auf dem Gebiet der Abfallbeseitigung/-entsorgung ein Normsetzungsrecht nur insoweit, als der Bund mit dem KrW-/AbfG von seinem Gesetzgebungsrecht keinen Gebrauch gemacht hat (Art. 72 II GG). Im KrW-/AbfG sind die Länder zur Ausfüllung bestimmter Lücken verpflichtet worden (z.B. durch §§ 19 V, 20 III, 29 VIII KrW-/AbfG). Zur Ausführung des AbfG bzw. des KrW-/AbfG haben die Länder entsprechende Ausführungs-, meist Landesabfall(beseitigungs)gesetze erlassen[52].

Wichtigste **Rechtsquelle** auf der Ebene des Bundesrechts ist das *Gesetz zur Förderung der Kreislaufwirtschaft und Sicherung der umweltverträglichen Beseitigung von Abfällen* (Kreislaufwirtschafts- und Abfallgesetz – KrW-/AbfG) vom 27.9.1994 (BGBl. I 2705), zuletzt geändert durch G. v. 25.8.1998 (BGBl. I 2455) sowie das Gesetz über die Überwachung und Kontrolle der grenzüberschreitenden Verbringung von Abfällen (Abfallverbringungsgesetz – AbfVerbrG) vom 30.9.1994 (BGBl. I 2771). **67**

Daneben gibt es zahlreiche *Bundes-Rechtsverordnungen*, insbesondere die **68**
- Verordnung zur Bestimmung von *besonders* überwachungsbedürftigen Abfällen (Bestimmungsverordnung besonders überwachungsbedürftige Abfälle – BestbüAbfV) vom 10.9.1996 (BGBl. I 1366, mit Anlage, in der aufgeführt sind: Abfallarten, Eigenschaften, Abfallschlüsselnummern und Herkunft);
- Verordnung zur Bestimmung von *überwachungsbedürftigen* Abfällen zur Verwertung (Bestimmungsverordnung überwachungsbedürftige Abfälle zur Verwertung – BestüVAbfV) vom 10.9.1996 (BGBl. I 1377); diese VO trat erst am 1.1.1999 in Kraft;
- Verordnung über Verwertungs- und Beseitigungsnachweise (Nachweisverordnung – NachwV) vom 10.9.1996 (BGBl. I 1382);
- Verordnung zur Einführung des Europäischen Abfallkatalogs (EAK-Verordnung – EAKV) vom 13.9.1996 (BGBl. I 1428);
- Verordnung über Abfallwirtschaftskonzepte und Abfallbilanzen (Abfallwirtschaftskonzept- und -bilanzverordnung – AbfKoBiV) vom 13.9.1996 (BGBl. I 1447);
- Verordnung über Entsorgungsfachbetriebe (Entsorgungsfachbetriebeverordnung – EfbV) vom 10.9.1996 (BGBl. I 1421);
- Verordnung zur Transportgenehmigung (Transportgenehmigungsverordnung – TgV) vom 10.9.1996 (BGBl. I 1411);
- Verordnung über Betriebsbeauftragte für Abfall (AbfBetrBV) vom 26.10.1977 (BGBl. I 1913) – zu §§ 11a-11f AbfG;
- Klärschlamm-Verordnung (AbfKlärV) vom 15.4.1992 (BGBl. I 912) – zu § 15 AbfG; sie regelt insbesondere, unter welchen Voraussetzungen der in Kläranlagen anfallende, zwar nährstoffreiche, aber nicht selten schwermetall-, ja sogar dioxin-

52 Zur Tragweite der im AbfG eingeräumten landesrechtlichen Regelungskompetenzen *Bothe*, NVwZ 1987, 938 ff.

haltige *Klärschlamm* auf landwirtschaftlich bzw. gärtnerisch genutzte Flächen aufgebracht werden darf[53];

- Verordnung über die Verwertung von Bioabällen auf landwirtschaftlich, forstwirtschaftlich oder gärtnerisch genutzten Böden (Bioabfallverordnung – BioAbfV) vom 21.9.1998 (BGBl. I 2955)[54];
- Verordnung über die Vermeidung von Verpackungsabfällen (Verpackungsverordnung – VerpackV) vom 12.6.1991 (BGBl. I 1234), jetzt i.d.F. vom 21.8.1998, BGBl. I 2379 (Rn. 12/169 ff.);
- Altölverordnung (AltölV) vom 27.10.1987 (BGBl. I 2335);
- Verordnung über die grenzüberschreitende Verbringung von Abfällen (Abfallverbringungs-Verordnung – AbfVerbrV) vom 18.11.1988 (BGBl. I 2126) – zur Genehmigung grenzüberschreitenden Verkehrs nach §§ 13, 13c AbfG (Rn. 12/313). – §§ 1-16 und 18-20 wurden aber aufgehoben; ein neuer § 17 S. 2 wurde durch Art. 4 des Ausführungsgesetzes zum Baseler Übereinkommen vom 30.9.1994 eingefügt (BGBl. I 2771).

69 Weitere Bundes-Rechtsverordnungen (vor allem aufgrund der §§ 7 und 12 KrW-/AbfG, insbes. zur umweltverträglichen Ablagerung von Siedlungsabfällen sowie zum „Elektronikschrott", Rn. 12/182) sind zu erwarten[55].

70 Mit seinen Verordnungsermächtigungen geht der Gesetzgeber hier neue Wege: Im Gegensatz zur üblichen Verordnungsgebung werden hier nämlich die Rechtsverordnungen selbst der Regie des Bundestages unterstellt, der die Rechtsverordnungen durch Beschluß abändern oder ablehnen kann, § 59 S. 3 KrW-/AbfG.

71 Nach §§ 4 V, 16 AbfG ergingen allgemeine Verwaltungsvorschriften der BReg., insbesondere zwei *Technische Anleitungen für die Abfallentsorgung*. Sie wenden sich nicht an den Bürger, sondern an die Genehmigungs- und Aufsichtsbehörden und schreiben diesen verbindlich und im einzelnen vor, welche technischen Voraussetzungen Abfallentsorgungsanlagen erfüllen müssen, um eine umweltgerechte Entsorgung zu gewährleisten. Nur unter den entsprechenden Voraussetzungen ist eine Anlage genehmigungsfähig bzw. darf sie weiterbetrieben werden, sonst ist sie zu modernisieren oder zu schließen. Die technischen Anleitungen sollen aber nicht nur Errichtung und Betrieb von Abfallentsorgungsanlagen regeln, sondern übergreifend die gesamte Entsorgung nach dem *Stand der Technik*. Insbesondere geht es um Anforderungen

---

53 Etwa 45% – 47% des anfallenden Klärschlamms werden in der Landwirtschaft, der landbaulichen Verwertung oder zur Kompostierung eingesetzt. Das Aufbringen von Klärschlamm auf Gemüse- und Obstanbauflächen ist aber generell verboten. Im Hinblick auf andere landwirtschaftlich oder gärtnerisch genutzte Böden sind Bodenbelastungsgrenzwerte für 7 Schwermetalle (Blei, Cadmium, Chrom usw.) sowie für den Fall der Nichteinhaltung bestimmter Klärschlamm-Konzentrationsgrenzwerte, die für diese 7 Schwermetalle vorgesehen sind, eine Genehmigungspflicht bestimmt. Die Gemeinden haben Absatzschwierigkeiten. Ein Teil des Klärschlamms wird künftig nach Trocknung als Granulat wiederverwendet werden. Auf jeden Fall sollte die Düngung mit Klärschlamm (vor allem die Düngung von Weiden) noch weiter beschränkt werden. Abgesehen von der Gefährdung der Weidetiere können nämlich über den Weide-Kuh-Milch-Pfad hochtoxische Verbindungen (auch Dioxine) akkumuliert werden und z.B. in die Muttermilch gelangen. Der Anteil an nicht verwerteten Klärschlämmen, der auf Deponien gelangt, wird mit etwa 16% – 19% angegeben, mit sinkender Tendenz. Infolge der Anforderungen der TA Siedlungsabfall ist eine Ablagerung von unbehandelten Klärschlämmen auf Deponien seit dem Jahr 1999 nur noch nach einer Vorbehandlung (z.B. mechanisch-biologisch) und ab 2005 nur noch nach einer weitergehenden Behandlung (z.B. thermisch) möglich.

54 Dazu *Otto*, DVP 1999, 150 ff.

55 Zu den Verordnungen vgl. *Petersen/Stöhr/Kracht*, DVBl. 1996, 1161 ff.

an die Zuordnung von Abfallarten zu bestimmten Entsorgungswegen, an die Steuerung und Überwachung der Abfallströme sowie an die Überwachung und betriebliche Organisation der Abfallentsorgungsanlagen. Im einzelnen werden die dem Stand der Technik (Rn. 1/68) entsprechenden Verfahren der Sammlung, der (thermischen, physikalischen, chemischen und/ oder biologischen) Behandlung und Schadstoffentfrachtung, der Lagerung und der (ober- und unterirdischen) Ablagerung (einschließlich Abdichtung usw.) festgelegt, um eine umweltverträgliche Abfallentsorgung zu gewährleisten. So gibt es die

- Erste Allgemeine Abfallverwaltungsvorschrift über Anforderungen zum Schutz des *Grundwassers* bei der Lagerung und Ablagerung von Abfällen vom 31.1.1990 (GMBl. 74, geändert am 17.12.1990, GMBl. 886), die
- Zweite Allgemeine Verwaltungsvorschrift zum Abfallgesetz (**TA Abfall**) vom 12.3.1991 (GMBl. 139, ber. S. 469) und die
- Dritte Allgemeine Verwaltungsvorschrift zum Abfallgesetz (**TA Siedlungsabfall**) vom 14.5.1993 (BAnz. Nr. 99a).

Die „TA Abfall" befaßt sich mit der Behandlung von besonders überwachungsbedürftigen Abfällen, in Teil I mit ihrer Lagerung, chemisch-physikalischen und biologischen Behandlung und Verbrennung, in Teil II mit den Anforderungen an ihre oberiridische und untertägige Ablagerung[56]. **72**

Am 1.6.1993 ist die neue *Technische Anleitung (TA) Siedlungsabfall („TASi")*[57] in Kraft getreten, mit großzügigen Übergangsfristen von 12 bzw. (für Bodenaushub) 8 Jahren[58]. Darin wird der Müllverbrennung Vorrang vor der Deponierung eingeräumt. Auf Müllplätzen dürfen künftig nur noch erdähnliche Stoffe gelagert werden, um neue Deponiealtlasten sowie Gefahren durch Deponiegase und -sickerwässer auszuschließen. Ab dem Jahr 2005 müssen danach sämtliche Siedlungsabfälle vor ihrer Deponierung durch eine Vorbehandlung inertisiert werden. Einzelne Bundesländer und das UBA halten aber eine kalte Vorbehandlung durch biologisch-mechanische Verfahren für wenigstens ebensogut geeignet[59]. Nach der TA Siedlungsabfall gibt es nur noch zwei Regeldeponien, nämlich *Mineralstoffdeponien* (Deponieklasse I) als Nachfolgedeponie für die bisherige Bauschuttdeponien und *Reststoffdeponien* (Deponieklasse II) anstelle der bisherigen Hausmülldeponien. Für beide Deponietypen gilt das *Multibarrierenkonzept* (Rn. 12/50). **73**

Nach den neuesten Vorstellungen des Bundesumweltministeriums[60] soll ab 2020 kein Müll mehr auf Deponien verbracht werden und ab 2005 nur noch vorbehandelter Abfall. Dazu sollen neben dem Verbrennen aber auch biologisch-mechanische Verfahren zugelassen werden, während nach der TASi ab 2005 zur Vorbehandlung nur Verbrennungstechniken in Frage kommen. Im einzelnen hat das Umweltministerium verlautbart: **74**

- Die Ablagerung unbehandelter Abfälle soll 2005 auslaufen. Bestehende Vorbehandlungstechniken seien zu nutzen und neue Kapazitäten zu errichten.

---

56 Die jetzt aber wohl ausläuft, UBA (Fn. 3), S. 454.

57 Zu ihrer Umsetzung *Gaßner/Willand*, ZUR 1999, 28 ff. Kritisch dazu *Dierkes*, NVwZ 1993, 951 ff.; *Schink*, NuR 1998, 20 ff.

58 Zur Zulässigkeit der Deponierung von biologisch-mechanischen Abfällen nach der TA Siedlungsabfall über das Jahr 2005 hinaus *Niederstadt*, ZUR 97, 211 ff., Anm. zu VG Koblenz, ZUR 1997, 210.

59 Zur Möglichkeit von Ausnahmeregelungen *Dolde/Vetter*, NVwZ 1998, 217 ff.

60 Eckpunktepapier vom 4.1.2000; s.a. SRU, Umweltgutachten 2000, Tz. 168.

- Neben den thermischen Verfahren sollen hochwertige mechanisch-biologische Vorbehandlungstechniken durch eine neue 29. BImSchV zugelassen werden.
- Dabei sollen die energiehaltigen Abfälle getrennt und gesondert genutzt (verbrannt) werden.
- Nicht oder nur mit unverhältnismäßig großem Aufwand nachrüstbare Deponien sollen schrittweise geschlossen werden, neue Deponie nicht mehr gebaut werden.
- Die Anforderungen an eine umweltverträgliche Ablagerung von behandelten Abfällen werden durch eine Verordnung (anstelle der TASi) geregelt, wobei Ausnahmeregelungen für mechanisch-biologisch vorbehandelte Abfälle vorgesehen sind[61].

c) Landesrecht

75 Auf der Ebene des Landesrechts sind *Landesabfallgesetze* ergangen[62], in *Baden-Württemberg* schon vor dem AbfG 1972 ein LAbfG am 21.12.1971 (GBl. 1972, 1). Diese mußten dem neuen KrW-/AbfG angepaßt werden[63], wie jetzt in BW durch das LAbfG vom 12.2.1996[64].

d) Kommunalrecht

76 Wie kaum sonst im Umweltrecht hat im Kreislaufwirtschafts- und Abfallrecht das Kommunalrecht eine besondere Bedeutung. Kommunale Abfallwirtschaftssatzungen regeln nämlich die Einzelheiten der Entsorgung vor Ort. Sie enthalten den Anschluß- und Benutzungszwang für Restmüll („Graue Tonne"). Sie verpflichten die Bürger zur Benutzung von Altpapierbehältern und „Gelben Säcken" für Verpackungsmüll. Entsprechendes gilt für kompostierbare Abfälle („Braune Tonne")[65]. Aufgrund einer besonderen Gebührensatzung werden Abfallgebühren erhoben. Diese werden – aufgrund steigender Abfallgebühren und zunehmender Hinterfragung der eingestellten Kosten – immer häufiger auch zum Gegenstand von verwaltungsgerichtlichen Entscheidungen[66]. – Eine praktisch wichtige Frage ist darüber hinaus, inwieweit die Gemeinde bei der formalen Privatisierung der Abfall- oder Abwasserentsorgung an öffentliches Vergaberecht[67] auch dann gebunden ist, wenn eine Eigengesellschaft gegründet wird, und wel-

61 Zum Streit um die TASi auch das Rechtsgutachten *Jarrass*, Anwendungsbereich und Bindungswirkung der TA Siedlungsabfall, 1998; *Erbguth*, UPR 1997, 227 ff; *Rindtorff*, UPR 1997, 450 f.

62 Die landesrechtlichen Regelungen sind z.B. bei *Hösel/Frhr. v. Lersner*, Abfallbeseitigung, Bd. 2 abgedr.

63 Dazu *Wulfhorst*, NVwZ 1997, 975 f.; zum Gestaltungsspielraum des Landesgesetzgebers *Huber*, ThürVBl. 1999, 97 ff.

64 In der Fassung vom 15.10.1996, GBl. S. 617; dazu *G. Müller*, BWGZ 1996, 565 ff. (zum LAbfG BW); *Kreuzer*, BWVPr 1996, 217 ff.

65 Dazu *Zandonella/Thärichen*, NVwZ 1998, 1160 ff.

66 Dazu *Gössel*, BWGZ 1999, 170 ff.; *Quaas*, VBlBW 2000, 10 ff.; *Queitsch*, UPR 1998, 88 ff. – Inzwischen ist anerkannt, daß nicht nur die allgemeinen Betriebskosten für die Unterhaltung kommunaler Entsorgungsanlagen, sondern auch die Kosten der kommunalen Abfallberatung, Abschreibungen und sog. kalkulatorische Zinsen für den Bau von Neuanlagen und schließlich finanzielle Rückstellungen für eine nach der Schließung der Anlage erfolgende Sanierung bzw. Rekultivierung des Geländes auf die Gebührenschuldner umlegbar sind. – Oft stellt sich die Frage, wer für die *Leerstandskosten* aufkommt. Soweit die Verpflichtungen einer aus damaliger Sicht vernünftigen Prognose entsprachen, ist der Aufwand genau wie umlagefähige Investitionskosten grundsätzlich beitragsfähig. Soweit bestimmte im einzelnen immer noch umstrittene Verhältniszahlen nicht überschritten werden, kann mit den Leerstandskosten für eine bestimmte Abfallart auch eine größere Gruppe von Gebührenschuldnern belastet werden (Quersubvention). Im einzelnen ist vieles streitig.

67 EuGH, Urt. v. 9.9.1999, Rs. C-108/98; 18.11.1999, Rs. C-107/98.

che Anforderungen hierbei an die Gebührenkalkulation zu stellen sind[68]. – Für die wichtige – vom BVerfG aber kupierte – Rolle der Gemeinden bei der Abfallvermeidung s. Rn. 12/89.

e) Zwischenstaatliche Abkommen

Besonders hinzweisen ist auf das **Baseler Übereinkommen** vom 22.3.1989 über die Kontrolle der grenzüberschreitenden Verbringung gefährlicher Abfälle und ihrer Entsorgung (dazu im einzelnen Rn. 12/313 ff.)[69], das mit dem Gesetz über die Überwachung und Kontrolle der grenzüberschreitenden Verbringung von Abfällen (Abfallverbringungsgesetz – AbfVerbrG) vom 30.9.1994 (BGBl. I 2771) umgesetzt wurde. **77**

4. Überblick über das Kreislaufwirtschafts- und Abfallgesetz

Das KrW-/AbfG trat erst zwei Jahre nach seiner Verkündung, also am 7.10.1996 in Kraft, Art. 13 des Gesetzes zur Vermeidung, Verwertung und Beseitigung von Abfällen (GVVB-Abf) vom 27.9.1994 (BGBl. I 2705). Nur die Vorschriften, die zum Erlaß von Rechtsverordnungen ermächtigen, waren bereits am 7.10.1994 in Kraft getreten. Schließlich bleiben die §§ 5a und 5b AbfG 1986 (Altöl) bestehen, bis sie durch Rechtsverordnungen nach den §§ 27 und 24 KrW-/AbfG abgelöst worden sind. **78**

Im einzelnen enthält das KrW-/AbfG nach allgemeinen Vorschriften (§§ 1-3 KrW-/AbfG) die Grundsätze und Pflichten der Erzeuger und Besitzer von Abfällen sowie der Entsorgungsträger (§§ 4-21 KrW-/AbfG), neuartige Bestimmungen über die Produktverantwortung (§§ 22-26 KrW-/AbfG), Regelungen der Planungsverantwortung, die neben Regelungen der Abfallwirtschaftsplanung vor allem das wichtige Anlagenzulassungsrecht enthalten (§§ 27-29 bzw. 30-36 KrW-/AbfG), eine die Produktverantwortung ergänzende Bestimmung zur Absatzförderungspflicht der öffentlichen Hand (§ 37), Informationspflichten (§§ 38 f. KrW-/AbfG), Überwachungsvorschriften von der allgemeinen behördlichen Überwachung über besonders überwachungsbedürftige Abfälle bis hin zu Transport- und Vermittlungsgenehmigungen u.a.m. (§§ 40-52 KrW-/AbfG), schließlich Organisationsvorgaben für Unternehmen einschließlich der Ausgestaltung der Aufgaben des Betriebsbeauftragten für Abfall (§§ 53-55 KrW-/AbfG) und noch die üblichen Schlußbestimmungen (§§ 56-64 KrW-/AbfG). **79**

Das Gesetz ist übersichtlicher geworden. Es enthält jeweils für die Ordnung der Kreislaufwirtschaft und die Ordnung der Abfallbeseitigung Grundsätze, Grundpflichten und Verordnungsermächtigungen. Besonders hinzuweisen ist auf die Ausgestaltung der Produktverantwortung, die alte Ansätze des AbfG ausbaut. Das KrW-/AbfG regelt dagegen nicht im einzelnen die Abfallbeseitigung als *technischen* Vorgang (z.B. hinsichtlich der an sie nach dem Stand der Technik zu stellenden Anforde- **80**

68 VGH Kassel, ZUR 2000, 22 ff. m. Anm. *Siebel*, S. 27; OVG Schleswig, ZUR 1999, 160 ff., einerseits; OVG Koblenz, NVwZ-RR 1998, 327 f.

69 BGBl. II 2703. Dazu Ausführungsgesetz vom 30.9.1994, BGBl. I 2771.

rungen). Hierzu enthält es nur *Grundsätze* in § 10, *Grundpflichten* in § 11 und eine Verordnungs-Ermächtigung in § 12 KrW-/AbfG sowie den Anlagenzwang in § 27 KrW-/AbfG.

5. Bedeutung des Kreislaufwirtschafts- und Abfallgesetzes

81 Ein Manko des AbfG 1986 bestand darin, zu wenig zur *Vermeidung* beigetragen zu haben. Es gab nur ein Ziel vor, enthielt keine Pflichten, richtete sich nur an die entsorgungspflichtigen Gebietskörperschaften und hatte einen *zu engen Abfallbegriff*. Für ein effizientes Abfallwirtschaftsrecht ist es aber wesentlich, Stoffströme insgesamt zu erfassen.

82 Mit dem *erweiterten Abfallbegriff* werden Vermeidung und Verwertung von Reststoffen („Abfälle zur Verwertung") in das Abfallrecht (KrW-/AbfG) einbezogen und der Anwendungsbereich des Gesetzes entscheidend erweitert. Der neue Abfallbegriff schuf oft aber auch Abgrenzungsprobleme, insbesondere bei der Abgrenzung von Produkt und Abfall, bei Vor-, Zwischen-, Koppel- und Nebenprodukten.

83 Hervorhebung verdient, daß das KrW-/AbfG weitere Anstrengungen zur Umsetzung des *Verursacherprinzips* (Rn. 1/89) unternimmt: Das AbfG 1986 richtete sich (mit Ausnahme von § 14 zur Rücknahme- und Verwertungspflicht für Produkte) mit seinen Vorschriften über die Verwertung und sonstige Entsorgung im wesentlichen an die öffentlich-rechtlichen Entsorgungsträger. Demgegenüber werden jetzt die Erzeuger und Besitzer von Abfällen selbst zur Vermeidung, Verwertung und Beseitigung verpflichtet. Indem sie die Kosten dieser Maßnahmen tragen müssen, sehen sie sich auch eher veranlaßt, bei der Herstellung und dem Verbrauch von Gütern auf die Vermeidung und Verwertung von Abfällen zu achten.

84 Umgekehrt wird dafür Abfallerzeugern und -besitzern jetzt auch die Möglichkeit eingeräumt, ihre Entsorgungspflichten selbst wahrzunehmen und dabei Dritte, Verbände oder Einrichtungen der Wirtschaft einzuschalten[70]. Die bisher im wesentlichen *öffentliche* Abfallentsorgung tritt jetzt gegenüber den Verursacherpflichten zurück. Nur die Entsorgung der Haushaltsabfälle bleibt wie bisher Aufgabe der zuständigen Gebietskörperschaften.

85 Weiter werden die Anforderungen an eine hochwertige und schadlose Verwertung von Abfällen näher bestimmt, um auch insoweit den bisher oft unbefriedigenden Erfahrungen mit der Erfüllung entsprechender Pflichten Rechnung zu tragen.

86 Schließlich wird eine Reihe neuer Instrumente wie Abfallwirtschaftskonzepte und Abfallbilanzen für große Abfallerzeuger, Abfallberatungspflichten der Entsorgungsträger und Pflichten der öffentlichen Hand zur besonderen Berücksichtigung abfallarmer Produkte die Möglichkeiten der Vermeidung und Verwertung stärken.

87 All diese Ansätze verdienen Unterstützung. Die Schreckgespenster einer abfallrechtlich eingeführten *Zwangswirtschaft* mit staatlicher Bedarfsprüfung und einer durch-

70 Dazu *Peters*, UPR 1999, 17 ff.

gehenden Gängelung der Wirtschaft, wie sie den Gesetzgebungsprozeß begleitet haben, sind überzeichnet. Andererseits ist bedauerlich, daß die Anregungen, mehr *marktwirtschaftliche* Lösungen der Probleme der Abfallwirtschaft zu versuchen, weitgehend unberücksichtigt blieben. Damit sind gleichzeitig wichtige Schritte unternommen und ebenso wichtige Möglichkeiten verschenkt. Zur „systematischen Entwicklung einer umweltverträglichen Abfallwirtschaft als Bestandteil einer ökologischen Stoffwirtschaft“[71] ist es offenbar noch ein weiter Weg.

Bei einer *marktwirtschaftlichen Lösung* des Abfallproblems entscheidet der Wirtschaftsprozeß, wieviel Abfälle insgesamt anfallen, welche Anzahl davon wiederverwertet, verbrannt und abgelagert wird, und zwar anhand von Umweltschutzkriterien für Verwertungsverfahren und für Verfahren der Verbrennung und Ablagerung als Vorgabe für den Wirtschaftsprozeß seitens der öffentlichen Hand. Bei einem solchen Modell steuern die Preise in Abhängigkeit von den gesetzlichen Vorgaben die Wahl der abfallwirtschaftlich besten Option. **88**

Noch immer fehlen auch *ökonomische Anreize*, um verhaltenslenkende Effekte auszulösen. So enthält das Kreislaufgesetz keine Vorgaben hinsichtlich der Entsorgungsgebühren der öffentlichen Hand[72] und der Entsorgungsentgelte privater Entsorger, sondern sieht lediglich die Möglichkeit verbindlicher Vermeidungsgebote durch Rechtsverordnung der Bundesregierung vor (Rn. 12/164 ff.)[73]. Dabei wären solche bundesrechtlichen Vorgaben hinsichtlich der Ausgestaltung der Entsorgungsgebühren verfassungsgemäß, und zwar sowohl hinsichtlich der kommunalen Selbstverwaltungsgarantie als auch gebührenrechtlicher Grundsätze. Überraschend eingeschränkt wurden die Möglichkeiten von Kommunen zur Eingrenzung des Plastikmülls inzwischen durch das BVerfG; hatte das Bundesverwaltungsgericht[74] noch die Einführung einer kommunalen Abgabe auf Wegwerf-Geschirr zugelassen, sieht das BVerfG[75] hierin einen Kompetenzverstoß des (kommunalen) Gesetzgebers[76]. Mit der im Ergebnis gleichen Begründung wurden auch die Landesabfallabgabengesetze von Baden-Württemberg, Hessen, Niedersachsen und Schleswig-Holstein für nichtig erklärt[77]. Grundlage war jeweils ein Verstoß gegen das Sperrwirkung auslösende Kooperationsprinzip, das das BVerfG dem KrW-/AbfG entnehmen zu können meint (s.a. Rn. 2/51 bzw. 59). Damit bleibt es dem Bundesgesetzgeber überlassen, das KrW-/AbfG in dieser Richtung zu verbessern. **89**

Große Umstellungsprobleme hat es freilich nicht gegeben, trotzdem sollte gesetzgeberisch erst einmal möglichst wenig geändert werden. An die vielen Querverweise **90**

71 So die Forderung des SRU, Sondergutachten Abfallwirtschaft, 1990, Tz. 23 ff.

72 Dazu *Gössel*, BWGZ 1999, 170 ff.; *Quaas*, VBlBW 2000, 10 ff., UPR 1998, 88 ff.

73 *Tettinger*, DVBl. 1995, 213 (214) m.w.N.

74 BVerwGE 96, 272; abl. *Gern*, NVwZ 1995, 771 f.

75 Urt. v. 7.5.1998, BVerfGE 98, 106.

76 BVerfGE 98, 106 (125 ff.) – was sicher zu weit geht: Hier wird – ohne nähere Auseinandersetzung in der Sache und gegen die ganz h.M. – ein bundesrechtliches Kooperationskonzept behauptet, das eine landesrechtliche Abgabenerhebung sperre; dazu *Bothe*, NJW 1998, 2333 ff.; *Schrader*, ZUR 1999, 152 ff.; *Sendler*, NJW 1998, 2875 ff.; *Weidemann*, DVBl. 1999, 73 (75).

77 BVerfGE 98, 83 (101 ff.): das Kooperationsprinzip soll auch für die anlagenbezogene Abfallvermeidung nach § 5 I Nr. 3 BImSchG (vgl. Rn. 8/145 f.) gelten, da der Bundesgesetzgeber insoweit zusammen mit dem jetzigen KrW-/AbfG eine entsprechende Gesamtkonzeption der Abfallwirtschaft geregelt habe.

innerhalb des Gesetzes und seine Verweise auf eine Vielzahl von Verordnungen hat man sich gewöhnt, mit dem Wechsel von programmatischen Aussagen und gesetzlichen Regelungen zu leben gelernt. Die vorhergesagten Abgrenzungsprobleme beim Abfallbegriff sind erwartungsgemäß eingetreten; sie sollen demnächst durch eine Verwaltungsvorschrift aufgefangen werden. Gerade in Sachen Abfallvermeidung und Produktverantwortung ist vieles von dem im Gesetz Angelegten aufgrund unzureichender Konkretisierung in den vom Gesetz dazu vorgesehenen Rechtsverordnungen noch nicht enthalten. – Eine nicht unerhebliche Ergänzung des KrW-/AbfG steht jetzt mit der seit Oktober 1999 fälligen Umsetzung der IVU- und der Deponie-Richtlinie an, die sowohl formelle als auch materielle Änderungen bedingt und wohl noch im Jahr 2000 durch ein Artikelgesetz erfolgt.

III. Gesetzeszweck, Anwendungsbereich, Begriffe und Instrumente

1. Zweck des Gesetzes

91 Wie andere moderne Umweltgesetze vor ihm enthält das Kreislaufgesetz in seinem § 1 eine auslegungsunterstützende und ermessensleitende Bestimmung seines **Zwecks**, nämlich „*zur Schonung der natürlichen Ressourcen die Kreislaufwirtschaft zu fördern und die umweltverträgliche Beseitigung von Abfällen zu fördern.*"

2. Geltungsbereich

a) Anwendbarkeit des KrW-/AbfG

92 aa) Das KrW-/AbfG gilt für die **Vermeidung, Verwertung** und die **Beseitigung** von **Abfällen**, § 2 I Nrn. 1-3. Alle vier Begriffe, denen ja für die Anwendung des Gesetzes entscheidende Bedeutung zukommt, werden im folgenden (§§ 3 f. KrW-/AbfG) gesetzlich bestimmt. Diesen Begriffsbestimmungen, insbesondere dem Abfallbegriff kommt entscheidende Bedeutung für den Anwendungsbereich des Gesetzes zu. Indem die Ausklammerung sog. „*Wirtschaftsgüter*" aus dem Anwendungsbereich des Abfallgesetzes entfällt, wird der sachliche Geltungsbereich gegenüber dem Abfallgesetz von 1986 erheblich erweitert[78].

93 Ausdrücklich einbezogen und Gegenstand besonderer Regelungen ist jetzt der Bereich der *landwirtschaftlichen Düngung*. Dafür können aufgrund § 8 I KrW-/AbfG durch Verordnung Anforderungen festgelegt werden, die insbesondere einer Überdüngung zum Zweck der Beseitigung der bei der Viehhaltung anfallenden Stoffe entgegenwirken sollen. Für Wirtschaftsdünger greift diese Ermächtigung ein, wenn das Maß der guten fachlichen Praxis i.S.d. § 1a Düngemittelgesetz (s.a. § 17 BBodSchG, Rn. 7/120), überschritten wird (II 2). Bleibt der Bund untätig, können die Länder selbst handeln, § 8 III KrW-/AbfG.

94 bb) Von besonderer Bedeutung für die betriebliche Praxis ist die **Abgrenzung zu den immissionsschutzrechtlichen Anforderungen** durch § 9 KrW-/AbfG über die

78 Die in § 1 III Nrn. 6 u. 7 AbfG 1986 genannten, durch Sammlung einer Verwertung zugeführten Stoffe, werden jetzt anders als früher, wo sie Wirtschaftsgut geblieben sind, vom KrW-/AbfG erfaßt.

Pflichten der Anlagenbetreiber[79]. Danach beschränkt sich das KrW-/AbfG auf stoffbezogene Anforderungen an die Art und Weise der *Verwertung und Beseitigung* von Abfällen bzw. verweist für entsprechende Anforderungen an die *anlageninterne Verwertung* auf eine Verordnung nach §§ 6 I und 7 KrW-/AbfG. Anlagenbezogene Anforderungen richten sich nach Immissionsschutzrecht. Anders als nach früherem Immissionsschutzrecht werden vom KrW-/AbfG jetzt aber auch Stoffe im *Produktionsprozeß* erfaßt. Immissionsschutzrechtlich galt nämlich die Verwendung im Produktionsprozeß als Vermeidung (Rn. 8/145), abfallrechtlich dagegen als Verwertung. Die entsprechenden Stoffe unterliegen damit wenigstens abfallrechtlichen Regelungen[80].

Beispiel: Wenn gefährliche Reststoffe noch im Rahmen des Produktionsvorgangs bei der Herstellung als Baumaterial bestimmter Ziegel verwendet werden, unterliegen sie den abfallrechtlichen Vorschriften, insbesondere bestimmten Anforderungen an die Verwertung und der entsprechenden Überwachung. **95**

b) Ausnahmen von der Geltung des KrW-/AbfG

Ausgenommen vom Anwendungsbereich des KrW-/AbfG sind nach § 2 II **96**

- Stoffe, die nach dem Tierkörperbeseitigungsgesetz, dem Fleischhygiene- und dem Geflügelfleischhygienegesetz, dem Lebensmittel- und Bedarfsgegenständegesetz, dem Milch- und Margarinegesetz, dem Tierseuchengesetz, dem Pflanzenschutzgesetz und nach den aufgrund dieser Gesetze ergangenen Rechtsverordnungen zu beseitigen sind (*Nr. 1*),
- Kernbrennstoffe und sonstige radioaktive Stoffe i.S.d. AtG (*Nr. 2*),
- Stoffe, deren Beseitigung in einer aufgrund des Strahlenschutzvorsorgegesetzes erlassenen Rechtsverordnung geregelt ist (*Nr. 3*),
- bestimmte Abfälle aus Bergbaubetrieben (*Nr. 4*),
- nicht in Behälter gefaßte gasförmige Stoffe (*Nr. 5*),
- Stoffe, sobald diese in Gewässer oder Abwasseranlagen eingeleitet oder eingebracht werden (*Nr. 6*)[81], und
- Kampfmittel (*Nr. 7*).

In den Nrn. 1 bis 3 des § 2 II KrW-/AbfG sind die verdrängenden Spezialgesetze genannt. Im übrigen sind einschlägig für Nr. 4 das BBergG, für Nr. 5 das BImSchG und die landesrechtlichen Immissionsschutzregelungen, für Nr. 6 das WHG und die LWG, für Nr. 7 landesrechtliche Vorschriften. Daß es so vieler Ausnahmen bedurfte, kann man bestreiten: Spezialregelungen wie die des Wassergesetzes für eingeleitete und eingebrachte Stoffen gehen ohnehin vor, nicht gefaßte Gase sind keine beweglichen Sachen und unterliegen dem BImSchG, und für eine Privilegierung des Bergrechts besteht kein Anlaß[82]. **97**

79 Zum Nebeneinander von Abfall- und Immissionsschutzrecht *Rebentisch*, NVwZ 1995, 639 ff.

80 S.a. UGB-KomE, S. 1578 f. m.w.N.

81 Für flüssige Abfallstoffe, die nach den wasserrechtlichen Vorschriften (z.B. nach § 6 WHG) nicht in Gewässer oder Abwasserentsorgungsanlagen eingeleitet oder eingebracht werden dürfen, gilt Abfallrecht. Sobald Stoffe – ob zu Recht oder zu Unrecht – in Gewässer oder Abwasseranlagen eingeleitet oder eingebracht werden, gilt nach § 2 II Nr. 6 KrW-/AbfG immer Wasserrecht. Vgl. *Breuer*, Wasserrecht, Rn. 113, 286 ff.

82 In diesem Sinn UGB-KomE, S. 1559 m.w.N. in Fn. 26; s.a. BVerwG, Urt. v. 14.4.2000, 4 C 13.98, zur Ablagerung von Kunststoffabfällen in einem Bergwerk.

3. Begriffsbestimmungen

a) Abfallbegriff

98 Der **Abfallbegriff** des KrW-/AbfG lehnt sich an die EG-Abfall-Richtlinie 91/156/EG[83] an, die er praktisch wörtlich übernimmt. Damit trägt der Gesetzgeber zugleich der Rechtsprechung des BVerwG[84] Rechnung, das den Abfallbegriff ständig weiter auszudehnen versuchte, um das Entstehen abfallrechtlich letztlich unerwünschter „Deponien" unter der Deklaration der Wertstoffablagerung bzw. Zwischenlagerung zu verhindern. Die neue Bundesregierung beabsichtigt, den Abfallbegriff durch eine Verwaltungsvorschrift besser zu konturieren.

99 aa) In jedem Fall können nur *bewegliche* Sachen Abfall sein, also Sachen i.S. des § 90 BGB, die nicht Grundstücke oder Grundstücksbestandteile (§ 94 BGB) sind. Bewegliche Sachen in diesem Sinne sind aber auch solche, die erst unter Zuhilfenahme technischer Mittel fortgeschafft werden können.

Beispiele: Beweglich sind danach Autowracks, auch wenn sie schon überwuchert werden, Bodenaushub, der zwischengelagert ist, oder ein in sich zusammenfallender, rostiger Zaun. Nicht beweglich in diesem Sinne ist eine noch nicht ausgekofferte Altlast (Rn. 7/96), ein Haus auf Abbruch. – Bauruinen verwandeln sich erst bei Abriß in Bauschutt und damit in der Regel in Abfall[85].

100 Nach § 3 I KrW-/AbfG sind **Abfälle** im Sinne dieses Gesetzes alle beweglichen Sachen, die unter die in Anhang I des Gesetzes aufgeführten Gruppen fallen und deren sich ihr Besitzer entledigt, entledigen will oder entledigen muß. Abfälle *zur Verwertung* sind danach Abfälle, die verwertet werden; Abfälle die nicht verwertet werden, sind Abfälle *zur Beseitigung*.

101 Wenn es in § 3 I 2 HS 1 KrW-/AbfG heißt, Abfälle zur Verwertung sind Abfälle, die verwertet werden, klingt dies zwar auf den ersten Blick erheiternd, begründet aber die **Beweislast** des Besitzers, daß eine Verwertung tatsächlich stattfindet[86].

102 bb) Anhang I Konkretisiert der Abfallbegriff kaum: Anhang I enthält eine Reihe von Abfallgruppen Q 1 bis Q 16, z.B. so genau beschriebene Gruppen wie Q 9: Rückstände von Verfahren zur Bekämpfung der Verunreinigung (z.B. Gaswaschschlamm, Luftfilterrückstand, verbrauchte Filter usw.) oder Q 10: Bei maschineller oder spanender Formengebung anfallende Rückstände (z.B. Dreh- und Fräsespäne usw.), aber auch Beschreibungen wie Q 1: Nachstehend nicht näher beschriebene Produktions- oder Verbrauchsrückstände, und schließlich einen Auffangtatbestand Q 16: Stoffe oder Produkte aller Art, die nicht einer der oben erwähnten Gruppen angehören.

103 Der aus dem EG-Recht (European Waste Catalogue, EWC, dt. EAK) übernommene Katalog ist zu einer Konkretisierung oder Objektivierung des Abfallbegriffs unge-

83 ABl. Nr. L 78/32; dazu *Seibert*, DVBl. 1994, 229 (230 ff.). Zum Abfallbegriff des EG-Rechts s. *Dieckmann*, NuR 1992, 407 ff.; *Fluck*, DVBl. 1993, 590 (591 ff.); *Konzak*, NuR 1995, 130 ff.

84 BVerwGE 92, 353; 92, 359; dazu kritisch Fluck, UPR 1993, 426 ff.; *Versteyl*, NVwZ 1993, 961 ff.; *Weidemann*, DVBl. 1994,1014 ff.; – vgl. dagegen BVerwG, NVwZ 1994, 897 f. – S.a. *Seibert*, DVBl. 1994, 229 (233 f.); *Bickel*, NuR 1992, 361 ff.; *Eckert*, NVwZ 1995, 749 (750 ff.).

85 OVG Koblenz, DÖV 1984, 897.

86 So auch *Kloepfer*, Umweltrecht, § 18 Rn. 28.

eignet[87]. Auch das Verzeichnis der unter die Abfallgruppen des Anhangs I fallenden Abfälle[88] hat nur eine deklaratorische bzw. illustrative Funktion[89] und ist allenfalls eine Indizwirkung für die Abfalleigenschaft eines Stoffes[90].

cc) Entscheidend für den Abfallbegriff ist daher die *Konkretisierung der Entledigungstatbestände*. **104**

Dazu bestimmt § 3 II KrW-/AbfG, eine **Entledigung** i.S.d. Abs. 1 liege vor, wenn der **105** Besitzer bewegliche Sachen einer Verwertung i.S.d. Anhangs II B oder einer Beseitigung i.S.d. Anhangs II A zuführt oder die tatsächliche Sachherrschaft über sie unter Wegfall jeder weiteren Zweckbestimmung aufgibt. Die beiden genannten Anhänge sind aus der EG-Rahmenrichtlinie übernommen. Liegen ihre Voraussetzungen vor, handelt es sich um eine Verwertung bzw. Beseitigung, ohne daß die weiteren Voraussetzungen des Abfallbegriffs noch geprüft werden müssen. § 3 II KrW-/AbfG knüpft damit die Entledigung an das konkrete Verhalten des Besitzers an.

„Entledigen" heißt, daß der Gewahrsam an der beweglichen Sache zum *alleinigen Zweck* ihrer **106** Beseitigung aufgegeben wird. Zivilrechtlich ist dies eine Dereliktion i.S. des § 958 BGB[91]. Nimmt ein Dritter diese Sache in Besitz, so verliert sie ohne weiteres ihre Abfalleigenschaft[92], soweit sie nicht den objektiven Abfallbegriff erfüllt.

Andererseits begnügt sich das KrW-/AbfG nicht mit dem *Bestimmungsrecht* des Be- **107** sitzers, sondern *fingiert* in § 3 III 1 zwei Fallgruppen von Entledigungswillen. So ist der *Entledigungswille* bei solchen beweglichen Sachen *anzunehmen*, die bei der Herstellung, Bearbeitung und anderen Nutzungen anfallen, ohne daß der Zweck der jeweiligen Handlung hierauf gerichtet ist (Nr. 1). Damit fallen im Produktions- und Verarbeitungsprozeß nicht zielgerichtet entstehende verwertbare „Reststoffe" unter den Abfallbegriff und das entsprechende Pflichtenregime.

Entscheidend ist damit der Zweck des Produktionsvorgangs. Schwierig bleibt aber die Ab- **108** grenzung gegenüber solchen Reststoffen, die einen eigenständigen Gebrauchswert haben und damit als Nebenprodukte angesehen werden können. Sie sollen dann kein Abfall sein, wenn sie keiner weiteren Verarbeitung bedürfen, bis sie entsprechend ihrem Zweck eingesetzt werden[93].

---

87 Ebenso *Petersen/Rid*, NJW 1995, 7 (8) m.w.N. in Fn. 12.

88 Entscheidung der Kommission vom 20.12.1993 über ein Abfallverzeichnis gem. Art. 1 lit. a der Richtlinie 75/442/EWG des Rates über Abfälle (94/3/EG), ABl. vom 7.1.1994, Nr. L 5/15. – Seit 1.1.1999 sind aber die deutschen Behörden verpflichtet, die im EWC enthaltenen Abfallschlüssel anstelle der bisher gebräuchlichen LAGA-Codes anzuwenden, vgl. § 2 II EAKV.

89 *Fluck*, DVBl. 1993, 590 (591); ebenso *Petersen/Rid*, NJW 1995, 7 (9) m.N. auch der abweichenden Auffassungen; eingehend *Fluck*, DVBl. 1995, 537 ff.

90 *Arndt/Walter*, WiVerw. 1997, 183 (201); *Versteyl/Wendenburg*, NVwZ 1996, 937 (939); *Dieckmann*, ZUR 1995, 169 (172). Der EWC hat – anders als bei der Abfallbegriffsbestimmung – dagegen erhebliche Bedeutung bei der behördlichen Überwachung der Abfallentsorgung. Für einen Entsorgungsnachweis und für die Aufstellung von Abfallwirtschaftskonzepten und Abfallbilanzen müssen die Eigenschaften des jeweiligen Abfalls nämlich nicht mehr aufwendig erläutert werden, sondern es genügt eine Kurzbeschreibung der Art, Menge und Beschaffenheit des Abfalls sowie die Angabe des allgemein anerkannten Abfallschlüssels.

91 So auch *Kloepfer*, Umweltrecht, § 18 Rn. 33.

92 Anders, wenn der Dritte die Sache lediglich als Zwischenschritt sammelt oder weitergibt, BVerwG, AbfallPrax 1999, 64.

93 Vgl. *Kunig/Paetow/Versteyl*, KrW-/AbfG, § 3 Rn. 40.

109 **Beispiel:** Bei der Rauchgasentschwefelung in Kraftwerken fällt sog. REA-Gips an, der wie Naturgips in der Bauindustrie verwendet werden kann. Er ist dann kein Abfall, wenn er so, wie er ist, eingesetzt werden kann.

110 Ferner ist der Entledigungswille anzunehmen, wenn die ursprüngliche Zweckbestimmung entfällt oder aufgegeben wird, ohne daß ein neuer Verwendungszweck unmittelbar an deren Stelle tritt (Nr. 2). Damit sind alle nicht mehr verwendbaren Produkte erfaßt, die früher als vermeintlich verwertbare „Wirtschaftsgüter" dem Zugriff des Abfallrechts entzogen waren.

111 **Beispiele:** Altkleider, die wieder getragen werden sollen (Second-Hand-Ware) sind kein Abfall, ebensowenig Altreifen, die ein Landwirt zur Beschwerung von Plastikplanen benutzt. Umstritten ist die Abfalleigenschaft von Altpapier: Wenn es nicht sortenrein anfällt und es erst durch Sortierung in einen für die papierverarbeitende Industrie gebrauchsfähigen Zustand versetzt werden muß, bleibt es bis zum Abschluß des Sortiervorgangs Abfall.

112 Die Beurteilung der *Zweckbestimmung* ist jetzt dadurch *objektiviert*, daß zwar die Auffassung des Erzeugers oder Besitzers zugrundezulegen, gleichzeitig aber die *Verkehrsanschauung* zu berücksichtigen ist, § 3 III 2 KrW-/AbfG.

113 Damit gibt es weiterhin einen *subjektiven Abfallbegriff*. Entscheidend ist jetzt nicht, ob der Besitzer eine bewegliche *Sache aufgeben* will, sondern ob ihr *Verwendungszweck entfallen* ist, und auch nicht, ob der Besitzer eine Verwertungs- oder Beseitigungsabsicht hat, sondern ob die Sache nach der Verkehrsanschauung zweckgerichtet produziert bzw. verwendet wird[94].

114 **Beispiele:** Abfall ist ein für die Sperrmüllabfuhr bereitgestelltes altes Möbelstück. – Erdboden kann erst nach dem Aushub bewegliche Sache und damit u.U. Abfall werden. Umfaßt der Aushub sehr große Mengen oder ist er in relevanter Weise schadstoffhaltig, so ist er schon im objektiven Sinne Abfall. Im übrigen ist Erdaushub z.B. dann nach dem subjektiven Abfallbegriff als Abfall zu qualifizieren, wenn der Besitzer einem Grubeninhaber für die Abnahme ein Entgelt zahlt (Entledigungsabsicht), nicht hingegen, wenn der Besitzer ihn als Material zur Auffüllung seines Grundstücks verwenden will, weil hier ein neuer Verwendungszweck unmittelbar an den vorherigen anschließt. Wer leere Flaschen in einen Altglascontainer wirft, entledigt sich ihrer; nach dem neuen Abfallbegriff entsteht damit Abfall; hier wird der Unterschied zur alten Rechtslage deutlich, nach der sich der Besitzer der Sache nicht „als Abfall" entledigt hat, wenn er das Recycling wollte; die Flaschen waren dann aber „Wertabfall". – Ging die Flasche nicht in einen öffentlich aufgestellten Container, sondern in eine private Sammlung, wurde sie nicht Abfall, ist es aber jetzt.

115 Schließlich wurde der **objektive Abfallbegriff** in Anlehnung an die Rechtsprechung des BVerwG[95] konkretisiert. Nach § 3 IV KrW-/AbfG muß sich der Besitzer beweglicher Sachen entledigen, wenn diese entsprechend ihrer ursprünglichen Zweckbestimmung nicht mehr verwendet werden, aufgrund ihres konkreten Zustandes aber geeignet sind, gegenwärtig oder künftig das Wohl der Allgemeinheit, insbesondere

94 Zur Abgrenzung zwischen Produkt und Abfall *Petersen/Rid*, NJW 1995, 7 (9). Dabei bleibt es im Einzelfall schwierig zu beurteilen, ob der Zweck eines Herstellungsvorgangs auch auf die Entstehung eines bestimmten Reststoffs gerichtet war oder nicht, weil der Produktionszweck durchaus auch die Herstellung von Koppel- und Nebenprodukten umfassen kann.

95 BVerwGE 92, 353 ff.; 92, 359 ff.

die Umwelt zu gefährden, und wenn deren Gefährdungspotential nur durch eine ordnungsgemäße und schadlose Verwertung oder gemeinwohlverträgliche Beseitigung nach den Vorschriften dieses Gesetzes und der aufgrund dieses Gesetzes erlassenen Rechtsverordnungen ausgeschlossen werden kann[96].

Das abstrakte[97] Tatbestandsmerkmal der Gefährdung wird durch die Anknüpfung an das jeweilige Gefährdungspotential wieder eingegrenzt. Es muß also die umweltverträgliche Verwertung und Beseitigung erforderlich sein. Im Wege der **Abwägung im Einzelfall** ist zu entscheiden, ob die *privaten Interessen* des Besitzers *am Erhalt* oder der sonstigen *Verwendung* der Stoffe die *Interessen der Allgemeinheit* an deren *Entsorgung* zur Beseitigung möglicher Gefahren überwiegen[98]. Zu berücksichtigen ist, ob für den betreffenden Stoff ein *Markt besteht*, er also an *verwendungs- oder verwertungsbereite Dritte* gegen *Entgelt* veräußert werden kann. Die öffentlichen Belange werden durch das *Gefährdungspotential* der Sache und die Fähigkeit des Besitzers bestimmt, die *Gefährdung* durch eigene Maßnahmen zu *beherrschen*. **116**

Beispiele: Reparaturfähige Kraftfahrzeuge, Elektrogeräte oder Altreifen werden nur dann keine Abfälle im objektiven Sinn, wenn der Besitzer in rechtlicher, tatsächlicher, organisatorischer, finanzieller, personeller und unternehmerischer Hinsicht in der Lage ist, die Sache alsbald einer neuen, umweltunschädlichen Verwendung zuzuführen. Abfall im objektiven Sinn ist der vom Hochwasser am Flußufer angeschwemmte Unrat. – Aushub ist „Zwangsabfall", wenn er Schadstoffe enthält oder wenn es sich um eine sehr große Menge handelt. – „Zwangsabfall" ist auch durch einen Tankunfall verseuchtes Erdreich nach der Ausbaggerung. Autowracks vor ihrer Trockenlegung, wenn sie also noch Motor- und Getriebeöle und andere Betriebsmittel (Hydraulik- und Kühlflüssigkeiten) enthalten und gegen deren Auslauf nicht gesichert sind, sind Zwangsabfall. – Altreifen, die in einer zu Brandgefahren führenden Weise gelagert sind, verlieren auch dann nicht ihre Abfalleigenschaft im objektiven Sinn, wenn sie zwecks wirtschaftlicher Weiterverwendung ins Ausland veräußert sind[99]. – Gefährliche oder auch nur lästige, nicht mehr zur Verwertung geeignete Stoffe (Abfälle jetzt auch i.S.d. § 5 I Nr. 3 BImSchG n.F.) erfüllen den objektiven Abfallbegriff.

b) Erzeuger

Zu **Erzeugern** von Abfällen bestimmt § 3 V KrW-/AbfG jede natürliche oder juristische Person, durch deren Tätigkeit Abfälle angefallen sind, und jede Person, die Vorbehandlungen, Mischungen oder sonstige Behandlungen vorgenommen hat, die eine Veränderung der Natur oder der Zusammensetzung dieser Abfälle bewirken. **117**

c) Besitzer

Nach § 3 VI KrW-/AbfG ist **Besitzer** von Abfällen i.S.d. Gesetzes jede natürliche oder juristische Person, die die tatsächliche Sachherrschaft über Abfälle hat. Damit unterscheidet sich der abfallrechtliche Besitzbegriff von dem des BGB, das einen Besitzbegründungswillen voraussetzt. Umstritten ist aber der abfallrechtliche Besitzbegriff hinsichtlich sog. *wilden Mülls*, wenn das Grundstück der Allgemeinheit oder **118**

96 Zum objektiven Abfallbegriff auch *Fluck*, UPR 1993, 426 ff.
97 Wie hier *Petersen/Rid*, NJW 1995, 7 (9); a.A. („konkret gefährliche Stoffe") *Versteyl/Wendenburg*, NVwZ 1994, 833 (836).
98 *R. Schmidt*, Umweltrecht, § 5 Rn. 19.
99 BVerwGE 92, 359 ff.; s.a. 92, 353.

aufgrund von Betretungsrechten (z.B. § 14 BWaldG) *frei zugänglich* ist und deshalb eine tatsächliche Sachherrschaft über den wild abgelagerten Müll gar nicht angenommen werden kann[100]. Dagegen soll Abfallbesitz vorliegen, wenn das Grundstück nach der Verkehrsauffassung rechtlich und tatsächlich gegen ein Betreten Dritter gesichert werden konnte und deshalb einen gewissen *Herrschaftsbereich* vermittelt[101].

d) Entsorgung

119 Die **Abfallentsorgung** umfaßt nach § 3 VII KrW-/AbfG sowohl die (stoffliche oder thermische) **Abfallverwertung** (Rn. 12/138 ff.) als auch die **Abfallbeseitigung** (Rn. 12/141 ff.). Allerdings umfaßt die Abfallentsorgung – sei es als Abfallverwertung, sei es als Abfallbeseitigung – weiter als im Atomrecht (Rn. 9/215 f.) auch die folgenden Vorbereitungs- bzw. Begleithandlungen (4 Phasen), nämlich das

- *Einsammeln* von i.S. des § 13 I KrW-/AbfG „überlassungspflichtigen" Abfällen, also etwa das Abholen bereitgestellter oder das Auflesen (in Wald und Flur) verstreuter Abfälle, nicht aber das Handeln des Abfallbesitzers, das i.S. des § 13 I AbfG auf das Vorbereiten des Einsammelns, d.h. darauf gerichtet ist, die Abfälle dem Beseitigungspflichtigen zu überlassen[102],
- *Befördern*, d.h. die dem Einsammeln folgenden, dem Transport dienenden Vorgänge der Übernahme, der Ortsveränderung und der Ablieferung des Abfalls (also z.B. nicht das Verbringen von Sperrmüll durch den Besitzer an die vorgeschriebene Sammelstelle),
- *Lagern*, d.h. das vorübergehende Ablegen (Zwischenlagern) des angefallenen Abfalls vor Beginn des eigentlichen Verwertungsprozesses oder vor der endgültigen Beseitigung des Abfalls[103] oder seiner Behandlungsrückstände (in Form des Ablagerns), also nicht das dem Einsammeln vorausgehende Bereitstellen von Abfällen durch den Abfallbesitzer zum Zwecke des Einsammelns, und
- *Behandeln*, d.h. eine im Zusammenhang mit der Entsorgung vorgenommene qualitative oder quantitative Veränderung des Abfalls, z.B. durch Verbrennen oder Verschwelen, Zerkleinern, Entwässern, Pressen usw., worin u.U. (z.B. bei rückstandsfreier Verbrennung) bereits seine abschließende Verwertung oder Beseitigung liegen kann.

120 Am Ende eines Abfallentsorgungsprozesses, der auf Abfallbeseitigung gerichtet ist, steht das *Ablagern* von (unbehandelten oder vorbehandelten) *Abfällen* bzw. von (ebenfalls dem Abfallbegriff unterfallenden) *Behandlungsrückständen* (z.B. Reaktionssalzen oder Filterstäuben, die bei der „Behandlung" verbrennbarer Abfälle in einer Müllverbrennungsanlage angefallen sind). Bei dem gesetzlich nicht definierten

---

100 Dazu BVerwGE 67, 8 (12); BVerwG, UPR 1989, 27; VGH BW, NuR 1995, 353 (354); OVG Weimar, NVwZ-RR 1995, 253 (255).

101 BVerwG (Fn. 100); *R. Schmidt*, Umweltrecht, § 5 Rn. 9.

102 Zum Einsammeln gehört auch das Aufstellen von Altglas- und Altpapiercontainern, VG Köln, NVwZ 1993, 401; noch zur alten Rechtslage BVerwGE 67, 8.

103 Zur Abgrenzung von Sammeln und Lagern bei Abfällen zur Beseitigung s. BayObLG, UPR 1999, 112 f.

„Ablagern"[104] geht es um das endgültige Niederlegen und Liegenlassen von zur Verwertung nicht in Betracht kommenden Abfällen und Behandlungsrückständen mit dem Ziel, sich ihrer dauerhaft zu entledigen (Endlagerung). Dies ist der letzte Akt jeder Abfallbeseitigung, man könnte sagen die „Endentsorgung".

e) Ergänzungsbedarf

Ergänzungsbedarf besteht hinsichtlich der Bestimmung der Begriffe *Deponie* und *Inertabfälle* aufgrund der Deponie-RL 1999/31/EG (Rn. 12/64). Ein Artikelgesetz ist in Vorbereitung. **121**

4. Instrumente

Zur Erreichung des Gesetzeszwecks sieht das KrW-/AbfG sowohl für die Kreislaufwirtschaft (§§ 4, 5) als auch für die Abfallbeseitigung (§§ 10, 11) jeweils **Grundsätze** und **Grundpflichten** vor, die bei der *Auslegung* anderer Bestimmungen zu beachten sind oder aber unmittelbar *drittgerichtete* Pflichten enthalten. Es bestimmt ferner den *Anlagenzwang* für jede Art von Abfallbeseitigung sowie eine Reihe gestufter *Überwachungspflichten* entsprechend dem jeweiligen Gefährdungspotential des Abfalls. Hinzu kommen eine Reihe „weicher" Instrumente wie *Abfallwirtschaftskonzepte* und *Abfallbilanzen* (§§ 19 und 20 KrW-/AbfG). Schließlich sieht das KrW-/AbfG auch eine Planungsverantwortung der öffentlichen Hand vor, nämlich für die *Abfallwirtschaftsplanung* nach überörtlichen Gesichtspunkten. Zur Sicherstellung der Erfüllung der genannten Pflichten gibt es eine Reihe fakultativer und obligatorischer *Nachweisverfahren* über die Beseitigung oder Verwertung von Abfällen. Insgesamt nimmt das KrW-/AbfG jeden in die Pflicht, der mit Abfall in Berührung kommt, sei es als Erzeuger, als Verbraucher oder als Gebietskörperschaft. **122**

IV. Ordnung der Kreislaufwirtschaft

Das KrW-/AbfG zielt auf eine „ganzheitliche" Lösung des Abfallproblems und dazu auf die Förderung einer **umweltverträglichen Kreislaufwirtschaft**, die vorrangig dadurch gekennzeichnet ist, daß sie Abfälle möglichst vermeidet. Dies soll über eine Produktgestaltung erfolgen, die abfallarm herstellt oder wenigstens die mehrfache Verwendung von Reststoffen fördert (Abfallvermeidung)[105]. Dem dienen die *anlagenbezogene* Abfallvermeidung als Betreiberpflicht nach § 5 I Nr. 3 BImSchG, die nach § 9 S. 1 KrW-/AbfG unberührt bleibt[106], und die *produktbezogene* Abfallvermeidung nach §§ 5 I, 23 und 24 KrW-/AbfG. **123**

---

104 S.a. schon *Rebinder*, DVBl. 1989, 496 (498 f.). Nach der Rspr. ist auch das bloße Liegenlassen von Abfällen dann eine *Ablagerung*, wenn dadurch gegen eine solche Rechtspflicht zum Tätigwerden verstoßen wird, die nicht nur auf dem schlichten Abfallbesitz beruht: BayVGH, BayVBl. 1981, 597; OVG Koblenz, NVwZ 1989, 985; s.a. BGHSt 37, 333 ff.; BayObLG, NVwZ 1993, 406 ff. zum Zurücklassen von Abfall in Plastiksäcken.

105 Eingehend *Diederichsen*, Das Vermeidungsgebot im Abfallrecht, 1998.

106 Dazu *Fluck*, DVBl. 1997, 463 ff.

124 Mindestens ebenso wichtig ist die – gesetzlich nicht geregelte – Frage, was überhaupt hergestellt wird. Braucht ein Erzeugnis nicht hergestellt zu werden, weil sein Vorgänger die doppelte Lebensdauer erreicht, fallen auch weniger Abfälle an.

125 Das KrW-/AbfG setzt vor allem auf verordnete **Rücknahmepflichten**, um durch die Übertragung des „Entsorgungsdrucks“ auf Hersteller und Betreiber rasche und durchschlagende Innovationen und Problemlösungen zu erreichen[107]. Dadurch sollen sich unmittelbare Eingriffe in Produktionsprozeß und Produktgestaltung möglichst erübrigen, die mit dem Risiko der Fehlsteuerung belastet und wegen des womöglich weitreichenden Eingriffs in die Hersteller- und Verbraucherfreiheit auch verfassungsrechtlich nicht unproblematisch sind.

126 Dem *Verursacherprinzip* (Rn. 1/89) entspricht aber nicht nur die Rücknahmepflicht, sondern auch die Inpflichtnahme der Erzeuger oder Besitzer von Abfällen: Die Verantwortung für *Planungen* im Rahmen der Kreislaufwirtschaft soll bei der Wirtschaft selbst verbleiben, die Verantwortung für die Planung der Abfallwirtschaft im Sinne eines vorsorgenden Umweltschutzes obliegt den Ländern (Subsidiarität der öffentlichen Abfallentsorgung).

127 Während die Abfallentsorgung traditionell eine öffentliche Aufgabe war, die von den entsorgungspflichtigen Körperschaften, nämlich zunächst den Gemeinden, später den Kreisen und kreisfreien Städten erfüllt wurde, setzt das Abfallrecht seit Ende der 80er Jahre auf die **Privatisierung** jedenfalls bestimmter Entsorgungsaufgaben. Damit sollen öffentliche Entsorgungskapazitäten entlastet und Anreize zur stärkeren Vermeidung von Abfällen gegeben werden. Dementsprechend schuf die Verpackungsverordnung 1991 das Duale System für Verpackungsabfälle, und folgerichtig sollen nach dem Kreislaufwirtschafts- und Abfallgesetz jetzt möglichst *alle gewerblichen Abfälle* durch die Abfallbesitzer *selbst entsorgt* werden[108].

1. Grundsätze und Grundpflichten

128 Das KrW-/AbfG normiert **Grundsätze** der Kreislaufwirtschaft in § 4 KrW-/AbfG, auf denen die **Grundpflichten** der Erzeuger und Besitzer von Abfällen in § 5 KrW-/AbfG aufbauen. Konkretisiert werden diese Grundpflichten durch Rechtsverordnungen entsprechend § 7 KrW-/AbfG. Dieselbe Systematik findet sich in der Regelung der Abfallbeseitigung (§§ 10, 11 und 12 KrW-/AbfG) wieder[109].

129 So sieht § 4 KrW-/AbfG vor, daß Abfälle

- in erster Linie zu *vermeiden* sind, und zwar insbesondere durch die Verminderung ihrer Menge und Schädlichkeit (Nr. 1) und

107 Näher *Birn*, NVwZ 1992, 419 (422 f.).

108 Unter dem Gesichtspunkt der *Verantwortungsteilung* zwischen öffentlichem und privatem Sektor *Schmidt-Preuß*, in: *Schuppert* (Hrsg.), Jenseits von Privatisierung und „schlankem“ Staat, 1999, S. 195 ff., und grundsätzlich *Voßkuhle*, ebda. S. 47 ff.

109 *Kloepfer*, Umweltrecht, § 18 Rn. 60.

- in zweiter Linie *stofflich zu verwerten* oder zur *Gewinnung von Energie* zu nutzen sind (Nr. 2).

Diese Grundsätze werden zu – *drittgerichteten* – Grundpflichten in § 5 KrW-/AbfG. Diese Pflichten sind unmittelbar zu befolgen[110]. **130**

2. Pflichtenhierarchie: Vermeidung, Verwertung und Beseitigung

Nach § 4 I KrW-/AbfG sind Abfälle in erster Linie zu vermeiden, in zweiter Linie stofflich oder energetisch zu verwerten. Nach § 5 II 2 KrW-/AbfG hat die Verwertung von Abfällen Vorrang vor ihrer Beseitigung. Nach § 10 I KrW-/AbfG sind Abfälle, die nicht verwertet werden, dauerhaft von der Kreislaufwirtschaft auszuschließen und zur Wahrung des Wohls der Allgemeinheit zu beseitigen. *Abfallvermeidung* hat danach Vorrang vor der *Abfallverwertung* und diese Vorrang vor der *Abfallbeseitigung*. Diese Rangfolge entspricht dem Vorsorgeprinzip. Ebenso geht auch Art. 3 lit. c der eigentlich bis Oktober 1999 umzusetzenden IVU-RL von einem Vorrang der Abfallvermeidung aus. **131**

Unter **Abfallvermeidung** versteht man Maßnahmen, die dazu führen, daß bei Produktion oder Konsum keine oder weniger Abfälle entstehen. Unter **Abfallverwertung** ist die stoffliche und energetische, in der Regel thermische Verwertung von Abfällen zu verstehen. **132**

Der Vorrang der Vermeidung gilt **nicht absolut**; diese muß im Einzelfall technisch möglich[111] und wirtschaftlich vertretbar sein und darf im Ergebnis auch nicht zu einer höheren Umweltbelastung insgesamt führen. Er ist EG-rechtlich (Art. 3 der EG-Abfallrichtlinie 75/442/EWG i.d.F. der Änderungsrichtlinien 91/156/EWG vom 18.3. 1991 und 91/692/EWG vom 23.12.1991) vorgegeben. **133**

3. Abfallvermeidung

a) Gesetzliche Vorgaben

aa) Der Abfallvermeidung gebührt gesetzlich der **Vorrang**. Während das KrW-/AbfG aber in §§ 5 und 6 im einzelnen die Anforderungen an die ordnungsgemäße und schadlose Verwertung von Abfällen regelt, hält es sich für die Ausgestaltung der Vermeidung zurück. § 4 II KrW-/AbfG benennt als Maßnahmen zur Vermeidung von Abfällen zwar die anlageninterne Kreislaufführung von Stoffen, die abfallarme Produktgestaltung sowie ein auf den Erwerb abfall- und schadstoffarmer Produkte gerichtetes Konsumverhalten. Bei der Umsetzung dieser Grundsätze in Grundpflichten verweist § 5 I KrW-/AbfG aber nur weiter, nämlich auf die immissionsschutzrechtliche Vermeidungspflicht (§ 9 KrW-/AbfG) sowie die in den §§ 22 ff. KrW-/AbfG geregelte Produktverantwortung. Im Ergebnis bedeutet die Vermeidungspflicht die **134**

---

110 Einschränkend *Kloepfer*, Umweltrecht, § 18 Rn. 62: unmittelbare rechtliche Verbindlichkeit nur für die Grundpflicht zur Abfallverwertung.

111 Dazu *Mann*, UPR 1995, 180 ff.

Schaffung abfallarmer Produktionsverfahren und die Entwicklung abfallarmer Produkte[112].

135 bb) Im Rahmen des § 5 I Nr. 3 BImSchG (Rn. 8/145) wurde die anlageninterne Verwertung als Vermeidung angesehen[113]. Infolgedessen brauchte die anlageninterne Verwertung, da Vermeidung, nicht „ordnungsgemäß und schadlos" zu sein. Anders bestimmt jetzt § 9 KrW-/AbfG, daß eine anlageninterne Verwertung eine Verwertungs- und keine Vermeidungsmaßnahme ist. Die durch Art. 4 der EG-Abfallrahmenrichtlinie[114] verbindlich vorgegebene Zielsetzung erfordert die Inpflichtnahme auch des Immissionsschutzrechts. Die nach § 9 KrW-/AbfG in § 5 I Nr. 3 BImSchG zu integrierenden stoffbezogenen Anforderungen an die Art und Weise der Verwertung und Beseitigung von Abfällen, die sich aus dem KrW-/AbfG ergeben, sind im Vorordnungsweg durchzusetzen[115].

136 cc) Weitere Einzelheiten der Vermeidung ergeben sich im Zusammenhang mit der unten zu behandelnden Ausgestaltung der **Produktverantwortung** (Rn. 12/159 ff.).

b) Abfallvermeidung durch Länder und Kommunen

137 Nach überwiegender Meinung steht den Ländern keine Kompetenz zur Einführung ordnungsrechtlicher Abfallvermeidungsgebote zu, weil der Bund von seiner Gesetzgebungszuständigkeit nach Art. 74 I Nr. 24 GG im Sinne des Art. 72 II GG abschließend Gebrauch gemacht habe[116]. Ebenso dürften Gemeinden keine Anordnungen zur Förderung der Abfallvermeidung wie z.B. das Verbot der Verwendung von Einweggeschirr als Nebenbestimmung zu einer straßenrechtlichen Sondernutzungserlaubnis treffen[117]. Eine mengenbezogene Gestaltung der Abfallentsorgungsgebühren ist zulässig[118]. Im übrigen aber sind abgabenrechtliche Instrumente zur Förderung der Abfallvermeidung durch Länder und Kommunen unzulässig[119]. Während es früher als unzulässig angesehen wurde, wenn eine Kommune in einer Anzeigen- und Plakat-

---

112 Der besonders sensible Bereich der **Produktinnovation** wird leicht zum Schauplatz ideologischer Auseinandersetzungen. Zweifellos schadet eine Überregulierung der Wettbewerbsfähigkeit der Wirtschaft. Andererseits kann es der Allgemeinheit nicht gleichgültig sein, ob Produkte entwickelt werden, die eine lange Lebensdauer aufweisen, verwertungs-, wartungs- und reparaturfreundlich konstruiert sind und die umweltverträglich entsorgt werden können oder eben nicht. Dann liegt es auch nahe, die Entwicklung solcher Produkte zu unterstützen.

113 Vgl. LAI, NVwZ 1989, 130 (131); *Hansmann,* NVwZ 1990, 409 (411); *Jarass*, BImSchG, 3. Aufl. 1993, § 5 Rn. 64.

114 75/442/EWG vom 15.7.1975 in der Fassung der Richtlinie 91/156/EWG vom 18.3.1991, ABl. Nr. L 78/32.

115 Eingehend dazu *Petersen/Rid,* NJW 1995, 7 (12).

116 BVerwGE 104, 331 ff.; dazu *Oster*, DVP 1997, 264; *Sendler*, UPR 1997, 354 ff; *ders.*, ZUR 1997, 313 ff; *Abel-Lorenz/Butzmann*, ZUR 1997, 313 ff.; *Michaelis*, JA 1998, 193 ff.; s.a. *Tomerius*, NuR 1999, 621 ff.

117 VGH BW, NVwZ-RR 1997, 679 (681).

118 Ein entsprechendes Gebot enthalten schon die meisten Landesabfallgesetze, was mit Bundesrecht vereinbar ist, vgl. OVG Lüneburg, NVwZ-RR 1996, 289 ff.; näher *F. Kirchhof*, DVBl. 1994, 1101 ff.; s.a. *Queitsch,* UPR 1998, 88 ff.; *Quaas,* VBlBW 2000, 10 ff.

119 BVerfGE 98, 83 und 106; kritisch dazu *Bothe*, NJW 1998, 2333 ff.; *Sendler*, NJW 1998, 2875 ff.; *Schmidt/Diederichsen*, JZ 1999, 37 ff.; *Di Fabio*, NVwZ 1999, 1153 (1156); *Schrader*, ZUR 1999, 152 ff.; *Weidemann*, DVBl. 1999, 73 (75).

aktion für die Vermeidung abfallintensiver Produkte warb[120], stößt diese Auffassung jetzt im Hinblick auf die im Gesetz selbst normierte Produktverantwortung zu Recht auf Widerspruch[121]. Im übrigen besteht eine Informationsbefugnis nach den §§ 38, 39 KrW-/AbfG mit der Zielsetzung einer verstärkten Abfallvermeidung[122].

4. Stoffliche und energetische Verwertung

Gehaltvoller stellt sich – wie schon 1986 – die Neuregelung für die Abfallverwertung dar, d.h. für die stoffliche oder thermische Verwertung des Abfalls (bspw. Glas, Altpapier, Kunststoffe u.ä.)[123]. **138**

a) Unterscheidung stofflich/energetisch

Zu den Grundsätzen und zu den Grundpflichten gehört die ordnungsgemäße und schadlose Verwertung von Abfällen. Insoweit unterscheidet das KrW-/AbfG schon in § 4 zwischen *stofflicher* (Abs. 3) und *energetischer* Verwertung (Abs. 4). **139**

- Danach beinhaltet die **stoffliche Verwertung** die Substitution von Rohstoffen durch das Gewinnen von Stoffen aus Abfällen, sog. sekundären Rohstoffen, oder die Nutzung der stofflichen Eigenschaften der Abfälle für den ursprünglichen Zweck oder für andere Zwecke, mit Ausnahme der unmittelbaren Energierückgewinnung.
- Dagegen beinhaltet die **energetische Verwertung** den Einsatz von Abfällen als Ersatzbrennstoff, wobei die Regeln über die energetische Verwertung auf die thermische Behandlung von Abfällen zur Beseitigung nicht anzuwenden sind.

Beispiel: Wird etwa Öl aus Abfällen gewonnen, kann dieses für die Kunststofferzeugung, aber auch für die Energiegewinnung eingesetzt werden. Trotz dieser beiden Einsatzmöglichkeiten liegt eine stoffliche Verwertung aber solange vor, wie das Öl nicht der unmittelbaren Energierückgewinnung, also der Verbrennung dient; dies nämlich ist ein Fall der energetischen Verwertung i.S.d. § 4 IV KrW-/AbfG. Als stoffliche Verwertungsart wird damit sowohl die *werkstoffliche* wie auch die *rohstoffliche* Verwertung anerkannt. **140**

b) Abgrenzung zur Beseitigung

aa) Relevanz der Unterscheidung

Wegen der unterschiedlichen Rechtsfolgen kommt der Unterscheidung zwischen Abfällen zur Verwertung einerseits und Abfällen zur Beseitigung andererseits erhebli- **141**

120 BVerwGE 71, 183 (198); VGH Kassel, ZUR 1995, 143 ff.; s.a. *Papier,* VerwArch. 1984 (1993), 417 (427 f.). Anders VG Freiburg B. v. 3.9.1993, 4 K 1417/93.

121 *L. Diederichsen*, Vermeidungsgebot, S. 211 ff.; *Kibele*, VBlBW 1997, 201 ff.

122 Dazu *Kothe*, DÖV 1998, 577 (580).

123 Zum Vergleich mit verwandten Gebieten *Mondre*, Verwertungspflichten im Abfall-, Immissionsschutz- und Atomrecht, 1998; zweifelnd *Koch/Resse*, DVBl. 2000, 300 ff.

che Bedeutung zu[124]: Abfälle sind *vorrangig zu verwerten*, § 5 II 2 KrW-/AbfG. – Nur Abfälle zur Beseitigung unterliegen der *Andienungspflicht* nach § 13 I 2 KrW-/AbfG. – Abfälle zur Beseitigung unterliegen strengeren Voraussetzungen beim *Export* ins Ausland, § 10 III KrW-/AbfG. – Abfälle zur Beseitigung unterliegen weitergehenden *Überwachungsanforderungen* §§ 41 ff. KrW-/AbfG. – Abfälle zur Verwertung verursachen dem Abfallbesitzer daher meist **geringere Kosten**. – Dies erklärt auch den häufigen und heftigen Streit zwischen Abfallbesitzer und Behörde darüber, ob bestimmte Abfälle verwertbar oder zu beseitigen und damit oft überlassungspflichtig sind[125]. Die geplante VwV zum Abfallbegriff soll diesbezügliche Vorgaben enthalten.

bb) Möglichkeiten der Unterscheidung

142 Um dem vorhersehbaren Mißbrauch zu steuern, versucht das Gesetz eine Abgrenzungen zur Beseitigung in § 4 III 2 und IV 2 KrW-/AbfG; sowohl bei der stofflichen wie bei der energetischen Verwertung kommt es danach auf den **Hauptzweck** einer Maßnahme des Abfallbesitzers an. Eine *stoffliche Verwertung* liegt danach nur dann vor, wenn nach einer *wirtschaftlichen Betrachtungsweise* unter Berücksichtigung der im einzelnen Abfall bestehenden Verunreinigungen der Hauptzweck der Maßnahme in der Nutzung des Abfalls und nicht in der Beseitigung des Schadstoffpotentials liegt (§ 4 III 2 KrW-/AbfG). Auch bei der *energetischen Verwertung* ist für die Abgrenzung auf den *Hauptzweck der Maßnahme* abzustellen, nämlich dahingehend, ob er im Einzelfall auf die Verwertung oder die Behandlung gerichtet ist (§ 4 IV 2 KrW-/AbfG).

(1) Stoffliche Verwertung/Beseitigung

143 Ein erster Unterscheidungsvorschlag gründet auf dem *Mengenkriterium*[126]. Danach liegt Abfall zur Verwertung vor, wenn die Ausgangsmenge wenigstens zur Hälfte einer erneuten Nutzung zugeführt wird. Das Mengenkriterium hat damit zwar den Vorteil der Eindeutigkeit, erscheint aber offensichtlich nicht interessengerecht. Es paßt weder zu dem Vorrang der Verwertung noch zu dem marktwirtschaftlichen Ansatz, die beide Grundgedanken des KrW-/AbfG sind. Dem Gesetz selbst sind auch keinerlei Anhaltspunkte für ein solches quantitatives Kriterium zu entnehmen[127]. – Ein zweiter Ansatz stellt auf den Hautpzweck einer Maßnahme auf der Grundlage einer

124 Aus der Rechtsprechung: VGH BW, NVwZ 1999, 1243 ff.; OVG Lüneburg, NVwZ 1998, 1202 ff.; OVG Münster, NVwZ 1999, 674 ff.; NVwZ 1998, 1207 ff.; VG Berlin, NVwZ 1997, 1032 ff.; VG Düsseldorf, NVwZ-RR 1997, 347 f.; VG Regensburg, NVwZ 1998, 431 ff.; VG Schleswig, NVwZ 1998, 313 f.; VG Sigmaringen, NVwZ 1998, 429 ff.; VG Stuttgart, NVwZ-RR 1997, 345 ff.; aus der reichhaltigen Literatur: *Kersting*, NVwZ 1998, 1153 ff.; *Petersen*, NVwZ 1998, 1113 (1116 ff.); *Dolde/Vetter*, NVwZ 1997, 937 ff. sowie ausführlich *dies.*, Rechtsfragen der Verwertung und Beseitigung von Abfällen, 1999; dagegen *Weidemann*, NVwZ 1998, 258 ff.

125 Dazu *Dolde/Vetter*, NVwZ 1997, 937 ff. für das Land Baden-Württemberg einerseits, dagegen *Weidemann*, NVwZ 1998, 258 ff., andererseits. S.a. *Weidemann*, Abfall oder Rohstoff?, 1998.

126 Dazu die Länderarbeitsgemeinschaft Abfall (LAGA) vom 17./18.3.1997, abgedruckt bei *Brandt/Ruchay/Weidemann*, KrW-/AbfG, 100.1D.; allg. dazu *Giesberts/Hilf*, EG-rechtliche und verfassungsrechtliche Zulässigkeit normkonkretisierender Verwaltungsvorschriften – Die LAGA-Abfallliste auf dem Prüfstand, in: UPR 1999, 168 ff.

127 Kritisch daher zurecht *Weidemann*, in: *Brandt/Ruchay/Weidemann,* KrW-/AbfG, § 4 Rn. 139.

wirtschaftlichen Betrachtungsweise ab. So soll es sich um eine stoffliche Verwertung handeln, wenn „ein angemessenes Verhältnis zwischen den für die Nutzung des Abfalls aufzuwendenden Kosten und dem Nutzen aus der Nutzung, insbesondere den dabei erzielten Erlösen besteht“[128]. – Nach einer dritten Auffassung beginnt der Abfall zur Beseitigung erst dort, wo ihm dieser Charakter „vom Besitzer durch eine äußerlich feststellbare Willensentscheidung verliehen wird“[129]. Danach soll die Hauptzweckklausel des § 4 III 2 KrW-/AbfG nur *echte Mißbrauchsfälle aussondern.* Damit sollen offenbar wirtschaftliche Spielräume im Verwertungsbereich gesichert werden. Dies entspricht einerseits einem Hauptanliegen des KrW-/AbfG, nämlich wirtschaftliche Instrumente zu stärken und die Privatisierung zu fördern (vgl. §§ 5 II 1, 11 I KrW-/AbfG, aber auch § 13 I KrW-/AbfG). Die Hauptzweckklausel auf Mißbrauchsfälle zu beschränken[130] verkürzt aber wohl die ihm vom Gesetz zugedachte Korrekturfunktion[131], auch wenn es im Einzelfall klare Anwendungsfälle geben mag.

Beispiel: Aus Abfall wird ein „Produkt“ gemacht, dem schon bei der Herstellung anzusehen ist, daß es keine Absatzchancen hat. In Wahrheit soll der Umweg über die Herstellung des Produktes dem Besitzer nur dazu verhelfen, die für ihn billigere Verwertungsalternative zu erreichen. In diesem Fall ist das Produkt Abfall zur Beseitigung, nicht zur Verwertung (Umgehungstatbestand)[132].

Richtigerweise bedarf es daher einer **wertenden Gesamtbetrachtung**[133]. Sie hat vom Ziel des Gesetzes, nämlich der Förderung der Kreislaufwirtschaft zur Schonung der natürlichen Ressourcen auszugehen, vgl. § 1 KrW-/AbfG. Dem entspricht der Vorrang der Verwertung, vgl. § 5 II 2 KrW-/AbfG (Rn. 12/131). Hinzukommt der grundsätzlich gewollte Wechsel zur Privatisierung (Rn. 12/195 ff.). Daraus ergibt sich als *Auslegungsmaxime*: „Soviel private Verantwortung wie möglich, soviel öffentliche Entsorgungszuständigkeit wie nötig[134].“ Vor diesem Hintergrund ist eine wirtschaftliche Betrachtung im Einzelfall anzustellen. Danach liegt eine stoffliche Verwertung vor, wenn ein *konkreter wirtschaftlicher Nutzen* aus den Eigenschaften der Abfallstoffe gezogen wird und eine *ressourcenschonende Verwendung* stattfindet, so daß eine nur auf die schadlose Verwahrung beschränkte Ablagerung unnötig wird[135]. Dazu **144**

128 *Dolde/Vetter*, Abgrenzung von Abfallverwertung und Abfallbeseitigung nach dem KrW-/AbfG, 1997, S. 53; *dies.*, NVwZ 1997, 937 (940 f.); dagegen *Weidemann*, NVwZ 1998, 258 ff.; und dagegen wieder *Dolde/Vetter*, NVwZ 1998, 378 f.; s. zum Kosten-Nutzen-Kriterium auch *Petersen*, Entwicklung von Abgrenzungskriterien von Abfall und Produkt, von Abfallverwertung und Abfallbeseitigung, von energetischer Verwertung und thermischer Behandlung aus der Sicht des Bundes, in: 6. Kölner Abfalltage, 1998, S. 165 (176 f.).

129 *Weidemann*, NVwZ 1998, 258 (259); *ders.*, GewArch. 1997, 311 (314 f.).

130 So wohl VG Düsseldorf, NVwZ-RR 1997, 347 (348) und *Weidemann*, NVwZ 1998, 258 (261); ders., in: *Brandt/Ruchay/Weidemann*, KrW-/AbfG, § 4 Rn. 123 ff.

131 VGH BW, NVwZ 1999, 1243 (1245); *Kunig/Paetow/Versteyl*, KrW-/AbfG, § 4 Rn. 35.; *Schmidt-Preuß*, in: *Schuppert* (Hrsg.), Jenseits von Privatisierung und „schlankem“ Staat, 1999, 195 (213).

132 So zu Recht *Weidemann*, in: *Brandt/Ruchay/Weidemann*, KrW-/AbfG, § 4 Rn. 138.

133 Dazu VGH BW, NVwZ 1999, 1243 (1245); *Kunig/Paetow/Versteyl*, KrW-/AbfG, § 4 Rn. 35. – S.a. *Wolfers*, NVwZ 1998, 225 ff.

134 So richtig *Schmidt-Preuß* (Fn. 131), S. 215.

135 In diese Richtung a. VGH BW, NVwZ 1999, 1243 (1245 f.); dazu auch das Konsenspapier der Bund-Länder-Arbeitsgemeinschaft vom 6.11.1997 „Abfallbegriff, Abfallverwertung und Abfallbeseitigung nach dem Kreislaufwirtschafts- und Abfallgesetz (KrW-/AbfG)“ Ziff. III Punkt 2, abgedruckt bei *Kunig/Paetow/Versteyl*, KrW-/AbfG, Anhang C.

ist ein Vergleich zwischen den für die Verwertung aufzuwendenden Kosten einerseits und dem – durch die Kriterien der Marktgängigkeit, der Menge und des Wertes eines Recyclingprodukts zu bestimmenden – Nutzen einer Verwertungsmaßnahme andererseits hilfreich[136].

145 *Zusammenfassend* gilt: Jeweils ist im Einzelfall von einer Wert- und Mengenbetrachtung ausgehen, dann aber eine wertende Gesamtbetrachtung vorzunehmen[137]. Dabei geben die allgemeinen Zielbestimmungen des Gesetzes, aber auch seine grundsätzliche Entscheidung für den Vorrang der Verwertung vor der Beseitigung und der Stellenwert der Privatisierung im Lichte des Verursacherprinzips wichtige Auslegungshilfen.

(2) Energetische Verwertung/thermische Beseitigung

146 Wenn jede Art von *Verbrennung* als *energetische Verwertung* angesehen würde, liefe der Vorrang der Verwertung vor der Beseitigung (§ 5 II 2 KrW-/AbfG) für diejenigen Stoffe leer, die auf verschiedene Art verbrannt werden können; eine unter Umständen aufwendige, ökologisch aber sinnvollere Verbrennung ist rechtlich gegenüber der schlichten Verbrennung zur Beseitigung nur dann durchzusetzen, wenn dem Gesetz insoweit klare Unterscheidungsmerkmale zu entnehmen sind. Gerade bei der Verbrennung aber ist in der Praxis die Abgrenzung zwischen Verwertung und Beseitigung fließend[138].

147 Bei der *energetischen* Verwertung ist – über die vorstehend dargelegten Kriterien, die natürlich auch hier Geltung beanspruchen, hinaus – danach abzugrenzen, ob die Nutzung der Abfälle als Ersatzbrennstoff oder die Verringerung der Menge und Schädlichkeit der in den Abfällen enthaltenen Schadstoffe im Vordergrund steht, vgl. § 4 IV 3 KrW-/AbfG. Kriterien hierfür sind Energiegehalt (Brennwert) einerseits und Zusammensetzung und Schadstoffgehalt andererseits.

148 Die Zuordnung der thermischen Verfahren nicht ausschließlich zur Behandlung, sondern auch zur Verwertung (vgl. die Begriffsbestimmung in § 4 I Nr. 2 KrW-/AbfG: stofflich und energetisch) ist aber nur dann gerechtfertigt, wenn die zu verbrennenden Abfälle weitgehend sortenrein vorliegen und einen definierten Heizwert haben, der den Einsatz einer optimierten Verbrennungsführung gestattet. Dies ist auszuschließen für gemischte Haushaltsabfälle mit einer großen Zahl von Stoffen mit ganz verschiedenen Heizwerten, da diese sich nur mit einem sehr geringen Wirkungsgrad energetisch nutzen lassen. Die in § 6 II KrW-/AbfG (Rn. 12/154) genannten Werte dürften aber von modernen Abfallverbrennungsanlagen nach dem heutigen Stand der Technik regelmäßig erreicht werden.

---

136 Kritisch aber zu dieser „Nachkalkulation“ *Weidemann*, NJW 1996, 2757 (2762 f.).

137 *Schmidt-Preuß* (Fn. 131), S. 214.

138 Dazu OVG Lüneburg, NVwZ 1998, 1202 ff.; OVG Münster, NVwZ 1998, 1207 ff.; VG Regensburg, NVwZ 1998, 431 ff.; *Diekmann/Graner*, NVwZ 1998, 221 ff.; *Kersting*, NVwZ 1998, 1153 (1155); *Schwartmann*, NVwZ 1998, 1151 ff.; *Klöck*, Thermische Behandlung und/oder energetische Verwertung, Diss. 1998; *Arndt/Walter*, WiVerw. 1997, 183 ff.

(3) Die Abgrenzung bei Mischabfällen

Probleme bereitet auch die Frage, wie solche Mischabfälle zu behandeln sind, die sowohl Abfälle zur Verwertung als auch solche zur Beseitigung enthalten[139]. Fällt Abfall bereits als Gemisch an[140], so läßt sich aus dem KrW-/AbfG keine Pflicht zur Sortierung oder sonstigen Trennung des Abfalls entnehmen. Ist ein solches Gemisch insgesamt verwertbar, muß der Erzeuger oder Besitzer den Abfall auch nicht beseitigen oder zur Beseitigung überlassen[141]. Dies gilt für Abfälle zur stofflichen wie zur energetischen Verwertung. Umstritten ist die *nachträgliche* Vermischung von Abfällen. Die Rechtsprechung zeigt hier noch keine einheitliche Linie[142]. **149**

Beispiel: Ein Werk der chemischen Industrie entsorgt Druckfarbenreste seit Jahren kostengünstig durch Verbrennung in einem privaten Unternehmen. Plötzlich verlangt die zuständige Behörde die – sehr viel teurere – Andienung an die Sonderabfallagentur als Monopolbetrieb, weil die Entstehung von Abfallgemischen einen Verstoß gegen das Trennungsgebot nach § 5 II 4 KrW-/AbfG bedeute und es sich deshalb stets um nicht verwertbare Abfälle handle. Da die Druckfarbenreste bereits als Gemisch angefallen sind und insoweit keine Pflicht zur Trennung besteht, ist die Verbrennung in dem Unternehmen weiterhin zulässig, sofern das Gemisch insgesamt Abfall zur energetischen Verwertung darstellt. **150**

(4) Verwertung auch auf einer Deponie?

Umstritten ist schließlich auch, ob auf einer Deponie eine Verwertung stattfinden kann. **151**

Beispiel: Auf einer Großbaustelle fällt in Mengen Erdaushub mit hausmüllähnlichen Bestandteilen an, der hervorragend als Baustoff für Deponiestraßen geeignet ist. Die zuständige Behörde beruft sich auf die Andienungspflicht nach § 13 I KrW-/AbfG, um sich sowohl erhebliche Gebühreneinnahmen als auch das für den Wegebau nützliche Material zu verschaffen. Sie erklärt, daß eine Verbringung auf eine Deponie stets als Beseitigung anzusehen sei, womit die Andienungspflicht des § 13 I 2 KrW-/AbfG greift. Der Abfallbesitzer steht auf dem Standpunkt, auch deponiepflichtiges Material könne, dann eben auf einer Deponie, verwertet werden, denn der Nachbarkreis möchte ihm das Material für einen Bruchteil der Gebühr abnehmen. – Wenn der Vorrang der Verwertung vor der Beseitigung Bestand haben soll, *geht im Zweifel die Verwertungsalternative vor.* Betrachtet man den Erdaushub als Abfall zur Beseitigung, dann müßte dieser auch dann dem Heimatkreis überlassen werden, wenn gerade in dessen Deponie alle Wege bereits angelegt wären und der Aushub dort nur noch nutzlos eingebaut werden könnte, während dem Nachbarkreis womöglich noch Wege fehlen, er auf den Erdaushub angewiesen ist und selbst auf dem freien Markt Ersatzbaustoffe besorgen müßte. – Im Ergebnis entscheidet zwischen Verwertungs- und Beseitigungalternative also nicht der Status ei-

139 Vgl. hierzu *Dolde/Vetter,* NVwZ 1997, 937 (942 f.); 1999, 1193 ff.; *Kersting*, NVwZ 1998, 1153 ff.; VG Regensburg, NVwZ 1998, 431 ff.; OVG Lüneburg, NVwZ 1998, 1202 ff.; OVG Münster, NVwZ 1998, 1207 ff.; VGH BW, NVwZ 1999, 1243 ff.; AbfallPrax 1999, 70 ff.; OVG Koblenz, NVwZ 1999, 679 ff.; 682 (683 f.).

140 Zum Begriff des Anfallens *Dolde/Vetter*, NVwZ 1997, 937 (942) m.N.

141 Vgl. VGH Münster, NVwZ 1999, 674 ff., 1246 ff.; anders VG Regensburg, NVwZ 1998, 431 (432 f.).

142 Vgl. VGH BW, AbfallPrax 1999, 70 ff.; OVG Koblenz, NVwZ 1999, 682 ff.; OVG Lüneburg, NVwZ 1998, 1202 ff.; VG Düsseldorf, NVwZ-RR 1997, 347 f.; eine vorsichtige Stellungnahme auch bei VGH BW, NVwZ 1999, 1243 (1244); s.a. *Giesberts*, NVwZ 1999, 600 ff.; *Dolde/Vetter*, NVwZ 1999, 1193 ff.

ner Abfallentsorgungsanlage als Verwertungs- oder Beseitigungsanlage, sondern es kommt allein auf die stoffrechtlichen Bestimmungen des Kreislaufwirtschafts- und Abfallgesetzes an[143]. Daß die Verwertung hier auf einer sonst der Beseitigung dienenden Deponie stattfindet, spielt also keine Rolle.

c) Vorrangverhältnis stofflich/energetisch

152 Hinsichtlich des Verhältnisses zwischen stofflicher und energetischer Verwertung geht das KrW-/AbfG davon aus, daß die stoffliche Verwertung ökologisch nicht stets die bessere Alternative ist. Ein grundsätzlicher Vorrang der stofflichen Verwertung ist ökologisch nicht begründbar. Nach § 6 I 2 KrW-/AbfG hat daher die *umweltverträglichere Verwertungsart* den Vorrang. Zur Vermeidung langwieriger Auseinandersetzungen entscheidet darüber aber nicht im Einzelfall die Behörde, sondern eigentlich nach § 6 I 4 KrW-/AbfG durch Rechtsverordnung die BReg. Eine solche Rechtsverordnung fehlt aber – mit Ausnahme der Verpackungsverordnung – bis heute. In dieser ist vorgeschrieben, daß Verpackungsabfälle ausschließlich *stofflich* zu verwerten sind, also durch Recycling.

153 So ist – künftig – in der Rechtsverordnung der Vorrang einer Verwertungsart für eine bestimmte Abfallart jeweils im Einzelfall bestimmt, z.B. für Glas, Altpapier, Kunststoffe usw. Dazu ist für jeden Stoff eine Ökobilanz aufzustellen, die technische, ökonomische und ökologische Aspekte zu berücksichtigen hat. Der Sinn der Verwertung läßt sich nämlich nur durch Aufstellung einer Ökobilanz feststellen, an der es bislang aber fehlt. Das KrW-/AbfG gibt dazu in § 5 V – nicht abschließend – Umweltverträglichkeitskriterien vor, die der Verordnungsgeber zu berücksichtigen hat, nämlich Immissionsbelastungen, Ressourcenschonung, Energiebilanz und Schadstofftransfer.

154 Soweit ein Vorrang durch Verordnung nicht festgelegt ist, bestimmt § 6 II KrW-/AbfG Mindestvoraussetzungen, ohne die eine energetische Verwertung nicht zulässig ist[144], nämlich wenn der Heizwert der Abfälle mindestens 11 000 kJ/kg beträgt, der Feuerungswirkungsgrad der Anlage mindestens 75% beträgt[145], die entstehende Wärme selbst oder durch Dritte genutzt wird und die im Rahmen der Verwertung anfallenden weiteren Abfälle (z.B. Schlacke, Filterstäube) möglichst ohne weitere Behandlung abgelagert werden können.

d) Anforderungen an die Verwertung

155 Nach § 5 III KrW-/AbfG muß die Verwertung von Abfällen „ordnungsgemäß und schadlos erfolgen". **Ordnungsgemäß** bedeutet, daß die Verwertung „im Einklang mit den Vorschriften dieses Gesetzes und anderen öffentlich-rechtlichen Vorschriften" stehen muß. Zu denken ist insbesondere an das BImSchG, nämlich die Betreiberpflichten nach §§ 5 I Nrn. 1 und 2 BImSchG zu Schutz und Vorsorge schädlichen Umwelteinwirkungen gegenüber (Rn. 8/131 ff., 138 ff.) sowie den wasserrechtlichen

143 VGH BW, NVwZ 1999, 1242 f.; BVerwG, Urt. v. 14.4.2000, 4 C 13.98.

144 Ebenso *Kunig/Paetow/Versteyl*, KrW-/AbfG, § 6 Rn. 11; *Kloepfer*, Umweltrecht, § 18 Rn. 90, unter Hinweis auf unsere mißverstandene, leider aber auch mißverständliche Äußerung in der Vorauflage in Fn. 10/197.

145 Zur Kritik UGB-KomE, S. 1563 m.w.N.

Besorgnisgrundsatz nach §§ 26 II, 34 II WHG (Rn. 6/171 ff.)[146]. Die Verwertung ist **schadlos**, wenn nach der Beschaffenheit der Abfälle, dem Ausmaß der Verunreinigungen und der Art der Verwertung Beeinträchtigungen des Wohls der Allgemeinheit nicht zu erwarten sind, insbes. keine Schadstoffanreicherung im Wertstoffkreislauf erfolgt. Damit wird ein abfallrechtlicher Maßstab festgelegt, der sich auf die Verwertungsart wie auf das Verwertungsprodukt bezieht. Das Wohl der Allgemeinheit ist beeinträchtigt, wenn die Verwertung an den Maßstäben des § 10 IV KrW-/AbfG gemessen nicht gemeinwohlverträglich erscheint[147]. Das Merkmal der Schadlosigkeit soll insbesondere verhindern, daß über die gewonnenen sekundären Rohstoffe oder Produkte Schadstoffe in den Wirtschaftskreislauf gelangen und bei ihrer Verwendung oder ihrer späteren Verwertung oder Beseitigung als Abfall zu Umweltbeeinträchtigungen führen[148]. Mit diesen Anforderungen geht das KrW-/AbfG über die bestehenden Produktsicherheitsvorschriften, die – wie etwa im ChemG – am Gebrauchsrisiko ansetzen, hinaus.

Unter Berücksichtigung der Art und Beschaffenheit des Abfalls ist eine „entsprechende hochwertige Verwertung" anzustreben, § 5 II 3 KrW-/AbfG[149]. 156

e) Grenzen der Verwertungspflicht

Der Vorrang der Verwertung von Abfällen entfällt, wenn ihre Beseitigung *umweltverträglicher* ist, § 5 V KrW-/AbfG, wobei das Gesetz selbst einige hierfür maßgebliche Kriterien aufstellt, § 5 V 2 Nrn. 1-4. 157

Weitere Grenzen ergeben sich aus der technischen Möglichkeit und aus der wirtschaftlichen Zumutbarkeit, die sich danach bestimmt, ob für einen gewonnenen Stoff oder gewonnene Energie ein Markt vorhanden ist oder geschaffen werden kann, § 5 IV 1. Die technische Machbarkeit wird nicht dadurch ausgeschlossen, daß eine Vorbehandlung erforderlich ist, § 5 IV 2. Die wirtschaftliche Zumutbarkeit schließlich ist erst dann ausgeschlossen, wenn die mit der Verwertung verbundenen Kosten außer Verhältnis zu den Kosten stehen, die für eine Abfallbeseitigung zu tragen wären, § 5 IV 3. Die technische Machbarkeit entspricht der Einhaltung des Standes der Technik wie nach §§ 3 VI BImSchG und 12 III KrW-/AbfG (Rn. 1/68; 12/193, 256). Für die technische Machbarkeit ist eine konkret-individuelle Prüfung vorzunehmen, so wie es für die wirtschaftliche Zumutbarkeit auf die individuelle wirtschaftliche Leistungsfähigkeit des Verwertungspflichtigen ankommt[150]. 158

5. Produktverantwortung

a) Grundpflicht und Ausgestaltung

Produktverantwortung bedeutet die Verantwortung dessen, der Erzeugnisse entwickelt, herstellt, be- und verarbeitet oder vertreibt, diese möglichst so zu gestalten, 159

146 *Kloepfer*, Umweltrecht, § 18 Rn. 98.
147 *Kloepfer*, Umweltrecht, § 18 Rn. 98 f.
148 Dazu *Petersen/Rid*, NJW 1995, 7 (11) und SRU, Sondergutachten Abfallwirtschaft, Tz. 55.
149 Dazu *Fouquet/Mahrwald*, NuR 1999, 144 ff.
150 Zu den Maßstäben *Kunig/Paetow/Versteyl*, KrW-/AbfG, § 5 Rn. 31. – Zum ganzen *Fluck*, NuR 1995, 233 ff.

daß bei *Herstellung* und *Gebrauch* das Entstehen von Abfällen vermindert wird und die umweltverträgliche Verwertung und Beseitigung der nach dem Gebrauch entstandenen Abfälle sichergestellt ist, § 22 I KrW-/AbfG. Die Produktverantwortung entspricht dem *Verursacherprinzip.* In der Ausgestaltung ist den verfassungsrechtlich gesicherten Freiheitsgewährleistungen der Erzeuger und Verbraucher einerseits, abfallwirtschaftlichen Zielsetzungen andererseits Rechnung zu tragen. Das Gesetz normiert eine Grundpflicht, die durch Rechtsverordnung auszugestalten ist [151].

160 Die Regelungen zur Produktverantwortung sind auf zum Teil wütenden Protest der Industrie gestoßen. Das Gesetz verändert damit „im Grundsatz ein Fundamentalprinzip unserer Marktwirtschaft, nämlich die Wertschöpfung aus dem Güterumschlag. Dieser Paradigmenwechsel ist der Ausdruck einer bewußten Abkehr vom quantitativen Wachstumsdenken zugunsten einer nachhaltig-umweltverträglichen Entwicklung."[152] Je nach Standort wird in der Produktverantwortung nur eine unverbindliche Programmformel gesehen, die allenfalls Grundlage freiwilliger Selbstverpflichtungen der Wirtschaft sein könne[153]. Das Gesetz selbst zielt aber durchaus auf eine unmittelbar wirksame Rechtspflicht ab[154], auch wenn es der Umsetzung durch Rechtsverordnungen nach §§ 23, 24 KrW-/AbfG bedarf[155], enthält also „latente Grundpflichten, deren Drohpotential die Wirtschaft zur Eigeninitiative veranlassen soll (gesetzlich gesteuerte Selbstregulierung)"[156]. Dabei habe eine beharrliche Verweigerungshaltung rechtlich die Folge, daß für die dann notwendig werdenden Rechtsverordnungen zur Konkretisierung der Produktverantwortung erleichterte Anforderungen hinsichtlich der Verhältnismäßigkeit der dadurch begründeten Grundrechtseingriffe gelten.

---

151 Eingehend *Thomsen*, Produktverantwortung: Rechtliche Möglichkeiten und Grenzen einer Kreislaufwirtschaft, Diss. 1998; s.a. *Hoffmann*, DVBl. 1996, 898 ff.; sowie zu den verfassungsrechtlichen Anforderungen an Rechtsverordnungen zur Produktverantwortung *ders.*, DVBl. 1996, 347 ff.; zu den Grundsätzen und der zulässigen Reichweite der Produktverantwortung *Beckmann*, UPR 1996, 41 ff.

152 *R. Schmidt*, Umweltrecht, § 5 Rn. 22. Auf die Produktverantwortung zielten aber auch schon § 3 II 1 und § 1a AbfG 1986, die sich erstmals im deutschen Abfallrecht an die eigentlichen Verursacher des Abfallaufkommens richteten. Die Bestimmungen waren aber systematisch nicht integriert. So hielt das AbfG 1986 nur eine Verweisung auf Rechtsverordnungen bereit, die nach § 14 I Nrn. 2 u. 3 u. II 3 Nrn. 2-4 AbfG erlassen werden konnten, sowie eine in § 1a II AbfG in Bezug genommene Normierung des Grundsatzes der Abfallverwertung im Zusammenhang mit der Regelung der Verpflichtung zur – die Abfallverwertung umfassenden – Abfallentsorgung (§ 3 II 3, 4 u. IV 2 AbfG).

153 *Beckmann*, UPR 1996, 41 (47); *Fluck*, Kreislaufwirtschafts- und Abfallrecht, Band I, § 22 R. 64; *Tettinger*, DVBl. 1995, 213 (214 f.).

154 Begründung, S. 47, ebenso *Petersen/Ried*, NJW 1995, 7 (10).

155 Die Regelungsweise mit Einführung einer unmittelbar wirksamen gesetzlichen Grundpflicht einerseits, ihrer Ausgestaltung durch Rechtsverordnung andererseits war der Kompromiß im Streit zwischen BReg. und BRat über Zulässigkeit und Praktikabilität der Ausgestaltung der Produktverantwortung als unmittelbare Rechtspflicht; BT-Drs. 12/5672, S. 85 ff. und 114 ff.; s.a. *Versteyl/Wendenburg*, NVwZ 1994, 833 (839). – Weiter als die Verordnungsermächtigung wird wohl auch die Grundpflicht nicht reichen; jedenfalls ist sie ohne Umsetzung im Verordnungsweg rechtlich kaum erzwingbar. Die gesetzliche Grundpflicht soll aber Erlaß und Verschärfung der konkretisierenden Rechtsverordnung erleichtern. Dazu *Petersen/Rid*, NJW 1995, 7 (10) m.w.N.

156 *R. Schmidt*, Umweltrecht, § 5 Rn. 24.

Was Produktverantwortung **bedeutet**, ergibt sich aus einer Reihe von **Regelbeispielen** (§ 22 II KrW-/AbfG), wonach sie insbesondere umfaßt **161**

- die Entwicklung, Herstellung und das Inverkehrbringen von Erzeugnissen, die mehrfach verwendbar, technisch langlebig und nach Gebrauch zur ordnungsgemäßen und schadlosen Verwertung und umweltverträglichen Beseitigung geeignet sind (Nr. 1),
- den vorrangigen Einsatz von verwertbaren Abfällen oder sekundären Rohstoffen bei der Herstellung von Erzeugnissen (Nr. 2),
- die Kennzeichnung von schadstoffhaltigen Erzeugnissen, um die umweltverträgliche Verwertung oder Beseitigung der nach Gebrauch verbleibenden Abfälle sicherzustellen (Nr. 3),
- den Hinweis auf Rückgabe-, Wiederverwendungs- und Verwertungsmöglichkeiten oder -pflichten und Pfandregelungen durch Kennzeichnung der Erzeugnisse (Nr. 4) und
- die Rücknahme der Erzeugnisse und der nach Gebrauch der Erzeugnisse verbleibenden Abfälle sowie deren nachfolgende Verwertung oder Beseitigung (Nr. 5).

Die Aufzählung ist („insbesondere") nicht abschließend. Sie wird näher ausgestaltet durch eine aufgrund § 23 KrW-/AbfG durch die BReg. nach Anhörung der beteiligten Kreise mit Zustimmung des BRats zu erlassende *Rechtsverordnung*. Damit können Verbote, Beschränkungen, Kennzeichnungs- und Rücknahmepflichten festgelegt werden. **162**

Das Gesetz selbst bestimmt die Grenzen der Produktverantwortung: So sind die Verhältnismäßigkeit der Anforderungen entsprechend § 5 IV KrW-/AbfG (Zumutbarkeitsgrenze für die Verwertungspflicht), die sich aus anderen Rechtsvorschriften ergebenden Regelungen zur Produktverantwortung (z.B. Sicherheitsbestimmungen) und zum Schutz der Umwelt sowie die Festlegungen des Gemeinschaftsrechts über den freien Warenverkehr „zu berücksichtigen" (§ 22 III KrW-/AbfG). **163**

b) Verbote, Beschränkungen und Kennzeichnungen

Nach § 23 KrW-/AbfG kann die BReg. nach Anhörung der beteiligten Kreise durch Rechtsverordnung mit Zustimmung des BRats bestimmen, daß **164**

- bestimmte Erzeugnisse, insbesondere Verpackungen und Behältnisse nur in bestimmter Beschaffenheit oder für bestimmte Verwendungen, bei denen eine ordnungsgemäße Verwertung oder Beseitigung der anfallenden Abfälle gewährleistet ist, in Verkehr gebracht werden dürfen (Nr. 1),
- bestimmte Erzeugnisse überhaupt nicht in Verkehr gebracht werden dürfen, wenn bei ihrer Entsorgung die Freisetzung schädlicher Stoffe nicht oder nur mit unverhältnismäßig hohem Aufwand verhindert werden könnte oder die umweltverträgliche Entsorgung nicht auf andere Weise sichergestellt werden kann (Nr. 2),
- bestimmte Erzeugnisse nur in bestimmter, die Abfallentsorgung spürbar entlastender Weise, insbes. in einer die mehrfache Verwendung oder die Verwertung erleichternden Form in Verkehr gebracht werden dürfen (Nr. 3),
- bestimmte Erzeugnisse in bestimmter Weise zu kennzeichnen sind, um insbesondere die Erfüllung der Grundpflichten nach § 5 nach Rücknahme zu sichern (Kennzeichnungspflicht, Nr. 4),
- bestimmte Erzeugnisse wegen des Schadstoffgehalts der nach bestimmungsgemäßem Gebrauch in der Regel verbleibenden Abfälle nur mit einer Kennzeichnung in den Verkehr gebracht werden dürfen, die insbesondere auf die Notwendigkeit

einer Rückgabe an Hersteller, Betreiber oder bestimmte Dritte hinweist, mit der die erforderliche besondere Verwertung oder Beseitigung sichergestellt wird (Nr. 5),
- bestimmte Erzeugnisse, für die eine Rücknahme- oder Rückgabepflicht nach § 24 verordnet wurde, an der Stelle der Abgabe oder des Inverkehrbringens auf die Rückgabemöglichkeit hinzuweisen ist oder die Erzeugnisse entsprechend zu kennzeichnen sind (Nr. 6),
- bestimmte Erzeugnisse, für die die Erhebung eines Pfandes nach § 24 verordnet wurde, entsprechend zu kennzeichnen sind, ggf. mit Angabe der Höhe des Pfandes (Nr. 7).

165 Die Verordnungsermächtigungen des § 23 KrW-/AbfG zur Bestimmung von Verboten, Beschränkungen und Kennzeichnungen und des § 24 KrW-/AbfG zu Rücknahme- und Rückgabepflichten (Rn. 12/167 ff.) traten an die Stelle des § 14 AbfG 1986, der als wichtigster Bestandteil der 4. Novelle galt und zunächst dazu diente, allein durch die Androhung von Rechtsverordnungen eine freiwillige Befolgung der entsprechenden Ziele durch die Betroffenen bzw. „freiwillige" Vereinbarungen und Zusagen i.S.d. *Kooperationsprinzips* zu erreichen; (u.a.) auf seiner Grundlage erlassen wurden dann aber die „Altöl-Verordnung", die (jetzt in der VerpackVO aufgegangene) „PET-VO", die „Lösemittel-VO"[157] und vor allem die **VerpackungsVO**.

Als weitere Instrumente, Produktverantwortung auch wirklich einzufordern, schlägt der SRU[158] vor:

- die Förderung umweltverträglicher Produktinnovation durch organisatorische und instrumentelle Regelungen innerhalb der Unternehmen, ähnlich dem Modell nach § 52a BImSchG,
- die Entwicklung von Prioritätenlisten von Stoffen, deren Vermeidung zwar nicht rechtlich zwingend vorgeschrieben, jedoch ausdrücklich empfohlen wird, und
- die Erstellung von Produktlinienanalysen; der Kreis der hierzu Verpflichteten, Umfang und Tiefe der Analyse sowie die Kriterien zu deren Bewertung müßten in einer Rechtsverordnung verankert werden.

Es fehlt also nicht an Vorschlägen, mehr für die Umwelt zu tun[159].

c) Rücknahme- und Rückgabepflichten

aa) Ermächtigungsgrundlage

166 Rückgabe- und Rücknahmepflichten unter gleichzeitiger Inpflichtnahme der Abfallbesitzer selbst zur **privatwirtschaftlichen Entsorgung** wurden schon 1988 durch die eben genannte PET-Verordnung eingeführt. Die international bekannt gewordene Verpackungsverordnung war dann der erste große Schritt in die **Privatisierung** der Entsorgungsaufgaben.

---

157 Zu Einzelheiten unsere Vorauflage Rn. 10/172 ff.

158 SRU (Fn. 61), S. 9.

159 Weiterführend *Kunig*, Jahrbuch des Umwelt- und Technikrechts 1994, S. 277 ff.; s.a. *E. Rehbinder*, in: Bericht „Die Industriegesellschaft gestalten" der Enquête-Kommission „Schutz des Menschen und der Umwelt – Bewertungskriterien und Perspektiven für umweltverträgliche Stoffkreisläufe in der Industriegesellschaft", BT-Drs. 12/8260 (Stoff-Enquête), S. 305; *Gebers/Führ/Wollny*, Ökologische Stoffwirtschaft, 1993, S. 22, 26 u.ö.

Die für die **Rücknahme- und Rückgabepflichten** einschlägige Verordnungsermächtigung des § 24 I KrW-/AbfG erlaubt der BReg., **167**

- die Eröffnung einer Rückgabemöglichkeit zur Voraussetzung für den Verkauf zu machen (Nr. 1),
- Rücknahme- und Pfandsysteme vorzuschreiben (Nr. 2 und 3) und
- Nachweispflichten einzuführen über Art, Menge, Verwertung und Beseitigung der zurückgenommenen Abfälle (Nr. 4).

Sie kann nach Abs. 2 weiter bestimmen **168**

- die Kostentragung für die Rücknahme, Verwertung und Beseitigung der zurückzunehmenden Erzeugnisse (Nr. 1),
- Rückgabepflichten des Besitzers an den Hersteller oder Vertreiber (Nr. 2),
- Einzelheiten der Überlassung einschließlich Bringpflichten (Nr. 3),
- eine Mitwirkung der öffentlich-rechtlichen Entsorgungsträger sowie der entsorgungspflichtigen Verbände und Selbstverwaltungskörperschaften der Wirtschaft (i.S.d. §§ 15, 17 und 18 KrW-/AbfG; Nr. 4).

bb) Verpackungsverordnung

Die Belastung der Abfallentsorgung durch Verpackungsabfälle liegt auf der Hand (Rn. 12/14 ff.). Die **Verordnung über die Vermeidung von Verpackungsabfällen** i.d.F. vom 21.8.1998[160] enthält Rücknahme- und Rückgabe- bzw. Überlassungspflichten und ist Grundlage der Einführung der Duales System Deutschland GmbH (Rn. 12/16 ff.). **169**

Grundlage der lange heftig umstrittenen VerpackV – ursprünglich vom 12.6.1991 – ist die Einführung einer Rechtspflicht zur Rücknahme und stofflichen Verwertung von Verpackungsabfällen für Hersteller und Vertreiber von Verpackungen sowie für Groß-, Einzel- und Versandhandel. Diese sind nach der Verpackungsverordnung selbst für die ordnungsgemäße Sammlung und Verwertung von gebrauchten Verpackungen verantwortlich. Neben die öffentliche Abfallentsorgung durch die entsorgungspflichtigen Körperschaften tritt damit ein zweites (daher **dual**), von der Privatwirtschaft getragenes Entsorgungssystem[161]. Neben die „normale" Mülltonne (und ggf. die Biotonne für organische Abfälle) tritt zusätzlich eine „Verpackungstonne" unter Regie der privaten Wirtschaft. Nach dem Grundmodell der Verpackungsverordnung sollten gebrauchte Verpackungen vom Verbraucher selbst über Einzel- und Großhandel an den Verpackungshersteller zurückgegeben und von diesem recycelt werden. An die Stelle dieses Grundmodells tritt ein Beteiligungsmodell, wonach die genannten Rücknahme- und Selbstverwertungspflichten hinsichtlich Verkaufsver- **170**

160 BGBl. I 2379. Diese Neufassung ist größtenteils am 22.8.1998 in Kraft getreten und ersetzt die bisherige Verpackungsverordnung von 1991, vgl. § 17 VerpackV n.F. Dazu *Sproll*, UPR 1999, 129 ff.; *Koch*, NVwZ 1998, 1155 ff.

161 Dazu die Nachweise bei *Beckmann*, DVBl. 1995, 313 (314, Fn. 18); zur ökonomischen Wirkung *Spies*, ZAU 1994, 309 ff.; s.a. *Hoppe/Weidemann*, Verwaltungsrechtliche Grundlagen dualer Entsorgungssysteme, 1999; zu Struktur und Ausgestaltung des dualen Systems *Flanderka*, BB 1996, 649 ff.

packungen (ca. 78% aller Verpackungen) für diejenigen Hersteller und Vertreiber entfallen, die sich am Dualen System beteiligen. Der „**Grüne Punkt**" verweist auf die Beteiligung des Herstellers am Dualen System und darauf, daß für die betroffene Verpackung ein Kostenbeitrag entrichtet wurde.

171 Die VerpackV zielt damit auf möglichst umweltverträgliche und möglichst wenige Verpackungsabfälle (§ 1: abfallwirtschaftliche Ziele). Sie gilt für verschiedene, in § 3 umfangreich beschriebene Verpackungsarten wie Transport-, Verkaufs-, Um-, Getränke- und Mehrwegverpackungen und wendet sich an Hersteller, Vertreiber und Versandhandel, § 2 VerpackV, denen sie Rücknahme- und Verwertungspflichten, insbesondere die Pflicht zur Rücknahme und zur erneuten Verwendung bzw. stofflichen Verwertung außerhalb der öffentlichen Abfallentsorgung, auferlegt, §§ 4 ff. VerpackV. Dagegen enthält sie keine Verpflichtungen für den Endverbraucher, wobei Endverbraucher nach § 3 X VerpackV nicht nur private Haushalte, sondern auch gewerbliche oder öffentliche Unternehmen oder Einrichtungen sind, wenn die angelieferten Waren nicht unverarbeitet weiterveräußert werden. – An die Stelle dieser Rücknahmepflicht tritt dann auf einer zweiten gedanklichen Stufe das Duale System: Nach § 6 III VerpackV unterliegen Hersteller und Betreiber mit ihren Verpackungen nicht mehr ihrer Rücknahmepflicht nach § 6 I VerpackV, wenn sie sich an diesem Verpackungsabfall-Erfassungssystem beteiligen. Zur Erfüllung ihrer Rücknahme- und Verwertungspflichten können sich Hersteller und Betreiber auch Dritter bedienen, § 11 VerpackV.

172 Die wichtigsten Bestandteile dieses Systems sind: Die DSD schließt privatrechtliche *Lizenzverträge* mit den Herstellern von Konsumgütern ab und erlaubt ihnen darin, gegen Zahlung eines bestimmten Entgelts den Grünen Punkt auf die Verpackungen ihrer Waren zu drucken. Die Höhe des Entgelts pro Verpackung bestimmt sich nach dem technischen Aufwand für das Recycling des jeweiligen Materials. Die DSD schließt sodann *Abstimmungsvereinbarungen* mit den entsorgungspflichtigen Körperschaften ab, und zwar entweder im Holsystem (Gelber Sack), wonach die Abholung und Sortierung zusammen mit der Restmüllabfuhr durchgeführt wird, oder im Bringsystem. Dabei lassen sich die entsorgungspflichtigen Körperschaften die Kosten für Sammlung und Sortierung von der DSD erstatten. Damit müssen 80 Gewichtsprozent des Pro-Kopf-Verbrauchs an Verpackungen im jeweiligen Einzugsgebiet gesammelt und davon 80 bzw. 90 Gewichtsprozent je nach Material sortiert und verwertet werden. Diese Quoten sind von der DSD den jeweiligen Landesumweltministerien durch entsprechende Mengenstromnachweise zu belegen.

173 Spezielle Verwertungsgesellschaften unter Beteiligung von Verpackungsherstellern, Entsorgungsunternehmen und zunehmend auch großen Energieversorgern geben DSD eine Abnahme- und Verwertungsgarantie bezüglich bestimmter Verpackungsarten. Ca. 10 derartige Garantiegeber haben sich auf Glas, Aluminium, Kunststoff, Papier und Getränkeverpackungen spezialisiert, wie die DKR = Deutsche Gesellschaft für Kunststoffrecycling mbH, die VGK = Verwertungsgesellschaft gebrauchte Kunststoffe usw.

174 Die gesammelten und sortierten Verpackungen werden dann von Entsorgungsunternehmen im Auftrag der Verwertungsgesellschaften recycelt und vermarktet. Dabei müssen sie einer stofflichen Verwertung zugeführt werden[162]. Dies ist durch einen Verwertungsnachweis zu belegen. Schließlich garantiert der Handel der DSD, nur noch Produkte in Verpackungen mit dem Grünen Punkt zu verkaufen. Die Kosten für den Grünen Punkt werden vom Handel über die Preise auf den Verbraucher umgelegt (Rn. 12/19).

162 Im Rahmen der Verpackungsverordnung zulässig ist aber auch die rohstoffliche Verwertung von Kunststoffverpackungen, bei der der Kunststoff in petrochemische Rohstoffe wie Öl und Gas zurückverwandelt wird (z.B. duch Einsatz von Kunststoffabfällen als Reduktionsmittel in der Stahlerzeugung); dazu wurden bis 1998 über 200.000 t Plastikmüll verwertet.

Die VerpackV ist auf vielfältige Kritik gestoßen, und zwar sowohl von seiten der Betroffenen Industrie und Handel als auch von seiten der Umweltverbände. Kritisch ist jedenfalls zu fragen, ob die Verordnung nicht nur eine Verlagerung der Abfallströme, „mehr Freude beim Wegwerfen" und damit im Ergebnis eben doch keine Einsparung bringt[163]. Auch ergibt sich bei Erfassung und Sortierung von Verkaufsverpackungen eine *Monopolstellung* der DSD[164], die vom Bundeskartellamt nur mit Rücksicht auf die umweltpolitischen Zielsetzungen bislang hingenommen wurde. Schließlich zielt das Duale System statt auf Vermeidung auch nur auf Verwertung[165]. **175**

Während sich aber die VerpackV unmittelbar nur an Hersteller und Vertreiber, Industrie und Handel wandte, im übrigen aber auf die freiwillige Mitwirkung der Bürger angewiesen war (vgl. § 1 III Nr. 7 AbfG), geht die neue VO-Ermächtigung des KrW-/AbfG jetzt weiter. **176**

Die Regelungen der ursprünglich vorgesehenen *Getränke-Mehrweg-Verordnung* (Kennzeichnungspflichten für Mehrweg- und Einweggetränkeverpackungen, Verpflichtung zur Vereinheitlichung von Getränkemehrwegverpackungen und Verbot der Verwendung von schwermetallhaltigen Druckfarben oder Additiven zur Herstellung von Verpackungen) sind nun in die novellierte VerpackV aufgenommen[166]. **177**

cc) Altauto-Verordnung

Die am 1.4.1998 in Kraft getretene **Altauto-Verordnung**[167] setzt eine 1996 abgegebene freiwillige Selbstverpflichtung der Automobilindustrie in verbindliches Recht um. Hauptziel ist die Lenkung der jährlich ca. 3 Mio. endgültig stillgelegter Autos[168] in umweltgerecht arbeitende Verwertungsbetriebe (Überlassungspflichten – § 3 AltautoV), die Festlegung strenger Umweltstandards für solche Betriebe (Anhang zur AltautoV) und die Übertragung der Überwachung der Altauto-Entsorgung von den Behörden auf unabhängige Sachverständige (§ 5AltautoV). Wer jetzt ein Altauto bei der Zulassungsstelle abmeldet, muß dafür einen Nachweis über dessen umweltverträgliche Verwertung vorlegen. Dies gilt auch bei der Verbringung des Fahrzeugs zum Zweck der Verwertung ins Ausland. Tatsächlich aber nahm die Zahl der in deutsche Shredderanlagen angelieferten Fahrzeuge seit Anfang der 90er Jahre erheblich ab; von den 3,14 Mio. im Jahr 1996 abgemeldeten Fahrzeugen gelangte nur noch 1/6 **178**

163 Vgl. dazu das Streitgespräch in: InfUR 1992, 4 ff.

164 Ein gegen ein bestehendes duales System konkurrierendes anderes Erfassungs- und Verwertungssystem eines öffentlich-rechtlichen Entsorgungsträgers ist unzulässig, VGH Kassel, NVwZ 2000, 92 ff.

165 Zur Kritik auch *Berg/Hösch*, UPR 1997, 83 (102 ff.); *Diederichsen*, Vermeidung, S. 124 ff., sowie aus gesamtwirtschaftlicher Sicht *Michaelis*, UPR 1998, 210 ff.

166 Zu den grundsätzlichen Möglichkeiten *Scholz/Aulehner,* Umweltstrategien im Verpackungsrecht: Mehrwegquote, Zwangspfand oder Lizensierung?, 1998.

167 Verordnung über die Entsorgung von Altautos und die Anpassung straßenverkehrsrechtlicher Vorschriften vom 4.7.1994, BGBl. I 1666; dazu *Giesberts/Hilf*, Kreislaufwirschaft Altauto: Altautoverordnung und freiwillige Selbstverpflichtung; Rechtsfragen und praktische Umsetzung, 1998; unter den Gesichtspunkten von Produktverantwortung, Ordnungsrecht und Selbstverpflichtungen *Schrader*, NVwZ 1997, 943 ff.; s.a. *Giesberts/Hilf*, NVwZ 1998, 1158 f.

168 UBA (Fn. 3), S. 441 f.

dorthin. Der SRU sieht daher erheblichen Handlungsbedarf für die Klärung des Verbleibs und die Verschärfung der Kontrollen[169].

179 Der *Verwertungsnachweis* kann nur von einem anerkannten Verwertungsbetrieb ausgestellt und nur von einer anerkannten Annahmestelle ausgehändigt werden (§ 3 II 3 bzw. 4 AltautoV). Die Annahmestellen, z.B. Autohäuser oder Kfz-Werkstätten, dürfen die Altautos nur an Verwertungsbetriebe weiterleiten, nicht aber sie selbst trokkenlegen oder auseinandernehmen (§ 3 AltautoV). Die Anerkennung von Annahmestellen wird durch die jeweils zuständige Kfz-Innung, die Anerkennung von Verwertungsbetrieben und Shredderanlagen durch öffentlich bestellte Sachverständige bescheinigt. Die *Verwertungsbetriebe* müssen bis zum Jahr 2002 eine Verwertungsquote von durchschnittlich 15 Gewichtsprozent bezogen auf das jeweilige Leergewicht des Autos erreichen.

180 Der Entwurf einer sich – im Sinne der Produktverantwortung – unmittelbar an die Hersteller wendenden Altauto-Verordnung der EU-Minister scheiterte am Widerstand Deutschlands. Die Frist, ab wann die Autoindustrie zur kostenlosen Rücknahme ausgedienter Fahrzeuge verpflichtet ist, wird jetzt wohl auf das Jahr 2005 verschoben. Die Automobilindustrie ihrerseits hat es aber in einer freiwilligen Selbstverpflichtung übernommen, alle Fahrzeuge, die nach dem 1.4.1998 neu in den Verkehr gekommen sind, bis zu einem Alter von 12 Jahren kostenlos vom Letztbesitzer zurückzunehmen. Nur mit der Inpflichtnahme der Hersteller entsteht Anreiz für eine recyclingorientierte Konstruktion von Neufahrzeugen[170].

dd) Batterie-Verordnung

181 Durch die Batterie-Verordnung[171] (§ 7) werden die Verbraucher selbst verpflichtet, Altbatterien zum Händler zurückzubringen, daneben natürlich auch wieder Hersteller und Vertreiber zur Rücknahme und Verwertung (§§ 3-6).

ee) Informationstechnikgeräte-Verordnung

182 Die bisher nur als Entwurf vorliegende IT-Altgeräte-Verordnung soll die in Deutschland als Abfall anfallenden Informations- und Kommunikationstechnikgeräte („Elektronikschrott") (jährlich 1,8 Mio. t) erfassen und einer ordnungsgemäßen Verwertung zuführen[172]. Auch in der EU wird die Entsorgung des Elektro- und Elektronikschrotts diskutiert.

ff) Zielfestlegungen

183 Weiterhin kann die BReg. für die freiwillige Rücknahme von Abfällen **Zielfestlegungen treffen**, die innerhalb einer angemessenen Frist zu erreichen sind (§ 25 I 1 KrW-/AbfG). Die Festlegung ist im Bundesanzeiger zu veröffentlichen. Die Regelung entspricht § 14 II AbfG 1986. Es handelt sich hierbei um einen auf normvermeidende

---

169 SRU, Umweltgutachten 2000, Tz. 164.

170 SRU, Umweltgutachten 2000, Tz. 164.

171 Verordnung über die Rücknahme und Entsorgung gebrauchter Batterien und Akkumulatoren vom 27.3.1998, BGBl. I 658.

172 Instruktiv www.umweltbundesamt.de/uba-info-daten/daten/elektronikschrott. Die rasche Verabschiedung des Entwurfs wäre zu wünschen, SRU, Umweltgutachten 2000, Tz. 167.

Kooperation gerichteten Regierungsappell in Gestalt der förmlichen Bekanntgabe bestimmter umweltpolitischer Programmpunkte, die den Erlaß oder die Verschärfung ebenfalls möglicher Rechtsverordnungen erübrigen soll. Zur Kontrolle der Zielerreichung müssen die Hersteller oder Vertreiber, die entsprechende Abfälle zurücknehmen, dies der zuständigen Behörde anzeigen. Diese soll bestimmte Befreiungen erteilen, wenn dies den Zielen der Kreislaufwirtschaft dient, § 25 II KrW-/AbfG.

6. Absatzförderung

Erstmals im Abfallrecht wird jetzt durch § 37 KrW-/AbfG auch die **öffentliche Hand** 184
besonders in die Pflicht genommen. So müssen die Behörden des Bundes und die der Aufsicht des Bundes unterstehenden juristischen Personen des öffentlichen Rechts, Sondervermögen und sonstigen Stellen durch ihr **Verhalten** zur Erfüllung des Gesetzeszwecks (§ 1 KrW-/AbfG) beitragen. Sie müssen bei der Gestaltung von Arbeitsabläufen, bei der Beschaffung oder Verwendung von Material und Gebrauchsgütern, bei Bauvorhaben und sonstigen Aufträgen prüfen, ob und in welchem Umfang Erzeugnisse eingesetzt werden können, die sich durch Langlebigkeit, Reparaturfreundlichkeit und Wiederverwendbarkeit oder Verwertbarkeit auszeichnen, im Vergleich zu anderen Erzeugnissen zu weniger oder schadstoffärmeren Abfällen führen oder aus Abfällen zur Verwertung hergestellt worden sind (§ 37 I KrW-/AbfG). Im Rahmen ihrer Möglichkeiten müssen sie ferner darauf einwirken, daß die Gesellschaften des privaten Rechts, an denen sie Beteiligungen halten, diese Verpflichtungen ebenfalls beachten (§ 37 II KrW-/AbfG). Diese Inpflichtnahme der öffentlichen Hand entspricht der Produktverantwortung (§§ 22 ff. KrW-/AbfG) und soll diese unterstützen.

7. Informationspflichten

Schließlich dient die **Abfallberatungspflicht** der Entsorgungsträger (§ 38 KrW-/ 185
AbfG) über die Möglichkeiten der Vermeidung, Verwertung und Beseitigung[173] dazu, die Ziele des Kreislaufwirtschaftsgesetzes zu erreichen, ebenso wie die Unterrichtungspflicht der Länder gegenüber der Öffentlichkeit (§ 39 KrW-/AbfG), und zwar durch eine zusammenfassende Darstellung und Bewertung der Abfallwirtschaftspläne, einen Vergleich zum vorangehenden sowie eine Vorausschau für den folgenden Unterrichtungszeitraum. Damit sollen Entwicklungen rechtzeitig erkennbar und entsprechende Steuerungen möglich werden.

173 Zu den Abfallberatungspflichten unter dem neuen KrW-/AbfG *Beckmann/Krekeler*, NuR 1997, 223 ff.

V. Ordnung der Abfallbeseitigung

1. Grundsätze, Grundpflichten und Anforderungen zur Beseitigung

a) Grundsätze

186 aa) Auch bei der Ordnung der Abfall**beseitigung** folgt das KrW-/AbfG der Einteilung in *Grundsätze, Grundpflichten* und durch *Rechtsverordnung* bestimmte Anforderungen. Die **Grundsätze** des § 10 bestimmen, **was, wo und wie** beseitigt werden muß. So sind nach § 10 I KrW-/AbfG Abfälle, die nicht verwertet werden, also Abfälle zur Beseitigung, dauerhaft von der Kreislaufwirtschaft auszuschließen und zur Wahrung des *Wohls der Allgemeinheit* zu beseitigen. Nach § 10 III KrW-/AbfG sind Abfälle grundsätzlich im **Inland** zu beseitigen[174]. Und nach § 10 IV KrW-/AbfG sind die Abfälle so zu beseitigen, daß das **Wohl der Allgemeinheit nicht beeinträchtigt** wird, die zu beachtenden Schutzgüter sind beispielhaft aufgeführt.

187 Als *Grundsatznorm* steuert § 10 IV KrW-/AbfG die Auslegung der Vorschriften des KrW-/AbfG, und zwar vor allem dort, wo diese Vorschriften ihrerseits auf das Wohl der Allgemeinheit Bezug nehmen. Gleichzeitig bestimmt er die Planung der Abfallentsorgung, die durch die Abfallwirtschaftspläne der Länder (§ 29 KrW-/AbfG; Rn. 12/234 ff.) erfolgt. Diese Pläne werden im Wege der Zulassung von ortsfesten Abfallentsorgungsanlagen nach Maßgabe einer Planfeststellung oder Plangenehmigung (§ 31 KrW-/AbfG) umgesetzt. § 10 KrW-/AbfG hat als Grundsatzbestimmung insoweit den Charakter einer Leitlinie für die Ausübung des Planungsermessens.

188 bb) Der vom KrW-/AbfG verwendete Begriff des *Wohls der Allgemeinheit* ist ein nicht auf abfallrechtliche Belange beschränkter unbestimmter, bei der Rechtsanwendung zu konkretisierender, voller gerichtlicher Kontrolle unterliegender Gesetzesbegriff[175]; er wird durch die beispielhafte Aufzählung der insbesondere zu beachtenden Schutzgüter in § 10 IV KrW-/AbfG näher bestimmt. Bei der Konkretisierung kommt der gem. § 4 V AbfG (§ 12 KrW-/AbfG) von der BReg. erlassenen TA Abfall/TA Siedlungsabfall (Rn. 12/72,73) besondere Bedeutung zu.

189 Daraus ergeben sich für die Abfallbeseitigung folgende **Gebote**:
- keine Beeinträchtigung der *Gesundheit der Menschen* (Nr. 1),
- keine Gefährdung von *Tieren und Pflanzen* (Nr. 2),
- keine schädliche Beeinflussung von *Gewässern und Boden* (Nr. 3),
- keine Herbeiführung schädlicher Umwelteinwirkungen durch *Luftverunreinigungen oder Lärm* (Nr. 4),

174 So richtig *Kloepfer*, Umweltrecht, § 18 Rn. 105. Zur Klarstellung sei ausdrücklich noch einmal darauf hingewiesen, daß die Regelungen zur Abfallbeseitigung natürlich nur für Abfälle zur Beseitigung gelten. Wenn es also beispielsweise im Gesetz – § 10 III – etwas verkürzt heißt, Abfälle seien im Inland zu beseitigen, bedeutet dies nicht, daß **alle** Abfälle im Inland zu beseitigen sind, sondern nur die Abfälle **zur Beseitigung**, der Vorrang der Verwertung, und zwar eben auch im Ausland, davon also unberührt bleibt.

175 So u.E. zu Recht *Kunig/Schwermer/Versteyl*, AbfG, § 2 Rn. 16 m.w.N. zur gleichlautenden Vorgängervorschrift des § 2 AbfG; zum KrW-/AbfG *Kunig/Paetow/Versteyl*, KrW-/AbfG, § 10 Rn. 29 f.

- Wahrung der Belange der *Raumordnung und der Landesplanung*, des *Naturschutzes* und der *Landschaftspflege* sowie des *Städtebaus* (Nr. 5) und
- keine Gefährdung oder Störung der *öffentlichen Sicherheit und Ordnung* (Nr. 6) z.B., wenn auf Deponien explosible Stoffe gelagert oder wenn Möwen oder Krähen durch Deponien angelockt werden und dann das Saatgut auf angrenzenden Feldern fressen.

Obwohl § 10 IV 2 Nr. 3 KrW-/AbfG dem Wortlaut nach weniger streng gefaßt ist als §§ 26 II, 34 II WHG, wird die Vorschrift im Sinne der wasserrechtlichen Besorgungsgrundsätze ausgelegt (Rn. 8/171)[176]. – Hinsichtlich der *Schädlichkeit von anlagenbezogenen Umwelteinwirkungen* gilt die Legaldefinition des § 3 I BImSchG (Rn. 8/96). Danach sind z.B. Vorkehrungen zu treffen gegen Freiwerden von Staub bei der Sammlung des Hausmülls, gegen Lärm bei der Entladung von Müllfahrzeugen, gegen schädliche Immissionen, die durch Abfallbeseitigungsanlagen verursacht werden (vgl. dazu auch § 32 I KrW-/AbfG), also etwa Gerüche aus Kompostierungsanlagen, Rauch aus brennenden Deponien, Lärm aus Müllzerkleinerungsanlagen usw. Solche Einwirkungen sind hier aber nur nach Maßgabe dessen untersagt, was das Wohl der Allgemeinheit (insbes. der Nachbarschutz nach §§ 22, 24 BImSchG) erfordert. Soweit Abfallbeseitigungsanlagen – wie MVA – unter § 4 BImSchG i.V.m. der 4. BImSchV fallen, unterliegen sie (ggf. zusätzlich) den (z.T. schärferen) Vorschriften des BImSchG. – Zum *Naturschutz* ist insbesondere auf die Eingriffsregelungen des § 8 BNatSchG i.V.m. den einschlägigen landesrechtlichen Normen (Rn. 5/111 ff.) zu verweisen. Was die Belange des *Städtebaus* angeht, so entfällt zwar nach § 38 BauGB bei der Genehmigung oder Planfeststellung von Abfallbeseitigungsanlagen die Bindung an die bauplanungsrechtlichen Zulässigkeitsvorschriften der §§ 29 ff. BauGB[177]. Indessen gilt das Gebot des § 10 IV Nr. 5 KrW-/AbfG, wonach die Belange des Städtebaus geschützt sind, zwar nicht absolut, wohl aber nach Maßgabe dessen, was das Wohl der Allgemeinheit erfordert. Bei der Planfeststellung einer Abfallentsorgungsanlage sind daher die Belange des Städtebaus in das „Abwägungsmaterial" (Rn. 3/163 ff.) einzustellen und angemessen abzuwägen. 190

cc) Zur Eindämmung des bis in die frühen 90er Jahre bedeutenden „Mülltourismus" (Rn. 12/61 ff.) gilt nach § 10 III KrW-/AbfG der Grundsatz, daß im Inland anfallende Abfälle eben auch **im Inland zu entsorgen** sind, soweit sich nicht aus der Abfallverbringungsverordnung der EG[178] oder aus dem Ausführungsgesetz vom 30.9.1994[179] zum Baseler Übereinkommen vom 22.3.1989 über die Kontrolle der grenzüberschreitenden Verbringung gefährlicher Abfälle und ihrer Entsorgung[180] anderes ergibt (näher zum ganzen unten Rn. 12/313 ff.) 191

b) Grundpflichten

Die Grundpflicht des § 11 KrW-/AbfG beschränkt sich darauf, Erzeuger und Besitzer von Abfällen, die nicht verwertet werden, auf die **gemeinwohlverträgliche** Abfall- 192

176 Vgl. dort die Nachw. zum Wasserrecht; s.a. *Kunig/Paetow/Versteyl*, KrW-/AbfG, § 10 Rn. 38.
177 BVerwGE 70, 242 (243 f.); 90, 96 (100); BVerwG, UPR 1995, 192 (195); dazu *Engel*, UPR 1993, 209 ff.; *Erbguth*, NVwZ 1989, 608; *Paetow*, UPR 1990, 321 ff.
178 Nr. 259/93 des Rates vom 1.2.1993 zur Überwachung und Kontrolle der Verbringung von Abfällen in der, in die und aus der Europäischen Gemeinschaft, ABl. Nr. L 30/1; zu den Erfahrungen mit der Abfallverbringungsverordnung instruktiv *Klett/Kaminiski/Konzak*, WuV 1995, 40 ff.
179 BGBl. I 2771.
180 Fn. 60.

beseitigung nach § 10 KrW-/AbfG zu verpflichten, aus den Grundsätzen also Rechtspflichten zu machen. Diese Pflicht besteht nur, soweit auch eine Abfallbeseitigungspflicht besteht, wozu § 11 I KrW-/AbfG auf die §§ 13-18 verweist, die die Zuständigkeit für die einzelnen Pflichten bestimmen. Außerdem enthält § 11 II KrW-/AbfG noch die wichtige Grundpflicht der **Abfalltrennung**.

c) Anforderungen

193 Schließlich enthält § 12 KrW-/AbfG – wie bei der Ordnung der Kreislaufwirtschaft, § 7 – eine Ermächtigung zur Ordnung der Abfallbeseitigung. Danach kann die BReg. nach Anhörung der beteiligten Kreise durch Rechtsverordnung mit Zustimmung des BRates entsprechend dem **Stand der Technik** Anforderungen an die Beseitigung von Abfällen nach Herkunftsbereich, Anfallstelle sowie nach Art, Menge und Beschaffenheit festlegen, insbesondere

- Anforderungen an die Getrennthaltung und die Behandlung von Abfällen (Nr. 1),
- Anforderungen an das Bereitstellen, Überlassen, das Einsammeln, die Beförderung, die Lagerung und die Ablagerung von Abfällen (Nr. 2) und
- Verfahren zur Überprüfung der Anforderungen entsprechend § 7 III, also hinsichtlich Anforderungen an Proben und Analysen (Nr. 3).

194 Ferner kann die BReg. allgemeine Verwaltungsvorschriften über Anforderungen an die umweltverträgliche Beseitigung von Abfällen nach dem Stand der Technik erlassen, § 12 II 1 KrW-/AbfG – Grundlage für technische Anleitungen wie jetzt schon der TA Abfall und der TA Siedlungsabfall.

2. Aufgabenverteilung zwischen privaten und öffentlichen Entsorgungsträgern

a) Grundsatz: Eigenentsorgung

195 aa) Nach dem **Verursacherprinzip** sollte derjenige entsorgungspflichtig sein, durch den und bei dem die Abfälle anfallen. Dem entspricht im Grundsatz die gesetzliche *Aufgabenverteilung*.

196 Die Abfallbeseitigung, die in unserer Industriegesellschaft sowohl aus Gründen der Gefahrenabwehr als auch aus Vorsorgegründen eine immer größere Bedeutung gewonnen hat, ist in erster Linie eine *öffentliche*, dem Bereich des *Umweltschutzes* und der Daseinsvorsorge zuzurechnende Aufgabe der schlichthoheitlichen Verwaltung. Mit der Zuweisung dieser Aufgabe an kommunale Körperschaften war aus Gründen einer geordneten Abfallentsorgung und zur Gewährleistung der Wirtschaftlichkeit der öffentlichen Abfallentsorgung ein prinzipielles „Selbstentsorgungsverbot" verbunden. Das AbfG 1986 regelte daher die Entsorgungspflicht im Sinne einer Pflicht zur *(öffentlichen) Abfallentsorgung* durch Körperschaften des öffentlichen Rechts und bestimmte für den Abfallbesitzer grundsätzlich, daß dieser die in seinem Besitz befindlichen Abfälle *nur* über die Dienste der öffentlichen Abfallentsorgung beseitigen lassen kann.

197 Durch § 11 KrW-/AbfG werden die Erzeuger und Besitzer von Abfällen **selbst** zur Vermeidung, Verwertung und Beseitigung **verpflichtet**, müssen die dafür anfallenden Kosten tragen und sollen dadurch dazu veranlaßt werden, von der Herstellung bis zum Verbrauch der Güter auf ihre Vermeidung und Verwertung zu achten. An diesem Grundsatz ändert sich nichts dadurch, daß die Beseitigungsverpflichteten sich zur Erfüllung ihrer Pflichten Dritter (§ 16 KrW-/AbfG), Verbände (§ 17 KrW-/AbfG) oder Einrichtungen der Selbstverwaltungskörperschaften der Wirtschaft (§ 18 KrW-/AbfG) bedienen können. Nur insoweit, als die Erzeuger und Besitzer ihre Pflichten danach nicht erfüllen können, müssen sie die Abfälle den öffentlich-rechtlichen Entsorgungsträgern überlassen (§ 13 KrW-/AbfG). Nur dann sind diese verpflichtet, die Abfälle zu verwerten oder zu beseitigen (§ 15 KrW-/AbfG)[181].

Soweit die Pflichtigen zur *Erfüllung* Dritte, Verbände oder Selbstverwaltungskörper- **198**
schaften der Wirtschaft einschalten, bleiben sie selbst für die Erfüllung ihrer Pflichten verantwortlich (§ 16 I 2 KrW-/AbfG).

bb) Daneben gibt es die Möglichkeit, daß die Erzeuger oder Besitzer von Abfällen **199**
insbes. aus gewerblichen oder sonstigen wirtschaftlichen Unternehmen nicht nur die *Erfüllung*, sondern die *Pflichten selbst* ganz oder teilweise auf die Verbände nach § 17 KrW-/AbfG oder Einrichtungen der Selbstverwaltungskörperschaften der Wirtschaft nach § 18 KrW-/AbfG übertragen[182]. Diese wiederum können die übernommenen Pflichten an Dritte i.S.d. § 16 KrW-/AbfG weitergeben[183].

cc) Zum Ausgleich dafür, daß private Entsorgungsträger Entsorgungsaufgaben über- **200**
nehmen können, trifft das Gesetz Vorkehrungen, um eine ordnungsgemäße Aufgabenerfüllung sicherzustellen. So dürfen Dritte und die Institutionen i.S.d. §§ 17 u. 18 KrW-/AbfG nur beauftragt werden, wenn sie über die **erforderliche Zuverlässigkeit** verfügen, §§ 16 I 3, 17 I 2 und 18 I 2 KrW-/AbfG.

Soweit nicht nur die Erfüllung der Pflicht, sondern die Pflicht selbst übergeht, bedarf **201**
dies nicht nur der ausdrücklichen Übertragung durch die zuständige Behörde, sondern auch der **Zustimmung der öffentlich-rechtlichen Entsorgungsträger**, § 16 II 1 u. 2 KrW-/AbfG. Die Übertragung kann nach § 16 II (Ermessensnorm) nur erfolgen, wenn

- der Dritte sach- und fachkundig und zuverlässig ist (Nr. 1),
- die Erfüllung der übertragenen Pflichten sichergestellt ist (Nr. 2) und
- keine überwiegenden öffentlichen Interessen entgegenstehen (Nr. 3).

Damit die Behörde das Vorliegen dieser Voraussetzungen überprüfen kann, hat der **202**
Dritte nach § 16 III KrW-/AbfG ein *Abfallwirtschaftskonzept* vorzulegen mit

- Angaben über Art, Menge und Verbleib der zu verwertenden oder zu beseitigenden Abfälle (Nr. 1),
- einer Darstellung der getroffenen und geplanten Maßnahmen zur Verwertung oder zur Beseitigung der Abfälle (Nr. 2),

181 Zum ganzen *Arndt/Walter*, WiVerw. 1997, 183 ff.
182 Vgl. zu entsprechenden Forderungen schon *Winkelmann*, UPR 1991, 169 (174 f.).
183 Dazu *Pippke*, ZUR 1999, 309 ff.

- einer Darlegung der vorgesehenen Entsorgungswege für die nächsten fünf Jahre einschließlich Standort- und Anlagenplanung (Nr. 3) sowie
- ggf. besondere Angaben bei einer Beseitigung im Ausland (Nr. 4).

203 Die Abfallwirtschaftskonzepte sind fortzuschreiben, nach Pflichtenübertragung ist eine Abfallbilanz vorzulegen (Sätze 4 u. 5). Dieses Abfallwirtschaftskonzept i.S.d. § 16 III KrW-/AbfG entspricht weitgehend dem i.S.d. § 19 KrW-/AbfG, auf dessen Abs. 3 § 16 KrW-/AbfG auch verweist.

204 Dieses Gesamtinstrumentarium von *Zulässigkeitsvoraussetzungen, Zustimmungsvorbehalten* und *Kontrollmechanismen* soll einer gemeinwohlschädlichen Abfallbeseitigung vorbeugen.

205 Aufgrund des *Zustimmungsvorbehalts* nach §§ 16 II 2 KrW-/AbfG, 17 III und 18 II 2 i.V.m. 17 III 1 KrW-/AbfG liegt es an den Ländern und den nach Landesrecht zuständigen juristischen Personen, i.d.R. sind dies die Gebietskörperschaften, in welchem Umfang die Verwirklichung des Verursacherprinzips und die Privatisierung der Abfallbeseitigung tatsächlich stattfinden[184]. Wovon die öffentlich-rechtlichen Entsorgungsträger ihre Zustimmung abhängig machen können, bestimmt das Gesetz nicht. Der Maßstab ist daher aus dem KrW-/AbfG im übrigen zu gewinnen, insbes. aus der Grundsatzbestimmung des § 10 IV KrW-/AbfG. Damit ergibt sich kein anderer Beurteilungsmaßstab als schon nach § 16 II 1 KrW-/AbfG, insbes. seiner Nr. 3 („keine überwiegenden öffentlichen Interessen entgegenstehen"). Von entscheidender Bedeutung ist, inwieweit ein öffentlich-rechtlicher Entsorgungsträger einem beseitigungswilligen Dritten entgegenhalten kann, bei Übernahme der Aufgaben durch den Dritten werde die Abfallbeseitigung durch den öffentlich-rechtlichen Entsorgungsträger – insbes. wirtschaftlich – gefährdet.

206 dd) Umgekehrt kann natürlich auch der Fall eintreten, daß Erzeuger und Besitzer zur umweltverträglichen Abfallbeseitigung selbst oder entsprechend §§ 16-18 KrW-/AbfG gar *nicht in der Lage* sind. In diesem Fall sind sie von der Pflicht zur Beseitigung nach § 11 I KrW-/AbfG befreit und stattdessen nach § 13 I KrW-/AbfG verpflichtet, diese den öffentlich-rechtlichen Entsorgungsträgern zu überlassen. Dies ist insbesondere der Fall, wenn besonders gefährliche oder sonst besonders zu entsorgende Abfälle anfallen, für die nur die öffentliche Hand entsprechende Behandlungsanlagen oder Deponien vorhält.

207 ee) Schließlich sieht das Gesetz auch vor, daß die öffentliche Hand ihrerseits auf bestimmte Abfälle zugreifen kann, nämlich in § 13 IV KrW-/AbfG, wonach die Länder zur Gewährleistung der Entsorgungssicherheit Andienungs- und Überlassungspflichten für *besonders überwachungsbedürftige Abfälle* bestimmen können[185].

---

184 Der Zustimmungsvorbehalt kam erst im Vermittlungsverfahren auf ausdrücklichen Wunsch der Länder in das Gesetz, *Petersen/Rid*, NJW 1995, 7 (13); *Versteyl/Wendenburg*, NVwZ 1994, 833 (839). – Zur Privatisierung der Abfallwirtschaft *Weidemann*, GewArch. 1997, 311 ff. Zur Verteilung der Abfallentsorgung zwischen Verursacher, öffentlich-rechtlichem Entsorgungsträger, privatem Dritten und Verbänden *Arndt/Walter*, WUV 1997, 183 ff.

185 Vgl. für BW jetzt die Verordnung der Landesregierung und des Ministeriums für Umwelt und Verkehr zur Änderung der Sonderabfallverordnung vom 26.1.1998: Andienungspflicht, GBl. 1998,

ff) Keine Frage der Überlassungspflicht ist der Problemkreis des „wilden Mülls". Es geht dabei um die Frage, ob die nach Landesrecht zuständigen Behörden nach polizei- und ordnungsrechtlichen Vorschriften gegen Abfallsünder vorgehen können. Kreislaufgesetz und Landesabfallgesetze enthalten insoweit keine Eingriffsnorm. Polizeirechtliche Verfügungen sind aber zulässig, soweit dem Handlungs- oder Zustandsstörer nichts aufgegeben wird, was unter einen der Entsorgungstatbestände des KrW-/AbfG fällt, und die Anordnung nur darauf abzielt, daß der Besitzer der ihn treffenden Überlassungspflicht genügen kann[186]. **208**

b) „Ausnahme": Überlassungspflichten

Entsprechend dem oben Ausgeführten besteht die öffentlich-rechtliche **Entsorgungspflicht** nur **subsidiär**. Tatsächlich besteht eine Überlassungspflicht aber immer noch für einige überaus wichtige Abfallarten, so daß hinsichtlich des Grundsatzes der Eigenentsorgung und der Privatisierung der Abfallwirtschaft auch schon von einem *Etikettenschwindel* gesprochen wurde[187]. **209**

aa) Zunächst gilt die Entsorgungspflicht der öffentlich-rechtlichen Entsorgungsträger für die in ihrem Gebiet angefallenen und ihnen zu überlassenden Abfälle aus privaten Haushaltungen, soweit ihre Besitzer zu einer ordnungsgemäßen und schadlosen Verwertung nicht selbst in der Lage sind oder diese nicht beabsichtigen, § 13 I 1 KrW-/AbfG; damit fördert der Gesetzgeber vor allem die Eigenkompostierung. Ebenso sind die öffentlich-rechtlichen Entsorgungsträger aber auch hinsichtlich der Abfälle zur Beseitigung aus anderen Herkunftsbereichen verpflichtet, wenn ihnen diese angetragen werden, § 15 I KrW-/AbfG. **210**

bb) Sonst aber sind die öffentlich-rechtlichen Entsorgungsträger von ihrer Entsorgungspflicht befreit, soweit Dritten oder privaten Entsorgungsträgern Pflichten zur Entsorgung nach den §§ 16, 17 oder 18 KrW-/AbfG übertragen worden sind, § 15 II KrW-/AbfG. Diese Übertragungen sind also – mit Wirkung für die öffentlich-rechtlichen Entsorgungsträger – für die Zeit ihrer Geltung abschließend. **211**

cc) Schließlich können die öffentlich-rechtlichen Entsorgungsträger selbst mit Zustimmung der zuständigen Behörde Abfälle von der Entsorgung ausschließen, soweit diese einer Rücknahmepflicht (aufgrund einer nach § 24 KrW-/AbfG erlassenen Rechtsverordnung) unterliegen und entsprechende Rücknahmeeinrichtungen tatsächlich zur Verfügung stehen, § 15 III 1 KrW-/AbfG. Dasselbe gilt, wenn die Abfälle **212**

---

73 ff. Dazu *Beckmann*, Aktuelle Rechtsprechung zur Zulässigkeit landesrechtlicher Andienungspflichten für Sonderabfälle, AbfallPrax 1999, 45 ff.; *Versteyl/Wendenburg*, NVwZ 1994, 833 (839).

186 BVerwG, DVBl. 1989, 522 ff.; zur Kostentragung für die Beseitigung „wilden Mülls" nach AbfG BW *Kenntner*, VBlBW 1997, 325 ff. – S.a. BayVGH, BayVBl. 1994, 23 und 24 zur Haftung eines Abfallhändlers, eines Abfallbeförderers und eines Kiesgrubenpächters; VGH BW, UPR 1993, 114 zu einer abfall- und wasserrechtlichen Beseitigungsanordnung; OVG Koblenz, DVBl. 1993, 1156 zum Verhältnis Abfallbehörde/Baubehörde.

187 Zur Privatisierung *Pippke*, Öffentliche und private Abfallentsorgung, Diss. 1999; *Tettinger*, Privatisierungskonzepte für die Abfallwirtschaft, FS Friauf, S. 569 ff.; *Weidemann*, GewArch. 1997, 311 ff.; *Arndt/Walter*, WUV 1997, 183 ff.; *Schoch*, Privatisierung der Abfallentsorgung, 1992; s.a. *Kibele*, Der öffentlich-rechtliche Entsorgungsträger – ein Auslaufmodell?, VBlBW 1999, 1 ff.

nach Art, Menge oder Beschaffenheit nicht mit den in Haushaltungen anfallenden Abfällen beseitigt werden können oder die umweltverträgliche Beseitigung durch andere Entsorgungsträger oder Dritte gewährleistet ist, § 15 III 2 KrW-/AbfG.

213 **Beispiele:** Ausgeschlosssen werden können somit Pfandflaschen (Rücknahmepflicht), Bauschutt in großen Mengen (Mengenproblem), bestimmte industrielle Abfälle (Beschaffenheitsproblem). – Beispiel einer (kommunalen) Abfallwirtschaftssatzung: Ausgeschlossen sind Stoffe, die Gefahren oder erhebliche Belastungen für das Betriebspersonal hervorrufen können, die Gefahren für die Entsorgungsanlagen oder ihre Umgebung hervorrufen oder schädlich auf sie einwirken können, Tierkörper und ähnliches, auch wenn sie nicht vom Tierkörperbeseitigungsgesetz erfaßt werden, aber auch Stoffe, die wegen ihrer Größe oder ihres Gewichts nicht auf die vorhandenen Fahrzeuge verladen werden können, sperrige Stoffe, die sich nicht in den zugelassenen Abfallbehältern unterbringen lassen und die üblicherweise nicht in Haushaltungen anfallen, insbesondere Altreifen und Abfälle aus Gebäuderenovierungen und Haushaltsauflösungen, sowie Bauschutt und Erdaushub.

214 Die öffentlich-rechtlichen Entsorgungsträger unterliegen den gleichen *Verwertungs- und Beseitigungspflichten* wie die ursprünglich verpflichteten Erzeuger und Besitzer, nämlich nach §§ 4-7 KrW-/AbfG hinsichtlich der Verwertung und §§ 10-12 hinsichtlich der Beseitigung, § 15 I 1 KrW-/AbfG. Dabei müssen sie selbst solche Abfälle verwerten, bei denen der andienende Abfallerzeuger oder -besitzer nach § 5 IV von der Verwertungspflicht befreit war, wenn bei ihnen selbst diese Gründe nicht vorliegen.

215 **Beispiel:** In einem Betrieb fallen bei der Produktion Stoffe an, die zwar verwertet werden können, dabei aber einen hohen Aufwand verursachen. Ist dieser Aufwand dem Betrieb unzumutbar, entfällt der Vorrang der Verwertung entsprechend § 5 IV 1 u. 3 KrW-/AbfG. Der Abfall ist dann zu beseitigen. Ist der Abfallerzeuger – oder ein von ihm einzuschaltender Dritter i.S.d. §§ 16-18 KrW-/AbfG – auch dazu nicht in der Lage, besteht die Andienungspflicht nach § 13 I 2 KrW-/AbfG. Jetzt ist der öffentlich-rechtliche Entsorgungsträger verantwortlich, und zwar wie ausgeführt zunächst für die Verwertung, notfalls für die Beseitigung.

216 Soweit danach die Abfallbeseitigung einem öffentlich-rechtlichen Entsorgungsträger obliegt, ist sie Pflicht der nach Landesrecht zuständigen *Körperschaften des öffentlichen Rechts* (§ 13 I 1 KrW-/AbfG). Diese haben als Träger der *öffentlichen Abfallentsorgung* die Abfälle entweder *selbst* zu beseitigen, oder sie können dies (oder einzelne der dazu erforderlichen Tätigkeiten) wie die privaten Entsorgungsverpflichteten auch *durch Dritte* (§ 16 I 1 KrW-/AbfG) vornehmen lassen.

217 Landesrechtlich obliegt die Abfallentsorgungspflicht in der Regel den *Kreisen* oder *kreisfreien Städten* (z.B. § 1 HAbfG, § 1 NdsAGAbfG, § 5 I LAbfG NW, s. aber auch § 5 II: Einsammeln und Befördern durch die kreisangehörigen Gemeinden). Auch in *Baden-Württemberg* sind die Stadt- und Landkreise zuständig (§ 6 I LAbfG BW). Allgemein ist die Entsorgungspflicht nunmehr Selbstverwaltungs-Pflichtaufgabe der Kreise und nicht mehr wie früher Aufgabe der Gemeinden[188]. Auf Antrag der Gemeinden können ihnen aber nach dem Landesrecht die Landkreise z.B. das Einsammeln und Befördern von in ihrem Gebiet anfallenden Abfällen durch öffentlich-rechtliche Vereinbarung in eigene Zuständigkeit übertragen (Delegation)

188 Dadurch wird die gemeindliche Selbstverwaltungsgarantie i.S. des Art. 28 II 1 GG nicht verletzt: BVerfGE 79, 127 (Rastede); BVerwGE 67, 321 (Rastede); dazu *Frers*, DVBl. 1989, 449 ff.; *Schoch*, VerwArch. 81 (1990), 18 ff. m.w.N. der Lit. u. Rspr.

oder zur verwaltungsmäßigen und technischen Erledigung zuweisen (Mandat). Im ersten Fall sind die Gemeinden im Umfang der Übertragung selbst entsorgungspflichtig.

Die entsorgungspflichtigen Körperschaften können sich nach § 16 I 1 KrW-/AbfG zur Erfüllung ihrer Pflicht „*Dritter*" (Erfüllungsgehilfen) bedienen, sei es privater Unternehmen (z.B. eines Müllabfuhrunternehmens), sei es staatlicher oder kommunaler Behörden (z.B. eines Forstamts zum Einsammeln wild abgelagerten Mülls). Diese Gehilfen übernehmen nicht die Entsorgungspflicht, sondern nur ihre Erfüllung. In dieser *Fremdentsorgung* liegt also keine zuständigkeitsverlagernde Delegation, sondern ein zuständigkeitswahrendes „Mandat". Die Rechtsnatur dieses Vertrags ist zweifelhaft; für die öffentlich-rechtliche Ausgestaltung spricht der Umfang der von dem Partner der Verwaltung zu übernehmenden öffentlich-rechtlichen Pflichten. **218**

c) Überlassungspflicht

Die **Überlassungspflicht** bedeutet eine Ausnahme vom Grundsatz der *Eigenentsorgung* und umfaßt insbesondere drei Fallgruppen: **219**

- **Hausmüll** ist weiterhin der entsorgungspflichtigen Körperschaft zu überlassen, soweit keine Kompostierungsmöglichkeit besteht.
- Nicht verwertbare **Sonderabfälle** sind den nach Landesrecht zuständigen Entsorgern zu überlassen[189].
- **Abfälle zur Beseitigung** aus Industrie und Gewerbe sind der entsorgungspflichtigen Körperschaft zu überlassen, wenn überwiegende öffentliche Interessen[190] dies erfordern.

aa) Damit die von den öffentlich-rechtlichen Entsorgungsträgern zu entsorgenden Abfälle auch tatsächlich zu diesen gelangen, bestimmt § 13 KrW-/AbfG **Überlassungspflichten**. Der Sache nach stellt die Überlassungspflicht einen bundesrechtlichen *Benutzungszwang* zu Lasten des Abfallbesitzers dar. Ihm entspricht ein öffentlich-rechtlicher *Entsorgungsanspruch* des Abfallbesitzers gegen die zuständige öffentlich-rechtliche Körperschaft[191]. Die Art und Weise der Überlassung wird durch Satzung des kommunalen Entsorgungsträgers normiert[192]; in der gleichen Form werden im Rahmen der Kommunalabgabengesetze von den kommunalen Entsorgungsträgern die Abfallentsorgungsgebühren[193] geregelt. **220**

189 Landesrechtliche Monopole bestehen insoweit in Baden-Württemberg, Bayern, Berlin, Brandenburg, Hessen, Niedersachsen, Rheinland-Pfalz, Saarland, Schleswig-Holstein und Thüringen; eine spezielle Lizenz ist erforderlich in Nordrhein-Westfalen.

190 Nach VG Frankfurt a.M., NVwZ 1998, 167 (168) soll sogar die Sicherstellung des Bestands oder der Betriebswirtschaftlichkeit der öffentlich-rechtlichen Entsorgungsträger ein solches öffentliches Interesse darstellen; ebenso *Kunig/Paetow/Versteyl*, KrW-/AbfG, § 13 Rn. 25 m.w.N.; *Wissing*, Überlassungspflichten begründende Gemeinwohlinteressen im System des Kreislaufwirtschafts- und Abfallgesetzes, Diss. 1997.

191 Ein individuelles Benutzungsverbot ist aber schon mangels Rechtsgrundlage rechtswidrig, VGH BW, NVwZ-RR 1994, 317 ff.

192 BVerwG, NVwZ 2000, 71 ff. (Bereitstellung von Müllbehältern im Außenbereich); OVG Münster, DÖV 1988, 307 (grüne Mülltonne).

193 Insoweit wirkt bei dieser Gebühr (Rn. 2/54 f.) noch das Verursacherprinzip als Kostenzurechnungsprinzip (Rn. 1/89). Vgl. zur Bemessung der kommunalen Müllgebühren VGH BW, ESVGH 41, 63 ff. zum Personen- und Gefäßmaßstab; s.a. VGH BW, ESVGH 39, 20 ff. zum Gefäß- oder Behäl-

221 Schon das Bereitstellen, aber auch das Überlassen und natürlich das Einsammeln, die Beförderung, die Behandlung, die Lagerung und die Ablagerung von Abfällen gehören alle zur Abfallbeseitigung, § 10 II 1 KrW-/AbfG.

222 bb) Soweit Abfälle von der zuständigen Behörde oder dem zuständigen öffentlich-rechtlichen Entsorgungsträger *von der öffentlichen Abfallentsorgung ausgeschlossen* worden sind, weil dafür Rücknahmepflichten bestehen und entsprechende Einrichtungen zur Verfügung stehen (§ 15 III 1 KrW-/AbfG) oder weil sie nach ihrer Art (z.B. bestimmte industrielle Abfälle) oder nach ihrer Menge (z.B. Bauschutt) nicht mit den in Haushaltungen anfallenden Abfällen entsorgt werden können (§ 15 III 2 KrW-/AbfG, Rn. 12/213)[194], verliert der Abfallerzeuger oder -besitzer seinen Entsorgungsanspruch; er wird oder bleibt entsprechend dem Verursacherprinzip selbst entsorgungspflichtig. Andererseits dürfen Abfälle nur in dafür zugelassenen Anlagen entsorgt werden (§ 27 I 1 KrW-/AbfG). Der Abfallbesitzer kann sich nun entweder selbst um die Zulassung einer eigenen Abfallentsorgungsanlage nach § 31 KrW-/AbfG bemühen (*Eigenentsorgung*)[195] oder aber die Abfälle einem anderen Inhaber einer solchen Anlage überlassen (*Fremdentsorgung*, Rn. 12/7). Der selbst zur Entsorgung verpflichtete Abfallbesitzer kann sich nämlich zur Erfüllung seiner Entsorgungspflicht für alle oder einzelne Entsorgungsphasen – Bereitstellen, Überlassen, Einsammeln, Befördern, Behandeln, Lagern, Ablagern (Rn. 12/119) – (privater) *Dritter* bedienen. Werden, was möglich ist, bestimmte Abfälle nicht von der gesamten öffentlichen Entsorgung, sondern z.B. nur vom Einsammeln und/oder Befördern ausgeschlossen (etwa Erdaushub bei großer Menge, heiße Asche), so trifft den Abfallbesitzer zwar keine umfassende Eigenentsorgungspflicht, wohl aber eine Einsammlungs- und Anlieferungspflicht.

223 **Beispiel:** Das Einsammeln und Befördern von Bauschutt kann von der Entsorgungspflicht der öffentlichen Körperschaft im Hinblick auf die anfallende Menge auch durch Satzungsregelung ausgeschlossen werden[196].

3. Benutzungspflicht (Anlagenzwang)

224 Abfälle dürfen nach § 27 I 1 KrW-/AbfG (§ 4 I AbfG) grundsätzlich – Ausnahme: Abs. 2 und 3 – nur in den dafür **zugelassenen Anlagen** oder **Einrichtungen** (Abfallentsorgungsanlagen) behandelt, gelagert oder abgelagert werden (sog. **Anlagenzwang**). Die Zulassung ist allerdings in § 27 I 1 KrW-/AbfG nur für *ortsfeste* Abfallentsorgungsanlagen geregelt. Für *mobile* Abfallentsorgungsanlagen (Rn. 7/203) fehlt

termaßstab bei Gewerbemüllgebühr; VGH BW, DVBl. 1999, 410 zu Kosten für eine (nichtverwirklichte) Planung einer Abfallentsorgungsanlage; s.a. OVG Schleswig, NuR 1992, 443 ff.; in der Regel gilt für Hausmüll der Personen- oder Gefäßmaßstab. – Zur Entwicklung siehe schon oben Rn. 12/1 ff.; zu weiteren gebührenrechtlichen Fragen *Gössel*, BWGZ 1999, 170 ff.; *Quaas*, VBlBW 2000, 10 ff.; *Queitsch*, Gebührenanreize zur Vermeidung und Verwertung von Abfällen, UPR 1998, 88 ff.

194 Dazu z.B. BVerwG, UPR 1990, 63; VGH BW, NVwZ 1989, 174; OVG Koblenz, NVwZ 1989, 180.

195 Dazu *Bönning*, UPR 1998, 371 ff.

196 BVerwG, NVwZ 1990, 467 ff. noch zu § 3 III AbfG.

trotz vorhandenen Regelungsbedarfs noch immer eine spezielle Regelung[197]. Damit bleibt es ggf. bei der baurechtlichen Genehmigungspflicht, zu deren Prüfungsprogramm aber auch immissionsschutzrechtliche Erfordernisse gehören (Rn.8/121 ff.). Auch wurde der Anlagenzwang schon mehrfach aufgeweicht (näher u. Rn. 12/230 ff.).

a) Begriff der Abfallbeseitigungsanlage

aa) *Abfallbeseitigungsanlagen* sind nach der Bestimmung des § 27 I 1 KrW-/AbfG Anlagen oder Einrichtungen, in denen Abfälle (mit dem Ziel der Beseitigung) 225

- „*behandelt*" werden, also eine qualitative oder quantitative Veränderung durch Verbrennen, Verschwelen, Zerkleinern, Entwässern, Pressen usw. erfahren,
- „*gelagert*" werden, d.h. bis zur endgültigen Beseitigung in Form des Ablagerns oder Behandelns vorübergehend abgelegt werden,
- „*abgelagert*" werden, d.h. auf Dauer auf oder unter dem Erdboden abgelegt werden.

Der Abfallbeseitigungsanlagebegriff des § 27 I KrW-/AbfG ist auf den Begriff der Abfallbeseitigung i.S. des § 10 II KrW-/AbfG bezogen, wobei die Merkmale „Bereitstellen", „Überlassen", „Einsammeln" und „Befördern" nicht in die Definition der Abfallbeseitigungsanlage eingegangen sind. Die Auslegung und Anwendung der Legaldefinition ist unproblematisch, wenn es sich um regelrechte Abfalldeponien, um Müllverbrennungs- oder Müllverschwelungsanlagen, um Kompostierungsanlagen u.ä. handelt. Im übrigen wird der Begriff von der Rechtsprechung weit ausgelegt[198]. Maßgebend ist die Zweckbestimmung; besondere bauliche oder technische Vorkehrungen sind nicht erforderlich. 226

Beispiele: *Grundstücke* oder *Grundstücksteile* sind Abfallbeseitigungsanlagen und damit genehmigungs- (§ 31 I KrW-/AbfG) oder planfeststellungsbedürftig (§ 31 II KrW-/AbfG), wenn der Nutzungsberechtigte die Grundfläche zur Behandlung, Lagerung oder Ablagerung von Abfällen bestimmt hat und dementsprechend mit einer gewissen Intensität nutzt. – *Müllumschlagstationen* oder *Umladestationen*, die Bunker zur Zwischenlagerung der Abfälle oder Vorrichtungen zu deren Vorbehandlung (etwa zu ihrer Verdichtung) enthalten, sind Abfallbeseitigungsanlagen. Bei *Zwischenlagern* für in der industriellen Fertigung angefallene Stoffe auf dem Betriebsgelände ist entscheidend, ob die Stoffe den Abfallbegriff des § 3 I KrW-/AbfG erfüllen. 227

bb) Abfälle dürfen nur in solchen Abfallbeseitigungsanlagen beseitigt werden, die für diese – nach Art und Menge bestimmten – Abfälle *zugelassen* sind (§ 27 I 1 KrW-/AbfG). In der Zulassung sind Abfallart und -menge im Wege von Nebenbestimmungen festgelegt (§§ 32 IV, 35 KrW-/AbfG bzw. § 31 I KrW-/AbfG i.V.m. §§ 4, 12 BImSchG). Zugelassen sind zunächst diejenigen ortsfesten Abfallbeseitigungsanlagen, deren Errichtung und Betrieb durch die zuständige Behörde abfallrechtlich *planfestgestellt* (Rn. 12/253 ff.; § 31 II KrW-/AbfG) oder *genehmigt* worden ist (§ 31 III 228

197 Vgl. zu den Rechtsfragen der Genehmigung mobiler Bodenreinigungsanlagen *Reidt*, NVwZ 1993, 861 f.

KrW-/AbfG). Inzwischen ist für die wichtigsten Anlagen die immissionsschutzrechtliche Genehmigung an die Stelle der abfallrechtlichen Planfeststellung getreten. Selbstverständlich genügt auch eine immissionsschutzrechtlich, nämlich etwa aufgrund § 31 I KrW-/AbfG i.V.m. § 4 BImSchG zugelassene Abfallverbrennungsanlage dem Anlagenzwang. Darüber hinaus sind schließlich aus Gründen des *Bestandsschutzes* bestimmte Altanlagen auch ohne Planfeststellung oder Plangenehmigung zugelassen, § 35 KrW-/AbfG (§ 9 AbfG).

b) Grundregel: Anlagenzwang

229 Um eine ökologisch und ökonomisch sinnvolle Steuerung der Abfallbeseitigung zu gewährleisten, dürfen Abfälle grundsätzlich nur in den dafür zugelassenen Abfallbeseitigungsanlagen behandelt, gelagert und abgelagert werden, § 27 I 1 KrW-/AbfG.

c) Ausnahmen vom Anlagenzwang

230 aa) Nach § 27 I 2 KrW-/AbfG ist die Behandlung von Abfällen zur Beseitigung auch in Anlagen zulässig, die überwiegend nicht der Abfallentsorgung dienen (und die auch nicht als solche i.S. des § 7 AbfG zugelassen sind)[199]. Die Anforderungen an die Müllverbrennung in solchen Anlagen bestimmt die 17. BImSchV (Rn. 8/173 ff.).

231 bb) Im übrigen gilt: Nur wenn das Wohl der Allgemeinheit nicht beeinträchtigt wird, kann die zuständige Behörde *im Einzelfall* durch widerruflichen Verwaltungsakt ausnahmsweise zulassen, daß *Abfall in anderer Weise*, also etwa in einer nicht zugelassenen Abfallbeseitigungsanlage, *entsorgt* wird, § 27 II KrW-/AbfG. Es handelt sich somit bei dieser Vorschrift um ein repressives Verbot mit Befreiungsvorbehalt (Rn. 1/21).

232 **Beispiele:** Verfüllung von alten Steinbrüchen oder Kiesgruben mit nicht kontaminiertem Bodenaushub und Abraum, u.U. auch mit Bauschutt[200]; Versprühen von Gülle zum Zweck ihrer Beseitigung (s. aber Rn. 12/93).

233 cc) Schließlich können die Landesregierungen *allgemein* durch Rechtsverordnung die Entsorgung bestimmter Abfälle oder bestimmter Mengen dieser Abfälle *außerhalb von Beseitigungsanlagen* zulassen, wenn hierfür ein Bedürfnis besteht und keine Beeinträchtigung des Wohls der Allgemeinheit zu besorgen ist, § 27 III 1 KrW-/AbfG. Das ist vor allem für Komposthaufen mit Verordnungen über die Beseitigung pflanzlicher Abfälle außerhalb von Abfallbeseitigungsanlagen geschehen. Ist die vollständige und ordnungsgemäße Kompostierung gewährleistet, unterliegt der Besitzer hinsichtlich dieser Stoffe nicht mehr dem Benutzungszwang für die gemeindli-

---

198 Eingehend zum Begriff der Abfallbeseitigungsanlage *Kunig/Paetow/Versteyl*, KrW-/AbfG, § 27 Rn. 13 ff. m.w.N.; allein die tatsächliche Zweckbestimmung ist entscheidend, BVerwGE 85, 120 (122); auf die Zulassung kommt es also nicht an, ebda. Rn. 10.

199 Dazu *Böhm*, DVBl. 1991, 242 ff.

200 Vgl. OVG Lüneburg, DÖV 1986, 386; HessVGH, NVwZ 1986, 662; vgl. auch *Sieder/Zeitler/Dahme*, WHG, § 3 Rn. 24; BayVGH, NuR 1987, 133.

che Abfallentsorgung, § 13 KrW-/AbfG, und ist dann auch vom Anschlußzwang zu befreien[201].

4. Abfallwirtschaftsplanung, § 29 KrW-/AbfG

Eine geordnete Abfallentsorgung kann nicht mehr allein von den Gebietskörperschaften im Rahmen ihres beschränkten Gebiets gewährleistet werden. Sie bedarf der überörtlichen (Fach-)Planung. Dementsprechend bestimmt § 29 KrW-/AbfG eine gegenüber dem Bund bestehende Pflicht der Länder[202], in jeweils ihrem Gebiet **Abfallwirtschaftspläne** nach *überörtlichen* Gesichtspunkten zu erarbeiten und zu erlassen. **234**

a) Ziele und Inhalt der Abfallwirtschaftspläne

In den Abfallwirtschaftsplänen haben die Länder zur überregionalen Ordnung der Kreislaufwirtschaft *Ziele der Abfallvermeidung und -verwertung* sowie die zur Sicherung der Inlandsbeseitigung erforderlichen *Abfallbeseitigungsanlagen* darzustellen und zugelassene Abfallbeseitigungsanlagen sowie geeignete Flächen für Abfallbeseitigungsanlagen zur Endablagerung von Abfällen und für sonstige Abfallbeseitigungsanlagen auszuweisen; die Pläne können ferner vorgesehene Entsorgungsträger und Abfallbeseitigungsanlagen bestimmen, § 29 I KrW-/AbfG. Dazu sind die Art der Anlagen, ihr Einzugsgebiet, Besonderheiten für die Ein- und Ausfuhr von Abfällen u.ä.m. festzulegen[203]. **235**

Diese vorbereitenden Fachpläne, deren Inhalt in § 29 KrW-/AbfG nicht abschließend geregelt ist, werden nach sehr unterschiedlichen, gem. § 29 VIII KrW-/AbfG dem Landesrecht vorbehaltenen Regelungen aufgestellt. Sie sollen nach § 29 VI KrW-/AbfG unter den Bundesländern abgestimmt werden. Mit diesen Plänen werden für ihren Geltungsbereich die zu einer geordneten Abfallbeseitigung notwendigen Maßnahmen unter Beachtung der Ziele und Erfordernisse der Raumordnung und Landesplanung koordiniert, § 29 V KrW-/AbfG. **236**

Die damit verfolgten abfallwirtschaftlichen **Ziele** bestehen in der *Auswahl* geeignet erscheinender Standorte für (Sonder-)Mülldeponien und sonstige (Sonder-)Abfallbeseitigungsanlagen (zumeist [Sonder-]Müllverbrennungsanlagen); das gehört zum Mindestinhalt dieser Pläne. Darüber hinaus sollen sie z.B. *Einzugsbereiche* für zentrale Entsorgungseinrichtungen festlegen, günstige *Mülltransportwege* gewährleisten usw. Jeweils sind die besonders überwachungsbedürftigen Abfälle i.S. des § 41 I KrW-/AbfG besonders zu berücksichtigen. Die Eignung eines genau festgelegten Standorts ist aber nicht allein nach großräumigen Gesichtspunkten (z.B. Einzugsbereich, Verkehrslage) zu beurteilen, sondern auch danach, ob die in § 10 IV KrW-/ **237**

201 OVG Münster, Urt. v. 14.6.1995, RdL 1995, 269; DVBl. 1998, 1234. Der Anschlußzwang besteht allerdings, wenn der Abfall nicht selbst verwertet, sondern privaten Dritten überlassen wird, VGH BW, NVwZ 1998, 1200 ff.

202 BVerwG, DÖV 1983, 599.

203 Zu den Auswirkungen der Abfallwirtschaftsplanung auf die Zulassung von Abfallanlagen, *Erbguth*, UPR 1997, 60 ff.

AbfG genannten Grundsätze (Gesundheit der Menschen usw.) voraussichtlich gerade an dem ausgewählten Standort gewahrt und die Pflichten nach § 11 KrW-/AbfG erfüllt werden können.

238 Wie jede Planung unterliegt auch die gestaltende Abfallwirtschaftsplanung bestimmten *rechtlichen* Bindungen, insbesondere den Anforderungen des rechtsstaatlichen **Abwägungsgebots** (Rn. 3/160 ff.). Dazu gehört auch die angemessene Berücksichtigung der vom *Selbstverwaltungsrecht* geschützten Interessen der – bei der Aufstellung anzuhörenden[204] – Standortgemeinden[205].

b) Verbindlichkeit der Abfallwirtschaftspläne

239 Nach § 29 IV KrW-/AbfG können Planfestlegungen für die Beseitigungspflichtigen **für verbindlich** erklärt werden[206]. Jedenfalls ist eine spezielle landesgesetzliche Ermächtigung für eine in § 29 IV KrW-/AbfG nicht vorgesehene, *jedermann gegenüber wirksame Verbindlicherklärung* notwendig[207].

240 Dann aber sollten Abfallwirtschaftspläne, soweit sie bereits konkrete Standorte festlegen, auch der UVP unterworfen werden (Rn. 3/2 ff.)[208].

c) Bedeutung der Abfallwirtschaftspläne

241 Die Pläne wirken sich aufgrund einer etwaigen speziellen Verbindlichkeitserklärung (§ 29 IV KrW-/AbfG), aufgrund landesrechtlich geregelter Veränderungssperren (z.B. gem. § 11 III 2 AbfG BW) oder über § 7 II ROG und § 1 IV BauGB aufgrund ihrer etwaigen landesrechtlichen Integration in die Landesplanung unmittelbar flächensichernd aus (zum Rechtsschutz Rn. 4/64).

242 Abfallwirtschaftspläne haben hinsichtlich abfallrechtlicher *Einzelentscheidungen* insbesondere Bedeutung
- für die Zulassung von Abfallbeseitigungsanlagen gem. § 31 I und II KrW-/AbfG bei gem. § 29 IV KrW-/AbfG für verbindlich erklärten Plänen,
- für die Erteilung der Transportgenehmigung i.S. des § 49 KrW-/AbfG (Rn. 12/303 ff.) an einen Entsorgungspflichtigen (Rn. 12/195 ff.) bzw. an einen von ihm beauftragten Dritten, wenn im Plan verbindlich die Benutzung einer bestimmten Entsorgungsanlage vorgeschrieben ist (§ 49 II 2 KrW-/AbfG: „Wohl der Allgemeinheit“).

---

204 Dazu *Zimmerling*, NVwZ 1992, 122 ff.

205 OVG Lüneburg, DVBl. 1987, 1021 ff.; VerfGH NW, DVBl. 1992, 710 ff.

206 Soweit die LAbfG ausdrückliche Regelungen zur Verbindlicherklärung enthalten, erfolgt diese Erklärung durch Gesetz (so in Hamburg) oder durch RechtsVO (so z.B. in Baden-Württemberg). S.a. BVerwGE 81, 139 ff.; *Weidemann*, NVwZ 1988, 977 (980).

207 Verneinend BayVGH, UPR 1986, 430; a.A. *Weidemann*, NVwZ 1988, 977 ff.

208 So zutreffend *Steinberg*, Fachplanung, S. 407 m.w.N.; ebenso die Forderung des SRU (Fn. 61), S. 15; s.a. Rn. 314.

Das KrW-/AbfG bedient sich somit des Modells eines „mehrstufigen Planungsverfahrens mit abschichtender Problemlösung“[209] bzw. eines zweistufigen Planungskonzeptes[210]. Auf der ersten Stufe geben die Abfallwirtschaftspläne den Rahmen vor, der auf der zweiten Stufe durch die Planfestellung oder die Genehmigung ausgefüllt wird. Dadurch, daß die vorgeschaltete, für verbindlich erklärte (Grob-)Planung einen für die nachfolgende Planungsstufe (Planfeststellung, Plangenehmigung) bindenden Rahmen vorgibt, werden bestimmte, von der Planung insgesamt aufgeworfene Fragen bereits auf dieser ersten Stufe behandelt und gelöst, insbesondere das Überprüfen und Verwerfen der planerischen Alternativen zu dem schließlich gewählten Konzept. Leider ist die Abfallwirtschaftsplanung noch keineswegs in allen Ländern zu einem (ohnehin immer nur einstweiligen) Abschluß gelangt. **243**

d) Exkurs: Standortsuche

Insbesondere für Abfalldeponien (und allgemein für alle planfeststellungspflichtigen Anlagen, Rn. 3/67 ff.), aber auch für thermische Behandlungsanlagen muß vor Abschluß des Zulassungsverfahrens ein **Standortsuchverfahren**[211] durchgeführt sein, das dazu dient, den günstigsten Standort im Einzugsbereich der Deponie/Anlage (bzw. die günstigste Trasse der Verkehrsanlage) zu bestimmen. **244**

Idealtypisch ist die Standortsuche zu einem möglichst frühen Zeitpunkt vorzunehmen, wenn noch keine politische Verfestigung unterschiedlicher Standpunkte eingetreten ist, also noch vor Einleitung des Planfeststellungs- bzw. Genehmigungsverfahrens, sogar noch vor Abschluß des Raumordnungsverfahrens bzw. Ausweisung des Standorts in einem verbindlichen Abfallwirtschaftsplan (Rn. 12/239). **245**

Zunächst wird im Rahmen eines „scoping-Verfahrens“ (Rn. 3/13) eine *Suchmatrix* erstellt, nach der das gesamte Entsorgungsgebiet untersucht wird. Entsprechend den rechtlichen Vorgaben an die Planung (Rn. 3/152 ff.) werden dabei neben Ausschlußkriterien („keine Deponie im Wasserschutzgebiet“; auch Optimierungs- und sonstige zulässige Abwägungskriterien (Rücksicht auf Naturschutz, Trennungsgebot zum Abstand von Wohnbebauung) erarbeitet, die eine weitere Eingrenzung ermöglichen. Private Belange sind nach zutr. Rspr. des BVerwG[212] erst nach öffentlichen Belangen zu prüfen, da erst dann entschieden ist, welche individuellen Betroffenheiten durch eine unter öffentlichen Gesichtspunkten verträgliche Planungsvariante ausgelöst werden. **246**

Für verbleibende Flächen wird meistens ein Raumordnungsverfahren (Rn. 2/40) eingeleitet, das den „raumordnerisch günstigsten Standort“ herausfinden soll, für den dann das Planfeststellungsverfahren vorbereitet wird, bzw. es erfolgt die Aufnahme in den Abfallwirtschaftsplan. **247**

---

209 Noch zum AbfG: BVerwGE 81, 128 (135), unter Hinweis auf BVerwGE 75, 214 (236); s. ferner *Wahl*, DÖV 1975, 373 (375).

210 *Bender/Pfaff*, DVBl. 1992, 181 ff.; *Steinberg*, Fachplanung, S. 404.

211 *Beckmann*, DVBl. 1994, 236 ff.; *Bender/Pfaff*, DVBl. 1992, 181 ff.; *Hoppe*, DVBl. 1994, 255; *Schink*, DVBl. 1994, 245 ff.; *Schlarmann*, DVBl. 1992, 871 ff.; *Steinberg*, Fachplanung, § 4 Rn. 101 ff.; unter besonderer Berücksichtigung der Suchstrategien und ihrer rechtlichen Bewertung *Erbguth*, NuR 1992, 262 ff.

212 BVerwG, NVwZ 1993, 572 (574), näher *Kunig/Paetow/Versteyl*, KrW-/AbfG, § 28 Rn. 88 m.w.N.

VI. Zulassung und Stillegung von Abfallbeseitigungsanlagen

1. Immissionsschutzrechtliche Genehmigung: § 31 I KrW-/AbfG und BImSchG

248 Mit der Neufassung des § 7 I AbfG, jetzt § 31 I KrW-/AbfG, durch das Investitionserleichterungs- und Wohnbaulandgesetz vom 22.4.1993[213] trat an die Stelle des bisher für die Errichtung und den Betrieb ortsfester Entsorgungsanlagen vorgeschriebenen *Planfeststellungsverfahrens* ein **Genehmigungsverfahren nach den Vorschriften des BImSchG** (Rn. 5/179 ff.), soweit es sich um Anlagen zur Lagerung oder Behandlung von Abfällen zur Beseitigung handelt[214]. Eine Zulassung dieser Anlagen nach dem Abfallgesetz entfällt.

249 Nach der Anlage zur 4. BImSchV sind z.B. immissionsschutzrechtlich genehmigungsbedürftige Anlagen im Sinne des § 4 I BImSchG

- Müllverbrennungsanlagen (Nr. 8.1),
- Pyrolyseanlagen (Nr. 8.2),
- Sortieranlagen für Stoffe aus Haushaltungen mit einer Leistung ab 10 t/h (Nr. 8.4) und
- Kompostierungsanlagen mit einer Durchsatzleistung ab 0,75 t/h (Nr. 8.5),

dies aber in der Regel nur dann, wenn diese Anlagen länger als zwölf Monate ortsfest betrieben werden (§ 1 I 1 der 4. BImSchV). Andernfalls, also bei geringerer Leistung oder kürzerer Betriebsdauer fallen die entsprechenden, dem Abfallrecht nicht mehr unterliegenden Anlagen jetzt ganz aus der behördlichen Kontrollerlaubnis und Überwachung. Hier besteht weiterhin Anpassungsbedarf. Die entsprechenden Anlagengenehmigungen sind daher jetzt nach Immissionsschutzrecht (Rn. 3/121) zu behandeln. Nur für die Errichtung von Deponien bleibt es bei dem abfallrechtlichen Planfeststellungsverfahren[215].

250 Wenn die TASi (Rn. 12/73) nicht geändert oder durch VO abgelöst wird, gehört die Zukunft der Abfallentsorgung thermischen Behandlungsanlagen. Gerade diese werden aber durch die beschriebene Neufassung aus dem Abfallrecht entlassen. Begründet wird dies damit, daß Behandlungsanlagen und Zwischenlager hinsichtlich der technischen Anforderungen an Bau und Betrieb mit sonstigen Industrieanlagen vergleichbar seien und deshalb ebenso dem BImSchG unterworfen sein sollten. Die abfallwirtschaftlich notwendige überörtliche Koordinierung solle durch die Abfallwirtschaftsplanung, die sich auch auf diese Anlagen erstreckt, erfolgen. Freilich unterlagen aber die genannten Anlagen schon bisher materiellem Immissionsschutzrecht, das im Planfeststellungsverfahren mit zu prüfen war. Die Änderung des damaligen § 7 AbfG mit dem Investitionserleichterungs- und Wohnbaulandgesetz zielte aber auf materielle und formelle Erleichterungen bei Bau und Änderung entsprechender Anlagen.

251 Sie bestehen darin, daß

- statt (abfallrechtlichem) *Planungsrecht* jetzt (polizeirechtliches; Rn. 8/39) *Gefahrenabwehrrecht* zur Anwendung kommt,

---

213 BGBl. I 466. – Dazu die Begründung des Regierungsentwurfs BT-Drs.12/4047 vom 29.12.1992.

214 Zur immissionsschutzrechtlichen Zulassung von Abfallbeseitigungsanlagen OVG Koblenz, DVBl. 1995, 251 ff. mit Anm. *Weidemann*; *Haller*, NVwZ 1994, 1066 ff.; *Kracht*, UPR 1993, 369 ff. Kritisch zum ganzen *Kutscheidt*, NVwZ 1994, 209 ff.; *Müllmann*, DVBl. 1993, 637 ff.; aus der Sicht der Standortgemeinde *Sandner*, Investitionserleichterung und kommunale Planungshoheit, 1997.

215 Zur Neuregelung der Zulassung von ortsfesten Abfallentsorgungsanlagen *Lett/Gerhold,* NuR 1993, 421 ff.; *Schink*, DÖV 1993, 725 ff.; *Gaßner/Schmidt*, NVwZ 1993, 946 ff.; *Kracht,* UPR 1993, 369 ff.; *Kutscheidt*, NVwZ 1994, 209 ff. – *Burgi,* JZ 1994, 654 ff. (seinen Ansatz zur Unterscheidung von PFV zu BImSchG-Verf. halten wir aber *nicht* für zutreffend).

- entgegen dem Verweis in § 7 I 2 auf § 6 AbfG eine Bindung an Vorgaben von Abfallwirtschaftsplänen in der Praxis meist gar nicht bestand (Rn. 12/239); § 31 I KrW-/AbfG enthält diesen Verweis nicht mehr[216],
- im Verein mit § 38 S. 1 BauGB a.F. eine Abwägung gar nicht oder kaum mehr stattfindet (s. jetzt aber § 38 neu).
- anstelle einer Planungsentscheidung jetzt eine gebundene Entscheidung ergeht[217],
- anerkannte Umweltverbände (Rn. 5/263 ff.) nicht mehr beteiligt werden,

und bei kleineren Anlagen nach Spalte 2 der Anlage zur 4. BImSchV (Rn. 8/121 ff.)

- die Einwendungsmöglichkeiten Betroffener (Nachbarn, bspw. Anwohner, aber auch Betriebe und Gemeinden) erheblich eingeschränkt sind und
- die Öffentlichkeitsbeteiligung eingeschränkt ist (Rn. 8/199).

Ob dieser Rechtsformenwechsel wie angestrebt zu einer Beschleunigung entsprechender Zu- **252**
lassungsverfahren und/oder wie zu befürchten zu einer Verminderung des Umweltschutzes führt, bleibt weiter abzuwarten[218]. Nach unserer Auffassung ermöglicht allerdings § 6 I Nr. 2 BImSchG i.V.m. § 10 IV Nr. 5 KrW-/AbfG der Genehmigungsbehörde eine „nachvollziehende" Abwägung der Standortfrage im Rahmen des Tatbestandsmerkmals „Belange der Raumordnung und der Landesplanung sowie des Städtebaus" (Rn. 12/189)[219], die von der betroffenen Gemeinde (Rn. 4/14 ff.), nicht aber von sonst einem Nachbarn[220] auch gerichtlich überprüft werden kann[221].

2. Planfeststellung, § 31 II KrW-/AbfG

Die Errichtung und der Betrieb sowie die wesentliche Änderung einer **Deponie**[222] **253**
(Rn. 12/49 ff.) oder ihres Betriebs bedürfen im Regelfall der *Planfeststellung*, § 31 II KrW-/AbfG.

a) Planfeststellungsverfahren

Das *Planfeststellungsverfahren* ist in § 34 I 1 KrW-/AbfG durch Verweis auf die **254**
§§ 72-78 LVwVfG geregelt (dazu Rn. 3/51 ff.). Weitere Einzelheiten des Planfeststellungsverfahrens, insbesondere Art und Umfang der Antragsunterlagen können durch Rechtsverordnung der BReg. mit Zustimmmung des BRats bestimmt werden,

---

216 Umstritten ist, ob eine Bindung an die Abfallwirtschaftsplanung dennoch besteht, weil § 29 KrW-/AbfG alle Abfallbeseitigungsanlagen umfasse, so *Kunig/Paetow/Versteyl*, KrW-/AbfG, § 31 Rn. 70 m.w.N.

217 Zum bei der Planfeststellung fehlenden Rechtsanspruch auf Zulassung, BVerwG, UPR 1995, 192 ff.

218 Zur Diskussion *Hösel/Frhr. v. Lersner*, AbfG, § 7 Rn. 2 lit. e; kritisch SRU, Umweltgutachten 1994, Tz. 508, und die Nachw. in UGB-KomE, S. 1597.

219 Dagegen VGH BW, UPR 1999, 195: „planerische Alternativen (sind) unerheblich", allerdings zur Klage eines Nachbarn.

220 Insoweit zutreffend VGH BW (Fn. 219).

221 Zum Meinungsstand in UGB-KomE, S. 1597, m.w.N.

222 Der Anlagebegriff des KrW-/AbfG ist nach BVerwGE 66, 301 außerordentlich weit, da es nicht auf das Vorhandensein baulicher Anlagen, technischer Geräte oder sonstiger Einrichtungen ankommen soll; es genügt, daß ein Grundstück oder Grundstücksteil zur Lagerung oder Behandlung von Abfällen benutzt und durch diese Nutzung geprägt wird. Entsprechendes gilt dann auch für den Begriff der Deponie. Zum Anlagenbegriff schon oben Fn. 198.

§ 34 I 2 KrW-/AbfG. Damit kann das Verfahren der 9. BImSchV (Genehmigungsverfahrensverordnung; Rn. 8/181) angeglichen werden. Bei der Planfeststellung – nicht aber bei der Plangenehmigung i.S. des § 31 III KrW-/AbfG – ist ein förmliches UVP-Verfahren (Rn. 2/2 ff.) durchzuführen, § 31 II 2 KrW-/AbfG[223]. Dem Zulassungsverfahren unterliegen nicht die sog. *Altanlagen*, d.h. die Anlagen, die bei Inkrafttreten des AbfG (11.6.1972, im Beitrittsgebiet: 1.7.1990) bereits betrieben wurden oder mit deren Errichtung in diesem Zeitpunkt begonnen worden war (§§ 35 KrW-/AbfG; Rn. 12/229).

b) Versagung des Planfeststellungsbeschlusses

255 Der Planfeststellungsbeschluß **darf nur erteilt werden**[224] (§§ 32 I KrW-/AbfG), wenn

- sichergestellt ist, daß das *Wohl der Allgemeinheit* nicht beeinträchtigt wird, insbesondere Gefahren für die in § 10 IV KrW-/AbfG genannten Schutzgüter nicht hervorgerufen werden können[225] und Vorsorge gegen die Beeinträchtigung der Schutzgüter, insbes. durch bauliche, betriebliche oder organisatorische Maßnahmen entsprechend dem Stand der Technik getroffen wird (Nr. 1; Rn. 1/66 ff.),
- keine Tatsachen vorliegen, aus denen sich *Bedenken gegen die Zuverlässigkeit der verantwortlichen Personen* ergeben (Nr. 2),
- keine *nachteiligen Wirkungen auf das Recht eines anderen* zu erwarten sind (Nr. 3; drittschützend!) und
- die für *verbindlich* erklärten *Feststellungen eines Abfallwirtschaftsplanes* (§ 29 IV KrW-/AbfG, Rn. 12/239) dem Vorhaben nicht entgegenstehen (Nr. 4)[226].

256 Die Planfeststellungs- und Genehmigungsvoraussetzungen des § 32 KrW-/AbfG bleiben grundsätzlich bestehen, werden aber dem Grundpflichtenkatalog des Art. 3 IVU-Richtlinie angepaßt, insbesondere durch die Verpflichtung zur Anwendung **der besten verfügbaren Technik** (Rn. 1/69) zur Verwirklichung der medienübergreifenden Vorsorge. Medienübergreifend ist zwar das Schutz- und Vorsorgekonzept des geltenden Rechts auch schon, doch enthalten IVU- und die Deponie-Richtlinie darüber hinaus weitere Genehmigungsvoraussetzungen wie die **Pflichten zur Vermeidung von Unfällen** und zur **effizienten Energienutzung** sowie der **Sach- und Fachkunde** des Personals, die bisher im Gesetz nicht enthalten

223 Für Abfallentsorgungsanlagen zur Verbrennung, zur chemischen Behandlung oder zur Endlagerung von giftigem und gefährlichem Abfall war nach Art. 4 I i.V.m. Anhang I Nr. 9 der UVP-Richtlinie der EG eine UVP vorzusehen. Vgl. auch Rn. 3/2 ff.

224 Zur umstrittenen Frage, ob die Einleitung eines förmlichen Verfahrens der Ablehnung des Planfeststellungsbeschlusses vorausgehen muß, vgl. OVG Koblenz, NuR 1991, 189.

225 Dazu sind die wesentlichen Fragen des Gewässer- und Bodenschutzes abschließend zu klären, so BVerwG, DÖV 1992, 749.

226 Ist der Anlagenstandort in einem für verbindlich erklärten Abfallentsorgungsplan ausgewiesen, so kann die Planfeststellung gleichwohl wegen fehlender Standorteignung versagt werden, BVerwG, NVwZ 1989, 458; OVG Bremen, NuR 1988, 251. Ein subjektiv-öffentliches Recht wird durch § 32 I KrW-/AbfG ohnehin nur insoweit begründet, als der Antragsteller einen Anspruch auf fehlerfreie Ausübung des Planungsermessens besitzt, BVerwG, UPR 1995, 192. Auch ein nicht für verbindlich erklärter Abfallentsorgungsplan ist im Rahmen der planerischen Abwägung zu berücksichtigen; ebenso *Steinberg*, Fachplanung, S. 405 m.w.N.

sind. In Umsetzung von Art. 2 Abs. 11 IVU-Richtlinie (beste verfügbare Technik)[227] soll auch die Bestimmung des Standes der Technik (§ 12 III KrW-/AbfG) in Übereinstimmung mit den Neufassungen des § 3 VI BImSchG und § 7a V WHG neu gefaßt werden. In diesem Zusammenhang werden auch Verordnungsermächtigungen für eine Deponieverordnung mit Konkretisierungen des Gemeinwohlerfordernisses aufgenommen werden.

Auch wenn keiner der Versagungsgründe des § 32 I KrW-/AbfG vorliegt, besteht *kein Rechtsanspruch* auf Planfeststellung oder Erteilung der entsprechenden Genehmigung[228]. Im übrigen gelten die allgemeinen Anforderungen an Planrechtfertigung, Einhaltung zwingender Rechtssätze und das Abwägungsgebot (Rn. 3/154 ff., 158 f., 160 ff.). **257**

Die §§ 29 ff. BauGB sind gem. § 38 BauGB nicht anzuwenden. Die Zulassung einer Deponie setzt daher keine Zustimmung der Standortgemeinde voraus. Jedoch ist die Standortgemeinde am Planfeststellungsverfahren zu beteiligen, und ihre planerischen Zielvorstellungen sind angemessen abzuwägen (Rn. 3/61 ff.)[229]. **258**

Der Erteilung einer Planfeststellung stehen die in Abs. 1 Nr. 3 genannten nachteiligen Wirkungen auf das Recht eines anderen nicht entgegen, wenn sie durch Auflagen oder Bedingungen verhütet oder ausgeglichen werden können oder der Betroffene ihnen nicht widerspricht, § 32 II 1 KrW-/AbfG. In § 34 I 1 KrW-/AbfG i.V.m. § 74 II 2 LVwVfG ist ausdrücklich die Pflicht normiert, dem Vorhabenträger zum erforderlichen Schutz von Rechten anderer im Planfeststellungsbeschluß **Schutzauflagen** aufzugeben; sind sie untunlich oder unmöglich und widerspricht der Betroffene, so ist die Planfeststellung zu versagen, es sei denn, das Vorhaben dient dem *Wohl der Allgemeinheit* (Rn. 3/157 ff.). Dann ist aber der Betroffene für den dadurch eintretenden Vermögensnachteil zu entschädigen (§ 32 II 3 KrW-/AbfG): Verhältnismäßigkeitsausgleich (Rn. 3/132). **259**

Für die materiellrechtlichen Schranken des Planungsermessens, Nebenbestimmungen, nachträgliche Anforderungen und Sicherheitsleistung (§ 32 IV KrW-/AbfG) sowie Planänderung und *Vorhabenkumulierung* kann auf den Allgemeinen Teil, Rn. 3/118 ff., 152 ff. verwiesen werden, für den Rechtsschutz Dritter und die Enteignung auf Rn. 4/39 ff. Zur Umsetzung von Art. 12 I IVU-Richtlinie soll § 31 KrW-/AbfG um einen Absatz ergänzt werden, der in entsprechender Anwendung des § 15 I und II BImSchG das in Art. 12 I IVU-Richtlinie für Veränderungen vorgeschriebene Anzeigeverfahren in das Recht der Deponiezulassung einführt. In Umsetzung von Art. 13 IVU-Richtlinie regelt § 32 IV KrW-/AbfG-E die regelmäßige Überprüfung und Aktualisierung der Genehmigungsauflagen. **260**

---

227 Nach Art. 9 IV der IVU-Richtlinie (Rn. 8/42) ist der „Einsatz der besten verfügbaren Technik" (*best available technique*, BAT) gefordert, soweit die Durchführung der Maßnahme keine unverhältnismäßig hohen Kosten verursacht.

228 BVerwG, UPR 1995, 192 ff.; *Hösel/Frhr. v. Lersner*, AbfG, § 8 Rn. 19.

229 Insoweit kann nichts anderes gelten als bei der Entsorgungsplanung; *Paetow*, UPR 1990, 321 ff.; *Engel*, UPR 1993, 209 ff.

3. Plangenehmigung

261 Statt eines Planfeststellungsverfahrens kann die zuständige Behörde nach § 31 III KrW-/AbfG auf Antrag oder von Amts wegen auch ein Genehmigungsverfahren (ohne UVP) durchführen, wenn

- die Einrichtung und der Betrieb einer (nur) unbedeutenden Deponie (Nr. 1) oder
- die (wenn auch) wesentliche Änderung einer bestehenden Deponie oder ihres Betriebs, aber ohne erhebliche nachteilige Auswirkungen beantragt wird (Nr. 2) oder
- die Errichtung und der auf max. zwei Jahre befristete Betrieb einer Anlage zur Entwicklung und Erprobung neuer Abfallbehandlungs- und Abfallverwertungsverfahren beantragt wird (Nr. 3).

262 Der Antragsteller hat keinen Anspruch auf Durchführung des Genehmigungsverfahrens anstelle eines Planfeststellungsverfahrens.

263 Nach § 31 III 2 KrW-/AbfG kommt eine Plangenehmigung anstelle einer Planfeststellung nicht in Betracht für die Errichtung und den Betrieb von Anlagen zur Ablagerung von besonders überwachungsbedürftigen Abfällen i.S.d. § 41 I KrW-/AbfG, wenn hiervon erhebliche Auswirkungen auf die Umwelt ausgehen können[230]. Hier ist vielmehr ein Planfeststellungsverfahren (mit UVP) durchzuführen. Auch Versuchsanlagen sind dann auf 1 Jahr beschränkt. Damit entspricht die Bestimmung jetzt schon der IVU-RL.

264 Das KrW-/AbfG sagt nichts darüber, wann eine Anlage/Deponie unbedeutend ist. Es wird auf das Ausmaß sowohl der Lagermenge als auch der möglichen Beeinträchtigung der Umwelt und der Rechte Dritter ankommen[231]. § 31 III KrW-/AbfG ist aufgrund der Deponie-RL 1999/31/EG dahingehend zu ergänzen, daß eine Plangenehmigung auch nicht erteilt werden kann für Deponien zur Ablagerung von überwachungsbedürftigen Abfällen, die die in der IVU-Richtlinie genannten Kapazitätsgrenzen überschreiten, außer bei Deponien für Inertabfälle.

265 Die Behörde soll sogar eine Plangenehmigung durchführen, wenn die Änderung keine erheblichen nachteiligen Auswirkungen auf eines der in § 2 I 2 UVPG genannten Schutzgüter hat und den Zweck verfolgt, eine wesentliche Verbesserung für diese Schutzgüter herbeizuführen, § 31 III 3 KrW-/AbfG.

266 Für das auf Erteilung der Genehmigung gerichtete Verfahren gelten die Verwaltungsverfahrensgesetze der Länder, soweit nicht die Landesabfallgesetze besondere Vorschriften vorsehen.

267 Die Plangenehmigung darf nach § 32 I KrW-/AbfG nur unter den Voraussetzungen erteilt werden, unter denen auch die Planfeststellung erfolgen kann (Rn. 12/255 ff.). Die §§ 29 ff. BauGB sind gem. § 38 BauGB auch hier u.U. nicht anzuwenden.

268 Auch für den Erlaß von Nebenbestimmungen und die Anordnung einer Sicherheitsleistung (§§ 32 III und IV KrW-/AbfG) kann auf die vorstehenden Ausführungen zur Planfeststellung verwiesen werden (Rn. 12/253 ff.).

---

230 Vgl. auch Fn. 181.

231 Vgl. VGH BW, DVBl. 1993, 163.

4. Zulassung vorzeitigen Beginns, Veränderungssperre

Noch bevor das Planfeststellungs- oder Plangenehmigungsverfahren beendet ist, kann die zuständige Behörde unter Vorbehalt des Widerrufs durch einen u.U. mit Nebenbestimmungen (§ 36 LVwVfG) versehenen begünstigenden Verwaltungsakt den vorzeitigen Beginn der Ausführung des Vorhabens zulassen, § 33 KrW-/AbfG, wenn **269**

- mit einer positiven Entscheidung im Verfahren zu rechnen ist (Nr. 1),
- am vorzeitigen Beginn ein öffentliches Interesse besteht (Nr. 2) und
- der Träger des Vorhabens sich verpflichtet, ggf. alle Schäden zu ersetzen und – falls das Vorhaben nicht planfestgestellt oder genehmigt wird – den früheren Zustand wiederherzustellen (Nr. 3); hierfür kann eine Sicherheit verlangt werden, § 33 II KrW-/AbfG.

Diese Regelung entspricht im wesentlichen § 31 IIa i.V.m. § 9a WHG (Rn. 6/90, **270** 133) und § 15a BImSchG (Rn. 8/216). Sie hat in der Praxis vor allem für ohne große Schwierigkeiten reversible Maßnahmen (z.B. Grundstückserschließung, Ausheben einer Baugrube) erhebliche Bedeutung[232]. Umstritten war, ob Gegenstand einer solchen „vorläufigen Zulassung“ auch der *Probebetrieb* einer Anlage sein kann[233]. Da nach Art. 4 der IVU-Richtlinie eine neue Deponie ohne eine dieser Richtlinie entsprechende Genehmigung nicht betrieben werden darf, ist die Zulassung des vorzeitigen Beginns in § 33 KrW-/AbfG – entsprechend § 8a BImSchG – auf die *Errichtungsphase* zu beschränken.

Landesrechtlich sind für die Grundstücke, die von einer im Planfeststellungsverfah- **271** ren befindlichen künftigen Deponie betroffen werden, kraft Gesetzes ab einem bestimmten Zeitpunkt wirksam werdende **Veränderungssperren** vorgesehen, z.B. nach § 11 LAbfG BW, Art. 7 BayAbfG, § 9 HessAbfG usw.

5. Stillegung von Deponien

a) Anzeigepflicht

Bei ortsfesten Deponien oder bei Anlagen, in denen besonders überwachungsbedürf- **272** tige Abfälle i.S. des § 41 I KrW-/AbfG anfallen, hat der Inhaber die beabsichtigte Stillegung der Anlage der zuständigen Behörde unverzüglich anzuzeigen, § 36 I 1 und III KrW-/AbfG; s. zur behördlichen Überwachung stillgelegter Anlagen Rn. 12/285. Es besteht kein Genehmigungserfordernis.

232 Dazu – als *Genehmigungsvoraussetzung* – BVerwG, DVBl. 1991, 877 ff.

233 Die Vorschrift des § 33 KrW-/AbfG (früher § 7a AbfG) bezieht sich nur auf Maßnahmen, die sich wieder rückgängig machen lassen und bei denen das Risiko der Rückabwicklung den weiteren Entscheidungsprozeß nicht unangemessen belastet, BVerwG, DVBl. 1991, 877 ff. – S.a. *Schröder/Steinmetz-Maatz*, DVBl. 1992, 23 ff. (MVA Augsburg).

b) Rekultivierungs-, Schutz- und Sanierungsanordnungen

273 Die zuständige Behörde soll Rekultivierungs- und sonstige Anordnungen treffen, die erforderlich sind, Beeinträchtigungen des Wohls der Allgemeinheit zu verhüten, § 36 II 1 KrW-/AbfG. Insoweit dürfte es sich entgegen dem Wortlaut um eine Muß-Vorschrift handeln. Für die Rekultivierung gilt anderes nur, wenn das Gelände einer anderweitigen Nutzung zugeführt werden soll[234]. Besteht bei stillgelegten Deponien nach Abs. 1 der Verdacht auf schädliche Bodenveränderungen oder sonstiger Gefahren, kommt seit der Einführung des BBodSchG dieses zur Anwendung, § 36 II 2 KrW-/AbfG.

274 § 36 II KrW-/AbfG (§ 10 II AbfG) ist auf vor dem Inkrafttreten des AbfG 1972 (11.6.1972) errichtete und betriebene, erst später (ganz oder teilweise) untersagte Altanlagen nicht anwendbar. Auf allgemeines Polizei- oder Ordnungsrecht, das auf sanierungsbedürftige „Altanlagen" bzw. „Uraltanlagen" Anwendung findet (Rn. 7/74, 91 ff.), kann eine Rekultivierungsanordnung ohnehin nicht gestützt werden. Auch für Altanlagen, die bereits vor Inkrafttreten des AbfG 1972 stillgelegt worden sind, gilt § 36 II KrW-/AbfG (§ 10 AbfG) nicht (Rn. 7/64 ff.). Das Landesrecht kann aber anderes bestimmen.

275 Entsprechend den Bestimmungen des Art. 13 der Deponie-RL 1999/33/EG zur Stillegung und Nachsorge bei Deponien werden die § 34 und 36 KrW-/AbfG geändert und ein den Abschluß der Stillegung *feststellender Verwaltungsakt* vorgesehen.

VII. Überwachung

1. Überblick über die Überwachungsbestimmungen

276 Die Vermeidung (mit Einschränkungen), die Verwertung und die Beseitigung von Abfällen unterliegen der **allgemeinen Überwachung** durch die zuständige Behörde, § 40 I 1 KrW-/AbfG[235]. Daneben gelten für bestimmte „Problemabfälle" besondere Überwachungsvorschriften, § 41 I 1 KrW-/AbfG. Um mit möglichst geringem Verwaltungsaufwand verschiedenen Arten von Abfällen die ihnen jeweils zukommende Überwachung zuteil werden zu lassen, sieht das Gesetz ein **Stufensystem** vor. Genau an diese verschieden große Überwachungs**bedürftigkeit** knüpft auch die neue[236] *Begrifflichkeit* des KrW-/AbfG an. So gibt es drei *Kategorien* von Abfällen, nämlich

234 Ebenso *Kunig/Paetow/Versteyl*, KrW-/AbfG, § 36 Rn. 14; enger *Kloepfer*, Umweltrecht, § 18 Rn. 179.

235 Dazu *Heuer*, NVwZ 1999, 624 ff.

236 Den überwachungsbedürftigen Abfällen entsprechen die bisher meist sog. Sonderabfälle. Diese wurden in gefährliche Sonderabfälle (= Sonderabfälle i.e.S.) und Sonderabfälle (= Sonderabfälle i.w.S.) unterschieden. „Sonderabfälle" waren alle in § 3 III AbfG, „gefährliche Sonderabfälle" nur die in § 2 II AbfG genannten Abfälle. Für diese Abfallarten waren keine besonderen Gesetzesbegriffe vorgesehen. Jedenfalls war – bezogen auf ihre Eigenschaften – der Kreis der „Sonderabfälle" i.S. des § 3 III AbfG weiter als der der „gefährlichen Sonderabfälle" i.S. des § 2 II AbfG. Erstere wurden auch als „ausgeschlossene Abfälle", letztere als „besonders überwachungsbedürftige Abfälle" bezeichnet. Die letzte Benennung hat sich auch im KrW-/AbfG durchgesetzt. Zur bisherigen Terminologie *Kunig/Schwermer/Versteyl*, AbfG, 2. Aufl., § 3 Rn. 40.

- nicht überwachungs*bedürftige* – wohl aber der *allgemeinen* Überwachung unterliegende (!),
- überwachungsbedürftige (dazu die Bestimmungsverordnung **überwachungsbedürftige** Abfälle zur **Verwertung – BestüVAbfV**) und
- besonders überwachungsbedürftige (dazu die Bestimmungsverordnung **besonders** überwachungsbedürftige Abfälle – **BestbüAbfV**) Abfälle,

wobei die Überwachungsbehörde ungeachtet dieser Kategorien auch per Anordnung im *Einzelfall* flexibel reagieren kann.

Der Gesetzesaufbau zu den Überwachungsbestimmungen *unterscheidet* zwischen *Beseitigung und Verwertung* von Abfällen und sieht jeweils vor **277**

- ein *fakultatives* Nachweisverfahren,
- ein *obligatorisches* Nachweisverfahren und schließlich
- *Ausnahmen* vom obligatorischen Nachweisverfahren,

nämlich in den §§ 42-44 für die Beseitigung und den §§ 45-47 für die Verwertung. Das obligatorische Nachweisverfahren gilt jeweils den besonders überwachungsbedürftigen Abfällen. Diesen Bestimmungen folgen eine (gemeinsame) Verordnungsermächtigung in § 48 KrW-/AbfG über Nachweisverfahren (dazu die NachwV) sowie Vorschriften über Transport, Vermittlungsgeschäfte, Entsorgungsfachbetriebe und Entsorgergemeinschaften in §§ 49 ff. KrW-/AbfG. Der Gesetzesaufbau wirkt unübersichtlicher, als sich die praktische Anwendung mit Hilfe der Verordnungen darstellt:

2. Einteilung in bestimmte Abfallarten

Kennt der Abfallerzeuger oder -besitzer die Zusammensetzung seiner Abfälle, so genügt ein Blick in die Bestimmungslisten, um den Abfall einer der (Überwachungs-) Kategorien zuzuordnen. Diese Listen bilden die Anhänge zur BestbüAbfV, zur BestüVAbfV sowie zum Europäischen Abfallarten-Katalog (EAK, EWC)[237]. **278**

- Unabhängig von der Unterscheidung zwischen Beseitigung und Verwertung unterliegt ein Stoff, der in der Anlage 1 oder 2 der BestbüAbfV aufgeführt ist, kraft Gesetzes, also ohne vorherige behördliche Anordnung, der *besonderen abfallrechtlichen Überwachung*. **279**

  Die VO hat verschiedene Rechtsgrundlagen und umfaßt Abfälle sowohl zur Beseitigung als auch zur Verwertung, deren Aufnahme in die Verordnung auch jeweils verschiedenen Voraussetzungen unterliegt; dies braucht den Anwender aber nicht zu interessieren. – So geht es zum ersten um Abfälle zur Beseitigung aus gewerblichen oder sonstigen wirtschaftlichen Unternehmen oder öffentlichen Einrichtungen, die nach Art, Beschaffenheit oder Menge in besonderem Maße gesundheits-, luft- oder wassergefährdend, explosibel oder brennbar sind oder Erreger übertragbarer Krankheiten enthalten oder hervorbringen können. Diese Abfälle sind somit in § 41 I 1 KrW-/AbfG – kumulativ – einerseits durch ihre Herkunft aus für sie typischen Erzeugungsbereichen, andererseits durch bestimmte (Stoff-)Ei-

237 Dagegen ist die Reststoffbestimmungsverordnung ersatzlos entfallen.

genschaften gekennzeichnet. – Enthalten sind zum zweiten Abfälle zur Verwertung aufgrund einer Rechtsverordnung nach § 41 III Nr. 1 KrW-/AbfG. Die Voraussetzungen für ihre Aufnahme in eine solche Verordnung sind hinsichtlich ihrer Stoffmerkmale gleich (nämlich durch Verweis auf Abs. 1). Dagegen bestehen hier keine Voraussetzungen hinsichtlich ihrer Herkunft.

280 • Ist der Stoff in der BestbüAbfV nicht enthalten, ist zwischen *Beseitigung* und *Verwertung* zu unterscheiden: Alle Abfälle zur Beseitigung sind jetzt *überwachungsbedürftig*, Abfälle zur Verwertung nur, wenn sie in der Anlage zur BestüVAbfV aufgeführt sind.

281 • Und alle Abfälle zur Verwertung, die weder in den Anlagen zur BestbüAbfV noch zur BestüVAbfV enthalten sind, sind schließlich *nicht überwachungsbedürftig*.

282 Neben dieser *Normativeinstufung* aufgrund *Rechtsverordnung* anhand gesetzlich bestimmter Voraussetzungen gibt es aber auch noch eine *Behördeneinstufung* im *Einzelfall*. Sie braucht nur mit den in den Abs. 1 bis 3 des § 41 KrW-/AbfG genannten Belangen vereinbar zu sein, § 41 IV KrW-/AbfG. Damit entsteht also eine zweite Gruppe besonders überwachungsbedürftiger Abfälle, nämlich kraft Behördeneinstufung, ebenso eine Gruppe „einfach" überwachungsbedürftiger Abfälle kraft Behördeneinstufung. Umgekehrt können Abfälle auch durch die Behörde „herabgestuft" werden, also von besonders in „einfach" überwachungsbedürftig und von „einfach" in nur allgemeiner Überwachung unterliegend.

283 Die Einteilung in (Gefährlichkeits-)Gruppen und das damit notwendig verbundene Nebeneinander verschiedener Gruppen ist sachgerecht und sowohl aus dem früheren Abfallrecht als auch sonst aus dem Recht der technischen Sicherheit vertraut (vgl. im Chemikalien- und im Gentechnikrecht Rn. 11/79; 10/80). Die Möglichkeit abweichender Einteilung im Einzelfall ist aus Gründen der Verhältnismäßigkeit geboten und trotz des damit verbundenen Verlusts an Transparenz hinzunehmen.

3. Anforderungen an die Überwachung

284 Die zuständigen Behörden haben nach § 40 KrW-/AbfG i.V.m. den einschlägigen landesrechtlichen Vorschriften den Auftrag, die Abfallentsorgung zu überwachen und gegen Mißstände einzuschreiten.

a) Allgemeine Überwachung

285 Der allgemeinen Überwachung unterliegen die Vermeidung nach Maßgabe der Rechtsverordnungen nach §§ 23 f. KrW-/AbfG sowie die Verwertung und Beseitigung von Abfällen.

286 aa) In *gegenständlicher* Hinsicht unterliegen der behördlichen Überwachung

- die Abfälle und ihre Entsorgung,
- die rechtens oder rechtswidrig errichteten Abfallbeseitigungsanlagen, nach Ermessen der zuständigen Behörde auch die stillgelegten Anlagen (ohne daß sich freilich aus dieser Regelung Eingriffsbefugnisse zur Sanierung von „Altlasten" – Rn. 7/104, 180 ff. – ergäben) und
- nach Landesrecht auch die Errichtung und wesentliche Änderung von Abfallbeseitigungsanlagen nach Maßgabe der Planfeststellung oder der Plangenehmigung.

bb) In *persönlicher* Hinsicht werden nach § 40 II 1 KrW-/AbfG für die allgemeine Überwachung in die Pflicht genommen **287**

- Erzeuger und Besitzer von Abfällen (Nr. 1),
- Entsorgungspflichtige (Nr. 2),
- Betreiber von Verwertungs- und Abfallbeseitigungsanlagen, auch nach ihrer Stilllegung (Nr. 3),
- ebenso ihre früheren Betreiber (Nr. 4),
- Betreiber von Abwasseranlagen, in denen Abfälle mitverwertet und mitbeseitigt werden (Nr. 5) und
- Betreiber entsprechender BImSchG-Anlagen.

cc) Die behördliche Überwachung *erstreckt* sich darauf, daß **288**

- die abfallrechtlichen Vorschriften,
- die sonstigen öffentlich-rechtlichen Vorschriften sowie
- die behördlich auferlegten Verpflichtungen

eingehalten werden.

dd) Die Erfüllung der Überwachungsaufgabe setzt voraus, daß die zuständigen Behörden die hierzu notwendigen Informationen gewinnen können. Sie sind daher befugt, sich über den Anfall und über alle Phasen der Entsorgung der Abfälle die erforderlichen Kenntnisse zu verschaffen. Dies geschieht z.B. durch Einholung von mündlichen oder schriftlichen Auskünften, Ortsbegehungen, Messungen usw. Hierzu normiert das AbfG Auskunfts-, Duldungs-, Mitwirkungs- und Nachweispflichten. So haben die vorgenannten Pflichtigen nach § 40 II 2 KrW-/AbfG **289**

- Auskünfte über Betrieb, Anlagen, Einrichtungen und sonstige der Überwachung unterliegende Gegenstände zu erteilen (Verweigerungsrecht: § 40 IV KrW-/AbfG),
- das Betreten der Grundstücke, Geschäfts- und Betriebsräume zu gestatten[238],
- die Einsicht in Unterlagen und die Vorlage von technischen Ermittlungen und Prüfungen zu gestatten,
- zur Verhütung dringender Gefahren für die öffentliche Sicherheit oder Ordnung auch das Betreten von Wohnungen zu gestatten,
- die zur Überwachung erforderlichen Arbeitskräfte, Werkzeuge und Unterlagen zu stellen und
- nach behördlicher Anordnung Zustand und Betrieb der Abfallbeseitigungsanlage auf eigene Kosten prüfen zu lassen.

Die Anlagenbetreiber müssen ferner die Anlage zugänglich machen und die zur Überwachung erforderlichen Arbeitskräfte, Werkzeuge und Unterlagen zur Verfügung stellen und auf Anordnung Zustand und Betrieb ihrer Anlagen auf eigene Kosten prüfen lassen (Abs. 3). Für besondere Fälle wird darüber hinaus das Grundrecht auf Unverletzlichkeit der Wohnung eingeschränkt (Satz 3 und 4). Diese Bestimmungen entsprechen den im Recht der technischen Sicherheit üblichen Anlagenüberwachungsvorschriften. **290**

b) „Einfach" überwachungsbedürftige Abfälle

Die **einfach überwachungsbedürftigen** Abfälle (Rn. 12/276) unterliegen über die allgemeine Überwachung (§ 40 KrW-/AbfG) hinaus in § 42 bzw. § 45 KrW-/AbfG näher bestimmten Anforderungen. **291**

238 Zum Betretungsrecht BVerwG, NVwZ-RR 1994, 251; zuvor BayVGH, NVwZ-RR 1994, 251 f.; s.a. OVG Koblenz, NVwZ-RR 1994, 570 f.; VGH BW, DVBl. 1993, 373; dazu *Kunig*, NuR 1992, 280 ff.; *Lübbe-Wolff*, DVBl. 1993, 762 ff.

Diese sehen ein *fakultatives Nachweisverfahren* vor, das dadurch gekennzeichnet ist, daß die zuständige Behörde anordnen kann, nicht muß, daß bestimmte Nachweise geführt werden. Diese bestehen darin, daß der Besitzer von Abfällen über Art, Menge und Beseitigung Nachweise und ein Nachweisbuch führt, Belege einbehält und aufbewahrt und die Nachweisbücher und Belege der zuständigen Behörde zur Prüfung vorlegt, §§ 42 bzw. 45 I KrW-/AbfG. Vor der Beseitigung kann eine Erklärung des Besitzers, eine Annahmeerklärung des Beseitigers und eine Bestätigung durch die zuständige Behörde verlangt werden, nach Durchführung der Beseitigung ein Nachweisverbleib (§ 42 II 1 Nrn. 1 und 2 KrW-/AbfG), wobei Einzelheiten im pflichtgemäßen Ermessen der zuständigen Behörde stehen (Satz 2). Bei der Verwertung soll sich das Nachweisverlangen auf die Anzeige von Art und Menge der angefallenen Abfälle und die beabsichtigte Verwertung, den Nachweis der durchgeführten Verwertung oder den Nachweis des Verbleibs der Abfälle beschränken, § 45 II 2 Nrn. 1-3 KrW-/AbfG, und nur erfolgen, wenn das Wohl der Allgemeinheit dies erfordert (Satz 1).

c) Besonders überwachungsbedürftige Abfälle

292 Die **besonders überwachungsbedürftigen** Abfälle i.S.d. § 3 VIII 1 i.V.m. § 41 I („zur Beseitigung") und III Nr. 1 („zur Verwertung") KrW-/AbfG sind möglichst lückenlos zu überwachen. Zu diesem Zweck haben nach § 43 I KrW-/AbfG Betreiber einer Anlage, in der besonders überwachungsbedürftige Abfälle zur Beseitigung anfallen, die Einsammler und die Beförderer solcher Abfälle, die Betreiber von Abfallbeseitigungsanlagen sowie die Betreiber einer Abwasseranlage oder einer Anlage i.S.d. BImSchG, in der besonders überwachungsbedürftige Abfälle mitbeseitigt werden, bestimmte **Nachweise** zu führen. Ausgenommen sind Kleinmengen, § 43 I 1 i.V.m. § 48 Nr. 5 KrW-/AbfG.

293 Die Verpflichteten müssen über Art, Menge und Beseitigung ein Nachweisbuch führen, Belege einbehalten, aufbewahren und der zuständigen Behörde zur Prüfung vorlegen, § 43 I i.V.m. § 42 I u. II KrW-/AbfG. Außerdem muß sich jeder der genannten Nachweispflichtigen als solcher bei der zuständigen Behörde melden, § 43 II KrW-/AbfG. Auch hier sind widerrufliche Ausnahmen vorgesehen, § 43 III KrW-/AbfG. Zu diesen Einzelfallausnahmen kommen allgemeine Ausnahmen, wenn Erzeuger oder Besitzer Abfälle in eigenen, in einem engen räumlichen und betrieblichen Zusammenhang stehenden Anlagen beseitigen; dann werden nach § 44 I 1 die Nachweise durch Abfallwirtschaftskonzepte und Abfallbilanzen ersetzt (für weitere Ausnahmen und Rückausnahmen siehe dort). Damit wird das die Unternehmen oft erheblich belastende, aus dem EG-Recht stammende, stoff-, nicht anlagenbezogene Nachweis- und Begleitscheinverfahren gelockert.

294 Die für besonders überwachungsbedürftige Abfälle von ihrer Erzeugung über ihre Beförderung bis zur Verbrennung bzw. Ablagerung zu führenden Nachweise (in Nachweisbüchern und Begleitscheinen) ermöglichen es der Überwachungsbehörde, das Schicksal einer zu einer bestimmten Abfallart gehörenden konkreten Abfallmenge „**von der Wiege bis zur Bahre**" zu verfolgen (sog. cradle-to-grave-Prinzip, Rn. 12/234)[239].

---

239 Zu entsprechenden Bemühungen auch in Schwellenländern – hier: Tunesien – *Sparwasser*, Instruments financiers et autres incitations à la bonne Gestion des déchets toxiques et spéciaux, in: Actes de la Conférence Internationale L'environnement et l'économie, Tunis 14.-16.4.1998, S. 381 (386).

Die *Stillegung* von Anlagen, in denen besonders überwachungsbedürftige Abfälle anfallen, ist der zuständigen Behörde genauso anzuzeigen, wie dies sonst für die Stillegung von Deponien gilt, § 36 III KrW-/AbfG. Sofern in einer Anlage regelmäßig besonders überwachungsbedürftige Abfälle anfallen und unter bestimmten weiteren Voraussetzungen besteht die Pflicht zur Bestellung eines *Betriebsbeauftragten*, § 54 I KrW-/AbfG (Rn. 12/328 ff.). Weiter besteht für besonders überwachungsbedürftige Abfälle keine Ausnahme von der *Überlassungspflicht* nach § 13 III Nrn. 2 u. 3 KrW-/AbfG zum Zweck einer gemeinnützigen oder gewerblichen Sammlung. Schließlich können die Länder zur Sicherung der umweltverträglichen Beseitigung für besonders überwachungsbedürftige Abfälle *Andienungs- und Überlassungspflichten* bestimmen, § 13 IV 1 KrW-/AbfG, und sie können zur Sicherstellung der umweltverträglichen Abfallentsorgung Andienungs- und Überlassungspflichten für besonders überwachungsbedürftige Abfälle zur Verwertung bestimmen, wenn eine ordnungsgemäße Verwertung sonst nicht gewährleistet ist und eine – noch ausstehende – Rechtsverordnung der BReg. mit Zustimmung des BRates dies vorsieht (Satz 3). Bis zum Inkrafttreten des Gesetzes bestimmte Andienungspflichten der Länder gelten weiter[240]. Die Andienungs- und Überlassungspflicht gilt nicht für Dritte oder private Entsorgungsträger, denen Pflichten zur Entsorgung nach §§ 16-18 KrW-/AbfG übertragen worden sind (Satz 4). 295

Die Bestimmungen über die Nachweisverfahren über die *Verwertung* von Abfällen unterscheiden sich nicht erheblich von denen über die Beseitigung. Zunächst finden deshalb auch die Bestimmungen des § 42 für das Nachweisverfahren Anwendung, § 45 I KrW-/AbfG. Den Besonderheiten der Verwertung trägt § 45 II KrW-/AbfG Rechnung. Auch für das obligatorische Nachweisverfahren über die Verwertung von besonders überwachungsbedürftigen Abfällen (§ 46 KrW-/AbfG) bestehen keine Besonderheiten. Entsprechendes gilt auch für die Ausnahmen vom obligatorischen Nachweisverfahren, § 47 KrW-/AbfG. 296

4. Nachweisverfahren

a) Grundverfahren Entsorgungsnachweis, §§ 3 ff. NachwV

Eine inhaltliche Dokumentation der Abfallentsorgung ist schon seit 1990 vorgeschrieben. Damit wurde das schon vorher geltende **Begleitscheinsystem** ergänzt. Der Entsorgungsnachweis ist jetzt durch die **Nachweisverordnung**[241] geregelt. 297

Er besteht aus einem Deckblatt mit der Abkürzung EN, der *verantwortlichen Erklärung* des Abfallerzeugers (VE) zur Herkunft des Abfalles, der *Deklarationsanalyse* (DA), der *Annahmeerklärung* (AE) des Entsorgers und der *Behördenbestätigung* (BB), s. die Anlage zur NachwV. Das Entsorgungsnachweisverfahren beginnt also beim Abfall*erzeuger* mit dem Ausfüllen des Deckblattes und der verantwortlichen Erklärung sowie mit dem Einholen der Deklarationsanalyse. Der *Entsorger* erhält VE und DA und füllt die AE aus, wenn er den Abfall in seiner Anlage annehmen will. *Kopie* von allem geht an den Abfallerzeuger. Das *Original* (VE, DA und AE) schickt der Entsorger mit dem Formblatt BB an die für seine Anlage zuständige Überwachungsbehörde. Damit erfüllt er seine Anzeigepflicht (§ 43 II bzw. § 46 II KrW-/AbfG). Binnen 10 Tagen muß die *Behörde* dem Abfallerzeuger den Eingang bestätigen und er- 298

240 Näher dazu BVerwG, NVwZ 1999, 1225 ff.; s.a. *Kunig/Paetow/Versteyl*, KrW-/AbfG, § 13 Rn. 50 ff.; Überblick bei *Beckmann*, AbfallPrax 1999, 45 ff.

241 NachwV vom 10.9.1996, BGBl. I 1382.

forderlichenfalls Ergänzungen anfordern (§ 5 I 1 NachwV). Ist der Entsorgungsvorgang in der Entsorgungsanlage zulässig, bestätigt die Behörde dies mit ihrer BB für längstens 5 Jahre (§ 5 III NachwV). Wird die BB nicht binnen 30 Kalendertagen nach Eingang der vollständigen Nachweiserklärungen versagt, gilt die Bestätigung der Behörde als erteilt (§ 5 V 2 NachwV). Bestätigt die Behörde die Zulässigkeit der Entsorgung, schickt sie das *Original* des bestätigten Entsorgungsnachweises dem Abfall*erzeuger*, eine *Kopie* dem Abfall*entsorger*. Der Abfall*erzeuger* behält das *Original* und schickt der für ihn zuständigen Behörde eine *Kopie* und genügt damit seiner Anzeigepflicht (§ 43 II bzw. § 46 II KrW-/AbfG). Bei der Beförderung vom Erzeuger zum Entsorger ist eine Kopie des Entsorgungsnachweises bzw. im Falle der Fiktion der Nachweiserklärung und der Eingangsbestätigung mitzuführen.

b) Sammelentsorgung, §§ 8 f. NachwV

299 Möchte ein Abfallentsorger diesen Weg nicht gehen, kann er den Weg der *Sammelentsorgung* beschreiten, wo an die Stelle des Abfallerzeugers weitgehend der Beförderer oder Einsammler tritt. Dieser übernimmt wesentliche Verpflichtungen des Abfallerzeugers.

300 Wichtige *Voraussetzungen* der Sammelentsorgung sind gleiche Abfallschlüsselnummer, gleicher Entsorgungsweg, Übereinstimmung mit dem Sammelentsorgungsnachweis und Unterschreiten bestimmten Mengenschwellen (15 t bzw. bei Abfällen nach Anlage 2 zur Nachweisverordnung unter Nr. 1, 20 t je Abfallschlüssel und Kalenderjahr). Der Sammelentsorgungsnachweis besteht aus den gleichen Teilen wie der vorstehend dargestellte Entsorgungsnachweis. Hier werden aber VE und DE vom Einsammler erstellt. Der Einsammler muß hier besonders darauf achten, daß die ihm überlassenen Abfälle auch den *Angaben entsprechen*. Er sollte sich durch Rückstellproben absichern. Umgekehrt sollte an der Sammelentsorgung nur teilnehmen, wer sich selbst der Zusammensetzung seiner Abfälle sicher ist. Bei Verunreinigung einer Charge drohen erhebliche Kostensteigerungen.

c) Privilegiertes Verfahren, §§ 10 ff. NachwV

301 Inzwischen tritt immer mehr das sog. *privilegierte Verfahren* in den Vordergrund. Hier muß die Entsorgung durch einen Entsorger erfolgen, der nach § 13 NachwV von der Pflicht, Abfälle zur Entsorgung erst nach vorangegangener Bestätigung durch die Behörden anzunehmen, freigestellt ist, und der Abfallerzeuger muß dies vor Beginn der Entsorgung der für ihn zuständigen Behörde auf dem dafür vorgesehenen Formular anzeigen (§ 10 I NachwV).

302 Der Abfallerzeuger wird also den Entsorger seiner Wahl fragen, ob dieser nach § 13 NachwV freigestellt ist. Bejahendenfalls erspart er sich damit das behördliche Bestätigungsverfahren und damit viel Zeit und Geld. Der Abfallentsorger wird dazu seine Freistellung nach § 13 NachwV beantragen, die zu erteilen *ist*, (gebundene Entscheidung), wenn

- die Abfälle in der antragstellenden Entsorgungsanlage behandelt, stofflich oder energetisch verwertet oder abgelagert werden,
- die Ordnungsgemäßheit und Schadlosigkeit der Verwertung oder die Gemeinwohlverträglichkeit der Beseitigung gewährleistet ist und
- keine Anhaltspunkte dafür vorliegen, daß der Entsorger gegen ihm im Nachweisverfahren oder bei der Entsorgung obliegende Pflichten verstößt oder verstoßen hat.

Einer besonderen Freistellung bedarf es schließlich dann nicht, wenn der Entsorger Inhaber eines *Entsorgungsfachbetriebs* i.S.d. § 52 KrW-/AbfG[242] (Rn. 12/333) und seine Anlage entsprechend zertifiziert ist, § 13 V 1 f. NachwV.

5. Einsammeln und Befördern von Abfällen, Vermittlungsgeschäfte und grenzüberschreitender Verkehr

a) Transportgenehmigung, § 49 I KrW-/AbfG

Das gewerbsmäßige Einsammeln und Befördern von Abfällen zur Beseitigung (Rn. 12/100 ff.), also auch, wenn es im Rahmen wirtschaftlicher Unternehmen (z.B. als Werkverkehr) erfolgt, bedarf grundsätzlich der abfallrechtlichen Genehmigung, § 49 I 1 KrW-/AbfG[243]. Dies gilt nach § 49 I 2 KrW-/AbfG nicht, **303**

- soweit diese Tätigkeiten von den Entsorgungsträgern i.S.d. §§ 15, 17 und 18 oder den durch sie beauftragten Dritten ausgeübt werden (Nr. 1),
- für die Einsammlung oder Beförderung von Erdaushub, Straßenaufbruch oder Bauschutt, soweit diese nicht durch Schadstoffe verunreinigt sind (Nr. 2) und
- für die Einsammlung oder Beförderung geringfügiger Abfallmengen im Rahmen wirtschaftlicher Unternehmen nach behördlicher Freistellung (Nr. 3).

Angesichts der Ausnahmeregelung des § 49 I 2 KrW-/AbfG hat die Genehmigungsbedürftigkeit des Abfalltransports vor allem für die besonders überwachungsbedürftigen Abfälle Bedeutung. **304**

Keiner Transportgenehmigung bedarf ein *Entsorgungsfachbetrieb* i.S.d. § 52 I (Rn. 12/333), wenn er die beabsichtigte Aufnahme der Tätigkeit mit entsprechenden Nachweisen der Behörde anzeigt, § 51 I KrW-/AbfG. **305**

Einzelheiten bestimmt die Nachweisverordnung. **306**

Schutzzweck des § 49 KrW-/AbfG ist die Gewährleistung eines ordnungsgemäßen Laufs der Abfälle von ihrer Einsammlung bis zu ihrer Beseitigung in einer zugelassenen Entsorgungsanlage (sog. cradle-to-grave-Prinzip, Rn. 12/294)[244]. Auf die Erteilung der Genehmigung, einer vor allem an persönliche Eigenschaften anknüpfenden bestimmten Art von „Personalkonzession" (Rn. 2/22)[245], besteht ein Rechtsanspruch (§ 49 II 1 KrW-/AbfG), wenn **307**

- keine Tatsachen gegen die Zuverlässigkeit des Antragstellers oder der für die Leitung oder Beaufsichtigung des Betriebes verantwortlichen Personen sprechen[246] und
- der Einsammler, Beförderer und die von ihnen beauftragten Dritten die notwendige Sach- und Fachkunde besitzen.

---

242 Zu ihnen *Peters*, UPR 1997, 211 ff.
243 Dazu *Locher*, DVBl. 1997, 145 ff.
244 *Hösel/Frhr. v. Lersner*, AbfG, § 12 Rn. 4; *Kloepfer*, Umweltrecht, § 18 Rn. 181.
245 HessVGH, UPR 1986, 439 ff.
246 VGH BW, NVwZ 1985, 438 f.

308 Antragsunterlagen sowie Form und Inhalt der Transportgenehmigung und andere bürokratische Einzelheiten, aber auch die Anforderungen an die Fach- und Sachkunde bestimmt aufgrund § 49 III KrW-/AbfG die TransportgenehmigungsV[247].

309 Weiter bedarf einer Transportgenehmigung, wer besonders überwachungsbedürftige Abfälle zur Verwertung einsammelt oder befördert, wenn dies eine Verordnung vorschreibt, § 50 II Nr. 1 KrW-/AbfG, ebenso, wer bestimmte einfach oder besonders überwachungsbedürftige Abfälle, an deren schadlose Verwertung nach §§ 4-7 besondere Anforderungen zu stellen sind, in den Verkehr bringt oder verwertet, § 50 II Nr. 2 KrW-/AbfG; ebenso kann vorgeschrieben werden, daß er seine Zuverlässigkeit oder Sachkunde in einem näher festzulegenden Verfahren nachweist (vgl. zu § 17 I Nr. 2 ChemG, dem die Vorschrift nachgebildet ist, oben Rn. 11/107).

310 Daneben haben entsorgungspflichtige Erzeuger gefährlicher Abfälle aufgrund der allgemeinen Verkehrssicherungspflicht Sorge dafür zu tragen, daß sich die mit der Beseitigung dieser Abfälle verbundenen Umweltgefahren nicht zum Schaden anderer auswirken können. Die zum Transport herangezogenen (selbständigen) Dritten sind daher von den Abfallerzeugern sorgfältig auszuwählen und im Rahmen des Zumutbaren zu überwachen. Andernfalls müssen sie für die von diesen Dritten angerichteten Schäden einstehen.

311 Meist ist für den Transport der besonders überwachungsbedürftigen Abfälle auch noch das Gesetz über die Beförderung gefährlicher Güter vom 6.8.1975 (BGBl. I 2121), zuletzt geändert durch G. vom 6.8.1998 (BGBl. I 2037), nebst den hierzu ergangenen Verordnungen (Rn. 11/20) einschlägig. Diese Vorschriften bleiben von den Bestimmungen über die abfallrechtliche Einsammlungs- und Beförderungsgenehmigung unberührt, § 49 V KrW-/AbfG.

b) Vermittlung von und Handel mit Abfall, § 50 KrW-/AbfG

312 Nach § 50 KrW-/AbfG darf für Dritte die *Verbringung* von Abfällen *gewerbsmäßig* nur *vermitteln*, wer Inhaber der entsprechender Genehmigung ist, die die Zuverlässigkeit des Antragstellers sowie der verantwortlichen Personen voraussetzt. Leider noch nicht im Gesetz, sondern bisher nur in § 756 UGB-KomE enthalten ist die Genehmigungspflicht auch für den bloßen *Handel* mit Abfällen.

c) Grenzüberschreitender Verkehr

313 Im Geltungsbereich des KrW-/AbfG anfallende Abfälle sind grundsätzlich auch **im Inland zu entsorgen**, § 10 III 1 KrW-/AbfG, soweit sich nicht aus der Abfallverbringungsverordnung der EG (Rn. 12/65) oder aus dem Ausführungsgesetz vom 30.9.1994[248] zum Baseler Übereinkommen vom 22.3.1989 über die Kontrolle der grenzüberschreitenden Verbringung gefährlicher Abfälle und ihrer Entsorgung anderes ergibt (Rn. 12/324 f.)[249].

314 aa) Dieses abfallrechtliche Prinzip der **Inlandsentsorgung** (auch: **Beseitigungsautarkie**) entspricht zunächst dem Grundsatz, Abfälle möglichst am oder nahe beim

247 TgV v. 10.9.1996, BGBl. I 1411.
248 BGBl. I 2771.
249 Zu Beschränkungen der Abfallausfuhr im Licht des EG-Rechts *Jarass,* NuR 1998, 397 ff.

Entstehungsort zu entsorgen (vgl. auch Art. 5 der EG-Abfallrahmenrichtlinie[250]: „**Prinzip der Nähe**")[251] und dem Verursacherprizip. Den (meisten) Abfall erzeugt aber nicht ein Staat, sondern ein privater Produzent, Konsument usw. Aber auch die Ortsnähe ist wenigstens zweischneidig: Sie spricht beispielsweise nicht dafür, in Kehl anfallenden Sondermüll in Böblingen statt in Strasbourg zu entsorgen.

Beispiel: Ein Betrieb baut eine moderne Anlage zur Wiedergewinnung von Edelmetallen, insbesondere von Platin. Für einen wirtschaftlichen Betrieb ist diese hochspezialisierte Anlage auf eine Abfallmenge ausgelegt, die im Inland gar nicht anfällt. Die Ökobilanz bei Verwertung von Abfällen auch aus dem Ausland ist möglicherweise trotz Umweltbelastung durch Transportwege besser als bei Entsorgung in dezentralen inländischen Anlagen. **315**

Es widerspräche nicht nur den Zielen eines Europäischen Wirtschaftsraumes, sondern auch ökologischen Zielvorstellungen, wenn Wiederaufarbeitungsanlagen, die mit großem Aufwand und hohen Umweltstandards in einem europäischen Land gebaut werden, aus dem Nachbarland keine Abfälle zur Verwertung annehmen dürften. Andererseits wurde die „Verbringung zur Verwertung" wohl allzu oft mißbraucht, um billig zu beseitigen. Entscheidend ist daher, ob bei einer Beseitigung oder Verwertung im Ausland dieselben Umweltstandards eingehalten werden, wie sie im Inland gelten, und ob nicht die Ökobilanz durch die Verbringung deutlich verschlechtert wird. – Umgekehrt spricht viel für ein allgemeines Verbot von Müllexporten von Industriestaaten in Dritte-Welt-Staaten[252]. **316**

bb) Nach der Abfallverbringungs-Verordnung vom 1.2.1993 (Rn. 12/65) zum grenzüberschreitenden Verkehr[253] ist der Export von Abfällen in solche Staaten, die weder EU-Mitgliedsstaaten noch dem Baseler Übereinkommen beigetreten sind, grundsätzlich verboten. Im übrigen bedarf die Abfallverbringung ins Ausland der Genehmigung der zuständigen Behörde des Export- und Importstaates. Einzelheiten regelt jetzt das entsprechende Ausführungsgesetz (Abfallverbringungsgesetz, Rn. 12/67). Damit stehen den Mitgliedstaaten nun weitreichende, auch allgemeine Einwände gegen die Verbringung von Abfällen innerhalb der Gemeinschaft zu. Dies gilt für die Beseitigung von Abfällen, nur begrenzt auch für die Verwertung[254]. **317**

Die Verordnung bestimmt in einem Titel I Geltungsbereich und Begriffe, einem Titel II die Verbringung von Abfällen zwischen Mitgliedsstaaten, einem Titel IV die Ausfuhr von Abfällen in Nichtmitgliedsstaaten und trifft in einem Titel VII gemeinsame Bestimmungen. Vorge- **318**

---

250 Vgl. in und bei Fn. 97.

251 Dazu *von Wilmowsky*, „Nähe- oder Optimierungsprinzip des europäischen Abfallrechts", NVwZ 1999, 597 ff.; s.a. *Klöck*, zu „Entsorgungsautarkie" und „Prinzip der Nähe", NuR 1998, 180 ff.; *Graner*, ZUR 1998, 315 ff. zu EuGH, Urt. v. 25.6.98, C-203/96, ZUR 1998, 311.

252 Dazu *Krämer*, KJ 1998, 345 ff.

253 Zur früheren Rechtslage unsere Vorauflage Rn. 10/354; dem EG-Abfallrecht lag – anders als § 13 AbfG – das „Prinzip der offenen Grenzen" zugrunde; dazu aber schon EuGH, Urt. v. 9.7.1992, Rs. C-2/90 (Kommission/Belgien), DVBl. 1995, 232 ff.; s.a. Urt. v. 10.5.1995, Rs. C-422/92 (Kommission/Dt.), ZUR 1995, 211 (214 ff.).

254 Hierzu und zum folgenden insbes. *Klett/Kaminiski/Konzak*, WuV 1995, 40 (46 ff.); *Hoppe/Beckmann*, DVBl. 1995, 817 ff.; ferner *Dieckmann*, ZUR 1993, 109 ff. m.w.N.; s.a. *Peine*, in: Gedächtnisschrift Grabitz, 1995, S. 499 ff.; *Engels*, Grenzüberschreitende Abfallverbringung nach EG-Recht, 1997; *Wendenburg*, NVwZ 1995, 833 ff.

sehen ist ein Notifizierungsverfahren, das die notifizierende Person i.S.d. Art. 2g EG-AbfVerbrV einleitet. Für die Verbringung von zur Beseitigung bestimmten Abfällen gelten andere Anforderungen als für die Verbringung von Abfällen zur Verwertung. Abschnitt A des Titels II („Beseitigungsabfälle“) enthält weiterreichende Einwendungsbefugnisse für die Behörden des Ein-, Aus- oder Durchfuhrstaates als Abschnitt B („Verwertungsabfälle“). Dabei geschieht die Unterscheidung zwischen Beseitigung und Verwertung durch die Bezugnahme des Art. 2 EG-AbfVerbrV auf die Begriffsbestimmungen der Abfallrahmenrichtlinie (Rn. 12/64). Demgegenüber ist die Auslegung anhand der damit nicht deckungsgleichen Unterscheidungen des KrW-/AbfG, wie sie von deutschen Behörden offenbar praktiziert wird, wohl unzutreffend.

319 **Beispiel:** Zum Tragen kommt dies etwa bei einem thermischen Verfahren, wo die Unterscheidung zwischen Beseitigung und Verwertung anhand des Hauptzwecks der Maßnahme vorgenommen werden soll, eine Unterscheidung, die sich im EG-Recht nicht ausdrücklich findet und wohl nur schwer durch Auslegung gewonnen werden kann.

320 Streitig ist weiter, ob die Behörden am Versandort ein eigenes Prüfungsrecht darüber haben, ob die – genehmigten – Anlagen im Empfängerstaat ihnen ausreichend erscheinen[255]. Nach Art. 4 III und Art. 7 IV EG-AbfVerbrV können Einwände gegen die Verbringung erhoben werden. Aufgrund der Notifizierung erfolgt entweder die Genehmigung (Art. 5 I EG-AbfVerbrV) oder die stillschweigende (Art. 8 I EG-AbfVerbrV) oder die schriftliche Zustimmung (Art. 7 VI und 10 EG-AbfVerbrV). Über die Genehmigung muß nach Art. 4 IIa EG-AbfVerbrV innerhalb einer Frist von 30 Tagen nach Absendung der Empfangsbestätigung entschieden werden. Die Genehmigung darf nicht erteilt werden, wenn von einer dafür zuständigen Behörde zuvor Einwände erhoben wurden (Art. 4 IIa 2. Unterabs. EG-AbfVerbrV).

321 Bei Abfällen zur Verwertung bedarf es zur Durchführung des Transports keiner ausdrücklichen Genehmigung. Hier darf die Verbringung nach Ablauf einer 30-tägigen Frist erfolgen, wenn keine Einwände erhoben wurden. Anderes gilt wieder für die als gefährlich eingestuften Abfälle des Anhangs 4 der Verordnung sowie für noch keinem der Anhänge II-IV der Verordnung zugeordnete Abfälle (vgl. Art. 10 EG-AbfVerbrV). Hier ist die schriftliche Zustimmung der betroffenen zuständigen Behörden vor dem Beginn der Verbringung erforderlich.

322 Für die Ausfuhr von Abfällen in Nichtmitgliedsstaaten gelten die vorstehend dargelegten Bestimmungen nur eingeschränkt (vgl. Art. 1 IIIa EG-AbfVerbrV)[256].

323 Die als ungefährlich eingestuften Abfälle zur Verwertung der „Grünen Liste“, z.B. Schrott, Papier, sortierte Kunststoffe und Glas, dürfen innerhalb der OECD-Staaten wie Produkte frei gehandelt werden. Exporte in Nicht-OECD-Staaten sind frei, wenn diese Staaten sie ausdrücklich wünschen. Die potentiell gefährlichen Abfälle zur Verwertung der „Gelben Liste“, also leicht gefährliche Abfälle wie Schlacke, Bleiakkumulatoren, Galvanisierungsabfälle, Shredderabfälle, Metallschlacken, Klärschlamm, und der „Roten Liste“, also sehr giftige Abfälle, die PCB, PCP, Asbest oder Dioxine enthalten, sowie Asbest, dürfen nur noch nach Durchführung eines förmlichen Verfahrens und Zustimmung des Empfängerstaates exportiert werden.

---

255 Vgl. den Vorlagebeschluß des BVerwG an den EuGH, NVwZ 1999, 1228 ff., bzgl. des dies bejahenden § 4 I der Sonderabfallverordnung Baden-Württemberg.

256 *Klett/Kaminiski/Konzak*, WuV 1995 (Fn. 254). S. 55.

cc) Weitere Einschränkungen ergeben sich aus dem Ausführungsgesetz (AbfVerbrG) vom 30.9.1994[257] zum Baseler Übereinkommen[258], das sowohl das Baseler Übereinkommen innerstaatlich umsetzt als auch einzelstaatliche Rechtsvorschriften zur Ergänzung der EG-AbfVerbrV schafft. Insbesondere enthält das AbfVerbrG ergänzende Regelungen zu Wiedereinfuhrpflichten, Sicherheitsleistungen, Behördenzuständigkeiten und die Einrichtung einer zentralen Anlaufstelle sowie einen Straftatbestand für illegale grenzüberschreitende Abfallverbringungen. Auch hier stellen sich wieder Auslegungsfragen hinsichtlich des mit dem europarechtlichen Abfallbegriff[259] wohl doch nicht ganz übereinstimmenden deutschen Abfallbegriffs[260]. Für das Verfahren gilt ähnliches wie vorstehend beschrieben. **324**

Bemerkenswert ist § 8 AbfVerbrG zur Einrichtung eines „Solidarfonds Abfallrückführung“ als rechtsfähige Anstalt des öffentlichen Rechts mit Sitz in Bonn, die von der deutschen Ausgleichsbank verwaltet wird und seit 1.6.1996 die Kosten der Rückführung illegal exportierter Abfälle übernimmt. Am 1.6.1996 trat die Verordnung über die Anstalt Solidarfonds Abfallrückführung (ASA-VO) in Kraft. Eine notifizierungsbedürftige Verbringung von Abfällen darf nämlich nur noch dann erfolgen, wenn die notifizierende Person neben der Sicherheitsleistung gem. Art. 27 EG-AbfVerbrV sich auch an dem Solidarfonds gem. § 8 I 6 AbfVerbrG beteiligt hat, § 7 I AbfVerbrG. Der Solidarfonds soll die Rückführung illegal exportierter Abfälle finanziell sicherstellen. Die Gesamtsumme der Kostenübernahme des Fonds beträgt 30 Millionen DM für jeweils drei Jahre[261]. Über diese Summe hinaus steht das zuständige Bundesland für die Kosten ein. Ist die abfallexportierende Organisation nicht mehr feststellbar und ein rückzuführender Abfall keinem verantwortlichen Bundesland zuzuordnen, so treten die Bundesländer in alphabetischer Reihenfolge in die Nachschußpflicht ein. Ferner obliegt den Ländern (zu 75%) und dem Bund (zu 25%) die Zwischenfinanzierung des Fonds, falls die eingegangenen Beiträge nicht zur vollen Deckung der Kosten ausreichen. Damit ist der Fonds eine Zwangsversicherung aller Abfallexporteure (also Kommunen und Wirtschaft). So entlastet der Solidarfonds die Allgemeinheit von den Rückführungskosten illegaler Müllexporte, und die abfallexportierende Branche steht damit in Zukunft selbst für die Schäden ein, die durch „schwarze Schafe“ in ihren Reihen verursacht werden. Durch diese Internalisierung werden Nutzen- und Kosten einer illegalen Abfallverbringung denselben Gruppen angelastet (Kriterium der „Gruppenäquivalenz“). Der Beitrag zu dieser Zwangs-Versicherung soll somit als eine Umweltabgabe anzusehen und rechtmäßig sein. Dagegen wird zutreffend eingewandt, daß so die legalen Abfallexporteure die Finanzierung der kriminellen Abfallexporte übernehmen sollen[262]. **325**

257 BGBl. I 2771, zuletzt geändert durch G. v. 25.8.1998 BGBl. I 2455.

258 Fn. 60.

259 Dazu EuGH NVwZ 1991, 660 und 661; s.a. *Dieckmann*, NuR 1992, 407 ff.; *Seibert*, DVBl. 1994, 229 ff.; *Konzak*, NuR 1995, 130 ff.

260 Dazu *Klett/Kaminski/Konzak*, WuV 1995, 20 (59 ff.) m.w.N.

261 Durch den Solidarfonds werden alle Abfälle abgedeckt, die nach der EU-Abfallverbringungsverordnung notifizierungspflichtig sind (§ 13 Abs. 1, Satz 1 ASA-VO). Dieses sind Abfälle der sog. Gelben und der Roten Liste sowie Abfälle der Grünen Liste (Rn. 12/323), wenn sie in Nicht-OECD-Staaten exportiert werden. Die Beiträge betragen je t: DM 0,30 für Abfälle der Grünen Liste, DM 3 für Abfälle der Gelben und Roten Liste, die stofflich verwertet werden, DM 10 für Abfälle der Gelben und Roten Liste, die thermisch verwertet werden und DM 15 für Beseitigungsabfälle (Deponieabfälle und einfache Verbrennung) mit Ausnahmegenehmigung (§ 18 Abs. 1 ASA-VO).

262 So *Klett/Kaminski/Konzak*, WuV 1995, 20 (62) unter Hinweis auf BVerfG, B. v. 11.10.1994, 2 BvR 633/86; s.a. *Koch/Reese*, DVBl. 1997, 85 ff.; *Kügel*, NVwZ 1994, 535 ff.; kritisch aus verfassungsrechtlicher Sicht *Ossenbühl*, BB 1995, 1805 ff.

326 Das Einbringen und Einleiten von Stoffen in Küstengewässer (Rn. 6/84) und deren Reinhaltung sind Regelungsgegenstand des Wasserrechts (vgl. unter wasserrechtlichen Aspekten §§ 3 IVa, 32a, 32b WHG).

6. Mitteilungspflichten und innerbetriebliche Überwachung und Planung

a) Mitteilungspflichten

327 § 53 KrW-/AbfG bestimmt **Mitteilungspflichten** zur Betriebsorganisation, damit die Behörde weiß, an wen sie sich jeweils zu halten hat. Dazu ist mitzuteilen, wer die Pflichten des Betreibers einer genehmigungsbedürftigen Anlage i.S.d. § 4 BImSchG oder des Besitzers i.S.d. § 26 KrW-/AbfG wahrnimmt, § 53 I 1 KrW-/AbfG. Die in diesem Sinne verantwortlichen Personen haben anzuzeigen, auf welche Weise sichergestellt ist, daß die der Vermeidung, Verwertung und umweltverträglichen Beseitigung von Abfällen dienenden Vorschriften und Anordnungen beim Betrieb beachtet werden, § 53 II KrW-/AbfG.

b) Betriebsbeauftragter

328 Der innerbetrieblichen Überwachung dient insbesondere die Bestellung eines **Betriebsbeauftragten für Abfall**[263]. Betreiber von genehmigungsbedürftigen Anlagen i.S.d. § 4 BImSchG, von Anlagen, in denen regelmäßig besonders überwachungsbedürftige Abfälle anfallen, von ortsfesten Sortier-, Verwertungs- oder Abfallbeseitigungsanlagen sowie Besitzer i.S.d. § 26 KrW-/AbfG müssen einen oder mehrere Betriebsbeauftragte für Abfälle bestellen.

Solcher Abfallbeauftragter bedarf es aber nur, wenn dies im Hinblick auf die Art oder die Größe der Anlagen „wegen der in den Anlagen anfallenden, verwerteten oder beseitigten Abfälle, technischen Problemen der Vermeidung, Verwertung oder Beseitigung oder Eignung der Produkte oder Erzeugnisse bei oder nach bestimmungsgemäßer Verwendung Probleme hinsichtlich der ordnungsgemäßen oder schadlosen Verwertung oder umweltverträglichen Beseitigung hervorzurufen, erforderlich ist", § 54 I 1 2. Hs. KrW-/AbfG. Bei der Klarheit dieser Bestimmung tut der Gesetzgeber gut daran, in Satz 2 die Benennung der pflichtigen Betriebe einer Rechtsverordnung des BMU zu überlassen, die nach Anhörung der beteiligten Kreise mit Zustimmung des BRats ergeht. Ob aber die Ermächtigungsgrundlage hinreichend bestimmt ist, wird man bezweifeln dürfen (vgl. dagegen § 21a I WHG, wonach solche Gewässerbenutzer Betriebsbeauftragte für Gewässerschutz zu bestellen haben, die an einem Tag mehr als 750 m^3 Abwasser einleiten dürfen; aber auch § 53 I 1 BImSchG: „wegen der Immissionen, der technischen Probleme der Immissionsbegrenzung.").

263 Dazu die VO über Betriebsbeauftragte für Abfall – AbfBetrBV – v. 10.10.1977, BGBl. I, 1913; s.a. *Ehrich*, Die gesetzliche Neuregelung des Betriebsbeauftragten für Abfall, DB 1996, 1468 ff. *Kotulla*, DÖV 1995, 452 ff.; s.a. *Kloepfer/Rehbinder/Schmidt-Aßmann/Kunig*, UGB-AT, 1990, S. 377 ff. – Zu entsprechenden Vorschlägen auch in Schwellenländern – hier: Tunesien – *Sparwasser* (Fn. 239), S. 381 (386 f.).

Wer der (künftigen) Rechtsverordnung entkommen ist, kann immer noch durch die Behörde in *Einzelfällen* nach § 54 II KrW-/AbfG anhand der eben genannten Kriterien verpflichtet werden. **329**

Gibt es schon einen Immissionsschutzbeauftragten (§ 53 BImSchG; Rn. 8/280 f.) oder einen Gewässerschutzbeauftragten (§ 21a WHG; Rn. 6/195 ff.), so können diese auch die Aufgaben und Pflichten eines Abfallbeauftragten nach diesem Gesetz wahrnehmen, § 54 III KrW-/AbfG. **330**

Der Abfallbeauftragte hat den Betreiber und die Betriebsangehörigen in Angelegenheiten zu beraten, die für die Kreislaufwirtschaft und die Abfallbeseitigung bedeutsam sein können, § 55 I 1 KrW-/AbfG. Dazu ist er berechtigt und verpflichtet, **331**

- den Weg der Abfälle lückenlos zu überwachen (Nr. 1),
- die Einhaltung der einschlägigen Bestimmungen und Verfügungen zu überwachen (Nr. 2),
- die Betriebsangehörigen über mögliche Abfallgefahren aufzuklären sowie über Verhinderungsmaßnahmen (Nr. 3) und schließlich
- auf eine ständige Verbesserung in abfallwirtschaftlicher Hinsicht hinzuwirken und dabei mitzuwirken (Nrn. 4 u. 5).

Ferner ist dem Betreiber jährlich ein Bericht über die getroffenen und beabsichtigten Maßnahmen zu erstatten, zu denen er berechtigt und verpflichtet ist, § 55 II KrW-/AbfG. **332**

c) Entsorgungsfachbetriebe

Der Entsorgungsfachbetrieb i.S.d. § 52 I 1 KrW-/AbfG (vgl. die Parallele in § 19 l II WHG) hat die Berechtigung, das Gütezeichen einer nach Abs. 3 anerkannten Entsorgergemeinschaft zu führen, oder hat einen Überwachungsvertrag mit einer technischen Überwachungsorganisation abgeschlossen, der eine mindestens einjährige Überprüfung einschließt. Einzelheiten ergeben sich aus der EntsorgungsfachbetriebeV[264]. Er kann Abfälle einsammeln, befördern, lagern, verwerten oder beseitigen und bedarf dabei weder einer Transportgenehmigung noch einer Genehmigung für Vermittlungsgeschäfte (§ 51 I 3 KrW-/AbfG) und genießt auch bestimmte Privilegien bei der Nachweisführung (Rn. 12/301), eben weil er aufgrund seiner – freiwilligen – Zertifizierung hohe Qualitätsstandards nachweist und aufgrund der laufenden Überwachung als besonders zuverlässig gilt. Damit entlastet er zugleich die behördliche Überwachung. **333**

d) Abfallwirtschaftskonzept

Bei Überschreiten gewisser Mengenschwellen müssen Abfallerzeuger als *internes Planungsinstrument* **Abfallwirtschaftskonzepte** über die Vermeidung, Verwertung und Beseitigung der anfallenden Abfälle erstellen. **334**

Dies gilt bei einem Anfall von **335**

- mehr als 2000 kg/a besonders überwachungsbedürftiger Abfälle oder
- mehr als 2000 t/a überwachungsbedürftiger Abfälle je Abfallschlüssel.

---

264 Entsorgungsfachbetriebeverordnung – EfbV – vom 10.9.1996. BGBl. I 1421.

336 Das Abfallwirtschaftskonzept muß enthalten (§ 19 I S. 3 KrW-/AbfG)

- Angaben über Art, Menge und Verbleib der besonders überwachungsbedürftigen Abfälle, der überwachungsbedürftigen Abfälle zur Verwertung sowie der Abfälle zur Beseitigung (Nr. 1),
- Darstellung der getroffenen und geplanten Maßnahmen zur Vermeidung, zur Verwertung und zur Beseitigung von Abfällen (Nr. 2),
- Begründung der Notwendigkeit der Abfallbeseitigung, insbes. Angaben zur mangelnden Verwertbarkeit aus den in § 5 IV genannten Gründen (Nr. 3),
- Darlegung der vorgesehenen Entsorgungswege für die nächsten fünf Jahre, ggf. Angaben zur notwendigen Standort- und Anlagenplanung mit Zeitplan (Nr. 4) und
- gesonderte Darstellung des Verbleibs der besonders überwachungsbedürftigen Abfälle bei Verwertung oder Beseitigung im Ausland (Nr. 5).

337 Das Abfallwirtschaftskonzept ist bis zum 31.12.1999 für die nächsten fünf Jahre zu erstellen und alle fünf Jahre fortzuschreiben, § 19 III KrW-/AbfG. Einzelheiten bestimmt die Abfallwirtschaftskonzept- und -bilanzverordnung (Rn. 12/68) vom 13.9.1996 (BGBl. I 1447).

e) Abfallbilanz

338 Dieselben Verpflichteten wie nach § 19 müssen jährlich seit 1.4.1998 jeweils für das vorhergehende Jahr eine **Bilanz** über Art, Menge und Verbleib der verwerteten und beseitigten besonders überwachungsbedürftigen und überwachungsbedürftigen Abfälle erstellen und diese Abfallbilanz auf Verlangen der zuständigen Behörde vorlegen, § 20 I KrW-/AbfG; dazu ist inzwischen die Abfallwirtschaftskonzept- und -bilanzverordnung (Rn. 12/68) vom 13.9.1996 (BGBl. I 1447) ergangen. Im übrigen regeln Einzelheiten die Länder, § 20 III 2 KrW-/AbfG.

VIII. Sonderbestimmungen für Altöle (§§ 5a u. 5b AbfG)

339 Die Sonderbestimmungen des Abfallgesetzes 1986 für Altöle[265] (§§ 5a u. 5b) bleiben in Kraft, bis sie durch entsprechende Rechtsverordnungen nach den §§ 7 und 24 KrW-/AbfG abgelöst worden sind, § 64 KrW-/AbfG[266].

340 In der Bundesrepublik fallen jährlich etwa 500 000 t Altöle an. Die früher bestehenden Sonderbestimmungen für Altöle in dem durch § 30 AbfG 1986 aufgehobenen Altölgesetz wurden zum Teil in das AbfG integriert, so daß das AbfG auf Altöle anzuwenden war, und zwar auch dann, wenn die Altöle keine Abfälle i.S. des § 1 I AbfG wären (§ 5a I 1 AbfG). Jetzt werden die Altölbestimmungen wieder aus dem Gesetz herausgenommen und in einer Verordnung – nach den §§ 7 und 24 KrW-/AbfG – geregelt, § 64 KrW-/AbfG.

---

265 Dem Altölgesetz lag folgendes System der Altölverwertung und -beseitigung zugrunde: Abholen und Sammeln des in Mengen über 200 l angefallenen, nicht mehr als 12,5% Fremdstoffanteile enthaltenden Altöls in sog. Pflichtgebieten; Aufbereitung des noch aufbereitungsfähigen Altöls und ordnungsgemäße Verbrennung des zu beseitigenden Altöls; Finanzierung der Zuschüsse zum Ausgleich der ungedeckten Kosten umweltfreundlicher Beseitigung durch eine auf das Produkt (praktisch als Zuschlag zur Mineralölsteuer) erhobene Ausgleichsabgabe.

266 Dazu *Konzak*, Altölverwertung – Rechtliche Grundlagen nach KrW-/AbfG und EG-Altölrichtlinie, NuR 1997, 276 ff.

Das alte System, das nicht zureichend in der Lage war, eine das PCB-Problem meisternde Altölentsorgung zu gewährleisten, ist durch ein neues (wirtschaftsrechtliches) System ersetzt worden: Wegfall der Abholpflicht, dafür Rücknahmepflicht für Altöle durch den Vertreiber, der entsprechende Mengen von Frischölen an den Letztverbraucher abgegeben hat; Nutzung der entgegengenommenen verwertbaren Altöle durch Veräußerung auf dem freien Markt (zur Wiederaufarbeitung oder zur Energieerzeugung); ordnungsgemäße sonstige Entsorgung der nicht mehr verwertbaren Altöle in geeigneten Verbrennungsanlagen. Die damit bezweckte Annäherung an marktwirtschaftliche Grundsätze ist inzwischen eingetreten. **341**

1. Verwertung

Altöle können, soweit dies nach dem Ergebnis der Analysen ihrer konkreten Beschaffenheit bedenkenfrei möglich ist, in **geeigneten Verwertungsanlagen aufgearbeitet** werden. Andernfalls reicht es vielleicht noch zu einer **thermischen Verwertung**[267]. Soweit auch diese nicht möglich ist, müssen sie in hierfür geeigneten Entsorgungsanlagen (Ölverbrennungsanlagen) **beseitigt** werden. **342**

Welche Altöle einer Aufarbeitung unterzogen werden können, welcher Art und wie hoch also der Fremdstoffanteil sein darf, um noch eine Wiederverwertung zu ermöglichen, war von der BReg. mit Zustimmung des BRats durch Rechtsverordnung festzulegen (§ 5a II 2 Nr. 1 AbfG). Diese – insbes. auf §§ 5a II, 5b S. 4, 14 I AbfG u. §§ 7 I, 23 I, 34 I BImSchG gestützte – **Altölverordnung** vom 27.10.1987 (BGBl. I 2335) soll sicherstellen, daß einer Aufarbeitung (Zweitraffinade) nur dafür taugliche Altöle unterzogen werden und nicht etwa solche, die bereits durch umweltschädliche Stoffe stark kontaminiert und daher getrennt zu erfassen und zu entsorgen sind. **343**

Seitdem man erkannt hatte, daß sich im Altöl polychlorierte Biphenyle (PCB) und sonstige chlorhaltige chemische Verbindungen befinden, kam die *Aufarbeitung* zu wieder gebrauchsfähigem Heiz- oder Motorenöl *kaum noch in Betracht*. Inzwischen ist aber der PCB-Gehalt in den gesammelten Altölen der sog. Kategorie 1 (nur sie gelangen zur Wiederaufarbeitung) erheblich gesunken. Daher ist der Anteil an wiederaufgearbeiteten Ölen für den Motoren-, Getriebe-, Hydraulik- und Turbinenölbereich seit 1988 wieder im Steigen begriffen. **344**

Soweit Altöle der Verwertung in *immissionsschutzrechtlich genehmigten Anlagen* i.S. des § 4 BImSchG, z.B. einer Anlage zur Destillation, Raffination oder sonstigen Weiterverarbeitung[268] zugeführt werden, fanden nach § 5a II 1 AbfG nur bestimmte Vorschriften des Abfallgesetzes Anwendung. Es sind dies die Vorschriften über Anzeigepflichten und Überwachung (§ 11), über den Betriebsbeauftragten für Abfall (§§ 11a-11f) und über die abfallrechtliche Einsammlungs- und Beförderungsgenehmigung (§ 12) sowie die gesetzlichen Ermächtigungen (§ 14 I) zum Erlaß von Rechtsverordnungen über die Kennzeichnungspflicht, die Pflicht zur getrennten Entsorgung usw. Mit dieser Einschränkung des Anwendungsbereichs des AbfG sollte u.a. ein Anreiz für die Nutzung vorhandener oder den Bau neuer Altölverwertungsanlagen und die Entwicklung neuer Verwertungsverfahren geschaffen werden. **345**

---

267 Zur Altölverwertung BVerwG, DVBl. 1994, 1256 ff.

268 Vgl. Nr. 4.4 des Anhangs zur 4. BImSchV.

2. Rücknahme- und Informationspflicht

346 Unmittelbar im AbfG 1986 selbst geregelt war die Pflicht des Vertreibers, nach dem Vertrieb von Verbrennungsmotoren- und Getriebeöl an Endverbraucher das gebrauchte Öl *kostenlos zurückzunehmen*, sowie seine Pflicht, hierauf in geeigneter Weise *hinzuweisen* (§ 5b S. 1 AbfG). Diese Vorschrift richtet sich vor allem an Großmärkte und SB-Läden, die Selbstwechsleröl verkaufen. Einzelheiten der Hinweis-, Nachweis- und Annahmepflicht können von der BReg. durch Rechtsverordnung geregelt werden (§ 5b S. 4 i.V.m. § 14 I Nrn. 1, 2 u. 3 AbfG).

IX. Behördenzuständigkeit

1. Überwachung

347 Zur Behördenzuständigkeit bestimmt § 63 KrW-/AbfG, daß die Landesregierungen oder die von ihnen bestimmten Stellen die für die Ausführung dieses Gesetzes zuständigen Behörden bestimmen, soweit die Regelung nicht durch Landesgesetz erfolgt[269].

348 In *Nordrhein-Westfalen* ist, soweit nichts anderes bestimmt ist, der Regierungspräsident als obere Abfallwirtschaftsbehörde sachlich zuständig (§ 38 I 1 i.V.m. § 34 AbfG NW). In *Baden-Württemberg* sind für den Vollzug des Abfallrechts als „Abfallrechtsbehörden" die unteren Verwaltungsbehörden, die Regierungspräsidien und das Umweltministerium zuständig (§ 28 AbfG BW). Soweit nichts anderes bestimmt ist, ist die untere Abfallrechtsbehörde (Landratsamt, Stadtkreis) zuständig.

2. Planfeststellung und Genehmigung

349 Für die *Behördenzuständigkeit zur Zulassung von Abfallbeseitigungsanlagen* ist zwischen abfallrechtlicher Eröffnungskontrolle (Planfeststellung oder Genehmigung, § 31 II bzw. III KrW-/AbfG) und immissionsschutzrechtlicher Genehmigung (§ 31 I i.V.m. § 4 BImSchG) zu unterscheiden: Anhörungs- und Planfeststellungsbehörde sind fast in allen Ländern in einer Behörde vereinigt. Dagegen ist die Zuständigkeit nach § 7 I und III KrW-/AbfG gesondert geregelt[270].

350 **Beispiel:** In *Baden-Württemberg* ist für die Planfeststellung das Regierungspräsidium zuständig, für Anlagen unter Bergaufsicht das Landesbergamt, § 28 IV Nr. 1 u. 6 LAbfG BW. Genehmigungsbehörde nach § 31 I und III KrW-/AbfG sind Landratsamt oder Stadtverwaltung der kreisfreien Stadt bzw. das Landesbergamt im Einvernehmen mit Landratsamt oder Stadtverwaltung bei Anlagen unter Tage, sonst umgekehrt, § 28 IV und VI LAbfG BW.

269 Zur Überwachung der Entsorgung *Budde*, NuR 1997, 166 ff.
270 Kritisch dazu VGH BW, DVBl. 1992, 732.

Schrifttum

Bei den folgenden Schrifttumsangaben handelt es sich nur um eine Auswahl unter neueren oder grundlegenden Veröffentlichungen, die zur weiteren praktischen Arbeit und zur Vertiefung geeignet sind. Querschnittswerke, die zu mehreren oder allen der folgenden Teile Ausführungen enthalten, sind nur unter dem Allgemeinen Teil aufgeführt. Hier nicht gefundene Titel bitten wir im jeweils betroffenen Kapitel des Besonderen Teils nachzuschlagen. Werken, auf die häufiger Bezug genommen wird, ist eine Kurzbezeichnung beigefügt. Zeitschriftenaufsätze werden lediglich im Text zitiert.

AT – Kapitel 1: Allgemeine Lehren

1. Umweltrechtliche Gesamtdarstellungen

Arbeitskreis Umweltrecht (Hrsg.), Grundzüge des Umweltrechts, Loseblattsammlung, 2. Aufl. 1997 ff. (zit.: Bearbeiter, in: AKUR, Grundzüge des Umweltrechts).

Arndt, in: *Steiner* (Hrsg.), Besonderes Verwaltungsrecht, 6. Aufl. 1999, S. 889 ff.

Breuer, Umweltrecht, in: *Schmidt-Aßmann* (Hrsg.), Besonderes Verwaltungsrecht, 11. Aufl. 1999, S. 461 ff.

Bundesministerium für Umwelt, Naturschutz und Reaktorsicherheit (Hrsg.), Umweltgesetzbuch (UGB-KomE). Entwurf der unabhängigen Sachverständigenkommission zum Umweltgesetzbuch, 1998 (zit.: UGB-KomE).

Erbguth, Rechtssystematische Grundfragen des Umweltrechts, 1987 (zit.: Grundfragen).

Herrmann, Umweltrecht, 1998.

Hoppe/Beckmann, Umweltrecht, 1989.

Jarass/Kloepfer/Kunig/Papier/Peine/Rehbinder/Salzwedel/Schmidt-Aßmann, Umweltgesetzbuch – Besonderer Teil –, 1994 (zit.: *Bearbeiter*, in: *Jarass u.a.*, UGB-BT).

Kahl/Voßkuhle (Hrsg.), Grundkurs Umweltrecht, 2. Aufl. 1998.

Kimminich/Frhr. v. Lersner/Storm, Handwörterbuch des Umweltrechts (HdUR), 2 Bände, Bd. I (A-M), Bd. II (N-Z), 2. Aufl. 1994 (zit.: *Bearbeiter*, in: HdUR Bd. I/II).

Kloepfer, Umweltrecht, 2. Aufl. 1998.

Kloepfer, Umweltrecht, in: *Achterberg/Püttner* (Hrsg.), Besonderes Verwaltungsrecht, Band II, 1992, S. 587 ff.

Kloepfer/Rehbinder/Schmidt-Aßmann/Kunig, Umweltgesetzbuch – Allgemeiner Teil –, 1990 (zit.: UGB-AT).

Peters, Umweltverwaltungsrecht, 2. Aufl. 1996.

Rengeling (Hrsg.), Handbuch zum Europäischen und deutschen Umweltrecht, 2 Bände, 1998 (zit.: *Bearbeiter*, in: *Rengeling* (Hrsg.), EUDUR).

Sanden, Umweltrecht, 1999.

Schmidt/Müller, Einführung in das Umweltrecht, 5. Aufl. 1999.

2. Umwelteuroparecht

Adamek, EG-Richtlinien im Umweltrecht, 1997.
Ehlers, Die Europäisierung des Verwaltungsprozeßrechts, 1999.
Engelsberger, Der Vollzug europarechtlicher Vorschriften auf dem Gebiet des Umweltschutzes, 1998.
Epiney, Umweltrecht in der Europäischen Union, 1997.
Frenz, Europäisches Umweltrecht, 1997.
Geiger, Der gemeinschaftsrechtliche Grundsatz der Staatshaftung, 1997.
Heim, Die unmittelbare Wirkung von EG-Richtlinien im deutschen und französischen Recht am Beispiel des Umweltrechts, 1999.
Hidien, Die gemeinschaftsrechtliche Staatshaftung der EU-Mitgliedstaaten, 1999.
Himmelmann, EG-Umweltrecht und nationale Gestaltungsspielräume, 1997.
Jans, European Environmental Law, 1997.
Jarass, Grundfragen der innerstaatlichen Bedeutung des EG-Rechts, 1994.
Jarass/Naumann, Umweltschutz und Europäische Gemeinschaften, 1992.
Kiss/Shelton, Manual of European Environmental Law, 2nd edition, 1997.
Kahl, Umweltprinzip und Gemeinschaftsrecht, 1993.
Rengeling (Hrsg.), Europäisches Umweltrecht und europäische Umweltpolitik, 1988.
Schmidt-Aßmann/Hoffmann-Riem, Strukturen des Europäischen Verwaltungsrechts, 1999.
Schwarze, Europäisches Verwaltungsrecht, 2 Bde. 1988.
Scott, EC Environmental Law, 1999.
Streinz, Europarecht, 4. Aufl. 1999.

3. Jüngere Monographien und Sammelbände

Blümel/Pitschas (Hrsg.), Reform des Verwaltungsverfahrensrechts, 1994.
Böhm, Der Normmensch, 1996.
Bönker, Umweltstandards in Verwaltungsvorschriften, 1992.
Brönnecke, Umweltverfassungsrecht, 1999.
Fleury, Das Vorsorgeprinzip im Umweltrecht, 1995.
Hagenah, Prozeduraler Umweltschutz, 1996.
Hermes, Das Grundrecht auf Schutz von Leben und Gesundheit, 1987.
Hoffmann-Riem/Schmidt-Aßmann/Schuppert (Hrsg.), Reform des Allgemeinen Verwaltungsrechts, 1993.
Kloepfer, Zur Geschichte des deutschen Umweltrechts, 1994.
Kloepfer/Meßerschmidt, Innere Harmonisierung des Umweltrechts, 1986.
Lübbe-Wolff (Hrsg.), Umweltschutz durch kommunales Satzungsrecht, 2. Aufl. 1997.
Murswiek, Die staatliche Verantwortung für die Risiken der Technik, 1985.
Murswiek, Umweltschutz als Staatszweck, 1995.
Philipp, Staatliche Verbraucherinformation im Umwelt- und Gesundheitsrecht, 1989.
Pietrzak, Umweltrechtliche Grundpflichten – Möglichkeiten und Grenzen, 1999.
Preuss, Umweltstrafrecht, 1998.
Rengeling, Gesetzgebungskompetenzen für den integrierten Umweltschutz, 1999.
Ress (Hrsg.), Grenzüberschreitende Verfahrensbeteiligung im Umweltrecht der Mitgliedstaaten der EG, 1985.
Steinberg, Der ökologische Verfassungsstaat, 1998.
Steindorf, Umweltstrafrecht, 2. Aufl. 1997
Tsai, Die verfassungsrechtliche Umweltschutzpflicht des Staates, 1996.
Voßkuhle, Das Kompensationsprinzip, 1999.
Wahl (Hrsg.), Staatsaufgabe Prävention und Vorsorge, 1995.

AT – Kapitel 2: Vollzug und Instrumente des Umweltrechts

Böhm, Die Wirksamkeit von Umweltlenkungsabgaben: am Beispiel des Abwasserabgabengesetzes, 1990.
Cansier, Umweltökonomie, 2. Aufl. 1996.
Hansmeyer/Schneider, Umweltpolitik. Ihre Fortentwicklung unter marktsteuernden Aspekten, 1990.
Köck, Die Sonderabgabe als Instrument des Umweltschutzes, 1991.
Lang, Die Zuverlässigkeit von Personen und Kapitalgesellschaften im Umweltrecht, 1997.
Meßerschmidt, Umweltabgaben als Rechtsproblem, 1986.
Meyer, Gebühren für die Nutzung von Umweltressourcen, 1995.
Maier-Rigaud, Umweltpolitik mit Mengen und Märkten. Lizenzen als konstituierendes Element einer ökologischen Marktwirtschaft, 1994.
Maier-Rigaud, Schritte zur ökologischen Marktwirtschaft, 1997.
Mackscheidt/Ewringmann/Gawel (Hrsg.), Umweltpolitik durch hoheitliche Zwangsabgaben? Karl-Heinrich Hansmeyer zur Vollendung seines 65. Lebensjahres, 1994.
Murswiek, Die Entlastung der Städte vom Individualverkehr durch Abgaben und andere Geldleistungen, Band 1: Die Innenstadtzufahrtsabgabe, 1993 (zit.: Innenstadtzufahrtsabgabe).
Nagel, Umweltgerechte Gestaltung des deutschen Steuersystems, 1993.
Wegehenkel (Hrsg.), Marktwirtschaft und Umwelt, 1981.
Wicke, Umweltökonomie, 4. Aufl. 1993.
Wilhelm, Ökosteuern, 1990.
Wilms, Die Entlastung der Städte vom Individualverkehr durch Abgaben und andere Geldleistungen, Band 2: Die Pendler und Großveranstaltungsabgabe, 1993.

AT – Kapitel 3: Allgemeine Rechtsnormen des Umweltrechts einschließlich Planfeststellungsverfahren

1. Umweltverträglichkeitsprüfung

Cupei, Umweltverträglichkeitsprüfung, 1986.
Erbguth/Schink, Kommentar zum UVPG, 2. Aufl. 1996 (zit.: UVPG).
Gassner/Winkelbrandt, UVP in der Praxis, 3. Aufl. 1997.
Hoppe (Hrsg.), Gesetz über die Umweltverträglichkeitsprüfung, 1995 (zit.: Bearbeiter, in *Hoppe* (Hrsg.), UVPG).
Peters, Die UVP-Richtlinie der EG und ihre Umsetzung in das deutsche Recht, 1994.
Schoeneberg, Umweltverträglichkeitsprüfung, 1993 (zit.: UVP).
Schneider, Nachvollziehende Amtsermittlung bei der Umweltveträglichkeitsprüfung, 1990.
Weber, Die Umweltverträglichkeitsrichtlinie im deutschen Recht, 1989 (zit.: Umweltverträglichkeitsrichtlinie).

2. Umweltinformationsgesetz

Engel, Akteneinsicht und Recht auf Information über umweltbezogene Daten. Die Informationsrichtlinie der EG im Vergleich zur bundesdeutschen Rechtslage, 1993 (zit.: Akteneinsicht).
Erichsen/Scherzberg, Zur Umsetzung der Richtlinie des Rates über den freien Zugang zu Informationen über die Umwelt, 1992 (zit.: Zugang zu Informationen).

Fluck/Theuer, Umweltinformationsrecht. UIG, Kommentar, Loseblattsammlung, Stand September 1999 (zit.: UIG).
Röger, Umweltinformationsgesetz, Kommentar, 1995 (zit.: UIG).
Schomerus/Schrader/Wegener, Umweltinformationsgesetz, Kommentar, 1995 (zit.: UIG).
Turiaux, Umweltinformationsgesetz, Kommentar, 1995 (zit.: UIG).
Winter (Hrsg.), Öffentlichkeit von Umweltinformationen. Europäische und nordamerikanische Rechte und Erfahrungen, 1990.

3. Planfeststellungsrecht

Berkemann u.a. (Hrsg.), Planung und Planungskontrolle. Entwicklungen im Bau- und Fachplanungsrecht, Festschrift für Otto Schlichter, 1995 (zit.: FS Schlichter).
Bidinger, Planung und Nutzung von Verkehrsflughäfen, 1996.
Dreier, Die normative Steuerung der planerischen Abwägung, 1995 (zit.: Abwägung).
Dürr, in: *Kodal/Krämer* (Hrsg.), Straßenrecht, 6. Aufl. 1999, S. 984 ff. (zit.: Planfeststellung).
Forschbach, Die Pflicht zur Standort-Alternativenprüfung in der Planfeststellung und in vorgelagerten Verfahren, 1998.
Friesecke, Bundeswasserstraßengesetz, Kommentar, 4. Aufl. 1999.
Grupp/Ronellenfitsch (Hrsg.), Planung – Recht – Rechtsschutz, Festschrift für Willi Blümel, 1999 (zit.: FS Blümel).
Hartung, Die privatnützige Planfeststellung, 1996.
Hermes, Staatliche Infrastrukturverantwortung, 1998.
Heinze, Eisenbahn-Planfeststellung, 1997.
Hoppe/Grotefels, Öffentliches Baurecht, 1995.
Hoppe/Schlarmann, Rechtsschutz bei der Planung von Straßen und anderen Verkehrsanlagen, 2. Aufl. 1982 (zit.: Rechtsschutz).
Ibler, Die Schranken planerischer Gestaltungsfreiheit im Planfeststellungsrecht, 1988.
Just, Ermittlung und Einstellung von Belangen in die planerische Abwägung, 1996.
Kormann (Hrsg.), Aktuelle Fragen der Planfeststellung, 1994.
Kügel, Der Planfeststellungsbeschluß und seine Anfechtbarkeit, 1985 (zit.: Planfeststellungsbeschluß).
Kühling, Fachplanungsrecht, 1988.
Marschall/Schroeter/Kastner, Bundesfernstraßengesetz, Kommentar, 5. Aufl. 1998.
Pechan, Die Planfeststellung im Personenbeförderungsrecht, 1994.
Ringel, Die Plangenehmigung im Fachplanungsrecht, 1996.
Röhl/Ladenburger, Die materielle Präklusion im raumbezogenen Verwaltungsrecht, 1997.
Salis, Gestufte Verwaltungsverfahren im Umweltrecht, 1991.
Sieg, Die Schutzauflage im Fachplanungsrecht, 1994.
Solveen, Die materielle Präklusion im Fachplanungsrecht, 1998.
Steinberg, Fachplanung, 2. Aufl. 1993.
Stüer, Handbuch des Bau- und Fachplanungsrechts, 2. Aufl. 1998.
Timmermans, Verzicht auf Planfeststellung und Plangenehmigung, 1997.
Wahl, in: HdUR, Bd. II, 2. Aufl. 1994, Art. „Planfeststellung“, Sp. 1624 ff.

AT – Kapitel 4: Rechtsschutz im Umweltrecht

Hier nicht gefundene Titel bitten wir im jeweils betroffenen Kapitel des besonderen Teils nachzuschlagen.

1. Allgemeine Darstellungen

Balleis, Mitwirkungs- und Klagerechte anerkannter Naturschutzverbände, 1996.
Beckmann, Verwaltungsgerichtlicher Rechtsschutz im raumbedeutsamen Umweltrecht, 1987 (zit.: Rechtsschutz).
Berg, Beweismaß und Beweislast im öffentlichen Umweltrecht, 1995.
Ehlers, Die Europäisierung des Verwaltungsprozeßrechts, 1999.
Hoppe/Schlarmann, Rechtsschutz bei der Planung von Straßen und anderen Verkehrsanlagen, 2. Aufl. 1981 (zit.: Rechtsschutz).
König, Drittschutz. Der Rechtsschutz Drittbetroffener gegen Bau- und Anlagengenehmigungen im öffentlichen Baurecht, Immissionsschutzrecht und Atomrecht, 1993.
Lämmle, Konkurrenz paralleler Genehmigungen, 1991.
Rengeling/Middeke/Gellermann, Rechtsschutz in der europäischen Union, 1994.
Ruffert, Subjektive Rechte im Umweltrecht der Europäischen Gemeinschaften, 1996.
Schmitt Glaeser/Horn, Verwaltungsprozeßrecht, 15. Aufl. 2000.
Streinz, Europarecht, 4. Aufl. 1999.
Wegener, Rechte des Einzelnen, 1998.

2. Kommentare und Handbücher

Eyermann, VwGO, Kommentar, 10. Aufl. 1998.
Kopp/Schenke, VwGO, Kommentar, 11. Aufl. 1998.
Maurer, Allgemeines Verwaltungsrecht, 12. Aufl. 1999.
Pietzner/Ronellenfitsch, Das Assessorexamen im öffentlichen Recht, 10. Aufl. 2000.
Redeker/v. Oertzen, VwGO, Kommentar, 12. Aufl. 1997.
Schoch/Schmidt-Aßmann/Pietzner, VwGO, Kommentar, Loseblattsammlung, Stand März 1999.

BT – Kapitel 5: Naturschutzrecht

1. Allgemeine Darstellungen

de Witt/Dreier, Naturschutz, in: *Hoppenberg* (Hrsg.), Handbuch des öffentlichen Baurechts, Stand 1999, Teil E (zit.: Naturschutz).
König, Landwirtschaftliche Bodennutzung zwischen Eigentumsgarantie und Umweltschutz, 1999.
Schmidt-Räntsch, in: HdUR, Bd. I, 2. Aufl. 1994, Art. „Artenschutzrecht", Sp. 147 ff.
Schmidt-Räntsch, Leitfaden zum Artenschutzrecht, 1990.
Stich, in: HdUR, Bd. II, 2. Aufl. 1994, Art. „Naturschutz- und Landschaftspflegerecht", Sp. 1444 ff.
Winkelmann/Wilken, Sportaktivitäten in Natur und Landschaft, 1998.

2. Kommentare

Gassner/Bendomir-Kahlo/A. u. J. Schmidt-Räntsch, Bundesnaturschutzgesetz, 1996 (zit.: *Gassner u.a.*, BNatSchG).

Kolodziejcok/Recken, Naturschutz, Landschaftspflege und einschlägige Vorschriften des Jagd- und Forstrechts, Kommentar, Loseblattsammlung, Stand Dezember 1999.

Künkele/Heiderich/Rohlf, Naturschutz- und Landschaftspflegerecht für Baden-Württemberg, Kommentar, Loseblattsammlung, Stand November 1993.

Louis, Bundesnaturschutzgesetz, Kommentar der unmittelbar geltenden Vorschriften, 1994.

Meßerschmidt, Bundesnaturschutzgesetz, Kommentar, Loseblattsammlung, Stand September 1995.

Schink, Naturschutz- und Landschaftspflegerecht Nordrhein-Westfalen, 1989.

3. Landschaftsplanung

Baumeister, Die Integration der örtlichen Landschaftsplanung in die Bauleitplanung, 1992.

Hahn, Das Recht der Landschaftsplanung, 1991.

Kiemstedt, Effektivierung der Landschaftsplanung, 1990.

Mitschang, Die Belange von Natur und Landschaft in der kommunalen Bauleitplanung, 1993.

Schütze, Aufgabe und rechtliche Stellung der Landschaftsplanung im räumlichen Planungssystem, 1994.

Stich, in: HdUR, Bd. I, 2. Aufl. 1994, Art. „Landschaftsplanung", Sp. 1328 ff.

4. Naturschutzrechtliche Eingriffsregelung

Böhme/Preiser-Holl (Hrsg.), Die naturschutzrechtliche Eingriffsregelung, difu-Materialien 3/1993.

Garbe, Die naturschutzrechtliche Eingriffsregelung und ihre Bedeutung im Bauplanungsrecht, 1996.

Kiemstedt (Hrsg.), Methodik der Eingriffsregelung, 3 Hefte 1994-1996.

Kuchler, Naturschutzrechtliche Eingriffsregelung und Bauplanungsrecht, 1989.

Ramsauer (Hrsg.), Die naturschutzrechtliche Eingriffsregelung. Die Neuregelungen durch das Investitionserleichterungs- und Wohnbaulandgesetz, 1995.

Schäfer, Implementierung ökologischer Standards im Städtebau, 1996.

Schmidt-Aßmann, in: HdUR, Bd. I, 2. Aufl. 1994, Art. „Eingriff in Natur und Landschaft", Sp. 451 ff.

Zepp/Müller (Hrsg.), Landschaftsökologische Erfassungsstandards, 1999.

5. Schutzgebiete

Freiburg, Die Erhaltung der biologischen Vielfalt in Deutschland auf der Basis europarechtlicher Vorgaben, 1998.

Gellermann, Natura 2000, 1998.

Niederstadt, Ökosystemschutz durch Regelungen des öffentlichen Umweltrechts, 1998.

Rödiger-Vorwerk, Die FFH-Richtlinie der Europäischen Union und ihre Umsetzung in nationales Recht, 1998.

Scharinger, Rechtsgrundlagen für die Errichtung von Nationalparken in Deutschland, Österreich, der Schweiz und Italien, 1999.

6. Verbandsbeteiligung

Balleis, Mitwirkungs- und Klagerechte anerkannter Naturschutzverbände, 1996.
Bizer/Ormond/Riedel, Die Verbandsklage im Naturschutzrecht, 1990.
Waskow, Die Mitwirkung von Naturschutzverbänden im Verwaltungsverfahren, 1990.
Winkelmann, Untersuchungen zur Verbandsklage im internationalen Vergleich, UBA-Forschungsbericht 1990.

BT – Kapitel 6: Öffentliches Gewässerschutzrecht

1. Allgemeine Darstellungen

Baisch, Bewirtschaftung im Wasserrecht, 1996.
Breuer, Öffentliches und privates Wasserrecht, 2. Aufl. 1987 (zit.: Wasserrecht).
Breuer, in: HdUR, Bd. I, 2. Aufl. 1994, Art. „Abwasserbeseitigung", Sp. 80 ff.
Breuer, in: *Rengeling* (Hrsg.), EUDUR, Band II, 1998, S. 651 ff.
Krieger, Normkonkretisierung im Recht der wassergefährdenden Stoffe, 1992.
Linden, Gewässerschutz und landwirtschaftliche Bodennutzung, 1993.
Lübbe-Wolff, Grundwasserbelastung durch CKW. Rechtsfragen der Ermittlung und Sanierung, 1991.
Müllmann, Die Plangenehmigung im Wasserrecht, 1994.
Nisipeanu, Abwasserrecht, 1991.
Ochtendung, Die Zulassung des vorzeitigen Beginns im Umweltrecht, 1998.
Salzwedel, in: HdUR, Bd. I, 2. Aufl. 1994, Art. „Grundwasserschutz", Sp. 943 ff.
Salzwedel, in: HdUR, Bd. II, 2. Aufl. 1994, Art. „Wasserrecht", Sp. 2725 ff.
Salzwedel, Wasserrecht, in: *ders.* (Hrsg.), Grundzüge des Umweltrechts, 2. Aufl. 1997.
Schulz, Der Schutz des Grundwassers gegen Pflanzenschutzmitteleinträge, 1999.
Völsch, Entschädigungs- und Ausgleichsregelungen in den Wassergesetzen, 1993.
Volkens, Vorsorge im Wasserrecht, 1993.
Ziehm, Europäisches Grund- und Trinkwasserschutzrecht und die Implementation in Deutschland und Frankreich, 1998 (zit.: Grundwasserschutz).

2. Kommentare

Bulling/Finkenbeiner/Eckardt/Kibele, Wassergesetz für Baden-Württemberg, Kommentar, Loseblattsammlung, Stand April 1999.
Czychowski, Wasserhaushaltsgesetz, 7. Aufl. 1998.
Frhr. v. Lersner/Berendes, Hdb. des deutschen Wasserrechts, Loseblattsammlung, Stand Juli 1999.
Sieder/Zeitler/Dahme, Wasserhaushaltsgesetz, Kommentar, Loseblattsammlung, Stand August 1999.

BT – Kapitel 7: Bodenschutzrecht

1. Allgemeine Darstellungen zum Bodenschutz

Oldiges (Hrsg.), Das neue BBodSchG – Fragen und Erwartungen, 1996.
Schlabach, Das neue Bodenschutzgesetz von Baden-Württemberg, 1992.

2. Kommentare und Handbücher zum Bodenschutz

Baiker, Abfallwirtschafts- und Bodenschutzrecht im Freistaat Sachsen; Textausgabe mit Erläuterungen, 1994.

Bickel, Bundes-Bodenschutzgesetz, Kommentar, 1999.

Holzwardt/Radtke/Hilger/Bachmann, BBodSchG, Kommentar, 2. Aufl. 2000.

Landel, Bundes-Bodenschutzgesetz, Kommentar, 1998.

Oerder/Numberger/Schönfeld, BBodSchG, Kommentar, 1999.

Sanden/Schoeneck, Bundes-Bodenschutzgesetz, Kommentar, 1998.

Sparwasser, Bodenschutz-, insbesondere Altlastenrecht, in: *Redeker/Uechtritz* (Hrsg.), Anwaltshandbuch für Verwaltungsverfahren, Loseblattsammlung, 2. Aufl. 1992, Stand Dezember 1999.

Spilok, Bodenschutzgesetz Baden-Württemberg, Kommentar, 1992.

Queitsch, Bundes-Bodenschutzgesetz, 2. Aufl. 1999.

3. Allgemeine Darstellungen zum Altlastenrecht

Eichhorn, Altlasten im Konkurs, 1996.

Fehn, Öffentlich-rechtliche Verantwortlichkeit und zivilrechtliche Haftung für Altlasten, 1998.

Hahn, Bodenschutz, 1993.

Hermanns/Walcha (Hrsg.), Ökologische Altlasten in der kommunalen Praxis, 1994.

Jorczyk, Rüstungs- und Kriegsaltlasten, 1996.

Knopp/Albrecht, Altlastenrecht in der Praxis. Unter Berücksichtigung des Bundes-Bodenschutzgesetzes, 2. Aufl. 1998.

Kothe, Altlastenrecht in den neuen Bundesländern, 1996.

Kühn, Die Amtshaftung der Gemeinden wegen der Überplanung von Altlasten, 1997.

Ossenbühl, Zur Haftung des Gesamtrechtsnachfolgers für Altlasten, 1995.

Pfaff-Schley (Hrsg.), Grundwasserschutz- und Grundwasserschadensfälle, 1995.

Pfaff-Schley (Hrsg.), Militärische Altlasten, 1994.

Roesler, Die Legalisierungswirkung gewerbe- und immissionssschutzrechtlicher Genehmigungen vor dem Hintergrund der Altlastenproblematik, 1993 (zit.: Legalisierungswirkung).

Sach, Genehmigung als Schutzschild?, 1993.

Schimmelpfeng (Hrsg.), Altlasten, Deponietechnik, Kompostierung: praktizierter Umweltschutz als Vorsorge und Nachsorge, 1993.

Schrader, Altlastensanierung nach dem Verursacherprinzip, 1989 (zit.: Altlastensanierung).

Schultheiss/Groos, Altlasten. Eine Einführung für Naturwissenschaftler, Ingenieure und Planer, 1993.

Sparwasser, Aktuelle Rechtsfragen des Grundwasserschutzes, in: *Beudt* (Hrsg.), Grundwassermanagement, 1997, S. 33 ff.

SRU, Sondergutachten Altlasten II, 1995; BT.-Drs. 13/380.

Trurnit, Die Altlastenhaftung des Rechtsnachfolgers, 1998.

Wieland, Die Verjährungsproblematik im Altlastenrecht, 1999.

Würtenberger, Polizei- und Ordnungsrecht, in: *Achterberg/Püttner/Würtenberger* (Hrsg.), Besonderes Verwaltungsrecht, Band II, § 21, 2. Aufl. 2000.

Würtenberger/Heckmann/Riggert, Polizeirecht in Baden-Württemberg, 4. Aufl. 1999.

4. Kommentare und Handbücher zum Altlastenrecht

Barkowski, Altlasten. Handbuch zur Ermittlung und Abwehr von Gefahren durch kontaminierte Standorte, 4. Aufl. 1993.

Franzius/Stegmann/Wolf/Brandt, Handbuch der Altlastensanierung, Loseblattsammlung, Stand Dezember 1999.

Hösel/Frhr. v. Lersner, Recht der Abfallbeseitigung des Bundes, der Länder und der Europäischen Union, Kommentar, Loseblattsammlung, November 1999.

Kunig/Paetow/Versteyl, KrW-/AbfG, Kommentar, 1998.

Sparwasser, Bodenschutz-, insbesondere Altlastenrecht, in: *Redeker/Uechtritz* (Hrsg.), Anwaltshandbuch für Verwaltungsverfahren, Loseblattsammlung, 2. Aufl. 1992, Stand Dezember 1999.

BT – Kapitel 8: Immissionsschutzrecht

1. Allgemeine Darstellungen

Enders, Kompensationsregelungen im Immissionsschutzrecht, 1996.

Engler, Der öffentlich-rechtliche Immissionsabwehranspruch, 1995 (zit.: Immissionsabwehranspruch).

Herr, Sportanlagen in Wohnnachbarschaft, 1997.

Jahns-Böhm, Umweltschutz durch europäisches Gemeinschaftsrecht am Beispiel der Luftreinhaltung, 1994.

Jankowski, Bestandsschutz für Industrieanlagen, 1999.

Jocham, Rechtsfragen bei Verkehrsbeschränkungen aufgrund erhöhter Ozonwerte, 1997.

Kiefer, Die Investitionssicherheit bei der Änderung genehmigungsbedürftiger Anlagen nach den §§ 15, 16 BImSchG, 1999.

Kraft, Immissionsschutz durch Bauleitplanung, 1988.

Koch (Hrsg.), Schutz vor Lärm, 1990.

Koch/Lechelt (Hrsg.), Zwanzig Jahre Bundes-Immissionsschutzgesetz, 1994.

Murswiek, Die staatliche Verantwortung für die Risiken der Technik – Verfassungsrechtliche Grundlagen und immissionsschutzrechtliche Ausformung, 1985 (zit.: Risiken der Technik).

Petersen, Schutz und Vorsorge: Strukturen der Risikoerkenntnis, Risikozurechnung und Risikosteuerung der Grundpflichten im Bundes-Immissionsschutzgesetz, 1993 (zit.: Schutz und Vorsorge).

Reich, Gefahr – Risiko – Restrisiko: das Vorsorgeprinzip am Beispiel des Immissionsschutzes, 1989.

Röckinghausen, Integrierter Umweltschutz im EG-Recht, 1998.

Sach, Genehmigung als Schutzschild? Die Rechtsstellung des Inhabers einer immissionsschutzrechtlichen Genehmigung, 1993 (zit.: Genehmigung).

Schulze-Fielitz, Recht des Immissionsschutzes, in: *Schmidt* (Hrsg.), Öffentliches Wirtschaftsrecht, Band II, Teilband 1, 1995, § 3 (zit.: Immissionsschutz).

Sellner, Immissionsschutzrecht und Industrieanlagen, 2. Aufl. 1988 (zit.: Immissionsschutzrecht).

Trute, Vorsorgestrukturen und Luftreinhalteplanung im Bundesimmissionsschutzgesetz, 1989 (zit.: Vorsorgestrukturen).

Weidemann, Immissionsschutzrechtliche Abfallentsorgungsanlagen, 1994.

Wulfhorst, Der Schutz überdurchschnittlich empfindlicher Rechtsgüter im Polizei- und Umweltrecht, 1994.

Zöttl, Integrierter Umweltschutz in der neuesten Rechtsentwicklung, 1998.

2. Kommentare

Becker, Integrierte Vermeidung und Verminderung der Umweltverschmutzung, Kommentar, 1998.
Engelhardt, Bundes-Immissionsschutzgesetz, 4. Aufl. 1992.
Feldhaus, Kommentar zum BImSchG, Loseblattsammlung, Stand März 2000.
Jarass, Bundes-Immissionsschutzgesetz, Kommentar, 4. Aufl. 1999.
Ketteler, Sportanlagenlärmschutzverordnung, 1998.
Koch/Scheuing (Hrsg.), Gemeinschaftskommentar zum Bundes-Immissionsschutzgesetz, Loseblattsammlung, Stand 1998, (zit.: *Bearbeiter*, in: GK-BImSchG)
Landmann/Rohmer (Hrsg.), Umweltrecht, Kommentar, Loseblattsammlung, Band I zum BImSchG, Stand Oktober 1999 (zit.: Bearbeiter, in: *Landmann/Rohmer*, BImSchG).
Ule/Laubinger, Kommentar zum BImSchG, Loseblattsammlung, Stand Febrauar 2000.

BT – Kapitel 9: Atom- und Strahlenschutzrecht

1. Allgemeine Darstellungen

AKUR (Hrsg.), Grundzüge des Umweltrechts, 2. Aufl. 1997.
Bender, Breuer, Ossenbühl, Sendler (Hrsg.), Rechtsstaat zwischen Sozialgestaltung und Reschtsschutz, Festschrift für Konrad Redeker, 1993 (zit.: FS Redeker).
Berendes, Nachträgliche Auflagen im Atomrecht, 1996.
Böhm, Der Normmensch, 1996.
Breuer, Empfiehlt es sich, ein Umweltgesetzbuch zu schaffen, gegebenenfalls mit welchen Regelungsbereichen?: Gutachten B für den 59. Deutschen Juristentag, 1992.
Breuer, in: HdUR, Bd. II, 2. Aufl. 1994, Art. „Stand der Technik", Sp. 1874 f.
di Fabio, Risikoentscheidungen im Rechtsstaat, 1994.
Enquête-Kommission „Schutz der Erdatmosphäre", Bericht 1994, BT Drs. 12/8600 vom 31.10.1994
Franßen, Redeker, Schlichter, Wilke (Hrsg.), Bürger – Richter – Staat, Festschrift für Horst Sendler, 1991 (zit.: FS Sendler).
Gemmeke, Nachträgliche Anordnungen im Atomrecht, 1995.
Grupp/Ronellenfitsch (Hrsg.), Planung – Recht – Rechtsschutz, Festschrift für Willi Blümel, 1999 (zit.: FS Blümel).
Hartung, Die Atomaufsicht, 1992.
Hauptmanns/Hertrich/Werner, Technische Risiken, Ermittlung und Beurteilung, 1987.
Hess. Ministerium für Umwelt (Hrsg.), Entsorgung von hoch radioaktiven Brennelementen aus Kernkraftwerken nach dem Atomgesetz, Dokumentation der Anhörung im Umweltausschuß des hessischen Landtags am 20.6.1996.
Hofmann, Rechtsfragen der atomaren Entsorgung, 1981.
Junker, Die Stillegungs-, Einschluß- und Abbaugenehmigung für Kernkraftwerke nach § 7 III des AtG, 1990.
Kaul, Ionisierende Strahlung – Quellen der Exposition, Dosen, Risiken, rechtliche Regelungen des Schutzes, Schrift 9/87 des Bundesgesundheitsamts, 1988.
Koch/Roßnagel (Hrsg.), 10. Deutsches Atomrechts-Symposium, 1999.
König, Drittschutz. Der Rechtsschutz Drittbetroffener gegen Bau- und Anlagengenehmigungen im öffentlichen Baurecht, Immissionsschutzrecht und Atomrecht, 1993.
Lang, Die Zuverlässigkeit von Personen und Kapitalgesellschaften im Umweltrecht, 1997.
Lange, Das Weisungsrecht des Bundes in der atomrechtlichen Auftragsverwaltung, 1990.

Lange, Fehler und Fehlerfolgen im atomrechtlichen Genehmigungsverfahren; eine Untersuchung des Verfahrens betreffend die 5. Teilgenehmigung für den Betriebsteil MOX-Verarbeitung des Siemens-Brennelementwerkes in Hanau, 1994 (zit.: Fehler).
Lohse, Der Rechtsbegriff „Stand der Wissenschaft" aus erkenntnistheoretischer Sicht am Beispiel der Gefahrenabwehr im Immissionsschutz- und Atomrecht, 1994.
Lukes (Hrsg.), Reformüberlegungen zum Atomrecht, 1991.
Marburger, Atomrechtliche Schadensvorsorge, 2. Aufl. 1985.
Murswiek, Restrisiko, in: HdUR, Bd. 2, 2. Aufl., 1994, Sp. 1719 ff.
Ossenbühl, Bestandsschutz und Nachrüstung von Kernkraftwerken, 1994.
Pauly, Anfechtbarkeit und Verbindlichkeit von Weisungen in der Auftragsverwaltung, 1989.
Pelzer (Hrsg.), Tagungsband der Deutschen Landesgruppe der AIDN/INLA zum Thema „Die Zweckbestimmungen des Atomrechts", 1999.
Perrow, Normale Katastrophen, 1988.
Salzwedel u.a., Grundzüge des Umweltrechts, 2. Aufl. 1997.
Reich, Gefahr-Risiko-Restrisiko. Das Vorsorgeprinzip am Beispiel des Immissionsschutzrechts, 1989.
Rengeling, Probabilistische Methoden bei der atomrechtlichen Schadensvorsorge, 1987.
Rengeling, Rechtsfragen zu Bundesendlagern für radioaktive Abfälle, 1990.
Roller, Genehmigungsaufhebung und Entschädigung im Atomrecht, 1994 (zit.: Genehmigungsaufhebung).
Schirp, Atomrechtliches Teilgenehmigungsverfahren und Rechtsschutz, 1997.
Scheuing, Grenzüberschreitende atomare Wiederaufarbeitung im Lichte des europäischen Gemeinschaftsrecht, 1991.
Schneider/Steinberg, Schadensvorsorge im Atomrecht zwischen Genehmigung, Bestandsschutz und staatlicher Aufsicht, 1991 (zit. Schadensvorsorge).
Siegmann, Änderungsgenehmigungen im Atom- und Strahlenschutzrecht, 1993.
Steinberg, Bundesaufsicht, Länderhoheit und Atomgesetz, 1990.
Störzel, Kerntechnische Schutzkonzepte und atomrechtliche Anlagengenehmigungen, Diss. 1998.
Tettinger, Recht der Energiewirtschaft, in: *Schmidt* (Hrsg), Öffentliches Wirtschaftsrecht, BT I, 1995, S. 691 ff.
Wahl/Hermes, Nationale Kernenergiepolitik und Gemeinschaftsrecht, 1995.
Wickel, Bestandsschutz im Umweltrecht, 1996.

2. Kommentare und Handbücher

Bischof, Strahlenschutzvorsorgegesetz, Kommentar, 1989.
BMU (Hrsg.), Handbuch Reaktorsicherheit und Strahlenschutz, Losebl.-Sammlung.
Büdenbender/Heintschel v. Heinegg/Rosin, Energierecht I. Recht der Energieanlagen, 1999 (zit.: Energierecht I).
Haedrich, Erläuterungen zum Atomgesetz, in: Das Deutsche Bundesrecht, III E 50 (zit.: Erl.).
Heintschel v. Heinegg, in: *Büdenbender/Heintschel v. Heinegg/Rosin*, Energierecht I. Recht der Energieanlagen, 1999 (zit.: Energierecht I).
Kramer/Zerlett, Strahlenschutzverordnung – Strahlenschutzvorsorgegesetz, 3. Aufl. 1990.
Pelzer, in: *Rengeling* (Hrsg.), Handbuch zum europäischen und deutschen Umweltrecht, Bd. 2, 1998, 335 ff. (zit: EUDUR II).
Rosin, in: *Büdenbender/Heintschel v. Heinegg/Rosin*, Energierecht I. Recht der Energieanlagen, 1999 (zit.: Energierecht I).
Zimmermann, Strahlenschutz, 3. Aufl. 1993.

3. Zum Ausstieg

BMU, Fragen und Antworten zum Atomausstieg, Dezember 1999.
Borgmann, Rechtliche Möglichkeiten und Grenzen des Ausstiegs aus der Kernenergie, 1994.
Denninger, Verfassungsrechtliche Fragen des Ausstiegs aus der Nutzung der Kernernergie zur Stromerzeugung. Rechtsgutachten für das Bundesumweltministerium, 1999.
Di Fabio, Der Ausstieg aus der wirtschaftliche Nutzung der Kernenergie, 1999.
Roßnagel/Roller, Die Beendigung der Kernenergienutzung durch Gesetz, 1998.

BT – Kapitel 10: Gentechnik

1. Allgemeine Darstellungen

Balzer/Rippe/Schaber, Menschenwürde vs. Würde der Kreatur: Begriffsbestimmung, Gentechnik, Ethikkommissionen, 2. Aufl. 1999.
Dederer, Gentechnikrecht im Wettbewerb der Systeme. Freisetzung im deutschen und US-amerikanischen Recht, 1998.
Emmrich (Hrsg.), Im Zeitalter der Bio-Macht: 25 Jahre Gentechnik – eine kritische Bilanz, 1999.
Gerlach, Das Genehmigungsverfahren zum Gentechnikgesetz, 1993.
Göben, Arzneimittelhaftung und Gentechnikhaftung als Beispiele modernen Risikoausgleichs, 1995.
Hawkes, Der Faktor Mensch im Gentechnikrecht, 1995.
Hochreuter, Die Regelungen für gentechnische Arbeiten in geschlossenen Systemen und für Freisetzungen: eine vergleichende Analyse der Umsetzung der EG-Richtlinien in Deutschland, Frankreich und Großbritannien, 1996.
Kameke, Gemeinschaftliches Gentechnikrecht – Die Freisetzungsrichtlinie 90/220/EWG, 1995.
Kraatz, Parlamentsvorbehalt im Gentechnikrecht: eine verfassungsrechtliche Untersuchung zum Regelungsumfang des Gentechnikgesetzes, 1995.
Krekeler, Die Genehmigung gentechnischer Anlagen und Arbeiten nach dem GenTG unter Berücksichtigung europarechtlicher Vorgaben, 1994.
Marx, Der Sicherheitsstandard der Betreiberpflichten im Gentechnikrecht, 1997.
Nohel, Gentechnik in der Lebensmittelproduktion: Bestandsaufnahme gentechnisch hergestellter / veränderter Lebensmittel innerhalb der Europäischen Union, 1998.
Pühler, Zu Umweltproblemen der Freisetzung und des Inverkehrbringens gentechnisch veränderter Pflanzen, 1998.
Schenek, Das Gentechnikrecht der Europäischen Gemeinschaft – gemeinschaftliche Biotechnologiepolitik und Gentechnikregulierung, 1995.
Schumacher, Haftung für Mikroorganismen in Deutschland und den Vereinigten Staaten von Amerika, 1995.
Straus, Genpatente: rechtliche, ethische, wissenschafts- und entwicklungspolitische Fragen, 1997.
Wagner-Pfeifer, Das Umweltrecht vor den Herausforderungen der Gentechnologie, 1997.
Werner, Gentechnikhaftung: zur Haftungsregelung im Gentechnikrecht, 1996.
Winter, Grundprobleme des Gentechnikrechts, 1993.
Winter, Die Prüfung der Freisetzung von gentechnisch veränderten Organismen. Recht und Genehmigungspraxis; Gutachten im Auftrag des Umweltbundesamtes, 1998.
Zivier, Rechtsprobleme des Gentechnikgesetzes im Bereich der Gefahrenabwehr bei legalen Vorhaben, 1995.

2. Kommentare und Handbücher

Dellweg/Schmid/Trommer (Hrsg.), Römpp Lexikon Biotechnologie, 1992.
Dreier (Hrsg.), Grundgesetz, Kommentar, Band I, 1996.
Eberbach/Lange, GenTG, Kommentar, Loseblattsammlung.
Hirsch/Schmidt-Didczuhn, GenTG, Kommentar, 1991.
Keller/Günther/Kaiser, Embryonenschutzgesetz: Kommentar zum Embryonenschutzgesetz, 1992.
Landmann/Rohmer (Hrsg.), Umweltrecht, Kommentar, Loseblattsammlung, Band III, Stand Oktober 1999 (zit.: Bearbeiter, in: *Landmann/Rohmer*, GenTG).
Nöthlichs, Bio- und Gentechnik: Kommentar zur Biostoffverordnung und zum Gentechnikgesetz, Loseblattsammlung, Stand 1999 (zit.: *Nöthlichs*, Kommentar zur Biostoffverordnung und zum Gentechnikgesetz).
Regenass-Klotz, Grundzüge der Gentechnik. Theorie und Praxis, 2. Aufl. 2000.
Sachs (Hrsg.), Grundgesetz, Kommentar, 2. Aufl. 1999 (zit.: Bearbeiter, in: *Sachs*, GG).
Wahl, Gentechnikrecht, in: *Landmann/Rohmer* (Hrsg.), Umweltrecht, Kommentar, Loseblattsammlung, Band III, Stand Oktober 1999 (zit.:*Wahl*, in: *Landmann/Rohmer*, GenTG).

BT – Kapitel 11: Chemikalienrecht

1. Allgemeine Darstellungen

BMU (Hrsg.), 10 Jahre Chemikaliengesetz: Bilanz und Perspektiven, 1992.
Fahr, Die Sachkundeprüfung nach der Chemikalien-Verbotsverordnung: Lehrbuch zur Vorbereitung und praktischen Umsetzung, 1995.
Gebers/Führ/Wollny, Ökologische Stoffwirtschaft, 1993.
Gierke, Das Chemikaliengesetz und seine Rechtsverordnungen – Alte Stoffe, 1993.
Heintz/Reinhardt, Chemie und Umwelt, 4. Aufl. 1996.
Hörath, Gefährliche Stoffe und Zubereitungen – Gefahrstoffverordnung – Chemikalien-Verbotsverordnung. Eine Einführung in die Gesetzes- und Giftkunde, zugleich eine Vorbereitung auf die Sachkenntnisprüfung, 5. Aufl. 1997.
Klöpping, Das Recht der Gefahrstoffe im deutschen Recht und im Recht der Europäischen Gemeinschaft, 1996.

2. Kommentare und Handbücher

Schiwy, Chemikaliengesetz, Kommentar, Loseblattsammlung, Stand Januar 1998.

BT – Kapitel 12: Kreislaufwirtschafts- und Abfallrecht

1. Allgemeine Darstellungen

Bauernfeind, Rücknahme- und Rückgabepflichten im Umweltrecht, 1999.
Beckmann (Hrsg.), Kreislaufwirtschafts- und Abfallgesetz – was ändert sich?, 1997.
Bree, Die Privatisierung der Abfallentsorgung nach dem Kreislaufwirtschafts- und Abfallgesetz: systematische Darstellung aktueller Rechtsprobleme unter Berücksichtigung der allgemeinen Privatisierungslehren, 1998.

Diederichsen, Das Vermeidungsgebot im Abfallrecht, 1998.

Dolde, Abgrenzung von Abfallverwertung und Abfallbeseitigung nach dem Kreislaufwirtschafts- und Abfallgesetz, 1997.

Dolde/Vetter, Rechtsfragen der Verwertung und Beseitigung von Abfällen, 1999.

Enders, Die zivilrechtliche Verantwortlichkeit für Altlasten und Abfälle, 1999.

Engels, Grenzüberschreitende Abfallverbringung nach EG-Recht, 1997.

Frenz, Gewerblicher Abfall, 1999.

Frenz/Bönning, Fälle und Lösungen zum Kreislaufwirtschafts- und Abfallrecht, 1998.

Fritsch, Das neue Kreislaufwirtschafts- und Abfallrecht, 1996.

Gaßner/Versmann (Hrsg.), Neuordnung kommunaler Aufgaben im Kreislaufwirtschafts- und Abfallgesetz, 1996.

Giesberts/Hilf, Kreislaufwirschaft Altauto. Altautoverordnung und freiwillige Selbstverpflichtung; Rechtsfragen und praktische Umsetzung, 1998.

Greinacher, Abfallentsorgungsanlagen zwischen Planfeststellung und Kontrollerlaubnis, 1996.

Hoppe/Weidemann, Verwaltungsrechtliche Grundlagen dualer Entsorgungssysteme: das Verwaltungsrechtsverhältnis zwischen Systembetreiber und Kommunen, 1999.

Huber, Die TA Siedlungsabfall und ihre Bindungswirkung, 2000.

Jarass, Inhalte und Wirkungen der TA Siedlungsabfall: zugleich ein Beitrag zu den rechtlichen Wirkungen von Verwaltungsvorschriften, 1999.

Kasten, Europarechtliche und völkerrechtliche Aspekte der grenzüberschreitenden Abfallverbringung, 1997.

Klöck, Thermische Behandlung und/oder energetische Verwertung: Rechtsfragen der Abfallverbrennung, 1998.

Mondre, Verwertungspflichten im Abfall-, Immissionsschutz- und Atomrecht, 1998.

Pippke, Öffentliche und private Abfallentsorgung: die Privatisierung der Abfallwirtschaft nach dem Kreislaufwirtschafts- und Abfallgesetz, 1999.

Prüfer, Die Verpackungsverordnung und ihre ökologischen Alternativen, 1999.

Rengeling (Hrsg.), Kreislaufwirtschafts- und Abfallrecht: neue Entwicklungen in der Bundesrepublik Deutschland und in der Europäischen Gemeinschaft. Zweite Osnabrücker Gespräche zum Deutschen und Europäischen Umweltrecht, Referate und Diskussionsberichte, 1994.

Rutkowsky, Abfallpolitik in der Kreislaufwirtschaft. Grundzüge einer effizienten und umweltgerechten Abfallwirtschaft und ihrer Regulierung, 1998.

Sattler/Emberger, Behandlung fester Abfälle, 4. Aufl. 1995.

Schimanek, Die abfallwirtschaftliche Zielhierarchie nach dem neuen Kreislaufwirtschafts- und Abfallgesetz, 1997.

Scholz/Aulehner, Umweltstrategien im Verpackungsrecht: Mehrwegquote, Zwangspfand oder Lizensierung?, 1998.

Thomsen, Produktverantwortung: rechtliche Möglichkeiten und Grenzen einer Kreislaufwirtschaft, 1998.

Weidemann, Abfall oder Rohstoff? Abgrenzungsfragen des neuen Abfallbegriffs in § 3 Kreislaufwirtschafts- und Abfallgesetz, 1998.

Wissing, Überlassungspflichten begründende Gemeinwohlinteressen im System des Kreislaufwirtschafts-und Abfallgesetzes, 1997.

Zacker, Abfall im gemeinschaftlichen Umweltrecht: eine dogmatische Untersuchung ausgewählter Rechtsprobleme, 1997.

2. Kommentare, Handbücher und Sammelbände

Finckh, Regulierte Selbstregulierung im Dualen System. Die Verpackungsverordnung als Instrument staatlicher Steuerung, 1998.

Flanderka, Verpackungsverordnung, Kommentar, 1999.

Fluck (Hrsg.), Kreislaufwirtschafts- und Abfallrecht, Kommentar, Loseblattsammlung, Stand Dezember 1999.

Hösel/Frhr. v. Lersner, Recht der Abfallbeseitigung des Bundes und der Länder, Kommentar, Loseblattsammlung, Stand November 1999.

v. Köller/Klett/Konzak, EG-Abfallverbringungsverordnung, 1994.

Kretz/Knopp/Weidemann, Das Abfallrecht in Baden-Württemberg, Kommentar, Loseblattsammlung, Stand 1997.

Kunig/Schwermer/Versteyl, Abfallgesetz, Kommentar, 2. Aufl. 1992.

Kunig/Paetow/Versteyl, KrW-/AbfG, Kommentar, 1998.

Landesanstalt für Umweltschutz Baden-Württemberg (Hrsg.), Handbuch Abfall, Boden, Altlasten, o.J.

Rummler/Schutt, Verpackungsverordnung, Kommentar, 1991.

Schimmelpfeng (Hrsg.), EDV-Anwendung in der privaten Abfallwirtschaft, 1996.

Schimmelpfeng (Hrsg.), Der europäische Abfallkatalog, 1995.

Strecker/Berndt, Verpackungsverordnung, Kommentar, 1992.

Queitsch, Kreislaufwirtschafts- und Abfallgesetz – Systematische Darstellung zum Kreislaufwirtschafts- und Abfallgesetz mit ergänzenden Vorschriften, 2. Aufl. 1999.

Versteyl/Koehn, Recht und Praxis der Altölentsorgung, 1987.

Sachverzeichnis

Die Zahlen verweisen auf die Kapitel und Randnummern des Buches.

eisenbahnrechtliche Planfeststellung 3/69 ff.

Notizen

Notizen

Notizen

Notizen